玉溪市人民政府　主办

玉溪年鉴

YUXI YEARBOOK 2015

总第二十三期

《玉溪年鉴》编辑部 编

德宏民族出版社

图书在版编目（CIP）数据

玉溪年鉴. 2015 / 玉溪市地方志办公室编. -- 芒市:德宏民族出版社, 2015.9
ISBN 978-7-5558-0307-2

Ⅰ. ①玉… Ⅱ. ①玉… Ⅲ. ①玉溪市－2015－年鉴Ⅳ. ①Z527.43

中国版本图书馆CIP数据核字(2015)第235928号

玉溪年鉴

YUXI YEARBOOK 2015

玉溪市地方志办公室 编

出版·发行	德宏民族出版社	责任编辑	方 萍
社 址	云南省德宏州芒市勇罕街1号	责任校对	银传秀
邮 编	678400	发行部电话	0692-2112886
总编室电话	0692-2124877	民文编室	0692-2113131
汉文编室	0692-2111881	网 址	www.dmpress.cn
电子邮件	dmpress@163.com	版 次	2015年9月第1版
印 刷	云南美嘉美印刷包装有限公司	印 次	2015年9月第1次
开 本	大16开	印 数	1-1650
印 张	36.75	书 号	ISBN 978-7-5558-0307-2/Z•364
字 数	1590千字	定 价	210.00元

美嘉美印刷 0871-63179373 如出现印刷、装订错误，请与承印厂联系调换事宜。

玉溪年鉴编辑部

地　　址：云南省玉溪市政府
电　　话：（0877）2026554　2039664
邮政编码：653100

分类编撰人员

杨春银	詹道斌	鲁俊秀	杨　彪	李　明	毕现昆
合晓斌	施永华	何昆琳	朱文栋	昂子艺	王利琴
汪如莲	高　翔	秦文伟	雷庆文	李尊平	柏爱善
徐明汉	魏　鸿	王靖杰	黄海东	李文山	黄建祥
化红梅	甘莉娅	靳　雨	刘亚丹	刘祥松	杨　梅
何建辉	代　锐	李新玉	赵贵明	汪治国	朱　静
颜国平	周克金	吴源峰	杨　菲	张　坤	乐明霖
白宗元	李春艳	丁　伟	陶　丽	矣琳莉	谢丽红
张家春	薛美蓉	蔡　伟	杨泰彪	周文忠	李艳霞
师红艳	杨云川	钟团兵	许晓云	谢　俊	王兆平
陈坤华	张　迎	李　婧	陈　川	于　敏	曹晓军
金世祥	朱光宏	王宇飞	李绍伟	赖恒红	郭艳波
李勇明	何剑虹	徐　玲	姚　梅	廖忠华	孙　艳
阚璐蕊	徐　昊	徐志敏	徐晓秋	李　真	张丽萍
褚二忠	钱宝运	周　洁	祝　罗	杨　勇	徐志强
尚　薇	赵从瑛	解家敏	孙文山	周于娜	王　嫣
陈　芳	吴正洪	白孝伟	邹　瑾	徐凡清	王基宇
张永伟	杨有文	矣德忠	宋绍伟	刀燕勤	李红兰

编辑说明

一、《玉溪年鉴》2015卷主要反映玉溪市2014年各方面的情况。全书分为特载、专文、大事记、玉溪综述、党政机关、民主党派、人民团体、军事、法制、民族、经济管理、园区经济、农业、林业、水利、工业、烟草、交通·邮电、城建·环保、贸易、财政·税务、金融·保险、旅游、科学技术、教育、文化、新闻·广播电视、卫生、体育、社会、县(区)概况、人物、附录33个部类，各部类下设分目，分目下设条目记述具体事物。

二、本年鉴在反映数量变化时，一般与2013年年末数相比，文中出现“上年”字样，均指2013年，不一一注明。统计数字如部门间有出入或使用了预计数的，一律以统计部门提供的为准。

三、在条目中，部分单位、事件等名称，第一次出现时用全称，以后用简称，在文中不一一注明。

四、年鉴所采用的稿件由市直各有关单位及各县(区)确定专人撰写，并经各单位、各县(区)领导审核，资料翔实准确，内容丰富，信息性强，是各级领导、各机关部门以及企事业单位制订政策和工作计划的重要依据，是外界认识玉溪的重要窗口。

五、本期年鉴的编辑出版，得到各级领导、各部门和社会各方面的关心支持，我编辑部特表示衷心感谢。由于时间较紧，篇幅较大，编辑水平有限，不妥之处，请读者提出宝贵意见。

《玉溪年鉴》编辑部

2014年5月13日，中共云南省委原书记秦光荣（左四）到玉溪市就推动教育实践活动与经济社会发展相促进问题开展调研

（曾永洪　摄）

2014年6月7日，水利部副部长李国英（前左二）到玉溪市调研水利建设暨抚仙湖保护治理工作情况

（曾永洪　摄）

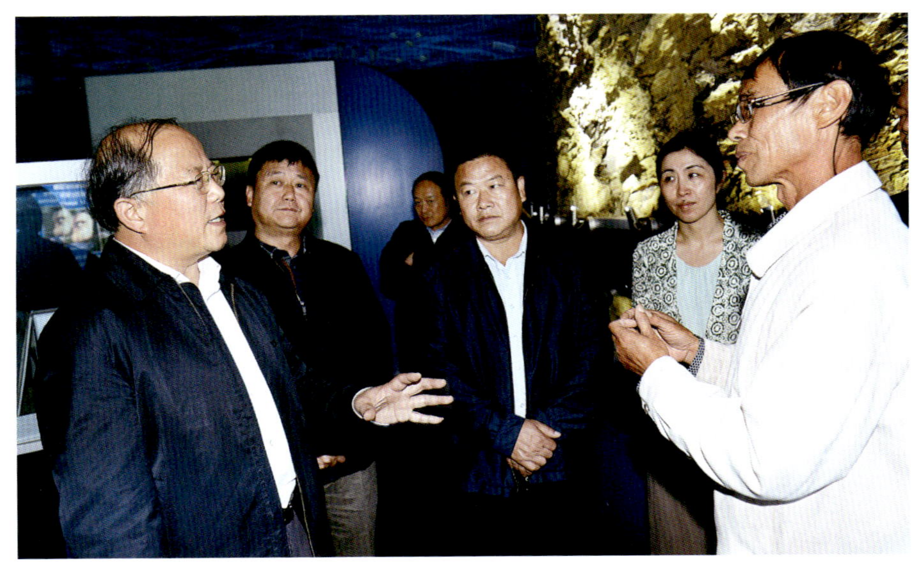

2014年10月29日，文化部副部长、国家文物局局长励小捷到玉溪市就文物保护及文物资源开发利用工作进行调研

（潘　泉　摄）

2014年4月21日，云南省委副书记、省长李纪恒（右五）到玉溪市峨山县小街街道调研烟草工作并参与栽烟劳动

（朱光宏　摄）

2014年6月16日，在原玉溪市委书记张祖林、玉溪市人大原主任张玲的陪同下，牛绍尧（前排右二）一行到抚澄河查看入湖河道整治工作情况

（曾永洪　摄）

2014年12月21日，玉溪市委书记罗应光（左一）陪同新华社副秘书长姚光（左二）一行到澄江县实地调研高原特色现代化农业建设等情况

（曾永洪　摄）

2014年10月11日，云南省副省长丁绍祥到玉溪调研污水处理和城市建设工作，在市委书记罗应光（右三）等陪同下，实地察看了解玉溪市污水处理厂运行情况

（潘 泉 摄）

2014年10月27～29日，中共云南省委常委、常务副省长李江（左四）就发展高原特色农业、工业转型升级等进行调研。图为在玉溪市委书记罗应光（左二）等陪同下，李江在元江丰年公司了解火龙果产业发展情况

（潘 泉 摄）

2014年11月18日，省九湖督导组副组长晏友琼（右三）一行到玉溪市调研“三湖”水污染综合防治工作。图为在市委书记罗应光（左二）、市长饶南湖（左一）等陪同下，到通海县现场察看杞麓湖区域重点村落污水收集与处理工程建设情况

（潘 泉 摄）

2014年2月21日，云南省副省长尹建业、省公安厅副厅长董家禄（前左二）到玉溪调研指导消防工作

（玉溪消防支队　提供）

2014年3月，玉溪市通海县发生高致病性禽流感，21日，玉溪市委原书记张祖林来到通海县防控处置一线检查防控措施落实情况

（潘　泉　摄）

2014年11月6日，武警云南总队张桂柏少将（右三）在玉溪市委书记罗应光的陪同下视察武警玉溪市支队

（郭晓家　摄）

2014年10月21日，玉溪市委书记罗应光（前排右二）在大化产业园区现场看展板、听介绍，全面了解掌握园区建设情况

（曾永洪　摄）

2014年11月5日，玉溪市委书记罗应光（左三）、市长饶南湖（左四）一行实地调研玉溪火车西站项目建设情况

（曾永洪　摄）

2014年11月11日，玉溪市委书记罗应光（前中）到红塔区调研“美丽玉溪服务先锋”行动，创建基层服务型党组织工作开展情况

（曾永洪　摄）

2014年3月20日，玉溪市委原书记张祖林（前左二）视察武警玉溪市支队教导队

（郭晓家　摄）

2014年9月28日，玉溪市公安局与武警玉溪市支队举行联合反恐演练

（彭春雨　摄）

2014年9月28日，玉溪市委书记罗应光（前左二）参加“两警”联合反恐演练

（李 波　摄）

军地联建临时党支部　　（预备役三团　提供）

抗震救灾联合指挥所演习　　（玉溪军分区　提供）

正在执行鲁甸地震救灾任务的女子救援队

（沙子键 摄）

救援队官兵接到搜寻龙头山镇老街四名被掩埋人员的命令，紧急赶赴受灾现场

（沙子键 摄）

为灾区群众培训救援技能

（预备役三团 提供）

2014年3月31日上午，2014年玉溪市招商引资工作暨2013年招商引资工作表彰大会召开，一批先进县（区）和市直单位受到表彰

（潘　泉　摄）

2014年8月28日，云南省副省长刘慧宴到玉溪市调研“三湖”保护治理工作。实地查看了星云湖退田还湖工程

（江川县环保局　供稿）

2014年1月10日上午8时，市委副书记、市长饶南湖（后排右二）来到“书记、市长接待日”会场，与相关部门负责人一起接待来访群众，解决群众困难和诉求

（潘　泉　摄）

2014年，玉溪市粮食总种植面积167万亩，预计粮食总产量60 591万千克，比上年增加304万千克，实现粮食生产“九连增”

（潘 泉　摄）

民营企业玉溪太标太阳能集团有限公司以太阳能热水器、精工铸造、数控机床为主导产品，积极实施多元化发展战略取得突破，2014年销售收入达到16亿元

（潘 泉　摄）

位于新平工业园区桂山片区的力高（云南）箱包有限公司与世界多家知名企业联手，不断推出新产品，拓展出广阔的国外市场。2014年，累计生产销售各种箱包产品475万只，实现产值6.3亿余元

（潘 泉　摄）

2014年3月29日上午，玉溪网上线仪式举行，标志着玉溪市信息化建设及互联网规范管理整合水平上了一个新台阶

2014年6月5日，玉溪市市长饶南湖（右一）调研峨山早春中耕管理工作

（蒯学庆　摄）

2014年3月6日，玉溪市人民政府与韩国巨济市政府建立友好市举行面商会，会议签订意向性协议。韩方签约代表巨济市市长特使金东久，中方签约代表玉溪市政府外事办主任姚晓岩。（图中后排右六为巨济市副市长金峰基、右五为玉溪市副市长左广、右四为玉溪市农业局局长杨正祥、右三为玉溪市农科院院长张钟）

（姚　刚　摄）

红塔区北城镇尚品园葡萄专业合作社葡萄套种蔬菜采用三维滴灌进行灌溉

（赵艳丽　摄）

江川县基本口粮田建设项目标准水池

（杨义三　摄）

通海县秀山街道办事处大树社区蔬菜种植基地

（杨旭东　摄）

2014年3月15～23日，ITF国际男子网球巡回赛中国•玉溪站比赛在红塔网球中心举行。图为中国男子网球二号选手张择在单打决赛中 （解家敏 摄）

2014年4月20日，荷兰王国访华团在玉溪现代农业庄园了解灌溉水净化循环利用系统 （玉溪庄园管理中心 提供）

2014年2月17日，首届“新平·中国樱花节”启动仪式晚会在新平县城民族广场举行 （曹仕山 摄）

通海异地搬迁示范村–高大库南新村建设 （林启龙 摄）

2014年4月25日，300余浙商齐聚玉溪，协议总投资179亿元的26个招商引资项目在推介会上签约

（潘 泉 摄）

2014年7月25日，前海股权交易中心玉溪办事处举行揭牌仪式，市委副书记、市长饶南湖（左）与前海股权交易中心常务副总裁陈俊生（右）共同为前海股权交易中心玉溪办事处揭牌

（潘 泉 摄）

2013年7月，玉溪市全面启动实施“美丽100校园行动计划暨中小学校舍安全工程”。截至2014年年底，全市美丽学校已建成55所，建成校舍848幢81.48万平方米，累计完成实物工程量9.87亿元　（潘 泉　摄）

2014年年底，玉溪市中心城区东近面山绿化美化亮化工程主体工程基本完工。项目概算总投资2.5亿元，计划绿化总建设面积2 162.5亩

（潘 泉　摄）

玉溪市红塔区美丽乡村建设成效显著

2014年，红塔区认真贯彻落实中央、省、市新农村建设安排部署，坚持“小康示范、美丽乡村、幸福社区、宜居家园”的总目标，努力建设“秀美之村、富裕之村、魅力之村、幸福之村、活力之村”，地域特色、民族特色、文化特色、产业特色各具优势的试点示范村（片）初见成效。以黄草坝、灵秀为主的山区民族美丽乡村样板村群落、以大营街为主的滇中乡村特色民居示范片、以孙井为主的乡村文明幸福精品社区等三大版块成效显著。

（本版图文由蒯学庆提供）

大营街特色民居

灵秀新貌

龙树三家新村

小李井新农村建设

2014年2月18日，云南省地方志系统第二届“三个十佳”（十佳集体、十佳个人、十佳成果）、从事地方志工作30年的人员表彰会在昆明市安宁召开，玉溪市通海县获“十佳集体”称号，市志办主任李亚平获“十佳个人”称号，玉溪市志办和通海县史志办联合编纂的《秀山志》获“十佳成果”称号，红塔区志办邹瑾因从事地方志工作32年获荣誉表彰。这次评选，玉溪市首次囊括“三个十佳”全部称号

（蒯学庆　摄）

2014年11月22日，云南孔子学术研究会第二十一次年会及学术研讨会在通海召开

（林启龙　摄）

2014年3月18日，八方宾客相聚新化乡古州野林欢度男人狂欢节

（王洋　摄）

目　录

CONTENTS

特　载
Special Reprint

专　文
Special Articles

大事记（2014年）
A CHRONICLE OF MALMAIN EVENTS IN 2014

玉溪综述
Sunmmary of Yuxi

玉溪市概况
General intioduction of yuxi

地方资源
Local resources

国民经济和社会发展
National Economic and Social Development

党政机关
PARTIES AND GOVERNMENT ORGANIZATIONS

民主党派
Democratic Parties Federation

人民团体
Mass organizations

玉溪市总工会
The Federation of the Union of Yuxi

玉溪市妇女联合会
The Women's Federation

共青团玉溪市委员会
The communist Youth League

社会科学界联合会
Federation of Social Science Society

工商业联合会
The Federation of Industry and Commerce

残疾人联合会
The Federation of the Disabled

玉溪市红十字会
Red Cross of Yuxi

军　事
Military

玉溪军分区
Yuxi Military subarea

77208部队
Army 77208

77216部队
Army77216

预备役三团
The Third Group of Reserve Duty

检　察
Procuratorate

审　判
Justice

司法行政
Judicature and Administration

民族・宗教
Nationalities

民族工作
National Work

宗教工作
Religion affairs

经济管理
Economic Management

计划管理
Planning Management

审　计
Auditing

统 计
Statistics

园区经济
Park economy

园区宏观管理
Park macro management

高新技术产业开发区
New and high-tech Industrial Development Zone

大化产业园区
Large industrial park

特色园区
Characteristic Park

农　业
Farming Forestry and Water Conservancy

农业管理
Agricultural Management

农村经济管理

The management of rural economy

种植业

Planting

畜牧业

Animal Husbandry

乡镇企业
Township

渔　业
Fishery

农村能源
Rural energy

种子管理
Seed Management

农业机械
Agricultural Machines

防汛抗旱
Flood Prevention and Fighting Drought

水资源管理
The Administration of Water Resources

工　业
Industry

工业管理
Industrial Management

工业生产
Production of Industry

电力工业
Power Industry

烟　草
Tobacco

烟草管理
Tobacco Management

烤烟生产
Flue cured tobacco production

卷烟生产
Cigarette Production

城建·环保
Urban Construction · Environment

贸　易
Trade

地方税务
Local Taxation

金融·保险
Finance and Insurance

金融管理
Management of Finance

银行业监管
The supervision and control of the banks

商业银行
Commercial Bank

广播电视
Broadcast and Television

卫 生
Hygiene

卫生管理
Sanitary Management

卫生监督
The Hygienic Supervision

医疗服务
Medical Treatment

移民工作
Work of Immigrants

县（区）概况
General Situation of the countries and District of Yuxi

红塔区
Hong Ta District

江川县
The County of Jiangchuan

澄江县
The County of Chengjiang

易门县
The County of Yimen

峨山彝族自治县
The Yi National Autonomous County of Eshan

新平彝族傣族自治县
The Yi and Dai National Autonomous County of Xinping

元江哈尼族彝族傣族自治县
The Hani, Yi and Dai National Autonomous County of Yuanjiang

人　物
Figures

享受国务院特殊津贴者
Enjoy the special allowance of the State Council

有突出贡献优秀专业人才
Outstanding professional talents

享受云南省政府特殊津贴
Enjoy the special allowance of the Yunnan provincial government

受表彰人物
The Commended Persons

首届“玉溪好人”
First "Yuxi good people"

附　录
Appendix

索　引

Index

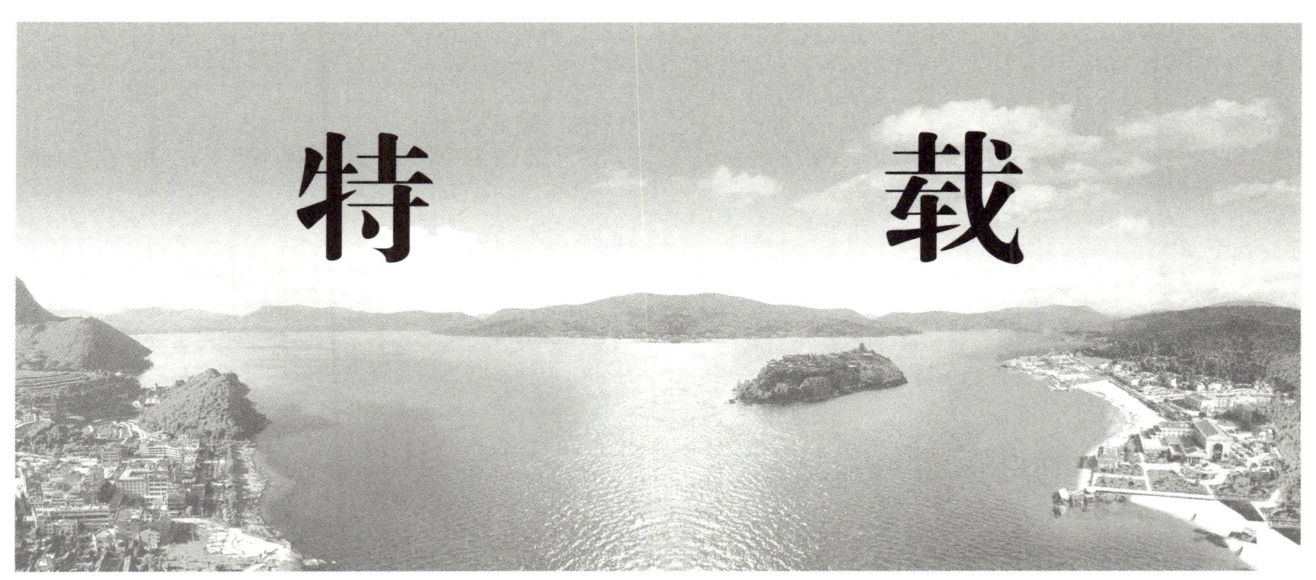

在中共玉溪市委四届五次全会第一次全体会议上关于市委常委会工作的报　　告

中共玉溪市委书记　罗应光

（2014年12月2日）

同志们：

现在，我受市委常委会委托，向全会作工作报告。

今年以来，市委常委会全面落实党的十八大、十八届三中四中全会和省委九届七次、八次、九次全会精神，坚持以邓小平理论、“三个代表”重要思想、科学发展观为指导，深入贯彻习近平总书记系列重要讲话精神，坚定不移地实施“生态立市、农业稳市、工业强市、两烟富市、文化旅游兴市”战略，团结带领各族干部群众进一步解放思想、坚定信心，改革创新、奋力拼搏，全市经济、政治、文化、社会、生态文明建设和党的建设取得新成效。

一、深入学习贯彻习近平总书记系列重要讲话精神

党的十八大以来，习近平总书记发表的一系列重要讲话，深刻回答了新形势下党和国家事业发展的一系列重大理论和现实问题，提出许多新思想、新观点、新要求，进一步升华了我们党对中国特色社会主义规律和马克思主义执政党建设规律的认识，是新的历史条件下我们党治国理政的行动纲领，是坚持和发展中国特色社会主义的最新理论成果，是我们夺取中国特色社会主义新胜利、实现中华民族伟大复兴中国梦的强大思想武器。市委常委会始终把学习贯彻习近平总书记系列重要讲话精神作为一项重大政治任务，采取一系列有力举措，掀起学习贯彻热潮，统一了思想、明确了方向、振奋了精神、凝聚了力量，推动了全市党风政风转变，促进了各方面工作。

我们坚持以身作则、率先垂范。市委理论学习中心组举行了4次专题学习，市委常委自觉带头研读讲话原文，带头学习《习近平总书记系列重要讲话读本》，深入领会精神实质，着力用讲话精神武装头脑，强化党性修养和作

风锤炼，增强政治定力，坚定理想信念。各级各部门采取宣讲解读、专题调研、集中研讨、举办培训班、在新闻媒体开设学习专栏等多种形式，拓展学习渠道，丰富学习手段，提高学习实效。各级领导干部主动深入到党员、干部、群众中去，讲党课、作辅导，推动讲话精神进学校、进农村、进社区、进厂矿。

我们弘扬理论联系实际的学风。坚持带着问题抓学习，直面改革发展稳定中的重大问题，直面干部群众关心的热点难点问题，直面党的建设的突出问题，做到学以致用、知行合一，以讲话精神指导实践、推动工作，使学习的过程成为拓展思路、提升能力、解决难题的过程，把学习成果切实转化为推动经济社会发展的政策举措和生动实践。

二、扎实开展党的群众路线教育实践活动

群众路线是党的生命线。按照中央、省委的统一部署，市委常委会高度重视、超前谋划，提前组织学习、提前组建机构、提前开展调研，以严的标准、严的措施、严的纪律，突出为民务实清廉主题，认真组织开展第二批党的群众路线教育实践活动，全市共有4个市级领导班子、8 172个基层党组织、12.6万名党员参加。

中央政治局委员、中央党的群众路线教育实践活动领导小组副组长赵乐际同志亲临我市调研指导教育实践活动并给予高度评价，中央第15督导组组长傅克诚，中央第4巡回督导组组长张维庆、副组长李川，以及多位省级领导同志先后到玉溪调研指导，对我市教育实践活动的做法和成效给予了充分肯定。省委第4督导组对我市教育实践活动严格把关、精心指导。市委教育实践活动领导小组及时分析、研究和解决活动中出现的新情况、新问题。市委18个督导组分别派驻县区、市直部门，督导到乡（镇、街道）、村（社区）。市委常委每人联系1个市直单位、1个县、区（园区）、1个乡（镇、街道），其他市级党员领导干部每人联系1个市直单位、1个乡（镇、街道），全程指导活动开展。

在教育实践活动中，我们按照“照镜子、正衣冠、洗洗澡、治治病”的总要求，坚持把加强领导作为重要保证，各参学单位主要领导认真履行第一责任人职责，做到领导带头、以身作则、示范推动；坚持把学习教育作为重要基础，围绕解决世界观、人生观、价值观这个“总开关”问题，认真开展“五照五看”，以焦裕禄、杨善洲、陶应全等先进典型为榜样，促进党员领导干部深学、细照、笃行，做到重点突出、学深学透、入心入脑；坚持把听取意见作为重要途径，做到敞开大门、广泛深入、听真听准；坚持把查摆问题作为重要步骤，做到聚焦“四风”、深挖根源、找准找实，市级领导班子共查摆“四风”问题463条、班子成员共查摆1 712条，县（区）领导班子共查摆3 702条、班子成员共查摆17 667条，市直单位领导班子共查摆8 714条、班子成员共查摆34 368条；坚持把批评和自我批评作为重要武器，盯住“问题清单”、“批评清单”、“整改清单”，严格以整风精神开展积极健康的思想斗争，做到触及灵魂、开诚布公、揭短亮丑，市级领导班子成员之间共提出批评意见597条，县区领导班子成员之间共提出批评意见4 697条，市直单位领导班子成员之间共提出批评意见9 692条；坚持把解决问题作为重要目标，边查边改、立行立改，认真落实中央八项规定和省委十项规定，开展正风肃纪“十一项专项治理”；坚持把建章立制贯穿始终，认真开展“废、改、立”，全市各级各部门在规定时限内，废止制度规定1 859项、修改完善4 727项、建立新制度规定3 580项；坚持统筹兼顾，注重两手抓、两不误、两促进，把开展教育实践活动与落实中央精神和省委部署、推动经济社会发展紧密结合，真正以解决问题、服务群众、推动发展的实际成效取信于民。

通过教育实践活动的开展，广大党员干部受到了马克思主义群众观点的深刻教育，增强了为民务实清廉的自觉性和坚定性；动真碰硬地整治了一批群众反映强烈的“四风”问题，建立完善了一批加强作风建设的规章制度；严格了党内政治生活，各级领导班子的凝聚力、创造力和战斗力得到了提升；党的基层组织建设进一步夯实，密切了党群干群关系；有效激发了党员干部和广大人民群众加快建设美丽玉溪的内生动力，促进了全市经济社会的平稳健康发展。

教育实践活动结束后，我们着眼于深化“四风”整治，抓紧巩固和拓展教育实践活动成果，毫不松懈地抓好整改落实，抓好制度建设，严格党内政治生活，落实管党治党责任，兑现向群众作出的整改承诺，推动作风建设规范化、常态化、长效化，营造良好政治生态和从政环境。实践充分证明，中央关于开展教育实践活动的战略部署深得党心民心，是完全正确、行之有效的。这次活动从思想上、组织上、作风上为我市科学发展和谐发展跨越发展打下了坚实基础，提供了强大动力。

三、坚定不移推进全面深化改革

我们深入贯彻落实党的十八届三中全会以及中央和省委全面深化改革领导小组的历次会议部署，及时成立市委全面深化改革领导小组、办公室及8个专项小组，制定领导小组、专项小组工作规则和办公室工作细则，研究制定了《市委全面深化改革领导小组2014年工作要点》。切实抓好中央和省委已经部署的各项重大改革的落实，大力推进我市关系全局、条件成熟的关键改革，大胆探索方向正确但认识还不深入的重要改革。

市委全面深化改革领导小组共召开3次会议，结合实际研究推进了一些重点领域的改革，力求突出特色，打造玉溪的亮点。深入推进行政审批制度改革，取消了市级行政审批项目23项，下放32项，调整合并112项，行政审批网上服务大厅试点工作走在全省前列。转变中心城区规划区范围内“一户一宅”建房方式的实施方案正式启动。积极争取财税体制改革相关政策，创新市县两级财政预算拨付办法，财政资金引导融资放大效应的作用得到充分发挥。提出了盘活存量、调整规划等破解土地“瓶颈”的政策措施。殡葬改革步伐加快，9个县、区、火化区域已经划定，殡仪馆和公墓建设稳步推进，乱埋乱葬和“活人墓”集中整治初见成效。水务改革指导意见和实施方案基本形成。统筹推进金融体制改革，实现玉溪市商业银行增资扩股2亿元，改革、整顿、提升7个市属投融资公司，发放“一四玉溪开投债”19亿元。工商登记制度改革成效显著，事业单位分类改革、农村产权制度改革、生态文明体制改革、文化教育卫生体制改革等有序推进。

四、促进经济持续健康发展

面对市场需求持续低迷、经济下行压力增大、连续干旱和禽流感疫情爆发等严峻形势，市委常委会始终把发展作为第一要务，作为解决玉溪一切问题的关键，认真贯彻落实中央和省委稳增长、调结构、促改革、惠民生的决策部署，坚持稳中求进工作总基调，科学研判、主动作为，有针对性地解决突出矛盾和问题，坚持做大增量与盘活存量并举、扩大总量和转型升级并进，实现了项目投资、居民消费的稳步增长，保持了经济社会平稳发展。

我们全力以赴稳增长。围绕打好产业建设年攻坚战，切实加强园区土地收储和基础设施、标准厂房建设，继续实施重大项目市级领导联系制度，加大对重点产业、重点企业、重大项目的支持力度。强化固定资产投资工作，突出抓好省级“三个一百”和市级确定的年度计划投资亿元以上重大项目建设。狠抓招商引资和项目落地，努力做到政策一宽再宽、利益一让再让、服务一改再改、环境一造再造，开渠引水、栽花引蝶。调整充实产业招商总局及责任单位，认真组织参加南博会暨昆交会、“云台会”，成功举办“百名浙商玉溪行”招商引资推介会；实施100项重大招商引资3年计划。积极创新投融资方式，加大金融支持和服务实体经济发展工作力度，完善银政合作、保险合作、股权基金企业合作等产融对接机制，强化预算执行和资金支出管理，清理和盘活存量资金，与国开行云南省分行签署800多亿元战略合作协议。

我们千方百计调结构。认真落实中央、省关于加快产业转型升级、促进经济平稳较快发展的政策措施，突出重点、精准发力，有保有压、有扶有控，加快推动产业结构调整和转型升级。配合云南中烟搞好“两统一、两整合”改革，全力支持红塔集团加快烟叶复烤厂等项目建设，推进卷烟配套企业“二次创业”。积极化解过剩产能、推进相关行业达规建设，加大水泥、冶炼、造纸等领域的落后产能淘汰力度。加快技术创新步伐，推进钢铁企业兼并重组，不断巩固提升矿冶产业。加快推进装备制造、生物医药、电子信息、新能源新材料、旅游文化等新兴产业发展，大力发展高原特色农业，庄园经济发展迈出新步伐。积极打好园区经济、县域经济、民营经济“三大战役”，认真研究解决产业园区、玉溪高新区、民营经济发展中的问题。玉溪——华为“云计算数据中心”、中国·东盟国际生物医药港落户玉溪，通变电器研发的变压器片式散热器成为全市装备制造行业首个国家级重点新产品。成功组织“中国院士玉溪行”活动，不断健全完善产学研结合创新机制。

我们扎扎实实打基础。出台推进玉溪新型城镇化发展的实施意见，加快编制昆玉一体化发展战略规划和新型城镇化规划、综合交通发展规划，启动实施美丽乡镇规划建设三年行动计划、城乡垃圾整治行动、中心城区天然气利用发展三年行动计划，深入推进城乡人居环境提升行动，有序开展城市综合体和美丽乡村建设，加快推进水利、能源、电力、信息、城镇基础设施建设。中心城区平战结合人防工程主体完成，东近面山绿化主体工程完工。新天地城市综合体、雨污管网改扩建二期、高仓立交改扩建等重大项目建设扎实推进，城市功能进一步完善，综合竞争力稳步提升。昆玉铁路电气化扩能改造进展顺利，晋红、呈澄、石红等高速公路建设成效明显，乡村公路建设力度加大，中心城区北片区实现了公交化。加快“三湖”生态城市群建设，江川、通海撤县设区（市）工作稳步推进。加快县城扩容提质，县城和重点镇“一水两污”工程取得新进展。

我们积极主动扩开放。抢抓新一轮西部大开发、“一带一路”、桥头堡建设等重大机遇，加快实施“走出去”战略，认真组织开展玉溪在云南开放型经济中的地位作用研究，推动玉溪与昆明在基础设施、产业培育、生态文明建设等方面一体化发展，主动融入滇中城市经济圈。结合昆玉红旅游文化产业经济带建设，加快推进澄江寒武纪乐园、仙湖锦绣、仙湖山水等旅游文化项目建设。支持易门工业园区积极融入滇中产业新区，主动承接产业转移，在招商引资、项目建设、工业发展方面走在全市前列。

五、加强社会主义民主政治建设

人民民主是我们党始终高举的光辉旗帜。在全面深化改革的攻坚期，在全面推进依法治市的关键期，市委常委会始终坚持党的领导、人民当家做主、依法治国有机统一，推进社会主义民主政治建设。

我们发挥党委总揽全局、协调各方的职能作用，支持人大及其常委会依法履行职能，加强对“一府两院”的法律监督和工作监督，加强和改进重大事项决定和人事任免工作，加强对代表议案、建议的办理和督办工作。支持人民政协依章履行政治协商、民主监督、参政议政职能，为推动发展积极建言献策。支持审判机关、检察机关依法独立公正行使审判权、检察权。

我们巩固壮大爱国统一战线，发挥各民主党派、工商联和无党派人士参政议政的作用。加强和改善对工会、共青团、妇联、科协、文联、社科联、侨联、关工委等人民团体和各类社会组织的领导，支持他们依据各自的章程积极发挥职能作用。重视老干部工作，发挥好老干部作用。深入开展双拥工作，巩固军政军民团结。完善村民自治和社区居民自治，保障基层群众依法行使民主权利。

六、加强宣传思想文化工作

面对改革发展稳定复杂局面和社会思想意识多元多样、媒体格局深刻变化，市委常委会高度重视宣传思想文化工作，努力为全市经济社会发展提供思想保证、舆论支持、精神动力、文化条件。

我们扎实推进思想理论建设，积极培育和践行社会主义核心价值观。以党委（党组）中心组学习为龙头，以“读党报、强素质”活动为重要载体和途径，系统开展中国特色社会主义和中国梦宣传教育，推进学习型党组织建设。组织实施聂耳大众文化小分队行动，开展《生命源》大型文艺巡回演出，让群众文艺舞台成为弘扬主旋律的重要阵地。深化拓展群众性精神文明创建活动，深入实施公民道德建设工程，重视发挥“玉溪好人”和道德模范人物的示范作用，不断提升公民道德素质和城乡文明程度。

我们加强对意识形态领域的管理和引导。坚持党性和人民性相统一，牢牢把握意识形态工作领导权、管理权、话语权。坚持敢亮剑、敢碰硬，加强对各类意识形态阵地的管理，旗帜鲜明地批驳错误思潮和错误观点。推进传统媒体和新兴媒体融合发展，建成玉溪门户网站“玉溪网”。巩固扩大新兴舆论阵地，提高主流媒体的传播力、公信力、影响力，凝聚更强正能量。健全完善各级互联网信息工作领导机制，加强网络运用和依法管理，强化网络管理人才队伍建设，加强网上舆论引导，及时稳妥处理网络热点事件，净化网络舆论环境。科学有力有序有效引导社会热点，强化信息发布和政策解读。深入开展“走基层、转作风、改文风”活动，精心组织重大主题宣传，及时宣传报道各县区各部门的生动实践。着力开展“美丽玉溪”、“生态玉溪、绿色发展”、招商引资、殡葬改革等重点宣传，为全市重点工程重点项目稳步推进营造了良好的社会舆论氛围。

我们继续深化文化体制改革，推动文化事业和文化产业繁荣发展，不断提升玉溪文化软实力。推动政府部门由办文化向管文化转变，加快推进新闻出版、广播电视等部门的机构和职责整合，推进“三台”合并改革。认真学习贯彻习近平总书记在文艺工作座谈会上的讲话精神，切实加强对文艺工作的领导，扶持和引导文化创作推出更多体现玉溪特色的精品力作，讲好玉溪故事，唱响玉溪声音，展示玉溪形象，服务玉溪发展。大型滇剧《水莽草》荣获中宣部颁发的“五个一工程奖”，获得中国戏剧最高荣誉奖。发展多样性旅游文化、绿色生态文化、民族特色文化，积极创建全国楹联文化城市，推进文化交流合作，繁荣文化市场，打造地方文化品牌。加强文化队伍建设，启动革命老区、贫困山区、少数民族地区文化人才支持计划行动。

我们加强和改进外宣工作。以提升玉溪知名度和美誉度为核心，深化与云南报业集团、新华社云南分社的战略合作，完善新闻宣传奖励机制，市内新闻稿件上省级、中央级媒体的数量大幅增长。继续加大新兴媒体利用力度，一批官方微信、网站开通使用。

七、在保障改善民生和创新管理中加强社会建设

社会和谐稳定是改革发展顺利推进的基本前提。市委常委会高度重视发挥社会政策的托底作用，加大基本公共服务体系建设力度，着力在保障和改善民生上下功夫，全面加强和创新社会管理。

我们全力保障和改善民生。坚持把发展经济与改善民生更好地结合起来，积极推动各项社会事业健康发展，下大力气解决群众最关心最直接最现实的就业创业、城乡居民增收、社会保障、棚户区改造、保障性住房建设、饮水安全等切身利益问题，促进人民生活持续改善。以“办好人民满意教育”为目标，启动农村义务教育薄弱学校改造计划，继续实施美丽100校园行动计划暨校安工程，基本完成职教园区规划，全力抓好校园安全维稳工作。着力推进普通高中招生改革，推行学区化办学，试行优秀教师多点执教政策，建成17个省级名师工作室和7个市级高中名师工作室，高考质量再次跻身全省前列。义务教育阶段民办中小学实现同城同教。在全省各州市率先启动教育信息化建设。编撰《聂耳》、《神奇抚仙湖》和《澄江化石》三本中小学生课外读物，被纳入全国素质教育基础工程教材系列。实施卫生惠民工程，市医院改扩建和市儿童医院、市急救中心、北片区新医院建设等项目顺利推进。医药卫生管理体制改革、新平和江川公立医院改革试点进展顺利，县乡村医疗服务一体化管理实现全覆盖。实行大病救治二次补偿，新农合参合率达98.4%。澄江化石博物馆开工建设，澄江化石地世界自然遗产保护立法工作稳步推进。玉溪市防震减灾科普馆正式免费向市民开放。在全省首家开发建设人口计生网格化信息系统，“单独二孩”政策启动实施。加快实施农村劳动力转移就业特别行动计划，培训农村劳动力1.98万人，实现新增转移就业1.94万人。

我们大力推进扶贫开发。认真落实国家和省的扶贫开发政策，着力实施科学扶贫、精准扶贫和产业扶贫，加大对扶贫开发重点区域的政策支持、项目安排、资金投入。易门浦贝整乡推进全面完成，新平者竜和华宁通红甸整乡推进扶贫成效明显，整村推进项目稳步实施。全市完成减贫人口3.8万人。

我们全力保障生产安全和食品药品安全。强化党政同责、一岗双责、齐抓共管，认真开展安全生产大检查、隐患大整顿和“打非治违”专项行动，关闭非煤矿山和尾矿库27座，加大重大交通、火灾事故的防范和处置力度。加强食品药品监管，建立完善从生产加工到流通消费的全程监管制度。强化疫情疫病防控体系建设，及时稳妥处置通海高致病性禽流感疫情。

我们加强和创新社会管理。出台《关于加强司法行政促进依法治市的实施意见》，认真落实“六五”普法规划，深入开展法治宣传教育，推动全社会树立法治意识，形成弘扬社会主义法治精神的良好氛围。认真落实民族宗教政策，依法管理宗教事务，扎实推进民族团结进步边疆繁荣稳定示范区“四个一”示范点建设。深入推进平安玉溪、法治玉溪建设，完善立体化社会治安防控体系，认真实施社会管理综合治理和网格化服务、精细化管理，深入推进城市报警与监控系统建设。高度重视解决征地拆迁、环境污染等重点领域的信访突出问题，加强重大决策社会稳定风险评估，完善人民调解、行政调解、司法调解“三调联动”工作体系。畅通和规范群众诉求表达渠道，完善利益协调、权益保障机制，建立市级领导接访下访、包案化解和督访工作制度，深入开展矛盾纠纷大排查、大调处工作。坚决整治“黄、赌、毒”等问题，依法推进反邪教工作，深入开展涉恐涉暴重点人员排查管控以及缉枪治爆等专项行动，严厉打击各种违法犯罪，提升人民群众安全感，确保社会和谐稳定。

八、加快推进生态文明建设

建设生态文明，是关系人民福祉、关系未来的长远大计。市委常委会以对人民群众、对子孙后代高度负责的态度，以守护绿水青山，留住蓝天白云为目标，加大生态环境保护治理力度，扎实推进生态文明建设。

我们坚持生态立市、环境优先，在发展中保护、在保护中发展。切实加强以“三湖两库”为重点的生态环境保护治理，坚定不移地贯彻落实好中央和省、市有关“三湖”保护治理的决策部署，坚定不移地推进“四退三还”，坚定不移地建设湖滨生态带，坚定不移地推进沿湖四县绿色低碳转型发展，坚定不移地实行最严格的保护措施。制定实施通海、江川、澄江、华宁沿湖4县生态建设目标任务考核办法，“三湖”水污染综合防治“十二五”规划项目稳步推进，省政府抚仙湖工作会议确定的“15530”工程加快实施。42条主要河道综合治理力度加大，抚澄河、九溪河等16条河道整治效果显著。抚仙湖“四退三还”和北岸万亩生态湿地、星云湖退田还湖及湖滨带生态恢复、杞麓湖环湖截污治污、东片区暨三湖生态保护水资

源配置应急工程等项目加快推进。张高丽副总理对抚仙湖保护作出重要批示，环保部同意将抚仙湖纳入国家公园体制试点，水利部已将玉溪列为全国第二批水生态文明城市建设试点。抚仙湖通过竞争立项顺利进入国家重点支持江河湖泊生态环境保护专项，获得国家4.5亿元资金支持。

我们积极构建绿色生态屏障。以城镇面山、重要交通沿线、“三湖”周边为重点的路域环境综合整治成效明显，种植杨树1.57万亩，完成造林绿化41万亩、2 182万株，中心城区东近面山生态休闲公园投入使用。“森林玉溪”建设成效明显，完成巩固退耕还林成果、石漠化综合治理等营造林项目38.46万亩，治理水土流失面积192平方千米。以村内道路硬化、村庄绿化、公房（党员活动室）、环境卫生整治、特色民居示范为主要内容的美丽家园建设稳步推进，形成了一套工作机制，探索出一条具有玉溪特色的美丽乡村建设路径。实施城市标准化、精细化管理，深入推进美化绿化亮化工程，妥善做好拆临拆违后续工作，中心城区和县城“退二进三”、企业入园、街区整治等有力推进，深入实施以农村“六乱”整治和“六有”建设为重点的农村环境综合整治，城乡环境得到极大改善。

我们把节能减排作为硬指标、硬约束。严格落实环境保护“一岗双责”，坚决淘汰落后产能，把好源头管控关，切实在提高城镇污水处理能力，加强重点企业、重点领域、重点县区污染减排以及现场监管和执法力度等方面下硬功夫，认真落实“区域限批”整改措施，强化污水管网建设，实施大气环境综合整治，启动实施机动车环保检测，中心城区空气质量一级天数同比增加53天。

九、全力抓好党的建设

办好玉溪的事情，关键在党。市委常委会始终坚持党要管党、从严治党的方针，严格落实从严治党的责任，着力抓措施配套，抓重点突破，抓制度完善，为玉溪经济社会发展提供强有力的政治保证和组织保障。

我们积极推进党的组织工作创新。按照习近平总书记提出的“好干部”标准，认真落实中央和省委的相关政策，建立对领导班子和领导干部定期分析研判制度，制定出台领导班子和领导干部综合考核评价“一个意见、两个办法”、市属企业领导人员管理规定，实施差异化考核，改进考核方式方法，防止和克服“唯票”、“唯分”、“唯GDP”、“唯年龄”选人等问题。按照新修订的《党政领导干部选拔任用工作条例》规定选用干部，继续实施干部交流、培养选拔年轻干部等配套政策措施，加大女干部、党外干部、少数民族干部培养选拔力度，注重从基层一线培养选拔干部，一大批想干事、敢干事、能干事，在推进重点工作中做出成绩的优秀干部走上各级领导岗位，形成了能者上、平者让、庸者下的用人导向。从市直党政群机关选派了102名无基层工作经历的优秀年轻干部到基层挂职锻炼。规范竞争性选拔干部工作，废止一批与中央、省委干部政策精神不相符的文件。强化党管人才工作，研究出台了《关于创新体制机制加强人才工作的实施意见》和《玉溪市人才引进办法》。建成3家院士工作站，玉溪国家高新技术产业开发区被确定为省级第二批高层次人才创新创业示范基地。

我们把从严管理贯穿到干部队伍建设全过程。用坚决的态度、有力的措施管理监督干部，组织开展超职数超编制超规格配备干部、党政干部在企业兼职任职、退（离）休领导干部在社会团体兼职、“裸官”、个人报告事项抽查核实、“吃空饷”、“带病提拔”干部倒查等专项检查治理工作。要求党员干部时刻牢记习总书记“三严三实”的要求，勤用“四盆水”洗净作风之弊、行为之垢，努力做好“六个表率”，自觉做到“六个不能”，做一名让组织放心、让群众满意的领导干部。强调要正确处理好干事和干净的关系，做到既要遵纪守法，严格执行中央八项规定，又要追求干事创业、奋发有为，整治“为官不易”、“为官不为”，做出经得起历史、实践和人民检验的工作实绩。

我们扎实推进基层服务型党组织建设。以开展“美丽玉溪服务先锋活动”为抓手，用项目化思路推进基层党建工作，推动基层党组织工作重心向服务转移、工作方式向服务转变。全面落实“一定三有”政策，认真落实村（社区）干部报酬待遇，集中对694个软弱涣散党组织进行整顿，调整撤换64名软弱涣散党组织书记，选派第八批770名新农村建设指导员、693名常务书记驻村帮扶工作，选聘153名大学生村官到村任职。加强以党组织书记为重点的基层党员干部队伍建设，培训基层党组织书记9 109人次。全面推行党员积分制管理，加大非公有制经济组织、社会组织党建工作力度，不断健全完善党的基层组织体系。开展主题服务月活动，组织2万多名在职党员到社区报到为群众服务。强力推进87个强基惠农“合作股份”项目，发放5 400万元“红色信贷”资金，带动1 600多名党员群众创业致富。投入资金720万元，启动450个村（居）民小组党员活动室建设；投入474万元，启动红塔区、易门县、元江县四级综合服务平台建设，构建便捷一体的为民服务体系。认真落实基层党建工作责任制，实行县乡基层党建工作“联述联评联考”制度，首次开展县区委书记抓基层党建工作专项述职测评，各县区也组织开展了乡（镇、街道）党（工）委书记专项述职测评。

我们不断提高干部教育培训的质量。紧紧围绕全市中心工作，突出玉溪特色，创新方式、挖掘资源，以身边人身边事为案例，在实干中教育干部、在实干中培养干部。制定实施了“干部教育培训五年规划”和年度计划，加大党政领导班子成员、优秀年轻干部、少数民族干部、新进班子领导干部、基层干部调训力度，共选派425名干部到省级以上干部培训机构参加76个重点专题班次的学习，先后选派170名干部到市委党校参加正科级领导干部进修班、青干班、乡镇党政正职培训班等专题培训。

我们深入推进党风廉政建设和反腐败斗争。先后8次进行专题研究，把党风廉政建设和反腐败斗争与经济工作同部署、同检查、同落实。认真贯彻落实党风廉政建设责任制，制定《关于落实党风廉政建设党委主体责任、纪委监督责任的实施意见》，强化各级党组织责任担当。严格执行“三重一大”和个人报告有关事项、诫勉谈话、任期经济责任审计、领导干部问责等制度，深化党务、政务公开。以监督检查重大决策部署执行情况为重点，对各县区、市直各单位开展明察暗访，对8起违反中央八项规定的典型事例进行了通报，狠刹庸懒散奢和吃喝风、送礼风等不良风气，形成了震慑，促进了自律。认真清理和规范议事协调机构，清理腾退超标办公用房，压缩“三公”经费支出3 449万元。推动纪检监察机关转职能、转方式、转作风，聚焦党风廉政建设和反腐败斗争中心任务，切实履行监督执纪问责职能。坚持“老虎”、“苍蝇”一起打，以

“零容忍”的态度惩治腐败，对违纪违法问题发现一个、查处一个，教育引导各级干部自觉做到警钟长鸣，筑牢拒腐防变的思想道德防线。

今年9月上旬，省委对玉溪市委班子进行调整。市委常委会认真贯彻落实中央和省的各项决策部署，认真落实省委李纪恒书记对玉溪提出的“站位要高、目标要实、做得要好”的要求，坚持“四个不变”，强化“四个意识”，突出“四个重点”，团结和带领全市各族干部群众，再提信心，再鼓干劲，强化措施，统筹抓好各项重点工作，全力冲刺四季度。市委、市人大、市政府、市政协等几套班子和各级各部门、中央和省驻玉单位、驻玉军（警）部队，切实把思想和行动统一到中央、省委的要求和决策部署上来，讲政治、顾大局，团结一心、奋力开拓，努力使各项工作干在实处、走在前列，确保了全市经济社会健康有序发展。

实践证明，玉溪要干在实处、走在前列，必须坚定不移抓理论武装，坚持把习近平总书记系列重要讲话作为统一思想，明确目标，凝聚力量，开创跨越发展新局面的科学指南；必须坚定不移抓作风建设，强化担当意识、廉洁意识、团结意识，以求实、务实、落实的精神，用心、用情、用力做好工作；必须坚定不移走群众路线，打通联系服务群众“最后一千米”，不断增进群众福祉，凝聚民心民智民力，形成战胜一切困难的强大动力；必须坚定不移加快发展，正确处理继承与创新的关系，一张蓝图干到底、一任接着一任干、一任干给一任看，久久为功，造福百姓；必须坚定不移推进依法治市，把改革、发展、稳定和党的建设纳入法治化轨道，着力提高运用法治思维和法治方式解决问题、推动发展的能力和水平。

在肯定成绩和总结经验的同时，市委常委会也认真地分析了面临的挑战和存在的问题，主要是：经济总量小、增长缓慢；经济运行中财政收支矛盾较为突出，财源建设仍然难以支撑发展需求；产业结构不合理、支柱产业单一，自主创新能力不强、资源环境压力大；招商引资的软环境有待改善，大项目、好项目储备不足；社会事业发展相对滞后，社会管理创新压力比较大；一些党组织核心作用没有发挥，战斗力不强；一些领导干部畏难情绪较重，破解发展难题的办法不多，工作作风不扎实，还有不少工作应该落实而没有落实到位，实现科学发展和谐发展跨越发展任重而道远。

以上报告的是今年以来市委常委会的主要工作。这些工作的开展和成绩的取得，是党中央、国务院和省委、省政府正确领导的结果，是全市上下认真贯彻落实党的路线方针政策，戮力同心、顽强拼搏的结果。各位市委委员、候补委员对我们的工作给予了真诚帮助和大力支持。在此，我代表市委常委会向为玉溪经济社会发展付出辛勤努力的各级党组织、中央和省驻玉单位、驻玉军（警）部队，向各位老领导和全市广大干部群众、社会各界表示衷心的感谢，并致以崇高的敬意！

在下步工作中，市委常委会将高举中国特色社会主义伟大旗帜，紧密团结在以习近平同志为总书记的党中央周围，解放思想、求真务实、开拓创新，抓好发展第一要务，落实稳定第一责任，强化党建第一保障，认真贯彻落实习近平总书记“对党忠诚、个人干净、敢于担当”和省委李纪恒书记“站位要高、目标要实、做得要好”的要求，以踏石留印、抓铁有痕的劲头，以钉钉子的精神，狠抓中央和省委、市委各项决策部署的落实，促进玉溪经济持续健康发展、社会和谐稳定，确保玉溪干在实处、走在前列！

希望同志们本着认真负责的精神，对市委常委会工作提出意见和建议。

政府工作报告

——2015年2月4日在玉溪市第四届人民代表大会第三次会议上

玉溪市市长 饶南湖

各位代表：

我代表市人民政府，向大会报告政府工作，请各位代表审议，请市政协各位委员提出意见。

一、2014年工作回顾

过去一年，在市委坚强领导下，市人民政府围绕市四届人大二次会议确定的目标任务，以党的十八大、十八届三中、四中全会和习近平总书记系列重要讲话精神为指导，集中精力打好产业建设年、改革创新年、基础设施建设年和生态文明建设年攻坚战，克服市场需求持续低迷、经济下行压力增大、畜禽疫病高发等困难，经济保持平稳发展，各项工作成效明显。全市完成生产总值1 184.7亿元、增长8%，地方公共财政预算收入113.6亿元、增长7.2%，规模以上固定资产投资511.9亿元、增长30%，社会消费品零售总额255.6亿元、增长13%，城镇居民人均可支配收入27 223元、增长10.1%，农村居民人均可支配收入9 969元、增长13.2%，城镇化率45.1%，居民消费价格总水平上涨2.1%，城镇登记失业率3.3%，人口自然增长率5.3‰，万元生产总值能耗下降5.7%。

我们重点抓了6个方面的工作：

第一，努力保持经济平稳增长。落实省政府16条、制定市政府15条稳增长措施，强化运行分析和专项督查，千方百计稳增长。抓好农业稳增长。编制高原特色农业发展规划，制定发展现代农业庄园、加快畜牧业可持续发展等意见，扶持重点产业，培育新型经营主体。完成烤烟生产收购任务，蔬菜、水果、核桃等特色产业有了新发展，种植业产值120.9亿元，增长4.6%。妥善处置畜禽疫病，稳定畜禽养殖规模，畜牧业产值79.1亿元，增长7.7%。推动农业适度规模经营，新增土地流转面积3.4万亩，启动18个农业庄园建设，褚橙庄园、玉溪庄园等8个省级精品庄园带动能力和影响力不断扩大，认定50个家庭示范农场，新增15户龙头企业、71个专业合作社，农业增加值达122.8亿元，增长6%。突出工业稳增长。制定工业转型升级、化解产能过剩实施方案，强化要素保障，及时解决企业生产经营中的困难问题。卷烟及配套产业增加值386.5亿元、增长8.1%，矿冶业增加值137.5亿元，装备制造、生物医药及食品、新能源新材料、信息等新兴产业快速发展。华为云计算数据中心、韵雅黄腐酸等一批重大项目顺利推进，5 000万元以上重点项目竣工投产38个，新增规模以上企业33户。加快园区建设发展，成立4个土地储备分中心，收储土地1.56万亩，基础设施建设投入20.1亿元，建成标准厂房50万平方米，工业园区完成增加值590.3亿元，增长8.7%。制定加快民营经济发展实施意见和考核办法，实现增加值402亿元，增长9.1%。工业增加值670.4亿元，增长8.1%。扩大消费稳增长。出台加快旅游产业发展的决定，澄江寒武纪乐园、太阳山国际生态旅游度假区等21个重大旅游项目稳步推进，旅游总收入108.6亿元，增长26.9%。推进国家信息消费试点城市工作，启动信息惠民、宽带乡村示范工程。加强专业市场建设，完成4个乡镇农贸市场改造，建成红塔区精品建材市场。优化外贸结构，农产品出口增势强劲，进出口总额9.7亿美元，增长35.7%。第三产业增加值355.5亿元，增长7.4%。增加投资稳增长。坚持完善重大项目市级领导联系制度，组织重点项目集中开工，101个亿元以上重点项目完成投资248.7亿元。加强基础设施建设，昆玉铁路扩能改造和晋红、呈澄、石红高速公路等项目进展顺利，建成农村公路350千米；改造中低产田地19万亩，完成水源工程5件、小（二）型病险水库除险加固40件，库坝蓄水5.3亿方；1个220千伏、3个110千伏输变电工程竣工，戛洒江一级电站和羊岔街、向阳山风电场开工。创新融资方式，发行企业债券19亿元，争取中央代云南发行地方政府债券转贷资金6.5亿元，金融机构新增贷款68.7亿元，68户企业在前海股权交易中心挂牌，万绿生物成功在新三板上市。争取上级资金114.6亿元。完善招商引资考核办法，开展“百名浙商玉溪行”等推介活动，引进市外到位资金605.4亿元、增长49%，利用外资7 430万美元、增长10%。

第二，稳步推进重点领域改革。推进行政审批制度改革，取消市级审批项目25项，下放20项，调整合并拆分47项。工商登记制度改革成效显著，新增注册企业增长2倍。制定园区实体化管理指导意见，启动高新区改革试点。“营改增”试点顺利推进。市商业银行增资扩股2.2亿元，7个市属投融资公司实际融资216亿元。完成乱埋乱葬清理整治任务，6个县区提前实现殡葬改革‘两个100%”目标，全市火化率达49.8%。农村土地承包经营权确权登记颁证、集体林权制度、土地征收补偿费作价入股、水务、供销社等改革有序推进。改革高中招生录取办法，公立医院改革取得成效，生态文明、文化等体制改革稳步推进。

第三，统筹推进城乡协调发展。出台推进玉溪新型城镇化发展的实施意见，完成玉溪发展战略规划、中心城区城市设计和公共设施、绿道网络等专项规划编制，完成5个县城总规修编和滇中民居设计，新平列入全国县域乡村建设规划工作试点。加快中心城区建设，平战结合人防工程、排水管网改扩建一期、高仓立交改扩建、东近面山绿化等工程完工，新天地商业广场、红星国际广场城市综合体建设有序推进。城南客运站开工建设，建成公交站台188个、站点538个。铺设燃气管道47.3千米，推广居民用户2万户。制订城市精细化管理实施方案，持续抓好拆临拆违，拆后绿化43万平方米。实施美丽乡镇三年行动计划和美丽乡村建设行动计划，20个美丽乡镇、101个美丽乡村建设有序推进。开展城乡垃圾整治行动，建成污水收集管网48.3千米，重点集镇“一水两污”项目开工8个。成功申报6个国家级传统文化村落。新增“农转城”9.4万人，转户居民参加城镇社保15.5万人次。

第四，加强生态环境保护。制定“三湖”四县生态建设考核办法、抚仙湖保护管理实施办法，扎实推进“三湖两库”保护治理，“三湖”水污染综合防治“十二五”规划项目开工率98.5%、完工率63.6%，抚仙湖总体水质稳定保持Ⅰ类，星云湖、杞麓湖水质下降趋势得到遏制。抓好抚仙湖良好湖泊生态环境保护试点，争取上级资金6.7亿元，北岸生态湿地项目搬迁群众1 500人、建成湿地631亩，调整种植结构，发展蓝莓、荷藕等低污染作物1.3万亩。争取星云湖保护治理专项资金1亿元，杞麓湖列入国家湿地公园建设试点。东片区暨“三湖”生态保护水资源配置应急工程有序推进，开始分段试压。东风水库、飞井海水库和16条河道综合整治成效明显。实施绿化造林41.4万亩，治理水土流失196平方千米，新增耕地1.6万亩。强化工业园区、大型施工场地污染综合治理，建成12条机动车环保检测线，淘汰黄标车及老旧车1.6万辆，启动8个县城环境空气质量监测，中心城区空气质量一级天数增加63天。落实区域限批整改措施，完成减排项目150个，淘汰117万吨钢铁、28.6万吨水泥落后产能。

第五，千方百计保障改善民生。加大民生投入，支出占公共预算支出的75%，10件惠民实事圆满完成。新增城镇就业2.2万人，城镇失业、就业困难人员再就业1.1万人，扶持自主创业1.2万人，培训农村劳动力2.8万人、转移2.7万人。城乡居民养老保险并轨运行，提高最低生活保障补助标准、惠及13.6万人，企业退休人员养老金提高10%。城镇职工医保最高支付限额达25万元，新农合人均筹资标准提高到435元。完成1个整乡推进、206个整村推进扶贫项目，5万人实现脱贫。建成“爱心水窖”1.2万口、农村饮水安全工程277件，解决了8.6万人饮水安全问题。建成保障性住房1.45万套，改造农村危房1.1万户，安置溪洛渡水电站外迁化念移民2 997人。完成10个农村敬老院、50个居家养老服务中心、103个农村幸福院、102个老年活动室建设。加快美丽100校园行动计划暨校舍安全工程建设，加固改造39.5万平方米，拆除重建17.6万平方米。在全省率先启动教育信息化建设，民办中小学实现同城同教。学前教育毛入园率达93%。推行学区化办学，试行优秀教师多点执教，高中办学质量跻身全省前列。《聂耳》、《澄江化石地》、《神奇抚仙湖》中小学课外读物纳入全国素质教育基础工程教材。制定创新型玉溪建设政策措施，启动科技特派员创新创业行动，举办生物资源开发论坛和中国院士玉溪行活动，新增2个院士工作站、4个工程技术研究中心、1个重点实验室、11户国家高新技术企业。县乡村医疗服务一体化管理基本全覆盖，完成6个乡镇卫生院、31个村卫生室标准化建设。市中医院外科大楼建成使用，引进社会资本建设西南国际医院暨健康产业园、参与市儿童医院建设管理。启动实施“单独两孩”政策。澄江化石地保护列入省人大立法计划，化石博物馆开工建设。实施文化站改扩建30个、文化惠民示范村项目6个，滇剧《水莽草》荣获“五个一工程”奖，完成地方节目无线覆盖一期工程。承办网球、自行车、帆船等国内外赛事，参加第十四届省运会取得好成绩。加强基层社会治理，5个社区命名为全国示范社区。依法管理宗教事务，民族团结进步边疆繁荣稳定新平示范县、盘溪示范镇建设取得实效。加强信访工作，市县乡三级视频接访网络建设有序推进。出台加强反恐维稳工作意见，平安玉溪建设深入推进，社会保持和谐稳定。开展安全生产专项整治，加强食品药品监管，安全生产形势稳定。妇女儿童、老龄、残疾人、红十字、慈善、关心下一代等事业健康发展，外事侨务、防灾减灾、统计、人防、双拥、史志等工作取得新成绩。

第六，切实抓好政府自身建设。制定加强司法行政促进依法治市实施意见，“四五”依法治市和“六五”普法有序推进。深入开展党的群众路线教育实践活动，着力整治“四风”，干部作风明显好转，服务质量不断提高。坚持党的领导，自觉接受人大法律监督、工作监督和政协民主监督，人大代表建议和政协委员提案办结率均达100%，解决率分别为45.5%、44.3%。组织开展集体学法，重大决策听证65次、社会公示4 968次、重点工作通报9 443项，科学民主依法决策能力不断提高。电子政务协同办公系统全面推开，行政审批网上政务服务大厅建设全省领先，政府投资建设项目中介库建成运行。完成“吃空饷”专项清理工作，制定市级机关差旅费管理办法、党政机关国内公务接待管理实施细则等规章制度，“三公”经费支出下降29%。加大审计监察力度，强化督促检查，行政问责148人。落实党风廉政建设主体责任，纠风治乱成效明显。

各位代表，回顾去年的工作，成绩来之不易。这是市委坚强领导，市人大、市政协监督支持，全市人民共同努力的结果。在此，我代表市人民政府，向全市广大干部群众，向人大代表、政协委员，向各民主党派、工商联、各人民团体和社会各界人士，向中央和省驻玉单位、军警部队官兵，向所有关心支持玉溪发展的同志们、朋友们，表示崇高的敬意和衷心的感谢！

各位代表，总结去年的工作，虽然大部分经济指标超过全省平均水平，但生产总值、财政收入、固定资产投资等增速仍低于年初确定目标。这既受宏观经济下行、工业产品价格下滑、生产要素成本上升、房地产市场调整等客观因素影响，也暴露出我们对新常态下经济增速放缓估计不足，一些部门行政效率不高，不作为、选择性作为，稳增长、调结构、促改革措施落实不到位等主观方面的问题。综合分析判断，当前经济社会发展仍面临不少困难和问题：一是产业培育发展滞后，支柱产业单一，发展方式粗放、质量效益不高，转型升级任务重。二是企业生产经营困难，税收增长放缓，偿债压力加大，财政收支矛盾突出，保运转、保稳定、保民生难度增加。三是大项目好项目储备不足，招商环境不优，融资难、融资贵等问题突出，重大项目推进缓慢，投资增长乏力。四是资源环境约束加剧，水体、大气、土壤等环境污染形势严峻，节能减排和化解过剩产能压力大。五是城乡协调发展任务重，社会管理方式有待创新，土地征用、房屋拆迁等热点难点问题仍然突出。解决好这些困难和问题，促进经济社会持续健康发展，我们必须保持定力，攻坚克难，扎实工作，努力创造新业绩，向全市人民交上一份合格答卷。

二、2015年目标任务

今年是全面深化改革的关键之年，是全面推进依法治市的开局之年，也是全面完成“十二五”规划的收官之年。政府工作的总体要求是：坚持以党的十八届三中、四中全会、中央经济工作会精神为指导，全面贯彻习近平总书记系列重要讲话和视察云南时的重要指示，认真落实省委、省政府和市委的决策部署，坚持稳中求进的总基调，坚持以提高经济发展质量和效益为中心，坚定不移地实施生态立市、农业稳市、工业强市、两烟富市、文化旅游兴市战略，把转方式调结构放到更加重要的位置，狠抓改革攻坚，突出创新驱动，加强民生保障，强化风险防控，加快建设美丽玉溪，努力干在实处，走在前列，促进玉溪经济平稳健康发展和社会稳定。全市经济社会发展主要目标建议为：生产总值增长10%左右，地方公共财政预算收入增长7%左右，规模以上固定资产投资增长28%左右，社会消费品零售总额增长13%以上，城镇居民家庭人均可支配收入增长11%以上，农村居民家庭人均可支配收入增长13%以上，城镇化率提高2个百分点，居民消费价格指数控制在103%以内，城镇登记失业率控制在4.3%以内，人口自然增长率控制在5.8‰以内，万元生产总值能耗下降2%以上。

做好今年的工作，我们必须深刻认识、准确把握新常态的基本特征。我国经济发展进入新常态后，发展速度由高速转向中高速，发展方式从规模速度型粗放增长转向质量效率型集约增长，结构从增量扩能为主转向调整存量、做优增量并存的深度调整，发展动力从传统增长点转向新的增长点。新常态下，玉溪经济发展靠拼劳力、拼资源实现高速增长已经难以为继，靠模仿型、排浪式消费拉动经济增长的历史已经基本结束，靠低成本、低附加值初级产品净流出拉动经济增长的状况亟待改善。一定要认识新常态，适应新常态，激发新动力，以改革创新精神谋划发展、推动工作。我们必须深刻认识、准确把握新常态下面临的重大机遇。当前，世界经济处在国际金融危机后的深度调整期，经济增速预计略有回升，但总体仍然疲弱；我国正处在增长速度换档期、结构调整阵痛期、前期刺激政策消化期“三期叠加”阶段，经济下行压力加大。同时也要看到，国家实施“一带一路”、长江经济带等战略，我省建设全国民族团结进步示范区、生态文明建设排头兵、面向南亚东南亚辐射中心，加快推进滇中城市经济圈一体化发展、打造昆玉红旅游文化产业经济带，有利于我市完善综合交通、提速城乡建设、优化产业布局、完善市场体系、带动投资需求、扩大发展空间。一定要加强政策研究，积极主动应对，顺时而谋、趁势而上，牢牢把握加快发展主动权。我们必须深刻认识、准确把握新常态下经济发展的着力点。要向深化改革要动力、向结构调整要助力、向民生改善要潜力，把抓产业、扩内需作为加快经济发展的重要着力点。围绕把玉溪建成全省产业转型升级先行区、新兴产业发展聚集区、重要高端旅游休闲度假区和重要内陆港的产业发展定位，巩固提升卷烟及配套、矿冶、高原特色农业三个支柱产业，着力培育旅游文化、装备制造、生物医药及食品、现代物流四个新的支柱产业，加快发展信息、新能源新材料及节能环保两个新兴产业。依靠深化投融资体制改革，优化财政支出结构，创新财政资金使用方式，引导社会资金投向重大基础设施和重点产业建设。依靠培育新兴业态激活消费潜力，促进消费结构升级。依靠深化行政审批制度改革，促进大众创业万众创新。依靠推进新型城镇化，以棚户区改造、新农村建设等为重点统筹城乡建设。

新常态下，玉溪经济发展、结构调整有较大空间和回旋余地。我们一定要提振发展信心，充分利用交通区位优越、生态环境良好、产业基础扎实、劳动力素质较高等优势，抓住关键，精准发力，扎扎实实抓好以下九项重点工作：

第一，发挥投资关键作用，进一步夯实发展后劲

坚持把增投资作为拉动经济增长的第一动力，优化投资结构，明确投资重点，确保规模以上固定资产投资达655亿元以上。

强化重点领域投资。设立产业发展引导基金，努力增加生产性项目特别是工业项目投资。突出综合交通、农田水利、能源信息等投资领域，发挥财政资金放大效益，撬动金融资本、社会资金有效投入。配合做好玉磨铁路征地拆迁和新临、弥玉高速公路前期工作，推进晋红、呈澄、石红高速公路建设，开工建设江通高速和新元一级公路，建设农村公路1 000千米。改造中低产田地17.8万亩，实施烟叶生产基础设施项目1.7万件，配合做好滇中引水工程，推进元江鲁布、易门苗茂中型水库建设，开工建设元江小拉史、华宁核桃冲等6件小（一）型水库，完成新平马鞍山等3件小（一）型水源工程，病险水库除险加固58件，建成“爱心水窖”6 000口，修复农村水毁工程。推进戛洒江一级、雨果等电站建设，抓好4个风电场和2个光伏发电项目建设，加快500千伏宁州变二期和2个220千伏、9个110千伏

输变电工程建设，确保10个建成投产。

强化投资要素保障。抓住土地利用总体规划滚动修编机遇，加快“多规合一”步伐，建立土地指标分配与实际利用考核评价机制，加大土地储备力度，清查处置批而未用土地，盘活闲置土地，把有限的土地指标向积极性高、大项目好项目多并能及时落地的县区倾斜。鼓励民间资本发起设立产业投资基金和股权投资基金，支持民营资本参与重点领域投资，确保民间投资比重提高5个百分点以上。积极主动做好项目申报和协调汇报，争取上级资金增长10%以上。大力发展民生金融，鼓励金融机构创新金融产品，新增贷款80亿元。

强化项目推进责任落实。全面落实“七位一体”工作机制，建立季度综合调度制度，研究解决项目建设中的困难问题。强化重大项目推进责任，倒逼目标，倒排工期，倒查责任，坚决纠正业务部门之间互为前置、推诿扯皮、效率低下等行为。突出抓好省级“三个一百”和市级119个投资亿元以上重大项目建设，确保续建项目投资完成率80%、新上项目开工率70%以上。

第二，大力发展现代农业，促进农业增效农民增收

认真贯彻中央1号文件精神，全面实施高原特色农业发展规划，推动农业生产转方式、调结构、增效益、促增收，确保增加值增长6.5%以上。

发展特色优势产业。稳定粮食生产，加强仓储设施建设，确保粮食安全。种植烤烟54.1万亩、收购烟叶157.1万担，加强烟叶收购价格放开后的扶持政策研究，保障烟农利益。扶持发展蔬菜、花卉、林果等优势产业，新增核桃33.5万亩、水果2万亩、竹子1万亩。强化重大动物疫病防控，建设生猪标准化规模养殖场28个，扶持循环养殖示范场10个，加快畜牧业可持续发展，确保产值增长10%以上。

转变农业发展方式。落实龙头企业、农业庄园、家庭农场扶持政策，培育新型经营主体，推进8个省级精品庄园、50个家庭示范农场建设，做大“褚橙”、“猫哆哩”，做强“云菜”、“源天生物”等企业，新增龙头企业5户、农民专业合作组织40个。集中资金、技术、土地等生产要素，发展多种形式适度规模经营。新增土地流转面积3万亩。创新农村金融服务，维持县级农村信用社法人地位，鼓励发展村镇银行、小微金融。创新农业科技服务，抓好种苗繁育、技术配套和示范推广，创建国家农业科技园区。创新农产品营销方式，支持阿里巴巴搞好农村电子商务试点，建设特色中国玉溪馆。制定实施土壤污染治理年度计划，强化水旱轮作、配方施肥、降低复种指数等措施，大力发展资源节约、环境友好农业。启动可追溯体系建设试点，加强农产品质量安全监管。

拓宽农民增收渠道。大力发展农村二三产业，促进三次产业融合互动，培训农村劳动力2.25万人、转移1.55万人，鼓励就近就地兼业就业。全面落实粮食直补、农资综合直补、良种补贴、购机补贴、草原生态保护补助奖励等各项政策，扩大政策性农作物保险试点。实施精准扶贫，抓好4个整乡推进项目，完成30个自然村整村推进扶贫任务，加大产业扶贫、信贷扶贫力度，确保5万农村贫困人口脱贫。

第三，转变工业发展方式，推动产业提质增效

稳住存量、扩大增量，强化创新、做实园区，推动存量企业提档升级，引进重大项目扩能提质，确保工业增加值增长9.5%以上。

推进重点产业发展。全力为红塔集团提供优质原料，配合搞好打叶复烤搬迁技改、存储仓库等项目建设，支持卷烟产品结构调整，稳定生产销售规模；争取合和公司扩大玉溪投资，鼓励卷烟配套企业外引内联、加快发展。加强矿冶业转型升级政策措施研究，落实扩产促销、电价、税收等优惠政策，支持重点钢铁企业稳定生产、调整产品结构、延伸产业链。争取汽车产业布局玉溪，大力发展数控、风电、汽车配件等高端装备制造业。支持重点企业加快生物疫苗、化学制剂、中成药物等新产品开发，推动茶叶、菌类、果蔬、粮油等精深加工，促进生物医药及食品产业上规模、上档次、增效益。支持太阳能、风能、水能开发，加快锂电池、LED产业化，搞好再生资源回收利用，加快发展新能源新材料及节能环保产业。

加强工业园区建设。建立产业布局市级协调机制，每个园区确定2至3个主导产业，抓好水、电、路、气、通信等基础设施建设与城镇规划衔接配套，推进公共服务社会化，加快产城融合。推进园区实体化改革，赋予省级园区部分市级、县级经济社会管理权限，推行“2号公章制”，试行“跟章制”，消除体制机制障碍。创新融资方式，通过引进战略合作伙伴以PPP模式、争取省级发债等方式多渠道筹集资金，搞好土地收储、基础设施建设。主动融入滇中产业新区建设，加快高新区九龙片区、南片区产业转型升级和龙泉片区规划建设，推进大化园区和其他园区发展。落实园区属地政府招商引资责任，强化园区绩效考核，推进30万吨合金无缝钢管、1万台数控机床、韵雅黄腐酸、达利食品二期、30亿个食品包装盒等项目建设，确保投资5 000万元以上重大项目30个开工、30个竣工，园区工业增加值增长10%以上。

大力发展民营经济。认真落实支持民营经济、小微企业发展的各项政策措施，确保民营经济增加值增长13%以上。加强银政银企合作，构建金融服务实体经济长效机制，鼓励企业利用前海股权交易中心挂牌融资，推进与上海股权交易所合作，年内2户以上企业实现新三板挂牌。制定政策措施，鼓励企业发展电子商务，促进互联网与实体产业跨界融合。建设微总部经济园区，实施中小企业成长工程和“两个10万元”微型企业创业培育工程，年内新增销售收入超50亿元企业2户、超10亿元企业4户，3户进入大企业行列、20户进入规模以上企业。突出特色，差异发展，促进县域经济做大做强。

强化创新驱动。落实加快实施创新驱动战略建设创新型玉溪的决定，实施“七大工程”，创建国家创新型试点城市。执行企业研发费用加计扣除等普惠性政策，支持企业建立研发机构、开发新技术新产品，新增院士工作站2个、重点实验室和工程技术中心7个。支持企业技术改造，

认定高新技术企业7户、创新型企业3户。加强知识产权保护，专利申请量和授权量增长10%以上。建立专项基金，加强创新人才、职业经理、学科带头人、技师等重点人才的培养引进使用，创造人才红利。

第四，努力扩大城乡消费，加快第三产业发展

发挥消费基础作用，大力发展生产性、生活性服务业，创新经营业态，挖掘消费潜力，促进大众消费，推动消费升级，确保第三产业增加值增长12%以上。

着力发展壮大旅游文化产业。认真落实昆玉红旅游文化产业经济带建设玉溪行动计划，制定实施培育旅游产业新支柱行动方案，推动旅游与生态、文化、城乡建设融合发展。抓好澄江寒武纪乐园、仙湖锦绣、仙湖时光栈道等重大项目建设，加快抚仙湖—星云湖生态建设与旅游改革发展综合试验区发展。加强优质资源管控，引导社会资本参与建设开发，打造“三湖”休闲度假、哀牢山—红河谷民族生态、易门—红塔—华宁特色旅游3条旅游线路。积极发展乡村旅游。推进智慧旅游工程，建立旅游联合促销联盟，扩大客源市场，确保旅游总收入增长16%以上。

加快服务业提质增效。着力推进信息惠民、信息消费、宽带乡村试点城市建设，加快华为玉溪云计算数据中心、智慧玉溪等项目建设，积极发展信息服务业。大力发展现代物流业，搞好物流园区规划布局，加快通力汽运、润特物流等项目建设，引进知名物流企业，打造国际贸易流通全省重要内陆港。推进聂耳美食文化城建设，开发地方特色菜品，打造餐饮品牌。大力发展金融、保险、商贸等服务业，积极培育律师、评估、咨询等中介组织。

努力扩大城乡消费。实施养老健康家政、信息、旅游、住房、绿色、教育文化体育6大领域消费工程，培育消费增长点。认真落实不动产登记条例和住房贷款优惠政策，促进商品房去库存化；加强公租房出租出售政策研究，提高入住率；加快美丽家园建设、农村危房改造，努力扩大城乡住房消费。抓好汽车、家电等大宗消费，培育教育、文化、节能环保等消费热点。加快得胜商业中心和3个农产品批发交易市场建设，完成11个乡（镇）集贸市场、10个便民农超建设任务，进一步改善消费环境。

第五，深化改革开放，增强发展活力动力

坚持把改革开放作为加速发展的动力源泉，切实推进重点领域和关键环节改革，着力提高对外开放水平，向改革要红利，向开放要效益，激发市场和社会活力。

深化重点领域改革。深化行政审批制度改革，抓好行政审批事项承接、下放和监管。完成新一轮政府机构改革任务。深化农村产权制度改革，推进县乡土地流转服务中心和综合性农村产权交易平台建设，全面推进农村土地承包经营权确权登记颁证工作、完成100万亩颁证，推动农村土地承包经营权、宅基地使用权、房屋所有权“三权三证”抵押融资工作，推行土地征收补偿费作价入股模式。进一步深化集体林权制度改革，推进水务、供销、粮食等改革。完成6个省级工业园区实体化改革任务。推进财税金融改革，深化预算管理制度改革，完成“营改增”任务，把市商业银行由地方性银行转型发展为区域性商业银行。深化投融资平台改革，整合业务、配实资源、理顺体制、市场运营，创新投融资方式，促进投融资平台做强做实。重视和加强地方政府性债务管理，妥善处理存量债务和在建项目后续融资，规范举债融资行为，防范化解财政金融风险。全面深化教育综合改革，抓好县级公立医院改革，开展新农合支付方式改革试点工作。完成殡葬制度改革三年目标任务。开展机关事业单位养老保险制度改革，统筹搞好生态文明、科技、文化等体制改革。

加大招商引资力度。坚持政策一宽再宽、利益一让再让、服务一改再改、环境一造再造，完善招商引资促进政策，建立招商引资项目开发、准入和退出机制。推广易门县主要领导高位推动、突破机制障碍、全程高效服务、全民合力招商等成功经验，强化县区、部门责任落实和考核问责，确保市外国内到位资金增长18%以上、实际利用外资增长10%以上，力争形成投资500亿元以上。突出招大引强引智，紧盯行业领军企业实施精准招商、驻点招商，组织重大招商引资活动实施产业招商、园区招商、以商招商，提高招商引资实效。建立重大项目行政许可代理服务制度，加强项目合同管理，搞好协调服务和落地督办，提高合同履约率、项目开工率和资金到位率。强化项目开发，年内储备投资超5亿元招商引资项目100个以上。

努力扩大对外贸易。制定支持外经外贸发展政策，引导企业积极稳妥“走出去”投资兴业，推动外经外贸联动发展。实施更加积极的进出口政策，搞好贸易便利化服务，支持重点企业拓展国际市场，大力发展加工贸易，扩大果蔬和高附加值产品出口，确保外贸进出口总额增长18%以上。

第六，加快新型城镇化进程，促进城乡一体化发展

完成新型城镇化规划编制，全面落实推进新型城镇化发展意见，以历史耐心推进以人为核心的新型城镇化。

主动融入滇中城市经济圈一体化发展。制定完善玉溪市加快滇中城市经济圈一体化发展的政策措施，推动基础设施、产业发展、市场体系、基本公共服务和社会管理、城乡建设、生态环保一体化，加快昆玉一体化进程，率先在滇中城市经济圈一体化发展上取得突破。科学安排山、水、田、路、产、城，完善中心城区城市功能，积极推进江川、澄江撤县设区和通海撤县设市工作，构建沿湖4县半小时经济圈，推进红塔区、江川、澄江、通海、华宁、峨山一体化发展，打造“三湖”生态城市群。打好综合交通建设攻坚战，构建以高速公路、铁路为主骨架的现代综合交通运输体系，完成昆玉、玉元高速清水河至高仓段亮化工程，启动昆明—澄江—江川—红塔区—通海城际铁路建设前期研究，加快与其他州市的互联互通。加强与省和滇中州市的沟通对接，全力争取政策、项目、资金支持，实现产业分工互补协作、市场建设互融互通、生态建设同防同治。

加快中心城区规划建设。围绕“一城四点”空间布局，统筹新区开发和老城改造，统筹园区开发和城市建设，统筹地上地下，建设全省区域性中心城市。完成道路竖向、停车系统和综合交通等专项规划编制，加强规划

管理信息平台建设。争取全国海绵城市建设试点，完成1：500地形图及地下管线测绘，规范地下综合管网建设。启动临岸三千城、规划展览馆建设，加快新天地、红星国际广场建设和红龙路改扩建，完成梅园立交拆除重建、排水管网改扩建二期等项目建设。优化公交路网布局，推进公交始末站、城南城北客运站、公交综合大楼项目。建设燃气管道32千米，新增居民用户2万户。搞好集体低效闲置和拆临拆违地块综合开发利用。巩固国家卫生城市、园林城市成果，争创全国智慧城市。

着力推进县城集镇乡村建设。完成美丽玉溪行动规划编制和通海、易门、峨山县城总体规划修编，完善提升村庄规划。完成红塔区、易门县“四规合一”试点工作，合理确定城镇规模、开发边界、开发强度和保护空间，鼓励社会资本参与开发建设，以城聚产、以产兴城、产城联动。坚持政府主导、市场运作，启动实施6个县（区）9个棚户区改造项目，力争完成投资100亿元以上。扎实开展“百村示范千村整治”行动，整合乡村建设资金，启动12个集镇“一水两污”项目，完成18个集镇重点基础设施建设，建成40个示范村，整治400个重点村。深化户籍制度改革，完善配套措施，引导农业转移人口市民化。

提高建设管理水平。加强规划管理，严格规划执行，坚决整治乱占乱建乱加层等行为。严格执行城市管理条例及配套办法，深入推进城市精细化管理，加强城市综合执法，着力解决交通拥堵、占道经营、车辆乱停乱放、出租车违规经营等突出问题。加强城市环境卫生管理，集中整治背街小巷、城中村和城郊结合部脏乱差问题。加强农村建房管理，完善建房审批程序，提高审批效率，满足群众合理需求。

第七，加强环境保护治理，推进绿色玉溪建设

落实绿色玉溪行动计划，实施森林玉溪、蓝天玉溪、碧水玉溪、园林玉溪、绿色产业、绿色文化6大工程，最大限度增绿添绿，最严举措低碳发展，最硬措施保护生态，争创中国人居环境奖，争当全省生态文明建设排头兵。

加大“三湖两库”保护治理力度。严格落实“三湖”保护条例和抚仙湖保护管理实施办法，争取修订《云南省抚仙湖保护条例》。坚决贯彻市委“五个坚定不移”工作要求，强化工程和非工程措施落实，确保“十二五”规划项目全面完工，抚仙湖总体水质保持I类、星云湖和杞麓湖水质有所好转。着力实施“四退三还”，加快抚仙湖北岸生态湿地工程建设，建成北岸生态调蓄带，稳妥推进中央、省属12家单位资产退出一级保护区工作。按质按量完成东片区暨“三湖”生态保护水资源配置应急工程，制定配套措施，确保正常运行。完成村庄环境整治、入湖河道治理等28个项目建设。完善沿湖4个县生态建设目标任务考核办法，制定差异化扶持政策，争取澄江、江川、华宁3个县纳入国家重点生态功能区转移支付范围，鼓励引导沿湖4个县转型发展。加大结构调整力度，推广核桃、蓝莓、荷藕种植，逐步取缔径流区规模养殖。划定星云湖、杞麓湖流域生态红线，搞好星云湖环湖截污。推广沿湖环境卫生网格化、市场化运作模式，巩固提升入湖河道管护成果。加强东风水库、飞井海水库环境综合整治。

加大生态建设力度。实施绿化造林、退耕还林、石漠化综合治理等工程，完成营造林37.5万亩，退耕还林3万亩，加强生物多样性保护，严防森林火灾和病虫害发生。开展全国水生态文明城市试点工作，抓好澄江、华宁节水减排示范项目建设，搞好14个集中饮用水源地环境综合整治。加强元江、曲江等河流水污染综合防治，治理水土流失190平方千米。开发整理土地，新增耕地1.5万亩，实现耕地占补平衡。完善地质、气象、地震等灾害防御体系，完成地质灾害避让搬迁任务。

加大环境监管力度。化解过剩产能，淘汰43万吨钢铁、76万吨水泥、2万吨铁合金落后产能，严格新建项目能耗达标管理，加强重点企业能耗、污染源在线监测，实施115个减排项目，深入开展国家循环经济试点，确保“十二五”节能减排目标任务圆满完成。加强施工场地和园区环境综合整治，开展机动车环保检测，淘汰黄标车和老旧车辆，做好中心城区和县城PM2.5监测发布。加强交通运输、建筑工地、工矿企业等噪声监管，开展宁静社区示范建设。探索环境污染第三方治理，严格执行重点项目建设环评和“三同时”制度，严厉查处违法排污、破坏生态行为。

第八，全力保障和改善民生，确保社会和谐稳定

更加注重保障基本民生，更加关注低收入群体生活，健全完善社会托底政策，推进基本公共服务均等化，促进社会公平正义，让发展成果更多更公平惠及全市人民。

全力做好社会保障。落实促进就业创业政策，实施高校毕业生就业促进计划和创业引领计划，加快大学生创业园建设，促进就业困难人员和退役军人就业创业，确保城镇新增就业2.2万人。扩大社会保险覆盖面，健全完善工伤、生育保险制度，做好失业保险扩面和被征地农民养老保险工作，提高城镇居民医疗保险、新农合筹资标准。加强保障性住房建设，实施城市棚户区改造1万户、农村危房改造1.28万户。大力发展养老服务，支持社会力量举办养老机构，改扩建农村乡镇敬老院6个，建成社区居家养老服务中心40个、农村幸福院70个。提高城乡低保补助标准，完善价格临时补贴与物价上涨联动机制，推进新型社会救助体系建设，搞好救灾救济，保障低收入群体基本生活。推进移民新村建设，做好化念移民后期扶持工作。健全殡葬服务体系，确保火化区火化率和公墓安葬率均达100%。

大力发展社会事业。推进美丽100校园行动计划暨校安工程建设，启动“全面改薄”工程和第二期学前教育三年行动计划，加快教育信息化建设，改善办学条件；加强师德师风和业务能力建设，提高教育教学水平；扶持发展学前教育，均衡发展义务教育，扩大高中办学规模，统筹办好高等教育、职业教育、特殊教育。继续推进县乡村医疗卫生服务一体化管理，提高基层医疗卫生机构服务能力和救治水平。完善公共卫生服务体系，强化食品药品安全监管。加快市医院改扩建、市儿童医院、市急救中心、西南国际医院暨健康产业园等重大项目建设。落实“单独两孩”政策，创建流动人口卫生和计生基本公共服务均等化

示范市。广泛开展全民健身活动。重视妇女儿童、残疾人、红十字等事业，加强外事侨务、保密、档案、史志等工作。

着力打造文化玉溪。落实加快文化玉溪建设实施方案，培育和践行社会主义核心价值观，做好省级社会信用体系建设试点工作。推进澄江化石地世界自然遗产保护立法，发挥世界遗产品牌效益，加快化石博物馆建设和文化创意衍生品研发，挖掘提升古滇文化、铜文化、陶瓷文化、民族文化特色内涵，打造“一地四乡”文化名片。实施文化惠民工程，加强文化基础设施建设，抓好中央节目地面数字无线覆盖和6座高山无线发射台站建设。实施文艺精品、文化名家工程，繁荣文艺创作。加快玉溪瓷文化创意产业园建设，培育陶瓷、青铜器加工、出版等文化产业。办好第四届聂耳音乐合唱周系列活动，创建中国楹联文化城市，力争通海列为国家历史文化名城。

努力创建平安玉溪。执行“四五”依法治市规划，完成“六五”普法任务。创新社会管理方式，加强社区基础设施建设，推进基层群众自治，提高社会治理能力。认真贯彻民族区域自治法，加强民族团结进步边疆繁荣稳定示范区建设，持续抓好新平示范县、盘溪示范镇和40个示范村创建工作，依法管理宗教事务。强化属地管理责任，深入开展领导干部接访下访，建立完善视频接访和联合接访制度。完成城市报警和监控系统建设，加强反恐维稳工作，打好禁毒防艾人民战争，严厉打击各类违法犯罪，争创全国“长安杯”、平安云南建设示范区。强化安全生产党政同责，建立大检查长效机制，打好重点行业领域攻坚战，加强烟花爆竹行业监管，禁止铁水道路运输，严防重特大事故发生。加强国防动员、民兵预备役和人民防空工作，完成武警支队迁建，争创全国双拥模范城。

继续办好10件惠民实事。

第九，精心编制“十三五”规划，科学谋划未来发展

深化市情认识，找准发展定位，抓好重点专项规划、区域规划编制和重大政策、重点课题研究，加强与国家、省“十三五”规划编制的衔接，精心谋划玉溪“十三五”经济社会发展。紧密结合中央和省的政策导向，立足当前、谋划长远，搞好项目设计论证、筛选申报，争取产业发展、综合交通、农田水利、生态环保、社会民生等一批重大项目列入国家和省的规划盘子。

三、以法治政府为重点加强政府自身建设

正确处理政府与市场、政府与社会的关系，切实把政府工作重点转移到营造环境、提供服务、维护公平正义上来，努力建设法治、高效、廉洁、阳光政府。

第一，全面加快法治政府建设。制定法治政府建设指标体系，推进政府机构、职能、权限、程序、责任法定化，编制、公布政府及其工作部门权责清单，推进决策、执行、管理、服务、结果“五公开”，把权力关进制度的笼子，让权力在阳光下运行。维护市委统揽全局、协调各方的核心领导地位，自觉接受市人大法律监督、工作监督和市政协民主监督，认真办好人大代表建议和政协委员提案。健全依法决策机制，完善重大行政决策公众参与、专家论证、风险评估、合法性审查、集体讨论决定等制度，修订行政机关法定代表人行政诉讼出庭应诉制度，出台加强政府法律顾问工作的意见，执行重大决策终身责任追究制度及倒查制度，发挥决策咨询机构作用。深化行政执法体制改革，健全行政执法与刑事司法衔接机制，加强重点领域综合执法，建立健全行政裁量权基准制度，充实基层执法力量，强化行政执法监督，严格规范公正文明执法。

第二，提高政府服务效率水平。巩固党的群众路线教育实践活动成果，认真执行中央八项规定，坚决防止“四风”反弹回潮，不当“四拍”领导、不做“四皮”干部，发扬“钉钉子”精神，狠抓工作落实，扎扎实实服务基层、服务群众、服务企业。转变文风会风，开短会、讲短话，出实招、求实效，把全部心思和精力集中到干事创业、推动发展上。落实干部直接联系群众制度，推行随机调研，矛盾在一线化解，工作在一线推进。进一步简化行政审批程序，落实审批授权、并联审批、重大项目代办、三级联动审批四项制度，与省同步运行网上政务服务大厅。落实敬业有功、怠业必惩实施方案，强化督促检查、行政问责，着力整治不作为、乱作为、慢作为和“三难四多”问题，打通决策部署“最先一千米”和政策落实“最后一千米”。

第三，切实做到廉洁从政。牢固树立改革、发展、稳定、反腐“四位一体”工作理念，履行党风廉政建设“一岗双责”，健全完善惩治和预防腐败体系，严格执行“三重一大”、任期经济责任审计等制度，重点加强行政审批、招投标、公共资源交易、财政预算、国有资产等领域监管。深入开展“三严三实”和“忠诚干净担当”专题教育，勤用“四盆水”，做到“六个不能”，当好“六个表率”。严格执行新预算法，实行全口径预算，杜绝超预算、无预算安排支出，整治私设“小金库”、暗藏“私房钱”。厉行节约反对浪费，完成公务用车改革，建立机关事务管理制度和标准，严控“三公”经费，压缩一般性支出，提高财政资金使用效益。严肃查处违法违纪案件，以为政清廉取信于民，以秉公用权赢得民心。

各位代表，面对经济发展新常态，加快发展的要求更高、任务更重。让我们在市委的坚强领导下，更加紧密地团结在以习近平同志为总书记的党中央周围，凝心聚力、奋发有为，干在实处、走在前列，为全面建成小康社会做出新的更大的贡献！

新形势下加强党风廉政建设的几点思考

中共玉溪市委副书记　夏立洪

党的十八大报告指出：全党要增强紧迫感和责任感，牢牢把握加强党的执政能力建设、先进性和纯洁性建设这条主线，坚持解放思想、改革创新，坚持党要管党、从严治党，全面加强党的思想建设、组织建设、作风建设、反腐倡廉建设、制度建设，增强自我净化、自我完善、自我革新、自我提高能力，建设学习型、服务型、创新型的马克思主义执政党，确保党始终成为中国特色社会主义事业的坚强领导核心。由此可见，作风建设是党建工作的中心环节，作风建设的成败，关系党建工作成败，党建工作的成败关系党的事业成败，只有加强党的建设，才能确保执政党的领导地位。党的事业核心关键在抓好党建工作，党建工作的核心关键在加强作风建设。

近年以来，玉溪市全面贯彻落实党的十八大、十八届三中四中全会和习近平总书记重要系列讲话精神，抓改革、促发展、保稳定、反腐败，把党风廉政建设贯穿于经济社会发展的各个环节，扎实推进惩治和预防腐败体系建设，各级党委（党组）切实担负党风廉政建设主体责任，围绕干部清正、政府清廉、政治清明的目标要求，统筹兼顾、突出重点、多措并举、改革创新，着力构建"不想腐"、"不易腐"、"不会腐"、"不能腐"、"不敢腐"的反腐败工作机制，为维护全市和谐稳定、实现跨越发展提供了坚强保障。

一、进一步深化对党风廉政建设重要性的认识

玉溪市委高度重视党风廉政建设和反腐败工作，全市各级党委（党组）以贯彻执行党风廉政建设责任制为"龙头"，加强组织领导，健全责任机制，突出检查考核，促进了各级党委（党组）主体责任的落实。一是坚持把落实责任制纳入市委的重要议事日程。市委进一步加强组织领导，强化担当意识，把党风廉政建设纳入经济社会发展总体规划，与政治建设、经济建设、社会建设、文化建设、生态文明建设和党的建设一起部署、一起落实、一起检查、一起考核，切实推动主体责任的落实。二是坚持层层分解任务。按照"分级负责、下考一级"的原则，市委分别与9个县区和64家市直单位签订了责任书，并将工作任务进行了细化分解，明确任务的完成时限、具体要求和保障措施，认真抓好责任分解事项的督促落实，做到人人有责任、事事有落实，责任主体明确，形成了一级抓一级，层层抓落实的责任网络体系。三是坚持严格开展检查考核。坚持由市委常委带队，强化组织领导，不断健全完善考核机制，对执行责任制和落实惩防体系建设的情况进行全面考核。同时，加大考核结果运用，对违反党风廉政建设有关规定的严肃查处，对责任制落实不力的严厉问责。四是坚持选好用好干部。稳妥有序地推进干部人事制度改革，对照新颁布的《干部任用条例》及有关党内法规，启动干部政策"废、改、立"工作；加强年轻干部、女干部、少

数民族干部、党外干部的培养选拔，不断优化领导班子和干部队伍结构；规范领导干部个人有关事项报告工作，开展领导干部任期经济责任审计，建立严禁超职数配备干部问题专项治理协调工作机制等制度，促使干部日常管理监督走向常态化。

二、落实规定，着力加强作风建设

十八大以后，中央相继出台了多个规定，文件一个接一个，自上往下，做出了一个又一个新的规定和要求。这些规定又细又严，并且一级一级地进行规范和约束，从管住管好“吃、住、行、游”入手，体现了党要管党、从严治党、从严治吏的新要求，体现了中央从小处抓起，见微知著，防微杜渐，惩治腐败的决心。这些规定中提到的，领导干部无论是“轻车简从”，“不安排群众迎送”，“不铺设迎宾地毯”，“不出席各类剪彩、奠基活动”，“严格控制出访随行人员”的细致和坦率，还是“首先要从中央政治局做起”，“要求别人做到的自己首先做到”的真诚和坚定，都反映出新一届中央领导集体要以身作则，身体力行，率先垂范，带头端正党风政风，展开了从中央高层做起的自我约束。这种自上而下、从中央到地方、从领导到干部的管理和新规定，狠狠刹住了吃喝风、奢侈浪费风。

群众路线是我们党的生命线和根本工作路线，根据中央和省委的部署安排，玉溪市按照“照镜子、正衣冠、洗洗澡、治治病”的总要求，始终贯穿为民务实清廉的主题，紧紧抓住学习教育、听取意见，查摆问题、开展批评，整改落实、建章立制三个主要环节，聚焦“四风”问题，着力解决好世界观、人生观、价值观这个“总开关”的根本问题，切实解决好群众反映强烈的切身利益问题，密切党同人民群众的血肉联系，以优良作风凝聚民心、汇聚力量、激发活力。各级领导干部充分发挥示范作用，带头学习、带头听取意见、带头开展批评与自我批评、带头整改落实、认真开展了教育实践活动。认真贯彻落实中央八项规定，突出重点内容、重点场所、关键时间节点抓监督检查，狠刹节日送礼、公款吃喝、公款旅游、铺张浪费等不正之风，坚决纠正“四风”方面存在的突出问题。

三、多措并举，不断完善反腐机制

坚决惩治和有效预防腐败，关系人心向背和党的生死存亡，是党必须始终抓好的重大政治任务。玉溪多措并举，改革创新，着力构建“不想腐”、“不易腐”、“不会腐”、“不能腐”、“不敢腐”的反腐败工作机制。

一是筑牢思想防线，构建“不想腐”的自律机制。紧紧围绕落实中央“八项规定”，全面加强对干部的政治纪律教育、作风教育、廉政纪律教育和警示教育，玉溪市紧紧依托党风廉政网、《玉溪纪检监察》、《玉溪日报》、玉溪电视台等媒体，重点围绕各级开展反腐倡廉工作情况、纪检监察机关的监督检查、狠刹“四风”、“八项规定”落实情况等，全方位进行反腐倡廉宣传，充分发挥宣传工作的正能量。

二是严格落实制度，构建“不易腐”的保障机制。修订完善了《中共玉溪市委工作规则》、《中共玉溪市委党风廉政建设工作制度》、《关于领导干部参加市委市政府重要会议、重要活动及外出请销假制度》等26项市委工作制度及系列配套制度，使各项工作有章可循、有规可依。对“三公”经费使用、因公临时出国（境）、公务接待、公务用车管理等做了明确要求。加强监督执纪问责，严肃查处违反制度规定的行为，提高制度的执行力。制定《玉溪市关于实行纪委党风廉政建设约谈制度的规定》，督促各级纪检监察机关履行监督责任，更好推进党风廉政建设工作。开展综合考评，对县区和市级部门年度综合目标任务完成情况进行集中考评，通报表彰先进集体，兑现了奖惩。

三是强化监督检查，构建“不会腐”的防范机制。进一步加强全市纪检监察机关干部队伍建设，把监督检查作为重要职责抓好抓实，围绕市委、市政府决策部署，经济建设、社会建设、生态建设、党的建设等重点开展好监督检查，严格执行“三重一大”、任期经济责任审计、领导干部问责等制度，深化党务、政务公开，推进权力运行公开透明，用制度管权、靠制度管人、按制度办事。

四是有效跟踪问责，构建“不能腐”的警戒机制。制定了《玉溪市领导干部问责办法（试行）》和《关于进一步加强问责工作的实施意见》等规定。紧紧围绕市委、市政府的中心工作，结合党的群众路线教育实践活动，强化监督执纪，加大责任追究， 今年上半年，全市共问责74人，其中，县处级7人，乡科级25人。通过问责，进一步增强了领导干部的责任意识、担当精神，促进了作风转变。进一步深化政务公开，加强政务服务，完善行政审批和电子监察系统和市县区公共资源交易中心功能，确保公共资源交易中心规范运行。

五是坚决查办案件，构建“不敢腐”的惩处机制。坚持有案必查、违纪必究，坚持抓早抓小、快查快结办案思路，保持惩治腐败高压态势，划清“警戒线”，架起“高压线”，营造“伸手必触电、腐败必落马”的制度环境，让干部不敢腐、不愿腐、不能腐。坚持“苍蝇”“老虎”一起打，做到有案必查、有腐必惩，以为政清廉取信于民，以秉公用权赢得人心。

充分吸取鲁甸地震教训
切实改进加强玉溪城乡规划建设管理

中共玉溪市委常委、玉溪市常务副市长　陈　勇

为充分吸取鲁甸地震教训，切实加强和改进玉溪城乡规划建设管理工作，我有三个方面的体会。

一、鲁甸地震的主要特点

2014年8月3日，我省昭通市鲁甸县发生强烈地震。这次地震，一是震级高、震源浅，地震等级为6.5级，震源深度12千米，震中最高烈度为9度，其中9度区面积达90平方千米，8度区面积达290平方千米，而鲁甸县的地震基本设防烈度为7度；二是震区人口稠密，每平方千米265人，为全省平均值的2倍；三是震区地处高山峡谷地带，容易引发滑坡、泥石流、滚石以及堰塞湖等次生灾害；四是地震中倒塌的房屋80%以上都是农民自建的住房，以砖瓦房、土木房、砖混合土木结构为主，安全质量低下，抗震设防能力不高，绝大多数的人也是死在这些土房子里；因而造成了重大人员伤亡和经济财产损失。

二、玉溪面临的地震形势

我市是一个地震多发地区，由于境内有活动强烈的小江断裂、普渡河断裂、曲江断裂、武定—易门断裂、玉江断裂、红河深大断裂通过，全市绝大部分国土面积位于8度地震高烈度区，导致我市地震活动具有强度大、分布广、成灾重的特点。历史上，玉溪市除元江县外，其余8个县（区）均发生过5级以上破坏性地震。尤其是1970年1月5日发生的通海7.8级大地震，是云南省近180年来发生的最大地震，被称为20世纪云南地震之最，造成了15 621人死亡，死亡人数是新中国建国以来除唐山、汶川地震外的第三位。地震职能部门反映，2014年颁布实施的全国第五代地震区划图，玉溪市有5个县地震基本烈度提高，地震动峰值加速度由0.2g提高到0.3g。从2011年开始，云南省已进入新一轮强震活跃期，该活跃期可能持续10～15年，存在发生2至3次7级地震和多次6级地震的危险，地震的主体活动地区预测在滇东地区。国家和省近年来始终把玉溪列为地震重点监视防御区。自1 970年通海7.8级大地震后，我市的强震活动处在相对平静状态，至今已平静44年无5.5级以上地震发生，5级地震也平静了13年，近年来3～4级地震也极少发生。在2014年全国地震趋势会商会上，云南省划定了3个地震重点危险区，其中滇南至滇西南地区列入可能发生6级左右地震危险区，玉溪正处于其中，地震形势十分严峻。

三、工作反思和几点建议

地震是不可避免、不可抗拒、难以预测的自然灾害。我们要充分吸取鲁甸地震的教训，从现在开始，进一步高度重视防震减灾特别是建筑抗震设防工作，为切实保障广大人民群众生命财产安全奠定坚实的基础。

（一）务必对建筑抗震设防工作高度重视。鲁甸地震残酷的现实和血的教训表明，作为地震形势十分严峻的玉溪，决不能对防震减灾工作掉以轻心。若玉溪发生类似鲁甸6.5级的地震，人员伤亡和财产损失必将比鲁甸地震更大。因此，市、县区党委、政府必须把抗震设防作为打基础、利长远的重大工程，作为保障和改善民生的民心工程切实抓好，这是责无旁贷的任务，这是人民群众的期盼。要切实加强对抗震设防工作的领导，建立健全机构，继续加大投入，加强队伍建设，认真贯彻“预防为主，防御与救助相结合”的方针，认真落实好“主动防灾、充分备灾、科学救灾、有效减灾”的各项要求。建议市委、市政府把此项工作列为党的群众路线教育实践活动的载体，作为全面加强和改进的工作进行专题研究布置，以便统一思想、统一行动、高位推进、高效实施。

（二）务必科学规划和合理布局城镇村庄建设。城镇、村庄建设布局选点是否科学、是否合理，事关根本和长远，选址场地不当，地震发生时必定会造成严重破坏。规划、建设、国土、防震减灾等相关部门在城镇、村庄选址上要严格把关，尽量避开地震活断层和可能产生严重次生灾害的危险地带。各县区要完善城镇综合防灾规划，逐步开展城市地震小区划和地震活断层鉴定，编制城镇综合防灾规划和村庄布点规划，逐步完善美丽家园的选址、建设规模、配套设施、运行管理模式等。在城镇规划建设中

要重视同步配套建设地震应急避难场所，确保每一个县城、乡镇驻地有一个以上功能基本配套完善的地震应急避难场所。只有真正做到“地下搞清楚、地上搞结实”，才能改变“高风险的城市、欠设防的农村”的现状。对位于地震活断层、泥石流滑坡等地质灾害重大隐患点的村庄和居民，要继续加大力度，限期进行搬迁重建。

（三）务必狠抓建设工程特别是房屋建筑安全质量。预防是减轻灾害损失的有效途径，而建设工程抗震设防是全面预防的关键。据资料显示，地震造成人员伤亡90%以上是由于建构筑物倒塌和次生灾害所致。灾前的预防更加人道、更加有效和经济。要对中心城区和八县县城的老城区、城中村、不按规划乱加层的情况进行彻底排查，进一步摸清家底；认真开展以农村危房等级评定为主的“两项调查”；强制推广统规统建、统规自建相结合；对农村建筑施工队伍及人员要加强培训，并力求做到持证上岗。减隔震技术是最近四十年来抗震防灾工程领域最重大的创新技术，现阶段具有无可比拟的优越性，能降低地震力80%以上。它能使结构安全性成倍提高，并能保护内部设备仪器，在地震后不丧失使用功能，其优异的抗震效果在国内外大地震中得到了检验。今后，玉溪要充分利用云南橡胶资源丰富、减隔震技术领先的优势，加大宣传力度，出台相应扶持政策，对在地震基本烈度8度以上地区，对县级以上医院、学校、幼儿园等人员密集场所，救灾物资储备库、博物馆、桥梁等重要工程建筑物，党政机关等重要目标单位，重大通信和电力设施，保障性住房等政府投资建筑，社会高层建筑等，要强制推行减隔震技术，力争逐步在全社会推广，并推广使用轻型建筑材料。

（四）务必把城镇作为的重点、农村作为难点统筹抓好。自1 992年开始，玉溪才把城市地震设防标准从7度提高到8度；广大农村的许多民居是不设防的。随着我市城市、城镇建设规模快速扩大，各类建筑物不断增多，应进一步加强重大工程、生命线工程抗震设防的管理，加大对学校、医院等人员集中的公共建筑抗震设防质量的监管力度，从源头上确保建筑工程的抗震能力。农村房屋抗震性差在云南省是普遍现象，玉溪也不例外。虽然，自2009年在全市开展农村危房改造工程建设以来，经过5年的努力，全市共计投入农村危房改造补助资金4.68亿元，共完成农村危房改造61 004户，其中拆除重建31 500户、修缮加固29 504户，100%完成了中央和省下达的任务，极大地改善了农村群众居住环境和住房质量。但是，农村量大面广的形势任务没有根本转变，与全市约有9.1万户农危房的总量相比，目前农危房改造仅完成了三分之二，还有约3万户没有进行改造，建设任务还比较重。特别是从源头防范杜绝上还不够坚强有力，部分农民只顾眼前利益，对安全危害性认识不足，建房存在较强的随意性，民房建设不按规划、不按规范、随意加层等现象较为普遍和突出，对农房建设安全质量坦然漠视的局面没有根本转变，有的新房从建好入住的那一天的开始就是危房，增量还在不断产生。现在农民建设一栋符合要求的抗震房屋需要十几万元，政府1～2万元的补贴，仅占十分之一，在村民看来是杯水车薪，建房筹资困难、无力建好房是客观的。要加大专项资金整合投入力度，规划、住建、防震减灾等部门加强技术指导，引导好农村建盖抗震房。

（五）务必探索建立一套公开公平公正的机制办法。规划建设工作社会高度关注，房屋建设特别是民房建设涉及人民群众切身利益，有没有一套公开公平公正的机制办法至关重要。群众心中装着一杆秤，关动员，不作强有力的政策支持引导，不能确保农民真正受益，农民是不会自觉自愿参与到政府主导的部署安排上来的。要认真贯彻落实“以人为本”这一根本要求，继续统一思想、认真总结经验、切实加大力度，扎实抓好拆临拆违、禁止“一户一宅”、迁村并点、鼓励农民上楼、退田退房退人还湖等工作，不断创新规划建设管理模式，积极探索建立长效机制办法，努力推进玉溪新型城镇化发展。据报道在鲁甸地震中，作为云南五大名寺的拖姑清真寺仍完好无损，丝毫未受影响，这充分表明中国传统特色建筑及其工艺的优越性。在推进美丽家园建设时，我们一定要采取过硬的措施办法，形成持续建设的长效机制，把加大特色民居建设通用图纸的推广使用与政策支持补助结合起来，鼓励引导农民建设结构安全、质量可靠、功能合理、经济适用、美观大方、风貌突出的传统特色新民居。对按规划、设计建设传统特色民居的，政府给予支持补助；不按的，坚决不补。要切实提高建构筑物抗震性能，加强各类建设工程的抗震设防监管，把建设工程抗震设防要求纳入基本建设管理程序。今后，对达不到抗震设防技术要求的，市规委会不审查批准项目；规划部门不出具项目选址意见书和规划设计条件；住建部门不进行施工图审查和竣工验收；环保部门不出具环评。要严格执行城乡规划法和有关技术标准，决不能乱开口子，决不能让违法乱纪者、同党委政府作对者获得好处，这一手决不能软，这个导向一定要正确树立。

依靠创新驱动，加快推进创新型玉溪建设

中共玉溪市委常委、玉溪市副市长　王学勤

2014年，玉溪市科技和知识产权工作在市委、市政府的正确领导和省科技厅的关心和指导下，认真学习党的十八大、十八届三中、四中全会和习近平总书记的系列重要讲话精神，全面贯彻全国和全省科技工作会议部署要求，深入开展党的群众路线教育实践活动，加快实施创新驱动发展战略，努力建设创新型玉溪，为玉溪经济社会发展提供了强有力的科技支撑。

一、科技创新助推社会经济发展取得新成绩

1. 科技奖励工作取得新成果。12个项目获2013年度云南省科学技术奖，其中：获技术发明奖一等奖1项，获科技进步奖一等奖1项、二等奖4项、三等奖6项；50个项目获2013年度玉溪市科学技术奖，其中一等奖6项、二等奖11项、三等奖33项。

2.超额完成创新型云南行动计划目标任务。完成了5个云南省重点新产品、4家云南省创新型企业、5家云南省创新型试点企业、2家云南省工程技术中心的申报认定任务；完成专利申请量目标1 119件。完成玉溪专利申请量844，授权608件，专利申请量和授权量位居全省第二，玉溪发明专利拥有量487件，超额完成了省市下达目标。

3.依靠创新驱动高新技术产业健康发展。推荐13户企业申报高新技术企业认定，云南同方科技有限公司、玉溪大红山矿业有限公司等12户企业已通过省科技厅公示，上报到国家科技部；申报省科技小巨人企业1家、云南省科技型中小企业18家、省级创新型试点企业7户，5户企业列入了云南省第九批创新型试点企业。

4. 助推美丽乡村建设。认真贯彻落实中央一号文件精神，以习总书记提出的“三个导向”为指导，组织科技攻关，实施龙头企业科技带动战略、粮食丰产工程和科技富民专项行动，通过加大新品种、新技术的引进、实验、示范力度，加快实用技术的组装配套及研究，申报省优质种业基地3家，申报省科技型农产品深加工企业7家，申报省级农业科技示范园14家。

5. 启动科技特派员创新创业活动。编制了《玉溪市科技特派员创新创业行动计划》、《玉溪市科技特派员认定管理办法》、《玉溪市科技特派员创新创业行动工作方案》；召开了玉溪市科技特派员创新创业行动培训及启动仪式暨第一期培训班。

6. 加强科普阵地建设，提升全民科技意识。举办了玉溪市2014年文化科技卫生“三下乡”集中示范活动；在玉溪市暨澄江县2014年科技活动周中，开展了“环保科普进校园”活动科普系列活动，开展送科技下乡、科技咨询，向群众发放科普知识宣传资料数万份。

二、科技创新环境与工作建设实现新突破

1.科技政策取得新突破。市委市政府召开了高规格的全市科技创新大会，出台了操作性强、含金量高的《关于加快实施创新驱动发展战略建设创新型玉溪的决定》，在全市上下引起强烈反响，极大地激发了全市科技创新的积极性。

2.重大科技交流取得新突破。2014年7月28日至29日，邀请11位中国科学院和中国工程院院士到玉溪举办了“中国院士玉溪行”。这次活动规模大、层次高，在玉溪乃至全省尚属首次举办。2014年5月24日至26日，举办了第十六届中国科协年会——生物论坛，3位院士和2位著名专家出席了论坛。通过举办活动，借助院士专家团队的科技和人才优势，促进企业与院士的合作。

3.院士工作站建设取得新突破。由中国食品行业领军院士孙宝国与云南卓一食品有限公司共同建立的云南省食品行业首个院士工作站，华东理工大学田禾院士和云南林缘香料有限公司共建的田禾院士工作站、长沙矿冶研究院余永富院士与大红山矿业有限公司共建的余永富院士工作站相继通过批准，建成院士工作站3家，在全省州市处于领先地位。

4.品牌建设取得新突破。谋长远、打品牌，成功申报了国家新能源汽车推广应用城市，又相继申报了国家创新型试点城市、国家农业科技园区，国家科技部已审批同意建

设玉溪国家农业科技园区。红塔工业园区申请认定为省级高新区。

5.平台建设取得新突破。成功申报2家省级工程技术中心，使全市省级工程技术中心由2013年的4家增至6家（2014年全省只认定了7家）。目前市级以上企业技术中心43个（其中国家级企业技术中心1个，省级企业技术中心23个），省级工程技术研究中心6个，市级重点实验室和工程技术研究中心29个，研发机构数量居全省第二。

6.省级人才申报取得新突破。积极推荐优秀科技人才申报云南省中青年学术和技术带头后备人才及省技术创新人才培养对象，目前，我市有4人入选省级技术创新人才和培养对象，均居州市第二。

7.争取上级项目资金取得新突破。2013年争取国家级、省级科技计划项目59项，争取上级资金4 465.75万元，申报和立项数均创历史新高。2014年，争取国家级、省级科技计划项目146项，争取上级资金5 361.13万元，申报和立项数及争取资金再创新高。

三、切实干在实处，全面推进2015年科技工作

1.抓实《玉溪市十三五科学技术发展规划》的制定。启动制定我市科技发展规划工作，把科技发展与经济、教育、人文等规划结合起来，科学合理地确定目标，使规划在推动产业经济结构优化调整，促进社会全面进步等方面发挥重大作用。

2.抓实科技创新大会精神落实。以《中共玉溪市委 玉溪市人民政府关于加快实施创新驱动发展战略建设创新型玉溪的决定》的出台实施为契机，认真落实玉溪市科技创新大会精神。抓好国家创新型试点城市创建工作。抓好“玉溪国家农业科技园区”建设相关工作。围绕实施高新技术产业引领等七大工程，组织科技攻关，构建创业创新孵化平台和科技成果转化平台，加快战略性新兴产业培育步伐，提升区域创新能力。

3.抓实科技支撑高新技术产业发展工作 。加快高新技术产业发展步伐。围绕我市重点、优势产业，加快对高新技术企业、创新型企业、科技“小巨人”企业的培育，全力推进加快技术改造，提升企业精深加工、新产品开发、节能降耗、技术装备水平。把战略性新兴产业培育成为玉溪产业结构中最具成长性和渗透性的支柱产业。

4.抓实民生领域科技创新。推进以“三湖”治理为重点的生态保护。树立“科学治湖”理念，开展以抚仙湖为重点的“三湖”保护治理重要课题科学研究，调整沿湖农业种植结构，防治农业面源污染，加强城镇和农村生态居住环境动态监测及治理。推进以节能降耗为重点的资源循环利用。积极开展新能源汽车示范推广应用工作。

5.抓实科技合作与交流工作。吸引知名高校、科研院所、科技型企业、科技人员到玉溪创新创业。继续扩大“中国院士玉溪行”成果，用好已经建立起来的院士人脉关系，加大力度搭建院士工作站等创新驱动工作平台，全力促进玉溪国家高新技术产业开发区与清华大学合作，不断提升创新能力和水平。推动科技入滇项目落地工作，力争一批新的重大科技成果得以签约实施。

6.抓实项目建设工作。针对制约我市经济、科技发展的重大科学问题和关键技术问题，组织科技攻关，积极组织国家、省科技计划项目申报实施，依托项目建设，促进产业转型升级，提升区域自主创新能力，确保年度招商引资和争取上级资金任务完成。

7.抓实知识产权工作。大力开展知识产权强县（区）工作，深入开展以小发明、小革新、小改造、小设计和小建议为内容的“五小”活动，深度挖掘，努力提高专利申请和授权量。强化知识产权保护执法。健全知识产权行政执法工作体系，开展专项行动，进行集中整治，开展知识产权维权援助活动。

8.抓实科技人才队伍建设。抓好高层次科技人才的引进。引进院士、专家到我市建立院士、专家工作站。抓好本土科技人才的培养选拔。围绕我市特色优势学科和重点产业的培育，加大对青年创新人才的发现、使用和资助力度，努力培养一批科技创新能力和学术水平省内领先的学科技术带头人。

适应新常态　谋求新发展 确保玉溪社会事业干在实处走在前列

玉溪市副市长　杨　洋

社会事业是社会建设的重要内容，也是促进社会良性运行的重要支撑。发展社会事业既是解决民生问题的应有之义，也是实现社会公平的内在要求。当前，在我国经济发展进入新常态的新形势下，进一步解放思想，改革创新，坚定不移推进玉溪社会事业繁荣发展，促进基本公共服务均等化，让人民群众共享改革发展成果，对于贯彻落实中央“四个全面”的战略布局，谱写好“中国梦”玉溪篇章，具有重大的现实意义。

一、改革创新、砥砺前行，2014年社会事业发展成效明显

2014年，全市社会事业紧紧抓住“促进公平”和“提高质量”两大任务，改革创新、攻坚克难，团结拼搏、奋勇争先，各项工作成效明显，许多工作走在全省前列。

第一，抓思想解放，开辟了发展新局。面对社会事业投入不足的困难，各县区各有关部门继续解放思想、创新思路，争取、引进、盘活多措并举，全力破解资金保障难题。市级社会事业部门共向上争取资金15.05亿元。融资9.83亿元用于美丽100校园行动计划暨中小学校安工程，全市建成美丽学校55所，完成校安工程项目584个57.24万平方米，开工率和竣工率继续保持全省第一。通过政府投入和融资租赁5亿元，在全省率先启动具有玉溪特色的“全覆盖、广应用、促均衡”的教育信息化建设。与北京金大洋控股有限公司成功签约，投资25亿元建设西南国际医院暨健康产业园；与华润医疗集团签订合作方案，投资4亿元建设市儿童医院；与交通银行玉溪分行合作研发的“银卫安康”一卡通项目在市人民医院上线运行，实现了看病就医一站式结算。通过招商引资引进合作伙伴，投资4亿元的澄江化石博物馆开工建设，积极申请德国促进贷款2 000万欧元，努力打造“国际知名、国内一流”的科普旅游胜地。通过积极争取，帽天山保护中央财政专项转移支付资金从500万元增加到1 500万元。引进江西天天传媒有限公司，投资3 500万元升级改造人民电影院。

第二，抓综合改革，增强了发展动力。积极稳妥推进教育、卫生、文化、食药监等领域各项改革。研究制定《关于深化教育综合改革的若干意见》，实施高中质量综合评价、高中招生录取、教师交流、学区化管理、优秀教师多点执教、义务教育阶段学校免试就近就便入学、阳光分班等一系列改革，着力保障教育公平，提升教育品质。推进国家中小学质量综合评价改革实验区试点工作，出台《关于促进义务教育均衡发展的实施意见》，义务教育各项指标位居全省前列，荣获全省义务教育均衡发展创新工作一等奖。全面启动县乡村医疗服务一体化改革，全市9个县区13个县级医疗机构整体托管34个乡镇卫生院，县区、乡镇覆盖率分别达100%和47%，优质医疗资源逐步得到共享。全市8个县被纳入国家级县级公立医院综合改革试点县。研究制定《关于深化文化体制改革的实施方案》，全面启动文化体制改革工作。完成了食品药品监管机构改革工作，组建了新的食品药品监管机构，健全完善了监管体系。

第三，抓项目投资，夯实了发展基础。全年共争取实施社会事业中央投资项目22项，总投资9 108万元。全面启动农村义务教育薄弱学校改造计划工程，建成21所乡镇中心幼儿园、107所村完小附属幼儿园、90个农村中小学食堂，职教园区规划基本完成。市中医院外科大楼建成投入使用，市人民医院改扩建、市急救中心等项目顺利推进，建成6个乡镇卫生院、12个标准化村卫生室。30个文化站、5个文化惠民示范村、1个文化广场建设工程竣工。完成农村中央和省级广播电视节目无线覆盖、云南省直播卫星户户通、农村公益电影放映和高山台站基础设施5大工程建设。开展澄江化石地路域环境整治和重要剖面点修复工程，世界遗产得到进一步保护。实施“七彩云南全民健身基础设施建设工程”乡镇级项目5个、行政村级项目78个。市食品检验所建设项目被列入国家支持建设盘子，通海县、新平县食品检验所完成改造建设。

第四，抓民生实事，共享了发展成果。义务教育阶段民办中小学实现同城同教，学前教育毛入园率达93%。建成17个省级“名师工作室”和7个市级高中名师工作室，高考质量再次跻身全省前列；全市10所一级高（完）中教学质量评价全部进入全省前80名，创造了历史最好成绩。职业教育取得新成绩，荣获全国职业技能大赛二等奖6个、三等奖4个，全省职业技能大赛获一等奖21个、二等奖26个，是全省获奖层次最高、获奖数量最多的地区。组织编写的具有地方特色的《澄江化石地》、《抚仙湖》、《聂耳》三本书，被列为全国素质教育基础工程系列教材，由人民出版社面向全国公开发行。建立健全多层次重大疾病保障机制，继续实行大病救助并取消报销封顶线限额，22个重大疾病纳入农村居民重大疾病保障范围。新农合参合率达98.4%，基金补偿比例达70%以上。县级公立医院取消了药品加成，实行零差率销售，每年可让利群众3 500万元。加快卫生信息化建设，上线医疗卫生机构672个，覆盖率达93.33%。荣获“全国无偿献血先进市”、“全国疾病预防控制工作先进集体”称号。积极推进楹联文化城市创建工作。滇剧《水莽草》荣获中宣部“五个一”工程奖，是全省唯一获此项殊荣的剧目。11人入选第五批省级非物质文化遗产传承人名录。举办了首届玉溪文化创意产业博览会，加快澄江化石地古生物文化、陶瓷文化、青铜文化产业研究和衍生品开发。实施文化惠民工程，为群众演出533余场，放映农村公益电影5 241场。完成玉溪电视台地面数字无线覆盖工程，覆盖率达90%，群

众可免费收看到玉溪电视台节目。完成可移动文物普查第一阶段工作。在全省首家开发建设了人口计生网格化信息系统，启动实施“单独二孩”政策。大力发展体育事业，在第十四届省运会上取得团体总分第二名、金牌总数第三名的好成绩。成功承办了七彩云南格兰芬多国际自行车节玉溪站、首届“抚仙湖杯”全国帆船赛、TF国际网球巡回赛、全国武术套路冠军赛、全国围棋甲级联赛等重大赛事活动。玉溪被中国老体协命名为“全国柔力球之乡”，4所俱乐部被命名为省级青少年体育俱乐部。玉溪籍运动员师涛获韩国仁川亚运会场地自行车男子4千米团体追逐赛冠军，实现了玉溪亚运会金牌零的突破。成功承办了云南省第五届残疾人职业技能竞赛，并取得团体总分第一名的优异成绩。积极推进“阳光家园计划”、“光明工程”和“三助行动”。深入开展无偿献血、造血干细胞和人体器官捐献工作，实现了成功捐献造血干细胞零的突破。

第五，抓队伍建设，筑牢了发展主体。深入开展党的群众路线教育实践活动，勤用“洗头水”、“洗脸水”、“洗手水”、“洗脚水”四盆水，切实解决“四风”方面存在的突出问题，社会事业干部队伍作风明显好转，服务质量不断提高。各部门坚决贯彻中央“八项规定”精神，全面清理超标办公室，严格公务接待制度，进一步精简会议和文件，政风建设有了新进展。认真落实党风廉政建设主体责任和“一岗双责”，严格执行“三重一大”和个人报告有关事项等制度，自觉接受人大法律监督、工作监督和政协民主监督，以及财政、监察、审计等部门的日常监督，社会事业领域党风廉政建设得到根本扭转。从人民群众关心的热点难点问题出发，加强师德师风、医德医风专项整治，主动回应群众诉求和社会关切，坚决纠正各种不正之风，纠风治乱成效明显。

在肯定成绩的同时，我们必须对面临的困难和问题保持清醒的头脑：少数部门思想解放不够，对新常态、新形势、新发展认识不深、研究不足、适应不快，推进工作的办法措施不多，作风建设、能力建设亟待改进提高；社会事业项目资金配套保障不到位，部分项目进展情况不理想，开工率较低。这些问题必须引起我们高度重视，采取措施加以解决。

二、适应新常态，打好组合拳，推动玉溪社会事业向更高水平发展

2015年是全面深化改革的关键之年，是全面推进依法治国的开局之年，也是全面完成“十二五”规划的收官之年。当前，我国经济正处于增长速度换挡期、结构调整阵痛期和前期刺激政策消化期的“三期叠加”期。中央经济工作会议作出了我国经济发展进入新常态的重大判断，提出要主动适应经济发展新常态，狠抓改革攻坚，突出创新驱动，强化风险防控，加强民生保障。习近平总书记考察云南时，明确提出云南要主动服务和融入国家发展战略，闯出一条跨越式发展的路子来，努力成为民族团结进步示范区、生态文明建设排头兵、面向南亚东南亚辐射中心，谱写好中国梦的云南篇章。省委九届九次全会强调，全省上下要把思想和行动统一到中央和省委关于全面深化改革、全面推进依法治国、党要管党从严治党的重大决策部署上来，以踏石留印、抓铁有痕的劲头，以钉钉子的精神，毫不松懈地保持经济持续健康发展、保障和改善民生、维护社会和谐稳定。市委四届五次全会要求，全市上下必须认真落实省委“站位要高、目标要实、做得要好”的要求，主动作为、奋发有为，通过抓产业促发展、抓改革添活力、抓基础增后劲、抓生态树品牌、抓文化强引领、抓保障惠民生、抓党建聚人心，做到“八要”，在经济社会发展中干在实处、走在前列。习近平总书记考察云南时的重要讲话精神和中央、省委、市委的重大决策部署，是我们做好2015年工作的行动纲领和方向指引。

认识新常态、适应新常态、引领新常态，是当前和今后一个时期我国经济发展的大逻辑，也是社会事业判断发展大势、进行战略布局、安排当前和今后一个时期工作的基本前提。当前，我市正处在加快发展的加速期、产业转型升级的关键期、基础设施建设的密集期、各种社会矛盾的凸显期，问题多、压力大、任务重。全市社会事业发展既面临各级党委、政府不断加大政策支持和财政投入的重要机遇，同时也面临人民群众生理物质需求日益增长、历史欠账较多、地方财力保障不足等难题。在新常态下发展社会事业，必须以党的十八届三中、四中全会和习近平总书记系列重要讲话精神为指引，全面贯彻落实省委九届九次全会、市委四届五次全会的决策部署，按照“站位要高、目标要实、做得要好”的要求，抢抓国家和省实施新一轮西部大开发、“一带一路”、滇中城市经济圈一体化建设等重大战略机遇，立足全局、开阔视野，吃透政策、把握机遇，充分发挥“政府引导”与“市场运作”的作用，加强社会治理体系和治理能力现代化建设，认真践行“八要”，确保玉溪社会事业走在全省前列。

第一，坚定不移促改革。改革是推动发展的动力源泉。2015年是全面深化改革的攻坚之年，要强化担当意识，科学统筹各项改革任务，突出重点，对准焦距，找准穴位，击中要害，推出一批叫得响、立得住、群众认可的硬招实招，处理好改革“最先一千米”和“最后一千米”的关系，突破“中梗阻”，防止不作为，把改革的含金量充分展示出来，让人民群众有更多获得感。

一要深化教育综合改革。贯彻落实市委、市政府《关于深化教育综合改革的若干意见》，召开全市教育综合改革发展大会，统筹城乡教育资源配置，促进教育公平均衡发展。学前教育抓普及，制定《玉溪市学前教育三年行动计划》，扩大公办幼儿园和普惠性幼儿园覆盖率，完成11所乡镇公办或公建民营幼儿园建设。义务教育抓均衡，全面推进教育质量监测评价改革，完成国家确定的中小学质量评价改革实验区建设任务；制定《关于加强中小学勤工俭学工作的意见》，全面开展勤工俭学工作，力争在土地提供、税收政策、收益分配等方面取得突破，让中小学生会劳动、爱劳动，提高综合素质。普通高中抓质量，建立常态化的普通高中办学水平和高考质量奖励机制，落实好高考改革和高中学业水平改革政策，做好综合素质评价、特色实验学校创建工作，逐步构建内部运行规范、质量效益较高、基本满足社会需求的现代化优质普通高中发展格局。职业教育抓特色，制定《关于加快现代职业教育改革发展的实施方案》，按照“市级统筹、特色立校”的思路，推行跨区域招生，实现招生、管理、培训、就业等资源的高度统一和整合，增强职业教育吸引力。民办教育抓扶持，制定出台《加快民办教育发展实施意见》，创新股份制、混合制等办学模式，实行校企共建共管。

二要深化医药卫生体制改革。完成卫生、计生机构改革工作。积极探索支付制度改革，以支付方式、质量标

准、绩效评价为手段，以科学的数据管理、市场调节为核心，以医保付费、质量标准、分级诊疗为主线，合理确定各级医疗卫生机构的职责范围和服务项目，制定医保基金预付制、药品耗材集中管理制、严格控制自费项目等一系列制度，提高各级医疗机构服务能力，实现全市医疗资源的合理配置。继续抓好县级公立医院改革试点县工作，逐步探索维护公益性、调动积极性、保障可持续的县级公立医院运行机制。以县乡村医疗服务一体化改革为抓手，以绩效改革为突破点，加大基层医疗卫生机构改革力度，调动基层积极性，提高医疗服务水平。加快推进新农合支付方式改革，保证新农合资金安全高效运行。

三要深化文化体制改革。按照市委、市政府《关于深化文化体制改革的实施方案》，加快文化领域综合改革，推动市级广电、新闻出版职能和机构整合，建设传统媒体与新媒体融合平台，完成玉溪电视台、玉溪有线电视台、玉溪人民广播电台“三台”合并工作，组建玉溪市广播电视台。制定《关于进一步加强体育工作的意见》，解决瓶颈制约问题，促进体育工作健康发展。

四要主动融入滇中城市经济圈一体化建设。要按照2015年2月27日全市滇中城市经济圈一体化发展推进汇报会议要求，加强与昆明对口部门的交流合作，主动融入滇中城市经济圈一体化建设，大力促进社会事业互动发展。鼓励开展教育合作，推动与昆明优质教育资源交流和共享，积极推进易门一中、玉溪八中、玉溪四小与云南师范大学教育集团合作办学，实施名校带动工程，提供更加优质的教育资源。搭建统一的医疗服务信息平台，推进医疗卫生机构合作共建，鼓励优质医疗资源通过合作办院、设立分院、组建医疗集团等形式向玉溪延伸。推进文化体育资源共建共享，鼓励共申共办重大文体活动。

第二，坚定不移推项目。坚持把项目建设作为加快发展的关键环节和重要载体抓紧抓好。教育上，突出抓好美丽100校园行动计划暨校安工程建设，做好资金调度保障，落实主体责任，力争2015年圆满收官；按照“保基本、补短板，缺什么、补什么”的原则，全面推进“全面改薄”项目实施，确保义务教育学校基础设施明显改善；加快教育信息化建设，确保数字校园一期工程和教育教学云平台建设在2015年上半年完成，同时加快二期项目规划建设，早日让教育信息化成果惠及农村中小学；抓好职教园区规划审定、项目选址、招商引校等前期工作，创新项目运作机制，力争项目推进取得实质性进展。积极推进玉溪师院成教学院异地迁建项目。卫生上，突出抓好玉溪西南国际医院暨健康产业园、市儿童医院等重点项目，加快规划、土地等前期工作，积极创造开工条件；加快市医院改扩建工程，按期完成主体工程；县区要积极争取元江中医院、新平中医院中央投资项目落地，推进2个乡镇卫生院、15个村卫生室项目建设。文化上，突出抓好澄江化石博物馆建设，加快工程进度，按期完成内部展陈和主体工程建设。食品药品监督管理上，探索开发适合玉溪实际的“四品一械”安全监管信息系统，实现食品药品安全远程监管、全程监管、实时监管、动态监管、群众协管和安全信息可追溯的目标，加快推进市食品检验所和华宁区域性、易门县、元江县食品检测所项目建设。

第三，坚定不移抓争取。当前，我市正处于加快发展的关键时期，壮大经济实力、发展社会事业、保障和改善民生既需要我们自身努力，更离不开上级的支持，特别是当前我市建设任务重、资金压力大，更要千方百计做好向上争取工作，研究政策、抓住机遇、加强协调，争取更多的民生政策、项目和资金。一要吃透政策。随着改革的深入推进，许多民生政策已经或正在发生新变化、作出新调整。要认真研究和及时掌握国家、省里的政策及投资导向，善于搜集和捕捉信息，让争取工作有的放矢，把政策变为实实在在的“真金白银”。二要主动争取。要积极与上级对口部门沟通对接，勤跑勤汇报，做到实情信息早知道、准备工作早动手、项目资料早报送、项目储备早计划，最大限度争取政策、项目、资金向我市倾斜。尤其要利用好“一带一路”、滇中城市经济圈、昆玉红旅游文化产业经济带建设等重大机遇，提前做好项目包装策划工作。三要跟踪落实。对上争取工作是一项艰苦细致、劳苦劳心的工作，要有想尽千方百计、吃尽千辛万苦、走遍千山万水的思想准备、精神毅力和十足干劲，盯住、盯准、盯死，把工作做细、做精、做实，不断提高向上争取成功率。四要做好“十三五”规划编制。争取更多的项目挤入上级“十三五”盘子。五要加强招商引资和社会融资。新常态下适应和创新投融资方式，在更广泛领域向社会资本敞开大门，是社会事业发展的内生动力。要坚持“政府主导、企业参与、市场运作”的工作机制，在政策法律允许的范围内，充分发挥财政资金的杠杆撬动作用，通过招商引资和PPP等社会融资方式，吸引更多的资本进入社会事业领域。

第四，坚定不移建文化。建设文化玉溪是市委作出的一项重要决策部署，是“八要”的重要内容。要按照“传承历史、挖掘底蕴、续写辉煌，推动文化繁荣发展”的思路，加快文化玉溪建设，为玉溪经济社会发展提供强大的思想引导、精神动力和舆论支撑。一要打造知名文化品牌。紧紧围绕“一地四乡”名片，突出重点、整合资源、加大投入，创新品牌设计和营销宣传，重点打造聂耳文化、红塔烟草文化、澄江化石地世界自然遗产文化品牌，举办好第四届中国聂耳音乐（合唱）周系列活动；依托“三湖”资源，打造高原水乡文化品牌；研究制定《玉溪市文艺精品创作扶持奖励办法》，实施文艺精品、文化名家工程，弘扬玉溪滇剧、花灯为主体的戏曲文化品牌。努力把澄江帽天山生命起源地和云烟之乡、花灯之乡、聂耳故乡、高原水乡打造成全国知名、世界知晓的文化品牌。二要加强文创产品开发。深入挖掘地方特色文化资源，加快推进玉溪陶瓷艺术创意园区、江川铜文化产业“一条街”、华宁陶瓷产业园和碗窑村陶文化旅游小镇等项目规划建设，重点打造陶瓷、青铜工艺品、生活铜制品、银饰品、刺绣、民族服饰等为主的特色文化产业。探索开发澄江化石文化创意产品，创作、设计、开发一批以澄江化石为基础，融合华宁陶、江川铜、民族刺绣等传统工艺的文化旅游创意产品，积极开展澄江化石地动漫科幻影视和微电影征集活动。

第五，坚定不移强法治。社会事业关系人民群众切身利益，社会关注度高、敏感性强，各种矛盾纠纷易发频发，在全面推进依法治国的新形势下，社会事业发展必须发挥法治的引领和规范作用。要深刻学习领会党的十八届四中全会精神，把法治建设提上重要议事日程，牢固树立法治思维，按照“法定职责必须为、法无授权不可为”的要求，理清权责清单，规范行政行为，完善行政决策程序，加强规范性文件合法性审查和清理，杜绝违法决策、违法行政，确保社会事业在法治化的轨道上健康发展。要把法治精神、法治意识、法治观念熔铸到具体实践中去，有条件的部门要聘请法律顾问，推动形成决策办事依法、解决问题用法、化解矛盾靠法的良好法治秩序。要推进法治保障体系建设，重点推进澄江化石地世界自然遗产保护条例立法工作，有效解决保护管理法治保障滞后的问题。要加强文化、卫生、计生、食品药品监管等系统执法队伍建设，严格执法资质，完善执法程序，确保法律公正公平公开实施。

第六，坚定不移惠民生。人民对美好生活的向往，是我们的奋斗目标。要围绕市政府10件惠民实事，加大民生实事投入力度，确保各项惠民措施落到实处。加强师德师风和业务能力建设，提高教育教学水平。完善校园安全稳定工作长效机制，编印《中小学幼儿安全教育》系列连环画读本，有效预防重特大学校安全事故发生。提高新农合筹资标准和农民受益水平，提高基本公共卫生服务均等化的质量，加快重大疾病防控和突发公共卫生事件应急体系建设。做好“国家卫生城市”复检工作。实施国家免费孕前优生健康检查项目，继续落实“单独两孩”政策，创建流动人口卫生和计生基本公共服务均等化示范市。加快构建现代公共文化服务体系，抓好“两馆一站”免费开放、广场文化建设、农村文艺星火工程、文化信息资源共享、文化惠民示范村等“五大”工程建设。积极创建中国楹联文化城市，积极支持通海创建国家历史文化名城。开展文化下乡活动。加强农家书屋管理，把书屋建成留守儿童的温馨家园、优秀文化的传播基地和乡土文化的教育基地。抓好中央节目地面数字无线覆盖和高山台站基础设施建设。实施“七彩云南全民健身基础设施建设工程”，广泛开展全民健身活动。开展食品药品安全专项整治，健全完善食品药品举报投诉指挥平台，实施食品药品放心工程。整合卫生计生资源，加大农村育龄妇女乳腺癌、宫颈癌筛查救助力度。抓好残疾人和红十字会工作。要通过一件件暖民心的实事好事，让广大人民群众享受到实实在在的好处。

三、认真践行“三严三实”和“忠诚干净担当”，加强领导班子和干部队伍建设

充分认识党中央加强作风建设和反腐败工作的鲜明立场和坚决态度，充分认识遵纪守法的极端重要性，巩固党的群众路线教育实践活动成果，认真开展“三严三实”和“忠诚干净担当”专题教育，坚守为官之要、为官之道，以铁的纪律和作风抓好工作落实。

第一，守纪律讲规矩。把遵守政治纪律和政治规矩摆在更加重要的位置，切实强化思想觉悟和刚性约束，以更强的党性意识、政治觉悟和组织观念要求自己，在任何情况下都做到政治信仰不变、政治立场不移、政治方向不偏，在思想上、政治上、行动上始终同以习近平为总书记的党中央保持高度一致，时刻以党的纪律、党的要求来规范自己的一言一行，决不对上级决策部署打折扣、搞变通。必须遵守组织程序，重大问题该请示的要请示，该汇报的要汇报，决不允许超越权限办事，作守纪律讲规矩的表率，做政治上的“明白人”。

第二，敢担当勇负责。敢于担当是领导干部的基本素质，没有担当，何谈领导，何以率下？要忠于职守、敬业奉献，以“功成不必在我”的心气和毅力，以“创业必须有我”的责任和担当，以“踏石留印、抓铁有痕”的劲头，谋划在前、实干在前、担当在前，面对大是大非不糊涂，面对矛盾问题敢于迎难而上，面对危险敢于挺身而出，面对失误敢于承担责任，面对歪风邪气敢于坚决斗争。要丢掉圆滑处事、世故老态的“成熟”，摒弃“庸懒散贪”等不良作风，靠实干树立社会事业部门的良好形象，靠敢于担当、敢于负责凝聚人心、造福群众。要善于负责，处理矛盾讲究策略，解决问题注意方法，既要做到坚持政策不走样，体现原则性，又要灵活把握不教条，富于创造性。

第三，守底线保干净。当前，社会事业领域并不是一潭净水，工程项目多、资金支出大、社会影响广。要按照“个人干净”的要求，始终保持清醒的头脑，认真学习各项纪律规定，严守党纪国法的红线，敬畏权力、敬畏人民、敬畏制度，时刻以谨慎之心对待权力、淡泊之心对待名利、警惕之心对待诱惑，耐得住寂寞不贪权，受得住诱惑不贪欲，守得住清贫不贪财，稳得住心神识大局。要勤用“四盆水”洗净作风之“弊”和行为之“垢”，做好“六个表率”、做到“六个不能”，做一名让组织放心、让群众满意的干部。

第四，转作风抓落实。要巩固“四风”整治成果，牢记“作风建设永远在路上”，始终绷紧作风建设这根弦。要把目标任务和重点工作进行立项分解，按照时间节点定措施、定责任、定时限，完善一级抓一级、层层抓落实的工作机制。要认真践行“八要”，提倡开短会、讲短话，挤出时间主动沉到基层去，集中精力研究解决基层民生、项目建设、公共服务等方面存在的问题，做到议大事、懂全局、管本行、解难题。要准确了解群众的所思所想所盼，始终站在群众的立场想问题、做决策、干事情，多做“雪中送炭”的事情，坚决不做“四拍干部”和“四皮干部”。

明确目标　全力以赴
迈出玉溪工业经济转型升级新步伐

玉溪市副市长　解仕清

一、充分认识，加快全市工业产业转型升级的紧迫性

玉溪市通过多年实施“工业强市”战略，工业经济已进入了提质增效、稳步发展的新阶段，成为全市经济发展的主要推动力，总体上处于工业化发展的中期。但是总量不足、结构不优、质量不高、投资不足等许多深层次的问题仍然没有改变。

一是总量不足，支柱单一。2014年，玉溪市全部工业增加值670.4亿元，增长8.1%，拉动GDP增长个5个百分点，对经济增长的贡献率为62.2%，在全市经济中占举足轻重的地位。但玉溪工业增加值在全省排第三，从全省来讲，总量不大，仅占全省4 564亿元的14.7%。从州市来讲，与昆明、曲靖差距大，比昆明1 150.4亿元（占全省的25.2%）少479.9亿元，比曲靖721亿元（占全省的15.8%）少50.6亿元，比红河475.6亿元（占全省的10.4%）多194.8亿元。从行业来讲，在全部工业中仅烟草和矿冶就占80.6%（烟草制品业完成377.4亿元，占全市的56.3%；矿冶产业增加值162.7亿元，占全市的24.3%）。近年来，随着钢铁、铜、磷、镍市场价格的急剧波动，矿冶企业生产经营受到严重影响，波及全市经济增长。加之，由于卷烟市场饱和增长乏力，致使全市规模以上工业增加值增长在全省主要工业州市中排名落后，直接影响到全市GDP快速增长。特别是云南烟草工业的“两统一两整合”对我市下步经济发展将造成严重影响。从长远看，玉溪经济严重依赖1～2个支柱产业的局面必须改变。

二是结构不优，新兴战略产业发展不足。玉溪现有工业资源型、粗放型特征突出，调结构，加快工业转型升级，已成为玉溪工业经济发展的必然选择。矿冶产业虽然是全市支柱产业之一，按照国务院、省、市关于化解产能严重过剩矛盾的指导意见要求，整合压力巨大，且布局分散于八县一区，产品多属于资源型初级产品，产业链短，附加值低，能耗大，污染重，矿冶产业自身发展面临进一步调整提高的任务。新兴产业培育力度不够，具有一定科技含量、附加值高的先进装备制造、生物医药、新能源新材料等新兴产业还处在起步阶段，加快传统产业的升级改造保存量，发展新兴产业促增量更显迫切。

三是空间不足、环境容量小。玉溪国土面积小，人多地少，可开发利用的土地少，玉溪环境容量小，水资源保护与经济发展的矛盾较为突出，环境保护压力大。三湖生态脆弱，环境容量和环境承载力弱。这使得许多工业项目难以落地，工业固定资产投资长时间难以打开局面。

四是工业投资强度不足，产业发展后劲乏力。工业投入持续下降，工业投资占全社会固定资产投资比重从2007年42.9%下降到2012年34.4%，2013年下降到31.6%，2014年又下降到27.6%，严重影响工业经济的发展后劲。重大项目推进不理想，产业发展缓慢。产业外向度偏低，局限于本地市场的经营运作，缺乏外向型经济的聚集与辐射能力，市场的对外开放程度还远远不够。园区实体化建设推进缓慢，园区的工业项目投资强度偏弱，上千万元、上亿元项目开工率、竣工率和储备都严重不足，成为制约全市工业经济快速发展的“短板”。同时，也还有自主创新能力不强，综合竞争力弱；投资环境不优，吸引力不强等问题。

总体来讲，全市工业产业发展正处在爬坡过坎、发展急需转型升级的关键时期。不加快全市工业产业转型升级，没有出路，只有坚定不移地推进产业转型升级，才能闯出新路子。2014年，省委、省政府出台了加快工业转型升级的相关文件，并在12月份召开了滇中城市经济圈一体化现场推进会。2015年1月，习近平总书记到云南调研，要求云南要全力融入“一带一路”的国家发展战略，努力成为我国民族团结进步示范区、生态文明建设排头兵、面向南亚东南亚的辐射中心。市委、市政府及时召开了会议作了传达学习、贯彻，市委书记罗应光要求突出产业转型升级，实现错位发展。我们通过认真研究，并经市委、市政府研究同意，出台了中共玉溪市委、玉溪市人民政府关于加快工业转型升级的实施意见和关于全市工业园区实行实体化管理的指导意见、信息产业发展指导意见，全力推进工业转型升级。对于玉溪来讲，做好玉溪工业产业转型升级这篇大文章，是势在必行、迫在眉睫。我们全市工业战线上全体干部职工，要不折不扣地落实习总书记“忠诚、干净、担当”和市委“干在实处、走在前列”的要求，闯出一条跨越式发展的路子。我们必须以只争朝夕，逆水行舟、不进则退的精神，增强紧迫感和责任感，确保全市工业产业转型升级取得实实在在的效果。

二、明确目标，全力抓好工业六大产业发展

2014年，市委明确要求，为确保玉溪产业实现三年打基础、五年大发展，提出重点发展九大产业，即巩固提升卷烟及配套、矿冶、高原特色农业三大支柱产业，发展壮大旅游文化、生物医药及食品、装备制造、现代物流四大新兴产业，积极培育信息、新能源新材料及节能环保两大战略性新兴产业。这九大产业中，工业是重头戏，占三分之二。我们的目标就是：要坚定不移地全力打造卷烟及配套产业、矿冶产业、装备制造业、生物医药及食品产业、新能源新材料节能环保产业、信息产业“六大产业”，到2017年预计完成工业总产值2 600亿元，年均增长13 %；工业增加值930亿元，年均增长13%，占GDP比重58 %。其中：“六大工业产业”总产值1 846亿元，年均增长13%；

工业年增加值达到768亿元，年均增长10%，占GDP比重48%。

一是巩固提升两大支柱产业。首先是卷烟及配套产业。支持红塔集团进一步推进烟叶和卷烟产品结构调整，稳定生产销售规模；争取合和公司扩大玉溪投资，鼓励卷烟配套企业外引内联、加快发展。其次是矿冶产业。以玉溪钢铁集团为载体，稳步发展钢铁产业。依托现有大企业、大集团发展精深加工，实施一批板材、型钢、轴钢等装备基础材料配套项目，加快钢铁行业转型升级，把玉溪打造成为云南省重要的矿冶加工基地、新型钢铁基地。

二是发展壮大两大主导产业。首先是装备制造产业。发展数控、风电、汽车及其配件等高端装备制造业，振兴玉溪装备制造业。抓住国家支持云南发展汽车产业机遇，通过引进国内外品牌汽车企业，发展玉溪汽车产业。其次是生物医药及食品产业。推进“中国•东盟国际生物医药港”、达利食品、沃森治疗性单克隆抗体药物产业化等项目建设，形成有玉溪特色的绿色生物产业。立足玉溪区域资源优势，加快发展云南传统特色食品、生态食品及现代食品工业，引导和支持食品企业向工业园区集聚，形成一批特色食品产业集聚区，把玉溪打造成为全省重要的生物医药及食品产业基地。

三是积极培育两大先导产业。首先是信息产业。依托华为玉溪云计算数据中心、融创天下玉溪微总部、智慧玉溪等项目，推进国家宽带乡村、信息惠民、信息消费示范城市建设，吸引周边国家、大型运营商和跨国企业在玉溪的数据中心进行数据存储、处理，建设云南重要的信息服务基地，强势发展信息产业。其次是新能源新材料及节能环保产业。围绕风能、太阳能、锂电池、LED等产品，发展新能源新材料节能环保产业，建成全省重要的新能源基地。

三、全力以赴，突出“五个抓手”，在全省率先打造工业经济升级版

2015年是全面打造工业转型升级的首要之年，也是“十二五”收官之年。全市上下要坚持稳中求进的工作总基调，认真落实全省工业和信息化工作会议精神，以改革创新为动力，以结构调整为主线，以产业转型升级为主攻方向，全力打造玉溪工业经济升级版。重点突出“五个抓手”：

（一）以改革为抓手，狠抓园区改革发展

一是要坚定不移地推进园区实体化改革。按照工业园区化、园区城市化的发展要求，大胆改革、勇于创新，着力破除园区经济社会发展体制机制障碍，以实现经济行为实体化、园区建设市场化、公共服务社会化为目的，以理顺管理体制机制和经济行政管理审批权限下放为核心，以加快园区机构、人事、收入分配制度改革为重点，全面推行园区规划区域范围内城乡规划建设、产业发展、经济社会发展一体化，全面推行权责合一、党政合一、经济社会发展合一实体化管理，大力促进园区建设升级、产业转型升级、服务管理升级，真正把园区打造成新型工业化的示范基地、经济发展的主引擎、体制机制创新的先行区。总的目标是在高新区实体化改革的基础上，2015年一季度完成6个省级工业园区实体化改革方案的审批工作，其余园区逐步推进。

二是以融资为抓手，建立工业转型发展专项资金。集中不少于60%的市级及各类工业发展扶持专项资金，与银行合作开展融资，支持园区基础设施、重点产业、重点企业发展和重点项目建设。2014年，全市园区完成固定资产投资170.4亿元，其中工业投资108.7亿元，而基础设施投资达28.3亿元，增长211.3 %，可以说是掀起了新一轮的园区基础设施建设的新高潮。2015年，我们与市商业银行合作，整合工业园区专项资金5 000万元，按照1：8的比例放大，每年贷款4亿元支持全市园区基础设施建设；与市广发银行合作，整合装备制造专项资金2 000万元，按照1：10的比例放大，每年贷款2亿元支持装备制造产业发展；与兴和村镇银行合作，整合生物产业专项资金1 000万元，按照1：10的比例放大，每年贷款1亿元支持生物医药信食品产业发展。这些资金分配的原则就是不撒胡椒面，哪个园区项目多就支持哪个园区，哪个县区项目多就支持哪个县区。同时要抓住今后六年全省投资10万亿元的机遇，使工业投资有新的突破，尽量把资金、土地、项目、政策等要素优化配置到工业园区，真正把工业园区变成各县区经济发展主战场，真正做实做大做强工业园区。

同时，要大力引导民间资本投向“六大产业”。民间工业投资占全市工业固定资产投资的比重每年提高3个百分点以上。力争通过3～5年，使全市工业投资打一个翻身仗、全市园区基础设施和产业面貌发生根本性的改变。

（二）以规划为抓手，狠抓工业产业布局

2014年，玉溪市园区规划面积由265平方千米扩大到423平方千米，新增157.99平方千米，园区规划面积扩大近一倍，这为我们力争到2020年园区实现销售收入4 600亿元目标奠定了良好的基础。要继续按照“企业集中、资本集聚、产业集群、土地集约”的原则，抓好工业园区规划修编工作，坚决执行好规划，实现特色产业聚集，形成各具特色的工业园区。

一是打造各具特色十大产业园区。到2017年，销售收入达到1 000亿元的有2个，即玉溪国家高新区（包括江川龙泉片区）特色主导产业是卷烟配套、汽车通用航空零部件、生物、信息、节能环保设备；红塔工业园区特色主导产业是烟草及配套产业、生物医药、新能源、新材料。销售收入达到500亿元有3个，即研和工业园区特色主导产业是以钢铁深加工、数控机床、现代物流；新平工业园区特色主导产业是铁、铜采选及加工、生物资源加工；易门工业园区特色主导产业是陶瓷产业、贵研铂业、新型建材、生物资源加工。销售收入达到300亿元有2个，即通海工业园区特色主导产业是五金机电；大化工业园区特色主导产业是冶金及压延深加工、装备制造产业。销售收入达到200亿元有2个，即华宁工业园区特色主导产业是磷化工产业、装备制造、建材；澄江工业园区特色主导产业是生物医药、磷化工、新型建材。销售收入达到100亿元有1个，即元江工业园区特色主导产业是镍产业、热区生物资源加工。

二是以十大园区为依托，全力打造六大产业基地。1. 卷烟及配套产业基地。以高新区、红塔园区卷烟产业基地为龙头，辐射带动通海园区、江川园区、澄江园区、华宁园区发展卷烟配套产业基地。2. 矿冶产业基地。以研和园区、新平园区、大化园区、易门园区和元江园区为主，建设钢铁、铜、镍等金属矿采选及压延深加工产业基地。3. 装备制造产业基地。以研和园区数控机床、通海园区电器及五金产业、华宁园区风电设备产业、高新区（江川龙泉片区）汽车通用航空零部件、节能环保为主，打造各具特

色装备制造产业基地。4. 生物医药及食品产业基地。以玉溪高新区、澄江园区为主，发展生物医药产业基地；以玉溪高新区、红塔园区、通海园区、新平园区、易门园区、华宁园区、元江园区为主，发展各具特色食品加工基地。5. 新能源新材料和节能环保产业基地。在研和园区建立太阳能利用产业基地，华宁园区、新平园区、元江园区建立风能利用产业基地，红塔园区建立锂电池生产及配套产业基地，红塔园区、新平园区建立LED等新材料和节能环保产业基地。6. 信息电子产业基地。以玉溪高新区（包括江川龙泉片区）为主，加快发展信息产业基地。

（三）以招商为抓手，狠抓项目签约落地

一是要广借外力筑巢引凤，打破投资单一模式，通过市场化运作，在抓好敲门招商、跟踪招商、组团招商、会展招商的基础上，注重以企引企、以商招商，推动招商引资由部门招商、政府招商向市场主体招商、专业化招商、产业化招商转变，形成市场运作、企业为主、政府推动的招商引资新格局。

二是各工业园区要组建专业招商机构，建设高素质、专业化招商队伍，把主要精力放在招商引资上，让更多项目进入园区。

三是要瞄准沿海发达地区产业转移动向，积极承接东部产业转移，不断加强与央企外企民企的商洽，力争更多的知名央企外企和民企落户玉溪市。要围绕全市重点打造的工业“六大产业”，建立项目储备库，抓好项目前期和土地、林地等关键环节，全力破解项目落地难的问题，依托入驻企业的人脉和信息资源，走出去与请进来相结合，盯紧产业精准招商、依托商会以商招商、依托企业以企招商，走“以商建园、以园养园、以商招商”的新路子。

（四）以干部为抓手，狠抓组织和人才保障

目标和措施已经明确，落实得好不好，关键在于人，在于强有力的组织保障。

第一层次：市级领导。根据市委四届五次全会的安排部署，要建立全面落实好招商引资、重点项目建设、园区建设、民营经济、节能减排、河道治理和社会维稳“七位一体”重点工作市级领导分工联系制度，明确每一名领导具体负责的重点项目，充分发挥好市级领导的示范带头作用，形成“分工合作、齐抓共管、人人肩上有担子”的工作格局。

第二层次：县（区）党委政府。要全面推广学习“易门经验”，落实各县（区）党政一把手抓园区、抓项目第一责任，以上率下，层层传导责任，一级带着一级干，一级干给一级看，严格考核，及时协调解决问题和推进项目落地。各级政府分管领导要全程负责，每月调研，政府常务会每季度分析工业转型升级情况。每位政府副职挂钩一个重点产业。

第三层次：部门。要建立产业转型升级的协调联动工作机制，市发改、工信、财政、国土、林业、环保、科技、国资、金融等部门的一把手作为第一责任人，围绕工业转型升级的目标任务，深入企业、深入工地、深入一线办实事、解难题，随时掌握项目进展和企业生产经营情况，服务企业发展，打造优良的发展环境，真正形成各司其职、各负其责、通力合作、齐抓共管的工作合力。

第四层次：要培养各类工业技术人才，加强各类技工院校建设，造就一大批适应玉溪工业产业转型的技工人才。要切实加强企业家队伍建设，招聘和引进职业经理人，建立企业家队伍培养和保护机制，培养造就一批具有全球战略眼光、管理创新能力和社会责任感的优秀企业家。

（五）以现代物流业为抓手，狠抓物流园区建设

玉溪市第三产业发展滞后，特别是以现代物流业为主的现代服务业发展滞后直接制约了全市经济快速发展，是玉溪市经济发展的短板。实践证明，一个地方有完善的现代物流业，对一个地方工业发展快慢起着至关重要的推动作用。发展现代物流业，对玉溪来讲是一项十分紧迫的一件大事。加快发展玉溪现代物流业，面临许多重大机遇：一是全面深化改革的机遇。党的十八届三中全会启动了涉及15个领域、60项具体任务的全面深化改革。我市也多次召开领导小组会议，积极推进各项改革任务。通过市场化改革、政府职能转变，实现制度的完善和体制的创新，激发社会创造活力，促进玉溪开放型经济的发展。二是沿边开发开放和“一带一路”建设的机遇。当前，全省上下正在贯彻落实习近平总书记在云南视察的讲话要求，全力融入“一带一路”的国家发展战略，努力成为我国民族团结进步示范区、生态文明建设排头兵、面向南亚东南亚辐射中心。这是着眼新的时代背景和全国发展大局，为云南发展确立的新坐标、明确的新定位、赋予的新使命。这为玉溪今后的发展带来了良好的机遇，我们可以向北联合昆明大力发展昆玉红旅游文化产业经济带，向南联合普洱、西双版纳融入昆曼经济走廊建设，向西联合临沧、楚雄融入孟中印缅经济走廊建设，向东联合红河、文山融入昆河经济走廊建设，形成玉溪经济发展的新格局。三是产业转移的机遇。当前，全球产业转移已进入技术密集型、资本密集型、劳动密集型产业转移并存的阶段。珠三角、长三角等东南沿海企业加快向中西部地区转移扩散。玉溪凭借区位优势、产业优势、生态优势和投资环境，有望获得承接产业转移，加快出口导向型产业、外向型产业基地建设和发展。四是滇中城市经济圈建设的机遇。省委、省政府先后制定出台滇中城市经济区域协调发展规划、滇中城市群规划、滇中城市经济圈一体化发展总体规划，着力推进滇中产业新区、昆玉红旅游文化产业经济带、抚仙湖—星云湖旅游综合改革试验区建设和昆玉一体化发展。玉溪正在顺势而谋、乘势而上，积极融入滇中城市经济圈，这必将有力促进玉溪基础设施建设和产业发展。

加快玉溪现代物流业发展，涉及全市经济社会发展的方方面面，涉及发改、工信、交通、商务、邮政等多个部门，如何构建玉溪市发达的现代物流体系依然任重道远。当前要研究和抓好物流园区的建设，重点是三个方面：一是规划一批物流园区。在红塔区研和、大营街和江川县、通海县及其他有条件的县布局钢铁、烟草、蔬菜、水果等物流园区和物流中心，引导物流企业、专业市场和社会性仓储物流设施向物流园区、物流中心集中。二是引进培育一批大型物流龙头企业，加快推进物流项目建设。重点要开工建设研和综合物流园区、九溪烟草物流园区、中心城区快递园区、活发集团国际商贸物流产业园、大化产业园区现代物流集散中心建设项目。三是依托云计算数据中心，打造云计算产业园。对移动互联网要加大引资力度，落户产业园，形成云计算、移动互联网、物联网的上下产业链配套，为现代物流业发展创造条件。

把握新常态　强化新举措
奋力开创生态文明建设工作新局面

玉溪市副市长　孙云鹏

党的十八大以来，习近平总书记从中国特色社会主义事业五位一体总布局的战略高度，对生态文明建设提出了一系列新思想、新观点、新论断。今年新念伊始，习近平同志在云南考察时要求云南把生态环境放在更加突出的位置，成为生态文明建设排头兵。作为我们玉溪来讲，习总书记的指示精神同样具有非常强的针对性和指导性。我们务必深刻领会其精神实质，进一步打牢保护生态环境就是保护和发展生产力的理念，以制度建设为基础，将生态文明建设融入经济、政治、文化和社会建设中，最大限度增绿添绿，最严举措低碳发展，最硬措施维护生态，为玉溪人民在天蓝地绿、水清气爽的良好生态环境中共享发展成果作出不懈努力。

一、肯定成绩，把握新常态，充分认识环境保护工作面临的新形势、新任务

过去的2014年，各级党委政府、各相关部门紧紧围绕全市经济社会发展大局，坚决贯彻执行中央和省关于环境保护的各项决策部署，坚定不移地实施生态立市战略，齐抓共管、合力攻坚，大力推进生态建设和环境保护工作，取得了显著成绩，主要有以下几个方面亮点：一是水环境综合治理成效明显。把水污染治理作为环境保护的重中之重，突出“三湖两库”保护治理，坚持高位统筹、强势推进。全力争资金、推项目、抓管理，争取上级资金和筹融资均创历史最高、突破10亿元，市抚投公司实现协议融资34.64亿元、货币融资17.29亿元，“三湖”保护治理累计投入资金达50.92亿元（其中：中央和省投入14.77亿元，市、县投入36.15亿元），66个“十二五”规划项目开工率、完工率、投资完成率分别达98.5%、63.6%、77.9%，抚仙湖北岸生态湿地一期631亩湿地建设基本完工、搬迁安置房建设稳步推进，华宁大龙潭引水工程进展顺利，抚澄河、东大河、大鲫鱼河、大街河、周德营河等11条河道通过治理综合污染指数与2013年比平均下降了30%，系列工程措施使每年实现削减污染污物入湖量COD5 016.6吨、TN1 239.23吨、TP162.2吨、NH3-N198.6吨。非工程管控措施得到强有力落实，抚仙湖禁止开发区面积扩大了1.7倍，试验区核心区开发项目从25个减少到11个，项目规划用地、规划总投资分别下降59.8%和下降47.7%，累计向抚仙湖增殖放流抗浪鱼等土著鱼苗600余万尾，抚仙湖保护条例修订工作被列为省政府2015年立法计划一档项目，坚持每月举行一次新闻发布会，启动与中科院南京湖泊地理与湖泊研究所共建抚仙湖高原深水湖泊研究站工作，特别针对抚仙湖流域游客的不文明行为而建立“短信告知”手机宣传平台，“三湖”径流区建设项目环境影响评价和“三同时”制度执行率均达100%。东风水库完成10个整治项目，飞井海水库植树1.2万棵、绿化159亩，清淤15万立方米，完成了9个村的截污主管工程。抚仙湖水质总体保持Ⅰ类，星云湖、杞麓湖水质恶化趋势得到遏制，东风水库、飞井海水源保护区环境综合整治成效明显。二是污染减排任务圆满完成。制定实施争取解除区域限批工作方案，着力抓好结构减排、工程减排和管理减排，150个减排项目完成147个、完成率达98%，“十二五”减排责任书的18家钢铁厂，其中8家实现关停淘汰，另外8家11个烧结机全部安装脱硫设施；11家水泥厂13条生产线全部安装脱销设施；污水处理厂配套管网建设达78.3千米、超任务的75%，全市共处理污水4 214万吨、同比增加800多万吨。国控企业污染源监督性监测结果公布率、重点考核企业污染源自行监测结果公布率和重点污染源自动监控数据传输有效率“三条红线”圆满完成。全市新增削减化学需氧量3 283吨、氨氮520吨、二氧化硫4 510吨、氮氧化物3 739吨，这四项指标全部按照省政府的责任书要求完成，考核结果从上年的倒数位次一举跃居前列，圆满实现“区域限批”解限目标。三是大气污染防治成效显著。坚持综合施策，标本兼治，着力退二进三、企业入园、淘汰落后产能、施工场地整治、淘汰黄标车及老旧车、推广燃气应用等工作，建成12条环保检测线并启动运行、共检测4 402车次，共对4 279辆新车发放绿色环保标志，成为全省除昆明外第一个建成环保检测线并投入运行的地州市；淘汰黄标车及老旧车1.6万辆，超额完成省政府下达的淘汰任务；铺设燃气管道47.3千米，推广居民用户2万户；开展污染源现状调查进展顺利，中心城区大型施工场地环境监管监测水平得到提升；中心城区环境空气自动监测系统三个监测点位按照新标准进行监测评价，全市8县在全省率先开展PM2.5手工监测工作，中心城区环境空气质量全年一级天数达188天、比上年增加63天，空气质量全省排名从16名跃升到10名，大气污染防治工作被省环保厅考核为优秀。四是生态建设取得

积极进展。在全省率先制定出台了建设生态文明建设的相关政策措施，印发实施《中共玉溪市委玉溪市人民政府关于争当全省生态文明建设排头兵的实施意见》和《玉溪市争当全省生态文明建设排头兵四年行动计划（2014～2017年）》，启动《玉溪市生态市建设规划》编制。各县区均编制完成了《生态县区建设规划》；新申报创建3个国家级生态乡镇，7个省级生态文明乡（镇），命名了95个行政村为“玉溪市市级生态村”；峨山县8个乡（镇、街道）实现了云南省生态乡镇全覆盖，新平县12个乡（镇、街道）已有10个乡镇创建成为云南省生态乡（镇）。五是建设项目及环境监管全面强化。严格执行环保法律法规、产业政策，严格环境准入，深入持久开展环保专项行动，抓好环境安全大检查和环境应急管理，切实加强风险防控，重点建设项目环境影响评价制度执行率和“三同时”执行率为100%。按时完成了各种监测项目217项，出具监测数据29 468个。完成企业现场端监测设备安装98户，与市级监控中心联网90户，通过验收88户。严查重处环境违法违规行为，全年出动环境监测人员1.5万人次，检查企业7 647家次，处罚环境违法案件102件、罚款419.1万元；处理来信来访投诉案件496件、处理率和回复率均达100%；向442户排污企业征收排污费3 192万元、完成省下达任务的198%。

在肯定成绩的同时，也要清醒地认识到，我市环境保护工作中还存在不少问题：一是减排任务还非常艰巨。从产业结构看，钢铁、磷化工、建材等传统高耗能行业占规模以上工业能耗达85%，污染排放占比高。我们这些年加大退二进三、淘汰落后产能作了不少努力，但压力还比较大，钢铁、水泥系统的脱硫脱硝设施还没有全部建成，部分建成的运行也不正常；污水处理厂管网建设欠账比较大。二是“三湖”水污染防治工作形势严峻。全省九大高原湖泊水质差的4个湖，我们占了一半；我们针对“三湖”“十二五”规划项目今年必须全面完工并通过验收下了死命令，但资金保障、工程推进等方面压力是非常大的；部分工程管理水平较差，工程质量也存在不少问题。三是大气污染防治形势仍不乐观。去年空气质量提升较快与我们工作的努力紧密相关，但重化工业停产减产较多、持续的降雨天气等影响因素也作出了贡献。施工场地监管、燃煤锅炉禁止、黄标车和老旧汽车淘汰等工作任务还很艰巨。另外，个别县区和部门的领导对环保重视不够，环保的第一责任履职不到位，部门之间的协同配合不够。

当前，我们玉溪在生态建设和环境保护方面面临的形势严峻、任务繁重，正处在攻坚克难、爬坡过坎的关键时期，但同时更要认识到我们面临着很多机遇。我们要准确把握当前面临的新形势、新任务，因势利导抓好生态建设和环境保护的各项工作：

（一）准确把握习近平总书记的系列重要讲话精神。党的十八大以来，特别是十八大报告、十八届三中四中全会决定以及习近平总书记系列重要讲话，就生态文明建设和环境保护提出了一系列新思想、新论断、新要求，把生态环保提到了前所未有的高度。特别是今年1月，习近平总书记到云南考察，对云南提出生态文明建设排头兵的战略定位，赋予了生态文明建设的重大责任。习总书记是从基于云南的区位条件、资源禀赋、典型案例等方面进行分析，对生态环境保护作了重要指示，对于我市同样具有非常强的指导性，主要有几个方面：一是生态环境是宝贵财富，必须高度重视生态环保工作。习总书记讲过：“环境就是民生，青山就是美丽，蓝天也是幸福”。认为“云南不少地方生态环境是非常美的”，他考察了苍山洱海，盛赞了大理美景，列举了描绘云南美景的诗句，据此指出：“云南作为西南生态安全屏障，承担着维护区域、国家乃至国际生态安全的战略任务。同时，云南又是生态环境比较脆弱敏感的地区，生态环境保护的任务很重。”叮嘱道：“生态环境是云南的宝贵财富，也是全国的宝贵财富，一定要世世代代保护好，决不能在我们这一代人手里把它们弄没了、搞坏了！”、“一定要像保护眼睛一样保护生态环境，坚决保护好云南的绿水青山、蓝天白云。”二是必须科学地算好账，坚决不能走先污染后治理的老路。习总书记列举了滇池治理的事例，深刻指出：“生态环境损害容易治理恢复难，治理恢复花费的资金投入不知比当初损害时得到的那点收入要高多少倍”；强调：“在环境保护上，一定要算大账、不能只算小账、不能只算眼前账，要算整体账、不能只算局部账、不能只算单项账，不能因小失大、顾此失彼、寅吃卯粮、急功近利。”如我们的抚仙湖是绝对折腾不起的，必须千方百计遏制水质下滑的趋势。三是必须清晰认识生态环境保护的着力点，做到精准发力。习总书记针对我省坡耕地多、水土流失严重的实际，指出：“生态环境中，生态是基础。生态环境保护的重点是增加绿色植被面积，保持生态系统内部的匹配关系，使生态系统处于良性循环之中”；“环境保护，重在污染治理。要以重点湖泊、河流水污染防治为重点，综合推进滇池、洱海、抚仙湖等高原湖泊水环境综合治理。”；“要综合推进城市大气污染防治，强化环境准入、环境标准硬约束，最大幅度减少污染排放”。四是要强化法制保障，要严查重处环保违法行为。习总书记讲过：“对破坏生态环境的行为不能手软，不能下不为例”。对云南专门强调：“要把环境保护纳入法制化轨道，强化监管，加强执法，严厉查处违法排污、破坏生态环境行为”。“滇池、洱海等自然景观范围内要尽量减少建筑工程，更不能违法违规建豪华别墅，发现违法违规行为要坚决查处”。五是要统筹兼顾，高度重视农村环境综合整治。习总书记叮嘱：“生态环境保护，不能丢了农村这一块”。他强调，“要以美丽乡村、特色村寨建设为抓手，推进农村生态环境综合治理，把农村建设成为广大农民安居乐业的美好家园。要因地制宜地搞好规划，开展农村人均环境综合整治，减少农业面源污染，改变农村许多地方污水乱排、垃圾乱扔、秸秆乱烧的脏乱差状况。要从农村实际出发，补农村的短板，扬农村的长处，注意乡土味道，保留乡村风貌。”

（二）准确把握经济发展进入新常态的内涵。现在我们都在讲经济进入新常态，什么叫新常态，很多专家学者都作了解释。从生态环保方面讲，我们玉溪也进入了新常态。一是经济增速换挡，环境压力进入调整期。从我们玉溪的情况看，受大的经济环境影响，我们的钢铁、水泥等高耗能产业发展放缓了，随之排污就必然减少，环保压力会有所减轻。二是经济速度降下来，为结构优化再平衡赢得空间。我们各级各部门都要着手抓住有利时机，把高污染的产能比重给它降下来，把高附加值产业、绿色低碳产业、高新技术产业比重提高，使总量和结构朝着有利于环境保护的方向发展。三是进入经济发展新常态，环境民生问题更加突出。公众对改善环境的诉求急剧升温，老百姓对环境质量的要求越来越高，这就要求我们更好地把握发展速度、保护力度和公众承受度三者关系，把环境民生放在更突出的位置，在新常态下，环境保护是经济转型升级的倒逼机制，经济发展必须与环境保护实现双赢才能可持续。

（三）充分把握新环保法实施的现实机遇。新《环保法》全面实施，为我们加强环境保护提供了强大武器。一是从整个社会氛围来看，从“两高”司法解释、到新环保法、再到十八届四中全会决定，体现了严刑峻法、重典治污的强大态势，有利于打击环境违法行为，震慑环境犯罪，建立良好的环境秩序。二是从政府环境监管来看，在明确政府的辖区环境质量改善责任和环境保护监督管理责任的同时，新环保法赋予了相关监管部门以一定的强制权，环保部门可以实施查封、扣押等强制措施，环保执法有了强硬的“杀手锏”。对于领导干部虚报、谎报、瞒报污染情况，将会引咎辞职。出现环境违法事件，造成严重后果的，地方政府分管领导、环保部门等监管部门主要负责人，要承担相应的刑事责任。三是从约束规范企业来看，新环保法打出重拳，规定了按日计罚、不设上限、将环境违法信息记入社会诚信档案、向社会公布违法者名单、行政拘留等法律措施，没有环境影响评价，偷排污染物，伪造、造假，瞒报、谎报数据的可以行政拘留，大大提高了环境违法成本，将形成更加严厉的倒逼机制，迫使企业规范自身行为。四是从公众参与来看，新环保法进一步明确环保公众参与的权利和义务，特别是对政府和企业的环境信息公开作了明确具体规定，扩大了环境民事公益诉讼的主体，为公众全面参与环保、维护环境权益起到保驾护航作用。

二、集中力量，强化新举措，确保生态环境保护工作走在全省前列

2015年是全面完成“十二五”环保规划目标任务的收官之年，“十二五”前期的欠账放到今年来完成，这是没有退路的。各级各部门一定要紧紧围绕“争当全省生态文明建设排头兵”的定位，全面深入推进实施生态立市发展战略，坚持像保护眼睛一样保护生态环境，像对待生命一样对待生态环境，认真落实绿色玉溪行动计划（2015～2017年），最大限度增绿添绿，最严举措低碳发展，最硬措施保护生态，奋力保护好玉溪的绿水青山、蓝天白云。着力抓好以下7个方面重点工作：

（一）抓项目促保护，坚决确保“三湖”“十二五”规划项目建设全面完成。各级各有关部门要加强协调联动，主动作为，形成推动项目的整体合力，坚决贯彻市委提出的“五个坚定不移”要求。一是要坚定不移地落实好中央、省委省政府和市委、市政府的决策部署。举全市之力冲刺“三湖”保护治理目标任务，实行规划项目建设县级领导责任制，做到1个项目有1位县级领导高位统筹协调推进，对在建的23个项目和1个前期工作项目着力抓好资金、土地等保障，倒排工期计划，在确保质量的前提下全面提速，确保上半年基本完工、年底前实现审计验收。二是要坚定不移地推进“四退三还”。着力推进“三湖”一级保护区“四退三还”，重点抓好抚仙湖一级保护区内近1万户3万人及260余万平方米建筑物的退出工作。继续狠抓抚仙湖北岸万亩生态湿地、东片区应急引水等重大项目建设，确保6月份实现大龙潭引水工程试通水目标，6月底前建成广南营和马房村地块湿地、9月底前建成仙湖时光栈道、12月底前建成抚仙湖生态调蓄带；继续督促抚仙湖沿湖开发企业履行环保责任，大力推进村庄搬迁、景观改造、面山绿化、湿地建设等环保项目。稳妥推进中央和省属12家企事业单位退出抚仙湖一级保护区资产工作。坚持实施抚仙湖禁控区规划、“两金”制度、“四条”红线等政策不动摇，从严控制抚仙湖开发的规模、强度、节奏。围绕积极打造环湖生态旅游经济带要求，按照错位发展的思路和生态、绿色发展的理念，以推进高端旅游项目为重点发展第三产业，高标准推动昆玉红旅游文化产业经济带规划建设。三是要坚定不移建设“三湖”湖滨生态带。在湖滨特别是一级保护区内因地制宜建设生态湿地、调蓄水生态带和绿化造林等，积极构建更加厚实的生态屏障。优化“三湖”坝区农产品种植结构，加快缩减高污染品种种植面积，大力发展蓝莓、荷藕、核桃、绿化苗木等生态农业；严禁新增规模化养殖，逐步取缔存量规模养殖，实现面源污染的减量化。用足用好国家新一轮退耕还林政策，大力实施退耕还林、植树造林、石漠化治理等工程，抓好“三湖”近山面山绿化美化，为湖泊涵养水源。四是要坚

定不移地推进沿湖四县绿色、低碳转型发展。全面推行生态建设目标任务考核办法，制定实施差异化的倾斜扶持政策，鼓励引导沿湖县自觉把工作重心放在生态建设上。调整完善流域产业规划和布局，引导产业转移发展，始终坚持走产业发展生态化路子。在沿湖四县研究实施一批低碳、节能重点工程，推广应用新能源与可再生能源，加快淘汰落后产能，推进重点行业企业清洁生产。加强水资源管理，严格区域用水总量、用水效率及水功能区限制纳污“三条红线”指标控制。五是要坚定不移地实施最严格的保护措施。争取完成云南省抚仙湖保护条例修订工作。坚持市级领导担任主要入湖河道河长责任制，加大河道管护力度。强化依法护湖，狠抓重大建设项目监管，严查重处环境违法行为。推行沿岸环境卫生市场化运作，完善市场化运行长效机制，提升沿湖环境卫生保洁质量。积极争取国家、省湖泊保护治理专项资金支持，加大市、县财政配套投入力度，拓展现有融资平台投融资渠道，推进水污染防治政府和社会资本合作（PPP），解决项目建设和管护资金瓶颈问题。加强生态文明教育，扎实开展好争当“仙湖卫士”行动计划，充分发挥基层党组织和党员在保护治理“三湖”中的引领示范作用，引导广大干部群众爱湖护湖、保湖治湖。

（二）抓治污促减排，切实改善环境质量。要不折不扣的完成减排责任书的指标任务，确保按期完成138个减排项目，化学需氧量比2014年下降3.31%，氨氮下降4.62%，二氧化硫下降24.78%，氮氧化物下降15.44%。一是要全面完成今年减排任务。市政府不但要与各县区政府签订减排目标责任书，也要跟各职能部门签订目标责任书。要着力提高城镇污水处理能力，全年新建雨污管道56.76千米，力争污水处理厂污水收集率达90%，进水负荷率达75%～80%，污水处理设施、在线监测、中控系统等正常运行，确保完成化学需氧量削减11 396吨、氨氮削减1 023吨的指标任务；抓好78个农业源减排项目建设，农业和环保部门要分工明确，各司其职，加强协调配合，扎实推进项目的建设。从现在开始这些项目实行月报告制度，每月一报，每季度一检查，实行一把手负责制，分管领导具体抓落实，发现问题及时处理或加强请示汇报后合力解决。要高度重视抓好环境统计工作，环保部门要把加强环境统计工作作为推进污染减排的一项重要任务，积极主动加强与统计部门的对接协调，建立健全协调工作机制，主要领导要亲自把关负总责。各县区政府半年要向市政府报告减排目标责任完成情况，对完不成年度减排任务的县区和单位，将实施“区域限批”、“行业限批”、“企业限批”，县区政府主要领导和分管领导要向市政府作出书面检查；对未完成重点减排项目的企业，要责令其停产治理，暂停该企业涉及新增主要污染物排放建设项目的环评审批。二是全面推进实施蓝天玉溪工程。调整工业生产布局，加快推进中心城区“退二进三”；开展超限超载及建筑垃圾散体物料密闭运输专项整治，强化大型施工场地监管；狠抓机动车尾气污染治理，7月1日前在全市范围开展所有在用机动车环保检测，淘汰黄标车及老旧车；大力推进实施天然气利用发展工程；积极推广新能源环保汽车；做好中心城区和县城环境空气质量监测发布。为贯彻落实好国务院的《大气污染防治行动计划》，市政府决定与八县一区及高新区签订2015年至2017年的大气污染防治责任书，各责任单位要按照责任书要求，采取有力措施，全力确保完成任务。

（三）抓执法防风险，切实保障环境安全。全面贯彻实施新环保法，努力打造环境执法最严格、环境监管最严密的市。一是深入开展环保专项整治行动，重点打击大气污染企业、重污染行业企业、饮用水源保护地、污染减排项目等存在的环境违法现象。深入推进环保公安环境执法联动，会同公检法机关集中力量查处。在各级政府牵头下，开展环境保护大检查，切实抓好问题整改。继续推进违反建设项目环评、“三同时”制度的问题整治专项行动，保持对建设项目环境违法行为严处的高压态势。二是严格落实以“两库”为重点的饮用水源保护要求。巩固提升东风水库、飞井海水库环境综合整治成果，加大集中式饮用水源地监测、监管力度，确保人民群众饮水安全。把解决群众反映的突出环境问题作为惠民生、促和谐的重点任务，妥善解决好关系群众切身利益的环境民生问题，充分调动群众保护生态环境的积极性，鼓励人人都来参与环境保护工作，改善群众生活环境质量。

（四）抓改革优管理，不断完善环保长效机制。围绕建立健全生态文明体制机制，不断深化改革，创新环境管理，用制度保护环境。一是推进生态文明体制改革工作。制定并强力落实生态文明体制改革实施方案和改革任务分工及进度安排，抓好《玉溪市生态文明建设规划》编制，积极稳妥推进生态文明体制改革。二是进一步理顺抚仙湖保护管理的体制机制，争取尽快报批实施抚仙湖环境保护资源管理体制综合改革实施方案，大力推进管理方式和运行方式创新，为确保抚仙湖战略资源始终保持Ⅰ类水质提供体制机制保障。三是深化审批制度改革。继续推进环保方面减少审批事项、下放审批权限，优化审批流程和手段。加强环评市场监管，优化环评服务，高效服务重大工程建设，开辟绿色通道，提前介入、主动服务，推进环评审批、项目验收提速增效，确保重大基础设施项目、民生和产业转型升级项目顺利推进。

（五）抓行动重成效，全面开展绿色玉溪行动计划。以改善人民群众生活环境质量为目标，全面实施绿色玉溪行动计划，着力实施森林玉溪、蓝天玉溪、碧水玉溪、园林玉溪、绿色产业、绿色文化6大工程，加快建设美丽玉溪。各县（区）、各部门要将“绿色玉溪”建设纳入重要议事日程，细化分解建设任务，明确相应主责机构，通过整合和统筹资源，形成合力，推动“绿色玉溪”行动计划任务全面落实。要完善财政资金统筹管理机制，每年安排专项资金支持“绿色玉溪”建设。要发挥目标评价导向作用，按照共同但有区别的原则，逐步将“绿色玉溪”建设的相关指标纳入现有综合考核体系。要强化监督保障，加大“绿色玉溪”建设相关领域各类监察执法的统筹协调力度，强化新建项目环评、能评、环保设施“三同时”制度和排污总量控制制度的执行监管。要加强舆论科学引导，加大报纸、影视、网络等媒体对资源节约、生态环保理念的宣传，宣扬绿色典范。

（六）抓基础强支撑，切实提升整体能力。注重技术支撑硬实力和整体素质软实力两手抓，不断夯实环保事业发展基础。一是提高环境监测和监管能力。认真贯彻落实市政府第37次常务会议精神，全面完成县区11个环境空气质量自动监测系统建设。加强重点污染源自动监控系统建设，切实做好运行管理和信息应用工作。二是提高干部队伍素质。要巩固群众路线教育实践活动成果，认真开展“三严三实”和“忠诚干净担当”专题教育，牢记宗旨、牢记职责，脚踏实地、真抓实干，敢于担当责任、勇于直面矛盾、善于改革创新，做到驰而不息、持之以恒、干有所成。以落实党风廉政建设主体责任为统揽，确保廉政建设与业务工作一起部署、一起推进、一起落实。深化惩防体系建设，完善廉政风险防控机制，切实遏制重点领域重点环节的发案风险，努力营造风清气正、务实清廉的良好氛围。

（七）抓规划重引领，科学编制好“十三五”环保规划。要在做好“十二五”环保规划终期考核的基础上，精心组织编制“十三五”环保规划。坚持远近结合，谋划好重大工程、重大项目和重大政策，突出实施差别化管理，定性调控与定量调控相结合，精细管理、精准发力，努力提高规划编制水平。要尽快启动《玉溪市生态建设与环境保护“十三五”规划》的编制工作，统筹抓好生态文明建设规划、“三湖”水污染综合防治规划、生物多样性保护实施方案等专项规划编制，形成完善的“十三五”环保规划体系。各县区要认真做好本地区规划编制工作，在目标指标和任务措施等方面与国家、省、市规划做好衔接，确保上级规划的各项要求落到实处。

三、高位统筹，谋求新发展，为推动生态环境保护工作提供强有力保障

各级各部门要时刻铭记习近平总书记对云南保护生态环境作出的重要指示，牢固树立保护生态环境就是保护生产力、改善生态环境就是发展生产力的理念，进一步增强责任意识和紧迫意识，认真履职尽责，狠抓工作落实，确保环保各项目标任务如期完成。

（一）要落实党委政府的领导责任。进一步研究构建党政同责、一岗双责、齐抓共管的环保监管新体制，各级党政领导干部要切实加强对环保工作的领导。严格执行环境保护“一岗双责”，层层签订目标责任书。严格落实环境保护领导责任制和目标管理责任制，对于因决策失误、监管不力造成重大环境污染事故的，要严格问责。各级政府要认真履行资金筹集的责任，在统筹抓好向上争取、社会融资的同时，要千方百计调整财政支出结构，加大本级财政资金的预算安排力度，尽力确保生态环保资金的需求。

（二）要落实各类企业的主体责任。企业家要增强环保意识、法制观念和社会责任感，不能只顾企业效益，把治污包袱留给政府，把环境问题推向社会。要发挥价格杠杆作用，建立能够反映污染治理成本的排污价格和收费制度，切实解决“违法成本低、守法成本高”的问题，形成“排污者付费、治污者赚钱”的利益导向，增强企业减污、治污的内生动力。要按照“谁开发谁保护、谁破坏谁恢复、谁受益谁补偿、谁排污谁付费”的原则，探索建立生态补偿机制，落实企业保护环境的责任。各类企业要自觉遵守环保法规，合法经营，依法排污，足额缴费。

（三）要落实部门的工作责任。各相关部门要按照职能分工，各司其职、各负其责，切实形成合力，落实“七位一体”的相关要求；要坚持保护优先、预防为主，注重源头严防、过程严管、后果严惩，防止重蹈“先污染、后治理，边治理、边破坏”的覆辙。要对照今年的目标责任，加强横向联动、城乡联动、区域联动，强力推进各项目标任务的落实。要组成高规格的督查组，强化重大项目、重点目标的节点督查，实行现场督查、跟踪督导，确保全年污染减排和环保任务圆满完成。

（四）要落实环境监管的责任。环保部门要坚持问题导向，围绕既定的目标任务、具体项目，梳理存在的困难问题，建立健全工作问题清单，明确解决问题各环节的时限要求，推行问题挂销账管理模式，提高工作实效。完善环保目标奖惩机制，严格落实好年度考核“一票否决”。要进一步完善联合执法机制，切实增强环境执法刚性，加大责任追究力度，坚决查处重大污染事件和环境群体性事件中的违法违纪案件。要继续加强网格化管理，实行区域监管责任制，确保本辖区不发生环境安全事故。

聚焦改革
全面推进玉溪高原特色农业转型发展

玉溪市副市长　李　平

一、发展高原特色农业是省委、省政府的重大决策

特色农业是中国农业经济发展新阶段提出的现代农业的一种主要模式，是为适应特定的农业生产条件，以质量效益为中心，以市场需求为导向，充分利用自然资源、人文环境、区域布局、技术管理等方面的比较优势，围绕“特色”进行农业生产经营或提供服务，从而提高产业核心竞争力的新型农业发展形式。

大力发展高原特色农业是省委、省政府高瞻远瞩、审时度势，根据云南农业实际和发展需要，在省第九次党代会作出的一项重大战略决策。对云南探索现代农业新路、补齐农业产业短板、增强农业竞争能力、促进农民持续增收、推动云南跨越发展具有十分重大的意义。

特点亦即优势。发展高原特色农业，就是充分利用云南地理优势独特、气候优势突出、物种优势明显、开放优势巨大等条件，广泛运用现代科学技术和先进管理技术，通过现代生产经营组织方式，拓展食物保障、原料供给、就业增收、生态保护、休闲观光、文化传承等6大功能，生产更多的具有保障、保健、休闲功能的“云系”、“滇牌”特色农产品，打造云南在全国乃至世界有优势、有影响、有竞争力的绿色品牌，全面提升云南农业综合效益，持续增加农民收入，不断壮大经济实力，努力走出一条具有云南高原特色的农业现代化道路。

二、玉溪高原特色农业发展取得的阶段性成果

玉溪地处滇中，总面积1.5万平方千米，山区、半山区占90%以上，除元江河谷外，全市主要农业区海拔在1 500～1 900米之间，是全省农业农村经济基础条件较好，农业产业、光热水土、地域区位最具特色和优势的地区之一。

经过多年的发展，烟草产业基地精度开发，建成150万亩中国一流的清香型烤烟基地，确保烤烟年种植面积稳定在70万亩左右，云烟之乡的地位不断巩固；粮油产业生产基地保持稳定，建设优质水稻生产示范区30万亩、优质玉米生产示范基地60万亩、优质麦类生产示范基地20万亩，确保粮食播种面积保持在145万亩以上，滇中粮仓的传统不断传承；蔬菜产业生产基地得到提升，建成130万亩外销、出口为主的商品蔬菜生产基地，滇中菜园实至名归；水果产业生产基地快速发展，重点建设了15万亩柑桔、10万亩以芒果和香蕉为主的热带水果、3万亩鲜食葡萄、2万亩蓝莓生产基地，云果之乡的美誉声名远扬；花药产业生产基地提速，发展3.5万亩以出口为重点的标准化花卉生产基地，发展8万亩三七、石斛、露水草、金银花等药材种植基地，云花滇药产业影响巨大；高效林业生产基地加快发展，建设特色经济林基地258万亩，其中新增核桃150万亩，林果产业快速发展；养殖业生产基地标准化提高，江川县成为云南省优质仔猪生产基地，红塔区、新平县、易门县成为生猪养殖大县，红塔区、通海县成为优质禽蛋生产外销基地，华宁县、易门县成为肉鸡生产外销基地，新平县、华宁县成为优质肉兔种源和生产基地，畜禽产业独具特色。基本形成了以烤烟、粮油、菜果、花药、林果、畜禽等协调发展的六大高原特色农业产业体系。预计2014年完成农林牧渔业现价增加值增长11%；实现农村居民人均可支配收入增长14%。

虽然我市高原特色农业发展取得了一定的成效，但仍然存在一些不容忽视的问题，一是人多地少矛盾突出。人均占有耕地面积仅为0.75亩，土地紧缺、流转地成本居高；二是水资源紧缺。工程性缺水、资源性缺水、水质性缺水较为突出；三是结构调整任务艰巨。“三湖”环境保护和农业生产矛盾突出，转移、替代产业效益与生态农业建设矛盾仍未得到有效解决；四是产业集中度还不够高。规模化、组织化、社会化程度低，产业趋同，布局零散；五是投入不足。农业基础设施仍然薄弱；六是农村改革任务繁重。

三、加快玉溪高原特色农业转型发展的几点思考

（一）以深化农村改革统领高原特色农业转型发展

深化改革是发展的根本动力，转型发展是高原特色农业的必选之路。全面深化农村改革是当前和今后很长时期“三农”工作的主旋律。按照市委、市政府出台的《玉溪全面深化农村改革总体方案》以及4个专项方案、6个政策性文件明确的“时间表”和“路线图”，重点推进以“还权赋能”为核心的农村产权制度改革，放活农村土地经营

权，明确“坚持所有权、稳定承包权、放活经营权”三权分离改革。推进供销合作社改革试点、深化国有粮食企业和水务改革工作。抓实改革重点，审慎稳妥推进农业农村综合改革，以改革为动力，以改革促结构转型，以改革促创新发展，紧紧围绕粮食安全、农民增收和民生改善三大目标，强化惠农政策，增强科技支撑，大力推进项目建设，加快推进高原特色农业现代化，推进城乡发展一体化，全面促进农业稳定发展、农民持续增收和农村全面进步。一是强化完善重要农产品供给保障机制。不断夯实高原粮仓，大力发展特色农业，完善农产品市场调控制度，强化农产品质量和食品安全管理，推进农业可持续发展。二是加快构建现代农业经营体系。大力扶持新型农业经营主体，发展多种形式规模经营，健全农业社会化服务体系，积极发展现代农业庄园、家庭农场、农民专业合作社等新型农业生产经营主体，强化农产品和农村产权流转交易市场体系建设。三是健全农业支持保护制度。健全“三农”投入稳定增长机制，完善农业补贴补偿机制，推进农村金融制度创新，加强农田水利建设和管理，加快农业科技创新与推广。四是深化农村土地制度改革。推进农村土地承包确权登记颁证改革，引导和规范农村集体经营性建设用地入市，完善农村宅基地管理制度，加快推进征地制度改革。五是创新新农村建设机制。加快城乡发展一体化，提升农村基本公共服务水平，推进扶贫开发，推动农业转移人口市民化。六是不断创新农村社会管理机制。加强农村基层党的建设，健全基层民主制度，创新基层管理服务。

（二）以深度产业规划统筹高原特色农业科学发展

产业规划是发展的基本依据，科学发展是高原特色农业的必由之路。全面推进高原特色农业转型升级的关键在产业，差距在产业，难点也在产业，根本出路也在产业。面对新形势、新任务，如何加快产业结构调整和转型升级步伐，成为摆在我们面前绕不过、跳不开的坎。我们必须从战略和全局的高度谋划新时期新阶段高原特色农业产业发展，进一步调整完善高原特色农业发展思路，科学制定加快高原特色农业发展规划，目前已经编制和正在编制玉溪市高原特色农业发展规划、种植业结构调整规划、畜牧业可持续发展规划、现代农业庄园发展规划、生物产业发展规划、蓝莓产业发展规划、葡萄产业发展规划、草莓产业发展规划、玉溪市“三湖”流域经济林发展规划、退耕还林规划、林下经济发展规划和水资源综合利用规划等一系列综合或专项规划。以规划引领、统筹高原特色农业科学发展，围绕特色产业加强基础建设，以特色产业为导向，明确优势产品和优势区域发展定位与主攻方向，推动产品空间集聚和产业升级整合，形成一批规模化、标准化、设施化、品牌化的现代农业产业示范区，做大做强特色鲜明、优势突出的高原农业特色产业体系。

（三）以深入结构调整统一高原特色农业跨越发展

调整结构是发展的关键举措，跨越发展是高原特色农业的必经之路。要以结构问题为导向．遵循产业发展基本规律，趋利避害、扬长避短、顺势而为，抓住关键所在，释放发展潜力，推进高原特色农业产业从要素密集型产业向创新驱动型产业转变。市县区财政要继续坚持把“三农”作为支出重点，持续增加“三农”支出。要扩大农业开放，加强农业招商引资，充分引入社会资本和金融资本投资农业领域，以大投入加快产业结构转型升级，提升高原特色农业产业的核心竞争力。要全面推进玉溪生态建设和“三湖二库”生态环境保护，加快生态农业建设。种植业上实施“退烟还林、退蔗（菜）进果、退田还湖（湿地）”。遵行“宜农则农、宜林则林、宜果则果”的原则，在1 900米以上高海拔地区有序退出烤烟种植，发展特色林果产业，打造“高山林果生态经济带”；1 300米以下低热河谷地区退出陡坡山地甘蔗，发展柑桔、芒果、火龙果等特色水果，打造“河谷菜果生态产业带”；在交通干道沿线发展绿化苗木，建设“路网生态屏障经济带”；在抚仙湖径流区逐步退出蔬菜、大棚花卉等高耗肥（药）作物，发展蓝莓等乔灌类高效水果种植和荷耦等具有湿地功能的水生作物。大力推进种养循环生态规模养殖，在“三湖二库”径流区有序推进限养、禁养措施，逐步取缔抚仙湖径流区规模养殖，引导规模化养殖小区、养殖大户向山区转移。强化一二三产业关联度，以加工增值、营销升值，拓展农业产业价值链不断壮大高原特色农业跨越发展的产业体系。

（四）以深究农民增收统谋高原特色农业持续发展

农民增收是三农工作的核心，持续发展是高原特色农业的内在要求。增加农民收入是新时期农业和农村工作的中心任务，也是“三农”问题的主线，大力发展高原特色农业最终目标也是促进农民增收。当然，实现农民持续增收是涉及经济社会、政治、生态等多方面的一项系统工作。作好农民持续增收这篇文章必须立足于“开源节流、增收节支”两个基本点。开源就是拓宽农民收入渠道和来源；增收就是持续不断提高农民收入水平；节流就是提高社会化服务水平，降低农业生产物流成本；节支就是提高社会化保障措施，减少农民生产生活支出。要统筹推进产业发展，千方百计增加农民家庭经营净收入；要大力发展劳务经济、转移农村剩余劳动力转移培训，提高农民工资性收入；要全面落实支农惠农政策，稳步提高农民转移净收入；要不断深化农村综合改革，不断释放红利，增加农民财产净收入。

抓住机遇　主动作为
全力推进森林玉溪建设

玉溪市副市长　张　皎

近年来，玉溪市委、市政府实施“生态立市”战略，坚持不懈地开展以绿化造林为切入点的生态文明绿色玉溪建设，既要金山银山，更要绿水青山，高位推进，措施有力，成效明显。2014年10月还在玉溪市召开了全省造林绿化现场观摩会，相关工作得到了省委、省政府的充分肯定。

一、狠抓林业重点工程，争当全省生态文明建设的排头兵

2015年年初，习近平总书记考察云南时，要求云南把生态环境保护放在更加突出的位置，争当生态文明建设的排头兵。我们更加深切地感到，党中央、国务院和省委、省政府对生态文明建设和林业工作的重视前所未有，云南林业面临的发展机遇前所未有，当然也面临着诸多困难和挑战。我们要抓住这个历史性机遇，主动作为，着力抓好林业重点工程。2015年要继续积极争取项目资金，实施绿化造林、退耕还林、石漠化综合治理等工程，完成营造林37.53万亩，力争将剩余的6.66万亩退耕还林任务列入2015年国家和省退耕还林计划，同时加大陡坡地治理的力度。继续整合国家、省级项目，大力发展经济林木，种植核桃和竹子34.5万亩。我认为，这是把生态环境建设和增加农民收入有机结合的好举措，是为山区农民铺就的致富路和养老保障。要保质保量如期完成33.5万亩核桃的种植任务。至此，全市核桃种植面积将超过150万亩，为今后进一步延伸产业链打下基础。经过多年持续发动和示范带动，全市种植核桃的热情空前高涨，多数地方已经超额完成了栽种任务，但也有个别县的动作还比较迟缓，需要进一步提高对种植经济林特别是核桃的认识。市委、市政府已经强势发动，强力推动，今后要注意强化管理。受各种因素影响，长期以来，生态林的重栽轻管问题还是比较突出。经济林如果也重栽轻管，就会直接影响到收益。要突出科技示范作用，按照适地适树的原则，选好品种，育好种苗，发挥好核桃专业服务队和林农专业合作组织的作用，加快管理技术的培训，做好日常土肥水病虫害管护，着力抓好标准化栽植、抚育养护、品种改良、病虫害防治等关键环节，大力推广核桃丰产综合技术，确保核桃生产和管理的各项技术措施落实到田间地头，在提质增效上下功夫。大力发展林下养植，形成看好山、养好菌、管好树、种好药、栽好菜的格局。近日，《云南省全面深化生态文明体制改革方案》已经正式印发，我们要职责分工抓好落实。同时，2015年要启动新一轮森林资源二类调查工作。

二、严格资源管理，加大整治力度

党的十八届四中全会强调，实现生态良好必须更好发挥法治的引领和规范作用。森林公安作为生态文明建设的实施者和捍卫者，承担着行政执法和刑事司法的双重职责，在生态文明建设中功能地位日益凸显。增强法治思维、创新治理方式，全面提升依法履职能力十分重要而迫切。由于玉溪市林地面积大，林区分布广，区域内社会、经济、文化差异大，加之集体林权制度改革后林区治安出现的新情况、新问题和新动态，特别是“城镇上山，工业上山”后，征占用林地现象时有发生，保护与发展的矛盾依然突出。近年来，全市森林公安机关先后组织开展了林地清理行动、天网行动和利剑行动等专项整治，为保护森林资源，维护林区稳定，确保生态安全发挥了重要作用，近年来，每年查处的涉林案件都在千起以上。这也从另一个侧面说明，森林资源管理、生物多样性保护以及林区维稳任务依然繁重而艰巨。要进一步提高对森林资源管护重要性的认识，切实发挥森林公安打击涉林违法犯罪活动主体地位作用，加大重特大案件查处力度。特别对破坏严重、影响恶劣、领导重视、群众关心、媒体关注的大要案件和省市批转、督办的案件，要落实责任单位和责任人员，及时破案。进一步抓好非法占用林地、破坏野生动植物资源、森林火灾案件查处和林区禁毒等工作，切实维护好玉溪生态文明的良好形象。要加强信息化建设，充分利

用信息化手段和林区警务合作机制，进一步加强刑侦基础业务工作。在执法过程中，要重视保护群众发展林业的积极性，把以人为本、执法为民的理念贯穿于林业执法的各个环节，力求获得最好的执法效果。

三、主动争取更多投资项目，进一步深化林业企业改革

2015年的中央“一号文件”已经明确，将实施新一轮退耕还林还草工程，扩大退耕还湿试点范围，大力推进重大林业生态工程，加强营造林工程建设，提高天然林资源保护工程补助和森林生态效益补偿标准。我们要在积极争取扩大退耕还湿试点范围的同时，抓住杞麓湖国家湿地公园试点得到批准这个契机，积极申报项目，主动衔接项目，全力争取项目，不断提高对接政策和项目的敏锐性、针对性，以项目带动投资增长。协调指导通海县建立管理机构，广泛开展湿地保护法律法规宣传，做好湿地保护的组织、协调、指导和监督工作。

我们要准确把握新常态下经济发展着力点，引导林业龙头企业健康发展，做强做大，不断延长产业链。目前，玉溪市林业产业省级龙头企业有24户，全市林农专业合作社超过90户，预计2015年全市林业产值仍然可达40亿元以上。一要加强创新驱动，二要面向市场需求，三要尊重农民意愿。2015年的中央“一号文件”还提出积极发展符合林业特点的多种融资业务。玉溪已与唯一的国家级林业资源与要素交易综合服务机构——中国林业产权交易所约定，将联合券商以国有林业资源为试点，进行金融创新。通过国有林业企业这个平台，以盘活森林资产、加大林业及其延伸产业投资、活跃林业经济为题材发行林权债券。这项工作已进入项目设计阶段，将结合玉溪森林资产状况，特别是54万亩国有林场的资产状况进行论证。如果能成功发行，将成为林业发展中的创新型金融产品。同时，积极引进投资者，推动具有一定条件的林业龙头产业在新三板上市。

大事记

编写：王　斌

1月

1日

△ 玉溪市、县两级法院同时开通微博。

3日

△“国家高水平体育后备人才基地”揭牌仪式在玉溪体育运动学校举行。

7日

△ 红塔区西部山区乡村旅游公路建设项目在黄草坝村委会正式开工，市党政领导张祖林、饶南湖、夏立洪、谢兴荣、王跃、董文献、吴建森、左广、陈志芬出席开工仪式。红塔区西部山区乡村旅游公路建设项目包括建设7条公路，以黄草坝为中心点，辐射到周边峨山县和晋宁县。红塔区境内修建总里程73.4千米，覆盖春和街道黄草坝、波衣村委会，北城街道大石板社区，洛河乡发冲、双龙村委会，沿线惠及1.2万人。项目计划投资7 975万元，

8日

△ 在第十四届中国梅花展览会暨第十八届昆明梅花文化节上，玉溪市由云南锦萃园林绿化工程有限公司承办的室外展“生态玉溪”获特别金奖，由玉溪市风景园林学会组织送展的艺术插花作品“踏雪寻梅”获金奖，玉溪市人民政府和云南锦萃园林绿化工程有限公司获优秀组织奖。

9日

△ 玉溪市抚仙湖流域水污染综合防治“十二五”规划项目建设督导组成立。

11日

△ 9～11日，市政府召开抚仙湖保护治理专家咨询会暨抚仙湖流域绿色经济与生态文明建设研讨会。中国工程院院士王如松、蔡道基等10余名专家学者汇集抚仙湖，就抚仙湖保护治理和抚仙湖流域绿色经济与生态文明建设等问题展开跨学科、跨行业的综合性座谈、交流和研讨。

15日

△ 13～15日，中国社会科学院、云南省社会科学院相关专家组成课题组，深入红塔区春和街道黄草坝村委会、华宁县盘溪镇等地，对“云南省民族团结进步边疆繁荣稳定示范区建设”课题进行实地调研。

16日

△ 副省长丁绍祥就玉溪重点公路建设情况进行调研。

△ 15～16日，中共玉溪市委四届四次全体（扩大）会议在聂耳大剧院开幕。市委书记张祖林代表市委常委会作工作报告。

24日

△ 玉溪中心城区九龙立交改扩建工程建成通车，该工程投资约1.5亿元。

28日

△ 2014玉溪新春大型灯会在红塔区河滨路举行，为期1个月。

2月

10日

△ 全市党的群众路线教育实践活动动员大会召开。

11日

△ 美国规划协会国际部主任苏解放、国际项目官员方元、佛罗里达大学终身教授彭仲仁和浙江大学规划院院长朱文彬等专家组成的专家团到玉溪访问。

14日

△ 省发改委副主任、省铁建办主任、省民航局局长李文冰带队到玉溪调研产业发展和基础设施建设情况。

18日

△ 新平县首届“中国樱花节”拉开帷幕。活动以“品花腰风情，赏浪漫樱花，探神秘哀牢”为主题，为期2个月。

22日

△ 19～22日，中国人民政治协商会议玉溪市第四届委员会第二次会议在玉溪聂耳大剧院举行。会议听取了市政协提案委员会主任杨惠存所作的《政协玉溪市第四届委员会第二次会议提案审查委员会关于市政协四届二次会议期间提案审查情况的报告》。会议表决通过了《政协玉溪市第四届委员会提案委员会关于四届二次会议提案审查情况的报告》；通过了《政协玉溪市第四届委员会第二次会议关于常务委员会工作报告的决议》；通过了《政协玉溪市

第四届委员会第二次会议关于四届一次会议以来提案工作情况的报告的决议》；通过了《政协玉溪市第四届委员会第二次会议决议》。

△ 20～22日，玉溪市第四届人民代表大会第二次会议在玉溪聂耳大剧举行。会议通过了玉溪市第四届人民代表大会第二次会议关于玉溪市人民政府工作报告的决议、关于玉溪市2013年国民经济和社会发展计划执行情况与2014年国民经济和社会发展计划的决议、关于玉溪市2013年地方财政预算执行情况和2014年地方财政预算的决议、关于玉溪市人民代表大会常务委员会工作报告的决议、关于玉溪市中级人民法院工作报告的决议、关于玉溪市人民检察院工作报告的决议。

23日

△ 中国女子排球联赛（2013～2014）升降级附加赛在市体育馆打响。

25日

△ 24～25日，省政府铁路和高速公路建设工作督导组组长梁公卿率队到玉溪，对玉溪至磨憨铁路建设前期工作推进进行实地调研。

26日

△ 玉溪市人民医院改扩建工程开工建设。市领导张祖林、饶南湖、谢兴荣、黄宪庭、杨洋等出席开工仪式并为工程奠基，市医院改扩建工程主体建筑综合大楼建筑面积93 880平方米，可容纳1 000张病床。

28日

△ 澄江寒武纪乐园化石博物馆正式开工建设，标志着云南省十大历史文化旅游建设项目之一的帽天山文化旅游项目正式启动建设。

△ 省政协副主席喻顶成率驻滇全国政协委员视察团到玉溪视察抚仙湖保护与开发工作。

3月

1日

△ 省委书记秦光荣率省委第一检查考核组对玉溪市2013年度惩治和预防腐败体系建设暨党风廉政建设责任制进行检查考核。

△ 中央电视台财经频道经济半小时栏目以《抚仙湖的变迁》为主题，关注玉溪抚仙湖保护新成效，对玉溪用制度保护生态环境所作出的探索进行报道。

2日

△ 通海县秀山街道东村、杨广镇台家山村、里山乡乌龙潭村等3个村交汇区域的部分蛋鸡养殖场出现疑似禽流感症状，死亡29 600只。3日，经云南省动物疫病预防控制中心诊断为疑似禽流感疫情。7日，经国家禽流感参考实验室确诊，该起疫情为H5N1亚型高致病性禽流感疫情；为防止疫情扩散，通海县发布高致病性禽流感疫区封锁令。农业部发布“云南省玉溪市通海县发生一起家禽高致病性禽流感疫情”；市委、市政府立刻启动《玉溪市重大动物疫病防治应急预案》，实施Ⅲ级响应。

6日

△ 4～6日，由韩国巨济市常务副市长金锋基率领的巨济市政府代表团到玉溪进行访问，副市长左广会见了代表团。双方就经济、文化、农业技术等方面的合作进行交流，签署了建立友好城市意向书。

9日

△ 玉溪市江西商会第一届一次会议会员大会暨成立庆典在红塔区汇龙生态园举行。

13日

△ 12～13日，省扶贫办主任李新平率队到新平、峨山、元江县开展随机调研，指导基层扶贫开发工作。

△ 12～13日，省政府食品安全委员会督查考核组来到玉溪，对玉溪落实国家和省食品安全工作各项重大决策部署情况以及2013年目标责任完成情况进行督查考核。通过考核，考核组对玉溪2013年食品安全目标责任完成情况综合评定为优秀。

△ 玉溪首例造血干细胞捐赠者在云南省第一人民医院进行移植。

15日

△ 2014年ITF国际男子网球巡回赛中国·玉溪站单打预选第一轮的比赛在红塔网球中心拉开战幕。

19日

△ 玉溪市中小企业公共服务窗口平台正式建成并投入运行。

23日

△ 21～ 23日，全市遭遇冰雹灾害天气，红塔区、江川、澄江、通海、华宁、易门和峨山7个县区受灾，小春作物受灾14.53万亩，葡萄等水果作物受灾2.8918万亩，粮食损失近88万千克，直接经济损失达15 776万元。

27日

△ 省农业厅厅长张玉明到通海县疫区里山乡五山村委会乌龙潭村，检查指导H5N1亚型高致病性禽流感疫情处置和善后工作。

29日

△ 玉溪网上线。

30日

△ 28～30日，在昆明举办的云南省首届青少年智力运动会上。玉溪代表队包揽了中国象棋中学、小学组男子团体第一名，中国象棋中学男子组冠亚军，围棋则获得小学组总团体第三名、女子团体第一名，小学女子个人组亚军。

4月

1日

△ 省爱卫会、省卫生厅在易门县召开2013年度国家卫生乡镇（县城）授牌暨2014年全省卫生创建工作推进会，易门、新平、澄江县荣获国家级卫生乡镇（县城）荣誉称号。

10日

△ 全省政协教科文卫体委员会工作座谈会在玉溪召开。

11日

△ 工业和信息化部部长苗圩到红塔集团考察。

△ 省政协副主席罗黎辉带领参加全省政协科教文卫体工作会的成员，到玉溪师范学院对学校发展和学科建设等情况进行随机调研。

△ 2014年云南省高职职业院校学生技能大赛玉溪农职院承办赛拉开帷幕。

19日

△ 玉溪移动4G启动仪式在聂耳文化广场举行，标志着第四代移动通信技术在玉溪正式商用。

21日

△ 省委副书记、省长李纪恒率队到玉溪调研烟草工作。

23日

△ 玉溪举办大化产业园区2014年招商引资推介会，推介会上园区分别与云南省能源投资集团有限公司、福建福乐建材有限公司签订了项目合作协议。

24日

△ 通海县秀山街道大树社区发生一起小学生晚饭后自行结伴到杞麓湖划船玩耍意外溺水伤亡事件，7名学生6死1伤。

25日

△ 玉溪市人民政府、云南省浙江商会共同举办的“绿色之约、逐梦玉溪——百名浙商玉溪行”招商活动在玉溪举行，玉溪签约引资项目26个，协议投资额179亿元。

30日

△ 玉溪西南国际医院暨健康产业园项目签约仪式举行。副市长杨洋在签约仪式上致辞并代表市政府与北京金大洋控股有限公司签订项目投资协议和备忘录。项目总投资达25亿元，项目建设周期为3年。

5月

1日

△ 玉溪市月最低工资标准和小时最低工资标准全面上调。

2日

△ 1~2日，“七彩云南全民健身运动会”2014年全省第五届青少年体育舞蹈锦标赛在玉溪市体育馆举行。

6日

△ 市委书记张祖林率市党政代表团到迪庆州德钦县考察对口帮扶工作。

8日

△ 玉溪市政府与华为公司在深圳举行共同打造云计算数据中心合作协议签字仪式。市委副书记、市长饶南湖，华为公司党委书记周代琪在签约仪式上致辞。副市长解仕清代表市政府与华为公司签署合作协议。

△ 易门县举行招商引资项目签约仪式，签订招商引资项目10个，签约项目投资金额70.25亿元。

9日

△ 玉溪市政府与深圳市融创天下科技股份有限公司在深圳签署“微总部经济园区”项目合作框架协议。市委副书记、市长饶南湖，融创天下董事长朱在国出席签约仪式并致辞。副市长解仕清代表市政府与融创天下公司签署框架协议。

13日

△ 省委书记秦光荣到玉溪红塔区、华宁县、江川县、澄江县，就认真学习贯彻习近平总书记在兰考县调研时的重要讲话精神，推动党的群众路线教育实践活动与经济社会发展相促进问题开展调研。

14日

△ 副省长和段琪率省级相关部门到玉溪开展稳增长保安全督查。

△ 17时30分，红塔区大营街街道大密罗7组大黑山发生森林火灾。经过800余人奋力扑救，15日上午9时45分得到控制，明火被全部扑灭。此次过火面积约66公顷。

20日

△ 省政协主席罗正富到澄江县调研抚仙湖保护、治理与开发工作。

21日

△ 市委、市政府分别在红塔区和易门县同时举行全市重点项目开工仪式。年产20万吨公路波形护栏产品生产线一期建设项目在红塔工业园区举行，市委书记张祖林宣布项目开工。市委副书记夏立洪、市人大常委会主任谢兴荣等出席，市委常委、红塔区委书记董文献主持开工仪式。该项目占地100亩，总投资5亿元；云南添源环保科技有限公司废弃电器电子产品综合利用开发项目在易门县大椿树工业园区举行开工仪式，市委副书记、市长饶南湖宣布项目开工，副市长左广出席。项目用地面积约260亩，总投资3亿元。

△ 主题为“科学生活、创新圆梦”的2014年科技活动周云南省社会科学普及集中示范活动在玉溪举行，为期一周。

23日

△ 中共中央政治局委员、中央党的群众路线教育实践活动领导小组副组长赵乐际到玉溪调研教育实践活动开展情况。

△第十六届中国科协年会——生物资源开发论坛在玉溪开幕，市领导饶南湖、夏立洪、谢兴荣、黄宪庭、杨兴荣、王学勤出席论坛。

24日

△ 23～24日，市委副书记、市长饶南湖率队赴广东省广州市就行政审批制度改革、城市建设与规划、产业发展、生态建设等工作进行考察学习。

26日

△ 25～26日，市委副书记、市长饶南湖率队到湖南省郴州市，就郴州的行政审批制度改革、山水林田路产城融和发展等工作进行学习考察。

△ 由中国食品行业唯一院士孙宝国加盟，依托江川卓一食品有限公司建立的玉溪市第一个院士工作站——孙宝国院士工作站成立，这也是云南省食品行业成立的首个院士工作站。

6月

4日

△ 省委常委、省委统战部部长、省委宗教工作领导小组组长黄毅到玉溪调研伊斯兰教工作。

5日

△ 8：00至6日8：00，华宁县境内多地出现大到暴雨，全县5个乡（镇、街道）共有49个村（社区）37 530亩农作物受灾，经济损失约5 385万元。

7日

△ 水利部副部长李国英调研玉溪水利建设暨抚仙湖保护治理工作情况。

10日

△ 市委书记张祖林、市长饶南湖会见到玉溪考察的台湾文化产业专家学者和企业家。云台文化创意产业对接会在玉溪举行。

14日

△ 玉溪市政府与中国科学院签署合作协议，双方将就高原深水湖泊研究展开合作。

16日

△ 云南万绿生物股份有限公司股票在北京全国中小企业股份转让系统有限公司（俗称“新三板”）挂牌。至此，万绿生物（股份代码：830828）成为玉溪第一家“新三板”挂牌公司。

△ 昆明市浮沉动力设备有限公司投资66亿元的物体功能动力能源浮沉动力发电项目在易门陶瓷特色工业园区公鸡山片区开工。

18日

△ 17～18日，全省农村公路预防性养护技术培训班在玉溪举行，近年来玉溪在公路养护方面探索出的热油冷料层补技术成为此次培训所传授的主要内容，在全省加以推广应用。

△ 副省长丁绍祥到华宁县指导县委常委班子专题民主生活会。

20日

△ 5个涉及基础设施建设、新能源产业和物流业的项目在研和工业园区举行项目签约仪式。预计投资10亿元的云南玉溪龙墅福园及玉溪殡仪馆项目，预计投资2.2亿元的中国石油云南成品油管道工程配套玉溪油库项目，预计投资4 824万元的玉溪金腾物流服务中心建设项目，预计投资5 500万元的生物柴油、高清洁复合汽油应用示范和产业化发展建设项目和预计投资1亿元的研和工业园区基础设施建设项目。

24日

△ 2014年玉溪首届文化创意产业博览会在市博物馆拉开帷幕。

27日

△ 20：00至29日11：00，华宁县普降中到大雨、局部暴雨。暴雨造成全县经济损失近1 500万元。

28日

△ 26～28日，省林业厅厅长侯新华到玉溪调研林业工作。

7月

1日

△ 市委书记张祖林会见苏宁控股集团董事长张近东一行，双方就苏宁集团与玉溪下一步的合作进行了交流。

10日

△ “中国·东盟国际生物医药港”项目举行框架协议签约仪式，省人大常委会预算工作委员会副主任孙学明，市领导张祖林、王学勤、解仕清，冠之峰（香港）控股有限公司董事长杨光明等出席签约仪式。副市长解仕清代表市政府与冠之峰（香港）控股有限公司和澄江县政府签订项目框架协议。项目选址澄江县工业园区提古高新区，概算总投资约75.36亿元人民币，分3期进行建设，建设周期为5年。8月11日，省政府副省长、市委书记张祖林宣布项目开工，饶南湖、夏立洪、解仕清、黄宪庭、张玲、冷明德等市级领导出席开工仪式。

11日

△ 云南省科技厅副厅长侯树谦率省科技厅、财政厅、发改委、工信委等有关部门负责人对玉溪市实施新能源汽车推广应用情况进行调研。

15日

△ 玉溪举行重点项目集中开工仪式。在主会场易门县，市长饶南湖宣读开工名单，市委书记张祖林宣布项目开工。这次集中开工的项目有14个，投资总额63亿元。

△ 华宁县委、县政府在新庄工业园区举行上海风力发电机制造项目开工仪式。一期工程占地70余亩，投资规模为3亿元。

17日

△ 上海电气集团总公司总裁王强等公司部分高管到玉溪进行项目考察和对接。市领导张祖林、饶南湖、黄宪庭、张玲、王学勤与王强一行进行了座谈交流。

18日

△ 第二届“中国休闲哲学论坛”在玉溪师院开幕。

21日

△ 第十届中国·云南野生食用菌交易会11个项目的签约仪式在易门大酒店举行，投资5亿元的大理石开采和深加工项目在昆明签约。易门县借菌交会平台共计签约12个项目，投资总额达161 812万元。

△ 20～21日，新平县漠沙镇出现持续强降雨。持续强降雨致漠沙镇14个村受灾严重，仅农作物经济损失达900万元。

23日

△ 20～23日，受强台风“威马逊”影响，元江县咪哩乡境内持续普降暴雨，累计降雨量达176.1毫米，造成了21日甘岔村委会陆家店村民小组的特大山体滑坡灾害，两间民房被巨大的山体掩埋，5人不幸遇难，人民群众生命财产遭受重大损失。

△ 中国工商银行云南省分行与昆钢集团在玉溪举行贷款协议签字仪式。工行云南省分行将为“昆钢玉溪大红山二道河矿段100万吨/年采选工程项目”发放项目贷款5亿元。市委书记张祖林，常务副市长陈勇，中国工商银行云南省分行行长许海，昆钢集团有限责任公司董事长王长勇出席签字仪式。

△ 云南省第五届残疾人职业技能竞赛在玉溪开赛，为期三天。

25日

△ 玉溪市政府与前海股权交易中心合作签约暨玉溪办事处揭牌仪式举行。市长饶南湖与前海股权交易中心常务副总裁陈俊生共同为前海股权交易中心玉溪办事处揭牌。市领导夏立洪、吴建森、汪燕平出席签约仪式。副市长左广代表市政府与陈俊生签署合作协议。

28日

△ “中国院士玉溪行”座谈会举行，向仲怀、陈凯先等11名中国工程院、中国科学院院士齐聚玉溪，为推进玉溪科学发展、和谐发展、跨越发展出高招、献良策。

8月

3日

△ 昭通市鲁甸县发生6.5级地震，造成了重大人员伤亡和经济损失。玉溪市捐赠人民币300万元支援灾区抗震救灾。

4日

△ 云南省第十二届人民代表大会常务委员会第十一次会议决定任命张祖林为省人民政府副省长。

7日

△ 玉溪市人民政府与同济大学在玉溪红塔大酒店签订

《玉溪市人民政府与同济大学产学研合作协议》。同时，还签订了三个专项协议。副省长、市委书记张祖林、市长饶南湖，同济大学党委书记周祖翼出席了签字仪式。

8日

△ 云南白药集团股份有限公司向峨山县双江街道总果村捐资100万元，支持总果村基础设施建设和产业发展。

11日

△ 云南省技术监督行政管理体制调整玉溪质监机构划转移交会议召开。标志着玉溪质监部门正式实行地方政府分级管理体制。

14日

△ 省政府副省长和段琪率省级相关部门到玉溪开展督查工作。

15日

△ 玉溪研和工业园区管理委员会与泰国永恒泰国际投资有限公司签约年产30万吨合金无缝钢管建设项目,项目估算投资6.33亿元人民币。

18日

△ 12～18日，云南省第十四届运动会在曲靖举行。玉溪代表团共获得112.5枚金牌、75枚银牌和82枚铜牌的优异成绩，以团体总分2359分排名第二。

△ 抚仙湖北岸生态湿地退房还湖工程启动，市领导张祖林、饶南湖、夏立洪、谢兴荣、黄宪庭、张玲、陈勇出席启动仪式。

△ 玉溪市体育总会帆船训练中心挂牌仪式在抚仙湖畔阳光海岸举行。这是云南省首家专业帆船训练中心。

26日

△ 玉溪华为云计算数据中心项目在高新区九龙片区开工建设。市长饶南湖出席开工仪式并宣布项目开工。华为公司党委书记周代琪、市委副书记夏立洪、高新区管委会主任吴伯平分别在开工仪式上致辞和讲话。副市长解仕清主持开工仪式。

△ 玉溪高新区管委会与深圳市融创天下科技股份有限公司在玉溪高新区投资建设“微总部经济园区”之“四微”平台项目，云南新创盟矿业开发有限公司投资建设的磷化工循环经济工程技术研究中心项目，云南慧达万里科技有限公司投资兴建的“无线城市 智慧玉溪”无线WIFI项目，云南玉溪金土地绿色产品开发有限责任公司兴建的西柚、柑桔附属产品研发及西柚、柑桔深加工项目，项目投资总额7.6亿元。市委副书记、市长饶南湖，省工信委副主任张建民，副市长解仕清等出席签约仪式。

27日

△ 副省长刘慧晏到玉溪就工业转型升级和高原湖泊保护治理工作进行调研。

29日

△ 27～29日，省住建厅考评组对玉溪“国家园林城市”进行复查考评，认为玉溪达到了国家园林城市标准，同意通过国家园林城市省级复查。

△ 玉溪国家高新区管委会与峨山县人民政府战略合作协议签字仪式举行。

9月

5日

△ 江川县与云南广东商会举行广东产业园项目合作开发协议签字仪式。广东产业园项目位于江川县浑水塘、麦子田片区，总投资100亿元，总规划占地10 000亩，共分三期建设。

7日

△ 4～7日，“体彩杯”2014年全国武术套路冠军赛在玉溪举行，该赛事是国内武术套路最高级别的比赛。

9日

△ 市委召开全市领导干部大会，省委常委、省委组织部部长刘维佳宣布省委关于玉溪市委主要领导同志调整的决定：罗应光担任中共玉溪市委委员、常委、书记，张祖林免去中共玉溪市委书记、常委、委员职务。

11日

△ 云南统一战线“同心·示范点建设工程”阶段总结暨推进会在华宁县召开。省委常委、省委统战部部长黄毅出席会议并讲话。省人大常委会副主任、民革云南省委主委杨保建，副省长、民建云南省委主委高峰，省政协副主席、九三学社云南省委主委曾华，省政协副主席、民进云南省委主委罗黎辉，民盟中央副主席、省政协副主席、民盟云南省委主委倪慧芳，农工党云南省委主委杨鸿生，台盟云南省委主委杨晓红，致公党云南省委专职副主委骆瑞麟等出席会议。

12日

△ 市委书记罗应光会见到访玉溪的昆明市市长李文荣，双方就加快推进昆玉一体化发展进行座谈，并达成共识。

16日

△ 15～16日，财政部、环保部在京听取玉溪关于抚仙湖生态环境保护工作汇报，对此工作给予充分肯定。市长饶南湖、副市长孙云鹏率市直相关部门负责人前往汇报。

18日

△ 17～18日，省政协副主席罗黎辉带领部分政协委员和相关专家，考察澄江化石地世界自然遗产保护利用情况。

△ 玉溪祥隆农产品专业合作社联合社正式挂牌成立，成为玉溪首家农民专业合作社联合社。

19日

△ 年产30万吨合金无缝钢管建设项目在研和工业园区开工。项目估算投资约1亿美元，计划2015年底完工。市委书记罗应光宣布建设项目开工，市领导饶南湖、夏立洪、谢兴荣、黄宪庭、董文献、解仕清，泰国·永恒泰国际投资有限公司董事长孙盛恒，玉溪华盛合金无缝钢管制造有限公司董事长王家建等出席开工仪式。市委常委、红塔区委书记董文献主持开工仪式。

25日

△ 玉溪军分区召开第一书记任职大会。省委常委、省军区政委石晓宣布玉溪军分区党委第一书记任职的通知：罗应光任玉溪军分区党委委员、常委、第一书记。

△ 全省电视新闻年会在峨山县召开。

26日

△ 市委书记罗应光会见云南建工集团董事长陈文山一行，双方就玉溪棚户区改造项目建设相关合作事宜进行了磋商并达成初步共识。

△ 在全市民营企业家座谈会暨招商项目推介会上，玉溪重点向民营企业家推介8个投资合作领域：城镇化和交通基础设施建设，文化旅游产业，装备制造业，环保和新能源产业，生物医药制造业，现代食品加工业，商贸物流业，信息产业。

△ 2014抚仙湖水下科学考察在抚仙湖畔水下上古遗址举行启动仪式。此次科考由云南中华文明研究会主办，本次科考历时20天。

△ 玉溪市机动车销售单位代办机动车登记业务（简称“带牌销售”）正式开办。玉溪市公安局交警支队为首批推出的2家汽车4S店和1家品牌摩托车专卖店颁发委托书，授予标识牌。

28日

△ 玉溪重点项目集中开工仪式在云南玉溪凤凰生态食品有限责任公司举行，市委常委、常务副市长陈勇出席开工仪式并宣布项目启动。此次全市共有14个项目集中开工，估算总投资达31.59亿元。

29日

△ 玉溪市政府与国家开发银行云南省分行开发性金融合作备忘录签约仪式举行。市党政领导罗应光、饶南湖、夏立洪、谢兴荣、黄宪庭、李洪云，国开行云南省分行行长洪正华出席并见证签约仪式。市委常委、常务副市长陈勇主持仪式。

30日

△ 省教育厅副厅长邹平一行到玉溪调研校园安全工作。

△ 玉溪市红塔区公共交通安保大队挂牌成立。

10月

9日

△ 市委书记罗应光会见云南中烟公司总经理朱绍明一行，双方就地方与企业相互支持、实现共赢发展进行探讨。

10日

△ 玉溪市人民政府、华润医疗集团在深圳举行签约仪式。玉溪将与华润医疗集团联合办院，投资4亿元，在玉溪市生态文化区新建一所三级儿童医院。市委副书记、市长饶南湖，副市长杨洋，华润集团总经理乔世波，华润医疗集团董事长贺旋出席签约仪式。

11日

△ 副省长丁绍祥到玉溪调研污水处理和城市建设情况。

16日

△ 市委书记罗应光与太平洋建设集团创始人严介和一行会谈，双方就进一步开展投资合作、共促多赢发展进行了深入交流，

△ 武警云南总队司令员王诚就武警玉溪支队迁建项目进行调研。

△ 云南首批20个最佳观景点经5个多月的寻找和评选出炉，玉溪聂耳广场、新平哀牢山红河谷、元江那诺梯田人家上榜。

20日

△ 玉溪市首届“玉溪好人”评选揭晓。

21日

△ 市委书记罗应光分别与省农村信用社、浦发银行昆明分行领导进行座谈，双方就加强银地合作、支持玉溪经济发展、实现银地共赢进行了广泛交流。

23日

△ 市委书记罗应光会见民生银行昆明分行行长黄岚一行，双方就进一步深化金融领域合作进行座谈。未来三年，民生银行将向玉溪投放300亿元贷款，用于支持新型城镇化、高原特色农业和园区建设等重点领域。

29日

△ 27～29日，省委常委、省政府常务副省长李江到玉溪就发展高原特色农业、工业转型升级等进行调研。

△ 全省造林绿化工作现场观摩会在玉溪举行。

30日

△ 文化部副部长、国家文物局局长励小捷到玉溪就文物保护及文物资源开发、利用工作进行调研。

11月

5日

△ 4～5日，国内首次以纪录片形式，大规模展现生态文明建设的2014中华（玉溪）生态环保影像周文化公益活动在抚仙湖畔举行。中国广播电视协会纪录片工作委员会常务副会长兼秘书长赵捷讲话。中央电视台副台长、中央新影集团董事长兼总裁高峰等中国影视界大腕参加影像周活动。市委副书记夏立洪、副市长孙云鹏出席开幕式。

△ 武警云南总队政委张桂柏就武警玉溪支队建设及迁建项目进行调研。

13日

△ 全省首家以州市为单位的玉溪市教育信息化建设正式启动。

△ 玉溪高新区“云南创新集团公司新型液体饮料软包装产业园”项目开工。

14日

△ 中共玉溪市委与云南日报报业集团签订战略合作协议。

17日

△ 2014年七彩云南格兰芬多国际自行车节玉溪站比赛在中心城区湖滨路开赛。

19日

△ 获省政府金融办批准的易门县第一家民营金融企业——易门中瑞资本管理有限公司成立并开门营业。

△ 位于新平县哀牢山深处的褚橙庄园正式开业。

20日

△ 18～20日，省九湖水污染综合防治督导组先后到通海、江川、华宁、澄江县，深入杞麓湖、抚仙湖、星云湖水污染综合防治工程现场，实地调研玉溪“三湖”水污染综合防治工作，检查督促省政府现场办公会贯彻落实情况、“十二五”规划水污染防治工作完成情况和湖泊保护治理成效。

22日

△ 云南省孔子学术研究会第21次学术研讨会在通海县举行。

25日

△ 市委书记罗应光与新华社云南分社举行友好合作座谈并与新华社云南分社党组书记、社长徐玉长现场签署了友好合作协议。

28日

△ 27～28日，澄江县创建云南省园林城市工作接受省级专家组现场考评，省级专家组一致同意，澄江县创建省级园林城市工作通过考评。

△ 市委书记罗应光、市长饶南湖会见江西江锂科技

集团董事长张芃一行，双方就地方与企业进一步加强合作、实现共赢发展进行交流座谈。

12月

1日

△ 临沧市党政考察团一行到玉溪，对玉溪城市规划建设进行考察。

3日

△ 2～3日，中国共产党玉溪市第四届委员会第五次全体会议在玉溪召开。市委书记罗应光作讲话，全会听取和讨论了罗应光受市委常委会委托作的工作报告，审议通过了《中共玉溪市委关于贯彻落实〈中共中央关于全面推进依法治国若干重大问题的决定〉的实施意见》，审议通过了《中国共产党玉溪市第四届委员会第五次全体会议决议》。

5日

△ 玉溪高新区举行招商引资项目签约仪式。高新区管委会与生物制药、装备制造和科教服务等产业类型的5家企业及院校签约5个项目，总投资额达6亿元。

△ 通海县政府与云南煤业能源股份有限公司、云南广瑞智鑫清洁能源有限公司签署通海县日产10万方生物天然气项目投资协议。项目总投资3.6亿元，分两期建设。

△ 在广州举办的“志愿服务广州交流会暨首届中国青年志愿服务项目大赛”上,玉溪市义工联合会的“布衣工程”项目获金奖，“温暖玉溪-全城搜救”项目获银奖。

8日

△ 田禾院士工作站在云南林缘香料有限公司举行揭牌仪式，省科技厅副厅长侯树谦、副市长王学勤出席揭牌仪式。

△ 2014年省政府金融办金融服务玉溪行活动举行。市政府先后与多家金融机构形成战略合作伙伴关系，签约金额达33亿元。

12日

△ 昆明、曲靖、玉溪、楚雄、红河五州市主流党报媒体齐聚昆明，成立“滇中城市新媒体联盟”。

23日

△ 21～23日，市委副书记、市长饶南湖率队赴杭州市就产业转型升级、电子商务发展、美丽乡村建设等工作进行学习考察。

△ 玉溪高新技术产业开发区工商业联合会（商会）举行成立大会，选举产生高新区第一届工商联（商会）执委及会长、副会长、秘书长。

26日

△ 云南省流动人口卫生计生服务管理工作研讨班在玉溪举行。

27日

△ 中心城区平战结合人防工程项目举行竣工仪式。市领导罗应光、饶南湖、夏立洪、谢兴荣、李洪云、陈勇、王学勤、郭开堂、周继武、明正彬等出席竣工仪式。项目涉及南北大街、凤凰路和人民路3条主干道，工程主体位于车行道路之下，总长度1 770米，建筑面积3.5万平方米，总投资7亿元。

29日

△ 中国铁塔股份有限公司玉溪市分公司成立，市委书记罗应光与中国铁塔云南省分公司总经理高玉芬共同为玉溪分公司成立揭牌。

玉溪市概况

【位　置】　玉溪市位于云南省中部，介于东经101° 16′ ~103° 9′、北纬23° 19′ ~24° 53′之间。东北和北面接昆明市，东南和南面与红河州相邻，西南和西面连普洱市，西北靠楚雄彝族自治州。市委、市政府驻地红塔区州城距云南省省会昆明市88千米。区域最大横距172千米，最大纵距163.5千米。总面积15 285平方千米，其中，红塔区、江川、澄江、通海4个县（区）是坝区县，面积共3 348平方千米，占总面积的21.9%；华宁、易门2个县是半山区县，面积共2 888平方千米，占总面积的18.9%；峨山、新平、元江3个县是山区县，面积共9 053平方千米，占总面积的59.2%。

【自然环境】　市内地势西北高，东南低，地形复杂。山地、峡谷、高原、盆地交错分布。西部哀牢山是一巨大屏障，山峦连绵，谷壑纵横，属滇西纵谷地带；哀牢山以东是云贵高原西缘，东部和北部有一些较大的断层陷落盆地，南部和西部地表因被河流切割得支离破碎，形成一系列向南弯凸的弧形山脉，失去高原本来面貌。元江河谷沿哀牢山脉东侧的元江断裂带切割较深，从江面到山顶高差达2 000米以上，形成高山峡谷地带。哀牢山脉主峰大磨岩山海拔3 165.9米，为市内最高点。小河底河与元江汇合处海拔327米，是市内最低点。全市除元江河谷外，大部分地区海拔1 500～1 800米。玉溪市政府驻地红塔区州城海拔1 630米。

境内主要山峰中，哀牢山脉呈西北向东南走向，斜贯市内新平、元江两县西部。高鲁山位于玉溪盆地西侧，南北走向，主峰黑风洞山海拔2 614米；梁王山从江川县谷堆山转向北东，直抵阳宗海西侧，最高海拔2 820米；磨豆山沿抚仙湖东岸经江川、华宁县直达杞麓湖北岸，最高海拔2 663米；大水井岩头山位于华宁县中部，自北向南，有红岩（海拔2 281米）、大水井岩头（海拔2 623米）、登楼山（海拔2 507米）、羊槽（海拔2 229米）等山峰；螺峰山位于通海县境内，是云南山字形构造的前弧地带，呈向南凸出的弧形，海拔2 241米。境内还有众多的零散破碎山体，因高山峡谷交错，形成海拔在2 000米以上的数十座孤立山峰。

市内河流分属珠江和红河两大水系。新平、易门、元江3个县和峨山县的一部分属红河水系，集水面积共9 981平方千米。红塔区和通海、华宁、澄江、江川4个县及峨山县的一部分属珠江水系，集水面积5 044平方千米。红河的上游元江，源头在区外巍山县与大理市之间的茅草哨，自北向南流，进入新平县，称戛洒江、漠沙江，流入元江县境后称元江，出境入红河县，流入越南后方称红河。元江在市内长度为165千米。其支流绿汁江由北向南流经禄丰、双柏、易门、峨山4个县，在新平县三江口汇入元江，在区内长度为180千米；小河底河发源于峨山县甸中，流经化念称化念河，再沿新平、元江两县与石屏县边界流向东南称撮科河、小河底河，在元江县洼垤乡注入元江干流，在市内全长170千米。珠江上游南盘江的一段，在市内长度为90千米，流经华宁县。其支流曲江，发源于红塔区小石桥，南流入江川县称董炳河，经红塔区南流入峨山县，称䢾江（峨山大河），流入通海县称曲江（高大河），再流经建水县曲溪镇入华宁县称华溪河，在盘溪镇三江口注入南盘江。曲江全长208千米，集水面积4 103平方千米。

市内有高原断陷湖泊抚仙湖、星云湖、杞麓湖和阳宗海。抚仙湖位于澄江、江川、华宁3个县之间。湖形似葫芦，北宽而深，南窄而浅，中间细长如颈，南北长31.5千米，东西最宽11.5千米，最窄处3千米，湖岸线长90.6千米，湖面水位海拔1 721米，面积212平方千米，容量205.5亿立方米，最大水深151.5米，平均水深87米，是云南省最深的湖泊，也是中国第二深水湖，总蓄水量比滇池大12倍，比洱海大6倍。

【历史沿革】　玉溪市辖地，两汉分属益州、牂牁两郡。蜀汉分属益州、牂牁、兴古三郡。东晋、南朝分属晋宁、建宁、梁水、兴古四郡。隋属昆州。唐初分属黎、钩二州。唐南诏时分属拓东节度、通海都督、银生节度。宋大理时分为37部及善阐府、银生节度地。元设云南行省时，分属澄江路、临安路、元江路、中庆路。明时，澄江路改澄江府，通海、华宁、峨山县属临安府，新设新平县隶临安府，易门县属云南府，元江县设元江军民府。清时，新平县属元江直隶州，其余沿明制。民国废府、州，设道，属滇中道、蒙自道、普洱道，后撤道，县直属省。民国后期曾在新平县设第六行政督察专员公署。

新中国成立后，1950年1月1日成立滇中专员公署，3月改称玉溪专员公署，辖玉溪、昆阳、晋宁、呈贡、澄江、江川、华宁、通海、河西、峨山、易门、新平12个县。1951年，峨山县改为峨山彝族自治区。1954年，原属蒙自专区的元江县划属玉溪专区。1956年，峨山彝族自治区改为自治县。1960年，晋宁县（包括昆阳、呈贡）划属昆明市。1970年12月，新平县改设新平彝族傣族自治县，元江县改设元江哈尼族彝族傣族自治县。1983年8月，玉溪县改设玉溪市（县级），1998年，改设红塔区。1998年，经国务院批准，撤销玉溪地区，设立地级玉溪市，6月28日，新设立的市级领导机关挂牌工作。玉溪市下辖红塔区、江川县、澄江县、通海县、华宁县、易门县、峨山彝族自治县、新平彝族傣族自治县、元江哈尼族彝族傣族自治县。

【行政区划】 2014年，全市下辖八县一区，共设75个乡（镇、街道），其中：街道24个，镇25个（其中1个民族镇），乡26个（其中10个民族乡）。

（李亚平）

【气候概述】 2014年，玉溪市气候的主要特点是：全市气温略高至偏高，气温季节分布为冬季基本正常，春季偏高，夏季正常略偏高，秋季略高至偏高。大部分县（区）降水正常至略偏少，全市平均年降水量872毫米，比常年同期偏少2%。大部分县（区）于5月26日至6月17日相继进入雨季，总体比常年偏晚。雨季结束期，大部分县（区）于9月25～30日结束，比常年偏早。日照时数在2 145～2 921小时之间，与常年同期相比，5月、9月和11月偏多，8月偏少。年内热量条件和光照条件丰厚、水分条件比近几年偏好，春旱及初夏干旱影响较重，汛期内无大范围洪涝灾害出现，但局部洪涝灾害偏重，气候条件对农业生产利大于弊，大部分县（区）蓄水条件较好。总体气候条件对工农业生产而言属中等偏上年景。

气温。全市年平均气温，元江县为24.7℃，新平县为18.1℃，其余各县（区）为16.7℃～17.3℃。与常年同期相比，红塔区、澄江县、江川县偏高1.0℃～1.4℃，属偏高年景，其余县（区）偏高0.5℃～0.8℃，属略偏高年景。与上年同期相比，易门县偏低0.4℃，其余各县（区）偏高0.1℃～0.4℃。

2014年玉溪市各县（区）平均气温表

单位℃

气象要素	红塔区	江川县	澄江县	通海县	华宁县	易门县	峨山县	新平县	元江县
气　温	17.3	17.3	17.1	16.7	16.8	17.2	17.0	18.1	24.7
比历年（±℃）	+1.0	+1.4	+1.1	+0.7	+0.5	+0.7	+0.8	+0.6	+0.8
比上年（±℃）	+0.4	+0.3	+0.4	+0.3	+0.2	−0.4	+0.4	+0.3	+0.1

气温时空变化：1月平均气温，元江县为16.1℃，其余各县（区）为8.9℃～10.0℃。与历年同期相比，通海、元江、新平县偏低0.6℃～1.0℃，江川、澄江县偏高0.5℃～0.6℃，其余县（区）与常年同期接近。与上年同期相比，大部分县（区）偏低0.5℃～1.2℃。2月平均气温，元江县为18.7℃，其余各县（区）为12.5℃～13.6℃。与历年同期相比，元江县偏低0.5℃，通海、新平县偏高0.4℃～0.8℃，其余县（区）偏高1.5℃～2.3℃。与上年同期相比，各县（区）偏低2.0℃～3.7℃。3月平均气温，元江县为23.7℃，其余各县（区）为15.5℃～17.0℃。与历年同期相比，大部县（区）偏高1.0℃～2.4℃。与上年同期相比，华宁、易门、新平、元江县偏低1.0℃～1.7℃，其余县（区）偏低0.1℃～0.5℃左右。4月平均气温，元江县为28.9℃，其余各县（区）为19.1℃～21.2℃。与历年同期相比，红塔区、江川、澄江、元江县偏高2.1℃～2.9℃，其余县（区）偏高1.2℃～1.7℃。与上年同期相比，易门、峨山、新平县偏高0.5℃，其余县（区）偏高0.9℃～1.4℃。5月平均气温，元江县为30.5℃，其余各县（区）为21.3℃～23.3℃。与历年同期相比，通海、华宁、新平县偏高1.6℃～1.9℃，其余县（区）偏高2.0℃～2.7℃。与上年同期相比，华宁、元江、澄江县偏高1.6℃～1.8℃，其余县（区）偏高1.1℃～1.5℃。6月平均气温，元江县为30.6℃，其余各县（区）为21.4℃～23.8℃。与历年同期相比，华宁、澄江县偏高0.4℃～0.6℃，其余县（区）偏高1.0℃～1.6℃。与上年同期相比，新平、峨山县偏高1.0℃～1.6℃，其余县（区）偏高0.1℃～0.9℃。7月平均气温，元江县为29.0℃，其余各县（区）为20.7℃～22.1℃。与历年同期相比，大部分县（区）偏高0.1℃～0.5℃。与上年同期相比，大部分县（区）偏低0.1℃～0.3℃。8月平均气温，元江县为27.9℃，其余各县（区）为19.9℃～21.4℃。与历年同期相比，华宁县偏低0.7℃，江川县偏高0.4℃，其余县（区）基本与常年接近。与上年同期相比，易门县偏低0.7℃，其余县（区）与上年同期基本接近。9月平均气温，元江县为28.2℃，其余各县（区）为19.6℃～21.3℃。与历年同期相比，华宁、易门、峨山县偏高0.5℃～0.8℃，其余县（区）偏高1.0℃～1.6℃。与上年同期相比，易门县偏高0.3℃，其余县（区）偏高1.2℃～1.7℃。10月平均气温，元江县为24.4℃，新平县18.0℃，其余县（区）为16.3℃～17.1℃。与历年同期相比，易门、华宁县偏低0.5℃～0.6℃，江川县偏高0.4℃，其余县（区）与常年基本接近。与上年同期相比，易门县偏高0.3℃，其余县（区）偏高1.3℃～1.7℃。11月平均气温，元江县为21.6℃，新平县15.2℃，其余县（区）为13.8℃～14.5℃。与历年同期相比，易门县偏高 0.9℃，其余县（区）偏高1.0℃～2.0℃。与上年同期相比，易门县偏低0.2℃，其余县（区）偏高0.2℃～1.0℃。12月平均气温，元江县为17.3℃，新平县10.6℃，其余县（区）为9.1℃～9.7℃。与历年同期相比，江川县偏高 0.7℃，其余县（区）基本与常年接近。与上年同期相比，易门县偏高0.6℃，其余县（区）偏高1.0℃～1.6℃。

降水。2014年降水总量，新平

县为674毫米，峨山、易门县分别为760毫米和767毫米，江川县、红塔区为811～887毫米，其余各县为952～1 023毫米。与常年同期相比，红塔区、江川、华宁县与常年接近，易门县偏少近1成，峨山、新平县偏少2～3成，澄江、通海、元江县偏多1～2成。全市平均降水量872毫米，比常年同期偏少2%，是2009年以来最多的一年，总体属正常略偏少年份。与上年相比，峨山、新平县偏少152～199毫米，华宁、江川县偏多19～50毫米，通海县、红塔区、易门县偏多101～138毫米，元江、澄江县偏多191～227毫米。

2014年玉溪市各县（区）降水总量表

单位：毫米

气象要素	红塔区	江川县	澄江县	通海县	华宁县	易门县	峨山县	新平县	元江县
降水（mm）	887	811	1 023	1 009	952	767	760	674	965
比历年（±%）	−3	−5	+10	+12	+6	−9	−18	−29	+20
比上年（±mm）	+117	+50	+227	+101	+19	+138	−152	−199	+191

降水时空分布：2014年，全市降水季节分布为冬季（2013年12月至2014年2月）偏多至特多，春季（3～5月）偏少至特少，夏季（6～8月）和秋季（9～11月）正常至略多。全市平均各月降水量与常年同期相比，4～5月及12月特少，1月、10月和11月偏少，8月略少，7月略多，其余各月为偏多。降水绝对量以6～7月和9月偏多、4～5月和10月偏少明显。

1月降水量，江川、华宁、澄江县为12～19毫米，新平、易门县为0.6～0.7毫米，其余县（区）7～9毫米，大部分县（区）比常年同期偏少40%～96%。2月降水量，元江9毫米，易门16毫米，其余县（区）20.8～39.6毫米。3月降水量，元江、新平、易门县为13.7～17.7毫米，其余县（区）25.8～48.4毫米。4月降水量，元江县为33.6毫米，其余县（区）3.1～15.8毫米。5月降水量，红塔区、通海、江川、元江县为46.9～61.8毫米，其余各县19.0～32.2毫米。6月降水量，元江县272.9毫米，澄江、华宁、易门县210.5～255.5毫米，峨山县115.9毫米，其余县（区）154.4～187.5毫米。7月降水量，易门、元江县131.7～147.5毫米，澄江县、红塔区、华宁县245.6～257.9毫米，其余各县178.6～220.8毫米。8月降水量，元江县为270.5毫米，澄江县为198.1毫米，其余各县（区）为81.1～131.7毫米。9月降水量，元江、新平、易门县为65.0～93.2毫米，通海县为247.2毫米，其余县（区）为159.7～170.1毫米。10月降水量，通海县为115毫米，江川、峨山、元江县为47～56毫米，其余县（区）为18～39毫米。11月降水量，新平、江川、峨山、华宁县为20～25毫米，其余县（区）为30～43毫米。12月降水量，澄江、华宁、易门县为1～2毫米，其余县（区）为0.0～0.9毫米。

日照。全年日照时数，新平县为2 921小时，元江、通海县为2 608～2 643小时，其余县（区）为2 145～2 465小时。与历年同期相比，易门、华宁、江川县偏多1%～9%，其余县（区）偏多14%～29%。与上年同期相比，大部分县（区）偏多104～227小时。

2014年玉溪市各县（区）日照情况表

单位：小时

气象要素	红塔区	江川县	澄江县	通海县	华宁县	易门县	峨山县	新平县	元江县
日照（小时）	2 395	2 393	2 465	2 643	2 332	2 145	2 382	2 921	2 608
比历年（±%）	+19	+9	+19	+22	+7	+1	+14	+29	+15
比上年（± 小时）	+204	+123	+104	+132	+116	−6	+75	+227	+134

日照时空分布：1月，各县（区）日照时数为210～254小时，与历年同期相比，华宁、易门、元江、新平县偏多6%，其余县（区）偏多11%～22%。与上年同期相比，大部分县（区）偏少20～30小时。2月，各县（区）日照时数为243～270小时，与历年同期相比，易门、江川、华宁县偏多1成左右，其余县（区）偏多2成左右。与上年同期相比，大部分县（区）偏少10～27小时。3月，各县（区）日照时数为249～299小时，与历年同期相比，大部分县（区）偏多14%～21%。与上年同期相比，易门县偏少20小时，华宁县偏多2小时，其余县（区）偏多11～23小时。4月，各县（区）日照时数为265～312小时，与历年同期相比，大部分县（区）偏多14%～27%。与上年同期相比，华宁县偏多19小时，其余县（区）偏多25～47小时。5月，各县（区）日照时数为244～301小时，与历年同期相比，大部分县（区）偏多16%～41%。与上年同期相比，峨山县偏多12小时，其余县（区）偏多24～48小时。6月，各县（区）日照时数为124～206小时，与历年同期相比，新平、元江县偏多255%～27%，其余县（区）基本与常年接近。与上年同期相比，大部分县（区）偏少55～67小时。7月，各县（区）日照时数为96～175小时，与历年同期相比，江川、易门、峨山县偏少3%～16%，其余县（区）偏多11%～37%。与上年同期相比，大部分县（区）偏多6～36小时。8月，各县（区）日照时数为95～178小时，与历年同期相比，通海县偏多3%，新平县偏多21%，其余县（区）偏少4%～31%。与上年同期相比，大部分县（区）偏少6～29小时，元江县偏少43小时。9月，各县（区）日照时数为127～221小时，与历年同期相比，易门县偏少3%，新平县偏多63%，其余县（区）偏多17%～47%。与上年同期相比，大部分

县（区）偏多37～71小时。10月，各县（区）日照时数为120～202小时，与历年同期相比，华宁县偏少2%，易门县偏少15%，新平县偏多55%，其余县（区）偏多11%～33%。与上年同期相比，大部分县（区）偏多15～38小时。11月，各县（区）日照时数为197～265小时，与历年同期相比，元江县、红塔区、新平县偏多39%～47%，其余县（区）偏多21%～35%。与上年同期相比，大部分县（区）偏多12～25小时。12月，各县（区）日照时数为157～225小时，与历年同期相比，元江、新平县偏多10%～14%，易门县偏少10%，其余县（区）与常年接近。与上年同期相比，峨山、易门、通海县偏多5～8小时，其余大部分县（区）偏多13～39小时。

主要气候事件及其影响：

干旱。1月下旬至2月17日，大部县（区）持续28天无降水出现，全市局部出现轻旱。4月中旬至6月上旬初，全市出现较重春旱和初夏干旱，期间，全市平均降水量仅为45.5毫米，比常年同期偏少66.8%，平均气温达23.2℃，比常年同期偏高2.5℃，创有记录以来同期最高纪录。受干旱影响，全市各县（区）均出现严重旱灾，部分县（区）出现人畜饮水困难，据统计，截至6月初，全市受旱面积达65.89万亩，重旱14.93万亩，绝收1.21万亩。

低温霜冻。1月20～22日，先后受北方冷空气和辐射降温影响，全市出现强降温和霜冻天气，大部县（区）最低气温达-2℃左右，部分作物出现霜冻灾害。12月12～13日及16～18日，受强冷空气影响，全市大部分县（区）出现强寒潮天气，其中16～18日的寒潮天气过程最高气温降幅达10℃以上，最低气温降至1～4℃，且持续时间长，影响范围广，致澄江县出现雨夹雪天气。到20日天气转晴后，受辐射降温影响，全市大部分县（区）出现霜或霜冻天气，致全市农作物受灾严重。

洪涝灾害。全市大部分县（区）汛期单点性暴雨、大暴雨引发的局部洪涝灾害突出，共出现大雨56站次、暴雨20站次，各县（区）均有不同程度洪涝灾害产生。其中，7月12～13日出现的中到大雨局部暴雨天气，致新平县漠沙镇发生泥石流灾害。7月20～23日出现的大到暴雨，局地大暴雨天气，致元江县羊岔街局地发生山体滑坡及泥石流灾害。

风雹灾害。由于冰雹、大风天气，造成全市各县（区）出现不同程度的冰雹、大风灾害，烤烟受灾4.51万亩，比上年偏多1.01万亩。由于市人工影响天气中心在雨季冰雹多发期间组织实施了以保护烤烟为重点的人工防雹作业，使设防保护区内的烤烟受灾损失较轻。

气候对农、林、水、以及交通、旅游的影响：年内，春季至初夏高温少雨，干旱严重，汛期6～7月降水偏多，局部暴雨洪涝灾害突出，9月中、下旬大部县（区）出现5～10天连阴雨天气，对大春收晒带来一定影响。全年热量条件和光照条件丰厚、水分条件比近几年偏好。气候条件对小春作物生产前期有利而后期不利，4～6月初，干旱较重，对大春作物栽种及苗期生长不利，6月5日后，降水增多，对大春作物中、后期生长有利。全年蓄水条件大部分县（区）比近几年偏好，特别是澄江、通海和元江年降水量比常年同期偏多1～2成，对蓄水较有利，但易门、峨山、新平3个县降水量仍比常年偏少1～3成，对蓄水不利。年内，由于降水高度集中在少数几次降水天气过程，其余时段以高温少雨天气为主，对森林防火工作有不利影响；春季至初夏高温少雨，雨季开始期偏晚，干旱严重，对森林防火工作十分不利，局部出现森林火灾。秋季降水正常至略多，其中9～10月降雨天气过程较多，对森林防火工作总体有利。夏秋季，除了局地强降水引发山洪爆发造成部分道路堵塞、塌方外，基本没有大的影响，对交通、旅游有利。

（褚二忠）

【人口统计】 2014年底，全市常住人口235.0万人，户籍人口216万人，与2013年年末数相比，增加1.25万人，增长0.58%。总户数773 041户，比上年增加11 394户，平均每户2.8人。

2014年，全市出生人口2.33万人，比上年少0.22万人，出生率10.84‰，上升0.98个千分点；死亡人口1.55万人，比上年增加0.03万人，死亡率7.2‰，上升0.09个千分点。2014年，自然增长率为5.3‰，比上年下降0.19个千分点。

在户籍人口中，男性为1086 414人，占50.3%；女性1073 454人，占49.7%。全年出生的人口中，男性为11 534人，占49.4%；女性为11 815人，占50.6%。户籍人口中，非农业人口825 603人，占总人口的38.2%，比上年增99 943人；农业人口为1334 265人，比上年减少87 421人，下降6.1%。

分年龄段人口情况。2014年，全市分段年龄段的人口是：18岁以下的有441 252人，比上年减少7 788人；18～35岁的有524 938人，比上年增加2 522人；35～60岁的有860 295人，比上年增加4 587人；60岁以上的有333 383人，比上年增加13 201人。

【民　族】 2014年末，全市有人口超过1 000人的民族10个，其中汉族人口1420 926人，占总人口的65.8%，与上年相比增加4 989人，增长0.35%；少数民族人口738 942人，占总人口的34.2%，与上年相比增加7 624人，增长1.04%，高出汉族人口增长幅度0.69个百分点。少数民族中，彝族454 606人，占总人口的21.0%；哈尼族126 757人，占5.9%；傣族75 114人，占3.5%；回族43 310人，占2.0%；白族11 567人，占0.5%；苗族8 172人，占0.4%；蒙古族7 494人，占0.35%；拉祜族7 224人，占0.3%；壮族1 573占0.07%；其他民族1 026人，占0.05%。

（玉溪市统计局）

地方资源

【森林资源】 据2008年玉溪市森林资源规划设计调查结果，全市林地面积1 555.75万亩，占国土面积的69.2%。在林地中，有林地1 188.11万亩，疏林地4.59万亩，灌木林地291.59万亩（其中国家特别灌木林31.25万亩），未成林地12.04万亩，无立木林地7.17万亩，宜林地52.07万亩，其他林地（苗圃地和辅助生产林地）0.18万亩。全市森林覆盖率为54.2%，林木绿化率为66.1%。全市活立木总蓄积4 623.0万立方米，森林年总生长量208.36万立方米，年总消耗量104.54万立方米。全市已建立各级自然保护区19个、国家森林公园2个，面积227.88万亩，占国土总面积的9.94%。市境内有国家重点保护野生植物34种，其中国家一级重点保护野生植物9种，二级重点保护野生植物25种；列入省级濒危保护野生植物10种。国家重点保护陆生野生动物72种，其中一级保护动物20种，二级保护动物52种；省级重点保护陆生野生动物5种；国家保护的有益或者有重要经济、科学研究价值的陆生野生动物200余种。

（师红艳）

【水资源】 水资源总量：玉溪市多年平均降雨量1 051.2毫米，折合水量157.92亿立方米，其中地表水43.2亿立方米（含地下水16.81亿立方米）。平均每平方千米产水量28.3万立方米，人均占有水量1 889立方米。水量偏少且时空分布不均，一年内干、湿两季分明，降水多集中在夏、秋季而形成雨季，雨季地表径流量占全年径流量的70%～80%，元江流域的新平、元江两县的水资源较多，而珠江流域的红塔区、通海、江川、澄江县水资源较少。

水利工程蓄水动态：至2014年末，全市已累计建成蓄水工程2 464座，其中：中型15座，小（一）型92座，小（二）型466座，小坝塘1 891座；总库容7.54亿立方米。2014年，全市计划蓄水5.0亿立方米。全市年平均降雨量仅为870.6毫米，比2013年同期多49.6毫米，比正常年景少34.8毫米，偏少3.9%。通海、澄江县1 009～1 023毫米，华宁、元江县952～964毫米，新平县674毫米，其余县（区）760～887毫米。与常年同期相比，易门、峨山、新平县偏少1～3成，澄江、通海、元江县偏多1～2成，其余县（区）基本与常年接近。由于降雨较好，增蓄措施得力，年末，全市实际库塘蓄水5.31亿立方米，完成省水利厅下达蓄水计划5.2亿方的102%，完成市政府年度考核计划任务5亿方的106%，蓄水比上年同期多8 012万立方米，比正常年景同期多950万立方米。蓄水工程中，中型水库完成蓄水2.43亿立方米，比上年同期多5 388万立方米；小（一）型水库完成蓄水16 466万立方米，比上年同期多1 353万立方米；小（二）型水库完成蓄水8 286万立方米，比上年同期多820万立方米；小坝塘完成蓄水 4 097万立方米，比上年同期多451万立方米，2014年库塘蓄水是6年来最好的年份。

“三湖”蓄水动态：2014年年末，星云湖、抚仙湖、杞麓湖蓄水总量2036 048万立方米，比上年同期增加5 650万立方米。其中，星云湖蓄水17 648万立方米，比上年同期增加2 139万立方米，完成计划的100%；抚仙湖蓄水2008 760万立方米，比上年同期增加1 070万立方米，完成计划的99%；杞麓湖蓄水9 640万立方米，比上年同期增加2 441万立方米，完成计划的80%。

供用水量：2014年，全市水利工程年供水量77 180万立方米。其中蓄水工程供水39 349万立方米，占总供水量的51.0%；引水工程供水26 644万立方米，占总供水量的34.5%；机电井工程及机电站、水轮泵供水11 187万立方米，占总供水量的14.5%。按供水用途分，2014年，全市供水的分布是：农业用水61 179万立方米，占79.3%；工业用水3 855万立方米，占5.0%；城镇居民生活用水7 757万立方米，占10.1%；乡村生活用水3 733万立方米，占4.8%；生态环境用水532万立方米，占0.7%。

地表水水资源分布状况：主要河流有元江、南盘江两大水系，径流面积14 945.4平方千米，其中元江流域径流面积9 524平方千米，珠江流域径流面积5 421.4平方千米。多年平均水资源量43.20亿立方米，其中元江流域多年平均水资源量32.82亿立方米，珠江流域10.38亿立方米。

玉溪出境断面以上元江控制径流面积23 125平方千米，多年平均年径流量58.75亿立方米，2014年径流量24.74亿立方米。玉溪境内全长165千米，主要支流有绿汁江、清水河、小河底河、扒河等80多条，全长360千米。

玉溪出境断面以上南盘江控制径流面积9 888平方千米，多年平均年径流量31.57亿立方米，2014年径流量13.94亿立方米。主要支流有曲江、海口河、青龙河等17条主要河流，全长292千米。

主要湖泊有抚仙湖、星云湖、杞麓湖、阳宗海。抚仙湖位于江川县、澄江县和华宁县3个县之间，湖面积216.6平方千米，径流面积674.69平方千米，湖容量206.2亿立方米，最大水深158.9米，平均水深95.2米，多年平均入湖量16 092万立方米，多年平均出流量9 530万立方米。为Ⅰ类水质。

星云湖位于江川县境内，湖面积34.3平方千米，水深4～10米，平均水深6米，湖容量2.10亿立方米，多年平均入湖量8 191万立方米，为Ⅴ类水质。

杞麓湖位于通海县境内，湖面积37.3平方千米，最大水深6.5米，平均水深4.5米，湖容量1.78亿立方米。多年平均入湖量8 710万立方米，为Ⅴ类水质。

河流湖泊的水质，除曲江流经红塔区、峨山段和绿汁江及其支流扒河和星云湖、杞麓湖已被污染外，其他河流湖泊的水质基本上是清洁的。

地下水资源分布状况：珠江流域各县岩溶地区地下水出露形成泉水较多，珠江流域的红塔区、江川、通海、华宁、澄江等5个县以及峨山县的珠江流域部分，出露流量在每秒0.01立方米以上的有150处，其中华宁县最多，有53处。较大的泉水有红塔区的九龙池、华宁县王马村的大龙潭和盘溪大寨大龙潭、澄江县的西龙潭、峨山县的大龙潭以及易门县的大龙泉等。元江流域各县的泉水较少，但由于河床切割较深，降水渗入到地下的水量绝大部分又汇入河道，特别是哀牢山地区，地下水的动储量较为丰富。地下水较为丰富的县为新平、元江县，较少的为通海县。

地下水无大的污染现象。几个大的泉水如澄江县的西龙潭、华宁县的盘溪大龙潭和王马大龙潭、易门县的大龙泉水质都很好。

过境水量：主要过境河流有元江、南盘江、小河底河，过境水量43.48亿立方米。

各县（区）水资源分布情况：

红塔区。多年平均水资源总量即地表水2.43亿立方米（含地下水0.84亿立方米），人均占有量486立方米。主要河流有州大河、红旗河、西河、密罗河、龙潭河、清水河、甸苴河、干沟河等。主要水库有东风水库、飞井海水库、红旗水库等，东风水库总库容为9 060万立方米，是红塔区生产、生活的主要水源。较大的泉水有九龙池、黑龙潭、白龙潭等。其中九龙池的多年平均出流量为1.13立方米/秒。

江川县。多年平均水资源总量即地表水0.99亿立方米（含地下水0.74亿立方米），人均占有量353立方米。境内有星云湖，与澄江、华宁县共有抚仙湖，有季节性河流16条。中型水库有茶尔山水库。

澄江县。多年平均水资源总量即地表水1.48亿立方米（含地下水0.72亿立方米），人均占有量860立方米。境内河流短小，以湖泊为主。湖泊有抚仙湖、阳宗海。海口河为抚仙湖至南盘江的唯一出口，年平均出流量0.95亿立方米。重要水库有梁王河、东大河两座中型水库。地下水比较丰富，其中西龙潭年出流量3 500.5万立方米，最大出水量2.82立方米/秒，最小出流量0.49立方米/秒，是县城凤麓镇和龙街镇的生产、生活用水水源。

通海县。多年平均水资源总量即地表水0.98亿立方米（含地下水0.41亿立方米），人均占有量320立方米。但分布不均，杞麓湖盆区人均占有量为有658立方米。杞麓湖是县内的主要湖泊，沿湖有中河、碧溪、大兴河等10

多条季节性河流汇入。境内最大的河流为曲江。曲江常受上游东风水库蓄泄水量的影响，多年平均流量16.0立方米/秒。

华宁县。多年平均水资源总量即地表水3.41亿立方米（含地下水1.10亿立方米），人均占有量1 572立方米。与澄江、江川县共有抚仙湖，主要河流有5条，分别为南盘江、曲江、华溪河、青龙河、龙洞河、小红河。泉水较多，其中盘溪大龙潭最大出流量为5.2立方米/秒。

易门县。多年平均水资源总量即地表水2.36亿立方米（含地下水0.81亿立方米），人均占有量1 326立方米。主要河流有绿汁江及其支流扒河。扒河集水面积1 531平方千米，年平均产水3.15亿立方米。绿汁江县内集水面积560.6平方千米，年平均流量28立方米/秒，多年平均产水1.15亿立方米。重要水库有岔河，大谷厂两座中型水库。

峨山县。多年平均水资源总量即地表水3.84亿立方米（含地下水1.35亿立方米），人均占有量2 343立方米。县内有大小河流24条，分属红河、珠江水系，属珠江水系的有猊江（上游为州大河），属红河水系的有化念河、绿汁江。猊江平均流量8.19立方米/秒，最大流量275立方米/秒，最小流量0.15立方米/秒。绿汁江多年平均径流量0.64亿立方米，最大流量2 280立方米/秒，最小流量1.0立方米/秒；化念河多年平均径流量1 462亿立方米。全县蓄水工程平水年可供水量4 261万立方米，重要水库有化念水库，库容2 232万立方米。

新平县。多年平均水资源总量即地表水17.96亿立方米（含地下水7.23亿立方米），人均占有量6 238立方米。主要河流有戛洒江（元江上游）和平甸河。戛洒江最大流量1 740立方米/秒，最小流量10立方米/秒；平甸河最大流量125立方米/秒，最小流量0.04立方米/秒。全县蓄水工程总库容10 977万立方米。中型水库有黄草坝、平甸河两座，总库容4 720万立方米。

元江县。多年平均水资源总量即地表水9.72亿立方米（含地下水3.6亿立方米），人均占有量4 419立方米。元江最大流量4 300立方米/秒，最小流量4.1立方米/秒；清水河最大流量390立方米/秒，最小流量0.49立方米/秒；小河底河最大流量1 400立方米/秒，最小流量1.67立方米/秒；主要河流有元江（红河）及其支流清水河、小河底河、磨房河等27条。主要中型水库有章巴水库、磨房河水库、街子河水库等。其中章巴水库库容2 300万立方米，是县城的生产、生活用水水源。

（杨云川）

【土地资源】　根据玉溪市第二次全国土地调查主要数据公布，2014年，全市行政辖区面积为149.42万公顷（2 241.32万亩）。其中：耕地25.39万公顷，占土地总面积的16.99%；园地2.72万公顷，占土地总面积的1.82%；林地90.65万公顷，占土地总面积的60.67%；草地11.16万公顷，占土地总面积的7.47%；城镇村及工矿用地3.88万公顷，占土地总面积的2.6%；交通运输用地1.88万公顷，占土地总面积的1.26%；水域及水利设施用地5.05万公顷，占土地总面积的3.38%；其他土地8.69万公顷，占土地总面积的5.81%。

玉溪市主要地类直方图

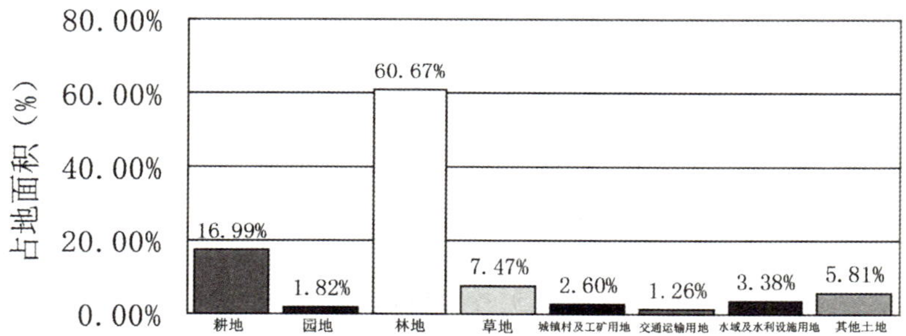

玉溪市二次调查各县（区）耕地面积统计表

单位：万公顷

统计单位	玉溪市	红塔区	江川县	澄江县	通海县	华宁县	易门县	峨山县	新平县	元江县
耕地面积	25.39	1.75	2.13	1.66	1.85	3.44	2.31	2.40	5.73	4.13
比例	100%	6.90%	8.37%	6.53%	7.30%	13.53%	9.09%	9.44%	22.58%	16.26%

玉溪市各县（区）耕地面积饼图

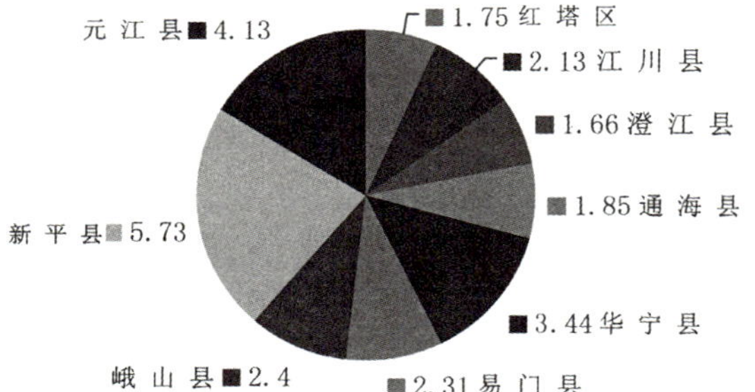

国民经济和社会发展

【生产总值】 2014年，全市完成现价生产总值（GDP）1 184.7亿元，按可比价格计算增长8.0%。分产业看，第一产业增加值122.8亿元，增长6.0%；第二产业增加值706.4亿元，增长8.5%；第三产业增加值355.5亿元，增长7.4%。三次产业结构由上年的10.2：60.3：29.5调整为10.4：59.6：30.0。第一、第二、第三产业分别拉动GDP增长0.5、5.4和2.1个百分点，对经济增长的贡献率分别为6.0%、68.1%和25.9%。全市人均GDP达到50 521元，按可比价计算增长7.5%。非公经济实现增加值402.3亿元，增长9.1%，占全市生产总值的比重达34.0%，比上年提高0.8个百分点。不含红塔集团，全市完成现价生产总值808.4亿元，按可比价格计算，增长7.1%。

【财政收支】 2014年，全市财政总收入完成487.8亿元，增长8.8%。公共财政预算收入113.6亿元，增长7.2%，其中增值税完成21.0亿元，增长9.0%；营业税完成11.9亿元，下降16.7%；企业所得税完成4.7亿元，下降12.3%；城市维护建设税完成19.2亿元，增长8.6%。

各县（区）公共财政预算收入完成情况：红塔区19.6亿元，增长6.3%；江川县5.0亿元，增长8.8%；澄江县5.4亿元，增长16.0%；通海县4.4亿元，增长6.3%；华宁县3.5亿元，增长10.7%；易门县4.6亿元，增长16.8%；峨山县4.6亿元，增长6.8%；新平县10.9亿元，增长9.5%；元江县3.4亿元，增长7.8%。

2014年，公共财政预算支出207.3亿元，增长11.3%。其中：教育支出32.2亿元，增长3.8%；社会保障和就业支出23.7亿元，增长8.1%；医疗卫生支出19.0亿元，增长18.0%。

【市场物价】 2014年，居民消费价格比上年上涨2.1%。其中，城市上涨1.8%，农村上涨2.3%。分类别看，八大类商品价格均呈现上涨趋势：居住上涨2.2%，食品上涨3.2%（其中：粮食上涨2.1%、肉禽上涨1.0%），烟酒及用品上涨0.7%，医疗保健和个人用品上涨2.3%，交通和通信上涨1.0%，家庭设备用品及维修服务上涨0.7%，娱乐教育文化用品及服务上涨2.3%，衣着上涨0.5%。

2014年，商品零售价格上涨1.1%，农业生产资料价格上涨0.9%，工业品出厂价格下降0.5%，原材料、燃料、动力购进价格上涨3%。

【农　业】 2014年，全市实现农林牧渔业增加值122.8亿元，按可比价格计算增长6.0%。其中：农业（种植业）增加值80.3亿元，增长4.7%；林业增加值3.6亿元，增长11.6%；牧业增加值35.6亿元，增长8.3%；渔业增加值1.8亿元，增长12.8%；农林牧渔服务业增加值1.5亿元，增长6.1%。

2014年，全市粮食总产量为61 419万千克，增长1.9%；烤烟总产量8 624万千克，下降9.4%，烤烟收购161万担，收购金额21.7亿元，上等烟比例达67.8%，均价27.1元/千克；油料产量3 608万千克，下降3.2%；园林水果产量54 755万千克，增长17.9%；甘蔗产量（预计）91 320万千克，减少12.7%；蔬菜产量197 898万千克，增长7.8%；核桃产量736万千克，增长50.2%。

2014年，预计全市肉蛋奶总产量49.5万吨，增长10.2%。其中，肉类产量36.1万吨，增长10.3%；禽蛋产量12.6万吨，增长13.4%；牛奶产量0.7万吨，增长3.7%。水产品产量1.6万吨，增长3.8%。

【工　业】 2014年，全市完成工业增加值670.4亿元，增长8.1%，拉动GDP增长个5.0个百分点，对经济增长的贡献率为62.2%。2014年，全市有规模以上工业企业330家，主营业务收入1 213.6亿元，下降1.9%，增加值577.8亿元，增长8.1%。分轻重工业看：轻工业实现增加值415.1亿元，增长9.3%，其中：烟草制品业完成377.4亿元，增长9.6%；重工业实现增加值162.7亿元，增长5.4%，其中：黑色金属矿采选业完成30.5亿元，增长4.0%；黑色金属冶炼及压延加工业完成41.6亿元，下降9.3%；有色金属矿采选业完成10.7亿元，增长10.2%；有色金属冶炼及压延加工业完成 18.5亿元，增长48.7%。

部分工业产品产量增长较快。其中：增幅较高的是硫酸（折100%），增长28.6%；依次是磷酸增长24.6%；磷矿石增长18.6%；精炼铜增长17.5%；黄磷增长14.2%。

【建筑业】 2014年，全市建筑业完成增加值36.0亿元，增长16.2%。全市具有资质的建筑施工企业168家，从业人员41 666人，其中工程技术人员10 276人，占从业人员总数的24.7%，其中一级建造师141人。2014年，商品房施工面积981.1万平方米，下降6.2%；商品房竣工面积136.1万平方米，下降27.8%。

【固定资产投资】 2014年，全市完成500万元以上固定资产投资511.9亿元，增长30.0%。其中，第一产业完成投资10.0亿元，下降13.9%；第二产业完成投资141.5亿元，增长13.5%；第三产业完成投资360.4亿元，增长40.0%。

从主要行业看，工业完成投资141.5亿元，增长13.5%；交通运输、仓储和邮政业完成投资53.8亿元，增长5.9倍；房地产业完成160.0亿元，增长2.6%。

【国内贸易和对外经济】 2014年，全市实现社会消费品零售总额255.6亿元，增长13.0%。从销售地区看：城镇实现消费品零售额199.2亿元，增长10.5%；乡村实现56.4亿元，增长16.4%。从经济类型看：公有经济实现71.4亿元，增长14.0%；非公经济实现184.2亿元，增长11.0%。分行业看：批发零售贸易业实现217.3亿元，增长12.9%；住宿餐饮业实现38.3亿元，增长12.0%。

对外贸易快速增长。2014年，全市完成外贸自营进出口总额96 887万美元，增长35.7%。其中出口91 297万美元，增长34.4%；进口5 590万美元，增长61.1%。分企业情况看：90户私民营企业完成出口89 247万美元，增长33.8%；12户外商投资企业完成出口2 050万美元，增长64.9%。在2014年的自营出口商品中，金额达20万美元以上的商品有46种，累计出口额90 489万美元，占全市出口总额的99.1%。

招商引资成效显著。2014年，全市共实施市外国内资金项目1 090个，引进市外国内资金605.4亿元，增长48.7%，其中引进省外资金385.6亿元，增长27.1%。实际使用外资7 438万美元，增长10.3%。新批准设立外商投资企业6户，合同外资金额6 242.4万美元；增资 1户，合同外资金额876.8万美元；股权变更1户，合同外资金额减4.0万美元。

【交通、邮电】 交通运输、仓储及邮电业稳步发展。2014年，全市交通运输、仓储及邮政业实现增加值38.6亿元，增长7.6%。公路建设成效明显，客货运输平稳发展。2014年底，全市公路通车总里程达到16 932.8千米，其中：高速公路232.7千米，一级公路105.9千米；高级、次高级路面占全市公路总里程的27.8%。全市公路运输客运量完成2 097万人，增长10.5%；旅客运输周转量123 120万人千米，增长10.2%。完成货运量9 777万吨，增长14.3%；完成公路运输货物周转量151.2亿吨千米，增长14.2%。

2014年，全市拥有机动车74.9万辆，其中：汽车29.8万辆，汽车中载客汽车22.1万辆（轿车13万辆），载货汽车7.4万辆（普通载货汽车2.6万辆），其他汽车2 565辆；摩托车45万辆；挂车1 651辆。

电信业进一步发展。2014年，邮电业务总量27.8亿元，增长3.4%。全市移动交换机总容量达455万门，固定电话用户达15.3万户；移动电话用户达210.6万户，比上年增加5.3万户，增长2.6%。互联网宽带网用户29.2万户，增长2.5%。

【旅　游】 旅游产业快速发展。2014年，全市接待游客2 030.4万人次，增长15.6%；旅游总收入108.6亿元，增长26.9%。年底，全市拥有星级饭店36家；国际国内旅行社27家；国家级A级以上景区19个；全国工业旅游示范点1个；云南省级特色旅游小镇3个。

【金融和保险业】 2014年，金融业实现增加值48.3亿元，增长9.4%。年末，金融机构人民币各项存款余额1 195.6亿元，比上年增加66.4亿元，增长5.9%，其中城乡居民储蓄存款余额619.0亿元，增加43.2亿元，增长7.5%。全市金融机构人民币各项贷款余额777.2亿元，增加68.8亿元，增长9.7%。存贷比65.0%，比上年上升2.3个百分点。

2014年，玉溪市共有产险公司14家，寿险公司11家，代理公司2家。全市实现保费收入25.2亿元，增长10.2%，其中：财产险原保险保费收入12.1亿元，增长10.1%；人寿险原保险保费收入13.1亿元，增长10.3%。全市赔款支出8.2亿元，赔付（给付）率为32.5%，其中：财产险业务支付赔款6.1亿元，赔付率50.6%；人寿险业务给付赔款2.1亿元，给付率15.8%。

【教　育】 2014年，全市有大专院校2所，招生4 300人，比上年增长6.2%；在校学生14 585人，增长3.5%；毕业生3 700人，增长9.6%。普通中专学校3所，招生2 903人，增长9.9%；在校学生7 573人，下降1.6%；毕业生2 710人，增长2.4%。职业高中9所，招生6 044人，下降1.2%；在校学生15 645人，增长3.2%；毕业生4 590人，下降5.5%。普通高中21所，招生13 028人，比上年下降5.0%；在校学生38 954人，增长1.2%；毕业生11 615人，增长4.0%。初中90所，招生30 491人，下降6.0%；在校生91 102人，下降3.0%；毕业生30 028人，下降4.1%。普通小学537所，招生24 303人，下降3.7%；在校生162 104人，下降5.9%；毕业生31 244人，下降5.8%。幼儿园在园幼儿6.1万人。学龄儿童入学率达99.9%。

2014年，全市共投入“三免一补”资金28 980万元，全市义务教育阶段学生共10.6万人享受生活补助，小学生补助标准1 000元/生·年，初中生补助标准1 250元/生·年。职校与普通高中招生比例达0.83：1。

【科学技术】 科技发展取得新成果。2014年，华东理工大学田禾院士和云南林缘香料有限公司共建的田禾院士工作站、长沙矿冶研究院余永富院士与大红山矿业有限公司共建的余永富院士工作站相继通过省批准，在实现零突破的同时，玉溪已建成院士工作站3家。申报国家及省级科技计划项目147项，已立项131个，占89.72%，争取国家和省科技计划项目资金共计4 998万元。市财政安排科技项目资金980万元，组织实施市级科技计划项目91项。获省奖励的科技成果12项，获市奖励的科技成果50项，其中一等奖6项、二等奖11项、三等奖33项。争取各项科技经费共计4 998万元。市级科技项目投入980万元。推荐13户企业申报高新技术企业认定，12户企业已通过省科技厅公示，已上报到科技部。申报省科技小巨人企业1家、云南省科技型中小企业18家。完成了5个云南省重点新产品、4家云南省创新型企业、5家云南省创新型试点企业的申报认定任务。

【文　化】 2014年年末，全市共有文化馆10个，公共图书馆10个，乡（镇）综合文化站75个；国家级文物保护单位6项，省级23项，市级53项，县级180项；被列入国家级“非遗”名录项目6个，省级25个，市级165个，县级324个。全市有文化经营单位1 816家，其中娱乐场所501家，网吧213家，出版物经营单位557家，印刷企业135家，打印复印影印企业410家，基本形成发展速度快、场所分布广、门类品种全，集欣赏娱乐、健身休闲为一体的文化娱乐产业。

【卫　生】 卫生事业实现新突破。全市共有各级各类卫生机构1 424个，其中，医院69个；卫生机构拥有床位数11 922张；卫生技术人员12 473人，其中医生5 075人。疾病预防控制机构10个，卫生技术人员412人。妇幼保健院（所、站）10个，卫生技术人员430人。2014年，全市无甲类传染病发生，共报告乙类传染病3 896例，发病率为179.1/10万，发病比上年同期上升13.4%。全年艾滋病感染者随访管理率达97.6%，比上年提高0.1个百分点。

医保改革稳步推进。2014年，稳步提高城镇职工医疗保障水平，建立了20种重大疾病保障机制，参保职工最高支付限额达到25万元。城镇居民人均筹资水平达到412元，其中：各级政府补助342元，个人缴费70元。城镇医疗保险参保人数达到48.84万人，待遇享受519万人次。认真落实卫生惠民工程。2014年，新农合人均筹资水平达435元，其中：各级政府补助375元，农民个人自筹 60元。新农合参合人数达162.6万人，参合率为98.4%，比2013年提高0.83%。2014年，全年共496.4万人次享受新农合减免补偿，减免补偿金75 956.9万元。切实解决了农民群众小病拖、大病扛、慢性病基本管不了的重大民生问题。

【体　育】 体育事业全面发展，竞技体育成绩喜人。玉溪市运动队参加了省第十四届运动会19个项目的比赛，获得团体总分2 359分，名列团体总分第二名，共获得金牌112.5枚，银牌75枚，铜牌82枚，名列金牌总数第三名；同时获得体育道德风尚奖。

【城市建设和生态环境】 2014年，城镇建设取得新进展。完成平战结合人防工程、高仓立交改扩建工程、中心城区排水管网改扩建工程一期等3个重点项目，市人民医院改扩建工程、武警玉溪市支队迁建工程、玉山城片区土地一级开发整理项目正逐步推进。进一步依法实施拆临拆违，全市共拆除临违建筑39万平方米，累计对拆除后地块实施绿化43.8万平方米、建设市政配套设施7.9万平方米、开展项目规划47万平方米、完善农村建设52.2万平方米。

2014年，中心城区城市建成区面积29.4平方千米，建成区绿化覆盖面积1 195.2公顷，建成区绿化覆盖率40.7%。各类绿地面积1 055.3公顷，其中：公园绿地面积307.8公顷。人均公园绿地面积12.0平方米。城市生活垃圾无害化处理率达95.2%。

2014年，玉溪市规模以上工业能源消费量为778.0万吨标准煤（等价热值），同比下降6.2%。在规模以上工业主要能源消费量中，原煤消费量265.1万吨，比上年下降5.5%；洗精煤消费量5.0万吨，下降21.8%；焦炭消费量338.3万吨，下降17.7%，天然气消费量0.1亿立方米，增长33.3%，电力消费量92.4亿千瓦时，增长0.4%。规模以上单位工业增加值能耗比上年下降13.2%。

【劳动就业、社会保障和安全生产】 2014年，全市城镇新增就业人员2.27万人，帮助4 889名就业困难人员实现就业，城镇下岗失业人员再就业6 694人，开发公益性岗位4 508个，全市城镇登记失业率为3.29%。

2014年，参加城镇职工养老保险人数29.3万人。其中，参加机关事业养老保险在职职工6.3万人，收缴机关事业养老保险费10.8亿元；企业养老保险参保人员16.6万人，收缴企业养老保险费12.6亿元。参加城乡居民基本养老保险人数120.2万人。参加城镇职工基本医疗保险单位6 271户，参保职工25.4万人，收缴基本医疗保险基金10.3亿元。参加城镇职工失业保险人数14.4万人，征缴失业保险费1.8亿元，共为5 589名失业人员按时足额发放失业保险待遇2 092.0万元，确保了失业人员的基本生活。

安全生产目标任务得到有效控制。2014年，全市共发生各类伤亡事故59起，死亡63人，其中生产经营性道路交通事故死亡49人，工矿商贸事故死亡14人。发生一次死亡3至9人（含3人）较大事故11 起（均为较大道路交通事故），死亡37人，其中：生产经营性较大事故2起，死亡7人；非生产经营性较大事故9起，死亡30人。已连续12年杜绝一次死亡10人以上的重特大事故。

【人民生活】 城乡居民收入增加，生活质量提高。2014年，全市在岗职工平均工资达到47 823元，比上年增加3 949元，增长9.0%；全市城镇居民人均可支配收入27 223元，比上年增长10.1%；城市居民（红塔区）人均可支配收入28 109元，比上年增长10.2%。全市城镇居民家庭每百户拥有汽车58辆，其中：城市居民家庭每百户拥有汽车79辆。全市农村居民人均可支配收入9 969元，比上年增长13.2%。全市农村居民家庭每百户拥有彩色电视机111台，家用电脑20台，生活用汽车25辆。

（玉溪市统计局）

领导名录

【玉溪市市直单位正副职名录】

中共玉溪市委

书　　记　张祖林（2014.08离任）
　　　　　罗应光（2014.08任）
副 书 记　饶南湖
　　　　　夏立洪
常　　委　张祖林（2014.08离任）
　　　　　罗应光（2014.08任）
　　　　　饶南湖
　　　　　夏立洪
　　　　　李洪云
　　　　　李文斌（2014.07离任）
　　　　　董文献
　　　　　邓绍林（2014.02离任）
　　　　　刘宁堃（2014.05离任）
　　　　　陈　勇
　　　　　吕昌会
　　　　　方志鸣
　　　　　杨兴荣
　　　　　姜　山
　　　　　鹿辉阳（2014.09离任）
　　　　　金志达（2014.02任）
　　　　　王学勤（挂职）
秘 书 长　李洪云
副秘书长　马亚东
　　　　　赵永云
　　　　　沐洪胜
　　　　　张亚辉（2014.11任）
　　　　　师　文（兼，2014.11任）
　　　　　吕　伟

中共玉溪市纪律检查委员会

书　　记　李文斌（2014.07离任）
副 书 记　李长虹
　　　　　普光照
　　　　　蒋光厚（2014.09任）
干部室
　主　　任　黄晓春
办公室
　主　　任　解永辉
案件检查室
　主　　任　马　浩
宣教室
　主　　任　杨　红
案审室
　主　　任　李文学
信访室
　主　　任　朱建全
纠风室
　主　　任　陈向春
监察综合室
　主　　任　王　杰
案件监督管理室
　主　　任　秦俊杰
法纪监察室
　主　　任　王进方
巡视工作联络领导小组办公室
　副 主 任　叶永发
问责办公室
　主　任　矣向林

玉溪市监察局

局　　长　李长虹
副 局 长　杨丽坤
　　　　　陈世雄（2014.10任）
市纪委派出第一纪工委
　书　　记　杨江明
　副 书 记　李绍平
　　　　　　梁黎坤
市纪委派出第二纪工委
　书　　记　吴天明
　副 书 记　王娅波（2014.07离任）
市纪委派出第三纪工委
　书　　记　袁永祥
　副 书 记　岳崇华
市纪委派出第四纪工委
　书　　记　邵昌荣
　副 书 记　普光祥（2014.05离任）
　　　　　　李　立
市纪委派出第五纪工委
　书　　记　李　黎
　副 书 记　李亚林
市纪委派出第六纪工委
　书　　记　曲春祥
市监察局派出第一监察分局
　局　　长　李绍平
市监察局派出第二监察分局
　局　　长　王娅波（2014.07离任）
市监察局派出第三监察分局
　局　　长
市监察局派出第四监察分局
　局　　长　普光祥（2014.05离任）

市监察局派出第六监察分局
局　　长　金家辉（2014.01离任）

玉溪市人大常委会
主　　任　谢兴荣
副 主 任　李有明
　　　　　郭开堂
　　　　　吴建森
　　　　　雷庆丽
　　　　　周继武
　　　　　叶本功
秘 书 长　海之鹤
副秘书长　李　伟（2014.06任）
　　　　　肖剑林
　　　　　陈国清
　　　　　邓　兵
　　　　　许忠云（2014.06任）
办公室
主　　任　李　伟（2014.06任）
副 主 任　孙学著
　　　　　施导伟
财政经济委员会
主任委员　刘振荣
副主任委员　王志坚
　　　　　戴红高
　　　　　马亮伟
　　　　　夏伟十
法制工作委员会
主　　任　徐映东
副 主 任　孟跃云
　　　　　杨正昌
教科文卫工作委员会
主　　任　周　葵
副 主 任　李贵华
　　　　　杨　云
选举联络工作委员会
主　　任　吕元平
副 主 任　蒋兴龙
民族外事华侨工作委员会
主　　任　吴　芸
副 主 任　卢八林
城建环保资源工作委员会
主　　任　夏伟十
副 主 任　李成平
农业工作委员会
主　　任　杨理崇
副 主 任　王　祥
研究室
主　　任　肖剑林
副 主 任　王革平（2014.02任）
机关党委
书　　记　海之鹤（兼）
专职副书记　李万标

玉溪市人民政府
市　　长　饶南湖
副 市 长　陈　勇
　　　　　李　平
　　　　　明正彬
　　　　　杨　洋
　　　　　解仕清
　　　　　左　广
　　　　　孙云鹏
　　　　　鹿辉阳（2014.09离任）
　　　　　王学勤（挂职）
　　　　　张　皎（挂职，2014.12任）
秘 书 长　李毅昆（2014.07离任）
副秘书长　李庆华
　　　　　张少云
　　　　　孙金会
　　　　　姜兴林
　　　　　戴兴德
　　　　　许忠云（2014.06离任）
　　　　　王　军

玉溪市政协
主　　席　黄宪庭
副 主 席　汪燕平
　　　　　陈志芬
　　　　　马良昌
　　　　　郭亚钢
　　　　　贺光明
　　　　　李少华
秘 书 长　张　卫
副秘书长　刘兴荣
　　　　　马文荣
　　　　　周艳芬
　　　　　汪子新
　　　　　毕永富
办公室
主　　任　刘兴荣
副 主 任
研究室
主　　任　马文荣
副 主 任　白洪峰
机关党委
书　　记　张　卫（兼）
专职副书记　马孔忠
提案委员会
主　　任　杨惠存
副 主 任　吴志珍
　　　　　谭　佳（兼）
经济委员会
主　　任　杨建敏
副 主 任　李近伟
　　　　　王丽文（兼）
科教文卫体委员会
主　　任　何　勇
副 主 任　刘德安
　　　　　沐德能
　　　　　何有昌（兼）
民族宗教法制委员会
主　　任　王云平
副 主 任　易长生
　　　　　俞自力（兼）
　　　　　施忠平（兼）
人口资源环境委员会
主　　任　普永发
副 主 任　高家永
　　　　　王美华（兼）
文史委员会
主　　任　何雪峰（2014.08离任）
　　　　　房红彬（2014.08任）
副 主 任　华　旭（兼）
联络委员会
主　　任　任连荣
副 主 任　朱　莉
　　　　　何国光（兼）
　　　　　周　勇（兼）

抚仙湖—星云湖生态建设与旅游改革发展综合试验区产业督导协调组
组　　长　王　跃
副 组 长　范志华
　　　　　何　坤（2014.05离任）
　　　　　孙会强（2014.05离任）
督导室
主　　任　鲁志明

玉溪市中级人民法院
院　　长　吕　召
副 院 长　俞自力
　　　　　李翌铭
　　　　　李志明
　　　　　业宁州
纪检组长　严　翔
政治部
主　　任　旃红彬
副 主 任　田永德
执行局
局　　长　李智斌
副 局 长　尚云海
审判委员会
专职委员　李泳材
行政审判庭
庭　　长　孙忠宁
环境资源保护审判庭
庭　　长　潘万江
审判管理办公室
主　　任　李仕嵘
监察室
主　　任　苏建友
审判监督庭
庭　　长　杨　勇
司法行政管理处
处　　长　刘宝金
新闻信息宣传中心

主　　任　武国中
机关党委
专职副书记　张兴明
立案庭
庭　　长　马　云
司法技术处
处　　长　钱丽芳
刑事审判一庭
庭　　长　柴继红
研究室
主　　任　张红胜
办公室
主　　任　许传鸿

玉溪市人民检察院

检 察 长　张德勋
副检察长　肖志勇
童学义
方家明
杜红英
政治部
主　　任　王永兴
副 主 任　张玉江
赵　旭
反贪局
局　　长　矣长城
副 局 长　李晓荣
黄希志
高　勇
纪检组
组　　长　尹贞宁
反渎职侵权局
局　　长　龚德武
副 局 长　李江林
检察委员会
专职委员　柏利民
杨燕晨
机关党委
副 书 记　曹立松
检察委员会
委　　员　李有富
办公室
主　　任　张开平
案件管理中心
主　　任　杨云川
公诉处
处　　长　何　斌
控告申诉处
处　　长　陶　彦
检察技术处
处　　长　段　兵
法律政策研究室
主　　任　唐江平（2014.12离任）
王政云（2014.12任）
侦查监督处
处　　长　杨　旭
监察处
处　　长　龙　斌
民事行政检察处
处　　长　陈永俊
人民监督员办公室
主　　任　秦绍有
法警处
处　　长　王　超
环境资源保护检察处
处　　长　严　康

市委部门负责人

市委办公室
主　　任　马亚东
副 主 任　张丽琳
李　德
王志华（2014.05离任）
党委书记　李洪云
副书记、纪委书记　曹绍平（2014.05任）
市委常委办公室
主　　任　邓　皓
信息综合室
主　　任　何光涛
市委督查室
主　　任　吕　伟
副 主 任　溥　玲（2014.05离任）
市委副县级督查专员
曹绍平（2014.05离任）
王　力
罗云寿
机要局
局　　长　王从明
副 局 长　杨　勇
档案局（馆）（副县级）
局　　长　马增福
副 局 长　杨长利
陈全胜
组织部
部　　长　姜　山
副 部 长　袁　平
陈开翔
周　俊
陈川铭
王增琪
部务委员　王福其
马春明
王建宏
党的基层组织建设办公室
主　　任　陈川铭
宣传部
部　　长　杨兴荣
常务副部长　孔施祥
副 部 长　龚紫山
精神文明建设指导委员会办公室（正县级）
主　　任　孔施祥
副 主 任　王　科（2014.07离任）
讲师团（副县级）
团　　长　乐兴建
对外宣传办公室、市政府新闻办公室（副县级）
主　　任　张正友
文化体制改革与文化产业发展领导小组办公室
主　　任　龚紫山
统战部
部　　长　吕昌会
副 部 长　龙　兰
沐爱斌
普建蓉
市政府台湾事务办公室
主　　任　张庆春（2014.07任）
政法委员会
书　　记　刘宁笙（2014.09离任）
副 书 记　杨国聪
张汗青
李矿生
张云超
政治处主任　杜　杰（正县级）
研究室主任　游顺云（副县级）
维稳办主任　张云超（副县级）
执法监督室主任　马映涛（副县级）
社会治安管理综合治理委员会办公室
主　　任　李矿生
市委防范和处理邪教问题领导小组办公室
主　　任　杨建萍
副 主 任　林甲乙（2014.05任）
政策研究室
主　　任　赵永云
副 主 任　陈克华（2014.12离任）
王　东
机构编制办公室
常务副主任　刘永新
市直机关工作委员会
书　　记　李洪云
常务副书记　张　明
副 书 记　李增荣
党史研究室
主　　任　石振武（2014.03离任）
陈兴隆（2014.03任）
副 主 任　段利星
市委党校
校　　长
常务副校长　姚学松
副 校 长　宋红瑛
行政学校
校　　长　杨　洋
副 校 长　姚学松
宋红瑛
党校、行政学校党委
书　　记　姚学松

副 书 记 刘 诚
纪委书记 万舰航

社会主义学院
院 长
副 院 长 姚学松
宋红瑛

保密局
局 长 许中华
副 局 长 和 平

老干部局
局 长 周 俊
副 局 长 冯 平（2014.05任）
何永贤

干休所（副县级）
所 长 杜继玲

老年大学（副县级）
校 长 冯任生

玉溪日报社
社 长 张存良
副 社 长 李卫东
杨 光
李向文（2014.07任）
总 编 师跃雄
副 总 编 杨 光
矣顺文

关工委
专职副主任
秘 书 长 施宏芳

人民团体

玉溪市总工会
主 席 范志华（兼）
党组书记 范志华
常务副主席
副 主 席 柏劲松
张艳华

共青团玉溪市委
书 记 罗盛勇
副 书 记 王 刚
赵 波
青联主席 罗盛勇
专职副主席 甘莉娅

妇女联合会
主 席 杨丽萍
党组书记 马琼仙
副 主 席 郑丽英
高柳莎

科学技术协会
主 席 罗世明
党组书记 施 超
副 主 席 陈晓静（2014.09任）
王保才（兼，2014.12任）
雷华忠（兼，2014.05离任）
高宏伟（兼，2014.12离任）
施 平（兼）
王 科（兼，2014.12任）
吴光连（兼，2014.12任）
金宏森（兼，2014.12任）

社会科学界联合会
主 席 赵莉苹（2014.12离任）
陈克华（2014.12任）
专职副主席 范全凯（2014.12离任）
钟长生（2014.12任）
副 主 席 孔施祥（兼，2014.12任）
苏 涛（兼）
宋红瑛（兼，2014.12任）

归国华侨联合会
主 席 何国光
党组书记 龙 兰
专职副主席 许真生（2014.07任）
副 主 席 周海明（兼）
吴维忠（兼）

文学艺术界联合会
主 席 普 辉
专职副主席 王尚宁
副 主 席 孔施祥（兼，2014.12离任）
龚紫山（2014.12任）
贾来发（2014.12任）

残疾人联合会
理 事 长 黄 河
副理事长 张跃华
周利祥

红十字会
常务副会长 王 红
副 会 长 卢春剑（兼，2014.12任）
陈 挺（兼，2014.12任）
曲校德（兼，2014.12任）

民主党派和工商联

民建玉溪市委
主 委 郭开堂
副 主 委 王丽文
陈开燕（兼）
高巨华（兼）

民革玉溪市委
主 委 李少华
副 主 委 施忠平
冯咏梅（兼）

民盟玉溪市委
主 委
副 主 委 何有昌
蔡家俊（兼）
蒋建明（兼）

九三学社玉溪市委
主 委 郭亚纲
副 主 委 王美华
杨硕媛（兼）
王树坤（兼）

民进玉溪市委
主 委 张 炜
副 主 委 谭 佳
何雪峰（兼）
马玉辉（兼，2014.12离任）

农工党玉溪市委
主 委 曾立岩
副 主 委 华 旭
张铁群（兼）
周爱华（兼）

致公党玉溪市委
主 委
副 主 委 周 勇
任云珏（兼）
李晓松（兼）

工商业联合会
会 长 郭开堂
党组书记 普建蓉（兼）
副 会 长 普建蓉
任 敏
谢 江
李静华

市政府部门负责人

办公室
主 任 李庆华
副 主 任 毕孝宁
罗绍国
付少剑
党委书记 李毅昆（2014.07离任）
副 书 记 李庆华
刘建荣
纪委书记 刘建荣

法制办公室
主 任 李尊平
副 主 任 张 敏

接待办
主 任 鲁春红（2014.12离任）
副 主 任 郑玉玲

机关事务管理局
局 长 豆 卿
副 局 长

督查室（副县级）
主 任 李 斌

应急管理办公室
主 任 郭永生
副 主 任 雷 鸣

发展和改革委员会（能源局）
主 任 普昌文
副 主 任 夏从实
付春飞
吴渔琛
重点项目特派员 李瑜琼
苏 搏（2014.07任）
铁路建设领导小组办公室主任

师执良（2014.01任）

工业和信息化委员会

主　　任　李长金（2014.03离任）

谢光平（2014.06任）

副 主 任　高宏伟

尹　鹏（2014.05离任）

张贵祥（2014.05离任）

姚　涛（2014.12离任）

金宏森

宋明清（2014.07任）

王　亮（2014.07任）

党委书记　谢光平（2014.05离任）

张贵祥（2014.05任）

副 书 记　李长金（2014.03离任）

谢光平（2014.05任）

副书记、纪委书记

袁昆宁（2014.05离任）

张　华（2014.07任）

中小企业管理局

局　　长　李长金（2014.03离任）

谢光平（2014.06任）

副 局 长　尹　鹏（2014.05离任）

高宏伟

宋明清（2014.07任）

王　亮（2014.07任）

教育局

局　　长　罗江云

副 局 长　陈　挺

颜永宏

吴光连（2014.03任）

党委书记　曾　敏

副书记、纪委书记　田　国

招生考试委员会办公室

主　　任　方丽华

科学技术局

局　　长　李世华

党组书记　马金鸿

副 局 长　雷华忠（2014.05离任）

柏文忠

王　科（2014.07任）

赵　静（2014.07任）

民族宗教事务局

局　　长　沐爱斌

党组书记　唐建民

副 局 长　董存志

官建团

公安局

局　　长　明正彬

副 局 长　李云峰（2014.12离任）

舒　勇

杨江云

杨柱本

刘绍华

党委书记　明正彬

副 书 记　张家明

纪委书记　汤文龙

公安局警令部（正县级）

主　　任　娄勇强

政　　委　毕金剑

公安局政治部

主　　任　苏少明

副 主 任　王贵元（副县级）

黄伟华（副县级，2014.01任）

公安局纪委

书　　记　汤文龙

副 书 记　于荣芳（副县级）

公安局信访处（控告申诉办公室）（副县级）

处长（主任）　饶　静

公安局法制支队（副县级）

支 队 长　刘玉龙

公安局出入境管理支队（副县级）

支 队 长　飞　霞

公安局警务督察支队（副县级）

支 队 长　汪兴介

监所管理支队（副县级）

支 队 长　普光伟

政　　委　李先祥

看守所

所　　长　陆凤鸣（副县级）

公安局反恐怖支队（副县级）

支 队 长　李绍洪

政　　委　范志伟

公安局科技信息化支队（正县级）

支 队 长　周　宏

政　　委　夏贵山

公安局网络安全保卫支队（正县级）

支 队 长　业光权

政　　委　李红星

公安局技术侦查支队（正县级）

支 队 长　於泽波

政　　委　余　辉

公安局国内安全保卫支队（正县级）

支 队 长　杜云昌

政　　委　张再洪（2014.05任）

公安局经侦支队（正县级）

支 队 长　严家顺

政　　委　业增华

公安局治安支队（正县级）

支 队 长　彭　涛

政　　委　陈　彪（2014.05任）

公安局刑侦支队（正县级）

支 队 长　谢俊东

政　　委　阮兆成

公安局禁毒支队（正县级）

支 队 长　曹文刚

政　　委　李荣坤（2014.05任）

公安局特警支队（正县级）

支 队 长　李世强

政　　委　李卫东（2014.05任）

公安局警卫支队（副县级）

支 队 长

政　　委　刘光倧（副县级）

公安局交警支队（正县级）

支 队 长　王景明

政　　委　陈　彪（2014.05离任）

副支队长　聂　波

何文奎

普立群（2014.05离任）

公安局环境保护分局（副县级）

局　　长　尹保成

政　　委　李　迪

民政局

局　　长　方建华

副 局 长　杨思荣

卢春剑

施义东

社区建设领导小组办公室

副 主 任　肖　伟（2014.07任）

社会福利服务中心

主　　任　赵　燕

司法局

局　　长　李卫华

副 局 长　普建萍（2014.01离任）

刀剑岗

张文信

夏黎明（2014.01任）

党委书记　李卫华

副书记、纪委书记　周葆华

政治部主任　黄志慧

财政局

局　　长　莽成柱

党组书记　许志云

副 局 长　黎　坚

禹联信（2014.07任）

聊　洪（2014.05离任）

会计管理局（副县级）

局　　长　张　麟

非税收入管理局（副县级）

局　　长　史金华

国有资产管理委员会

主　　任　莽成柱

常务副主任　聊　洪（2014.05离任）

副 主 任　康旭辉（兼）

党委书记　莽成柱

常务副书记　陈云鹤

专职副书记　康旭辉

人力资源和社会保障局

局　　长　袁　平

党组书记　张玉江

副 局 长　何树桐

张玉江

杨玉光

张　秦

张　名

公务员局

局　　长　代春强

社会保险局（副县级）
局　　长　张志萍
劳动就业局
局　　长　杨丽萍
医保中心
主　　任　杨益昌
事业单位登记管理局
局　　长
副 局 长　刘永新
外国专家局
局　　长　何树桐（兼）
人才服务中心（副县级）
主　　任　权永红
国土资源管理局
局　　长　梅荣生（2014.08离任）
方正春（2014.10任）
副 局 长　海秀兰
杨长飞
胡庆华
杨　胜（2014.08离任）
土地储备中心（副县级）
主　　任　姜兴林（兼）
副 主 任　业权华（2014.07任）
环境保护局
局　　长　张金翔
副 局 长　王宏义
黄朝荣
矣家宁
李　伟（2014.06离任）
环境监察支队
支 队 长　李春文
规划局
局　　长
党组书记　王　宁
副 局 长　王　宁
董金柱（主持工作）
陆建明
董晓娟
住房和城乡建设局
局　　长　陆绍明
党组书记　田江龙
副 局 长　王柄璋
廖志伟
房地产管理局（副县级）
局　　长　尹振伟（2014.01任）
住房公积金管理中心（副县级）
主　　任　杨嘉林
交通运输局
局　　长　何　俊
党组书记　杨忠武
副 局 长　师执良（2014.01离任）
李金荣
张赶良
廖江华
运政管理处
处　　长　杨云波

农业局
局　　长　杨正祥
党组书记　张春玉
副 局 长　房红彬（2014.08离任）
王琼丽
保艳敏（2014.01任）
王保才（2014.07任）
畜牧局（副县级）
局　　长　王保才（兼，2014.07任）
农科院（副县级）
院　　长　张　钟
农业产业化经营与农产品加工领导小组办公室（市政府发展生物产业办公室）
主　　任　保艳敏（2014.01离任）
乡镇企业局
局　　长　杨正祥（兼）
副 局 长　尹　鹏（2014.05离任）
林业局
局　　长　资　武
副 局 长　张智勇（2014.05离任）
吴洪明（2014.05任）
李志勇
张跃伟
护林防火指挥部
专职副指挥长　张智勇
森林公安局
政　　委　资　武
党组书记、局长　胡健伟
副 局 长　柴力明
余朝俊
政治部主任　董海霞
水利局
局　　长　乔正喜
党组书记　杨　明
副 局 长　杨　明
杨云华
李霁涛
中心城区水资源调度管理局
局　　长　李吉友
防汛抗旱指挥部
专职副指挥长　罗金寿
商务局
局　　长　段家祥
副 局 长　石成忠
李云峰
王　衍
赵永平
文化局
局　　长　周延平
党组书记　方　洪（2014.12离任）
副 局 长　冯咏梅
贾来发
钱彦富（2014.05任）
新闻出版局
局　　长　岳　川

博物馆（副县级）
馆　　长　陈泰敏
卫生局
局　　长　马跃武
党组书记
副 局 长　施　平
曲校德
史　勇
卫生监督局（副县级）
局　　长　尉迟培俊（2014.05任）
疾病控制中心（副县级）
主　　任　张洪军
人口和计划生育委员会
主　　任　赵　琼
副 主 任　李建明
施玉兰
计生协会
专职副会长　张红辉
审计局
局　　长　陈元剑
党组书记　申列京（2014.05离任）
副 局 长　禹联信（2014.07离任）
杨　海
黄太武
李国录
外事侨务办公室
主　　任　姚晓岩
副 主 任　李　莉
安监局
局　　长　方玉明
党组书记　师尚佳
副 局 长　李之泽
金发辉
申从德
广播电视局
局　　长　曹仕祥（2014.06离任）
周延海（2014.06任）
党组书记　何永平
副 局 长　周延海（2014.06离任）
施有恒
李飞跃（2014.05任）
玉溪市电视台
台　　长　朱星宇
体育局
局　　长　雷　毅
副 局 长　黄绍林
朱建华
统计局
局　　长　朱映辉（2014.11离任）
副 局 长　王起云
张　娟
旅游局（机构改革）
局　　长　曾建志（2014.05离任）
党组书记　曾建志（2014.05离任）
副 局 长　杨英泽（2014.05离任）
邓志刚（2014.05离任）

陈川明（2014.05离任）

旅游发展委员会

主　　任　何雪峰（2014.08任）

党组书记　曾建志（2014.05任）

副 主 任　杨英泽（2014.05任）

邓志刚（2014.05任）

陈川明（2014.05任）

粮食局

局　　长　王毓华

副 局 长　钱兴平

扶贫开发办公室

主　　任　方正春（2014.10离任）

党组书记　刘应华

副 主 任　普绍福

工商行政管理局（由省直管划归地方管理）

局　　长　丁　伟（2014.12任）

副 局 长　李宝生（2014.12任）

董从寿（2014.12任）

纪检组长　坝汝明（2014.12任）

质量技术监督局（由省直管划归地方管理）

局　　长　罗江鹏（2014.12任）

副 局 长　陆永喜（2014.12任）

王　林（2014.12任）

廖　平（2014.12任）

纪检组长　郑　江（2014.12任）

食品药品监督管理局

局　　长　业应楷（2014.03离任）

党组书记　申列京（2014.05任）

副 局 长　普文生

尹义宪

李志红

王琼珍

信访局（市委群众工作局）

局　　长　师　文

副 局 长　袁自福

马孔军

甘向阳

张永慧

副县级督察专员　王若文

潘美华

市政府研究室（发展研究中心）

主　　任　孙金会

副 主 任　王伟生

杨　增（2014.01任）

抚仙湖管理局

局　　长　武继昌

党组书记　王宏义（兼，2014.05任）

副 局 长　李家富

陈黎彬

杨丽红（2014.01任）

移民开发局

局　　长　周映海

副 局 长　宁　杰

王传宝

刀红雁

防震减灾局

局　　长　金志林

党组书记　李　泓（2014.05任）

副 局 长　黄家富

供销合作社联合社

主　　任　廖　伟

副 主 任　瓦永云

董国伟

党委书记　廖　伟

副书记、纪委书记　陈　勤

政务服务管理局（政务服务中心）

局长（主任）　吕宗文

副　主　任　郭艾华

夏德喜（2014.05任）

公共资源交易中心

主　　任　张洪坤

烟草产业办公室

专职副主任　夏伯林

贸促会

会　　长　莫晓顺

招商合作局

局　　长　李明荣

副 局 长　钟光汉

冯以春

胡宝玉

人民防空办公室

主　　任　乐士发

副 主 任　向贵福（2014.10任）

玉溪高新技术产业开发区管委会

主　　任　李长金（2014.03任，2014.05离任）

吴伯平（副厅级，2014.05任）

副 主 任　李长金（2014.05任）

李　泓（2014.05离任）

合丽娟

傅宏辉（2014.05任）

党委书记　陈兴隆（2014.03离任）

党委副书记　李长金（2014.03任，2014.05离任）

副书记、纪委书记　李　宁（2014.05离任）

党委变更党工委，党工委书记

孙会强（副厅级，2014.05任）

党工委副书记　吴伯平（副厅级，2014.05任）

李长金（2014.05任）

市属学校、医院

玉溪工业财贸学校（玉溪技师学院）

校　　长　李华伦（副厅级，2014.05任）

副 校 长　柏家渭

刀玉萍

周爱华

党委书记　董从华（2014.05离任）

何　坤（副厅级，2014.05任）

副 书 记　李华伦

张延强

玉溪农业职业技术学院

院　　长　张正全（2014.07离任）

董从华（2014.07任）

副 院 长　陈家祥

李裕葵

党委书记　张兴斌

副 书 记　普发明

玉溪卫生学校

校　　长　陈　晋

副 校 长　郭庆平

善要仁

施茗祥

党委书记　黄发礼

副 书 记　陈　晋

郭庆平

沈晓云

纪委书记　沈晓云（兼）

玉溪体育运动学校

校　　长　杨　钜

副 校 长　徐正顺

张朝和

段兆艳

党委书记　张正全（2014.07任）

副 书 记　朱晓源

纪委书记　朱晓源（兼）

玉溪一中

校　　长　李立杰

副 校 长　邓智忠（2014.12离任）

周永林

党委书记　迟万昌

副 书 记　李立杰

杨长兴

纪委书记　杨长兴

玉溪师范学院附属中学

校　　长　李富春

副 校 长　任　森

李明辉

党委书记　吴希敏

副 书 记　李富春

王　利

纪委书记　王　利（兼）

玉溪市民族中学

校　　长　李永云

副 校 长　张学辉

矣向阳

何建国

党委书记　丁家平（2014.12离任）

副 书 记　李永云

玉溪市特殊教育学校（副县级）

校　　长　周绍义

玉溪市人民医院
院　　长　张　竣（副厅级）
副 院 长　米跃生
　　　　　李　礼
　　　　　蔡德芳
党委书记　解　宇（副厅级）
副 书 记　高丽清
纪委书记　王娅波（2014.07任）
总会计师　朱红媛
玉溪市中医院
院　　长　杨　玲
副 院 长　吴　勇
　　　　　秦雪屏（2014.11离任）
　　　　　景　明
党委书记　吕志平
副 书 记　杨　玲
纪委书记　李文平
玉溪市第二人民医院
院　　长　尹利德
副 院 长　马晓元
　　　　　杨顺英
党委书记　尹利德
副 书 记　陈存文
纪委书记　陈存文（兼，2014.07任）

市属企业

玉溪商业银行
董 事 长　旃绍平
副董事长　母其会
行　　长　张　继
副 行 长　杨　恒
　　　　　李玉红
　　　　　李俊文
监事会主席　郭立民
工会主席　童　伟
开发投资有限公司
董 事 长　胡　芸
总 经 理　师　冲
监事会主席　李林春
市高等级公路有限责任公司
董 事 长　柏继武
副总经理　谢建辉（2014.07离任）
　　　　　赵树文
监事会主席　李　旭
城市建设投资集团有限公司
董 事 长　谢洪文
总 经 理　李长伟
监事会主席　陈建勋
国有资产经营有限责任公司
董 事 长　李凤媛（2014.05离任）
　　　　　谭志平（2014.05任）
副董事长　李凤媛（2014.05任）
副总经理　李绍忠
　　　　　杨宝福（2014.01任）
监事会主席　张国庆
市融资担保有限责任公司
董 事 长　杨　徽
总 经 理　邱　海
监事会主席　王锦文
抚仙湖保护开发投资有限责任公司
董 事 长　陈云鹤
总 经 理　朱应生
副总经理　杨　阳
　　　　　彭福山
　　　　　万里鹏
监事会主席　王志刚
土地矿产开发投资经营有限公司
董 事 长　姜兴林（兼，2014.05离任）
　　　　　杨　胜（2014.05任）
监事会主席　李富芝
副总经理　孙　旭
　　　　　李云辉
财务总监　蔡振刚
玉溪交通运输集团公司
党委书记
副董事长　孔　伟
副书记纪委书记　杨文林
副总经理　拔绍雄
　　　　　雷世雄（2014.12离任）
　　　　　孔　伟
　　　　　李　睿
总工会主席　花苡萍

（陈雪峰）

中共玉溪市委员会

【重要通知、指示和决定】　2014年1月3日，市委、市政府作出《关于表彰创建国家高新区先进集体和先进个人的决定》。市委、市政府决定对市政府办公室等12个先进集体和赵永云等55名先进个人进行表彰奖励。23日，市委印发《中共玉溪市委四届四次全体（扩大）会议报告》。明确提出了2014年的目标任务，全面部署了2014年的工作，对于玉溪全力以赴破解改革发展中的难题，推动各项工作迈上新台阶，努力实现经济社会的新发展新跨越具有重要指导意义。各级各部门要认真组织传达学习，结合实际抓好贯彻落实。25日，市委、市政府下发《关于争当全省生态文明建设排头兵的实施意见》。加强生态文明建设，是化解资源环境约束、增强可持续发展能力的迫切需要，是实现科学发展、增进民生福祉的根本要求，是深入推进“生态立市”战略、全面建成小康社会的具体行动，是玉溪着眼长远、实现更高层次又好又快发展的必然选择，是全市人民建设美丽玉溪、提高幸福生活指数的共同愿望。以转变经济发展方式为核心，以环境治理和生态修复为重点，以全民共建共享为基础，以建设生态文明制度为保障，走绿色发展、循环发展、低碳发展之路，全力实施生态立市战略，全面开展六大行动、构建六大体系，提升生态文明建设水平，创建天蓝、地绿、水净的美好家园，全力争当全省生态文明建设排头兵。

2月8日，市委、市政府、玉溪军分区作出《关于命名表彰玉溪市第五届双拥模范城（县）、双拥模范单位和先进个人的决定》。市委、市政府、玉溪军分区决定授予红塔区玉溪市第五届“双拥模范城”荣誉称号；授予通海县等八个县“双拥模范县”荣誉称号；授予市委办等36个单位“爱国拥军模范单位”荣誉称号；授予玉溪军分区拥政爱民办公室等40个单位“拥政爱民模范单位”荣誉称号；授予张小良等20名“爱国拥军先进个人”荣誉称号；授予杨象钧等20名“拥政爱民先进个人”荣誉称号。9日，市委下发《市委关于开展党的群众路线教育实践活动的实施方案》。搞好全市党的群众路线教育实践活动，对于进一步解决全市党员干部特别是市、县区领导机关、领导班子和领导干部在形式主义、官僚主义、享乐主义、奢靡之风方面存在的突出问题，实现全面建成小康社会的奋斗目标，具有十分重要的意义。坚决反对形式主义、官僚主义、享乐主义和奢靡之风，着力解决人民群众反映强烈的突出问题，提高做好新形势下群众工作的能力，为玉溪市实施生态立市、农业稳市、工业强市、两烟富市、文化旅游兴市战略，实现跨越发展新突破，谱写“中国梦”玉溪篇章提供坚强保证。15日，市委下发《玉溪市市属企业领导人员管理规定（试行）》。为进一步理顺市属企业管理体制，加强市属企业领导班子建设，改进市属企业领导人员管理，培养造就高素质的企业领导人员队伍，实现国有资产保值增值，制定本管理规定。市属企业领导人员管理坚持党管干部原则，德才兼备、以德为先原则，民主、公开、竞争、择优原则，出资人认可、职工群众认可、市场认可原则，权利与责任义务统一、激励与监督约束并重原则，依法管理原则。

3月2日，市委下发《2013～2017年玉溪市干部教育培训规划》。紧紧围绕建设学习型、服务型、创新型马克思主义执政党的战略部署，以加强中国特色社会主义理论体系学习为首要任务，坚持服务大局、按需施教，分类分级、全员培训，联系实际、学以致用，质量第一、注重实效的原则，推动干部教育培训从以教材为中心向以问题导向为中心转变、以知识教育为重点向以党性教育和能力素质提升为重点转变、以课堂讲授为主向综合运用多种培训方式转变，以务实创新精神加强干部教育培训能力建设，形成更加开放、更具活力、更有实效的教育培训体系，不断提高干部教育培训科学化水平。10日，市委下发《关于进一步推进党风廉政建设工作的意见》。强化纪律作风建设，以猛药去疴、重典治乱的决心，以刮骨疗毒、壮士断腕的勇气，深入贯彻落实中央“八项规定”和省市实施办法，持之以恒纠正“四风”，加大执纪监督问责力度，坚决维护法规制度的严肃性，以铁的纪律确保干部清正、政府清廉、政治清明，为实现玉溪经济社会发展新跨越提供坚强保证。26日，市委、市政府下发《玉溪市大化产业园区组建实施方案》。产业园区建设是集聚生产力、增强吸引力、培养竞争力的有效手段，是加快产业发展的主要载体，以培育特色产业群为目标，坚持政府引导、实体经营、上下联动、开门办园，创新管理体制机制和开发模式，加强招商引资信息公开，增强招商引资透明度，形成功能定位明确、产业特色突出、品牌效应提升的园区发展体系，把玉溪大化产业园区打造成省级工业园区，成为玉溪市产业聚集度高、经济效益好、投资环境优、招商竞争力强的新增长极。同日，市委、市政府作出《关于表彰全市第七批新农村建设工作队优秀个人和先进派出单位的决定》。市委、市政府决定，对程睿涵等6名优秀总队长、郭玉等10名优秀队长、刘娇等50名优秀指导员、刘祥松等31名优秀常务书记、中共玉溪市委办公室等40个先进派出单位予以表彰。29日，市委、市政府下发《关于大力培育发展社会组织加快推进现代社会组织体制建设的实施意见》。坚持培育发展与管理监督并重的方针，健全组织，完善政策，分类指导，提升能力，着力推进体制机制创新，充分发挥社会组织在促进经济发展、构建和谐社会、建设美丽玉溪中的重要作用，为玉溪科学发展和谐发展跨越发展作出积极贡献。

4月12日，市委、市政府下发《关于加快陶瓷产业发展的指导意见》。充分发掘、利用玉溪陶瓷文化，振兴玉溪陶瓷业，有利于弘扬玉溪优秀传统文化，打造又一张玉溪文化名片；有利于优化玉溪产业结构，培育新的经济增长点；有利于发挥资源优势，做强做大特色县域经济。以玉溪窑青花瓷和华宁陶为整体核心文化标识，以艺术陶瓷、建筑陶瓷、卫浴陶瓷和功能陶瓷为产业发展方向。以艺术陶瓷重塑玉溪陶瓷形象、再造玉溪文化形象，打造玉溪又一张文化名片；以工业陶瓷增强产业实力，扩大玉溪陶瓷产业影响力。以人才、工艺、科技、品质、品位为控制点，实施四大战略：依靠产业集群实现跨越发展战略，依托龙头企业实现品牌发展战略，依托大项目实现融合发展战略，依托科技支撑实现绿色发展战略，促进工业陶瓷和艺术陶瓷、陶瓷产业和文化旅游产业共同发展、可持续发展。25日，市委、市政府下发《关于加快民营经济发展的实施意见》。要求进一步解放思想，改革创新，以增加经济总量、提高质量为目标，以高原特色农业、工业新兴产业和现代服务业为主要发展方向，坚持权利平等、机会平等、规则平等，坚决废除对民营经济各种形式的不合理规定，创造更加公平的市场环境、政策环境和社会环境，充分激发民营经济活力和创造力，不断开创民营经济发展新局面，为玉溪全面建成小康社会作出新的贡献。同日，市委、市政府作出《关于表彰玉溪市50户民营企业纳税大户、50户优强民营企业、50名优秀民营企业家、50户优秀成长型中小企业、20户民营企业公益之星、10个十佳民营经济服务机构的决定》。市委、市政府决定，授予云南达利食品有限公司等50户企业“民营企业纳税大户”称号、云南滇雪粮油有限公司等50户企业“优强民营企业”称号、蔡先平等50名企业家“优秀民营企业家”称号、云南恩典科技产业发展有限公司等50户企业“优秀成长型中小企业”称号、云南玉溪玉昆钢铁有限公司等20户企业“民营企业公益之星”称号、云南红塔农村合作银行等10个服务机构“十佳民营经济服务机构”称号，并给予表彰。

5月5日，市委、市政府作出《关于表彰2013年度全市社会管理综合治理先进县区和先进单位的决定》。市委、市政府决定，对2013年度全市社会管理综合治理先进县区和先进单位进行表彰。15日，市委下发《中共玉溪市委关于认真落实各级党委（党组）作为中央、省委重大决策部署贯彻主体的规定》。中央、省委作出的各项重大决策部署，各级党委（党组）作为贯彻主体，必须切实履行好贯彻落实这一重要责任，把贯彻落实中央、省委重大决策部署作为一项基本的政治任务，以抓铁有痕、踏石留印的劲头，锲而不舍、驰而不息的精神，增强政治意识、大局意识和责任意识，切实担负起这一重要责任，稳步推进各项决策部署的贯彻落实。同日，市委、市政府作出《关于实施文化旅游兴市战略加快旅游产业发展的决定》。指出，坚定不移地实施“生态立市、农业稳市、工业强市、两烟富市、文化旅游兴市”发展战略，抓牢“两强一堡”、昆玉红旅游带和全省十大历史文化旅游项目建设重大发展机遇，深化改革开放，以转方式、调结构为主线，以融合发展为手段，高起点谋划和建设一批现代生态休闲度假旅游产品、历史文化和民族文化旅游产品、特色乡村休闲体验旅游产品；建设、提升一批旅游功能服务基础设施，完善管理服务；强化现代信息技术等科技支撑，推动旅游业向现代服务业转变，构建综合实力和竞争力强，产业贡献力和支撑力强的现代旅游产业体系，把玉溪建设成为国内一流、国际知名的旅游目的地。20日，市委、市政府下发《关于对2013年度全市目标任务综合考评先进集体的表彰通报》。对全市综合考评县区前三名的华宁县、易门县、新平县和市直党群部门前八名、市政府部门前十名市委政法委、市政府办、市财政局等单位进行表彰通报。

6月13日，市委、市政府作出《关于表彰奖励第七届玉溪市优秀文学艺术奖获奖作品的决定》。市委、市政府决定对荣获第七届玉溪市优秀文学艺术奖的长篇纪实文学《朱德与云南》、大型滇剧《抚仙湖之恋》等42件文艺作品进行表彰奖励。24日，市委、市政府下发《关于创新体制机制加强人才工作的实施意见》。为落实国家、省委和市委中长期人才发展规划，大力推进实施人才强市战略，强化重点人才培养，配合实施“云岭学者”、“云岭产业技术领军人才”、“云岭首席技师”、“云岭教学名师”、“云岭名医”、“云岭文化名家”培养工程，为全面建成玉溪小康社会提供有力的人才保证和智力支持。

7月4日，市委、市政府下发《推进玉溪新型城镇化发展的实施意见》。紧紧围绕建成云南区域中心城市目标和“一核、双心、两轴、四城、多节点”的空间布局框架，以“大玉溪”的全新思路指导城市规划，科学安排山、水、田、路、产、城六大要素，以加快产业和人口集聚为重点，以提高城镇综合承载力、集聚力和辐射力为核心，以体制机制创新为动力，做大中心城区，做强县城，做特集镇，做美乡村，走以人为本、四化同步、科学布局、城乡一体、生态文明、文化传承的玉溪特色新型城镇化道路，实现山水融合、城乡融合、产城融合，打造山水田园城市，为全面建成小康社会，谱写“中国梦”玉溪篇章奠定坚实基础。

9月30日，市委下发《关于把学习贯彻习近平总书记系列重要讲话精神不断引向深入的通知》。要求全市各级党组织要从全党统一意志、统一行动的高度，从把握前进方向、开创事业发展新局面的高度，从提高党员干部素养、保持党的先进性纯洁性的高度，充分认识讲话精神的重大政治意义、理论意义、实践意义和方法论意义，充分认识深入学习贯彻讲话精神的极端重要性，把学习贯彻习近平总书记系列重要讲话精神作为长期性的政治任务，坚持经常学、反复学、持久学、深入学，进一步增强学习贯彻的自觉性和坚定性。

10月11日，市委、市政府下发《关于加强司法行政促进依法治市的实施意见》。要求以深化改革促进创新发展为统领，以依法治市为主线，以维护群众合法权益为出发点和落脚点，以增强司法行政服务人民群众、服务社会治理、服务司法活动能力为重点，弘扬社会主义法治精神，培育法治信仰，让充分相信法律、自觉运用法律成为广大人民群众的坚定信仰和行为规范，努力形成办事依法、遇事找法、解决问题用法、化解矛盾靠法的良好法治氛围，为建设美丽幸福新玉溪创造优质高效的服务环境、公平正义的法治环境、和谐稳定的社会环境。13日，市委下发《关于加强和改进新形势下文联和文艺工作的实施意见》。紧紧围绕省委建设民族文化强省的战略部署和市委文化旅游兴市的发展思路，以构建社会主义核心价值体系为根本，以打造聂耳文化品牌、加快先进文化建设、提升玉溪文化软实力为目标，以繁荣文艺事业、培养文艺人才、丰富群众文化生活为重点，团结和带领全市文艺家和广大文艺工作者，解放思想，开拓创新，发挥优势，突出特色，切实加强文艺创作，努力打造文艺精品，不断壮大文艺队伍，推动文联工作和文艺事业健康快速发展，为本市改革开放和现代化建设提供坚强的文化保障、智力支持和精神动力。

11月16日，市委下发《关于落实党风廉政建设党委主体责任、纪委监督责任的实施意见》。要求各级党委（党组）领导班子成员必须高度重视党风廉政建设和反腐败工作，牢固树立不抓党风廉政建设就是严重失职、抓不好党风廉政建设就是不称职的意识，敢于负责，勇于担当。党委（党组）主要负责人是党风廉政建设第一责任人，必须坚持党风廉政建设和反腐败重要工作亲自部署、重大问题亲自过问、重点环节亲自协调、重要案件亲自督办；班子其他成员对分管范围内的党风廉政建设负主要领导责任，根据工作分工认真履行“一岗双责”，定期研究、布置、检查和报告分管范围内的党风廉政建设工作情况，把党风廉政建设要求融入到分管业务工作中，完善制度规定，加强风险防控。20日，市委、市政府下发《关于对云南省第十四届运动会玉溪体育代表团进行表扬的通报》。在云南省第十四届运动会上玉溪代表团夺得了112.5枚金牌、77枚银牌、82枚铜牌，团体总分2 359分，金牌总数位居全省第三名、团体总分位居第二名，市委、市政府决定对玉溪体育代表团进行通报表扬。

12月3日，市委、市政府作出《关于加快实施创新驱动发展战略建设创新型玉溪的决定》。紧紧围绕“生态立市、农业稳市、工业强市、两烟富市、文化旅游兴市”战略，坚持“自主创新、重点跨越、支撑发展、引领未来”的指导方针，以支撑加快产业结构调整、经济方式转变为主线，以提高自主创新能力为核心，建立鼓励原始创新、集成创新、引进消化吸收再创新和协同创新的体制机制，培育全民创新意识、搭建协同创新平台、拓展开放创新空间，促进企业真正成为研究开发投入的主体、技术创新活动的主体和创新成果应用的主体，努力形成以自主技术、自主品牌为核心的自主创新局面，推进全市产业结构调整升级，使创新成果更多地惠及人民，不断推进玉溪跨越发展，为谱写“中国梦”云南篇章玉溪章节而努力奋斗。24日，市委、市政府下发《关于开展农村土地承包经营权确权登记颁证工作的实施意见》。保持现有农村土地承包关系稳定并长久不变，依法维护农民的土地承包经营权，推进土地承包经营权物权化、信息化管理，以第二次全国土地调查成果和全市农村集体土地所有权确权登记发证成果为依据，以实现承包面积、承包合同、登记簿、权属证书“四相符”和承包地块、面积、合同、权属证书“四到户”为主要目标，对全市耕地、园地等承包经营的农用地进行确权登记颁证，增强农业农村发展活力。同日，市委、市政府下发《玉溪市工业园区实行实体化管理指导意见》。以实现经济行为实体化、园区建设市场化、公共服务社会化为目的，以理顺管理体制机制和经济行政管理审批权限下放为核心，以加快园区机构、人事、收入分配制度改革为重点，全面推行园区规划区域范围城乡规划建设、产业发展、经济社会发展一体化，全面推行权责合一、党政合一、经济社会发展合一实体化管理，大力促进园区建设升级、产业转型升级、服务管理升级，真正把园区打造成新型工业化的示范基地、对外开放的重要窗口、经济发展的主引擎、体制机制创新的先行区、统筹城乡发展的示范区和玉溪科学发展新跨越的动力源。同日，市委、市政府下发《关于大力发展现代农业庄园的实施意见》。以发展现代高原特色农业、促进城乡一体化发展为重要任务，以保障农产品供给、增加农民收入为主要目标，坚持产业高效化、发展生态化、产品特色化、生产标准化、经营规模化、品牌高端化“六化”发展要求，按照有主体、有基地、有加工、有品牌、有展示、有文化“六有”发展内容，突出产业开发型、科技研发型、休闲养生型“三型”发展重点，高起点、高标准、高水平规划，集中力量、集聚要素，分步实施，加快建设一批现代农业庄园，使现代农业庄园的发展成为玉溪高原特色农业发展的典型和样板，成为高原特色农业发展的排头兵、领头羊，最终形成玉溪高原特色农业竞相发展、优势互补、梯次推进的良好格局。同日，市委、市政府下发《关于大力培育发展家庭农场的意见》。以科学发展观为指导，坚持稳定完善农村基本经营制度，以家庭承包经营为基础，以推进农业经营方式转变为主线，以深化农村改革为动力，以土地流转为依托，以扶持服务为保障，以促进农业增效和农民增收为目标，结合玉溪市发展生态型、精品型、示范型、外向型、休闲型高效优质农业的要求，因地制宜，分类指导，合理布局，着力培育一批产业特色鲜明、经营管理规范、综合效益好、示范带动强的家庭农场，努力形成家庭农场与农民专业合作社、农业龙头企业等多种农业经营主体功能互补、协同配合、互促共进的局面，不断提升高原特色农业规模化、集约化、产业化水平。同日，市委、市政府下发《关于加快畜牧业可持续发展的意见》。按照“转方式、调结构、创价值、增效益、促增收”的总体要求，以提高畜牧业综合生产能力和竞争力为核心，以市场需求为导向，以机制创新为动力，用现代发展理念引领畜牧业，用现代科学技术和手段装备畜牧业，坚持集约经营、产业融合、高效安全、规模发展的方向，突出特色升品质、依靠科技增效益、壮大龙头强产业、打造品牌创价值，转变畜牧产业发展方式，调整优化畜牧业产业结构，全面提升畜牧业“规模化、标准化、生态化、互补化、产业化、信息化、价值化”水平，推动畜牧业向“名、特、优、精”方向发展，实现畜牧业可持续发展和促进农民增收。同日，市委、市政府下发《玉溪市美丽乡村建设行动计划（2015～2018年）》。以实施“百村示范、千村整治”工程为重点，整合资金，加大投入，高标准、高水平建设秀美之村、富裕之村、魅力之村、幸福之村、活力之村，改善农村人居环境，推进城乡一体化发展，从2015年起，用三年左右的时间，建成100个示范村，1 000个整治村，把国道省道沿线、“三湖”周边、城镇周边及部分民族特色村打造成富有玉溪特色的“宜居宜业宜游”美丽乡村。同日，市委、市政府下发《玉溪全面深化农村改革总体方案及4个专项实施方案的通知》，印发执行《玉溪全面深化农村改革总体方案》、《玉溪深化农业改革专项方案》、《玉溪深化林业改革专项方案》、《玉溪市深化水利改革方案》、《玉溪市供销合作社综合改革试点实施方案》。31日，市委下发《玉溪市纪委监察局内设机构调整方案》。为进一步明确职责定位，聚焦中心任务，优化机构设置，推进组织制度创新，更好地履行党章和行政监察法赋予的职责，深入推进党风廉政建设和反腐败斗争，结合玉溪市实际，对市纪委监察局机关内设机构及其工作职责进行调整。同日，市委下发了《中共玉溪市委关于贯彻落实〈中共中央关于全面推进依法治国若干重大问题的决定〉的实施意见》。全市各级党组织和领导干部一定要切实增强全面推进依法治市的紧迫感和责任感，全面加快法治玉溪建设，积极推进依法执政、依法行政、公正司法、普法宣传教育等工作，实现各级党组织和党员干部法律意识显著增强，善于运用法治思维和法治方式推进工作，依法执政能力显著提升；各级政府职能依法转变到位，法治政府基本建成；使司法在维护社会公平正义、保障人民合法权益中的基础性作用更加显著，公信力明显提高；全民学法、守法、用法的氛围基本形成，法律的权威和尊严显著提升；法治人才结构持续优化，队伍素质全面提升；党风廉政建设深入推进，从严治党落到实处；全市经济建设、政治建设、文化建设、社会建设和生态文明建设全面纳入法治化轨道，各项事业法治化水平明显提升，优质法治环境基本形成。

【重要会议】 2014年1月6日，市委、市政府召开全市新农村建设工作队总队长暨第七批省级指导员座谈会，听取总队长和指导员一年来的工作总结及其对全市新农村建设工作的意见和建议。会议指出，要抓紧做好各项收尾工作，围绕上年初确定的各项计划目标任务，查缺补漏、抓紧实施；要与下一批指导员做好工作交接，确保一个规划、一张蓝图干到底，保持工作的连续性。要及时做好第八批新农村建设指导员的选派和培训工作，确保按时完成当年指导员的选派任务。积极筹备召开第七批新农村建设工作队及指导员工作总结表彰暨欢送会，认真梳理总队长和指导员在各自工作中的意见和建议，合理运用到当年的新农村建设指导员工作中。要通过协助做好核桃规范种植管护工作，积极投身美丽家园行动，组织开展春节“送温暖”活动，协助做好春耕备耕、冬春水利建设、护林防火、食品安全卫生工作等，充分发挥各派出单位和指导员的优势，协助做好全市当前的农业农村工作，确保各项工作有序开展。10日，2013年度全市党风廉政建设暨目标任务综合考评视频动员会召开。会议强调，要统一思想，提高认识，落实责任，把综合考评作为检验各项目标任务完成情况的重要渠道，作为推进预防和惩治腐败体系建设暨落实党风廉政建设责任制的有力抓手，作为评价干部、落实奖惩的重要依据，确保全市2013年度目标任务综合考评工作圆满完成。13日，第三届玉溪市道德模范表彰座谈会召开。来自全市各地各行各业的10位诚实守信、见义勇为、敬业奉献、孝老爱亲、助人为乐道德模范和10位提名奖获得者受到表彰。15日，中共玉溪市委四届四次全体（扩大）会议在聂耳大剧院隆重开幕。张祖林代表市委常委会在会上作工作报告。全会提出，坚持以习近平总书记系列重要讲话、党的十八届三中全会精神为指导，坚持稳中求进的总基调，牢牢把握改革发展这一主题，解放思想，改革创新，坚定不移地实施生态立市、农业稳市、工业强市、两烟富市、文化旅游兴市战略，发展现代服务业，扩大投资消费，强化创新驱动，转方式、调结构、建生态、提质量、增效益、保民生、促稳定，加快建设美丽玉溪，为全面建成小康社会奠定坚实基础。16日，中共玉溪市委四届四次全体会议圆满完成各项议程胜利闭幕。张祖林主持会议并作总结讲话。同日，市委召开议军会，总结2013年度国防动员和后备力量建设工作，研究今后一段时期的主要任务和重点工作。市委书记、玉溪军分区党委第一书记张祖林强调，要紧紧围绕党管武装作大文章、紧紧围绕能打胜仗有大作为、紧紧围绕“玉溪模式”谋大发展，进一步加强国防后备力量建设，推进军民融合式发展。26日，市委、市政府和玉溪军分区共同举行新春双拥座谈会，市党政军领导和老八路、战斗英雄、驻玉军警部队军政主官欢聚一堂，共叙鱼水深情，同商双拥大计。27日，市委、市政府举行新春茶话会。全市党政军领导与各界人士欢聚一堂，清茶一杯叙浓情，满腔热忱话发展。

2月10日，全市党的群众路线教育实践活动动员大会召开。会议强调，坚持主题不变、镜头不换，贯彻“照镜子、正衣冠、洗洗澡、治治病”的总要求，对照理论理想、党章党纪、民心民声、先辈先进“四面镜子”，以补精神之“钙”、除“四风”之害、祛行为之垢、立为民之制为重点，扎实开展好第二批群众路线教育实践活动。会议指出，深入开展以为民务实清廉为主要内容的党的群众路线教育实践活动，是党的十八大作出的重大部署，是始终保持党同人民群众血肉联系的迫切需要，是推动玉溪科学发展新跨越的迫切需要，是有效解决群众反映突出问题的迫切需要，全市各级党组织和广大党员干部必须充分认识开展教育实践活动的重大意义，严格按照中央和省委的部署要求，进一步统一思想和行动，切实增强使命感、责任感和紧迫感，增强思想自觉和行动自觉，把开展教育实践活动作为当前和今后一个时期的重大政治任务，以实际行动确保活动取得实效。13日，玉溪市党风廉政建设大会召开。会议强调，以更加坚定的信心、更加坚决的态度、更加有力的措施，强化纪律建设，持之以恒改进作风，加大惩治和预防腐败力度，加强反腐败体制机制创新和制度保障，营造风清气正的改革发展环境，为谱写“中国梦”的玉溪篇章作出更大的贡献。张祖林与各县区委书记签订了

2014年度党风廉政建设目标责任书。26日，全市第八批新农村建设指导员下派动员视频会议召开，贯彻落实全省第八批新农村建设指导员下派动员会议精神，回顾总结2013年第七批新农村建设指导员工作，安排部署当年工作任务。会议要求，进一步明确要求、认真履职，加强领导、规范管理，扎实做好第八批新农村建设指导员工作，确保全市新农村建设指导员工作取得实效。

3月1日，市委召开云南省2013年度惩治和预防腐败体系建设暨党风廉政建设责任制检查考核玉溪汇报会。在检查考核汇报会上，省委书记秦光荣指出，要与时俱进，增强做好检查考核工作的责任感。强调，党的十八大以来，以习近平为总书记的党中央从严管党治党，坚持不懈抓作风，在全党全社会释放了上行下效、正风肃纪的正能量。习近平总书记在中央纪委三次全会上强调，反腐败体制机制改革，一个很重要的方面是理清责任、落实责任。落实党风廉政建设责任制，党委负主体责任，纪委负监督责任。要坚决落实中央对党风廉政建设责任制的新要求，树立不抓党风廉政建设就是严重失职的意识，通过责任制检查考核，促使全省各级党委、各级领导干部认真落实责任制的各项规定，坚决克服部分党委对主体责任认识不清、落实不力、担当不够、追究不严的问题，促使各级党委主要领导切实承担起抓改革、促发展、保稳定、反腐败的责任。要坚决贯彻习近平总书记关于党要管党、从严治党的要求，严明党的组织纪律，必须在增强党性上、在遵守组织制度上、在加强组织管理上、在执行组织纪律上下功夫，使纪律真正成为带电的高压线。31日，市委、市政府召开2014年全市招商引资工作暨2013年度招商引资工作表彰视频会，总结经验、表彰先进，对当年招商引资工作再动员、再部署。张祖林强调，要坚定不移地把招商引资作为第一要事，作为经济工作的重中之重，进一步提高认识、突出重点、改进方法、优化环境、完善考核、形成合力，努力创造招商引资工作新辉煌。

4月9日，张祖林主持召开市委全面深化改革领导小组第一次会议，学习贯彻中央、省委全面深化改革领导小组会议精神，研究部署市委全面深化改革领导小组近期工作。会议安排部署了当年要重点推进财税体制改革、土地制度改革、殡葬改革、水务改革、金融体制改革等7项改革内容，把全面深化改革工作落到实处、推向深入。会议指出，中央和省委对全面深化改革工作从战略到措施、从宏观到微观，进行了一系列安排部署，必须坚定全面深化改革目标不动摇，充分认识全面深化改革的重要性和紧迫性，切实把思想行动统一到中央和省委的精神上来，扎实做好各项工作，确保各项改革正确、准确、有序、协调、高效推进，为实现玉溪跨越发展增添新动力。25日，“绿色之约·逐梦玉溪——百名浙商玉溪行”招商推介会在玉溪红塔大酒店隆重举行。推介会举行了招商引资项目签约仪式。参加本次会议签约项目共有26个，涉及新能源开发、装备制造、商贸物流、基础设施建设等，协议总投资179亿元。同日，张祖林主持召开党的群众路线教育实践活动专题会，研讨玉枕山片区土地规划及处置工作。会议强调，贯彻落实好中央、省相关规定，把玉枕山片区的规划建设作为当前教育实践活动边学边查边改的一项重要内容，结合新型城镇化要求，努力把玉枕山片区规划建设成为玉溪、滇中地区乃至云南的新地标，确保教育实践活动取得实效，让人民群众满意。30日，全市加快民营经济发展大会召开。会议深入贯彻落实党的十八届三中全会、省委九届七次全会和市委四届四次全会精神，总结近年来民营经济发展工作，分析面临形势，研究思路措施，明确目标任务，动员全市进一步统一思想，破除障碍，优化环境，放开搞活，打好民营经济战役，推动民营经济加快转型升级，增加总量、提高质量，实现跨越发展。会议明确提出民营经济发展目标。到2017年，全市民营经济增加值力争实现710亿元，年均增长18%，占GDP比重达40%以上；新增就业10万人，年均增长7%；重点培育150户年销售收入过亿元的企业，其中过10亿元企业10户、过50亿元企业5户、过100亿元企业3户。

5月5日，张祖林主持召开全市装备制造业领导小组第一次全体会议，落实市委进一步提升全市装备制造业整体水平的决策部署，推进新型工业化进程，增强全市综合经济实力。会议听取了全市装备制造业发展情况汇报。同日，市委召开会议，深入学习习近平总书记关于加强党委主体责任的重要论述，贯彻省委落实党风廉政建设主体责任专题研讨班精神，全面准确地理解、把握和落实党风廉政建设的主体责任，深入推进全市党风廉政建设和反腐败工作。张祖林出席会议并强调，各级党委和领导干部要统筹抓改革、促发展、保稳定、反腐败四件大事，全面落实党风廉政建设的主体责任，深入持续推进全市反腐倡廉建设，为实现玉溪发展新跨越提供坚强保障。会议指出，落实党委主体责任，是强化党风廉政建设和反腐败工作统一领导的重要举措，是适应反腐败斗争形势不断发展变化的现实需要，是贯彻执行党风廉政建设责任制的重要内容，是促进玉溪实现科学发展新跨越目标的迫切要求。全市各级各部门要深刻认识落实党风廉政建设主体责任的重要意义，真正把思想和行动统一到中央和省市委的决策、部署和要求上来，坚决落实党风廉政建设党委（党组）所负的主体责任。12日，全市党的群众路线教育实践活动推进会暨领导小组第四次会议召开，学习贯彻习近平总书记重要批示精神，以及中央、省委教育实践活动系列重要会议精神，总结前段工作情况，安排部署下步工作。市委书记、市委党的群众路线教育实践活动领导小组组长张祖林出席会议并强调，继续保持良好的精神状态，以严肃认真的态度和求真务实的作风，不折不扣地抓好教育实践活动各项工作，全力推动玉溪科学发展新跨越，以实实在在的业绩向中央、省委和全市人民交上一份满意答卷。30日，张祖林主持召开市委全面深化改革领导小组第二次会议，检查领导小组第一次会议以来改革任务落实情况，分析存在的困难和问题，更好地推进各项改革工作。强调，深入贯彻落实中央、省委一系列改革战略部署，结合玉溪实际，埋头苦干、狠抓落实、稳扎稳打、全力攻关，奋力打赢全面深化改革攻坚战。会议强调，一分部署，九分落实。当年全面深化改革任务艰巨、意义重大、使命光荣，必须把抓落实作为推进改革的工作重点，强化措施、一抓到底、抓出成效。

7月1日，市委、市政府举行动员大会，为全市400余名出征云南省第十四届运动会的运动员和教练员鼓气加油，向玉溪体育代表团授旗。4～5日，玉溪市委常委班子召开党的群众路线教育实践活动专题民主生活会。中央第4巡回督导组副组长李川，省委群众路线教育实践活动领导小组副组长、省委常委、省纪委书记辛维光全程参加并给予指导。张祖林表示，玉溪市委将按照中央、省委的要求，针对查找出来的问题，制定整改方案，明确整改方向，聚焦整改重点，落实整改措施，扎实抓好整改落实、建章立制工作，建立反对“四风”长效机制，着力转变干部作风，统筹抓好各项工作，巩固好专题民主生活会的成果，确保教育实践活动善始善终、善作善成，以作风建设的新成效促进玉溪经济社会的新发展。16日，市委召开工作会议。张祖林在会上作题为《抓改革促发展，转作风抓落实，确保全年各项目标任务圆满完成》的讲话。会议强调，必须进一步解放思想，坚定信心，奋发有为，抓改革促发展，转作风抓落实，确保全年目标任务圆满完成，不断开创玉溪跨越发展新局面。24日，全市举行第五届“双拥模范城（县）”命名表彰大会，表彰双拥模范城（县）、双拥模范单位和先进个人，动员全市党政军民高标准、高质量地做好新形势下的双拥工作，巩固和发展好军政军民同呼吸、共命运、心连心的大好局面，为建设美丽玉溪作出新的更大贡献。张祖林要求，高标准、高质量地做好新形势下的双拥工作，巩固和发展好军政军民同呼吸、共命运、心连心的大好局面，为建设美丽玉溪作出新的更大贡献。

8月12日，张祖林主持召开全市装备制造业领导小组第二次全体会议。会议强调，坚定信心、攻坚克难，紧扣发展主题，紧扣实现伟大中国梦的云南篇章玉溪章节，把省委九届八次全体（扩大）会议精神落实到各县区、园区，以干事创业的激情，以苦干实干的精神，夯实基础，提质增效，推动产业转型升级，促进玉溪装备制造业快速发展。同日，全市党的群众路线教育实践活动推进会暨领导小组第六次会议视频会议召开，部署深入扎实推进全市教育实践活动。张祖林强调，始终以严的标准、严的措施、严的纪律，扎扎实实推进当前和下一步工作，以教育实践活动的成效推动经济社会发展、造福人民群众。会议强调，切实加强组织领导和督促指导，继续拧紧螺丝、加大推力，确保教育实践活动善始善终、善作善成。各级党委（党组）要加强组织领导，各级活动办要加强具体指导，市县督导组要加强督促指导。要抓住一把手这个关键，有效传导压力，对有问题不整改、大问题小整改、边整改边反弹的，要约谈提醒、批评指出、督促问责。

9月9日，市委召开全市领导干部大会，省委常委、省委组织部部长刘维佳宣布省委关于玉溪市委主要领导人调整的决定：罗应光担任中共玉溪市委委员、常委、书记，张祖林免去中共玉溪市委书记、常委、委员职务。12日，罗应光主持召开全市党的群众路线教育实践活动工作汇报会暨领导小组第七次会议，听取教育实践活动情况汇报，分析目前存在问题，对下一阶段工作进行安排部署。强调，要敬终如始抓好教育实践活动，做到勤用“四盆水”，洗净弊与垢，解决好“四风”方面存在的突出问题。26日，市委、市政府召开全市民营企业家座谈会暨招商项目推介会，罗应光与来自各行各业的近百名民营企业家坦诚交流，鼓励他们坚定信心，抢抓机遇，顺势而为，扩大投资，促进民营企业转型升级，在玉溪“干在实处、走在前列”中作出新贡献、闯出新天地。会议指出，玉溪市委、市政府历来高度重视民营经济的发展，近年来，民营企业借助政策的机遇和玉溪良好区位、资源优势，获得长足进步，全市民营经济不断壮大，转型发展后劲十足，为玉溪经济社会发展作出了巨大贡献，民营经济成为玉溪经济的重要支柱。

10月8日，全市领导干部大会召开。罗应光在会上作题为《干在实处、走在前列，奋力推进玉溪跨越发展》的讲话。会议强调，各级各部门一定要认清形势，找准差距，正视问题，振奋精神，以决战的姿态、必胜的信心，全力冲刺四季度，以各县区目标任务的完成来确保全市目标任务的完成，确保玉溪干在实处、走在前列。10日，全市党的群众路线教育实践活动总结大会召开。会议强调，全市各级党组织和广大党员干部，要切实抓好教育实践活动成果转化，以改革创新谋划发展、以优良作风推动发展、以改革发展实效检验活动成果，确保玉溪干在实处、走在前列。会议就学习贯彻习近平总书记在中央党的群众路线教育实践活动总结大会上的重要讲话精神和省委党的群众路线教育实践活动总结大会精神作出了部署。要求全市各级党组织和广大党员干部，必须把深入学习习近平总书记重要讲话精神作为当前一项重要政治任务，认真抓好贯彻落实，切实用讲话精神统一思想、指导实践、推动工作。27日，罗应光主持召开全市领导干部大会，传达学习贯彻党的十八届四中全会精神和近期召开的全省领导干部大会、省委常委（扩大）会议精神，对全市学习宣传贯彻落实全会精神进行安排部署。会议强调，紧密地团结在以习近平同志为总书记的党中央周围，在省委、省政府的坚强领导下，坚定不移走中国特色社会主义法治道路，深化改革，全面推进依法治市，团结带领全市各族人民，坚定信心、扎实工作，为加快法治玉溪建设而努力奋斗。30日，全市党的群众路线教育实践活动督导工作总结会议召开。会议明确，市委教育实践活动18个督导组调整为市委整改落实督查组。各督查组要深入学习习近平总书记系列重要讲话精神，敬终如始、一鼓作气，以扎实有力的督查工作，全面落实从严治党各项要求，不断巩固和拓展作风建设成果。

11月4日，市委全面深化改革领导小组召开第三次会议，对各专项小组当年改革任务落实情况进行督查，并分析当前各项改革工作存在的困难和问题，安排部署下一阶段的工作。市委书记、市委全面深化改革领导小组组长罗应光强调，要认真学习领会中央和省委全面深化改革领导小组相关会议精神，结合玉溪实际，突出四个重点，扎实推进玉溪各项改革工作，确保玉溪市重点领域改革干在实处、走在全省前列。14日，玉溪市“十三五”规划编制前期工作及重点项目推进情况汇报会召开。会议强调，统一思想，振奋精神，千方百计加快重大项目推进，高质量高标准高水平编制好“十三五”规划，确保玉溪始终干在实处、走在前列。罗应光要求，把固定资产投资摆在全市经济社会发展的重要位置，按照推进当年、计划下年、谋划后年的要求，做好项目建设和投资工作。24日，市委召开全市领导干部大会视频会议传达学习省委九届九次全会精神，对全市学习贯彻全会精神作部署安排。罗应光强调，要把学习全会精神作为一项重要政治任务，洞悉全会新风、领会全会精神、把握全会实质，迅速在全市掀起学习贯彻热潮，按照“站位要高、目标要实、做得要好”的要求，切实将全会精神落到实处，加快推进法治玉溪建设步伐，为玉溪干在实处、走在前列作出积极贡献。

12月1日，市委理论学习中心组就

学习贯彻党的十八届四中全会精神、全面推进依法治国进行集中学习。罗应光在主持学习时强调，科学谋划玉溪全面推进依法治市各项工作，加强和改进党对全面推进依法治市的领导，全面推进依法治市各项工作；用心、用情、用力工作，做到“八个要”，切实推动玉溪干在实处、走在前列。2～3日，中国共产党玉溪市第四届委员会第五次全体会议召开。全会听取和讨论了罗应光受市委常委会委托作的工作报告。审议通过了《中共玉溪市委关于贯彻落实〈中共中央关于全面推进依法治国若干重大问题的决定〉的实施意见》。审议通过了《中国共产党玉溪市第四届委员会第五次全体会议决议》。全会号召，全市党员干部和各族群众要紧密团结在以习近平同志为总书记的党中央周围，高举中国特色社会主义伟大旗帜，增强法治意识，弘扬法治精神，运用法治思维，提升法治水平，奋力开创法治玉溪建设新局面。4日，市委、市政府召开玉溪市科技创新大会，就进一步贯彻落实《关于加快实施创新驱动发展战略建设创新型玉溪的决定》、加快推进全市科技创新工作进行安排部署，动员全市各方面力量提高科技创新能力和水平，为全市经济社会发展干在实处、走在前列提供强有力的科技支撑。会议强调，加快推进创新型玉溪建设是市委、市政府做出的一项重大决定，是事关全市经济社会发展全局的重大战略决策。通过几年的努力，到2017年力争使全市综合科技进步水平和区域创新能力达到全省领先水平，把玉溪建设成为云南的科技研发次中心和科技成果的孵化、示范、推广基地，科技进步对国民经济贡献率达60%，成为创新能力居云南前列、科技进步支撑引领经济社会发展作用突出的创新型城市。16日，市委召开会议，传达滇中城市经济圈一体化发展现场推进会精神，提出全市贯彻落实的初步意见。罗应光强调，滇中城市经济圈一体化建设是玉溪迎来的最大发展机遇，最具备先行先试的条件。全市上下要认真抓好省委、省政府和市委、市政府各项决策部署的落实和推进，从思想上行动上抢抓机遇，主动融入滇中城市经济圈，努力把科学、宏伟的规划变成美好的现实。29～30日，市委经济工作会议召开。会议回顾总结2014年经济工作，安排部署2015年经济工作，动员全市干部群众科学认识当前形势，准确把握和适应经济发展新常态，奋力开创玉溪改革发展新局面。会议指出，中央和省委经济工作会议为玉溪做好经济工作指明了方向，对正确认识当前国内外经济形势、研究经济领域重大问题、确定下年的目标任务和工作重点具有十分重要的指导意义，要求全市领导干部认真学习领会，抓好贯彻落实。

【市委常委会议】 2014年1月7日，张祖林主持召开四届市委第55次常委（扩大）会议。会议有两项议题：1.欢迎新任市委常委王学勤；2.研究2013年市委干部选拔任用工作“一报告两评议”有关事宜。16日，张祖林主持召开四届市委第56次常委会议。会议有两项议题：1.听取四届四次全体（扩大）会议各组讨论情况汇报；2.讨论《中共玉溪市委四届四次全体（扩大）会议决议（草案）》。25日，张祖林主持召开四届市委第57次常委会议。会议有7项议题：1.传达学习中央、省委党的群众路线教育实践活动第一批总结暨第二批部署会议主要精神，研究全市贯彻意见；2.研究《玉溪市大化产业园区组建实施方案（送审稿）》；3.研究全市党风廉政建设大会、市纪委四届四次全体（扩大）会议有关事宜和《中共玉溪市委关于进一步推进党风廉政建设工作的意见（送审稿）》；4.传达学习中央政法工作会议精神，研究玉溪市贯彻落实意见；5.研究《关于推进“三农”金融服务改革创新的意见（送审稿）》；6.研究玉溪市中心城区北片区新医院建设方案；7.研究《澄江化石博物馆建设方案（送审稿）》。28日，张祖林主持召开四届市委第58次常委（扩大）会议。专题传达学习第十八届中纪委三次全会和第九届省纪委四次全会精神，研究部署全市的贯彻落实意见。

2月10日，张祖林主持召开四届市委第59次常委（扩大）会议暨市委常委班子及市级领导党的群众路线教育实践活动动员会。12日，张祖林主持召开四届市委第60次常委（扩大）会议。会议有13项议题：1.研究讨论《政府工作报告（送审稿）》、《关于玉溪市2013年国民经济和社会发展计划执行情况与2014年国民经济和社会发展计划草案的报告（送审稿）》、《关于玉溪市2013年地方财政预算执行情况和2014年地方财政预算草案的报告（送审稿）》；2.听取2013年度惩防体系建设暨党风廉政建设责任制考评结果汇报；3.学习传达中央第15督导组组长傅克成调研玉溪市党的群众路线教育实践活动讲话主要精神，研究本市贯彻意见；4.研究违纪干部处理问题；5.书面汇报《市纪委四届四次全会工作报告（送审稿）》；6.研究玉溪市东片区暨“三湖”生态保护水资源配置应急工程有关事宜；7.传达学习全国宣传部长会议及全省宣传思想文化工作会议精神，研究本市贯彻意见；8.传达学习全省统战部长会议主要精神，研究本市贯彻意见；9.书面汇报2014年度争取上级资金目标任务方案；10.研究玉溪市2014年规模以上固定资产投资目标任务分解方案；11.研究《玉溪市2014年招商引资工作目标任务分解方案（送审稿）》；12.研究《关于调整政协玉溪市第四届委员会第二次会议党的领导小组和临时党支部的请示》；13.研究《中共玉溪市人大常委会党组关于个别调整市四届人大二次会议临时党支部的请示》。

3月7日，张祖林主持召开四届市委第61次常委会议。会议有11项议题：1.研究《中共玉溪市委常委会2014年工作要点（送审稿）》；2.研究《中共玉溪市委党务公开实施细则（试行）（送审稿）》；3.研究《玉溪市人民政府关于化解产能过剩矛盾和转型发展的实施方案（送审稿）》；4.研究玉溪市与华为公司云计算数据中心合作有关工作；5.研究《中共玉溪市委玉溪市人民政府关于大力培育发展社会组织加快推进现代社会组织体制建设的实施意见（送审稿）》；6.研究《中共玉溪市委玉溪市人民政府关于加快陶瓷产业发展的指导意见（送审稿）》；7.研究《玉溪市林业局2014年上报争取林业项目资金计划（送审稿）》；8.研究关于治理农业面源污染保持耕地持续生产能力有关工作；9.研究《关于加快教育信息化建设的实施意见（送审稿）》；10.传达学习全国、全省组织部长会议主要精神和新修订的《党政领导干部选拔任用工作条例》主要内容，研究本市贯彻意见；11.研究干部人事议题。

4月11日，张祖林主持召开四届市委第62次常委会议。会议有12项议题：1.研究《中共玉溪市委议事协调机构设置方案（送审稿）》；2.研究《玉溪市人大常委会2014年工作要点（送审稿）》；3.研究《政协玉溪市委员会2014年工作要点（送审稿）》；4.研究审定机构编制有关事宜；5.研究《玉溪市抚仙湖保护管理实施办法（送审稿）》；6.研究《中共玉溪市委玉溪市人民政府关于贯彻落实〈中共云南省委云南省人民政府关于建设旅游强省的意见〉的实施意见（送审稿）》；7.研究玉溪市东片区暨“三湖”生态保护水资源配置应急工程建设融资有关事宜；8.研究泷水塘老工业片区改造项目土地收储有关事宜；9.研究公路建设资金有关事宜；10.研究加快玉溪市民营经济发展有关事宜；11.研究《玉溪市关于进一步加强反恐维稳工作的意见（送审稿）》；12.书面汇报《中共玉溪市委常委会议2014年度议题计划（送审稿）》。23日，张祖林主持召开四届市委第63次常委（扩大）会议。会议有2项议题：1.传达全省城镇化工作会议精神，研究部署玉溪市贯彻落实意见；2.审定玉溪市2013年目标任务综合考评结果。25日，张祖林主持召开四届市委第64次常委（扩大）会议。反馈省委第四督导组征求到的意见。

5月9日，张祖林主持召开四届市委第65次常委会议。会议有11项议题：1.传达学习近期中央、省委教育实践活动系列重要会议精神，研究玉溪市贯彻落实意见；2.研究《关于加强新形势下宣传思想文化工作的实施意见（送审稿）》；3.研究《玉溪市关于培育和践行社会主义核心价值观的实施意见（送审稿）》和《关于开展“弘扬美德 提升素质”的活动方案（送审稿）》；4.研究《玉溪市关于进一步加强对阿语学校和伊斯兰教经文学校（班）管理工作的实施意见（送审稿）》；5.研究平安法治玉溪建设有关工作；6.研究本市安全生产有关工作；7.研究《玉溪市人民政府关于促进经济平稳较快发展的意见（送审稿）》；8.研究《玉溪市城乡垃圾整治实施方案（送审稿）》；9.研究本市加快天然气利用发展有关工作；10.书面汇报《中共玉溪市委关于认真贯彻落实各级党委（党组）作为中央、省委重大决策部署贯彻主体的规定（送审稿）》；11.研究干部人事议题。同日，张祖林主持召开四届市委第66次常委（扩大）会议，传达学习省委书记秦光荣在全省第二批教育实践活动推进会暨领导小组第八次会议上的讲话精神。19日，张祖林主持召开四届市委第67次常委会议，专题研究人事议题。20日，张祖林主持召开四届市委第68次常委会议，专题研究人事议题。26日，张祖林主持召开四届市委第69次常委会议，专题研究人事议题。

6月17日，张祖林主持召开四届市委第70次常委会议。会议有5项议题：1.研究市委工作会议筹备工作；2.研究依托市土地储备中心融资支持工业园区、美丽校园和水利基础设施建设有关工作；3.研究创新体制机制、加强人才工作有关事宜；4.研究《中共玉溪市委玉溪市人民政府关于推进玉溪新型城镇化发展的实施意见（送审稿）》；5.研究2014年市属投融资公司融资任务分解有关工作。27日，张祖林主持召开四届市委第71次常委（扩大）会议。会议有4项议程：1.省委第四督导组常务副组长盛云富传达省委督导组组长会议精神；2.省委第四督导组成员李兴荣传达省委督导组联络员会议精神；3.观看武定县、华宁县县委常委班子民主生活会专题片；4.张祖林原文传达学习人民日报评论员文章《不贪不占，岂能也不干》。

7月11日，张祖林主持召开四届市委第72次常委会议。会议有4项议题：1.传达学习习近平总书记在中央政治局第十六次集体学习时的讲话精神；2.听取全省纪检监察工作座谈会精神汇报；3.研究违纪干部问题；4.研究干部人事议题。21日，张祖林主持召开四届市委第73次常委会议，专题研究人事议题。25日，张祖林主持召开四届市委第74次常委会议，研究干部问题。

8月5日， 张祖林主持召开四届市委第75次常委会议。会议有10项议题：1.传达学习省委九届八次全体（扩大）会议精神，研究本市初步贯彻意见；2.研究《市委全面深化改革领导小组2014年工作要点（送审稿）》；3.研究《玉溪市美丽乡镇规划建设三年行动方案（送审稿）》；4.研究《2014年招商引资重点工作责任分解方案（送审稿）》；5.研究《玉溪市贯彻落实〈建立健全惩治和预防腐败体系2013～2017年工作规划〉任务分解方案（送审稿）》；6.研究违纪干部问题；7.书面通报《云南省新平彝族傣族自治县水资源条例（党内送审稿）》；8.书面通报《玉溪市体育代表团参加云南省第十四届运动会奖惩方案（送审稿）》；9.书面通报江川至通海一级公路小白坡段路面修复工程有关情况；10.书面通报玉溪市申办2018年云南省第十一届少数民族传统体育运动会有关情况。21日至22日，张祖林主持召开四届市委第76次常委（扩大）会议暨市委理论学习中心组学习。21日，张祖林主持召开四届市委第77次常委会议，专题研究全市党的群众路线教育实践活动有关工作。

9月10日，罗应光主持召开四届市委第78次常委会议。传达学习省委、省政府领导的重要指示精神，研究部署全市的贯彻意见。22日，罗应光主持召开四届市委第79次常委会议。会议有6项议题：1.传达学习习近平总书记在中央财经领导小组第七次会议上的讲话精神；2.明确市委常委工作分工；3.传达学习全省宣传部长座谈会议精神，研究《关于加强和改进新形势下文联和文艺工作的实施意见（送审稿）》和《关于建立健全信息发布和政策解读机制完善新闻发言人制度的实施意见及两项制度（送审稿）》；4.研究玉溪市党风廉政建设责任制考核办法；5.研究纪检案件；6.研究干部人事议题。30日，罗应光主持召开四届市委第80次常委会议。会议有3项议题：1.研究《中共玉溪市委玉溪市人民政府关于加强司法行政促进依法治市的实施意见（送审稿）》；2.传达学习全省阿语学校和伊斯兰教经文学校（班）规范管理工作会议精神，研究玉溪市贯彻意见；3.研究《玉溪市党政机关国内公务接待管理实施细则（送审稿）》。

10月10日，罗应光主持召开四届市委第81次常委（扩大）会议暨党的群众路线教育实践活动领导小组第八次会议。16日，罗应光主持召开四届市委第82次常委（扩大）会议。会议有2项议题：1.传达学习全省领导干部大会精神；2.传达学习省委、省政府经济运行分析会议精神，研究全市贯彻意见。

11月4日，罗应光主持召开四届市委第83次常委会议。会议有10项议题：1.研究学习宣传贯彻党的十八届四中全会精神有关事宜；2.传达学习十八届中央纪委四次全会精神，研究玉溪市贯彻意见；3.研究《中共玉溪市委关于落实党风廉政建设党委（党组）主体责任、纪委监督责任的实施意见（送审稿）》；4.研究2015年向市纪委四届五次全会述廉的12名党政主要领导人选方案；5.研究《玉溪市2014年目标任务综合考评办法》；6.研究玉溪市市管领导班子和领导干部综合考核评价“一个意见两个办法”；7.研究全市党内规范性文件清理工作；8.研究《玉溪市安全生产党政同责暂行规定（送审稿）》；9.传达学习全省维护社会稳定工作会议精神，研究全市初步贯彻意见；10.书面通报全省美丽乡村建设暨新农村建设指导员工作推进会、全省造林绿化工作现场观摩会议精神。24日，罗应光主持召开四届市委第84次常委会议。会议有10项议题：1.研究《中共玉溪市委关于贯彻落实〈中共中央关于全面推进依法治国若干重大问题的决定〉的实施意见（讨论稿）》；2.研究在市委四届五次全会第一次全体会议上关于市委常委会工作的报告（讨论稿）；3.研究《中共玉溪市委四届五次全体会议方案（送审稿）》；4.研究《中共玉溪市委玉溪市人民政府关于进一步加强和改进新形势下侨联工作的实施意见（送审稿）》；5.研究《中共玉溪市委玉溪市人民政府关于加快实施创新驱动发展战略建设创新型玉溪的决定（送审稿）》；6.研究《玉溪市深化文化体制改革实施方案（送审稿）》；7.研究《当前全市意识形态领域的情况通报（送审稿）》；8.研究《玉溪市加强作风建设问责办法（送审稿）》；9.研究《关于开展县区委书记抓基层党建工作述职评议考核的实施方案（送审稿）》；10.书面通报《玉溪市2014年1～9月投资亿元以上和集中开工重点项目完成情况》。28日，罗应光主持召开四届市委第85次常委会议。会议有4项议题：1.听取2014年度工青妇工作汇报；2.听取市科协、市文联、市社科联换届工作有关事宜汇报；3.听取玉溪市2014年土地例行督察工作有关情况通报；4.研究干部人事议题。

12月2日，罗应光主持召开四届市委第86次常委会议。听取分组讨论情况汇报，讨论《中共玉溪市委四届五次全体会议决议（草案）》。3日，罗应光主持召开四届市委第87次常委会议暨2014年县区委书记抓基层党建工作述职评议。8日，罗应光主持召开四届市委第88次常委会议。会议有3项议题：1.研究干部人事议题；2.传达学习全省基层服务型党组织建设现场会议精神；3.研究玉溪市四届人大三次全会、政协玉溪市四届三次会议有关事宜。12日，罗应光主持召开四届市委第89次常委会议，研究违纪干部问题。22日，罗应光主持召开四届市委第90次常委会议。会议有10项议题：1.研究《玉溪全面深化农村改革总体方案（送审稿）》及农、林、水、供销社4个专项实施方案；2.研究《中共玉溪市委玉溪市人民政府关于开展农村土地承包经营权确权登记颁证工作的实施意见（送审稿）》等4个涉农文件；3.书面通报《玉溪市美丽乡村建设行动计划（2015～2018年）（送审稿）》；4.书面通报《中共玉溪市委玉溪市人民政府关于进一步深化集体林权制度改革的实施意见（送审稿）》；5.研究《玉溪市工业园区实行实体化管理的指导意见（试行）（送审稿）》；6.研究《玉溪国家高新技术产业开发区实体化管理实施方案（试行）（送审稿）》；7.研究《玉溪市2014年度惩防体系建设暨党风廉政建设责任制考核方案（送审稿）》；8.研究《关于玉溪市纪委监察局内设机构改革调整的试点方案（送审稿）》；9.研究违纪干部问题；10.传达学习全国住房城乡建设工作会议精神。27日，罗应光主持召开四届市委第91次常委（扩大）会议。会议有10项议题：1.传达学习贯彻中央、省委经济工作会议精神；2.研究玉溪市产业发展定位与发展重点；3.书面通报2014年1～11月全省、全市、各地州（市）及本市各县区主要经济指标完成情况；4.研究2015年经济和社会发展主要指标预期目标及工作措施；5.研究“八要”方案；6.研究《中共玉溪市委经济工作会议方案（送审稿）》；7.研究罗应光在市委经济工作会上的讲话；8.传达学习省委统战部“12·18”会议精神；9.干部人事议题。

【市委专题会议】 2014年1月3日，张祖林主持召开抚仙湖北岸生态湿地建设现场监督检查会议，专题研究加快推进抚仙湖主要入湖（库）河道综合整治、澄江县城环城北路绿化提升改造工程、抚仙湖北岸生态湿地一期工程及安置点建设工作。会议实地查看了九溪河、牛摩河、马料河、梁王河等抚仙湖入湖（库）河道和澄江县城环湖北路、抚仙湖生态湿地一期工程及安置点建设现场后，听取了相关河长及澄江、江川、华宁三个县主要领导关于项目进展情况的汇报，对加强抚仙湖保护治理工作提出了明确要求。8日，张祖林主持召开会议专题研究仙湖山水国际旅游度假园和澄江寒武纪乐园项目规划设计方案。会议听取了设计单位关于2个项目规划设计方案汇报，参会领导进行了认真讨论研究，就方案完善和项目推进提出明确要求。13日，李洪云主持召开玉溪市东片区暨“三湖”生态保护水资源配置应急工程建设（以下简称应急工程）领导小组专题会议，研究加快工程推进的重要问题。会议分别听取了市水利电力勘测设计院关于工程线路设计及隧洞出水口至麦冲水库管线线路调整方案，市抚投公司关于机电设备招投标、工程前置审计、拦标价、主合同签订准备工作、工程建设施工进展情况，玉溪供电局关于工程永久性保供电工作计划以及江川、华宁县关于征占地及社会协调工作情况汇报，与会人员对有关问题进行了分析讨论，就隧洞出口输水管线调整方案、水泵评标结果、工程前置审计、拦标价及主合同签订等相关事宜达成统一。29日，李洪云主持召开聂耳大剧院周边管理工作专题会议，专题研究聂耳音乐广场及附属设施设备投入使用相关事宜。会议听取了市文化局关于聂耳大剧院及周边管理工作情况、市住房城乡建设局关于聂耳音乐广场管理使用工作情况的汇报，分析研究了聂耳音乐广场地下停车场清理使用存在的问题。与会人员分别作了发言，对有关问题作了统一。

2月25日，张祖林主持召开会议专题听取全市2013年“三公”经费压缩工作情况汇报，研究加强2014年“三公”经费管理工作。会议听取了相关部门的工作情况汇报，就做好全市2014年“三公”经费管理工作提出了明确要求。

3月6日，李洪云主持召开玉溪市东片区暨“三湖”生态保护水资源配置应急工程建设（以下简称应急工程）现场协调推进会议，研究全面推进工程建设事宜。会议分别听取了项目BT方十四冶金建设公司工程建设推进情况、项目设计单位云南省水利水电勘测设计研究院和市水利电力勘测设计院工程设计工作进展情况、永久性供电责任单位玉溪供电局关于永久性保供电工程建设组织实施工作以及华宁县征占地和社会协调工作情况的汇报。与会人员围绕全面加快工程建设涉及的重点工作事项、具体施工组织和时间控制、各责任单位的协调配合以及相关需统筹协同安排的事项进行了深入分析讨论，进一步明确了工程建设组织、协调机构及项目业主、BT方、设计、施工、监理及审计单位职责，对确保工程建设全线展开、加快工程实物量推进事宜作了统一。17日，中共玉溪市委党校校园改扩建工作领导小组召开第三次会议。会议审查了文体馆、专家楼、小餐厅等建筑装饰装修方案，听取了建设方、使用方、施工方等各方责任主体的工作汇报，认真分析研究了项目推进过程中遇到的困难和问题，对下一阶段的重点工作作出了明确具体的安排部署。19日，李洪云主持召开聂耳大剧院周边管理现场调研会，专题研究聂耳大剧院地下停车场管理使用及周边环境综合整治有关事宜。会议听取了市住房城乡建设局、市城投集团关于聂耳大剧院地下停车场整饬管理使用情况、市文化局关于聂耳大剧院及周边环境管理工作情况、市公安局交警支队关于聂耳大剧院周边道路通行管理工作情况的汇报，就聂耳大剧院及地下停车场管理使用中存在的问题、进一步盘活聂耳音乐广场周边国有资产问题进行了深入分析讨论。市委办公室、市政府办公室、市住房城乡建设局、市文化局、市城投集团、市公安局交警支队有关负责人分别作了发言，就具体问题作了统一。

4月9日，张祖林主持召开市委全面深化改革领导小组第一次会议。会议传达学习了中央全面深化改革领导小组第一次、第二次会议和省委全面深化改革领导小组第一次、第二次会议精神，审议并原则通过了《中共玉溪市委全面深化改革领导小组工作规则（草案）》、《中共玉溪市委全面深化改革领导小组专项小组工作规则（草案）》、《中共玉溪市委全面深化改革领导小组办公室工作细则（草案）》，听取了市委全面深化改革领导小组成员，各专项小组组长、副组长的发言，研究部署了市委全面深化改革领导小组近期工作。11日，李洪云、孙云鹏召开应急工程建设推进专题会议，研究加快工程施工，确保克期实现通水事宜。会议围绕确保通水的管线、电力、泵站、隧道四项主要工程和设计、计量、原材料、资金保障、配合协调、施工组织等具体工作内容，深入探讨在确保安全和质量前提下加快工程建设推进具体措施办法，对有关事项作了统一。25日，市委、市政府召开党的群众路线教育实践活动专题会议。会议深入查找并整改群众关心的“四风”方面存在的问题，就群众反映强烈的玉枕山片区规划建设等问题进行了研讨，进一步统一了思想，形成了共识。

5月4日，张祖林主持召开东片区暨“三湖”生态保护水资源配置应急工程随机调研现场会。会议实地察看星云湖环湖截污、生态景观建设等工程后，分别听取了应急工程建设及星云湖治理保护工作推进情况汇报，现场研究解决玉溪市东片区暨“三湖”生态保护水资源配置应急工程建设推进过程中出现的困难和群众反映强烈的突出问题，对加快应急工程建设和星云湖保护治理提出了明确要求。6日，张祖林率领玉溪市党政代表团赴迪庆州德钦县实地调研对口帮扶工作，并与迪庆州举行对口帮扶座谈会。会议听取了中共德钦县委书记冯玉祥关于德钦县经济社会发展和2013年帮扶项目实施情况和2014年帮扶计划的介绍，就进一步落实《云南省人民政府关于进一步加强对迪庆州对口帮扶工作的意见》和2013年省对口帮扶藏区工作会议精神，进一步做好玉溪市与迪庆州德钦县对口帮扶工作进行了深入探讨，达成了共识。

6月16日，中共玉溪市委党校校园改扩建工作领导小组召开第四次会议。会议现场查看了办公楼、学员楼、食堂等在建工程项目情况，听取了建设方、施工方等责任主体的工作汇报，分析研究了项目推进过程中遇到的困难和问题，对下一阶段的重点工作作出了安排部署。

8月8日，李洪云主持与项目BT方中国有色金属工业第十四冶金建设公司（以下简称十四冶公司）进行商谈。会议分别听取了市抚投公司关于应急工程项目投资、建设进展情况、项目资金管理及提前回购部分完工工程情况说明、工程建设存在问题、下步工作计划及恳请市政府帮助解决问题的汇报，与会人员围绕项目建设资金保障、工程建设进度及施工管理等进行讨论研究，就有关事宜达成统一。

9月10日，罗应光主持召开市委落实党风廉政建设主体责任专题会议，传达学习中央、中纪委、省委、省纪委关于党风廉政建设主体责任的相关部署要求，专题研究市委落实党风廉政建设主体责任相关工作。会议对坚决落实中央、省关于党风廉政建设的各项决策部署，积极主动适应党风廉政建设和反腐败斗争形势需要，切实履行党风廉政建设主体责任等工作作了安排部署。22日，罗应光对市委党校进行调研，并主持召开现场办公会。24日，罗应光约请十四冶集团宁升功董事长、刘国强书记、王庆总经理，举行玉溪市东片区暨“三湖”生态保护水资源配置应急工程调研现场会，专题研究项目推进过程中出现的困难和问题。26日，罗应光约请云南建工集团陈文山董事长举行座谈会。双方就加强政企合作，在棚户区改造、基础设施建设等方面拓宽合作领域进行了磋商。27日，罗应光到党的群众路线教育实践活动联系点峨山县河外村委会鹏展村民小组开展驻村调研活动，并主持召开民情恳谈会。会议分别听取了峨山县、岔河乡、河外村和鹏展村民小组的情况汇报，认真研究了坚定不移推进“农业稳市”战略，抓好“三农”工作等问题，对具体工作作了安排部署。

10月21日，罗应光与云南省农村信用社联合社举行座谈。双方就加强合作，在服务三农、产业发展、基础设施建设等方面拓宽合作领域进行了磋商，对合作事宜达成了共识。同日，罗应光与浦发银行昆明分行举行座谈。双方就加强银地合作、支持玉溪经济社会发展、实现银地共赢进行了广泛交流。23日，罗应光与民生银行昆明分行举行座谈。双方就加强合作，在滇中一体化、新型城镇化建设、高原特色农业建设等方面拓宽合作领域进行了磋商，对合作事宜达成了共识。30日，罗应光约请十四冶集团党委书记刘国强及总经理王庆举行座谈。会议就加快东片区暨“三湖”生态保护水资源配置应急工程建设，确保主体工程实现2015年1月31日前顺利安全试通水目标相关事宜进行研究，对具体工作作出了部署。

【上级领导视察调研】 2014年1月4日至5日，中国水利水电设计总院副总工程师、教授级高级工程师关志诚率相关水利、电力专家，现场考察玉溪市东片区暨“三湖”生态保护水资源配置应急工程建设情况，对工程技术措施进行现场指导，进一步完善规划设计，加快推进工程建设，确保按期实现试通水。15～16日，由解放军第二炮兵副司令员吴国华，全国人大华侨委员会委员、解放军第二炮兵原副司令员张余亭，解放军第二炮兵装备部政治委员牛炳祥等组成的解放军第二炮兵十二届全国人大代表视察组来到玉溪，对玉溪市经济社会发展、依法行政和公正司法，以及支持国防和军队建设、加强军政军民团结情况进行视察。16日，副省长丁绍祥就玉溪重点公路建设情况进行调研，走访慰问奋战在公路建设一线的工作者。强调，希望玉溪把晋红、晋江等几条高速公路建成高效、优质工程，为全省公路建设提供经验。

2月28日，省政协副主席喻顶成率驻滇全国政协委员视察团到玉溪市视察抚仙湖保护与开发工作。视察团表示，此次实地视察后将结合实际情况，在全国两会期间提交关于抚仙湖保护的高质量提案，促进和推动抚仙湖保护与开发。

4月11日，工业和信息化部部长苗圩率领调研组到红塔烟草（集团）有限责任公司、云南沃森生物技术股份有限公司进行调研，苗圩对玉溪市坚持走新型工业化道路，大力发展生物产业等战略性新兴产业给予肯定，勉励玉溪要继续加快产业结构调整，大力发展战略性新兴产业，加快推进信息化和工业化“两化”融合、深度发展，把企业发展好，把产业发展好，实现转型升级，推动经济发展。21日，省委副书记、省长李纪恒率队到玉溪调研烟草工作。李纪恒对玉溪市坚定不移地实施两烟富市战略、全力抓好烟草产业的思路、举措给予了充分肯定。强调，全省烟草系统要切实把思想和行动统一到省委、省政府的决策部署上来，进一步增强大局意识、责任意识和政治意识，把助力稳增长作为首要任务，履职尽责、奋发有为，敢于突破、勇于超越，继续当好全省经济发展台柱子和产业领头羊，为经济稳增长和增加烟农收入多作贡献。22日至24日，省人大常委会副主任、省总工会主席、省委第四督导组组长张百如到峨山县调研督导党的群众路线教育实践活动时强调，要进一步提高思想认识，聚焦“四风”，坚持立行立改，从群众最关心、最迫切的问题入手，着力解决关系群众切身利益的问题，解决群众身边的不正之风问题，把改进作风落实到基层，真正让群众受益，确保教育实践活动取得实实在在的成效。

5月13日，省委书记秦光荣就认真学习贯彻习近平总书记在兰考县调研时的重要讲话精神，推动教育实践活动与经济社会发展相促进问题到玉溪开展调研。强调，开展党的群众路线教育实践活动，既要聚焦作风建设，又要统筹兼顾，与推动发展结合起来，与深化改革结合起来，与富民强滇结合起来。让老百姓过上更美好的生活是我们党执政的根本目标，要通过教育实践活动，引导党员干部打破思想桎梏和利益藩篱，找到差距和不足，把活动中迸发出来的热情和进取精神转化为推进改革发展的强大动力，以改革创新谋划发展、以优良作风推动发展、以改革发展实效检验活动成果。13日至14日，副省长和段琪率省级相关部门到玉溪市开展稳增长保安全督查，帮助玉溪查找梳理当前经济工作和产业发展中存在的问题，并力促这些问题的解决，实现经济稳增长、生产保安全目标。和段琪指出，当前，经济下行压力巨大，如何扭转这一局面，首先要查找问题、正视问题、研究问题，并通过实实在在的工作解决问题，实现稳增长保安全。20日，省政协主席罗正富在玉溪市澄江县调研抚仙湖保护、治理与开发工作时强调，要制定全方位、高水平、高定位的抚仙湖保护治理规划，统筹处理好保护治理与开发的关系，制定严格的保护措施，长期稳定保持抚仙湖Ⅰ类水质，努力创造云南高原湖泊保护治理与开发统筹兼顾的“抚仙湖经验”。23日，中共中央政治局委员、中央党的群众路线教育实践活动领导小组副组长赵乐际在玉溪市调研教育实践活动开展情况。强调，要深入学习贯彻习近平总书记在指导兰考县委常委班子专题民主生活会时的重要讲话精神，落实“三严三实”要求，严肃认真开展批评和自我批评，切实解决“四风”突出问题，确保教育实践活动取得人民满意的成效。27日至28日，由住建部总工程师陈重带队的国务院推进义务教育均衡发展第六督查组第二督查小组到玉溪市督查义务教育均衡发展推进工作。

6月4日，省委常委、省委统战部部长、省委宗教工作领导小组组长黄毅到玉溪市调研伊斯兰教工作。强调，各级各部门要把规范伊斯兰教经文学校（班）办学管理工作，作为当前宗教工作的一项重要任务，全面落实好中央和省委的有关部署，坚定不移推进规范管理工作，维护和促进全省宗教关系和谐发展。7日，国家水利部副部长李国英到玉溪市调研水利建设暨抚仙湖保护治理工作情况。实地察看了抚仙湖入湖河流抚澄河的综合整治、抚仙湖北岸湿地建设情况等，详细听取玉溪市东片区暨“三湖”生态保护水资源配置应急工程、抚仙湖保护治理推进情况的汇报，对玉溪加快水利建设，实现水资源可持续利用，推进生态市建设表示赞赏。强调，要重视流域森林生态系统保护，截污、消污与科学规划建设湖滨湿地相结合，加大维护运行力度，按照自然规律开展湿地恢复，制定严格的保护措施，长期稳定保持抚仙湖I类水质。16日，省九湖水污染综合防治督导组组长、省人大常委会原常务副主任牛绍尧，省九湖水污染综合防治督导组副组长、省人大常委会原常务副主任晏友琼一行到玉溪市，查看抚仙湖保护治理工作。18日至19日，副省长丁绍祥在华宁县指导县委常委班子专题民主生活会时强调，要坚持从严从实的要求，持续深入地抓好整改，进一步提升县委常委班子的工作水平，以教育实践活动的成果推动经济社会发展，让群众得实惠。

7月2日，省人大常委会副主任王树芬率省人大常委会执法检查组到玉溪市检查《中华人民共和国政府采购法》和《云南省政府采购条例》贯彻落实情况。检查组要求进一步提高认识，继续加强学习宣传，认真贯彻一法一条例，不断规范政府采购行为，强化对政府采购的监督，推进政府采购信息公开。4日至5日，玉溪市委常委班子党的群众路线教育实践活动专题民主生活会召开。中央第4巡回督导组副组长李川，省委群众路线教育实践活动领导小组副组长、省委常委、省纪委书记辛维光，省委第4督导组常务副组长盛云富与15名市委常委围坐在一起，全程参加并指导了本次专题民主生活会。

8月14日，副省长和段琪率省级相关部门到玉溪，督查稳增长促改革调结构保安全惠民生政策措施落实情况，帮助玉溪市查找梳理当前经济工作和产业发展中存在的困难和问题，促进稳增长促改革保安全惠民生目标的实现。15日，国家科技部农村司综合计划处处长高旺盛率中科院有关专家到玉溪调研玉溪市申报国家农业科技园区工作。专家组查看了祥馨农产品种植基地、云南猫多哩集团食品有限公司、云南贡润祥茶产业开发有限公司发展概况，深入江川、澄江调研庄园经济、抚仙湖保护，认为，玉溪通过强有力的科技支撑，省级农业科技示范园形成了以园带园、以园带点、点面结合的发展态势，推动了全市农业产业化发展，对全省农业产业化发展起到了示范带动作用。27日至28日，副省长刘慧晏到玉溪市就工业转型升级和高原湖泊保护治理工作进行调研，充分肯定了玉溪市在推进工业转型升级中取得的成效，强调要奋力推进工业转型升级，扎实抓好高原湖泊保护治理工作。

9月9日，副省长张祖林调研玉溪市中心城区重大项目建设情况。张祖林对中心城区各个重大项目建设推进情况给予充分肯定，对项目建设中的一些细节提出要求，希望市委、市政府继续以重大项目为抓手，推进新型城镇化，抓好生态建设，不断提升环境质量，增进广大人民群众福祉。17日，省政协副主席、省工商联主席喻顶成到玉溪市，就贯彻落实省委、省政府扶持、培育小微企业优惠政策，促进产业发展进行调研。喻顶成希望玉溪进一步加大工作力度，把省委、省政府相关政策全面落实到位，让更多的小微企业受益，更好地体现出对小微企业发展的支持。17日至18日，省政协副主席罗黎辉带领部分政协委员和相关专家，视察澄江化石地世界自然遗产保护利用情况。视察组对澄江化石地世界自然遗产的保护利用工作所取得的成效给予了充分肯定。罗黎辉要求充分认识澄江化石地世界自然遗产资源的价值，处理好保护与利用的关系，在保护中开发，在开发中保护。20日至21日，国家发改委农经司司长高俊才率队到玉溪市澄江、江川和通海等地，调研玉溪“三农”工作和抚仙湖、星云湖保护治理工作等。高俊才希望在下一步的工作中，玉溪继续深化改革，加大工作力度，采取有效措施，着力在技术、投入和体制上下功夫，把纳入各级规划的项目实施好、建设好，大力发展节水、高效、减排农业，通过各项节水措施减少入湖污水量，降低入湖污染负荷。同时，要抓好农村饮水安全工程，提高农村群众饮水安全水平，全力做好“三农”和湖泊保护治理工作。23日，国家科技部农村司司长陈传宏、省科技厅巡视员李树杰率国家、省相关部门负责人到玉溪市部分县区、企业进行“十三五”科技发展规划编制调研。调研组到红塔集团生产车间、贡润祥茶厂、猫哆哩集团公司、澄江玉溪庄园等一批农业优势产业龙头企业进行调研。对玉溪农业科技园区采取综合规划、统一指导、区域布局、分布实施的方式给予好评，对构建从田间到餐桌的全产业链有机农业产业体系，完善农业生产各链条服务，推进现代农业集约化生产模式等给予充分肯定。

10月11日，副省长丁绍祥到玉溪调研污水处理和城市建设情况时强调，全年污水减排目标的实现仍然面临着严峻形势，各职能部门要紧盯全年目标不放松，狠抓第四季度，以破釜沉舟的决心促减排。要充分认识到城镇污水处理配套管网建设在减排任务实现中的重要性；要加大配套管网建设力度，转变观念，克服等待观望思想，创新融资方式，开拓融资渠道，确保建设资金到位；要对玉溪全市11个污水处理厂逐个进行深入分析，总结教训，推广经验；要明确相关领导和污水处理厂之间的一对一责任制，实现任务落地，责任到人；要严格目标考核和责任追究，对不能克期完成任务的部门和个人进行切实问责。16日，武警云南总队司令员王诚就武警玉溪支队迁建项目进行调研。强调，部队迁建不仅是玉溪城市发展的需要，也是部队自身的需求。迁建项目要在细节上下功夫，确保安全、质量，注重外观形象，体现部队建筑庄重大方的特点；部队与地方要进行协调统筹，确保按期完成支队搬迁工作。27日至29日，省委常委、常务副省长李江到玉溪市就发展高原特色农业、工业转型升级等进行调研。强调，要深入贯彻落实全省一至三季度经济形势分析会精神，坚定信心，勇于担当，全力冲刺，推进重大项目建设，加快产业发展步伐，争取全年经济社会发展取得更好成绩。30日，文化部副部长、国家文物局局长励小捷到玉溪市就文物保护及文物资源开发、利用工作进行调研。励小捷对澄江化石地保护及开发利用工作给予充分肯定，要求市、县两级进一步加强澄江化石地的保护和管理工作，坚持“保护为先、科学开发”的理念，保护好、管理好、利用好澄江化石地这一世界自然遗产资源；要高起点、高标准、高水平推进化石博物馆建设项目，进一步完善项目功能定位，充分利用数字化手段和声光电形式进行科普；在博物馆的藏品收集上要提前准备，拓展思路，保证藏品数量、质量。

11月5日，武警云南总队政委张桂柏到玉溪就武警玉溪支队建设及迁建项目进行调研。指出，玉溪在全省发展中具有特殊地位，武警玉溪支队迁建项目的实施让玉溪支队在全省武警支队建设中迈出了一大步，成为全省支队建设的样板。要求武警玉溪支队在加强硬件建设的同时，干出一流业绩，建设成为全省一流武警支队，为地方经济发展、社会稳定再立新功。18日至20日，省九湖水污染综合防治督导组副组长晏友琼一行到玉溪市的杞麓湖、抚仙湖、星云湖水污染综合防治工程现场，实地调研“三湖”水污染综合防治工作，检查督促省政府现场办公会贯彻落实情况、“十二五”规划水污染防治工作完成情况和湖泊保护治理成效。充分肯定了玉溪“三湖”保护治理工作所取得的成效。20日，全国人大法律委员会副主任委员安建率调研组到玉溪，就广告法修订开展专题调研，广泛听取相关方面对广告法修订的意见和建议。安建对玉溪市贯彻实施广告法所做的大量卓有成效的工作给予充分肯定。

12月9日，国家科技部农村技术开发中心研究员王忠祥、省科技厅巡视员李树洁率国家农业科技园区协同创新战略联盟专家组，深入江川、澄江对玉溪创建国家农业科技园区进行考察质询，并充分肯定了玉溪市创建申报国家农业科技园区所做的各项工作。20日，新华社副秘书长姚光一行，到澄江县实地调研抚仙湖保护治理、高原特色现代农业建设等情况。姚光一行对玉溪庄园的建设和管理运作模式给予充分肯定，希望玉溪通过积极发展高原特色农业，探索现代农业新路，补齐农业产业短板，增强农业竞争能力，促进农民持续增收。

【调研工作】 2014年，市委办公室围绕市委中心工作和重点工作积极主动开展调查研究，充分发挥了“三部一机构”职能作用。按照“全、真、实、活”原则，年内重点对玉溪市东片区暨“三湖”生态保护水资源配置应急工程建设、全市综合交通建设、市委党校校园改扩建工程建设、抚仙湖保护、绿化造林、美丽乡村建设等涉及玉溪经济社会发展的重要工作认真开展了调查研究，形成了一批有重要参考价值的调研报告和调研成果。全年完成各类调研材料60余篇，刊发《综合与调研》3篇，其中，市委原书记张祖林对《玉溪造林绿化工作成效及发展建议》的调研报告给予了充分肯定，并作出了重要批示，为领导决策提供参考依据，成效明显。

【信息工作】 2014年，将党委信息工作纳入了全市目标任务综合考评进行考评，围绕履行“站岗放哨”和“参谋助手”两大职责，不断拓宽信息渠道，整合信息资源，提高信息报送时效，提升信息服务质量，全年未出现信息疏漏、重大偏差等。全年选派了2人到省委办信息处顶岗学习，对县区及市直部门进行信息业务培训20余次，安排10人到市委办信息综合室顶岗学习；全年共编辑出刊《玉溪重要信息》55期、《工作情况交流》15期、《信息专报》17期；各县区、市直各部门共向市委办公室报送信息10 913条，被市委办采用2 509条；共向省委办报送信息3 786条（含红塔区、易门县2家直报点），被省委办采用338条、中办采用112条，其中市委办公室上报1 818条，被省委办采用166条、中办采用43条，州市积分排名第8名。其中，《打出“组合拳”促进旅游经济转型升级跨越发展——新平县打造“昆玉红旅游文化经济带”重要支撑的做法》、《玉溪市“四个坚决”确保党的群众路线教育实践活动取得实效》、《峨山县“常回乡大走亲”活动初见成效》、《保护优先全力攻坚——玉溪市银政合力创造高原湖泊保护的“抚仙湖经验”》、《滇剧保护传承的困难问题》等信息得到了省市委领导的肯定，省委主要领导作出批示1条次，市委主要领导作出批示12次。

【OA系统推广】 牵头完成了党群口相关部门OA系统推广运用工作，通过制发通知、听取意见建议、上门指导培训、督促检查等方式，全力推进党群口相关部门OA系统运用，截至2014年6月6日，党群口54家单位OA系统平台全部完成部署并开始应用，其中，市委办OA系统2014年共办理各类文件5 701份（办理文件2 713份、传阅文件887份、信息发布2 101条），短信邮件3万余条，节约了办公成本，提高了办公效率。牵头协调完成玉溪市高清视频会议系统整改工程，根据领导指示精神，通过与市电信公司、市工信委网管中心沟通协调，及时提出玉溪市高清视频会议系统整改方案，通过与省委办信息技术中心协调对接，同意级联并给予技术支持，整改工程于2014年9月完成，形成了省到市“一主两备”三路信号同时接入A309主控机房，确保能畅通顺利承接召开中央、省市组织的各类视频会议。根据四届市委第61次常委会议精神，于2014年4月30日完成了市委机关党务公开平台建设任务，平台硬件主要包括一块2m×1.5m LED电子显示屏、两台32寸落地式触摸屏，LED电子显示屏主要用于公开市委重要决策部署、重要会议精神、领导讲话等内容，触摸屏显示主页为玉溪网玉溪市委机关党务公开专题栏目，供查询市委机关各类党务公开信息。

【办文办会工作】 2014年，市委办公室公文处理严格执行《玉溪市贯彻〈党政机关公文处理工作条例〉实施办法》，严把公文出口关，即严把行文关、格式关、手续关和时效关，同时按照市委“八要”相关要求，精简文件，全年共核发玉发、玉办发文件141件，同比减少28件，玉报、玉办报文件15件，同比减少41件，明传电报181件，同比减少25件，无错漏、无延误。认真办理各类来文，把好公文入口关，坚持全面阅读来文内容、详细了解背景材料、深入研判精神要求，做到拟办意见切实可行，共办理中央、省及省直机关来文351件；县（区）及市属部门来文全部转入电子公文协同办公（OA）系统，并按照《中共玉溪市委办公室关于进一步规范公文报送工作的通知》要求，认真对来文进行审核，网上办文发文共1 351件，极大提升了公文处理效率、减少了公文纸质处理成本。办理市委书记批示件共856件（张祖林书记批示件738件、罗应光书记批示件118件）、秘书长批示件23件，对相关县（区）及部门提出明确要求，并转督查室对办理情况进行跟踪督促检查。严格执行总值班室24小时值班制度，全年无脱岗和擅离岗位现象，确保了节假日和下班时间办公室工作的正常运转；做好非正常上班时间急件及突发事件的办理工作，全年共办理领导专项指示、重要电话记录86件次，处理急件120件，参与处置通海县禽流感疫情、溺水事件等突发性事件21件。

办会工作，严格按照中央、省市相关规定，抓会前筹备、抓会中服务、抓会后总结，以服务市委全会、党代会、人代会、市委工作会为重点，严控会议规模和数量，控制压缩会议经费，积极探索会议工作的特点和规律，努力提高会议的组织协调服务工作水平和质量。年内圆满完成了市委四届四次五次全会、市委工作会、市委经济工作会、市委中心组理论学习、市委民主生活会、全市领导干部大会及以市委名义召开的大中型会议40余次，筹办四届市委常委会37次。会务工作切实做到会前慎密思考，制定周密工作计划；会中注重细节，精心组织实施；会后认真总结，查找不足，不断提高完善，保证了会议质量和效果。

【督查工作】 2014年，市委督查室围绕全市工作大局和市委重大决策部署，坚持“突出重点、解决难点、抓住关键、建章立制、规范程序、不断提升督查工作水平”的工作思路，不断健全完善督查工作机制，扎实有效推动省、市委重大决策和中心工作的贯彻落实。1.加大跟踪督办力度，顺利完成中央、省市委重要会议及工作部署的决策督查，有力推动了各项重点工作的落实。2.抓好领导批示件的督办落实。共办理领导批示件691件，办结689件（其中备案件58件），办结率99.7%。组织完成2013年、2014年市委原书记张祖林批示件和办理情况整理选编发行工作。3.围绕全市重点、热点、难点问题，开展各类督查50余次，有力促进相关工作有序推进。4.组织完成2014年度上半年目标考评工作，督促党群部门按时完成25件政协委员提案办理。5.对各县区、各部门贯彻落实市委重大决策部署情况适时进行通报。共编发《督查专报》43期、《督查专报》增刊22期、《督查通报》5期、《督查工作》28期。6.制订《玉溪市2014年度党委系统督促检查工作考评办法》，出台《中共玉溪市委督查室工作管理补充规定（试行）》，不断健全完善督促检查工作考核评价机制和内部管理制度，夯实督查工作基础。

（市委办）

组织工作

【全市党的群众路线教育实践活动】 2014年，按照省委统一部署，玉溪市党的群众路线教育实践活动于2月10日启动，全市共有4个市级领导班子、98个市直单位、9个县（区）、74个乡（镇、街道）、695个村（社区）、8 172个基层党组织、1 232名副县级以上干部、12.6万名党员参加。市县组织部门全员参与、全程投入，认真履责，提前调研摸底制定方案、提前组建机构和督导组、提前开展培训，精心策划载体和抓手，以随机调研、召开调度会等形式，了解掌握每个环节进展情况，发现问题及时纠偏。全市各级党组织在督导组的严督实导下，坚持领导带头示范，紧

2014年10月10日，全市党的群众路线教育实践活动总结大会召开
（组织部　提供）

扣实际抓学习，聚焦“四风”找问题，打开大门听意见，真刀真枪开展批评和自我批评，立行立改兑现承诺，解决了一批群众反映强烈的突出问题，取得了一批重要制度成果、实践成果。全市各级各部门废止制度规定2 106项、修改6 416项、新建5 833项；3 869名领导干部在“整改清单”中列出4.89万条整改措施，已全部整改完成。中央组织部部长赵乐际等中央、省级领导对玉溪市开展群众路线教育实践活动的做法和成效给予了充分肯定；省委第四督导组评价玉溪市的教育实践活动走在了全省前列；干部群众对全市教育实践活动开展情况总体评价“好”和“较好”达99.47%，对解决“四风”问题特别是群众反映强烈突出问题总体评价“好”和“较好”达98.94%。

【县区“两会”人事选举】 2014年，八个县区召开了人代会、政协会第二次全体会议，补选产生了6名县政府县长、1名县政协主席、1名县法院院长和2名县政协副主席。

【市管领导干部年度考核】 2014年，对九个县区和105个市直部门和单位的1 146名市管干部2013年度工作进行考核，其中县区344名、市直单位和部门802名，评为优秀的225名、称职的912名、基本称职的2名、不定等次的7名。

【学习贯彻《干部任用条例》】 2014年，把新修订的《干部任用条例》纳入各级党委（党组）中心组专题学习内容，纳入各级党校、行政学校教育培训内容，纳入组织人事干部培训的常规内容，开展了“中心组专题学、领导干部带头学、组织人事干部深入学”为主要内容的“三学”活动，实现各级党委（党组）书记、组织人事干部全覆盖；举办了全市学习贯彻《干部任用条例》暨干部考察员、监督员培训班，对280余名组织人事干部进行集中培训。

【干部人事制度改革】 2014年，研究起草深化党的建设制度改革实施方案、2014年工作要点、专项小组工作规则和办公室工作细则，启动制度“废、改、立”工作。制定出台市管领导班子和领导干部综合考核评价“一个意见、两个办法”、市属企业领导人员管理规定。修改完善干部选拔任用工作流程，编制《玉溪市干部工作业务操作规程》、《玉溪市县（区）委书记推荐、考察、任免工作流程》、《玉溪市省管干部涉及市管职务任免工作流程》等制度流程，强化干部选任基础工作。强化注重基层导向，把“基层工作经历”和“基层领导工作经历”作为选任县（处）级领导干部的重要任职资格条件，明确基层工作经历不满两年的干部，不得提拔担任科级及以上领导职务；市级党政机关补充公务员，除有特殊规定的岗位外，均要坚持从具有两年以上基层工作经历的干部中遴选。

【选派年轻干部到基层挂职锻炼】 2014年，从市直35个党政群机关选派了102名无基层工作经历或不满2年的科级年轻干部到乡镇（街道）、村（社区）、工业园区等基层单位和生产一线挂职锻炼。

【举办青年干部培训班】 2014年，从九个县区、20家市直单位的科级年轻干部、大学生村官进乡镇党委班子科级干部及选调生中择优遴选52名干部，在市委党校举办第十四期青年干部培训班。学员年龄最小的24岁，平均年龄30.9岁，全部为大学本科以上学历，女干部23名占44.2%，少数民族干部11名占21.2%，党外干部4名占7.7%。

【干部教育培训】 2014年，制定实施“干部教育培训五年规划”和年度计划，抓好各级领导干部和党员对党的十八届三中、四中全会和习近平总书记系列重要讲话精神的学习培训，全市共举办各类培训2 800余期，培训党员干部23.5万余人次。选派425名干部到省级以上干部培训机构参加76个重点专题班次的学习，组织7 000余人（次）县处级以上领导干部同步参加9讲云南省领导干部时代前沿知识讲座，督促5 800余名学员开展在线学习，邀请金一南、高钢等知名教授学者为2 400多名干部作专题讲座。举办城镇化规划与管理、乡村干部示范班等8期培训班，培训干部1 400余名。

【干部挂职锻炼】 2014年，选派2名处级以上干部到中央国家机关、上海挂职9个月，完成省委办公厅、省人大财经委员会、民盟云南省委、省发改委、省文化厅、省国资委6名省直部门处级挂职干部接收及3名挂职期满干部的回收和鉴定工作。

【干部日常管理监督】 2014年，对九个县区和96个市直单位领导班子运行、“四类”干部培养选拔情况进行调研分析。四个县区党委和32个市直单位党组（党委）开展干部选拔任用“一报告两评议”工作。规范领导干部个人有关事项报告工作，全市所有厅级领导干部、县级领导干部分别向省委、市委报告了个人有关事项，对48名领导干部个人有关事项报告信息进行抽查核实，对18名领导干部开展任期经济责任审计，对5名领导干部进行了函询。组织开展执行干部选拔任用政策规定、领导干部参加“天价”培训清理整顿、超职数超编制超规格配备干部、规范党政干部在企业兼职任职和退（离）休领导干部在社会团体兼职、清理核实“裸官”、“带病提拔”干部倒查等多项专项检查治理工作。

【招商引资和争取上级资金绩效考核】 制定《玉溪市2014年度招商引资工作实绩考核办法》和《玉溪市2014年争取上级资金工作考核办法》，每季度对九个县区和市直31家单位开展实地考核。2014年，共认定内资项目1 094个，认定实际到位的市外国内资金608.44亿元，其中市场资金569.66亿元、政府资金38.78亿元，完成年度目标任务的106.74%。认定外资项目15个，认定实际利用外资7 438万美元，完成年度目标任务的100.11%。

【健全人才工作政策】 2014年，认真落实省委文件精神，制定出台《关于创新体制机制加强人才工作的实施意见》和《玉溪市人才引进办法》2个政策文件，人才工作领导小组成员单位结合职责制定了《玉溪市人才发展专项资金使用办法（试行）》、《玉溪市“三区”人才支持计划文化工作者专项实施方案》、《玉溪市优秀贫困学子奖励实施办法》、《关于2014年度事业单位岗位设置管理有关问题的补充通知》等一批配套办法，为推进中长期人才发展规划实施、建设适应玉溪发展需要的人才队伍提供了政策支撑。

【实施重点人才培养工程】 2014年，挂牌成立江川县“孙宝国院士”、易门县“田禾院士”、新平县“余永富院士”等3个院士工作站。玉溪大营街正式授牌为中组部、农业部全国农村实用人才带头人培训基地，玉溪高新技术产业开发区被确定为省级第二批高层次人才创新创业示范基地。向上级推荐23名优秀人才参加各类评选表彰，实施市级名师、名医、名家及中青年学科技术带头人、重点产业领域专业人才等5项培养储备工作，实施企事业单位职工职业技能提升、社会工作人才培训工程和优秀贫困学子奖励计划，对市委联系专家进行调整充实。与清华大学建立合作关系，积极寻求人才招聘、培训、实习合作机会。

【公务员、选调生及大学生村官队伍建设】 2014年，完成88名党群口普通公务员、法检系统公务员、村干部及大学生村官定向考录乡镇公务员和选调生的考试录用工作。加强选调生培养，推荐2名选调生到插甸挂职锻炼、2名到市委组织部跟班学习，组织11名选调生报名参加省委组织部公开遴选工作人员。出台《玉溪市大学生村官考核实施细则》，健全结对帮带、工作例会、请销假等制度。完成2011年选聘的53名在岗大学生村官届满聘期考核及2014年153名大学生村官的选聘工作，保证了队伍稳定、规模适度、动态平衡。举办2014年新选聘大学生村官培训班，推荐2名大学生村官入选云南省“三区”人才支持计划文化工作者。

【开展试行乡（镇）党代会年会制工作】 2014年，确定13个乡（镇）开展试行乡（镇）党代会年会制工作，各试点乡（镇）制定了工作实施方案和相关配套制度，召开了2014年党代会年会，全市共有800余名乡（镇）党代表参加乡镇党代会年会、接受代表培训，听取和审查乡（镇）党委、纪委工作报告，听取和审查党费收缴、使用情况的报告，听取乡（镇）党委领导班子成员述职、述廉，并对党委领导班子及其成员进行了民主评议和测评。

【慰问困难党员、老党员、老干部】 2014年，中央、省委、市委下拨27万元党费，全市各级党组织共筹集357.55万元，开展走访慰问困难党员、老党员、老干部活动，共慰问11 406人，其中困难党员4 547人、老党员135人、老干部4 041人。下拨市级农村困难党员关爱行动补助经费290.3万元，对19 557名60岁以上农村老党员实行每人每月不少于20元的定额补助。

【开展纪念建党93周年系列活动】 2014年“七一”期间组织开展建党93周年纪念活动，各级党组织开展走访慰问、上党课、服务基层群众活动，组织了文艺活动、演讲征文比赛、图片展等形式多样的系列主题庆祝活动。

【县乡党委书记抓基层党建工作述职评议考核】 2014年3月16日，以“抓基层党建最满意的三件事和最不满意的一件事”为主要内容，在全省率先开展2013年度县（区）委书记抓基层党建工作述职测评；市级评议考核后，各县区也组织全市74个乡（镇、街道）党（工）委书记开展专项述职测评。12月3日，根据中央和省委统一部署，市委召开第87次常委会议，听取各县区委书记2014年度抓基层党建工作述职，开展现场评议，及时反馈述职评议情况；1[illegible]～18日，各县区相继召开常委会，听取乡镇（街道）党（工）委书记抓基层党建工作述职并开展评议考核。

【整顿转化软弱涣散基层党组织】 2014年，以农村、社区基层党组织为重点，确定了694个软弱涣散基层党组织开展集中整治，122名市级、县级党员领导分别挂钩联系79个软弱涣散村（社区）党组织，“一对一”联系帮扶全程指导整顿，共调整撤换64名软弱涣散党组织书记，选优补齐基层党组织班子成员48名，通报基层党组织和党员干部违法违纪问题11起。

【推行党员积分制管理】 2014年，在全市基层党组织全面推行党员积分制管理工作，按照“1+X”的模式（“1”基础分，“X”加分和扣分），对党员设岗位、定职责，按岗确定基础分，量化加分项、扣分项，按照申报登记、每季度审核公示、年底考核的程序量化积分，作为年终党员评定等次的主要依据，对党员进行奖惩，激励广大党员立足岗位发挥先锋模范作用。

【在职党员到社区报到为群众服务】 2014年，组织全市972个机关事业单位、29 588名在职党员到社区报到服务群众，开展“五个一”服务，即每年至少认领1个服务项目、开展1次民情恳谈、参加1次社区主题服务月活

2014年11月17日，中组部组织二局副局长张金豹（右二）到玉溪市红塔区北苑社区调研在职党员到社区报到服务群众工作

（组织部　提供）

动、参与1次公益性活动、向社区提出1条有价值的意见建议，单位和党员报到率分别达到93.82%、95.16%。

【强基惠农“合作股份”工作】2014年，全市确定开展“强基惠农”合作股份项目87个，整合投入项目资金1 847万元，部分项目取得良好收益，壮大了集体经济，带领当地群众走出了一条致富路。玉溪市作为唯一一家州市代表在全省强基惠农“合作股份”暨“红色信贷”工作培训班上作案例教学，全市5个试点经验做法被编入《云南省“合作股份”试点工作案例选编》，新平县桃孔村蔬菜育苗基地、新甸村肉牛养殖等4个项目作为全省现场教学观摩点。

【基层党员带领群众创业致富贷款工作】2014年，全市审批发放“基层党员带领群众创业致富贷款”5 400万元，市级财政给予借款人首年贷款利率3个百分点的财政贴息，部分县区结合实际，再贴息2%～3%，带动了1 600多名党员群众创业致富。

【扶贫开发和基层党建整乡“双推进”工作】2014年，在华宁县通红甸乡、新平县者竜乡开展扶贫开发和基层党建整乡“双推进”工作，新建党支部1个，投入50万元修缮村级组织活动场所4个；投入309.2万元新建、修缮村民小组活动场所18个；开展“合作股份”项目7个，投入资金50万元，消除集体经济空壳村3个；发放“基层党员带领群众创业致富贷款”100万元，惠及党员13户、群众1户。

【村（居）民小组党员活动室建设】2014年，从全市931个有公房、有党支部、无党员活动室的村（居）民小组中筛选450个，开展第四批村（居）民小组党员活动室建设，市级每个补助8 000元，县区按不低于1：1的比例配套建设资金。

【规范村（社区）挂牌管理】2014年，全面开展规范村（社区）挂牌管理，市委印发了《关于规范村（社区）挂牌管理的通知》，从规范挂牌管理工作的原则、组织机构的挂牌管理、服务场所挂牌管理、奖状奖牌和荣誉称号的挂牌等方面提出了明确要求。各县区于2014年9月全面完成了村（社区）规范挂牌工作。

【干部直接联系服务群众】2014年，制定出台了《玉溪市干部直接联系和服务群众制度》，全市各级各部门均建立了基层联系点，全市3.5万名党员干部直接联系服务群众10.63万户，实现市、县机关党员干部联户全覆盖，帮助群众解决实际困难1万余个。

【新农村建设指导员和常务书记选派管理】2014年，选派了第八批770名新农村建设指导员驻村工作，其中是中共党员的620名兼任村（社区）党组织常务书记，指导员不是党员的派出单位明确了73名党员干部到挂钩联系村担任常务书记，实现全市村（社区）指导员和常务书记全覆盖。对2013年度新农村建设工作中涌现出的6名总队长、10名优秀工作队队长、50名优秀指导员、30名优秀常务书记、43个先进派出单位进行了表彰。

【党员干部现代远程教育】2014年，出台《玉溪市党员干部现代远程教育工作管理办法》，明确党员教育重点学习内容，组织党员开展集中学习或点播学习，督促抓好终端站点每月1天“理论学习日”制度落实。运用手机媒介向3 000多名党员干部发送党建手机报，共编发信息42期378条。开设玉溪党员学习微平台，向全市党员、干部发送选读专题156个、信息781条。

【基层党组织综合服务平台建设】2014年，在红塔区、易门县和元江县启动四级综合服务平台项目建设工作，推动远程教育网络由单一教育平台向综合服务平台转型。红塔区、易门县、元江县首批分别建设服务站（点）41个、24个、32个。

【组织工作宣传】2014年，积极协调中央和省、市级主流媒体宣传推广组织工作特色亮点和典型经验，玉溪“六抓六促”强化基层服务能力的经验在《光明日报》（2014年5月1日5版）上刊发，《云南省玉溪市开展争当“美丽玉溪服务先锋”活动》在中组部《党建研究》2014年第09期上刊发，峨山县推行的“常回家大走亲”经验文章《零距离接地气面对面解民忧》被中央政策研究室主办的刊物《学习与研究》（2014年第6期）刊发。在玉溪网首页开设组织工作宣传评论专栏“党建时评”，全年刊发评论文章275篇。

【组织部门自身建设】2014年，采取讲党课、交流讨论、现场体验、观看专题片、感受教育等方式抓实市委组织部机关党的群众路线教育实践活动学习教育；采取座谈、个别访谈、公布征求意见方式、开通电子邮箱和QQ号、发放无记名征求意见表等方式，广泛征求意见，找准找实问题；以整风精神开好部领导班子专题民主生活会和支部组织生活会；坚持立行立改，实行销号管理，边学边查边改

8个方面17个项目、“整改清单”列出的28项整改措施，均全部完成整改。

在部机关全面推行随机调研制度，共开展随机调研147次，覆盖69个乡镇（街道）、147个村（社区）和180家机关企事业单位，收集意见建议1 285条，撰写调研报告42篇。在“四群”教育联系点实行“支部挂片、科室包组、干部联户”制度，定期组织集体劳动，开展“四访四看四帮”活动，组织部机关党员干部到社区报到服务群众，协调帮助联系点解决一批实际困难。组织开展以“四学四比”为主要内容的岗位练兵活动，每月举办一期“组工讲坛”，定期不定期邀请专家、学者、“老组工”作专题辅导和优良传统讲座，推行部领导讲专题党课。改进督查工作，对重点工作任务进行细化分解，每月列表跟踪督查通报，完成销号；对领导批示件、重要公文实行限时办结制。完成大组工网分级保护建设和玉溪市干部信息管理系统升级改造，建立政策文件共享和业务资料数据库，开通“玉溪党员学习微平台”和部机关微信群。

（詹道斌　迟荣友　吴刚　文天娥　杨刚）

宣传工作

【全市宣传思想文化工作会议】 2014年2月25日，全市宣传思想工作会议召开。市委书记张祖林出席会议并讲话。市委副书记、市长饶南湖主持会议。夏立洪、谢兴荣、黄宪庭、张玲、李洪云、李文斌、杨兴荣、姜山、叶本功、杨洋、汪燕平等领导出席。会议认真学习贯彻全国、全省相关会议精神，研究部署当前和今后一个时期玉溪市宣传思想工作。会议提出，要以习近平总书记重要讲话精神为指导，在思想上政治上行动上同以习近平同志为总书记的党中央保持高度一致，紧密结合玉溪实际，把握规律、落实责任、凝聚力量，努力把玉溪市新时期宣传思想工作推上一个新境界，为玉溪科学发展和谐发展跨越发展作出更大的贡献。会上，市委常委、宣传部部长杨兴荣安排布置了玉溪市今后一个时期宣传思想工作的具体任务。各县区委书记、宣传部长，中央、省驻玉单位领导，市级宣传思想文化系统干部参加会议。

【理论学习教育】 2014年，全市理论学习教育工作抓好理论学习、宣传、调研三个环节，推动理论学习教育工作的常态化、创新化和实践化。拓深理论学习。健全中心组学习制度，提出《全市县级以上党委（党组）中心组2014年理论学习安排意见》、《2014年在职干部理论学习计划》，市委中心组举行4次集中学习。完善《中共玉溪市委学习制度》形成制定主题、学习理论、专题调研、研讨对策、形成决策、推动工作的学习制度。把学习贯彻习近平总书记系列重要讲话精神引向深入，代市委起草《关于把学习贯彻习近平总书记系列重要讲话精神不断引向深入的通知》，提出六个方面的着力点和六项具体措施，扎实抓好督促落实。持续开展“读党报、强素质”和“爱读书读好书善读书”活动，制定下发《2014年玉溪市学习型党组织建设工作安排意见》，不断提高各级党员干部的学习实践能力，在《玉溪日报》开辟专版选登各级领导干部撰写的理论文章和学习心得300余篇。拓广理论宣传。打造红塔区“聂耳大众社区宣讲团”、通海县四街镇“老干部宣讲团”等特色宣讲队伍，组织市县区宣讲团，深入县区、乡镇（镇道）、村社区、企业、学校及市直各单位开展各类宣讲活动5 276多场次，受众46.47万余人。红塔区“聂耳社区宣讲团”和红塔区委宣传部朱瑜分别获得省委宣传部基层理论宣讲先进集体和先进个人称号。实施聂耳大众文化小分队行动，获第三届全省宣传思想文化工作创新奖，使党的创新理论走进千家万户。承办云岭大讲堂·玉溪讲坛12讲。拓实理论调研。制定下发《关于做好2014年全市宣传思想文化调研工作的通知》，提出5个方面调研重点及16个参考选题，组织召开2014年全市宣传思想文化系统调研和部刊工作座谈会，表彰奖励2013年全市宣传思想文化工作优秀调研成果。开展“玉溪精神”表述语征集活动，收到征文30余篇。

【舆论推动工作】 2014年，市委宣传部坚持从正面宣传、专题宣传、典型宣传、舆论引导四个方面入手，牢牢把握正确的舆论导向，为促进玉溪“三个”发展营造良好的舆论氛围。

正面宣传。以学习党的十八届三中、四中全会精神为主线，围绕市委、市政府中心工作，制定每个季节宣传报道方案，在市级媒体开展“美丽玉溪”、“认真学习贯彻习近平总书记重要讲话精神”、“认真学习贯彻十八届四中全会精神全面推进依法治市”等宣传栏目，突显宣传重点。采访各县区委书记、县长和12家相关部门主要负责人并在市级媒体“干在实处走在前列奋力推进玉溪跨越发展”专题栏目上刊播。着力丰富宣传载体，按照市委、市政府建设“省内一流、国内知名”网站的要求，整合网络资源，精心打造地方门户网站玉溪网，于3月29日正式上线运营，初步构筑起了新闻、政务、社区、商城四大版块的站群架构，形成网上网下互动的良好局面。加强新闻阅评员队伍管理，创新阅评工作机制，实行“组长负责制”，新闻阅评员以现场办公会形式深入到媒体工作一线实地开展阅评工作，现场发现问题、解决问题。

专题宣传。制发《玉溪市争当全省生态文明建设排头兵行动宣传报道方案》、《中共玉溪市委四届四次全体（扩大）会议宣传报道方案》等多个专题宣传方案，强化专项宣传的针对性。推出“聚焦玉溪集群经济”七篇系列报道深入报道玉溪市产业集群现状。制作禁毒、防艾公益广告在玉溪电视台播出，公益微电影《红灯停绿灯停》参与全国禁毒公益微电影大赛，荣获全国优秀奖、全省二等奖。招商引资、“俭约云南”建设、第三次全国经济普查、保障民生、党风廉政建设、社会治安综合治理等专项宣传全面推进。

典型宣传。结合群众路线教育实践活动，挖掘宣传玉溪市各行各业涌现出的先进典型，省级媒体宣传报道玉溪市云南省“最美干部”官建团、杨文华，民族团结进步边疆繁荣稳定示范区建设的先进典型官建团、余永清、李霁涛。组织市级新闻媒体开展对“玉溪好人”、“最美普查员”等玉溪先进模范的宣传报道。

舆论引导。完善工作制度，起草《玉溪市互联网领导小组工作职责》、《玉溪市互联网舆论引导县区工作职责》等6个制度和方案，进一步明确工作职责、规范舆情处理流程及市直各部门、县区的工作联动、预警和信息资源共享，形成了监测—预警—处置三位一体的涉玉网络舆情应对体系。通过网络舆情监控系统、加强同新华社合作、开发手机微信功能等科技化措施，形成了信息监测、报送和预警体系，实现舆情信息监测进一步常态化。舆情处置能力明显提升，积极指导和参与处置多起网络舆情事件，及时有效地协同相关部门对热点网络舆情进行引导、化解，平息网民情绪、消除媒体误解，为全市重点项目稳步推进营造了良好的网络舆论氛围。积极开展舆情调研和舆情信息工作的理论研究。2013年舆情信息工作取得重大突破，排名全省第三，2014年向省委宣传部报送舆情信息数和采用数保持较高水平。积极为市委市政府领导提供舆情信息服务。

【文化事业和文化改革】 2014年，全市文化事业蓬勃发展。文学创作取得新成果。报市委、市政府表彰了第七届文学艺术奖获奖作品42件。召开全市文艺创作座谈会对繁荣文艺创作进行安排部署。召开长篇作品题材规划会，出版《走进玉溪》，完成《文化玉溪》丛书编撰工作。文化精品不断涌现。整理上报玉溪市2013年获得全国性文艺奖项的优秀作品接受省委宣传部表彰，其中包括戏剧5部、舞蹈3部、摄影作品14部。原创滇剧《水莽草》获第十三届中国戏剧节五项大奖，获第十三届精神文明建设“五个一工程”奖，并在全省、全市开展公益巡回演出活动。冯咏梅、杨丽琼被评选为首批“云岭文化名家”，入选人数位列各州市之首。通海舞龙队获第十一届中国民间文艺“山花”奖。《阿哥小普》、《花鼓·花鼓》获第十届中国艺术节优秀演出奖。成功举办“中国梦之玉韵溪声”玉溪市2014国庆书法美术摄影展，评选出获奖作品300幅。公共文化活动贴近民生。加强“扫黄打非”工作，加强广播、电视及文化市场的监管，加大查处违规电台、电视、网络及文化市场的查处力度，维护文化市场的正常秩序。推进“村村通”、“户户通”、地方节目地面数字电视无线覆盖、有线电视进村入户、公益电影放映等项目建设，完成红塔区新兴影剧院五星级数字影院升级改造工程项目。扎实开展好春节文化系列活动、“三下乡”等文化惠民活动。不断完善城乡广播影视公共服务体系，全年组织放映农村公益电影5 000多场，观众人数将达50多万。推进“三馆一站”免费开放工作，建设大小文化广场1 000多个，组织文化惠民公益演出533场，处于全省前列。落实、论证国家级、省市级重点文物保护项目21项，14人入选省级非物质文化遗产传承人名录。继续推进楹联文化城市建设，澄江、易门获全国楹联文化县称号。文化体制改革稳步推进。市委成立文化教育卫生体制改革专项小组，认真研究部署全市深化文化体制改革工作，已完成《玉溪市深化文化体制改革实施方案》并获批实施。

【精神文明建设】 2014年，全市精神文明建设围绕培育和践行社会主义核心价值观这条主线，创新内容和载体，充分发挥精神文明在玉溪经济社会发展中的精神激励作用。社会主义核心价值观培育实现新突破。报市委常委会研究出台《关于培育和践行社会主义核心价值观的实施意见》、《玉溪市开展“弘扬美德提升素质”活动方案》，方案全面部署、分类细化、丰富载体，使社会主义核心价值观培育，培育在高处，体现在实处，贯穿到日常工作中。抓实善行义举榜建设和“俭约云南”行动，引领推动全市社会主义核心价值建设，红塔区善行义举榜建设和玉溪一小“俭约校园”创建工作受到了省委宣传部领导的高度评价，全省“俭约云南”暨善行义举榜建设现场会在玉溪召开。玉溪一小“俭约校园”创建工作，在《光明日报》、《人民日报》要闻版进行专题报道，8月25日，玉溪一小“俭约校园”建设经验和做法在中宣部“节约之星”发布会上作了发言，极大地激发了全市中小学争相学习的热潮。各县区全面开展善行义举榜建设，全市共立榜514个，上榜人数1.5万人。其中，红塔区建立各类善行义举榜300多个，上榜8 000余人，制榜内容涵盖机关、学校、企业、社区和窗口服务行业。华宁县把社会主义核心价值观“24个字”同基层农村实际紧密结合在一起，转化细化为24个好，贴近基层和群众，推动社会主义核心价值观在基层培育和践行。公民思想道德建设进一步加强。组织开展“我推荐、我评议‘玉溪好人’”活动，评选出20名“玉溪好人”。加强道德讲堂建设，开展骨干培训班，建设“玉溪市道德讲堂总堂”，推广“道德讲堂”手机客户端，指导市直各单位和县区开展道德讲堂，举办道德讲堂总堂2期，市直各单位开展道德讲堂36堂。以“讲文明树新风”公益广告宣传活动为载体，在市级媒体展播中央文明办创作公益广告409余篇（条），并在全市开展了“讲文明树新风”公益广告创意大赛作品征集活动。未成年人思想道德建设进一步提升。召开未成年人思想道德建设工作会，开展美德少年推荐评选工作，评选出第二届玉溪美德少年10名、第二届玉溪美德少年提名奖10名并进行表彰，向省文明办推荐4名省级美德少年候选人，玉溪四中卢灵倩首次登上“中国美德少年榜”，在中国文明网上展示。开展“童心向党”歌咏活动，各县区16个歌咏节目参加评选，红塔区玉溪一小、振兴学校和通海县兴蒙小学三个重点歌咏节目上报云南省文明办参加网上展播。继续推进乡村学校少年宫建设，对全市28个中央、省级乡村学校少年宫项目和3个市级乡村学校少年宫项目认真开展了交叉检查，召开玉溪市乡村学校少年

首届“玉溪好人”评选 （宣传部 提供）

宫建设现场推进会，举办了玉溪市第二届“聂耳杯”乡村学校少年宫才艺大赛，八县一区共27名选手参赛。群众性精神文明创建进一步深化。开展“弘扬美德、提升素质”活动，市委办、市政府办下发了《玉溪市开展“弘扬美德提升素质”活动方案》，方案精心设计实施城市精神塑造、公民思想道德培育、公共文明礼仪普及工程等八项工程，对26个项工作项目进行任务分解，明确经费保障。积极开展文明创建活动，红塔区创建第三批省级文明城市，新平县、澄江县、易门县被省委、省政府命名为第二批云南省文明县城。对玉溪市第二批文明示范村创建工作进行检查、验收，2014年确定11个村为玉溪市第三批文明示范村，下拨创建补助经费110万元。志愿服务活动进一步推进。下发《关于广泛深入开展志愿服务活动的指导意见》，明确志愿服务活动的指导思想、总体目标、基本原则、活动内容、运行机制、组织领导，对开展志愿服务活动做出全面安排部署、提出了明确具体的要求。加强志愿服务组织建设，峨山县、通海县成立志愿者协会，通海县依托团组织指导各乡镇（街道）团（工）委成立青年志愿服务站，按照“八个有”，全市建成乡镇志愿者服务站59个。开展“学雷锋纪念日”、“学习雷锋精神”暨“做好事做善事做志愿者”等为主题的志愿服务活动，志愿者们通过慰问孤残、贫困人群、交通宣传、义务植树等活动，传递社会温暖正能量。

2014年，中国上海自由贸易实验区文化授权交易会玉溪展示产品。图为玉溪陶瓷文化　（宣传部　提供）

【文化产业】 2014年，文化产业工作坚持加强产业规划、培育和壮大优势产业、推进重大产业项目建设，不断增强产业发展后劲。注重产业规划，理清产业思路。加强对文化产业的行业现状调研和课题研究，《玉溪市文化产业发展规划（2014～2020）》完成结题评审，积极筹划《玉溪市发展陶瓷产业（2015～2017）三年行动计划》、《玉溪市发展铜产业（2015～2017）三年行动计划》等产业发展规划。完成“云南省特色文化资源普查”玉溪市普查工作，共普查统计特色人文历史文化资源12大项，民族文化资源3大项，山水文化资源4大项，节庆文化资源10大项，民族民间工艺5大项。市委市政府印发《关于加快陶瓷产业发展指导意见》文件，明确每年新增设立1 000万元市级陶瓷产业发展专项资金，积极扶持陶瓷产业发展。培育优势文化产业，传统文化活力显现。举办“创意生活好在玉溪”为主题的2014首届玉溪文化创意产业博览会（以下简称“文博会”），成为全省首家举办市级文博会的地区，玉溪28家文化企业参展，布置46个展位，参展人员近2.8万人次，成交额达1 000万元。组织文化企业参加会展，在2014年省文博会工艺美术大师评选中，玉溪市共有4人被评为省级工艺美术大师；在“工美杯”工艺美术精品评选中，玉溪市大师展区获1银、1铜，普通展区获4金、10银、9铜、12优秀的好成绩。组织华宁陶瓷、江川青铜参加新加坡一年一度的“春到河畔”第28届春节系列文化活动，售出展品980件。推动玉溪文化产品和项目走向市场，2014年11月，市文产办带领由玉溪滇鉴陶民族工艺有限责任公司、云南江川铜器工艺制品厂等6家文化企业、单位组成的参展团队，参加2014年中国上海自由贸易实验区文化授权交易会。积极组织开展刺绣、银制品、手工艺刀具、青铜器、陶瓷专项产业培训，不断提升产业的创新力和行业水平。培育一批龙头企业，壮大文化市场主体。在“政府引导、市场运作、科学规划、合理布局、企业主导”基本原则的指导下，重点扶持华宁陶、易门陶瓷、江川铜、通海银、峨山、新平刺绣等一批成长性好、带动性强、竞争优势明显的骨干文化企业。截至当年11月，全市各类陶瓷企业90户，带动解决城乡劳动就业人口6 269人，累计完成产值15.56亿元，实现利税5 324万元。江川铜铸造加工企业10家，产值近2亿元，从业人员达300多人。通海银制工艺品企业40多家，从业人员200多人，产值近2.5亿元。全市刺绣骨干300多人，从业3 000余人，销售收入100多万元。推进重点项目建设，凸显文化产业特点。推进项目（园区）建设，向省文产办申报花腰傣文化产业园、易门陶瓷特色工业园区、华宁陶文化创意产业园三个省级文化产业园区。易门陶瓷特色工业园区、通海县银饰创意产业园、华宁县陶文化创意产业园等一批文化产业园区积极筹建中，新平县“民族文化产业园”、“花腰傣文化产业园”累计完成投资6.6亿元。澄江县“樱花谷国际老年康体养生度假中心”完成投资3.5亿元；华宁县“抚仙湖水质保护治理研发中心及抚仙湖水资源保护博物馆”完成室内装修设计及展馆室外绿化，进入展厅布展及设备采购；华宁陶文化创意产业园、云南易门陶瓷文化创意产业园稳步推进。创新文化产业发展模式。以“政府主导、市场化运作”模式举办好2014年春节大型灯会文化活动；注重文化产业高端人才引进，引进4名陶艺家入住华宁，为华宁陶瓷产业发展注入动力。

【对外宣传工作】 2014年，对外宣传工作在发挥外宣优势的基础上，注重提升对外宣传成效和影响力。主题外宣取得新成效。进一步完善新闻宣传激励机制，充分调动市内外媒体宣传的积极性。当年，中央媒体刊播玉溪市新闻稿件240余件，省级媒体刊播玉溪市新闻稿件2 300余条。加强同主流媒体合作，围绕生态建设、经济社会发展、生态文明建设等开展对外宣传，《改革考核规则，破解大湖治理难题》、《抚仙湖的变迁》、《美丽的高原湖泊抚仙湖》、《花腰傣的诱惑》等新闻、专题宣传片在央视播出，《中国经济导报》刊登《不断推进玉溪跨越发展谱写“中国梦”玉溪篇章》专题报道。与《云南日报》合作，推出八个专版对玉溪产业集群、现代工业、园区建设、特色农业进行专题报道。活动外宣呈现新亮点。新兴媒网络外宣活动成效显著，组织开展的“美丽玉溪·宜居城市全国名博行”邀请全国知名网站的11位微博名人、职业旅行体验师走进玉溪进行实地采访，在新浪微博发原创微博216条，转发评论10 672条，总粉丝量达183万，专题阅读浏览量达1 501.6万。依托国际国内活动搭建外宣新平台，利用“2014年中华生态环保影像周活动”、“首届七彩云南格兰芬多国际自行车节”在玉溪市举办的有利时机，吸引了30余家国内外主流媒体聚集玉溪，有力地宣传玉溪得天独厚的自然风光和优良的生态环境，不断提高玉溪的知名度和美誉度。打造玉溪特色节庆活动品牌。借助各县区特色节庆活动优势，充分利用各级新闻媒体资源，将红塔区的米线节、澄江的立夏节、江川的开渔节等具有地域特色的节庆活动不断向外推介，形成玉溪市各县区文化名片，丰富对外传播元素。健全新闻发言人制度。市委办公室、政府办公室印发《关于建立健全信息发布和政策解读机制完善新闻发言人制度的实施意见及两项制度规定》进一步健全完善党委、政府新闻发布的工作制度和机制，加强新闻发言人培训，推进新闻发布工作常态化、制度化。当年，组织召开一月一次的抚仙湖—星云湖生态建设与旅游改革发展综合试验区管委会新闻发布会共11场，组织中心城区大货车限行、通海疫情、人防工程、雨水管网改造引社会热议等群众关注度高的事件召开专题新闻发布会9场，不断提高新闻发布水平。积极应该对突发事件，有效引导社会舆论。在“通海高致病性禽流感疫情”、“通海小学生在杞麓湖溺水致6人死亡”及“市儿童医院患儿死亡”等突发事件中，按照“及时准确，公开透明，有序开放，有效管理、正确引导”的原则，及时发布权威信息，始终掌控话语权，最大限度地扩大正面信息的影响，为促进社会和谐、稳定提供了正确的舆论导向。

（鲁俊秀）

政法工作

【平安玉溪建设】 2014年，平安玉溪建设以加强情报信息搜集研判，严密防范和打击各种敌对势力的渗透破坏活动，开展严打暴恐专项行动，扎实开展“法轮功”、“全能神”邪教组织专项整治和“百日会战”，有力维护了国家安全和政治稳定；坚持综合施策，注重源头治理，深挖打击影响人民群众生命财产安全的违法犯罪活动；加强对重点领域的专项治理，严防发生公共安全事故、重大恶性案件和个人极端暴力事件；积极推进平安建设网格化、信息化、社会化，广泛组织动员人民群众投身平安玉溪建设。全年，八类严重刑事案件下降11.9%，现行命案下降19.3%，盗窃案下降2.3%，“两抢”案下降32.4%，诈骗案下降16.6%，经济犯罪案件下降22.1%，群体性事件下降29.2%，进京非正常上访人次下降67.2%，圆满完成省委、省政府提出的年内进京非正常上访人次同比下降50%的工作目标任务，年内未发生在全省有较大影响的案（事）件，社会治安进一步好转，人民群众安全感进一步提高。

【法治玉溪建设】 2014年，把全面推进依法治市、建设法治玉溪作为深化改革创新、加快玉溪跨越发展的引领和保障，市委及时下发《关于贯彻落实〈中共中央关于全面推进依法治国若干重大问题的决定〉的实施意见》、《2015～2017年法治玉溪建设主要任务实施方案》，积极稳步推进依法执政、依法行政、公正司法、普法宣传教育等工作。依法严密防范和打击惩治各类违法犯罪活动、应对处置重大舆情、坚决惩治职务犯罪等工作取得新突破，公正执法办案、强化法律监督、推进司法公开、提高生效判决执行力等工作取得新进展，有效维护了社会公平正义，着力提升了司法公信。依法化解和妥善稳控影响社会稳定的重大突出矛盾纠纷73件，全市2万余件矛盾纠纷调解成功率达99%，医疗纠纷调解工作走在全省前列。

【创新社会治理】 2014年，市委、市政府下发《玉溪市深化司法体制改革和创新社会治理体制的实施方案》，逐步形成了党政主导、社会共治的社会治理体制，社会治理步入法治化轨道，更加注重依法治理、综合施策。学习“枫桥经验”，结合实际，高标准、高起点完成了市、县、乡、村四级网格化社会服务管理信息系统建设，有效提高社会服务管理能力。在全市79个派出所投资80余万元建立了网格化“6995”语音公众服务平台，有效解决了基层公安机关联系服务群众最后一千米问题。

【服务经济社会】 2014年，把政法工作放在全市发展大局来谋划和推进，找准结合点和切入点，全力助推改革、促进发展、推动跨越。全市政法机关投入大量警力，解决了一批重难点问题，确保了全市重点招商引资项目、城市综合体建设、保护绿化造林等重点工作顺利推进。对重点工程项目开展社会稳定风险评估51件，从源头上避免了因重大事项引发的严重涉稳问题。全面落实政法机关服务民营经济的“十项措施”，依法公平公正保护各类民营企业的合法权益，使执法司法活动更加有利于优化发展环境，更加有利于和谐创业。

【政法队伍建设】 2014年，坚持以队伍建设为根本，以群众工作为抓手，扎实开展党的群众路线教育实践活动，认真贯彻中央八项规定，坚决反对“四风”，努力促进干警清正、队伍清廉、司法清明。一年来，1 118名政法干警受表彰，6名记二等功，1名获省级先进，4名获全国系统先进。同时，严厉查处了一批干警违法违纪案件，提升了政法队伍的整体形象和战斗力。

（杨 彪）

统一战线工作

【统战思想政治建设】 2014年，市委统战部把深入学习贯彻党的十八届三中、四中全会精神和习近平总书记系列重要讲话精神，作为一项重大政治任务摆在突出位置，采取情况通报会、座谈会、研讨会、培训班、专题辅导等多种形式，推动统一战线成员深入学、系统学，不断加强对会议精神和习近平总书记系列重要讲话精神的理解和把握，进一步增强对中国特色社会主义的道路自信、理论自信、制度自信。深入开展党的群众路线教育实践活动，坚持领导带头、做实每个环节，抓好每个细节，确保不走过场；坚持开门问诊、广泛征求意见，共收集到181条意见建议；坚持深挖细刨、认真对照检查，共梳理出“四风”方面存在的突出问题153个；深入剖析，认真对照检查，召开了一次水平质量较高的民主生活会；坚持对症下药、严格整改落实，明确了4个方面85条具体措施，明确27项专项整治实施方案；坚持建章立制、形成长效机制，修订完善17项制度，对调查研究、联谊交友、公务接待等作出详细规定；坚持边整边改立行立改，推动各方面工作和作风建设取得实效。支持民主党派无党派人士开展坚持和发展中国特色社会主义学习实践活动，制定了《2014年玉溪市无党派人士坚持和发展中国特色社会主义学习实践活动重点工作》。深入开展非公经济人士理想信念实践活动，明确全年突出抓好的16项重点工作和成员单位责任，形成全市齐抓共管的良好格局。举办非公有制经济人士理想信念报告会暨民营企业家“创二代”培训活动。组织3户民营企业参与第四届全省优秀中国特色社会主义事业建设者评选表彰活动。帮助联系村和联系户解决实际困难和问题，累计协调解决资金22万元，开展随机调研21次，走访联系户100余次，帮助解决问题25件次。

【服务经济发展】 2014年，组织各民主党派、工商联、无党派人士，围绕玉溪改革发展重点任务开展调查研究，民盟玉溪市委、致公党玉溪市委的调研报告，得到市委、市政府主要领导的批示。整合市级统一战线资源，推进华宁“同心·示范点建设工程”建设，累计协调资金1.67亿元，实施示范建设项目127个。协助市委、市政府召开全市民营企业家座谈会，牵头走访调研152户民营企业，提出改善玉溪市民营经济发展环境的政策建议，得到市委、市政府主要领导的充分肯定。修改完善市级领导联系非公有制经济代表人士制度，统一纳入全市“七位一体”重点工作安排部署。制定实施市工商联执委约谈制度，有效解决了服务民营企业发展“最后一千米”的问题。引导统一战线成员发挥优势，搞好社会服务活动，各民主党派累计开展文艺宣传、医疗卫生、教育科学等社会服务活动20余次，捐款捐物合计15万余元。深入开展光彩事业和感恩行动，市光促会举行捐赠仪式接受捐款78.8万元。开展“情系鲁甸灾区，民企奉献爱心”赈灾活动，统战系统累计捐款捐物380多万元。继续做好“云南红土情·玉溪感恩行动”的协调组织工作。

【民主党派和党外代表人士】 2014年，组织各民主党派、工商联和无党派人士围绕推进新型城镇化进程、推进生态文明体制改革、推进民生领域改革、创新社会治理体制等重要领域和关键环节，结合各自优势开展考察调研、议政建言工作，形成高质量的调研报告8篇。修订完善《民主党派、工商联调研成果奖励办法》，对2013年申报的调研报告进行评审，并分别予以奖励。争取市委常委会研究同意，每年12月召开一次民主党派、工商联重点课题调研成果汇报会。协助制定市政府有关部门与市级各民主党派、工商联的对口联系制度。召开党委政府主要领导参加的党外人士协商会4次，党外人士座谈会和情况通报会5次，搭建知情平台，拓宽党外人士知情渠道。深入市卫生局、农业局、教育局、市医院、中医院等部门听取意见。组织民主党派负责人一行15人赴广州、深圳学习考察，比先进找差距，推动工作不断创新。加强民主党派基层组织建设，全市民主党派基层组织63个，民主党派成员1 438人。加强与组织部门的沟通联系，加大党外干部的选拔使用力度，党外干部队伍的结构进一步优化，安排比例明显提高。深化党外代表人士教育培训工作，举办了一期党外领导干部培训班，120余人参加培训。建立健全了全市副科级以上党外人士数据库。

【推进民族团结宗教和谐】 2014年，多次召开全市民族工作领导小组会议，认真学习贯彻中央、省委民族工作会议和民族团结进步表彰大会精神，研究部署玉溪市的民族工作。加大资金争取和政策倾斜力度，扶持散居民族、特困民族和边远贫困地区加快发展。扎实推进民族团结进步示范区建设，制定出台了示范区建设领导小组工作规则，组织实施了“四个一”示范点创建工程，初步形成了一批类型多样、亮点纷呈、各具特色的典型。落实县区宗教团体经费和宗教代表人士生活补助，宗教活动场所主要教职人员从当年起，每月给予定期生活补助500元。妥善处理多起宗教领域的热难点问题。

【港澳台海外统战工作】 2014年，组织召开全市海外统战工作座谈会，进一步整合涉台涉侨部门资源，形成联动合力。加强与年轻新生代和海外代表人士联系。支持开展海外华文教育，选派6名华文教师赴泰国、清迈和越南河内的华校开展教学。联合市委党校开展文化认同与海外统战工作调研。积极开展对台经贸工作，借助云台会促成云南特行果业、澄江德安磷化公司与台商签署协议。承办云台文化创意产业对接会，邀请100余名专家学者和台商洽谈合作。广泛开展交流交往，组团4批40人次赴台进行经贸考察。开展涉台宣传教育进机关、进企业、进学校和进社区活动，累计发放宣传资料2 500余份，受教育人数8 500余人。对三胞眷属、黄埔同学及遗孀、台商、台资企业等走访慰问，发放慰问金30 600元。协助市委出台了加强和改进新形势下侨联工作的实施意见。

（李　明）

侨台事务

【侨联工作】 2014年的侨联工作，围绕市委、市政府中心工作，结合侨联实际履行参政议政、维护侨益、海外联谊、群众工作四项基本职能，重点做好侨联组织情况调研，贯彻落实中办有关文件精神，起草玉溪市关于进一步加强和改进新形势下侨联工作的意见，积极参与第二批党的群众路线教育实践活动，召开了市侨联三届四次、五次全委会，学习贯彻省侨联和市委有关会议精神，安排部署全市侨联工作，利用南博会拓展海外联谊工作。深入学习贯彻党的十八届三中、四中全会精神，充分认识十八届三中、四中全会重要意义，全面准确把握全会的精神实质，结合工作实际抓好贯彻落实。组织学习传达习近平总书记系列讲话精神，国家副主席李源潮在第九次全国归侨侨眷代表大会上的重要讲话和中国侨联林军主席的工作报告。进一步明确侨联组织的性质和定位，“两个拓展”是侨联创新发展工作方针，侨联工作必须紧紧围绕实现中华民族伟大复兴中国梦的时代主题，要充分发挥好新形势下侨联组织的六个方面的作用，分别是服务经济发展、依法维护侨益、拓展海外联谊、参政议政、弘扬中华文化、参与社会管理。

【玉溪市侨联召开三届四次、五次全委会】 2014年3月28日，玉溪市侨联召开三届四次全委会议。会议传达省侨联九届五次全会精神，审议通过了第三届常委会工作报告，安排部署2014年全市侨联工作。1.贯彻党的十八届三中全会精神、第九次全国归侨侨眷代表大会精神，努力开创侨联工作新局面。2.深入扎实开展党的群众路线教育实践活动，进一步做好侨界群众工作。3.开展“两个拓展”工作，在招商引资服务经济建设方面有新突破。4.发挥好参政议政作用，积极反映归侨侨眷合法诉求。5.加强自身建设，指导好县（区）侨联换届工作。8月12日，市侨联召开三届五次全委会议。学习传达了中共云南省委九届八次全体（扩大）会议和中共玉溪市委工作会议精神，选举了许真生为市侨联专职副主席兼秘书长。

【春节慰问随机调研】 2014年春节前夕，到江川县、通海县、华宁县、澄江县对散居归侨侨眷困难户进行走访慰问，了解他们的生产生活，每户发放慰问金500元，把党和政府的温暖送到他们家中，共走访慰问45户，发放慰问金22 500元。市侨联侨办组成的三个慰问组，共走访慰问归侨侨眷贫困户、南侨机工遗属、新华侨华人和海外重点人士在国内的眷属、离退休老侨务工作者共200户，发放慰问金10万元。3月下旬到红塔区侨联、峨山县侨联和元江县侨联对换届工作进展情况和华侨农场产业结构调整情况进行调研，听取了侨联工作汇报，就换届工作存在的困难和问题与统战部相关领导交换了意见，提出了指导性意见建议。参与市委统战部关于文化认同与海外统战工作课题调研，参与市人大民外侨委关于对散居归侨侨眷扶贫救助情况调研。按照省侨联要求，对全市侨资企业基本情况进行调查，深入到玉溪环球彩印纸盒有限公司、云南新兴仁恒包装材料有限公司、力高（云南）箱包有限公司、新平金泰果品有限公司等企业了解生产经营情况，听取企业意见建议，协调解决有关困难和问题，按要求上报省侨联侨资企业调查表27份。市侨联成立专题调研组，对全市侨联组织情况和各县（区）侨联工作开展情况进行了深入调研，代市委、市政府起草了《中共玉溪市委、玉溪市人民政府关于进一步加强和改进新形势下侨联工作的意见》，初稿形成后，及时征求玉溪“五侨”单位和各县（区）委统战部、侨联的意见和建议。通过多次修改和认真研究，形成了送审稿提交市委常委第84次会议审议并原则通过。进一步修改完善，2015年1月6日，《中共玉溪市委、玉溪市人民政府关于进一步加强和改进新形势下侨联工作的意见》印发各县（区）委、人民政府和市级各单位，要求认真遵照执行。

【海外联谊】 2014年，市侨联主要领导应邀参加了第二届中国——南亚博览会开幕式和第二届中国侨商投资贸易促进会，参与了玉溪市重点招商引资项目推介会和投资贸易协议签约仪式，推介玉溪市2014年招商引资项目12项，结识了泰国、缅甸、马来西亚、新加坡、阿联酋、奥地利及港澳等20多位海内外侨领侨商。通过云南华商公益基金会牵线搭桥，马来西亚《星洲日报》继续资助玉溪市20名贫困学生，每人每年700元，共争取到14 200元的爱心资助。利用参加南侨机工回国抗战75周年纪念活动的机会，与健在的南侨老机工及后裔、陈嘉庚长孙陈立人先生以及新加坡、马来亚等国家的海外华侨华人联谊交流，促进了彼此间的了解，结交了朋友，增进了友谊。当年，全市侨联共接待华侨华人和港澳同胞148人次，通过交流增进了彼此间的了解，既深交了老朋友，广交了新朋友，同时也宣传了祖国的侨务政策和玉溪的社会经济发展情况，为外海联谊工作打下了良好的人脉基础。

【侨法宣传和参政议政】 2014年，全市侨联系统认真开展侨法宣传活动，发放宣传材料8 700份，受益群众9 000余人，使全社会的侨法意识得到增强。全市侨联系统共接待群众来访56人次，处理来信15件。建立了对归侨侨眷的来信来访实行跟踪办理制度。侨界人大代表、政协委员，紧紧围绕玉溪市中心工作，利用市县（区）“两会”积极撰写建议案、提案，为全市的社会经济发展建言献策。共提交建议案、提案45余件，内容涉及经济建设、政治建设、文化建设、社会建设、生态文明建设方面。建议、提案得到了相关职能部门的重视，意见建议得到了采纳。有的侨界人大代表、政协委员被聘请为检察院人民监督员、法院人民陪审员等社会职务，参与重大决策听证会、重大工程项目调研视察，发挥好参政议政作用。

【制度建设】 2014年，健全完善了《中共玉溪市侨联党组工作制度》、《玉溪市归国华侨联合会工作制度》、《玉溪市归国华侨联合会差旅费管理实施办法》等工作制度，使侨联工作制度化、规范化程度进一步加强。签订了党政领导干部保密工作责任书，建立了保密工作管理台账。签订了2014年党风廉政建设责任书，开展了小金库、公务用车、办公用房、会员卡等专项清理工作，加强了惩防体系和党风廉政建设工作。完成《华侨农场史》撰写工作，加强对红塔区、峨山县和元江县侨联换届工作的指导，并在压缩“三公”经费30%的情况下支持三个县（区）4.5万元的换届工作经费，推动了三个县（区）侨联换届任务年内全部圆满完成。

（合灿伟）

【侨务工作】 2014年，国内侨务工作开展侨情调研，重点是新华侨华人、华裔新生代和社团新力量，积极联合市人大民族外事华侨委、市政协联络委、市侨联、致公党玉溪市委等涉侨部门，发挥整体合力，对全市侨情动态、侨资企业情况进行全面摸底，及时建立健全和更新侨情库、侨资企业台账，为扎实做好全市侨务工作打下坚实基础。做好侨务进社区示范点建设，投入人力、物力建设红塔区李棋街道金州社区、峨山县小街街道文明村委会、元江县澧江街道红侨社区、元江县甘庄街道甘庄社区等4个侨务进社区示范点。开展侨法宣传，9月份，在全市部署开展了以“宣传贯彻侨法、维护侨界权益”为主题的

“侨法宣传月”活动，发放宣传材料2万余份，接受咨询7 000余人次，通过开展侨法知识宣传、侨法进侨企、组织医生现场义诊、中秋联谊、走访慰问、侨情调查等系列活动，营造了良好的知法、用法、守法、护法的氛围，提升了全社会依法合理维护归侨侨眷合法权益的意识。到各县区开展走访慰问活动，共向200户归侨侨眷家庭发放慰问金、慰问品共计10余万元；红塔区李棋街道办事处金州社区于7月被国侨办确定为“暖侨敬老行动”示范社区，红塔区北城街道办事处大营社区于8月被确定为“侨法宣传角”。

开展华文教育工作，年内，从全市选拔高素质的教师赴外支教，传播中华传统文化，使当地侨胞增强了祖（籍）国的文化认同感。和玉溪师院合作，开办2014年海外华裔青少年中国寻根之旅——七彩云南•玉溪春令营，50余名泰国华裔青少年在玉溪学习、了解了中国传统文化和玉溪本土文化；开办海外华文教师培训班，来自泰国苏卡中学等28所中学的50名泰籍华文教师参加了培训。

在招商引资和争取上级资金工作上，与省侨办的对接和市招商部门协调联系，通过各种经贸、会议等交流活动和发送电子邮件等方式，积极推介玉溪良好的投资环境，吸引国内外华商到玉溪投资兴业；做好 2014年第十二届东盟华商会的相关工作，与市招商合作局合作，组织玉溪市八县一区的招商部门到东盟华商会活动现场就各县区重点招商引资项目进行推介，主动邀请一批广东籍华商及部分旅美旅法高科技人才到市内的高新产业园区、红塔工业园区和大化产业园区进行参观考察，并与各园区进行了座谈。年内，促成了云南圆道科技有限公司与美国IBM公司合作，拟投资6 000万美元在玉溪建立联合创新实验室，两家公司就最后的协议进行洽谈，选址工作已完成，待环保、发改等部门审批通过后即可开工建设；积极联系了昆明上好佳食品有限公司易址搬迁到易门县的工作。争取省侨办的资金、智力支持，推进华侨农场的健康可持续发展，全年完成争取上级资金44.2万元，占全年目标任务的105.3%。

开展侨务捐赠服务工作，支持玉溪市贫困地区公益事业发展。全年，华宁县通红甸所梅早小学50万元捐赠项目第一批资金15万元到位，尾款待工程验收合格后拨付；峨山县甸中镇甸头村卫生所改扩建项目争取香港“应善良”基金会捐赠6万元；华宁县通红甸大婆左小学45万元捐赠项目已批复。

（柏爱善）

市直机关工委

【加强党组织建设】 2014年，按照《条例》和省委《实施意见》相关要求，切实理顺党组织关系，健全完善组织体系，加强分类指导，努力扩大党组织和党的工作在非公有制经济组织和社会组织的覆盖面，增强基层党组织的渗透力和影响力。市直161户非公企业中，应建党组织的非公企业44户，已建党组织44个，应建已建率达100%；10户应建立党组织的社会组织已全部建立党组织。新组建机关党委、党（总）支部5个，改选换届13个，健全班子5个，整建制转出党支部7个。围绕“七项指标”、紧扣“五个进一步提升”的目标任务，持续开展基层党组织晋位升级工作。印发《关于在党的群众路线中进一步做好基层党组织分类定级工作的通知》，认真开展后进基层党组织摸排工作。按照巩固先进、推动一般、整顿后进的要求，切实抓好26个后进基层党组织集中整顿转化工作，整体提升凝聚力、战斗力和创造力。

【党务干部队伍建设】 2014年，按照政治强，业务精，作风好的要求，及时选好配强基层党组织负责人，切实发挥党组织负责人在组织实施争当“美丽玉溪服务先锋”中的作用。全年，工委举办二期培训班，围绕党的十八大、十八届三中全会精神、习近平总书记系列重要讲话精神、中央八项规定精神以及中央、省委、市委关于开展教育实践活动的重要意义、总体要求、重点任务和方法步骤以及如何准确把握发展党员的总体要求和基本遵循、如何当好一名党支部书记等内容，对所属各领域基层党组织、各县（区）机关党（工）委的书记或副书记等党务干部共计568人进行了专题培训，进一步提升了党务干部的综合素质和工作能力。

【党务日常管理】 2014年，印发《关于做好2014年发展党员工作有关事项的通知》，科学制定年度发展党员计划。建立健全党员发展申报制度，落实好发展党员推荐、培训、政审、公示、预审、票决、责任追究等制度，切实加强发展党员工作的规范管理。全年共培训入党积极分子178名，发展新党员80名，审批预备党员转正98名。截至年底，市直机关工委所辖党员达8 010名。工委结合实际细化15条不合格党员具体表现，坚持实事求是、认定准确、正面教育、慎重处置的原则，严格执行“不定比例，不下指标，不搞末位淘汰”要求，对在群众路线教育实践活动民主评议党员工作中被评为“差”等次的15名党员的现实情况进行再评估再分析再认定，积极、慎重、稳妥地开展处置不合格党员工作。及时接转组织关系，认真做好党员信息录入、党内统计、党建信息报送、党报党刊征订等业务，党建工作资料、表册、档案做到了齐全完整、分类合理、归档及时。制定下发《关于做好2014年度民主评议党员工作的通知》，在430个党支部4 760名党员中认真开展了民主评议党员工作。对照最新工资标准严格核定党员每月应缴纳党费金额，进一步规范党员缴纳党费标准，及时纠正党费缴纳不积极、不按标准等问题。全年共收缴党费140余万元。

【开展“美丽玉溪服务先锋”主题服务月活动】 2014年，下发《关于在争当“美丽玉溪服务先锋”中开展主题服务月活动的通知》，组织开展重点突出、特色鲜明、便于操作、切实可行的服务月活动。及时宣传活动中涌现出的先进事迹，选树一批争当“美丽玉溪服务先锋”先进党组织和优秀共产党员典型，努力形成自觉服务改革、服务发展、服务民生、服务群众和服务党员的良好风气。开展在职党员到社区报到服务群众活动。制定实施方案，组织在职党员携带报到单、个人基本情况表，到单位所在社区或自己居住社区报到，主动亮出党员身份。结合职业特点和个人特长，梳理形成服务菜单，选定服务岗位，认领社区服务项目，通过定期不定期进社区服务、走访群众、建言献策等方式，开展到社区报到服务群众活动，使到社区服务真正成为转变机关作风、密切党群干群关系的有效抓手。市直机关2 110名在职党员到94个社区报到，开展为群众服务241次，服务群众1 275人次，听取群众意见和建议342条，化解矛盾纠纷13件，帮助解决社区和群众实际困难277个，为社区和群众办好事实事20余件，投入服务资金222.3万余元，受到了社区干部和人民群众的欢迎。广泛开展“四亮四评三比三创”为民服务活动，真心帮助群众排忧解难、谋利造福，有计划分步骤地化解一批难题，办好一批实事，让群众真切感受到为民服务活动带来的新变化新气象。

【推行党员积分制管理】 坚持“分类积分、量化考核；标杆引导、底线管理；奖优罚劣、激励奉献”的原则，在机关、企事业、“两类”组织中实行党员积分制管理工作，集中把党员思想政治、岗位履职、遵章守纪、参与活动、发挥作用等方面评价以累计积分的形式进行量化考评。结合党员所在岗位、工作特点、年龄结构等实际情况，将党员划分为在职党员、离退休党员、领导干部党员、非领导干部党员等不同类别，构建“1+X”管理模式（“1”即1个基础分项，“X”即若干个加分项和扣分项），实行百分制考核管理。积分内容包括基础分项、加分项和扣分项。按照党员类别，分别设定不同的基础分值，一般为40～70分不等，给定的基础积值为固定分值，不加分也不扣分。基础分项主要考核党员履行基本义务的情况，具体包括贯彻落实党的路线方针政策、加强理论学习、及时缴纳党费、按时参加“三会一课”和党内活动、完成党组织分配的工作、遵守党纪国法和廉洁自律规定等情况。实行累计加分制，年度累计加分不得超过总分与基础分之差。重点考核党员在完成工作任务、联系和服务群众、维护和谐稳定、弘扬正气、推动发展等方面作出的贡献和努力，主要包括带头承诺践诺、参加公益活动，在自然灾害和突发事件中发挥积极作用，为群众办好事实事，按时完成党组织分配的工作等。加分内容与党员示范岗、承诺践诺、党员责任区、主题服务月、志愿服务、党员设岗定责等相结合。同时，实行反向扣分制，重点考核党员不履行基本义务、违纪违法，违反党和国家政策，违反社会公德，违反廉洁自律规定等方面的情况，主要包括不按时参加“三会一课”和党内活动，不及时缴纳党费，不完成党组织分配的工作，利用职权谋取私利，工作懒散、办事不力，群众反映差等情况。党员违法违纪受到党纪政纪处分的，根据受处分轻重程度扣分，直至一票否决、积分清零。党员积分考核评定按照“申报——审核——公示——评定”四个步骤进行。党员完成支部安排的工作或自主完成某项任务后，及时向党支部报告，党支部安排专人做好记录，其他党员群众也可向支部反映加分、扣分事项。党支部要主动了解掌握党员加分、扣分事项，结合党员自评及群众反映情况，对照积分内容和标准，逐项核实党员每月积分或每季度积分情况。上级党组织成立党员积分考核小组，根据支部审核情况、日常记录、台账资料和群众反映，每季度考核认定党员的积分情况，并在醒目位置进行公示，接受党员群众的查询、监督。季度考核认定的积分，逐一记入党员管理台账。党员对积分有异议的，可向所属党组织进行反映，党组织调查核实后，根据调查情况作出处理。年终结合党员民主评议工作，对党员进行测评。测评后，按照年度党员积分占80%、年终测评占20%的比例，计算得出党员年度综合得分。因年老体弱、生活不能自理等原因未纳入积分考核范围的党员，党组织可根据党员的现实表现以民主评议的方式评定年度综合得分。在考评结果运用上，将年度综合得分结果作为党员奖惩的重要依据，年度综合得分在80分以上、排名前列的党员，可按一定比例评为优秀等次，授予“美丽玉溪服务先锋”称号，优先作为各级表彰的推荐对象；年度综合得分在60～79分之间的党员，评为合格等次；年度综合得分在60分以下的党员，由所属党组织进行诫勉谈话，责令限期改正，视情况作出处理；连续两年得分在60分以下的，按不合格党员处理，根据党章和有关规定，分别给予限期改正、劝其退党、党内除名等处置。在强化组织领导上，坚持“书记抓、抓书记”，基层党组织负责人为第一责任人，一级抓一级，层层抓落实，把党员积分制管理工作纳入基层党建目标责任制，纳入年度党员评议党支部领导班子和党支部书记述职评议内容；始终坚持实事求是、分类实施、整体推进、常抓不懈，采取专项督查、随机调研、适时抽查等多种方式，及时发现和解决新情况新问题，总结推广经验做法，大力宣扬先进典型，着力营造学先进、赶先进、争先进、比贡献的浓厚氛围。

【党风廉政建设】 2014年，按照中央和省、市委安排部署，进一步强化党性党风党纪教育，严明党的各项纪律，严格落实中央八项规定和省市委实施办法，进一步深化惩治和预防腐败体系建设，坚定不移推进党风廉政建设和反腐败斗争。1.积极开展党性党风教育和反腐倡廉教育。组织全体党员认真学习党章和习近平总书记在反腐倡廉方面的重要讲话以及中纪委、省纪委、市纪委重要会议精神，深入开展党的纪律特别是政治纪律教育，认真贯彻落实中央和省、市委的重大决策部署，在思想上政治上行动上自觉同以习近平同志为总书记的党中央保持高度一致，确保中央和省、市委政令畅通。组织观看《廉政视窗》、《云南省“以案说法·反腐倡廉”大型巡回展专题片》等电教片，确保党员干部接受一次法制教育和廉政教育。从强化领导、加强宣传、健全制度、贯彻执行等方面，加强对新修订《干部任用条例》的学习宣传贯彻，确保选人用人风清气正。加强对《党政机关厉行节约反对浪费条例》（以下简称《条例》）的学习宣传，深刻领会和准确把握《条例》的各项规定要求，采取有力措施，确保各项任务落到实处。2.不断完善惩治和预防腐败防控体系。结合实际，研究制定《贯彻落实〈建立健全惩治和预防腐败体系2013～2017年工作规划〉的实施办法》，把中央加强反腐败体制机制创新和制度保障的各项任务要求落到实处。严格执行党风廉政建设责任制，强化各级领导班子和领导干部抓反腐倡廉工作的政治责任。按照党务公开的原则，依据党务公开的内容、程序和方式，认真抓好本级基层党组织党务公开工作。积极探索特点和规律，推进新形势下机关廉政文化建设。按照从严治党、从严管理监督干部的要求，对本单位按职数配备科级干部的情况进行全面自查。进一步整治干部职工在公园和文保单位中开设私人会所情况，开展县处级以上领导干部清退会员卡活动，认真填写《云南省县处级以上领导干部个人会员卡零持有报告》，本人向组织作出零持有会员卡的报告。严格规范党政领导干部在企业兼职（任职），进一步巩固“小金库”专项治理工作成果。3.严格执行中央“八项规定”、《党政机关厉行节约反对浪费条例》和相关制度规定。进一步强化预算约束，优化财政支出结构，大力压缩“三公经费”等一般性支出，坚决杜绝违规超编制、超标准购车。

认真落实《玉溪市党政机关国内公务接待管理实施细则》，厉行节约、反对浪费，做到严格审批控制，落实报备审批制度。认真清理评比达标表彰项目。4.进一步严肃工作纪律。在干部职工中重申工作纪律的严肃性，加强内部管理，落实规章制度，确保执行有力，做到令行禁止。严格执行外出请假及报备制度，严格执行作息制度。进一步规范办公秩序。学习推广干部直接联系服务群众“绥江经验”，继续坚持好“三深入四联户”制度，抓好住村、联户、走访、帮扶等措施的落实，努力为群众办实事做好事。机关党员干部慷慨解囊，踊跃向云南鲁甸等地震灾区捐款，用实际行动表达对灾区的关切之情，帮助灾区群众渡过难关、重建家园。开展“关爱民生，寒冬送暖”走访慰问活动，把“为民、务实、清廉”要求落到实处，干在实处，确保冬季广大受灾群众、贫困群众安全过冬、温暖过冬。2014年春节期间，工委从代市委管理的党费中安排106 500元下拨各基层党组织作为慰问金，组织开展对217名当年年满80周岁、90周岁以上的老党员和生活困难党员走访慰问。5.全面推行随机调研制度。坚持党员领导干部带头，围绕中心工作和重点任务，把“四群”教育、群众路线教育实践活动、单位的业务工作统筹起来，轻车简从、不打招呼、不要陪同，自定主题、自定时间、自定路线、自定地点，带着问题沉入基层，一竿子插到底开展调研。市直机关工委明确了2014年机关党建课题调研的任务、方法、步骤，充分发挥市直机关和县（区）机关（党）工委的研究优势，进一步整合资源，以问题为导向，深入研究机关党建工作的重大理论和实践问题，形成了7篇高质量的调研报告，为解决机关党建工作热点难点问题提供参考。

（毕现昆）

政策研究

【市委重要文稿起草】　2014年，市委政研室坚持把重要文稿起草作为围绕中心、服务大局的首要任务，积极主动适应工作新要求、领导新风格，强化服务意识，自觉把文稿起草工作贯穿于领导决策过程中，力求使文稿具有较强的指导性、针对性和可操作性。一年来，起草了市委四届四次五次全会、市委经济工作会、市委工作会、市委常委扩大会、全市领导干部大会、市委中心组学习等会议报告、领导讲话稿、重要文件、汇报材料60多篇。

【调查研究】　2014年，市委政研室突出服务决策、挖掘典型两个重点，围绕全市经济社会发展中的热、难点问题，精心选题、整合力量、创新方式，有针对性、有重点地搞好调查研究。开展了玉溪农村传统文化传承与保护、玉溪农村村落变迁、玉溪工业经济转型发展、推进玉溪美丽家园行动、玉溪市家庭农场发展等调研，并形成调研报告，提出建设性意见和建议，为推进市委相关工作发挥了积极作用。

【帮扶工作】　2014年，市委政研室领导班子带头认真落实干部直接联系群众制度，加强调查研究和帮扶力度，深入江川县江城镇孤山村委会（“四群”教育联系点）、元江县澧江街道办事处莫郎村委会（扶贫联系点）、华宁、峨山、新平、易门、元江等地开展随机调研、工作恳谈和实地帮扶等，切实帮助解决实际困难和问题。为孤山村和莫郎村协调帮助解决帮扶资金22万元，为易门县六街街道办、华宁县通红甸乡通红甸社区、红塔区春和街道办以及小石桥乡等基层协调帮助解决新农村建设补助经费等99.5万元，为各县区委政研室、新农办（农办）协调帮助解决联合调研工作经费18万元。

（合晓斌）

新农村建设工作

【市委农办工作】　2014年，市委农办认真履行职能，扎实做好市委涉农工作的服务协调等工作。组织对2013年度省、市级新农村重点建设村项目进行考核验收。积极争取并顺利推进2014年度省级重点建设村项目37个。完成2014年美丽家园建设项目的调研、评审、申报、资金整合及下达等工作，稳步推进101个村的项目建设。筹办召开市委农村工作会议、推进美丽家园行动项目资金整合工作会议等9个会议，起草和牵头起草市委、市政府“三农”重要改革文件11个。认真做好全市农村劳动力转移就业的统计上报工作。完成第七批受表彰的省市级优秀指导员个人和先进派出单位推优表彰工作。加强对第八批770名新农村建设指导员的管理服务，开展指导员驻村情况随机调研，建立指导员驻村时间月报制度，编印下发《玉溪市新农村建设指导员工作手册》900册。

【玉溪市美丽家园行动】　2014年，按照市委、市政府的部署，坚持政府引导、统一规划、资金整合、因地制宜的原则，突出传统特色和民族特色，建设生活宽裕、环境优美、特色鲜明、舒适宜居的美丽家园，采取市、县两级按一定比例共同分担美丽家园建设项目投资的办法，整合资源、聚合力量、加大投入，扎实推进美丽家园建设。至12月底，全市101个美丽家园建设项目计划投资总额25 018万元，项目实际完成投资额21 044万元，其中，整合中央、省级资金5 749万元，市级补助资金8 316万元，县级补助资金1 426万元，乡级补助资金691万元，村集体投入资金3 223万元，社会帮扶资金746万元，群众自筹资金226万元，投物投劳折资667万元。硬化村庄道路214条51 151米，支砌排灌沟渠118条29 946立方米，修建挡墙29 255立方米，建人畜饮水管道9 369米，修建垃圾收集池、处理房126个（间）792平方米，修建公厕40间1 805平方米，村庄绿化植树18 358棵、种植花草86 876平方米，安装村庄公共照明灯具2014盏，修建活动室57个23 184平方米，新建活动场地58个47 622平方米，民房改造拆除重建1 725户、加固改造32 524户，埋设排污管道11条1 438米。

【新农村省级重点村建设】　2014年，根据省委农办的部署，结合市委、市政府推进美丽家园行动的要求，市委农办认真组织了实地调查、研究和统筹安排，成功申报省级重点建设村项目37个，争取到省级财政补助资金2 220万元，并已及时下达到九个县区，专项用于玉溪市社会主义新农村37个省级重点建设村一事一议财政奖补项目建设。项目涉及33个乡镇（街道办事处）、35个村委会（社区）、37个自然村（村民小组）、5 306户17 950人。至12月底，全市37个项目共投资6 613.07万元，其中，省级重点建设村一事一议财政奖补资金2 220万元，市级配套资金1 251万元，县级配套资金220万元，一事一议财政奖补资金1 027万元，整合其他项目资金656.35万元，社会帮扶资金370万元，群众集资投劳折资199.8万元，村集体投入668.92万元。项目建设进展顺利，已有16个项目完工，总的项目工程量完成80.8%。发展种植业2 573亩、林产业21.2万亩、养殖业7 544头（匹、只），建设硬化道路74条9.63万平方米，修建挡墙7.9万立方米，村内公共绿化6 755平方米，兴建村文化活动室1.17万平方米、公共活动场地1.4平方米，安装路灯252盏，改厨、改厕、改厩12间，修建排水沟25条4 987立方米，修建公厕18个876平方米，建垃圾处理房20件267平方米，危旧房改造拆除重建319户、加固改造83户，建保护古树树塘6个405立方米，安装健身器材1套10件，配可卸式垃圾箱13个，建排污管293.5米。

【新农村建设工作队及指导员工作】 2014年，全市选派第八批新农村建设指导员770名，科级以上指导员406人，占指导员总数的52.7%，组成9支县区工作总队、72支乡镇（街道）工作队，奔赴694个村（社区）开展工作。市级财政统一安排每支工作队工作经费5万元、共360万元，市级派出单位为每位驻村指导员安排工作经费2万元。市级培训指导员770人次，县区培训指导员1 333人次，乡镇培训指导员3 264人次。派出单位领导到驻村看望指导员2 352次，392个派出单位与驻村签订了帮扶承诺书并备案，支持项目590个，提供资金支持7 598万元，物资支持（折资）1 247万元。组建新农村建设指导员服务团27支，指导员参与302人，开展活动1 494次，服务群众54 057人次，参与乡村中心工作6 779件，其中参加抗旱、抢险、救灾工作4 960人次。指导员协助驻村推进城乡生态环境、卫生环境、社会治安环境“三项治理”工作，共拆除塑料薄膜大棚5 491.6亩，清运生活垃圾13 610吨，清除柴堆115 326堆，填埋旱厕101个，整理闲置空地277块，完成绿化造林3.13万亩。丰富驻村群众文化生活，组织开展文艺演出173场。组织召开各种形式的群众会议3 455次，走访农户65 731户，建立民情联系卡5 644份，直接联系农户2 639户，协调单位领导联系农户3 494户，撰写民情日记24 838篇。帮助基层制定和完善各项制度1 785个，组织召开党员会议、上党课2 070次，帮助驻村发展党员610人。指导员提交驻村调研报告1 011份，提出工作建议4 040条，其中被采纳2 611条，帮助驻村制定发展规划864个，争取项目2 513个，到位经费19 298.87万元，到位的各类物资（折资）13 251.77万元。参与调解各种矛盾纠纷3 382起，有效调解2 361起。开展消防安全知识培训活动678次，发放消防安全宣传资料93万份，开展消防安全隐患检查、排查1.28万次，防火检查农户4.8万户，提出消防安全建议和措施2 030条，消除火灾隐患1 085项（件）。

【农村劳动力转移就业特别行动计划】 2014年，玉溪市采取积极有效措施，扎实推进“农村劳动力转移就业特别行动计划”，超额完成了省委下达的工作目标任务，实际完成培训农村劳动力28 033人，为目标任务数的103%；完成了新增转移农村劳动力27 352人，为目标任务数的150%；组织招聘会29场，为目标任务数的145%。为农村劳动力转移创业提供金融支持，完成“贷免扶补”小额贷款和“创业促就业”小额担保贷款81 569万元，扶持创业人数11 950人。针对劳动保障法律法规实施中的重点、难点和热点问题，共对3 263户各类用人单位进行主动检查，追发劳动者工资4 319万元，涉及劳动者4 509人，帮助追讨农民工工资482万元，为农民工提供法律援助869人次。

（合晓斌）

体制改革

【改革工作】 玉溪市委按照中央和省委全面深化改革的总体部署和要求，于2014年2月26日成立了以市委书记任组长的全面深化改革领导小组，下设办公室在市委政研室，为常设机构，组建了8个改革专项小组，负责研究全面深化改革各项工作，统筹推进重点领域和关键环节改革，各项改革有序推进。行政管理体制改革成效显著。建立了“七位一体”的工作责任制，把招商引资、重点项目建设、园区建设、民营经济、节能减排、河道治理、社会维稳等工作分解到每位市级领导；深入推进行政审批制度改革，取消了市级行政审批项目25项，下放20项，调整合并47项，行政审批网上服务大厅试点工作走在全省前列。经济体制改革积极推进。制定出台了稳增长促转型的实施意见、加快工业转型升级的实施意见、信息产业发展指导意见和全面深化国有企业改革的实施意见、加快民营经济发展的政策文件等，进一步完善细化了支持非公经济发展的相关政策措施。城乡规划建设管理改革初显成效。出台了推进新型城镇化发展的实施意见，加快编制“昆玉一体化”发展战略规划和新型城镇化规划、综合交通发展规划，完善农村规划，转变中心城区规划区范围内“一户一宅”建房方式，研究出台了盘活存量、调整规划等破解土地“瓶颈”的政策措施，不断提高土地利用效益。金融财税体制改革步伐加快。不断加大市属投融资平台改革发展力度，7个市属投融资公司实现融资216亿元，顺利争取到国家开发银行支持棚户区改造政策性专项贷款79亿元；制定了《玉溪市商业银行深化改革与战略规划纲要》，加快推进玉溪市商业银行全面改革，实现增资扩股2亿股3.8亿元，发放“一四玉溪开投债”19亿元。殡葬制度改革扎实推进。全面完成了全市火化区范围划定工作，开展乱埋乱葬及“活人墓”集中整治，平毁活人墓34 345冢，完成任务数的100%，元江、新平、易门、澄江、华宁殡仪馆已建成并投入使用，建成农村公益性公墓322个，经营性公墓5个，全市火化率达49.26%。农村各项改革取得新成绩。出台玉溪全面深化农村改革总体方案和农林水供销专项改革方案、农村土地承包经营权确权登记颁证工作实施意见、深化集体林权制度改革实施意见，积极推进“三农”金融服务改革创新试点和“三权三证”抵押融资工作，着力推进水务管理体制改革和林地林木流转等工作。生态文明体制改革有新进展。启动了《玉溪生态文明建设规划》和《玉溪生态文明体制改革实施方案》编制工作，制定实施沿湖四县生态建设目标任务考核办法，降低沿湖四县GDP考核权重，强化生态资产和生态考核指标，严格执行“四条红线”，建立试验区项目联合审查和退出机制，全面开展核心区项目清理工作，试验区核心区开发项目从25个减少到11个，项目规划用地下降59.8%，规划总投资下降47.7%。文化体制改革进一步深化。制定玉溪市培育和践行社会主义核心价值观的实施意见，编制了《深化文化体制改革实施方案》，加快玉溪人民广播电台、电视台、有线电视台“三台”合并改革，在市县两级成立了互联网舆论引导工作机构，规范全市信息发布和政策解读工作体系，公共文化服务体系建设进一步加强。教育改革工作持续加强。制订《关于深化教育综合改革的意见》，实施美丽100校园行动计划项目193个，对全市18所公办高中进行捆绑发展和考核，全面实行“阳光招生”工程和阳光分班，试行多点执教试点，稳步推进普通高中招生录取改革，积极谋划职教园区建设，在全省首家以州市为单位推进教育信息化建设。医疗卫生改革取得实质性进展。鼓励社会资本以多种形式参与公立医院改制重组，与北京金大洋控股公司正式签订了投资25亿元的玉溪西南国际医院暨健康产业园项目投资协议。引进华润医疗集团参与市儿童医院建设运营和管理。全面启动了县乡村医疗服务一体化管理工作，全市九个县区的13个县级医疗机构与43个乡镇卫生院、社区卫生服务中心结对，实行整体托管，一体化管理的县区覆盖率达到100%。党的建设制度改革稳步推进。抓好干部队伍建设制度改革，实行领导干部下基层调研情况公示制度和登记制度，出台了《玉溪市干部直接联系和服务群众制度》，促进干部直接联系和服务群众工作常态化长效化；制订了“一个意见、两个办法”：《关于加强和改进市管领导班子和领导干部综合考核评价工作的指导意见》、《市直党政部门领导班子和领导干部综合考核评价实施办法》、《县区党政领导班子和领导干部综合考核评价实施办法》，进一步规范领导干部选拔任用和管理工作；积极开展美丽玉溪服务先锋行动、主题服务月活动、在职党员到社区报到为群众服务和综合服务平台建设工作，全面推行党员积分制管理，加大强基惠农“合作股份”项目的实施，有序推进“基层党员带领群众创业致富贷款”、扶贫开发与基层党建整乡“双推进”工作，健全村组干部待遇补贴正常增长机制，推行“基础补贴+绩效补贴+村级集体经济创收奖励”的结构补贴制度；制订了《玉溪市创新体制机制加强人才工作的实施意见》和《玉溪市人才引进办法》，实行项目化管理，将人才工作各项政策措施和培养工程具体分解到各人才工作职能部门落实。纪律检查体制改革起步有力。出台了《中共玉溪市委关于落实党风廉政建设党委主体责任、纪委监督责任的实施意见》，实施述廉制度，建立群众诉求五级联动机制，建立民生资金监管平台，稳步推进市纪委监察局内设机构改革调整，转职能、转方式、转作风“三转”工作成效明显。民主法制领域改革初见成效。制定了《玉溪市民主法制领域改革工作方案》，建立了民主党派、工商联重点课题调研成果汇报机制。研究起草了《关于进一步推进社会主义协商民主制度建设的实施意见》，进一步推动构建程序合理、环节完整的协商民主体系。民族团结进步边疆繁荣稳定示范区“四个一”示范点建设成效明显，新平示范县、盘溪示范镇建设取得实效。社会体制改革有序推进。制定出台了《关于深化司法体制改革和创新社会治理体制的实施方案》、《关于实行网格化社会服务管理的意见》、《关于加强司法行政促进依法治市的实施意见》、《大力培育发展社会组织加快推进现代社会组织体制建设重点任务分工方案》，建立了市县乡三级党政主要领导带头、班子成员轮流排班接访的三级联动接访机制，视频接访网络建设工程有序推进，进一步健全完善重大突发事件预警和应急指挥处置机制，完善了安全生产隐患排查治理工作机制。

【市委改革办工作】 2014年，市委改革办认真贯彻落实中央和省委的改革要求，按照市委全面深化改革领导小组的决策部署，履行职能，有效服务各项改革。起草了领导小组和专项小组工作规则、办公室工作细则、《市委全面深化改革领导小组2014年工作要点》。年内筹备召开了3次市委全面深化改革领导小组会议，起草了领导讲话稿和会议纪要，并对会议重点部署的12项改革工作进行沟通协调和督促落实，及时向省委改革办上报了玉溪市2014年全面深化改革工作情况。

（合晓斌）

保　密

【保密教育】 2014年，市保密局创新保密教育形式，拓宽保密教育渠道，狠抓保密教育重点，提升保密教育质量，提高了全市各级领导、机关干部和企事业单位人员的“保密意识、保密常识”。在“保密法制宣传月”活动中开展了以“讲一次保密专题党课、召开一次泄密案例通报会、学习《云南省保密意识保密常识教育手册》、举办一次传统手段与现代传媒相结合的宣传报道、办一期宣传专栏（专刊）”为主要内容的五个一活动，在《玉溪日报》全文刊登《保密法实施条例》，在玉溪电视台黄金时段播放7条保密宣传标语一星期，张贴保密宣传挂图312份、标语440条，制作宣传展板7块，发送手机保密短信1 913条，向县处级干部发出保密提醒信876封，举办保密专题讲座3次，全市23 120名各级各类干部职工受到教育。“12·4”宪法宣传日活动中发放保密提醒和窃密泄密技术警示教育等宣传资料360余份，展示保密法和保密法实施条例等系列挂图16幅。组织全市传达学习省委书记李纪恒在中保委窃密情况通报上的重要批示和通报，全市9 858名领导干部、涉密工作人员和干部职工受到教育。组织全市保密专兼职干部学习全国保密战线先进典型人物焦春秀，通海县保密局局长李鸿基撰写的学习心得体会《让芳草绿遍天涯》被《云南保密工作》刊发。全市征订保密学习资料、挂图4 141册（套）、《保密工作》2 498份，印发《保密法》和《保密法实施条例》700余本、《保密意识保密常识教育手册》3 000册，编撰出版了首部《玉溪保密志》并下发市直单位和各县区。依托党校阵地，对1 540多名初任职人员、新任职领导干部进行了保密法规知识培训。局领导深入市县区党政机关、企事业单位讲授保密专题党课和保密管理知识共19场次，3 800多干部职工（员工）受到了保密法规和保密形势教育。全年共组织了4次较大规模的保密教育培训，744名涉密人员受到培训：对市县区机关单位241名涉密人员进行保密法律知识和定密管理学习培训；对全市45个持有测绘资质单位的254名涉密人员进行了保密法律法规和涉密测绘成果保密管理培训；对市级机关和通海、江川、华宁、元江县112个单位167名计算机管理人员进行了保密技术装备升级培训；对持有保密资质证书的12个单位82名涉密人员进行了国家秘密载体制作保密管理培训。依托政府信息公开网站，管好用好“玉溪市国家保密局信息网”，刊登宣传文章103篇。

【保密管理】 2014年，组织新一轮“三书”签订工作，全市1 392名县级以上领导干部签订了《领导干部保密工作责任（制）书》，482名在岗涉密人员签订了《在岗保密承诺书》，7名离岗涉密人员签订了《离岗保密承诺书》。在全省率先制定使用《玉溪市保密工作管理台账》共两套三十八个子项，即《玉溪市单位部门保密工作管理台账》和《玉溪市保密行政管理工作台账》，两套《台账》的建立使用，摸清了全市保密工作的底数，规范了全市保密管理。坚持涉密文件、内部资料、涉密计算机、涉密优盘、硬盘等涉密载体的“统一回收、统一押运、统一销毁”，共清退销毁涉密文件资料15 691份、磁存储介质202件（台）；对法轮功非法音像制品3.5万张、非法书籍、宣传资料3万余册（份）、光碟500余张进行监销。扎实抓好全市各类考试的保密监督管理，参与市教育局、市委组织部、市人社局等10多个单位涉及166 492人参加的高考、中考、公务员招考等41场次考试的保密监督管理，确保考试公平、公证、安全保密和顺利进行。落实云南省国家保密局《关于云南省党政机关和涉密单位计算机及其网络保密自检自查的规定》、《关于切实加强政府信息公开门户网站保密检查工作的通知》，认真抓好每季度计算机自检自查和每月审查政府信息公开门户网信息并上报省保密局。全市自检自查计算机17 766台，市保密局共审查政府公开信息67 210条，未发现涉密及敏感信息。按照《保密法》和《保密法实施条例》以及对定密管理的要求，认真开展定密培训和定密授权调研，主动做好定密授权和定密责任人确定工作，市委、市人大、市政府、市政协、市中级人民法院、市检察院已完成对市县区59个单位的定密授权，定密责任人确定工作正有序开展。落实中办、国办《手机使用保密管理规定》和《云南省从事涉密业务企业单位保密管理办法》等规定，深入公安、电信、国安和持有保密资质证书、涉密设备维修维护公司等单位，共商玉溪市手机保密管理办法并切实加强对手机的保密管理和对保密资质单位、涉密设备维修维护单位的保密监督管理。摸清保密资质持有单位的底数，加大保密监督管理力度，全市经省保密局批准持有涉密业务资质的公司7家，持有测绘资质的单位45家。

【保密技防】 2014年，开展了涉密文件、涉密测绘成果、涉密计算机、非涉密网络等四次保密专项检查，检查了167家重点单位的1 023台计算机及其信息系统，发出整改通知书20份，对江川县一起泄密案件进行了查处，达到了“以查促管、以查促教、以查促改、以查促防”的目的。建立《全国涉密计算机违规外联集中监控平台玉溪市分中心管理台账》，加强对“涉密计算机违规连接互联网集中监控平台”的使用和监管，年内全市未收到违规外联报警信息。抓好“重要涉密单位互联网出口保密监测平台”和“机关单位互联网门户网站保密检查平台”建设的各项前期工作。健全完善玉溪市保密科技技术专家评审委员会，委员会成员单位由市发改委、市工信委、市公安局、市财政局、市委机要局、玉溪师范学院、市检察院、市电信公司等10多个单位的技术人员组成，负责玉溪市重大保密科学技术的评价、审核等工作。按照“强制配备”的要求，继续做好猎鹰保密检查工具的推广使用工作，全市共配备452套猎鹰保密检查工具，并对配备的工具进行了升级和使用培训，确保日常检查工作的顺利开展。继续抓好对全市涉密计算机的“三合一”产品安装使用推广工作，全市359台涉密计算机已安装了“三合一”产品，在上年307台的基础上新增52台。扎实开展网络普查和分类核查，经初步核查全市有计算机网络317个，终端164 812台（其中涉密网 41个，终端1 365台）。

【商密保护】 2014年，市保密局把“围绕中心、服务大局”的切入点、着力点放在为企业健康发展上，采取面对面指导帮助的方式，为企业提供商业密秘保护指导服务。一年来，深入市县区30多家企业进行了商业秘密调研，并对82名企业管理人员进行商业秘密保护培训；编撰《商业秘密，生死攸关》一书，为指导企业做好商业秘密保护和管理工作夯实基础。

（施永华）

档　案

【贯彻两个“意见”精神】 2014年，中央办公厅、国务院办公厅《关于加强和改进新形势下档案工作的意见》和省委办公厅、省政府办公厅《关于加强和改进新形势下档案工作的实施意见》（以下简称《意见》）下发后，全市各级档案部门认真组织学习，并及时向分管领导作了汇报。市档案局组织召开学习贯彻两个《意见》和研究推进2014年档案资源建设等四项重点工作会议。会议要求宣传、贯彻落实好两个《意见》，对解决玉溪市档案事业发展的瓶颈问题提出了新的要求。同时要求市局在充分调研的基础上，找准玉溪市档案事业发展的难题，找出破解难题的措施，尽快形成玉溪市的《实施意见》。各县区档案局局长和市档案局各科室负责人做了学习两个《意见》的心得体会交流。《实施意见》已经完成了征求意见，待报分管领导审核后下发执行。

【开展“国际档案日”宣传活动】 按照省档案局关于开展2014年“国际档案日”宣传活动的通知要求，市档案局及各县区档案局于5月14日至6月13日围绕“走进档案—档案连

2014年8月7～8日，市保密局举办全市保密专兼职干部暨定密工作培训班，全市241名保密专兼职干部、涉密工作人员参加培训。图为市保密局局长许中华给参训学员授课　（周卫　摄）

着你、我、他”为主要内容开展了内容丰富、形式多样的宣传月活动。

设立咨询点、悬挂活动横幅，向公众集中宣传和开展咨询活动。市档案局与红塔区档案局、峨山县、新平县、元江县、华宁县等档案局在人流量较为集中的聂耳文化广场、县城中心广场、公园设立宣传咨询点、悬挂活动横幅7条，摆放宣传展板4块、张贴宣传挂图、出动宣传车2次、向群众发放了《走进档案—档案文化知识》、《档案法律常识》、《家庭档案连着你、我、他》、《走进档案》、《云南省档案馆、馆藏珍品选粹》、《云南档案》等档案宣传单（册）16 500多份和1 200个档案宣传环保袋，接受咨询350余人次。

利用各种媒体，进行广泛宣传。各级档案部门充分利用各种媒体，广泛宣传档案工作和档案事业发展的成就。在人民电影院、聂耳文化广场电子大屏幕播放以介绍档案是什么、档案的作用、如何整理保护档案、如何查阅利用档案等为主要内容的档案宣传短片。在玉溪电视台字幕滚动播放“6月9日是国际档案日，宣传主题是‘走进档案，追寻云南记忆’；档案连着你、我、他，每个人都离不开档案；全市10个档案馆保管明、清、民国、现行的各类档案数十万卷，欢迎广大人民群众走进档案，追寻记忆”。利用中心城区、乡镇（街道办事处）及村委会（社区）1 000余块气象电子显示屏滚动播放“国际档案日”宣传标语，利用气象预报手机信息短信平台向13万余用户发送档案宣传信息。在《玉溪日报》刊发“国际档案日”宣传活动图片。在玉溪档案信息网登载宣传方案、活动内容和宣传资料。

充分发挥档案馆的爱国主义教育基地作用，开展“走进档案馆”活动。元江县档案馆组织教育系统40余名党员和全县113名档案专兼职人员进行了参观；华宁县开展“走进档案馆”活动，面向社会开放，请公众走进来，体验档案查阅、政府公开信息利用、电子档案查询等服务，共接待参观利用档案173人次。

征订660册《走进档案》宣传册发送到机关、企事业、乡镇（社区、街道）、学校、宾馆、酒店。通过“国际档案日”的宣传活动，让公民走进档案、了解档案工作，感受档案文化，扩大档案工作的社会影响力，全面提高全社会的档案意识。

【档案行政执法检查】 为进一步贯彻实施《中华人民共和国档案法》、《云南省档案条例》等法律法规，加强对各机关、企事业单位档案工作的监督，全面深化依法治档，市、县（区）档案局积极开展档案行政执法检查。2014年4月16日至17日，市档案局组成3个检查组，对市直18个单位的档案工作进行了档案执法检查。江川县档案局组织对5个乡镇、10个村委会和15个机关进行了档案行政执法检查，其他县区也开展了不同形式的档案执法检查。通过检查发现，绝大部分单位能认真学习贯彻《中华人民共和国档案法》、《云南省档案条例》等法律法规，档案意识和档案法制观念进一步增强；档案工作制度化、规范化管理明显加强；编研工作有成效；档案信息化建设有突破。但也有少数单位档案法律意识淡薄，领导不重视档案工作，不能按期完成年度归档，档案管理混乱，档案安全存在很大隐患。对存在的突出问题，检查组要求限期整改。除此之外，与市移民局联合开展了对元江、新平、易门、峨山4个县移民档案工作情况的检查。

【档案规范化管理示范认定和国家二级档案馆测评工作】 2014年，按照省档案局提出的要全面推行档案工作规范化管理示范认定，组织开展国家综合档案馆测评工作。各级档案部门加大对档案规范化管理示范认定工作监督指导，4月23日至24日，元江县、江川县、澄江县档案馆顺利通过了省档案局组织的规范化示范档案馆认定和国家二级档案馆测评；9月17日，华宁县档案馆顺利通过了省档案局组织的规范化示范档案馆认定；10月15日，市档案馆、红塔区档案馆顺利通过了省档案局组织的规范化示范档案馆认定。市委办公室、市人大办公室等116个机关事业单位和9个企业通过了规范化认定，成为档案工作规范化管理示范单位。

【档案工作监督指导】 2014年，为认真做好档案工作的监督指导，市档案局采取上门服务、电话咨询、业务培训等多种形式，积极开展档案业务指导，规范档案管理，稳步推进档案工作规范化管理示范单位认定和国家二级档案馆测评工作。市档案局对市委办公室、市人大办公室等31个市级机关、企业事业单位进行档案指导的同时，深入县区档案馆、大化工业园区、元江咪哩乡、通海县秀山街道九龙社区、云南省玉溪凤凰生态食品有限公司、云南创新材料集团等40余个基层单位开展档案业务指导，面对面解决档案的分类、整理、年度归档及档案工作规范化管理等相关问题。各县区档案局也采取上门服务、电话咨询、以会代训的方式，对560余个单位开展档案业务指导工作。

【县（区）档案馆建设】 2014年，市档案局继续加强落实县级综合档案馆建设工作。经积极争取，通海县、易门县档案馆新馆建设有序进行，主体工程已经封顶，峨山县档案馆年内开工建设，红塔区、新平县档案馆建设可行性研究顺利通过评审。

【档案接收和档案利用】 各级档案馆按照建立覆盖人民群众的档案资源体系的要求和到2020年馆藏档案翻一番的目标，根据档案馆收集档案范围的规定，制定接收计划和实施方案，多措并举，大力推进档案资源建设，全市档案资源建设取得新成绩。2014年，全市各级国家综合档案馆接收征集档案11 184卷、80 151件，其中特色档案466卷、3 841件。通海县档案馆征集到通海籍的“云南童话王”钟宽洪个人档案31件。到当年12月，全市10个国家综合档案馆保管档案574 572卷、435 426件，其中特色档案10 547卷、88 447件。

市、县（区）档案馆通过接待查阅、举办展览、开发档案文化产品、档案编研等形式和手段，积极开展利用服务，充分发挥了档案资政参考、传承文化、服务民生、教化民众的作用。2014年，全市各级国家综合档案馆接待查档人员7 460人（次），提供档案20 945卷件（次），其中，市档案馆接待查档183人（次）、提供档案3 558卷（次），提供查阅资料3人（次）、8册（次）。

【档案编研和爱国主义教育】 2014年，各级档案馆积极开发档案文化产品，主动提供档案为社会服务。市档案馆续编《发展实录》——《云南日报》玉溪文汇，印发领导和有关单位参阅；华宁县档案馆编印了《华宁县建国以来政区沿革（1949～2013）》、《云南·华宁柑橘节专题文件汇编》等资料。市档案馆完成爱国主义教育展厅的布展工作，元江、澄江等县档案馆继续开放爱国主义教育基地，接待参观者10 679余人（次）。

【档案数字化建设】 根据国家档案局《数字档案馆建设指南》、《云南省数字档案馆建设规程（试行）》等规定，制定了《玉溪市档案馆数字档案馆建设规划（2013～2020年）》，全力推进玉溪市档案馆数字档案馆建设进程，经政府采购，由玉溪世纪科怡科技有限公司对市档案馆的档案数字化进行加工服务，数字档案馆建设取得明显进展。2014年，共完成了馆藏20 842卷、463 290件、2 947 940页档案的全文数字化，在开展档案数字化工作过程中，严格执行《云南省档案数字化安全保密管理办法》及其他有关档案安全保密的规定，确保档案实体和档案信息安全做到万无一失。档案管理工作未出现差错。

【档案学会和职称工作】 2014年学会工作，市档案学会积极开展工作，组织、收集“2014年全国档案工作者研讨会”会员论文6篇，经过审核后向上级档案学会推荐论文4篇，获优秀论文人选奖2篇，1篇在2014年全省档案学术研讨会进行交流。

职称评审工作，申报副高级职务1人、中级职务8人、初级职务7人全部通过评审。

（何昆琳）

老干部工作

【春节慰问老干部】 2014年春节前夕，市委、市政府召开春节茶话会，慰问副厅级以上及享受副厅双项、三项待遇的离退休干部共75人，市委书记张祖林向老领导通报经济社会发展情况，市委副书记、市长饶南湖主持会议。举办2014年春节敬老爱老慰问演出，市委副书记夏立洪出席，副市长解仕清主持开幕式。走访慰问13名厅级老干部遗孀、100名重病及特困老干部、46名县（区）正县级老领导；座谈慰问各市直老干部社团协会负责人、易地安置在玉溪的离休干部37人；探视慰问378名因病住院的离退休干部。

【召开全市老干部工作会议】 2014年5月8日，全市老干部工作会在玉溪召开，市委副书记夏立洪出席会议并讲话，各县区委老干局和市直单位专兼职工作人员共220余人参加会议。会议提出要以儿女之心、孝悌之情，敬爱致恭做好老干部工作，努力建设“讲政治、重感情、业务精、作风好”的模范部门。

【老干部两项建设】 2014年，举办全市第16期老干部党支部书记读书班，省委老干部局副局长刘光禹出席并作专题辅导，各县（区）和市直各单位的离退休干部党支部书记、党员骨干200余人参加培训；举办“玉溪市纪念中国人民解放军西南服务团成立暨进军大西南65周年革命传统报告会”，市委副书记夏立洪出席会议并讲话。全年组织1 356人次老干部参加市委市政府相关会议29次，为市委、市政府提出涉及全市经济社会发展和干部作风方面的意见建议100多条，得到了市委市政府领导的充分肯定。

【关心老干部身体健康】 2014年5月，组织副厅以上老干部104人进行了健康体检。6月，与市慈善总会、玉溪华山眼科联合举办“光明工程”慈善公益活动，为老干部检查视力，向全市老年人免费赠送总价值300万元的老花镜。

【走访慰问省内易地安置老干部】 2014年5月中旬，走访慰问了安置在红河州和昆明市的10名老干部，进一步掌握老干部实情，了解老同志需求，征求老干部意见建议，送去了市委市政府的关怀。

【举办“孝亲敬老”道德讲堂】 2014年7月至10月，在市老年大学、玉湖社区、玉溪技师学院、北城街道高桥社区分别举办4场“孝亲敬老”道德讲堂，弘扬社会主义核心价值观和尊老敬老的传统美德，全市老干部工作专兼职人员、部分老干部代表、玉溪技师学院师生、高桥社区村民及小学师生1 700余人参加了活动。

【老干部聂耳合唱团获韩中国际“木槿花奖”最高奖】 组织玉溪市老干部聂耳合唱团参加2014韩中国际“木槿花奖”音乐舞蹈艺术大赛，两个参赛节目分别荣获大赛舞蹈类和声乐类最高奖——木槿花奖，合唱团荣获组织奖金奖。

【举办退休生活适应性培训班】 2014年9月，举办全市首期退休生活适应性培训班，2013年以来退休的80余位县处级领导干部参加了培训。本次培训内容涵盖养老方式、养生保健、心理调适、理财规划、政策待遇等方面内容，让新近退休人员尽快实现角色转换，适应退休生活，开启人生新篇章。

【开展“同心共筑中国梦”系列活动】 2014年，组织老干部社团协会开展“同心共筑中国梦”文艺体育展演、千人柔力球展演、诗书画艺术展等活动，9 000余人次老干部参加了活动。全年共组织活动489次，3万余老同志参与活动。

【发放“三卡一册”】 2014年，针对离休干部绝大部分进入“双高期”，离退休干部空巢、失能等特点，精心制作了爱心急救卡、亲情服务卡、温馨提示卡和翻印《中国老年人健康指南》手册，在市直单位高龄老同志中免费发放3 200余套，为老干部提供人性化、精细化、亲情化服务。

【拓展老干部工作宣传平台】 建立QQ群、微信公众号、老干部工作网“三位一体”宣传联动平台。2014年，玉溪老干部工作网发布信息300余条；发布微信80期，330余条内容，图文阅读次数达16万余次，16 100余人次分享转发相关内容。

【帮扶特困老干部】 2014年，争取省局支持老干部特困资金18万元，市级财政预算5万元、年中划拨20万元，各县区配套资金20多万元，帮助解决离退休干部的特殊困难。为元江县一名患癌症多年的离休干部杨家禄筹集特困资金10万元，帮助其解决医保之外的大额医疗费问题。全年共走访看望特困老干部103人，看望生病住院老干部30多人次，到殡仪馆参加25位老干部告别活动，慰问病故老干部家属4人。

【开展老年大学示范校创建工作】 召开全市老年大学工作会，积极推进省、市级老年大学示范校创建工作，查检验收红塔区、江川县老年大学两所“市级示范校”。市老年大学招生达到10个系、40个专业、93个班、5 006名学员。

【市干休所管理服务】 2014年，市

干休所针对住所离休干部整体进入超高龄期（平均年龄达到91岁）的实际，全体工作人员开展与老干部结对服务活动；购买一部爬楼机，解决了老干部上下楼梯难问题；坚持接送老干部住院医疗制度、送医上门服务制度、24小时值班制度，全年共计诊疗8 200余人次。

【市老干中心修缮和无障碍化改造】 2014年，按照老年法和《老年人建筑设计规范》的规定，认真落实市政府第二十次常务会的要求，争取市政府安排资金200万元，向上级争取资金155万元，对老干中心进行修缮和无障碍化改造。当年，市老干中心每天参与活动的老同志1 200余人次，全年40万人次参加活动。

【关爱民生助力社区发展】 2014年，为联系点高桥社区群众做好事办实事，组织开展三次义务劳动，帮助孤寡老人打扫卫生、修补猪圈等；组织开展春节、老年节等重大节日慰问、文艺联欢、书赠春联、志愿服务，全年看望60户五保和困难群众；为社区争取立项的社区服务站和居家养老服务中心等项目已开工建设。

（朱文栋）

老龄工作

【老年人口基本情况】 截至2014年底，玉溪市总人口214万，60岁以上老年人口达33.2万人，占全市户籍总人口的15.5%。其中60～79岁老年人29万，占老年人总数的87.8%，80岁以上高龄老人4.2万人，占老年人口的12.2%，有百岁以上寿星56人，最大年龄110岁。全市老年人口呈现出老龄化、高龄化、空巢化发展态势。

【老龄人口信息管理系统操作培训】 2014年6月6日，玉溪市老龄办在老年大学举办了为期一天的老龄人口管理信息系统操作培训，来自全市各县区老龄办负责人及老龄人口信息管理系统操作人员参加培训。云南省老龄委办公室组织联络处处长李凤云受邀出席培训，李凤云深刻阐述了老龄人口信息管理系统对提高老龄人口管理水平的重要性，并希望参培人员要此次培训采取集中授课与个人练习相结合，提出问题与解决矛盾相结合的方法，对老年优待证办理和高龄补贴模块进行重点培训。

【尊老敬老爱老和老有所为先进典型表彰会议】 2014年9月29日，玉溪市召开敬老先进村（社区）、十大孝星、老年温馨家庭、老有所为先进典型表彰会议。授予红塔区洛河乡洛河村委会等30个村获“敬老先进村”称号，红塔区凤凰街道葫田社区等20个社区获“敬老先进社区”称号，红塔区李棋街道玉河社区一组郭正有等10位市民获“十大孝星”称号，市红十字会自学成等10个家庭获“老年温馨家庭”称号，市人民医院黄斌等10位市民被表彰为老有所为先进典型。

【养老服务基础设施建设】 2014年，按照社会福利社会化的工作思路，改扩建10个农村敬老院、建成50个居家养老服务中心，103个农村幸福院项目，争取到居家养老服务补助项目23个、农村幸福院补助项目70个。全市共有城市公办养老机构5个，民办养老机构2个，农村敬老院77所，共有各类养老床4 363张，全市每千名老人养老床位从2012年的12张增加到13.1张。其中，玉溪市社会福利中心老年公寓现入住老人158人。

【养老制度保障】 2014年，完善城镇职工基本养老保险、农村养老保险、城乡最低生活保障、“五保”供养、80岁以上老年人保健（长寿）补助等养老保障制度。全年，全市向41 494名80岁及以上老年人发放保健（长寿）补助金2 642.1万元；对11 238名老年人纳入城市低保，人均补助每月274元，34 305名老年人纳入农村低保，人均补助为每月126元；5 080名“五保”对象全部纳入财政供养；对60岁以上农村老年人计划生育家庭实施奖励扶助。

【老年人医疗保障】 2014年，全市资助11.3万老年人参加医疗保险，对参加新型农村合作医疗的70岁以上老年人，住院医疗费用减免补偿比例提高3%。为65岁以上老年人建立健康档案，对90岁以上的老年人，由属地的市、县区人民医院每年对其免费常规体检一次。加强以乡镇（街道）卫生院为重点的农村卫生基础设施建设，建立健全了县、乡、村三级医疗机构网络、方便老年人就地、就近就医；对优抚对象、五保对象、城乡低保对象实行由政府代缴参合费、参保费制度。

【老年人优待】 2014年，全市为15 284名60岁以上老年人办理了《云南省老年人优待证》，为26名百岁寿星挂了百岁匾。老年人凭《优待证》免费上公厕、就医免收普通挂号费、免费进公园、旅游景点、风景名胜区、聂耳纪念馆、聂耳图书馆、聂耳故居、博物馆等，挂号、就医、交费、检查、取药等优先服务。60周岁以上老年人持“爱心卡”免费乘坐市内公交车。

【爱老助老工程】 2014年，全市共成立市、县、乡、村老龄事业发展促进会53个，向社会筹集资金204.26万元，救助生活困难、医疗困难老人646人，支出经费59.2万元。组织开展了玉溪十大孝星评选、敬老先进社区、先进村评选活动，授以20个社区为“敬老先进社区”、30个村为“敬老先进村”、10个家庭为“老年温馨家庭”，表彰了玉溪市“十大孝星”，大力弘扬中华民族孝亲敬老的优良传统。

【老年法规政策宣传】 2014年，在中心城区、聂耳文化广场、各县区所辖街道（乡镇）、村（社区）开展老年法规宣传、咨询活动，印发宣传资料3.2万多份；通过《玉溪日报》、玉溪电视台、大众电视台、玉溪人民广播电台等媒体大力宣传《老年法》、《云南省老年人权益保障条例》、《玉溪市老年人权益保障实施办法》等老年法规、政策和敬老、爱老、助老先进典型。

【老年人生活服务工作】 2014年，全市县、乡镇（街道）全部成立了老龄工作机构，635个村（社区）成立了老年协会，老年服务网络进一步健全；社区为老年人开展生活、文化、教育、体育、医疗、康复、护理、日托服务；建立老年人信息系统，及时掌握老年人的动态情况和服务需求。全市共有老年人服务志愿者6 326人，志愿者、青年团员和妇女定期不定期地为孤寡、残疾老年人提供生活照料和服务，做好困难老人家庭生活救助的申请、调查、审核、上报等方面的工作。利用“星光老年之家”书画室、体育健身室、医疗护理室、日托聊天室、棋牌娱乐室等场所为老年人开展服务。加强养老机构服务管理，实施政府购买为老服务，全市共招聘政府购买养老服务人员90多人。

【老年人维权服务】 2014年，全市共有老年人法律援助中心、援助站（点共）130个，基层覆盖率100%。将老年人请求最低生活保障待遇、赡养费、人身损害赔偿等事项纳入法律援助事项范围，对孤寡老人、低保老人、要求子女履行赡养义务的老人、受到各种人身伤害的老人直接提供法律援助，对涉老案件坚持优先受理、优先审查。当年，市、县法院共受理涉老案件146例，司法调解涉老纠纷319起，基层老年协会调解1 152起。加大宣传力度，引导老年人依法维权，提高老年人的维权意识和维权能力；简化老年人申请援助程序，降低援助门槛，及时审批和指派；拓展援助工作渠道，扩大老年人法律援助范围，为老年人提供更加方便、快捷的法律援助服务，不断提高老年人法律援助的质量。

【老年文体休闲服务】 2014年，市委、市政府将公益文体设施、公园等建设纳入城市建设规划，全市各县区现有的公益性文化设施向老年人免费或优惠开放，各演出场所免费或优惠为老年人团体提供演出场地，各文化广场为老年人开展广场健身活动优先提供场地。全年共投入老年活动场所建设资金1 239万元，市、县区、乡镇（街道）、村、组都建有老年活动中心（站、室）。全市共有市级老干部活动中心和老年文艺体育活动中心各2个，县区级老干部活动中心14个，乡镇（街道）老年活动中心33个，社区及村委会老年活动中心（室）604个、村民小组老年活动中心（室）3 028个，建有门球场、地掷球场近150块，老年服务设施基本普及。成立老年文艺团（队）1 996支，参加人数43 291人，年均自编自演各类节目17 407个。全市已建立老年体育协会（分会）2 000多个，会员达21多万人。

【老年教育工作】 2014年，全市共有老年大学（学校）489所，其中，市、县（区）老年大学11所，乡（镇、街道）老年学校24所，村（社区）老年学校230所，村（居）民小组老年学校212所，在校学员47 272人，形成了市、县（区）、乡（镇、街道）、村（居）委会、村（居）民小组五级办学网络。

【“虚拟养老院”建设】 2014年，按照“政府主导，政策扶持，市场运作，依托社会，服务老人”的原则，探索依托家政服务发展养老服务的模式，红塔区、江川、澄江的部分家政服务公司，除发展家政服务外，探索了专门为老年人设置的上门服务，服务内容从单一的家庭保洁向全面、多样的生活、身心照料服务发展；澄江县依托餐馆开发了为老年人提供的助餐服务；部分村委会（社区）为老年人设立了生活、文化、教育、体育、护理、日托等服务项目，打造“虚拟养老院”，切实解决玉溪市“三无老人”、空巢老人、高龄老人、失能老人和老复员伤残军人等广大老年人的各种生活需求。

【助老信息服务】 玉溪市开展“爱心通”助老信息服务平台以来，有11 360多名老年人加入了“爱心通”助老服务网络，至2014年底，累计呼入量近16.3万余次，日均呼入量达200余次。“爱心通”根据老年人求助的内容，整合社会资源为老年人提供生活照料、家政便民、餐饮服务、医疗保健、心理慰藉、法律咨询、娱乐学习、应急救助、爱心护理、代购代缴等服务。

【慰问老年人活动】 2014年春节和敬老节期间，市委、市政府领导带队到各县区开展走访慰问百岁老人、贫困老人、空巢老人、敬老院老人。在市委、市政府的带动下，各级各部门、各县（区）、各基层相继开展了慰问特困老人、助医助养特困老人、开展专门服务老年人的义诊等活动，社会各界也纷纷为老年人做好事，献爱心，捐款、捐物，营造了全社会参与敬老助老的活动氛围。

【“敬老文明号”创建】 2014年，玉溪市民政局弘扬中华民族敬老爱劳助老优良传统，切实维护老年人合法权益，授以53家服务单位玉溪市“敬老文明号”称号。全年共为33 969名老人发放保健（长寿）补助金2 201万元，为16位百岁寿星敬挂了百岁匾。

（李琼华）

关心下一代工作

【思想道德教育】 2014年，市关工委以贯彻实施《中央办公厅〈关于培育和践行社会主义核心价值观的意见〉》及深入开展《中共中央国务院关于加强和改进未成年人思想道德建设若干意见》发表10周年纪念活动为载体，加强青少年思想道德教育工作。玉溪市关工委下发《关于纪念〈中共中央国务院关于加强和改进未成年人思想道德建设若干意见〉发表10周年活动的通知》，要求县区及基层关工委以活动为契机，谈思想，讲做法，说经验，作探讨，写纪念文章，切实加强和改进未成年人思想道德建设，把社会主义核心价值观贯穿在各级关工委的活动中。全年在有关会议、调研活动、市关工委刊物和简讯中宣传《中共中央办公厅〈关于培育和践行社会主义核心价值观的意见〉》。市关工委联合市县区文明办、教育局、文化旅游广电和体育局、团委、妇联开展了引导未成年人树立正确道德价值，在核心价值观的沐浴下健康成长的“给父母写封信”中小学生读书征文活动。同时，各县区关工委开展党的十八大、十八届三中、四中全会精神进校园、进农村、进社区等学习宣传教育活动，举办“党的十八大、十八届三中、四中全会精神”培训班，培训宣讲员。组织关工委班子和宣讲团成员，编写《中国梦、我的梦》、《用实干加快实现梦想》、《不忘国耻、奋发图强、振兴中华》、《学科技、奔小康、为实现中国梦奋发作为》、《改革为了实现美好的梦想》、《学习十八大，感受家乡的新变化》、《学习十八届三中全会精神，做中国特色社会主义四有新人》、《积极参与改革，同心共筑幸福美丽家园梦》等讲稿，以主题讲座、报告会、广播、发放宣传资料等多种形式在中小学和农村社区青少年、乡镇街道机关干部群众中宣讲，收到了良好的效果。

【召开关心下一代工作会】 2014年1月29~30日，玉溪市关心下一代年度工作会在元江县召开。会议主要内容总结2014年关心下一代工作，讨论、安排2015年工作任务。云南省委有关领导及市县区等关工委领导、在职人员近100人参加了会议。会议对2015年的重点工作作了安排：1.在青少年中开展“三爱”（爱学习、爱劳动、爱祖国）教育。2.突出《宪法》、《未成年人保护法》、《中华人民共和国预防未成年人犯罪法》“三个”法的学习宣传。3.做好迎接中关工委成立25周年相关活动和省关工委表彰活动。4.在创基层“五好”关工委工作中，除按照省委转发文件落实外，把近年来市、县认定挂牌的“五好”关工委纳入常态管理，发挥作用。5.在组织建设中注重把社会各界有影响的人纳入关工委“五团”队伍中来。

【“中华魂”主题教育活动】 2014年，市关工委联合市文明办、教育局、司法局、团市委开展“中华魂”（放飞梦想）主题教育活动。分发读本26 161本，协助、配合84所中小学校和司法系统监所82 074名中小学生和青年以“放飞梦想”为主题，开展全国“中华魂”（放飞梦想）主题教育活动。各学校把“中华魂”主题教育读书活动作为加强学校德育工作，深入贯彻党的十八大、十八届三中全会精神，开展中国梦教育，培育和践行社会主义核心价值观的有效载体和形式，积极制定方案措施、精心组织安排，充分发挥学校领导的组织推动作用、教师的辅导和带头示范作用、学生读书的主观能动主体作用。同时，注重把主题教育活动与创书香校园文化、与“关爱明天、普法先行”活动、创建平安和谐校园结合，与学雷锋、讲品德、树新风，开展“美德少年”评比活动结合，与各学科教学相结合，使“中华魂”主题教育渗透到学校教育教学之中，促进了校风、教风、学风好转。多部门联合开展了“中华魂”主题教育征文活动，通过逐级评选共上报评奖学生、教师征文54篇，并形成文集。市关工委及3所学校被省关工委表彰为“中华魂”主体教育活动先进集体、7名优秀辅导员及12名优秀学生受到表彰奖励。全市9名优秀学生、优秀辅导员及1个先进集体受中关工委表彰，3名代表参加中关工委在北京召开的表彰大会。7月，玉溪市关心下一代工作委员会被全国“中华魂”主题教育活动组织委员会授予纪念全国“中华魂”主题教育活动举办二十周年最佳组织奖。

【开展残疾少儿困难家庭“生产自救”】 2014年，为帮助玉溪市残疾少儿困难家庭解决实际困难，在市委常委、市关工委主任方志鸣的关心支持下，每个县区安排扶持资金5万元，按生产自救方案，扶助残疾少儿困难家庭发展养殖、种植、加工、运输、服务业等，使他们增加收入，支持残疾子女在校完成学业。当年，确定重点扶持对象81户（人），其中种植60户，养殖16户、第三产业及其他5户。在工作中，各县区关工委指定专人跟踪问效，具体负责困难户经营项目的选择、生产技术的支持，救助资金的使用等，确保他们生产自救能够收到成效。

【建立农村留守儿童之家】 2014年，在市委和省关工委的关心支持下，结合党的群众路线教育实践活动开展，市关工委了解到随着经济社会发展，农村外出打工人员增多，农村“留守儿童”增加，他们的成长成了重点、难点问题。玉溪市关工委解放思想、创新工作思路、拓宽服务领域，提出了在农村“留守儿童”相对较多、住校学生较为集中的中心校，建立“留守儿童之家”，为在校“留守儿童”提供一个学习文化知识、开展文体活动和进行心理疏导的温馨家园，使他们快乐生活，安心学习。经市、县区关工委牵头，学校和教育部门配合，着手在红塔区冯井中心小学、任井小学，江川县江城小学，通海县纳古小学，华宁县落梅小学，澄江县九村中心小学；易门县十街中心小学；峨山县岔河中心小学；新平县马鹿中心小学、平掌中心小学、者竜中心小学；元江县羊岔街中心小学创建“留守儿童之家”。到年底，全市共建立农村留守儿童之家12所，扶助资金61万元。

2014年，玉溪市、红塔区老领导深入省、市、区关工委示范联系校冯井中心小学开展赠送“放飞梦想”读本活动 （张 翼 摄）

【捐资办学济困助学】 2014年，各级关工委争取各方支持继续开展捐资助学、济困助学工作。年内，玉溪市委常委、市关工委主任方志鸣下拨专项经费8万元，解决红塔区黄草坝小学住校学生用床紧缺问题，配备高低双台床174床，棕垫150床，并为80间学生宿舍配置鞋柜、储物柜和卫生工具收藏柜，解决了347名学生的住校问题。市关工委扶持在学校中开展民族团结进步教育，共建平安和谐校园，并确定华宁县盘溪和华溪两个中心小学作为玉溪市“民族团结教育示范校”，给予扶持资金5万元。各级关工委认真落实 2014年省关工委、省财政厅及市委、市政府安排给玉溪市困难家庭未成年人救助专项经费的分配及跟踪问效工作。通过县区调研、集体把关、当地公示，全市救助570名切实需要救助的未成年人，其中小学生251人，初中生268人，高中生51人。据统计，全年全市各级关工委参与捐资办学、济困助学720个单位，捐资330.28万元，捐物6.11万件，捐图书3.56万册，资助困难学生4.12万人次。

【第十届“关爱”夏令营】 2014年7月18～23日，市关工委联合市教育局、团市委、市民宗局、市妇联在红塔区春和街道黄草坝小学举办了主题为“放飞五彩梦想、快乐健康成长”的玉溪市第十届“关爱”夏令营。来自全市63所中小学获省、市、县（区）“美德少年、孝心少年”称号、参加“中华魂”主题教育活动优秀学生及部分留守儿童共130名学生参加活动。活动中安排了参观黄草坝小学的中草药基地“百草轩”、走游道、捡磨菇、篝火晚会、农家体验、心理健康讲座、“说优点，讲不足，手拉手，同进步”中队主题队会等活动。通过参加活动，孩子们亲近大自然、深入社会实践、认识新朋友，学会团结协作、挑战自我、学会独立、学会感恩、磨炼了意志。在闭营仪式上，根据营员的表现评选出22名“优秀营员”、21名“探索之星”、20名“环保之星”、20名“友爱之星”、21名“诚信之星”、22名“文明之星”，让每个孩子都成为不同的“星”，孩子们收获了成长、自信与快乐。

【山区少数民族地区教师培训】 2014年7月23日至28日，市关工委、市教育局、市民宗局联合举办玉溪市山区少数民族地区中小学优秀教师关爱学习培训班。来自八县一区连续10年以上在山区、少数民族地区中小学教学一线工作，爱岗敬业、立德树人、好学上进，在教育教学中工作突出的中小学少数民族优秀教师36人参加了培训。其中，女教师10名；年龄最大的52岁，最小的32岁；教龄最长的32年，最短的12年；中共党员16名；少数民族教师22名，有汉族、彝族、哈尼族、傣族、白族、蒙古族、拉祜族等7个民族。培训期间，组织参训教师到广西桂林、百色等地考察学习，了解沿海地区经济社会发展的成就，缅怀邓小平等老一辈无产阶级革命家的丰功伟绩。

【法制教育与帮教工作】 2014年，市关工委配合团市委、教育局等有关部门开展预防青少年违法犯罪的法制教育工作，充分发挥“五老”团队作用，使“关爱明天，普法先行”法制宣传教育常态化。各县区关工委协助配合宣传、教育、团委等各成员单位和中、小学法制副校长与法制辅导员同心协力，加大以《预防未成年人保护法》、《治安管理处罚法》等法律法规的普法力度。开展了“八个一”活动。即，讲好一堂法制课，举办一次模拟法庭教育活动，组织一次家长学校法制讲座，出一期法制宣传专栏，观看一场预防未成年人犯罪警示教育片，上好一堂心理知识讲座课，养成一个良好行为习惯，开展不少于一次的帮教活动，组织开展“零犯罪学校”创建活动。全市共有法制教育讲解团250个，开展法制教育1 193场次，受教育35万人次；共有帮教小组1 277个，帮教4 507人，通过帮教转变3 781人。各级关工委协同配合成员单位充分利用“6・3”虎门销烟纪念日和“6・26”国际禁毒日，宣传《禁毒法》、《艾滋病防治条例》，举办禁毒防艾图片展和相关知识讲座，发放宣传手册等活动。加强“五老”网吧义务监督员培训，提高监督业务素质，配合文化管理部门对违规经营户提出整改意见，全市各级关工委共有网吧监督员188人，监督次数1 938人次，发现问题46个、协助整改46个。在司法分流项目试点工作中，当年，在红塔区前三年开展未成年人司法分流项目试点工作取得突出成绩的基础上，新增江川县、通海县作为玉溪市未成年人司法分流、帮教工作的拓展县。

（昂子艺）

【创建“五好”关工委考评验收工作】 根据省关工委的部署，市关工委从2013年春以来，组织开展了全市第二批争创“五好”基层关工委活动，按照“领导班子建设好、骨干队伍作用好、制度健全执行好、活动经常效果好、工作创新思路好”的标准要求，着重在160多个农村、社区青年教育示范点、乡镇联系点和综合示范村关工委中开展了“创五好、争先进”活动。经过一年的创建工作，各地均取得了明显成效。2014年，是对第二批创建“五好”关工委活动进行总结和考评验收之年。市关工委为做好此项工作，专门下发了文件通知，提出了明确要求。从4月份开始，各级关工委着力抓了三项工作：1.加强检查指导，抓好整改工作。市、县区关工委领导多次深入基层创建单位，指导帮助他们对创建工作进行“回头看”，对照“五好”标准找差距，查缺补漏抓整改，力争达到“五好”目标。江川、澄江、新平、红塔区等县区关工委通过召开工作会、现场会、经验交流会等形式，对创建工作进行督查推动，使基层创“五好”活动在抓班子、强队伍、立制度、建阵地、搞活动、促创新上取得了明显的成效。2.指导帮助创建单位搞好工作总结和自评打分。为确保创建工作质量，总结各地创建经验，市关工委组织考评小组，用一个多月的时间对54个创“五好”单位进行了重点抽查和考评，考评小组主要采取听（工作汇报）、看（硬件设施）、查（文档资料）、问（工作创新）、议（评议创建成果）的方法进行。在全面考评的基础上，考评小组本着注重工作实绩、核实评分标准、坚持好中选优的原则，提出了拟评为“五好”关工委的单位，并由县区纪委对单位主要领导作廉政鉴定后再报市关工委审定表彰。经全面考评审定，市关工委对达到“五好”标准的74个先进基层关工委给予命名表彰，颁发了“五好关工委”奖牌和奖金，树立了典型，表彰了先进。

（白爱民）

党史研究

【开办“玉溪党史讲堂”】 2014年，联系玉溪实际，研究制定了《市委党史研究室干部职工学习培训计划》，以党史专题研究、党史信息编写、党史写作能力培养为主要内容，全年共开办“党史讲堂”12期。坚持“请进来，走出去”两条腿走路，聘请省内党史专家为全市党史系统干部职工进行党史正本编撰业务培训、执政纪要撰稿人业务培训；组织干部职工到市外党史部门交流学习，使大家开阔眼界，增长见识；定期由全体干部职工轮流授课，大家既当先生，又当学生，自觉参与，相互交流，相互学习，变“让我学”为“我要学”，不断提高全体干部职工业务能力和工作水平；与此同时，采取了市、县区党史部门有机融合的方式，与华宁县、澄江县联合开办“党史讲堂”，收到了较好的效果。

【编纂《2013中共玉溪市委执政纪要》】 2014年，由市委党史研究室编撰的《2013中共玉溪市委执政纪要》于7月出版发行，得到了市委主要领导的高度重视和支持。原市委书记张祖林亲自批示，对执政纪要的编撰出版工作给予充分肯定；市委秘书长李洪云多次过问编撰工作并亲自参加审稿会；编委会成员得到充实加强，目标责任进一步明确；文字图片优中选优，好中挑好；内容丰富篇幅增加，比上年增加11万字；得到各县区各部门积极配合，质量较高，出版提前。圆满完成了《2013中共云南省委执政纪要》玉溪部分的撰写。《2014中共玉溪市委执政纪要》编纂方案已形成文件，并下发市直各部门及各县区委。

【编撰《玉溪红色旅游指南》】 根据中央和省委党史研究室的部署，开展了玉溪市红色旅游景点、景区的调研勘察，在顺利完成10个红色旅游景点景区的征集和上报省委党史研究室的基础上，结合玉溪实际，与玉溪市旅游发展委员会联合发出关于组织编撰《玉溪红色旅游指南》的通知，开展《玉溪红色旅游指南》编撰工作，将全市40个红色旅游景点景区以图文并茂的形式编撰成书。至2014年10月底，共10万余字165幅图片的书稿通过3次修正，送交印刷厂承印，近期出版。

【党史宣传教育】 2014年，为推进地方党史学习活动的深入开展，以开展党史文化“五进”活动（即进机关、进校园、进社区、进军营、进企业）为主要形式，积极开展党史宣传教育工作。全市党史系统为干部、群众、学生和部队官兵讲党史30余次，组织参观革命展馆（纪念地）110余次，发放（赠送）党史书籍5 000余册；以市委组织部开办的《党建手机报》为平台，充分发挥党史资源优势，创办《党建手机报·党史回眸》栏目，向全市3 000余名党员领导干部编发党史资料信息84期84条，共1.8万字，受到广大干部好评；充分利用《玉溪党史网》宣传平台，宣传玉溪地方党史党建工作，刊载党史信息、党史资料100余条，党史理论文章10余篇，点击率达1万余次；利用各种纪念活动和革命遗址点开展党史宣传教育活动，宣传革命前辈的丰功伟绩，大力弘扬爱国主义精神；应邀到市人大、市政府、玉溪军分区、市九三学社、市委党校等单位宣讲中共玉溪地方史，拓宽了党史宣传教育覆盖面。

【信息工作】 2014年，进一步拓宽信息渠道，丰富信息内容，整合信息资源，提高信息质量，调动干部职工主动撰写信息的积极性。截止11月底，全市共收到各县区、各科室上报党史信息116条，比上年提高40%；上报省委党史研究室72条，被省委党史研究室《党史信息》采用28条，比上年提高43%；《玉溪党史网站》采用70条，比上年提高53%。省、市党史信息上报率、采用率创历史新高。

【革命遗址修缮保护、利用】 用好用活省、市革命遗址保护资金，选择历史地位重要、意义重大，具有开发利用价值的9个革命遗址点进行修缮保护。至2014年12月底，9个革命遗址点的修缮保护工作扎实推进，有的已全面完成。同时，启动了2015年度革命遗址保护项目向省申报工作；加大力度对2013年度革命遗址立碑挂牌保护及专项资金使用情况进行专项检查；对2014年革命遗址保护专项资金使用情况进行统计。全市革命遗址保护利用工作取得新进展，专项资金使用、管理进一步规范。

【工作重心向县（区）倾斜】 2014年，工作重心向县区倾斜，一是资金支持力度加大。除把省、市革命遗址补助资金70万元全额下拨到各县（区）外，还厉行节约，挖掘潜力，向九个县区增拨近20万元专项经费，切实帮助各县区解决办公经费不足问题，进一步调动各县（区）党史部门干事创业的积极性，资金支持创历年之最。二是业务指导具体有力。加强了对县（区）工作的指导，9月18日，举办全市党史系统党史正本编撰培训班，特邀原云南省委党史研究室副主任、正厅级巡视员钟世禄作党史正本编撰专题培训；对《中共易门地方史第一卷》进行了认真细致的审稿，并提出意见建议；为县区培训执政纪要撰稿人200余人，提高了县区执政纪要撰稿人的能力和水平。

【随机调研】 2014年4～12月，领导率先垂范、身体力行，带领相关科室人员到各县区随机调研平均达2次以上，深入调研检查革命遗址保护利用情况，探索完善全市革命遗址保护规划、保护思路及具体操作办法，努力提高专项保护资金的使用效果；与基层干部职工深入交流，了解党史业务工作开展情况和一线干部职工工作、生活情况；与县区主要领导沟通交流，为县区党史部门解决了一些如机构不顺、编制偏少、经费短缺、办公条件差等长期困扰党史部门的问题。

（王利琴）

党校工作

【市级领导到市委党校调研】 2014年9月22日，市委书记罗应光到市委党校调研校园改扩建工程项目推进情况。市领导夏立洪、陈勇、姜山及相关部门负责人参加调研。罗应光提出市委党校“四个一流”的目标定位，即“一流的管理服务保障机制、一流的干部培训综合基地、一流的决策咨询研究中心、一流的哲学和社会科学研究中心”。

【市委党校校园改扩建主体工程竣工】 市委党校校园改扩建工程自2013年7月7日开工，一期四幢主体建筑（综合楼、学员楼、多功能厅、食堂）于2014年9月26日竣工验收投入使用，实现了打造“精品工程、样板工程和廉政工程”的目标。市委党校后勤服务市场化经营运行平稳有序，运行两个多月来，已办各类培训班13期、受培训1 978人次、实现营业收入215万元。

【市委党校举行2014年秋季学期开学典礼】 2014年10月23日，市委党校举行2014年秋季学期开学典礼。市委书记罗应光，省委党校、行政学院党委书记、常务副校长杨铭书作重要讲话。罗应光书记强调，玉溪要“干在实处，走在前列”，必须做到站位要高，目标要实，做得要好。要加快培养一批“干在实处，走在前列”高素质的干部队伍。省委党校、行政学院党委书记、常务副校（院）长杨铭书对建设一流州市党校提出了四点要求：1.要坚持党委办校，打造一流学

新建成的玉溪市委党校　　（郭荣兴　摄）

府。2.要强化咨政服务，打造一流科研。3.要贯彻依法治校，打造一流管理。4.树立人才强校，打造一流队伍。

【市委党校举办全市党校系统首届精品课评选活动】 2014年7～10月，市委党校组织全市党校系统开展首届精品课评选活动。活动邀请省、市5位专家进行评审，共有14堂课参加评选。经过讨论、投票，通海县委党校的《优秀传统文化与社会主义核心价值观》、华宁县委党校的《全面深化农村改革若干问题》、玉溪市委党校的《行政伦理》、《只有中国特色社会主义才能发展中国》、《推进依法行政 建设法治政府》获“全市党校系统精品课”。

【玉溪市第十四期青干班开班】 2014年11月25日，玉溪市第十四期青年干部培训班开班，共有52名学员参加培训，学制三个月，平均年龄为30.9岁。市委书记罗应光出席开班式并作动员讲话。市委常委、市委秘书长李洪云，市委常委、组织部部长姜山参加开班式。开班式由市委常委、市委副书记夏立洪主持。本次培训，旨在通过对全市范围内选拔的一批优秀年轻干部进行重点培训，进一步提高年轻干部的党性修养、理论政策水平和工作能力，为推动全市各项事业发展和领导班子建设储备人才。

【科研成果】 2014年，完成成果104项，其中核心期刊科研成果2项，国家级成果2项，省级22项，市级78项。在核心期刊发表学术论文2篇。发表省级学术论文11篇，获奖2篇，入选研讨会2篇，完成课题7项。发表市级学术论文50篇、课题10项，市第八届社科优秀评奖10项，市级研讨会8项。组织教师进行课题研究，撰写《玉溪精神表述语及内涵诠释》、《世界自然遗产——中国澄江化石地区域经济社会价值开发与利用研究》2篇课题报告，得到市委、市政府领导批示。与玉溪日报社合力打造理论版栏目，总结宣传玉溪经济社会发展和改革创新中的理论与实践成果，全年共登载文章51篇。

【干部教育培训】 2014年，市委党校与市直有关部门联合下发文件《关于2014年度干部培训工作的通知》，首次将市委党校2014年的计划内班次以文件的形式确定下来，为实现常态化办班打下了坚实基础。年度，党校、行政学校、社会主义学院举办计划内班次共计9期，合计1 603人次；其他班次共计28期，合计6 107人。全年共举办培训班37期，合计7 710人次。共有404名函授学员，其中省委党校研究生班学员153人，云南农业大学人文学院农业推广硕士研究生班学员22人，云南大学函授专科班、本科班学员64人，昆明理工大学函授专科，本科班学员165人。

（汪如莲）

玉溪市人大常委会

【概　况】 2014年，玉溪市人大常委会共举行常委会会议6次，听取和审议专项工作报告22项，开展专题询问1次、执法检查1项，组织视察4次、专题调研16次、随机调研24次，配合全国人大和省人大开展视察、调研和执法检查5次，作出决议3项、重大决定9项、审议意见8项，为维护宪法和法律尊严、促进经济社会发展、保障人民群众根本利益发挥了重要作用。

【四届人大二次会议】 玉溪市第四届人民代表大会第二次会议于2014年2月20～22日在玉溪聂耳大剧院举行。应出席本次会议的代表312名，实到代表303名，符合法定人数。大会由张祖林、谢兴荣、夏立洪等58人组成的大会主席团主持。大会议程有6项：听取和审议玉溪市人民政府工作报告；审查和批准玉溪市2013年国民经济和社会发展计划执行情况与2014年国民经济和社会发展计划草案的报告，批准玉溪市2014年国民经济和社会发展计划；审查和批准玉溪市2013年地方财政预算执行情况和2014年地方财政预算草案的报告，批准玉溪市2014年市本级财政预算；听取和审议玉溪市人民代表大会常务委员会工作报告；听取和审议玉溪市中级人民法院工作报告；听取和审议玉溪市人民检察院工作报告。市人民政府市长饶南湖、市人大常委会主任谢兴荣、市中级人民法院院长吕召、市人民检察院检察长张德勋分别作了相关工作报告。大会表决通过了玉溪市人民政府工作报告的决议、玉溪市2013年国民经济和社会发展计划执行情况与2014年国民经济和社会发展计划的决议、玉溪市2013年地方财政预算执行情况和2014年地方财政预算的决议、玉溪市人民代表大会常务委员会工作报告的决议、玉溪市中级人民法院工作报告的决议、玉溪市人民检察院工作报告的决议。

会议期间共收到10人以上代表联名提出的议案21件，涉及农林水方面6件，工业交通旅游方面8件，城建环保资源方面6件，教科文卫方面1件。经大会议案审查委员会审查，建议主席团将华宁代表团古俊明等10名代表提出的《关于加强县区环境监测能力建设的议案》作为议案处理，交由市人大常委会城建环保资源工作委员会审议督办。其余20件议案作为建议、批评和意见处理，由市人大常委会选联工委交有关部门、单位研究办理。收到代表提出的建议、批评和意见，连同原作为议案提出、转为建议的共有196件。其中，农林水气方面50件，工业交通旅游方面53件，财税金融方面7件，城建环保资源方面36件，教科文卫方面25件，内务司法方面25件。

【人大常委会会议】 2014年，市四届人大常委会依法举行第六次至第十一次常委会会议。

2月12日，市四届人大常委会在机关办公楼九楼会议室举行第六次会议。会议议程有6项。会议表决通过了《玉溪市第四届人民代表大会第二次会议列席人员名单》、《玉溪市人民代表大会常务委员会关于审议常委会工作报告及报告人的决定》、《玉溪市人民代表大会常务委员会关于许可对市四届人民代表大会代表张延明采取强制措施的决定》、《玉溪市人民代表大会常务委员会代表资格审查委员会关于个别代表的代表资格终止的审查报告》和有关人事任免事项；会议表决通过了《玉溪市第四届人民代表大会第二次会议议程》草案、《玉溪市第四届人民代表大会第二次会议主席团和秘书长名单》草案，提请市四届人大二次会议预备会通过。

4月24日，市四届人大常委会在机关办公楼九楼会议室举行第七次会议。会议议程有5项。会议表决通过了《玉溪市人大常委会2014年工作要点》、《玉溪市人民代表大会常务委员会关于玉溪市东片区暨“三湖”生态保护水资源配置应急工程建设情况的审议意见》、《玉溪市人民代表大会常务委员会关于玉溪市“六五”普法规划执行情况的审议意见》和有关人事任免名单。

6月19日，市四届人大常委会在机关办公楼九楼会议室举行第八次会议。会议议程有4项。会议表决通过了《玉溪市人民代表大会常务委员会关于玉溪市人民政府贯彻实施〈中华人民共和国森林法〉情况的审议意见》、《玉溪市人民代表大会常务委员会关于玉溪市推进民族团结进步边疆繁荣稳定示范区建设暨四个一示范点创建情况的审议意见》、《玉溪市人民代表大会常务委员会关于推进平安法治玉溪建设的决议》和《玉溪市人民代表大会常务委员会关于撤销曹仕祥同志市广播电视局局长职务的决定》以及人事任免事项。

8月28日，市四届人大常委会在机关办公楼九楼会议室举行第九次会议。会议议程有5项。会议表决通过了《玉溪市人民代表大会常务委员会关于玉溪市2014年上半年国民经济和社会发展计划执行情况的审议意见》、《玉溪市人民代表大会常务委员会关于玉溪市2014年上半年地方财政预算执行情况的审议意见》、《玉溪市人民代表大会常务委员会关于批准玉溪市2013年市本级财政决算的决议》和决定免职名单。

10月29日，市四届人大常委会在机关办公楼九楼会议室举行第十次会议。会议议程有6项。会议表决通过了《玉溪市人民代表大会常务委员会关于玉溪市食品安全工作情况的审议意见》、《玉溪市人民代表大会常务委员会关于批准玉溪市2014年市本级财政预算调整方案的决议》、《玉溪市人民代表大会常务委员会代表资格审查委员会关于市第四届人民代表大会代表资格审查情况的报告》、《玉溪市人民代表大会常务委员会关于同意市人民政府对红塔区中心城区禁止一户一宅民房建设实施范围进行适当调整的决定》、《市人大常委会关于接受鹿辉阳同志辞去玉溪市人民政府副市长职务的决定》和决定免职名单。决定免去鹿辉阳市人民政府副市长职务，决定免去方正春市人民政府扶贫开发办公室主任职务。

12月23日，市四届人大常委会在机关办公楼九楼会议室举行第十一次会议。会议议程有9项。会议表决通过了玉溪市人民代表大会常务委员会关于玉溪市人民政府关于市土地储备中心向建设银行玉溪市分行申请土地储备资金贷款有关问题的决定；玉溪市人民代表大会常务委员会关于抚仙湖保护治理工作情况的审议意见；玉溪市人民代表大会常务委员会关于召开玉溪市第四届人民代表大会第三次会议的决定；玉溪市人民代表大会常务委员会关于对《玉溪市人民政府关于同意从玉溪市教育附加费中列支专项资金偿还“美丽100校园行动计划暨中小学校舍安全工程”贷款本息有关问题的报告的决定》和人事任免名单。

【主任会议】　2014年，市四届人大常委会共召开主任会议13次，其中，召开3次专题主任会议。2月8日，市四届人大常委会举行第九次主任会议，研究市四届人大二次会议筹备工作。4月11日，市四届人大常委会召开第十次主任会议，听取和讨论了关于提请研究确定重点督办建议的报告，确定市四届人大二次会议重点督办建议3件：澄江县代表团陈永林代表提出的《关于加强农村环境卫生综合整治的建议》、江川县代表团杨斗解代表提出的《关于把元江哈尼民族文化建设列入市级昆玉红旅游文化产业的建议》、易门县代表团马云峰代表提出的《关于支持创建国家循环经济示范城市工作的建议》。5月7日，市人大常委会召开主任会议，专题听取市人民政府《澄江化石地世界自然遗产保护条例》立法前期工作情况报告。6月10日，市四届人大常委会举行第十一次主任会议，听取和讨论了玉溪市集中开展城乡环境综合整治工作进展情况等报告。7月30日至31日，市人大常委会分别到市公安局、市中级人民法院、市人民检察院召开第十二次至十四次主任会议，专题听取全市反恐维稳工作情况报告和“两院”上半年工作情况汇报，并进行现场交流互动，听取意见建议，现场落实责任，督促解决存在的困难和问题。将主任会议由常委会机关移到公检法机关召开，在市人大常委会发展进程中尚属首次，是在现有监督做法基础上探索的一种监督方式，是市人大常委会创新监督形式的具体体现，是回应群众呼声、落实法律规定、强化监督职权的有力举措。主任会议形式的转变，充分展示了新形势下人大监督工作的新气象。8月19日，市四届人大常委会举行第十五次主任会议，会议听取了关于2014年上半年全市国民经济和社会发展计划及财政预算执行情况调研的综合情况说明。同月29日，市四届人大常委会召开第十六次主任会议，专题听取和讨论市人民政府2014年上半年农民增收情况报告。10月21日，市四届人大常委会召开第十七次主任会议，听取和讨论了玉溪市食品安全工作情况的调研报告、推进生态文明建设专题询问的建议方案、玉溪市2014年市本级财政预算调整方案的审查报告以及适当调整中心城区禁止一户一宅民房建设实施范围的报告。12月2日，市四届人大常委会召开第十八次主任会议，听取和讨论玉溪市人民政府关于市土地储备中心向建设银行玉溪市分行申请土地储备资金贷款有关问题的报告。同月5日，市四届人大常委会召开第十九次主任会议，专题听取市人大常委会农工委《关于全市粮食安全保障能力建设情况的调研报告》。同月11日，市四届人大常委会召开第二十次主任会议，研究了召开市四届人大三次会议的决定草案；听取和讨论了市四届人大三次会议筹备工作方案和市四届人大三次会议日程草案。

【人事任免】　2014年，市人大常委会坚持党管干部原则与依法任免的有机统一，遵循民主集中制原则，依照法定程序任免国家机关工作人员，实现对党负责与对人民负责的高度一致。对所任命的国家机关工作人员，在推进工作、依法行政、公正司法、勤政廉政方面提出严格要求，进一步增强被任命人员的法治意识、责任意识和公仆意识。一年来，依法任免地方国家机关工作人员40人次，其中任命29人次、免职11人次，保证了地方国家机关的正常运转。

【监督工作】　2014年，市人大常委会着眼全市工作大局，注重改革创新，改进监督工作，加大监督力度，回应社会关切，切实加强对“一府两院”的法律监督和工作监督，在促进改革发展稳定上取得新成效。

加强对“一府两院”的监督，着力推进依法行政、公正司法。深入贯彻落实市委关于推进依法治市、建设法治玉溪的重大决策部署，听取和审议玉溪市实施“六五”普法规划工作情况报告，督促实施“六五”普法规划，加快法治玉溪建设进程。听取和审议玉溪市平安法治建设情况报告，强化措施保障，维护人民群众生命财产安全，巩固玉溪长治久安的良好态势。对市人民政府贯彻实施《中华人民共和国森林法》和护林防火情况进行执法检查及工作视察，推动林业产业转方式、调结构、促发展，强化护林防火工作，促进森林玉溪建设。专题听取市人民政府关于云南澄江化石地世界自然遗产保护立法工作和项目建设情况汇报，主动争取省人大立法并取得实质性进展。备案审查市人民政府规范性文件6件，从源头上规范行政管理行为。积极配合全国人大和省人大对环境保护法、可再生能源法、广告法、义务教育法、政府采购法和采购条例、涉诉特困人员救助条例等法规条例执行情况开展监督检查或修改调研，促进完善法律法规体系。

加强对经济工作的监督，着力推进稳增长调结构强产业。面对国内宏观经济下行压力加大、市内实体经济发展面临各种困难的严峻形势，常委会多次对全市国民经济和社会发展计划及财政预算执行情况进行调研和视察。专题调研并提出加强政府全口径预算决算审查监督工作的思路和措施，强化对国民经济和社会发展计划及预算编制、执行、调整、决算的全过程监督，促进市人民政府及有关部门依法落实计划和预算，严格财政管理，提高财政资金使用效益。针对玉溪在云南中烟“两统一、两整合”工作中面临的困难和问题，组织驻玉全国人大代表、省人大代表专题视察红塔集团改革发展情况，共商促进企业和地方经济发展双赢的对策。认真落实市级领导联系推进重点招商引资项目工作，加强协调督促，千方百计推动项目落地开工建设。督促推进园区规划建设，支持县区特色产业发展，加快淘汰落后产能，促进优化工业产业结构。

加强对“三农”工作的监督，着力推进强农惠农富农政策的落实。常委会高度关注中央、省强农惠农富农政策在玉溪市的贯彻落实，突出农民增收和农业调结构、转方式，围绕农业农村发展的重点，开展对“三农”工作的监督。对烤烟生产、农资储备供应、扶贫整乡推进、移民安置、耕地土壤现状、气象服务“三农”、“五小”水利建设管理等工作深入实地进行调研，提出改进工作的要求和意见，督促解决了新农村建设、水源地保护、地质灾害防治等事关农业农村发展的一系列具体问题。

加强对社会事业发展的监督，着力推进民生改善和社会和谐稳定。听取和审议玉溪市推进民族团结进步边疆繁荣稳定示范区建设的情况报告，对促进民族团结、宗教和顺、经济发展、社会稳定提出意见要求。调研县区义务教育均衡发展、“美丽100校园行动计划暨中小学校舍安全工程”实施推进情况，促进完善义务教育保障机制。听取和审议食品安全工作情况报告，推进加强监管网络和机制建设，落实监管责任，保障人民群众身体健康和生命安全。跟踪问效城镇职工和居民基本医疗保险工作审议意见落实情况，促进提高城镇职工医疗待遇和居民医疗保险筹资标准，进一步完善医疗保障制度。跟踪调研侨场改革后续工作和产业发展，促进侨民增收致富。

加强对生态文明建设的监督，着力推进争当全省生态文明建设排头兵。加强对抚仙湖保护条例、星云湖保护条例、杞麓湖保护条例实施情况的监督，组织调研《抚仙湖流域水污染综合防治“十二五”规划》执行情况，听取和审议抚仙湖治理保护工作情况报告，促进抚仙湖长期稳定保持Ⅰ类水质和星云湖、杞麓湖水质明显好转。调研全市殡葬改革工作推进情况，支持整治“活人墓”和乱埋乱葬现象，加快文明殡葬步伐。认真贯彻落实《云南省玉溪城市管理条例》，推动完善配套措施，实施精细化管理。专题调研城镇化管理工作，提出新型城镇化建设和管理的意见措施。组织检查中心城区大型施工场地空气污染情况，督促解决损害群众健康的突出环境问题。落实“三湖两库”主要河道河长责任制，推进治理项目实施，常委会领导负责的通海红旗河等7条河道综合整治成效明显。

【代表工作】 2014年，市人大常委会牢固树立代表主体意识，强化服务，创新方式，完善服务保障机制，确保人大代表依法执行职务，构建联系平台，创新工作载体，充分发挥代表作用，代表履职实效更加明显。坚持和完善常委会组成人员联系基层人大代表、人大代表联系群众制度，扩大代表对常委会工作的参与，邀请市人大代表40人次参与“一府两院”重大改革事项的视察、调研和询问等实地监督，邀请市人大代表列席、公民旁听常委会会议，拓宽代表知情知政渠道。深入开展人大代表进农村访村民、进社区访居民、进选区访选民“三进三访”活动，进一步密切代表同人民群众的联系。组织10名驻玉省人大代表参加省人大常委会举办的专题培训，组织26名新进市、县区人大常委会领导参加省人大常委会举办的领导干部专题培训，举办150多名市人大代表及部分县区人大干部参加的履职培训，有效提升了常委会组成人员和人大代表履职的能力。加强代表活动阵地建设，落实活动经费，为各级人大代表开展视察、调研和执法检查创造条件。邀请和组织驻玉全国、省人大代表和市人大代表，视察全市经济社会发展、固定资产投资和生态旅游等重大基础设施、重大项目建设情况，组织代表参加社会评价、征求意见会，为代表履职搞好服务。健全常委会领导领衔督办、委室归口督办、邀请代表共同督办制度，通过听取审议专项报告、调研、视察、召开督办会等方式全程跟踪问效。各承办单位认真采纳代表意见，积极回应代表和人民群众关切。市四届人大二次会议主席团交付审议的1件议案、代表提出的196件建议、闭会期间代表提出的3件建议已全部办结并答复代表，代表满意率达98%，建议解决率达43.7%、比上年提高12.2个百分点。代表提出的支持创建国家循环经济示范城市、加强农村环境卫生综合整治、把元江哈尼民族文化建设列入昆玉红文化产业规划等一批事关经济社会发展、民生改善问题得到有效解决。

3月12日，市人大常委会组织部分市人大代表对玉溪市东片区暨三湖生态保护水资源配置应急工程进行视察。视察组查看了华宁县大龙潭水源点保护情况、引水工程自流管道安装、1号泵站、输水隧洞入口施工现场，详细了解各工程段施工情况，听取了工程指挥部对工程概况的介绍。座谈会上，市委常委、市委秘书长、应急工程建设领导小组组长李洪云，市人民政府副市长孙云鹏及相关领导分别就工程背景、施工进展、工作协调、投融资等情况向视察组做了介绍和汇报。视察组希望全市上下要进一步统一思想、提高认识，同心同德、凝心聚力，在项目建设过程中要进一步增强信心，下大决心，保证项目推进的措施更有力、方法更多样、管理更科学，克服一切困难，扫除一切障碍，想尽一切办法，确保项目建设能够健康、稳步、科学、规范、顺利推进。

4月3日，市人民政府召开人大代表建议交办会，对市四届人大二次会议期间代表提出的196件建议进行交办。市人大常委会副主任雷庆丽出席会议，并对办理代表建议提出要求：进一步提高认识，加强领导，推动代表建议办理工作不断开创新局面；进一步完善办理机制和制度，推动代表建议办理工作不断迈向新台阶；进一步加强沟通协调，密切配合，推动代表建议办理工作不断取得新进展；进一步加强督办，推动代表建议办理工作不断取得新成效。要在保证办理质量的前提下，加快办理进度，争取当年10月底前办理完毕，向代表交上满意答卷。

5月4日，市人大常委会副主任吴建森主持召开市人大代表议案办理会议。吴建森对议案办理工作提出明确要求：充分认识加强县区环境监测能力建设的重大意义；高度重视市人大代表议案的办理工作；加强督办与承办单位的沟通和联系；市人民政府及其承办单位要在当年12月底前将此议案办理完毕。

6月24日，市人大常委会农工委召开涉农代表建议意见办理督促会。市四届人大二次会议期间，代表共提出需交由市直相关部门办理的涉农建议意见47件，建议意见已交付市直相关部门办理，由市人大常委会农工委负责督办。25日至26日，市人大常委会邀请和组织驻玉溪市的部分全国、省人大代表和市人大代表，对全市2014年固定资产投资和重大项目建设推进情况进行视察。25日，视察组到澄江县、江川县和红塔区实地察看了抚仙湖北岸生态湿地、仙湖锦绣、红龙路、星海国际广场城市综合体、平战结合人防工程、市人民医院改扩建工程、新天地商业广场城市综合体、玉溪得胜家具商业广场以及晋红高速公路等项目的建设推进情况；督查了中心城区施工场地环境监督和监测工作落实情况。26日，视察组召开座谈汇报会，听取市委常委、常务副市长陈勇关于全市2014年1～5月固定资产投资和重大项目推进情况的汇报，并向市人民政府反馈视察意见。饶南湖市长表示，市人民政府将对代表们提出的意见和建议认真梳理，研究制定措施、方案，分解任务，点面结合、点线结合，抓好落实。谢兴荣要求，各级各部门要进一步统一思想，提高推进固定资产投资和重大项目建设对完成玉溪市2014年各项目标任务重要性、紧迫性、艰巨性的认识，增强信心、下大决心，明确责任，一个项目一个计策，一个项目一个办法，对项目逐“诊”逐“治”，采取有力措施解决；市人大常委会组成人员、人大代表要与党委、政府同心同德、风雨同舟、共同担当，一起研究解决问题，合力推动玉溪科学发展新跨越。

7月17日，市人大常委会副主任雷庆丽、叶本功组织召开代表重点建议督办会，专题研究市四届人大二次会议上提出的《关于把元江哈尼族文化建设列入市级昆玉红旅游文化产业经济带重点项目建设》重点代表建议办理工作。

9月1日至2日，雷庆丽、叶本功到元江县，对《关于把元江哈尼民族文化建设列入市级昆玉红旅游文化产业的建议》进行督办。25日至26日，吴建森主持召开市四届人大二次会议代表提出的《关于加强县区环境监测能力建设的议案》和《关于加强农村环境卫生综合整治的建议》办理情况跟踪监督汇报会，并到红塔区春和镇小白井实地查看农村环境综合整治现场，到江川县、华宁县环境监测站对议案办理工作进行现场督查。28日，吴建森到峨山县大化工业园区随机调研，跟踪了解市四届人大一次会议代表提出的《关于建立化念—大开门工业园区的议案》办理落实情况。

10月8日，市人大常委会召开补选玉溪市第四届人民代表大会代表工作会议，市人大常委会主任谢兴荣、副主任吴建森出席会议，并对补选市人大代表工作提出了明确要求。14日，市人大常委会副主任李有明到易门县，就市四届人大二次会议上提出的《关于支持创建国家循环经济示范城市工作的建议》进行督办调研。

11月4日至5日市人大常委会在市委党校举办了市人大代表履职学习培训班。市人大常委会主任谢兴荣就如何充分发挥代表主体作用，争做人民满意的人大代表提出明确要求：正确认识人大代表的性质和地位，全面把握人大代表的权利和义务，切实增强人大代表的责任感、使命感，忠诚履职为民服务；认真学习，不断探索，处理好集体行使职权和代表个人履职的关系、代表的权利和义务的关系、行使职权和接受监督的关系、执行代表职务与做好本职工作的关系、整体利益和局部利益的关系，提高当好人大代表的能力和水平；融会贯通，身体力行，深入贯彻落实党的十八届四中全会精神，做依法治市、建设法治玉溪的宣传者、践行者、推动者；深入群众，相信群众，为人民群众发声，为人民群众服务，做对党忠诚、人民满意的合格代表优秀代表；认真学习习近平总书记的系列重要讲话精神，严于律己、率先垂范，践行好“三严三实”，做忠诚、干净、担当的好代表。

12月8日至10日，市人大常委会组织驻玉溪全国人大代表和玉溪市选举产生的省人大代表，对2014年玉溪市国民经济和社会发展计划与财政预算执行情况、澄江寒武纪乐园项目建设及澄江化石地世界自然遗产保护立法工作、江川仙湖锦绣旅游项目推进、玉溪国家高新技术开发区江川龙泉园区规划发展情况、红塔集团改革发展情况等重点工作进行了视察。视察组采取“听、看、察、访、议”等方式，对澄江寒武纪乐园项目建设及澄江化石地世界自然遗产保护立法工作、江川仙湖锦绣旅游项目推进、玉溪国家高新技术开发区江川龙泉园区规划发展情况、红塔集团改革发展情况等重点工作进行了实地察看，了解掌握有关情况，并在红塔集团召开了视察座谈会。视察组建议：市人民政府及有关部门在今后工作中，要紧紧围绕省委关于培育产业的重大决策部署，进一步坚定信心，不断完善发展思路，强化创新发展举措，采取一系列稳增长、调结构、促改革措施，坚定不移地实施科技创新驱动战略，加快推进产业转型升级；积极支持卷烟配套企业“二次创业”，实现产业转型升级新突破，提高全市新型工业化水平；继续巩固党的群众路线教育实践活动成果，各级干部要树立干事担当的意识、攻坚克难的勇气、敢于碰硬落实的精神，进一步转变工作作风，提高应对复杂局面抓落实的能力，干在实处、走在前列，千方百计，圆满完成好当年的各项目标任务。

【重要活动】　2014年，市人大常委会按照“照镜子、正衣冠、洗洗澡、治治病”的总要求，扎实开展党的群众路线教育实践活动，文山会海、庸懒散拖、公款吃喝、公车管理、跟踪问效不够等问题整治成效明显，办公用房面积超标整改一步到位，会议费、培训费、“三公”经费支出大幅下降。作风建设的制度更加健全完善，以较强的执行力和约束力防止慢作为、不作为、乱作为，党的组织建设和机关干部队伍建设进一步加强。把调查研究作为转变工作作风、提高履职能力的重要途径，采取座谈走访、实地视察、明察暗访、抽样调查、问卷调查、委托第三方机构调查等形式，增强调研的针对性和实效性。常委会领导轻车简从积极开展随机调研，深入联系点、联系户和边远贫困山区进行民情恳谈和送温暖活动；指导所联系市直部门和乡镇（街道）开展党的群众路线教育实践活动。7月1日，市人大常委会机关党委组织全体党员开展“七一”建党节系列活动，纪念中国共产党成立93周年。

【调查研究、视察、检查】　2014

年，市人大常委会认真履行宪法和法律赋予的各项职责，自觉服从和服务于全市经济建设中心，着力找准人大工作与市委中心工作的最佳结合点，以民主法制建设、经济发展、民生监督为重点，不断健全完善监督工作机制，加大视察、调研、检查的力度，促进了“一府两院”依法行政、公正司法，为玉溪科学发展和谐发展跨越发展作出了积极贡献。一年来，开展执法检查1项，组织视察4次、专题调研16次、随机调研24次，配合全国人大和省人大开展视察、调研和执法检查5次。通过开展调研、调查、视察和执法检查，形成了玉溪市东片区暨“三湖”生态保护水资源配置应急工程建设情况的视察报告；玉溪市实施“六五”普法规划工作情况的调查报告；关于对市人民政府贯彻实施《中华人民共和国森林法》情况开展执法检查的报告；关于玉溪市推进民族团结进步边疆繁荣稳定示范区建设暨四个一示范点创建情况的调研报告；关于玉溪市平安法治建设工作情况的调查报告；关于玉溪市2014年上半年国民经济和社会发展计划执行情况的调查报告；关于玉溪市2014年上半年地方财政预算执行情况的调查报告；关于玉溪市2013年市本级财政决算审查结果的报告；关于玉溪市食品安全工作检查情况的调研报告；关于玉溪市2014年市本级财政预算调整方案的审查报告；关于市第四届人民代表大会代表资格审查情况的报告；关于视察代表建议、批评和意见办理工作情况的报告；关于对《玉溪市人民政府关于市土地储备中心向建设银行玉溪市分行申请土地储备资金贷款有关问题的报告》审查结果的报告；关于抚仙湖保护治理工作情况的调研报告；关于市四届人大二次会议主席团交付的代表提出的议案审议结果的报告；关于对《玉溪市人民政府关于同意从玉溪市教育附加费中列支专项资金偿还“美丽100校园行动计划暨中小学校舍安全工程”贷款本息有关问题的报告》审查结果的报告等，为常委会审议议题、讨论决定重大事项提供了重要依据。

【重要会议】 2014年1月29日，市人大常委会召开机关干部职工大会，及时传达贯彻市委第58次常委扩大会议精神。

2月14日，市人大常委会党组召开党的群众路线教育实践活动动员大会。市人大常委会党组书记张玲进行总体动员和全面部署。谢兴荣主持会议，对开展好教育实践活动提出要求。24日，市人大常委会机关召开党的群众路线教育实践活动动员会，全面安排部署教育实践活动。市人大常委会秘书长、机关党委书记海之鹤作动员讲话。

3月24日，市人大常委会党组举行理论学习中心组学习动员会。市人大常委会主任、党组书记谢兴荣以《认真开展好党的群众路线教育实践活动，努力做一名让人民满意的好干部》为主题，为参会人员讲授党课。同日，市人大常委会党组举行理论学习中心组成员交流发言会，谢兴荣主持会议。25日，市人大常委会机关举行党风廉政建设动员大会。谢兴荣作动员讲话，要求突出重点，明确任务，扎实推进党风廉政建设和反腐败斗争。

4月1日至2日，全市人大法制工作座谈会在易门召开。会议总结交流了2013年全市人大法制工作情况，并对2014年的人大法制工作进行安排部署。28日，市人大常委会召开党的群众路线教育实践活动查摆问题专题督促会。谢兴荣主持会议，并对市人大常委会认真深入查摆问题提出要求。

5月5日，市人大常委会民外侨工委组织召开《云南省新平彝族傣族自治县水资源条例（草案）》征求意见座谈会，集思广益、群策群力，进一步修改完善《条例》。市人大常委会副主任郭开堂参加座谈会。

7月9日，市人大常委会党组召开党的群众路线教育实践活动专题民主生活会。省委第4督导组常务副组长盛云富到会指导。谢兴荣代表市人大常委会党组作对照检查，集中查找了“四风”方面存在的问题。28日，市人大常委会机关党委召开党的群众路线教育实践活动专题民主生活会，李有明到会指导。

8月15日，市人大常委会召开党组扩大会议，专题研究党的群众路线教育实践活动整改落实、建章立制环节工作，推进教育实践活动深入开展。

9月12日，市人大常委会召开全体干部职工大会，学习习近平总书记在庆祝全国人大成立60周年大会上的重要讲话精神。谢兴荣主持会议并提出要求：要以习近平总书记讲话精神为指导，努力开创人大工作新局面。坚持党的领导，保证人大工作正确的政治方向；坚持依法办事，不断推进玉溪市依法治市进程；坚持在支持中监督“一府两院”开展工作，促进玉溪市经济社会全面发展；坚持人民代表大会制度理论和实践创新，不断加强自身建设，推动人大工作不断发展进步。16日，全市人大系统办公室主任培训会在玉溪召开，谢兴荣、李有明出席培训会。谢兴荣对参会人员提出明确要求。

10月13日，市人大常委会召开党组（扩大）会议，专题学习贯彻习近平总书记在中央党的群众路线教育实践活动总结大会上的重要讲话精神和全省、全市教育实践活动总结会议作出的决策部署，总结市人大常委会党组开展教育实践活动的总体情况，对市人大常委会党组及机关巩固扩大教育实践活动成果、深入推进机关作风转变进行安排。16日，市人大常委会机关党委召开党的群众路线教育实践活动总结会。谢兴荣出席并指导会议，对转变机关作风、巩固扩大教育实践活动成果提出明确要求。22日至23日，市人大常委会农工委在新平县戛洒镇召开工作座谈会。周继武及全市人大农工委系统领导干部参加会议。

11月7日，全市人大教科文卫工委座谈会在元江召开。叶本功参加会议。会议学习了党的十八届四中全会精神，各县区就如何在十八届四中全会精神指引下做好人大常委会教科文卫工作进行了交流。10日，市人大常委会召开全市生态文明建设情况专题询问会议。由常委会副主任和部分委员组成的20位询问人围绕市委、市政府推进全市生态文明建设工作的目标任务，对优化产业结构、生物多样性保护、防治土壤污染、抚仙湖保护、水资源开发利用、淘汰落后产能、路域环境整治、美丽家园行动、殡葬改革等20项主要工作完成情况进行了询问，并就有关问题进行了延伸提问。市发改委、市工信委、市民政局、市环保局、市林业局、市住建局、市抚管局等十二家市直部门负责人接受询问并一一作答。谢兴荣要求，各级各部门要从全局和战略的高度，进一步统一思想，认清形势，牢固树立保护生态环境就是保护生产力、改善生态环境就是发展生产力的理念，切实增强推进生态文明建设的使命感和紧迫感，持之以恒，努力把生态环境做美，把生态产业做大，把绿色家园建好，抢占发展制高点，增创竞争新优势，走出一条经济发展与生态保护“双赢”的道路。全市上下要凝聚共识，紧密协作，形成推进生态文明建设的强大合力；要咬定目标，抓住重点，在新的起点上全面推进生态文明建设大发展；要发挥人大监督职能作用，顺应人民群众对良好生态环境的新期待，加快推进生态文明建设。要以抓铁有痕、踏石留印的作风，坚定信心、锐意创新，干在实处、走在前列，以更加扎实的工作，更加明显的成效，在新的起点上全面推进生态文明建设大发展。18日，玉溪市“五侨”工作联席会议在元江召开。郭开堂、市政协副主席李少华等领导参加会议。会议传达学习了全省人大系统外事华侨工作会议精神，“五侨”单位负责人围绕新形势下如何进一步做好侨务工作分别作了交流发言。27日至28日，市人大常委会选举联络工作座谈会在易门召开。吴建森等领导参加会议。会议传达学习了党的十八届四中全会和全省人大代表工作暨代表活动阵地建设座谈会精神，红塔区、新平县、易门县人大常委会领导在会上分别作了经验交流发言。

12月4日，市人大常委会召开国家宪法日座谈会。谢兴荣要求，要认真学习习近平总书记在第一个宪法日到来之际作的重要指示和全国人大常委会委员长张德江在“深入开展宪法宣传教育大力弘扬宪法精神”座谈会上的讲话精神，全面落实《中共玉溪市委关于贯彻落实〈中共中央关于全面推进依法治国若干重大问题的决定〉的实施意见》，全面推进依法治市，努力构建法治玉溪，加快推进玉溪跨越发展。11日至12日，市人大常委会召开全市人大财经工作座谈会，吴建森出席会议。会议重点探讨新形势下做好人大财经工作的经验和做法。12日，市人大常委会教科文卫工委首次召开市直联系部门座谈会，叶本功参加会议。会议听取了市直联系部门2014年工作情况简要汇报和2015年工作安排意见，征求了市直联系部门对市人大常委会教科文工委的意见和建议。16日，全市人大城建环境资源工作会在玉溪召开，吴建森参加会议并讲话。会议总结交流了经验，共同研究探讨做好新形势下人大城建环资工作的新思路、新做法、新措施，切实发挥好促进地方经济和社会发展的重要作用。

（高　翔）

玉溪市人民政府

【重要报告】 2014年，玉溪市人民政府就通海撤县设市等有关问题向上级有关部门报告，其中重要的报告如下表：

标　题	签发人	日期
关于通海县撤县设市社会稳定风险评估的报告	饶南湖	2014 年 1 月 13 日
关于 2013 年度移民工作目标责任考核自评的报告	饶南湖	2014 年 1 月 26 日
关于溪洛渡水电站化念移民安置有关情况的报告	饶南湖	2014 年 2 月 10 日
关于上报审计报告涉及问题整改方案的报告	左　广	2014 年 2 月 26 日
玉溪市人民政府考核的自查报告	饶南湖	2014 年 2 月 26 日
关于上报 2013 年地质灾害防治工作情况及 2014 年工作计划的报告	饶南湖	2014 年 2 月 27 日
关于玉溪市本级地方政府性债务审计报告涉及问题整改情况的报告	陈　勇	2014 年 3 月 4 日
关于玉溪市地方政府性债务审计报告涉及问题整改情况的报告	陈　勇	2014 年 3 月 4 日
关于玉溪市保障性住房建设项目使用单一资金信托融资的报告	陈　勇	2014 年 3 月 6 日
关于回复财政扶贫资金审计发现问题整改落实情况的报告	王学勤	2014 年 3 月 17 日
关于 2013 年度低碳发展考核的自查报告	陈　勇	2014 年 4 月 2 日
关于请求给予协调解决抚仙湖流域水资源配置应急工程资金的报告	孙云鹏	2014 年 5 月 6 日
关于玉溪钢铁和水泥行业建成违规产能清理整顿方案的报告	解仕清	2014 年 5 月 30 日
关于云南烟草企业改革对玉溪经济影响的报告	饶南湖	2014 年 6 月 11 日
关于云南澄江寒武纪乐园控制性规划和设计修改完善情况的报告	饶南湖	2014 年 7 月 10 日
关于中央和省属 12 家企事业单位退出抚仙湖一级保护区内资产调查情况的报告	饶南湖	2014 年 7 月 10 日
关于玉溪钢铁行业建成违规项目环保备案的报告	解仕清	2014 年 7 月 11 日
关于玉溪市本级 2013 年城镇保障性安居工程跟踪审计涉及问题整改情况的报告	陈　勇	2014 年 7 月 11 日
关于 2011 ~ 2015 年耕地保护责任目标期中考核的自查报告	饶南湖	2014 年 7 月 17 日
关于 2014 年森林防火目标管理责任状执行情况的报告	饶南湖	2014 年 7 月 18 日
关于玉溪市国家园林城市复检自查工作报告	陈　勇	2014 年 9 月 1 日
关于九大高原湖泊水污染综合防治省级专项资金到位及管理使用情况专项审计调查报告涉及玉溪存在问题的整改报告	孙云鹏	2014 年 7 月 29 日
关于玉溪市本级地方政府性债务化解方案的报告	陈　勇	2014 年 9 月 18 日
关于玉溪市加强地方政府性债务管理整改措施的报告	陈　勇	2014 年 9 月 18 日
关于新平县红河（元江）干流戛洒江一级水电站社会稳定风险防范措施的报告	陈　勇	2014 年 8 月 26 日
关于云南天然气支线管道工程红河支线项目社会稳定风险防范工作的报告	陈　勇	2014 年 10 月 29 日
关于报送江川县、华宁县人民政府教育工作市级督导评估意见的报告	饶南湖	2014 年 11 月 4 日
2014 年政府信息公开工作情况自查报告	解仕清	2014 年 11 月 13 日
关于市土地储备中心向建设银行玉溪市分行申请土地储备资金贷款有关问题的报告	饶南湖	2014 年 12 月 1 日
转报通海县关于石屏县未经协商擅自进行小路南龙潭提水工程招投标工作将引发水事纠纷和社会不稳定情况的报告	饶南湖	2014 年 12 月 16 日
关于同意从玉溪市教育费附加中列支专项资金偿还“美丽 100 校园行动计划暨中小学校舍安全工程”贷款本息有关问题的报告	杨　洋	2014 年 12 月 18 日

【表彰奖励】 2014年，玉溪市人民政府对全市工作进行表彰，具体表彰情况如下表：

标　题	表彰对象	日期
关于表彰奖励2013年荣获中国驰名商标云南省著名商标玉溪市知名商标地理标志证明商标企业及相关部门的决定		2014年3月24日
关于对2013年度电网规划建设责任考核表彰奖励的决定		2014年7月30日
关于2013年度科学技术奖励的决定		2014年8月20日
关于表彰敬老先进村、敬老先进社区的决定		2014年9月26日
玉溪市人民政府关于玉溪市第八次（2012 ~ 2013年度）哲学社会科学优秀成果奖励的决定		2014年10月20日

【重要请示】 2014年，玉溪市人民政府对市内有关情况向上级有关部门请示，其中主要请求如下表：

标　题	签发人	日期
关于上报华宁县将军山风电场项目涉及华宁县宁州街道、盘溪镇、通红甸乡土地利用总体规划（2010 ～ 2020年）修改方案的请示	饶南湖	2014年1月3日
关于上报易门县土地利用总体规划（2010 ～ 2020年）修改方案的请示	饶南湖	2014年1月3日
关于上报华宁县大丫口风电场项目涉及华宁县宁州街道、盘溪镇土地利用总体规划（2010 ～ 2020年）修改方案的请示	饶南湖	2014年1月3日
关于申报第二批国家公立医院改革联系试点城市的请示	饶南湖	2014年1月13日
关于通海县撤县设市的请示	饶南湖	2014年1月10日
玉溪市人民政府　云南省水利厅关于恳请将玉溪市列为全国第二批水生态文明建设试点市的请示	李　平 严　锋	2014年1月22日
关于请求省人民政府给予晋红等四条高速公路建设资金补助的请示	饶南湖	2014年1月26日
关于请求省人民政府给予晋红等四条高速公路建设资源配置的请示	饶南湖	2014年1月26日
关于上报华宁县宁州街道土地利用总体规划（2010 ～ 2020年）修改方案的请示	饶南湖	2014年2月10日
关于给予安排2014年抚仙湖保护治理项目省级专项资金的请示	孙云鹏	2014年2月24日
关于补助元江县立体化社会治安防控网络建设经费的请示	饶南湖	2014年3月3日
关于批准通海历史文化名城保护规划的请示	陈　勇	2014年3月4日
关于易门县土地利用总体规划（2010 ～ 2020年）修改方案新增指标的请示	饶南湖	2014年3月10日
关于上报云南省玉溪市信息惠民国家示范城市创建工作方案的请示	陈　勇	2014年3月13日
关于建设区域性食品检验所的请示	杨　洋	2014年3月20日
关于申报创建“宽带中国”示范城市的请示	解仕清	2014年3月24日
关于易门同等享受滇中产业聚集区相关政策的请示	饶南湖	2014年3月25日
关于帮助协调解决华宁县大丫口和将军山风电场环境评价的请示	饶南湖	2014年3月26日
关于玉溪市红龙路改扩建（一期）工程多划后占红塔区基本农田的请示	饶南湖	2014年3月26日
关于易门同等享受滇中产业聚集区相关政策的请示	饶南湖	2014年4月3日
关于请求补助通海县H5N1高致病性禽流感疫情防控经费的请示	饶南湖	2014年4月8日
关于引进深圳前海股权交易中心在玉溪设立分中心的请示	饶南湖	2014年4月14日
关于给予帮助解决元江县一中田径场建设资金的请示	饶南湖	2014年4月18日
关于澄江县申报省级园林县城的请示	陈　勇	2014年1月16日
关于延长溪洛渡水电站云南库区外迁化念移民过渡期生活补助的请示	饶南湖	2014年5月13日
关于给予拨付抚仙湖2014年中央江河湖泊治理与保护专项资金的请示	孙云鹏	2014年5月20日

续表

标　题	签发人	日期
关于减免元江县 2013 年度第一批城镇建设用地中滨江片区棚户区改造项目坝区耕地质量补偿费的请示	饶南湖	2014 年 5 月 21 日
关于解决大中型水库库区及移民安置区基础设施建设补助资金的请示	饶南湖	2014 年 5 月 30 日
关于上报玉溪市土地利用总体规划（2006 ～ 2020 年）修改方案的请示	饶南湖	2014 年 6 月 13 日
关于元江县鲁布水库工程多划后占元江县基本农田的请示	饶南湖	2014 年 6 月 9 日
关于请求元江县红河流域县城防洪堤工程多划后占元江县基本农田的请示	饶南湖	2014 年 6 月 9 日
关于玉溪市与韩国巨济市结交友好城市的请示	饶南湖	2014 年 6 月 9 日
关于解决外来务工人员随迁子女入学学校扩容改造建设补助资金的请示	饶南湖	2014 年 6 月 17 日
关于请求调整玉溪市煤矿转型升级相关指标的请示	解仕清	2014 年 6 月 27 日
关于上报 2014 年度土地储备计划、融资规模方案的请示	饶南湖	2014 年 7 月 1 日
关于申办 2018 年云南省第十一届少数民族传统体育运动会的请示	饶南湖	2014 年 7 月 10 日
关于上报玉溪市煤炭产业结构调整转型升级发展方案的请示	饶南湖	2014 年 7 月 18 日
关于将红塔集团体育森林公园产权整体划归玉溪市人民政府的请示	饶南湖	2014 年 7 月 25 日
关于请求解决元江县“威马逊”台风灾害救灾资金的请示	饶南湖	2014 年 7 月 30 日
关于将玉溪市质量技术监督综合检测中心移交同级政府管理的请示	饶南湖	2014 年 7 月 30 日
关于申报外来务工人员随迁子女入学工作省级试点城市的请示	饶南湖	2014 年 8 月 1 日
关于对玉溪市煤炭产业结构调整转型升级方案第四章部分情况进行修改的请示	解仕清	2014 年 9 月 11 日
关于划定各县区火化区的请示	饶南湖	2014 年 8 月 18 日
关于江川县大街街道下营社区养老服务中心项目建设经费的请示	解仕清	2014 年 8 月 21 日
关于红塔区 2014 年度第一批次城市建设农用地转用及土地征收的请示	饶南湖	2014 年 8 月 22 日
关于上报 2014 年度土地储备计划、融资规模方案的请示	左　广	2014 年 8 月 25 日
关于请求批准玉溪市元江县羊岔街风电场送出线路工程占用国家一级公益林的请示	饶南湖	2014 年 9 月 12 日
关于上报峨山县土地利用总体规划（2010 ～ 2020 年）修改方案的请示	饶南湖	2014 年 9 月 15 日
关于转报争取抚仙湖 2015 年中央江河湖泊治理与保护专项资金的请示	饶南湖	2014 年 9 月 19 日
关于解决新平县第一中学购置教育教学设备经费的请示	饶南湖	2014 年 9 月 19 日
关于解决新平县建兴中学搬迁前期项目建设缺口资金的请示	饶南湖	2014 年 9 月 19 日
关于将抚仙湖流域澄江、江川、华宁三县纳入国家重点生态功能区转移支付范围的请示	饶南湖	2014 年 9 月 22 日
关于给予安排 2014 年抚仙湖保护治理项目省级专项资金的请示	饶南湖	2014 年 9 月 24 日
关于云南省人民政府 2013 年挂牌督办安全生产重大隐患摘牌的请示	解仕清	2014 年 9 月 24 日
关于江川县 16 户烟花爆竹生产企业重大隐患挂牌督办延期整改的请示	解仕清	2014 年 9 月 24 日
关于请求追加易门县作为云南省“四规合一”试点县的请示	陈　勇	2014 年 10 月 13 日
关于对 2014 年土地例行督察整改工作进行验收的请示	饶南湖	2014 年 11 月 10 日
关于解决通海县九街集镇供水工程资金缺口的请示	陈　勇	2014 年 10 月 22 日
玉溪市人民政府关于补助玉溪公安装备建设经费的请示	明正彬	2014 年 10 月 23 日
关于呈贡至澄江高速公路建设项目（澄江段）用地的请示	饶南湖	2014 年 10 月 23 日
玉溪市人民政府　红河州人民政府关于请求省人民政府帮助协调交通运输部将弥勒至楚雄国家高速公路（G8012）弥勒至玉溪段纳入国家“十三五”国家高速公路建设计划的请示	饶南湖 杨福生	2014 年 10 月 29 日

续表

标　题	签发人	日期
关于申请云南省玉溪市开发投资有限公司企业债券发行奖励的请示	陈　勇	2014 年 10 月 31 日
关于请予同意呈贡至澄江高速公路多划后占澄江县基本农田的请示	饶南湖	2014 年 11 月 4 日
关于上报元江县土地利用总体规划（2010 ～ 2020 年）修改方案的请示	饶南湖	2014 年 11 月 4 日
关于申请对红塔区县域义务教育发展基本均衡工作进行督导评估的请示	饶南湖	2014 年 11 月 4 日
关于恳请将红塔区汇溪金属、福玉钢铁、华盛钢铁 3 户企业纳入云南省钢铁和电解铝项目申请备案认定的请示	解仕清	2014 年 11 月 18 日
关于给予补助卫生信息化建设资金的请示	饶南湖	2014 年 11 月 18 日
关于给予补助华宁县和易门县人民医院迁建项目资金的请示	饶南湖	2014 年 11 月 18 日
关于给予解决农村义务教育学生营养改善计划提标所需资金的请示	饶南湖	2014 年 11 月 18 日
关于云南玉溪银河化工有限责任公司安全生产许可证延期的请示	解仕清	2014 年 11 月 19 日
关于恳请出具红塔区汇溪金属、福玉钢铁、华盛钢铁 3 户企业纳入云南省钢铁和电解铝建成违规项目建议上报备案土地审查意见的请示	解仕清	2014 年 11 月 19 日
关于请求解决威马逊台风救灾经费的请示	饶南湖	2014 年 11 月 20 日
关于解决易门县铜厂乡西山小学整体搬迁项目资金的请示	饶南湖	2014 年 11 月 21 日
关于解决澄江二中异地迁建项目建设资金的请示	饶南湖	2014 年 11 月 21 日
关于请求补助旅游规划编制和宣传促销工作经费的请示	饶南湖	2014 年 11 月 26 日
关于请求给予补助禁毒工作经费的请示	饶南湖	2014 年 11 月 26 日
关于解决受灾群众今冬明春生活救助经费的请示	饶南湖	2014 年 11 月 28 日
关于解决新平县第一中学购置教育教学设备经费的请示	饶南湖	2014 年 12 月 4 日
关于解决网上大厅建设资金的请示	解仕清	2014 年 12 月 8 日
关于核实两统一两整合改革税收分配基数的请示	饶南湖	2014 年 12 月 10 日
关于补助玉溪市维稳工作装备及业务经费的请示	饶南湖	2014 年 12 月 22 日
关于上报新平县桂山镇土地利用总体规划（2010 ～ 2020 年）修改方案的请示	饶南湖	2014 年 12 月 16 日
关于转报易门县人民政府关于易门县龙泉风电场建设项目占用国家级和省级公益林的请示	饶南湖	2014 年 12 月 16 日
关于补助玉溪市民警培训学校暨反恐基地建设经费的请示	饶南湖	2015 年 1 月 15 日
关于澄江县 2014 年度第三批城镇建设农用地转用及土地征收的请示	饶南湖	2014 年 12 月 18 日
关于华宁县 2014 年度第二批城镇建设农用地转用及土地征收的请示	饶南湖	2014 年 12 月 18 日
关于请求同意昆玉铁路扩能改造工程红塔区高仓段桃源十四组民房拆迁安置点多划后占红塔区基本农田的请示	饶南湖	2014 年 12 月 20 日
关于解决澄江化石地保护和治理专项补助资金的请示	饶南湖	2014 年 12 月 30 日

【重要通知】 2014年，玉溪市人民政府对市内工作作出通知，主要通知如下：

标　题	日期
关于印发玉溪市市属投融资公司管理实施细则的通知	2014 年 1 月 18 日
关于督导通海县人民政府发布通海县发生 H5N1 亚型高致病性禽流感疫情封锁令的通知	2014 年 3 月 7 日
关于印发玉溪市 2014 年度市级土地储备供应计划的通知	2014 年 3 月 15 日
印发玉溪市关于深入推进城市报警与监控系统建设实施意见的通知	2014 年 3 月 18 日
关于 2014 年经济发展主要目标任务责任分解的通知	2014 年 3 月 20 日

续表

标　题	日期
关于印发玉溪市化解产能过剩矛盾和转型发展实施方案的通知	2014 年 3 月 21 日
关于公布第三批市级非物质文化遗产项目代表性传承人的通知	2014 年 3 月 31 日
关于下达 2014 年国民经济和社会发展计划主要指标的通知	2014 年 4 月 10 日
关于调整城镇退役士兵一次性自谋职业补助金标准的通知	2014 年 5 月 29 日
关于调整玉溪市产业招商总局的通知	2014 年 5 月 29 日
关于印发玉溪市城乡垃圾整治实施方案的通知	2014 年 6 月 3 日
关于启动玉溪市突发性地质灾害应急（中型）Ⅲ级响应的通知	2014 年 7 月 22 日
关于下达 2014 年市属投融资公司投融资及担保任务的通知	2014 年 8 月 1 日
关于调整 2014 年烤烟收购计划的通知	2014 年 8 月 12 日
关于 2014 年下半年主要经济指标任务分解的通知	2014 年 8 月 18 日
关于印发玉溪市美丽乡镇规划建设三年行动方案的通知	2014 年 9 月 3 日
关于印发玉溪市第二次全国地名普查实施方案的通知	2014 年 9 月 17 日
关于印发加快发展现代粮食流通产业实施意见的通知	2014 年 10 月 20 日
关于调整玉溪市安全生产委员会组成人员的通知	2014 年 11 月 13 日
关于印发玉溪市市级有关部门安全监管职责暂行规定的通知	2014 年 12 月 5 日
关于印发玉溪市国民经济和社会发展第十三个五年规划编制工作实施方案的通知	2014 年 12 月 15 日
关于印发玉溪国家高新技术产业开发区实体化管理实施方案（试行）的通知	2014 年 12 月 30 日
关于印发玉溪市中心城区海绵城市建设项目实施管理规定的通知	2014 年 12 月 10 日

【市政府常务会议】 2014年，玉溪市人民政府共召开第四届常务会议20次。2月7日，召开第十六次常务会议，主要议题为：1. 听取了市政府秘书长李毅昆关于《政府工作报告（讨论稿）》、《关于玉溪市2013年国民经济和社会发展计划执行情况与2014年国民经济和社会发展计划草案的报告（讨论稿）》和《关于玉溪市2013年地方财政预算执行情况和2014年地方财政预算草案的报告（讨论稿）》有关情况的汇报；2. 听取了市招商合作局局长李明荣关于玉溪市2014年招商引资工作目标任务分解方案的汇报；3. 听取了市财政局局长莽成柱关于2014年争取上级资金目标任务分解方案的汇报；4. 听取了市发改委主任普昌文关于2014年规模以上固定资产投资目标任务分解方案的汇报；5. 听取了市住建局局长陆绍明关于玉溪市中心城区北片区限价商品房万裕•润园销售价格组成情况的汇报；6. 听取了市烟办专职副主任夏柏林关于2013年烤烟生产扶持政策兑现和2014年扶持政策有关事项情况的汇报；7. 听取了市水利局党组书记、副局长杨明关于玉溪市东片区暨“三湖”生态保护水资源配置应急工程BT合同及工程推进有关情况的汇报。14日，召开第十七次常务会议，主要议题为：1. 听取了市监察局局长李长虹关于玉溪市规范政府投资建设项目中介服务机构管理工作有关情况的汇报；2. 听取了市林业局局长资武关于《玉溪市林业局2014年上报争取林业项目资金计划（送审稿）》的汇报；3. 听取了市公安局常务副局长李云峰关于玉溪市城市报警与监控系统建设有关问题的汇报；4. 听取了市公安消防支队政委周义关于玉溪市专职消防队伍建设有关问题的汇报；5. 听取了市委宣传部副部长、市文产办主任龚紫山关于《关于加快陶瓷产业发展的指导意见（送审稿）》的汇报；6. 听取了市抚管局局长武继昌关于《玉溪市抚仙湖保护管理实施办法（送审稿）》的汇报；7. 听取了市委组织部副部长、市人力资源社会保障局局长袁平关于调整城镇职工基本医疗保险医疗待遇有关问题的汇报。27日，召开第十八次常务会议，主要议题为：1. 听取市教育局局长罗江云关于《关于加快教育信息化建设的实施意见（送审稿）》的汇报；2. 听取了市农业局局长杨正祥关于玉溪市治理农业面源污染提高耕地持续生产能力工作有关问题的汇报；3. 听取了红塔区人民政府常务副区长普东海关于殡仪馆搬迁道路（六龙路）改扩建项目的汇报；4. 书面通报了2013年行政绩效管理工作情况。

3月27日，召开第十九次常务会议，主要议题为：1. 市长饶南湖传达学习十二届全国人大二次会议精神；2. 听取了市财政局局长莽成柱关于市本级2013年单位账户结转结余资金情况的汇报；3. 听取了市政府副秘书长张少云关于《玉溪市进一步加强反恐维稳工作的意见（送审稿）》的汇报；4. 听取了市工信委党委书记谢光平关于《玉溪市加快民营经济发展的实施意见（送审稿）》及有关事项的汇报；5. 听取了市高等级公路有限责任公司董事长柏继武关于公路建设资金有关事项的汇报；6. 听取了市抚投公司总经理朱应生关于玉溪市东片区暨“三湖”生态保护水资源配置应急工程建设融资有关事项的汇报；7. 听取了市农业局局长杨正祥关于通海县H5N1亚型高致病性禽流感疫情防控工作的汇报。

4月24日，召开第二十次常务会

议，主要议题为：1. 听取了市安监局局长方玉明关于全市安全生产工作情况汇报；2. 听取了市委老干局局长周俊关于离退休人员和老干部工作经费有关问题的汇报；3. 听取了市交通运输局副局长李金荣关于玉溪市优先发展城市公共交通有关问题的汇报；4. 听取了市政府副秘书长姜兴林关于大化园区1号、3号路改扩建工程及低丘缓坡示范区路网项目建设有关事项的汇报；5. 听取市委编办常务副主任刘永新关于玉溪市取消下放和调整合并部分市级行政审批管理服务项目有关问题的汇报；6. 听取了市高等级公路有限责任公司副总经理赵树文关于市高等级公路有限责任公司关于缴纳土地款有关事项的汇报；7. 听取了市卫生局局长马跃武关于《玉溪西南国际医院暨健康产业园项目投资协议》和《备忘录》的汇报；8. 听取了市委组织部副部长、市招商引资绩效考核办常务副主任陈开翔关于《2014年度招商引资工作实绩考核办法（送审稿）》和《2014年度争取上级资金考核办法（送审稿）》的汇报；9. 听取了玉溪城市建设投资集团有限公司总经理李长伟关于中心城区排水管网改扩建项目合同签订有关问题的汇报；10. 听取了市住房城乡建设局局长陆绍明《玉溪市城乡垃圾整治实施方案（送审稿）》的汇报；11. 听取了市发展改革委副主任夏从实关于玉溪市加快天然气利用发展有关事项的汇报；12. 听取了市水利局局长乔正喜关于《玉溪市实行最严格水资源管理制度意见（送审稿）》和《玉溪市实行最严格水资源管理制度考核办法（送审稿）》的汇报；13. 听取了市人民政府秘书长李毅昆关于《玉溪市人民政府关于促进经济平稳较快发展的意见（送审稿）》的汇报；14. 书面通报了荷花池片区城市综合体项目涉及公产部分搬迁安置情况。

5月16日，召开第二十一次常务会议，主要议题为：1. 听取了市国有资产管理委员会副主任康旭辉关于2014年市属投融资公司融资任务分解有关事项的汇报；2. 听取了市人力资源社会保障局局长袁平关于《中共玉溪市委玉溪市人民政府关于创新体制机制加强人才工作的实施意见（送审稿）》和《中共玉溪市委办公室玉溪市人民政府办公室关于印发玉溪市人才引进办法的通知（送审稿）》的汇报；3. 听取了市民政局副局长杨思荣关于调整城镇退役士兵一次性自谋职业补助金标准有关问题的汇报；4. 听取了市监察局局长李长虹关于给予曹仕祥同志行政撤职处分有关事项的汇报；5. 传达了省委书记秦光荣玉溪调研讲话精神。29日，召开第二十二次常务会议，主要议题为：1. 听取了市住房城乡建设局局长陆绍明关于《玉溪市美丽乡镇规划建设三年行动方案》的汇报；2. 听取了市房管局局长尹振伟关于玉溪市中心城区火车站片区保障房市政道路建设有关工作的汇报；3. 听取了市房管局局长尹振伟关于玉溪市中心城区火车站片区2014年保障房建设有关工作的汇报；4. 听取了市房管局局长尹振伟关于修订《玉溪市公共租赁住房管理实施办法（暂行）》有关事项的汇报；5. 听取了市房管局局长尹振伟关于修订《玉溪市限价商品住房管理规定》有关事项的汇报；6. 听取了市住房城乡建设局局长陆绍明关于《玉溪市城市精细化管理实施方案》的汇报；7. 听取了市住房城乡建设局局长陆绍明关于提前清退玉溪市保障性住房建设项目单一资金信托有关情况的汇报；8. 听取了市委办副主任李德关于2013年市委机关搬迁经费和办公用房租赁费有关事项的汇报；9. 听取了市抚仙湖管理局副局长李家富关于抚仙湖相关标识标牌制作安装有关工作的汇报；10. 听取了市政府副秘书长、办公室主任李庆华关于依托市土地储备中心融资支持工业园区、美丽校园和水利基础设施建设有关工作的汇报；11. 听取了市规划局副局长董金柱关于大玉溪发展战略规划有关工作的汇报。

6月12日，召开第二十三次常务会议，主要议题为：1. 听取了玉溪城市建设投资集团有限公司总经理李长伟关于《红龙路道路改扩建（一期）工程项目采用BT模式融资建设方案》的汇报；2. 听取了玉溪城市建设投资集团有限公司总经理李长伟关于《玉溪师范学院成教学院异地重建项目采用BT模式融资建设方案》的汇报；3. 听取了市住房和城乡建设局局长陆绍明关于《推进玉溪新型城镇化发展的实施意见》的汇报；4. 听取了市体育局局长雷毅关于《玉溪市体育代表团参加云南省第十四届运动会的奖惩方案》的汇报；5. 听取了市招商合作局局长李明荣关于《2014年招商引资重点工作任务及分工方案（送审稿）》的汇报；6. 听取了市政府督查室主任李斌关于国务院稳增长促改革调结构惠民生政策措施落实情况督查动员电视电话会议精神的情况通报。

7月9日，召开第二十四次常务会议，主要议题为：1. 听取了市民宗局局长沐爱斌关于申办云南省第十一届少数民族传统体育运动会有关事项的汇报；2. 听取了市民政局局长方建华关于市民政精神病医院移交有关事项的汇报；3. 听取了市交通运输局副局长张赶良关于江川至通海一级公路小白坡段路面修复工程有关事项的汇报；4. 听取了市抚投公司总经理朱应生关于玉溪市东片区暨“三湖”生态保护水资源配置应急引水工程融资有关事宜的汇报；5. 听取了市人力资源社会保障局局长袁平关于《玉溪市城乡居民基本养老保险实施细则（送审稿）》的汇报；6. 听取了市环保局局长张金翔通报《玉溪市主要污染物总量减排和大气污染防治整改方案》起草情况；7. 听取了市工业信息化委主任谢光平关于《玉溪市煤炭产业结构调整转型升级发展方案》的汇报。23日，召开第二十五次常务会议，主要议题为：1. 会议听取了市财政局局长莽成柱关于《玉溪市市级机关差旅费管理办法》和《玉溪市市级机关会议费管理办法》的汇报；2. 会议听取了市住房城乡建设局党组书记田江龙关于《玉溪市村村亮工程实施方案》的汇报；3. 会议听取了通海县人民政府副县长孙军伟关于石屏县小路南河（龙潭）水量分配方案有关事项的汇报；4. 会议听取了市司法局局长李卫华关于《加强司法行政促进依法治市的实施意见（草案）》的汇报；5. 会议听取了市民政局局长方建华关于2014年“八一”建军节双拥活动有关工作的汇报；6. 会议听取了市科技局局长李世华关于《加快实施创新驱动发展战略建设创新型玉溪的决定（送审稿）》的汇报。

8月20日，召开第二十六次常务会议，主要议题为：1. 听取了玉溪城投集团董事长谢洪文关于玉溪城市建设投资集团有限公司与浦银金融租赁股份有限公司融资有关事宜的汇报；2. 听取了市委农办副主任陈克华关于《玉溪市2014～2015年美丽家园行动实施方案（送审稿）》的汇报；3. 听取了市水利局局长乔正喜关于《玉溪市农业节水纲要（2014～2020年）（送审稿）》的汇报；4. 听取了市供销社主任廖伟关于《玉溪市供销合作社综合改革试点实施方案（送审稿）》的汇报；5. 听取了新平县人民政府县长李丁全、市国资公司董事长谭志平关于磨盘山森林公园资产债务重组处置及并购协议有关事项的汇报；6. 听取了市接待办主任鲁春红关于《玉溪市党政机关国内公务接待管理实施细则（送审稿）》的汇报；7. 听取了市监察局局长李长虹关于给予梅荣生、业应楷行政开除处分有关事项的汇报。

9月10日，召开第二十七次常务会议，主要议题为：1. 听取了市交通运输局副局长张赶良关于《玉溪市人民政府关于加强全市农村公路建设实施方案（送审稿）》的汇报；2. 听取了市交通运输局局长何俊关于晋红高速公路控制性工点建设用地有关事项的汇报；3. 听取了市交通运输局局长何俊关于澄江至江川高速公路立昌段路线方案有关事项的汇报；4. 听取了市人力资源社会保障局局长袁平关于贯彻落实云办通有关文件有关事项的汇报；5. 学习中央领导讲话和会议精神；6. 集体学法。28日，召开第二十八次常务会议，主要议题为：1. 听取了市粮食局党组书记杨丽芬关于加快发展现代粮食流通产业及粮食安全工作有关事项的汇报；2. 听取了市工业信息化委主任谢光平关于朱家桥电站、观音堂电站、海口电站关闭补偿有关事宜的汇报；3. 听取了市工商行政管理局局长丁伟、市质量技术监督局局长罗江鹏关于玉溪市工商、质监行政管理体制调整工作有关事项的汇报；4. 听取了市民政局局长方建华关于玉溪市殡葬制度改革有关事项的汇报；5. 听取了市财政局局长莽成柱关于2014年中央代云南省发行地方政府债券省级转贷资金安排有关事项的汇报；6. 听取了市监察局局长李长虹关于给予杨伟行政开除处分有关事项的汇报；7. 听取了市政府法制办主任李尊平关于玉溪市特许经营权管理办法制定有关事项的汇报；8. 听取了市政府副市长孙云鹏通报抚仙湖"十二五"规划项目推进情况并研究了抚仙湖治理有关事项；9. 书面通报了全省污水处理厂管网建设和运行管理推进现场会议精神及玉溪市推进情况；10. 学习中央领导讲话和会议精神；11. 通报了昆明市明通小学学生踩踏事故。

10月16日，召开第二十九次常务会议，主要议题为：1. 传达学习全省领导干部会议精神；2. 传达学习中央、省、市党的群众路线教育实践活动总结会议精神；3. 传达学习全省2014年1至3季度经济形势分析会议精神；4. 传达学习市委82次常委扩大会议精神；5. 研究安排当前工作。31日，召开第三十次常务会议，主要议题为：1. 听取了市监察局局长李长虹关于《玉溪市2014年目标任务综合考评办法》的汇报；2. 听取了市发展改革委主任普昌文关于玉溪市低收入群体价格临时补贴与物价上涨挂钩联动机制制定情况汇报；3. 听取了市发展改革委主任普昌文关于玉溪市2014年1～9月投资亿元以上项目及5～9月新开工重点项目完成情况的通报；4. 听取了市委政法委副书记张云超关于对全省维护社会稳定工作会议精神及初步贯彻意见的汇报；5. 听取了市安全监管局局长方玉明关于全市安全生产工作有关事宜的汇报。

11月13日，召开第三十一次常务会议，主要议题为：1. 听取了市财政局局长莽成柱关于2015年部门预算定额标准调整有关事项的汇报；2. 听取了市信访局副局长袁自福关于玉溪市信访事项复查复核办法的汇报；3. 听取了市卫生局局长马跃武关于2014年及2015年《新型农村合作医疗中央增资后玉溪市补助标准调整方案（送审稿）》的汇报；4. 听取了市国资公司董事长谭志平关于玉溪市教育投资公司及其子公司向玉溪农信系统融资贷款的情况汇报；5. 听取了市发展改革委副主任吴渔琛关于玉溪市2014年服务业纳入限额以上统计有关情况的汇报；6. 听取了市国土资源局局长方正春通报玉溪市2014年土地例行督察工作有关情况；7. 听取了市政府副秘书长土地储备中心主任姜兴林关于玉溪市土地储备中心向华夏银行、建设银行申请土地储备资金贷款相关事项的汇报；8. 传达学习省委领导对保密工作的指示精神；9. 学习中央领导讲话和会议精神。20日，召开第三十二次常务会议，主要议题为：1. 听取了市林业局局长资武关于《关于进一步深化集体林权制度改革的实施意见（送审稿）》的汇报；2. 听取了市农业局局长杨正祥《关于开展农村土地承包经营权确权登记颁证工作的实施意见》、《关于加快畜牧业可持续发展的意见》、《关于大力发展现代农业庄园的实施意见》、《关于大力培育发展家庭农场的意见》4个涉农文件送审稿的汇报；3. 听取了市委农办副主任陈克华《玉溪全面深化农村改革总体方案》及3个专项实施方案送审稿的汇报；4. 听取了市农业局局长杨正祥关于《玉溪市高原特色农业发展规划（送审稿）》的汇报；5. 听取了市委农办副主任陈克华《关于玉溪市美丽乡村建设行动计划（2015～2018年）（送审稿）》的汇报；6. 听取了市移民开发局局长周映海关于溪洛渡水电站外迁化念移民安置工作有关事项的汇报；7. 听取了市水利局局长乔正喜关于《玉溪市2013年从土地出让收入计提农田水利建设资金安排水利建设项目计划》的汇报；8. 听取了市信访局局长师文关于玉溪市视频接访网络建设有关工作的汇报；9. 听取了市委编办常务副主任刘永新关于玉溪市取消下放和调整部分行政审批事项有关问题的汇报；10. 学习传达习近平总书记重要讲话和中共云南省委九届九次全会精神。

12月5日，召开第三十三次常务会议，主要议题为：1. 听取了市发展改革委主任普昌文关于全市2015年经济和社会发展主要指标预期目标及下一步工作措施初步建议的汇报；2. 听取了市发展改革委主任普昌文关于《玉溪市国民经济和社会发展第十三个五年规划编制工作实施方案（送审稿）》的汇报；3. 听取了市工业信息化委主任谢光平关于《玉溪市工业园区实行实体化管理的指导意见》的汇报；4. 听取了高新区管委会主任吴伯平关于《玉溪国家高新技术产业开发区实体化管理实施方案（送审稿）》的汇报；5. 听取了市高等级公路有限责任公司董事长柏继武关于《云南玉溪市高等级公路有限责任公司发行小微企业扶持债券工作方案》的汇报；6. 学习中央领导讲话和会议精神。17日，召开第三十四次常务会议，主要议题为：1. 听取了市统计局副局长王起云关于玉溪市第三次全国经济普查总结表彰有关事项的汇报；2. 听取了市工业信息化委主任谢光平关于《中共玉溪市委玉溪市人民政府关于全面深化国有企业改革实施意见（送审稿）》的汇报；3. 听取了市工业信息化委主任谢光平关于《中共玉溪市委玉溪市人民政府关于加快工业转型升级的实施意见（送审稿）》的汇报；4. 听取了市工业信息化委主任谢光平关于《玉溪市信息产业发展指导意见（送审稿）》的汇报；5. 听取了新平县副县长代永林关于新平彝族傣族自治县人民政府联合摄制电影宣传故事片有关事项的汇报；6. 学习传达了中央经济工作会议精神。24日，召开第三十五次常务会议，主要议题为：1. 听取了市发展改革委主任普昌文关于玉溪市产业发展定位及发展重点的汇报；2. 听取了市发展改革委主任普昌文关于玉溪市价格调节基金征收使用情况及2015年安排使用情况的汇报；3. 听取了元江县人民政府县长张伟关于《元江县国营红光农场改革和发展实施方案》及三个配套办法的汇报；4. 听取了市政府法制办副主任张敏关于《玉溪市市政工程照明项目战略合作框架协议》和《玉溪市新能源汽车运营项目战略框架协议》的汇报；5. 听取了市教育局局长罗江云关于《中共玉溪市委玉溪市人民政府关于深化教育综合改革的若干意见（送审稿）》的汇报；6. 听取了市教育局副局长颜永宏关于《玉溪市全面改善贫困地区义务教育薄弱学校基本办学条件实施方案（送审稿）》的汇报；7. 听取了市卫生局局长马跃武关于《玉溪市儿童医院与华润医疗集团合资合作框架协议（送审稿）》的汇报；8. 听取了红塔区人民政府副区长王红关于红塔区村集体低效闲置和拆临拆违地块项目用地审批有关事项的汇报；9. 研究调整市政府领导分工有关事项；10. 传达学习中央农村工作会议精神。

【市政府专题会议】 2014年，玉溪市人民政府召开的专题会议主要有：1月2日，召开玉溪市网上政务服务工作协调会议，专题研究玉溪市网上政务服务推进工作。3日，召开移民工作专题会，听取了峨山县、昭通市移民局、玉溪市移民局、玉溪市水利局、峨山信用联社、省移民局驻化念移民安置点现场代表等有关各方面的工作情况汇报，饶南湖市长对化念移民安置工作提出明确要求。7日，召开全市公路沿线砂石料厂及公路运输泼洒漏行为治理工作推进会，就治理公路沿线砂石料厂，打击公路运输泼洒漏行为，推进公路路域环境整治工作向纵深开展做了安排部署。9日，召开玉溪市电网规划建设工作专题会议，研究协调解决玉溪市电网发展存在的困难和问题。同日，召开大化产业园区建设推进联席会，研究园区2、3号路线型和起止点、驻点招商方案、低丘缓坡土地综合开发利用项目建设等事项。15日，召开安全生产工作专题会，贯彻落实全国安全生产电视电话会议精神，部署安排下一步安全生产工作。20日，召开中心城区货运车辆限行工作推进专题会，研究解决中心城区及新玉江线货车限行设施建设及限行工作中存在的问题。21日，召开大化产业园区建设工作协调会，听取了园区建设筹备工作组关于园区筹建工作情况汇报，并讨论研究了园区驻点招商、基础设施建设等问题。同日，召开昆玉铁路扩能改造工程（玉溪段）桃源小学搬迁民房安置等相关问题的会议，专题研究昆玉铁路电气化扩能改造工程（玉溪段）征地拆迁工作完成后，紧邻铁路征地红线的民房安置、桃源小学搬迁重建等问题。22日，召开全市春运交通安全检查工作专题会议，对全市客运市场开展全市春运交通安全检查工作，并研究部署全市春运交通安全工作。27日，召开晋红、晋江高速公路建设推进会，听取了市交通运输局、市高等级公路公司、红塔区和江川县政府对晋红、晋江高速公路建设推进情况的汇报，左广副市长对下一步的工作提出明确具体的要求。28日，召开退耕还林和石漠化治理工作会，听取了各县区人民政府领导汇报，市直相关部门领导作了发言，饶南湖市长提出了明确要求。同日，召开抚仙湖流域水污染综合防治“十二五”规划项目建设专题会，深入分析研究工作中的困难和问题，进一步明确工作目标和责任。

2月7日，召开玉溪交通运输集团公司调研专题会议，调研公司发展面临的困难，研究解决问题的思路和办法。8日，召开中心城区红龙路改扩建（一期）工程工作推进会，研究解决红龙路改扩建（一期）工程建设推进中存在的困难和问题。11日，召开玉溪市民政精神病医院管理专题会，就玉溪市民政精神病医院管理工作进行了专题研究。17日，召开申报国家养老服务业综合改革试点会议，听取了市民政局、市发展改革委、市人力资源社会保障局、市卫生局就玉溪市申报国家养老服务业综合改革试点推进前期工作情况的汇报，市直参会部门作了充分讨论，形成了一致的意见。市长饶南湖就进一步加快推进全市各项申报工作作了安排部署。18日，召开市政府领导调研市农业局专题会，听取了市农业局相关情况汇报。28日，召开高速公路建设推进专题会，听取了市高等级公路公司关于高速公路建设资金问题的情况汇报，陈勇常务副市长、左广副市长对晋红、石红高速公路等项目的推进提出明确具体的要求。

3月3日，召开《云南政协报》报道溪洛渡水电站外迁化念移民安置工作的专题会，听取了玉溪市移民开发局局长周映海代表市政府调查组汇报调查报告，峨山县政府和昭通市外迁移民安置现场协调工作组分别汇报了工作开展情况。就《云南政协报》的报道和当前推进化念移民搬迁接收安置工作进程中存在的主要困难和问题进行了充分讨论和研究。17日，召开“三湖”流域经济林发展规划采取单一来源方式确定规划单位会议，专题研究“三湖”流域经济林发展规划采取单一来源方式确定规划单位事宜。19日，召开玉溪城投集团承建5个重大项目推进工作专题会，重点听取了玉溪城投集团关于项目推进中存在问题的情况汇报，与会领导分别作了发言，陈勇常务副市长提出了明确的工作要求。

4月3日，召开大化产业园区建设工作推进会，听取了园区建设筹备工作组关于园区招商引资、基础设施建设等工作推进情况汇报，副市长左广对下一步园区各项工作提出明确要求。4日，召开玉溪研和工业园区数控产业园专题调研会，听取了研和工业园区管委会关于对数控产业园在建设发展中存在的困难和问题的情况汇报，以及数控产业园12家企业业主对数控产业园建设发展的意见和建议。8日，召开玉溪师范学院成教学院异地重建项目建设专题会，专题研究玉溪师范学院成教学院异地重建项目建设有关问题。同日，召开东风水库和飞井海水库库区及移民安置区生态环境建设专题工作会，听取了市移民开发局、红塔区人民政府关于东风水库和飞井海水库库区及移民安置区生态环境建设工作和计划实施项目情况汇报。市长饶南湖就推进库区及移民安置区生态环境建设工作提出了明确要求。同日，召开溪洛渡水电站外迁化念移民安置市政府现场工作推进会，专题研究移民安置工作。9日，召开粮食流通工作专题会，听取了市粮食局关于优化市级储备粮品种结构、全市粮食危仓老库修复项目、全市粮食库存检查的工作情况汇报，参会部门领导作了发言，李平副市长提出了明确要求。13日，召开中心城区天然气规划建设专题会，研究解决天然气建设推进中存在的困难和问题。同日，召开213老国道改扩建及昆玉高速公路大修保通工作会，对保通工作提出明确要求。15日，召开抚仙湖北岸湿地土地调规工作推进会，听取了澄江县政府关于抚仙湖北岸湿地项目建设工作情况的汇报，市发展改革委、市国土资源局等有关部门领导作了发言，分别就推进抚仙湖北岸湿地土地调规工作提出了意见建议。左广、孙云鹏副市长就抚仙湖北岸湿地土地调规工作提出了具体要求。18日，召开晋红高速公路项目建设现场推进会，听取有关情况汇报，左广副市长对下一步工作提出明确具体的要求。同日，召开中心城区平战结合人防工程等4个重点项目调研推进会，听取了市住房城乡建设局关于项目推进情况的汇报，参会领导及施工企业有关负责人分别作了发言，陈勇常务副市长对加快项目推进提出了明确的要求。19日，召开土地储备中心融资支持工业园区基础设施建设专题会，专题研究土地储备中心融资支持工业园区基础设施建设有关事项。28日，召开全市道路交通安全暨铁水运输工作会，传达了4月23日市委第63次常委（扩大）会议有关安全生产安排部署，听取了市直有关单位和各县区政府有关情况汇报，研究安排了玉溪市道路交通安全暨铁水运输下一步工作。

5月5日，召开关于峨山化念水库产权移交有关问题的专题会，专题研究峨山化念水库产权移交有关问题。16日，召开市土储中心融资支持美丽100校园建设和水利基础设施建设专题会，研究市土储中心融资支持美丽100校园建设和水利基础设施建设。19日，召开全市推进美丽家园行动协调督促组工作会，研究全市2014年美丽家园建设工作。20日，召开抚仙湖北岸生态湿地项目一期安置房建设专题会，研究项目一期安置房（龙润园）建设事宜。21日，召开全市稳增长促安全第一督查组调研督查会，对调研督查过程中发现制约易门县稳增长促安全的问题进行了研究。22日，召开抚仙湖“十二五”规划两年行动计划项目督查推进专题会，督查推进抚仙湖流域水污染综合防治“十二五”规划两年行动计划项目。28日，召开全市公路建设推进会，听取了市交通运输局、市国土资源局、市高等级公路公司对玉溪市在建高速公路推进及拟建高速公路前期工作有关情况的汇报，分析了当前工作推进过程中存在的困难和问题，具体安排了下一步工作的重点。30日，召开高新区、研和工业园区、红塔工业园区土地有关问题专题会，研究高新区、研和工业园区、红塔工业园区土地有关问题。同日，召开抚仙湖流域水污染综合防治“十二五”规划项目督查推进专题会，研究抚仙湖流域水污染综合防治“十二五”规划项目推进工作。

6月3日，召开抚仙湖非工程管理措施落实督查推进专题会，研究和督查落实抚仙湖非工程管理措施。同日，召开大化产业园区建设协调推进会，听取了园区管委会和峨山县关于园区基础设施建设、招商引资、队伍建设等方面工作的情况汇报，分析了当前工作面临的形势和存在的困难问题，就下一步工作提出了明确具体要求。5日，召开全市地质灾害防治工作专题会，听取了市国土资源局、市财政局对玉溪市近期地质灾害防治工作有关情况的汇报，会议就玉溪市目前所面临的地质灾害形势，进行了认真研究，左广副市长对下一步的工作提出了具体要求。同日，召开全市大春生产及中耕管理工作会，听取了各县区和市直相关部门关于大春生产情况的汇报，安排布置全市大春生产及中耕管理工作相关事宜。10日，召开公务用车管理领导小组第一次会议，专题研究全市公务用车管理工作有关事宜。12日，召开玉溪市空白乡（镇）邮政所补建工作协调会，专题研究玉溪市空白乡（镇）邮政所补建工作。同日，召开全市农村贫困地区扶贫到户贷款工作专题会，听取了市扶贫办、市财政局、市农村信用社的工作情况汇报，对理顺农村贫困地区扶贫到户贷款运作机制、落实精准扶贫和工作经费保障等有关事项进行了研究。14日，召开抚仙湖高原深水湖泊研究中心与中国科学院抚仙湖高原深水湖泊研究站合作共建专题会，就抚仙湖高原深水湖泊研究中心（简称“研究中心”）的规划构想和中国科学院抚仙湖高原深水湖泊研究站（简称“研究站”）的合作框架协议及建设相关事宜进行专题研究讨论。18日，召开引入券商定向资产管理计划资金用于土地收储有关问题的会议，专题研究引入券商定向资产管理计划资金用于玉溪市土地收储的相关问题。同日，召开澄江至江川高速公路路线走向分析会，听取了设计单位对澄川高速路线走向的情况汇报，市直有关单位、江川县、澄江县政府对路线方案进行了认真分析，左广副市长对下一步的工作提出明确具体要求。23日，召开公务用车管理领导小组第二次会议，专题研究市委办公室、市政府办公室购置应急指挥车辆事宜。同日，召开抚仙湖“十二五”规划项目推进专题会，研究抚仙湖“十二五”规划工程项目推进工作。24日，召开全市地质灾害防治工作电视电话会，左广副市长对贯彻落实全省会议精神提出具体要求。25日，召开晋江、晋红、呈澄、澄川、昆明东南绕高速公路建设推进协调会专题会，听取了两市有关部门对五条公路建设进展情况和存在问题的汇报，经过协商，达成有关共识。

7月3日，召开江川仙湖锦绣项目现场推进会，听取了江川县、仙湖锦绣旅游物业发展公司当前项目建设情况汇报，与会领导作了认真讨论，陈勇常务副市长、孙云鹏副市长对加快项目推进提出了明确的要求。7日，召开玉溪市人民医院改扩建项目现场调研会，实地查看了市人民医院改扩建项目建设现场，听取了市人民医院院长张竣关于项目推进情况的汇报，市卫生局、市发展改革委、市财政局、市规划局、市住房城乡建设局、市国土资源局、市审计局、市土地储备中心、市政府法制办、市城投集团、红塔区政府相关领导作了发言，市委常委、常务副市长陈勇、副市长杨洋、左广提出了工作意见，市长饶南湖作了总结讲话，提出了工作要求。10日，召开市军休所和市关工委办公场地搬迁专题会，协调、研究市军休所、市关工委办公场地搬迁事宜。15日，召开澄江至江川、江川至通海高速公路建设专题会，听取了市交通运输局对澄江至江川、江川至通海高速公路前期工作有关情况的汇报，左广副市长对下一步工作提出明确要求。同日，召开大化产业园区建设协调推进会就园区规划建设、招商引资、人员管理等提出明确具体要求。16日，召开提前兑付市保障性住房建设项目单一资金信托专题会，研究有关提前兑付市保障性住房建设项目“单一资金信托”相关事宜。同日，召开关于“中国•东盟国际生物医药港”项目建设专题会，听取了澄江县、冠之峰（香港）控股有限公司就“中国•东盟国际生物医药港”项目工作进展情况、存在问题的汇报，对项目推进工作进行了安排部署，提出了明确要求。17日，召开江川县江城镇古城区更新改造和文庙抢救性修缮专题会，现场调研江川县江城镇古城区更新改造和文庙抢救性修缮工程项目并召开专题会。会议听取了江川县、江城镇项目情况汇报，与会部门领导作了发言，陈勇常务副市长提出了明确要求。18日，召开全市农村公路建设专题会，听取了市交通运输局关于加强全市农村公路建设有关情况汇报，市直有关单位、江川县、易门县对推进全市农村公路建设进行了充分讨论，左广副市长对下一步工作提出明确具体的要求。同日，召开关于《玉溪市林下经济产业发展规划（2015～2020年）》和《玉溪市林木种苗产业化发展总体规划（2015～2020年）》采取单一来源方式确定规划单位的专题会，研究《玉溪市林下经济产业发展规划（2015～2020年）》和《玉溪市林木种苗产业化发展总体规划（2015～2020年）》采取单一来源方式确定规划单位有关事宜。22日，召开红塔区至江川、江川至通海高速公路初步设计方案汇报会，研究红塔区至江川、江川至通海高速公路初步设计方案。25日，召开全市卷烟配套企业座谈会专题会，听取了卷烟配套企业关于自身发展现状及存在困难和问题的情况汇报。与会人员就企业提出的困难、问题作了认真讨论研究，提出了解决措施及建议，市长饶南湖对有关工作进行了安排部署，提出了明确要求。同日，召开玉溪市中心城区城市公共交通专题调研会，听取了市交通运输局关于中心城区城市公共交通有关情况的汇报，副市长左广对中心城区公共交通工作提出了具体要求。31日，召开高压天然气管道项目招标相关事宜专题会，研究玉溪市域天然气管道招标相关事宜。

8月1日，召开中心城区污水处理厂运营管理相关事宜专题会，研究中心城区污水处理厂运营管理有关事宜。8日，召开红塔区飞井社区和大矣资社区“美丽家园•小康库区”移民新村建设项目推进会，研究2个移民新村建设项目相关问题。9日，召开元江政务信息反映6座库塘存在险情有关问题的专题会，研究元江政务信息反映6座库唐存在险情有关问题。14日，召开大化产业园区建设协调推进会，专题研究抽调工作人员、公租房建设、公司运行等事项。15日，召开中国•东盟国际生物医药港项目建设土地收储供应相关事宜专题会，研究中国•东盟国际生物医药港项目土地供应及资金筹措问题。同日，召开玉溪市滇剧院花灯剧院现场调研会，研究解决市滇剧院、花灯剧院发展中存在的困难和问题。19日，召开红塔区城市报警与监控系统建设专题会，研究红塔区城市报警与监控系统建设工作。20日，召开澄江寒武纪乐园项目规划建设专题会，研究澄江寒武纪乐园项目规划建设工作。25日，召开玉溪市生猪屠宰监管工作移交专题会，听取了与会部门关于玉溪市生猪屠宰监管职责移交工作的汇报，确定了玉溪市生猪屠宰监管职责交接工作相关事项，市商务局与市农业局签字移交了相关工作资料，玉溪市生猪屠宰监管职责正式移交。

9月3日，召开晋红高速公路建设项目用地报批组件工作专题会，听取了市国土资源局关于晋红高速公路建设项目用地报批组件工作的情况汇报，左广副市长对下一步的工作提出具体要求。5日，召开高仓立交改扩建工程现场推进会，研究解决当前存在困难。12日，召开加快推进纳入规模以上工业企业和限额以上批发零售、住宿餐饮业企业工作专题会，研究加快推进玉溪市纳规、纳限有关工作。同日，召开新平县大中型水库移民产业发展基础设施建设工作专题会，听取市移民开发局、新平县人民政府关于新平县大中型水库移民产业发展基础设施建设工作和计划实施项目情况汇报。副市长李平就推进新平县大中型水库移民产业发展基础设施建设工作提出了明确要求。20日，召开全市殡葬改革工作调研专题会，以现场调研方式检查指导了红塔区、江川县、澄江县火化区划定、殡仪馆建设、城市经营性公墓和农村公益性公墓建设以及乱埋乱葬清理整治工作，听取了三个县区推进殡葬制度改革的情况汇报，并与街道、社区、小组干部、先进典型代表以及负责殡仪馆和经营性公墓建设的企业负责人进行了座谈。25日，召开2014年部分农业工作和专项资金调整安排会议，专题研究2014年农业部门有关工作及部分财政预算资金安排与调整工作。同日，召开抚仙湖北岸坝区产业结构调整专题会，研究抚仙湖北岸坝区产业结构调整工作。召开抚仙湖北岸生态调蓄带项目建设专题会，研究抚仙湖北岸生态调蓄带项目建设工作。26日，召开玉溪市水务有限责任公司项目贷款专题会，研究玉溪市水务有限责任公司项目贷款事宜。

10月8日，召开抚仙湖、星云湖流域农业结构调整专题会，研究“两湖”流域农业结构调整问题。9日，召开公务用车管理领导小组第三次会议，专题研究全市公务用车管理工作有关事宜。14日，召开红塔区民房规划建设和用地管理等5个事项的专题会，研究红塔区民房规划建设和用地管理、泷水塘老工业片区改造、区政法部门业务用房建设、110千伏荷花池输变电站选址、市医院模拟机控制室选址等事宜。23日，召开加快推进城市生活垃圾利用IS/FS资源化处理的专题会，研究城市生活垃圾利用IS/FS资源化处理有关事宜。同日，召开抚仙湖、星云湖流域蓝莓种植项目推进专题会，贯彻落实2014年10月8日市政府抚仙湖、星云湖流域农业结构调整专题会议要求，专题研究抚仙湖、星云湖流域蓝莓种植项目推进实施相关工作。24日，召开抚仙湖湖泊及入湖河流水质监测工作专题会议，研究抚仙湖湖泊及入湖河流水质监测工作方案。同日，召开抚仙湖高原深水湖泊研究站资产划转专题会，研究明确抚仙湖高原深水湖泊站（以下简称“研究站”）资产划转工作。

11月11日，召开玉溪开投债募集资金使用安排专题会，听取了市开发投资公司关于债券资金使用方案汇报，研究讨论了资金安排使用相关事项。13日，召开昆玉高速公路道路亮化工作推进会，专题研究昆玉高速公路道路亮化工作。14日，召开红塔区荷花池片区等3个城市综合体项目专题会，研究荷花池、康井路、冯家冲片区3个城市综合体工作。19日，召开北城钢铁相关事宜专题会，研究玉溪北城钢铁相关事宜。21日，召开全市工业转型升级发展调研专题会，就工业转型升级有关事项进行安排部署。27日，召开玉溪铁路建设现场推进会，市人民政府与省铁路和高速公路建设工作督导组、省铁建办、昆明铁路局、滇南铁路有限责任公司、中铁六局等单位联合在玉溪境内铁路施工现场开展调研，就影响昆玉铁路扩能改造工程进展的征地拆迁问题、玉蒙铁路遗留问题召开现场推进会。同日，召开进一步加强食品药品安全监管工作的专题会，研究解决本轮食品药品监管体制改革以来新组建的食品药品监管系统运行中的困难和问题，进一步深化食品药品监管体系建设，加强食品药品安全监管工作。28日，召开抚仙湖、星云湖流域蓝莓种植项目推进专题会，研究抚仙湖、星云湖流域蓝莓种植项目推进实施相关工作。同日，召开督办江川县生活垃圾（餐厨垃圾）资源化处理项目开工的专题会，研究江川县生活垃圾（餐厨垃圾）资源化处理项目有关事宜。

12月1日，召开华为玉溪云计算

数据中心及玉溪市青年创业园项目推进专题会，研究华为玉溪云计算数据中心及市青年创业园项目推进有关事项。4日，召开新天地商业广场城市综合体建设项目规费减免专题会，研究云南新天地实业发展有限公司申请减免城市综合体建设项目政府规费事宜。同日，召开2014年烤烟生产扶持政策兑现问题及2015年烤烟生产计划的专题会，研究2014年烤烟生产扶持政策兑现问题及2015年烤烟生产计划。5日，召开通红甸乡、者竜乡扶贫开发整乡推进项目工作协调专题会，研究通红甸乡、者竜乡扶贫开发整乡推进项目的存在问题，协调解决有关具体问题。10日，召开协调推进玉水金岸项目建设的专题会，研究协调玉水金岸项目建设当前存在困难问题。同日，召开全市电子商务工作座谈会专题会，参会企业就电子商务发展工作作了情况汇报和交流，同时也从人才、税收、网络、仓储、运输等方面提出了电商发展面临的难题以及下一步的工作打算，市直相关部门结合各自职能对玉溪市电商的发展情况和下一步的工作思路、建议作了发言。11日，召开全市工业转型升级调研专题会，听取了企业关于自身发展现状、存在困难和问题及对玉溪市产业转型升级的意见和建议。与会人员就企业提出的困难、问题作了认真讨论研究，提出了解决措施及建议，市长饶南湖对有关工作进行了安排部署，提出了明确要求。12日，召开红塔区重点项目推进过程中涉及土地问题专题会，听取了红塔区政府、高新区管委会、研和工业园区管委会和红塔工业园区管委会有关工作情况的汇报，市国土资源局、市土地储备中心就如何在土地方面更好支持红塔区发展提出了具体的意见建议，左广副市长对有关工作提出明确要求。15日，召开云南瑞通钢业公司恢复生产相关事宜专题会，研究云南瑞通钢业有限责任公司恢复生产相关事宜。17日，召开研究石屏县未经协商擅自进行小路南龙潭提水工程招投标工作并拟举行开工仪式将引发系列问题及稳定风险防控的专题会，研究石屏县未经协商擅自进行小路南龙潭提水工程招投标工作并拟举行开工仪式将引发系列问题及稳定风险防控相关工作。26日，召开太阳山国际生态旅游休闲度假社区项目协调推进专题会，就太阳山国际生态旅游休闲度假社区项目推进工作进行研究。

【上级领导到玉溪调研】 2014年，上级领导多人次到玉溪调研，详情见附表：

姓　名	单位及职务	时　间	内　容
丁绍祥	副省长	1月16日至17日	调研全市铁路、高速公路工作
梁公卿	省政府铁路和高速公路建设工作督导组组长	2月24日至28日	调研玉磨铁路前期工作
苗　圩	工信部部长	4月11日	调研玉溪工业企业
李纪恒	省人民政府省长	4月21日	调研玉溪市烤烟移栽及田间管理、烟草科学院和红塔集团
夜礼斌	省人民政府党组成员、省移民工作领导小组组长	4月21日	调研玉溪水库移民后期扶持工作
和段琪	副省长	5月13日至14日	督查玉溪稳增长保安全工作
李国英	水利部副部长	6月7日至8日	调研玉溪市水利建设暨抚仙湖保护治理工作
王树芬	省人大常委会副主任	7月2日	听取执法检查汇报
周祖翼	同济大学党委书记	8月6日至7日	考察同济大学与玉溪合作事宜
刘慧晏	副省长	8月27日至28日	调研玉溪工业转型升级和环境保护工作
张祖林	副省长	9月9日	调研中心城区重大项目建设情况
丁绍祥	副省长	9月12日	调研新平至临沧高速公路路线方案
罗黎辉	省政协副主席	9月18日	调研澄江化石地世界自然遗产保护和利用情况
丁绍祥	副省长	10月11日	调研污水处理和城市建设情况
张登亮	省人民政府党组成员、省移民工作领导小组副组长	10月17日	玉溪市新平县调研移民后扶产业工作
张春元	水利部原副部长	10月20日至21日	考察澄江水利建设工作
李　江	常务副省长	10月27日至29日	调研工业经济转型发展情况
张祖林	副省长	10月29日	玉溪召开全省造林绿化工作现场观摩会
励小捷	文化部副部长、文物局局长	10月30日	调研江川县青铜器博物馆、澄江县城化石博物馆、澄江化石地首发点、南古所、新化石博物馆
晏友琼 高晓宇	省九湖督导组副组长	11月18日至20日	率省九湖督导组一行调研“三湖”保护治理工作
安　建	全国人大法律委员会副主任委员	11月20日	参加全国人大法律委员会一行4人赴滇进行广告法修改调研座谈会
冯　远	中央文史研究馆副馆长	11月29日	“中华文化四海行—走进云南”活动

【重点督查工作】 按照《云南省人民政府办公厅关于印发2014年10件惠民实事任务分解的通知》、《云南省人民政府办公厅关于推进实施2014年全省重点督查的20项重要工作和20个重大建设项目的通知》、《云南省人民政府办公厅关于印发2014年度改革事项任务分解的通知》和《云南省人民政府办公厅关于印发2014年政府工作报告主要工作任务分解的通知》文件精神，并及时转发。对涉及玉溪的各项工作任务开展4次全面督查，并按时限要求向省政府办公厅相关处室和省政府督查室进行报告。主办的20项重要工作第十四项重大旅游项目和20个重大建设项目第十一项滇池等九大高原湖泊水污染综合治理项目。澄江寒武纪乐园建设进展顺利，累计完成投资15.72亿元，仙湖山水国际休闲旅游度假园等14个旅游项目累计完成投资85.43亿元，3个旅游小镇5个旅游特色村正在按方案实施。十二五期间，全市实施三湖水污染综合防治项目66项，规划总投资61.51亿元，通过加强与省九湖办等省级部门的汇报协调，已编制完成2014年星云湖、杞麓湖水污染综合防治环保项目投资计划，认真抓好抚仙湖良好湖泊生态环境保护试点项目和抚仙湖流域水污染综合防治“十二五”规划项目两年行动计划的推进。至11月底，三湖水污染综合防治项目完工27项，在建32项，开展前期工作7项，开工率89.4%，完工率40.9%，项目完成总投资27.02亿元。

【督查落实和反馈报告】 2014年，按照市委办、市政府办2013年下发的有关文件要求，自2013年以来，承担起市委主要领导批示给政府领导的批示件的督促落实及反馈报告工作，同时还承担市政府主要领导批示件的交办、督查落实和反馈报告工作。当年，针对政府办公室和督查室办理领导批示件存在的问题，在充分听取各秘书科意见的基础上，经过反复修改，报经市政府办公室同意，《玉溪市人民政府办公室关于领导批示件办理内部工作规范（试行）》已经印发实施。1～12月，共督促和反馈市委督查室转来的市委主要领导批示件287期，以《领导批示件督查专报》向市委报告办理情况17期，其他以《领导批示件落实情况统计表》每月向市委督查室报告新的办理情况。督办落实秘书一科转来的饶南湖市长作出的批示件296期，以《领导批示件督查专报》向市长报告办理情况33期，其他事项坚持每月以《领导批示件落实情况统计表》上报当年以来所有批示件的进展情况。对未按时间要求办理和需长期办理的红光农场改革事项、化念移民土地分配等工作深入县区、乡镇进行了督查督办。去冬今春植树造林、抚仙湖十二五规划项目、活人墓清理整治等工作已较好完成。

【市政府人事工作】 2014年办公室的人事工作， 办理正常调入、调出手续共17人次。参与组织召开民主推荐干部大会5次，成功推荐、任用副县级领导干部2人，科级干部12人。

完成单位内部干部轮岗7人。完成2013年度干部职工年度考核工作。办理175人次的工资审批手续。

职工教育培训工作，安排2名组织人事干部参加市委组织部于3月份组织的《党政领导干部选拔任用工作条例》暨干部考察员培训班，重点学习《党政领导干部选拔任用工作条例》和工作考察业务知识。安排1名正科级干部参加市委组织部于10月至11月组织的“正科级领导干部进修班”。安排1名县处级干部参加省政府10月份组织的全国重点高校县处级领导干部高级研修班。组织办公室、机关事务管理局、烟办全体干部职工参加公务员更新知识培训暨干部在线学习培训。组织8名新任科级领导干部参加10月至11月的玉溪市第十二期科级干部任职培训班。

组织9名工勤人员参加市人力资源和社会保障局举办的技术工人职业资格培训班。做好干部职工学历教育的有关基础性服务工作。

【机构编制工作】 2014年机构编制工作完成单位“吃空饷”清理上报工作。根据市委编办通知，完成市政府办公室、市政府机关事务管理局、市政府法制办公室、市接待办公室、市地方志办公室在职职工及离退休人员共218人的“吃空饷”清理工作，均没有“吃空饷”情况发生。整理、填写市政府办公室、市政府机关事务管理局全体干部职工基本情况上报市委编办，完成单位实名制管理工作。梳理、排查市政府办公室、市政府机关事务管理局职数配备情况，形成超职数配备干部材料分别报送市委组织部和市委编办，根据单位超职数配备干部情况和市委组织部、市委编办要求制定整改方案，严格按整改方案抓好落实。

【老干部管理服务】 2014年，市政府办公室共有离退休人员40人，其中，厅局级老领导5人，县处级干部14人，乡科级以下干部10人，工勤人员11人。办公室党委历来十分重视老干部工作，明确了老干部工作由市政府秘书长亲自抓，办公室主任直接抓，办公室党委副书记协助抓，人事老干科专人负责具体事务性服务工作。1.加强老干部政治思想工作，丰富他们的精神文化生活，倡导科学、文明、健康的生活方式，使老干部做到“政治坚定，思想常新，理想永存”，发挥他们的政治优势、经验优势、威望优势，使老干部“实现价值，再创财富”，支持在职人员做好工作是办公室领导对老干部工作的要求。坚持每月15日的学习制度，重点学习邓小平理论、“三个代表”重要思想和科学的发展观，学习党的十八大报告及十八届三中、四中全会精神，认真组织开展党的群众路线教育实践活动。通过学习和开展活动，使广大老干部树立正确的世界观、人生观、价值观，在政治思想上与党中央保持高度一致。2.每年办公室都安排经费为老干部活动室订阅报纸、杂志、学习文件资料，为副县级以上领导每人订阅《晚霞》和《云南老年报》各一份，为其他老同志每人订阅《云南老年报》一份。3.执行老干部政策，落实老干部“两个待遇”，严格按政策规定认真办理离休干部的特需费，老干部健康疗养费等，从未出现拖拉。4.维护老年人合法权益。坚持每年敬老节、春节走访慰问老同志。一年来，到医院看望生病住院的离、退休老同志20多人次，按时发放老同志的各种费用。5.开展形式多样的活动，促进老同志之间的交流。根据年初的工作计划及党的群众路线教育实践活动要求，4月17日至18日，组织离退休老干部20多人到澄江县观摩抚仙湖北岸湿地项目，到华宁县观摩青龙磨豆山风力发电和盘溪引水工程，到江川县观摩仙湖锦绣等项目。老年节采取座谈、走访等方式，慰问离退休干部42人，发放慰问金每人200元，按市委老干局通知要求，向老干部发放“三卡一册”42份，把党委、政府对老干部的关心关怀真正落到实处。9月28日，召开离退休干部座谈会，向老同志传达当前中央、省、市大政方针政策及办公室工作实际，和老同志亲切交谈，嘘寒问暖，深入了解他们的生活及思想现状，听取他们的诉求、意见及建议。经过座谈，既使老同志们了解了当前社会形势及办公室工作实际，又使办公室了解了老同志们在实际生活中存在的困难和问题，对办公室相关工作的意见和建议，为办公室今后不断改进和提高老干部管理服务工作水平提供了动力和方向。6.把党和政府的关怀传递给每一位老同志。经常深入到不能来参加学习、活动的老同志家中。对老同志多问候，多解释，做好思想工作，化解各类矛盾，把党和政府的关怀和温暖传递给办公室的每一位老同志。

【议案提案办理】 2014年，玉溪市政府议案提案工作，在市四届人大二次会议代表共提出建议、批评和意见共199件（会议期间196件，闭会期间3件），交由市政府系统办理的建议、批评和意见187件（会议期间184件，闭会期间3件），占承办任务的93.97%，全部依法按时办理完毕，办复率达100%。满意的185件，满意率98.93%，比上年提高了1.93个百分点；基本满意2件，基本满意率占1.07%，比上年减少了1.93个百分点。已得到解决或采纳的A类件85件，占45.46%，比上年提高了11.36个百分点；列入计划拟解决的B类件78件，占41.71%，比上年提高了1.11个百分点；由于客观条件限制等原因暂不能解决留作参考的C类件24件，占12.83%，比上年减少了12.47个百分点。在政协四届二次会议委员和民主党派共提出政协提案342件，交由市政府系统办理的323件，占提案总数的94.44%，办复率达100%。1.面商办理态度满意度318件，满意率98.45%，比上年减少了0.45个百分点；基本满意4件，基本满意率1.24%，比上年提高了0.14个百分点；不满意1件，不满意率0.31%，比上年提高100%。2.面商办理结果满意度321件，满意率99.38%，比上年提高了4.48个百分点；基本满意的2件，基本满意率6.2%，比上年提高了0.6个百分点；不满意率为零。3.办理结果，已得到解决或部分解决的A类件143件，占44.27%，比上年提高了5.57个百分点；正在解决或列入计划解决的B类件141件，占43.65%，比上年减少了5.25个百分点；由于客观条件限制等原因暂不能解决的C类件39件，占12.08%，比上年减少了0.32个百分点。

【财务管理】 2014年，市政府机关事务管理局严格执行各项财经纪律，建章立制。按规定完成市政府办公室及所属9个财务单位的财务收支工作，按时按质按量报送相关报表、资料、数据和材料，做到证证相符、账证相符、账账相符、账表相符、表表相符，按规定整理、妥善保管、移交会计档案。从严控制行政运行成本，压缩“三公”经费支出。全年发生因公出国（境）1人次，支出经费6.27万元，较上年同期实际压缩27.68%；公务用车运行费用支出145.97万元，较上年同期实际压缩27.46%；车辆购置费45.57万元，较上年同期实际压缩83.79%；公务接待费支出68.31万元，较上年同期实际压缩57.4%；会议费支出30.02万元，较上年同期实际压缩35.6%。未发生论坛、庆典等经费支出。圆满完成向上争取资金1 515万元的目标任务。

【公务用车管理】 2014年，市公车办严格执行中央《党政机关厉行节约反对浪费条例》和市委、市政府印发的《玉溪市“三公”经费管理规定（暂行）》文件精神，全年提请市公务用车管理领导小组召开3次会议研究，全市共审批医疗救护、森林防火等特种专用车辆65辆。由市纪委监察局牵头，对违规配备公务用车、公车私用、未按规定粘贴公车标识和公安机关依法认定抄告的公职人员酒后驾车、严重道路交通违法行为等进行了重点检查。根据市委办专题会议的要求，配合做好全市156辆公务用车使用“云F·99”专段号牌的整改工作，全部已随机选定地方普通号牌。参加全国、全省公务用车制度改革相关会议和培训，认真做好公务用车制度改革车辆情况数据统计，按照市公车改革办的安排部署，做好公务用车制度改革的相关准备工作，推进公务用车制度改革。加强办公室机关公务用车管理。车队始终强化安全意识，严格遵守《中华人民共和国交通法》和《新道路交通安全法》，严格执行车辆保险、维修、加油、派遣、停放、保养等规定，认真落实各项安全措施，不酒后开车，不违章驾驶，不带故障行车。40辆车累计行车100万多千米，未发生过任何交通责任事故。

【公共机构节能管理】 2014年，开展节约型公共机构示范单位的创建工作。按照《国家发展改革委、财政部、国务院机关事务管理局关于印发节约型公共机构示范单位创建工作方案的通知》要求，完成了玉溪工业财贸学校，云南省玉溪市第一人民医院、玉溪师范学院申报国家第一批节能型公共机构示范单位，3个示范单位均通过国家验收。申报澄江县行政中心、玉溪一中、玉溪师院附中为第二批创建示范单位的工作。广泛宣传教育，营造机关节能氛围。开展了主题为“携手节能低碳 共建碧水蓝天”节能宣传周活动，组织了市直单位10名公共机构节能工作人员参加节能管理远程培训。开展能耗统计工作，按照国务院关于开展全国公共机构能耗调查统计的通知精神，认真组织全市公共机构进行了能耗调查统计。积极推广高效照明产品，打造绿色惠民工程。在易门县开展“一元灯”工程，实施在县、乡、村三级公共机构办公区域100%使用高效节能灯，使基层节能工作及国家惠民工程向基层、乡镇、村组、农户延伸。

【办公用房管理】 2014年，办公用房清理工作，按照《中共玉溪市委办公室、玉溪市人民政府办公室关于切实做好党政机关停止新建楼堂馆所和清理办公用房存在问题整改工作的通知》文件精神，完成市直115个单位，各类办公用房185 164.04平方米的统计上报工作。召集两个办公区所有单位传达整改要求，采取腾大用小、合并办公为主，隔断为辅的方式，解决办公用房超标准使用的问题，调整出来的空房统筹安排使用。对政府办、管理局国有资产进行清查，做到“三个一”，即一物、一卡、一照片，全面完成了固定资产的清理盘点工作。

【会务服务】 2014年，为提高会议室的使用效率，规范会议服务，合理安排各类会议，由会堂管理科负责统筹机关会议室和会堂的管理使用。截至11月，接待了各类会议550多场次，人员26 000多人，制作各种布标21条，席卡2 675个。同时对租住会堂的单位做好服务工作，认真管理好会堂现有的设施设备。

【信息工作】 2014年，政务信息工作。全年共收到各县区、各部门上报信息10 392条，采编3 491条，采编率33%。共编辑出刊《玉溪政务信息》167期、《信息快报》81期；编辑上报省政府《玉溪要情》1 890期；省政府采用151条（其中被省政府领导批示信息4条），得分869分，超额完成省政府下达600分的考核任务，连续六年名列全省政务信息一等奖行列。

【计算机及网络安全工作】　2014年，1. 做好计算机及其附属设备资产管理和办公室电脑、打印机、移动存储设备的资产购置、管理、维护工作，严格按照管理规定和操作程序，800元以上的科室负责人提出申请，由分管领导和主管领导审批后报政府采购中心统一配置，并及时进行维护、管理；做好办公室网络维护工作。2. 加强办公室计算机及网络安全工作。及时组织人员对所属办公设备配置、使用情况进行自检自查，每月对办公室、网络进行抽查，从源头上加强计算机信息系统保密防范，每半年对全市非涉密网络进行了安全保密检查，经检查未发现违规行为和网络安全隐患；对办公室各科室进行网络安全保密相关知识的培训。3. 做好办公室视频会议室服务工作，进行省、市视频会议网络传输、图像、音响服务。为确保会议质量，更换了视频会议室的音像系统。当年视频会议室共召开27场次会议。

【政府信息公开工作】　2014年以来，信息工作不断创新工作思路和模式，及时、准确地把党委、政府的工作信息向公众进行公布，确保各类公开信息的真实性和保密性。市政府主动公开政府信息65 234条，其中八县一区、市政府组成部门发布信息64 616条，市政府门户网站发布市政府重大事件421条、市政府重要会议12条、通知公告107条、工作简报21条、市政府部门领导分工60条、县区政府领导9条，比上年增加27 402条，增44%。截至11月25日，“96128”政府信息查询专线完成市级、部门转接1 119次，转接率为89.39%，满意率为96.59%。信息科确定了0877—2072595专线电话，提供查询服务并保证电话的接通率。

【“农转城”工作】　2014年，云南省委、省政府安排部署“农转城”工作以来，玉溪市各级党委、政府高度重视，切实加强领导、精心组织实施，制订政策措施、强化宣传培训、认真落实权益、积极推进转户，全市“农转城”工作取得了阶段性成效。全年转户9.7万人，全市户籍人口城镇化率由转户前的18.1%，提高到38.1%，提高了20个百分点，全市“农转城”转户人员总数达43.3万人。转户进度在全省州市中排名前列。

（市政府办　供稿）

决策咨询

【重要文稿起草】　2014年，市政府研究室围绕市委、市政府的中心工作，集中精力，全力以赴提高文稿服务水平，较好地完成了所承担的文字综合任务。与市政府办公室协力完成了2014年市政府工作报告、报告起草说明和市政府四届三次全会等重要会议材料的起草。参与完成了省政府玉溪专题会议请求解决问题，省政府玉溪专题会议汇报提纲，一、二、三季度全省经济运行分析会议汇报提纲，玉溪市2013年工作情况汇报，玉溪经济社会发展情况汇报等30余个市委、市政府的汇报材料起草。参与完成了市委市政府领导在全省民营经济发展大会、全省造林绿化现场观摩会、全市领导干部大会、市委经济工作会等50多个重要会议上讲话的起草。积极做好市委、市政府政策性文稿起草工作，完成或参与完成了《中共玉溪市委玉溪市人民政府关于推进玉溪新型城镇化发展的实施意见》、《玉溪市加强反恐维稳工作的意见》、《玉溪市人民政府关于促进经济平稳较快发展的意见》、《玉溪市关于加强农村居民住房规划建设管理的实施意见》等10余个政策性文件的起草修改工作。做好外宣文章的起草和认刊工作，完成了市政府领导在郴州、广州招商引资会上的推介词、云南经济年鉴玉溪专题宣传版、在全国人代会上的宣传材料等多篇外宣材料起草，为推介玉溪、扩大玉溪知名度发挥了重要作用。

【调查研究】　2014年，市政府研究室超前谋划调研工作，选取了事关全市经济社会发展大局的热点、难点问题进行调研。调研涵盖经济、社会、环境等各个领域，内容涉及经济发展、改革发展、文化建设、社会管理等多个方面。独立组织或参与省、市有关部门开展了政府工作报告、县域经济、园区经济、工商行政改革、招商引资、城镇化建设、工业经济发展、核桃产业、重大项目建设、教育改革等20多项调研活动。完成了《玉溪市政府代表团赴粤湘学习考察报告》、《对新平县城乡居民基本医疗保障一体化试点工作的调研报告》、《玉溪市新上项目开工建设典型案例分析》、《澄江县核桃产业调研报告》、《玉溪市工业园区建设发展情况调研报》、《玉溪市工商注册登记制度改革调研报告》、《着力打造一批县域经济强县——玉溪市县域经济发展调研报告》、《抚仙湖周边蓝莓产业发展的调研报告》、《玉溪市普通高中教育改革发展情况、存在困难及对策建议》等10余篇调研报告，报送党委、政府及有关部门，为决策提供了参考。

【课题研究】　2014年，市政府研究室始终把课题研究摆在重要位置，针对全市经济社会长远发展，主动开展前瞻性战略研究，制定了民生、新型城镇化、高原特色农业、旅游等重点课题研究方案，完成了《昆玉红旅游文化产业带建设玉溪产业发展研究》、《玉溪市保障和改善民生的重点和难点问题研究》等重大课题研究。配合省政府研究室进行了昆玉红旅游文化产业发展情况、滇中城市经济圈、科技型小微企业、抚仙湖—星云湖生态建设与旅游改革发展综合试验区等几个专题的研究工作。配合省政府研究室、省发改委、省商务厅、省外事办、昆明海关等省级部门和市政府办公室，开展玉溪在云南开放型经济中的地位和作用课题研究。

【工作刊物及网站】　2014年，以提升决策咨询服务能力为重点，充分发挥决策参谋服务全局的作用，抓重点、抓热点、抓难点，积极开展对策性和战略性研究，多领域、多渠道拓展咨询工作发展空间，提供了许多具有实用价值的信息参考，咨询和决策的影响力不断扩大。不断加强玉溪市政府研究室政府信息公开门户网站的管理和维护工作，及时更新数据资料，扩大决策咨询服务的范围。围绕全市中心工作，把专家和国内外决策咨询研究成果进行编辑整理，共编辑《领导参阅》47期，切实为市委、市政府领导科学决策服务。做好《2014玉溪政府工作报告汇编》，收录2014年市、县政府工作报告，供有关领导和部门参考。

（雷庆文）

政府法制

【建设法治政府】　2014年，提高全

市领导干部运用法治思维和法治方式深化改革、推动发展、化解矛盾、维护稳定的能力。坚持市政府常务会议集体学法制度。市政府第27次常务会议组织领导干部集体学习了新修订的《中华人民共和国土地管理法》。组织对全市3 683名行政执法人员进行了行政执法培训。加强制度建设，规范行政行为。制定了《玉溪市重大行政决策程序规定》和《玉溪市工程质量终身责任追究暂行办法》，切实推进政府依法科学民主决策，按客观规律办事。制定出台了《玉溪市特许经营权管理办法》，规范特许经营权的出让、经营和管理，保障社会公众利益、公共安全和特许经营者的合法权益，营造公开、公平、公正的市场环境。强化考核监督，加大督查力度。组织开展全市行政执法案卷评查工作。5月16～30日组织对各县区、市级部门行政执法案卷进行了抽查评查，从各县区和市级行政执法部门上报的24 828卷行政执法目录中随机抽取了587卷进行评查。通过组织评查，优秀案卷445卷，优秀率为75.8%；合格案卷114卷，合格率为19.4%；不合格案卷28卷，不合格率为4.8%，制发行政执法案卷评查反馈建议书42份，并将评查结果在全市范围进行了通报。健全和完善行政处罚自由裁量权。在2010年市级具有行政处罚权部门已基本建立行政处罚自由裁量权基准制度的基础上，组织市级各行政执法部门再次对各部门行政处罚自由裁量权进行对照梳理细化完善，并以部门规范性文件形式向社会公布。截至年底，市级20个行政执法部门已完成修订工作。

【合法性审查及备案】 2014年，审查141件涉及市政府重大决策、重要建设项目等文件、协议，其中，市政府法律顾问参与审查涉及市政府投资及招商引资等重大项目合同（协议）43件，确保政府行为合法和项目建设有效推进。加强规范性文件的审查、登记、备案管理工作。对《玉溪市抚仙湖保护管理办法》等6件市政府规范性文件进行审查并报请省政府法制办进行登记备案后向社会公布。对各县区政府和市级有关部门报送登记的31件规范性文件进行了审查登记备案，从源头上防止行政行为违法，切实维护法制统一。

【依法科学民主决策】 2014年，全市共举行重大决策听证65次。其中，市直部门组织实施重大决策听证3次，县区政府及部门组织实施重大决策听证62次。参与玉溪市食品安全监测建设项目、元江县鲁布水库工程建设以及玉溪市东片区暨“三湖”生态保护水资源配置应急工程等重大项目的社会稳定风险评估工作。

【完善行政复议和仲裁工作机制】 继续推进行政复议工作规范化建设，进一步完善行政复议工作机制，组织开展全市行政复议工作规范化监督检查，提高行政复议工作水平。2014年，市政府共收到行政复议申请11件，受理6件，不予受理5件；办理2013年结转的行政复议案件3件。经审理，对事实清楚、证据充分、程序合法、适用法律准确的5件案件予以维持；对具体行政行为存在瑕疵，被申请人主动撤销具体行政行为，行政复议申请人撤回申请的3件案件终止审理，正在办理1件。加强对玉溪仲裁工作的联系，调整仲裁委员会组成人员，完善仲裁委员会秘书长聘用手续及仲裁员相关工作报酬制度，推进理顺仲裁体制工作机制。当年，玉溪仲裁委员会共受理民商事案件39件，涉案争议金额8 400余万元，受理的39件案件中，已裁决19件，调解17件，撤诉3件。

【完善行政调解工作机制】 2014年，调整市行政调解工作协调领导小组成员，下发了《玉溪市人民政府办公室关于调整行政调解工作协调领导小组的通知》和《关于认真贯彻落实〈云南省行政调解规定（试行）〉做好行政调解工作的通知》，明确了县区政府、政府法制部门、政府部门、法律法规授权组织和乡（镇）人民政府、街道办事处在行政调解中的职责，进一步强化了市、县区政府和有关部门在行政调解中的职能作用。市级32个部门和八县一区有关部门对本部门行政调解事项、依据进行梳理，并通过政府信息网等形式，向社会公布了行政调解事项清单、法律依据、具体承办机构和电话号码。建立行政调解信息报送制度，由市直有关单位将本单位每月行政调解的情况进行统计报市法制办汇总后报市委政法委。积极加强行政机关与人民法院、信访、监察部门的沟通协调，分析研究解决重大复杂疑难案件，加强行政复议与行政诉讼、信访工作的有效衔接，切实把调解、复议、诉讼三者结合起来，形成社会矛盾纠纷解决的多元化渠道。全年，全市运用行政调解方式化解社会矛盾纠纷的案件共计11 723件。

【化解社会矛盾纠纷】 为推进溪洛渡水电站外迁化念移民安置工作，市法制办主要领导从2014年4月起，深入峨山县化念镇移民安置点认真开展土地分配督导工作，了解群众诉求，分析研究涉及法律问题和法律关系，提出合法合情合理的解决方案，确保重点项目依法顺利推进发挥了重要的参谋作用。市政府法律顾问参与书记、市长接待日12期，接待群众反映信访事项41件54人次。

（李尊平）

人　事

【人才工作】 2014年，认真贯彻落实省委、省政府有关文件精神，创新

玉溪市2014年公务员招考面试　（市人社局　提供）

体制机制，加强人才的培养引进力度，以落实各项人才政策为抓手，统筹推进各类人才队伍建设。做好高层次人才培养选拔工作，推荐的2 名享受“国贴”候选人，1名获准；推荐的5名“省突”候选人，5名获准；4名“省贴”候选人，2名获准；推荐的18名“科技兴乡”候选人12名获准。同时，向省厅推荐“全国杰出人才奖”候选1名和全国专业技术人才先进集体1个。围绕《玉溪市中长期人才发展规划（2010～2020年）》和重点产业，以项目带动人才，共引进高层次人才196人（百千万工程1人，院士2人，硕士、博士68人，其他紧缺人才125人）。落实好专家基层工作站选点，已建成“技能大师工作室”2个，获准“云南省首批专家基层工作站”6个，院士工作站2个，上报材料等待审批1个，后备培养2个。

【人才招聘】 2014年，做好高校毕业生就业服务工作。为6 000余名毕业生办理报到手续，召开了玉溪市促进就业暨2014年普通高校毕业生就业创业工作推进会。完善高校毕业生就业见习制度，高校毕业生就业见习509人，完成省市目标任务的100.4%。全市共有见习基地31个，其中市级见习基地16个，县区级见习基地15个，各基地运行情况良好。继续完善人才市场服务体系建设，加大人才市场的服务职能，举办现场招聘会13场次，进场单位290家，提供岗位6 421个；办理网上人才招聘信息发布301家次，提供岗位1 970个。规范全市事业单位公开招聘工作，当年完成公开招聘3批，第一批招聘255人，第二批招聘470人，第三批招聘435人。进一步规范人事代理办事程序，充实代理服务内容，努力提高服务质量，共人事代理单位158家，1 437人；管理户口392人，保管人事关系档案4 432册。

【人事考试】 2014年，完成了8 539名考生在玉溪参加笔试工作和870名考生面试工作，为“三支一扶”、“大学生村官”、“西部志愿者”、“特岗教师”四类农村基层服务项目期满人员提供定向招聘岗位55个，经过笔试、面试、体检，共招聘49名期满人员进入事业单位。规范考试工作程序，全力做好考试工作，完成职称外语、公务员、计算机、二级建造师等各类考试14 143人30 110科目，完成各类资格考试、职业资格考试的资格审查7 464人，资格复审216人，发放各类资格、职业资格考试合格证1 605本。认真做好干部档案管理工作，清查档案内容2 083卷，接收整理163卷，接收零散材料5 375份；清理历年档案1 600余份。

【公务员管理】 严格公务员考录工作，探索推行“无领导小组讨论面试”，着力提高考录工作科学化水平。2014年，全市录用公务员及参公管理事业单位工作人员495人。加强对公务员考录工作的领导和统筹协调，建立了市级公务员考试联席会议制度。做好公务员培训工作，组织新招录公务员463人参加初任培训和新晋升的科级领导实职干部720人进行任职培训，组织初级考官培训，培训合格232人。完成10批次的专项培训选送工作，推荐1名少数民族人才到省农业厅进行特殊培养。严格政策要求，做好审批公务员登记，完成公务员正常登记342人。严格审批公务员职务任免，审核备案市直行政机关公务员职务任免425人。做好警员职务套改和转任人民警察工作，完成警员职务套改60人，转任人民警察11人。做好公务员流动调配工作，完成市直行政机关公务员调配 179人。认真对市委及市级国家机关各部委办局、各人民团体上报的评比达标表彰项目进行清理，共清理检查72项。

【职业技能人才培养】 2014年，积极实施“云岭首席技师”、“云岭教学名师”培养工程，“云岭企业职工职业技能”提升工程，首次获准“云岭首席技师”2人、中等职业教育系列“云岭教学名师”1人。培训高技能人才3 468人，鉴定合格2 808人，其中，高级工2 642人、技师122人、高级技师44人，完成省市目标任务的216%。积极开展职业培训、职业鉴定、推行订单培训、定向培训、定岗培训工作，开展培训161期17 023人，参加职业技能鉴定14 674人，鉴定人数占培训人数86.2%，获证12 755人，获证率86.9%。

【事业单位人事制度改革】 2014年，加强岗位管理，做好事业单位岗位设置方案审核、《聘用合同》鉴证和《岗位卡》的核发，完善聘任管理，完成了177家事业单位岗位设置方案审核及批复，核发“岗位卡”2 452张，对149个事业单位的岗位设置方案进行了调整核准。受理128个单位《聘用合同》的鉴证。深化职称改革，坚持标准，严把评审质量关，认真做好专业技术职务评聘工作，经资格审查同意提交评委会评审和推荐申报3 940人。加强各级评审委员会的管理，重新组建评审委员会4个。做好机关事业单位公务用车改革司勤人员分流统计工作，提出玉溪市司勤人员分流的初步意见。完善事业单位的聘任管理，有效解决专技人员逐步增多、各单位的岗位空缺较少、单位聘任难度较大的问题。继续做好深化中小学教师职称制度改革试点工作，新增高级教师的推荐评审数额237个。

【收入分配】 认真贯彻实施各项工资福利政策，切实加强机关、事业单位工资管理，完成了市直机关事业单位工作人员正常晋升工资的审核工作，严格执行国家和省出台的津贴补贴政策，规范津贴、补贴和奖金的审批工作。认真贯彻执行乡镇工作岗位补贴政策，切实做好乡镇岗位补贴的实施工作。认真执行最低工资标准，从2014年5月1日起，市级和红塔区执行二类地区月最低工资标准1 270元/月，小时最低工资标准11元/小时；通海、江川、华宁、澄江、峨山、新平、元江和易门县执行三类地区月最低工资标准1 070元/月，小时最低工资标准10元/小时。及时发布了玉溪市2014年工资指导线。认真开展企业薪酬调查，调查企业薪酬350户，涉及18个行业，在职职工43 565人。

【军转干部安置】 2014年，切实抓好军转安置工作，完成了34名计划安置军转干部、15名自主择业军转干部、3名随调家属的安置任务。组织开展了对2014年度玉溪市、普洱市、西双版纳州51名计划安置军转干部进行安置前适应性培训。

【出国培训与外国专家管理】 2014年，积极推进因公出国（境）培训工作，严格执行有关规定，认真做好因公出国人员的选派、组织、审核及培训等工作。全年组织各类人才出国（境）培训项目1个，审核培训人员5人。加强引进国外智力成果示范推广基地的管理工作，对玉溪市人民医院等5家“玉溪市引进国外智力成果示范推广基地”引智成果推广情况进行年审。抓好引进国外智力工作，成功申报1个单位的1项引进国外技术、管理人才项目，引进外国专家3人次。完成7个外国文教专家聘请资格单位的年审工作，各聘专单位在2014年共聘请美国、英国等国籍外国专家16人。

【人事档案管理】 2014年，认真做好干部人事档案的清查和规范化工作。共清查档案内容、规范分类、整理2 083卷，完成了室藏档案个人基本信息录入电脑，实现了档案从人工检索到电脑检索转变，为档案数字化打下了坚实基础。认真做好干部档案的查借阅、整理、转递工作，健全完善干部档案各项制度。完成对19家单位按干部花名册核对档案，差干部人事档案的由各单位负责补交。

（周于娜　吴景洋）

外　事

【因公出国（境）管理】 2014年，玉溪市政府外事侨务办公室继续坚持外事工作服务于地方经济建设和社会发展、服务于招商引资，按照“五不批一落实”的标准，切实管控好全市的因公临时出国（境）活动。加强因公出国（境）计划的执行力度，严格执行由云南省人民政府外事办公室批复玉溪市2014年因公出国（境）计划，对计划外的团组坚决不予报批；加强对出访团组人员的审核，违反中央和省、市规定的团组坚决不予报批；严格执行公示制，要求出访团组出访前须公示相关人员信息，出访前不公示的团组，坚决不予报批；加强经费来源管理，会同市财政局、市审计局等职能部门，加强对因公出国（境）活动经费的管理和审核，对经费来源不明、预计所需经费不符合规定、经费没有列入预算的团组坚决不予报批；建立健全联审机制，建立与纪检监察部门联审机制，按照干管权限，由纪检监察部门提供出访团组人员的廉政情况，廉政情况不明的坚决不予报批；严格落实出访报告制度，出访团组任务结束后一个月内报送高质量、高实效的出访报告，出访后未按时上交出访报告的个人将暂停受理该人员所在单位本年度的因公出国（境）活动。

当年，玉溪市政府外事侨务办公室共受理报批因公出国（境）团组34批次、88人，经费共计378.09万元，与上年同期相比减少17个批次、35人、77.37万元，分别减少33.33%、28.46%、16.99%，实现了全年出国团组数、人数、经费零增长，为全市“三公”经费年内下降15%做出了积极贡献。没有出现违反规定的因公出国（境）现象，较好地服务了玉溪市改革发展需要和经济社会发展。出访的国家和地区：分别前往以下23个国家和地区参加各种学习培训、文化交流、友好访问、国际会议活动、学术交流等。国家和地区分别是：美国、巴西、印度、新加坡、马来西亚、泰国、英国、法国、德国、荷兰、意大利、加拿大、澳大利亚、俄罗斯、哈萨克斯坦、阿联酋、以色列、秘鲁、埃及、土耳其、老挝、柬埔寨、香港。

【重要出访】 2014年，玉溪市政府外事侨务办公室按照云南省外办批准的“因公出国（境）计划”发出因公出国（境）任务，优先保障对外文化交流、经贸往来、区域合作、参加重要的双边多边合作机制性会议、人才培训、应对突发事件等因公出国（境）项目。能够按批复的计划统筹安排，对外交往工作的质量和出访实效明显提升，促进了玉溪市对外交流与合作。

6月，玉溪抚仙湖荣膺香港文汇报发起评选的“绿色中国·2014环保成就奖之杰出环境治理工程奖”，派玉溪市抚仙湖管理局局长武继昌、办公室主任李伟、环境卫生监督科科长何俊民组团，赴香港参加颁奖典礼。

12月，为学习借鉴俄罗斯、土耳其两国在城市战略规划、精细化管理、城市建设可持续发展等方面的成功经验和做法，以及利用市场机制解决城市建设和管理中遇到问题的有效方法，由红塔区人民政府组团，赴俄罗斯、土耳其学习交流城市规划建设管理工作。同月，为进一步加强与泰国、柬埔寨和老挝的友好往来，寻求玉溪与三个国家在更多领域的发展，同时调研玉溪市在外企业，帮助企业解决在发展过程中遇到的难题，由玉溪市商务局组团，玉溪市人民政府副市长解仕清等6人参团，赴泰国、柬埔寨和老挝进行友好交流及调研玉溪市在外企业。同月，为进一步推动玉溪市对外友好交流工作，有力促进经济社会发展，了解法国、德国和意大利政府体系建设，尤其是经济、文化、教育、城市规划建设和对外交流相关措施等领域开展交流，由玉溪市政府外事侨务办公室组团，中共玉溪市委副书记夏立洪等6人赴法国、德国和意大利进行友好交流。

【对外友好交流】 2014年，对外友好工作是玉溪走向世界、世界了解玉溪的重要桥梁。加强与周边国家的联系，年内由外事办主任姚晓岩带队拜会了泰国、缅甸、马来西亚、老挝、越南、柬埔寨、孟加拉等7个国家驻昆明总领事，促进双方的友好关系长足发展。

2014年3月3～7日，以韩国庆尚南道巨济市常务副市长金锋基为团长的韩国巨济市政府代表团一行7人到玉溪进行友好访问,并签署了《中华人民共和国玉溪市与大韩民国巨济市发展友好城市关系意向书》

（市外事办　提供）

【改版升级中国·玉溪英文网】 2014年，将英文网打造成为世界了解玉溪的一个窗口，做好外事礼宾接待。改版升级后着重展示玉溪市中共党的建设、经济建设、生态文明建设等方面的成就，阐释玉溪优越的区位、良好的投资环境，积极推介玉溪；推进友城建设，寻找双方合作共赢的关键点；支持玉溪本土企业赴外投资、开展商贸活动，积极为企业提供咨询服务。

【外宾接待】 2014年，接待韩国、日本、缅甸、老挝、俄罗斯、斯里兰卡、德国、美国、柬埔寨、泰国等10个国家11批次的外宾代表团共147人来玉溪参观考察，友好交流、项目合作，休养观光。

【外宾参观考察】 2014年6月26日，应高树勋副省长的邀请，老挝计划投资部副部长本塔维·西苏潘通一行访问玉溪，考察有关工业项目和高新开发区建设情况。12月5日，应中国和平发展基金会邀请，由柬埔寨环境部顾问、柬金边青年联合会政治顾问索庆（SOK KEQNG）率领的柬埔寨新媒体发展高级研修团一行，访问玉溪并考察了解玉溪市的经济社会发展有关情况。同月6日，为庆祝中泰建交40周年，由中国驻泰国清迈总领馆和泰国三区公共关系局协商，组织泰北媒体“昆曼行”活动于访问考察玉溪市通海县。有来自泰国国家电视台清迈分台、泰国国家电视台清莱分台、泰叻报驻泰北代表等12家媒体14位新闻人参加。

【外国人管理情况】 2014年，健全完善涉外案件应急处理机制，加强对发生在玉溪市内突发事件的对外宣传和涉外案件的应急处置，维护外国人在玉溪市停留期间的合法权益。加强与市直有关部门的协调，及时通报有关情况，协调外事活动，沟通外事信息，建立了有效的部门联动机制。具体做法是：积极与玉溪市公安局出入境管理支队配合，做好常住玉溪市的外国人和临时来玉外国人的管理及涉外工作。进一步加强与市教委、玉溪师院互通信息，做好在玉溪外籍教师、留学生的管理以及其在玉溪市期间的有关工作。根据《玉溪市处置涉外突发事件应急预案》，做好处置突发事件有关基础工作。积极协助市外专局做好聘请外国专家工作。

2014年12月3日，玉溪市人民政府外事侨务办公室、玉溪市公安局出入境管理支队、红塔分局及刑侦大队密切配合，妥善处置一名马来西亚人在玉溪因病身故事件。

（柏爱善）

抚仙湖管理

【抚仙湖“十二五”规划项目】 2014年，为加快推进项目建设，对“十二五”规划项目进行了全面梳理，制定实施“十二五”规划项目两年行动计划，组建由市长任组长、市委副书记和市“三湖”督导组组长为副组长的抚仙湖“十二五”规划项目建设督导组，强化项目督导和跟踪服务，全力推进项目建设。抚仙湖流域水污染综合防治“十二五”规划项目两年行动计划包括5大类28项（“十二五”规划项目共27项，其中湖滨缓冲带一期、二期为一个项目），规划总投资45.86亿元，批准投资35.52亿元。当年，完工项目17项，在建项目11项，项目完工率61%、开工率100%，累计到位资金29.23亿元，资金到位率82.29%，累计完成投资28.49亿元，投资完成率80.22%。

【第四届“绿色中国—2014环保成就奖”之“杰出环境治理工程奖”】 2014年，由联合国环境规划基金会、中国环境保护协会、香港环境保护协会、澳门环境保护协会、台湾环境保护协会五家机构联合主办的“绿色中国—2014环保成就奖”颁奖典礼在香港会展中心隆重举行。历经逾6个月的层层甄选，玉溪市荣膺第四届“绿色中国—2014环保成就奖”之“杰出环境治理工程奖”，此次获奖，是对市委市政府开展抚仙湖保护治理各项工作的肯定，同时，也将借助香港《文汇报》的网络和宣传平台推介玉溪市。

【争取政策和资金支持】 市领导带队专门到国家相关部委汇报抚仙湖保护治理情况，争取中央资金支持。同时，在省政府抚仙湖保护治理现场会后，玉溪市积极向省财政厅、环保厅等相关部门协调，落实省政府抚仙湖保护治理工作会议计划安排的专项资金，积极争取省政府、省级部门资金支持。“十二五”期间，共争取中央、省级资金139 365万元，2014年争取资金67 165万元，其中，中央资金44 865万元，省政府及省级部门资金22 300万元。积极做好抚仙湖的宣传引导，抚仙湖得到中央高层关注，7月，副总理张高丽和财政部、环保部领导对新华通讯社登载关于抚仙湖的内参稿作了重要批示，财政部、环保部向张高丽副总理上报了支持抚仙湖生态环境保护工作的专题报告，明确将加大对抚仙湖的支持，抚仙湖保护治理迎来新的机遇。

【抚仙湖综合管理】 2014年，加强抚仙湖综合行政执法体系建设，不断改进执法方式，加强执法能力建设，提高执法水平，全力维护《云南省抚仙湖保护条例》的严肃性。1.加强日常巡查监管力度，依法开展渔政、水政、在建重大项目监管等综合行政执法工作。同时，5～10月在旅游人口

抚仙湖试验区生态文明建设 （市抚管局 提供）

较多的季节按每千米湖岸线2名综合执法监督管理员的标准，增配综合执法监督管理员213名，加强湖岸线的监督管理。全年，市支队共出动执法车740余车次，执法船384余船次，执法人员3 600余人次，填写巡查记录271份，编写巡查通报6份，下发督办通知7份，查办通知1份，协办、督办案件80余起，处理违法行为800余起，收缴推进器15台，收缴地笼300余个、各类网具200余张。2.突出重点开展专项整治，多部门联合开展渔政专项整治，严厉打击电瓶入湖的灯光诱捕、违规使用大漂网等对抚仙湖渔业资源危害较大的偷捕行为。实行周末领导带班巡查，同时，市县还联合开展一级保护区不文明行为专项整治，对湖滩洗车洗狗、搭棚露营等不文明行为进行巡查和处罚，沿湖不文明行为大幅减少。3.建立环境卫生管理长效化管理，深入推行沿湖环境卫生市场化运作，完善环境卫生考核办法，加大巡查力度和日常保洁监管；整合县属相关部门、镇（街道）、村、组及社会团体的力量，采取集中保洁与专项治理相结合的方式，深入开展“四清”保洁活动，全年共组织开展活动37次，出动车辆2 370车次、人员24 530人次，清运垃圾23 648吨。4.强化重大项目监管，严格按照《云南省抚仙湖保护条例》和项目建设“四条红线”的要求，加大对在建项目的监管工作，确保重大项目建设依法依规推进。

【抚仙湖基础研究工作】 为更好地贯彻落实《云南省抚仙湖保护条例》，起草了《玉溪市抚仙湖保护管理实施办法》，于2014年11月1日起施行。委托云南省测绘工程院对《云南省抚仙湖保护条例》中最高蓄水位1 722.50米及最低运行水位1 720.80米所属高程系统进行核测，获得了云南省测绘地理信息局批复，成果将运用于条例修改。加强抚仙湖基础性研究工作，《抚仙湖流域绿色经济与生态文明建设战略研究》已通过评审；抚仙湖水质良好湖泊基线调查已完成工作大纲编制；深水贫营养湖泊及其污染特征项目正在开展研究工作；抚仙湖生态环境监测系统和高原深水湖泊研究中心已编制完可研。

【防范水生态风险发生】 2014年，针对抚仙湖水位长期低于法定最低运行水位的严峻形势，制定《玉溪市防范抚仙湖水质下降风险发生实施方案》，认真做好抚仙湖水位、水质变化情况趋势分析和研判，严格管控措施，科学防范抚仙湖水生态风险发生。实行最严格水资源管理制度。暂停开发经营性项目取水审批，坚决查处无证取水、违规取水等违法行为。加大抚仙湖径流区污染隐患的排查。对抚仙湖径流区内原化工企业遗留的废弃物、工矿企业、污水处理厂、垃圾填埋场和一级保护区内的企业、个体工商户、危险废物和危险化学品运输等进行全面彻底的排查，规范污水排放、垃圾收处和经营秩序，整治违法排污行为。全面抓好污染治理设施监管。对抚仙湖沿岸的宾馆、饭店、个体餐饮经营户、农家乐等生产经营单位的雨污分流情况、污水处理设施安装运行情况、污染物的达标排放情况进行全面检查并督促整改。认真开展水生生态系统恢复工作。加强保护区设施建设，在3个保护区安装保护界桩，共安装一级保护区提示牌12块、岸线提示牌34块、岸线界碑8块、禁止驶入标识牌30块、抗浪鱼水产种质资源保护区标识桩6块；为维护抚仙湖生物多样性，保持水生态平衡，保护一类水质，当年7月18日和11月28日组织开展了抚仙湖土著鱼增殖放流活动，活动由云南省农业厅、玉溪市人民政府主办，市抚仙湖管理局、市农业局承办，共放流抗浪鱼、云南倒刺鲃（青鱼）、抚仙四须鲃（海心马鱼）等土著鱼苗共731 971尾。

【建立抚仙湖保护管理生态补偿机制】 1.探索建立抚仙湖保护治理长效投入机制，抚仙湖资源保护费征收各项工作逐步规范、有序推进，2014年，征收抚仙湖资源保护费1 157.69万元，完成年度征收任务数1 100万元的105.24%，提前超额完成收费任务。依据市人大决议，坚决执行市政府决定，对试验区开发项目收取“两金”，用于抚仙湖的保护治理，累计收取项目保证金7 440.85万元，保护治理专项资金2 934.45万元。2.建立生态考核机制，自2014年起，增加了沿湖三个县生态环境考核权重，突出生态环境保护绩效。3.积极争取国家、省级生态转移支付，编制《抚仙湖流域生态文明先行示范区建设总体规划（2014～2030年）》，争取国家政策资金支持；向财政部、环保部汇报，积极争取抚仙湖沿湖三个县纳入国家重点生态功能区转移支付范围。

【试验区生态文明建设】 2014年，全面加强试验区生态文明建设，严格执行“四条红线”和“两金”政策，建立开发项目有序准入退出机制，深入开展试验区核心区项目清理工作，加快试验区生态文明建设步伐。试验区项目从25个减少到13个，规划用地面积从12.2万亩减少到4.9万亩，规划总投资从1 668亿减少到882.83亿。建立起项目储备制度，确定了12个储备项目，对储备项目实行动态管理，在湖泊环境容量允许范围内，根据储备项目前期工作情况和业主实力，成熟一个推进一个。做好项目规划审查，对《云南省抚仙湖—星云湖生态建设与旅游改革发展综合试验区建设项目审查管理办法（试行）》进一步完

文明建设渔政执法 （市抚管局 提供）

善，研究出台了有关文件，进一步规范和优化试验区建设项目审查工作，要求旅游开发建设项目修建性详细规划的审查需报项目规划三维地理信息模型。加快试验区生态文明建设步伐，积极做好试验区开发项目的技术指导和监督服务工作，加快推进项目建设，同步推进抚仙湖沿湖周边村落改造，推进沿湖周边群众转变生产生活方式，鼓励项目建设方尽量吸收项目周边失地农民就业，帮助周边农村提升社会服务水平。

【抚仙湖保护日活动】 2014年8月26日，市抚管局和沿湖三个县精心组织，围绕“保护母亲湖，请文明旅游”的活动主题开展形式多样的宣传教育活动。邀请11家媒体记者对“8·26”活动开展和抚仙湖保护工作情况进行环抚仙湖采访，组织召开抚仙湖保护活动日宣传暨第十五次两湖实验区新闻发布会，向媒体介绍了2014年以来抚仙湖综合行政执法工作情况。组织沿湖三个县的干部职工、环保志愿者和村组干部群众3 000余人到抚仙湖边开展以清洁村庄、清洁田园、清洁河道、清洁家园为主题的“四清”保洁活动。通过设立宣传咨询点、出动宣传车、悬挂宣传标语、发放宣传材料、举办主题文艺演出等方式，向游客和沿湖群众发放保护抚仙湖相关宣传材料10 000余份。“8·26”抚仙湖保护日系列活动的开展，传播了“依法治湖、全民参与、人湖和谐”的理念，宣传了环保、水政、渔政资源保护费征收等政策和法律法规，增强了全社会保护抚仙湖的责任意识，为进一步贯彻落实《云南省抚仙湖保护条例》，推进抚仙湖的全面保护治理，营造了良好的社会氛围。

（徐明汉）

政务服务

【两个中心业务办件】 2014年，市政务服务中心共受理行政审批及服务事项289 186件，办结289 167件，办结率99.8%；办理投资项目审批432个，事项468件，投资概算488.32亿元，按时办结率100%。市公共资源交易中心提供信息服务867次，提供场地服务726次，受理交易项目420个，完成交易项目364个，成交金额56.28亿元，节约资金3.3亿元，溢出资金1.18亿元。

【推进网上大厅建设】 2014年年初，玉溪市被列为行政审批网上政务服务大厅建设试点州市。1月，市政府印发了《玉溪市网上政务服务平台建设工作方案》、《玉溪市人民政府办公室关于加快推进网上政务服务平台建设相关工作的通知》，成立了玉溪市人民政府网上政务服务领导小组，副市长解仕清任组长，市政府秘书长、办公室主任和相关副秘书长任副组长，市编办、监察、发改、工信、财政、督查等部门领导为成员，下设办公室在市政务服务管理局。市政务服务管理局积极做好协调工作，与市编办等相关单位多次召开会议研究推进工作，组织各市级单位和县区相关部门进行了3轮（次）培训，成立工作组，到各县区进行督促指导。至12月底，全市网上大厅办理事项梳理、系统录入、审核、同步和核心栏目建设、平台建设等工作在全省率先完成，率先在全省组织实施了系统操作和综合演练培训。全市具有行政审批和管理服务职能的市、县（区）358个单位全部纳入网上服务大厅建设，所有行政审批事项、大部分管理服务事项同步纳入网上大厅咨询、受理。全市完成3 337项行政审批、管理服务事项的梳理、系统录入、审核、同步和核心栏目建设工作。其中，1 255项行政审批、管理服务事项达到网上三级办理深度，三级深度事项所占比例达到38%，超额完成省政府确定的工作目标（三级深度占30%）。

2014年9月10日，市委书记罗应光，市委副书记、市长饶南湖，市委常委、常务副市长陈勇到市政务大厅调研 （市政务中心 提供）

【建设综合评标专家库】 2014年，为进一步营造公开、公平、公正的市场环境，强化对政府投资建设项目招投标的监督管理，整合现有分散的专家库，实现专家资源的共享和完善对评标专家的管理，市政府决定组建玉溪市综合评标专家库，市政务服务管理局（市公共资源交易中心）具体负责。市政务服务管理局（市公共资源交易中心）配合市发改委起草了《玉溪市综合评标专家库和评标专家管理办法（试行）》（以下简称《办法》），《办法》经2014年2月13日市政府第十七次常务会议讨论通过，于2014年3月4日以玉溪市人民政府公告（第35号）的形式向社会公布，自2014年5月1日起施行。当年3月，市政府办公室发布了《玉溪市人民政府办公室关于公开征集市综合评标专家库的公告》，面向社会广泛征集专家。自5月开始，市公共资源交易中心对全市各行业系统的专家资源进行整合、复查、审核，进行数据录入。通过招标确定了软件开发商，采购了抽取终端设备、服务器、数据库。10月开始软件开发、系统部署、终端测试数据采集、专家抽取系统适应性测试等基础工作。至12月底，征集、报送、审批、信息录入、抽取系统调试工作已经完成，市级抽取系统开始试运行，建库工作基本完成。专家库的组建有利于加强玉溪市评标专家管理，规范评标行为，优化评标专家资源配置，打破行业垄断和地区封锁，促进廉政建设。

【初步建成政府投资建设项目中介服务机构库】 2014年，为建立健全“行为规范、运转协调、廉洁高效”的政府投资建设项目中介服务体系，创新公共资源交易机制，规范公共资源交易行为，优化市场环境和合理控制投资成本，市政府决定，建设玉溪市政府投资建设项目中介服务机构库。市政府成立了玉溪市规范投资建设项目中介服务机构管理工作领导小组，下设办公室设在市政务服务管理局，市公共资源交易中心承担具体工作。2月，市监察局牵头，市政务服务管理局（市公共资源交易中心）起草了《玉溪市政府投资建设项目中介服务机构库管理办法（试行）》（以下简称《办法》）。《办法》经2014年2月13日市政府第17次常务会议讨论通过，于2014年3月4日以玉溪市人民政府公告（第36号）的形式向社会公布，自2014年5月1日起施行。市公共资源交易中心制订方案，负责招标入库工作。建库工作自2014年7月启动，至12月底，通过公开招标方式共建立市政府投资建设项目中介服务机构库子库14类、38个子库，455家企业入库。本着边建边用的原则，7～12月共抽取选用207次，项目投资总额104亿元，估算中介费用2 784万元，通过库中竞价，实际成交价1 545万元，节约资金1 239万元，节约率44.5%。同时，工作效率明显提高，有效缩短了时间。建库前每个项目确定中介服务机构（代理单位）按公开招标程序需30天，通过中介库抽取代理单位，每个项目实际用时2小时，极大改进了以往项目审批慢、建设速度慢等突出问题。

（魏　鸿）

信　访

【概　况】 2014年，玉溪市信访局以党的十八大、十八届三中、四中全会精神为统领，按照中央和省、市关于信访工作的一系列决策部署，创新工作机制，强化源头治理，积极预防和处理集体上访和突发事件，圆满完成了全年各项信访维稳工作任务，为玉溪市经济社会和谐发展营造了良好的社会环境。一年来，全市信访部门共接待处理群众来信来访13 069件（人）次，同比下降12.55%，其中，来信477件，同比下降4.4%，个人访1 776批2 872人次，同比批次上升0.39%，人次上升1.77%，集体访515批9 720人次，同比批次下降10.12%，人次下降16.38%；开展书记市长接待日12期，共接待处理各类信访案件46件；10位市政府领导接听了市长热线电话，受理群众反映问题的来电45件次；玉溪市网上信访系统共受理网上信访件410件，同比上升3.8%，其中，办理人民网网民给省委书记、省长留言15件，省“两办”信访局直接转送的国家投诉受理办公室受理的投诉事项47件；市长热线（12345）共接处电话21 804件次，直接答复21 418件次，交相关部门办理386件次；书记市长电子信箱共收到群众发来的各类邮件908件，按政策直接答复664件次，交相关部门办理244件次；玉溪市群众到省集体访49批1 157人次，个人访209批267人次。12月30日，玉溪市市长热线办公室和玉溪市信访局群众来访接待室分别被共青团玉溪市委命名为2012～2013年度市级青年文明号。

【领导与信访】 2014年，市委、市政府高度重视玉溪市信访工作，坚持把群众工作和信访工作摆上突出位置，纳入经济社会发展全局中来谋划和推进，重视程度和推动力度不断加大。6月5日，原市委书记张祖林到红塔区开展带案下访、重点约访群众活动，深入基层倾听群众呼声，积极回应群众诉求，为群众解难题，真办事、办好事；10月17日，市委书记罗应光调研全市维护社会稳定工作，专门听取了全市信访维稳工作汇报，提出工作要求。

2014年，首个书记市长接待日，市长饶南湖到市信访局公开接待群众，2月10日又到市长热线办公室接听12345市长热线电话，倾听群众心声，帮助群众解决实际问题。当年，市委、市政府领导共批示信访工作和群众来信118件，其中，原市委书记张祖林批示22件，罗应光批示9件，饶南湖批示56件。

【健全领导接访下访工作制度】 2014年，在总结多年来玉溪市书记市长接待日制度、市政府领导接听热线电话制度和市级领导包案化解矛盾纠纷机制的基础上，市信访局结合玉溪实际，提请市委、市政府于2014年9月2日出台了《玉溪市市级领导接访下访工作制度》，并将此制度纳入了市委班子教育实践活动整改制度建设方案。一年来，全市各级领导接待群众来访2 226 批11 149 人次，约访群众1 043 批2 495 人次，带案下访2 685 批10 276 人次，共解决问题4 174 件。

【完善信访事项复查复核制度】 为进一步贯彻落实《信访条例》、国家信访局《关于完善信访事项复查复核工作意见》和《云南省信访事项终结办法（试行）》等要求，完善玉溪市信访事项的复查复核工作制度，《玉溪市信访事项复查复核办法（试行）》经市政府常务会议讨论通过于2014年12月1日下发执行。2014年，市信访局共受理信访事项复核案件8件，均已办结。

【督访工作】 2014年，贯彻落实《云南省督访工作制度》，市委办、市政府办下发了《关于认真贯彻落实〈云南省督访工作制度〉的通知》。按照市政府主要领导批示要求，市信访局积极与市政府督查室协调配合，针对市长热线受理的13件长期未解决或解决不到位的重点案件办理工作开展督查督办，促进了8件重点案件在短期内完成办理并回复群众；针对未及时办结的5件重点案件，由市政府督查室和市信访局于9月5日在《玉溪日报》向社会公布了所涉县区政府承诺的办理时限并限时办结。当年，市信访局共督查督办信访事项70件，解决（化解）了49件。

【矛盾纠纷排查化解工作】 2014年4月，玉溪市按照中央和省委、省政府的统一部署要求，在全市范围内组织“拉网式、兜底式、全覆盖”的矛盾纠纷排查，摸清近年来赴京上访老户底数，逐件逐项登记建档，并严格按照“属地管理、分级负责”和“谁主管、谁负责”、“谁分管、谁落实”的原则，逐一向有关县区和市级部门交办。对排查出的19件影响社会稳定的重点突出信访问题，进一步明确了矛盾纠纷化解的责任领导和责任单位，由市委常委、副市长和市政府秘书长分别牵头包案，实行市级领导包案化解，推动问题解决。按照全省的统一安排部署，于10月份再次组织对全市突出社会矛盾纠纷开展专项排查，共排查出影响玉溪市社会稳定的矛盾纠纷73件。市委将其中49件矛盾纠纷的化解工作纳入《关于实行市级领导分工负责联系“七位一体”重点工作的实施意见》，把“社会维稳”列为市级领导“七位一体”重点工作之一，与经济社会发展等各项工作同安排同部署，由市级领导在直接联系群众中推进矛盾纠纷的化解。全年，全市共排查出矛盾纠纷475件，已化解316件。

【信息工作】 2014年，市信访局强化预警分析，充分发挥“第二研究室”作用，认真从群众信访反映的问题中，梳理对玉溪经济社会发展和维护稳定的意见建议，为党委政府制定完善政策、检验工作得失当好参谋。针对岁末年初反映拖欠农民工工资问题突出情况，及时撰写上报了《近期拖欠工程款及农民工工资信访问题突出全市各级采取有效措施积极化解》的信访专报，按照市委原书记张祖林、市长饶南湖及副市长明正彬的批示要求，市信访局及时会同市人力资源和社会保障局进行专题调研并上报了《当前玉溪市建设领域拖欠农民工工资情况专题报告》，促成了《玉溪市人民政府办公室关于切实解决拖欠农民工工资问题的通知》下发，建立健全了农民工工资保证金、农民工工资准备金和应急周转金制度，强化了全市农民工工资拖欠信访问题的源头预防，为维护劳动者合法利益提供了制度保证，当年此类信访问题大幅减少。一年来，市信访局共整理上报重点建设项目存在的信访问题专报24期。结合全市重点工作的推进和信访热难点问题，适时组织领导干部开展随机调研，撰写有针对性的调研文章12篇，为党委、政府决策提供参考。市信访局积极上报的综合信息和经验材料，被国家信访局《人民信访》采用1篇，《云南信访》采用9篇，为历年来最多。

【信访教育培训工作】 2014年，市信访局共组织专题培训、讲座5期，培训人员125人次；组织信访业务培训2期，培训人员178人次。15名市直部门新录用公务员到信访岗位培养锻炼，全面加强全市信访干部的政治业务素质和服务人民群众的能力的同时，又让新录用公务员学到了开展群众工作的方法和技巧，增进了同人民群众的感情，切实树立“大信访”的工作理念。

（王靖杰）

志鉴工作

【概 况】 2014年，玉溪市的地方志与年鉴工作取得较大成绩。市直部门和各县（区）重视志鉴工作，为提高志书和年鉴的编纂质量，江川、华宁、峨山等县开展了年鉴总撰稿人培训班，对总撰稿人进行培训，以提高年鉴初稿的撰写质量。县（区）志、部门志编纂工作顺利开展，取得了长足进步。

地方志工作。2014年，几部县（区）志的编纂进展较快。《通海县志》于年初在市地方志办公室的指导下，对整体篇目进行了认真研究，确定了总纂篇目，经过认真总纂，基本形成初稿。《红塔区志》在2013年召开评审会的基础上，2014年，由市地方志办牵头，邀请峨山县史志办方起勇为《红塔区志》的修改作总纂指导，经过多方研究，于年底将该志书的修改确定下来，为志书的出版奠定了坚实基础。年内，市地方志办公室还对《澄江县志》的初稿进行指导，参与研究志书的初稿写作并给予指导。由玉溪市志办参与指导的《玉溪电力工业志》系列丛书也进入纂写阶段，年内，玉溪市志办协同玉溪供电局志办对区内各县志书的编写进行督促，特别是对市级志书的编写进行了认真指导，志书编纂进展顺利。

年鉴工作。2014年，全市10部县（区）级综合年鉴按期出版发行。红塔区史志办自2013年《红塔年鉴》全彩印刷后，为进一步提高年鉴的编辑质量，特邀市地方志办长期从事年鉴工作的人员对《红塔年鉴》的编辑开展研究，为提升年鉴的编辑打下基础。

【《秀山志》等受表彰】 2014年2月18日，云南省地方志编纂委员会在昆明市安宁召开云南省地方志系统第二届“三个十佳”（十佳集体、十佳成果、十佳个人）表彰会，由玉溪市地方志办公室和通海县史志办公室共同编纂完成的《秀山志》以其高质量的编纂、设计、印刷装帧等荣获“十佳成果”称号，市地方志办主任李亚平以其突出的工作成绩荣获“十佳个人”称号。这次表彰会还对从事地方志工作30年的修志人员进行表彰，玉溪市红塔区志办的邹瑾由于从事地方地工作长达32年受到表彰。

【《江川县志》出版发行】 2005年8月，中共江川县委、县人民政府成立《江川县志》编纂委员会，启动《江川县志》（1978～2005）的编纂。历经9年辛勤磨砺，数易其稿，《江川县志》（1978～2005）于2014年8月5日正式出版发行。志书记述了1978～2005年江川县改革开放的辉煌历程，内容横纵百业，从自然到社会，从经济到政治，从生产生活的各个门类各个领域到社会各项事业，是一部几乎囊括所有行业县情资料的“百科全书”。全书除概述、大事记、附录外，共设18编、67章、329节、150万字，共884页（其中彩页52页）。

【调研地方志工作】 2014年10月10～11日和20～22日，由市政府办公室副主任罗绍国带队，市地方志办公室有关人员组成调研组，对全市二轮修志工作开展调研。这次调研的主题一是了解各县（区）对全国第五次地方志工作会议贯彻落实情况；二是二轮修志工作开展情况；三是年鉴工作进展情况；四是其他需要反映的情况。调研组分别到峨山、新平、华宁、元江、易门5个县，对上述二轮修志工作的开展情况进行研究。

（李亚平）

【《杞麓湖志》完成送审稿编纂】 在通海县委、县人民政府的重视下，由通海县委史志办组织编纂的《杞麓湖志》经过一年多的编写，至2014年已完成送审稿编纂任务。

《杞麓湖志》是一部集湖泊地质，水文，湖盆区产业、旅游、民风民情之专业性、知识性、资料性、全面性、时代性于一体的工具书。时间上溯不限，下限至2011年，部分章节下延至2012年。全志设地质地貌、气候水文、湖泊资源、湖泊功能与利用、水路航运、旅游观光、灾害事故、水利建设、湖泊治理、湖泊管理、杞麓湖人文、杞麓湖艺文共12章45节，全稿近30万字。待资金到位后即可开展后续工作。

[《汉邑自然村志》出版发行] 2014年月日，由汉邑村民委员会组织编纂的《汉邑自然村志》以内部书刊形式出版发行。《汉邑自然村志》为正32开，全彩印制。全书共11章、47节、近16万字。详细记述了汉邑自然村自明永乐七年马姓、张姓始祖在此建村至2011年以来600多年间的自然、

政治、经济、社会、民情、文化、福利、民生等方面的内容，融史料性、知识性于一体，具有很强的可读性和资料性。

（张永伟）

政协玉溪市委员会

【概　况】　2014年，政协玉溪市委员会共举行主席会议7次，常委会会议4次，全体会议1次；开展25项调研视察，形成17份调研视察报告；召开各种协商议政会议48次，提出意见建议360多条，努力促进全面深化改革各项工作，积极为玉溪改革发展献计出力。

【政协四届二次会议】　政协玉溪市四届二次会议于2014年2月19～22日在玉溪举行。应到会委员315名，实到303名。会议听取并审议通过了黄宪庭代表常务委员会所作的工作报告和陈志芬受常务委员会委托所作的提案工作情况报告。会议对常委会2013年取得的工作成绩给予肯定，对常委会提出的2014年工作思路和提案工作任务表示赞同。与会委员列席了玉溪市第四届人民代表大会第二次会议，听取并协商讨论了《政府工作报告》和有关报告。会议审议通过了政协玉溪市四届二次会议决议、政协玉溪市第四届委员会第二次会议关于常务委员会工作报告的决议、关于常务委员会提案工作情况报告的决议。会议期间，市委、市政府领导和市直有关部门的负责人到会，参加小组讨论和专题会议，听取大会、界别联组会和《政府工作报告》协商会发言。中共玉溪市委副书记、市长饶南湖在会议上作了关于政府工作报告的说明。市委书记张祖林、市政协主席黄宪庭分别在本次会议中共党员大会和闭幕大会上讲话。会议收到提案340件，经审查立案340件。

【常务委员会会议】　2014年，市政协举行四届五次至八次常务委员会会议。

1月17日，政协玉溪市委员会四届五次常委会议召开。会议听取了市委常委、副市长鹿辉阳关于市政协四届一次会议以来的提案办理情况通报，讨论了《政协玉溪市第四届委员会常务委员会工作报告》（草案）、《政协玉溪市第四届委员会常务委员会关于四届一次会议以来提案工作情况的报告》（草案）和市政协四届二次会议有关事项。审议通过了关于召开政协玉溪市第四届委员会第二次会议的决定以及相关草案，审定了常务委员会2014年会议计划，通过了有关人事事项。

5月26日，政协玉溪市委员会四届六次常委会议召开。会议听取了市卫生局局长马跃武全市卫生工作情况的通报，审议通过了《关于玉溪市开展县乡村医疗卫生服务一体化管理工作的调查报告》和相关人事事项。

8月26日，政协玉溪市委员会四届七次常委会议召开。会议听取了市委常委、副市长王学勤关于玉溪市2014年上半年经济社会发展情况及下半年工作意见通报，听取了市农业局局长杨正祥全市农业工作情况的通报，审议通过了《关于加快全市农村土地流转的调查报告》和有关人事事项。

12月5日，政协玉溪市委员会四届八次常委会议召开。会议听取了市民宗局局长沐爱斌全市民族宗教事务工作情况的通报，审议通过了《关于玉溪市民族团结进步边疆繁荣稳定示范区建设情况的调查报告》。

【主席会议】　2014年，市政协举行四届七次至十三次主席会议。

1月23日，市政协召开四届七次主席会议。讨论人事事项、《政协玉溪市第四届委员会常务委员会工作报告》、《政协玉溪市第四届委员会常务委员会关于四届二次会议以来提案工作情况的报告》和召开政协玉溪市四届二次会议的有关事宜。通报政协玉溪市四届二次会议大会发言材料和界别联组会发言材料准备情况，研究确定市政协2014年调研视察课题计划，讨论《政协玉溪市委员会常务委员会2014年会议计划》、《政协玉溪市四届五次常委会议筹备工作方案》。

2月21日，市政协召开四届八次主席会议。听取政协四届二次会议各讨论组组长对会议决议、政协玉溪市第四届委员会第二次会议关于常务委员会工作报告的决议、关于常务委员会提案工作情况报告的决议的讨论情况。

3月13日，市政协召开四届九次主席会议。宣读中共玉溪市委文件《关于黄宪庭等同志任免职的决定》：黄宪庭任中共政协玉溪市委员会党组书记、汪燕平任党组副书记，马良昌、贺光明、张卫任党组成员；免去冷明德党组书记、范亚辉党组副书记和李有明、杨洪党组成员职务。讨论《政协玉溪市委员会2014年工作要点》，研究确定市政协四届二次会议重点督办提案和委室对口督办提案。

5月20日，市政协召开四届十次主席会议。讨论人事事项、《关于调整政协玉溪市第四届委员会委员活动编组名单的建议》、《市政协机关2014年公务经费包干数额（讨论稿）》、《关于下达2014年驻县区市政协委员活动经费安排（讨论稿）》、《市政协2014年补助县区政协改善办公条件资金分配（讨论稿）》、市政协机关有关规章制度、《关于玉溪市开展县乡村医疗卫生服务一体化管理工作的调查报告（讨论稿）》、《关于玉溪市东片区暨“三湖”生态保护水资源配置应急工程视察报告（讨论稿）》，研究召开政协玉溪市四届六次常委会议的有关事项。

8月13日，市政协召开四届十一次主席会议。讨论人事事项，各专门委员会汇报2014年上半年工作情况和下半年工作计划，讨论《关于加快全市农村土地流转的调查报告（讨论稿）》，研究召开政协玉溪市四届七次常委会议的有关事项。

11月25日，市政协召开四届十二次主席会议。讨论《关于对玉溪市推进民族团结进步边疆繁荣稳定示范区建设情况的调查报告》、《关于对玉溪市昆玉红旅游文化产业经济带建设情况的视察报告》、《关于全市政协组织推进人民政协协商民主建设情况的调查报告》、《政协玉溪市各委室参与提案工作办法》、《政协玉溪市第四届委员会第三次会议筹备工作方案》，确定政协玉溪市四届八次常委会议的会期及议程。

12月11日，市政协召开四届十三次主席会议。听取各专门委员会汇报2014年工作总结及2015年工作建议，研究市政协2015年工作思路和重点工作，初步确定2015年调研视察课题。讨论有关制度规定（13项），研究《玉溪市政协2015年新年茶话会筹备方案》。

【市委四届四次全会报告协商会】　2014年1月9日，市委书记张祖林，市委副书记夏立洪，市委常委、秘书长李洪云到市政协，专题听取市政协有关领导和政协委员对市委四届四次全会报告（征求意见稿）的意见建议。大家认为，过去的一年，面对复杂严峻的国内外形势，市委认真贯彻落实中央和省委的决策部署，团结带领全市广大干部群众，认真作好解放思想、改革创新、招商引资三篇大文章，探索出了一条符合玉溪发展的路子。在全省各地加快发展、竞相发展的大环境下，玉溪市主要经济指标增速大幅提高，一大批事关玉溪长远发展的重大基础性项目有了突破性进展，尤其拆临拆违、抚仙湖保护治理等工作成效明显、深得民心，为加快建设美丽玉溪、全面建成小康社会奠定了坚实基础。大家建议要继续推进改革创新，全力破解经济社会发展中的难题，推动各项工作迈上新台阶。要加快产业结构转型升级，加大非烟产业尤其是新兴产业的培植力度，加快重大旅游项目建设，全力推进新型工业化；在生态文明建设中，着力抓好东片区暨“三湖”生态保护水资源配置应急工程、抚仙湖北岸生态湿地建设等事关全局的重大项目建设，加强水资源合理配置和高效利用工作；在城镇化建设上，要提高规划水平，更加突出“特色”二字，鲜明推进特色乡镇建设；继续加强“三农”工作，大力发展高原特色农业，更加重视农产品质量安全监管；严格执行规划，严厉打击私搭乱建行为，努力改善城乡人居环境。

【《政府工作报告》协商会】 2014年1月17日，市长饶南湖带领市政府领导班子和市政府相关部门负责人到市政协，听取市政协与市各民主党派、工商联负责人对即将提交市四届人大二次会议审议的《政府工作报告》征求意见稿的意见和建议。大家认为，过去一年，是思想大解放、思路大调整、作风大转变，重点工作取得突破、各个领域成绩突出的一年。在省委、省政府和市委的正确领导下，市政府团结带领全市人民着力做好解放思想、改革创新、招商引资三篇大文章，努力克服持续干旱、卷烟生产销售波动、市场需求不足和宏观经济下行等困难，扎扎实实转作风、抓落实，全力以赴稳增长、促跨越，全市经济平稳运行，保持了生态良好、民族团结、社会稳定、人民安居乐业的局面。大家对《报告》进一步修改完善提出了意见和建议。大家认为，《政府工作报告》征求意见稿充分肯定了2013年工作，从10个方面安排部署了2014年工作，总结成绩不夸大，分析问题不回避。重点突出、目标明确、措施具体，具有很强的指导性和前瞻性。建议继续推进改革创新，抓好项目投资和一二三产业发展，继续加大招商引资力度，进一步提升城乡规划建设管理水平，并做好生态文明建设和社会保障等工作。

【新年茶话会】 2014年12月30日，市政协举行新年茶话会。中共玉溪市委书记罗应光致辞，向全市各族各界致以诚挚问候和美好祝福。罗应光回顾了2014年玉溪市经济、政治、文化、社会、生态文明建设和党的建设取得的新成效。要求，新的一年里，各级党委要将中国共产党领导的多党合作和政治协商这一基本政治制度坚持好、完善好、发展好，一如既往地支持各级政协组织和政协委员履行职能、发挥作用。希望政协充分发挥人才汇集、智力密集、视野宽广的优势，在紧扣改革发展献计出力上有更大作为，在发展协商民主上有更大作为，在凝聚人心上有更大作为，在推进履职能力建设上有更大作为，以奋发有为的创业激情、与时俱进的改革锐气、造福百姓的永恒追求，干在实处、走在前列，为推进玉溪跨越发展贡献更大力量。市政协主席黄宪庭主持茶话会。致公党玉溪市专职副主委周勇代表各民主党派、工商联发言，团市委书记罗盛勇代表各界人士发言。市党政军领导，离退休老领导，各民主党派、工商联、人民团体、无党派人士、归侨侨眷、民族宗教、驻玉部队和各界人士代表，驻玉省政协委员、市政协常委和委室领导出席茶话会。

【履行职能】 2014年，按照选题要准、视野要宽、分析要透、建议要实的要求，对全市改革发展中的综合性、全局性、前瞻性问题开展调研视察，呈报调研视察报告，召开各种协商议政会议，提出管用、实在的意见建议，努力促进全面深化改革各项工作，积极为玉溪改革发展献计出力。1.着力助推经济发展。围绕推动农村土地经营权有序流转进行重点调研，提出完善政策措施、强化服务管理、培育流转市场、促进依法流转等意见建议，对促进农业增效、农民增收起到了积极作用。围绕促进深化投融资体制改革，对市属投融资公司运行情况进行重点视察，提出进一步更新投融资观念、理顺管理体制、拓宽投融资渠道，运用创新思维、市场手段破解资金难题的意见建议，得到了市委、市政府的充分肯定。围绕加快昆玉红旅游文化产业经济带建设开展重点视察，提出强化政府主导、整合资源力量、抓实旅游要素建设、推动产品提档升级等建议，积极推动玉溪市旅游文化产业提档升级。围绕科技创新能力建设开展视察，提出帮助指导企业创新发展、加快人才培养和引进工作的对策建议，促成市委、市政府出台了《关于加快实施创新驱动发展战略，建设创新型玉溪的决定》。积极参与联系推进重点项目、招商引资工作，力推全市装备制造业发展，助推产业转型升级。2.积极建言生态文明建设。关注东片区暨“三湖”生态保护水资源配置应急工程建设，通过对工程进展情况进行视察，提出了工期服从质量、监管并重、加强营运管理等意见建议。针对星云湖污染加剧的严峻形势，对星云湖治理保护情况进行调查，提出加快径流区农业结构调整，控制农业面源污染，“多层次、立体化、全方位”治理湖泊的建议。为促进解决抚仙湖北岸农业农村面源污染问题，开展抚仙湖北岸生态湿地项目一期工程建设情况视察，提出把握项目定位、优先突出水质净化功能、持续推进北岸湿地项目建设等意见建议，得到市委、市政府高度重视。围绕促进生态环境保护，提出50多件提案，以提案办理助推全市生态文明排头兵建设工作。按照市委部署，党组成员认真履行河道河长责任制，坚持月巡河、季汇报制度，组织政协委员、协调有关部门参与河道综合治理。

【团结联谊】 2014年，牢牢把握两大主题，发挥人民政协大团结大联合的平台作用，密切与各族各界代表人士的联系，努力促进政党关系、民族关系、宗教关系、阶层关系、海内外同胞关系的和谐，为维护社会和谐稳定贡献力量。1.积极搭建合作共事平台。坚持求同存异、体谅包容的原则，加强同委员和各界代表人士的联系，积极为各民主党派、工商联、人民团体、无党派人士和政协委员参政议政搭建平台、创造条件，努力营造广开言路、畅所欲言、平等协商、合作共事的良好环境。开展多形式的协商讨论，采取联合调研方式，加大对民主党派、工商联提案的办理力度，充分调动各党派团体参政议政的积极性。坚持定期走访民主党派工商联制度和定期召开秘书长联席会议制度，举办新年茶话会、召开民主党派工商联座谈会，密切各方关系、增进各界共识。2.努力促进社会和谐稳定。发挥人民政协贴近群众、渠道畅通的优势，运用政协例会、委员提案、调研视察、专项监督、信息信访等多种形式，广泛收集和反映各方面的意见，畅通反映社情民意渠道。多次深入少数民族地区、民营企业随机调研，帮助解决困难和问题。深入宗教场所走访宗教人士，加强与宗教界人士的联系，积极引导宗教在促进社会和谐稳定中发挥作用。对加强法治建设创建平安玉溪和《中华人民共和国劳动合同法》贯彻实施情况进行视察，推动依法治市落到实处。对推进民族团结进步边疆繁荣稳定示范区建设进行重点调研，提出落实配套资金、培育特色支柱产业、发挥主体作用、加强督促检查等方面的建议，得到了有关部门的重视和采纳。3.不断扩大联谊交往。多形式、多渠道密切联系海外“三胞”及眷属、归国华侨和各界人士，主动为前来玉溪开展经贸活动、文化交流的“三胞”朋友做好协调服务，积极争取人心、凝聚力量支持玉溪发展。配合省政协做好在玉溪的重要课题开展调研视察，结合玉溪实际向调研组提出建设性意见建议。坚持班子成员分工联系县区政协、市县区政协委室对口联系等制度，加强对县区政协的联系指导。

【服务人民群众】 2014年，坚持把关注和改善民生、联系服务群众作为履职的工作重点，更加自觉地把群众路线贯穿于工作实践的各个方面，努力为基层群众解难事、办实事、做好事。1.围绕改善民生献计献策，坚持以人为本、民生优先，注重选择党委政府重视、人民群众关注的重大民生课题，深入开展调研视察。围绕完善城乡卫生服务体系，促进医疗卫生事业均衡发展，开展县乡村医疗卫生服务一体化管理专题调研，针对医技人才短缺、配套政策有待完善等问题，提出创新基层医疗卫生人事管理和分配机制、配优资源的意见建议。围绕进一步发挥农村基层文化阵地作用，对农家书屋建设情况进行视察，针对图书配置结构不尽合理、管理与服务相对滞后等问题，提出不断改善图书结构、加强管理、充分发挥农家书屋功效的意见建议。市政府领导对所提意见建议作了批示，要求有关部门认真采纳落实，《云南政协报》对此作了专题报道。配合省政协开展公共卫生服务均等化和新形势下宗教工作专题调研，组织“民生论坛”征稿，积极向省政协反映玉溪市的困难问题，提出工作意见建议。2.为群众办实事办好事。严格落实干部直接联系群众制度，全面推行随机调研制度，市政协领导干部多次深入联系点访民情、知民意、察民生，多方协调、筹集资金，尽力做好挂钩联户帮扶工作，帮助基层群众解决生产生活中的困难和问题。选派机关干部担任驻联系点新农村建设指导员。组织开展送书活动，为11个联系点的村（社区）建立了农家书屋。组织开展为鲁甸地震灾区献爱心活动，59名机关干部职工为灾区捐款28 100元。组织开展为群众送医送药、科技咨询、帮扶解困活动。以市山区民族教育促进会为平台，与红塔集团联合开展第四届“百名贫困学子大学圆梦”资助活动，资助困难大学生115名，表彰奖励长期在山区民族地区工作的优秀教师51名。一年来，市政协机关共为11个挂钩联系点解决实际问题33个，协调项目22个，落实资金1 000多万元。

【提案工作】 2014年，市政协共收到提案346件，经审查并案处理4件，立案342 件，立案率达100%。在立案的提案中，集体提案95件，委员提案247件。按类别分，经济建设类245件，占71.7%；教科文卫体类76件，占22.2%；政法社会保障类21件，占6.1%。各承办单位高度重视，进一步落实办理责任，加大提案办理协商力度，使立案的342件提案按时全部办复完毕，提案所提问题已经解决或建议得到采纳的A类提案145 件，占42.4%，列入计划拟解决的B类提案157件，占45.9%，留作参考的C类提案40件，占11.7 %。提案者对办理结果满意和基本满意的342件，占100%，对办理态度满意和基本满意的341件，占99.7%，不满意的1件，占0.3%。

【文史资料工作】 2014年，市政协充分发挥文史资料“存史、资政、团结、育人”的作用，积极探索政协文史工作新途径，编辑出版了市政协第十四辑文史资料《玉溪农村医疗卫生》。

【滇中经济区四州市政协合作机制第六次会议】 2014年10月21日，滇中经济区四州市政协合作机制第六次会议在曲靖举行。会议的主题是：抓住国家实施“一带一路”建设的战略机遇，认真贯彻落实省委九届八次全会精神，为加快推进滇中经济区外向型经济发展，推动滇中经济区转型升级建言献策。省政协主席罗正富、秘书长车志敏出席会议并讲话。四州市政协主席作主旨发言。市政协主席黄宪庭作了题为《对推进滇中经济区外向型经济发展加快产业转型升级的思考》的发言。市政协副主席汪燕平、马良昌，市政协秘书长张卫等领导参加会议。

【上级领导调研】 2014年2月28日，省政协副主席喻顶成率队，组织驻滇全国政协委员在玉溪就抚仙湖保护与开发进行调研。调研组考察了澄江东大河流域水污染治理与清水产流机制修复工程建设、澄江木森公司产业结构调整、抚仙湖北岸生态湿地建设、澄江湖畔圣水项目建设等抚仙湖保护治理和旅游开发项目的实施情况。调研座谈会上，委员们表示，抚仙湖是云南重要的自然和旅游资源，作用和地位非常突出。建议联合各方面力量，充分发挥政协委员的作用，积极争取国家层面的支持和重视，共同推动抚仙湖保护与开发；高起点制订规划，高要求推进实施，建立和完善监控监管体系、生态补偿机制等保障，确保抚仙湖保护取得进一步成效；加大宣传，彻底转变“先污染、后治理”观念，让环境保护观念深入人心，推动生态文明建设。委员们表示，将把此次调研中了解到的情况和有关意见建议梳理成书面材料，以提案形式促进和推动抚仙湖保护与开发。

4月11日，省政协副主席罗黎辉到玉溪师范学院进行随机调研。罗黎辉指出，高校建设要突出特色，玉溪师范学院要立足玉溪，辐射云南，积极融入地方经济社会发展，加强与其他高水平院校的联系和交流，加快自身优势学科的建设和发展，实现内涵发展。同时要抓住云南建设面向西南开放重要桥头堡的机遇，积极地走出去，加快学校开放发展步伐，再接再厉，实现大跨越、大发展，争创更加优异的成绩。

5月20日，省政协主席罗正富到澄江县调研抚仙湖保护、治理与开发工作时强调，要制定全方位、高水平、高定位的抚仙湖保护治理规划，统筹处理好保护治理与开发的关系，制定严格的保护措施，长期稳定保持抚仙湖Ⅰ类水质，努力创造云南高原湖泊保护治理与开发统筹兼顾的“抚仙湖经验”。罗正富表示，省政协将积极创造条件，充分发挥政协的优势和作用，努力为保护治理抚仙湖多作贡献。

9月17日，省政协副主席、省工商联主席喻顶成到玉溪就贯彻落实省委、省政府扶持、培育小微企业优惠政策等情况进行调研。喻顶成希望玉溪进一步加大工作力度，把省委、省政府相关政策全面落实到位，让更多的小微企业受益，更好地体现出对小微企业发展的支持。鼓励创业者、企业主坚定信心，更好地研究政策，争取得到支持；更好地研究市场，打开经营局面；更好地向同行、向省内外先进地区学习，加快发展速度，在带动身边、周边发展的同时，实现自身更大的发展。17日至18日，省政协副主席罗黎辉带领部分政协委员和相关专家，视察澄江化石地世界自然遗产保护利用情况。通过现场视察和听取汇报后，视察组认为，澄江化石地世界自然遗产是全人类的无价之宝，面对各种压力和挑战，市县克服多重困难，健全保护管理机制，加大投入，注重生态建设，完善相关法规，加大宣传力度，群策群力做好保护工作，且对今后的保护管理利用工作思路清晰，符合遗产地实际。罗黎辉要求充分认识澄江化石地世界自然遗产资源的价值，处理好保护与利用的关系，在保护中开发，在开发中保护。完善保护的规章制度，改善投资环境，发挥后发优势，建立与世界级资源相适应的保护措施和项目开发，实施强有力的保护管理。高度重视科技、教育、文化在资源开发中的重要作用。抓好招商引资、引入工作，坚持市场化运作，发挥政府、市场、社会各自的作用，注重研究目标人群需求，引导培育市场，让遗产地居民更多受益。

（黄海东）

纪检监察

【“两个责任”落实工作】 2014年，市纪委加强向市委的请示汇报，得到了市委的坚强领导和高度重视。市委坚持改革、发展、稳定、反腐统筹谋划，以带头落实主体责任为抓手，进一步加强组织领导，强化担当意识，把党风廉政建设和反腐败斗争与经济工作同部署、同安排，突出“六项重点工作”，切实推动各级党组织主体责任的落实。市委常委会多次研究党风廉政建设和反腐败工作，召开玉溪市贯彻落实省委落实党风廉政建设主体责任专题研讨班精神工作会和专题研究落实党风廉政建设主体责任工作会，召集红塔区11个乡（街道）党（工）委书记召开落实主体责任座谈会，层层传导压力和责任。制定《中共玉溪市委关于进一步推进党风廉政建设工作的意见》、《玉溪市2014年党风建设工作意见》、《玉溪市贯彻落实〈建立健全惩治和预防腐败体系2013～2017年工作规划〉任务分解方案》等制度，将工作任务细化为73项具体任务，明确责任单位，确定工作目标。完善《玉溪市党风廉政建设责任制考核办法》，细化检查考核内容。制定《关于建立党风廉政建设责任制情况报告制度的通知》、《玉溪市关于实行纪委党风廉政建设约谈制度的规定》、《中共玉溪市委关于落实党风廉政建设党委主体责任、纪委监督责任的实施意见》，市纪委常委约谈县区、市直部门党委和纪委主要负责人，围绕落实主体责任和正风肃纪的重要问题，加强提醒和督促。坚持市级党员领导带队，组成10个考核组对八县一区和63家市直责任单位2013年度惩防体系建设暨党风廉政建设责任制进行考核。对考评为基本合格等次的4个单位领导班子进行督促整改。

市纪委认真履行监督责任。按照转职能、转方式、转作风的要求，全市各级纪委找准职能定位，聚焦党风廉政建设和反腐败斗争中心任务，突出主责主业，强化监督执纪问责，把纪检监察工作重心集中到抓纪律、抓作风、抓办案上来。市纪委监察局对2008年以来牵头或参与的201个议事协调机构进行了两轮清理调整，保留或继续参与19个议事协调机构；各县区纪委大幅清理压缩参与的议事协调机构，由原参加的1 669个减为154个，坚决把不该管的工作交还给主责部门。稳步推进纪检体制改革，深化职能转变，推进市纪委监察局机关内设机构改革调整，在行政编制、领导职数、内设机构总量不变的基础上，深化职能转变，把更多力量压到主责主业上，调整后直接从事执纪监督工作的机构和人员分别占总数的69.2%、68%。派出机构进一步强化监督职能，健全工作机制，加强对联系部门执行八项规定精神、“三重一大”决策制度的监督检查，监督执纪问责取得新成效。

【监督检查】 2014年，全市纪检监察机关把监督检查作为重要职责抓好抓实。围绕市委、市政府决策部署贯彻落实，对东片区暨“三湖”生态保护水资源配置应急工程、植树造林、殡葬制度改革、核桃种植、农业产业结构调整、中心城区重大项目进行督查。对玉溪市大化产业园区3号道路改扩建工程施工项目招投标、低丘缓坡综合开发利用示范区路网工程（一期、二期）施工项目招投标投诉进行了调查处理。各派出机构加强对联系部门执行八项规定、“三重一大”决策制度的监督检查。通过监督检查，促进了各项工作的顺利实施，保证了政令畅通。围绕市委、市政府的中心工作，结合党的群众路线教育实践活动，强化监督执纪，加大责任追究，先后对通海县禽流感事件、红塔区“4·18”、“5·14”森林火灾事件、华宁县城南过境路改造补偿纠纷问题涉及的相关领导干部进行了问责。全市共问责148人，其中，县处级7人，乡科级58人。

【作风建设】 2014年，加强对党的纪律执行情况的检查。认真落实中央“八项规定”，突出重点内容、重点场所、关键时间节点加强监督检查，重点对元旦、春节、五一、端午、中秋、国庆期间开展明察暗访。共查处公车私用14起，违反工作纪律6起。通报了8起违反中央八项规定的典型问题。深入开展党的群众路线教育实践活动，聚焦解决“四风”问题。市纪委监察局派出30多人参与督导工作，充分发挥参谋、组织、协调、指导、督促等作用，对各县区、市直各单位教育活动严督实导、严格把关，圆满完成各项任务，为确保教育实践活动不虚不空不偏、不走过场发挥了有力推动和保障作用。延伸开展清退会员卡工作，103个市直单位和九个县区共35 909人填报了《个人会员卡零持有报告》。严肃整治“会所中的歪风”，对市县区政务服务大厅及窗口服务单位进行作风督查。开展公务用车专项检查，对未按规定粘贴公车标识的47辆公务用车，未按要求集中封存停驶的5辆公务用车，督促相关单位进行整改。对违规配备使用的5辆公务用车相关责任人进行诫勉谈话，对相关责任单位给予通报批评，限期进行清退整改。对11名公职人员酒后驾驶公车、严重道路交通违法情况按照相关规定作了处理。全市共156辆“云F·99”专段号牌全部改用随机选定的地方普通号牌。

【查办案件】 2014年，突出主业，坚持有案必查、违纪必究，坚持抓早抓小、快查快结办案思路，坚持依纪依法安全文明办案原则，“老虎”“苍蝇”一起打，严肃查处各类违纪违法行为。全市各级纪检监察机关共受理信访件786件（次），增长4.2%；初核违纪线索271件，增长36.2%；立案207件228人，增长19.0%，其中，涉及县处级干部10件10人，乡科级干部63件73人；给予党政纪处分221人，增长22.8%；移送司法机关42人，增长2.4%。为国家和集体挽回经济损失1 749万元。立案查处了玉溪市委党史研究室原主任石振武受贿案，玉溪市国土资源局原党组书记、局长梅荣生受贿案，玉溪市食品药品监督管理局原党组书记、局长业应楷受贿、徇私舞弊案，玉溪市食品药品监督管理局原副调研员田之良受贿和徇私舞弊案，玉溪市卫生局原调研员杨伟受贿、徇私舞弊案等典型案件，发挥了有力的震慑警示作用。

【宣传教育】 2014年，围绕落实中央“八项规定”，全面加强对干部的政治纪律教育、作风教育、廉政纪律教育和警示教育。开展以《十八大以来廉政新规定》为主要内容的专题学习活动，全市共4万余人次接受了教育。对2013年 11月～2014年10月新提拔的82名县级领导干部进行反腐倡廉教育培训。认真落实党政主要领导讲党风廉政建设课制度，做到全市各级党政主要领导带头讲党课全覆盖，全市12万人次接受了党课教育。发挥警示教育作用，全市1 800余人次到省市警示教育基地接受了教育。紧紧依托玉溪党风廉政网、《玉溪纪检监察》内刊和《玉溪日报》、玉溪电视台等媒体，开通玉溪党风廉政微信公众平台，重点围绕各级开展反腐倡廉工作情况、纪检监察机关的监督检查、狠刹“四风”、“八项规定”落实情况等，全方位进行反腐倡廉宣传，充分发挥宣传工作的正能量。积极开展廉政文化示范点创建工作，均衡推进廉政文化“六进”活动。对第一、二批市级示范点进行随机抽查复查，对第三批市级示范点申报单位进行考评验收。已创建省级示范点9个，市级示范点53个，县级示范点36个。

【源头防治腐败工作】 2014年，认真落实党内监督各项制度，继续推进“三重一大”集体决策制度的贯彻落实，认真开展好述廉工作。4位县区委书记、县区长和8位市直单位“一把手”在市纪委四届四次全体（扩大）会议上进行了述廉。确定了14名领导干部作为2015年向市纪委四届五次全委（扩大）会议述廉人选。落实“三谈两述”、党政机关厉行节约等有关规定。严格执行党员领导干部报告个人有关事项等制度。对新提拔的52名县处级领导干部进行了任前廉政谈话，对217名县处级干部出具了任前廉政意见，为评优评先的150个集体和个人提供了廉政情况。因公出国境备案44人，因私出国境联审28人。对单位奖金发放进行了备案。全市登记上交购物卡、礼金价值计25万元，查处违规接受礼品问题5件5人。积极开展廉政风险防控工作，规范权力运行工作。

【回应社会关切】 2014年，坚持以人为本、执纪为民的理念，积极推进“阳光村务”，实现农村集体“三资”委托代理全覆盖和信息化监管，村（居）民监督委员会的监督作用有效发挥，形成“四议两公开一监督”的工作机制。开通市纪委监察局在线信访举报网站，制定市纪委监察局领导接待日、下访和约访工作办法等制度。推行畅通群众诉求渠道“五级联动”工作，成立群众诉求中心779个，投入专项资金280万元，为全市695个村（居）务监督委员会配备了专用电脑。全市共受理群众诉求77 130件，办结77 091件，办结率99.95%，群众满意率99.99%。对全市2011年至2013年扶贫资金审计发现问题整改和工作完善开展专项监督，收缴违规资金201.5万元。对全市民生资金监管平台运行使用情况进行督促检查，会同财政部门做好督促完善工作，2014年底，全市进入平台监管核算的资金总额达347 642.29万元。进一步深化政务公开，加强政务服务，完善行政审批和电子监察系统和市县区公共资源交易中心功能，确保公共资源交易中心规范运行。认真治理政府投资建设项目中介服务存在突出问题，规范政府投资建设项目中介服务工作，组织研究制定市级中介服务机构库建库招标工作方案，完成了招标代理机构子库的招标、建库工作。继续开展“服务基层年、项目落地年、作风转变年”活动，提升服务效率，促进了“三难”问题的解决。对九个县区和市级61个部门2013年度综合目标任务完成情况进行集中考评和开展社会评价工作，通报表彰先进集体，兑现了奖惩。组织开展2014年度综合目标考评工作。进一步完善“玉溪民情之声”，共安排热线节目44期，解决群众反映各类问题156件。

【重要会议】 2014年1月8日，玉溪市纪委监察局召开2013年度党风廉政建设暨目标任务综合考评培训会。会议安排部署了2013年玉溪市党风廉政建设暨目标任务综合考评各项任务，对考评组成员进行了培训。29日，玉溪市纪委监察局召开全体干部职工大会，专题传达学习十八届中央纪委三次全会、省纪委九届四次全会精神。

2月13 日，玉溪市党风廉政建设大会召开。市委书记张祖林强调要以更加坚定的信心、更加坚决的态度、更加有力的措施，强化纪律建设，持之以恒改进作风，加大惩治和预防腐败力度，加强反腐败体制机制创新和制度保障，营造风清气正的改革发展环境，为谱写“中国梦”的玉溪篇章作出更大的贡献。会议传达了省纪委九届四次全会精神，通报了2013年度惩治和预防腐败体系建设暨党风廉政建设责任制检查考核结果，对3个优秀县区和19个优秀市直责任单位进行了表彰，并与各县区委签订了2014年度党风廉政建设责任书。14日，中共玉溪市第四届纪律检查委员会第四次全体会议召开。全会深入学习贯彻党的十八大、十八届三中全会和习近平总书记系列重要讲话精神以及十八届中央纪委三次全会、省纪委九届四次全会和市委四届四次全会精神，回顾总结2013年党风廉政建设和反腐败工作，研究部署2014年工作任务。全会审议通过了市委常委、市纪委书记李文斌代表市纪委常委会作的《聚焦主业改革创新为建设美丽幸福新玉溪提供坚强保证》工作报告。会上，12名县区委政府和市直单位一把手进行了述廉。18日，玉溪市纪委监察局召开党的群众路线教育实践活动动员大会，安排和部署市纪委监察局党的群众路线教育实践活动工作，动员全体党员干部以高昂的精神状态和强烈的责任意识投入教育实践活动。

3月6日，玉溪市纪委监察局召开党的群众路线教育实践活动学习专题会，认真开展集中学习活动。11日，玉溪市纪委监察局举行党的群众路线教育实践活动理论中心组学习会，进一步深入学习中央、省市委关于开展教育实践活动的有关文件和会议精神，李文斌提出了具体要求。20日，玉溪市纪委、市委统战部举行通报会，向各民主党派、工商联、无党派人士通报玉溪市2013年党风廉政建设和反腐败工作情况，听取各民主党派、工商联、无党派人士对市纪委监察局领导班子、县级干部“四风”方面的意见，对市纪委监察局搞好党的群众路线教育实践活动的建议。21日，市委常委、市纪委书记、市纪委监察局党的群众路线教育实践活动领导小组组长李文斌给市纪委监察局党员干部上专题党课。26日，中央纪委研究室副局级纪检员、监察专员方小文为组长的调研组一行在省纪委副秘书长、政研室主任尹向阳陪同下到玉溪就依法反腐工作中存在的问题和对策建议开展专题调研。李文斌出席座谈会。

4月2日，省纪委干部室主任韦康林，省纪委副秘书长、政策研究室主任尹向阳，政策研究室副处级纪检监察员吴学盛，监察综合室主任科员龙剑组成的全省纪律检查体制改革专项调研组到玉溪调研。调研组围绕如何推进州市县级纪检监察机关内设机构调整规范、如何规范州市县级纪检监察机关派驻机构全覆盖等问题召开座谈会，广泛听取了玉溪市、县纪检监察机关的意见建议。同日，玉溪市纪委监察局召开党的群众路线教育实践活动领导小组会议，专题研究市纪委监察局边学边查边改方案。会议通报了委局教育实践活动各类座谈会意见、建议梳理归纳情况和委局领导班子作风建设民主评议情况，研究讨论了委局教育实践活动边学边查边改方案和查摆问题、开展批评环节细化日程。市委第二督导组组长杨洪到会指导。10日，玉溪市纪委监察局召开畅通群众诉求渠道“五级联动”工作座谈会。会议全面总结了2013年以来全市畅通群众诉求渠道“五级联动”工作取得的成效，认真分析了当前存在的问题和不足，并提出工作要求。各县区纪委书记在会上作了交流发言。24日，玉溪市纪委监察局召开全市党风廉政建设和反腐败宣传教育暨调研工作会。会议全面总结了2013年全市党风廉政建设和反腐败宣传教育及调研工作，对2014年工作任务进行了安排部署。会议还对第二批市级廉政文化示范点单位和2013年度优秀通讯员进行了表彰。

5月9日，玉溪市纪检监察学会第一届理事会第四次理事（扩大）会议召开。会议传达了省纪检监察学会第四届理事会第三次理事（扩大）会议精神，总结学会2013年工作，安排2014年任务，审议通过有关议案。

6月13日，玉溪市纪委监察局召开专题学习会，认真学习贯彻习近平总书记指导兰考县委常委班子专题民主生活会时重要讲话精神和刘云山在第二批党的群众路线教育实践活动推进会上的讲话精神。

7月1日，玉溪市纪委监察局举行纪念中国共产党建党93周年活动。会上，市纪委监察局机关党委对2013年度先进党支部和优秀共产党员进行表彰，组织全体党员干部集中观看云南省“以案说法反腐倡廉”大型巡回展专题片。17日，玉溪市纪委监察局召开干部职工大会，传达学习市委工作会议精神，回顾总结上半年工作，安排部署三季度工作。30日，玉溪市纪委常委班子召开党的群众路线教育实践活动专题民主生活会。市委第二督导组组长杨洪，市委组织部副部长、市委活动办常务副主任陈开翔全程参加并给予指导。

8月13日，玉溪市纪委监察局召开全体干部职工大会，传达学习省委九届八次全体（扩大）会议精神，市纪委副书记、市监察局局长李长虹要求全市纪检监察干部要把思想和行动统一到省委全会和市委工作会议精神上来，强化学习和监督执纪问责，确保全市党风廉政建设和反腐败工作取得实效，为写好写精彩中国梦云南篇章玉溪章节提供纪律保证。29日，玉溪市纪委监察局举办办公室工作业务培训班，对县区纪委办公室主任及相关人员、市纪委监察局各委室相关人员进行了业务培训。

9月5日，玉溪市纪委干部室举办纪检监察机关干部工作业务培训班。各县区纪委监察局干部室全体人员，市纪委监察局各委局相关人员参加了培训。17日，玉溪市纪委监察局举办全市纪检监察机关问责工作业务知识培训班。18日，玉溪市纪委监察局举办保密知识专题讲座，邀请市保密局局长许中华讲课。会后，组织观看警示教育电教片、开展了保密知识测试。19日，玉溪市纪委监察局举办学习习近平总书记系列重要讲话精神专题讲座，邀请玉溪师范学院马克思主义学院院长罗伟教授作题为《筑梦追梦圆梦——学习习近平总书记系列重要讲话精神》的讲座。29日，玉溪市纪委监察局举办全市纪检监察机关党风、纠风和巡视工作业务培训班，各县区纪委监察局党风、纠风和巡视工作的分管领导和全体工作人员，市纪委监察局各委室相关业务工作人员参加了培训；玉溪市纪委监察局召开委局离退休老干部座谈会，会议通报了2014年以来全市纪检监察工作情况，认真听取了老干部对加强纪检监察工作的意见和建议。

10月14日，玉溪市纪委监察局党的群众路线教育实践活动总结大会召开。会议强调，纪检监察机关和广大纪检监察干部，要以教育实践活动总结为新起点，深入学习习近平总书记在党的群众路线教育实践活动总结大会上的讲话精神，贯彻落实教育实践活动取得的“六条经验”和从严治党的“八项要求”，不断巩固和扩大教育实践活动成果，持之以恒把作风建设引向深入。市委第二督导组到会指导。28日至30日，举办玉溪市纪检监察机关查办案件工作业务培训班，对全市纪检监察机关查办案件工作人员进行业务培训。培训班邀请了省纪委信访室副主任汪湧、省纪委案管室副主任刘忠、省纪委纪检监察三室主任刀勇、市检察院技术处处长黄金荣授课。30日下午至31日，玉溪市纪检监察案件审理业务工作培训会议召开。会议采取分组交叉阅卷、逐案（文）评析、综合分析、共同评议的方法，对各县区选送的18件自办案件和54篇案件文书进行了评审，推选出9件优质案件和18篇优质文书。

12月31日，玉溪市纪委召集红塔区11个乡（街道）党委（党工委）书记召开落实党风廉政建设主体责任座谈会。会议要求各乡（街道）党委（党工委）书记强化党委主体责任意识，强化措施，切实把党风廉政建设党委主体责任落到实处。

（李文山）

民革玉溪市委

【参政议政】 2014年，民革玉溪市委在市政协四届二次全会上，提交集体提案8件，与其他党派联合提案5件，联组会发言材料1份，大会交流发言材料1份，调研报告1份。参政议政工作涉及村庄规划、专业人才建设、行业管理、教育、生态文明建设、生态农业发展、环境保护等内容。在界别联组会上，民革代表作了《关于深化玉溪市村庄规划，加大村庄规划执行力度，有序推进“美丽乡村”建设的建议》的发言，引起了中共玉溪市委领导的共鸣，张祖林书记给予高度评价和肯定：本次发言调研深入，反映问题透彻，切中要害，建议很好。各职能部门要加强管理，尽职作为，推动村庄规划建设。委员们的建议真知灼见，是经过认真调研、思考的结晶，市委市政府要高度重视，认真梳理，提出解决对策，整改落实好，不辜负委员们的殷切希望。

【社会服务】 2014年3月19日，民革市委会从工作经费中拨出12 000元，邀请玉溪滇剧院民革党员到塘子村开展文化下乡活动，与塘子村文艺队同台演出，牵手互动，互相学习。同时，购买4台移动式音响捐赠给塘子小组四支文艺队，解决了塘子小组文艺团队音响设备差的问题。4月29日，由民革云南省委主办、民革玉溪市委、青龙镇党委政府、民革省委妇青委承办的“伸援手建美丽家园，助同心圆小康之梦——五四文化下乡进青龙文艺晚会”在青龙镇文化广场举行。华宁第六中学、第七中学全体师生及青龙镇干部群众2 000多人观看演出。晚会以舞蹈、小品、魔术、杂记、花灯、合唱等节目，穿插有奖知识抢答，学生争相抢答，兴趣很浓。整台晚会编排紧凑，内容丰富、演技熟练，得到观众较高评价和称赞。拨出2万元资金，扶持峨山县登云社区做好林产业种植。对280余种植户分批从竹子、泡核桃种植管理技术、病虫害治防技术等方面进行系统培训。

【专项学习实践活动】 2014年，民革中央决定在各级组织和全体党员中开展为期四年的“坚持和发展中国特色社会主义学习实践活动”。3月24日，民革中央理论委、民革云南省委到玉溪开展专题宣讲和调研活动。市委统战部、民革党员等76人参加调研活动。民革省委副主委李兴华阐述了民革坚持和发展中国特色社会主义学习实践活动的重大意义，提出了要求和期望。民革中央宣传部副部长蔡永飞作了《继承和发扬民革优良传统，走多党合作之路》的专题辅导讲座，并提问互动，讲座以丰富的史料，带我们回顾了民革与中国共产党几十年风雨同舟，并肩战斗的历程，深刻阐释了自觉接受中国共产党的领导，走中国特色社会主义政治发展道路是民革必然的历史选择。民革云南省委理论委主任李广良教授就学习中共十八届三中全会精神作了专题讲座，思想深刻，内容丰富，对中共十八届三中全会的新思想、新亮点、新观点、新提法、新要求作了深刻分析和详细解读。要求玉溪民革党员深入领会宣讲的精神，推动坚持和发展中国特色社会主义学习实践活动深入开展，把玉溪民革的工作提高到一个新水平。

【美丽乡村考察学习活动】 2014年2月27日，民革玉溪市委组织玉溪民主党派机关干部到峨山风窝村、摆依寨开展学习考察活动。考察组听取了县政协领导及村组负责人介绍后，进行实地察看，大家认为美丽乡村建设需要产业带动和支撑，更需要政策倾斜和各级政府的大力支持帮助。大量村庄混乱无序的建设和脏乱差现象值得深思和研究，需要出谋划策，需要各级各部门认真作为，需要全社会共同参与。

【横向交流学习】 2014年11月12～13日，民革红河州委考察组到玉溪考察学习，市政协副主席李少华、郭亚刚带领考察组到市林业局对玉溪野生菌种植情况进行实地考察，听取了专家对野生菌种植技术介绍，获取了种植经验；到玉溪市红塔区贾井农业示范种植基地进行考察学习，该示范基地是玉溪市农科院向贾井居委会租用1 000余亩土地搞高原特色农业科研示范，农户既可以获得土地租金，又参与种植获得工资收益，也是玉溪红塔区土地流转的试点。更主要的是无公害栽培技术的试验示范，通过有机肥试验，对农作物进行优胜劣汰。考察组实地考察，边看边学，受益匪浅，获取了有价值的经验。

（何建刚）

民建玉溪市委

【思想建设及学习培训】 2014年，民建玉溪市委重视思想建设工作，通过召开市委全委（扩大）会、座谈会、支部组织生活会、参加专题活动、参加学习培训及发送刊物等多种形式，推动会员理论学习扎实开展，为履行参政党职能奠定坚实的思想政治基础。民建玉溪市委认真组织新会员参加民建省委举办的民建中青年会员培训，认真组织市委委员参加玉溪市委统战部举办的党外领导干部培训会，认真组织市委委员、支部负责人及民建会员企业家参加玉溪市工商联举办的玉溪市工商联系统会长执常委秘书长培训会，全年共组织42人次参加培训。民建玉溪市委与玉溪市工商联联合举办了学习中共十八届四中全会精神培训会，民建市委委员、支部负责人、骨干会员及民建会员企业家共40余人参加了培训。

【开展“坚持和发展中国特色社会主义”学习实践活动】 2014年，民建玉溪市委根据“民建省委关于开展坚持和发展中国特色社会主义学习实践活动的意见”制定印发《民建玉溪市委关于开展坚持和发展中国特色社会主义学习实践活动的通知》，明确提出学习实践活动的指导思想、主要内容、基本原则、步骤安排、具体内容和措施保障。通过开展该项活动，进一步提高会员的政治把握能力，增强会员接受中国共产党领导的自觉性、坚定性，凝集全面深化改革的共识和力量，切实承担起中国特色社会主义事业亲历者、实践者、维护者、捍卫者的政治责任。

【组织建设】 民建坚持注重质量、保持特色、优化结构的组织发展原则，结合本会联系经济界的特色和优势，在突出重点和保证质量的前提下，积极稳步发展会员，一批优秀人才被吸纳入会，会员结构得到优化，会员整体素质明显提升，全年共发展会员27名。截至2014年12月，民建会员人数达到306名，其中，男会员175名，女会员131名，会员平均年龄44.5岁；具有大专以上学历的会员280名，占会员的91.5%；具有中高级以上职称的会员151名，占49.3%。

【参政议政】 2014年，在政协云南省十一届二次会议上，民建玉溪市委向大会提交《关于促进小微企业发展的建议》（该提案被省政协评为重点提案）等4件提案；在政协玉溪市四届二次会议上，民建玉溪市委向大会提交《关于将抚仙湖列为云南省水质较好湖泊保护重点的建议》等9件集体提案，与其他民主党派联合提出《关于党政机关带头深化公务用车改革的建议》等3件提案。民建政协委员、人大代表向“两会”提交《关于坚决取缔玉溪市境内铁水运输车辆的建议》等个人提案、议案9件。提交题为《关于完善玉溪林权流转工作的建议》的大会交流材料。在界别联组会上作了题为《关于规范玉溪农村土地流转的建议》的发言。

【调研工作】 2014年，民建市委紧扣中共玉溪市委、市政府的中心工作，针对土地流转作为制约玉溪市现代农业建设的瓶颈问题和困扰农民增收的实际问题，选定《关于玉溪农村家庭承包土地流转情况的调查》作年度重点调研课题，成立民建会员和农业经济专家组成的调研组，找出制约土地流转的主要问题:无全市统一的流转政策、流转交易市场、流转服务体系。提出坚持积极稳妥规范有序推进原则，科学谋划全市农村土地流转工作；加强组织领导，建立健全科学高效的领导协调机制；加强制度建设，研究制定《玉溪市加快农村土地流转的实施意见》；加强服务体系建设，建立健全农村产权服务、农业生产社会服务组织及农业生产要素交易平台等四条建议。

【社会服务】 2014年3月，玉溪民建会员、云南汇海集团董事长周海燕在玉兴街道三八送温暖献爱心春风行动中，为患重病、因灾致贫的妇女儿童捐款1 000元；5月，其为元江县澧江街道南昏村委会捐赠扶贫款1万元。8月3日，云南昭通鲁甸县发生6.5级地震后，玉溪民建会员、云南维和药业有限公司总经理王建钢以公司名誉向昭通鲁甸县民政局捐赠现金50万元，捐赠价值300万元的药品，捐赠价值3万元的衣物2 400余件；10月，其公司向云南普洱市景谷县民政局捐赠价值200万元的药品。

（马国富）

民进玉溪市委

【思想建设】 2014年，民进玉溪市委按照《民进中央关于坚持和发展中国特色社会主义学习实践活动方案》及《民进云南省委关于推进坚持和发展中国特色社会主义学习实践活动的方案及实施意见》，民进玉溪市委结合实际，制定了《民进玉溪市委关于开展坚持和发展中国特色社会主义学习实践的方案》，并贯彻实施。开展学习中共十八届三中全会，民进十三届二中全会，中共云南省委九届七次全会，云南省“两会”，民进云南省委七届六次及七届七次常委会议精神的活动，着力推进思想建设。各基层支部切实按照会市委要求积极组织支部会员学习文件精神，不断提高思想理论水平。组织19名会员参加了民进云南省委和中共玉溪市委统战部举办的各类培训活动；机关干部认真参加市政协组织的学习习近平总书记在庆祝人民政协成立65周年大会上的重要讲话精神的会议，并积极撰写学习心得。

【参政议政】 2014年，民进玉溪市委在玉溪市政协四届二次会议上，提交集体提案16件，委员个人和联名提案8件，共计24件提案，全部立案。内容涉及农业、医疗卫生、城市管理、环保、文化教育、社区安全建设、智慧旅游等方面内容。提案均得到市政府相关部门的认真办理，并取得良好的社会效应。民进玉溪市委在玉溪市政协四届一次全会提交的集体提案《关于加大把生物药业积极培育为玉溪新的支柱产业的建议》被云南省政协推选为“2013年最具影响力的地方政协提案”之一，刊登在《云南政协报》2014年1月19日报上。

【调研工作】 2014年民进玉溪市委围绕食品药品安全监管问题确定课题，并展开深入调研，形成《玉溪市食品药品安全监管情况调查报告》。在中共玉溪市委统战部举办的“2013年度玉溪市民主党派、工商联调研报告评比”中，民进玉溪市委的调研报告《全面建成小康社会玉溪市主要短板及对策研究》获三等奖，受到表彰。配合完成副省长张祖林等领导到民主党派机关的走访调研；玉溪市政协和市直部分单位负责人到民主党派

2014年4月19日，民进玉溪市委联合农工党玉溪市委组织云南省肿瘤医院、昆明医科大学第二附属医院和玉溪市人民医院30余名肿瘤科专家，在玉溪聂耳文化广场举办以“科学抗癌，关爱生命”为主题的大型肿瘤防治宣传活动，为玉溪市民送医、送药，开展义诊和疾病预防宣传活动，活动免费发放药品33种，共计3 000余元，并发放生活保健、艾滋病预防等十余种类的宣传资料4 000余份。图为义珍现场（民进市委　提供）

机关开展“玉溪市民主党派加强自身建设情况”的调研；民进曲靖市委到玉溪市开展“滇剧花灯剧非物质文化遗产保护传承发展情况”的调研；民进云南省委《城镇化进程中我省少数民族传统古村镇保护与发展》课题组到玉溪市通海县的调研；民进云南省委开展“宣传工作及网站建设”专题调研；市委民主法制领域改革专项小组到民主党派机关开展“玉溪市民主政治建设情况”的调研。

【社会服务】 2014年，民进玉溪市委组织退休支部会员赴红塔区北城街道和云南民进同心工程共建点—华宁县宁州街道办事处开展“同心工程—送文化下乡”活动，为当地群众表演花灯歌舞，并对当地乡土人才进行文艺培训。民进玉溪市委拨出3万元专项资金帮助华宁县宁州街道灾后农田水利基础设施修复工作；协调拨出2万元帮助解决澄江县龙街街道万海社区环境绿化债务。当年，4名民进会员积极响应玉溪市红十字会开展的志愿捐献造血干细胞献爱心活动，成为中华骨髓库志愿者，踊跃承担起一份社会责任。

【宣传工作】 2014年，民进玉溪市委机关在民进省委指导下，积极安排筹备，克服各种困难，协调开通了玉溪民进的官方微信订阅号“玉溪民进”（mjyxshw200202），标志着民进玉溪市委在玉溪市民主党派当中第一家开通了微信平台。当年，民进玉溪市委共编辑、编办《玉溪民进》会刊三十三期（总第310期～342期），分别被《云南民进》、市委统战部网站采用，有效扩大了社会影响，树立良好的社会形象。民进玉溪市委被评为2014年度玉溪市政协系统信息工作先进集体，受到市政协的表彰奖励。

（黄蕊仪）

民盟玉溪市委

【思想建设】 2014年，根据民盟中央和民盟云南省委《关于开展坚持和发展和中国特色社会主义学习实践活动的通知》要求，结合民盟玉溪市委的实际，在全市各基层组织中开展坚持和发展中国特色社会主义学习实践活动，学习传达十八届四中全会精神。组织玉溪市各民主党派机关干部20余人前往昆明党派市委交流学习考察；民盟玉溪市委委员及办公室专职干部参加了市委组织部、市委统战部联合举办的玉溪市党外干部培训班。在民盟云南省委召开的2014年基层组织工作会议上，民盟玉溪二职中支部被民盟中央授予“先进基层组织”荣誉称号受到表彰，民盟玉溪二职中支部、民盟玉溪一中支部被民盟云南省委授予“民盟云南省基层组织建设先进集体”荣誉称号受到表彰。

【提案及调研】 2014年，民盟玉溪市委在玉溪市政协四届二次会议上，提出集体提案15件，联合提案5件，委员个人提案23件；在红塔区人大四届二次会议上提出议案1件、委员个人提案12件，市、区两级政协委员个人提案全部被立案。民盟玉溪市委在政协玉溪市四届二次会议上的交流材料“关于加强玉溪市学前教育工作的建议”；“关于推进城市管理标准化建设的建议”在界别联组会上作了的专题交流发言，市委书记张祖林现场要求市政府专题研究。《关于加快玉溪市学前教育建设的调查报告》建议已被采纳。当年，民盟玉溪市委共进行了3个调研课题，已经形成调研报告，其中《关于中心城区农民增收情况的调研报告》、《关于中心城区水污染情况的调查报告》两份调查报告，获得玉溪市委书记委罗应光的重要批示。

【农村教育烛光行动】 2014年，分别在元江东峨中学、红塔区马桥中学等学校开展农村支教服务，举行了农村教育烛光行动挂钩学校学业水平考试研讨活动；民盟市委老龄委和红塔区玉兴街道关工委、玉湖社区联合在玉溪市第二幼儿园龙湖园分园举办了中华传统美德教育讲座。

（陈　佳）

农工党玉溪市委

【思想建设】 2014年，市委领导班子成员认真学习中共十八大、十八届三中、四中全会精神，习近平总书记系列讲话精神，积极参加中共玉溪市委、中共玉溪市委统战部组织学习十八大和十八届三中、四中全会精神和习近平总书记系列讲话精神的会议，积极撰写学习心得体会。深入学习中国特色社会主义理论体系，认真开展坚持和发展中国特色社会主义学习实践活动，进一步提升做中国特色社会主义的亲历者、实践者、维护者、捍卫者的思想认识。学习新时期统一战线和多党合作理论政策，深刻认识多党合作制度的理论基础，准确把握多党合作的基本特征，始终坚持多党合作的政治准则，自觉抵御西方两党制、多党制和议会制的影响。引导广大党员自觉遵守农工党章程，继承和弘扬老一辈领导人与中国共产党风雨同舟、团结合作的优良传统，增强接受中国共产党领导的自觉性。当年，农工党玉溪市委组织党员参加农工党云南省委举行的“中国梦·农工情”演讲比赛，党员曾媛获二等奖，农工党玉溪市委获组织奖。

【组织建设】 2014年，农工党玉溪市委结合坚持和发展中国特色社会主义学习实践活动，加大了后备干部队伍建设力度，积极做好发现、选拔、培养工作。认真贯彻落实农工党中央《关于加强后备干部队伍建设的决定》精神，建立了50余人的后备干部队伍人才库，努力为后备干部提供学习、锻炼的机会。组织5名党员参加了农工党云南省委举办的坚持和发展中国特色社会主义学习实践活动骨干培训班。安排12人次参加中共玉溪市委统战部在市委党校举办的党外领导干部培训班。按照组织发展工作的各项方针政策，当年发展新党员4名，在坚持发展主体界别的同时，重点在经济、法律、文艺等非重点界别发展新党员，进一步改善了组织结构。全年共有12个支部，4个党小组，党员214人。

【参政议政】 2014年，农工党玉溪市委组织开展了“玉溪市生活饮用水卫生检测能力状况”课题调研，参与玉溪市政协、中共玉溪市委统战部组织的调研视察活动。通过人大建议、政协提案积极建言献策。在两会期间，向玉溪市人大四届二次全会提交人大建议《关于进一步加强玉溪市空气污染防治力度，提高空气质量的建议》和《关于加强野生菌市场监管，确保人民生命安全的建议》2件；向政协玉溪市四届二次全会提交了《关于对提速玉溪第三产业的建议》、《关于开展玉溪市公民道德大讲堂活动的建议》、《关于加快建设玉溪市南北客运站及大型车停车场的建议》、《关于加快建设方便快捷的服务型城区公交系统的建议》等政协集体提案17件；提交了《关于对发展壮大玉溪旅游的建议》、《关于建设玉溪民生财政的建议》、《关于对玉溪“营改增”试点工作的建议》等政协委员提案8件。向政协玉溪市红塔区四届二次全会提交了《关于新农村合作医疗在费用管理上应对一级、二级医院做调整的建议》、《关于完善道路交通标识的建议》政协委员提案2件。

【社会服务】 2014年，农工党玉溪市委组织各支部党员及专家到红塔区北城镇、洛河乡、大营街街道办事处、玉溪社会福利院、新平县老厂乡、通海县里山乡开展送医送药等活动。共为群众诊治、免费发放药品、慰问品等价值20 000余元。发放各种艾滋病防治知识宣传材料6 500余份。

（黄晓薇）

致公党玉溪市委

【参政议政】 2014年，致公党玉溪市委向政协玉溪市四届二次会议提交了集体提案4件，委员提交个人提案11件。致公党玉溪市委向大会提交的集体提案为：《关于建立新能源新材料产业服务发展平台的建议》、《关于加快实现玉溪市新能源新材料产业化，壮大产业规模的建议》，领衔提案《关于玉溪市启动实施绿色建筑行动的建议》、参与政协科教文卫体委领衔提出的《关于玉溪市民族中学实施整体搬迁的建议》；委员提交的个人提案：《关于玉溪市城市道路人行道推广使用透水材料的建议》、《关于进一步加大执法力度，规范玉溪市中心城区交通秩序的建议》、《关于加强玉溪市基层卫生队伍建设的建议》、《关于加快推进玉溪市大化产业园区发展的建议》、《关于建设龙马山登山步道的建议》、《关于建设城市快速公交和定制公交的建议》等提案。在界别联组会上，市委会作了“加快玉溪市新能源新材料产业发展的建议”材料交流。

致公党玉溪市委《新形势下做好玉溪“农转城”工作调研》的报告上报后引起了市委、市政府领导的高度重视，市长饶南湖作出了“致公党的调研很好，请市政府相关部门认真研究”的批示。

【社会服务】 2014年，致公党玉溪市委党员到新平县建兴乡开展义诊活动，义诊开设内科、妇科、儿科、五官科、心电图、血压测量五个项目的医疗服务，共接诊群众近200余人次，发送价值近5 000元的药品。参加中共玉溪市委统战部在通海县里山乡大黑冲村委会开展的“同心工程”活动，为村民提供送医送药的医疗义诊活动，共接诊群众近300余人次，发送价值5 000余元的药品。向鲁甸地震灾区捐款 16 900元。到元江县甘庄街道侨乡开展义诊活动，义诊开设骨伤科、外科、内科、妇科、儿科、五官科、血压测量等七个项目的医疗服务，共接诊群众近300余人次，发送价值近7 000元的药品。

（赵皖婷）

九三学社玉溪市委

【参政议政】 2014年，九三学社玉溪市委在市政协四届二次会议上提交集体提案11件、委员提案15件、大会发言材料1篇、联组界别会议发言材料1篇，向市人大四届二次会议提交建议1件，对推进玉溪市社会经济、生态文明建设、社会管理、资源保护等起到积极的作用。社市委提交的《关于进一步加强对“医闹”事件处理力度，维护医院正常医疗秩序的建议》提案被市政协确定为9件督办提案之一，与市政协人口资源环境委员会、市政协科教文卫体委和民盟玉溪市委联合提交的《关于改善玉溪市中心城区空气质量的建议》提案被确定为2014年度2件重点提案之一。

【专题调研】 2014年，社市委围绕市委、市政府中心工作，关注经济和社会发展中的重大问题开展6个专题调研。按中共玉溪市委统战部的要求，社市委完成并上报了《玉溪市 “三农”金融服务改革创新工作调研》报告，在职支社完成了社市委安排的《玉溪市中心城区水资源调度管理局现状调查》、《加快玉溪市核桃产业发展的建议》、《关于加强玉溪市农产品质量安全检验检测体系建设的调研》、《玉溪市中小学教师心理健康状况调查研究课题报告》等4篇调研报告。社市委参与了九三学社中央社会服务部部长徐国权一行到中共省委统战部“同心工程”联系点华宁县华溪镇，就该镇柑橘种植情况进行调研工作。同时，组织界别政协委员30余人次，参与市政协组织的新农村建设、星云湖治理保护情况、玉溪市东片区暨“三湖”生态保护水资源配置应急工程、抚仙湖北岸生态湿地建设情况的调研和视察活动。与市政协、民革玉溪市委和民进玉溪市委联合到通海县高大乡就水资源利用情况开展调研活动，并执笔完成《关于对小路南河（龙潭）水资源利用情况的反映》信息，上报市政府和市政协，并得到了领导高度重视。

【组织建设】　2014年，贯彻执行《九三学社中央关于进一步加强组织建设的若干意见》，抓好领导班子、基层组织、后备干部和骨干社员的培养、新社员发展等工作。选派5名新社员到省社会主义学院培训学习，组织社市委委员参加中共玉溪市委组织部和统战部举办的“玉溪市党外领导干部培训班”学习，组织机关干部参加统战部组织的中国梦系列学习活动。当年发展新社员13名，共有社员149名，98%的为高中级以上职称，其中高级职称81人，占54.4%，中级职称68名，占43.6%，硕士以上学历的24人。

【思想建设】　2014年，社市委3次召开社市委委员、社市委委员（扩大）会议，专题学习贯彻中共十八大，十八届三中、四中全会会议及习近平总书记在庆祝政协成立65周年大会上的重要讲话精神；以九三学社成立69周年纪念活动为契机，举办“中国特色社会主义道路的探索、发展历程及基本经验”专题讲座；组织5名社员参加社省委组织的培训学习，协助完成了九三学社云南省委与省社会主义学院联合举办的“2014年度骨干暨新社员培训班”在澄江县进行现场教学任务；组织机关干部参加市级各民主党派思想建设学习交流活动。积极开展爱国主义教育活动，组织离退休支社老社员参观省爱国主义教育基地聂耳纪念馆，缅怀人民音乐家聂耳，到红塔区东部面山参观玉溪市生态文明建设情况；组织社市委委员和骨干社员到四川省级革命教育基地——宜宾市李庄抗战文化陈列馆、南京博物院李庄基地等抗战文化社科普及基地参观学习，到贵州省毕节市威宁县学习社中央“同心建设工程”示范点。通过开展形式多样的学习教育活动，让社员们进一步了解民主科学的历史渊源和时代背景、民主科学的发展历程。坚定中国共产党领导的多党合作和政治协商制度的自信，不断夯实多党合作的共同思想政治基础，努力将社市委建设成为思想上坚定、履职上坚实、组织上坚强的参政党。

社市委结合工作实际，制定和下发了《九三学社玉溪市委在全社开展坚持和发展中国特色社会主义学习实践活动的实施方案》，成立了学习实践活动领导小组，建立了学习保障制度，并按实施方案稳步开展各项学习实践活动。积极做好动员和活动布置，举办了“中国特色社会主义道路的探索、发展历程及基本经验”专题学习讲座活动，进一步提高和增强广大社员参与学习实践的自觉性和主动性。社市委领导积极参与支社组织活动，及时了解社员对学习实践活动的认识情况和热点问题，把握思想动态，有针对性地指导支社开展活动和进一步完善社市委的制度建设工作，思想共识得到进一步凝聚。社市委与专程到玉溪市的九三学社浙江省委直属基层工作领导小组一行，就基层组织、制度建设、坚持和发展中国特色社会主义学习实践活动经验进行交流；互动到九三学社四川省宜宾市委和贵州省毕节市委就学习实践活动经验进行了学习交流。通过一系列的学习教育宣传活动，提高了广大社员的政治把握能力，坚定了与中国共产党同心同德、同心同向、同心同行的决心，队伍思想建设得到了进一步加强。

【成果奖励】　2014年，社市委社员作为项目主持人或主要完成人共获得厅级级以上科技奖励12项。其中，2人参与完成的《抗TMV烤烟系列品种的选育及应用》和抗旱小麦新品种“云麦54”、“云麦56”的选育及应用》项目，分别荣获2013年度云南省人民政府科技进步二等奖（排名第八）和三等奖（排名第六）。

张立猛等12名社员主持或参与的10个项目荣获2013年度玉溪市科学技术奖励。10项获奖项目，占全市奖励的20%。8项为农业项目，占农业类15项奖励项目的53.3%，包揽了农业类一等奖和二等奖的全部奖项，占据了农业类三等奖的50%。2项奖励为卫生类项目，占卫生类项目的11.1%。

【服务社员】　2014年，为了提高基层组织活动质量，社市委从创新活动方式、规范参观学习活动上下功夫。在社省委、中共玉溪市委统战部和市监察局纪检组的支持下，社市委组织社市委骨干社员赴社中央“同心工程”建设点——贵州省毕节市、威宁县和四川省宜宾市进行考察学习活动。全年共活动34次，由社市委组织的活动有10次，各支社组织学习活动24次，看望慰问离退休老社员和生病社员30人次。

【宣传工作】　2014年，社市委注重反映社情民意的信息工作，一直将其作为履行参政党职能的重要基础工作和关键环节，不断加强与社员的沟通联系，广泛动员社员积极参与，关注社会的热点和难点问题，及时反映群众社情民意，及时对本社获得科技奖励、先进人物和事迹进行宣传报道。同时，积极探索电子网络作为学习载体和交流平台的作用，努力提高学习、宣传思想工作的时效性、覆盖面和影响力。全年共编辑《玉溪九三》简讯11期，有24条简讯被社省委网站录用，共有54条简讯被社省委网站录用，32条简讯被社中央网站录用，6条简讯被市委统战部采用，6条简讯被市政协采用；向社省委参政议政部报送参政议政信息3篇。刊印社市委《玉溪九三》2014年刊，社市委被市委统战部评为“信息工作先进单位二等奖”，1人被玉溪市委统战部评为“信息工作先进个人”。

【社会服务】　2014年，社市委结合社省委在华宁县华溪镇的“同心示范点建设工程”，注重发挥社员特色，积极探索社会服务工作新思路，积极开展社会服务工作。3次到华溪镇开展调研活动，对柑橘育苗及病虫害技术进行指导，帮助协调抗旱防洪经费5万元。帮助和协调易门县绿汁镇大绿汁村委会1组、2组提水工程和起富朗村人饮工程设计前期工作，积极配合易门县争取市级补助资金20万元。开展送医送药活动，组织18名中西医医生分别到通海县的河西镇和易门县龙泉镇开展医疗义诊活动，为当地450余名村民进行义诊和咨询服务，免费发放药品9 000元和卫生保健知识宣传单、宣传册250余份。资助2万元支持元江县因远安定社区土塘组建设文化室，与市医学会联合举办了“口腔专业委员会五届一次学术年会”，并与市政协人口环境资源委联合向通海县河西镇农民书屋赠送价值3万元的图书。

（王美华　杨立波）

玉溪市总工会

【推进“一活动一工程”深入实施】 2014年，开展多种形式的劳动竞赛和技能大赛，推进全市“云岭职工跨越发展先锋活动”和“云岭人才工程”的开展。全年共支持5 495名职工培训取证（其中，专项职业能力证书1 430人、初级职业资格证书3 855人，中级职业资格证书159人，高级职业资格证书40人，技师职业资格证书11人），超额完成省总下达的4 500名的目标任务，实现了职工整体素质明显提升，技术工人队伍不断扩大的目标。命名表彰了46个“一活动一工程”示范点，通过示范点的引领作用，在全市形成“以点带面”的良好工作格局，广大职工焕发出积极的劳动热情，释放创造潜能。

【组织建设】 按照依法推进企业普遍建立工会组织的要求，按照“组织起来，切实维权”的工作方针，做到“哪里有职工，哪里就有工会”，扎实推进工会组建，把包括农民工在内的广大职工团结到工会组织中来。2014年，基层工会总数达3 974个（涵盖6 918家单位），工会会员269 415人。全市74个乡镇（街道）工会规范化建设工作全部通过了达标；培育、选树了28个基层工会发挥作用先进典型，做到示范引领、以点带面，点面结合、扎实推进，努力把基层工会建设成为职工群众信赖的“职工之家”。推荐了1个全省工会工作先进县、2个“六好”乡镇工会和1个全国百家示范乡镇（街道）工会上报省总、全总表彰。

【工资集体协商】 2014年，玉溪市签订工资集体合同数1 384份，覆盖企业5 467户，占已建会企业6 649户的82%，覆盖职工146 478人。其中，企业单独签订合同1 164份，覆盖企业1 164户，覆盖职工109 578人；签订区域性合同183份，覆盖企业3 848户，覆盖职工33 897人；签订行业性合同37份，覆盖企业576户，覆盖职工13 655人。25人以上企业完成869户，占25人已建会企业1 128户的77%；100人以上企业完成270户，占100人已建会企业356户的76%。全面完成了省总下达的目标任务。

【职工帮扶】 2014年，市县工会共筹集帮扶资金826.18万元，其中，中央财政专项帮扶资金266.15万元，省财政帮扶资金83.2万元，省级工会经费投入5万元，市财政配套帮扶资金294万元，县财政配套帮扶资金173万元，县级工会经费投入4.83万元。开展元旦、春节、中秋、国庆送温暖活动、百千万联系职工活动、春风活动、关爱行动、金秋助学等帮扶救助活动，共使用帮扶资金539.97万元，帮扶人数7 641人次。其中，生活救助329.18万元，帮扶人数6 788人次；

2014年7月25日，云南省总工会和玉溪市总工会联合开展送禁毒防艾知识进厂矿企业知识讲座　（市总工会　供稿）

助学救助94.18万元，帮扶人数419人次；医疗救助115.88万元，帮扶人数434人次。

【劳动模范】 2014年，推荐评选省二十一届劳模12人、全国五一劳动奖章1人，推荐评选全国“工人先锋号”1个。为22人全国劳模发放劳模三金4.4万元；春节走访慰问省市劳模100人，发放慰问金5万元；完成了省部级困难劳模两金调查、发放工作，为65人省部级困难劳模发放两金27.4万元。组织7名全国劳模、五一劳动奖章获得者到北京、桂林、厦门、海南疗休养，组织18名省劳模、五一劳动奖章获得者到工人疗养院疗休养。

【职工医疗互助活动】 2014年，第十期职工医疗互助活动共补助26 362人，支付互助金12 654 661元。第十一期参加单位1 894家，参加人数164 380人，共收缴互助金13 379 440元，互助金使用管理规范安全。

【厂务公开民主管理】 2014年，突破难点，不断地把厂务公开民主管理工作引向深入。通过制度化、经常化的检查督促，杜绝了走过场和形式主义，使厂务公开工作逐步走向制度化、规范化，不断提高质量。全市已建工会公有制企业（事业）245家，全部建立了厂务公开、职代会制度（职工代表大会制83家，职工大会制162家），建制率100%。已建工会的非公有制企业2 227家，已建厂务公开2 195家，建制率98.5%。已建工会的非公有制企业2 227家，已建职工代表大会制度2 132家（职工代表大会制495家，职工大会制1 637家），建制率95.7%。

【法律援助】 2014年，建立了市县区总工会、乡镇（街道）劳动法律监督委员会，形成工会劳动法律监督网络，建立工会劳动法律监督组织573个，聘请法律监督员1 075人，受理违法、违规案件25件，建立劳动争议调解委员会608个，受理劳动争议案件189起，受理来信来访案件469件，接待来信来访人员617人次。

【宣传教育】 2014年，开展以培育和践行社会主义核心价值观为主题的职工道德讲堂，下发了《玉溪市总工会关于推进企业开展“道德讲堂”建设工作的通知》，建立了20个“道德讲堂”示范单位，开展了63次“道德讲堂”活动，参加活动职工达10 515人次。扎实开展职工职业道德建设双“十佳”评选活动，下发了《关于评选表彰玉溪市职工职业道德建设十佳单位和十佳标兵活动的实施意见》，推荐云南万绿生物有限公司和云南创新新材料集团公司副总、技术中心主任许铭参与省总十佳单位和十佳标兵的评选表彰。加强职工书屋建设，围绕职工书屋开展读书活动等文化活动，活跃了职工文化促进了和谐企业建设，为企业发展服务。

【“安康杯”竞赛活动】 2014年，各单位紧扣当年“广泛发动提质量，文化引领强基础”的竞赛主题，结合“安全生产月”开展各种形式的安全文化活动，继续广泛开展“十个一”活动，全面推行“一法三卡”的实际运用，加强安全文化建设，不断加强安全生产管理，取得了明显成效。全市参加“安康杯”竞赛活动的参赛单位共292家，比上年增加38家，增长15%；参赛班组2 637个，比上年增加558个，增长26.8%；参赛职工达到56 018人，比上年增加了8 859人，增长18.8%。超额完成了省级要求的参赛单位、参赛职工总数分别比上年度增长10%和5%，参赛单位班组100%参赛，参赛单位死亡和重伤事故有所下降，职业病危害状况有所改善的总体目标。市总工会向省竞赛组委会推荐表彰了“安康杯”竞赛优胜单位1个、优胜班组1个、优秀组织者1人，推荐表彰全国“安康杯”竞赛优胜单位1个。

（黄建祥）

玉溪市妇女联合会

【宣传思想工作】 2014年，各级妇联组织根据各自实际，利用各种媒介，开展了形式多样的宣传活动，向广大妇女群众宣讲社会主义核心价值观。推动男女平等基本国策宣传教育进党校，增强领导干部性别平等意识和对公共政策的性别分析能力。市妇联表彰“三八”红旗集体25个、“三八”红旗手35名。配合市文明办等单位开展云南好人、玉溪好人评选活动；利用“三下乡”活动开展男女平等基本国策宣传；开展读书节文化活动。开展网络舆情应对培训1期，进一步做好互联网等新闻媒体舆情监测、引导和处置。注重发挥主流媒体和妇联宣传阵地的作用，宣传女性的人格尊严和社会价值，坚决抵制歧视妇女的各种文化现象，努力营造尊重妇女、关爱妇女的社会环境。

【“最美家庭”评选活动】 2014年2月至8月，按照全国、全省妇联开展寻找“最美家庭”活动的部署，市妇联、市委宣传部联合开展寻找“最美家庭”评选活动。通过各级“妇女之家”层层推荐，评出村（社区）“最美家庭”523户，县级“最美家庭”90户通过网络投票、评委评审、评选出47个家庭为玉溪市“最美家庭”，其中15户被评为玉溪“最美家庭”、32户被评为玉溪“最美家庭”提名家庭。玉溪网、玉溪电视台、玉溪人民广播电台、《玉溪日报》刊播了玉溪市“最美家庭”部分候选家庭事迹。市妇联向省推荐的易门县王丽华家庭等5户家庭其中1户被评为省级“最美家庭”，4户家庭被评为云南省“五好文明家庭”，受到省级表彰。

【巾帼建功行动】 2014年，玉溪市妇女联合会围绕“五位一体”总布局，大力实施“巾帼建功行动”，引领妇女在玉溪经济建设中创新业绩。大力推进巾帼文明岗、巾帼建功标兵的创评，表彰“玉溪市巾帼文明岗”25个、“玉溪市巾帼建功标兵”35名，发动各行各业妇女踊跃参与岗位练兵、技能比武、劳动竞赛等活动，努力在本职工作中创造新业绩。创建全国巾帼现代农业科技示范基地1个。组织实施贷免扶补1 000人，发放资金7 552万元，带动就业1 420人。出台《玉溪市妇联鼓励创业“贷免扶补”工作管理办法》，进一步规范“贷免扶补”管理工作。100%回收2013年度小额信贷资金1.5亿元。100%回收到期贷免扶补资金。实施妇女发展循环金100万元，扶持110户家庭发展种养殖业、民族刺绣等产业。关注失业女性和返乡务农妇女等群体，举办庆“三八”女性专场招聘会。推动新平、元江、峨山、华宁等民族妇女手工刺绣产业发展，扶持更多妇女就近就地实现创业就业。承办云南省妇联健康养老服务专业人员培训班培训64人，为加快养老服务从业人员队伍建设做出积极尝试。红塔区妇联依托汇海集团成立“快乐姐姐”家政品牌，开展家政培训、促进妇女就业。做好“母亲水窖”、“母亲创业循环金”、“母亲邮包”等项目储备工作。广泛开展“美丽家园”创建行动，开展“巾帼生态绿色庭院”示范点创评，掀起广泛深入的节电、节水、节粮等家庭节能行动。

【争取项目工作】 2014年，市妇联积极争取全国及省妇联资金支持，争取项目15个，到位资金486万元，完成市政府下达任务数的100%。在易门县小街乡上普厂村、上普厂小学实施母亲水窖项目已竣工验收，受益人口478人；做好8名省级以上三八红旗手生活困难人员补助工作；继续在易门县实施儿童之家建设。争取“母亲健康快车——德昌祥温暖半边天女性健康知识宣讲公益活动”资金41万元，受益妇女3 200人。

【妇女维权】 2014年，各级妇联组织探索推动男女平等基本国策贯彻落实有效机制和途径，实施“巾帼维权行动”，促进妇女合法权益得到更好保障。在玉溪市红塔区玉带路街道郑井社区组织开展以“流动妇女儿童社区融入”为主题的人大代表政协委员与社区妇女儿童面对面活动，为妇女儿童理性表达利益诉求搭建平台。向各级人大、政协提交有关解决村民小组妇女委员待遇、免费婚检，两癌筛查等议案、提案3个。举办玉溪市维护妇女儿童权益工作培训班培训45人次，提高市区妇联干部维护妇女儿童权益的能力。做好信访接待工作，各级妇联办理来信来访来电814件，办结率100%。在红塔区、江川县、澄江县、易门县、通海县开展“四送一创”项目，深入开展防范和处理邪教问题工作。开展星级“平安家庭”示范户及市县区平安示范点创建创评工作，深化“平安家庭”创建。华宁县将反对家庭暴力、儿童保护工作作为平安家庭创建内容并纳入县社管综治考核。市妇联在新海天律师事务所挂牌成立妇女儿童维权工作站，为妇女儿童维权提供法律服务。红塔区妇联成立“妇女儿童反家暴庇护所”，为受到家庭暴力的妇女儿童提供社会救助、心理疏导、法律咨询等综合服务。协调玉溪市慈善总会在易门县六街街道茶树社区开展关爱单亲贫困家庭慈善公益项目。做好禁毒防艾工作，协助做好未成年人思想道德建设工作，为夯实社会和谐基础、建设平安玉溪贡献智慧和力量。

【妇儿工委工作】 2014年，各级妇联组织积极争取资源、科学谋划，大力实施“巾帼关爱行动”，为妇女群众做好事、办实事、解难事。把实施2011～2020年玉溪妇女儿童发展规划作为重要抓手，推进重点目标攻关、监测评估和性别统计工作，促进规划目标落实。健全规划实施的管理机制和保障机制，加强监测与评估工作，推动落实规划重点难点指标。确定新平县、华宁县为玉溪市实施妇女儿童发展规划示范县，深化示范创建工作。在五县区开展农村妇女“两癌”免费检查18 000人，救助“两癌”贫困患者43人。强化督查措施，使免费婚前医学检查率提高10个百分点。全市建成了15个儿童之家。与市文明办等单位联合开展玉溪市第二届美德少年评选活动。组织9篇论文参加“云南省儿童保护体系建设”研讨论文征集。开展春蕾桥资助2名困难女童，市妇联出资1.3万元资助6名贫病妇女儿童，协调社会资金2.2万元帮助1名脑瘫女童。峨山县为移民妇女儿童办好事、办实事。春节期间市妇联共走访慰问了20户困难党员、群众、孤寡老人，发放慰问金6 000元，为吉花村和胜利村解决妇女培训经费1.2万元。

【社区儿童保护项目】 2014年，继续实施全国社区儿童保护项目，全国12338热线/妇女之家维权服务指南及社区儿童保护工作座谈会在玉溪市华宁县召开，全国妇联领导，联合国儿童基金会领导、天津、江苏、湖北、云南等四个省区妇联主管领导及权益部长到会，对12338热线/妇女之家维权服务指南及社区儿童保护工作进行了研讨，省、市妇联对社区儿童保护项目进行了督导。华宁县积极推动将社区儿童保护工作纳入社会管理综合治理暨平安法治建设目标管理责任制考核中。在项目点围绕儿童保护预警应急能力培训、儿童数据库管理、儿童之家建设等内容，分别对社区骨干、单亲家长、儿童监护人、教师骨干进行了6期培训，培训人数350余人；教师骨干接受培训后对家长及学生进行了再培训的培训。完成2个项目点0～18岁儿童信息摸底填报工作，排查出高风险儿童105人。省市专家、项目点相关人员对高风险儿童进行了个案跟踪管理。12月，成立了华宁县单亲家长互助协会。儿童保护三级预防机制初步建立并运行有效。

【妇联组织自身建设】 2014年，以改革创新的精神加强妇联组织自身建设。按照中央、省、市委的统一部署，根据“照镜子、正衣冠、洗洗澡、治治病”的总要求，扎实开展以为民务实清廉为主要内容的党的群众路线教育实践活动。坚持求真务实，开展“下基层、访妇情、办实事”活动，为扶贫联系点胜利村协调财政资金10万元建设村组公房。开展“美丽玉溪党员先锋行动”，积极组织党员到社区服务。带头落实中央八项规定，对领导干部办公用房超标问题进行清理整顿。全面提高妇联组织自身建设科学化水平，努力建设学习型、服务型、创新型妇联组织。举办全市基层妇联干部培训班，共培训220人。举办玉溪市妇联系统社会工作培训2期培训134人次，组织全市56名妇联干部参加2014年度全国社会工作师职业水平考试，5人获得助理社会工作师资格。充分发挥妇联执委的作用，针对全市妇女儿童关心关注的城镇妇女就业等8个方面的重点难点问题开展了调研。强化管理，加强党风廉政建设工作，强化党组领导班子对党风廉政建设的集体责任，新建管理办法（制度）9个，进一步规范各项工作。在易门县、华宁县开展第四批云南省城乡社区妇联工作示范点建设。高新区妇联在非公企业建立妇委会4个，并组织开展了丰富多彩的活动。年内，玉溪市华宁县社区儿童保护项目经验被《中国妇女报》头版头条刊登，在全国推广。市妇联党风廉政建设工作考核为优秀。

（化红梅）

共青团玉溪市委员会

【概 况】 2014年，全市共有团员75 433人、专职团干部171人、有基层团委169个，团总支603个，团支部4 711个、团工委24个。有少先队员219 000人，入队率达100%。有市少先队总辅导员1人，市少先队副总辅导员5人，县（区）少先队总辅导员10人，乡（镇、街道）少先队总辅导员85人，学校少先队大队辅导员506人、中队辅导员5 905人，辅导员配备率达100%。玉溪市青年联合会有委员332名，县区青联9个。一年来，共青团玉溪市委围绕贯彻落实科学发展观，以“打牢一项基础工作，突出三项重点工作”为主线，凝聚一切力量，整合全盘资源，积极履行组织青年、引导青年、服务青年和维护青少年合法权益的基本职能，工作取得一定的成效。

【“发出好声音、传递正能量”活动】 2014年，通过共青团、青联和青年志愿者网站，微博、微信、QQ群、玉溪青年手机报、12355青少年服务台等新媒体运用，开展“发出好声音、传递正能量”活动。其中，手机报每周发布一期，年内共发布44期；团市委新浪官方微博发布微博4 020条；腾讯微博发布780条；微信公众平台共发布信息95条。团市委与玉溪网、印象影院合作，共同制作了3个公益广告片。《玉溪日报》刊发了7期“玉溪青年”专版。7月15日起，在全市青少年中开展“我为核心价值观代言”活动，其中，团市委发布代言微博22条，阅读量达6.2万，转发量达72次。元江县基层团干部、团员青年为核心价值观代言被团中央转发。10月，组织开展“寻找最美代言人”活动，邀请10名“最美乡村青年”5名青联委员，代言核心价值观和青春格言，阅读量7.1万，转发量104次。

【“我的中国梦”教育实践活动】 2014年，在全市组织了“我的中国梦”教育实践活动。少先队组织了“红领巾相约中国梦”主题队会，各级团组织结合实际开展了“我的中国梦”主题团日活动、“我的中国梦——奋斗的青春最美丽”报告交流会、主题演讲比赛，并通过集中学习日、板报宣传、微博互动等形式多样的方式开展活动。全市主题团日活动共5 034场，占基层团支部总数的66.7%。团市委组织了3场团省委“奋斗的青春最美丽”分享会，走进玉溪师院、走进红塔区、走进高新区，活动现场发布微博和微信互动内容38条。

【青年马克思主义者培养工程培训班】 2014年9月22～23日，举办全市团干部青年马克思主义者培养工程培训班，各县区团委班子成员及宣传员、各乡镇（街道）团委书记、市直团委团干部、市直机关团工委下属团组织负责人、团市委干部职工共150人参加培训。培训以马克思主义理论知识为指导，以务实创新精神为主线，切实推进玉溪市共青团、基层团建及学校共青团工作的开展，明确了下一步共青团工作的前进方向，为玉溪市共青团工作更好更快的发展奠定了基础。

【召开青年企业家协会工作会】 2014年1月14日，玉溪市青年企业家协会在云南猫哆哩集团召开了2014年工作会，团市委书记、市青联主席罗盛勇等16人参加了会议。会上，对市青企协、市青商会2014年工作计划进行了全面介绍，与会人员就2014年玉溪青年企业家协会暨玉溪商会重点工作进行了热烈地讨论，并为地方经济发展建言献策、共谋发展。随后举行新春联谊活动。

【举办第七届玉溪（红塔区）乡村青年文化节】 第七届玉溪（红塔区）乡村青年文化节于2014年4月27日在红塔区大营街街道举行开幕式。本届文化节以“唱响和谐旋律、弘扬志愿精神、传递正面能量”为主题，由共青团玉溪市委、玉溪市青年联合会主办，共青团红塔区委、红塔区青年联合会、中共大营街街道党委、大营街街道人民政府承办。共青团玉溪市委副书记王刚出席开幕式并致辞。本届文化节的集中示范活动内容包括：专场文艺演出、志愿者现场招募、共青团志愿清扫、文化集市及农村环境卫生大扫除等一系列活动，红塔区其他乡村团组织也同时开展有关文化节系列活动。

【共青团希望水窖“1+X”公益活动】 2014年4月，团市委启动共青团希望水窖“1+X”公益活动，发动广大团员青年和社会各界人士加入到援建活动中来，共筹集到善款48.40万元，建设161余口希望水窖，为部分山区解决饮用水困难问题，传播了志愿服务理念，在全社会营造抗旱节水、缓解旱情、奉献爱心的良好社会氛围。

【“贷免扶补”工作】 2014年，共青团玉溪市委将鼓励创业“贷免扶补”工作与加强团的基层组织建设有机结合，争取党政重视支持，积极协调相关部门，各基层团组织认真摸底调查，广泛宣传发动，提供咨询服务，严把资格审查、项目筛选、项目推荐关，于10月完成当年“贷免扶补”工作任务，共扶持500名创业青年，配合农信社发放创业贷款3 436万。

【创业致富带头人科技培训】 2014年2～11月，团市委开展了“玉溪市农村青年创业致富带头人”科技培训。培训工作以“青春建功新农村”行动为统揽，以科协农函大培训为载体，结合当地重点致富产业，选定培训专业，由县区科协组织教材和选派专业教师深入到各试点，为试点开展为期近一年的蔬菜、水果种植和家禽养殖等方面的理论和实际操作指导培训，共有1 762名农村青年参加了培训。

【“走进工业园区”活动】 2014年9月2日，市青年联合会、市青年企业家协会暨青年商会联合举行“走进工业园区”活动。来自各行各业的130多名市青联委员、市青企协会员齐聚研和工业园区、大化工业园区参观交流，就经济社会、产业发展、城乡发展等进行学习、考察、调研。

【“两新”组织团建工作】 2014年，玉溪团市委坚持以党建带团建、以团建促党建，突出特色、注重实效，进一步加强对青年的服务力度，创新社会领域共青团工作模式。于12月底，圆满完成了团省委下达的“两新”团建工作目标任务50家。

【城市街道区域化团建】 2014年，全市开展城市街道区域化团建工作，即全市24个街道团工委在街道党工委的领导下，组建以街道团工委为核心的共建委员会，凡属区域内的机关、事业单位、企业、学校、园区等，已建团的必须向街道团工委报到成为成员单位，承担工作并参加活动；未建团的单位，也尽量吸纳为共建委员会成员单位，基本实现社区建团全覆盖。

【“大团委”建设工作】 2014年，乡镇实体化“大团委”建设，按照聚集区域载体（商业街区、集贸市场、农业产行政村等）或聚集组织载体（机关事业单位、文体兴趣组织、社会组织、大学生村官组织等）建立直属团组织的要求，全市新建直属团组织170个。其中机关事业团组织20个，企业团组织15个，商业市场团组织45个，居住社区团组织30个，文体兴趣团组织30个，大学生村官团组织11个、非公有制经济团组织7个，其他团组织12个。团支部书记大多是兼职，年龄平均在30.8周岁。

【寻找乡村好青年活动】 2014年3月，全市各级团组织全面开展寻找乡村好青年活动，并与农村青年创业致富“领头雁”培养计划、农村致富带头人评选表彰等工作及其他部门开展的相关评优表彰活动结合起来，确保推荐的对象含金量高、代表性强。活动中，全市共推选具有良好的思想道德品质，在广大青年群众中反映良好，能在自己的领域发光发热，能作出积极贡献，是广大青年学习的好榜样的乡村好青年10人，并通过新闻报道、召开学习会、事迹宣讲活动等，大力宣传全市“乡村好青年”优秀事迹和品质，扩大活动影响力。同时，注重创新载体，组织“乡村好青年”围绕“我的中国梦”、“奋斗的青春最美丽”、“我为核心价值观代言”等主题开展青年分享会、微博分享互动，分享“乡村好青年”敢于有梦、勇于追梦、勤于圆梦的故事，传递社会主义核心价值观。

【青少年生态环保活动】 2014年，全市继续开展“生态玉溪建设·青春建功行动”，引导广大青少年积极投身到生态玉溪建设的工作中。通过“网页、简报、玉溪青年手机报、宣传单”在全市青少年中广泛宣传生态文明理念，提高青少年的生态文明意识。开展“保护母亲河生态监护站”活动，成立了监护队伍，有序地组织团员青年开展生态监护的各项行动。充分调动社会资源，发挥青少年生态环保组织、环保志愿者的作用，以“做好事做善事做志愿者”主题实践活动为抓手，利用生态环保纪念日，广泛开展植树护绿、低碳出行、清洁家园、节能减排等丰富多彩、生动活泼的生态环保主题团队日活动，在青少年中营造节约、环保、生态的良好氛围。组建河道保护治理青年突击队，开展主要河道集中整治、清理保护工作。积极响应市委关于加快美丽乡村建设的安排部署，整合团内外资源，开展共青团服务美丽乡村建设活动，在红塔区黄草坝建立市级示范点，在全市八县一区建设9个县级共青团服务美丽乡村建设示范点。

【“美丽乡村”摄影大赛】 2014年，为深入推进“我的中国梦”主题教育实践活动。同时充分展示玉溪市新农村建设工作成果，共青团玉溪市委、玉溪日报社、玉溪市青年联合会、玉溪市青年企业家协会、玉溪网联合组织开展玉溪市“美丽乡村”摄影大赛。活动还得到了青联委员企业——玉溪富然房地产开发有限公司的支持。来自玉溪市八县一区的800多名职业摄影师、社会各界和青联的摄影爱好者参加了大赛。大赛共收集作品815件，其中相机作品620件、手机作品195件，组照274件。摄影作品从“村容整洁环境美、村强民富生活美、村风文明人文美、村稳民安和谐美、乡音乡情乡村美”等不同侧面、不同角度全面展示了全市“美丽乡村”建设方面的新变化、新风貌、新气象。

【看望帮扶玉溪籍未成年犯】 2014年1月23日，团市委牵头，全市综治维稳预防青少年违法犯罪专项组的23家成员单位组成帮教团，到云南省未成年犯管教所看望帮扶玉溪籍未成年犯。

【“学雷锋”活动】 2014年，全市各级团组织结合“学雷锋活动”和“做好事做善事做志愿者”活动，开展了形式多样、主题鲜明、社会反响好的学雷锋志愿者活动。组织广大青少年学习了解雷锋和雷锋式模范人物的先进事迹；充分发挥传统媒体和新媒体的导向作用，多渠道宣传雷锋精神；结合各地区实际，深入农村、社区、敬老院，有针对性地为老年人、残疾人等各类困难群众和弱势群体提供多方面的志愿服务；以“3·5”活动为契机，引导广大青少年积极加入志愿服务队伍。团市委于3月5日在玉溪第一小学文化路校区举行“学习雷锋精神做好事做善事做志愿者”主题队日活动，授予全市20个少先队“雷锋中队”的荣誉称号，并授予雷锋中队队旗。当天，来自八县一区的留守儿童、进城务工子女和青年志愿者代表，共计150余名少先队代表参加了活动。

【少工委三届四次全会】 2014年4月22日，玉溪市少工委三届四次全会召开，团市委书记罗盛勇，市教育局副局长吴光连，团市委副书记、市少工委主任赵波等领导出席了会议，来自八县一区的少工委成人委员共43人参加了会议。

【18岁成人宣誓仪式】 2014年5月4日，共青团玉溪市委在玉溪二职中阳光操场举办玉溪市庆祝建团92周年“五四”运动95周年暨千名青年18岁成人宣誓仪式。

【少先队竞赛】 2014年5月28日，举办了玉溪市“红领巾相约中国梦”少先队基本知识竞赛，并推荐优秀集体和个人参加2014年云南省少先队基本知识竞赛、少先队活动课设计比赛、少先队鼓号队展示比赛。其中，玉溪市获云南省少先队基本知识竞赛集体奖6个，个人奖40个；云南省少先队活动课设计比赛共有36名辅导员获奖，其中一等奖有4名，二等奖6名，三等奖16名，优秀奖10名；云南省少先队鼓号队展示比赛共有21支队伍获奖，其中一等奖有1支，二等奖5支、三等奖8支、优秀奖7支。

【刊发《玉溪少先队》】 2014年8月27日，共青团玉溪市委召开《玉溪少先队》刊物第一次编委会，13名编委会成员参加了会议。《玉溪少先队》应推进全市少先队事业持续健康发展的需要而生，作为少先队工作者思想和理论研究的一个展示平台，主要起到指导工作、交流经验、展示风采、记录历程的重要作用。积极传播好声音，发挥正能量。将党政的声音、社会的美德、少年儿童和辅导员的需求传播出去，为各级少先队工作者树立榜样，做实服务。

【少先队辅导员培训班】 2014年9月28日至30日，由共青团玉溪市委、市教育局、市少工委联合举办的2014年玉溪市少先队辅导员培训班在玉溪市青少年宫演艺厅举行，来自全市八县一区的161名少先队辅导员参加了培训。本次培训内容有：如何做好当前少先队工作、学校少先队工作、推进少先队活动课建设、鼓号培训、培育和践行社会主义核心价值观等，课程内容丰富，紧扣少先队工作实际，受到了辅导员老师们的一致好评。

【玉溪美德少年评选】 2014年6月至10月，“社会主义核心价值观记心中”主题队日活动，“争当美德小达人”，寻找身边“最美少年”，“接受帮助”等活动在学校少先队中蓬勃开展。团市委同市文明办、市教育局、市妇联等单位一起，评出玉溪市美德少年10名，提名奖10名。

【少先队辅导员纳入专业技术资格评审】 2014年，玉溪市教育局、玉溪市人力资源和社会保障局、共青团玉溪市委、少先队玉溪市工作委员会联合《转发〈云南省教育厅等四部门关于做好中小学少先队辅导员教师专业技术资格评审工作的通知〉的通知》，以文件形式进一步拓宽少先队辅导员晋升途径。

【玉溪市禁毒科普教育馆开馆】 2014年6月26日，玉溪市禁毒科普教育馆开馆仪式在市青少年宫举行，农民工代表、学生、强戒学员家属和各县区禁毒专干等社会各界人士共计500余人参加活动。市禁毒科普教育馆坐落于市青少年宫，由市禁毒委出资200余万元筹建。建成后由市禁毒委和团市委共同管理，并面向社会各界开放，承担青少年禁毒科普教育及开展禁毒宣传。

【举办玉溪市第一期预青工作骨干培训班】 2014年7月1日至4日，举办玉溪市第一期预青工作骨干培训班，来自全市各条战线的80余名预青工作骨干参加了培训。培训班整合25家预青成员单位力量，邀请市政法委综治办、市中级人民法院、市检察院、团省委等相关部门的领导专家为学员开展了《社会工作视角下的预青工作实践与探索》、《涉诉未成年人司法保护理论与实务》、《保护青少年合法权益预防和减少青少年犯罪》、《完善工作机制加强未成年人犯罪预防》、《合适成年人参与办理未成年人刑事案件的相关问题》、《社管综治与预青工作讲座》等专题讲座，针对重点青少年群体开展帮扶活动，广泛开展禁毒防艾宣传、未成年人自护教育、法制宣传教育等工作进行了研讨交流。

【青少年事务社会工作中心】 为提高团的吸引力，扩大团的工作有效覆盖面，团市委建设由团组织主导的新社会组织参与青少年事务社会工作中心，2014年确定了在玉溪市青少年宫、红塔区教育社区试点建设两个青少年社会事务社会工作中心。

【团市委党团员进社区活动】 2014年10月23日，团市委到北城街道古城社区开展敬老月“做好事做善事做志愿者”活动，团市委全体干部职工、玉溪市医院志愿者、红塔团区委、北城街道团工委，共计34人参加。活动中，看望慰问了社区高龄老人，组织社区老人进行了体检和义诊。

【放眼看世界——儿童斜视公益慈善云南项目】 2014年10月30～31日，来自全市的314名有斜视症状的儿童在市青少年宫接受以云南省第二人民医院为主的医疗团队的排查义诊，经筛查，符合手术条件且家长自愿的家庭贫困儿童，将有望获得“放眼看世界——儿童斜视公益慈善云南项目”每人6 000元以内的资助。

【希望工程爱心圆梦大学公益活动】 2014年7月至9月，玉溪市希望办通过爱心圆梦、加多宝、国酒茅台、希望之星等省级项目以及县区自筹等方式，共筹款604 950元，资助157名贫困大学新生。自2007年全市开展“圆梦行动——玉溪市希望工程爱心圆梦大学”公益活动以来，玉溪市希望工程实施机构累计共筹款335万余元，资助823名贫困大学新生。

【优秀中职毕业生校园分享活动】 为深入推进中职学校“我的中国梦”主题教育实践活动及培育和践行社会主义核心价值观活动，2014年4月以来，团市委要求全市各县（区）、各中职学校认真扎实推进“彩虹人生——奋斗的青春最美丽”优秀中职毕业生校园分享活动。全市各中职学校共开展了20余场次分享活动，取得了良好的育人效果。

【中职院校参加省级创新创效创业大赛】 2014年，中职院校参加省级创新创效创业大赛并完成数据录入工作。全市共有5所职业院校的11个项目获得了首届“挑战杯——彩虹人生”云南省职业院校创新创效创业大赛奖项，其中获银奖1名、铜奖3名、优秀奖7名。截至11月，全市13家中职院校已按照团中央和团省委《关于建立全国中职学校共青团工作信息系统暨数据库的通知》要求全部完成数据录入工作。

【青年志愿者网上注册】 2013年12月4日，由团省委推动实施的“云南青年志愿者”网络平台正式上线，为进一步做好“云南青年志愿者”网站注册运营工作，团市委召开会议专题研究部署相关注册事宜，同时运用手机报、微博、微信等新媒体形式进行宣传，广泛发动志愿者进行网络注册。截至2014年12月，全市共完成6万志愿者注册。

【志愿者服务结对工作】 全市共有城市农民工子弟学校、城市农民工子女较集中学校以及乡镇村农民工子女较集中学校64所，已完成结对48所，结对率75%；全市在读农民工子女共计19 963人，已完成结对10 085人，结对率51%。全市各县区共计开展七彩课堂学业辅导活动132次、亲情陪伴活动85次、感受城市活动10次，募集各方爱心捐赠折合人民币5万余元。2014年，全市结对青年志愿者组织92个，结对基层团组织数186个，助残结对数1 434次，参与结对的青年志愿者2 012人。

【“爱与鲁甸同在志愿者在行动”公益募捐活动】 2014年8月16日，团市委、市青年志愿者协会与向日葵公益组织联合开展“爱与鲁甸同在志愿者在行动”公益募捐活动。志愿者们通过宣传展板、宣传单页向市民宣传防震救灾常识，介绍鲁甸灾情，积极募集捐款。本次活动为期三天，共筹措善款24 030.9元。

【第十一届“聂耳杯”青少年才艺大赛（书画类）】 2014年寒假，第十一届“聂耳杯”青少年才艺大赛（书画类）在市青少年宫举行。大赛由共青团玉溪市委、市教育局、市文化局、市少工委、市青年联合会共同主办，市青少年宫承办。“聂耳杯”青少年才艺大赛已成功举办十届，已经发展成为全市青少年艺术活动的一个品牌，成为新时代激发孩子们文化艺术热情的有效途径。此次比赛共设书法和美术两个类别，分为幼儿组、小学组、初中组和高中组4个组别进行，共吸引了全市八县一区2 658名青少年报名参赛。

【禁毒科普教育馆落成开放】 2014年6月26日，玉溪市禁毒科普教育馆开馆仪式在青少年宫举行，农民工代表、学生、强戒学员家属和各县区禁毒专干等社会各界人士共计500余人参加了开馆仪式。市禁毒科普教育馆坐落于市青少年宫，2013年开始筹建，由市禁毒委和团市委共同管理，对外开放后将承担青少年禁毒科普教育和面向社会开展禁毒宣传功能。展馆自开馆之日起，每天向公众免费开放，节假日开放时间为8：30～11：30和14：30～17：30，非节假日开放时间为18：30～20：30，配设专业讲解员免费讲解。

【英语口语大赛】 2014年7月19～23日，由共青团玉溪市委、玉溪市教育局主办，玉溪市青少年宫承办的第十一届“聂耳杯”青少年“希望之星”英语口语大赛在市青少年宫举行。比赛分设幼儿组、小学A组、小学B组、小学C组、初中组、高中组六个组别，共有来自八县一区的3 125名选手参加了比赛。

【“青帆快乐课堂”免费艺术培训班结束】 2014年12月21日，由共青团玉溪市委主办、市青少年宫承办的2014年度“青帆快乐课堂” 免费艺术培训班在振兴学校圆满结束。培训班分为春季班和秋季班两期，共有485名农民工子女报名参加了舞蹈、书法、美术、古筝、葫芦丝等项目培训。“青帆快乐课堂”是团市委与青少年宫共同开展的“青春彩云南”关爱农民工及其子女公益活动的项目之一，关爱农民工及其子女公益活动包括免费艺术培训、知识讲座、文体比赛、免费参观游玩等内容。

（甘莉娅）

社会科学界联合会

【社科研究】 市社科联围绕市委的八项重点工作启动2014年度课题研究工作：明确研究重点和方向、广泛征集研究课题、制定课题研究指南、早计划早布置早启动。充分调动玉溪师院、市委党校和其他社科工作者的积极性，开展社会热点、难点问题研究。玉溪师院《玉溪市社会事业发展综合评价研究》、《玉溪统筹推进城乡社会保障体系建设研究》、《玉溪市产业发展研究报告》等研究成果，被授予第八次社会科学优秀成果，为市委市政府提供参考和咨询服务。截至4月30日，共收到申报研究项目61项，经专家评审，结合社科联实际立项10个研究课题，把培育和践行社会主义核心价观作为本年度的重点研究课题。同时鼓励自筹经费研究项目，进一步拓宽社科研究的渠道。玉溪师院、市委党校、市农职院自筹经费立项20个课题。年度课题研究工作比往年提前2个月安排，年内立项课题能够评审结项，安排编印《年度课题研究报告》。

【哲学社会科学优秀成果评奖】 2014年，市社科联根据《玉溪市哲学社会科学评奖暂行办法》，制定了《评奖实施细则》。组织了玉溪市第八次（2012～2013年度）哲学社会科学优秀成果评奖活动。在组织评奖过程中，坚持评奖标准，规范评奖程序，按照“公开、公正、公平”的原则评选优秀哲学社会科学研究成果。对222项申报成果进行认真评审，评出69项（其中一等奖7项，二等奖21项，三等奖41项）优秀社科成果。优秀成果逐年增加，社科人才队伍不断壮大。市社科联组织颁奖座谈会，代表市政府对获奖成果予以表彰奖励。积极组织全市社科界优秀社科成果21项参与云南省第十八次哲学社会科学优秀成果评奖活动。

【学会管理服务】 2014年上半年，明确专人负责学会联系、服务工作，对全市社科学会工作进行了摸底调查，进一步更新完善《学会库》，并研究制定《学会管理办发》，进一步明确学会的职能、职责和任务，进一步加强了与学会的联系、沟通和服务，规范了管理。当年，围绕如何提升服务能力和管理能力，主动参与市档案学会、市警察协会、市纪检监察学会、市收藏家协会和古滇国研究会的活动；邀请市图书馆学会、市博物馆、师院、党校等学会和科研单位参与社科联组织的专题研讨会。

【社会科学知识普及】 2014年社科普及工作内容丰富，利用玉溪社会科学网站平台，综合了社科课题研究、社科优秀成果评奖、社科学会服务、社科知识普及、社科前沿、工作动态、专家风采、建言献策和机构设置等信息，较好地服务社科界。积极组织申报云南省社会科学普及示范基地，当年，江川云南李家山青铜器博物馆成功申报挂牌。与省社科联科普部合作，在云南省社会科学普及示范基地举办云岭大讲堂·玉溪讲坛专题讲座12次，受众5 000余人次，在干部职工、高校师生和社区居民中较好地宣传了中华民族优秀传统文化，普及了人文社会科学知识、科学思想、科学精神。承办第七届社科学术年会分论坛和云南省科技活动周社会科学普及集中示范活动开幕式。云南党史展览、再生经济产业开发研究、云南绿色发展研究、建水紫陶文化、玉溪华宁陶瓷文化、峨山高香万亩生态茶文化、玉溪师院传习馆作品、科技大篷车等亮相开幕式。科普示范周引领大众科普模式，为社科知识宣传普及搭建了新平台。

【学术研讨】 2014年10月25日，玉溪市古滇国文化研究会第九次学术研讨会在澄江召开。市委副书记夏立洪出席研讨会并讲话，江川、澄江、市直分会会员80余人参加研讨会，提供研讨论文近60篇。本次研讨会邀请云南省古滇国文化研究专家黄懿陆、李铁军做专题讲座。

【召开玉溪市社会科学界联合会第四次代表大会】 玉溪市社会科学界联合会第四次代表大会于2014年12月22日至24日在玉溪龙马大酒店召开，本次代表队正式代表85人，特邀、列席代表35人。通过了陈克华代表三届社科联所作题为《干在实处，走在前列，奋力推进玉溪哲学社会科学大繁荣大发展》的工作报告；通过了《玉溪市社科联章程修正案》；选举产生了第四届委员会委员33人、常委9人。陈克华当选四届社科联主席，钟长生当选专职副主席，孔施祥、苏 涛、宋红瑛当选兼职副主席。大会表彰了第八次哲学社会科学优秀成果；表彰了19个社科先进集体和20个先进学会工作者。

（新　雨）

工商业联合会

【招商引资】 结合市委、市政府2014年下达给市工商联1亿元的招商引资任务，在牵头做好市民营企业招商总局工作的同时，成立领导小组，制定实施党政领导班子招商引资工作“642”计划，明确具体责任到人，发挥行业商（协）会、异地商会、执（常）委企业的优势和作用，加强与各县区政府和招商部门的沟通联系。组织江西商会、川渝商会、福建商会的企业家到易门县、通海县、新平县、元江县、澄江县、峨山县等县考察投资环境，开展招商引资项目推荐、项目考察、项目洽谈活动。支持玉溪市川渝商会举办“碧玉蓝天·清溪长流——川渝人走玉溪”大型招商引资项目推介暨签约活动。推进“民企入玉”，新签约云南玉昆钢铁集团有限公司计划总投资5亿元建设的“玉昆煤气蒸汽余热发电项目”、元江新大陆房地产开发有限公司计划投资约3亿元的“元江县书香庭院建设项目”和云南华豫房地产开发有限责任公司投资6.5亿元建设的新平县“彝族民居建设项目”。截至2014年11月底，争取上级资金586.96万元；引入市外资金1.2亿元，完成全年目标任务的120%。

【助推民营经济发展】 2014年，借助玉溪市小微企业金融促进会平台，共帮助200余户小微企业取得民生银行近3亿元的贷款支持。帮助玉溪益粒康胶囊科技有限公司、中科物联网有限公司等小微企业与建设银行、中国银行、信用社等金融部门牵线搭桥；针对市属异地商会普遍反映的“会员子女入学难”问题，牵头促成市教育局、红塔区教育局与五个异地商会负责人召开座谈会，经过专题讨论和多次协调，使异地商会会员需就读小学阶段的24名子女和需就读初中的17名子女均进入公办学校就读。

【会员维权】 2014年11月，组建“玉溪市工商联民营企业法律维权律师服务团”，制定《关于开展非公有制企业商会（协会）劳动争议预防调解示范工作实施方案》，为会员企业开展法律咨询、法律宣传、矛盾调处等工作。协调解决了元江县永发水泥厂有限公司与马桥建筑公司下属建筑队发生合同纠纷相关事宜、温州商会会员在峨山商贸城与回族租户矛盾纠纷问题。

【调查研究】 2014年，深入县级工商联及相关企业就非公有制经济在市场准入、科技体制改革、公平竞争和发展混合所有制经济等方面的问题展开调研；从10月中旬起到12月中旬，围绕进一步改善“全市民营经济发展与投资环境”，深入县区、行业（异地）商会152家企业调研，与企业家面对面座谈，倾听他们在发展中遇到的困难和问题以及对玉溪发展环境方面的意见建议，征求到影响非公企业发展的困难和问题315条，形成“关于非公经济全面深化改革调研报告”、“民营经济发展与投资环境存在问题清单”等调研成果提交市委、市政府主要领导；围绕“新生代非公经济代表人士调查摸底”工作、“关于开展中小微企业技术创新综合调研”、“云南省工商业联合会关于做好全省全面深化改革有关调研工作”、“关于开展加快民营经济发展决定及其实施意见贯彻落实情况调查评估工作”、“云南省工商业联合会关于落实企业投资自主权和示范项目开展第三方评估工作”、“玉溪市人民政府金融办公室关于配合做好推介项目有关工作和经济信息服务”等工作深入展开调研，形成《玉溪市新生代非公有制经济人士调查摸底综合情况报告》等10余份。

【参政议政】 在2014年省、市“两会”上，提交了《关于促进小微企业发展的建议》、《关于做优做强工业园区的建议》、《关于进一步加强中心城区建筑物外立面工作管理的建议》、《关于加强玉溪市养老服务业建设的建议》等11个提案。其中，郭开堂撰写的《关于促进小微企业发展的建议》被省政协十一届二次会议列为重点督办提案，并请省政协副主席喻顶成牵头落实；《关于做优做强工业园区的建议》被市政协四届二次会议列为重点督办提案。

【贷免扶补】 2014年，省工商联下达市工商联“贷免扶补”指标任务2 800人，占全省工商联系统的17.5%。截至当年9月30日，全市工商联系统“贷免扶补”目标任务全部完成，发放创业贷款17 812万元，带动就业6 988人，其中，大中专毕业生324人，占11.57%。

【落实“两个10万元”政策】 2014年10月，省工商联安排玉溪市工商联120户“两个10万元”微型企业培育工程的目标任务，截至当年11月中旬，全市120户小微企业已完成材料申报，并通过审核，目标任务圆满完成。

【非公经济人士理想信念教育实践活动】 2014年，组织全市103个商会组织，472户非公企业，920名非公经济人士深入开展以“提振精气神，汇聚正能量，建设新玉溪，共圆中国梦”为主题，以增强“信念、信任、信心、信誉”为主要内容，以促进“两个健康”为目标的理想信念教育实践活动。6月起在全市非公经济人士中广泛开展以“廉洁从业，诚实守信”为主题的“千名民营企业家诚信经营”签名活动；11月24日，举办全市理想信念教育报告会暨民营企业家“创二代”培训，邀请5名民营企业家代表结合自身经历，谈理想、话改革、讲贡献。

【学习培训】 2014年，组织市、县区工商联主席、“新生代”企业家分别参加上海交通大学和浙江大学举办的学习十八届三中、四中全会精神培训班；3月17日，举办全市执委、常委、秘书长和民建企业家会员等300余人参加的“党的十八届三中全会精神与民营经济发展”专题讲座；11月24日，举办党的一八届三中、四中全会精神和“依法治国与民营经济发展路径”专题讲座，邀请省政协常委、民建云南省委副主委、知名民营企业家王清民，省政府参事、云南大学经济学院副教授罗美娟，玉溪师院马克思主义学院院长罗伟教授等宣讲解读中央全面深化改革、加强法治建设政策。

【商会组织建设】 2014年，机关提拔使用1名副调研员、1名主任科员、1名办公室副主任，增补了4名四届执委会兼职副会长。

3月9日，指导成立了玉溪市江西商会；3月17日“玉溪市商会”更名为“玉溪市总商会”；积极做好浙江商会和河南商会前期筹备工作，全力开展高新技术开发区和研和工业园区工商联（商会）筹建工作和各乡镇（街道）商会称谓规范工作。截至当年12月，全市工商联会员已达21 955个，其中企业会员4 495个，团体会员197个（乡镇商会50个，街道商会24个，行业商会103个，异地商会9个，园区商会1个，个体劳动者协会5个，私营企业协会1个，其他4个）。

【直接联系服务群众】 2014年，17次深入新平县平甸乡磨皮、费贾、桃孔村委会，峨山县大龙潭乡，通海县里山社区和60余户民营企业开展大走访，帮助协调到位资金超过120万元，使里山、大龙潭、磨皮历年项目、新增项目得以全面实施；在开展党的群众路线教育实践活动中召开座谈会17场，发放征求意见表56份，梳理出对党组班子的意见建议37条，对党组班子成员的意见建议59条；按“四必谈”要求开展两轮交心谈心，提出43条批评意见；6月起，组织8名在职党

2014年6月26日，玉溪市工商业联合会组织开展“玉溪市光彩事业促进会捐赠仪式”，13位民营企业家现场捐赠78.8万元。图为捐赠仪式

（市工商联　提供）

员到社区报到为群众服务，认领社区服务公益岗位9个，亮明党员身份，开展承诺服务，带头参加公益性活动。

【光彩事业和感恩行动】 深入开展“云南红土情•光彩进万家——民营企业感恩行动”。2014年，玉溪市光彩会共接收32户企业、单位捐赠，过户公益性资金341.87万元，开展了项目扶贫、资助交通、水利等基础设施建设和教育、卫生、环保等社会公益事业，资助贫困大学生完成学业和参与社会主义新农村公益事业建设；昭通鲁甸8.03大地震发生后，通过积极倡议和组织引导，全市非公经济人士向鲁甸灾区捐款捐物达257.3万元。云南玉溪仙福钢铁（集团）有限公司、云南省玉溪市甜馨食品有限责任公司、玉溪快大多畜牧科技有限公司被中共云南省委、省人民政府表彰为社会扶贫先进集体。

【制度建设】 2014年，制定完善了《市工商联执常委约谈制度》、《市工商联联系群众制度》、《市工商联考勤管理制度》等制度规定23项，健全了公务接待、公车使用、差旅费使用管理规定。

（刘亚丹）

残疾人联合会

【残疾人基本服务状况和需求核查工作】 2014年9月18日，玉溪市全国残疾人基本服务状况和需求专项核查领导小组，制定核查工作方案，按照残疾人户籍所在地原则，对玉溪市持有第二代《中华人民共和国残疾人证》的全部残疾人及0～15周岁未持证的疑似残疾儿童进行核查，至11月17日，玉溪市“全国残疾人基本服务状况和需求专项调查工作”全部核查完毕，核实75个乡镇（街道）、701个社区（村委会），核实率为100%，核查持证残疾人62 577人，非持证残疾儿童46人，核查率100%，截至12月31日，各级残联完成入户登记培训工作。

【残疾人组织联络工作】 2014年，加强和完善残联组织建设，提高干部队伍素质，推进残疾人两个体系建设，与县区残联签订目标责任书，配齐全市75个乡镇（街道）和701个村居委会（社区）残疾人协会残疾人专职委员，形成了市、县、乡、村“四位一体”的管理服务体系；全市成立49个专门协会，1 465名志愿者，服务44 059名残疾人，充分发挥了协会“代表、服务、维权”的作用，办理残疾人证65 698本，积极开展“关爱残疾人志愿服务”活动和“志愿助残阳光行动”。

【残疾人康复工作】 2014年，完成白内障筛查3 000例，为贫困白内障患者实施免费复明手术1 929人，2 020例；积极开展重性精神患者康复救助服务，免费住院治疗349例，免费服药1 349例；阳光家园计划机构托养439例，居家托养1 430例；以“三助行动”为载体实施政府惠民实事工程，全市共完成助视器验配330例，假肢装配120例，助听器验配100例，超额完成了惠民实事各项工作任务；完成市级复聪行动计划100名；国家彩金项目低视力者配用助视器576人，652例；盲人定向行走训练125人；新收训聋儿31人；贫困成年听力残疾人（助听器）康复161人；贫困肢体残疾儿童矫治手术7人，13例；肢体残疾（脑瘫）儿童康复36人；肢体残疾儿童社区、家庭康复74人；成年肢体残疾人社区、家庭康复370人；智力残疾儿童机构康复20人；智力残疾儿童社区、家庭康复126人；成年智力残疾人社区、家庭康复6人；收训孤独症儿童9人；辅助器具配发461人，492件；国家彩金项目残疾人装配假肢106人，110例；国家彩金项目残疾人装配矫形器18人，27例；其他各类辅助器具3 040件；培训乡镇（街道）康复协调员61人、村（社区）康复协调员614人。

【残疾人教育、扶贫工作】 2014年积极开展春节、助残日走访慰问活动，共走访慰问了贫困残疾人4 793户，发放慰问金171.7万元。资助考取重点高中、大、中专学校的贫困残疾学生及残疾人的子女284名，中小学生912名，资助经费106.55万元；用云南省残疾人事业专项彩票公益金资助贫困残疾人学生及残疾人子女就读高中、大学193人，资助资金24.6万元。

2014年，完成农村贫困残疾人的危房改造350户，每户市级补助2 000元，县级补助3 000元，共计补助175万元。

【残疾人就业工作】 2014年，完成市残联和六个县区残疾人就业服务机构规范化建设，服务设施建设规模11 278.14平方米，投入资金1 487万元；组织20名社区就业指导员参加2014年“清华大学”远程培训；拓宽残疾人就业渠道，就业援助月期间走访登记残疾失业人员家庭395户，628人次；组织残疾人专场招聘会7次；完成34 427名残疾人就业和职业培训信息数据录入，完成率103%；全市征收残疾人就业保障金2 029万元，其中市残联征收保障金850万元；成功申报云南铜业高级技工学校、华宁职中、澄江职中为第二批省级残疾人职业培训基地，易门县大椿树水泥有限公司

2014年7月22日至25日，玉溪市残联成功承办云南省第五届残疾人职业技能竞赛，玉溪代表队在参赛17个代表队中，以优异的成绩荣获云南省第五届残疾人职业技能竞赛团体总分第一名。图为玉溪市代表队获奖　　（任丽萍　摄）

残疾人就业示范基地；全市各级残联共举办了一期竹编技能培训班、一期残疾人雇主培训班和二期汽车、摩托车修理培训班，以及各类农作物种植、家禽家畜饲养、花卉苗木种植、果树栽培、陶艺、精细加工，计算机应用、残疾人岗位盲人保健按摩培训等，据统计共开展城镇残疾人职业技能培训683人次，农村实用技术培训3 061人次。11月13日，全市40名盲人参加了云南省盲人按摩指导中心首次在玉溪市举办的盲人按摩师创业培训班（简称“SYB”培训）。

【残疾人宣传文体工作】　2014年7月7日，荣获“全国自强模范称号”的玉溪市健朝按摩院创办人廖健朝在云南省残疾人联合会主办，玉溪市残疾人联合会承办的云南省第五次全国自强模范暨助残先进事迹报告会作先进事迹报告；利用国际盲人节，组织我们同行——明盲合作竞赛交流会，参观全国文化信息资源共享工程——玉溪市支中心，真正让残疾人走出家门，融入社会，克服自闭心里；利用新闻媒体加大对残疾人事业的宣传力度，当年信息公开582篇，其中，市残联门户网站发稿491篇、市政府信息公开部门网站491篇、重要信息公示5篇、重大事项通报12篇；利用玉溪电视台、红塔区电视台开播“手语新闻”栏目，全年共广播宣传215次，黑板专栏宣传871块，张帖标语4 680余条，悬挂横幅1 860多条，营造全社会“理解、尊重、关心、帮助残疾人”的良好氛围。

8月31日至9月7日，玉溪市代表团在云南省第十届残疾人运动会暨第四届特殊奥林匹克运动会上，荣获金牌44枚，金牌总数在参赛的18个代表队中排名第三，并荣获主委会颁发的体育人才贡献奖。

【残疾人维权工作】　2014年，做好残疾人法律救助和法律援助服务，全年提供法律援助咨询550人次，代理诉讼案23件；来信来访1 100人次，其中处理来信208件，回复率达100%，无集体上访和越级上访事件发生；发放资料20 000多份，发放残疾人机动轮椅车燃油补贴3 079辆，补贴资金89万元。

【残疾人状况监测工作】　2014年，新平县被评为残疾人状况监测先进单位，继续开展全国残疾人状况监测工作，严格按照监测方案对嘎洒镇达哈村委会37名残疾人，古城街道纳溪社区42名残疾人状况实施监测，经过入户访问，认真、准确收集原始资料，反复核查问卷填写内容，严格控制问卷差错和质量，于12月18日完成省级质量验收与上报工作。

【社会各界对残疾人的关心、帮助】　2014年，与郑州百消丹药业有限责任公司合作，开展“高原阳光”健康助残行动，免费为持有二代证的残疾人提供117.8万多元的微量元素及轮椅；争取到云南省残疾人联合会福利基金捐赠62万余元物资；全年争取上级资金1 200万元，超额完成了玉溪市委下达的争取上级资金1 151万元任务。

（刘祥松）

玉溪市红十字会

【应急救护培训工作】　2014年，修改制定《玉溪市应急救护培训管理办法》和《关于加强应急救护培训收费管理的通知》，以此加强对应急救护知识教学培训二作的管理。一年来，全市累计培训初级卫生救护员49 443名；向公众开展宣传普及救护和防病知识的宣传和培训人数为51 276万人（次），增强了群众自救互救和自我防护的意识和能力。

【筹资募捐】　2014年，各级红十字会共开展筹资募捐宣传活动69次，筹集资金472.37万元。在“8・03”鲁甸地震发生后，市红十字会及时发出募捐倡议，组织义演、现场募捐等活动，全市红十字会共接受捐赠款物合计435.37万元。接受捐赠后，快速转运物资，及时汇缴捐款，以实际行动支援灾区人民，并在玉溪网上动态公示接受捐赠情况，做到公开、透明。

【博爱送万家活动】　2014年，玉溪市各级红十字会共开展“博爱送万家”、贫疾救助送暖等活动57次，送去粮油、过冬衣服、棉被、毛毯等物资以及慰问金，共计294 275.3万元。投入救助金7万余元对患有先心病、白血病、癌症、小儿麻痹等贫疾人员和家庭给予救助。

【召开玉溪市红十字会第三次会员代表大会】　2014年12月23日至24日，在玉溪召开玉溪市红十字会第三次全市会员代表大会。大会审议通过二届理事会的工作报告和财务收支情况报告，选举产生玉溪市红十字会第三届理事会领导班子，聘请市委书记罗应光为名誉会长，李绍辉、李家茂为名誉副会长，圆满完成大会的各项议程。大会还对五年来对红十字工作作出突出贡献的10个先进集体和20名先进个人进行表彰。

【捐献造血干细胞宣传】　2014年，

2014年，玉溪市争取慧中慈善基金会的支持，在全市范围内开展先心病患儿救助工作，共复查救助先心病患儿15人。11月，联合慧中慈善基金会邀请省云大医院专家到新平县开展为期三天的先心病筛查活动，筛查适龄儿童10 036名，筛查出疑似先心病患儿50名，并对符合救助条件的患儿开展下一步救助。联合市人民医院复查救助患儿17人，3人手术出院，8名患儿需到云大医院实施外科手术

（市红十字会　提供）

全市共开展捐献造血干细胞宣传活动42次，采集血样526人份，并将个人的血样检测信息资料录入中华骨髓库等待配型。3月13日，志愿者王高峰在云南省第一人民医院成功为广州市一名血液病患者捐献造血干细胞。是玉溪市首例造血干细胞捐献，是云南省2014年分库第一例，累计第92例。

【捐献人体器官宣传】　2014年，全市共开展捐献人体器官宣传活动102次，在市人民医院、玉溪师院和红塔区泷水塘社区开展宣传试点工作，组建联络员、信息员和协调员队伍，并开展业务培训。经过积极宣传和广泛动员，自愿到市县（区）红十字会登记捐献人体器官的志愿者累计30人。12月25日，新平县杨施杰捐献人体器官4个大器官和一对眼角膜，挽救了4名终末期重病患者的生命，使2名患者重见光明，捐献人体器官捐献实现“零”的突破。

【红十字精神宣传活动】　2014年，在世界红十字日期间，组织开展红十字知识及应急救护知识竞赛，共有全市32 820名干部职工参加竞赛，共抽取一、二、三等奖和鼓励奖230名，评选出22个优秀组织奖，进行了表彰奖励。同时，组织召开市直红十字团体会员单位座谈会，开展宣传、义诊、培训、募捐等多形式的纪念宣传活动。在世界急救日期间组织举办“身边的急救”摄影大赛。征稿结束后，特邀市摄影家协会的专家评选出一、二、三等奖33件进行表彰奖励。

【申报公益彩票金扶持养老机构项目】　2014年，经市红十字会积极争取，峨山、华宁和江川三个县的养老服务机构成功申报中央专项公益彩票金扶持养老机构项目。项目申报成功后，国家红十字总会给予每个养老机构服务项目20万元的设备支持，助推三个县的养老事业发展。

【应急救护知识培训】　2014年2月17日，市红十字会在红塔文体中心举办普及应急救护知识讲座，特别邀请北京红十字会应急救护培训工作指导委员会资深专家马桂林老师到玉溪市作突发事件的自救与互救专题讲座，770人参加讲座。讲座内容丰富、信息量大，课件精美、概括精要，互动性强、气氛热烈，深受欢迎和好评。

【红十字志愿服务培训】　2014年4月25日，市红十字会举办红十字志愿服务工作培训班。全市红十字会系统工作人员、各县区红十字志愿服务队负责人等近100人参加培训。培训班特邀省红十字会的老师授课，授课内容理论结合实践，注重志愿服务方式、方法的讲授，信息量大，受到参会人员的欢迎。

（杨　梅）

玉溪军分区

【思想政治建设】 2014年，玉溪军分区把学习贯彻习近平主席系列重要讲话精神作为首要任务，突出党的十八届三中、四中和全军政治工作会议精神学习贯彻，组织党委中心组带机关和人武部理论学习，党委常委为全区官兵职工辅导授课23场次。开展牢记强军目标、献身强军实践主题教育、讲党性、立规矩、治歪风、树正气专题教育，编印下发《强军战歌作品集》，持续培育当代革命军人核心价值观，涌现出王强、鲁仕华等践行强军目标先进典型。开展“三清理、三整治”，清查涉徐才厚、杨金山、叶万勇、卫晋信息资料。开展每月一课警示性法制教育和“四反”“五防”教育，保持了部队纯洁巩固。开展革命传统和爱国主义教育，举办红色经典大讲堂，组织官兵参加清明祭奠和烈士纪念日活动，党委常委和地方专家先后为全区官兵职工讲党史、军史和人物史。围绕八千里边防文化长廊建设，新建玉溪军史馆，更新营院橱窗，规范党委会议室领导人题词，营造浓厚的政治文化氛围。认真做好军事斗争政治工作准备，新建政治工作战备库室。加强新闻宣传报道工作，在《解放军报》、《国防报》、《战旗报》、《西南民兵》等媒体上稿395篇，被省军区表彰为“政治工作研究先进单位”。

【战备训练】 2014年，玉溪军分区坚持任务牵引推进军事斗争准备，定期组织形势战备教育，先后两次集中修订完善各类预案方案，筹措资金购置补充战备物资器材，采取先分后合、先训后拉、边训边查、边训边纠的方式，组织5次实案化应急拉动演练。建立完善军分区处置重大突发事件“1小时”应急反应机制，以做好景谷抗震救灾准备和参加“云岭—2014”党政军联合指挥所演习为契机，全面检验、锤炼部队应急出动能力水平。坚持按纲施训、严格施训，区分干部、战士、民兵三个层次，突出抓好首长机关、基础课目和紧急出动等重难点课目训练，全年参训率达90%，训练课目合格率均达85%。突出真、难、严、实组织“考比拉”，4月份，组织分区机关和人武部干部开展参谋比武集训，8月，采取24小时连续作业的方式，对人武部进行8个训练课目考核，分区机关和人武部迎接军区和省军区军事训练考核均达到优良。

【基层建设】 2014年，玉溪军分区坚持把人武部当基层建设，分区党委常委带机关工作组分别对团级单位党委进行考核，先后指导通海、新平县人武部召开党委第一书记任职宣布大会，成功召开军分区党委第一书记任职宣布大会。严格落实定点承包、挂钩帮带和联系群众信息员制度，分两批组织机关干部深入人武部和干休所蹲点调研。按照统一标准、逐个轮训、分批组织的思路，组织全市89名基层武装部长、干事参加省军区集中培训，完成230名乡（镇）武装部长、专武干部、民兵骨干业务培训。依据《纲要》和条令条例，分两批组织分区机关干部参加省军区两个经常性工作能力培训，严密组织分区延伸培训，对基层经常性基础性工作逐一规范整治。深入贯彻落实“玉溪会议”精神，研究制定《玉溪市基层武装部规范化建设实施细则》，74个乡（镇、街道）武装部规范化建设通过考核验收，提前一年率先在全省完成基层武装部规范化建设达标。

【部队安全管理】 2014年，玉溪军分区认真贯彻落实军区、省军区安全稳定工作电视会议精神，开展条令学习月及重制度、严纪律、强责任、正作风专题教育整顿，学好用好《牢记历史教训，时刻警钟长鸣》警示教材，立起“四条高压线”，不断强化官兵职工条令意识、纪律意识、安全意识。建立完善常委督查、机关巡查、基层自查三位一体安全责任机制，重点盯住仓库、营门和小散远点位，先后8次组织安全隐患排查。严格落实营门验证、盘查、出入登记等制度，统一配备电击棍等防暴器材，定期组织防暴恐袭击训练演练，确保了营区安全。持续深化倾向性问题整治，制作下发《禁酒令》，定期排查个别人员、组织政治考核，开展营区周边治安环境专项清理整治活动，对全区营院周边宾馆招待所、公共娱乐场所、网吧进行摸排。制定出台《干部教育管理若干规定》、《机关办公秩序规范》等制度措施，确保部队秩序正规有序。

【综合保障能力建设】　2014年，玉溪军分区修订完善抗震救灾、扑灭山火、处突维稳等非战争军事行动保障方案，补充完善后勤战备物资器材，后勤战备水平有新的提高。以参加省军区“三长”比武竞赛活动为契机，组织全区后勤人员业务技能培训，提高了业务水平。迎接中央军委巡视组、解放军审计署、成都军区联合工作组对分区专项经费使用情况进行检查调研，对工作组反映的问题进行纠治整改。开展财经领域突出问题自查自纠活动，对分区部队不合理经费开支进行彻底清查整改。严格控制行政消耗性和公务接待开支，制定《玉溪军分区厉行节约、反对浪费的措施》，分区本级行政消耗性开支同比大幅减少。开展创建健康营院活动，新建环山路通道，改造塑胶灯光球场，装修士官公寓房，加装办公楼电梯间隔板，整治机关食堂操作间，搬迁营院垃圾房，提升营院正规化水平，被全军爱国卫生运动委员会评为“全军健康营院”。

【作风建设】　2014年，玉溪军分区扎实开展第二批群众路线教育实践活动，围绕抓思想预热、抓调研摸底、抓工作融合、抓分类指导精心筹划，先后召开9次领导小组会议、6次工作推进会，及时研究部署教育实践活动。着眼摸清基准点、破解疑难点、激活共鸣点、找准结合点深化学习，分区党委常委先后辅导授课6场次，组织观看《焦裕禄》、《雷锋》、《苦难辉煌》等12部优秀影视片和《血泪警鉴》等警示教育片，编辑活动《简报》12期，被省军区转发经验材料3篇。坚持高标准、严要求、硬措施，深查细照，开展“进部下乡”活动，组织18次集体座谈，3次召开分区党委常委会和师团两级党委书记会议，平均8次修改完善班子及成员对照检查材料。突出大事大抓、实讲实干、真纠真改强力整改，制订《党委班子问题整改方案》、《班子成员问题整改措施清单》，对民主生活会上反映的事关部队建设全局性的重大问题、事关广大官兵切身利益的难点问题及党委班子作风方面的突出问题，实行党委和纪委挂号督办。针对查找出的问题，采取列表挂账、对表整改、查表落实的办法，区分责任、区分层次、区分缓急整改落实，先后修订4类19项具体措施规定。

【后备力量建设】　2014年，玉溪军分区深入抓好全民国防教育，利用民兵整组、训练、新兵征集、学生军训和全民国防教育日等时机，组织《国防法》《国防教育法》和《国防动员法》等学习宣传，会同市委宣传部和驻玉部队在《玉溪日报》、玉溪电视台开设国防专栏，营造全民关心支持国防建设的浓厚氛围。协调召开市委议军会，集中研究解决了影响和制约国防后备力量建设的突出问题。开展国防动员和地方拥军支前潜力调查，完善动员预案和国防动员数据库。严把征兵体检、学历、政审和廉洁关，高标准完成833名新兵征集任务。探索民兵队伍建设转型的方法路子，开展民兵整组，高质量推进民兵应急连建设，规范指挥、管理和使用程序，完善配备地震救援、抗洪抢险、森林灭火、反恐维稳等专业装备器材。充分发挥军分区联系地方、协调部队的桥梁纽带作用，全年累计出动官兵、民兵2 500余人次，圆满完成通海禽流感疫情防控，红塔、新平、澄江、易门等20余起紧急任务和陈鑫携枪逃离部队查缉、“敏感”时期、重大节日安保任务，受到地方党委政府和人民群众的赞誉。

【市委议军会议】　2014年1月16日，中共玉溪市委召开议军会议，市委常委、市人大主任、市政协主席、市政府联系驻军的副市长、市国动委成员单位领导、玉溪军分区党委常委、各县（区）委书记和县（区）长、各县（区）人武部部长和政委参加会议。会议回顾了2013年国防动员和后备力量建设，呈现成果显著、亮点纷呈、影响深远新局面，红塔区南北大街和凤凰路平战结合人防工程开工建设，云南省“三项建设”任务部署会议被省委、省政府、省军区命名为“玉溪会议”，玉溪市基层武装部规范化试点建设经验做法被命名为“玉溪模式”在全省推广。会议明确2014年玉溪市国防动员和后备力量建设以听党指挥、能打胜仗、作风优良强军目标为统揽，按照“玉溪会议”的总体部署，紧贴使命任务大力加强国防动员能力建设，深化改革稳步推进后备力量转型发展，夯实动员基础全面推进基层武装部规范化达标建设，增进融合效益加强军事训练和组织后备力量参建参治，推动全市国防动员和后备力量建设创新发展。会议强调，要着眼谱写美丽玉溪篇章与强大国防梦想，紧紧围绕党管武装作大文章，紧紧围绕能打胜仗有大作为，紧紧围绕“玉溪模式”谋大发展，以创新之举推进军民高度融合发展，聚全市之力提升玉溪科学发展层次。会议还研究了基层武装部规范化达标和战备设施规范化建设、部队随军未就业家属技能培训、军分区机关营院综合整治、部分县（区）人武部国防经费按规定保障等问题。

【军分区（人武部）党委第一书记任职】　2014年 9月25日，召开玉溪军分区党委第一书记任职大会，云南省军区政治委员石晓出席会议，中共玉溪市委书记罗应光率四套班子主要领导、驻玉军警部队主要领导、九个县（区）党政军主要领导参加会议。会上，石晓宣布了罗应光书记任玉溪军分区党委第一书记的任职通知，对履行好党委第一书记职责提出明确要求。7月3日，通海县召开人武部党委第一书记任职大会，军分区政委金志达宣布通海县委书记张小良任通海县人武部党委第一书记，并提出履职要求。8月28日，新平县召开人武部党委第一书记任职大会，军分区政委金志达宣布新平县委书记李永忠任新平县人武部党委第一书记，并提出履职要求。

【党委中心组带机关理论学习】　2014年，玉溪军分区分为四个季度进行党委中心组带机关理论学习。第一季度着眼增强党性、严明纪律、纠治歪风、弘扬正气，学习贯彻习近平主席关于加强作风建设和纪律建设系列重要指示，解决党员干部在党性党风党纪方面存在的问题，纯正领导作风和基层风气。第二、三季度系统学习贯彻习主席关于加强和改进思想政治建设，坚持依法治军从严治军的重要论述，引导官兵认清依法治军从严治军的极端重要性，科学梳理抓部队建设的思路，夯实部队安全发展的思想基础。第四季度结合“三清理三整治”活动，学习贯彻党的十八届四中全会和全军政治工作会议精神，提高部队依法治军、从严治军和政治工作法治化科学化水平，凝聚官兵的思想意志和力量，增强官兵理想信念。

【牢记强军目标、献身强军实践主题教育】　2014年 2～7月，玉溪军分区按照总政《2014年全军思想政治教育意见》，按照思想调查、动员部署、专题学习、查找问题、整改落实、总结深化六个步骤，分“深入学习领会习主席系列重要讲话精神，切实凝聚实现中国梦强军梦的意志力量”、“深刻理解党在新形势下的强军目标，以实际行动为推进强军兴军实践作贡献”、“牢固确立战斗力唯一的根本标准，进一步强化战斗精神提高打赢能力”、“准确把握全面深化改革的战略部署，坚决拥护支持改革服从改革”四个专题，开展牢记强军目标、献身强军实践主题教育活动，着力解除与战斗力标准不相适应的思想观念和做法，进一步激发官兵战斗精神，弘扬部队优良传统，强化官兵投身强军兴军实践的政治热情和行动自觉。

【讲党性、立规矩、治歪风、树正气专题教育】　2014年3～12月，玉溪军分区结合党的群众路线教育实践活动，与六个专项整治活动共同推进，采取上下同步、分总结合的方式，进行讲党性、立规矩、治歪风、树正气专题教育，对照党性观念、严明纪律、内部风气、作风形象四个方面问题，进行问题查纠、整改落实、建章立制，解决党员干部党性党风党纪方面存在的问题，使党员干部受到严格的党性锻炼。

【军事理论研究和宣传报道】　2014年玉溪军分区各级按照两级军党委关于军事理论研究和新闻报道工作的指示要求，着眼实现新时期强军目标，围绕军分区全面建设，集中反映部队建设面貌，大力反映玉溪国防后备力量建设成就，在各类军事刊物（媒体）发表30篇军事理论研究文章，刊登新闻稿件395篇，两级军区要讯上稿72篇，出版1本《实战训练问题研究》（冯潜个人专著），军分区被省军区表彰为政治工作研究先进单位。

【新建玉溪军史馆】　2014年6月至2015年1月，军分区重建玉溪军史馆，展馆面积约140平方米，分为玉溪军事历史简述、玉溪军分区简史、驻军风采、红色资源四部分，通过平面展示和实物陈列方式，全面反映玉溪地区两千多年来的军事活动，客观记录了军分区组建以来不同历史时期的重大战役和历史事件，以及和平时期在国防和后备力量建设和执行非战争行动中取得的成就。军史馆共展出图片296幅，陈列49块（面、座）奖牌（锦旗、奖杯）。

【学习贯彻全军政治工作会议精神】　2014年 11月，玉溪军分区各级按照个人自学与集中学习相结合、理论串讲与学习辅导相结合，体会交流与座谈讨论相结合的方法，围绕“四个牢固立起来”、“十个方面突出问题”和“八个纠正”，把握普遍学习、理论串讲、对照反思三个环节，突出肃清徐才厚案件影响、落实禁酒令、改进作风三个重点，开展“三清理三整治”、专题讨论、政治工作研讨三项活动，理解把握会议的历史背景、精神实质和科学内涵，深刻领会习主席在会议上的重要讲话精神，督促党员干部从思想、工作、用权、生活等方面对照反思，引导大家自觉做到政治信念更加坚定，行动更加自觉，落实上级指示命令更加坚决，保证部队更加集中统一，风气更加纯洁和谐。

【“三清理三整治”专项活动】　2014年 11月中旬至12月底，玉溪军分区以党委“一班人”为重点，利用党委中心组理论学习、党委民主生活会、年终工作总结等时机，按照学习教育、对照检查、整改治理、建章立制四个步骤，对照“四个牢固立起来”、“十个方面突出问题”，以“八个一”活动（一次以检讨问题为主的汇报交流、一次违纪违法典型案例剖析、一次“感恩组织修养官德”党课辅导、一次刀口向内见筋见骨的对照检查、一次以思想汇报为内容的党小组生活会、一次体验直接联系群众制度的当兵蹲连、一次军委巡视移交问题线索调查整改情况集体会诊、一套规范领导干部用权行为的制度规定）为载体，清理徐才厚案件造成的恶劣影响，整治思想作风、选人用人风气不正等问题；清理军区部队发生违纪违法问题带来的严重后果，整治从严治军从严治官不力等问题；清理落实中央八项规定和军委十项规定的差距不足，整治顶风违纪、整改不彻底等问题，清理清查涉徐才厚、杨金山、叶万勇、卫晋等信息资料2 600余份，党委成员均撰写对照检查材料，党委召开专题组织生活会查摆存在问题，对接细化上级制度规定抓好整改治理，引导部队重分搞混的是非，重立搞乱的规矩，重正搞坏的风气，重塑破坏的政治生态。

观摩训练考核成果

【工作能力培训】　2014年 8月6～8日，玉溪军分区分区机关干部、人武部3名科长、各武器仓库负责人、各民兵常驻分队骨干、干休所和机关勤务队干部和骨干共80余人，围绕经常性思想工作和经常性管理工作基本内容，按照连队化管理、院校式教学、应用性研讨模式，突出应知应会基本知识技能学习，突出研究破解现实矛盾问题，突出强化事业心责任感光荣感，进行两个经常性工作能力培训。期间，进行了高度重视做好并报形势下两个经常性工作不断，打牢实现强军目标的坚实基础等辅导，对照案例组织剖析讨论，结合工作进行体会交流，帮助官兵解决经常性工作中“不知道做、不愿做、不会做”等现实问题，提高了分区部队经常性思想工作和经常性管理工作的质量。

【年度参谋业务比武集训】 2014年3月24日至4月3日，玉溪军分区组织2014年度参谋业务比武集训，机关干部、九县（区）人武部副部长和军事科参谋参加。比武集训按照“摸底考核、教学训练、考核竞赛”的步骤，采取课堂教学与野外作业相结合、集中训练与个人自学相结合、教学训练与考核竞赛相结合的方式，分基础理论、基本技能、组织指挥、业务知识四个单元，突出参谋人员“六会”（读、写、画、记、传、算）“六能”（信息获取、分析判断、出谋划策、组织协调、检查指导、研究创新）进行培训。培训期间，遴选了6个课目进行竞赛性考核，达到了强化素质、提高技能、锤炼作风、培育人才的预期效果。

【年度军事训练】 2014年3～7月，玉溪军分区首长机关完成业务基础训练，组织了手榴弹实弹投掷。士兵训练突出抓了分队队列、体能、军体拳、战术、警棍盾牌术、警戒勤务、专业知识和专业技能等课目训练。民兵分队完成以政治教育、法规知识、队列、战术、投弹、射击、警棍盾牌术、处置突发事件演练、森林防火知识学习、森林防火行动演练、抗震救灾演练为主要内容的军事训练任务。12月，勤务保障队伍完成规定课目训练。部队全年参训率达90%，考核合格率均达85%。分区机关和红塔区人武部迎接成都军区和省军区军事训练考核，综合成绩评定均达到优良。

【半年军事训练考核】 2014年7月15日至23日，军分区按照领导机关带头考、人员内容全覆盖、考训结合促落实的思路，采取近的集中考、远的到点考的方法，对九县（区）人武部现役干部、职工、乡镇（街道）武装部长和民兵应急连，区分四个层次8个课目进行半年军事训练考核，动用各类器材1 000余件（套），民兵应急分队机动里程260余千米，受考单位和个人考核成绩均达到合格。

【应急反应训练演练】 2014年3月，玉溪军分区制订了《玉溪军分区应急处突“1小时反应”流程》，并组织部队开展针对性训练演练。分区机关多次进行综合性演练，各人武部结合民兵训练组织综合性演练。5月，分区部队以防区发生6.0级以上地震为背景，采取自导自演、连贯作业的方式，组织现役人员、在编职工和民兵应急分队，突出情况接收处置、出动准备、组织出动、指挥所开设和相关保障等环节，对应急处突“1小时反应”流程训练情况进行拉动演练，检验了各单位的针对性训练效果，提高了首长机关和民兵应急分队的反应能力。

【“云岭—2014”党政军联合指挥所演习】 2014年10月，按照云南省党政军联合指挥所演习部署，玉溪军分区统筹协调，市防震减灾、国土、气象、民政、交通、公安、新闻办、武警部队等10余部门和单位参加，以玉溪境内发生7.0级以上强震为背景，采取任务牵引、上导下演、军地一体、异地同步的方式，分为战备等级转换和战役筹划两个阶段五项内容，组织实施玉溪市“云岭—2014”党政军联合指挥所演习，着重演练遂行抗震救灾任务的联合指挥、联合行动、联合保障等内容，提高玉溪市党政军机关应对地震灾害的组织筹划、指挥决策、协调控制、综合保障和应急处置能力。

【国防动员潜力调查】 2014年4月，市国动委采取自下而上，先单位后行业、先登记统计后综合汇总的方式，对人民武装动员、国民经济动员、人民防空动员、交通装备动员、科学技术动员、信息动员、政治动员等方面的动员潜力进行调整统计，完善动员预案和国防动员数据库，进一步掌握玉溪市动员底数，推进了国防动员机制与预备役快速动员需求衔接，奠定了国防动员潜力转化为战争实力的基础。

【征兵工作】 2014年7～9月，玉溪征兵办针对征兵政策调整大的实际，根据征集方式调整为网上征兵、大学生征集时间提前、体检和政审的标准和程序调整等新变化，注重强化新认识、认清新形势、把握新标准、完善新举措、落实新作风，在落实兵役登记、抓好大学生征集、少数民族青年征集、完善征兵配套政策等方面下功夫，严把征兵体检、学历、政审和廉洁等征兵关口，完成了833名新兵征集任务。

【学生军训】 2014年8～9月，玉溪市学生军训办依照《学生军事训练大纲》，发挥统筹协调和示范带头作用，协调派出人武部和驻玉解放军、武警部队帮训教官574人次，指导九县（区）完成了6 950余名中学生的军事训练，进一步提高了学生的国防观念和综合素质，收到良好的军事效益和社会效益。

【基层武装部规范化达标建设】 2014年3月，玉溪市委、市政府印发《玉溪市基层人民武装部达标建设实施计划》，明确全市74个乡（镇、街道）武装部，按照“玉溪会议”确定的建设标准，分为两批展开规范化建设，2014年全部实现规范化建设达标。九个县（区）委、政府按照

民兵应急分队紧急出动装载物资 （军分区 提供）

要求，加强组织领导推动，定期分析规范建设形势，及时解决建设重难点问题，确保基层武装部规范化建设有序推进。九个县（区）人武部具体指导帮建，统筹武装部和预备役连连部整合建设，坚持结合基层单位实际特色建设，着眼使命任务重点建设，按照“党管武装坚强有力、武装机构稳定巩固、工作制度健全落实、基础设施完善配套、工作任务完成出色”5大项25小项，逐个项目逐条标准对照建设，配齐配全2 220套物资器材，各乡（镇、街道）组建30名民兵的应急分队，抓好预案定期演练，确保建设标准不走样变形。玉溪军分区加强统筹协作，调研摸清全市基层武装部建设现状，定期到点跟进指导基层武装部建设，进行现场督导，军地联合对提出达标申请的基层武装部进行考评验收。经过一年建设，全市74个乡（镇、街道）武装部全部通过考核验收，达到规范化建设标准。

【民兵参与通海县禽流感疫情防控】　2014年3月9日至5月3日，通海县发生禽流感疫情，通海县、江川县和华宁县民兵共360人参与通海县禽流感疫情防控，协助地方防疫机关对秀山镇等疫区260余万只家禽实施无害化处理，对县境内养殖场、禽蛋交易市场等区域进行消毒。协助公安机关在疫区进出通道实行24小时封控，对进出车辆进行喷淋消毒，对截获的禽蛋、饮料、动物粪便等进行无害化处理，防控疫情向疫区外扩散。协助做好稳定群众工作，采取走村入户、定点宣传等方式，在中心城区、疫区和疫情监控点发放宣传材料16万余份，宣传禽流感疫情防治知识，消除群众恐慌心理。

【抢险救灾】　2014年，玉溪军分区针对驻地天气干旱、火灾频发的实际，将组织民兵参建参治与部队训练相结合，与部队基础建设相结合，投资补充抢险救灾物资器材，组织民兵应急连进行处置突发事件“1小时”反应综合演练，指导各乡镇（街道）组建民兵应急排并展开训练，全年累计出动官兵、民兵2 500余人次，完成通海H5N1禽流感疫情防控、红塔区大营街、澄江龙王山、易门六街等20起紧急任务。

【财经领域突出问题自查自纠】　2014年12月23日起，军分区按照统一部署、按级负责，同步展开、全面覆盖，边查边改、纠建并举的原则，集中3个月时间，围绕经费去向用途、经费支出凭证、内部接待场所、预算外经费和地方拨入经费等五个方面，采取查阅账目、核实信息、核查票据、统计分析等方法，对分区部队2011～2014年的经济活动进行排查纠治，整改经济领域中五个方面的突出问题，以端正工作指导，排查问题隐患，纠治违法行为，保持和强化财经领域正风肃纪、从严管理的高压态势，形成财经领域依法管理、从严管理的新常态。

【创建健康营院】　2014年，军分区按照《“十二五”期间全军爱国卫生工作规划》，依据《创建健康营院实施办法》，开展创建健康营院活动，着力改善医疗保障，完善公共卫生和饮食卫生条件，注重优化健康环境，进行营区营院绿化美化建设，新建环山路通道，改造塑胶灯光球场，装修士官公寓房，加装办公楼电梯间隔板，整治机关食堂操作间，搬迁营院垃圾房，在国防训练基地新建雨棚、停车场，提升了营院正规化水平，2014年被全军爱国卫生运动委员会评为“健康营院”。

（何建辉）

77208部队

【团队建设】　2014年，77208部队坚决落实军委主席习近平重要指示和军委、军区、集团军党委决策部署，围绕实现“不出事、很正规、创佳绩”的年度目标，按照聚焦强军抓建设、依法规范打基础、各尽其责保安全、开拓创新促发展的工作思路，坚持“一打五抓”具体抓手，着眼坚定信念铸军魂，围绕打仗要求强能力，注重依法治军保稳定，扭住作风建设促落实，整体建设形势总体向上向好。2014年12月，部队被军区评为“军事训练一级团”，被表彰为“践行强军目标先进单位”。

【思想政治工作】　2014年，部队以习近平系列重要讲话精神为主线，抓好十八届四中全会和全军政治工作会议精神的学习贯彻，并广泛开展学哲学、用哲学活动，选出团队代表结合习主席讲话精神建连育人的经验做法在上级部队进行了交流汇报。以战斗力标准大讨论为抓手，开展牢记强军目标、献身强军实践主题教育和“中国梦·强军梦·我的梦”系列主题团日活动，团培育战斗精神的做法在总政《组工情况》上刊发。迅速全面彻底清理清查涉周永康、徐才厚信息1 000余条，肃清了不良影响。

【战备建设】　2014年，部队认真贯彻集团军战训管集训精神，落实标准化战备要求，完善机关“三室两库”、分队“三室一库”和战时“三所一组”战备物资建设。围绕“三个第一时间”要求，明确了战备值班营、防爆恐应急分队和应战应急指挥组值班，修改完善了13类30余种战备方案，探索建立“4位数代码”指

实施战备演练，时刻筑牢战备意识　（沙子键　摄）

挥紧急出动方式，规范分队配载标准和单兵作战携行标准。结合编写热带山岳丛林地工程兵训练大纲和首长机关战术作业，开展军情研究，逐步加深对作战对象、作战任务、作战环境的了解掌握。坚持每月首长机关带一个营进行带实战背景的综合性战备演练，部队应战应急能力稳步提升。进一步加强地震救援队建设，推进地震救援废墟训练场扩建工作，补充完善救援器材装备。完成了云南鲁甸“8·03”、景谷“10·07”抗震救灾任务。

【军事训练】　2014年，部队坚持单兵共同科目串起来训的“一条龙”训练模式，落实夜间训练、强化训练，扎实打牢官兵基本技能，高标准迎接77 200部队半年、年终军事考核。承办军区云南方向扫雷骨干和地震救援骨干集训，组织预提指挥士官和工程兵专业教学法集训，首长机关完成两期“三三轮训”。开展野外驻训，按照作战编组、作战进程、作战原则组织部队机动和野战宿营，组建蓝军分队进行渗透袭扰，按照“三个过一遍”要求组织营、连战术训练，浓厚了实战氛围。2014年9月团司令部被总参总政联合表彰为“全军先进司令部”。

【文化宣传】　2014年，部队先后投入9万余元，升级改版政工网、更换路牌灯箱、购买图书以及开展“强军风采”系列文化活动，活跃了官兵的精神领地。健全建强团营连三级“心理战”骨干队伍，修订完善8类36个政治工作战备方案预案，提高了政治工作实战化水平。探索了技术干部集体办公、集中管理、集智攻关的管理使用模式，组织新毕业排长岗前培训，严格落实干部夜校和干部讲评制度，荣获集团军“网络政工比武竞赛团体三等奖”。大力宣传团队践行强军目标的生动实践，累计上稿340余篇（幅），推荐女子地震救援分队参加“全国三八红旗单位”评选。

【党风廉政建设】　2014年，部队通过常委带队调研，找准查实了“四风”问题的119个具体表现，树起纠“四风”的靶子。反复学习6个规定读本，集中观看12部规定影片，开展了讲党性、立规矩、治歪风、树正气，学习弘扬焦裕禄精神专题教育和尊干爱兵、兵兵友爱，学雷锋系列活动，3次与驻地党政学校进行交流互动，深扎了理想信念之基。分系统分步骤推进8个专项治理，团党委常委如实填报《个人有关事项报告表》，当真认真较真开好两个组织生活会，开展“三清理、三整治”活动，清房12套。研究建立了调查研究、规范用权、改进训风等10个方面的制度措施，形成了长效机制。持续做好运行官兵子女食宿站、协调官兵子女入学入园、为大龄青年组织相亲会等暖心工程。成效测评官兵满意率达到98.75%。

【基层建设】　2014年，部队研究制订《按照“一个思路、四个体系”，抓好强军目标贯彻落实的具体措施》，开展帮建支部、帮带干部、帮抓骨干活动，完善了《党委机关挂钩联系帮带基层制度》，组织了三批蹲连住班、当兵锻炼活动，开展基层党委（支部）书记培训，夯实了部队建设基础。修订完善《日常奖惩措施》和《2014年部队管理补充规定》，先后开展了“学法规、用法规、守法规”、“治三松、练三响、纠三相”和“百日安全无事故竞赛”，安全管理理念深入人心。科学规范重要目标警卫执勤秩序，安装枪支离位报警追踪定位系统，推进集中文印室建设，升级公用计算机安全技术防范系统，开展涉密载体“清零”行动，组织重要涉密岗位人员进行政治考核，有效堵住了安全漏洞，团将做好个别人员工作的做法在军区会议上进行了交流。细化安全责任，建立主官负总责、分管领导负专责、现场领导具体负责的领导责任制。

【保障建设】　2014年，部队改造营区营房防水设施和用电线路，新建1 866平方米活动板房，更换362米下水管道，基本设施得到较大改善。协调上级仓库更换不合体被装，坚持每周定期司务长集体办公，开展国有固定资产清理清查，持续开展“光盘行动”，服务保障效益有了明显提升。坚持定期对装备车辆进行技术普查，定时开展库房日，装备正规化管理进一步加强。采取以工代训、送学、外请教员等方式，先后培训了等级厨师、驾驶员、修理工、操作手等保障专业骨干209人。扎实开展军需、营房、油料、驾驶、卫生、修理等专业的针对性训练，参加集团军后勤、装备实战化比武竞赛，获得了单科目竞赛一、二、三名各1个。承办了2014年度工化装备保障专业集训暨比武竞赛活动，完成了跨区机动演习、训练场地建设施工等任务，保障能力得到明显提升。

（代　锐　殷建航　沙子键）

77216部队

【概　况】　2014年，77216部队党委认真贯彻习近平主席一系列重要指示，坚决落实上级决策部署，围绕党在新形势下的强军目标，坚持“一打五抓”具体抓手，扎实工作、开拓进取，推进了年度各项工作任务。团队建设呈现出稳步发展的良好态势。团先后被表彰为全军“先进纪检监察集体”，军区“人才培养先进单位”、集团军“先进旅团级单位党委”“全面建设先进旅团级单位”、“抓层先进旅团级单位”，军区“依法治军从严治军先进单位”，连续12年保持了部队安全稳定。

【思想政治建设】　坚持把学习贯彻习主席系列重要讲话精神作为首要政治任务和党委首位工程，按照“五化”“五有”和“三有”要求，采取党委集体议、专题会议析、全员覆盖育、监督检查评、丰富活动抓的方式，抓好党的十八届三中、四中全会和讲话精神的学习贯彻，开展学哲学用哲学、月读一书、周写一文、日答一题等活动，促进基层理论学习普及深化，党委常委作专题辅导21场次。深化培育当代革命军人核心价值观，以牢记强军目标、献身强军实践主题教育为根本，开展形势政策、“四反”和军魂教育，抓好党史军史团史学习，以周永康、徐才厚、叶万勇等案件为反面教材开展警示教育，确保了“三个绝对”。发展先进军事文化，开展中华优秀传统文化学习和“强军风采”系列文化活动，突出野味战味兵味扎实抓好野战文化“五个一”建设。政治工作规范落实，严格落实“九步法”，推广政治教育选课制度，完善文化装备“四箱”、教学器材及政工网建设。推进军事斗争政治工作准备，开展战斗力标准大讨论和争建打仗型党委机关、争创能打胜仗营连、争当精武善战官兵活动，涌现出余明权、王正江、王浩等强军典型，新闻宣传和理论研究成果丰硕，在中央级媒体上稿58篇，军事训练中政治工作经验被集团军转发。

【基层建设】 2014年，77216部队坚持以强军目标为统领，围绕“一个思路、四个体系”细化贯彻落实措施，抓建基层思路进一步理清。落实常委挂钩帮带、机关对口指导工作机制，组织2批31人次下连当兵和蹲连住班，开展“帮建支部、帮带干部、帮抓骨干”活动。抓好八项经常性工作落实，制订完善《“一打五抓”工作手册》《“双争”评比实施细则》，抓“三会一线”、“权限控制法”等工作机制。开展党委机关为基层办实事活动，投入20余万元为基层配发点歌机系统、投影仪等文化装备，10余名官兵家庭涉法、子女入学等实际困难得到较好解决。坚持党建带团建促军人委员会，突出“一诺三评”开展创先争优活动，表彰5个先进党支部和37名先进个人，团共青团委被军区表彰为“红旗团委”。

【作风建设】 2014年，77216部队深入学习贯彻习近平主席关于作风建设的指示精神，以为民务实清廉为主要内容，围绕纠“四风”改作风树新风，组织621名党员参加第二批党的群众路线教育实践活动，“六个分项治理”、“双六条整治纠治”和“三项清理”等工作成效明显，各级党组织的创造力凝聚力战斗力进一步增强，党员干部的先锋模范作用进一步凸显，团队的风气进一步纯正。深入推进党风廉政建设，扎实开展“三清理”、“三整治”活动，制订《惩治和预防腐败体系建设2013～2017年工作措施》，党委领导带头落实规定、作出承诺，纪委定期巡查监督，调整使用干部78名、士兵考学提干5名、入党立功108名、选晋士官295名，做到公开、公正、公平。坚持开展党委机关“三个三”和团队建设科学发展“金点子”评选活动，畅通五条民主渠道，定期答复官兵意见建议。教育引导官兵正确行使民主权利，有话敢讲，有话愿讲，有话会讲，有话有地方讲，讲了必有回应的氛围更加浓厚。

【安全稳定工作】 2014年，77216部队遵循《条例》，落实军区“六个管好”规章，修订完善人员、经费管理等21项规定措施，开展学法规、用法规、守法规和“条令月”活动，部队按大纲训、按纲要建、按条令管、按制度办的意识更加牢固。常态化组织安全常识教育，开展百日安全无事故活动，落实常委督查、机关巡查、基层自查制度，坚持每周抽查、通报和讲评，纠治违纪外出、违章行车、违规喝酒等倾向性问题，开展军容风纪、营区环境、网络安全等集中整治，安全管理扎实有效。以防范重大安全问题为重点，分层修订完善安全预案，按照“四有三防”、“五有十防”标准规范兵器室、弹药库设施秩序，组织“三实”作业、野外驻训等大项任务中的安全风险评估，集中组织8次安全大排查，进一步消除了安全隐患。坚持每月走访通报驻地社民情，开展司法审判进军营、法在我心中警示性教育活动，组织“两支队伍”培训，对455名新兵和重要岗位人员进行政治考核。

【双拥共建】 2014年，77216部队贯彻落实改进作风要求，本着简朴热烈、务实高效的原则开展双拥共建活动。“春节”、“八一”前夕，召开军地联谊座谈会，共商军地发展大计，研究解决双拥工作中的实际问题。参加军地联席会议，协调地方政府为部队解决官兵转业安置、军事训练场地建设、子女入学入托、随军家属就业等方面实际困难。主动参与平安创建、和谐创建活动，驻训部队及时与驻训地乡镇派出所签订《军警协作协议》，开展军警联防联治。召开三八、八一军属座谈会，组织官兵家属及子女到驻训地参观。组织双拥文化交流，开展军地足球友谊赛和军地联谊“六个一”活动。发动官兵积极参与新一轮双拥模范城（县）创建活动，进一步巩固和发展心连心、同呼吸、共命运的新型军政军民关系。部队和53分队被评为“玉溪市拥政爱民先进单位”、黄云和徐中华被评为“拥政爱民先进个人”。

【解难帮困】 2014年，77216部队立足驻地实际和自身资源优势，就地就近，力所能及，做好扶贫帮困、助学兴教、医疗扶持和献爱心送温暖等工作。主动与驻地政府、村寨联系，力所能及地帮助驻地群众办好事实事，走访慰问驻地困难群众，清理整治驻训地周边村寨环境卫生，进一步加深和巩固了军政军民关系。春节前，由部队领导带队，到驻地雄关乡、小营村、红坡村，走访特困群众、孤寡老人和军烈属。组织部队领导参加“1+1”助学活动，向驻训地八一爱民学校赠送图书、学习用品，帮助解决贫困儿童就学问题。组织57名官兵为驻地企事业单位、普通高等学校和高级中、小学职工、师生军训，累计军训18 340人次，开展“3·5”学雷锋便民活动，组织5个小组70余名官兵进入城区及周边村镇街道和敬老院，积极为驻地人民群众开展理发、义诊、修理电器、打扫卫生等活动，共为群众理发200余人次，修理各种家用电器150余件。开展医疗服务活动，为民治病200人次，免费发放价值2.5万元余的药品，组织300多名官兵参加义务献血。积极开展献爱心送温暖活动，组织1 696名官兵参加向四川芦山地震灾区捐款活动，共捐58万余元。

【美化环境】 2014年，77216部队坚持驻守一方、绿化一方、造福一方。积极参加抚仙湖、星云湖等重点湖泊河道生态治理，搞好高原湖泊的水体保护，发动官兵参与植树造林、水上巡逻、打捞水葫芦等活动。12月14～23日，部队出动官兵9 000人，机械车辆1 000余台次，历时10天，协助驻地江川县打捞星云湖沿线36千米的湖面水葫芦、水生植物和各类生活垃圾3 000余亩，使星云湖水域环境得到了改善。倡导厉行节约、节能减排，广泛开展“国防林、双拥林”植树造林活动和生态营区创建活动，最大限度降低或避免军事活动对生态环境的影响，带动营区周边生态文明建设，以实际行动支持美丽玉溪建设。

（李新玉）

预备役三团

【概　况】 2014年，预备役三团深入学习贯彻党的十八大精神和习近平主席一系列重要指示，秉持政治建团、精武强团、人才兴团、形象铸团的理念，围绕争当优秀预备役部队的排头兵，争做预备役工作的领跑者，争创全面过硬的先进团队的目标，聚焦能打胜仗、躬身强军实践、抓工作落实，团队建设呈现出向上发展的良好势头。围绕党在新形势下的强军目标，抓好党的十八大精神、十八届三中、四中全会精神、全军政治工作会议精神的贯彻落实，夯实官兵坚决听党指挥、绝对忠诚可靠的思想基础。坚持用党中央中央军委决策指示统一思想认识，构建学习型党组织，党员干部“自我革新、自我净化、自我完善、自我提高”意识不断增强。坚持党风廉政建设，完善廉政监督制度，开展述职述廉，公开承诺，党委感召力、公信力不断增强。围绕能打仗、打胜仗的目标夯实强军之基，抓首长机关训练，提升首长机关组织、指挥、协调、控制的能力；理清推进预备役部队实战化训练工作思路，真打实备推进应急、应战、救援力量建设，打牢训练基础。按照“大规范、小统一”的思路，抓基层“三个一线”、“四个基本”建设，提升基层党组织解决自身问题的能力、领导单位全面建设的能力和带领部队遂行多样化军事任务的能力，基层规范化建设实现整体跃升，为谋求长远发展打下了坚实基础。坚持正风气抓秩序促安全，强化安全发展理念，持续抓好两个经常性工作落实，修订完善防范重大安全预案，落实安全形势分析研判，定期开展隐患排查，抓好“四反”和防间保密及失泄密专项整治，加大安全督导检查力度，规范部队“四个秩序”，确保部队安全发展。着眼后勤建设现代化和伴随化保障模式，加快“两成两力”建设，规范后装管理秩序，强化依法管理、科学管理手段，提高了后装保障效益。

【思想政治建设】 2014年，预备役三团开展牢记强军目标，献身强军实践主题教育和讲党性、立规矩、治歪风、树正气，坚定信仰、忠于职守、廉洁从政，拥护支持改革、积极投身改革，感恩组织、修养官德等专题教育；学习贯彻十八届三中全会、四中全会、全军政治工作会议精神以及习近平主席系列重要讲话精神；开展经常性随机教育，搞好月上一课、周看一片法制教育、形势政策教育、革命人生观教育、战备教育、时事政治教育；开展战斗力标准大讨论活动。全年官兵参加教育48次，每人撰写对照检查6份、心得体会4份、讨论发言稿13篇，激发了官兵投身强军实践的热情，进一步坚定了官兵爱党信党跟党走的政治信念。大力加强新闻报道工作，全年累计上稿138篇，团队被师表彰为“新闻报道先进单位”和“要讯工作先进单位”。

【党委班子建设】 2014年，预备役三团用党的创新理论武装头脑，用上级决策指示统一思想认识，落实中心组集中学习制度，组织理论培训、专题辅导。党委中心组落实学习24天，组织18次专题学习；坚持党委常委带头学习贯彻中央八项规定和践行党的群众路线教育实践活动，自觉落实讲党性、立规矩、治歪风、树正气的要求，制订下发《加强作风建设八项措施》，对照“三严三实”要求和“四面镜子”，纠治“四风”，从严肃纪。组织观看红色电影和警示教育片12部，组织正本清源、明辨是非两个大讨论，开展“六个分项治理”、“八项纠治”，团党委查找出5类15个方面48个具体问题，班子成员个人查找问题最多的有20个，最少的16个，团党委研究制订党委班子12条整改措施，机关各部门修订完善21项制度规定，根据查摆的问题和制订的整改措施，建立“挂账销账”制度，做到问题不解决不放手；开展坚定信仰、忠于职守、廉洁从政教育活动，组织班子成员对照检查，填写个人有关事项表，做到逐条逐项“过筛子”，向组织“交明白账”；贯彻依法治军方针，落实勤政廉政有关规定，在干部选拔任用、重大工程建设、物资采购、官兵立功受奖等热敏感问题上做到公开、公平、公正，自觉做到“三个不插手”、“三个管得住”，党委感召力、公信力不断增强。胡建伟被成都军区表彰为“践行强军目标优秀旅团主官”，团被师表彰为“军事训练先进单位”。

【干部队伍建设】 2014年，预备役三团狠抓干部理论学习和岗位培训，围绕年度工作组织专业培训、业务集训和读书成才活动，解决干部不会说、不能写、想不到、做不好等问题；坚持德才兼备、注重实绩标准培养选拔干部，营造靠素质立身、凭实绩进步、在优胜中胜出的用人导向。2014年，调整推荐使用干部4人，都能做到上级认可、官兵满意；注重抓好预备役军官队伍建设，做到按编制配备、按条件选拔、按规定训练、按制度管理，坚持军地联管联训联用，协调地方严把选拔关、编组关、对口关和考核关，预备役军官队伍素质逐年提高，在完成各项工作任务中作用发挥明显。

【战备建设】 2014年，预备役三团利用部队训练、年度整组、参加抢险救灾等时机，组织官兵学习《成都军区战备工作若干规定》、《加强战备工作的指示》、《关于加强情报信息收集》等文件精神，结合重大节日、敏感时节，抓形势战备教育，全年开展战备教育14次；依据上级处置重大突发事件“1小时反应”工作流程，采取集中学习、讨论发言、分头拟制、统一会审的步骤，4次对团本级作战方案和战备预案进行全面修订，提高战备方案可操作性，全年组织方案演练15次，初步形成了定期通报、紧急通报、预案联审、应急值班、联合研判、联合演练、人员培训、工作总结等八项制度。

【军事训练】 2014年，预备役三团以实用管用为目的，结合阶段性任务安排，每月制订机关训练计划表和考核表，建立完善《军官训练绩效档案》41份；按照“三分之一”轮训方案，抓首长机关训练，重点开展军事

快速动员集结演练 （预备役三团 提供）

医疗救助　　（预备役三团　提供）

理论、手工标图、识图用图、公文写作、5 000米跑、武器操作等训练，提升首长机关指挥打仗能力；7月底至8月下旬，以营连为单位分两个批次组织建制连队710人开展分队成建制训练；全年组织实投实射作业13次，共消耗手枪弹2 355发，56式普通弹14 990发，82-2式手榴弹120枚。在迎接军区半年军事训练抽考中取得三项优秀、一项良好的好成绩，胡建伟被成都军区表彰为“践行强军目标优秀旅团主官”，三团被师表彰为“军事训练先进单位”。

【抗震救灾】　2014年，预备役三团执行景谷“10·07”抗震救灾任务，出动兵力50人、车辆8台、救援装备193件（套），搜救排查永平镇昔俄村10个村民小组425户共1 862人，排除危房3间，搭建救灾帐篷100顶，运送物资5 000千克，维修整治道路5.5千米，清理转运垃圾3 500千克，清理河道0.1千米，对昔俄村村民开展心理疏导和医疗救助104人次，帮助昔俄村培训地震救援骨干30余人，建成灾区第一所帐篷小学（昔俄村小学），并捐助11 362元的教学用具。

【组织整顿】　2014年3～5月，按照宣传教育、组织准备，调整布局、编组实施，组织点验、总结验收的步骤完成了年度整组，基本实现了“编制落实、制度健全，组织巩固、官兵相识”的目标；复转军人比例达到30.6%，专业对口率达到27%，党团员比例达到96%，大专以上学历达到76%。

【政工战备库室建设】　2014年，预备役三团按照系统、配套、规范、实用的原则，采取制式化、模块化、箱式化、组合化的方式，完成政治工作战备库室建设，改造5间办公室，规范完善政治工作器材室、图书阅览室、新闻采编室、文体活动室、政治工作战备物资库“四室一库”，购置13类100余台（套）物资器材，修订完善政治工作方案3类26个，建立库室管理制度规定，严格落实“三分四定”，为有效发挥政治工作服务保证作用和直接作战功能打下了坚实基础。

【后勤和装备工作】　2014年，预备役三团按照紧贴实战抓准备、围绕中心抓保障、严格标准抓建设、改进作风抓落实的工作思路，全面提高后装科学管理水平和服务保障能力。严格落实经费报领、审核报销、经费核算、资金管理、账目公布、财务交接、实物验收制度和党委理财双主管审签制度；及时修订完善后勤和装备保障方案、计划3类47个，补充后装保障物资20类200余件，开展后装战备演练4次，保障水平显著提高；按照真、难、严、实的标准和实战化要求，13次组织炊事、运输、卫勤、维修等专业训练，后勤人员专业素质明显增强；5～7月，抽调6人次参加“三长”集训及省军区后勤比武竞赛，取得总分第一的好成绩；严格落实《装备条例》，规范仓库秩序、制度落实，坚持每周1次车炮场日、3次武器弹药仓库检查、干部住库等制度。

【安全稳定工作】　2014年，预备役三团坚持每月开展一次安全常识教育和实案化演练，及时修订完善防范重大安全问题方案预案，提高官兵安全防护意识和安全防范能力，签订各类保证书、责任状8类390份，建立健全规章制度6项；在省军区“4·25”、“4·27”、“5·13”会议后，及时召开常委会学习领会，进行安全形势分析，组织安全隐患排查，深刻吸取“4·15”、“4·25”案件沉痛教训，深化思想认识；坚持开展日检查、周讲评、月分析制度，在管理中加强对营门、弹药库、保密室等重要部位的安全防护和检查；坚持安全稳定“零容忍”态度，始终保持抓安全工作的高压态势；及时改进保密措施，完善涉密硬件配套设施建设，投资10万余元建成集中文印室，严格计算机网络、移动硬盘等涉密信息载体、个人使用手机等问题的管理，严防失泄密问题发生，确保了信息保密零事故。

【第五届“勇士杯”比武竞赛】　2014年，预备役三团抽组骨干40人参加师第五届“勇士杯比武竞赛”，在手枪射击、步枪射击、军事理论、手工标图、文书拟制、5 000米跑、手枪分解结合、步枪分解结合等8个科目的角逐中，获得3个单项第一、1个单项第二和团体总分第一的优异成绩。

【基层正规化建设】　2014年，预备役三团落实玉溪会议精神，依据整体筹划、分批建设、全部达标的建设思路，持续抓好基层营连部规范化建设达标工作，基本完成营（连）部正规化建设，基层正规化建设水平整体跃升；坚持开展学习型党组织建设，分两批组织23名现役干部参加省军区“两个经常性工作”能力培训，增强了基层营连主官解决自身问题的能力、领导单位全面建设的能力和遂行多样化任务的能力。

【党委扩大会议】　2014年2月14日，预备役三团召开党委一届十次全体（扩大）会议。会议传达学习两级军区及师党委（扩大）会议精神；团党委副书记、团长胡建伟代表团党委作题为《聚焦强军目标，紧盯使命任务，向建设能打胜仗预备役团队阔步迈进》的工作报告；团党委书记、政治委员柳斌以《围绕强军目标抓工作谋发展，不断提升团队全面建设质量水平》为题作讲话；中共玉溪市委常委、市政法委书记、团第一政委刘宁笙围绕举旗铸魂凝聚梦，确保部队建设发展的正确方向；聚焦打仗练打赢，切实提高部队履行使命任务能力；改进作风务实干，努力创造强军兴军的实在业绩作了讲话；会上，表彰9个先进集体和35名先进个人。

【双拥共建】 2014年，预备役三团共出动官兵200余人（次），动用车辆20余台（次），先后参加玉溪市及各县组织的扑火抗旱、疫情防控等活动，向扶贫点困难群众捐款捐物共计人民币近1万元；连续7年开展爱心圆梦大学活动，捐款8 000余元，资助2名贫困大学生进入大学学习；组织官兵开展科技下乡、文化下乡、医疗下乡和结对帮困活动，进一步巩固和密切了新型军政军民关系。

（赵贵明）

武 警

玉溪市支队

【概 况】 2014年，武警玉溪市支队围绕强军目标，按照总部、总队党委总体工作部署，沉心静气，真抓实干，不折腾、不浮躁，敢于揭露矛盾、敢于改革创新、敢于建设一流，始终保持清醒头脑，在任务重、考验大、难题多的形势下，努力在把握大势中奋发有为、在应对挑战中经受考验、在勇于担当中创新发展，支队步入内涵式发展的快车道。全年，共有6个单位和9名个人受到上级通报表彰，25名官兵荣立三等功，支队被武警部队表彰为“2014年度安全工作先进单位”，被总队表彰为“基层建设先进支队”。

【思想政治建设】 2014年，武警玉溪市支队抓好十八届三中、四中全会精神、全军政治工作会议精神和习近平主席系列重要讲话精神学习贯彻，围绕牢记强军目标、献身强军实践主题，每月组织2堂基本人生观授课，适时开展形势任务教育，组织“四会”优秀政治教员评比竞赛，开展升旗仪式、重温入党入伍誓词、祭奠先烈、教唱强军战歌、读书演讲等配合活动，评选六类“十大标兵”，举办先进事迹报告会。红塔、澄江和通海中队等已初步形成各具特色的忠诚文化格局。成立书画、乐器、读书等六类兴趣小组，建立包含36个专栏的政工网，官兵在文化娱乐中学到才艺。

【中心工作】 2014年，武警玉溪市支队严织岗前培训和正规化执勤等级评定考核，对3个看守目标AB门进行改造规范，成功处置1起在押犯与干警冲突事件。适时组织兵力抽组应急拉动，投入65万元购买激光模拟对抗系统和应急救援物资，向总队申请配备巡逻车等新装备，成功举办玉溪市“两警”联合反恐演练。大抓军事训练，举办3期勤训轮换、狙击手培训和反恐比武，先后涌现出全能王茶绍龙、狙击王蒋磊、神枪手段文海等一大批训练标兵。全年，共完成森林灭火、武装押解、武装巡逻和疫情封控等临时勤务37起。

【从严治警】 2014年，武警玉溪市支队贯彻落实总部依法从严治警集训精神，常态抓好学法规、用法规、守法规活动，落实人员在外“零报告”和夜间“哨兵巡查”制度。安排机关干部及家属迁出危房，把干部私家车纳入管控范围，签订安全行车责任书。年内，开展4个波次安全大检查，排查治理隐患59处，协调解决3名官兵家庭涉法问题。支队连续19年实现“三无”。

【基层建设】 2014年，武警玉溪市支队组织参观见学、蹲连住班和《纲要》培训套训，培养实干家明白人。成立经常性基础性工作督查组，适时督导基层抓经常性工作的末端落实。全年安排首长机关7批104人次下基层指导帮扶，上下同心，共同研究带兵之道。15个中队进步幅度都比较大，一中队被表彰为基层建设标兵中队，通海县中队、红塔区中队、三中队和四中队被表彰为基层建设先进中队，2个连续五年未进入先进的澄江和玉溪市中队进步明显。

【后勤保障】 2014年，武警玉溪市支队严格落实《厉行勤俭节约，严格经费管理决定》，坚持花钱办事向战斗力聚焦，经费投往基层，后勤保障成效明显，财经管理秩序更加规范。加强应急保障训练和战备物资储备，开展后勤岗位练兵和伙食管理年活动，组织后勤专业培训8期296人次，应急保障能力不断提升。协调争取地方保障经费1 061万元，推进“四项设施”建设，改造11个中队训练场，14个中队基础设施建设明显改善，华宁中队完成搬迁，支队机关、元江中队迁建稳步推进。

【党委班子建设】 2014年，武警玉溪市支队制订《党委成员日常教育管理规定》《党委议事规则》，党委“一班人”严格按照民主集中制原则议事决策，树立崇尚实干，争创一流和建一流支队，带一流士兵的队训队风，形成敢于动真格、善于严自身的良好氛围。狠抓党风廉政建设和风气教育整顿，敏感热点问题阳光操作，公开公平公正选用干部、推荐考生、选晋士官，官兵对党委的信任感明显增强。

【风气建设】 2014年，武警玉溪市支队坚持立说立行、立说立改，较好地解决指导帮建不实、解忧帮困不力、关爱官兵不深、处事不公、庸俗交往等发生在官兵身边的不正之风。纠治“五超”，压缩行政消耗性开支、公务接待和收回超标发放等经费40余万元。为基层办实事、解难题、送温暖，先后为7名干部解决子女入优质学校难的问题，召开“三・八”节家属座谈会，表彰7名“好军嫂”，组织无工作的干部家属体检，干部结婚、生子、家庭变故，党委安排专人看望慰问祝贺；成立“学雷锋”基金，为2名家庭受灾的鲁甸籍战士、3名父母去世的战士发放慰问金1.6万元，在凝聚兵心士气的同时，营造有正义有情义的清风正气。

【群众路线教育实践活动】 武警玉溪市支队以大事大抓的态度，坚持紧盯现象搞教育、紧盯问题抓整改，紧盯成效建机制，认真开展第二批党的群众路线教育实践活动。教育活动领导小组7次修改本级活动实施方案，5次指导各基层党委（支部）对活动方案进行修订；支队党委7次召开专题会议，对活动进行小结和部署，为教育活动找到“靶子”。给每名党员配发4本学习资料，在政工网开设教育活动专栏，面对面、键对键开展心得体会交流，2篇体会文章被总部政工网采用；支队党委成员结合总部明确的六个专题的授课课题，以争当基层建设主人、以实际行动回答“为了谁、依靠谁、我是谁”等最直白的语言，采取举例论证、理论灌输、讨论剖析、归纳总结等方法，深化战士对理论的武装，确保践行党的群众路线成为全体官兵的思想自觉。

【党委扩大会议】 2014年1月25～26日，武警玉溪支队召开党委扩大会议，支队党委成员、机关部门以上领导、各股室负责人、各大（中）队主官参加会议。会议传达总部党委二届五次全会和总队党委三届七次全会精神，听取审议支队党委工作报告、纪委工作报告、干部选拔任用工作报告；司、政、后三部门分别安排部署2014年工作。会上，支队党委副书记、支队长马虎代表支队党委作题为《认清形势找差距、改进作风抓落实，在实现强军目标中推动部队建设全面发展》的工作报告；支队党委书记、政治委员赵银桂以《沉心静气、真抓实干，在抓落实中不断夯实部队建设发展的基础》为题作重要讲话；表彰12个先进集体和80名先进个人。玉溪市副市长兼市公安局长、支队第一政治委员明正彬出席大会并作讲话。

8月2日，武警玉溪支队召开党委扩大会议，会议传达学习总队党委三届八次全会精神，支队党委副书记马虎代表支队党委作工作报告，支队党委书记赵银桂以《建强班子，优化队伍，埋头苦干，努力提升支队建设质量》为题讲话。

【扑灭森林火灾】 2014年，武警玉溪市支队完成“4·18”“5·14”红塔区大营街镇森林火灾扑救任务，累计出动兵力200余名，扑灭火线26 900多米，清理暗火点2 040余处，开挖隔离带4 000余米，运水58余吨，值守火线22 000余米。

【临时勤务】 2014年，武警玉溪市支队出动多名兵力，完成玉溪市春节大型灯会及米线文化节武装巡逻和活动现场安全保卫勤务，八县一区春节期间和“3·01”暴力恐怖袭击事件城市武装巡逻勤务，“1·06”“2·10”、“3·20”、“9·04”玉溪市看守所武装押解勤务，“1·26”元江县看守所武装押解勤务，“8·06”峨山县看守所武装押解勤务，“8·14”澄江县看守所武装押解勤务，“8·26”红塔区看守所武装押解勤务，“12·11”华宁县看守所和玉溪监狱艾滋病犯人转监等10起武装押解勤务。担负“3·01”暴恐事件武装巡逻任务期间，缴获管制刀具287把，气枪1支，仿真枪13支，处置械斗事件1起，抓获犯罪嫌疑人16人，检查车辆7 239辆。

【疫区封控】 2014年3月10日起，武警玉溪市支队参与处置通海县公共卫生事件。派出50名兵力，历时56天，与公安民警混合编组担负杨广镇马家湾、义广哨、镇海、李官庄、上官洞、大新、小新、下麦地8个检查点的设卡任务。

【军事比武竞赛】 2014年7月21～23日，武警玉溪市支队举办军事训练比武竞赛。15个单位的170名反恐队员，参加楼房攀登、400米障碍、03式（95式）自动步枪快速精度射击、03式（95式）自动步枪排除故障射击、狙击步枪精度射击、狙击步枪对劫持人质晃动靶射击、兵力抽组、反劫持战斗等七个科目的竞赛，一中队、红塔区中队和玉溪市中队分获团体成绩第一、二、三名，茶绍龙、杨东、鲁平宪、蒋磊、段文海、张威6人分别被评为全能王、攀登王、狙击王、障碍王。

2014年4月18日，武警玉溪市支队参与扑救红塔区大营街镇发生的森林火灾（李　波　摄）

【反恐演练】 2014年9月28日，玉溪市公安局、武警玉溪市支队联合举行处突反恐演练。演练按照力量模块化、装备系列化、训练专业化、能力多样化、机制常态化的建设要求，精心设置武警基础训练科目展示、处置群体性事件演练、处置暴恐事件演练、武警部队核心武力突击基本战法和战斗动作、不同枪种应用射击和装备展示等六个科目，展示了近年来玉溪市应急处突建设取得的丰硕成果。

【封闭集训】 2014年10月7～16日，武警玉溪市支队组织51名机关干部进行封闭式集训，采取分科目组织的方法，在共同科目上，专门挑选教员对自动步枪射击、手枪精度射击、武器分解与结合、体能等科目进行训练，主要解决机关干部军事技能水平偏低的问题；在对口科目上，各部门选取业务精通的人员对本职岗位知识进行教学和集中培训，重点解决干部业务能力不强等问题。

【野外综合演练】 2014年12月18～20日，武警玉溪支队完成2014年度新兵野外综合拉练任务，环抚仙湖、星云湖徒步行军76.9千米，用时近3天，跨越江川、华宁、澄江三个县。本着从难、从严、从实战出发的原则，不按预案临时设置情况，开展通过危险区、战斗警戒、紧急避险和以暴恐分子劫持人质事件为背景的实战化演练，全方位锻炼提高指挥员的组织指挥能力，多层次检验新兵训练质量。

【领导视察】 2014年10月16日，武警云南省总队司令员王诚少将在中共玉溪市委书记罗应光、玉溪市人民政府副市长、公安局局长明正彬等领导陪同下，深入玉溪支队四中队、红塔区中队、新机关施工现场、支队机关进行检查。

2014年11月5～6日，武警云南省总队政治委员张桂柏少将深入玉溪支队检查指导工作。张政委在对支队年度

2014年10月16日，武警云南省总队王诚少将到武警玉溪市支队检查指导　　（李　波　摄）

工作、基层建设、干部队伍建设情况进行调研的基础上，听取支队党委年度工作汇报，并就新机关建设问题与中共玉溪市委书记罗应光交换意见。

2014年9月17日，云南省省长助理、省公安厅厅长杨嘉武深入玉溪支队检查调研。杨厅长看望慰问新平县中队及在新平县民族广场、玉溪市中心客运站一线执勤官兵。

2014年1月9日，中共玉溪市委书记张祖林深入武警玉溪支队检查工作。张书记肯定武警支队在维护驻地社会稳定和经济发展中所作的积极贡献，勉励新一届党委班子紧紧围绕强军目标，更加有为地发挥好职能作用，更加有效地推进部队现代化建设，努力确保以执勤处突为中心的多样化任务完成、确保部队高度集中统一和安全稳定，为维护玉溪社会稳定作出更大的贡献。

2014年3月14日，中共玉溪市委书记张祖林在明正彬副市长的陪同下，深入武警玉溪市支队，与正在支队检查工作的总队蒋参谋长一起座谈交流，指导支队建设。

2014年3月20日，中共玉溪市委书记张祖林在支队长马虎、政委赵银桂的陪同下，深入武警玉溪市支队教导队，实地检查支队反恐力量建设情况，并看望慰问正在参与集训的特战反恐队员。

2014年9月11日，中共玉溪市委书记罗应光深入玉溪支队检查指导工作。罗书记简要听取支队基本情况及工作汇报，并同在支队检查工作的总队副参谋长黄锐大校就支队下一步建设发展进行交流。

2014年1月27日，玉溪市人民政府市长饶南湖率市慰问团，到玉溪市支队进行走访慰问。

【先进集体】　2014年11月26日，武警玉溪市支队被武警部队表彰为“2014年度安全工作先进单位”。

2014年12月31日，武警玉溪市支队被武警云南省总队表彰为“基层建设先进支队”。

2004年12月31日，武警玉溪市支队一大队一中队被武警云南总队表彰为“基层建设标兵中队”；一大队三中队、红塔区中队，二大队四中队、通海县中队被武警云南省总队表彰为“基层建设先进中队”。

【先进个人】　2014年7月17日，武警玉溪市支队勤务中队电台台长李军荣获武警部队优秀士官人才奖三等奖。

2014年9月28日，武警玉溪市支队司令部机要股股长何忠顺被武警云南省总队表彰为“密码工作先进个人”，教导队战士蒋东俊被表彰为“优秀教练员”，易门县中队军械员薛志强、澄江县中队军械员明旭、元江县中队军械员李勇涛被表彰为“优秀保管员”。

2014年12月31日，武警玉溪市支队政治处主任杨培华、卫生队技术11级医师夏飞麟被武警云南省总队荣记三等功一次。

（汪治国）

消防支队

【党委班子和干部队伍建设】　2014年，消防支队党委坚持以组织建设为龙头，强化“一盘棋”意识，班子成员在重大决策、干部任免、重大项目安排和大额度经费开支等方面，始终能从组织和全局的角度集体研究、求同存异，党委班子的核心领导作用得到有效发挥。推广支队党组织规范化建设现场会成果，开展了“党建巡诊”、“阳光党务”以及利用党委扩大会议开展党务培训等活动，统一印制了党建基础台帐并规范了记录格式、制作了各级党组织学习工作生活制度流程图，严格落实党委委员当兵锻炼和挂钩联系制度，规范了党务工作，强化干部教育培训，干部队伍建设明显加强。为提升两级班子集体领导、科学决策能力提供了组织保障。发挥党委在加快发展建设中的核心领导作用。年初，组织专题调研，广泛征求意见，对全年工作进行全面、系统地研判和谋划，推进“素质工程”、“政府工程”、“示范工程”，科学统筹消防工作和部队建设。推行党委统一领导、党政齐抓共管、纪委组织协调、部门各负其责、一级抓一级、层层抓落实的工作格局，按照编制配齐建强纪检队伍，发挥纪检部门专业队和主力军作用。同时，整合纪保、组教、财务、警务等力量，共同承担廉政教育、督导和检查的责任，杜绝纪检部门单打独斗的现象。

【反腐倡廉】　2014年，支队研究制定下发了《2014年党风廉政工作意见》，多次召开党委专题会议和纪委专题会议，研究廉政建设工作。全市消防部队各级领导认真履行“一岗双责”，逐级签订了《党风廉政建设责任状》14份、《执行“禁令警规”领导责任状》和《执行“禁令警规”保证书》等279份。以“廉政消防大家谈”为牵引，开展了“中国梦·从民族救亡到民族复兴”专题讲座、重温入党誓词、廉政谈话会等活动，通过刊发集中整治消防执法腐败问题活动专刊、编发廉政短信、廉政提示邮件等形式，引导官兵牢固树立正确的政绩观、权力观、利益观，教育官兵自觉控制欲望的上限，守住道德的底线。全年共编辑专刊14期，编发廉政短信、廉政提示邮件336条。为健全完善防治公款吃喝、内部食堂超标准接待的问题，支队制订下发了《公务接待管理暂行规定》，对接待范围、审批程序、内外部接待标准都做了严格规定，通过规定的严格落实，在部队内部营造了抓作风建设的浓厚氛围，巩固深化了党的群众路线教育实践活动成果。围绕住房、办公用房、用车、用人四个方面的内容，支队对干部特别是领导干部进行了全面彻底排查，通过排查，共清退违规占用的公寓房3套。同时，根据清理整治的内容和重点，支队坚持治标与治本相结合的原则，下发了《玉溪市消防支队公寓房管理办法（试行）》、《公务用车管理规定》，将支队机关车辆和驾驶员全部列入后勤处集中管理、统一派遣，从根源上解决了领导干部超标准占用车辆或变相固定用车的问题。为进一步强化纪委监督作用，由纪委牵头修订了支队督查方案，方案实施以来，支队督察队采取实地、视频和电话等形式，以明察、暗访相结合，组织定期或突击督察全市消防部队各项工作的执行情况，督察工作受到了省公安厅副督察长、纪委副书记、现役纪检督察室主任范建超的高度肯定。全年，督察队督察单位60余个次，发现纠正各类问题300余条，问责单位9个，个人29人，为支队各项工作的推进奠定了坚实的基础。

【从优待警】 2014年，支队坚持察兵情、暖兵心、解兵难，下发了《关于印发2014年从优待警十一项措施的通知》《战友互助基金募集使用管理规定》，协调转业干部安置、子女入学6人次。发挥战友互助基金作用，对因疾病、重大变故等原因造成困难的官兵家庭进行援助和慰问，年内，共走访慰问官兵及家属4人次，为3名官兵申请了总队伤残官兵补助金，努力营造了拴心留人的良好环境。

【火灾和接处警】 2014年，全市消防部队共接警出动1 144起，出动车辆1 789 辆，出动警力 9 227 人，抢救被困人员 435 人，疏散被困人员 3 437 人，抢救财产价值 1 353.92万元。其中，发生火灾368 起，死亡 1 人，受伤 4 人，直接财产损失 3690 304 元。持续保持了19年未发生重特大火灾事故，全市消防部队年内无事故案件发生，确保了火灾形势和部队管理双稳定。

【部队管理】 2014年，支队立足以使命为牵引，以岗位为课堂，以任务为平台，先后开展了学习贯彻习近平总书记系列重要讲话精神、“牢记强军目标、献身强军实践”、“讲党性、守党规、严党纪”、部队管理专项教育整顿等主题学习教育活动，严格按照教育专题细化教育内容，制定学习计划，确保教育内容贴近实际。同时，始终坚持高标准、严要求，将部队正规化建设放在突出位置，深化车辆管理、条令条例执行和安全建设等活动，突出抓好安全预警、分析、督导和整改，部队全年实现了“五无”。

【练兵比武】 2014年，支队开展专职队员集训、执勤中队业务竞赛、基层指挥员考核评比等活动，分别举办攻坚队员、通信员、驾驶员等骨干培训，进一步规范执勤训练和灭火应急救援作战秩序，提高官兵灭火救援专业化水平和实战能力，支队按照《云南省公安消防部队灭火救援战斗编成规定》要求，以特勤、红塔和大营街中队为试点开展编成示范训练，分类改进完善整建制中队专业化、实战化训练模式，以点带面推动全市消防部队专业化、实战化训练工作。同时，支队将灭火救援作战指挥部和整建制中队专业化、实战化训练纳入执勤岗位练兵工作重点，及时召开灭火救援作战指挥部和整建制中队专业化实战化训练与考核工作推进会，逐级签订责任状，落实全员参训、全面练兵的要求，建立了周例操、月会操、季度抽查、年度考核的考评制度，加强自查、自检、推进力度，切实将工作制度化、常态化。

【信息化建设】 2014年，支队音视频综合集成系统完成所有设备的安装调试，并通过部局、总队阶段性系统功能验收工作；“119”接处警系统建设完成公开招标，启动硬件安装调试工作，完成主城区接处警系统割接工作。“两个系统”的建成和应用，将提高支队灭火救援一线的可视化指挥能力和接处警指挥的调度效率。年内，完成灭火救援指挥系统建设、音视频综合集成系统、卫星便携站、指挥中心改造、信息中心机房改造、北斗车辆管理系统、指挥视频系统、应急通信和移动执法装备配备、一体化系统推广部署运用等建设工作。

【岗位培训】 2014年，支队开展冬季练兵比武考核工作，并完成总队交叉考核评比；组织了全市消防部队执勤岗位练兵集中比武竞赛活动；组织执勤中队开展内攻和紧急避险专项训练，进一步提升灭火内攻安全处置能力；成功举办2期集中训练、轮流执勤活动，确保了全市80%的基层指挥员、灭火救援员、攻坚组队员士兵参加培训；支队20名执勤中队干部全部取得基层指挥员和建（构）筑物消防员资格；制订出台《玉溪市消防部队地震救援行动规程》，配齐配强地震救援重型搜救队物资装备，圆满完成滇南协作区地震救援跨区域比武竞赛活动和鲁甸“8·03”抗震救灾工作，部队地震救援实战能力明显增强。

2014年9月12日，玉溪市消防部队岗位练兵比武参赛队员紧张比赛中
（消防支队　提供）

【基础消防设施建设】 2014年，支队为特勤中队及战保大队购置2辆主战消防车、1辆供水车、1辆医疗车及1辆水质净化车，一大批“高、精、尖”装备列装部队。战勤保障大队及培训基地二期工程竣工投入使用，将新修建建筑倒塌事故处置模拟训练区，公路交通事故处置训练区，危险化学品槽罐车火灾泄漏事故处置训练区，室内综合训练馆，体能器械训练区等五个训练区。通海大队完成“两证”办理工作，华宁大队和高新大（中）队营房项目均已开工建设；元江、澄江、易门、红塔研和中队营房迁建项目均有实质性进展。

【财务管理】 2014年，支队抓各项规章制度的建立和完善，用一系列的规章制度来确保了后勤各项工作的开展，先后制订出台了《武警玉溪市消防支队财务规范化管理规定》、《玉溪市消防支队公务接待管理暂行规定》、《武警云南省玉溪市消防支队车辆管理规定》、《玉溪市公安消防支队消防器材装备管理规定》、《武警玉溪市消防支队大队级单位实行会计独立核算制度实施方案》、《玉溪市消防支队公寓房管理办法（试行）》。通过不断完善后勤财务管理规章制度，进一步完善了网上银行监督机制、债权债务管理制度、大额资金控制监督制度、票据管理的登记检查制度。

【社会化消防工作】 2014年，支队制定出台了消防安全委员会联席会议工作制度，定期召开会议研究解决消防安全重大问题。市消防安全委员会针对全市火灾形势特点及重大专项整治多次召开联席会议，全市各县区共召开消防安全委员会联席会议34次，分析研判全市消防工作。全市各职能部门认真履职，部门联合行动，在第二次“清剿火患”战役中，玉溪被公安部表彰为成绩突出单位，成绩名列全省第二。在政府的推动下，全市已建成标准化公安派出所消防中队45支，组建率占全市所有公安派出所的56%，全市网格员按照一、二级网格员，网格长经费由市委市政府进行保障，专兼职消防安全网管员按照不低于50（人/月）的专项经费标准由各县（区）自行保障。派出所消防中队和网格员已在全市消防监督工作和灭火救援工作中初步发挥作用。

【联合督导检查】 2014年，支队将消防工作纳入经济社会发展总体规划，在发展规划中专门规划了消防设施建设，年初与所属县（区）和市直部门行业系统，各县（区）与各乡（镇、街道）和545家消防安全重点单位层层签订了消防安全目标责任状；及时调整了消防安全委员会成员单位，制定了市消防安全委员会六项制度，结合重点工作和专项工作的推进，政府组织开展督导检查45次，推动行业、系统主管部门落实消防安全管理职责，形成齐抓共管、综合治理的良好格局，全面落实政府工作职责。

【火灾隐患整治】 2014年，支队结合今冬明春火灾防控工作进行部署，开展今冬明春第二次“清剿火患”战役、云岭平安和重大火灾隐患集中整治等专项工作，支队下发了《关于开展火灾高危单位专项整治的通知》，在全市范围内开展火灾高危单位专项整治，完成了66家火灾高危单位评估。全年，全市共检查单位9 126家次，发现违法行为11 280处，督促整改11 188处，临时查封19家，责令三停33家，罚款176.58万元，行政拘留4人，提请全市各级政府对63家重大火灾隐患单位实行挂牌督办，督办整改率达100%。有效消除了一大批火灾隐患和违法行为，严厉打击了消防违规行为，保持了整治火灾隐患的高压态势。

【消防宣传教育】 2014年，支队出台了《消防宣传教育规定》、《全民消防安全宣传教育纲要实施方案》，建立与媒体消防宣传合作机制，开设玉溪日报消防宣传专版，拓展“玉溪消防在线”微博品牌，设立“高古楼论坛”消防板块，在通海、新平、峨山、元江等地成立民族消防宣传队，发挥玉溪消防科普教育馆作用。依托“3·5”青年志愿者服务日、“综治维稳宣传月”、“119消防日”和“12·4”全国法制宣传日等有利契机，开展了《纲要》宣传周、“百名村官进红门”、“生命通道体验活动”、媒体聚焦消防、“火灾隐患大家找”、志愿服务等大型活动。全球华人较大影响的栏目《鲁豫有约》专门采访播出搜救犬工作成效。17部消防微电影和公益广告网络展播获好评，其中6部作品进入全省排行榜前10名。推动消防宣传“五进”，建立完善顶层抓地方党政领导、基层抓单位和社会群众、自上而下抓部门系统的立体化培训格局，将消防安全教育纳入党政领导干部、乡（镇）长、村“两委”负责人岗前任职培训内容，落实消防控制室值班操作人员技能鉴定、持证上岗制度，全民消防安全素质普遍提升。

（朱　静）

8752部队

【概　况】 2014年，武警8752部队围绕贯彻强军目标的能力建设之年、践行群众路线的作风建设之年建设目标，坚持转变作风抓自建、提高能力保中心、夯实基础谋发展、紧盯弱项求突破，凝心聚力，真抓实干，

2014年11月7日，在消防日启动仪式上，市公安局常务副局长李云峰向妈妈防火团授旗　（消防支队　提供）

各项任务完成圆满，全面建设稳步推进，部队建设有了新变化、新风貌。团队被武警部队表彰为“军事训练一级单位”，1个单位、2人被武警总部记功；10个单位、36人受到师奖励表彰。

【思想政治建设】　2014年，武警8752部队重点抓好十八届三中、四中全会、习近平系列重要讲话以及全军和武警部队政治工作会议精神的学习宣传贯彻，创新教育方法搞好主题教育，深入抓好党的群众路线教育实践活动，开展深知兵、真爱兵活动，大力加强先进警营文化建设，建强四支特色文化队伍，用好驻地红色资源通海烈士陵园，实地搞好教育熏陶，增强官兵对党忠诚的坚定信念和强军兴军的坚定信心。6月，参加师“四会”优秀政治教员评比竞赛获团体和个人两个第一的好成绩。

【完成中心任务】　2014年，武警8752部队注重内蒙古集训成果转化与新大纲试训有机结合，抓敏感期战备制度落实，定期开展检验性拉动演练，突出首长机关、夜间训练和人装结合训练，严密组织“卫士—14”演习和野外驻训，加大实战化训练力度，“两官”队伍素质和部队遂行任务能力不断提升。先后6次参与扑灭通海县秀山镇、杨广镇，玉溪市研河镇等地山林大火，参与“4・24”通海县杞麓湖落水儿童搜救任务，参加鲁甸“8・03”地震和景谷“10・7”地震救援任务，部队遂行多样化任务能力显著提升。

【基层建设】　2014年，武警8752部队端正抓建导向和精力投向，配齐配强书记队伍，督导落实七项组织生活制度，抓好10名换岗锻炼基层主官岗位练兵，组织党支部书记夜校培训，分三批组织5名团领导、13名机关干部当兵蹲连、蹲点帮建，与基层主官开展结对帮带。成立经常性工作落实督导小组，对经常性基础性工作开展情况进行督导检查，深入开展创先争优和“双争”活动，基层全面建设质量明显提升。5个单位被上级表彰为基层建设标兵（先进）单位，2个党组织被上级表彰为先进党组织。

【后勤保障】　2014年，武警8752部队以服务中心为方向，规范后勤战备、遂行任务的保障标准和方法，完善后勤指挥、力量编成、装备配备、物资储备体系，安全组织弹药仓库和综合仓库搬迁；以“一组五队”建设为牵引，采取在职培训、选送入学等方式，组织驾驶、军械、炊事等5个专业200余人次培训，健全团营连三级保障力量体系，完成兵力部署调整、抗震救灾等大项保障任务；抓好卫生队、服务中心配套建设，不断提升保障效益；有序推进营房“两项建设”和训练场地设施建设，官兵工作生活环境得到改善。

【党委班子建设】　2014年，武警8752部队始终把理论武装作为开阔视野、更新观念、提高能力、科学指导的第一需要，精心组织党委中心组理论学习。坚持贯彻落实民主集中制，制订《团党委常委会议事决策规则》，打牢了靠制度管人管权管事的法治基础。在新建工程多的情况下，团党委公开承诺不参与、不干预，严格操作规程，严行公开招标，严把质量关口，自觉接受官兵监督。结合教育实践活动，聚焦反“四风”，着力改作风，整改问题取得明显成效，整改措施具体落到实处。紧盯官兵期盼，有效落实为官兵办10件实事承若。狠抓风气不放松，认真组织整治“五超”回头看，部队上下风清气正，官兵对党委班子满意度达到96.3%。

【群众路线教育实践活动】　2014年，武警8752部队把开展党的群众路线教育实践活动贯穿全年，积极落实教育活动内容要求，发扬务实作风，坚持问题导向，坚持刀口向内，坚持为兵解难，梳理3个层面26方面问题有23个整改取得明显成效，制定66项具体措施有63项落到实处，有力推动了活动开展，受到了武警总部督导组的充分肯定。

【参与鲁甸抗震救灾】　2014年8月3日16时30分，云南省昭通市鲁甸县发生6.5级地震。8752部队迅速启动紧急预案组织官兵直奔震中，昼夜机动14个小时400余千米于8月4日12时30到达震中巧家县包谷垴乡，参与抗震救灾。

【召开第十二次党代表大会】　2014年8月26日上午，武警8752部队召开第十二次党代表大会第一次全体会议，总结团队过去五年的工作及相关经验，理清了团队未来五年的发展思路。

【参与景谷抗震救灾】　10月7日，云南普洱市景谷县发生6.6级地震，2014年，8752部队迅速启动应急响应机制，紧急出动，连夜奔赴一线灾区。经过近10个小时550余千米的紧急驰援，于10月8日上午9时40分抵达震中景谷县永平镇参与抗震救灾。

（颜国平）

人民防空

【概　况】　2014年，玉溪市人民防空工作以贯彻落实全国第六次人防会议精神为重点，围绕新时期人防应急斗争准备，贯彻长期准备、重点建设、平战结合的方针，努力适应打赢信息化战争和发展社会主义市场经济的需要，努力提高人民防空的整体抗毁能力、快速反应能力、应急救援能力和自我发展能力，以应付现代战争及自然重大灾害事故、有效保护国家和人民生命财产的安全，做好城市防空袭斗争准备。年内，完成人防宣传培训，防空警报试鸣，进行防空警报维修维护，启动了机动指挥所建设，开展防空袭方案制订工作，人防知识的宣传教育，进行野外通信训练，强化了结合城市民用建筑修建防空地下室审批等工作。

【机动指挥所建设】　2014年，玉溪市人防办进行机动指挥所建设，向省人防办提出将玉溪机动指挥所建设纳入2014年省人防建设计划的请示，向市政府申请了建设经费，报请跟标采购等事项，2014年10月18日，市人防办到九洲公司对采购事项进行协商谈判，签订了采购合同。

【防空袭方案编制】　2014年，玉溪市人防办开展了玉溪市防空袭方案的编制工作，对防空袭方案的编制进行研究准备，成立玉溪市防空袭方案编制招标谈判小组，邀请云南旺和招标咨询有限公司等单位进行竞争性谈判，确定了委托代理招标公司，由委托代理招标公司进行了玉溪市防空袭方案编制工作的招标工作，通过公开招标选定了编制单位，云南人防建筑设计院有限公司以最低价中标，成为防空袭方案和各种保计划的编制单位。

【指挥宣传业务培训】 2014年10月17日，玉溪市人民防空宣传教育和指挥业务培训会在易门县召开。会议邀请云南省人防办领导进行业务指导，市人防办主任乐士发主持会议，市人防办和各县（区）人防办共38名人员参加了培训会。陈丽玲处长结合自身实践与多年的工作经验对人防宣传教育工作的重要意义、人防宣传教育工作的内容范围进行了讲解，并对下一步人防宣传教育工作提出了要求，王华调研员对如何制订城市防空袭方案进行了专题辅导，系统的讲解了制订城市防空袭方案和各种保障计划的内容要求、制订依据、遵循的原则、方法步骤、报批程序、应注意的问题，乐士发主任就以后全市人防宣传教育工作进行了安排。

【野外通信训练】 2014年11月27～29日，市人防办通信专业人员赴元江、新平边远地区，与固定台进行联通训练，测试通信质量，通过训练使通信专业人员基本掌握车载指挥通信设备的操作，掌握机动指挥所开设与转移的内容和程序，了解两地平时通信环境情况，为今后的防灾救灾应急通信保障进行了探索。

【结合民用建筑开展行政审批执法】 2014年，市人防办认真执行《中华人民共和国人民防空法》和《云南省实施办法》关于结合民用建筑修建防空地下室的规定，依法开展结合民用建筑修建防空地下室，围绕开展新建民用建筑防空地下室建设和防空地下室易地建设审批工作，规范行政执法，促进人防工程建设，坚持以建为主，以收促建的原则，严格执行易地建设费缴纳标准。截至年底，全市审批结合民用建筑修建防空地下室建设项目共16项。其中，市级审批5项，各县区共审批11项，全市竣工验收工程5项。

【南北大街平战结合工程】 2014年，市人防继续为北京世纪乐地投资有限公司项目在玉溪落地做好服务工作。派人参加人防工程指挥部的协调工作，履行人防部门职责，参加进度推进协调会，进行现场监督指导。北大街平战结合工程项目于2013年10月开工，2014年12月27日竣工。

【防空警报维护管理】 2014年9～10月，为了加强防空警报设施建设和维护，规范防空警报信号的传递和发放，保护人民生命和财产安全，市人防办对玉溪市中心城区的防空警报设施设备进行一次全面的维护维修。首先对防空警报器开展逐一排查，检修维护警报器的终端接收机、电源线路等设备，并对报警器外部进行除尘除锈、涂油漆。对警报器内部终端设备的供电系统和信号控制系统进行电压和信号检测，针对警报器外部发声设备进行紧固性和损耗度检测，对接收信号不良的警报器进行了天线的改造安装。并对防空警报设备的性能和鸣放效果进行了测试，对警报器外观和电源系统进行维护保养，通过检修确保防空警报设备时刻处于良好的战备状态。

【防空警报试鸣】 根据云南省人民政府的决定，为表达全省各族人民对“8·03”鲁甸6.5级地震遇难同胞的哀悼，玉溪人防办在2014年8月9日接到上级下达的任务后，对中心城区的防空警报器进行了快速的检查维护和加电，同时通知了所属八县人防部门，作好鸣响防空警报的准备。于2014年8月10日10:00在全市同时拉响了防空警报，在玉溪上空低沉警报声长鸣3分钟，听到警报音后，街道上行人止步，商场停业，车辆停驶，聂耳音乐广场降半旗，广场上市民们停下活动自发聚集在一起，参加哀悼活动。

【人防宣传】 2014年，玉溪市人防办加大人防知识的宣传教育力度，扩大了宣传覆盖面。玉溪市人防办通过征订《云南人防》、《中国人民防空》杂志发放到各级政府和部分学校，积极向《云南人防》杂志投稿，加强人防法律法规和人防知识宣传教育力度，提高人民防空的社会影响力，营造了人民防空建设社会环境和良好氛围。2014年9月进行了《居安思危、备战人防》人民防空电影科教片集中宣传教育活动，普及人防科普知识，掌握必要的防空基本知识和防护技能。抓住玉溪市南北大街、凤凰路、人民路大型人防工程建设的契机，通过施工现场的标语口号、路牌，报纸、网络的公告、专访深度报道，电视采访、专访、专题节目等形式，广泛地宣传了人防，使人民群众对人防有了更直观的认识。2014年12月4日参加了市依法治市办举办宪法宣传日活动，发放《玉溪市人防宣传手册》100本。

【人防教育】 2014年，市人防办在初级中学开展以防原子、化学、生物武器为主要内容的“三防”人防知识教育。各县（区）人防办会同市县（区）国教办、教育行政主管部门积极行动，继续组织各初级中学开展人防知识教育。各县（区）通过播放人防知识光盘《永远的蓝天》，人防知识宣传手册，国防知识读本，专题讲座等进行了人防知识的教育，开课学校达63所、受教育学生达41 278人。

【准军事化建设】 2014年，玉溪市人防办按照政治坚定、业务精湛、纪律严明、作风过硬、廉政高效的人防机关“准军事化”建设标准和要求，着力加强机关自身建设。组织全办人员参加了第二批党的群众路线教育实践活动，认真组织学习十八大和十八届三中、四中全会精神，深入开展创先争优活动，在教育活动中，市人防办领导都十分重视，订阅群众路线教育实践活动读本，除按时参加市政府党委组织的会议和活动外，还多次组织本单位干部职工召开会议，精心安排，坚持做到学习过程中有学习制度，有学习专栏，有心得，有笔记。主要领导按照“照镜子、正衣冠、洗洗澡、治治病”的总要求。集中解决形式主义、官僚主义、享乐主义和奢靡之风问题。严格控制“三公”经费支出。通过改进工作作风和工作方法，提高行政工作效能，进一步加强了人防机关“准军事化”建设。

（周克全）

法制

编辑：刘仕荣

公　安

【概　况】　2014年，玉溪市公安局围绕全市经济社会发展大局和建设平安玉溪总目标，在矛盾纠纷排查化解、派出所建设、实有人口管理、整治突出治安问题、治安防控体系建设、信息化建设应用、队伍管理等方面取得了明显成效，为维护全市社会和谐稳定作出了积极贡献。在省厅考评中获“2014年度全省公安队伍建设”一等奖。

【反恐维稳】　2014年，针对严峻的反恐形势，玉溪市公安机关以反恐应急能力建设倒逼公安机关维稳处突能力建设，改进现行警务机制，采取有力措施，全力做好反恐维稳和应急处突工作。在经费保障上积极争取党委政府支持，将反恐维稳工作提升为一项党政工程，按照市级每年不低于300万元，红塔区每年不低于200万元，其余各县每年不低于100万元的标准将反恐维稳基本工作经费纳入同级财政预算予以保障。市级财政每年还保障800万元的反恐维稳信息化建设经费。市县两级招录了700名巡特警辅警人员，由同级财政足额保障。市局特警支队民警由原来的22人增加至51人，内设机构由原来的2个大队增加至4个大队。全市公安机关严格落实常态化实战练兵，反恐处突应急能力显著提升，在全省公安特警第一片区比武活动中取得了优异成绩。在日常工作中全面建立公安、武警联合武装巡逻常态机制，全市投入1 420万元，新购置了24辆特警冲锋车和48辆运兵车，组建了32个武装处突单元，对人员密集场所、重点部位实现了1分钟、3分钟、5分钟巡防控制，提升了社会面治安管控能力。针对公交车安全管理薄弱的问题，创新思路，主动协调交通运输部门，指导保安服务公司组建了50人的公共交通安保大队，构筑了公交安保的新防线。

【化解社会矛盾】　2014年，玉溪市公安机关做好民族宗教领域维稳工作，定期深入民族宗教热点地区，开展亲情式服务，促进了警民关系、警宗关系和谐。全年全市没有发生因民族宗教问题引发的群体性事件和具有一定影响的热难点问题，市公安局被市委市政府推荐参评全省“民族团结进步先进集体”。全市公安机关共建成调解室294个，物建矛盾纠纷信息员15 439名，向省厅上报收集掌握内幕性、预警性情报信息455条，向党委、政府和相关部门提出工作建议59条，排查矛盾纠纷6 538起，化解6 100起；调处治安案件3 845起，调处免予起诉的轻微刑事案件6起。全年共发生17起群体性事件，与2013年同比减少4起，下降22.7%，没有发生因处置不当而导致矛盾激化、事态扩大、影响社会稳定的事件。

【缉枪治爆】　2014年，玉溪市公安机关继续开展缉枪治爆专项行动。查破涉枪涉爆刑事案件45起，抓获犯罪嫌疑人47人，其中成功破获了“4·27”走私枪支案，摧毁了一个贩枪网络，受到了公安部、省公安厅的表扬；查处涉枪涉爆治安案件39起，查处违法人员42人。行动中全市共出动警力5 166人次、车辆1 567辆次，召开座谈会115场，签订安全责任书241份，发放、张贴宣传资料117 094份，删除涉枪涉爆网上信息2 444条；办理涉枪涉爆刑事案件45起，采取刑事强制措施48人，办理治安案件39起，治安处罚42人；收缴各类枪支976支、枪支零部件45件、子弹63 701发、铁砂110.22千克、雷管27 848枚、炸药4 910.7千克、黑火药31.75千克、索类爆炸品4 861米、炮弹14发、手榴弹12枚、管制刀具4 265把、弩8把、剧毒化学品253.069千克、毒鼠药粉剂148盒、毒鼠药液剂98瓶、烟花爆竹14 392件、礼花弹34枚；发现并整改安全隐患276处，对567名爆破作业人员进行政审，培训新任爆破作业人员542名，对1 256名爆破作业人员进行了再培训。昆明“3·01”暴恐案件发生后，全市治安部门集中开展管制刀具清理整治行动，及时停产管制刀具生产企业80个，关闭销售店铺133个，收缴管制刀具4 265把，查处非法携带管制刀具案件21起，抓获违法犯罪人员21人。

【基层派出所建设】　2014年，全市各级公安机关落实以加强和改进以派出所为重点的基层基础工作，派出所组织保障进一步完善，警力进一步充实，警务保障进一步改善，派出所设置和勤务模式进一步规范统一，社区民警专职化建设进一步加强，派出所保一方平安的综合实力明显增强。截

2014年11月18日，玉溪市公安局代表队在全省反恐暨警务实战技能比武中取得总团体一等奖的好成绩　（市公安局　提供）

至2014年底，全市81个派出所中，各分、县局中心城区派出所警力按照不少于30人的标准配齐，其他建制镇、乡派出所警力按照不少于10人、5人的标准配齐，全市派出所民警达到了980名。协勤人员也按照城区和县城镇1∶2、农村1∶1的警力比例基本配齐，达到了1 543名。同时，全市派出所按照流动人口500∶1或200间出租房配备1名的标准基本配齐了流动人口协管员370名。全市派出所配备社区（责任区）民警489名，比2013年年底增加了3名，社区（责任区）民警与派出所警力比例达49.9%，各派出所在辖区人口集中、治安情况复杂的场所和单位设立警务室211个。全市有一级所11个、二级所36个、三级所30个、四级所2个、五级所1个，新挂牌成立派出所1个。

【互联网安全监管】　2014年，玉溪市公安网安部门落实互联网敏感信息24小时巡查处置机制，共搜集报送各类舆情信息5 666条、情报信息10 834条，巡查发现并处置有害信息24 379条，完成上级下达的舆情导控任务58个，全市舆情引导任务81个，有效维护了互联网信息安全。全年全市没有发生有较大影响的网络热点舆情事件。同时，推进非经营性上网服务场所安全审计系统建设工作，全市共安装系统安全设备492家，超额完成省厅下达的350家单位的考核任务。

【打击刑事犯罪】　2014年，玉溪市共立刑事案件15 265起，破6 022起，同时破获隐、积案2 807起，破案绝对数为8 442起。连续2年实现了刑事案件低发高破。通过破案，共抓获犯罪嫌疑人1 848人，摧毁犯罪团伙185个801人，缴获赃款赃物折合人民币604.43元。共立命案45起，实现了命案全破，同比立案减少6起，下降11.8%。严打黑恶势力犯罪，共打掉恶势力犯罪团伙12个，抓获涉案成员129名，破获刑事案件139起。强化八类案件破案攻坚，共立663起，破508起，未发生爆炸案件，绑架、抢劫、强奸等案件均大幅下降。

【治安案件查处】　2014年，全市公安机关共受理治安案件20 445起，同比上升13.7%，查处14 882起，查处违法人员15 642人。

【"扫黄禁赌"、"打四黑除四害"专项整治行动】　2014年，玉溪市公安机关坚持专项整治与整体防控有机结合，开展"扫黄禁赌"、"打四黑除四害"等专项行动，有效净化了社会治安环境。查破黄赌刑事案件29起，查获犯罪嫌疑人178人；查处黄赌治安案件738起，查处违法人员2 060人。两项工作得到了省政府考核验收组的肯定。深入持久地开展"打四黑除四害"专项行动，成功侦办了"8·31"生产、销售不符合安全标准食品案，涉案金额高达8 000余万元，摧毁了一个面向全国长期销售不符合安全标准冷冻肉类的犯罪团伙。

【禁毒人民战争】　2014年，玉溪市公安禁毒部门严格落实固定轮值、双向查缉，在公安部、省公安厅开展的"公安部百城禁毒会战毒品查缉行动暨云南公开查缉大比武活动"中，玉溪市公安局流动警务站以显著成绩夺得了大比武第一名。深入开展了打击零星贩毒收戒吸毒人员百日攻坚、秋冬涉毒违法犯罪专项整治等专项行动，全年共破获各类毒品刑事案件679起，抓获毒品犯罪嫌疑人637人，缴获各类毒品197.02千克、麻黄碱2.6吨，案件数和抓获数同比分别上升10.77%和8.3%，共收戒吸毒人员2 113人，有效打击了毒品违法犯罪的嚣张气焰。共确立部级目标案件2起、省级目标案件7起、市级目标案件10起，拔掉"钉子"1名。

【社会治安防控体系】　2014年，玉溪市公安机关落实公安部、省公安厅加强社会治安防控体系建设的相关精神，以特殊人群、高危场所、危险物品管理为重点，健全完善管控机制，推进治安防控体系建设。严格实行重点人员风险评估和分级管理，对重点人员信息开展适时研判，落实分类处置等措施，对全市1 013名重点人员的写实登记率达100%。对全市407名可疑肇事肇祸精神病人进行了医学诊断和危险性评估，主动建议和协调民政、残联等部门免费发放治疗药物和提供医疗救助，有效降低了风险隐患。进一步整合社区、单位、群众等各方力量，建立治保会688个8 060人，内部单位保卫组织1 124个、公共交通安保大队1个50人、配备专职保卫干部和安保人员3 345人、校园专职安保人员952人，建立街面警务岗亭35个、公路查缉检查站11个，配备街面巡逻车辆208辆，最大限度地将警力摆上街面，实行动中备勤、网格布警，构建了动静结合、快速反应、整体联动的全时空巡逻防控网络。依托综治平台，将网格化管理与社区警务有机结合起来，有效整合社会治安管理资源，对社区实施精细管控，社区警务工作得到了显著增强。建立落实了管制刀具、射钉器、散装汽油等危险物品的销售购买实名登记制度，强化日常监管。全力开展枪爆物品安全隐患排查整治，收缴了一大批危爆物品。

【打击经济犯罪】 2014年，玉溪市公安经侦部门共受理经济犯罪案件310起，立案330起，破案262起，全部案件涉案金额达49 075.3万元，通过破案挽回经济损失6 966.42万元，抓获犯罪嫌疑人155人，及时有效地打击了经济违法犯罪活动，维护了国家经济安全，为玉溪市场经济秩序的健康正常有序运行提供了优异环境。

【警卫保卫工作】 2014年，全市共完成各项警卫（保卫）任务113批次。其中：级别警卫任务20批次（一级警卫任务1批次、二级警卫任务3批次、三级警卫任务16批次），完成一般警卫勤务77批次，完成玉溪重要会议、重大活动12批次、完成其他任务4批次。完成了元旦、春节、“两会”、玉溪春节大型灯会、南博会等大型活动安保工作任务，完成各类会议、考试等其他安全保卫工作任务共53场次，出动保卫力量5 555人次。

【视频报警与监控系统二期建设】 2014年，玉溪市各级公安机关争取党委政府支持，明确了市、县两级政府对视频监控系统建设的主体责任，将其纳入市政府重点督办事项，加强统筹保障和组织推动，高标准规划建设，全年建成3 000个200万像素的高清摄像头，摄像头数量和技术标准都高于省政府、省公安厅提出的要求。

【便民利民服务】 2014年，玉溪市公安机关顺应人民群众对公安工作的新期待、新要求，牢固树立服务意识、创新意识，积极加强和改进公安行政管理工作，为全市经济社会发展营造了优质服务环境。进一步放宽城镇落户条件，稳妥推进“农转城”工作，全年共转户97 077人，超额完成8万人的转户任务，完成率达121.35%。在交警、出入境、治安、消防等窗口推出了网上受理审批、异地办证、上门服务、预约服务、延时服务等一系列便民利民服务措施，为群众提供高效、便捷、优质的服务。

【基础设施建设】 2014年，玉溪市公安局结合“210工程”，完善装备建设、基础设施建设等重点规划，协调争取中央、省、市支持，使全市公安一般性转移支付资金全额落实到位，促进了一批重大基础设施建设项目的陆续竣工。玉溪人民警察训练基地占地91.9亩，建筑面积26 110平方米，总投资8 000余万元，能一次性满足300人驻训和500人临时性集中备勤需要，承担着全市公安民警学习培训、技能训练和屯警备勤应急处突等重要职能，2014年年底一期工程建成投入使用。市公安局技术综合楼总投资3 955万元，总建筑面积14 032平方米，其中，刑事技术工作实验区面积达5 500平方米，全部按国家实验室认可和国家重点实验室的标准建设，相关设施设备全省一流，开展4大专业20余个项目的技术检验，是目前全省规模最大的公安技术实验室，现已建成投入使用。年内，江川、易门两县公安办公和业务技术楼相继建成投入使用。华宁县新建看守所投入使用，全市一区八县均已完成了看守所的新建改扩建任务；通过加强“五化建设”，全市看守所软硬件水平进一步提升。在市县两级公安机关的积极争取下，2014年共有4个派出所完成了新建任务，12个派出所正在进行新建或改扩建。投资2 800万元完成了中心城区智能交通系统一期建设，交通指挥中心、分控中心、智能交通信号控制系统、路口自动抓拍系统等项目陆续投入使用。探索尝试引入社会资本，采用BT模式，合作建设了北城机动车驾驶人考场、曲陀关大型机动车安全技术检测站、玉溪市道路交通安全警示教育中心，项目建设进展顺利。在公安部、省公安厅的大力支持下，玉溪青龙厂毒品查缉站建设纳入了国家和省级重点建设项目规划，年内已完成了投资预算、建设规划、环评、用地审批等前期工作。

【执法规范化建设】 2014年，玉溪市公安局完善了40余项执法制度，努力从实体、程序等各个环节进一步规范执法行为，最大限度确保执法公正。成立了执法管理委员会，及时通报执法情况，预警执法问题。对全市已经建成投入使用的93个规范化执法办案场所，强化管理运用，在省厅开展的“四个一律”专项检查中，玉溪市被评为优秀单位。全市进一步规范民警现场执法工作，现场执法执勤民警单警执法记录仪配备率达到100%，其他执法执勤民警单警执法记录仪配备率达到56%，现场执法执勤部门车载执法记录仪配备率达到100%，其他执法执勤部门车载执法记录仪配备率达到36%，超额完成了省厅下达的配备指标。在规范化建设上发挥执法先进典型的示范引领作用，新平县公安局桂山派出所、红塔分局刑侦大队、通海县公安局秀山派出所三家单位被省厅命名为新一轮“云南省公安机关执法示范单位”。组织执法办案部门领导、法制员以及办案业务骨干开展执法培训28期2 507人次。全面组织执法资格考试，调动了全市民警学法用法的热情。组织民警参加庭审旁听20余次200余人，进一步增强了民警的程序意识、证据意识、诉讼意识。

【队伍教育管理】 2014年，玉溪市公安局坚持政治建警、素质强警、从严治警、从优待警，全面加强公安队伍建设，不断增强队伍凝聚力、战斗力。依托新建成的玉溪人民警察训练基地，建、用同步进行，着力提高民警警务实战能力。先后组织完成公安部调训6期16人，省厅调训58期346人。组织各类培训52期，培训民警1 975人次，协助培训10期1 010人。开展执法培训55期，培训民警5 341人次，其中法制支队直接参与对交警支队和全市派出所所长、治安大队长的执法规范化建设培训4期500余人次。通过培训，及时更新了民警的业务知识，提升了民警工作能力和服务管理水平。以党的群众路线教育实践活动为契机，广泛征求基层民警和社会各界的意见建议，采用项目化跟进、批次限时整改的方式推动教育活动深入开展。通过开展教育实践活动，领导干部作风不实、文山会海、铺张浪费等“四风”问题得到了整改，队伍面貌焕然一新。以贯彻中央、公安部和省厅纪律规定为主线，进一步严明警纪警规和反腐倡廉要求，强化日常监督检查，扎实推进公安特色的惩治和预防腐败体系建设，对民警违法违纪案件发现一起查处一起，绝不姑息，年内，共查处民警、职工违纪违法案件4起11人，分别给予党政纪处分。对2名领导进行了诫勉谈话，6名民警实行了问责。

【执法资格等级考试】 为确保玉溪市公安机关人民警察执法资格等级考试工作顺利进行，法制支队严格按照省厅的统一安排，组织全市公安机关民警参加执法资格考试工作。自2011年至2014年9月，玉溪市公安机关先后组织了5次执法资格等级考试，共有3 317参加基本级执法资格考试，通过3 280名，通过率为98.9%；有2 096名民警参加中级执法资格考试，通过1 985名，通过率为94.7%；有327名民警参加高级执法资格考试，通过42人，通过率为12.8%。此外，2014年11月16日组织了第六次执法资格考试，全市公安机关154人报名参加了高级执法资格考试。

【案件审核】 2014年，玉溪市公安法制部门共审核各类案件9 631件14 238人，其中审核经济案件159件220人、毒品案件502件630人、其他刑事案件2 938件4 119人、治安案件3 249件5 448人、其他行政案件1 180件1 180人；在审核的全部案件中，市局法制支队审核刑事案件177件238人，审核治安行政案件7件20人。共受理行政复议案件6件6人，办结6件，其中维持5件，行政复议终止1件。另外，办结了2013年度受理结转2014年的行政复议案件1件，结果为行政复议终止，全部办结的案件按时报送至市政府行政复议办公室备案。市局法制支队组织各相关执法部门民警学习《2014年云南省行政执法案卷评查内容和标准》，梳理、归档、评查2013年市局办结的行政处罚案卷9 057卷，行政许可案卷338 158卷，行政复议案卷1卷。市政府法制办抽取市局63卷卷宗、省政府法制办抽取市局6卷卷宗进行评查，经过省、市政府法制办公室的评查，玉溪市公安局被抽查的行政案卷均被评为优秀案卷。

【出入境服务】 2014年，玉溪市公安机关受理、审批公民出国（境）申请人数首次突破三万大关，达到了36 627人次，比2013年同期增加8 008人次，增长27.98%。其中：受理出国20 672人次，同比增加4 931人次、增长31.33%；受理往来港澳地区11 445人次，同比增加1 547人次、增长15.63%；受理往来台湾申请4 510人次，同比增加1 530人次、增长51.34%。市局出入境管理支队共受理公民出国（境）20 141人次，同比增加3 675人次、增长22.32%，占全市业务总量的54.99%。审批公民出国（境）36 627人次。

【交通管理】 玉溪公安交通管理牢牢抓住服务群众、事故预防、源头宣传、队伍建设四大工作重点，着力提升队伍的凝聚力、战斗力，着力提升防事故、保安全的能力和水平，努力确保全市交通安全形势持续平稳。2014年，全市共受理一般程序处理的道路交通事故419起（含非统计），死亡333人，受伤415人，财产损失约147万元，与上年同期相比，事故起数下降3.01%，死亡人数下降1.19%，受伤人数上升13.08%，经济损失上升2.27%。全市未发生一次死亡5人以上的恶性道路交通事故。

【视频监控系统建设】 2014年，玉溪市公安机关各分、县局均已完成视频监控系统招标工作，全面进入建设施工阶段。截至年底，全市视频监控选址布点共2 904个，已完成873个点位的建设（元江县200个、江川县203个、华宁县207个、易门县263个、峨山县200个），各地正在加紧建设施工。市局负责建设的图像信息共享平台和联网平台均已完成建设，并有355路标清视频图像上传至省厅，各县（区）到市局的视频信号传输路网建设正在抓紧推进中。

【群众来信来访】 2014，全市共接待群众来信来访270件，办结信访267件，办结率98.9%，其中，12 389电话举报件12件，办结10件，办结率83.3%。按照职权查办管辖范围内的违纪案件，立违纪案件2起，涉及民警5人，职工2人，分别给予党政纪处分。无有案不查、瞒案不报、阻碍干扰查办案件工作等问题的发生。

【从优待警措施】 2014年，玉溪市公安机关落实民警年休假和年体检制度，扎实推进常态化走访慰问工作。年内共走访慰问民警及家属、职工、协勤和离退休干部及家属64人，慰问困难民警18人，发送慰问金181 500元。推动民警奖励性休假疗养，组织全市功模民警40人进行了疗休养活动。

【公安宣传】 2014年，玉溪市公安宣传不断提高宣传工作的实效性和主动性，贴近中心、服务大局、开拓创新，为全市公安工作和队伍建设提供了强大的精神动力和舆论支持。全年全市公安机关在省级以上媒体刊播新闻稿件680条，其中国家级报刊稿件49条，中央电视台播发新闻、专题39条；省级稿件592条；全市各级公安机关共举办各类新闻发布会、新闻通报会50余场次；腾讯、新浪玉溪警方微博听众人数达12.4万余人，通过微博回复网民的咨询、求助、举报等信息60余条，全年共举办微博主题活动4次；玉溪警方微信共对外发布信息472条。

【立功创模】 2014年，玉溪市公安机关共有36个集体荣获三等功、3个集体受到嘉奖；114人荣获个人三等功，130人受到嘉奖；1人荣获云南省先进工作者荣誉称号，1人荣获市“三八红旗手”称号。

（吴源峰）

检 察

【概 况】 2014年，全市检察机关共受理移送审查批捕案件1 418件2 313人，同比分别上升9.58%和4.71%，批准、决定逮捕1 258件1 956人，不批捕157件336人，不捕率15.76%；受理移送审查起诉案件2 148件3 696人，同比分别上升3.77%和1.23%；提起公诉1 894件3 304人，决定不起诉125件268人，不起诉率为7.47%。共受理初查贪污贿赂案件87件，立案83件117人，同比人数上升11.4%；侦查终结82件115人，全部移送审查起诉；通过办案挽回经济损失2 763.92万元；受理初查渎职侵权案件29件，立案28件32人，同比分别上升12%和10.3%，全部侦查终结并移送审查起诉，通过办案挽回经济损失795.04万余元。全市监所检察、民事行政、控告申诉、职务犯罪预防、纪检监察、环保检察、队伍建设、宣传调研、人民监督、检务保障、检察技术、案件管理、司法警察等工作持续平稳健康发展。

【批准、决定逮捕】 2014年，全市检察机关侦查监督部门共受理各类案件1 418件2 313人（其中受理自侦部门移送审查逮捕案件32件34人），同比分别上升9.58%和4.71%；经审查批准、决定逮捕1 258件1 956人，其中附条件逮捕17件21人； 不批准逮捕157件366人，不捕率为15.76%，比去年同期的14.54%小幅上升。其中，不构成犯罪不捕20人，占不捕案件人数的5.46%；证据不足不捕175人，占不捕案件人数的47.81%；无社会危险性不捕158人，占不捕案件人数的43.17%；不批准逮捕未成年人74人，占全部受理未成年犯罪嫌疑人总数的20.73%。无捕后撤案、捕后判无罪案件。受理复议、复核案件28件37人，审查后改变原决定1件1人。

【立案监督】　2014年，全市检察机关侦查监督部门共向公安机关发出《要求公安机关说明不立案理由通知书》41份，向自侦部门发出《建议报请立案侦查书》5份，侦查机关（部门）已立案41件57人，同比分别下降54.44%和53.28%；作出生效判决63人（含上年积存），全部为有罪判决，其中被判处有期徒刑以上刑罚48人，被判处十年以上有期徒刑9人。监督公安机关不应当立案而立案24件，同比下降14.29%，公安机关全部作撤案处理。开展破坏环境资源和危害食品药品安全犯罪专项立案监督活动，共监督行政执法机关移送案件3件5人，监督公安机关立案1件1人，移送职务犯罪线索1条。

【侦查活动监督】　2014年，全市检察机关共纠正漏捕犯罪嫌疑人50件60人，同比分别下降21.88%和27.91%；纠正漏捕后起诉24件63人，判决24件56人，其中54人被判处有期徒刑以上刑罚，占判决总数的96.43%，被判处三至十年有期徒刑19人，十年以上9人。其中，市院以涉嫌贩卖毒品罪追捕的犯罪嫌疑人李友才，被一审法院判处死刑缓期二年执行。追诉漏犯91人，纠正遗漏起诉罪行217件。侦查监督部门对侦查活动违法发出书面纠正意见90件，侦查机关已纠正87件；公诉部门对严重违法侦查行为发出纠正违法通知书63件，对轻微违法行为发出检察建议书7份。侦查监督部门向相关单位提出检察建议6份，被采纳5份。深化侦监、公诉介入侦查、引导取证工作机制，侦监部门确定新平等三县院为市试点单位，开展命案现场介入勘查、引导取证工作；公诉部门对重特大、疑难复杂案件适时提前介入侦查6件。健全公诉案件非法证据审查和排除机制，对侦查机关在讯问未成年犯罪嫌疑人不通知其法定代理人或合适成年人到场等违法收集的20余份证据予以排除。对事实不清、证据不足的案件一次退回补充侦查346件935人，二次退回补充侦查93件290人。根据新刑事诉讼法的规定全面开展羁押必要性审查工作，共对10件11人被逮捕的犯罪嫌疑人提出羁押必要性审查建议，侦查机关均予以采纳。市院办理延长侦查羁押期限案件52件144人，其中1件2人做出不批准延长侦查羁押期限决定。

【审查起诉、提起公诉】　2014年，全市检察机关公诉部门共受理各类一审刑事案件2 148件3 696人，同比分别上升3.77%和1.23%，审结2 024件3 588人，其中，提起公诉1 894件3 304人，决定不起诉125件268人（含附条件不起诉考验期满后不起诉9件25人），不起诉率为7.47%，同比人数上升22.94%。出席一审法庭支持公诉1 848件次，人民法院一审作出有罪判决1 678件2 827人，其中，判处死刑37人（含死刑缓期二年执行19人），同比人数下降36.21%。市院公诉处办理二审刑事案件92件219人，其中，提出抗诉案件1件1人，下级院提请抗诉案件14件32人，上诉案件77件186人，出席二审法庭86件次；办理职务犯罪不起诉审批案件1件；办理公安机关申请复议案件1件2人，申请复核案件2件3人；办理下级院提请没收违法所得案件1件1人。

【打击刑事犯罪】　2014年，全市检察机关认真履行批捕、起诉职能，重点打击严重暴力犯罪、多发性侵财犯罪和毒品犯罪。批捕故意杀人、故意伤害、强奸、绑架等犯罪嫌疑人320人、起诉566人；批捕“两抢一盗”等犯罪嫌疑人681人、起诉845人；持续深入开展打黑除恶专项斗争、禁毒人民战争，批准逮捕黑恶势力犯罪嫌疑人8人，起诉20人；华宁县院审查起诉了豆锦生等7人故意伤害、寻衅滋事案，肃清了当地黑恶势力，为群众营造了一个安全和谐的社会氛围。批捕走私、贩卖、运输、制造毒品等犯罪嫌疑人440人，同比上升14.58%；起诉479人，同比上升30.87%；高度重视涉及与群众切身利益密切相关的民生问题案件，严厉打击制假、售假犯罪，共批捕生产、销售伪劣商品犯罪案件5人，起诉28人；批捕涉烟等非法经营案件27人，起诉68人；起诉组织、领导传销活动案件12人。

【刑事审判监督】　2014年，全市检察机关公诉部门坚持抗前请示制度，各县（区）院抗前请示29件，市院支持抗诉13件，省检察院支持抗诉1件，已获法院改判17件（含上年提抗4件）；对审判活动中存在的违法情形，向法院发出纠正违法通知书15件。依法开展量刑建议工作，强化对法官自由裁量权的监督与制约，共对交通肇事等15类案件提出量刑建议1 457人，法院采纳1 254人，采纳率为86.07%。坚持检察长列席审委会、“三书会审”、职务犯罪案件裁判上下级检察院同步审查等制度，两级院检察长列席同级人民法院审委会讨论案件48件，采纳意见率为86.21%；审查刑事裁判文书1 678份，同步审查职务犯罪案件裁判文书71份。

【坚持宽严相济政策】　2014年，全市检察机关在依法严厉打击严重刑事犯罪的同时，当宽则宽，积极采取教育、挽救措施，减少对抗，化解矛盾，促进社会和谐。准确把握批捕、起诉条件，对初犯、偶犯、未成年人和老年人犯罪以及因亲友、邻里纠纷等引发的轻伤害案件，不批捕318人，不起诉243人，其中因犯罪情节轻微不起诉130人；不批捕未成年人74人，不起诉未成年人46人。注重未成年犯特殊司法保护，建立健全办理未成年人刑事案件的长效机制，对涉案未成年犯罪嫌疑人开展社会调查工作，制作调查报告405份；根据未成年犯罪嫌疑人的犯罪性质、情节及悔罪表现等，对其中44人作附条件不起诉，附条件不起诉考验期满后不起诉25人。坚持快速办理轻微刑事案件。对案情简单、事实清楚、证据确实充分及犯罪嫌疑人、被告人认罪的轻微刑事案件，快速办理461件，提高诉讼效率，节约诉讼成本。全面开展简易程序案件出庭工作，办理简易程序案件586件，全部实现出庭。

【环保检察】　2014 年，全市检察机关两级环保检察部门共受理破坏环境资源类批捕案件29件35人，其中批捕17件22人，不捕12件13人；受理移送审查起诉破坏环境资源类案件93件125人，其中起诉72件106人，不起诉9件13人；办理不批准逮捕复核案件1件1人，上诉案件2件4人；针对违法行为向公安机关发出纠正违法1件、检察建议1件；向反渎职侵权部门移送案件线索1件。开展破坏环境资源犯罪专项立案监督活动，排查环保、林业、国土等行政执法部门行政执法案件45件，监督移送破坏环境资源保护的刑事案件1件2人，监督公安机关立案2件2人。加强对公安机关侦查活动的监督，坚持重特大案件提前介入制度，针对市公安水务（环保）分局在排查过程中发现红塔区一私营企业在“三无”（无工商登记、无生产许可、无产品合格）情况下严重污染环境的案件线索，建议公安机关立案侦查得到采纳，从而实现2008年全市成立环境资源保护司法机构以来办理环境污染案件“零”的突破。加强对法院刑事审判活动的监督，对判决确有错误的案件抗诉3件4人，法院改判2件2人。参与环保专项检查活动，配合市抚管局、公安等部门对抚仙湖封湖禁渔工作开展监督检查工作；会同市中院环保法庭、市公安局水务（环保）分局、市环保局等部门先后7次对反映存在污染隐患的生产企业、生产污染源、污染场地进行重点督察，对存在的违法违规问题现场提出法律建议和意见，督促生产企业严格依法生产。

【反贪污贿赂】 2014年，全市反贪部门共受理初查各类贪污贿赂犯罪案件87件，立案83件117人，同比人数上升11.4%，立办案件数再创新高。其中贪污38件69人，贿赂40件43人，挪用公款4件4人，私分国有资产1件1人。所立案件中，大要案73件103人，分别占立案总数的87.9%和88%；其中查办县级领导干部要案9件10人（正县级4人，副县级6人），占立案总数的10.8%，同比上升150%，涉案金额1 180余万元，创下了玉溪市检察机关立办要案数、要案涉案金额数历史新高。尤其是查办了十八大以后不收敛、不收手的石振武、梅荣生、白加松受贿案，取得良好办案效果。立案金额4 280.04万元，扣押款物1 948.59万元；已侦查终结82件115人，移送审查起诉82件115人，提起公诉84件115人，已生效判决83件118人（含上年积转），侦查终结金额7 772.43万元，挽回经济损失2 763.92万元。5月14日，玉溪市检察院召开玉溪广电系统腐败窝案案情通报及赃款、赃物返还大会，现场将李鸿宾等人涉案款115万余元和价值近30万元的车辆返还给发案单位。抓获在逃犯罪嫌疑人3人，实现了玉溪贪污贿赂犯罪分子“零”外逃的办案目标。

【反渎职侵权】 2014年，全市检察机关反渎职侵权部门共受理各类渎职侵权案件31件，初查29件，立案侦查28件32人，同比分别上升12%和10.3%。其中，放纵制售伪劣商品犯罪行为类案件4件4人，滥用职权类案件15件17人，玩忽职守类案件9件11人。28件32人中，要案5件5人，要案率15.65%，同比上升400%；特大案件14件15人，重大案件8件8人，重特大案件占立办案件总数的71.88%，同比上升187.5%。所立办案件全部侦查终结，移送审查起诉27件32人；提起公诉26件31人（上年积案2件3人）；法院作出有罪判决23件27人（上年积案5件5人），其中判处实刑11人，缓刑5人，免予刑事处罚11人，实刑率40.74%，缓免刑率59.26%。侦查认定犯罪涉案金额1.7亿（其中玉溪百花草堂1亿余元）余元，通过办案挽回经济损失795.04万元。玉溪市院、江川县院、澄江县院立办了云南省国土资源厅原矿产资源开发管理处相关领导干部滥用职权、受贿系列案件4件4人。

2014年9月21日，玉溪市检察院反贪局干警王志坚参加在北京举行的全国检察机关电子数据取证比赛荣获第六名，被最高人民检察院评为“全国检察机关电子数据取证业务标兵” （刘明俊 摄）

【查办职务犯罪】 2014年，全市职务犯罪侦查部门开展查办发生在群众身边、损害群众利益职务犯罪专项工作，从人民群众最关心、最直接、最现实的利益问题入手，深入查办征地拆迁、医药卫生、教育科研、就业创业、社会保障、食品药品监管、生态环保、“三农”补贴、扶贫救灾以及社会管理、执法司法等领域的职务犯罪案件。全市反贪部门查办支农惠农资金管理使用、农村基础设施建设、农村基层政权建设中的贪污贿赂案件53件83人，分别占立案总数的63.8%和70.9%，其中涉案金额5万元以上大案43件；发生在征地拆迁和保障性住房领域案件14件25人，教育领域2件3人，就业领域3件3人，社会保障和专项款物管理领域2件2人，新农村建设、惠农资金管理等涉农领域15件26人。县级以上单位工作人员15人，乡（镇）站（所）工作人员4人，村党支部书记9人，村委会主任7人，其他基层组织工作人员15人，其他人员33人。新平县院立办了原新平县新化乡大寨村副主任朱爱民贪污山苏群众民政扶贫救济低保金11 210元人民币，“老虎”、“苍蝇”一起打体现充分。全市反渎部门查办发生在群众身边侵害群众利益、危害民生民利案件共23件26人，占立案案件数的81.25%。市院和红塔区院立案查办了玉溪“百花草堂”诊所销售假药案背后的渎职案件，该案涉案金额高达1亿多元，假药销售时长18年，遍及全国26个省市。

【职务犯罪预防】 2014年，全市检察机关发挥预防工作遏制职务犯罪、消除腐败风险、化解社会矛盾、促进反腐倡廉建设的积极作用，结合执法办案开展预防调查52次、案例剖析52件，发出预防检察建议52件，被采纳52件；受理行贿犯罪档案查询5 332件，对2起（查出6次）经查询有行贿犯罪档案记录的单位和个人进行了处置；开展形式多样的职务犯罪警示宣传教育1 038场（次），受教育人数达23 413（人），开展法律咨询300余次，编辑印发各种宣传材料18 000余份。全面落实惩治和预防职务犯罪年度报告制度，提出现实可行、具体实在的防治对策，形成年度报告10份，主动向党委请示、汇报预防工作，自觉接受人大、政协和社会各界的监督，促进惩治和预防腐败体系建设，推动加强和创新社会管理工作，江川、峨山县委书记分别对检察机关预防职务犯罪工作作出批示。加快推进全市警示教育基地建设，峨山县院被省检院评选为全省检察机关优秀预防职务犯罪警示教育基地。

【控告申诉检察】　2014年，全市检察机关控告申诉检察部门完善检察机关执法办案各环节化解社会矛盾工作机制，建立健全来信、来访、网络、电话信访一体化信访机制，及时妥善解决群众合法诉求，共受理各类来信来访550件（举报控告类224件，申诉类 326件）；坚持检察长接待日制度，全市检察长接待53件69人，批办案件 31件，已全部办结。加大办案力度，坚持刑事申诉案件首办责任制和“两见面”制度，办理刑事申诉案件70件，其中立案复查69件，占受理数的98.57%；复查息诉68件。受理民事监督案件189件，均在规定时间内移送民行部门办理。办结省检院交办案件6件。开展刑事申诉案件信息公开工作，公开刑事申诉复查决定书2份。配合相关业务部门积极开展检调对接工作，对符合检调对接的47件涉法涉诉案件启动检调对接程序，促进当事人和解息诉、案结事了，有效化解社会矛盾。开展刑事被害人救助案件34人，发放救助金额15万元，解决被害人及其近亲属的困难。开展以依靠群众惩治职务犯罪，公开检务强化自身监督为主题的举报宣传活动。

【监所检察】　2014年，全市检察机关监所检察部门以强化执行监督、强化人权保障为主线，突出监督重点和监督实效，全年共检察收押（监）5 220人，出所（监）4 801人，检察判决、裁定等法律文书13 006份，监督纠正刑期计算错误、法律手续不全等错误93份。审查减刑提请2 672件，减刑裁定2 557件；审查假释提请197件，假释裁定196件，派员出席减刑、假释案件开庭审理2 336件，书面监督纠正减刑、假释不当85件，提出书面检察建议73份。审查暂予监外执行54件，提出收监执行建议7件。参与玉溪市首例撤销假释庭审监督。对监管场所重点部位、重点环节共进行各类安全防范检察184次，发现并建议消除安全隐患83起。检察监管场所械具使用447次，禁闭261次。针对律师违反规定会见在押人员等违法行为向监管场所、司法机关发出书面检察建议17份，纠正违法通知书5份，提出口头建议152次。向办案部门提示催办案件331件462人，实现超期羁押零纪录。清理久押不决案件8件14人，通过逐级上报催办，已全部交付执行刑罚，全市无久押不决案件。与在押人员谈话649人次，配合监管场所开展法制宣传讲座75次，受教育面达5 879人次。通海县检察院成立“阳光志愿者服务队”，送法进看守所。受理在押人员控告申诉案件18件，已答复处理14件。检察在押人员正常死亡11人。以修改后刑诉法为指导，全面规范开展羁押必要性审查、死刑执行临场监督等新增监所检察工作，全年开展羁押必要性审查77人，变更强制措施的建议均获得办案部门采纳。参加死刑临场监督17次，监督执行死刑19人。指定居所监视居住监督实现零突破，共对指定居所监视居住4件4人进行检察监督。完成第四届派驻监管场所检察室规范化等级考评工作，全市12个检察室共申报8个二级规范化检察室和4个三级规范化检察室。5月，省院考核评定组对玉溪市开展考评验收工作，通海、澄江两个县院驻所检察室被推选参加一级规范化检察室评定。

【监外执行和社区矫正检察】　2014年，全市检察机关监所检察部门在社区矫正检察工作中积极探索和创新监外执行检察方式，建立监外执行监督工作长效机制，促进社区矫正工作依法规范开展。全年检察脱管9人、漏管3人、重新犯罪6人、违反规定11人，向社区矫正机构、监狱、看守所发出提请收监执行的检察建议35份，向法院、公安、社区矫正机构提出加强管理书面建议5份，均得到支持，34人已收监执行。

【减刑、假释、暂予监外执行专项检察活动】　根据高检、省院的安排部署，2014年3月20日起至2014年底，全市检察机关监所检察部门开展了减刑、假释、暂予监外执行专项检察活动。对职务犯罪、金融诈骗犯罪、组织、领导、参加、包庇、纵容黑社会性质组织犯罪三类罪犯进行全面摸底，对其刑罚执行变更情况全面审查，并逐人登记建档，共审查并对184人进行登记造册；全程监督社区矫正部门对暂予监外执行的三类罪犯共23人逐人见面、重新体检，对病情鉴定是否符合保外就医标准联合技术部门把关，对不符合暂予监外执行条件的罪犯建议及时收监或作出处理，共提出收监执行检察建议9件，对无限期保外就医罪犯建议办理审批手续1件，均获采纳。专项检察活动取得一定成效，17人被收监执行剩余刑期。

【民事行政检察】　2014年，全市检察机关民行检察部门落实修改后民事诉讼法和《人民检察院民事诉讼监督规则（试行）》，推进民事行政诉讼多元化监督向纵深发展，共办理案件635件，其中受理生效裁判、调解监督申诉案件53件，提出抗诉2件，同比上升100%，提请抗诉4件，同比上升300%，提出再审检察建议12件；受理执行监督315件，发出检察建议并被采纳299件；督促履行职责229件；行政执法监督252件；审判活动违法监督31件；提出纠正违法通知书5件；初查线索移送后作党政纪处理或刑事立案处理4件；支持起诉7件；办理涉及民生案件52件；重视并依法开展息诉服判工作，促成息诉和解服判256件。积极推行以公开听证为主要内容的公开审查制度，举办首例民事及行政诉讼监督案件听证会，各方当事人充分陈述了观点和意见，保证检察权在阳光下行使。

【接受外部监督】　2014年，全市两级检察院定期不定期向人民监督员通报检察工作、听取人民监督员对检察机关在党的群众路线教育实践活动中“四风”方面的意见建议，组织人民监督员庭审观摩监督评议、搜查扣押监督、案件回访、法制宣传、民事案件听证、暂予监外执行、假释专项清查活动、听取社区矫正工作汇报及监督检查等各种重要会议、重大活动70余次。组织特约检察员庭审观摩、民事案件听证、工作情况通报、座谈听取特约检察员对检察工作意见建议等活动20余次。邀请人大代表、政协委员视察检察工作、观摩案件庭审，深入乡（镇、街道）、村（社区）听取人大代表、政协委员意见、建议，邀请人大代表、政协委员参与对暂予监外执行、假释专项清查等活动100余次。认真做好“两会”期间听取人大代表、政协委员意见、建议的收集、整理工作以及各县区院、市院各部门整改措施的贯彻落实。人民监督员监督拟不起诉案件1件1人。

【案件管理工作】　2014年，玉溪市

2014年4月11日，玉溪市检察院举行首例民事诉讼监督案件听证会

（杨荣伟 摄）

检察机关案件管理部门发挥案件管理办公室管理、监督、服务、参谋职能，深化案件管理机制改革，加强案件流程监控、质量评查和业务态势分析，实现对执法办案活动的全程、统一、实时、动态管理和监督。受理各类案件4 283件，接收卷宗7 869册，不予受理 2件。送案审核2 978件，移送案件2 232件。对27件案件发送口头及流程监控通知书。接收、登记并入库涉案款2 127万余元，登记并入库涉案物品7 516次，登记出库涉案款1 385万余元，登记出库涉案物品4 348次。规范辩护人、诉讼代理人接待，共接待律师阅卷和当事人查询731次，安排律师阅卷589次。积极开展案件评查，共评查案件1 668件。全面部署统一业务应用系统上线运行，录入案件6 612件。完成检察机关案件信息公开工作。9月29日，检察机关案件信息公开系统全面正式上线运行，全市检察机关共公开案件程序性信息1 768条，发布重要案件信息44条，公开法律文书99份。

【表彰奖励】 2014年，全市检察机关有46个集体、148名干警受到省、市、县的表彰奖励。其中，玉溪市人民检察院被全国普及法律常识办公室表彰为“全国六五普法中期先进集体”；玉溪市人民检察院法警支队被云南省人民检察院表彰为“全省检察机关司法警察大练兵业务技能比赛及汇报演练活动优胜单位”；玉溪市、澄江县、红塔区人民检察院荣获全国检察机关“文明接待室”称号；市院1人代表云南省参加全国检察机关电子数据取证业务竞赛，获得第六名，被高检院评为“全国检察机关电子数据取证业务标兵”，也是云南省进入全国前十名的唯一选手；1人在全省检察机关第一届刑事申诉检察业务竞赛中获得全省第六名，被省检院评为“刑事申诉检察业务能手”；1人被表彰为云南省第七批新农村建设工作队优秀常务书记。

【队伍建设】 2014年，玉溪市检察院认真抓好干部选拔培养工作，积极争取落实内设部门主要领导高配事宜，继上年第一批9名正科级领导干部上报审批通过正式任用后，第二批选拔的11名拟任科级领导干部于2014年2月份上报审批正式任用。全市两级院录用检察人员14人，上报省院批准调入检察人员8名。对通过国家司法考试且符合检察官任职条件的12名检察人员上报省院进行初任检察官审核，对省院审核通过的市院机关6人提请检察长任命助理检察员。市院下派3名中层干部分别到江川、易门、峨山3个基层检察院挂职任副检察长。

【教育培训】 2014年，全市检察机关以业务为中心，以需求为导向，着力加强教育培训工作。鼓励支持全市检察人员参加专升本、本升研等学历教育，截至年底，全市检察人员拥有法律硕士和同等研究生水平64人，占检察人员总数的11.1%；3人在读硕士；本科学历464人，占检察人员总数的80.1%；本科以上人员比例占91.2.8%。抓好司法考试培训工作，9人参加省院组织的司法考试培训班。多渠道加强岗位业务培训，8人次参加高检组织的各类培训，10人参加省检察院在中国政法大学举办的边疆少数民族地区基层检察院领导干部素能培训班，12人参加全省检察机关初任检察官资格培训班，20人参加党委政府等组织的各类素质培训学习。认真开展业务培训和岗位练兵。依托各业务部门组织开展247人次参加的各类培训，包括工作总结会、推进会、经验交流会等，突出解决实践难题，全面覆盖了主要检察业务。积极推进高层次人次培养，全市检察机关现有全国检察业务专家2人，全国检察理论研究人才3人，高检系统内人才3人，省院系统内人才4人，市院系统内人才21人。

【检察宣传】 2014年，全市检察机关在各种报纸、杂志、网络发稿322篇（条），其中，在国家级媒体见稿6篇（条）、省级媒体见稿149篇（条）、市级媒体见稿167篇（条）。共编发《玉溪检察简报》48期246篇，其中动态信息67篇，综合信息33篇，简讯146篇。《新疆籍维吾尔族人员近期在云南省边境地区实施的偷越国（边）境犯罪大幅上升并呈现八个特点》、《通海县院“四项机制”密切联系群众》等多篇信息分别被中央办公厅、高检院办公厅、省检院办公室、市委办公室等采用转发，迅速反映、广泛宣传了检察机关职能和检察工作取得的成效。《玉溪检察》出刊四期，制作电子版四期，共计30万余字；《通海检察》出刊2期，《红检文苑》出刊1期，《峨山检察》出刊2期。

【检察调研】 2014年，全市检察机关在省以上刊物发表检察理论研究成果11篇，其中柏利民撰写的论文《检察委员会组织体系之完善》，发表于《人民检察》2014年第5期，并参加第十五届全国检察理论研究年会大会交流，并入编年会论文集。调研成果获奖8篇，其中市院张德勋检察长和研究室唐江平论文《公诉环节非法证据排除研究》入编高检院公诉业务指导用书《公诉理论与实践》（第三辑）；柏利民撰写的《排除合理怀疑之证明标准对公诉质证的新要求》被评为2013年度《人民检察》优秀文章；张德勋检察长和研究室唐江平及肖志勇副检察长和研究室师黎黎合作撰写的两篇论文分别获2013年度云南省法学优秀论文一等奖和三等奖。

【重点调研课题】 2014年，玉溪市检察院法律政策研究室改革年度检察理论研究课题设置机制，年度课题不再仅仅根据个人爱好和意愿来设置，而是在充分征求市院业务部门意见，并且深入基层院面对面征求各院调研骨干意见的基础上，参照高检院专题调研方向，根据玉溪检察工作实际需要设置选题12个，涵盖了诉讼法修改与检察制度的发展完善等年度检察理论研究重点。经过对课题申请书认真审查，确定重点调研课题立项12个，由17个课题组分别承担研究任务，17个课题组均按时结题提交课题论文17篇，并全部通过评审，其中一等奖4篇，二等奖6篇，三等奖5篇，合格2篇。

【检察委员会工作】 2014年，玉溪市检委会规范化建设进一步加强，检委会委员力量进一步充实。截至12月25日，全市共有检察委员会委员120名，比上年年末新增11名，其中非专职委员106名，专职委员14名。全市两级检察机关共召开检察委员会会议86次，审议议题107件，其中审议案件95件，审议事项12件；执行检察委员会决定107件。市院、红塔区院、通海县院、元江县院专检委均对所有提交检委会审议的案件进行实体审查并作出审查意见。全市检察机关检察长列席同级人民法院审委会共50次，参与审委会审议议题共71个，发表意见被采纳61件，意见被采纳率达85.9%。全市组织检委会集体学习34次。组织完成和参加全省检察机关检察委员会工作专项检查活动，针对自检自查和交叉检查中发现的问题，提出进一步加强全市检委会工作规范化的指导意见，加强对全市检察委员会工作的宏观指导。

【检务保障】 2014年，玉溪市检察院经费总收入3 256.88万元，比上年同期减少737.25万元，降幅为18.46%；实现经费总支出3 307.61万元，比上年同期减少737.64万元，降幅为18.23%，做到了节约资金，收支平衡。争取上级资金1 181.6万元，完成任务基数1 169.3万元的101.05%。市院“三公”经费支出126.85万元，比上年同期的422.88万元减支296.03万元，下降70%。推进“两房”建设，红塔区院、易门县院办案用房和专业技术用房建设项目规划、环评、土地预审和可行性研究报告已经办理完毕，两个院的中央投资916万元已下达，并为峨山县院争取“两房”建设资金30万元；新平县检察院、元江县检察院办案用房和专业技术用房建设已通过验收。采取公开招标等方式采购各类设备298万余元。根据中央关于推动省以下地方检察院人财物统一管理的改革部署，积极配合上级检察院、财政部门做好相关调查研究工作。3月19日，配合省院计财局在玉溪市院召开了由昆明、玉溪、昭通、曲靖、红河、普洱、版纳、文山8个州市院和铁检分院计财部门领导参加的全省检察系统司法保障体制改革调研片区座谈会。

【检察技术】 2014年，全市检察技术部门共受理办结各类检察技术案件558件，其中法医专业类64件（法医临床45件、法医病理19件），电子物证及数据恢复23件，文件检验专业类9件，声像资料专业类1件，司法会计专业类10件，同步录音录像451件，录制时长1 206.5小时，通过现场勘查、调查取证和检验鉴定等各种技术手段，发现、收集、审查、鉴别、固定证据，为自侦部门提供侦查方向和定案依据。以履行法律监督职能为重点，强化司法鉴定和文证审查工作，纠正错误鉴定结论案件1件，避免了错捕、错诉案件的发生；对看守所和监狱拟报批的23名不符合保外就医条件的罪犯出具不符合保外就医伤残疾病范围的技术性证据审查结论。完成检察专网电路割接（迁移）工程，实现网络升级扩容。完成市院办案工作区、江川县院驻看守所检察室远程提讯系统项目建设软硬件的安装。采购一批执法记录仪配发到相关部门，保障检察干警依法履行职责。为高检、省、市三级院召开电视电话会议做好技术保障工作30次，及时处理市院程控电话交换机故障15次，维护电话设备故障36次，保障了全院通信顺畅。

【信息化建设】 2014年，全市检察机关围绕科技强侦主线，突出侦查信息化、装备现代化两个重点，采取成立专门机构、制订科学方案、依托雄厚技术力量措施，建用并举，探索科技强侦之路。市院开发的职务犯罪侦查信息综合查询系统通过与40多家单位、部门建立实名制快速查询机制，在全国检察机关率先实现了一键式查询功能，查询银行账户、人口基础信息、房产信息的等信息条目6 653次。进行话单调取184份，话单分析78次，手机提取24次，电子邮箱提取1次，存储介质恢复分析4次，综合分析4次，手机定位77次。依托手机客户端打造拥有自主知识产权的玉溪检察移动办公系统，利用安装在手机上的移动办公软件，建立手机与电脑互联互通的应用系统，进行随身化的单位管理和沟通，更有效地提高管理效率。

【内部监督】 2014年，全市检察机关纪检监察部门落实高检院《关于加强检察机关内部监督工作的意见》，突出抓好对各级领导干部特别是领导班子的监督，严格落实“三谈两述”和领导干部报告个人有关事项等制度，全市检察机关上级院负责人与下级院负责人谈话27次，领导干部任前廉政谈话80人次，领导干部述职述廉171人次，报告个人有关事项192人次。强化对“三重一大”事项决策的监督，监督重大决策60次，监督47名领导干部的选拔任用和28名公务员的录用，监督大额资金使用项目共计367万元。加强对公车使用、执法办案活动及重大敏感案件的监督，对办案安全进行专项检查，杜绝办案安全事故的发生。严格执行公务接待备案制度、非法干预司法行为登记报告和查处制度，杜绝为执法办案说情。围绕深入整治执法司法不规范、不公正等十一项内容，开展为期一个月的集中专项整治活动。严肃查办涉检违纪违法案件，初查举报或反映检察人员2件2人，经查证属举报失实。持续推进党风廉政宣传教育工作，召开警示教育大会4次，党组书记、副书记讲授党课4次，举办道德讲堂2期；推进作风建设长效化、制度化，全面开展市院规章制度清理工作，清理规章制度89项，保留33项，废止17项，修改完善39项。对全院120余人调整办公室，腾退办公用房2 614.15平方米。

【司法警察办案工作】 2014年，全市检察机关司法警察累计完成执行传唤284人（次）；参与搜查38人（次）；执行拘传183人（次）；协助执行监视居住拘留逮捕等强制措施289人（次）；保护出席法庭检察人员安全23人（次）；看管犯罪嫌疑人出警6 026人（次）；押送、提解犯罪嫌疑人298人（次）；参与送达法律文书985人（次）；维护来访场所秩序490人（次）；参与处置突发事件128人（次）。协助反贪污贿赂局查办贪污、贿赂犯罪案件83件117人，协助反渎职侵权局查办渎职案件28件32人，为服务检察中心工作提供有力警务保障。

（杨　菲）

审　判

【概　况】　2014年，全市法院共受理各类案件18 143件，同比上升3.8%；审结17 231件，同比上升3.88%，审限内结案率为100%。其中，玉溪中院受理各类案件4 763件，同比上升1.15%；审结4 456件，同比持平，审限内结案率为100%。

【刑事审判】　2014年，全市法院共受理一、二审刑事案件2 260件，同比上升4.3%；审结2 178件，同比上升3.16%。判决发生法律效力1 991人，其中，判处五年以上有期徒刑至死刑452人，判处五年以下有期徒刑596人，判处拘役、缓刑、罚金845人，免予刑事处罚95人，宣告无罪3人（系自诉案件）。认真贯彻新修订的刑事诉讼法规定，强化人权保障理念和证据裁判意识。围绕平安玉溪建设，依法严惩严重影响群众安全感的犯罪，审结杀人、强奸、抢劫、绑架、贩毒、涉黑涉恶等案件505件712人。依法严惩侵害人身财产安全的犯罪，审结故意伤害、拐卖妇女儿童、危险驾驶、盗窃等案件810件1 246人。依法严惩各种职务犯罪，审结贪污、贿赂、渎职侵权等案件54件83人。依法维护市场经济秩序，审结非法经营、非法集资、金融诈骗等案件303件340人。加大对涉及民生的食品、药品安全犯罪的打击力度，依法一审审结在玉溪影响较大的红塔区黄兴、黄海俊等7被告人涉嫌生产、销售伪劣产品犯罪案件。加大二审刑事案件开庭审理力度，以庭审公开促实体公正，提高刑事被告人服判率，二审刑事案件开庭率达52%。增强对未成年人特殊保护司法理念，慎重审理好青少年犯罪案件。进一步规范减刑、假释工作，依法审理减刑、假释案件2 961件，其中，对涉及职务、金融和涉黑三类案件全部进行公开审理。积极参与社会治安综合治理，扎实做好判处非监禁刑、刑释人员的回访帮教及社区矫正工作。

【民事审判】　2014年，全市法院共受理一、二审民商事案件9 100件，同比上升9.01%；审结8 570件，同比上升9.5%。认真贯彻新修订的民事诉讼法规定，化解各类涉及民生的矛盾纠纷，审结道路交通事故、婚姻家庭、继承纠纷、劳动争议、医患纠纷、权属及侵权纠纷等案件5 174件。妥善化解市场经济纠纷，全力维护市场交易秩序，审结各类合同纠纷案件3 396件。加大对知识产权的司法保护力度，激励自主创新，审结知识产权案件31件。重视保护弱势群体权益，对追索赡养费、扶养费、抚育费和农民工讨薪等案件开通“绿色通道”，优先立案、快速审判、及时执行。正确处理调解与判决的关系，坚持调解优先、调判结合原则，加大庭前调解力度，调撤一审民商事案件4 334件，调撤率为54.98%，最大限度化解社会矛盾，促进社会和谐稳定。

【行政审判】　2014年，全市法院共受理一、二审行政案件100件，同比上升28.21%；审结71件，同比上升2.9%。深入推进行政机关法定代表人出庭应诉工作，全年被诉行政机关法定代表人出庭应诉率达94.74%。坚持监督与支持并重，高度重视土地征用、城市建设等领域行政案件的审理，既依法保护行政相对人的合法权益，又尽力保障政府重点工程的顺利推进。注重化解和预防并举，充分运用协调、和解等手段，推动行政纠纷实质性化解，当事人主动撤诉结案17件。参与市政府法制办等21家单位组织的全市行政执法案件评查146件。积极参与政府重大政策、重大项目的研究论证，及时提供司法建议和法律咨询。支持行政机关依法行政，促进法治政府和法治玉溪建设。

【执行工作】　2014年，全市法院共受理各类执行案件3 607件，执结3 350件，执结标的额5.44亿元。健全完善执行联动机制，加强与公安、工商、金融、房管、国土等部门的协调联动。强化执行措施，用足执行手段，依法制裁规避执行行为。全年限制出境4件4人，将104名长期拖欠执行款项的“老赖”，通过各类媒体向社会公开曝光。将193件230名被执行人纳入最高人民法院失信被执行人名单库和社会征信系统，严格限制此类人员进行银行信贷、乘飞机以及其他高消费活动，督促被执行人主动履行法律义务。扎实开展涉民生案件专项集中清理执行活动，共执结涉民生案件269件，执结率为100%，玉溪中院执行局被最高人民法院表彰为“全国法院涉民生案件专项集中执行工作先进集体”。继续推进“零佣金”的淘宝网络司法拍卖工作，全年共上网拍卖标的物23宗，成交19宗。

【管理创新】　2014年，全市法院一是完善监督机制建设，全面提高审判质效。继续推行和完善审判绩效考核机制，建立健全审判质效评估、庭审观摩评议等制度，强化审判监督管理，共依法受理申诉及申请再审案件89件，审结77件。不断改进完善诉讼工作措施，进一步规范审判流程，注重均衡结案，依法平等保护当事人的程序权利和实体权益，着力提升办案质效。二是加快“三大平台”建设，着力推进司法公开。切实加强“审判流程公开、裁判文书公开、执行信息公开”三大公开平台建设。建立法院开放日制度，抓好12月4日国家宪法日宣传教育活动。继续推进“阳光司法工程”，全市法院共主动邀请852名代表委员和28 376名各界群众旁听了179件案件的公开庭审。开通了法院官方微博、微信，共发布、转发新闻330条。积极推进裁判文书上网工作，全市法院2014年度在中国裁判文书网公开各类生效裁判文书6 148份。玉溪中院、红塔区法院被省高级法院评为2014年度裁判文书上网先进法院。三是抓好“两个中心”建设，落实司法为民措施。全市法院对立案信访及诉讼服务场所进行整合改造，统一了外观标牌标识，增设24项服务功能，制定标准化服务流程，建成规范的“诉讼服务中心”。认真落实各项司法为民措施，彰显司法人文关怀，确保困难群众打得起官司，共办理减、缓、免诉讼费509件108万元。玉溪中院作为全省法院执行指挥中心建设重点推进单位，加大资金投入，建成了功能完备的执行指挥中心，为今后全市法院实现执行工作的统一指挥、统一协调和切实解决“执行难”问题，搭建了良好工作平台。四是推进法院信息化建设，提高司法管理水平。玉溪中院按照国家B类标准对中心机房进行智能化升级改造，扩展了司法审判信息资源库容量；对档案库房进行智能化升级改造，档案管理规范化程度进一步提高，被评定为“云南省党政机关社会团体档案工作规范化管理示范单位”；加快手机移动办公办案平台建设，与中国移动玉溪公司合作，建成并开通了“掌上法院”审务通系统。五是抓好法院文化建设，营造浓厚法治氛围。玉溪中院对文化建设高度重视，制订了《玉溪市中级人民法院文化建设中长期规划》，完成院机关的法院文化物质载体建设，文化活动丰富活跃，营造出浓厚的法院文化氛围，对提升队伍素质、促进审判工作发挥了重要作用。2014年，玉溪中院被最高人民法院命名为“第三批全国法院文化建设示范单位”，被玉溪市纪委认定为“全市廉政文化建设示范单位”。

【队伍建设】 2014年，全市法院一是扎实开展党的群众路线教育实践活动。在教育实践活动中，注重统筹兼顾，坚持以整风精神和务实作风，扎实抓好学习教育、专题民主生活会、整改落实和建章立制等重点环节。玉溪中院领导班子带头反对“四风”，切实转变作风，围绕立案、审判、执行等方面存在的问题，制定28项整改措施，建立健全10项规章制度，着力构建防治“四风”的长效机制。二是着力抓好“素质提升年”和“良知、道德、公正、廉洁”专项教育活动，玉溪中院以培育敬业精神、提升司法能力、强化岗位技能为重点，在全市法院组织开展以演讲比赛、审判技能竞赛、廉政警示教育等为主要内容的“六个一”系列教育活动，汇编了《前车之鉴，警钟长鸣》和《贯彻落实中央八项规定精神哪些底线不能碰》两本警示案例教材，印发全市法院组织学习，并得到了省高级法院的肯定和推广。三是推进党风廉政建设，确保司法公正廉洁。认真贯彻落实中央“八项规定”精神，持之以恒纠正“四风”。重视加强基层党建工作，形成条块结合、上下联动、整体推进的党建工作格局。全面落实“一岗双责”，着力抓好党风廉政建设，进一步强化党组在党风廉政建设中的主体责任，制订了《玉溪市中级人民法院党组关于落实党风廉政建设主体责任的实施办法》。将党风廉政建设纳入部门岗位目标责任绩效考核范围，实行“一票否决”制，全面加强对审判执行等重点环节的监督管理，确保公正廉洁司法。加大司法巡查力度，玉溪中院分别对元江、江川、通海等基层法院进行了司法巡查，并对全市法院开展了纪律作风专项审务督察活动。全面加强制度建设，修订完善了《玉溪市中级人民法院车辆管理规定》、《玉溪市中级人民法院公务接待管理规定》等相关制度，并抓好落实，成效明显。全市法院召开的各类会议同比减少17.1%，发文及简报同比减少18.3%，公务接待费同比下降52%。

2014年3月4日，玉溪市中级人民法院法警队到玉溪第一小学举行开学升旗仪式　（市法院　提供）

【晶瑞食用油脂有限公司、高家元等6被告人生产、销售伪劣产品案】 2012年以来，玉溪晶瑞公司先后购进不合格棕榈原油224.5吨，直接或简单调和后向市场销售约184.5吨，销售金额为160万余元。玉溪晶瑞公司从五色土公司购进检验报告、质检报告等资料不明且丙二醛严重超标的食用猪油75吨，并销到红河、版纳等地，销售金额为71万元。五色土公司将无生产许可证和无检验报告的饲料油生产成食用猪油后，分销到玉溪和贵州等地共计52吨，销售金额为50万余元。玉溪晶瑞公司在经营过程中以不合格产品冒充合格产品进行生产或销售，高家元、高建国系玉溪晶瑞公司直接负责的主管人员和直接责任人员；秦迈、秦丙生、覃凤翔系五色土公司直接负责的主管人员和直接责任人员；王光尧作为个体经营业主，用饲料油冒充半成品猪油销售到五色土公司。红塔区法院一审以生产、销售伪劣产品罪判处玉溪晶瑞公司罚金150万元；以生产、销售伪劣产品罪判处高家元等6名被告人有期徒刑10～15年，并分别判处罚金10～20万元，涉案赃物予以没收处理。市中院终审裁定，驳回上诉，维持原判。

（张　坤）

司法行政

【法制宣传】 市司法局制定《玉溪市2014年普法依法治理工作要点》，对全市2014年普法依法治理工作进行了安排。围绕党委政府的中心工作，开展涉烟种植收购、禁毒防艾、环境保护、殡葬改革、抚仙湖管理条例等法制宣传活动，共发出各类法制宣传资料156余万份，举办法制文艺演出560场次，开播广播电视法制类栏目521期，制作节目120个，报刊法制专栏129期，参加观看、收听收看和阅读的群众超过了44万人次。抓谁主管谁普法、谁执法谁普法责任落实，制订印发了《玉溪市“六五”普法主题责任制实施方案》、《农民工法制宣传教育实施方案》。着力推进“法律宣传6+4”工作的深入开展，制订印发了《推进法律进宗教活动场所实施方案》、《推进法律进民族聚居区域实施方案》、《推进法律进家庭实施方案》、《推进法律进景区实施方案》。抓好“六五”普法规划的组织实施，市人大对全市“六五”普法规划实施四年来的工作进行了视察，并审议通过了《玉溪市实施“六五”普法规划情况的报告》。抓好“六五”普法重点人群的学法用法，举办了2014年玉溪市领导干部法制讲座暨

“六五”普法骨干培训班，组织全市6万多名公务员、事业单位人员、企业经营管理人员参加了2014年“六五”普法考试。

【依法治市】 2014年，结合贯彻落实省委、省政府文件精神，市委、市政府出台了《关于加强司法行政促进依法治市的实施意见》，将市委依法治市工作领导小组纳入市委议事协调机构中统一进行调整分工，由市委主要领导任组长，市委、人大、政府、政协相关领导任副组长，57家市直部门为依法治市领导小组成员单位。强化依法治市工作的检查考评，与各成员单位签订《2014年依法治市工作责任书》。通过了省委、省政府对玉溪市落实依法治省规划进行的集中检查考评。开展2014年行政执法案卷集中评查工作，对八县一区和市级45个行政执法部门2013年已结案的行政执法案卷随机抽取578卷进行了评查，优秀率为75.5%，在全省评查工作中名列第四名。

【法治创建】 2014年，市司法局制订印发了《关于开展法治企业创建活动的通知》。年中，市人大、市政协先后由副主任和副主席带队深入县（区）就玉溪市加强法治建设创建平安玉溪工作进行视察。市人大在听取和审议《市人民政府关于玉溪市平安法治建设工作情况报告》的基础上，形成《玉溪市人民代表大会常务委员会关于推进平安法治玉溪建设的决议》。各部门、各行业结合自身职能，认真制订区域、行业法治创建实施方案，培育法治创建示范点，以点带面积极开展法治创建活动。深化民主法治社区（村）创建活动，鼓励城乡社区积极探索自我管理、自我教育、自我服务的新途径、新办法，组织红塔区、峨山县、澄江县参加全省法治县（区）先进单位的评选。

【人民调解】 2014年，市司法局进一步完善了人民调解、行政调解、司法调解联动工作体系，巩固和加强了人民调解在“大调解”工作中的主体地位和主导作用。开展村（社区）网格化建设，主动推荐6 000余名人民调解员担任村（社区）网格管理员，占社区（村）网格管理员总数的50%以上，成为全市网格化管理的主力军；红塔区、元江县、澄江县整合资源，依托社区（村）调解室，在社区（村）全部建立司法行政工作室；规范人民调解员管理，做好人民调解员信息采集、信息录入、制证和发证工作，对全市调解组织和人员实行动态管理；成立玉溪市人民调解员协会，实现了司法行政和行业协会对人民调解两结合管理；抓好专业性、行业性调解组织建设，全市共建立医疗纠纷调解委员会9个、道路交通调解委员会10个，做到全市调解组织在医疗、道路交通领域的全覆盖，并在小区物业管理、风景旅游区等领域成立调委会，对新型矛盾纠纷进行调处化解；加强对医疗纠纷调解工作的指导，在全国医疗纠纷调解交流会议上，通海县医疗纠纷人民调解委员会作为全省唯一的县级医疗调解组织进行了交流发言；抓好人民调解实务微博建设和人民调解微信圈创建工作，创建了玉溪基层司法微信圈；由于人民调解工作成效明显，市司法局和6个县（区）司法局被全国调协授予“人民调解宣传工作先进集体”。9个调委组织、9个调解主任被省调协会授予“全省人民调解工作学雷锋活动示范点”和“全省人民调解工作岗位学雷锋标兵”；全年907个调解组织和10 081名调解员累计调解矛盾纠纷21 036件，调解成功20 940件，成功率99%，防止民转刑98件451人，防止群体性上访159件5 033人，防止群体性械斗69件2 202人。

【社区矫正】 2014年，市司法局规范社区矫正工作机制，成立了社区矫正调查评估委员会和社区服刑人员奖惩审核委员会。在全市开展了社区矫正工作人员执法培训和社区矫正执法检查活动。从玉溪监狱管理科、玉溪监狱、元江监狱和省第三强制隔离戒毒所选派了12名人民警察参与社区矫正和安置帮教工作。完成了省级下达的4个心理矫治室、2个社区矫正场所建设任务。全年在册矫正服刑人员6 388人，新收社区服刑人员1 370人，期满解除矫正1 024人，收监执行27人，无重新犯罪。

【安置帮教】 2014年，市司法局加强过渡性安置基地建设，及时帮助刑释解教人员解决工作、生活中遇到的困难和问题。落实重点刑释人员衔接管控措施，在规定时段内及时准确开展信息核查，信息核查率达100%。做好“六四”敏感期和南博会期间社区矫正和刑释人员安全稳定工作，消除其抵触情绪，防止重新违法犯罪。全年共列管刑释解教人员7 019人，新接收列管刑释解教安置帮教人员1 589人，其中刑满释放人员1 582人，解除劳动教养7人，无重新犯罪，帮教率达100%。

【律师工作】 2014年，市司法局完成了对38个律师事务所的财务审计和255名执业律师的年度考核工作。办理了4个律师事务所初审、34名实习人员申领律师执业证的材料审核上报工作。做好司法考试现场确认、发证工作，为536人审核了网络报名，为232人进行了资格证书备案，为38人进行了证书变更登记，为137人发放了《法律职业资格证书》。加强律师队伍政治业务学习和职业道德执业纪律教育，举办了全市律师集中教育培训。邀请省律师协会会长、市检察院理论专家讲授了《依法治国方略下律师的职业定位及相关诉讼业务》知识，举行了新执业律师的集体诚信执业宣誓。举办市律师协会第二期实习律师人员集中教育结业培训。组织和引导律师担任政府法律顾问，服务法治政府、服务型政府建设。全市八县一区除易门县尚未聘请律师担任政府法律顾问外，市政府和其余八个县（区）均聘请了律师担任政府法律顾问。以拓展服务领域、增强服务能力为重点，引导广大律师参与涉法涉诉信访、社会矛盾调处、社区法律事务等法律服务活动，主动为妇女儿童、青少年、老年人、残疾人、特殊人群等群体提供法律服务，促进民生领域法律服务多元化、社会化。组织优秀律师参加省厅组织的同心律师法律服务团，组织律师与市电视台“帮忙后援团”栏目的法律问题解答。全年律师共担任法律顾问630家，办理刑事辩护及代理1 707件，民事、经济代理2 330件，提供法律援助案件1 279件，行政诉讼代理36件，办理仲裁案件120件，挽回经济损失1.5亿元。

【公证工作】 2014年，市司法局完成了10个公证机构的年度考核和25名公证员的财务审计工作。发挥公证职能作用，为地方经济建设服务，积极介入地方重点工程和项目建设，在参与抚仙湖流域水污染治理、棋阳路二期安置房建设、城镇市政工程建设、县乡医院设备采购及安装、农村中低产田改造、乡村公路通村硬化路面工程等项目建设中，通过参与《招标文件》的审查，协助开展资质预审，对招投标现场实施全程法律监督，以及处理招投标过程中涉及的投诉、突发事件，最大程度地提高招投标的可信度，确保重大项目建设质量和资金的安全。组织法律服务进一线专项法律服务和公证公信力建设年活动，提高公证服务能力和案件质量。加强队伍的教育培训工作，先后组织公证员参加司法部、省厅举办的培训班，举办了两州市公证业务培训班，培训人员达70余人次。全年共办理各类公证11 261件，其中：民事公证7 730件，经济公证2 330件，涉外公证1 150件，涉港澳台公证51件。

【法律援助】　2014年，全市完成10个法律援助机构、14名执业律师、6名法律援助工作者的年检注册工作。建立健全各项规章制度，全面推进法律援助便民窗口和工作站规范化建设，成立了云南省法律援助基金会玉溪市工作部，在全市看守所和律师事务所设立了法律援助工作站。进一步放宽法律援助经济困难审查标准，对特殊事项可以不再审查经济困难程度，扩大法律援助范围，努力为困难群众提供应援尽援的法律援助。组织了全市法律援助窗口单位专项整治活动和2012~2013年度法律援助经费管理使用情况检查。全年共办理法律援助案件3 225件，比2013年增长22.86%，解答法律咨询1 700人次，受援群众达3 620人。

【司法鉴定】　2014年，市司法局按照司法部的统一部署，开展了“宋慈杯”司法鉴定文书评选活动，选送了9份司法鉴定文书到省厅进行评选。开展了以诚信规范、执业为民为主题的司法鉴定行风建设专项活动。加大司法鉴定队伍人员学习培训力度，在全员参加“点睛”网校学习的基础上，组织了一期培训班，组织了5家鉴定机构参加司法部开展的能力验证活动。开展司法鉴定机构资质认证认可试点工作，作为全省认证认可试点单位之一的玉溪市第二人民医院司法鉴定中心顺利通过认证认可。全年8个司法鉴定机构共办理各类案件4 180件。其中，援助鉴定78件，出庭作证4件，采信率达98%以上，无违法违纪现象发生。

【基层法律服务】　2014年，全市完成了65个基层法律服务所190名执业人员的年检注册，新增执业人员33名。认真抓好全市基层法律服务“一乡一所、一村一法律顾问、一村一公示牌”的全覆盖工作，新增基层法律服务工作站11个。举办了一期司法所长、法律服务所主任骨干参加的培训班，努力提高基层司法行政干部的政治业务素质。全年共担任法律顾问357家，代理诉讼1 049件，非诉讼事务475件，解答法律咨询17 549人次，办理法律援助案件693件。

【监狱强戒所协管】　2014年，市司法局协助市委、市政府做好春节期间对驻玉监狱强戒所干警的慰问工作。协助驻玉监狱强戒所做好监管改造和监区安全工作。根据市人民政府防汛抗旱指挥部《关于组织开展2014年重点行业防汛安全检查工作的通知》要求，对驻玉监狱强戒所辖区内8座水库、水坝、1个电站进行汛前安全大检查。在玉溪监狱、元江监狱和省第三强戒所组织开展了第二轮“中华魂”《放飞梦想》主题教育读书活动。协调解决两监一所干警职工购置政府限价房和公租房问题。

【基层基础建设】　2014年，市司法局推进规范化司法所建设，红塔区司法局高仓司法所、研和司法所被命名为第二批“省级规范化司法所”。抓好司法所再建工作，华宁县华溪司法所已经完工，元江县曼来司法所已经落实规划和建设用地，正按照程序进行报批，争取年底前开工建设。加强请示汇报和工作协调，积极争取司法业务用房项目的落实，国家发改委已下达澄江县司法局、易门县司法局的司法业务用房建设项目2个，总投资495万元，总建筑面积2 357平方米。抓好全市司法行政信息网络平台建设，联通了省、市、县（区）三级基础网络平台和视频会议系统，规范视频会议室的管理，充分利用信息化建设资源，在本辖区内组织参加了全省司法行政工作会议及其他业务工作视频会议。重视全市电子政务协同办公系统建设推广工作，将此项工作纳入日常工作来抓紧、抓实，有效推进无纸化办公，全面提高办文工作效率。

（乐明霖）

民族·宗教

民族工作

【召开全市民族宗教工作会议】2014年4月15日，玉溪市召开2014年民族宗教工作会议，学习贯彻党的十八届三中全会、全省民委主任会议、全省宗教工作会议精神，回顾2013年工作，安排2014年任务。市民宗局局长沐爱斌作题为《突出重点，凝心聚力，推进民族宗教工作创新发展》的讲话。局党组书记唐建民通报了2013年度全市民族团结进步边疆繁荣稳定示范区建设暨宗教工作目标管理考核结果。会上，副市长明正彬要求，要以示范区建设为抓手，整合资源，加快少数民族和民族地区经济社会发展；要依法加强宗教事务管理，抵御境外敌对势力宗教渗透，维护全市宗教领域和谐稳定；要深入开展党的群众路线教育实践活动，努力提高民族宗教干部队伍履职的能力和水平。市委常委、统战部长吕昌会强调，各级各部门要加大对示范区建设的支持力度，真抓实干，加快推进示范区建设；强化责任，着力解决好民族宗教领域重点难点问题。同时，各县（区）、各部门要结合实际，及时传达学习会议精神，切实把会议精神贯彻落实到党委、政府今年的工作部署中，体现到各部门的工作意见中，共同推进民族宗教工作不断取得新进展。会上，副市长明正彬代表市人民政府与各县（区）人民政府签订了《2014年民族团结进步边疆繁荣稳定示范区建设暨宗教工作目标管理责任书》。

【《古彝文常用字典（南部方言）》出版发行】2014年11月4日，峨山县彝学会负责编撰的《古彝文常用字典（南部方言）》出版发行，全书共25万字，《古彝文常用字典（南部方言）》2013年5月启动，历时一年半，收录了彝语南部方言区峨山土语古彝文常用字，适量收录同一方言区邻近州、县（市、区）古彝文常用字，全书由前言、凡例、索引、正文、附录组成。《古彝文常用字典（南部方言）》能满足彝族毕摩查阅字词，满足古彝文、彝语文爱好者学习古彝文的需要。

【参加云南省第十届少数民族传统体育运动会】2014年9月10～22日，由160多人组成的玉溪市代表团赴迪庆州香格里拉参加云南省第十届少数民族传统体育运动会。玉溪代表团取得了竞赛项目4金7银8铜及10个第四名、8个第五名、6个第六名、5个第七名、2个第八名和表演项目二金一银二铜的较好成绩。获得金牌的是：竞赛项目射弩2枚、武术1枚、蹴球1枚和表演项目“花辫飞扬”“嬉鳝乐”，获得银牌的是：竞赛项目蹴球2枚、板鞋竞速1枚、射弩1枚、摔跤1枚、陀螺1枚、武术1枚和表演项目《磨皮花鼓舞》，获得铜牌的是：竞赛项目吹枪2枚、板鞋竞速2枚、摔跤2枚、武术1枚、秋千1枚和表演项目《舞棕汉子》《玉溪欢歌》。另外，市代表团获得组织奖，23名运动员获得体育道德风尚奖。玉溪代表团总分在18个代表团中排名第8名。根据玉溪市体育参赛奖励办法规定，市政府对上述获奖运动员、教练员、工作人员及有关单位给予了表彰奖励，兑现了奖金。

【举办贫困少数民族聚居区村组干部培训班】2014年11月17日，玉溪市贫困少数民族聚居区（接边地区）村组干部培训班在市委党校开班，全市贫困少数民族聚居区（接边地区）村民小组组长或副组长、村委会干部共420余人参加了为期4天的培训学习，省民宗委副主任马春莅临就加强民族宗教事务治理能力建设进行授课辅导。

【困难少数民族学生经费补助】2014年，玉溪市民宗局严格按照《玉溪市少数民族学生学历培养资金使用管理办法》，对新考入省内外各大专院校的提出学历培养和困难申请补助的少数民族学生进行了严格把关，经村（社区）、乡镇（街道办）、县（区）和市级民族工作部门的逐级审验，共确定六种人口较少民族学生17人实行大额定期补助；对78人实行每人2 000～3 000元的一次性补助。

（白宗元）

宗教工作

【全市宗教界代表人士座谈会】2014年1月26日，玉溪市召开宗教界代表座谈会。市委常委、统战部部长吕昌会，市政府副市长明正彬等领导和市直有关部门负责人出席了座谈会。会上，市委统战部副部长、市民宗局局长沐爱斌通报了2013年全市宗教工作情况，以及对2014年宗教工作的思考。副市长明正彬代表市委、市政府向宗教界代表提出要求，他希望全市各宗教团体和广大宗教界人士积极配合党和政府做好信教群众的教育引导工作，一是要贯彻党的宗教工作基本方针，积极引导宗教与社会主义社会相适应；二是要抵御渗透，坚决反对和抵制“三股势力”利用宗教进行的分裂破坏和暴力恐怖活动，增强信教群众的国家意识、公民意识和法制意识；三是要不断加强宗教团体的自身建设，配合政府依法加强对宗教事务的管理，指导宗教活动场所依法、和谐、有序开展活动，引导广大信教群众为不断推进玉溪跨越发展，谱写“中国梦”玉溪新篇章作出新的更大贡献。

【云南大学民族研究院赴新平开展中国宗教调查】 受国家宗教局委托，2014年1月25～26日，云南大学民族研究院张振伟博士到新平进行中国宗教调查。在县民宗局的协助下，通过采取到宗教寺堂（点）实地调研、约谈宗教界负责人、电话访问等方式，完成了对该县被抽查的14个宗教场所调查任务。

【召开伊斯兰教工作座谈会】 2014年3月12日，玉溪市召开伊斯兰教工作座谈会议。市委统战部、市公安局、市民宗局领导，红塔区、通海县、峨山县、华宁县政府分管民宗工作的领导，市伊协会长、副会长、秘书长、部分清真寺管委会主任和教长等60余人参加了会议。会议由市民宗局局长沐爱斌主持，市民宗局沐爱斌局长传达了中央、省市有关文件和会议精神，全市伊斯兰教情况及存在的问题，对伊斯兰教经文学校和经文班的治理整顿和规范管理工作提出了三个方面的意见。会上，副市长明正彬要求：一要对“3·01”事件的性质和危害有清醒的认识；二要正视伊斯兰教领域内存在的问题；三要与暴力恐怖活动做坚决斗争；四要完成宗教目标管理；五要全力维护宗教和顺、民族团结、社会稳定的大局。

市伊协会长、副会长、秘书长相继发言，表示一定会按照中央、省、市有关要求，秉承伊斯兰教自身的优良传统，做好伊斯兰教的经学教育，培养品学兼优、遵纪守法、有学识、有造诣的爱国爱教的人才；积极主动支持、配合政府做好伊斯兰教经堂教育治理、整顿、规范管理和劝返外省籍教师学生的工作，为玉溪的民族团结、宗教和顺、社会稳定作出贡献。

【玉溪市宗教界积极为鲁甸地震灾区捐款捐物】 玉溪市宗教界心系鲁甸地震灾区群众的困难，积极捐款捐物。截至2014年8月25日止，玉溪市佛教、伊斯兰教、基督教的各宗教团体、各宗教活动场所和广大信教群众积极共向鲁甸地震灾区捐款65.45万元，捐物价值122.95万元。捐献的款项已通过民政部门和红十字会汇往灾区，捐献物资各宗教组织运送到灾区。

【朝覲活动】 根据云南省宗教事务局和省伊斯兰教协会的统一安排，玉溪朝覲人员于2014年9月8日乘机前往沙特阿拉伯麦地纳、麦加进行朝覲活动。在市委统战部和市民宗局的领导下，全市286名朝觐人员完成朝覲活动，于2014年10月13日返回昆明，历时35天，实现了平安朝覲、文明朝覲的目标。

（白宗元）

经济管理

编辑：刘仕荣

计划管理

【概　况】　全市生产总值完成1 184.7亿元，增长8%，低于计划增速4个百分点；规模以上固定资产投资完成511.9亿元，增长30%，低于计划增速10个百分点；地方公共财政预算收入完成113.6亿元，增长7.2%，低于计划增速5.8个百分点；社会消费品零售总额完成255.6亿元，增长13%，低于计划增速1个百分点；城镇居民人均可支配收入27 223元，增长10.1%，低于计划增速1.9个百分点；农民人均纯收入9 969元，增长13.2%，高于计划增速0.2个百分点；城镇化率达到45.1%、居民消费价格总水平上涨2.1%、城镇登记失业率为3.3%、人口自然增长率为5.3‰、单位生产总值能耗下降5.7%，均控制在目标范围内。

（葛　佳）

【固定资产投资】　2014年，玉溪市完成规模以上（500万元）固定资产投资511.9亿元，比上年增长30%。

年内，全市共争取到中央、省下达投资计划资金6.4亿元，其中：中央预算内投资4.4亿元，省预算内2亿元，共46个专项。

【重大项目前期服务】　2014年，市发改委按照项目基本建设程序，严把项目审批关，开辟绿色通道，缩短项目审批时间，严格审核政府投资，共审批了玉溪大河二期以北片区土地一级开发整理项目、武警玉溪支队迁建项目、聂耳东路工程、“十二五”以来政法基础设施建设等项目。推进2014年保障性安居工程建设，进一步加快推进完善基础设施建设，各项公共事业建设成效显著。

（赵　鹏）

审　计

【概　况】　2014年，全市审计机关共审计项目966项，占年初项目计划的185%，人均完成3.86项。查出有问题金额103.68亿元，收缴财政1.31亿元，固定资产投资审计核减工程投资6.51亿元，为国家增收节支7.82亿元，人均312.8万元。提交审计专题、综合性报告和信息简报274篇，提出审计建议1 653条，发布审计公告739篇，被市委市政府主要领导批示6件。移送纪检监察司法和其他部门处理事项44件，移送处理金额2.94亿元。

【政策落实跟踪审计】　按照审计署、省审计厅的统一部署和市政府的工作要求，2014年，市、县（区）两级审计人员130余人，首次开展了稳增长促改革调结构惠民生防风险政策措施落实情况跟踪审计，重点关注了22个方面的内容。通过审计，反映出市直相关部门及各县（区）贯彻执行相关政策取得良好效果的同时，也揭露了执行政策过程中存在的保障性住房配租存在一定困难、部分工程建设进度推进缓慢、部分县（区）取消和下放行政审批事项及推进简政放权政策措施落实不到位、省市批复立项的项目缺口资金较大等问题，并分析了产生问题的原因，同时提出了进一步完善财政管理体制、积极向上争取资金、因地制宜建设和分配保障性住房等建议。审计结果得到市政府领导的肯定和批示，市级相关部门和各县（区）按市长批示要求，进行了整改，确保中央重大决策部署的顺利实施，促进了政令畅通和地方经济平稳健康运行。

【财政审计】　2014年，市审计局围绕促进财政资金安全高效使用的要求，开展地税审计、财政预决算及财税绩效审计，共完成预算执行审计90项，财政决算审计16项，审计中持续关注政府预算体系、存量资金盘活、财政管理绩效等问题，重点关注了行政运行成本和管理绩效，加大了对中央八项规定执行情况和各部门“三公”经费的审计监督。通过审计，督促各个单位认真落实中央厉行节约的政策要求，促进党风政风好转。

【领导干部经济责任审计】　2014年，全市共完成64名领导干部经济责任审计，其中：任中审计40人，离任审计20人。审计共查出违规、管理不规范和损失浪费金额合计31.59亿元，其中：领导干部应负直接责任0.12亿元、主管责任23.62亿元、领导责任7亿元、其他0.85亿元。首次对部门党政领导经济责任同步实施了审计；在全面执行《云南省地方党委和政府主要领导干部经济责任审计评价办法》《云南省党政部门主要领导干部经济责任审计评价办法》《云南省高校主要领导干部经济责任审计评价办法》3个评价办法的第一年，结合玉溪审计工作实际在全省审计机关率先出台《关于执行<云南省党政部门主要领导经济责任审计评价办法>有关具体问题的补充通知（试行）》，指导全市经济责任审计工作；全年先后向省审计厅、市委组织部回复了对12人次领导干部的廉政意见。

【固定资产投资审计】 2014年，市审计局按要求跟进抚仙湖流域水污染综合防治"十二五"规划项目、中心城区改扩建工程、各项水利、交通、环保等党委政府安排的重点工作和项目，对满足审计条件的投资项目基本实现了审计全覆盖。首次实施了泷水塘片区、荷花池片区、北片区公交客运中转站及市人民医院改扩建等项目土地收储成本和土地一级开发整理项目的评审。多项审计结果得到了党委政府主要领导的肯定和批示，通过审计，纠正了工程招标控制价（或预算价）不准确的问题，规范了工程建设管理、节约了政府投资和促进了重点项目的顺利推进。全年共完成政府投资审计项目782项，其中前置审计333项，结算审计449项，审计投资总额95.52亿元，核减投资金额6.51亿元。

【民生审计】 2014年，按照国家审计署和省审计厅的统一部署，全市审计机对9个县（区）的城镇保障性安居工程进行了跟踪审计。审计查出部分廉租房未按规定收取租金、不符合保障条件家庭违规享受保障待遇、保障性住房建设资金不落实等问题，审计结束后督促相关住房保障部门对工程建设、项目资金管理、保障房分配等问题进行了整改。

【金融审计】 2013年末至2014年初，市审计局首次对玉溪市商业银行2012年度资产、负债、损益进行了审计。审计中，在做好资产负债损益的真实、合法和效益等审计的基础上，重点关注了其法人治理结构及内控制度的建立和执行效果，并对地方经济建设的促进作用进行了分析。通过审计，对玉溪市商业银行的发展现状和对地方经济的支持程度作出了肯定，从防范金融风险，建立完善金融监管制度，推动建立健全高效安全的现代金融体系和系统性风险防范机制等方面揭示了其管理中存在的违规和管理不规范行为，促进银行依法经营，加强管理，提高企业核心竞争力，同时，为今后的金融审计奠定了理论和实践基础。

【惩防体系建设】 作为深入推进惩防体系建设的牵头单位之一，深入推进我市惩防体系建设，促进廉洁反腐工作。建立健全了推进廉政建设、执行中央八项规定的审计制度，2014年，市审计局完善了《健全公务支出、公款消费方面的审计制度》以及《主要领导干部经济责任审计的轮审制度》，还起草了《审计结果运用办法》和《玉溪市公务支出和公款消费审计办法（试行）》，完善了长效机制；把查处腐败问题作为审计监督重要职责，参与和协助纪检监察及司法机关查处了一批重大腐败案件，全市共移送案件线索和处理事项44件，其中移送司法机关6件1人，移送纪检监察机关11件3人，移送有关部门27件。

【审计信息公开】 2014年，市审计局首次向市人大报告《关于2013年度玉溪市市级地方预算执行和其他财政收支审计查出问题整改情况的报告》并在玉溪日报上全文刊载。市委人大政府非常重视审计成果的转化应用，采取了强有力的措施督促审计查出问题的整改落实。2014年主动在玉溪市重点工作通报网站发布信息13篇，重要事项公示网站发布信息4篇，在玉溪日报发布审计工作信息2篇。促进被审计单位建章立制5项；向社会公告审计结果739篇，逐步实现"阳光审计"。

（段旭晖）

价格管理

【价格专项检查】 2014年，玉溪市以稳价为民、深化改革为重点，加大价格行政执法力度，开展药品和医疗服务价格、涉企收费、教育收费等专项（重点）检查，全市共查处价格违法案件37件，查处价格违法所得金额182.78万元，经济制裁总额290.12万元，其中：退还用户32.83万元，没收违法所得147.01万元，罚款110.28万元，上缴财政257.29万元。

【建立价格行政处罚自由裁量权基本制度】 为规范价格行政处罚自由裁量权细化标准，2014年，根据相关规定，制定了《玉溪市价格行政处罚自由裁量权基本制度》，自2014年9月1日起施行。

（李云霞）

【确定天然气临时销售价格及管网工程建设收费标准】 2014年，市发改委 对玉溪市中心城区天然气实行临时销售价格管理。具体为：居民用天然气临时销售价格为3.36元/立方米；工业用户临时销售价格为4.30元/立方米；商业用户临时销售价格为4.70元/立方米。确定居民住宅小区天然气管网工程建设费标准，其中：对玉溪市中心城区纳入2014年改造计划的2万户居民，确定管网工程建设费为2 500元/户（其中，财政补贴500元/户，居民承担2 000元/户）；对新建住宅天然气管网工程建设费已计入房价的，供气企业不得再向居民收取居民住宅小区天然气管网工程建设费用。

【新平县城供水价格调整】 2014年，玉溪市发改委对新平县县城供水价格进行了成本监审，并于10月24日召开了水价调整听证会，2015年1月1日起实施新的水价调整方案。具体标准为：居民生活用水2.80元/立方米（含污水处理费0.80元/立方米），非居民生活用水3.80元/立方米（含污水处理费1.00元/立方米），特种用水8.50元/立方米（含污水处理费1.20元/立方米）。

【元江电力价格调整】 2014年12月12日，玉溪市发改委召开了元江县电力价格听证会，于2015年1月1日起，对居民生活用电、合表用电、农业排灌用电进行调整；取消大工业留成电量电价、留成电量基本电价、取消农村400伏趸售电价，执行合表用电价格；小水电上网电价除路同、都贵、咪哩3个电站外，其余23个电站上网平均电价执行0.22元/千瓦时，并按照云价价格〔2013〕121号文件规定，实行丰平枯电价。

（任丽芝）

【收费许可证年审】 2014年，全市共审验《云南省收费许可证》正本524个，副本71个，注销收费许可证105个，涉及收费单位595个，年审率为100%。2013年度，全市行政事业性收费收入95 747.34万元。

【调整生猪屠宰加工服务费收费标准】 根据《云南省物价局关于生猪屠宰加工服务收费管理有关问题的通知》精神，根据生猪屠宰操作规程，结合生猪屠宰规模、屠宰方式等因素，在各县区成本监审、论证和征求各方面意见的基础上，自2014年6月16日起，玉溪市将生猪屠宰加工服务费最高收费标准调整为每头45元。

【出台县级公立医院医药价格改革试点指导意见】 根据《云南省人民政府办公厅关于县级公立医院综合改革试点的实施意见》和《云南省物价局 卫生厅 人力资源和社会保障厅关于推进县级公立医院医药价格改革试点的指导意见》精神，为配合做好县级公立医院综合改革工作，玉溪市发改委及时出台县级公立医院医药价格改革试点指导意见，按照建机制、控费用、调结构、强监管的原则，积极稳妥推进县级公立医院医药价格改革。通过取消药品加成、调整医疗服务价格、改革收付费方式和落实政府办医责任等综合措施和联动政策，破除“以药养医”机制，降低群众医药费用负担。

【启动旅客道路运输价格与燃油价格联动措施】 根据《云南省物价局关于启动旅客道路运输价格与燃油价格联动措施有关事项的通知》精神，玉溪市制订了《玉溪市发展和改革委员会关于启动旅客道路运输价格与燃油价格联动措施有关事项的通知》，从2014年12月8日起，严格执行“全省道路旅客运输基准中的‘旅客运输燃油差价’在现行基础上统一降低每人千米0.01元”标准。

【核定易门县、华宁县殡仪馆殡葬服务项目收费标准】 根据《云南省发展和改革委员会关于进一步加强和规范殡葬服务收费管理有关事宜的通知》精神，玉溪市发改委对易门县金山殡仪馆、华宁县殡仪馆申报的殡葬服务项目收费标准进行了审核，从严核定两个殡仪馆殡葬服务项目收费标准。

（陈　玲）

【华宁老独寨水电站工程建成投运】 华宁南盘江老独寨位于南盘江中游，水电站总装机1.06万千瓦，年发电4 790万千瓦时，概算总投资6 887.48万元，实际完成投资8 181万元，由云南华宁县新华源水电有限公司投资建设。2012年，红河州发改委、玉溪市发改委联合核准，工程于当年开工建设，2014年8月建成发电。

【电网项目建设】 2014年电网建设完成投资5.1亿元。在建项目11个，年底建成3个，分别为110千伏澄江河阳二期、元江澧江增容、通海杨广输变电工程，新增主变25兆伏安，110千伏线路6.4千米；2013年，玉溪市农村电网改造升级工程于8月份首家完成省级验收；2014年，玉溪市农村电网改造升级工程下达投资计划2 338万元，其中：中央预算内投资338万元，项目涉及新平、易门两县，于7月25日开工建设，11月底完工。

【5个风电场获准并开工建设】 2014年，元江羊岔街、新平向阳山、新平哈科迪梁子山、华宁大丫口、华宁将军山等5个风电场获核准并开工建设，总装机35.9万千瓦。

【油气项目建设】 玉溪市发改委下发了《关于同意玉溪市天然气合建站（门站和CNG母站）及次高压燃气管道项目开展前期工作的通知》、《关于玉溪市中心城区天然气临时销售价格及居民住宅小区天然气管网工程建设收费标准的通知》等文件，推广利用城市天然气。至2014年底，全市建成、在建、筹建天然气用户26 859户。2014年底全市天然气用气量达到516万立方米。

（高　丽）

工商管理

【概　况】 2014年，全市工商系统共查处各类经济违法案件901件。全市共有内资企业3 033户，外商投资企业120户，私营企业13 325户，个体工商户117 614户，农民专业合作社1 153户，各类市场经济主体稳步发展。年末，全市有效注册商标6 161件，其中有玉溪市知名商标288件，云南省著名商标211件，中国驰名商标7件，地理标志商标6件。2014年度获市级表彰2次。

【执法监督】 2014年，全市工商系统继续推进法制宣传教育和公务员年度法律学习培训、考试工作，不断强化行政执法监督，法制工作取得新进展，2014年，全系统共核审各类经济案件901件，其中一般程序处理案件375件，简易程序处理案件526件。

【企业注册】 2014年，市工商局推进商事登记制度改革，放宽公司注册资本登记条件，注册资本由实缴登记制改为认缴登记制，企业年度检验制度改为企业信息公示报告制度，将118项前置审批改为后置审批，企业负担减轻，激发了各类群体创业热情，企业新注册登记数量大幅增长。同时市工商局推进定点联系服务制度，对全市330户民营企业实行挂牌联系服务，与工商联、工商银行搭建了“三个工商”工作平台，帮助民营企业破解融资难题，培育各类市场主体健康发展。2014年，全市共登记内资企业3 033户，注册资金2810 785.4万元，年内新发展内资企业149户，企业登记4 320户，名称预先核准4 735户，股权出质（含设立、变更、注销）412户，办理电子口岸56户，办理广告登

进行中秋国庆节前食品安全检查　（市工商局　提供）

记11户，档案查询3 425件，咨询件19 011件。同时鼓励、引导、支持个体私营经济发展，2014年共登记个体工商户117 614户，从业人员286 244人，注册资金889 536.98万元；2014年全市私营企业13 325户，注册资金4776 023.4万元，从业人员278 167人，其中新发展私营企业4 007户比上年增长34.6%；与工行合作为58户企业办理贷款，解决了融资难题，融资32 575.28万元，共办理股权出质设立登记175件，为企业融资78 297.95万元。

【企业监督管理】 2014年，市工商局全面落实各级政府发展民营经济的相关优惠政策，继续强化各类经济主体日常监管工作。年内，新登记注册个体工商户24 016户，新登记农民专业合作社239户，免收登记注册费55.23万元。同时推进全市查处取缔无照经营和各类专项整治工作。在全市范围内集中开展了无照经营网吧整治行动。查处取缔无照经营网吧10户，查处为无照经营网吧违规提供租赁经营的场所1户。开展煤矿、非煤矿山证照专项检查，检查煤矿非煤矿山企业261户，其中煤矿企业14户，非煤矿山247户。14户煤矿企业中：暂扣年产9万吨及9万吨以下的煤矿企业8户营业执照（其中关闭1户，停业1户），吊销处罚2户。247户非煤矿山企业中处罚无照经营13户。吊销处罚4户。开展老城区消防安全突出问题专项整治。全市工商部门共出动执法人员325人次，组织和参与老城区“九小”场所隐患检查2 141户次，整改安全隐患19处（次），下发整改通知要求整治10处（次）。继续开展安全隐患排查治理工作。检查治理事故隐患的生产经营单位692户，对641户交通运输等重点行业领域企业和单位安全生产事故隐患进行了排查，排查整改一般事故隐患162项。按照综治维稳委和公安等部门的要求，做好辖区生产经营工艺刀和厨用刀具经营户的摸底调查工作，推进反恐维稳工作。全市共调查72户，其中涉及无照经营3户，吊销5户，注销2户。

【外资企业监督管理】 2014年，新设立外商投资企业3户，新设立外商投资企业分支机构12户，外商投资股份有限公司1户，新增名称预先核准7户。办理变更登记28户、注销企业1户、注销分支机构25户。年末，全

玉溪市工商局规范和整治汽车品牌销售经营者培训会（市工商局　提供）

市共有外商投资企业120户（其中法人企业58户，分支机构62户），累计投资总额57 335万美元，注册资本29 185万美元，其中，外方认缴出资额17 266万美元，占注册资本总额59.1%。从企业类型分：中外合资28户，中外合作4户，外商独资26户。从行业分：农、林、牧、渔业14户，制造业34户，电力、热力、燃气及水生产和供应业3户，建筑业1户，批发和零售业23户，信息传输、软件和信息技术服务业21户，住宿和餐饮业2户，金融业7户，房地产业2户，租赁和商务服务业7户，水利、环境和公共设施管理业1户，居民服务、修理和其他服务业2户，文化、体育和其他服务业3户。

【市场规范管理】 2014年，市工商局推进市场信用建设，按相关规定新确定并启动创建诚信市场2个、平安市场9个、农村文明示范集市9个（其中市级1个）。开展玉溪市2012～2013年度星级守合同重信用企业评审公示，共评审公示星级守合同重信用企业190户，报经国家工商总局评审公示全国2012～2013年度守合同重信用企业8户。创建县（区）级农资经营示范户45户。开展市场秩序规范整治，2014年共检查市场（超市、商场）1 520个（次），检查相关经营户7 130户次（其中禽鸟类经营户2 109户次），联合相关部门关闭活禽交易区27个，补检家禽3 129只，下发责令整改通知书121份。全年查办集市违法违章案件429件，案值306.96万元，罚没金额52.42万元。2014年，先后组织开展了旅游市场、汽车市场、短斤少两、烟花爆竹、成品油、报废汽车、反恐维稳等涉安全产品市场专项整治。共检查相关经营户3 210户次，下发责令整改通知书98份，取缔违法旅游经营摊点43个。继续实施高原特色农业红盾助推行动，2014年开展红盾护农保春耕、保夏播和互联网农资打假三次专项行动。出动执法人员2010人次、车辆510台次，检查农资经营户4 140户次，督促231户农资经营户建立进货查验把关制度，责令27户农药经营户限期办理经营许可证和营业执照，计查处农资违法违章案件31件、案值27.50万元，罚没款14.66万元。整治利用合同格式条款损害消费者合法权益行为，联合银监部门检查了市级13户商业银行、3户电讯企业的合同格式条款，7家银行按要求提交了整改报告。组织开展了对品牌汽车合同格式条款的检查整治。收集审查79户品牌汽车销售企业在用的150份汽车销售格式合同条款，发现需整改完善的47份，下发整改通知书13份，立案查处合同格式条款违法案件1件，罚没金额0.5万元。2014年，充实完善了网络经营主体数据库录入，全市已录入网络经营主体330户。并按省市政府金融办的安排，对辖区可能从事电子平台交易的45户经营户进行了清理排查，对其中采取标准化合约交易方式的7户代理经营机构进行了整治规范。在国家总局、省局的统一安排下，组织开展了红盾网箭行动和互联网农资打假专项行动，网上网下定位巡查网络经营户330户。

【消费者权益保护】 2014年，全市工商系统继续推进12 315行政执法体

系“四个平台”建设，强化消费维权效能和水平，进一步提升消费者满意度，年内认定县级流通领域商品“消费满意示范店”486户，认定市级流通领域商品消费满意示范店54户，省级流通领域商品“消费满意示范店”5户。2014年，全市工商系统共受理各类投诉1 310件，已办结1 279件（其中26件达不成协议，5件在处理限时中），办结率为98%，为消费者挽回经济损失258万元；举报68件，已办结68件，办结率为100%。开展重点领域消费维权专项整治，出动执法人员781人次，检查超市、商场、集贸市场37个，经营户3 829户。

【广告监督管理】　2014年，市工商局加大广告市场监管力度，维护公平有序的广告市场环境。实行医药广告发布前备案制度，及时掌握广告发布动态，适时不间断地对玉溪电视台、红塔区电视台、玉溪日报、玉溪人民广播电台等重点媒介发布的广告实施定期、不定期的监测，共监测各类广告 1 814条次，发出责令整改通知书11份。全市工商系统在整治虚假违法广告专项行动中共查处虚假违法广告案件37件，罚款3.78万元。2014年，全市应参加广告经营许可证年检单位共15户，实际参加年检14户，通过年检14户。

【商标监督管理】　2014年，市工商局以争创玉溪市知名商标及云南省著名商标为重点，以扶持、培育、争创中国驰名商标为突破口，全面推进商标战略实施。截至年末，全市有效注册商标6 161件，我市共有玉溪市知名商标288件，云南省著名商标211件，中国驰名商标7件，地理标志商标6件。组织开展了保护注册商标专项权执法行动，全市共开展执法检查33次，出动执法人员213人次，检查各类经营主体1 326户，检查批发零售市场、商场59个次，发出责令整改通知书84份，全市工商系统共查处商标侵权案件42件，罚款24.25万元。

【经济检查工作】　2014年，市工商局共核审各类经济案件901件，其中一般程序处理案件375件，简易程序处理案件526件。市工商局以竞争执法、经济检查工作为着力点，深入开展整顿、规范市场经济秩序工作，打击各类经济违法行为，共查办各类经济案件345件，罚款金额151.9万元。

开展对手机市场进行专项整治　（市工商局　提供）

一是开展打击传销规范直销为重点的监管工作。检查人员易聚集场所2 275个次，发放宣传资料16 100余份，打击传销违法活动，建立规范有序的直销市场。二是开展“两烟”打假打私工作。共查处无证销售卷烟案95件，涉案金额4.5万元，没收卷烟431条，罚款7 915元。三是开展“扫黄打非”等专项整治工作。开展专项行动等11次，检查各类经营户2 976户。

【消协工作】　2014年，玉溪市“12 315”平台共接听消费者咨询、举报、投诉电话4 200个，受理咨询2 980件，投诉1 150件，解决1 132件（其中18件达不成协议），调解成功率为98.4%；举报66件，办结66件，办结率为100%；建议4件。为消费者挽回经济损失151万元，接待消费者来人来访2 217人次。

【个私协会工作】　截至2014年，全市共有10个县（区）协会，37个基层分会，68个行业分会（小组）。个私协2014年走访定点联系企业286户，听取企业意见或建议65条，积极帮助他们解决生产经营中遇到的困难。各级协会共计组织了24期法律法规知识培训，参加学习人员共2 866人/次。做好“贷免扶补”工作。2014年全市个私协会系统完成“贷免扶补”工作目标250户，扶持自主创业人员250人，带动就业人员535人，贷款金额1 527万元。开展创业人员培训9期，培训人员370人/次。建立、完善了“1＋3”跟踪服务机制，配备联络员101名，创业导师103名。建立高校毕业生见习基地建设5个，引导高校毕业生自谋职业、自主创业47人。为创业人员提供服务217次/人。

（丁　伟）

质量技术监督

【职能划转和机构改革】　2014年1月9日，玉溪市食品生产环节安全监管职能划转到食品药品监督管理局。8月11日，玉溪市人民政府组织召开云南省质量技术监督行政管理体制调整玉溪质监机构划转移交会，将玉溪质监机构由省质监局划转移交至玉溪市人民政府。9月1日，玉溪市政府召开玉溪市质监机构划转移交会议，将各县质监局由市质监局垂直管理改为由当地政府分级管理，列入当地政府工作部门，业务上接受市质监局的指导和监督。9月28日，市政府第28次常务会原则上同意了《玉溪市质量技术监督局体制调整实施方案》，体制调整工作基本完成。

【质量兴市工作】　2014年，全市质监系统认真履行质量兴市职责，组织召开了2014年质量兴市工作推进会议及质量月动员大会，对质量兴市工作进行再部署、再落实，动员企业在89块广告牌中加入“质量走廊”创建的宣传内容，打造质量管理、质量提升等各类示范点91个。帮助13家企业参加了卓越绩效管理模式暨第二届省政府质量奖申报培训，云南滇雪粮油有限公司、云南省活发集团刘总旗水泥有限公司2家企业进行了第二届省政府质量奖申报，玉溪自强集团有限公司对2014年品牌价值评价数据信息进行了填报。发挥职能优势，主动和提前介入政府重大项目、重点工程建设，组织业务骨干开展质监服务进工业园区行动，对首批入驻红塔工业园区的19家企业开展特种设备、计量、标准、生产许可、强制认证认可培训。主动介入玉溪“人防工程”项目、“中心城区排污管网改扩建工程”项目和“滇中引水”工程，以工程项目所用建材为重点，协助工程指挥部把好质量关。统一搭建了企业质量信用档案平台，将涉及安全和群众利益的产品生产企业全部纳入建档范围。全市已有181家企业建立了质量档案并开展了质量诚信承诺活动。

【实施名牌战略】　2014年，全市质监系统着力强化名牌产品培育力度，推荐了全市27家企业30个产品进行了2014年云南名牌产品目录建议的申报，草拟了《开展玉溪市名牌评选的实施意见》、《玉溪市名牌产品管理办法》等文件上报市政府，推动玉溪名牌培育工作形成强大合力。截至10月底，全市共34个企业42个产品获“云南名牌产品”称号，云南名牌产品数量位居全省前列。江川大头鱼和华宁陶两个地理标志保护产品已由省质监局明确立项。

【规范行政处罚行为】　2014年，全市质监系统在办理行政处罚案件中，认真遵守《行政处罚法》、《质量技术监督行政处罚案件办理程序》和《云南省质量技术监督行政处罚裁量规则》等有关规定，进一步规范执法文书，不断提升行政执法水平。设立了专门的行政复议办公场所，严格坚持开门审案制度，全年共召开案审会4次，审理案件37件，并邀请了玉溪市中级人民法院的两名法官全程参与。加强“两法”衔接工作，主动联系市检察院对案件把关，确保案件程序合法，事实清楚，证据确凿、法律适当，做到说明事理、说通情理、说透法理，2014年全年无一起行政复议案件发生。办理行政审批事项4 841个，所有事项均在要求时限内办结。印制质监局行政复议办理服务指南2 000余份摆放于便民服务中心窗口，积极受理行政复议申请，对符合受理条件的行政复议申请，依法及时给予受理。

【“质量月”活动】　2014年，全市质监系统围绕工业产品质量、特种设备安全、计量、标准化等多方面开展宣传咨询。9月12日，由玉溪市质监局牵头，红塔区分局、高新区分局配合、4家企业参与的2014年质量月宣传咨询活动在红塔区凤凰路街道办胜利社区开展。活动期间通过悬挂标语横幅、摆放展板、发放宣传材料、假冒伪劣商品展示、现场免费检测、向群众解答疑难问题等方式开展宣传咨询活动，共计出动执法人员43人，发放《质量发展纲要》、《标准化法》、《计量法》、《电梯注意事项手册》、《液化气瓶注意事项》等法律法规知识手册17种2 000余份，悬挂横幅标语一条，制作展板15块，现场免费检测血压计10只，向群众解答问题45条，企业对电线、铝合金窗、太阳能、验配眼镜等名特优产品作了展示讲解。通过活动使企业树立诚信至上、以质取胜的理念，营造了全社会增强质量意识的良好氛围。“质量月”活动期间，全市共组织大型宣传活动6次，制作、张贴宣传画65张，制作发放宣传资料4 360份，制作展板37个，发送宣传短信200条，处理消费者投诉3个。质量月期间开放检测实验室2个，接受332名群众参观。

【标准化工作】　2014年，全市质监系统围绕助推产业跨越发展目标，着力加强与重点产业相关的技术标准体系建设，全年共备案33家企业的52个标准。华宁柑橘国家级综合农业标准化示范区建设工作和江川萝卜、新平苦瓜两个省级农业标准化示范区建设工作进展顺利。帮助江川江磷集团通过了4A级标准化良好行为企业确认，成为云南省第一家通过4A级标准化良好行为企业确认的民营企业。起草了《新平县旅游标准化试点工作实施方案》，覆盖“食、住、行、游”多要素的标准体系正在稳步建立。在强化组织机构窗口服务的同时，推行组织机构代码证网上年审，共新办证1 854家，换证872家，年检5 394家，废止166家，变更801家。在商品条码办理工作中，完成了109家条码续展工作，新注册企业22家，协助完成条码信息采集工作98家，培育46家，被评为全省唯一一家一等奖单位，受到表彰奖励。在烟叶收购期间，认真完成烤烟标准仿制样品审定签封工作和计量器具监督检查工作，共抽检烟叶收购站点57个，检查在用计量器具125台，抽检合格率达到98%。结合元江县特色，着手开展了辣木农业标准化项目的前期准备工作。继续发挥好标准免费查询系统作用，为全市企业提供标准免费查询服务。

【计量管理工作】　2014年，全市质监系统结合《计量发展规划（2013–2020年）》的宣贯，进一步健全产业计量服务体系，突出强化计量基础工作。对全市36家重点用能单位名称与代码证书名称不符的情况进行逐一核对、反馈。完成了民用三表摸底调查工作，共检查水表14 374块，电能表18 869块，首次检定率达92%。对辖区内56家农贸市场、大型超市的1 395台在用电子计价秤进行了现场检定，检定合格率达到100%。完成了全市69家集贸市场和174家乡（镇）、社区医疗机构在用计量器具的统计、上报工作，完成了云南省计量发展现状监测问卷调查工作。在定量包装商品净含量专项监督检查工作中，抽查了117家企业的280个批次产品，抽检合格率85.36%。对定量包装商品净含量抽查不合格的生产企业，已全部责令企业作出整改。

【认证认可工作】　2014年，玉溪市质监局配合9个机动车安全检测站通过“二合一”评审，完成5个实验室资质的（首次、复扩）评审、1个机动车安全检测站的机动车尾气环保检测计量认证评审。对94家企业的168个认证证书有效情况进行认真核查，未发现伪造、冒用、买卖、转让超范围使用和超有效期使用认证证书及认证标志的违法行为。玉溪市第二人民医院司法鉴定中心通过实验室资质认定计量认证评审，成为玉溪首家通过考评的鉴定机构。全省州市级首家压力管道设计单位设计资质在玉溪通过评审。

【特种设备安全监察】　2014年，全市质监系统以贯彻落实《特种设备安全法》为重点，落实了“一岗双责”制度，与特种设备使用单位签订了《特种设备安全使用责任书》，明确企业对特种设备安全的主体责任。通过建立隐患排查整治长效机制，特种设备作业人员考核管理平台、特种设备动态监管系统和玉溪市移动式压力容器（气瓶）网络管理系统相续投入使用，扎实开展好人员密集场所在用特种设备专项整治、“六打六治”打非违专项行动等各类专项整治行动，多措并举，有力推动特种设备安全监管水平迈上新台阶。截至10月底，全市质监系统共出动执法人员1 166人次，出动执法车辆541台次，检查特种设备生产、使用单位2 129家次，检查各类设备5 105台次，压力管道303条次，安全附件5 388只，检查施工工地和设备安装现场358个，查出并督促整改安全隐患543条，填写《特种设备现场安全监督检查记录》2 129份，下达《特种设备安全监察指令书》69份，立案25起，结案25起，督促责任单位对安全隐患及时进行整改消除，有效预防了特种设备安全事故。

【打假治劣】 2014年，全市质监系统以涉及消费者健康和安全的儿童产品、食品相关产品，建材、农资等重点消费品，对水泥、编织袋、烟花爆竹等14类284个批次产品进行监督抽查和风险预警监测。在省级监督抽查中，共抽检样品75个，合格66个，合格率88%，其中，水泥、农机类、铝型材、输电线路铁塔4类产品合格率达到100%；在市级监督抽查中共抽检样品191个，合格135个，抽检合格率为70.7%。其中，工业黄磷、排水管和水泥3类产品抽检合格率达到100%。此外，还对98家工业企业和38家食品相关产品生产企业开展了获证企业分类监管工作。已完成63家工业企业、7家食品相关企业的分类工作，其中A级以上企业达到58家，占已完成分类监管企业总数的83%。坚持“打、治、建”结合，加强统筹协调和区域联动，突出重点区域、重点行业、重点产品，继续开展“质监利剑”、农资、汽配等打假治劣专项行动。截至10月，全市质监系统共出动执法人员4 957人次，检查企业及有关单位1 818家次，立案查处各类违法案件180件，结案151起，涉案货值金额402.48万元。受理12 365投诉举报中心共受理投诉举报37件，收到各类申诉举报41件，所有来电、咨询、投诉均已全部完成，持续保持了打击产品质量违法行为的高压态势。

【产品质量检验检测】 2014年，云南省烟草质量监督检验中心大楼建成投入使用，云南省太阳能检测中心建设已进入设备安装阶段，云南省陶瓷产品质量监督检验中心已封顶断水。玉溪市质量技术监督综合检测中心完成了甲类特种设备综合检验资质的申报工作，17项新增检验项目也同时申报。玉溪市质量技术监督综合检测中心已有370种产品和248项参数通过省级计量认证和资质认定，176种食品及食品包装材料和232项食品检测参数通过省级食品检验机构资质认定，建立了29项计量标准，能够开展锅炉、电梯等32项特种设备的定期检验和监督检验任务，检验检测能力得到持续提升，检验检测覆盖范围持续扩大。

（陶　丽）

食品药品监督管理

【机构改革】 2014年1月，根据《云南省人民政府关于改革完善省以下食品药品监督管理体制的实施意见》精神，玉溪市人民政府印发了《关于组建玉溪市食品药品监督管理局的通知》，组建了玉溪市食品药品监督管理局，为市人民政府工作部门，加挂玉溪市人民政府食品安全委员会办公室牌子。将原市人民政府食品安全委员会办公室的职责、原市食品药品监督管理局的职责、市质监局的生产环节食品安全监督管理职责、市工商局的流通环节食品安全监督管理职责整合，划入新组建的玉溪市食品药品监督管理局。从食安办、质监、工商划转行政编制21名。设立玉溪市食品药品稽查支队，并加挂玉溪市食品药品投诉举报中心牌子；在全市75个乡、镇（街道办事处）按区域设置31个食品药品监管所。

【食品安全监管】 2014年，玉溪市食品药品监督管理局组织对玉溪市范围内的319家食品生产企业、1 272家小作坊、17 400家食品流通经营户、9 346家餐饮经营单位进行了调研摸底。加大对流通环节食品安全监管平台系统操作培训力度，为实现食品（特别是婴幼儿配方乳粉）电子追溯体系奠定基础；开展了“食品安全进校园”活动，加强对学校食堂及校园周边副食小卖部、小超市、小摊贩的整顿治理；加大野生菌中毒防控力度，适时发布预警公告；在30家学校食堂开展餐饮环节食品安全责任保险制度试点。

【食品安全专项整治】 2014年，玉溪市食品药品监督管理局开展了农村食品市场专项整治、预包装食品标签标识专项整治、酒类流通领域专项整治、肉及肉制品专项整治、校园及周边食品安全专项整治、生鲜乳及乳制品专项整治、打击食品犯罪专项整治七个食品安全专项整治，共检查362家企业。开展了米线生产加工环节专项整治，进一步摸清了全市米线、卷粉生产经营的基本情况，围绕生产车间布局、“四害”防治、生产流程规范等重点，对223家小作坊进行了专项检查和监督抽样工作。开展了元旦春节期间餐饮服务食品安全专项整治、学校食堂食品安全专项整治，对检查中发现的突出问题和薄弱环节，责令限期整改，及时消除食品安全隐患。7月，按照国家总局、省局安排部署，组织执法人员对全市范围内餐饮服务单位的食品及食品原料进行检查，对上海福喜食品有限公司供货的火腿味猪头、猪柳肉饼两个品种57公斤按程序进行了召回处理。

【药械安全监管】 2014年，玉溪市食品药品监督管理局对全市21家药品及药包材生产企业、16家药品连锁企业、932家零售药店、3家医疗企业生产企业、380家医疗器械经营企业建立监管档案，加强监督管理；全面推进第二批药品安全示范县创建工作；制订下发了《2014年药品生产监管工作方案》，定期对高风险药品生产企业进行原料进货情况、投料、生产工艺、产品出产检验等重要环节监督检查；指导全市19家药品生产企业制订企业新版GMP的实施计划；稳步推进GSP认证工作；开展打击利用互联网销售假药工作；加强对戒毒机构和美沙酮门诊及使用咖啡因、盐酸麻黄碱等特殊药品企业的监管；加强药品、医疗器械违法广告监测，向工商局广告监管部门移交违法违规药械广告5起。

【药械安全专项整治】 2014年4月1日至8月15日，玉溪市食品药品监督管理局开展了玉溪市医疗器械“五整治”专项行动，集中整治虚假注册申报、违规生产、非法经营、夸大宣传、使用无证产品等五种行为的专项行动，全市共检查医疗器械生产、经营、使用单位1 176家次，下达责令整改通知书14份，责令停产停业4家，移交工商违法广告1起，立案25起，结案25起。

开展含特殊药品复方制剂专项整治，加强对药品批发企业、零售店销售含麻黄碱复方制剂等含特殊药品复方制剂的检查，共检查药品批发企业

16家，药品零售店和医疗机构957户次，下发了责令整改通知书5份，立案2起，结案2起。

【保健食品、化妆品安全监管】 2014年，玉溪市食品药品监督管理局对全市6家保健食品生产企业、892家经营企业、12家批发企业和3家化妆品生产企业、213家经营企业、1 454家经营个体户，1 076户美容（美发）院建立企业监管档案；建立完善相关索证索票台账制度，实现监管可追溯；继续开展保健食品打“四非”工作，深入巩固整治效果。

【监督抽验】 2014年，全市食品药品监管系统完成大米、食醋、酒类、米线、中秋月饼等抽检任务298批次；完成餐饮服务食品快速检测956批次、监督抽检528批次；完成省、市两级下达的药品抽验601批次；完成医疗器械监督抽验24批次，协助省医疗器械检验所完成6批次抽验工作；完成化妆品现场快速检测54批次。

【行政许可】 2014年，全市共办理食品生产许可122件、办理餐饮服务许可1 326件、办理药品经营零售企业《药品GSP认证证书》延期65件，办理医疗器械经营企业许可49件；全市入网中国药品电子监管网企业达313户，药品经营电子监管入网率达34.2%。

【案件稽查】 2014年，全市食品药品监管系统共受理投诉举报140件，查办案件513件。其中较大案件4起：组织查处元江未经检疫、检验鸭脚、鸭肚肉类制品案，查获未经检疫、检验肉类制品33吨；组织查处新平未经检验、检疫冷冻猪脚、猪舌肉类制品案，查获未经检疫、检验肉类制品303.21吨；组织查处违反相关法律规定销售复方磷酸可待因口服溶液案，对涉案公司作出了吊销《药品经营许可证》的处理决定，并按程序上报省局处罚；查处假冒“合味”牌藕粉制假窝点1个，销售网点6个，现场查获制假设备及原料3吨，查扣假冒藕粉500余盒。

【案卷评查】 2014年，玉溪市食品药品监督管理局制定《案件移交、案件审查和案件合议办法》，成立案件合议委员会，修改完善《食品药品行政执法监督检查制度》、《重点案件督查督办制度》等制度，与市公安局联合印发《防范和打击食品药品领域经济违法犯罪协作规定》。全年对32件行政处罚案件提出了案审意见建议，提交案件合议委员会合议案件32件。

【技术支撑】 2014年，市食品药品检验所完成食品检测项目扩增36项，达到211项，基本实现了对重金属、农药残留、兽药残留、食品添加剂、食品中非食用物质、微生物学检测等十一大检测项目的覆盖；完成药品检测项目扩增7项，达到186项，药品检验达到了90%以上项目的检验能力。完成监督抽验451批次，完成基本药物抽检150批次，完成委托、注册、化妆品、保健品等检验174批次。全市上报医疗器械不良事件（MDR）报告数609份，百万人口报告数267.29；药品不良反应（ADR）报告数1 739份，百万人口报告数达763.25，其中新的和严重的929份，新的和严重的报表比例占总报表数53.42%；药物滥用报告上报2 450份，报告覆盖率100%、上报率100%、有效率100%。

【教育培训】 2014年，全市食品药品监管系统共举办监管业务培训班9期，培训干部548人次；选派45名干部参加省局举办的政策法规、综合行政执法、药学专业人员师资培训等培训班15期。全市265名食品药品监管人员和药械从业人员参加山东大学校外网络教育学习。

（矣琳莉）

国土资源管理

【概　况】 2014年，玉溪市国土资源管理围绕保障重点项目必需建设用地、推进低丘缓坡开发利用、加强地质灾害防治、耕地保护及基本农田划定、推进找矿突破行动，进一步规范矿业权管理、转变机关工作作风、树立国土部门良好形象等方面的工作目标，全面推进国土资源管理各项工作，取得了明显成效，特别地质灾害防治避让搬迁、征地费折价入股、矿业权延续登记预警告示制度等工作，走在了全省的前列。在云南省政府通报的2014年全省各州（市）国土资源目标责任考核结果中，玉溪市获二等奖。全年争取上级资金累计完成3.78亿元。完成中低产田改造2万亩，新增耕地1.6万亩。审批低丘缓坡试点项目用地754.46公顷。报批农用地转用及土地征收报件32件，面积507.73公顷；供应建设用地总量179宗，面积521.1公顷，出让金（价款）192 926.53万元。

【农村集体土地确权登记发证工作】 玉溪市国土资源管理局全力推进农村集体土地确权发证工作，截至2014年12月底共完成涉及69个乡（镇）、564个村委会、4 507个自然村的地籍调查，已调查宗地378 501宗，调查率达79.2%；红塔区农村建设用地使用权外业调查成果作为全省第一家通过了省二调办组织的省级验收，通海、澄江、新平、峨山、易门、元江、江川县已经完成初验工作，其余各县正在开展初验工作，全市的农村建设用地使用权确权登记发证工作转入内业建库和登记发证阶段。

【低丘缓坡土地综合开发利用试点工作】 2014年，经省国土资源厅分2批定期评估玉溪市10个低丘缓坡试点项目，因动工不理想，未供地原因，取消通海大石山试点项目；因动工超出划定范围、混淆增减挂钩和低丘缓坡试点等原因，评定红塔区研和工业园区、澄江县蛟龙潭工业园区、新平县桂山工业园区为不合格档次，限期整改（整改时间半年），并对全市保留的9个低丘缓坡试点项目建设规模进行了相应核减，核减后9个低丘缓坡试点项目新增建设用地规模为876.49公顷（备案数据），争取到红塔区、易门县、澄江县、元江县4个试点项目资金，共计5 000万元。截至2014年12月底，共审批低丘缓坡试点项目用地754.46公顷，供应低丘缓坡试点项目用地228.82公顷。争取新批准易门浑水塘曾所浦贝低丘缓坡项目。

【调整土地利用总体规划】 2014年，玉溪市国土资源管理局受理上报市、县、乡（镇）级和单项目规划修改及调整25个，其中：涉及单项目土地利用总体规划调整9个，乡（镇）级规划修改13个，县级规划修改2个，完善市级规划1个，已批复18个，尚未批复7个（含玉溪市级规划完善修改在内）。配合省厅开展玉溪市各县（区）土地利用总体规划剩余建设用地指标清查工作，为全省计划指标的统筹调剂工作提供了基础保障。

【下达土地利用年度计划】 2014年，省国土资源厅编制、下达玉溪市新增建设用地计划指标3批，面积为658公顷，其中占农用地指标559公顷，占耕地指标390公顷。至年底，全市共统筹核拨县（区）20个城乡批次和4个单独选址项目新增建设用地年度计划指标278.41公顷，其中占用农用地235.36公顷，占用耕地指标 144.67公顷，做到了切实保护耕地，合理控制建设用地总量。

【建设项目用地预审】 2014年，全市共依法、依规办理建设项目用地预审报件19件，面积1 262.29公顷，其中农用地991.11公顷，耕地447.22公顷。其中属市级预审权限项目8件，面积20.50公顷；属市级初审转报省厅审批11件，面积1 241.79公顷。

【基本农田划定】 2014年，玉溪市划定基本农田面积188 363公顷（282.54万亩），划定基本农田片（块）16 939块，涉及9个县（区）74个（乡镇、街道）、638个村委会、8 804个村民小组547 744户承包经营户，签订基本农田保护责任书9 665份（其中，县对乡镇74份、乡镇对村638份、村对组8 953份）。埋设保护标识牌72块，界桩14 105个（其中，标准界桩4 112个，简易界桩9 993个），大型宣传牌11块。按照《玉溪市基本农田划定成果检查验收工作方案》，市政府组织财政、农业、国土等部门对各县（区）基本农田划定成果进行了初验，各县区基本农田划定数据库成果通过了省级质量检查。

【用地保障】 2014年，全市报批农用地转用及土地征收报件32件，面积507.73公顷；审查报批供地报件96宗，面积441.90公顷（其中，工业、仓储用地50宗，面积292.62公顷；商服用地10宗，面积26.51公顷；住宅用17宗，面积86.39公顷；其他用地19宗，面积36.38公顷）。

【土地供应】 2014年，全市供应建设用地总量179宗，面积521.11公顷，出让金（价款）192 926.53万元。其中：工矿仓储用地258.22公顷；住宅用地81.68公顷；商服用地42.80公顷；公共管理与服务、水利、交通、特殊用地138.41公顷。

【征地费作价入股】 自2013年5月开展征地费折价入股工作以来，全市5个县（区）折价入股面积1 011.86公顷（1.51万亩），入股金额8.8亿元，涉及12个乡镇（街道办）36个村（居）委会214个村民小组，总人口4.77万人。玉溪市开展的这项改革，最大的好处就是将征地补偿安置“一锤子买卖”变为了“细水长流”，把被征地农民的长远生计有保障落到了实处，避免了一次性分光、吃光，引发新的社会矛盾。

【占补平衡工作】 2014年，玉溪市积极申报“二调”补充耕地项目。全市共有24个项目上报国土资源部备案，建设规模4 632.7公顷，可新增耕地1 974.4公顷，预算投资15 795.3万元。24个项目信息在第二次全国土地调查成果发布之前，按规定全部录入《农村土地整治监测监管系统》。

年内，共有25个市级投资补充耕地项目开工建设，建设规模4 329.9公顷，新增耕地2 157.9公顷，预算投资16 618万元。截至12月底，项目实施顺利，工程建设已完成总建设任务的90%左右。8个市级投资补充耕地项目完成验收，建设规模2 157.8公顷，投资6 744.8万元，实现新增耕地1 072.2公顷（1.6万亩）。争取省级到玉溪市投资建设5个补充耕地项目，建设规模1 173.7公顷，新增耕地804.7公顷，预算投资4 826.7万元；年内已经下达4个项目资金2 540.49万元。

2014年，全市批准13个市级投资补充耕地项目投资计划，建设规模2 298.2公顷，新增耕地1 176.5公顷，预算投资10 428万元。

【中低产田改造】 2014年，玉溪市国土资源局继续加大向上争取力度，争取上级国土资源部门对中低产田改造的项目和资金支持，以提高现有耕地质量，改善农业生产条件。年内共申报2015年实施中低产田改造项目16个，建设规模6 736.5公顷，预算投资23 993.3万元，分别占年初计划建设规模3 700公顷、预算投资1.4亿元的182.06%、171.38%。截至2014年12月底到位达资金1亿元。全年完成5个中低产田工作项目建设任务，建设规模1 348.1公顷（2万亩），预算投资4 648.5万元。

【基础测绘工作】 2014年，市级投入基础测绘经费240万元，各县（区）配套相应经费开展基础测绘项目。先后开展了新平县桂山工业园区1：500地形测图、新平县漠沙镇1：500地形测图、江川县安化乡新庄光山1：500地形测量等8个重点基础测绘项目，并已完工，目前项目已通过验收。新生产的基础测绘成果将为国土、规划、工业园区等部门提供现精度高、现势性好的地理信息数据，服务于领导决策和经济社会发展的需求。

【《数字玉溪》获全国数字城市建设与应用展示片大赛优秀奖】 根据中国测绘地理学会2014年12月15日《关于公布全国数字城市建设与应用优先展示片大赛评选结果的通知》，玉溪市国土资源局制作的展示片《数字玉溪》参加中国测绘地理学会优秀展示片大赛评比，经大赛评选和奖励委员会对参赛展示片进行初评、终

2014年11月25日，市委书记罗应光率有关领导到省国土资源厅协调工作
（市国土局　提供）

评，《数字玉溪》荣获大赛展示片优秀奖。

【地理国情普查】 2014年，玉溪市市全面开展地理国情普查工作。截至11月底，市、县两级按照省测绘地理信息局要求成立了相应的地理国情普查领导小组办公室，明确办公室成员单位职能职责，制订了普查工作方案及实施方案，完成项目招投标工作，确定了作业承担单位。已经落实地理国情普查经费1 583.83万元（其中，省级配套475.15万元，市级配套1 108.68万元）。外业信息采集工作已全部完成。

【干部队伍建设】 2014年，玉溪市国土资源局严格干部选任程序，通过民主推荐、组织考察、党组讨论、公示等环节，在市基础地理信息中心选配4名内设科室负责人。全年完成了各县局10名正科级干部、22名副科级干部的试用期满考核，32人均考核合格予以按期转正。强化对干部职工的管理，严格考勤制度，实行上班签到。通过公开招考，为市基础地理信息中心补充了2名专业技术人员。加大对年轻干部的培训锻炼力度，从各县局、所属事业单位选派了6名干部到市局相关科室跟班学习；选派了2名优秀年轻干部分别到元江县咪哩乡担任副乡长，红塔区泷水塘社区担任党支部书记；选派了1名优秀年轻干部参加市委青干部班；推荐了2人参加市组织部公开选调考试。加强干部教育培训，不断提高干部队伍整体素质。2014年，市局共组织培训6期，参训人员208人次。组织相关人员参加国土资源部、省国土资源厅及系统外组织的业务培训32期240人次。

【执法监察】 2014年12月底，全市立案查处并上报系统土地违法案件48宗，面积1 268.7亩，其中耕地415.65亩；已处理结案46宗，面积1 260.45亩，其中耕地407.4亩，拆除建构筑物2 300平方米，收取罚款804.36万元。违法占用耕地案件查处率为95.8%。

【土地卫片执法检查】 根据2013年土地卫片执法检查遥感监测成果，玉溪市疑似违法图斑数共计631个，面积312公顷，其中耕地196公顷。经核查合并分割地块569宗，其中判定为合法用地的331宗，面积156公顷，耕地面积99公顷。判定为违法用地的238宗，面积156公顷，耕地面积96公顷。最终认定我市实际新增建设用地占用耕地面积346公顷，实际违法占用耕地面积为82公顷，全市违法占用耕地比例23.92%。全市共查处违法案件42宗，面积90公顷，耕地面积56公顷；共收缴罚款920.31万元，没收违法建筑物1.4万平方米，没收违法所得34.79万元；申请法院强制执行14件，法院均不予受理；42宗违法案件已结案41件。

玉溪市2014年矿产卫片执法检查共下发图斑39个。经调查核实，判定为伪变化的10宗，判定为违法的29宗。立案查处并结案29宗，共收缴罚款38.36万元，没收违法所得21.56万元。2014年10月18~19日，玉溪市2013年土地矿产卫片执法检查工作通过了省国土资源厅的检查验收。

2014年12月19日，省国土资源目标责任制考核组到元江县抽查
（市国土局　提供）

【电子政务建设和政府信息网上公开】 2014年，玉溪市国土资源局投入资金24.15万元，将现有的2M带宽扩容至10M，现已启用。投入资金20万元，开通移动短信专线一条，建设短信综合服务平台，全年实现市、县（区）电子政务业务办理、公文流转3 637件，通过短信平台发出实时提醒和督办服务信息22 864条；严格执行信息公开制度，及时依法、依规更新和维护玉溪市国土资源局门户各网站审批事项和各类信息1 112条，其中：国土资源门户网站778条；政府信息公开网站246条；“阳光政府”专栏中重点工作通报38条、重要事项公示32条；工程建设领域项目信息和信用信息公开专栏18条。

【信访工作】 2014年，全市国土资源系统共受理信访事项269件/277人次，与上年同期同比件数上升10.78%，人次减少54.15%。其中市局受理67件/25人次，县局（分局）受理202件/252人次，办结率达100%。受理信访复查申请1件，市局依申请，组织对峨山县张梅的信访复查申请进行复查，并在办理时限内及时制作、送达《信访复查意见书》。

【法律法规宣传】 2014年，全市按计划组织开展了“4·22”世界地球日、“6·25”全国土地宣传活动、“8·29”测绘宣传日宣传活动，参与了由市委市政府组织的“5·12”防震减灾宣传日、“6·16”安全生产日、“12·4”宪法日暨全国法制宣传日宣传活动。活动期间共举办国土资源法律法规、业务知识培训107期，受训4 556人次；各种大小会议宣传158期，受宣5 744人次（其中座谈会23期，参会524人次）；张贴和书写永久性墙体标语等8 635条（其中：横幅和永久性墙体标语176条，大标语311条，小标语8 210条）；广播宣传427次；设立法律咨询台74个，接待咨询2 900余人次；黑板报192期；专栏49期；发放宣传特刊、宣传手册、折页、宣传材料等共148 915份（其中《玉溪日报》7 000份）；出动宣传车49辆101次；设立宣传展板118块；投入宣传人员564人；投入宣传经费32.853万元。

【招商引资和争取上级资金工作】 2014年，市委、市政府下达市局招商

2014年7月21日玉溪市元江县咪哩乡甘岔村委会陆家店村民小组发生滑坡，造成5人遇难。玉溪市市长饶南湖（前右一）及元江县委书记黄太文（前中）、县长张伟（前左一）第一时间到达现场指挥救援（市国土局　提供）

引资任务数3亿元，争取上级资金任务数3.77亿元。截至2014年12月底，实际完成招商引资数3亿元。招商引资项目是中烟施伟策“年产3万吨造纸法再造烟叶”。该项目属续建项目，2013年12月17日已通过备案，到位资金约9亿元，其中，2014年到位资金3.23亿元。2014年，市局与红塔区签订了投资分成协议，按协议约定市局占3亿元。全年争取上级资金累计完成3.78亿元，其中，争取到中央资金7 565万元，省级资金30 251.75万元。

【宣传工作】　2014年，围绕市委、市政府中心工作，认真挖掘我市国土资源管理工作的亮点，着力宣传好促进国土资源科学发展和谐发展的新做法、新成果、新经验。市局全年编印《玉溪国土资源综合信息》12期，采用工作信息及经验交流材料289篇（条）、图片43张。工作信息被《中国国土资源报》采用 17 条，理论文章被《中国国土资源报》采用 7 篇；《云南国土》采用 4 篇。在《玉溪日报》刊出国土资源宣传专版。

（谢丽红）

土地储备

【概　况】　2014年，玉溪市土地储备中心共完成土地收储13 197 亩。其中：市土地储备中心完成收储6 752亩，高新区、研和工业园区、红塔工业园区完成收储土地4 324亩，红塔区预留地2 121亩；供应土地1 724亩；完成融资48.1亿元。土地储备融资支持园区建设23.12亿元。共签订土地一级开发整理委托合同项目8个，委托面积63 437.09亩。实施前期开发整理项目7个，委托面积共480.3亩，估算总投资为31 520.9万元。

【完善市土地储备管理委员会职能职责】　2014年，玉溪市储委会会议设立为主任会议和常务会议两种，主任会议由市储委会主任市委书记主持，常务会议由市储委会副主任市长主持。市储委会设办公室在玉溪市土地储备中心，与玉溪市土地储备中心实行“两块牌子、一个机构”进行运作。办公室代表玉溪市人民政府具体实施土地储备日常工作。年内共召开2次主任会议和1次常务会议。共审议供地24宗1 669.9亩。

【土地收储】　2014年，玉溪市土地储备中心共收储土地13 197 亩。红塔区主要是荷花池片区、泷水塘片区、晋红高速、王家庄片区、红龙路改扩建、玉枕山片区国有土地收回等项目；高新区主要是九龙片区和江川龙泉山片区；研和工业园区主要是中小企业创业园、丰华液化气储备库迁建、轴承二期建设、溶剂石粉建设等项目；红塔工业园区主要是观音山片区（一期）第三批、活发集团刘总旗水泥厂、十万吨铸管、上海茂德企业等项目；大化产业园区主要是化念社区、峨山县移民局等。

【土地委托交易】　2014年，玉溪市土地储备中心共组织上报市储委会审议（通报）的土地储备供应方案和土地储备预备方案共23宗1 658.9亩；申请办理规划设计条件及用地红线图的地块共23宗；向市人民政府报批土地储备方案7宗685亩；委托供应土地9宗360亩，预计土地供应价款4.33亿元。

【土地储备融资】　2014年，玉溪市土地储备中心申报土地储备资金40亿元，全部获批，实际到位48.06亿元。申请从财政返还土地供应成本8.62亿元，归还了历年贷款7亿元。至年末，土地储备贷款余额为69.71亿元。

【储备土地前期开发整理】　2014年，玉溪市土地储备中心共签订了委托土地一级开发整理合同8个，委托面积 63 437.09亩，主要是泷水塘老工业片区改造项目468亩，王家庄以北片区（含红龙路改扩建一期工程）约6 468亩、王家庄以南片区约2 881亩及玉溪大河以北片区（太极路以东片区）4 945亩等。

【土地储备制度建设】　2014年，玉溪市土地储备中心在充分借鉴外地成功经验的基础上，结合单位实际，建立和完善了“三重一大”事项集体决策、会议、考勤、差旅费、公务接待、车辆管理、土地移交及管护程序、工作流程、中介服务机构选择、内部台账管理等10项制度，为将权力关在笼子里提供了制度保障。

【三个园区和易门县分中心挂牌成立】　2014年，玉溪市土地储备中心挂牌成立了高新区土地储备分中心、研和工业园区土地储备分中心、红塔工业园区土地储备分中心三个园区分中心和易门县土地储备分中心。“三个园区”分中心为市土地储备中心派出的具有独立法人资格的正科级事业法人机构。易门县土地储备分中心为市县共管的正科级事业法人机构。高新区、研和、红塔分中心配备工作人员各3名、开办资金各50万元。

【专项审计】　2014年，玉溪市土地储备中心配合国家审计署完成耕地保护和土地出让收支管理专项审计，市土地储备中心在维护被征地群众利益、委托土地一级开发整理、土地出让、土地储备资金管理等方面均没有发现违纪违规现象。

（张家春 吴 磊）

矿产资源管理

【概 况】 截至2014年，全市共发现各类矿产45种，其中能源矿产2种、金属矿产11种、非金属矿产32种。探明资源储量矿产42种。铁、铜、镍、磷、石灰岩矿为玉溪市优势矿产，铁矿主要分布在新平县、峨山县、红塔区、易门县；铜矿主要分布在新平县、元江县、易门县；镍矿主要分布在元江县、新平县；磷矿主要分布在澄江县、江川县、华宁县，石灰岩矿全市都有分布。

【储量基础管理】 2014年，全市共办理建设项目用地压覆矿产资源查询217次，办理出具备案证明139份，向云南省国土资源厅出具矿产资源压覆评估报告初审意见12份。评审备案矿产资源储量报告39个。征收入库矿产资源补偿费6 301.28万元，比上年同期6 001.36万元增加近300万元，增幅为4.99%。共挂牌出让采矿权8个，收取出让金184.75万元。审批采矿权转让2个，转让金额128万元。

【矿山储量动态监测】 2013年，在全市持证的305个矿山中，确定以煤矿、铁矿、锰矿、铜矿、铅矿、镍矿、钨矿、金矿、磷矿、硫铁矿、水泥用灰岩11种矿产为重点的85个矿山开展储量动态测量工作，2014年8月已经全部结束，通过了省、市的检查、验收。2014年选择确定了13家地质测量机构作为我市技术支撑单位，对全市144个开采规模在3万吨以上矿山（地热水、矿泉水除外）全面实施储量动态管理，年内已完成市级审查验收。

【建立矿业权延续登记预警公示制度】 2014年，为了进一步加强矿业权延续登记管理，减少无证勘查开采行为，建立矿业权延续登记预警公示制度。各县（区）国土资源局在探矿权、采矿权人持有的勘查许可证、采矿许可证有效期届满3个月前要在国土资源门户网站、政府信息公开网站等发布《矿业权到期预警公示》，对辖区内的探矿权人、采矿权人持有的许可证有效期情况进行预警公示，并将预警公示信息发布情况以电话、短信等方式通知矿业权人。探矿权、采矿权人持有的勘查许可证、采矿许可证有效期届满2个月前，要向矿业权人送达《办理矿业权延续登记事项告知书》，告知探矿权人、采矿权人申请许可证延续登记所需要件及相关要求，逾期不申请办理应承担的后果。

【“打非治违”工作】 2014年，全市共制止无证开采41起，立案查处18起；发现过期探、采矿权68起，下发停工通知70份；发现持过期证勘查开采11起，立案查处3起；超层越界开采45起，立案查处20起。全市共取缔关闭违法矿山21个，停产整顿13个，限期整改19个；整改隐患36条，注销采矿许可证36个，罚款93.99万元，没收违法所得25.5万元。

【地质灾害防治】 2014年，在全市643个地质灾害重点隐患点，配备了992名地质灾害监测员。落实监测员补助经费158.72万元。市国土资源局与市气象局合作，及时发布地质灾害预警预报信息。开展地质灾害隐患排查，截至2014年12月，玉溪市境内有登记在册的各类地质灾害隐患点1 646个，受威胁总人口为10.7万人。因地质灾害威胁需要搬迁避让人员共计4 953户19 786人。在实施5个中型地质灾害治理项目和3个大型以上地质灾害治理项目的同时，坚持以人为本，大胆探索，优先保障人民群众生命安全，把地质灾害避让搬迁作为年度工作重点，采取有力措施，多渠道筹措资金，实施地质灾害避让搬迁。年内共计安排避让搬迁995户，仅国土资源部门就安排地质灾害避让搬迁经费4 975万元（其中，争取到省级补助资金1 500万元）。

【地质找矿行动】 2014年，云南省镇沅县和平丫口——墨江金厂地区金多金属矿整装勘查区，勘查区总面积820平方千米，预期探获333+334金属量50吨，同时兼顾铜镍的勘查，有望在铜镍上亦有较大的突破。涉及新平县、元江县。

云南省昆明——华宁聚磷盆地深部磷资源整装勘查区，项目区总面积789平方千米，该区成矿条件十分优越，资源潜力巨大，磷矿的远景储量为2.5亿吨以上。涉及玉溪市辖区的澄江县、江川县，拟设探矿权2个。

（谢丽红）

统 计

【统计服务】 2014年，玉溪市统计局整理印发了《2014年玉溪领导干部手册》1 000册。全年共印发统计信息、统计分析 116 篇（其中统计分析52篇），省统计内网采用信息和统计分析32篇，其中《烟草企业改革对玉溪经济的影响》获饶市长批示；《高原特色农业助推玉溪农业经济较快发展》、《2013年玉溪市经济运行情况报告》和《2013年度玉溪市县域经济发展综合报告》等被省、市有关部门采用；《固定资产投资统计规则简要》和《玉溪市1～4月固定资产投资完成情况分析》两篇材料，得到市政府高度重视，受到特别关注。在云南省统计学会组织开展全省优秀统计论文评选中，《玉溪市餐饮业发展调查报告》获一等奖、《玉溪市第三产业发展现状及对策分析》和《玉溪服务业发展报告》获三等奖等。

【第三次全国经济普查】 经济普查是重要的国情国力调查，玉溪市统计局在2013年工作的基础上，2014年主要做了如下工作：一是全面完成普查登记任务。从2014年1月1日0时至2014年3月31日24时，玉溪市按方案要求开展普查登记工作。截至2014年3月31日24时，全市共登记法人单位14 696家、产业活动单位19 488家、个体经营户144 402家，分别比二经普增长61.99%、57.05%和37.20%。基本掌握了全市二、三产业的规模、布局和结构，查实了二、三产业的能源消耗状况和主要生产经营活动，查清了二、三产业所有单位和个体经营户的基本情况；二是通过国家和省得验收。2014年5月19日至22日，省经普办完成了对红塔区玉兴街道北苑社区、凤凰街道紫艺社区和通海县秀山街道东苑社区、九龙街道三义社区四个抽中点的质量抽查。6月17日至18日，国务院经普办完成了对红塔区玉兴街道右所社区、凤凰街道文秀社区、紫艺社区三个抽中点的质量抽查。省和国务院质量抽查组对玉溪市良好的普查基础工作、实事求是的普查指导思想、扎实的普查各环节工作和严格的普查数据质量控制措施表示了充分肯定。玉溪的经济普查工作被评为全国先进。

【统计方法制度改革】 2014年重大的统计改革有：建立工业企业战略性新兴产业总产值（B104-4表）制度、信息化情况（109表）制度、规模以下工业主要产品产量（B306表）制度、企业电子商务交易情况（110表）制度；完善了季度生产总值核算制度、玉溪市制造业采购经理人调查（PMI）调查制度；新设立小微企业和个体经营户跟踪调查制度、县域统计联网直报制度；稳步推进城乡住户调查一体化改革等工作。各项统计改革工作都按省的统一部署稳步推进。

【统计法制建设】 2014年，全市统计法制工作结合贯彻《2011～2015年玉溪市统计“六五”普法规划》，组织干部职工参加普法知识竞赛，将统计法制宣传教育活动落到实处。一是严格执行国家统计调查方法制度，保证全市统计工作规范实施；二是落实各项目标责任制考核，推进统计工作顺利开展；三是简化审批流程，提升统计行政审批水平；四是开展经济普查专项执法检查，严肃普查工作纪律；五是促进统计“三个提高”，建设面向调查对象、面向基层、面向统计用户服务型统计，抓“双基”建设，按照国家统计局决定于2014年全面开展县级统计人员岗位知识培训的要求，多措并举推进，按时按质完成了培训工作；六是继续抓好统计专业技术资格考试和统计从业资格考试工作。

【统计信息化建设】 2014年，玉溪市统计局已完成市到县的专线改造、县级防毒墙及市级客户端安全管理系统的部署、华为存储及爱数备份系统、VPN设备升级改造等项目。针对网络的薄弱环节，对网络结构进一步调整、升级；针对统计专网、办公OA系统等保级别同为二级且都是非涉密信息系统的实际，将两个网络合并，把办公OA系统移植到统计专网，并实行高于相应等级的技术防护。

（蔡　伟）

园区经济

编辑：刘仕荣

园区宏观管理

【园区建设】 截至2014年底，全市规划建设了11个工业园区。其中，1个国家级高新区，6个省级园区（红塔工业园区、研和工业园区、通海五金产业园、新平矿业循环经济特色工业园区、易门陶瓷特色工业园区、华宁工业园区），4个未来五年拟培育的省级园区（大化产业园区、江川龙泉园区、澄江工业园区、元江镍产业特色工业园区）。全市工业园区规划面积达423平方千米，建成面积达67平方千米，建成率达15.8%。各地充分发挥园区在地地理位置、交通条件、硬件设施、人力资源等方面的比较优势，推进高新区与江川龙泉园区战略合作关系，探索园园合作模式取得新的成果及成功经验。各园区各具特色，积极培育产业，基本形成了烟草及其配套、钢铁有色金属、装备制造、生物医药、新能源新材料、电子信息、磷化工、新型建筑建材、生物资源加工、现代物流等十大特色主导产业及产业基地。园区产业发展框架已具雏形。

【园区经济运行】 2014年，全市工业园区保持增长势头，累计完成工业总产值（含红塔集团）1 465.8亿元，比上年增12%，占全市工业总产值1 636亿元的89%；规模以上工业增加值564亿元，比上年增7%，占全市规模以上工业增加值577.8亿元的97%；入园企业户数达1 170户，其中，规模以上企业236户，就业人数达13.45万人。

【园区规划调整和修编】 2014年，市工信委结合国家级玉溪高新区与江川龙泉山生态工业园区跨区域合作，启动了《国家级高新区江川龙泉工业园区总体规划及详细规划》的编制工作，于9月12日通过评审；启动了通海、新平园区总体规划的调整修编工作，新平工业园区总体规划修编即将进入评审阶段；完成了《研和工业园区总体规划（修编）》环境影响评价报告的省级审查工作。通过一系列的编制和修编，提高规划的指导性和科学性，更好的指导全市工业园区的发展。

【大化园区列入省级工业园区行列】 2014年，为加快园区提档升级工作，争取把大化产业园区列入省级工业园区行列，市工信委多次到大化产业园区从晋升省级园区的程序、基础材料编制、网络申报给予指导，并通过积极向省工信委汇报情况与协调，将大化产业园区纳入申报园区。省考评验收组于10月27日到大化园区进行了实地验收考评。

【园区实体化改革和管理】 2014年，市工信委按照实体化管理、企业化运作推行工业园区实体化改革和管理，积极推进园区实体化改革，完善园区考核办法。《玉溪市工业园区建设考核管理办法》经市政府研究通过，12月16日印发。《玉溪市工业园区实行实体化管理指导意见》已分别于12月5日和24日通过了市政府、市委的讨论，于12月24日由市委正式发文实施，并按计划先在高新区进行实体化运作试点。

【园区标准厂房建设】 2014年，全市工业园区深入贯彻落实《中共云南省委、云南省人民政府关于推动工业跨越发展的决定》文件精神，以工业园区为载体，按照科学化布局、规范化建设、功能化配套、市场化运作的要求，加快全市工业园区标准厂房建设步伐。至年底，全市竣工标准厂房建设项目46个，完成标准厂房建设53.92万平方米。

【园区土地收储及开发】 2014年，全市园区土地收储及开发力度不断加大，改善工业投资环境，构筑良好招商引资平台，促进园区跨越式发展。全年园区收储土地1.48万亩，土地开发平整0.88万亩。园区水、电、路等基础设施投入28.28亿元，园区承载能力逐步提升。

【招商引资】 2014年，园区产业带动招商引资和项目建设取得突破，新引进项目79个，招商引资及融资累计到位资金172.8亿元，完成工业投资108.7亿元。

（周凤琴）

高新技术产业开发区

【概 况】 2014年，玉溪高新区实现园区生产总值431.58亿元，工业总产值594.53亿元。不含玉溪卷烟厂实现生产总值55.23亿元，同比可比增长8%；技工贸总收入205亿元，同比增长21.95%；工业总产值91.24亿元，同比增长-1.5%；规模以上固定资产投资（含玉溪卷烟厂）24.23亿元，同比增长8.4%；地方公共财政预算收入4.23亿元，同比增长8.5%；进出口总额3 294万美元，同比增长-9.13%；招商引资到位资金36亿元，同比增长19.2%；规模以上工业增加值21.6亿元，同比可比增长-1.8%；规模以上工业主营业务收入83.03亿元，同比增长-2.4%；规模以上工业利润总额6.13亿元，同比增长6.04%；规模以上工业税金3.54亿元，同比增长20.5%；社会消费品零售总额42亿元，同比增长13.8%。

【招商引资】 2014年，高新区转变招商方式，组建三个招商分局，充实招商队伍，借助外力招商，积极采取委托招商、代理招商、以商招商等多种方式，拓展招商引资渠道。招大引强，在电子信息、生物医药、高端装备制造产业等方面争取了华为、融创天下、慧达万里和嘉和生物等多个项目入园。招商引资实际利用国内资金36亿元，完成年度任务35亿的102.9%，同比增长19.2%，其中：省外资金19.7亿元，省内市外资金16.3亿元。抓好项目储备，在谈项目共13项，投资概算52亿元。储备项目15项，投资概算139.4亿元。

【项目建设】 2014年，高新区全年新开工项目20项，投资总额27.5亿元。在建项目24项，投资总额53.8亿元；竣工项目18项，投资总额18亿元，预计新增产值45.3亿元；签约项目12项，同比增300%，投资概算36.4亿元。完成桂山路、瑞峰路人行道和绿化带局部改造，葫田社区小型中心广场筑梦园改造修缮，高龙潭生态公园建设和辖区道路地名标志牌提升改造工作。

【主导产业】 2014年，高新区“两烟”配套产业规模以上企业实现工业产值16亿元；现代食品加工产业快速发展，规模以上企业实现工业产值11.85亿元，同比增长16.96%；生物制药产业规模以上企业实现工业产值7.4亿元。

【企业培育】 2014年，高新区新增私营企业285户，个体工商户556户，新增民营经济从业人员4 746人；指导协助企业申报驰名商标1件，新增云南著名商标3件，玉溪知名商标4件。目前，园区共有10家企业的18个产品获得了云南名牌产品称号，比2013年增加5家企业6个产品。

【科技创新】 2014年，高新区加大重点技术创新项目扶持力度，与省科学发展战略研究院签订合作框架协议，依托研究院加大对园区企业申报科技项目的指导和服务力度。继续强化园区科技项目的管理和申报服务，积极争取国家、省对科技创新项目的支持。全年共组织上报国家、省、市各类项目62项，其中，国家中小企业科技创新基金2项，战略性新兴产业发展2项；西部大开发企业所得税优惠1项；省级技术改造级省财政补贴、境外市场开拓补助、新型工业化发展、技术创新暨产业发展等18项。全年共争取上级资金7 178万元，同比增长14.7%；高新区财政科技投入1 742万元，同比增长33.8%；支持中小企业发展和管理支出6 395万元，同比增长44.7%。完善《玉溪高新区科技创业园企业入驻管理办法（试行）》和《玉溪高新区关于引进大学生创业的实施意见》，加强孵化器管理，建好创新创业平台。引导帮助企业开展高新技术企业认定申报和企业技术中心创建。新增高新技术企业2户，市级企业技术中心1户。开展与清华大学、昆明理工大、玉溪师院等高校的洽谈对接，努力实施校区合作，引进高层次人才。

【规划修编】 2014年，高新区九龙片区、南片区控规已通过专家评审报市规委会审议，龙泉园区已完成总规和启动区控规的编制评审工作，南片区“退二进三”正在组织编制用地潜能提升规划和拟订实施方案，提高土地利用效率，重新定位布局南片区的城市功能。

【基础设施建设】 2014年，高新区南片区完成南祥路延长线道路及配套设施建设和东风大沟改移、南祥路节点景观及绿道绿化，推进龙潭路和春晖路建设；九龙片区完成五纬路南侧贡润祥及三纬路韵雅生物人行道铺设工程，启动九龙片区二次加压供水项目工程；龙泉园区已完成三条主要市政道路设计。

【土地供储】 2014年，高新区九龙片区先期回购闲置土地214亩，新征北城土地578亩，龙泉园区完成土地收储951亩。全力保障项目用地，重新组织上报创新项目用地供地方案；完成水性油墨、维和药业、万利包装用地挂牌出让工作，供应土地256.7亩；配合办理韵雅生物、达利食品二期、创新包装材料产业园等项目土地使用手续；完成九龙片区35千伏北莲春线迁改工程。

【公租房建设】 2011年4月，高新区公租房竣工投入使用，已有500余户居民入住；2012年项目主体建安工程已完工，正在进行装修工程的施工，2014年6月竣工投入使用。

【融资工作】 2014年，高新区积极搭建融资平台，整合玉溪高新区投资管理有限公司，成立了高新区投资开发有限公司和高新区龙泉山开发建设有限公司。创新融资工作方式，全年融资到位资金5.9亿元，其中：红塔区农村合作银行支持贷款0.9亿元，市商业银行支持贷款1亿元，市土地储备中心转借4亿元；积极争取以发行企业债方式融资，分别与多家证券公司洽谈，初步选定由中投证券为高新区管委会发行企业债10亿元，基础准备工作已展开；办理向华夏银行贷款10亿元的相关手续，用于土地收储和园区基础设施建设。开展企业金融服务，安排1 000万元资金与建设银行共同开展中小微企业助保金、助保贷贷款业务，在企业提供一定担保基础上，由建设银行向中小微企业发放贷款。与工商银行玉溪分行签订战略合作协议，加大资金投放力度，支持高新区主导产业和重点企业的发展。

【创新机制】 2014年，高新区实体化改革取得突破。学习借鉴外地经验，综合考虑高新区发展现状，通过多次征求意见，形成玉溪高新区实体化改革方案，并于12月24日报经市委常委会议讨论通过，已以市政府文件印发。盘活现有人才资源，组建三个招商分局，将招商队伍从原有的7人扩大到20人，加强三个直属国有公司力量，根据人员及岗位特点，对工作人员进行内部岗位调整。健全完善各项规章制度，废止《管委会财务管理补充办法》等6项制度规定，建立、修订和完善26项制度，涉及招商引资、孵化器管理、大学生创业园、财政、公文处理等方面工作，并加大制度的执行力度。

【社会管理综合治理】 高新区以企业、科技公园、娱乐场所等为重点，协调市、区相关部门，认真做好社会矛盾排查化解工作，解决群众关心的热点、难点问题，妥善处理土地征收、工程建设过程中的矛盾，深入企业调解劳资纠纷，2014年调解劳资纠纷10件51人，金额逾13.8万元，营造了平安和谐的发展环境，确保了园区重点工作顺利开展。

【龙泉园区建设】 2014年，高新区龙泉园区完成固定资产投资5.02亿元，龙泉园区总规和启动区控规通过专家评审。收储土地1 895.85亩，土地开发整理379.94亩，实际收储土地4 780.25亩。招商引资预计到位市外国内资金4.42亿元，同比增长13.7%，其中：引进省外国内资金2.6亿元。投资2.48亿元，完成龙泉大道路面硬化及人行道绿化，仙水大道和4号路、5号路的路面硬化，6号路路基，3 000立方米高位水池供水，三街抽水站、排水沟、截污管、110千伏安变电站、电信管道、电缆沟、电缆建设等工程。

【高新区商会成立】 2014年12月23日，玉溪高新技术产业开发区工商业联合会(商会)举行第一次会员代表大会，选举产生了高新区工商业联合会(商会)第一届领导班子，选举玉溪通保融资担保有限公司董事长周艳萍为第一届执行委员会会长。

【维护职工权益】 2014年1～9月，高新区总工会在建会310家非公企业中开展工资集体协商工作，完成工资集体协商签订单项集体合同61份，覆盖企业258家，覆盖职工7 599人，工资集体协商合同签订率83%，7 599名职工参加签订工资集体协商合同，签订率达83%

通过开展工资集体协商，园区90%的企业职工工资在上一年度的基础上均有增长；通过协商，确定了加班费发放标准，使工资管理既规范又合法。

【工业产值增长】 2014年1~9月，按全口径统计，含玉溪卷烟厂，园区实现工业总产值455.2亿元，同比增12.2%；规模以上工业增加值307.1亿元，按可比价同比增长13.1%。

1~9月，固定资产投资完成13.72亿元，其中，工业项目实现投资9.48亿元，同比持平，基础设施项目投资0.56亿元，同比增27.3%。

1~9月，现代食品加工产业发展势头良好，规模以上企业实现工业产值9.88亿元，同比增长23.4%；生物制药产业逐步回升，规模以上企业实现工业产值6.8亿元，同比增14.9%；“两烟”配套产业继续保持正增长，规模以上企业实现工业产值13.3亿元，同比增4.8%。

1~9月，不含玉溪卷烟厂，园区实现工业总产值69.8亿元，同比增4.4%，完成目标任务的60.7%，差目标进度14.3个百分点；实现规模以上工业总产值66.6亿元，同比增4.5%；规模以上工业增加值16.7亿元，按可比价同比增长7.6%，完成目标任务的46.5%，差目标进度28.5个百分点；实现规模以上主营业务收入62.9亿元，同比增1.1%，完成目标任务的69.1%，差目标进度5.9个百分点；实现规模以上利润总额4.15亿元，同比下降5.5%，完成目标任务的64.9%，差目标进度10.1个百分点；实现规模以上税金2.5亿元，同比增22.4%，完成目标任务的72.2%，差目标进度2.8个百分点。

【大项目签约入园】 2014年，玉溪高新区通过一系列举措，在电子信息技术、生物医药、高端装备制造产业等领域争取了多个大项目签约入园。

8月26日，玉溪高新区华为云计算数据中心项目在九龙工业园区开工后，高新区管委会接着与融创天下科技股份公司、云南新创盟矿业开发有限公司等4个公司分别签订微总部经济园区之“四微”平台项目、磷化工循环经济工程技术研究中心项目等4个项目协议，项目建设迈上了新台阶。

【重点工业项目建设】 2014年，玉溪高新区重点工业项目建设有序推进。管委会细化分解项目联系责任制，推进产业建设项目。年内，在建项目和拟建项目30个，总投资近50亿元。预计年内能建成投产项目8个，有沃森三期、中汇电力、云溪香精香料、贡润祥茶膏、玉溪印刷厂、环球彩印、绿光科技、猫哆哩二车间。

（杨太标）

大化产业园区

【概　况】 为促进玉溪市经济结构调整、发展方式转变和产业优化升级，提升产业发展水平，壮大实体经济，并形成新的“火车头”，推动经济社会发展实现新突破，2013年3月市委、市政府决定高起点、高要求、高标准规划建设大化产业园区，7月30日，玉溪市委书记张祖林在园区建设启动仪式上宣布园区建设启动。

2013年6月26日，中共玉溪市委办公室、玉溪市人民政府办公室联合下发关于大化产业园区建设筹工作抽调人员的通知，明确从市直相关部门和峨山人大、相关部门抽调人员组成工作组，筹备大化产业园区建设，由市政府副秘书长姜兴林兼任工作组组长，峨山县人大常委会副主任李戈良任副组长。7月30日，玉溪市委书记张祖林在园区建设启动仪式上宣布园区建设启动。2013年7月9日，玉溪市大化产业园区建设筹备工作组抽调人员进驻峨山县化念镇，设办公室、规划政策法规组、招商引资组、项目建设管理组及群众工作组开展工作。随后，为加强力量，推进园区建设，又抽调玉溪市政府办公室副主任毕孝宁任工作组副组长，主持园区日常工作，从新平县抽调工作人员加入园区建设。

为快速有序地推进园区建设，《玉溪市大化产业园区组建实施方案》经市委、市政府同意，于2014年3月以通知的形式印发到各县（区）委和人民政府、市委和市级国家机关各部、委、办、局，各人民团体和企事业单位。组建实施方案对园区建设重大意义进行了阐述，还对园区规划范围和基础条件、功能定位、产业导向和发展目标进行了陈述和规划，明确提出园区机构设置、管理运行方式和对园区的扶持政策。本着精简、统一、高效的原则，从有利于加快开发建设、有利于营造一流投资环境、有利于提高效率出发，成立由分管副市长任组长、有关领导为副组长、市直有关部门主要领导和峨山县、新平县党政主要领导为成员的玉溪市大化产业园区建设领导小组，领导小组为组织协调机构，统筹园区各项建设工作。先期从市、县有关部门、乡（镇）抽调人员组成大化产业园区建设筹备工作组，具体负责落实各项前期筹备工作。园区管委会成立后，撤销筹备工作组，抽调人员根据工作需要留在管委会或撤回原单位。设立玉溪市大化产业园区管理委员会、中国共产党玉溪市大化产业园区工作委员会。管委会职能主要是负责编制园区产业规划、基础设施规划，按规定程序上报批准后组织实施；统筹辖区内的森林、水、土地、矿藏等资源的开发利用；负责园区内与产业发展直接相关的基础设施、公共设施的建设和管理；统筹园区招商引资和经济协作；搭建融资、土地、矿产和人才等要素平台；负责园区内企业的服务管理工作；协调相关部门做好园区规划、建设、招商、融资等工作，履行市政府授予的其他职权，承办市政府交办的其他工作。在管理运行方面，园区管委会重点从宏观上进行管理，履行部分管理权限，负责园区发展规划编制、重大政策制定、重大基础设施项目建设投融资及重大项目招商引资等工作，其余建设管理各项工作由峨山县、新平县在玉溪市大化产业园区建设领导小组的统一领导下具体负责。按照文件精神，大化产业园区进一步细分工作任务，明确工作职责，设立党政办、经济发展局、规划建设局、市国土大化分局、招商一局、招商二局（驻昆办）六个部门，把园区的各块工作分解到部门，明确到人。同时，建章立制，建立健全内部管理制度。2013年9月，园区成立玉溪市大化产业园区开发建设投资公司作为开发主体从事园区的开发建设。大化产业园区运行逐步走上轨道。

大化产业园区规划为一园三片区，即峨山县化念片区、金水片区（原双小片区）和新平县扬武片区。规划总控制面积为155.1平方千米，规划总城市建设用地面积65.7平方千米。大化产业园区产业布局为“一心、两轴、四区”。“一心”即结合化念、大开门工业聚集区形成园区产业布局核心；“两轴”即依托园区西部丰富的农林资源形成农林休闲业发展轴，依托园区东部的工业发展形成工业发展轴；“四区”即核心片区、金水片区、扬武居住及配套服务区、梨花寨旅游服务区。重点发展五大产业：矿冶及延伸加工产业、新型建材

大化产业园区1号主干道延长线与2号主干道交接

（大化产业园区党政办 提供）

产业、现代物流产业、中小企业集聚区、农特产品精深加工业。

大化产业园区地处滇中腹地，位于峨山县化念镇和新平县扬武镇、滇中产业核心区边缘，距省会昆明150千米，距玉溪中心城区60千米。距孟连二级口岸约480千米，打洛一级口岸约510千米，磨憨一级口岸约570千米，景洪港口岸约390千米。昆磨高速、泛亚铁路中线纵贯园区，已确定在化念罗里片区布局客货站点，是连接南亚、东南亚的重要大通道，易峨高二级路连接即将新建的武定至易门高速公路。优越的区位、便捷的交通，可实现片区与国内大中城市、边境口岸的快速联系，为园区发展提供方便快捷和多样化的交通运输选择。

园区土地开发利用空间较大，适建工业用地规模31.3平方千米；大化园区是低丘缓坡综合开发利用示范样板区，有低丘缓坡地542.75公顷，目前已经收储项目建设用地472.98公顷。峨山县铁矿储量近亿吨，扬武镇铁矿产资源储量2 472万吨；化念水库总库容2 318万立方米，平甸河水库总库容2 160万立方米；化念有500千伏、220千伏变电站各一座，化念、小街和大开门有110千伏变电站各一座，大开门有35千伏变电站一座。

园区具备产业发展基础，园区共有企业64户，规模以上企业20户，2014年完成工业总产值127.9亿元，完成工业增加值25.65亿元，规模以上固定资产投资完成19.01亿元。扬武片区初步形成了以仙福钢铁集团公司为龙头的矿冶产业集群，年产值在100亿元以上；金水片区形成了化工、金属冶炼、铸造、生物资源开发、新型材料及配套为主导的产业集群区。

园区环境容量有保障，人力资源较充裕。园区现有人口3.6万人，人口密度相对较低，建设发展需搬迁群众相对较少，人口、资源和环境的承载力相对较好。玉溪市职业教育全省领先，市内拥有玉溪师范学院、农职学院、技师学院3所大专院校和3所中专、9所职业高中，每年大中专毕业生均达6 000名以上，为企业和产业发展提供了强大的人力资源支撑。

【总规编制】 2014年，大化产业园区管理委员会按照产业园区化、园区城镇化、城镇山地化、山地生态化和宜建则建、宜林则林、宜田则田的原则，统筹产镇融合发展，完成了园区总体规划、启动区控制性详细规划编制工作。

【创新征地模式】 大化产业园区管理委员会成立后，经过向上争取，省国土厅将化念片区纳入全省低丘缓坡土地综合开发利用试点，土地开发总规模542.75公顷，新增建设用地472.98公顷。园区在土地征收上，积极探索实践集体土地征地补偿费作价入股新模式，不断完善入股、保本、付息、分红、流通的制度设计，既让农民失地不失长远保障，又破解了园区建设资金不足的难题，2014年完成土地收储4 530亩，支付地上附着物及青苗补偿费2 925.7万元，兑付土地补偿费1 905.4万元，土地折价入股面积

4 229.46亩，折成股本金1.24亿元，按8%计息每年支付固定回报992.4万元，参与折价入股的有1个事业单位、一个社区、7个居民小组，受益农户348户1 281人。

【基础设施建设】 2014年，园区化念核心片区路网建设已全面展开，新建的11条道路总里程达16千米，概算总投资9.5亿元，其中：宽30米，长1 383米的1号主干道路于2014年11月投入使用，现已经成为化念镇连接外界的主干道； 宽30米，长分别为1 755米、2 772米，投资共达17 695万元的2号、3号主干道及长9 210米，投资达27 890万元的低丘缓坡一、二期路网正在建设当中，预计2015年6月底通车。

【招商引资】 园区坚持开门办园、降低门槛，严把项目产业层次和产能关，创新招商引资方式，以驻点招商、以商招商方式拓宽招商领域，2014年3~9月，峨山县12名干部由县级领导带队，分赴浙江、福建和广东省开展驻点招商，结识了一批客商、收集了一批信息，宣传了大化园区。设立园区驻昆明办事处，做好省内招商引资工作，加强与外省驻滇商会的联系对接。加大宣传力度，在昆明周边高速公路沿线投放了一批园区形象广告。紧盯项目做好跟踪服务。已签订协议的项目有页岩砖项目，云南省能投天然气项目、年产10万吨啤酒项目、年产900吨五氧化二钒项目。其中，页岩砖项目已经投产，啤酒项目已经开工建设，天然气项目已完成安评、环评，计划三月份开工，五氧化二钒项目正在做前期工作。正在洽谈的项目有海南橡胶物流园、江西江锂镍资源开发，云南传翼投资服务配套、上海申气环保等十余个项目。

【搭建投融资平台】 按照市场化运作、实体化管理模式，成立了大化产业园区开发建设投资有限公司，公司已由市土地矿产开发投资经营有限公司收购。2014来，园区累计融资4.46亿元用于基础设施建设，其中：采取垫资建设、分期回购方式融资2.33亿加快园区道路建设；以集体土地征地补偿费作价入股模式融资1.23亿元实施土地征收；峨山县注资1 000万元作为公司资本金；依托市土储中心融资8 000万元。此外，加大向上争取力度，争取省国土厅低丘缓坡综合开发利用补助资金4 000万元。

【领导调研】 2013年8月23日上午，市委副书记、市长饶南湖率队调研玉溪大化产业园区建设工作。在实地调研、听取县（区）领导及相关部门负责人发言后，饶南湖指出，大化产业园区在基础设施建设中，创新征地方式，不仅化解了建设资金筹集难、贷款难的问题，而且使群众收入有所增加，从而带动消费和税收增长，促进县域经济发展。这在玉溪市工业园区建设和低丘缓坡综合开发利用等方面是一次大胆的尝试、探索和创新，为全市园区建设和土地开发树立了榜样。

2013年12月13日，副市长左广来到峨山化念镇就大化产业园区建设工作进展情况进行调研。左广一行来到大化园区1号主干道项目建设施工现场，了解园区1号主干道建设进展情况，听取园区建设筹备工作组领导就园区建设工作进展情况的汇报。

2013年12月21日，市委书记张祖林到玉溪市大化产业园区调研，张祖林实地查看了正在建设中的园区1号路和低丘缓坡土地开发情况，听取园区规划、建设工作情况的汇报。

张祖林对大化产业园区建设取得的成绩给予肯定，他强调，要以十八届三中全会、中央城镇化工作会议精神为指引，迅速掀起园区基础设施建设高潮，打造玉溪发展新的增长极。要守住基本农田红线，充分利用低丘缓坡土地，努力做到占补平衡；采取有效措施，加快推进低丘缓坡地开发，尽快启动三通一平工作，为项目入驻做好准备；突出园区资源优势，加大招商引资工作力度，提高招商引资成效，以项目促进园区发展。

2014年9月16日，玉溪市市委常委、副市长王学勤深入玉溪市大化产业园区对园区基础设施建设、招商引资等工作进行调研。王学勤强调：要全力以赴加快园区基础设施建设速度，加大招商引资力度，调整落实好产业规划，使项目建设顺利实施。

2014年10月21日，市委书记罗应光到玉溪市大化产业园区调研。罗应光强调，要统一思想，振奋精神，努力抓好玉溪工业发展、园区建设、产业培植，推进全市干在实处，走在前列，实现玉溪科学发展、和谐发展、跨越发展。

2014年10月28日，省委常委、常务副省长李江率省调研组到玉溪市大化产业园区，就园区规划建设及产业发展情况进行调研。李江对大化产业园区建设取得的成绩给予了肯定，李江指出，在进行园区建设的同时要大力开展招商引资，结合园区实际，发挥资源和区位优势，科学进行发展定位，为实现产业健康发展打牢基础。

【招商引资业务培训】 为着力提升招商引资能力和水平，加大园区招商引资力度，2014年 2月27日下午至2月28日，玉溪市大化产业园区建设筹备工作组召开招商引资业务培训会。筹备组全体工作人员及从峨山县抽调的驻点招商人员等参加了培训。

培训会上，园区规划设计单位——昆明市规划设计研究院专家向参会人员讲解了园区总体规划、产业布局和发展思路；市统计局总统计师蔡伟介绍了目前我国统计的基本方法与工业园区统计应重点关注的主要指标，用翔实的数据分析了玉溪的经济现状及在全省的地位，指出玉溪面临的机遇与挑战；市招商合作局副局长胡宝玉通过举实例、传经验等方式，讲解了招商引资谈判技巧、实战经验和操作实务等知识。园区招商组负责人具体介绍了园区招商引资工作实施意见、驻点招商引资实施方案及园区招商引资政策。

培训结束，市政府副秘书长、筹备组组长姜兴林就做好园区招商引资工作提出了三点要求：“一要有底气。底气是打好园区招商引资攻坚战的基础，要清醒认识为什么要大力招商引资，清楚把握园区招商引资的优势，深刻认识招商引资的系统性，做到招商引资工作心中有数、成竹在胸。二要有锐气。锐气是打好园区招商引资攻坚战的关键，要有闯劲、有干劲、有韧劲，实现招商引资工作新突破。三要有人气。人气是打好园区招商引资攻坚战的核心，要牢固树立靠环境招商的理念、靠机制保障的理念，凝聚人心，引来‘金凤凰’，打开招商引资工作新局面。”

【举行招商引资推介会】 由玉溪市政府主办，玉溪市大化产业园区建设筹备组承办的玉溪市大化产业园区2014年招商引资推介会于4月23日举行。举办此次推介会旨在增强园区招商引资信息透明度，以商招商，提升园区知名度，加快引进企业、项目和资金，推动产业集聚发展。

推介会邀请省、市温州、江西、湖南、福建、江苏、内蒙、川渝等商会及云南万昊企业管理集团等省内外企业参加。副市长左广及峨山、新平两县有关领导、市、县工信局、招商合作局和两县工业园区有关负责人等出席推介会。

推介会组织客商和企业到大化产业园区扬武片区仙福钢铁集团有限公司进行参观考察，随后来到化念片区，听取规划设计方就大化产业园区规划情况的介绍，了解园区开发建设情况。在推介会上，副市长左广在指出：市委、市政府高度重视大化产业园区的建设，给予了大力支持，峨山、新平两县服务到位，实现高位统筹，园区发展具备了土地优势、服务优势及亲商、爱商、富商的感情优势，欢迎企业到园区投资发展，同时，园区实施奖励政策，鼓励以商招商，希望企业家们互相宣传，把目光投到大化产业园区，到园区投资发展。市政府副秘书长、大化产业园区建设筹备组组长姜兴林围绕园区的规划发展思路、优势、招商引资政策等方面向客商们作了招商引资推介。园区筹备组有关负责人代表园区与云南省能源投资集团有限公司、福建福乐建材有限公司分别签订了合作协议。座谈中，参会企业客商与各级领导进行了交流，大家表示会继续关注园区的开发建设，希望有机会能到园区投资发展。

【华商会企业家到大化产业园区考察】 2014年6月8日，参加在昆明举办的中国第十二届东盟华商会的部分商会代表，组成考察团到玉溪市大化产业园区及峨山县，开展参观考察活动。

这次考察团中有来自广东省侨办暨桥商会、中国旅美科技协会和印度加尔各答华人联合商会一行共12名商会代表。考察团首先来到玉溪市大化产业园区，听取园区负责人介绍，观看园区宣传片，就园区产业布局、功能分区、区位交通等方面情况进行考察、了解。通过实地考察、参观交流，考察团一行认为，把玉溪大化产业园区打造成省级工业园区，玉溪市委、市政府创新管理体制和开发模式，决心大、信心足、起点高、步子快、政策优惠，纷纷表示今后要重点关注玉溪及峨山，要进一步加强与玉溪的交流，寻找投资与合作的机会。

【云南省重点工业园区考评组到大化园区检查考评】 2014年10月27~28日，云南省重点工业园区考评组到园区进行实地检查考评。

考评组到大化园区的三个片区进行了实地走访。到化念片区了解园区基础设施建设进展情况，深入扬武片区、金水片区重点企业了解企业生产经营情况。随后，考评组听取了大化产业园区管委会申报省级重点工业园区工作情况及玉溪市、峨山县对大化产业园区建设支持情况的汇报。

通过为期两天的实地走访、听取汇报、查看资料，考评组一行对大化园区建设以来取得的成绩给予了充分肯定，并根据园区实际，提出园区要按做精金水、做强化念、做活扬武的理念来建设玉溪市大化产业园区，推进园区发展。

（李燕霞）

特色园区

【红塔工业园区】 1993年底，红塔工业园区建设工程启动，园区规划面积25.44平方千米；2 004年，红塔工业园区被云南省政府确定为省级工业园区，建成面积13平方千米。2011年，在原红塔工业园区规划的基础上，将大营街黑龙潭至春和刘总旗、北城卧牛山及青龙山、洛河、高仓养殖场约25.86平方千米纳入红塔工业园区扩区范围，新增后红塔工业园区规划面积约52平方千米，已开发面积13平方千米，园区依托滇中核心城市、交通区位和“云烟之乡”的优势，围绕卷烟及配套、生物制药、农特产品加工、高新技术4个主导产业，烟草配套产业与烟草产业同步发展，相互促进，相互带动，形成了比较完整的产业链。已建成宽12米以上城市道路25条，总长39千米，在建和建成220千伏变电站和110千伏变电站2座，累计架设供电线路33.17千米，铺设通信线路30余千米，建成和在建的供水、供电、供气、排污等设施正在有序推进。2012年月，红塔工业园区管理委员会成立。

截至2014年末，园区规划面积扩到57平方千米，布局八片区（红塔集团片区、高新区片区、九龙片区、高仓片区、大营街片区、观音山片区、北城片区、洛河片区），有414户企业入驻一园八片区，其中：工业企业208个，规模以上工业企业68户。年内，园区完成规模以上企业工业总产值(现价)770.57亿元，同比增0.1%；完成工业企业主营业务收入716亿元，同比减9.4%；实现工业增加值443.63亿元，同比增5.9%；上缴税金285.48亿元，同比增7.3%；固定资产投资52.52亿元，同比增14.2%；其中工业项目投资完成18.35亿元，同比减29.4%；招商引资(市外国内资金)26.89亿元，完成目标任务的89.63%；完成土地收储509.03亩，完成率102%。园区主要经济指标均比上年同期有所增长，园区经济呈现出平稳发展的良好态势。园区为云南省重点培育的10个国家级园区和10个销售收入超千亿园区之一；2014年1月，园区被国家工信部认定为国家新型工业化产业示范基地；2014年7月，被云南省政府认定为云南省高新技术产业开发区。

园区内设6个机构(正科级)，包括党政办公室、经济发展局、国土规划建设局、招商合作局、安全环保局、社会事务局。

2014年，红塔工业园区招商引资取得新成效，实施招商引资项目37个，实际引进到位资金35.24亿元。其中：实施省外国内项目23项，到位省外国内资金19.8亿元；实施市外省内项目14项，到位市外省内资金15.44亿元。年内，园区开发包装项目21个，计划总投资201.6亿元，计划用地6 520亩。年末，储备在谈项目14个，计划投资总额40.73亿元，主要涉及装备制造、新能源新材料、生物制药、商贸物流等项目，重庆东恩工业投资（集团）有限公司开发建设玉溪东恩（国际）创新产业园的“园中园”项目进入投资框架协议签订，园区正在加紧对接洽谈、跟踪服务、综合协调、有序推进。

【研和工业园区】 玉溪研和工业园区区位优势突出、交通便利以及矿产资源、气候条件、铸造产业等优势。园区属云南省级重点工业园区之一和省级数控装备高新技术产业基地、省级新型工业化产业示范基地、云南省循环经济示范园区。2 003年6月19日，玉溪研和工业园区建设启动。规划面积31.86平方千米，2 004年已开发面积7平方千米，按“一园三片”空间布局。园区以列为全省低丘缓坡综合利用开发试点为契机，发挥资源和区位优势，围绕争创国家级经济技术开发区和建设千亿元园区为目标，突

玉溪市高新技术产业开发区九龙园区贡润茶产业集团展示厅（蔡立能　摄）

出体制创新、技术创新、管理创新和产业聚集的重点，以转变发展方式为主线，实施实体化管理，推进产业、城镇协调发展。同时，园区以钢铁冶金及延伸加工、数控机床装备、新能源、现代物流为主导产业，着力调整完善规划，不断优化园区环境，积极探索投融资模式，创新招商引资方式，推动园区的超常规跨越式发展，整个园区呈现企业发展集群化、产业特色鲜明化、龙头带动作用突出的良好发展态势，成为省内重要的钢铁及压延加工、装备制造、新能源、现代服务业、特色中小企业创业基地五大产业集群基地。2009年，研和工业园区发展为驻有玉溪新兴钢铁有限公司、云南昆钢制管有限公司、云南梅塞尔气体产品有限公司、云南正成工精密机械有限公司等22户规模以上知名企业的园区，成为云南省40个省级工业园区之一。

2011年，按照高起点规划、高标准建设、高水平管理、高效益产出的园区建设原则，将原规划面积22.4平方千米调为31.86平方千米，其中：研和核心片区规划面积20.82平方千米，双小片区规划面积8.62平方千米，洛河片区规划面积2.42平方千米。

截至2014年，规划面积扩到42.2平方千米，建成区5.6平方千米，总人口7万人。入园企业194户，聚集规模以上企业22家，拥有玉溪新兴钢铁有限公司、云南昆钢制管有限公司、云南梅塞尔气体产品有限公司、云南正成工精密机械有限公司等一批知名企业。逐渐形成了以冷轧薄板、涂镀层板、焊管等为主的钢铁工业和以机械制造、精密铸造、五金制品、新型建材等为主的加工制造业及以钢材、煤焦、矿石为主的物流业。年末，园区完成工业总产值（现价）112.87亿元，同比减4.96%（其中规模以上企业完成工业总产值110.53亿元，同比减2.34%）；完成固定资产投资20.38亿元，同比增23.15%（其中规模以上企业完成固定资产投资11.84亿元，同比减28.5%）；完成工业增加值11.77亿元，同比减3.5%（规模以上企业完成工业增加值10.51亿元，同比减1.02%）；规模以上企业完成投资6.26亿元，同比减15.89%；财政总收入19 043万元，同比减8.12%；地方财政收入9 302万元，同比增8.3%；年内，工业投资项目新开工500万以上项目16个。

园区内设一室五局（即党政办公室、规划建设局、招商引资局、经济发展局、国土资源局）。核定事业编制25个。有经济实体4个（玉溪工业投资有限公司、玉溪工业融资担保有限公司、玉溪工业地产有限公司、玉溪长流水务有限公司）。

（周　瑾）

【江川龙泉山工业园区】 江川龙泉山工业园区位于江川县城西北面3.5千米处，坐落于江川至玉溪、通海、华宁、澄江四条高等级公路汇聚点附近，交通便利。园区2009年9月开始规划，2010年12月经县委、县政府批准设立。总规划面积4.82平方千米，详规面积2.77平方千米。2012年，江川县抓住列为国家级低丘缓坡土地综合利用开发试点县的机遇，高起点规划、高标准建设，及时进行规划修编，将园区规划面积扩大至20平方千米。

2011年6月，经县委批准，成立江川县工业园区管理局，为江川县工业商贸和科技信息局管理、财政全额拨款的事业单位，核定编制10名，其中设局长1名、副局长2名。2012年5月31日，经县编委会议研究，撤销江川县工业园区管理局，收回事业编制10名，设立江川工业园区管理委员会，为县委、县政府派出的正科级机构，核定事业编制15名，政府购买岗位20名，设党工委书记1名、副书记1名，管委会主任1名、副主任2名。2012年11月19日，经县委常委会研究同意，成立江川工业园区工作委员会，设党工委委员7名，其中党工委书记1名，副书记1名，为县委派出机构。

2014年，园区基础设施建设投入资金2.48亿元，完成龙泉大道路面硬化及人行道绿化，仙水大道和4号路、5号路路面硬化，6号路路基，3 000立方米高位水池供水，三街抽水站、排水沟、截污管、110千伏安变电站、电信管道、电缆沟、电缆建设等工程。推进龙腾路、江滇路、江义街建设前期工作，11月27日，完成三条道路的可行性研究报告评审，12月30日，完成初步设计评审工作。12月初完成园区单立柱广告的建设施工工作，成功投放园区的形象宣传广告。

龙泉园区总规和启动区控规于9月12日通过专家评审。根据园区控规成果，结合地形、地貌情况，进一步落实8平方千米起步区内道路、给排水设施、电力等市政设施选点、布点情况，实施园区基础设施配套工程。

园区立足于产城融合、科技新城的定位，重点发展生物医药、高端装备制造、新能源新材料、电子信息产业、现代服务业五大产业，形成宜居宜业的山水城市。

2014年，龙泉园区4个项目新签约入园：投资1.05亿元、占地40亩的上海杰隆集团动物源性蛋白及活性肽提取深加工项目；投资0.45亿元、占地15亩的江川巨鹏燃气经营开发有限公司天然气利用工程项目；投资0.92亿元、占地50亩的云南福达钢构工程门业有限公司年产1万吨管桁架、H型钢构件及10万平方米遥控车库门生产线项目；投资1.4亿元、占地60亩的云南荣盛实业有限公司年产泡沫箱1 500万只、塑料筐1 000万只、瓦楞纸箱

1 000万只生产线项目。

树立园区管理是服务、协调是服务、招商是服务理念，对17个建成投产项目、在建项目、已签约未建项目、意向性入园项目实行“五个一”，即一个项目、一名领导、一套班子、一个方案、一次考核的定向定责服务机制。针对每个项目存在的问题，明确责任人和完成时限，实行倒逼机制，通过限时办结和代理帮办等有效措施，建立全方位、经常性服务体系，为企业排忧解难，促进企业早入园、早建设、早投产。完成杰隆科技、福达钢构、荣盛包装等项目进入园区的选址堪界。投资25万元解决万利包装和特固电器的用电问题，已完成园区内供电线路前期设计勘察。加快5个已入园项目的建设：总投资0.8亿元、占地35.96亩的云南特固电气有限公司；总投资4亿元、占地359.67亩的云南联塑科技发展有限公司一期；总投资1.4亿元、占地110亩的云南腾达机械制造有限公司3个项目建成投产；总投资1.49亿元、占地145亩的玉溪万利包装材料有限公司年加工1.6亿只纸箱生产项目进入厂房主体施工阶段；总投资1.8亿元、占地175亩的江川新天力现代农业装备制造有限公司项目于12月底动工建设。

（徐凡清）

【澄江工业园区】 2014年，澄江县围绕“一园三片、两轻一重”的空间结构形式，抓好工业园区规划编制评审工作。完成提古片区和东溪哨片区1：500的地形测量，编制完成了蛟龙潭、东溪哨、提古三个片区的控制性详细规划，蛟龙潭片区控制性详细规划通过评审，突出抓好土地利用总体规划、城市总体规划和城市环境规划的斜街，抓好片区产业布局。产业东拓西扩，东西两翼齐头并进的局面基本形成。东面东溪哨片区在传统磷化工的基础上，以新型建材、金属制品加工为主的产业异军突起。西面提古片区抓住呈澄高速公路建设的契机，迎来发展的新机遇，与昆明高新产业基地形成互补互利的高新技术产业开始起步发展，蛟龙潭片区生物制药、食品加工、物流商贸产业逐渐聚集，一批重大项目开始在蛟龙潭片区落户，产业集聚效应日趋明显。澄江工业园区规划为“一园三片，两轻一重”的空间结构形式，规划用地总面积11.93平方千米，分别为东溪哨片区、蛟龙潭片区、提古片区。东溪哨片区位于南盘江流域，规划面积为6.11平方千米，发展定位为重工业园区。拟重点发展精细磷化工及其延伸产业和黄磷尾气、磷石膏、磷渣再利用项目及新型建材、金属制品加工产业。蛟龙潭片区位于九村镇澄阳二级公路旁，规划面积为4.47平方千米，发展定位为轻工业园区。拟重点发展生物制药、食品加工、物流商贸项目。提古片区位于澄江县与呈贡交界处，规划面积为1.35平方千米，发展定位为高新区。依托该片区得天独厚的植被资源等自然环境，拟发展与昆明高新产业基地形成互补互利的高新技术产业。

截至2014年底，累计完成固定资产投资5.77亿元，推进新知集团团购物流中心、长德机械异地搬迁等项目开工建设；加快中国东南亚食品商贸仓储物流港、仙湖藕粉、德春藕粉、昊海蓝莓、莲心食品、固特邦钢塑管道、红塔卷烟胶厂等项目前期工作；促成一批重点项目顺利竣工，毅利丰乙炔气体充装项目、永固混凝土搅拌站、八方工贸铸件加工项目、东溪哨液化气储备站项目、金龙黄磷尾气锅炉代替燃煤锅炉项目、富强工贸年产500万只磷酸包装桶项目于2014年年末顺利竣工，其中永固混凝土搅拌站、八方工贸已投产。

园区目前共有投产企业23户，其中，规模以上企业13户，占全县规模以上企业的72%。2014年，园区完成工业总产值30.2亿元，同比增长18.52%；主营业务收入25.72亿元，同比增长26.2%；上缴税金0.68亿元，同比增长28.3%；企业从业人员2 515人。其中，规模以上企业实现工业总产值28.18亿元、增长15.9%，增加值8.25亿元、增长10.7%，主营业务收入23.7亿元、增长17.9%。2014年引进企业17户，其中，东溪哨片区6户，涉及磷化工、新型建材、金属制品加工多个产业；提古片区3户，涉及生物制药、机械加工产业；蛟龙潭片区8户，涉及食品加工、商贸物流产业，园区发展渐生动力。

（王基宇）

【通海五金产业园区】 通海五金产业园区原为通海县工业园区，成立于2003年6月。2006年经省级确认为全省40个重点工业园区之一，2012年8月正式更名为通海五金产业园区。园区管委会属市委、市政府派出机构，委托地方党委、政府管理，机构规格为副县级，设内设机构5个。在完善2011年版园区规划确定“一园四片区”的基础上，同步推进各片区区域控制性详规、环评规划等专项规划修编工作，规划总面积达25.35平方千米，重点突出规划面积21.7平方千米的里山核心片区。产业定位特色鲜明，重点发展五金机电、彩印包装、食品加工等“三大优势产业”。至2014年，园区共完成土地收储面积1 010.9 1亩，合并以前收储的曲陀关片区736亩土地及其他区域土地，园区可开发利用土地已接近2 500亩。园区共有在建、续建基础设施项目11个，工程总造价3.32亿元，在建重点项目主要围绕梅子园区域及大石山低丘缓坡项目区展开。园区共有入园项目81个。其中，建成项目57个，在建工业项目24个、计划总投资为13.01亿元、累

云南沃森生物技术股份有限公司生产车间　（蔡立能　摄）

计完成投资8.16亿元。新增入园项目8个，计划总投资1.46亿元。储备拟入园项目9个，计划投资14.71亿元。2014年，园区企业累计完成工业总产值62.82亿元、同比增25.59%、完成市下达目标任务的100%；其中，33户规模以上工业企业完成总产值42.25亿元；园区从业人数7 285人，同比减少0.1%。2014年，园区新增固定资产投资6.78亿元，同比减9.66%，完成市级目标任务的62.16%。2014年园区新增工业项目11个，竣工500万元以上项目8个。

（张永伟）

【华宁县工业园区】 2014年，华宁县把握省级工业园区的重大机遇，着力抓紧实施投资融资、项目推进、招商引资和水电路基础设施建设等重点工作，加快推进“一园四片区”发展建设，先后引进蓝天重工、康宏球团、上海电气等省内外知名企业，工业经济规模明显增大，对全县的经济逐渐凸现。全年完成规模以上工业增加值76 486万元，同比增长29.8%，增速列全市第二位，占县内生产总值的12.6%。园区完成工业总产值640 629万元，同比增长25.2%。全县工业园区新开工建设项目11个，计划总投资86 928万元，完成投资47 722万元。竣工投产企业12户，累计完成投资71 523万元。新增入园企业5户，入园企业63户。入驻园区企业资产总额330 491万元，同比增长34.3%。园区投融资平台完成融资2 300万元，用于偿还贷款、土地收储及水电路基础设施建设。招商引资及融资到位资金102 300万元，同比增长28.2%。完成固定资产投资93 270万元，同比负增长8.4%。完成工业增加值142 082万元，同比增长19.8%。实现销售收入510 128万元，同比增长10.7%，利润总额2 690万元，同比增长136.7%。上缴税金6 907万元，同比增长34.6%。企业从业人员4 500人，同比增长10.6%。园区总规划面积13.98平方千米，建成区面积4.6平方千米。完成土地收储420亩，完成土地整治456亩。新庄南片区400亩土地收储分户土地丈量完成75%。

（杨有文）

【易门陶瓷特色工业园区】 易门陶瓷特色工业园区始建于2003年，属云南省前两批认定的55个省级工业园区之一（第一批40个，第二批15个），规划面积36.6平方千米，按六街、麦子田、大椿树、曾所、浦贝“一园五片”布局，重点发展矿冶、陶瓷建材、高原特色农产品加工、生物制药、稀贵金属、新材料、新能源、新型建材、装备制造、资源循环利用等产业，着力打造销售收入超百亿元省级重点工业园区。至2014年底止，建成区面积6平方千米，入园企业135户，初步培育起矿冶、陶瓷建材、食品药品加工三个特色产业集群，被认定为中国西南建筑陶瓷生产基地、云南陶瓷高新技术特色产业基地、云南新型工业化示范基地、云南稀贵金属冶金新技术研发试验基地和省级陶瓷特色工业园区。2014年，园区在玉溪市10个园区中综合考核排名第一，易门县抢抓“东陶西移”机遇，依托丰富的瓷土资源，加大招商引资力度，促成19户陶瓷企业落户工业园区，陶瓷砖产能突破1亿平方米，使易门发展成为云南省最大的陶瓷产区，全年生产陶瓷砖3 918万平方米，占云南陶瓷砖总产量的69.3%；建筑陶瓷行业实现产值2.6亿元，上缴税金1 228万元，提供就业岗位3 630个。

园区全年完成工业总产值99.18亿元，同比增25.4%，引进利用市外资金25.6亿元，固定资产投资30.76亿元，同比增47.6%，收储园区土地3 362亩，开发整理2 510亩，投资1 000万元以上新开工项目22个，其中，新开工5000万元以上亿元以下项目8个、亿元以上项目5个；竣工1 000万元以上项目12个。曾所片区：该片区位于县城东部4千米处，属低丘缓坡土地综合开发利用区域，规划面积1.71平方千米，功能定位为滇中产业聚集区高原特色农产品加工基地，4万平方米标准厂房、片区主干道二期及供排水等基础设施建设已启动；康源菌业野生食用菌加工、山源食品蔬菜制品生产、磨浆核桃乳生产（一期）、三友食品日产100吨鲜湿米线、昊天食品年加工1 100万只肉鸡5户企业已建成投产；全家盛泡菜加工、黎瑞野生食用菌加工、佳奇食品加工、知麻多酒业、山里香食品加工、粮食储备库等6个项目正抓紧推进；即将入驻项目10个、签约投资3.9亿元，在谈项目5个、拟投资9.8亿元。项目建成后，曾所片区将实现年产值22.8亿元，利税2.1亿元，吸纳就业870人。大椿树片区：大椿树冶金建材片区位于县城东北部3千米处，是易门由山区农业县成功探索发展工业经济的第一块试验田，是易门实施“工业富县”战略的重要载体，是易门开发最早、功能最完善、企业集群和产业聚集度最高的片区。该片区始建于2003年，规划面积17.4平方千米。现已开发利用3.1平方千米，入驻企业66户，吸纳就业13 070人，初步形成矿冶、陶瓷建材两个特色产业集群。从2013年起，收储工业用地1 934亩、拆除老旧厂房3万平方米、新增绿化8 120平方米，启动公鸡山3 000亩低丘缓坡土地综合开发利用项目。该片区招商引资环境明显改善，吸引力日益凸显。概算总投资91.9亿元的浮沉动力发电、添源废弃电子产品回收利用、五环钢构、隆丰矿业锰矿造渣剂生产、昆仑燃气天然气利用等11个项目相继开工建设，其中，鑫诺陶瓷、乾园铝合金模板已建成投产，家旸新型墙材即将竣工投产。项目建成达产后，大椿树片区将新增工业产值37.7亿元，实现利税4亿元，新增就业3 840人。麦子田片区：麦子田新能源新材料加工片区位于龙泉、六街两街道交界处，距县城13千米，规划面积7.51平方千米，片区于2013年12月开始启动建设，是易门探索招商引资新模式、突破工业发展的新引擎。项目打造出易门工业发展的新亮点：通过土地补偿费作价入股方式收储工业用地3 075亩，有效解决失地农民后顾之忧和政府融资难问题；采取与江苏太平洋建设集团合作开发模式，启动片区土地平整及基础设施建设；创新招商引资模式以商招商，引进云南广东商会近期投资45亿元、用地3 000亩，远期投资155亿元、用地7 000亩的产城融合粤港产业新区“园中园”开发项目，建成后可实现年产值50亿元以上、利税9亿元。片区总投资28亿元的睿安特重型钢构、云能投天然气综合利用、全心彩印包装、佳诚镀锌薄板、傲远管业新型管材、三联新型墙材、荆城防水材料、易威德热镀锌衬塑管8个项目已开工建设，项目建成达产后可实现产值80亿元、利税5亿元。

（矣德忠）

【峨山工业园区】 2014年，峨山县工业园区主要有岔水片区（原研和工业园区双小片区）、大化（新平县大开门到峨山县化念镇）工业园区。按照市委、市政府的统筹安排，原化念移民再就业工业园区并入大化工业园区。

年内，市、县联合推进大化工业园区建设，完善园区项目审批制度。投资3.3亿元实施园区路网配套和低丘缓坡土地综合开发利用，累计收储建设用地4 778亩，增强承载发展能力。

金水片区已建成供水工程和园区主干道、银河化工迁建项目进厂路、回龙路等6条总长11.91千米的园区公路；110千伏小街变电站、工业固体废物集中处置场等基础设施建成投运。年内，投资90万元完成万昊建材城生活供水管线铺设；投资120万元建成10千伏双回路供电专线架设工程，满足已入驻园区的禹诚机械、泽欣建材、华泰锂电池材料、万昊建材城等项目生产用电以及银河化工迁建项目施工用电需求；完成天大路改扩建的地勘和图纸设计；有序规划，统筹管理，集中实施各项目用地区域内各类电力及通信线路的搬迁工作，投资121.3万元对和盛实业、翔展铸造、雄丰彩印、禹诚机械、泽欣建材、万昊建材城、万昊家具园等项目建设区域内需实施搬迁的数条电力和通信杆路实施搬迁，保障了项目施工进度。截至2014年11月底，基础设施累计完成投资3.2亿元。金水工业园已有44户企业50个项目入驻园区。其中，27户企业29个项目建成投产，14户企业14个项目在建，7户企业7个项目正在开展前期工作。年内，新入园区项目为峨山县恒通工贸有限公司年产12 000吨耐磨精密铸件和100吨铜配件项目、云南台正精密机械有限公司年产5 000台数控机床光机生产项目、峨山华丰金属材料有限公司新建多孔砖生产线。重点推进总投资280 802万元的云南玉溪银河化工有限责任公司迁建项目、总投资9 037.89万元的峨山县雄丰纸制品厂年产6 000万平方米彩印纸箱项目、总投资17 500万元的云南翔展精密机械有限公司年产3万吨数控机床铸件及机加工项目、总投资8 000万元的玉溪双胞胎饲料有限公司年产24万吨绿色饲料生产基地项目、总投资12 000万元的玉溪泽欣新型建材科技有限公司年产60万立方米蒸压加气混凝土砌块和年产1.2亿块蒸压粉煤灰标砖项目、总投资25 517.72万元的玉溪万昊工贸有限公司新型建材城标准化厂房及基础设施建设项目、总投资1 980万元的玉溪荣信农业有限公司年产500吨魔芋精粉加工项目。玉溪禹诚机械有限公司年产1万吨钢结构、230台起重设备项目、玉溪市华云钢结构工程有限公司年产30万平方米彩钢瓦及钢结构配套项目、峨山县腾宇管业有限公司年产1万吨高频焊管和5 000吨电力铁塔项目、峨山县恒通工贸有限公司年产12 000吨耐磨精密铸件和100吨铜配件项目等4个项目的征地工作已结束，土地勘测定界图绘制完成，正在办理水保、环评、林地占用等行政许可手续。

29个工业项目共计完成工业固定资产投资57 566万元，其中固定资产投资超过千万元的项目有10个。以翔展铸造、万昊建材、雄丰彩印等一批重点项目加快投资建设有效拉动了园区工业固定资产投资，发挥较大的支撑作用。截至11月底，纳入园区统计的规模以上企业预计完成工业总产值335 000万元，比上年同期增4.47%，占全县规上企业工业总产值的80%；完成工业增加值107 000万元，比上年同期增0.08%，占全县规上企业工业增加值的81%；园区集聚发展成效明显，产业辐射带动功能显著增强。

（宋绍伟）

【新平矿业循环经济特色工业园区】

新平矿业循环经济特色工业园区（以下简称新平县工业园区）于2012年3月17日被省政府正式认定为省级工业园区，是全省55个省级工业园区之一。2012年8月6日，经新平县机构编制委员会下发《关于设立新平矿业循环经济特色工业园区管理委员会的通知》批准成立，为市委、市政府的派出机构，机构规格副县级，统一管理桂山、戛洒、扬武三个片区各项事务。下设工业投资开发有限公司，于2012年12月29日成立。

新平县工业园区自2009年启动建设以来，累计完成基础设施建设投资2.18亿元，其中，2009年完成投资1 300万元，重点启动桂山片区水、电、路7个基础设施建设项目；2010年完成基础设施建设投资757.42万元，启动12个基础设施建设项目；2011年完成基础设施建设投资7 124.98万元，启动13个基础设施建设项目；2012年完成基础设施建设投资4 500万元，启动基础设施建设项目13个；2013年完成基础设施建设投资8 200万元，启动基础设施建设项目10项；2014年完成桂山片区斗戛4号路等基础设施建设等11项目建设及前期工作，已完成基础设施建设投资10 185万元（含收储资金）；完成漠沙镇峨德河村委会河口小组、新寨小组、桂山街道太平社区上下斗戛小组、麻栗树小组、马命小组，青龙社区小池扒小组，五桂社区六组890亩土地的收储，完成市政府下达目标任务600亩的148%，完成场地平整500亩，完成市政府下达目标任务450亩的111%。组织供地5宗55.14亩。

新平工业园区自2008年开始规划建设以来，坚持工业强县战略；坚持社区、集镇与园区同步规划，农业产业化、城市化与工业同步发展，企业向园区聚集发展的理念；坚持以基础设施建设和项目建设为重点，以招商引资为核心，以优质服务为主线，加快园区发展，健全和完善园区功能和要素，园区规划建设取得新突破。新平县工业园区规划为“一园三片区”，即戛洒片区、扬武片区、桂山片区，规划总面积42.41平方千米，其中：戛洒片区32.12平方千米，扬武片区6.17平方千米，桂山片区4.12平方千米。戛洒片区规划为铁、铜原料采选及加工服务区；扬武片区规划为矿冶精深加工、装备制造及集散区；桂山片区规划为农产品加工及工业品、民族服饰加工区。截至2014年末，园区内共有入园企业77户，规模以上工业企业18户。其中：戛洒片区16户、扬武片区18户、桂山片区43户；2014年园区完成工业总产值180.1亿元，同比减2%，完成市政府下达目标任务220亿元的81.9%；实现工业增加值55.2亿元，同比增3.5%；完成固定资产投资19.6亿元，同比减16.6%，完成市政府下达目标任务34亿元的48.8%；吸纳就业人员14 200人，同比增8.07%。实现利税总额10.34亿元，同比减31.66%。

按照园区的产业规划和片区产业定位，坚持做大做强矿冶业、做精做优农产品加工业、做实做专建筑配套产业、做活箱包及其配套产业的思路，通过近几年发展逐渐培育起四大基础产业，一是以玉溪矿业有限公司、玉溪大红山矿业有限公司、云南玉溪仙福钢铁（集团）有限公司、云南玉溪仙福轧钢有限公司、昆钢耐磨材料科技股份有限公司等铜铁矿采选及压延深加工企业为轴心的矿产及金属加工制造产业；二是以云南新平南恩糖纸有限责任公司、新平华兴食品有限责任公司、玉溪紫昊生物科技有限公司、新平云宝食品公司等农产品加工企业为龙头的农副食品加工业已初具规模；三是以新平鲁奎山水泥有限责任公司、新平永发新型建材有限公司、商品混凝土搅拌站等水泥及水泥制品企业为代表的建筑原料业基础扎实；四是以力高（云南）箱包有限公司、新平鹏源彩印包装厂等轻工企业为先驱的箱包及箱包配套产业后劲十足。

2014年，新平工业园区规划修编

和调规工作稳步推进，一是新平工业园区总体规划修编，通过多次实地调研、听取意见、方案比较、优化、修改，修编成果已编制完成。规划的期限为2013～2030年，共18年，其中近期规划期限为2013～2015年，中期规划期限为2016～2020年，远期为2021～2030年。总体框架为“一园四片”，涉及区域包括桂山镇、戛洒镇、扬武镇、漠沙镇。规划面积合计6 782公顷，其中工业用地4 927公顷。目前总规修编初稿文本已编制结束，完成园区内部初审和通过县级初评，因规划布局调整，现在修改完善中。二是落实好园区规划的实施，办理9个新建项目规划设计审核，开工监督、控制管理工作，协助入住企业办理其工程规划许可、选址意见书、用地许可、开工、验收等手续。三是加强与国土部门的对接，把天然气综合利用项目、年产3万吨果蔬出口加工项目、甜橙分选及深加工等16个项目1 302亩土地纳入新平县2014年桂山镇、戛洒镇、扬武镇土地利用总体规划调整范围内，为项目用地提供了保障。

2014年，工业园区建设项目48项，2014年计划总投资25.14亿元。其中：续建项目22个，总投资14.85亿元；新建项目10个，总投资1.9亿元；拟建16个，总投资7.27亿元。累计完成固定资产投资19.6亿元。其中：仙福公司。80万吨盘螺生产线、凯恒公司年处理3.5万吨铜铁矿选厂、睦群农业科技有限公司魔芋加工等9个项目已竣工投产；投资1 000万元以上新平广浩汽车商贸有限公司汽车销售及维修中心、新平宏富运输公司仓储物流、云南立航农业发展有限公司玉米淀粉颗粒加工、新平云洱面坊有限公司普洱茶养生面、新平碧山工贸有限公司食品级氢氧化钙加工、新平昌隆塑钢制作有限公司塑钢门窗加工、云南驿道古茶茶厂年产400吨生态茶叶、新平龙泉茶叶有限公司茶叶加工、新平鸿坚尊工艺品有限公司竹木加工11个项目已开工建设。

招商引资和融资工作取得实效。自2009年园区规划建设以来，新增入园企业45户，共实施建设项目65个，累计完成投资75.1亿元；新招商入园的新平县太平建筑装饰工程有限责任公司商品混凝土搅拌站、玉溪新平永发新型建材有限公司70万吨/年矿渣微粉生产线项目、云南秦淮酒业有限公司生物酒加工项目、云南汇欣生物技术有限公司生物饲料加工项目、新平明珠家居有限公司家居建材市场等37个项目已竣工投产，完成投资55亿元。

2014年，招商引资工作再上新台阶。一是强化项目储备，做好重点项目推介工作。结合县情，借助优势资源，依托产业基础和“一园四片”区的产业布局，全面收集、整理、筛选推介项目20个并编制工业园区投资指南，同时在现有企业上深挖上下游配套产品和深层次包装项目，突出产业链延伸和开发。二是充分利用新平工业园区网站平台，大力推介招商项目，开展网上招商。全年完成招商项目共22个，其中：已签入园投资协议13个，开展项目前期工作4个，正在洽谈的5个，概算总投资95 286万元；9个项目开工建设，年内新平龙泉茶业有限公司搬迁技改等2个项目可开工建设。全年完成招商引资使用县外资金17.3亿元，融资借款11 400万元，完成市政府下达目标任务10亿元的184%。

自园区组建成立以来，完成向上争取资金4 000余万元。其中：2014年完成融资11 400万元，共向上争取到位扶持资金1 275万元，其中：省级扶持资金500万元，市级扶持资金775万元，完成考核任务675万元的188%。

（刘家杉）

【元江镍产业特色工业园区】 元江镍产业特色工业园区管理委员会正式成立于2012年6月11日。根据《玉溪市机构编制委员会关于设立玉溪市工业园区管理机构的通知》文件精神，经2012年5月21日元江县县机构编制委员会第二次会议和2012年6月8日中共元江县第十二届委员会第14次常委会议研究，同意设立元江县镍产业特色工业园区管理委员会。元江镍产业特色工业园区管理委员会作为县委、县政府的派出机构，机构规格为正科级。内设党政办公室、国土规划股、招商引资股、企业服务股4个职能股室园区采取“一园三片区”的区域格局进行规划，总规划面积19.49平方千米。其中：安定矿冶工业片区规划用地面积0.83平方千米，重点发展镍矿、蛇纹石等矿产资源的采选冶初加工工业；江东热区特色生物资源加工片区规划用地面积7.22平方千米，重点发展蔗糖、芦荟和茉莉花精深加工，热带水果深加工等农产品加工产业和建材业；甘庄青龙厂工业聚集区规划用地面积11.44平方千米，重点发展镍、铁、铜、蛇纹石等矿产资源综合开发及系列合金产品深加工工业，并配套仓储物流等延伸产业。

2013年，园区入驻企业26户，其中规模以上企业7户，新入园3户（元江瑞丽江食品有限责任公司、中电国际新能源控股有限公司元江公司、元江吉宝工贸有限公司）。年内，实现工业总产值12.11亿元，增长6%；规模以上企业工业增加值3.52亿元，增长4%；固定资产投资0.68亿元，增长152%，其中：工业投资0.38亿元，增长41%；税收0.47亿元，减29%；招商引资1.1亿元。2014年，园区入驻企业27户，其中规模以上企业8户。园区完成工业总产值13.72亿元、增长20%，完成县下达目标13.67亿元的100.4%；完成招商引资4.16亿元、增长278%，完成县下达目标4亿元的104%；规模以上固定资产4.08亿元，增长407.6%，完成县下达目标1亿元的475.6%；新开工1 000万元以上项目5个，完成县下达目标5个的100%；竣工1 000万元项目1个，完成县下达目标1个的100%；园区收储土地2 586亩、开发平整土地500亩，分别完成县下达目标500亩的517%、100%。

2013年 4月计划投资1.5亿元的云南万绿生物股份有限公司芦荟精深加工第二条生产线项目开工；6月投资1 000多万元的瑞丽江食品有限公司芒果精深加工竣工投产；11月12日计划投资6亿元的活发集团元江吉宝公司年产160万平方米异型材石材加工项目开工；12月5日，总投资2.5亿元的太平洋建设集团甘庄工业聚集区干坝低丘缓坡土地综合开发利用项目基础实施开工；12月10日投资2.38亿元的中电国际新能源元江20兆瓦光伏发电项目开工；12月6日计划投资2.6亿元的元江栋梁水泥有限公司日产2 500吨新型干法水泥熟料生产线开工。2014年，计划投资2.5亿元的甘庄工业聚集区低丘缓坡土地综合开发利用基础设施项目正在建设道路路基工程和区外引水工作，已累计完成投资1.72亿元；计划投资6亿元的云南活发集团元江吉宝工贸有限公司年产160万平方米异型石材加工项目分三期建设，现完成一期120亩项目用地平整，食堂、办公用房、职工宿舍主体工程已完工，正在进行内部装修，累计完成投资1.23亿元；计划投资1.5亿元的云南万绿集团新建第二条芦荟精深加工生产线项目已完成了厂区平整，正进行厂房建设，累计完成投资6 120万元；投资2.13亿元的中电国际新能源元江20兆瓦光伏发电项目计划用地571.45亩，现已完成6亩综合楼场地平整、进厂道路毛路建设、施工电源验收工程、开关站综合楼等建设工程，累计完成投资1亿元；投资1 100万元的云南省元江县智能配肥中心项目于6月底竣工试产，预计年产5万吨测土配肥控释肥。

元江镍产业特色工业园区抓住云南省新型工业化发展专项资金项目申报的机遇，加大与上级部门的沟通和工作衔接，积极组织项目材料，向省、市工信委上报工业园区基础设施、软环境及标准化厂房建设等项目。2013年向省、市申报新型工业化发展专项资金3 397万元，已争取到上级工业发展专项资金2 958万元。

2014年向省、市工信委申报新型工业化发展专项资金650万元，向省国土资源厅申报5 800万元的项目建设资金，已争取到上级工业发展专项资金1 294万元。

元江镍产业特色工业园区 利用上级对工业园区的扶持政策，成立投资公司，搭建融资平台，扩大融资能力，募集社会资金参与园区开发建设，开展“银园合作”，园区于2013年6月注册成立了元江县恒达投资有限责任公司，并与各金融部门沟通协商融资事项。成立融资平台后，先后向玉溪市商业银行借款6 000万元、元江县信用联社借款1 000万元。在县财力极为困难的条件下，筹措资金支持园区建设，从而在资金上保障了园区土地收储及园区基础设施建设的需要，支持了工业园区建设和经济的发展。

（李红兰）

农业管理

【概　况】　2014年，全市完成农林牧渔业固定资产投资21.28亿元，完成中低产田地改造提升18.66万亩，无公害农产品产地认定规模达247万亩，建成农产品出口备案基地18.2万亩、畜禽养殖基地475户、水产养殖基地17.11万亩，实施基层农技推广体系改革与建设补助项目，培育科技示范户1万户。玉溪市人民政府获得云南省2014年中低产田地改造二等奖。年内，全市实现农林牧渔业总产值210.3亿元，可比增长6.1%，其中：农业总产值121.1亿元，可比增长7.7%；牧业产值78.9亿元，可比增长7.3%；渔业产值2.8亿元，可比增长5.9%；农林牧渔服务业产值2.2亿元，可比增长4.6%。实现农林牧渔业增加值122.8亿元，可比增长6%，其中：农业（种植业）增加值80.33亿元，可比增长4.7%；牧业增加值35.6亿元，可比增长8.3%；渔业增加值1.8亿元，可比增长12.8%；农林牧渔服务业增加值1.5亿元，可比增长6.1%。实现农村居民人均可支配收入9 969元，增长13.2%。

【督办督查】　2014年，玉溪市农业局把办理信访、市长热线、市委市政府重要工作部署、上级领导批示件和局重大事的作为重点督办内容，共督查事项86件（次）；按时办结市委、市政府主要领导批示件15件，重要批示办结率为100%；首问登记171件，限时办结171件，首问首办数171件，首问办结率100%；发布重要事项公示23件，重点工作通报44件；办理信访案件14件。基本做到了件件有落实，事事有回音。玉溪市农业局被市委督查工作领导小组办公室评为“2014年度督促检查工作先进单位一等奖。”

【建议、提案办理】　2014年，市农业局共承办人大代表建议7件和政协委员提案30件，其中1件（第285号重点提案）市政协四届九次主席会议确定为重点协商续办提案。及时召开局系统建议提案交办工作会，研究代表和委员所提问题，下发办理通知，落实办理责任，通过定期督办、跟踪督办、会议督办、上门督办等形式，完成了37件建议和提案的办理。在续办2013年政协主席重点督办提案过程中，市农业局制定办理工作计划，召开了交办会，落实了工作责任制。10月27～28日，市政协主席黄宪庭、三届市政协主席冷明德、市政协副主席等市政协领导率市政协提案委、经济委和提案者对玉溪市高原特色农业发展情况进行了视察，市政府副市长李平、市政府办、市农业局、市国土局等相关部门人员陪同视察，听取了市农业局和元江县政府对《关于加快玉溪高原特色农业发展的建议》续办情况汇报，参加协商办理的市政协领导和有关人员对提案的办理和玉溪市发展高原特色农业发表了意见建议，对提案的续办表示满意。

【中低产田地改造】　2014年，全市实际到位中低产田地改造资金22 304.63万元，实际完成投资21 880.03万元，完成中低产田地改造18.66万亩，占市四届人大二次会议确定的14.8万亩目标任务的126.1%。其中坝塘10件53.86万方、水池268件2.62万方、小水窖7 108件10.66万方、机井1眼总装机9.2千瓦、提灌站9个总装机462千瓦、沟渠298件342.57千米、管网32件117.5千米、机耕路176件203.81千米、坡改梯0.3万亩、土地平整0.55万亩。通过改造，新增耕地622亩，地力培肥1.83万亩。玉溪市人民政府获“2014年全省中低产田地改造工作目标责任先进单位”二等奖，元江县获三等奖。

【治理农业面源污染】　2014年4月，市财政局和市农业局联合下发《关于下达玉溪市治理农业面源污染保持耕地持续生产能力工作补助资金的通知》，按照实际投入治理资金30%的标准，将2013年治理补助资金5 015.14万元按投入比例下达到各县区。5月15日，市委办、市政府办下发《关于印发玉溪市2014年治理农业面源污染提高耕地持续生产能力工作计划的通知》，明确了2014年治理范围、重点和目标要求和2014年验收及补助政策，确定通过数字玉溪地理信息系统公共平台落图下达各县（区）2014年治理工作任务。经认真核查，2014年全市应拆除塑料大棚2 871.4亩，截至12月30日，全市已拆除4 139亩，完成进度144.1%，其中：抚仙湖法定水位线外延300～500米范围内应拆除大棚18.5亩，已拆除大棚18.5亩，完成进度的100%；杞麓湖、星云湖法定水位线外延300～400米范围内应拆除大棚241.2亩，已拆除大棚257.9亩，完成进度的106.9%；昆磨高速公路玉溪段和玉江高等级公路两侧各200～500米范围内应拆除大棚307.6亩，已拆除大棚325.7亩，完成进度的105.9%；市内高等级公路沿线两侧各200～300米范围内应拆除大棚577.2亩，已拆除大棚578.5亩，完成进度的100.2%；坝区城镇主干道沿线两侧各200～300米范围内应拆除大棚1 727亩，已拆除大棚2 958.4亩，完成进度的171.3%。

【启动土壤污染状况调查】　2014年，根据农业部安排，玉溪市农业局制定《玉溪市农产品产地土壤重金属污染防治普查实施方案》，启动土壤污染状况调查工作，完成采样点位布设2 337个，涉及土壤面积21.8万亩。

（周文忠）

【印发农业发展规划】　2014年，《玉溪市高原特色农业发展规划》、《玉溪市草莓产业发展规划》、《玉溪市葡萄产业发展规划》、《玉溪市蓝莓产业发展规划》、《玉溪市种植业结构调整规划》和《玉溪市畜牧业可持续发展规划》等6个规划由玉溪市农业局印发全市相关部门和单位组织实施。

【出台农业发展政策】　2014年，为贯彻落实省委出台的一系列支持农业发展和改革的文件精神，中共玉溪市委、玉溪市人民政府出台了《玉溪深化农业改革专项方案》、《关于开展农村土地承包经营权确权登记颁证工作的实施意见》、《关于加快畜牧业可持续发展的意见》、《玉溪市关于大力发展现代农业庄园的实施意见》、《关于大力培育发展家庭农场的实施意见》等5个支持农业发展的政策文件。

【农业基本建设项目督查】　2014年4月，市农业局组织业务主管科室和各县、区农业局在对全市2014年农业建设项目进行专项检查，形成了检查报告。6月，对2007～2014年全市承担的385个生猪标准化规模养殖（小区）建设项目进行了专项检查。

【调整抚仙湖径流区农业结构】2014年，是开展抚仙湖径流区种植业结构三年行动的第一年，按照《玉溪市抚仙湖径流区农业战略性结构调整三年行动方案》，全市投入1 406.2万元专项资金，对澄江县、江川县、华宁县抚仙湖径流区种植业结构进行调整。全年完成种植业结构调整12 890亩，其中：调整新种植以蓝莓等为代表乔灌类高效作物7 530亩，以荷藕等为代表具有湿净化功能水生作物5 360亩。在澄江县种植业结构调整面积中，发展荷田鱼凼设施养鱼面积600亩。扶持改建澄江县竹海箐生态旅游开发有限公司、澄江县祥悦农业科技有限公司、华宁县云南鑫辰食品有限公司、江川县象山种猪场等4个种养结合封闭运行的循环农业示范场。

【新平县成功创建国家现代农业示范区】　2014年，玉溪市组织创建国家现代农业示范区，推荐上报的新平县创建国家现代农业示范区项目，通过省农业厅答辩审查和农业部的审核认定，成功创建国家现代农业示范区。

（张子伟）

【发展庄园经济】　2014年，玉溪市继续推进2013年省农业厅下达的3个农业精品庄园建设。褚橙庄园完成投资7 695万元，项目已基本投入运行；琴淮酒庄项目完成投资8 140万元，六有条件已完成五有，项目种植基地正在建设中；峨山高香茶庄完成投资近5 000万元，项目功能已具雏形。全市储备了32个农业庄园经济建设项目，已编制形成可研并通过专家评审的15项，向省农业厅推荐上报了14个农业庄园争创省级精品农业庄园，获省级立项支持5个，扶持资金1 300万元，其中：澄江县木森现代农业庄园200万元、玉溪庄园300万元、云南省易门县喜祥庄园300万元、云南猫哆哩庄园300万元、元江万象庄园200万元。200万元市级农业产业化资金支持创建了玉溪密罗庄园、玉溪新兴蓝莓庄园、云南省玉溪市凤凰生态庄园、玉溪市红莓庄园、通海锦海玫瑰庄园、云南明珠土著鱼庄园、玉溪市江川县水箐生态农业庄园、云南省易门县山里香食用菌庄园、华宁柑橘庄园等10个市级现代农业庄园（每个庄园补助20万元）。

【高原特色农业项目】　2014年，通海县、华宁县、峨山县、新平县、元江县获得省级2014年高原特色农业专项资金支持项目共6项，争取省级资金支持500万元，其中：新平县3 000亩高优蔗园建设项目100万元、元江县3 000亩标准火龙果特色农业建设项目50万元、新平县戛洒镇3 100亩“高原王子”冰糖橙高原特色农业示范园建设项目100万元、华宁县柑橘无病毒繁育基地扩繁建设项目100万元、峨山县万头出栏生猪养殖示范基地建设项目100万元、通海县高大乡出口蔬菜基地建设项目50万元。

（张子伟　颜洪敏）

【农业专项扶持资金】　2014年度，中央、省级、市级投入全市农业部门专项扶持资金54 237.95万元（不含烤烟生产扶持），比上年的43 790.16万元，增加10 447.79万元，增23.9%，其中：中央30 841.91万元、省级9 681.3万元、市级13 714.74万元。

【农资综合直补】　2014年，玉溪市对种粮农民农资综合直补10 159万元，资金通过“一折通”兑付种粮农民，用于生产资料的购买。

【农业保险补贴】　2014年，全市农作物（水稻、玉米、油菜、小麦、甘蔗）保险补贴1 175.57万元，其中：中央622.14万元，省级202.17万元，市级351.26万元。养殖业（能繁母猪、奶牛）保险补贴600.46万元，其中：中央428.37万元，省级54.73万元，市级117.36万元。

【中央农产品产地初加工补助项目】2014年，中央农产品产地初加工补助项目资金522.3万元，其中：通海县200.1万元、新平县322.2万元，专项用于农产品产地初加工建设。

【强基惠农“合作股份”】　2014年，按照省委组织部、省财政厅、省农业厅等8个部门联合下发的《关于开展农村集体经济“红色股份”试点工作的指导意见》，结合当地实际，积极开展工作，扶持19个村将省级140万元、市级50万元村集体经济发展项目资金按规定转化为“合作股份”股本，确保村集体经费获得稳定收益。

【基层农技推广体系改革与建设】2014年，中央基层农业技术推广体系改革与建设补助资金720万元，每个县区中央补助70～130万元。建立试验示范基地19个、培训技术指导员320人、农业科技示范户3 180户、辐射带动示范户63 600户、科技示范村8个。项目资金主要用于农业技术推广服务补助、农业科技示范补助、农业技术人员能力建设补助。

【中央财政巩固退耕还林成果项目】 2014年，中央投资1 842.44万元，其中：基本口粮田建设项目补贴资金1 300.73万元，建设基本口粮田1.73万亩；农村能源节柴灶补贴资金31万元，推广节柴灶3 100眼；太阳能补贴资金359万元，推广太阳能3 590户；后续产业建设补贴资金125.67万元，建设畜禽棚厩5 512平方米、青贮窖616立方米、饲料地3 281亩；农业技术培训1 400人，补贴资金29.04万元。

【"菜篮子"扶持】 2014年，红塔区、华宁、易门、峨山、新平县获得中央"菜篮子"产品生产扶持资金250万元，其中：畜禽标准化健康养殖项目5个，补助资金175万元，资金主要用于推进畜禽良种化、养殖设施化、生产规范化、防疫制度化、粪污无害化等"五化"建设补助；渔业标准化健康养殖项目1个，补助资金25万元，资金主要用于"渔业标准化、集约化、现代化生产，提高抗灾害能力、水产品急供给能力和水产品质量安全水平"建设补助；蔬菜标准化创建项目1个，补助资金50万元，项目资金主要用于标准化生产基地建设、应用标准化生产技术、改善生产条件、实施全程质量安全管理等补助。

【省级农业产业化专项资金】 2014年，玉溪市获省级财政扶持农业产业化经营资金950万元、省级乡镇企业重点投资项目资金185万元，资金主要用于基地建设、生产线建设、技术改造、贷款贴息、出口创汇奖励等；获省级财政发展生物产业项目资金172万元，资金主要用于品牌生物企业、新星生物企业、基地建设等扶持。

【美丽家园建设项目】 2014年，省级财政扶持玉溪市村容村貌整治项目资金300万元，扶持红塔区、澄江、通海、华宁、易门、元江县6个自然村进行"美丽家园"建设，每个村扶持资金50万元；市级"美丽家园"建设项目资金1 000万元，扶持江川、澄江县12个自然村进行"美丽家园"建设。项目资金重点用于补助实施村内道路硬化、供排水系统建设、公共厕所及垃圾收集点（站）建设、村内公共绿化建设等。

【村级农业技术推广人员工资补助】 2014年，全市700个农技推广员，市级补助工资140万元，补助标准每人每月300元，市级补助200元，县区补助100元。

【种植业结构调整项目补助】 2014年，为抓好抚仙湖径流区种植业结构调整及全市柑橘黄龙病防控任务，以蓝莓、樱桃、梨、桃、荷藕、水稻（荷田）养鱼、种养结合示范点进行种植结构调整，补助资金1 406.2万元。全市柑橘黄龙病防控防治面积14.01万亩、挖除病树123 600株。

【农民培训项目】 2014年，中央农民培训项目资金238万元，从2014年开始，对 "阳光工程"进行全面转型升级，启动实施新型职业农民培育工程，新型职业农民培训任务1 200人，其中生产经营培训590人，人均补助标准3 000元；专业技能型培训100人，人均补助标准1 000元；社会服务型培训510人，人均补助标准1 000元。省级农村劳动力转移培训资金93万元，完成1 700人的转移培训任务及举办10场示范性劳务招聘会。

【农业品牌培育与农产品市场体系建设项目资金】 2014年，省级扶持农业品牌培育专项与农产品市场体系建设项目资金1 060万元，扶持创建农产品品牌创建示范区、农产品产地集散市场、新型农业市场主体培育、农产品市场统计监测预警、农产品电子商务发展。

（颜洪敏）

【新增6户省级重点农业龙头企业】 2014年12月，根据《云南省农业产业化经营省级重点龙头企业认定和运行监测管理办法》规定的认定程序和标准，云南通泰贸易进出口有限公司、云南杨广红达食品有限公司、易门县康源菌业有限公司、云南江川雄鑫农产品商贸有限公司、云南通海云曲坊甜白酒食品有限公司、云南云秀花卉有限公司等6户企业被认定为省农业产业化重点龙头企业。

【6户企业被取消农业产业化重点龙头企业资格】 2014年，根据《云南省农业产业化经营省级重点龙头企业认定和运行监测管理办法》，云南省农业产业化经营协调领导小组对全省到期的226户企业进行监测，玉溪天丽食品有限公司、云南易门象山食品有限责任公司、云南通海秀湖食品有限公司、云南天方食品有限公司4户企业因监测不合格，被取消省级农业产业化重点龙头企业资格；根据《玉溪市农业产业化经营省级重点龙头企业认定和运行监测管理办法》，云南澳宴奇食品有限公司、新平美坚新型竹材有限公司因监测不合格，被取消市级农业产业化重点龙头企业资格。

2014年4月1日至4月11日，农业部国际合作司副司长谢建民为组长的第九调研组到玉溪市新平县、红塔区开展"百乡万户"调研，深入田间地头，走访了6个乡（镇、街道）、4家企业、120户农户，与基层干部、农业企业负责人和农民座谈。图为谢建民（右一）一行到新平县水塘镇调研 （冯习昭 摄）

【新认定16户农业产业化市级龙头企业】 2014年，根据《玉溪市农业产业化经营与农产品加工市级重点龙头企业认定和运行监测管理办法》规定的认定程序和标准，新平东绿食品有限公司、通海金茂农产品有限公司、玉溪市鑫达现代农业发展有限公司、云南金土地生态开发有限公司、元江羽楠农业科技有限公司、华宁万豪实业有限公司、玉溪祥隆农业科技发展有限公司、云南省通海县民营科技鸿兴有限公司、易门山源食品开发有限公司、玉溪丫眯绿色休闲食品有限公司、云南洋丽人花卉有限公司、澄江宋氏大樱桃开发有限公司、通海佳园花卉有限公司、云南澄蓝蓝莓科技开发有限公司、玉溪市滇莓水果种植有限公司、玉溪市仙湖蓝星科技发展有限公司等16户企业被认定为玉溪市第七批农业产业化经营与农产品加工市级重点龙头企业。

【市级农业产业化专项资金】 2014年，市级财政继续安排农业产业化专项资金700万元，根据《玉溪市市级农业产业化专项资金管理暂行办法》规定，市农业局、市财政局紧密配合，拟定下发了《2014年市级财政支持农业产业化项目申报指南》，举办了项目管理培训，宣传了扶持政策，公开了项目申报信息，通过资格审查、材料审查、实地查看、多部门联审、专家评审、部门会商和政府审定七个工作程序，对67个农业龙头企业（农民专业合作社）的74个项目进行扶持，下达县区项目经费700万元，其中贷款贴息237万元、无偿补助275万元、以奖代补188万元。

【农产品出口突破7亿美元】 2014年，全市农产品自营出口总额达76 341万美元，比2013年增45.4%，占全市出口总额的83.6%，其中水果出口245 414吨，出口额55 806万美元，占全市出口总额的61.1%，居全市出口产品第一位，新鲜蔬菜出口132 931吨，出口额11 159万美元，占全市出口总额的12.2%，新鲜蔬菜出口额比2013年下降6.7个百分点。全市有16户企业出口额超过1 000万美元，分别是云南玉溪百信食品进出口有限公司、云南玉溪百信商贸集团有限公司、云南江川汇海农产品有限公司、云南荣盛实业有限公司、澄江恒阳农业开发有限公司、云南通海宋威农产品进出口有限公司、云南茂源果蔬进出口有限公司、通海高原农产品有限公司、云南象腾蔬菜有限公司、云南通泰贸易进出口有限公司、通海巨大浪宋威进出口有限公司、云南环泰进出口贸易有限公司、云南瑞得森进出口贸易有限公司、云南通海隆业蔬菜有限公司、华宁盛泉果蔬实业有限公司、新平东绿食品有限公司，其中通海巨大浪宋威进出口有限公司和通海茂源果蔬进出口有限公司两户企业出口额超过1亿美元，分别为11 639万美元和10 469万美元。

【海峡两岸云台文化创意农业示范园】 2014年6月11日，玉溪市首个“海峡两岸云台文化创意农业示范园”在新平县戛洒成立，“海峡两岸云台文化创意农业示范园”由台湾神农科技发展协会与云南特行果业有限责任公司共建，项目占地面积6 280亩，其中核心区面积2 000亩，项目计划2 016年完成。园区建成后，将以此为平台，吸引台湾优质文化创业农业企业入园创业，组织台湾新品种研发机构进行优质品种引进、技术交流、项目推介、专家互访等活动，把园区打造成云南高原特色的优质亚热带水果基地。

【农产品企业参加广州国际食品食材展览会】 2014年6月26日，被誉为“华南地区国际化和专业化程度最高的食品食材展览会”的第三届中国广州国际食品食材展览会在广州琶州保利世贸博览馆开幕，市内易门丛山食用菌、云南猫哆哩、云南德春3户企业首次参加了本次展览会，并签订了2个国内长期供销合同和1个出口合同，首次出口金额60万元。

【“猫哆哩”商标被认定为中国驰名商标】 2014年1月，继红塔山、玉溪、红梅、思源和红塑5个中国驰名商标之后，云南猫哆哩集团食品有限责任公司的“猫哆哩”和云南省太标太阳能设备有限公司的“太标T及图”一起被国家工商行政管理总局商标局认定为中国驰名商标，成为玉溪市除烟草行业外的第一件农产品类中国驰名商标。

（高 瑾 李连兴）

【组织参加昆明泛亚国际农业博览会】 2014年11月15～19日，主题为“发展高原特色农业，壮大庄园经济”的第十届中国昆明泛亚国际农业博览会在昆明国际会展中心举办，玉溪市组织32个农业企业参加农博会，使用展位74个，产品涉及肉制品、腌制品、果品、野生菌、蔬菜、藕粉、茶叶等，展会期间，全市参展企业交易额达260多万元，达成协议4份、金额800余万元。

【名牌农产品】 2014年，全市累计认定为省级名牌农产品的有17户企业29个产品，其中新获得认证的有3户企业3个产品，分别是云南滇雪粮油有限公司“滇雪牌”菜籽油、云南新平何礼酱菜厂“何礼”牌辣子酱、云南元江县丰年农业发展有限公司“钰钿”牌火龙果。

【“一村一品”建设】 2014年，全市建成“一村一品”专业村29个，专业乡镇3个，其中水果类专业村15个、蔬菜类专业村13个、经济作物类专业村1个。2014年7月，新平县漠沙镇被农业部认定为第四批全国“一村一品”示范镇。

（梁雪峰）

【“三农通”获省委农办表彰】 2014年，玉溪市“三农通”涉农实用信息服务站，以“加快产业结构调整，发展现代特色农业，促进农业增效、农民增收”为目标，整合各类信息资源，为全市46万移动手机农民用户免费发送惠农政策、适用技术、价格行情、农资供应、农业科技、灾害预警、外出务工以及农村教育、卫生、医疗等“三农”实用信息7 000多万条次，加快了玉溪农业信息“进村入户”步伐，并于2014年5月获中共云南省委农村工作领导小组办公室“优秀联络站”称号。

（赵艳丽）

【出台《玉溪市农业行政处罚自由裁量权基准制度》和《玉溪市农业行政处罚自由裁量权细化标准》】 2014年，为规范建立农业行政处罚基准制度和细化标准，根据现行有效的涉农法律、法规、规章，对有自由裁量的法条，按照有关法制原则要求，从处罚项目、处罚依据名称、处罚种类、处罚幅度等四个方面，对法律法规设定有自由裁量处罚的项目进行了规范，经过修改补充完善、征求基层意见、法律顾问审核修改、市政府法制办审核修改、局务会议讨论通过、再次报市政府法制办登记备案、在政府信息公开网和玉溪农业信息网公告等相关程序，制定出台了《玉溪市农业行政处罚自由裁量权基准制度》和

《玉溪市农业行政处罚自由裁量权细化标准》。

【精简农业行政审批项目】　2014年，玉溪市农业局共下放5项行政审批项目至各县区，市级农业部门仅保留5项行政审批项目，即：种子生产经营许可证核发、种畜禽生产经营许可证核发、植物检疫证书核发、种畜禽引种检疫证书核发和拖拉机、联合收割机操作证核发。下放的行政审批项目分别是：2014年1月，下放跨省动物及动物产品检疫（部分下放）和渔业专项捕捞许可证核发2项行政审批项目至各县区；2014年5月，下放国家二级保护野生植物的采集、出售、收购审批和非跨州、市重点保护水生野生动物或者其产品运输、携带审批2项行政审批事项至各县（区）；2014年9月，下放水生动物防疫检疫证书核发1项行政审批事项至各县（区）。

【农业行政执法案卷评查】　2014年9月28日，市农业局组织抽调熟悉行政处罚的市级有关单位执法人员组成案卷评查组，开展2014年农业行政执法案卷评查活动，参加此次评查活动的行政处罚案卷共17件，全部按照一般程序实施，经评查，90分以上的优秀案卷12件，80~89分的合格案卷3件，不合格案卷2件。根据评查结果，选送2件优秀案卷参加省农业厅的执法案卷评查，参评的2件执法案卷均获省农业厅优秀案卷。

【行政执法评议考核】　2014年11月17日，市农业局组织考评组，对签订2014年行政执法责任书的局机关10个科室和局属11个执法单位进行行政执法工作评议考核。经过听取汇报、查阅相关资料，结合行政执法责任制的贯彻落实以及平时行政执法监督检查工作的实际情况，市农业局对2014年度认真履行行政执法责任制有关规定、行政处罚及程序相对规范、在工作中难点有突破、创新出亮点的5个优秀科室和5个执法单位给予了通报表扬。

（林婠婠）

【“平安市场”创建活动】　2014年，全市农业部门认真贯彻落实市社管综治委关于开展市场秩序整治专项行动和玉溪市平安市场创建活动实施方案，加强农资市场执法监管。年内，培训各类农资生产经营从业人员297期次23 677人次；开展农资打假夏季百日行动和秋冬季行动，依法查处违法案件种子20件、农药33件、肥料1件、兽药24件、农产品质量安全1件、农机及配件5件；受理调处各类涉农质量纠纷投诉案件37起，协议赔偿金额11.29万元，挽回群众经济损失1.32万元，查获种子、兽药、饲料等伪劣农业投入品21 893千克；完成市级农产品质量安全抽样3次，监督抽查蔬菜、水果样品200批次，合格197批次，合格率98.5%。

【农业综合执法专项行动】　2014年，全市农业部门采取集中与日常执法监管相结合的方法，开展农资打假、放心农资下乡进村、农肥质量抽检等专项执法行动，全市出动执法人员11 353人次，检查规模种养生产基地（场）3 917户次，农民专业合作经济组织305个，兽药生产经营单位1 200个，饲料生产经营单位2 056个，农药种子肥料经营网点10 722个，农机具等经营门店891个。

【农业执法案件】　2014年，受市、县（区）农业局委托，市、县（区）农业综合执法机构在开展保障农业生产安全和农产品质量安全“两个安全”农业执法中，全市共检查各类农产品生产企业和农资生产经营企业、单位、网点19 091家次，立案查处各类农业违法案件101件，其中一般程序85件、简易程序16件，为农民挽回经济损失1.32万元，罚款没收违法所得23.03万元。全市没有发现较大的坑农害农案件。

【二案件入选省农业厅优秀案卷】　2014年10月28日，根据《云南省农业厅关于2014年农业行政处罚案卷评查结果的通报》，全省评选出11件优秀案卷，由玉溪市农业局选送，澄江县农业综合执法大队陈云超、唐开华办理的《经营假、劣农药案》和红塔区农业综合执法大队张正超、向会仙、刘庆荣、李丽辉办理的《销售不符合农产品质量安全标准的农产品案》榜上有名。是玉溪市自成立市、县（区）农业综合执法机构以来首次入选省农业厅优秀案卷。

【夏季百日行动和秋冬季行动】　2014年，按照农业部、省农业厅关于开展农资打假夏季百日行动部署，围绕《2014年全市农资打假工作方案》要求，印发《玉溪市农业局关于开展农资打假秋冬季行动的紧急通知》，对秋冬季农资打假行动进行安排部署，通过定期和专项市场检查、重点抽样、案件查处，不断规范市场经营行为和农业投入品质量，确保了农业生产安全和农产品质量安全。7～9月春夏季农资打假检查生产经营企业10 813家，出动执法人员6 732人次，整治重点区域73个，指导培训189场次人员11 668人次，农资监测场所230个，实施抽样2 226个，合格率99.0%。

（张　明）

【农产品质量安全监测】　2014年，全市完成定量监测样品213个，完成计划任务的100.7%，快速监测样品23 343个，完成计划任务的100.2%，检测合格率97.5%，比省农业厅下达任务高7个百分点，比市计划高2.5个百分点。在省农业厅对玉溪市进行的农产品质量安全监测中，蔬菜水果合格率为98.6%，畜产品合格率100%。全年未发生重大农产品质量安全事故。

【农产品质量安全检验检测机构建设】　2014年，玉溪市完成通海、澄江、易门、新平4个县农产品质量安全检测站项目建设；江川、华宁、元江三县开工建设；市检验检测中心建设处于前期准备工作。

【建立市级农产品质量安全监测制度】　2014年，玉溪市农业局印发《玉溪市农产品质量安全监测制度（试行）》，下发《玉溪市农业局关于印发农产品质量安全监督抽查实施办法的通知》，经过一年试行，全市基本实现了农产品质量安全监测工作规范化管理。

（卢玉娥）

【“三品一标”认证及证后监管】　2014年，全市有12户企业19个产品获得“三品一标”证书，其中绿色食品5户企业7个产品，分别是种植业产品3个（花椒、慈姑、油桃），加工业产品4个（通海甜白酒3个、菜籽油1个）；无公害农产品7户企业12个产品，分别是蔬菜产品6个、水果2个、畜禽产品4个。截至2014年12月，全市共有68户企业114个产品持有有效的“三品一标”证书，其中无公害农产品35户企业62个产品，绿色食品28户企业46个产品，有机产品1户企业2个产品，农产品地理标志产品4个单位4个产品。2014年度，完成89个用标“三品”的年检工作，其中：绿色食品39个、无公害农产品50个。年内抽检用标“三品”89个，其中：农业部“三品”抽检5个、省级抽检12个、市级抽检72个，用标“三品”抽检率100%，合格率100%。

（朱林立）

【农产品质量安全专项资金】 2014年，省级扶持玉溪市农产品质量安全专项项目资金160万元，用于放心下乡进村示范县创建、农产品质量安全监督检测、农产品质量安全监管示范县创建、农畜产品质量安全可追溯体系建设。

（颜洪敏）

农村经济管理

【农村土地承包经营权仲裁体系建设】 截至2014年12月31日，全市9县（区）均成立农村土地承包经营权仲裁委员会，委员会成员165人，（其中农民委员19人），聘任仲裁员199人，日常工作人员60人（其中专职人员15人）；9个县（区）设立仲裁庭、合议调解室、案件受理室、档案会商室，配备相应办公设施；全市共培训调解仲裁工作人员192人，比上年增106人。华宁、易门、峨山、江川、通海、元江六县的仲裁基础设施建设项目已获批立项，争取到建设补助资金300万元。

【农村土地承包经营纠纷调处】 2014年，全市共发生农村土地承包及流转纠纷432件，调处431件，调处率达99.8%，其中：乡村调解424件、仲裁受理并调解7件。

【农村土地经营权流转】 2014年，全市家庭承包耕地流转总面积为250 629亩，比上年增27 523亩，增12.3%，其中：转包29 625亩，比上年增905亩，增3.2%；出租214 370亩，比上年增25 167亩，增13.3%；转让1 125亩，比上年增302亩，增36.7%；互换752亩，比上年增35亩，增4.9%；股份合作2 357亩，比上年减34亩，减1.4%；其他形式流转2 400 亩，比上年增1 148亩，增91.7%。流转形式以出租、转包为主，两种方式占总流转面积的97.4%。

【家庭承包耕地流转去向】 2014年末，全市家庭耕地流转入农户的129 058亩，比上年增5 078亩，占流转总面积的51.5%；流转入专业合作社14 279亩，比上年增602亩，占流转面积的5.7%；流转入企业83 963亩，比上年增19 209亩，占流转面积的33.5%；流转入其他主体23 329亩，比上年增2 634亩，占流转面积的9.3%。

【农村土地规模经营面积】 2014年，全市土地规模经营50亩以上面积达149 741亩，比上年129 238亩增20 503亩，增长15.9%，其中50～100亩的34 547亩，比上年35 028亩减481亩，减少1.4%；100～300亩的56 517亩，比上年54 229亩增2 288亩，增长4.2%；300～500亩的21 802亩，比上年20 653亩增1 149亩，增长5.6%；500～1 000亩的12 688亩，比上年9 273亩增3 415亩，增长36.8%；1 000亩以上的24 187亩，比上年10 055亩增14 132亩，增长140.5%。

（缪丽润）

【农民专业合作社】 2014年末，全市在农业部门备案农民专业合作社共有656个，比上年增加111个，增20.3%，超额完成了市政府下达的新增40个合作社的发展目标。年内12个合作社获得国家级示范社称号，22个合作社获得省级示范社称号，20个合作社获得市级示范社称号。参加农民专业合作社的成员53 837人，比上年增加6 770人，增14.3%；带动非农民专业合作社成员155 332户，比上年增加19 564户，增14.4%。

全市合作社统一组织销售农产品总值198 518万元，比上年增加37 643万元，增23.4%；统一销售农产品达80%以上的合作社196个，较上年增加27个，增16%；统一购买农业生产物资30 966万元，比上年增加12 983万元，增72.2%；统一购买农业生产物资80%以上的合作社121个，比上年增加32个，增36%。

全市合作社统一组织销售160 875万元，比上年增加14 561万元，统一购买生产物资17 983万元，较上年减少8 632万元；全年合作社共培训成员109 128人次，人均2.32人次；46个合作社拥有注册商标，比上年增加13个，10个合作社通过了产品质量认证或产地认证，比上年增加1个。合作社实现可分配盈余，全年合作社实现经营收入33 426万元，盈余5 151万元，其中；可分配盈余4 112万元，与上年基本持平，125个合作社按交易量进行了返还，比上年增加28个。

年内，全市共有39个合作社当年获得各级财政扶持资金340万元，较上年增加21万元，其中：获得中央财政扶持的合作社10个200万元，获得省级财政扶持的合作社8个80万元，获得市、县级财政扶持的合作社21个60万元。

（孙绍珍）

【农民负担】 2014年，全市上交集体各种款项1 959万元，比上年增加611万元，增45.3%，其中土地承包金1 900万元，比上年增974万元，增105.2%；其他款项15万元，比上年减少303万元，减少95.3%。年内，334个村发生一事一议筹资筹劳行为，比上年减少23个村；筹资520万元，比上年减少262万元，涉及人数187 528人，人均27.73元，其中：道路筹资192万元，比上年减少49万元；水利筹资64万元，比上年减少8万元；其他筹资263万元，比上年减少206万元；筹劳735 845个，较上年增49 572个，涉及人数160 601人，人均4.58个，其中其他筹劳404 308个，较上年增140 647个。生产性收费1 910万元，比上年增80万元，其中农业灌溉电费846万元，比上年增68万元；其他收费105万元，比上年增92万元。行政事业性收费3 385万元，比上年增120万元，其中农机、摩托车、三轮车和低速载货汽车收费3 187万元，比上年增118万元。

（孙志萍）

【家庭农场】 2014年，全市共有家庭农场288个，比上年增加156个，增118%；其中注册为个体工商户的104个，被县级以上农业部门认定为示范性家庭农场的52个。从事种植业的130个、畜牧业的102个、渔业的2个、种养结合的54个。经营的土地面积为22 312亩，比上年增1 178亩，增5.6%，平均每个家庭农场经营77.47亩；从业劳动力1 240人，比上年增550人；其中家庭成员劳动力920人，比上年增434人；常年雇工劳动力320人，比上年增116人。年内，家庭农场销售农产品总值28 308万元，比上年增9 247万元；拥有注册商标的家庭农场2个。全市创建50个家庭示范农场，市级财政每个给予1万元创建扶持资金。

（孙志萍 颜洪敏）

【农村集体经济组织收益分配】 2014年，全市农村集体经济组织实现总收入180 354万元，比上年增加15 958万元，增长9.7%，其中经营收入30 880万元，发包及上交收入28 612万元，补助收入70 155万元，其他收入49 393万元，投资收益1 314万元。

2014年7月2～3日，农业部科技发展中心崔野韩处长一行，在省农业厅农质监处王文慧副处长、玉溪市农业局房红彬副局长等陪同下，前往新平县、红塔区、澄江县等地进行农产品质量安全检验检测体系建设项目检查　（王　曦　摄）

总支出122 190万元，其中经营支出15 048万元，管理费用43 069万元，其他支出64 073万元。总收益58 164万元，比上年增加8 196万元，增长16.4%，加上年初未分配收益9 997万元和其他转入2 921万元，全年实现可分配收益71 082万元。在提取公积公益金38 412万元后，农户分配14 264万元，年末未分配收益16 316万元。全市户均收入3 293元，人均收入985元；户均收益1 062元，人均收益318元。

【农村集体经济组织资产负债】　截至2014年末，全市农村集体经济组织资产总额102.13亿元，比上年增加12.04亿元，增13.4%，其中：流动资产43.78亿元、农业资产214万元、长期资产58.33亿元，分别比上年增加7.5亿元、减少207万元、增加4.56亿元，增20.7%、减49.2%、增8.5%。负债12.84亿元，比上年增加2.19亿元，增20.6%，其中：流动负债11.12亿元、长期负债1.72亿元。所有者权益89.29亿元，比上年增加9.85亿元，增12.4%。全市村组负债总额中，兴办公益事业负债1.98亿元，占15.43%。全市村均负债195万元，比上年的162万元增加33万元，增20.4%；人均负债701元，比上年增加117元，增20.0%。

【农村集体“三资”管理】　2014年，玉溪市进一步健全完善农村集体“三资”监督机制，通过坚持民主决策制度、强化会计监督、加强审计监督、畅通群众监督渠道、实施网络监督等方式，强化农村集体“三资”管理。

年末，全市共代管农村集体资金34.71亿元；农村集体资产683万件；耕地46 857块，面积258 705亩；林地724 348块，面积6 402 471亩；果园428块，面积7 086亩；建设用地15 348块，面积51 863亩；水面843 862块，面积19 722亩；矿山2 667宗，面积85 259亩；道路278 883条，长度34 109千米；沟渠6 921 279条，长度25 659千米；其他农用地2 265 181块，面积205 659亩。

【红塔区农村集体“三资”并入市级“三资”监管平台】　2014年，为加强“三资”监管，按照市“三资”管理领导小组提出的用3个月左右时间完成红塔区“三资”并网工作的要求，市“三资”办加大督查指导和协调联系制度，指导区、乡农经部门按时完成全区“三资”并网工作，随着红塔区的并网，真正实现了八县一区农村集体“三资”网络化动态监管。

（廖树琼）

【农村经济回落】　2014年，玉溪市农经站对全市74个乡镇、659个村（居）委会、6 189个村（居）民小组2014年农村经济运行情况进行全面调查统计。全市实现农村经济总收入13 441 636万元，比上年减63 794万元，减0.5%，农村经济总收入稳步回落。从经营层次看：乡镇办企业收入1 881 838万元；村组集体经营收入929 675万元；农民家庭经营收入10 517 043万元；农民专业合作社收入39 187万元；其他经营收入73 893万元。五个经营层次与上年相比，除村组集体经营减38.14%，农民专业合作社、乡镇办企业、其他经营收入、农民家庭经营均有所增加，增幅分别为17.2%、6.6%、4.2%、3.8%。农民家庭经营收入在农村经济总收入中所占比重为78.2%，显示出农民家庭经营在农村经济发展中的主体地位。从行业划分看：农业收入1267 993万元，比上年增148 196万元，增长13.2%。其中种植业收入1215 785万元，比上年增142 403万元，增长13.3%。林业收入41 456万元，比上年增5 369万元，增长14.9%。牧业收入594 775万元，比上年增49 474万元，增长9.1%。渔业收入41 701万元，比上年减1 707万元，减幅3.9 %。工业收入6 114 109万元，比上年减691 337万元，减10.2 %。建筑业收入1201 473万元，比上年增144 237万元，增长13.6%。运输业收入915 387万元，比上年增124 338万元，增长15.7%。商饮业收入2 457 919万元，比上年增36 280万元，增长1.5%。服务业收入483 745万元，比上年增66 730万元，增长16.0%。其他收入323 078万元，比上年增54 626万元，增长20.4%。

【农村经济总费用减少】　2014年，全市农村经济总费用11 611 229万元，比上年减272 943万元，减幅2.3%。在总费用中：生产费为10 402 692万元，比上年减552 350万元，减幅5.0%；管理费938 072万元，比上年增198 500万元，增长26.8%；成本费用率为86.4%，与上年的88.0%相比下降了0.16个百分点。

【农民收入增加】　2014年，全市农村经济可分配净收入总额2 103 342万元，扣除上交国家税金222 764万元、上交国家有关部门2 236万元等，农民所得总额为1 777 687万元。农民人均所得达9 709元，比2013年的8 347元增1 362元，增长16.3%。

【农民人均所得突破万元乡（镇、街道）】　2014年，全市26个乡镇（街道办事处）农民人均所得突破万元，分别是：通海县纳古镇17 007元；通海县九龙街道办事处13 521元；通海县秀山街道办事处13 132元；红塔区李棋街道办事处13 097元；红塔区玉兴街道办事处13 075元；红塔区春和街道办事处12 657元；通海县四街镇12 636元；红塔区凤凰街道办事处12 550元；华宁县华溪镇12 479元；红塔区玉带街道办事处12 384元；红塔区大营街街道办事处11 848元；红塔区北城街道办事处11 697元；通海县河西镇11 438元；红塔区洛河乡11 329元；通海县杨广镇11 220元；红塔区小石桥乡11 154元；峨山县双江街道办事处10 916元；红塔区高仓街道办事处10 906元；红塔区研和街道办事处10 815元；华宁县宁州街道办事处10 403元；澄江县凤麓街道办事处10 402元；澄江县海口镇10 280元；华宁县盘溪镇10 160元；江川县江城镇10 139元；江川县前卫镇10 040元；江川县大街镇10 011元。

【农民人均所得突破万元村委会（社区）】 2014年，全市230个村（居）委会、社区农民人均所得突破万元。其中：红塔区71个、江川县33个、澄江县5个、通海县46个、华宁县38个、易门县5个、峨山县16个、新平县16个。

【农民人均所得突破17 000元村（居）民小组】 2014年，全市41个村（居）民小组农民人均所得突破17 000元，分别是：新平县古城街道纳溪社区中新寨小组57 053元；峨山县甸中镇昔古牙村委会小法竜组44 870元；红塔区北城街道办事处梅园社区一组41 235元；新平县古城街道纳溪社区旧城小组32 983元；红塔区春和街道办事处刘总旗社区七组30 592元；新平县古城街道纳溪社区小新寨小组30 370元；易门县六街街道办事处柏树社区十八组27 253元；澄江县九村镇九村村委会麦田坡小组24 223元；通海县秀山街道办事处城郊社区二组23 846元；红塔区大营街街道办事处大营街社区一组23 829元；红塔区大营街街道办事处大营街社区二组23 829元；红塔区大营街街道办事处大营街社区三组23 829元；红塔区大营街街道办事处大营街社区四组23 829元；红塔区大营街街道办事处大营街社区五组23 829元；红塔区大营街街道办事处大营街社区六组23 829元；红塔区大营街街道办事处大营街社区七组23 829元；红塔区大营街街道办事处大营街社区八组23 829元；红塔区大营街街道办事处大营街社区九组23 829元；峨山县双江街道办事处柏锦社区安逸组23 515元；红塔区高仓街道办事处桃源四组22 537元；澄江县九村镇九村村委会三家村小组21 472元；华宁县青龙镇青龙村委会白皮树小组20 667元；通海县秀山街道办事处城郊社区四组19 428元；通海县秀山街道办事处城郊社区八组19 195元；通海县秀山街道办事处城郊社区六组19 169元；通海县纳古镇一组19 081元；红塔区玉兴路街道办事处荷花社区四组18 538元；华宁县青龙镇青龙村委会者湾田小组18 229元；通海县纳古镇四组18 154元；红塔区玉兴路街道办事处新兴社区五组18 038元；红塔区玉兴路街道办事处新兴社区二组17 980元；红塔区玉兴路街道办事处右所社区十三组17 938元；峨山县大龙潭乡烂泥塘下村组17 885元；通海县纳古镇六组17 842元；峨山县双江街道办柏锦社区小新寨组17 773元；通海县河西镇河西社区十三组17 764元；峨山县双江街道办柏锦社区小坝组17 737元；元江县甘庄街道果洛垤村委会树都拉小组17 567元；通海县纳古镇七组17 264元；江川县大街街道办事处伏家营社区伏家营小组17 171元；江川县江城镇白家营村委会万家营小组17 138元。

（刘 英）

种植业

【种植结构调整】 2014年，全市共完成农作物播种面积414.65万亩，同比增加0.77万亩，增0.19%。其中粮食166.3万亩、非粮248.35万亩，粮食作物与非粮作物比为40.1∶59.9。种植结构调整的重点区域是：在1 900米以上高海拔地区有序退出烤烟种植，发展核桃等特色经果林，全年调减烤烟近6万亩，增加蔬菜面积8万亩、温带水果面积0.5万亩；在1 300米以下干热河谷地区退出陡坡山地甘蔗，发展柑橘等特色水果，调减甘蔗近3万亩，发展甜橙、火龙果等热带水果近6万亩；在抚仙湖径流区逐步退出蔬菜、大棚花卉等高耗肥（药）作物，发展蓝莓等乔灌类高效水果种植和荷藕等具有湿地功能的水生作物，发展蓝莓0.5万亩，种植荷藕0.3万亩。

（李顺德 秦 婧）

【种植业生产规模】 2014年，全市完成农作物播种面积414.65万亩，其中，粮食166.3万亩，非粮248.35万亩，粮食作物与非粮作物比为40.1∶59.9。全年实现粮食总产61 419千克，增1.9%。种植油料26.9万亩，产量3 608.8万千克，增7.8%；种植甘蔗21万亩，产量91.32万吨，减12.7%；种植蔬菜114.3万亩，比上年增加8.7万亩，总产量197.8万吨，增加14.7万吨，增长7.8%，蔬菜产业已成为玉溪种植业的第一大产业；新增鲜食水果面积7.2万亩，在园水果面积达到47.7万亩，产量54 755万千克，增17.9%，产值24.6亿元；种植茶叶7.9万亩，产量0.4万吨；花卉面积稳定在7万亩左右，其中鲜切花面积2.5万亩，产值5.7亿元；发展三七、龙胆草、芦荟、除虫菊、露水草、砂仁、重楼、党参等生物药原料种植品种 34个7万亩。

（周文忠）

【粮食生产九年连增】 2014年，全市完成粮食播种面积166.3万亩，同比减0.199万亩，减0.1%。粮食单产达369千克，同比增7千克，增1.9%。总产量达61 419万千克，同比增1 132万千克，增1.9%。其中：小春粮食面积52.9万亩，同比减少0.83万亩，减少1.6%；总产8 243万千克，增加286万千克，增长3.6%。大春粮食面积113.4万亩，同比增加0.67万亩，增0.6%；总产量53 174万千克，同比增加844万千克，增1.6%。

【冬季农业开发】 2014年，全市冬季农业开发面积达106.8万亩，同比增加1.13万亩，增长1.1%。实现总产量109.9万吨，同比增加7.5万吨，增7.4%；田间产值达22.9亿元，同比增加1.6亿元，增7.6%；平均亩产值2 151元，同比增加130元，增6%。在冬季农业开发中，各县区围绕当地资源优势和农民增收，因地制宜引导农民种植高效作物，区域特点明显，产值效益较高，较好支撑了农民收入的持续增长。如新平金马果蔬专业合作社在漠沙镇引导农民种植西红柿1 200余亩，3月中旬进入采摘高峰期，每天采摘20吨左右，亩产量达10吨左右，每千克价格5元，亩产值达5万元，其产品不仅在省内畅销，在上海、湖南等地也供不应求。玉溪市祥隆农业科技发展公司结合红塔区塑料大棚拆除种植业结构调整，在北城街道引导农民种植小香葱3 000多亩，通过采用反复轮种的方式，实现了四季采摘，一般从种植到成熟仅需2～3个月，每年种植3茬，每茬亩产值达5 000元以上。江川县前卫镇种植西兰花1万多亩，1～3月份，平均价格保持在5.50～6.00元／千克，亩产值达6 500～7 000元。新平县扬武镇大开门社区在去年试种2亩茭白取得成功后，2014年引导农民种植220亩，不但长相好，而且糖分含量高，肉质细嫩，深受市场青睐，亩产达3吨左右，每千克价格10元，每亩效益达3万元。元江甘庄街道果洛垤村引导农民种植菜豌豆近1 200亩，平均亩产值4 000元，仅此一项就让农民增收480万元，当地农民方保林一家种了8亩，收入达5.4万元。

【科技增粮措施】　2014年，全市继续推广粮油作物高产创建、农作物间套种、地膜覆盖栽培三大科技增粮措施。一是完成部、省、市三级粮油作物高产创建52片，示范区面积62万亩，粮食作物示范区平均亩产达635.7千克，比非示范区亩增产110.9千克，增产21%；油菜示范区平均亩产154.2千克，比当年非示范区亩增产22.5千克，增产22.7%。二是完成农作物间套种面积193.73万亩，其中，粮食作物间套种147.97万亩，占农作物间套种面积的76.4%，平均每亩增加粮食产量70.3千克。三是完成粮食地膜覆盖栽培面积48.69万亩，其中地膜玉米38.88万亩，平均每亩增产53.7千克。

（李顺德　秦　婧）

【种植业新技术引进与试验示范推广】　2014年，在市农业局的统一安排下，市、县农业推广部门，结合自身人才、技术优势，从省内外引进当代种植新技术开展试验示范。市农科院引进粮油、蔬菜、特色经作等育种材料6 650余个，筛选出了综合性状表现较好的作物新品系21个，其中，推荐进入省品种区域试验6个，通过省品种审定委员会审定新品种2个。市种子站完成国家玉米品种预备试验一组，试验品种84个；完成云南省玉米品种区域试验四组，试验品种52个。市土肥站完成了与云南省农业大学、云天化合作的土壤调理剂“磷石膏土壤调理剂的机理研究与应用”项目。市经作站从四川引进新西兰红梨、丰水、圆黄、翠冠等4个优质梨品种在江川县安化乡光山村试验20亩；引进红袖添香、章姫、红颜、玛利亚等4个草莓新品种在通海县进行试验示范。澄江县种子管理站积极引进节水耐旱作物陆稻新品种进行试种，平均亩产达482.4千克。

【主要公路沿线种植景观油菜】　2014年，在全市高速公路、县际高等级公路、坝区城镇主干道“三类”公路沿线两侧各20米外延100米范围内种植油菜8 228.37亩，市政府投入资金259.2万元。实收油菜籽1 337吨，田间产值773万元，平均亩产量162千克，亩产值937元。

（李顺德）

【非烟有机作物示范项目】　2014年，玉溪市农业局与红塔集团合作继续在峨山岔河开展非烟有机作物示范3 719亩，其中：水稻243亩、玉米1 719亩、油菜1 757亩，带动河外村种植绿色水稻300亩。2012～2014年三年累计示范非烟有机作物面积6 711.8亩，其中：水稻759.5亩、占11.3%；玉米3 239亩、占48.3%；油菜2 713.3亩、占40.4%，圆满完成了与红塔集团合作的非烟有机作物示范项目。项目的实施为全市发展有机农业生产打下了工作和技术基础。

（李顺德　张军云）

【“优质果园”称号】　2014年12月12～15日，由农业部优质农产品开发服务中心和浙江省农业厅共同主办的第八届全国名优果品交易会在浙江杭州举行，玉溪市组织具有代表性的新平金泰果品有限公司、云南特行果业有限责任公司、华宁县新村柑橘有限责任公司、元江县丰年农业开发有限公司和红塔区添晨水果种植专业合作社等5户企业参加本次交易会。在开幕式暨名特优新果品品鉴推介活动上，华宁县新村柑橘有限责任公司被中国优质农产品开发服务协会授予“优质果园”称号并颁发了牌匾，市农业局被农业部优质农产品开发服务中心评为优秀组织奖。

（杨云光　李顺德）

【三个水果产品入选全国名特优新农产品目录】　按照农业部《关于征集全国名特优新农产品目录的函》要求，市农业局组织相关县区申报了蔬菜、果品2个类别共5个产品参加《全国名特优新农产品目录》评选，经农业部优质农产品开发服务中心对申报材料的审查及专家审核，市内华宁县新村柑橘有限责任公司的“华宁柑橘”、云南省华宁县阿贝楚农艺有限公司的“阿贝楚柿子”和新平金泰果品有限公司的“云冠冰糖橙”3个产品入选《全国名特优新农产品目录》果品类。

【大春作物夏初旱情】　2014年春末夏初以来，全市降雨量偏少，尤其是5月份全市降雨量同比减少48～84%，全市“夏旱”严重，给大春作物播种与出苗造成了极大困难。据农业部门统计，全市干旱造成大春作物受灾面积达90.53万亩，占播种面积的34.5%；成灾18.03万亩，占6.9%；绝收1.60万亩，占0.6%。其中，粮食作物受灾32.76万亩，占粮食播种面积的28.9%；成灾6.19万亩，占5.5%；绝收0.83万亩占0.7%；经济作物受灾57.77万亩，占经济作物播种面积的38.8%；成灾11.84万亩，占7.9%，绝收0.77万亩，占0.5%。

【小春作物受低温灾害较重】　2014年小春季，受南支槽和冷锋切变影响，全市高海拔地区出现雪或雨夹雪天气，持续的低温及霜冻天气，对农作物生产造成极大影响，小春作物受灾严重。据农业部门统计，小春农作物受灾面积达78.82万亩，占小春作物播种面积的51.8%，成灾49.89万亩，占32.8%；绝收20.44万亩，占13.4%。其中：粮食作物受灾16.31万亩，占粮食播种面积的30.8%；成灾11.71万亩，占22.1%；绝收5.14万亩，占9.7%。

（秦　婧）

【农作物良种补贴】　2014年，云南省财政厅、云南省农业厅预拨玉溪市2014年良种补贴面积203.9万亩，预拨资金2 040.45万元，加上2013年度结余159.55万元，合计2 200万元。各县区按照《云南省财政厅 云南省农业厅关于转发〈中央财政农作物良种补贴资金管理办法〉的通知》，组织开展面积核实和资金兑付工作，资金通过“一折通”兑付种粮农民，用于农作物良种补贴。全市良种补贴项目实施情况如下：1.油菜。省预拨28.56万亩，补贴标准为每亩10元，补贴资金285.6万元。实际补贴25.45万亩，比省下达的预拨面积少3.11万亩，兑付补贴资金254.52万元，结余预拨资金31.08万元。2.小麦。省预拨26.82万亩，补贴资金268.2万元，补贴标准为每亩10元。实际补贴24.43万亩，比省下达的预拨面积少2.39万亩，兑付补贴资金244.25万元，结余预拨资金23.95万元。3.水稻。省预拨32.2万亩（其中：早稻3.52万亩、中稻25.37万亩、晚稻3.31万亩），补贴资金483万元（其中：早稻52.8万元、中稻380.55

万元、晚稻49.65万元），补贴标准为早稻每亩15元、中稻15元、晚稻15元。实际补贴31.96万亩（其中：早稻3.69万亩、中稻24.88万亩、晚稻3.39万亩），比预拨面积少0.24万亩（其中：早稻多0.17万亩、中稻少0.49万亩、晚稻多0.08万亩），兑付补贴资金479.36万元，结余预拨资金3.64万元。4.玉米。省预拨116.32万亩，补贴资金1 163.2万元，补贴标准为每亩10元。实际补贴94.97万亩，比预拨面积少21.35万亩，兑付补贴资金949.73万元，结余预拨资金213.47万元。以上四项合计，2014年省级预拨我市农作物良种补贴资金结余272.14万元。

（张志军）

【玫瑰种苗年生产突破3 000万苗】玉溪是云南玫瑰花卉的主产区，常年种植面积上万亩，种植品种已由主要靠荷兰、澳大利亚等国外引进发展成为自主繁育并向省外供应的新格局，原丽都花卉公司、云秀花卉公司、锦海农业科技公司等企业近年来自主研发出了多个具有新颖的风格独特的玫瑰新品种，所生产的玫瑰种苗除满足本市种植以外，60%销往省内周边州市，30%销往省外贵州、四川、湖南、湖北、新疆等省。2014年全市玫瑰种苗生产销售量已达3 200多万苗，成为全国最大的玫瑰种苗生产地。

（夏　宁）

【高产创建项目】　2014年，中央农业高产创建项目补助资金336万元，开展高产创建活动，创建水稻、冬马铃薯、玉米、油菜等21个示范区；省级粮食生产科技增粮项目资金850万元，创建水稻、冬马铃薯、玉米、油菜等23个示范区，粮食作物间套种技术推广150亩。项目资金主要用于核心示范区种子、地膜、微肥、抗旱剂等部分农资补助，新品种、新技术的引进展示和示范，配套技术集成和示范推广，技术培训。

（颜洪敏）

【蔬菜生产】　2014年，全市蔬菜种植面积达115.46万亩，比上年增加11.5万亩，增11.1%；蔬菜产量199.72万吨，比上年增加16.59万吨，增9.1%；蔬菜产值40.55亿元，比上年增加4.19亿元，增11.5%。

【水果生产】　2014年，全市新植果园71 739.3亩，水果种植达47.7万亩，比上年增长17.1%，全市投产果园36.19万亩，占全市水果种植总面积的75.9%。水果产量达52.19万吨，比上年增加1.26万吨，增2.5%；水果产值19.01亿元，比上年增加5.04亿元，增36.1%。水果已成为玉溪市一大特色优势产业。

【茶叶生产】　2014年，全市茶叶种植79 404亩，其中采摘74 404亩，占茶叶种植面积的93.7%；毛茶总产量4 519吨，比上年增7.6%；茶叶总产值30 985.1万元，其中，毛茶产值11 278.22万元，比上年增长32.2%，成品茶产值14 427.88万元，比上年增长10.2%，第三产值5 279万元，比上年增长24.8%。

【三七生产】　2014年，全市三七种植28 691.8亩，产量146.20万千克，产值9 614.62万元。全市种植农户482户，三七种植逐渐成为玉溪山区农民增收致富的新亮点。

（杨云光　马东锦）

【甘蔗生产】　2014年，全市甘蔗种植面积18.91万亩，比上年减少3.58万亩，减15.9%；甘蔗产量82.12万吨，减2.85万吨，减3.4%；甘蔗产值3.89亿元，比上年减9 961.9万元，减20.4%。

【芦荟生产】　2014年，全市芦荟种植11 300亩，比上年增加2 900亩，增34.5%，其中已投产8 400亩，占芦荟种植面积的74.3%；芦荟产量3 258.3万千克，比上年增1 756.6万千克，增117%；芦荟产值1 995.48万元，比上年增加762.98万元，增61.9%。

【魔芋生产】　2014年，全市魔芋种植57 806.3亩，比上年增加7 266.3亩，增7.9%，其中已投产45 608.8亩，占魔芋种植面积的78.9%；魔芋产量1 562.2万千克，比上年增27.4%；魔芋产值3 635.36万元，比上年增39.3%。

【除虫菊生产】　2014年，全市除虫菊种植6 105.5亩，比上年减67.7%；除虫菊产量37.24万千克，比上年减35.7%；除虫菊产值799.45万元，比上年减36.2%。

【茉莉花生产】　2014年，全市茉莉花种植3 693亩，比上年减52.7%；茉莉花产量381万千克，比上年减44.7%；茉莉花产值6 553.2万元，比上年减5%。

【木薯生产】　2014年，全市木薯种植2 100亩，木薯产量630万千克，产值504万元。玉溪市木薯种植主要在新平县。

【绿色、无公害蔬菜认证】　截至2014年12月，全市有6家蔬菜生产加工企业11个产品获中国绿色食品发展中心颁发的A级绿色食品认证，累计认定绿色蔬菜种植55 276亩，14家蔬菜生产加工企业28个产品获无公害认证，累计认定无公害蔬菜种植67 086亩。

【元江芒果品种改良】　据统计，元江县共有芒果品种112种，以三年芒品种为主。三年芒口味纯正，纤维含量较高，但相比之下保鲜期短，不耐长途运输。针对元江县芒果生产中存在品种结构不合理，果园老龄

峨山县双江镇厂上村民委员会坡脚村桃树与魔芋套种景象

（杨旭东　摄）

化严重，产品科技含量低，芒果种植病虫害发生严重，芒果商品化处理滞后等诸多问题，元江县大力探索实践，不断优化和改良品种，逐步推广具有高产、稳产、肉质纤维少、细腻、甜度高、外形美、耐贮藏运输等特点的台农一号、金凤凰等优良新品种。仅台农一号亩产可达3.5吨，每千克收购价6～7元，亩产值2万余元，成为当地群众增收致富的重要途径之一。

【火龙果种植】　元江县自2003年引进种植火龙果20亩，由于气候适宜，价格较高，坝区农民种植积极性高，截至2014年，全县已发展火龙果种植面积10 050亩，产量548万千克，产值4 380万元。火龙果的规模化种植，为元江县进一步开发热区，推进热区产业结构调整，加快热区产业升级步伐，提升热区耕地利用价值，增加热区果农收入探索出了一条新的捷径。

（马东锦）

【果菜新品种引进试验】　2014年，玉溪市经作站引进新西兰红梨、丰水、圆黄、翠冠等4个优质梨品种在江川县光山村试验20亩；引进红皮火葱、"雪松80"和"全松90"两个青梗白花品种分别在通海县万家村、大树村试验3.6亩、1.8亩；引进红袖添香、章姬、红颜、玛利亚等4个草莓新品种在通海县试验示范16.9亩。通过引进果、菜新品种筛选和展示，为品种升级换代、优化品种结构以及大面积推广提供了科学依据和技术储备。

【国家综合实验站运行】　按照国家农业部现代农业科技创新体系建设的要求，玉溪市经作站抓好玉溪市承担的国家级早熟柑橘综合试验站（华宁县牛山柑橘实验场承担）、国家版纳香蕉综合试验站（玉溪三和农业有限公司承担）的运行和监管工作，协助玉溪市柑橘研究所在新平县大开门建设占地面积160亩的优质柑橘种苗繁育基地，2014年繁殖柑橘嫁接苗100万株，以满足新平县及玉溪市周边县柑橘产业发展的用苗。

【优质梨示范基地建设项目通过验收】　2014年5月5日，由玉溪市财政局组织，邀请有关专家对玉溪市经作站承担的"2012年中央农业科技推广项目——玉溪市优质梨示范基地建设"项目进行验收，该项目为中央财政农业科技推广项目，建设地点江川县安化乡光山村，基地规模200亩，引进梨苗1 200株，项目补助资金100万元。在听取了项目实施情况汇报、查阅资料、质询答疑的基础上，经专家组一行深入到项目实施地点江川县安化乡光山村龙树山，实地查看200亩优质梨项目的建设情况，验收组各位专家对项目的完成情况很满意，专家组认为项目建设达到预期效果，一致同意通过项目验收。

【园艺作物标准示范园创建】　江川县江城春晓蔬菜产销专业合作社成立于2010年9月，现有社员218户，基地规模1 050亩。2014年，该合作社1 050亩蔬菜标准化种植基地被列为农业部蔬菜标准园，通过蔬菜标准示范园的创建，达到节本提质增效的效果，起到示范带动和辐射作用。2014年实现销售收入960万元，示范带动农户580户，户均增收6 000元。

（杨云光　马东锦）

【经作技术培训】　2014年，玉溪市经作站结合职能职责，围绕水果、蔬菜等重点产业发展，深入农村共开展水果、蔬菜、草莓等技术培训27期，培训农户3 030人次，印发技术培训资料2 091份，开展技术咨询和现场指导2 076人次。

（杨云光）

【邓秀新院士指导玉溪柑橘生产】　2014年5月25～26日，中国工程院院士、华中农业大学校长、国家现代农业柑橘产业技术体系首席科学家邓秀新应新平金泰果品有限公司邀请，在省农科院、市经作站、新平县委、县政府主要领导等陪同下，到金泰果品公司柑橘基地实地调研，并召开了座谈会。邓院士针对金泰公司柑橘基地栽植过密、叶色暗淡、土壤改良、高温及采前出现落果等问题，提出了对症下药的措施。同时，邓院士还就今后如何加快玉溪市柑橘产业发展提出了宝贵的意见和建议。

（杨云光　肖　梅）

畜牧业

【概　况】　2014年，按照"依托资源、科学规划、安全防控、提质增效、循环生态"的思路，编制完成《玉溪市畜牧业可持续发展规划（2014～2020年）》，全市加强畜牧业管理，强化动物防疫工作，有效控制重大动物疫病，加强兽药饲料和生鲜乳监管，大力发展规模养殖，推进畜牧业发展方式转变，提高畜牧规模化、产业化和标准化水平，保障了畜牧业持续发展和畜产品质量安全，促进了畜牧增产、农民增收。全市肉蛋奶总产量494 766.4吨，比上年增加49 144吨，增长11.03%；畜牧业现价产值79.06亿元，比上年增加5.7亿元，增长7.7%。

【生猪生产】　2014年，全市生猪存栏174.84万头，比上年增加5.8万头，增长3.5%；其中能繁母猪存栏17.5万头，比上年减少0.3万头，减1.5%。肉猪出栏285.11万头，比上年增加21.3万头，增长8.1%。

蔬菜秸秆就地还田　（杨义三　摄）

【畜禽生产】 2014年，全市家禽存栏2 005.93万只，比上年增加61.6万只，增长3.2%；家禽出栏4 034.7万只，比上年增加343.7万只，增长9.3%。生产禽蛋125 572.6吨，比上年增加14 886吨，增长13.4%。全市大牲畜存栏31.78万头（匹），比上年增加0.2万头，增0.7%，其中牛存栏29.23万头，比上年增加0.5万头，增1.7%。肉牛出栏18.34万头，比上年增加1.9万头，增长11.6%。全市山绵羊存栏45.2万只，比上年增加4.6万只，增长11.4%。肉羊出栏29万只，比上年增加3.1万只，增长11.6%。全市牛奶产量7 416.1吨，比上年增加267吨，增长3.7%。

【畜禽养殖小区建设】 2014年，全市新建畜禽养殖小区11个，其中：生猪养殖小区2个、家禽养殖小区2个、肉牛养殖小区3个、肉羊养殖小区4个；全市累计建设畜禽养殖小区138个，其中：生猪养殖小区68个、家禽养殖小区40个、肉牛养殖小区24个、肉羊养殖小区6个。

【畜禽养殖专业村建设】 2014年，全市累计建设养殖专业村249个，其中：年内新建专业村21个，具体是建设养猪专业村15个，合计养猪户1 217户，年末存栏生猪10 388头，边建设边生产，全年出栏肉猪19 666头，平均每村出栏1 311头；养牛专业村4个，合计养牛户151户，年末存栏牛1 440头，全年出栏肉牛808头，平均每村出栏202头；养羊专业村2个，养羊户15户，年末存栏羊1 525只，全年出栏肉羊1 064只，平均每村出栏532只。

【畜禽养殖大户建设】 2014年，全市累计建设畜禽养殖大户1 229户，其中：年内新发展规模养殖大户101户，具体是发展规模养猪大户70户，边建设边生产，年末存栏生猪16 020头，全年出栏肉猪29 838头，平均每户出栏426头；发展规模养禽大户12户，年末存栏肉鸡2.3万只，全年出栏10.1万只，平均每户出栏0.84万只；发展养牛大户19户，年末存栏牛1 115头，全年出栏肉牛672头，平均每户出栏35头。

【市防治重大动物疫病指挥部更名及调整成员】 2014年，为认真做好全市动物疫病防控工作，健全完善动物疫病防控体系，经市人民政府研究，决定将玉溪市重大动物疫病防治指挥部更名为“玉溪市防治重大动物疫病指挥部”，并对组成人员作相应调整，市政府副市长李平任指挥长，市农业局局长杨正祥、市政府应急办主任郭永生任副指挥长，市农业局副局长、市畜牧兽医局局长王保才任专职副指挥长。指挥部下设办公室在市农业局，由王保才兼任办公室主任，市农业局总兽医师周家富、畜牧兽医科科长李敏华兼任办公室副主任。

【修订玉溪市突发重大动物疫情应急预案】 2014年，结合重大动物疫情防控实际，组织修订了2006年制定的《玉溪市突发重大动物疫情应急预案》，并以《玉溪市人民政府办公室关于印发玉溪市突发重大动物疫情应急预案的通知》印发施行。

（郭丛荣）

【通海县发生家禽高致病性禽流感疫情】 2014年3月2日，玉溪市通海县秀山镇东村、杨广镇台家山村、里山乡乌龙潭村等3个村交汇区域的部分蛋鸡养殖场鸡只出现疑似禽流感症状，死亡29 600只。3月3日，云南省动物疫病预防控制中心诊断为疑似禽流感疫情。3月7日，经国家禽流感参考实验室确诊，该起疫情为H5N1亚型高致病性禽流感疫情。同日17：13农业部新闻办在农业部网站“疫情发布”栏目发布了通海县发生H5N1亚型高致病性禽流感疫情信息。疫情发生后，市、县按照有关应急预案和防治技术规范要求，严密封锁疫区，加强消毒灭源和监测排查，通过采取隔离、封锁、扑杀、消毒、无害化处理、防堵、关闭活禽交易市场、紧急免疫等综合防控措施，全力消除疫点；当地对503 400只家禽进行了扑杀和无害化处理，4月30日疫情得到有效控制，未发现感染人情况，5月2日解除封锁。经检测，本次发病的流行毒株（H5N1Re-8）与防疫用疫苗毒株（H5N1Re-6）有差异，完全依靠疫苗来控制疫病是不可能的。

（郭丛荣 逯 强）

【生猪屠宰监督管理职责移交】 2014年8月14日，根据中共玉溪市委机构编制办公室关于生猪屠宰监督管理职责调整的通知，市商务局的生猪屠宰监督管理职责划入市农业局；8月25日，市政府召开玉溪市生猪屠宰监管工作移交专题会议，并形成专题会议纪要，市委编办、市公务员局、市商务局、市农业局、市财政局分管领导和相关科室人员参加了会议，市商务局与市农业局签字移交了相关工作资料，玉溪市生猪屠宰监管职责正式移交，市农业局开始履行生猪屠宰监管职责。

【执业兽医资格考试】 2014年，玉溪市报考执业兽医资格考试173人，参加全国统一考试121人，取得兽医全科类执业兽医师资格18人，占考试人数的14.9%，达到兽医全科类执业助理兽医师分数线18人，占考试人数的14.9%，其中首次取得执业助理兽医师资格10人，再次取得执业助理兽医师资格8人。

玉溪市百信集团凤凰生态食品有限责任公司具有世界先进技术水平的屠宰加工生产线

（杨旭东 摄）

【中央基层动物防疫工作补助】 2014年，省级下达玉溪市中央基层动物防疫工作补助经费175.42万元，其中强制免疫工作补助经费159.32万元，专用器械、消毒药品及疫苗冷藏、防护用具等购置补助16.1万元，市级首次配套补助经费9万元，全市村防疫员人均年补助1 537元。

【村级动物防疫员退岗补助】 根据《中共玉溪市委玉溪市人民政府关于加快发展现代农业进一步增强农村发展活力的实施意见》规定，对年老退岗的村级动物防疫员，按照每在职一年给予一个月补贴的标准，一次性给予退岗补助。2014年红塔区、江川县、澄江县落实兑付了村级动物防疫员退岗补助费。

【能繁母猪保险】 2014年度，按照"政府引导、市场运作、保本经营、自主自愿、共同负担、协同推进"的原则，中保财险公司和太平洋保险公司开展玉溪市畜牧业保险业务，全市共承保能繁母猪147 387头，能繁母猪保险金额为1 000元/头，保费60元，其中：中央财政补助50%即30元/头，省财政补助6%即3.6元/头，市级财政补助10.67%即6.4元/头，县区财政补助13.33%即8元/头，养殖户承担20%即12元/头。

【畜牧良种补贴项目】 2014年，红塔区、江川县和易门县实施中央生猪良种补贴项目，补助对象为项目区内使用良种精液开展人工授精的养殖户（小区、场）。补助标准是按照每头能繁母猪每年使用4份精液，每份精液补贴10元。三个县（区）生猪良种补贴5.3万头，中央财政补贴资金212万元，其中：红塔区补贴1万头、江川县补贴2.3万头、易门县补贴2万头。通海县实施中央奶牛良种补贴项目，补贴对象为项目区内的奶牛养殖场和养殖小区，补贴标准：每支优质国产奶牛冻精补贴15元，平均每头奶牛按两支冻精实施补贴。全县荷斯坦奶牛良种补贴0.25万头，中央财政补贴资金7.5万元（奶牛良种补贴资金实行省级政府采购，资金直接拨付省农业厅系统）。

（郭丛荣）

【能繁母猪补贴】 2014年，根据《玉溪市人民政府关于促进经济平稳较快发展的意见》，市财政安排300万元实施能繁母猪补贴，对全市存栏能繁母猪50头以上的规模养殖场（户），按照每头100元的标准给予补贴，保护生猪生产力。经2014年5月26日～6月16日统计核实全市存栏能繁母猪50头以上的规模养殖场（户）有404户，存栏能繁母猪35 292头。2014年8月15日，市级300万元补贴资金下达各县区，不足部分由县区解决。

【村级动物防疫员工资补贴和人身意外伤害保险】 2014年，全市9个县（区）74个乡（镇、街道）695个村委会（居委会、社区）有村级动物防疫员1 200名，村级动物防疫员工资补贴每人每月300元，其中：市级承担200元、县级承担100元。全市统一为村级动物防疫员办理人身意外伤害保险，人身意外伤害保险保费100元/人，费用市县各承担50%。

【动物检疫协检员工作补贴】 2014年，全市动物检疫协检员，按照每人每月300元的补贴标准给予工作补贴，其中：市级承担200元，县级承担100元，列入年度财政预算支出。全市动物检疫协检员933人，市级财政预算支出动物检疫协检员工作补贴224万元。

【生猪标准化规模养殖场（小区）建设项目】 2014年，全市实施生猪标准化规模养殖场（小区）建设项目28个，主要建设内容是：猪舍标准化改造27 008平方米；建沼气池及污水处理池3 181立方米；水、电、路、防疫等配套设施建设。项目总投资2 111万元，其中中央补助资金1 010万元、企业自筹资金1 101万元，中央补助资金中江川县35万元、通海县35万元、华宁县135万元、易门县170万元、峨山县235、新平县245、元江县155万元，补助资金主要用于猪舍标准化改造、建设沼气及污水处理、微生物发酵床、水电路及防疫等配套设施建设。

（郭丛荣　颜洪敏）

【畜禽标准化示范场创建】 2014年，玉溪新秀禽业有限公司创建国家级畜禽标准化示范场通过验收；新平晟林黄牛养殖场创建省级畜禽标准化示范场通过验收；云南金龙湾农业科技开发有限公司白塔养牛场创建省级畜禽标准化示范场通过验收；峨山县洁润牧业养殖场创建省级畜禽标准化示范场通过验收；峨山县盛羊养殖场创建省级畜禽标准化示范场通过验收。

【巩固退耕还林成果后续产业养殖业建设项目】 该项目是2014年中央投资的建设项目，项目建设涉及江川和峨山两个县的3个行政村退耕农户30户，建设内容为新建青贮窖616立方米、牛棚厩5 512平方米、种植饲草料地3 281亩。项目总投资181.43万元，其中：中央财政投资125.67万元，农户自筹55.76万元（含投工投劳）。项目的实施有效促进草山草场的生态平衡，既巩固了退耕还林成果，又对畜牧业发展产生积极的示范带动作用。

【中央基础母牛扩群项目】 该项目补助2013年肉牛基础母牛存栏500头以上的大型肉牛养殖企业，补助标准：以新增犊牛为基数，按每头新增犊牛补助1 942元测算。云南金龙湾农业科技开发有限公司白塔养牛场2013年基础母牛存栏数524头，新增犊牛数462头，于2014年获补助资金90万元。

【畜禽标准化健康养殖项目】 中央畜禽标准化健康养殖项目主要支持生猪、蛋鸡、肉鸡、肉牛和肉羊五个品种，肉牛、肉羊优先支持饲养母畜的标准化养殖场，申报建设的养殖场需达到以下标准：生猪出栏0.5～5万头；蛋鸡存栏1～10万只；肉鸡出栏5～100万只；肉牛出栏100～2 000头；肉羊出栏300～3 000只。2014年，该项目中央投资175万元，其中蛋鸡、肉鸡、肉牛项目补助30万元计150万元，肉羊项目补助25万元，玉溪新秀禽业有限公司、新平贵莉佳蛋鸡养殖场、新平民兴蛋鸡养殖场、新平晟林黄牛养殖场、易门县林丰源肉鸡养殖场、云南茂丰养殖有限公司（原峨山县盛羊养殖场）6个项目通过验收。

【草原畜牧业发展方式转变项目】 2014年，新平县、元江县获得草原畜牧业发展方式转变项目资金各200万元。进行人工草地、改良草地、牛羊圈舍，青贮氢化窖或贮草棚、划区轮牧设施等建设，加快牛羊生产方式转变。

（郭丛荣）

【财政资金贴息扶持畜牧规模化养殖】 2014年，市级财政资金继续执行贴息扶持畜牧规模化养殖，贴息贷款规模3亿元。市级贴息补助600万元。年息按中国人民银行年度基准利率年息7.0 725%计算，市级财政承担利率年息的2%，县级财政承担利率年息的1%，养殖户承担利率年息的

4.0 725%。

（颜洪敏）

【种猪性能测定】 2014年2月，玉溪市畜禽改良站、峨山县畜禽改良站与云南源天生物集团农牧科技有限公司合作，在该公司种猪场利用美国奥斯本工业公司生产的TEAM种猪性能测定系统（13～15头/套、批）开展种猪性能测定，本项工作主要从母猪繁殖性能记录、种猪外貌评定、个体档案建立、30～100千克种猪每天的采食、增重、生产性能、达100千克体重时背膘厚度等指标进行测定，至2014年12月，共完成测定81头，为全市23个种猪场提供了示范。

（郝家宏）

【良种猪繁育场】 2014年，全市24个良种猪繁育场（包含1个供精站）存栏种猪9 134头，其中纯种猪存栏3 633头，引进与纯繁纯种猪1 572头。年内，生产销售纯种猪1 504头、销售LY母猪3 941头，销售商品仔猪55 601头，销售猪精液27.56万头份。

【良种禽场】 2014年，玉溪新广家禽有限公司存栏祖代种禽3.7万羽、父母代种禽25万羽；全年销售种禽221.5万羽，销售商品禽1 823万羽。

【猪应激综合症检测】 2014年，玉溪市畜禽改良站对2家种猪场送检376头种猪的耳组织样品，进行PSS基因（猪应激综合症）检测，合格数为361头，合格率为96%。

【畜牧技术推广机构调查】 2014年，玉溪市畜禽改良站对全市八县一区及74个乡镇畜牧技术推广机构进行调查，全市县级畜牧技术推广机构编制内人员35人，74个乡镇编制内人员259人，均为全额拨款事业单位，每个乡镇平均有编制内人员3.5人，存在管理体制不顺、基础设施滞后、人员不足、年龄结构不合理、工作经费难保障等问题。

【现代化猪场建设技术培训会】 2014年，云南生猪产业技术体系玉溪综合试验站、江川区域推广站联合举办“玉溪市现代化猪场建设技术培训会”，主要培训内容为猪场选址、猪舍布局规划与建筑设计、猪场废弃物无害化处理和资源化利用技术，来自全市9县（区）的畜牧兽医技术人员、市（县）生猪体系团队成员、规模养殖场管理和技术负责人共154人参加了培训。

【母猪生产性能测定】 2014年，云南生猪产业技术体系玉溪综合试验站在华宁华大牧业有限公司、华宁地久养殖有限公司、瑞丰农业科技开发有限公司开展了135头约克母猪生产性能测定。其中经产母猪测定91头、初生母猪测定44头。测定指标为产仔数、产活仔数、初生个体重、断奶活仔数、哺育率、断奶重等。通过测定，平均产仔数均达11头以上。经产母猪平均产活仔数达10.84头、平均哺育率达98.17%；初产母猪平均产活仔数9.9头、平均哺育率达93%，均具有较高的生产性能。

（王红琴）

【兔业生产】 2014年，全市肉兔存栏161 531只（基础母兔存栏43 979只），出栏498 301只，其中獭兔存栏3 465只、出栏7 083只。存栏50只以上的规模养兔户346个。肉兔比2013年增加存栏39 233只，出栏99 883只；獭兔比2013年存栏减少1 085只，出栏减少3 002只；50只以上的规模养兔户增加102个。

（柴 宁）

【牛冻精改良】 2014年，全市完成牛冻精改良3 993头，其中黄牛1 987头、水牛310头、奶牛1 696，受胎率77%。本地犊牛初生重15～20千克，冻改犊牛初生重30～40千克，冻改犊牛比本地犊牛高2倍。成年牛出栏，本地牛价值2 000～3 000元，冻改杂交牛价值5 000～6 000元，比本地牛高2～2.5倍。

【奶牛良种补贴】 2014年，通海县列入云南省奶牛良补项目，成为玉溪市首个奶牛良补县，奶牛良补冻精到位5 780支，项目区奶牛存栏1 419头，饲养50头以上奶牛户33户，上规模户的奶牛存栏1 270头。举办培训班3期，培训129人次，奶牛良补冻精改良1 359头，牛奶产量2 338.68吨。

（张起福）

【畜产品质量监测】 2014年，全市完成饲料产品抽样30批，其中：抽取配合饲料10批、浓缩饲料5批、养殖场育肥猪含自配料15批，样品送省兽药饲料检测所统一检测，结果合格。畜禽产品抽样80批，其中：鸡蛋10批、鸡肉20批、猪肉10批、猪尿40批，检测项目为盐酸克伦特罗、磺胺类、沙丁胺醇、氟喹诺酮类等，样品检测全部合格。抽检生鲜乳1批，检测三聚氰胺、革皮水解物、碱类物质等3种违禁添加物，样品检测合格。

【畜产品例行监测】 2014年，云南省农业厅组织有关具备资质的检测机构对全省畜产品开展例行监测工作，玉溪市由红河州兽药饲料监察所代表省进行检测，于9月22～24日对澄江县畜产品抽样监测103批次，其中：养殖场（户）15个51批、屠宰场1个36批、农贸市场1个10批、超市2个6批；鸡肉10批次、鸡蛋5批、猪肉8批、猪尿80批次，经现场和实验室对样品中磺胺类氟喹诺酮类等药物残留量检测，全部合格。

【瘦肉精检测】 2014年，全市加强对养殖场（户）“瘦肉精”的日常监督检查和抽检，开展了两次监督检测，一是对年出栏50～500头的生猪养殖场（户），年出栏10～100头的肉牛养殖场（户）和年出栏20～200只肉羊的养殖场（户）为监测点，共监测56个养殖场（户），尿液样品112个，检测336个批次，其中：育肥猪养殖场（户）51个、肉牛或肉羊养殖场（户）5个，每个养殖场（户）抽取活畜尿液样品2个，每个样品分别检测“克伦特罗、沙丁胺醇、莱克多巴胺”三种瘦肉精。二是对20个猪场采样60批次送省检测。两次监督检测共抽检76个养殖场358批次，经检测未检出“瘦肉精”，样品全部合格。全年，对进入定点屠宰场的肥猪进行了6 345批次的检验，结果全部为阴性。

【生鲜乳专项整治】 2014年，玉溪市原有4个生鲜乳收购站，其中3个由于环保节能未能达标或场地建在抚仙湖径流区内，于2014年6月30日前搬离市外。本年度全市仅剩有通海县云江奶牛场1个生鲜乳收购站，按照国务院《乳品质量安全监督管理条例》、农业部《生鲜乳生产收购管理办法》和《生鲜乳生产技术规程》，不定期对该奶牛场的投入品使用进行检查监督，对挤奶车间、挤奶设备、储奶罐及制冷设备、冲洗消毒设备，配备必要的检测设备进行了检查，指导建立了奶牛投入品使用档案。

【饲料和饲料添加剂生产监督检查】 2014年11月8～10日，省农业厅草山饲料处组织对玉溪市饲料和饲料添加剂生产进行交叉检查，对市内2家生产企业的设备设施、人员素质、日常管理、质量控制等方面进行检查，检查组要求2家生产企业在记录台账、制度建立和落实方面存在的问题15日内完成整改。截止12月底，玉溪市取得饲料和饲料添加剂生产许可证的有云南农生饲料有限公司、云南快大多畜牧科技有限公司。

【草原监测】　2014年，玉溪市澄江、华宁、峨山、新平和元江五个草原生态保护补助的实施县，市农业局组织技术人员对所辖范围内开展草原监测，共监测33个调查点，监测样方99个，入户调查169户，其中澄江监测6个样地18个样方、入户调查60户，峨山监测6个样地18个样方，华宁监测6个样地18个样方、入户调查20户，新平监测6个样地18个样方、入户调查60户，元江监测9个样地27个样方、入户调查29户。测数据均按时上传农业部。

【草原补奖专题汇报片】　为总结玉溪市草原生态补奖政策落实情况和实施效果，展示全市草原生态保护建设成果，争取第二期继续实施和提高补助，2014年5月，成立玉溪市草原生态补奖政策落实情况汇报片拍摄领导组和实施工作组，邀请6家摄像单位报价和评估后，确定云南梦工场影视策划有限公司为玉溪市草原生态保护补奖政策落实情况汇报拍摄单位。经4个多月的现场和室内拍摄制作，于9月8日完成此工作，片长30分钟。汇报片分为五个部分，草原赞歌：介绍玉溪概况、草原基本情况；草冷畜吟：诉说草原退化、石漠化、荒化等情况；春风送暖：讲说草原面积的落实、宣传、会议、数据录入、上图、打证发证、草原监测、牧草良种项目实施情况；时雨润泽：讲述各级重视、落实工作经费、草原面积的核实、一折通兑付补奖资金、资金的管理等情况；草肥畜壮：介绍项目实施后草原植被的恢复、养殖方式的转变、畜舍新建与改造、建设青贮氨化池、作物秸秆的利用、种草养畜、部分人员现身讲说政策的好处及实施后的效果、草食牲畜的发展等成果。

【青贮氨化饲料推广】　2014年，全市完成推广青贮氨化饲料55.49万吨，其中青贮饲料44.31万吨、氨化饲料11.18万吨，种植牧草20 647亩。

（刘双玲）

【实施草原生态保护补助】　2014年，澄江、华宁、峨山、新平、元江5个县继续实施草原生态保护补助奖励机制政策，5个项目县共获得补助资金1 986.19万元，其中：牧草良种补助项目资金170.5万元，兑付到户的补奖资金1 815.69万元，其中澄江县58.02万元、华宁县159.59万元、峨山县338.79万元、新平县806.06万元、元江县453.23万元，受益农户达86 886户。通过项目实施，争取中央草原生态保护补助奖励机制政策绩效考评奖励资金621万元，其中工作经费144万元、草原监测设备及监测工作经费48万元、草原上图29万元、转变生产方式项目资金400万元。

（郭丛荣　刘双玲　颜洪敏）

2014年3月7日21时，玉溪市政府在玉溪市农业局召开通海县发生家禽高致病性禽流感疫情情况通报会，省、市10余家新闻媒体出席会议。玉溪市重大动物疫病防制指挥部副指挥长、农业局局长杨正祥通报了玉溪市通海县发生家禽高致病性禽流感疫情情况　（杨旭东　摄）

【动物防疫】　2014年，全市累计发放疫苗6 151.44万头份（万毫升），免疫畜禽疫病22种（型）17 914.24万头（只），其中重大动物疫病免疫8 101.59万头（只）、其他常规疫病免疫9 812.65万头（只）。

【动物疫病监测】　2014年，全市开展18个大类32种畜禽疫病的监测，累计监测29 462份样品，其中免疫效果监测16 524份、病原学监（检）测及疫情监测12 938份，发出预警报告89次。

【小反刍兽疫防控】　2014年4月，玉溪市通海县首次发生羊小反刍兽疫疫情，经采取综合防控措施，至4月30日，扑灭了7县输入性小反刍兽疫疫情，元江县、红塔区未传入。经调查，疫源分别由四川、楚雄元谋和安宁等地经引种、活羊贩运交易等传入。

【消灭马传染性贫血病计划】　根据农业部、省农业厅要求，2014年玉溪市启动消灭马传染性贫血病计划。计划2014～2 016年连续3年对全市辖区内所有马属动物开展马传染性贫血病流行病学调查、抽样监测等工作，2 016年12月前市级完成对9县（区）的考核验收工作，2017年通过省级考核验收。

【兽医分子生物学实验室建设】　2014年，玉溪市动物疫病预防控制中心投入64.58万元，建立了分子生物学诊断实验室，配备了全自动核酸提取仪、PCR扩增仪、高速冷冻离心机、生物安全柜、全自动凝胶成像与分析系统、电泳仪、超低温冰箱、超纯水仪等仪器设备，可满足动物疫病的病毒学、细菌学等分子生物学检测需求。

【生猪重大动物疫病免疫技术探索与推广项目获奖】　2014年，由玉溪市动物疫病预防控制中心主持完成的《玉溪市生猪重大动物疫病免疫技术探索与推广》分别获得玉溪市科学技术三等奖、云南省农业厅2013年度农业技术推广二等奖、玉溪市农业局2013年度农业技术推广一等奖。

（逯　强）

【动物疫病可追溯体系建设】　2014

年，全市畜禽共佩戴动物标识150.4万个，比上年增19.75万个，增13.4%。其中佩戴猪标识136万个，牛标识4.7万个，羊标识9.7万个。上传溯源戴标信息43.18万条。

【动物产地检疫】 2014年，玉溪市动物卫生监督机构对全市356个规模化养猪场、105个规模养牛场、119户规模养羊户及428户规模养禽户所申报的畜禽开展了100%的产地检疫工作。全年共检疫畜禽1 366.56万头（只），其中：检疫生猪260.30万头，检出病猪548头；检疫牛6.26万头，检出病牛0头；检疫羊10.02万只，检出病羊5只；检疫家禽1 089.98万只，检出病禽1 338只。对检出的病畜禽严格按规定进行了处理。

【动物屠宰检疫】 2014年，玉溪市动物卫生监督机构在全市38个生猪定点屠宰场、11个牛羊屠宰场（点）实施100%屠宰检疫。全年共检疫畜禽481.39万头（只）；其中检疫生猪75.65万头，检出病害生猪688头；检疫牛羊6.73万头（只），检出发病羊1只；检疫禽类393.83万只，检出病害禽1 036只。对检出的病害畜禽及其产品，监督畜主进行无害化处理。

【推广机打检疫合格证明】 在红塔区开展机打检疫票证出证试点基础上，2014年，又在新平、通海、江川等县推广，实现了检疫信息的电子化传输和管理。

【动物卫生监督行政执法】 2014年，全市动物卫生监督机构对1 008个规模畜禽养殖场、109个畜禽及其产品交易市场、8个超市，经营畜产品的75个农贸市场、2个畜产品仓储单位、7个畜禽产品加工厂、6个肉食品加工企业进行了动物卫生条件及经营持证、进货台账等内容的监督执法；对1 008个规模畜禽养殖场进行2 531次规范化监督执法；全年监督检查畜类82.32万头（只），禽类449.70万只，动物产品62 232 170千克；抽查加工备用猪肉29 400千克、鸭1 500只。发放《食品动物禁用的兽药及其他化合物》宣传单1 300份，提高规模养殖户对禁用兽药的认识。全年，动物卫生案件立案7件，结案5件。

【病害畜禽及产品无害化处理】 2014年，全市动物卫生监督机构监督无害化处理病害生猪1 052头，禽类1 030只，有害产品16 890千克。在新平县古城街道、桂山街道、戛洒镇、漠沙镇、扬武镇、建兴乡、平甸乡和新化乡共10个自然村、80户规模化养殖场（小区）试点推进新建畜禽规模养殖场无害化处理设施设备建设，共建设无害化处理池924.93立方米。

【引进乳用种用动物检疫审批】 2014年，全市共对引进乳用种用动物检疫审批35批次，批准引进种猪3 326头，种羊14只，种牛7头，种禽7万只，种兔14.67万只。

【动物诊疗机构专项整治】 2014年7月，玉溪市动物卫生监督机构对全市已通过动物诊疗许可的20家动物诊疗机构及13名执业兽医开展专项清理整顿活动。通过清理整顿，注销10家动物诊疗机构，新增动物诊所1家；注销执业兽医注册2名，新增注册执业兽医8名、执业助理兽医5名。

【兽药GSP认证】 2014年，玉溪市动物卫生监督机构对全市提出申请兽药经营的8家企业组织专家进行了审查认证，其中新办证2家，经营场地或法人变更重新认证6家。

【兽药监管执法】 2014年，全市动物卫生监督机构累计出动执法人员1 308人次，共检查兽药门市1 448个（次），抽检兽药12.90万盒（包），不合格兽药产品1 689盒（包），货值0.63万元，没收2 273盒（包）。年内完成兽药抽样送检50批次，对检验不合格的假、劣兽药经销商进行了立案查处。全年共立案办结23件，结案23件。

（杨晓橙）

乡镇企业

【乡镇企业主要指标】 2014年，全市乡镇企业实现总产值1 383.24亿元，比上年增长4.84%；实现营业收入1 505.83亿元，比上年减少0.49 %；实现利润总额57.42亿元，比上年减少3.69%；上交税金33.38亿元，比上年减少6.06%；年末，全市乡镇企业发展到102 128个，其中：集体企业72个、私营企业3 056个、个体户98 749个，从业人员47.3万人，与上年基本持平。

【农产品加工业】 2014年，乡镇企业规模以上特色农产品加工企业92户，从业人员1.91万人，总产值107.89亿元，占全部农产品加工业总产值的68.1%，实现营业收入103.56亿元、占全部农产品加工业营业收入的67.56%，利润总额6.21亿元，占全部农产品加工业利润总额的67.18%，上交税金3.38亿元，占全部农产品加工业上交税金的81.55%。

【固定资产投资】 2014年，全市乡镇企业固定资产投资项目202个，新开工项目153个；本年完成总投资72.59

玉溪祥隆农业科技发展有限公司在红塔区北城街道的现代农业种植基地 （李顺德 摄）

亿元，其中设备购置13.41亿元；国家及有关部门扶持资金1 305万元，金融机构贷款3.99亿元，引进资金6.21亿元，新增固定资产48.5亿元。

【休闲农业】　2014年，全市休闲农业经营户310户。其中：农家乐258户、休闲农庄26户、休闲农业园6户、民俗村2个、其他类型18户；从业人员5 962人，比上年增4.5%；接待人次638万人，与上年持平；营业收入4.94亿元，比上年增4.2%。玉溪市乡村休闲农业发展已从单纯的“吃饭、住宿”逐步向利用田园景观和农业资源，提供观光、采摘、垂钓、民俗文化娱乐、休闲拓展。

（阮　波）

【乡镇企业重点投资扶持】　2014年，推荐云南省玉溪市甜馨食品有限责任公司、新平茶马古道茶业有限公司、云南易门恒源食品有限公司、云南省澄江县竹海箐生态旅游开发有限公司4个项目申报省级乡镇企业重点投资项目，经省级部门审核，3个项目获得省级乡镇企业发展项目资金专项扶持资金185万元。

【中央农产品产地初加工项目资金补助】　2014年，是惠民工程实施的第三年，云南省共有11个县获中央农产品产地初加工项目资金补助，玉溪市新平县、通海县名列其中，共获522.3万元的资金扶持。

【乡村旅游接待单位星级认定】　截至2014年底，118户乡村旅游经营主体被玉溪市乡村旅游质量等级评定委员会评定为星级乡村旅游接待单位。其中：四星级单位12户，三星级单位76户，二星级单位30户。

【澄江县获“全国休闲农业与乡村旅游示范县”称号】　2014年，国家农业部、国家旅游局确定了全国37个县（市、区）为全国休闲农业与乡村旅游示范县，100个点为全国休闲农业与乡村旅游示范点。玉溪市澄江县和澄江县禄充村分别获得全国休闲农业与乡村旅游示范县和示范点称号。农业部、国家旅游局自2010年开始开展全国休闲农业与乡村旅游示范县、示范点的创建工作。澄江县成为全市首个荣获国家级休闲农业与乡村旅游示范县的县区，澄江县禄充村则是全市第二家获国家级休闲农业与乡村旅游示范点。国家级示范县、示范点的认定，对加快全市休闲农业与乡村旅游提档升级起到了很好的推进作用。

（聂红英）

渔　业

【水产品总产量】　2014年，全市水产品总产量达16 159吨，比2013年的15 871吨，增288吨，增1.8%。其中：养殖产量达14 161吨，占本年度水产品总产量的87.6%；捕捞产量1 998吨，占总产量的12.4%。

【水域水产品产量】　2014年，池塘（含坝塘）养殖产量达7 039吨，平均亩产353千克，较2013年的6 967吨，增72吨，增1%。其中：专用塘产量5 011吨，坝塘产量2 027吨；湖泊养殖产量3 330吨（其中星云湖2 130吨，杞麓湖1 200吨），较2013年养殖湖泊产量3 230吨，增100吨（其中星云湖增100吨，杞麓湖与上年持平）；水库产量3 259吨，水库产量比2013年的3 164吨，增95吨，增3%；稻田养鱼产量477吨，比2013年的455吨，增22吨，增4.8%。

【水域捕捞水产品量】　2014年，抚仙湖捕捞产量1 862吨，比2013年1 872吨，减10吨，减0.5%；江河捕捞产量136吨，较2013年的129吨，增7吨，增5.4%。

【渔业经济】　2014年，全市总养殖面积160 607亩，比2013年增1 917亩。渔业经济总产值达53 713.9万元，比2013年增1 453万元，增2.78%。其中：渔业产值（含养殖、捕捞、苗种）25 981.4万元，比2013年增929.91万元，增3.71%；渔业工业和建筑业7 503万元，比2013年增2万元，增0.3%；渔业流通和服务业20 229.5万元，比2013年增521万元，增2.64%。

【增殖放流】　2014年2月26日，向星云湖投放了5公两以上的白鲢鱼大规格鱼种30吨，花鲢鱼4公两以上的大规格鱼种70吨，鲤鱼4公两以上的大规格鱼种10吨，青鱼4公两以上的大规格鱼种1吨，鲫鱼夏花2吨，共计113吨；7月18日，向抚仙湖投放抗浪鱼大规格抗浪鱼和云南倒刺鲃苗种73万尾；7月22日，向元江放流元江鲤50万尾，体长5cm以上。

【稻田养鱼】　2014年，全市稻田养殖鱼面积30 909亩，比2013年的30 350亩增559亩，增1.84%。稻田养鱼产量477吨，比2013年的455吨增22吨，增4.8%，平均单产16千克。

【渔业科技成果】　由玉溪市水产工作站主持完成的《抚仙四须鲃人工驯养繁殖技术研究》分获2014年度玉溪市人民政府科学进步二等奖、云南省农业厅农业技术推广三等奖、玉溪市农业局农业技术推广一等奖。

（刘　蓉）

2014年9月28日，玉溪市农业局调研员李晓国率渔业科、市水产工作站有关人员到红塔区督查渔业安全工作，图为督查组到红塔区小石桥乡玉苗中坝水库进行实地检查

（梁用本　摄）

【水产健康养殖示范场创建】 2014年8月，元江县锦源水产养殖场成为农业部（第八批）水产健康养殖示范场创建单位。2014年11月，元江县鱼种技术推广站作为农业部（第九批）水产健康养殖示范场创建单位，已通过考核，待农业部审核。

【标准化健康养殖项目】 2014年，玉溪市云南阿穆尔鲟鱼集团有限公司获得农业部渔业标准化健康养殖建设项目，项目总投资70万元，其中：中央财政共补助25万元、云南阿穆尔鲟鱼集团有限公司自筹45万元，项目于2014年1月正式开工，11底完成全部建设任务，12月通过验收。

（张忠祥）

农村能源

【农村能源建设】 2014年，玉溪市农村户用沼气池建设任务200口、节能改灶任务10 700眼、太阳能热水器项目5 050台、乡村沼气服务网点任务30个、养殖小区联户沼气建设任务41个点、病旧沼气池修复改造任务16 700口、农户技术培训4期。实际完成“一池三改”沼气池建设任务200口，其中易门县100口、元江县100口，完成计划的100%；完成节能改灶任务10 700眼，其中红塔区600眼、江川县1 300眼、澄江县1 600眼、通海县1 200眼、华宁县1 900眼、易门县1 500眼、峨山县900眼、新平县900眼、元江县800眼，完成计划的100%；完成太阳能热水器5 050台，其中江川县800台、澄江县750台、通海县300台、华宁县600台、易门县1 900台、峨山县100台、新平县600台，完成计划的100%；完成乡村沼气服务网点建设30个，其中江川县10个、通海县1个、华宁县8个、易门县9个、新平县1个、元江县1个，完成计划的100%；完成养殖小区联户沼气建设任务41个点，其中红塔区2个、江川县5个、澄江县10个、华宁县5个、易门县4个、峨山县4个、新平县10个，完成计划的100%；完成病旧沼气池修复改造任务16 700口，其中红塔区600口、江川县1 500口、澄江县100口、通海县1 500口、华宁县2 900口、易门县2 900口、峨山县2 400口、新平县2 500口、元江县2 300口，完成计划的100%；完成农户技术培训60期，培训农户及技术人员4 082人。实现项目投资1 858.95万元，其中：中央投资866.6万元、省级投资501万元、市级投资491.35万元。

【病旧沼气池修复改造】 2014年，玉溪市正式启动农村病旧沼气池修复改造工作，省级下达700口修复计划，补助资金70万元；市级下达16 000口修复任务，补助资金240万元。各县（区）制订了病旧沼气池修复实施方案并成立领导小组。项目实施按照“谁分管、谁负责”的原则组织落实，严格管理。截至2014年12月底，各县（区）圆满完成16 700口计划任务，完成计划任务的100%。

【农村能源建设补助】 2014年，全市农村能源建设项目中央投资866.6万元，其中节柴改灶2 700眼，补助资金27万元；太阳能热水器3 650台，补助资金365万元；养殖小区或联户沼气建设41处，补助资金393.6万元，乡村沼气服务网点18个，补助资金81万元。省级农村能源建设项目投资501万元，其中农村户用沼气建设400口，补助资金80万元；节柴改灶8 000眼，补助资金160万元，配套中央退耕还林节柴改灶2 700眼，补助资金27万元；太阳能热水器100台，补助资金100万元；省级乡村沼气服务网点12个，补助资金60万元；病旧沼气池修复改造700口，补助资金70万元；农户技术培训4期，培训资金4万元。市级农村能源建设项目投资493.35万元，其中2013、2014年沼气管护资金162.75万元，维护户用沼气池232 492口；配套2013、2014年养殖小区或联户沼气补助资金57.6万元；病旧沼气池修复改造16 000口，补助资金240万元；中央大中型沼气工程市级配套资金22万元；中央乡村沼气服务网点18个，市级配套补助资金9万元。全市农村能源建设项目中央、省、市共投资1 858.95万元。

【农村能源建设及综合效益】 2014年，全市沼气池保有量为233 184口，利用数116 592口，推广省柴节煤灶268 215眼，推广太阳能热水器168 318M2，通过项目推广，年累计形成开发和节约能源40.94万吨薪柴，折合标煤26.71万吨，年累计产值13 099万元，年减少森林砍伐1.82万公顷；年减少化肥施用量5.83万吨；减少砍柴工日0.39万个；减少CO_2排放69.46万吨；减少SO_2排放0.23万吨。

【农村沼气服务网点建设】 2014年底，全市完成中央、省级乡村沼气服务网点501个，其中已建成的沼气专业合作社7个（红塔区1个、江川县5个、元江县1个），服务网点已配置专用设备243台，其中：出粪车45辆，拖拉机43辆，摩托车155辆；出料设备562台，检测设备384台。501个乡村沼气服务网点及专业合作社共配备从业人员715人，其中：获得农业部特有工种（沼气生产工）持证人员612人。

【沼气后续管理服务】 截至2014年底，全市农村沼气服务网点拥有从业人员715人，其中：持证人员612人，服务网点覆盖沼气户数达到196 056户，建设模式有个人领办型及专业合作社。正常运行服务的网点497个，开展安全巡查111 794户，安全维护服务农户数105 948户，其中：病旧沼气池修复改造16 700户，出粪换料农户32 921户，管道维修11 401户，灶具维修7 477台，灯具维修2 601户，开关维修13 810户，压力表维修5 391户，脱硫剂维修3 914户，集水器维修3 516户，导气管维修2 203户，其他维修6 146户。沼气专业合作社累计出料275户，进料275户；维修病池17户，管道792户，灶具521台，开关314个。

【沼气安全服务月】 2014年1～2月，全市开展为期2个月的“沼气安全服务月”活动，各县（区）深入各乡镇、学校及农户开展沼气安全管理使用知识宣传培训60期，培训农户及在校学生4 082人，发放沼气安全管理宣传资料及安全使用手册99 773份，各沼气服务网点积极开展沼气池管理维护工作，指导农户做好沼气池出粪换料工作，安全巡查111 794户，安全维护数105 948户，发放安全挂图及宣传资料187 118份，大出料3 743户，现场指导农户换料70户，普及沼气安全生产知识，提高沼气用户的安全防范意识和应急处理能力。

（曹秀玲）

种子管理

【打击假农作物种子】 2014年，市农业局结合实际制定《玉溪市打击侵犯品种权和制售假劣种子行为专项行动实施方案》，玉溪市种子管理站按照“属地管理、检打联动、部门协同、标本兼治”原则，以杂交玉米、杂交水稻为重点作物，以制种基地和案件高发地为重点地区，以清理整顿违法生产经营主体为主线，加大违法案件查处力度。全年全市种子管理部门共出动执法人员1 710人次、执法车辆415台次，共检查集贸市场329个次、种子经营门店3 701个次、种子标签17 000个，经检查，市内持有种子生产经营许可证的5户企业（省级发证企业3户、市级发证企业1户、县级发证企业1户），无超范围生产、经营种子和假冒套牌侵权生产经营销售种子行为；全市种子经营代销户（门店）1 135户（个），持有合格证上岗经营种子人员1 400余人，经营代销种子资质符合种子法及云南省农作物种子条例的规定和要求，98%以上的种子经营代销户守法、诚信、规范经营代销种子。开展进村入户对种子来源等进行倒查工作，走访调查农户1 108户次，97%以上的农户到固定门店购买种子，98%的农户购买包装种子，90%的农户均会索要发票或凭证。市场检查中扦取种子样品32个，其中：杂交玉米23个、杂交水稻7个、常规水稻2个，通过净度、水分、发芽率三项指标省级检测，合格率100%；23个杂交玉米样品经会泽县农作物种子质量检测中心品种田间种植纯度鉴定，纯度全部达国家种子标准。

【经营品种和数量备案登记】　2014年，全市通过审核，给予备案登记、准予经营销售的农作物品种892个（次），备案登记作物、品种中无转基因作物及品种，备案登记种子数量为159.82万千克。其中：常规水稻16.75万千克、品种68个（次）；杂交水稻18.97万千克、品种139个（次）；玉米106.49万千克、品种408个（次）；小麦1.95万千克、品种11个（次）；油菜1.32万千克、品种21个（次）；蚕豆0.92万千克、品种3个（次）；大麦0.74万千克、品种2个（次）；蔬菜12.68万千克、品种240个（次）。

（董云武　周仕荣）

【农作物种子生产经营企业】　按照《农作物种子生产经营许可管理办法》（农业部令2011年第3号）要求，2014年，玉溪本土种企云南秋庆种业有限公司完成了3 000万元注册资本、相应种子检验设施、加工机械、仓库要求及仓储加工人员资质审核，于10月获得云南省农业厅颁发的《农作物种子生产经营许可证》。加之2013年已取得许可证的云南盛衍种业有限公司，全市共有2户企业取得杂交玉米生产经营许可，为保障玉溪主要农作物种子供应奠定了基础。

（董云武）

【杂交玉米制种基地巡查和质量抽检】　2014年6～9月，市、县种子管理机构组成联合巡查组，深入到云南汉和科技发展有限公司在新平县桂山街道亚尼社区的粳型杂交稻19亩制种基地、云南秋庆种业有限公司在华宁县宁州街道新城社区的杂交玉米200亩制种基地开展“两杂”种子生产基地巡查及专项检查行动，经实地检查，两家企业均按种子生产许可证规定的地点、品种生产种子，生产技术操作基本规范，制种隔离区设置和田间去杂合格，无生产假冒品种行为。

玉溪市种子管理站主持的杂交玉米育种材料筛选地块

（杨旭东　摄）

【规范种子经营管理】　截至2014年12月，玉溪市持有省级核发的种子生产经营许可证的种子企业3个；持有市本级核发的种子经营许可证企业1个；持有县级核发的种子经营许可证企业1个。根据玉溪市农业局《打击侵犯品种权和制售假劣种子行为专项行动实施方案的通知》要求，通过对5个持证种子企业的生产经营资质、设施设备、技术人员、种子质量检验人员、注册资本、生产经营档案的制作保存、品种授权、标签标注、种子去向等进行详细检查，5个种子生产经营企业证照齐全，资质有效，档案制作保存较齐全，无超范围生产经营种子和无侵权行为，守法、诚信、规范的生产经营种子。年内，全市登记备案在册持有《玉溪市农作物种子经营备案书》的种子经营代销户1 135户，经营代销种子资质符合种子法及《云南省农作物种子条例》的规定和要求。

【种子来源倒查】　2014年，开展进村入户倒查工作，主要检查种子来源、品种审定及适宜种植区域、购销发票或凭证、经销户商名称及联系方式、种子包装、标签等的合法性，共检查乡镇（街道）41个次、村委会（办事处）210个次、走访调查农户1 108户次。调查结果：97%以上的农户都到固定门店购买种子，3%的农户到流动经销商处购买种子；98%的农户购买包装种子，少部分农户购买散子；90%的农户均会索要购种发票或凭证；山区乡镇多数农户购买种子后不向种子经销商索要发票（认为每年都买的品种，质量应该没有问题），袋装种子的包装、标签均为完整合法。

【培训种子经营户】　2014年，全市共组织辖区内的种子经营（代销、委托经销）商户业主、从业人员进行有关种子法律法规知识、种子识别及种子使用基本知识培训考核8期（次），参加培训考核人员达1 000余人次。

【查处种子违法案件】　2014年，全市种子管理部门共立案查处无证经营种子、经营未审先推种子、拆包零售种子、经营无标签或标签标注不合法及经营套牌与套用许可证号假劣种子、未备案登记销售种子等违法案件19起，没收违法种子2 549千克，处以罚没款2.22万元。

【种子质量监督抽查检验】 2014年，全市种子管理部门开展种子质量监督抽查。全市春季种子市场监督抽查经销商户375户，抽取种子样品330份，其中杂交玉米种子208份，杂交水稻种子47份，常规水稻种子39份，蔬菜种子36份；经检验，合格样品320份，合格率97.0%。秋季小春种子市场监督抽查经销商户105户，抽取样品91份，其中油菜26份，蔬菜样品25份，豌豆25份，小麦9份，大麦2份，蚕豆样品4份；经检验合格样品88份，合格率96.7%。对检验不合格的种子，已按相关规定进行了处理。

【救灾备荒种子储备】 2014年，根据《玉溪市市级救灾备荒种子储备管理暂行办法》规定和要求，玉溪市种子管理站经公开招投标，签订储备合同，由云南金秋种业有限公司储备杂交玉米种子“金峰一号”6万千克；由云南秋庆种业有限公司储备杂交玉米种子“明增127”3万千克、油菜种子“A35”品种0.64万千克。2014年市级共储备农作物种子9.64万千克，储备期限到2015年4月30日止。

【主要粮油作物良种面积】 2014年，玉溪市主要粮油作物良种推广面积158.93万亩，其中：小麦良种推广面积22.41万亩，良种比率97.9%，主推品种是云麦42、云麦53、云麦47、绵阳20、宜麦1号、云麦51等；油菜良种推广面积24.58万亩，良种比率99.4%，主推品种是A35、云花油早熟1号、花油6号、玉红油1号、玉红油2号、花油3号等；蚕豆良种推广面积5.74万亩，良种比率97.0%；玉米良种推广面积78.25万亩，良种比率100.0%，主推品种是路单8号、会单4号、红单6号、迪卡007、云瑞88、路单12号、云瑞8号、正大615、五谷1790、宣黄单4号、兴黄单892、金峰1号、云优78、鄂玉10号、雅玉889、明增127、振兴508、云瑞6号、珍油玉9号等；水稻良种推广面积27.95万亩，良种比率99.6%，其中杂交水稻良种推广面积12.4万亩，主推品种是宜香3003、内香8 518、内香4 106、丰优香占、冈优900、Q优6号、宜优676、宜香481等；常规稻良种推广面积15.55万亩，主推品种是楚粳28号、楚粳27号、楚粳26号、楚粳29号、玉粳20、玉粳19、云粳19号、云粳26号云玉9号、合系42号等。

【常规水稻品种筛选试验】 2014年，组织开展常规水稻品种筛选试验，参试品种为楚粳37号、楚粳38号、云粳20号、云粳25号、云粳32号、云粳34号、云粳35号、云粳37号、云粳41号、隆科16号等10个，试验实施地点澄江县龙街街道双树社区张家村民小组。试验结果：云粳20号产量最高，亩产达740千克；产量最低的是云粳41号，亩产550.3千克。

【杂交玉米品种密度暨不同种植规格试验】 2014年，玉溪市组织杂交玉米5个品种、3个密度（4 000株／亩、4 500株／亩、5 000株／亩）；种植规格等行（90厘米）双株及宽窄行（80＋40厘米）单株种植，4 500株／亩试验；试验地点华宁县宁州街道新庄村民小组。试验结果：路单8号宽窄行（80＋40厘米）单株种植比等行90厘米双株种植亩增产8%；密度试验参试的5个品种中，华兴单7号可以上5 000株/亩密度，产量最高。

（周仕荣）

农业机械

【购机补贴】 2014年，全市共完成农业机械购置中央补贴资金1 703万元，拉动农民投入购机资金3 974万元，直接新增农机总价值5 677万元，受益农户达13 699户，全市新增各种新型农机具 14 857台套，其中特殊设备数量1 051台套。

【农机总动力达255.7万千瓦】 2014年，全市农机总动力实现2 557 246.46千瓦，比2013年增77 517.97 千瓦，增3.1%；全市拥有拖拉机56 032台，比2013年增1 696台，增3.12%；拥有耕整地机械80 574台，比2013年增7 600台，增10.4%；拥有联合收获机械138台，比2013年增3台，增2.2%。

【农业机械作业】 2014年，全市完成机耕面积232.2万亩，比2013年增3.84万亩，增1.7%；机播面积13.21万亩，比2013年增0.24万亩，增1.8%；机收面积29.27万亩，比2013年增0.7万亩，增2.4%；水稻机械化插秧面积43 556亩，比2013年减2 235亩，减4.8%。

【农机抗旱和春耕备耕】 2014年，全市组织农机力量投入春耕备耕工作，各县区成立农机具、配件、油料供应协调组，农机具调度组，农机修理组3个工作组开展农机抗旱和春耕备耕工作。共参加农机春耕备耕工作11万人次，其中农机部门工作人员1 285人次；检修农机85 211台次。共投入农机153 210台，其中：拖拉机25 785台、配套农具27 835台套、联合收割机110台、排灌机械28 936台、微耕机72 156台；共完成农机机耕面积90万亩，机耙面积90万亩，农机抗旱灌溉面积70万亩。

【农业安全生产监管】 2014年，市农业局全面贯彻新安全生产法，按照“管行业必须管安全、管业务必须管安全、管生产经营必须管安全”的要求，实行“党政同责、一岗双责”责任制，确保全市农业安全生产形势持续稳定。

（祝林静）

【拖拉机及联合收割机牌证管理】 截至2014年底，全市拥有拖拉机56 032 台，在册拖拉机50 690台，其中G型19 007台、H型24 561台、 K型7 122台。全年全市共注册登记拖拉机1 948台，联合收割机19台，转入拖拉机26台，转出拖拉机16台，注销拖拉机9台，补领换领拖拉机号牌、行驶证和登记证书980台，共检验拖拉机达22 989台。

【农机驾驶人员管理】 截至2014年底，全市拥有各类拖拉机从业人员47 476人，在册拖拉机驾驶员42 940人，其中G型23 005人，H型14 826人，K型5 109人。全年全市共举办拖拉机驾驶员培训考试33期，合格发证2 306人，迁入本辖区38人，迁出本辖区10人，补证 1 703人，期满换证2 800人，驾驶证注销数为7人。

【农机安全宣传】 2014年，全市各级农机监理部门共组织宣传车1 055车次、宣传员3 685人次，深入乡镇集市816次，深入村寨1 562次，张贴宣传标语3 313条，印发农机安全宣传材料52 752份，广播电视媒体宣传22次，举办违法违章学习班6期，受教育271人次；举办农机安全生产工作座谈会53次，参加人数566人；播放警示教育影片69场次，举办驾驶员安全日学习活动530期，参加人员25 060人次，与机手签订安全责任书10 065份。

【农机安全隐患排查整治】 2014年2月，玉溪市农机安全监理所结合农机安全生产“打非治违”执法专项行动，着重排除农业机械及驾驶操作人员违法行为，重点对农机安全生产宣传、违法行为检查、违法行为处罚、农机道路交通安全违法计分等情况进行检查、整改。活动期间全市检查农业机械10 502台次，检查驾驶人10 149人次，查处一般隐患881项，整改881项，整改率达100%，把隐患消除在基层、一线和萌芽状态。

【农机安全生产暨农机购置补贴工作】 2014年9月22～23日，玉溪市农机安全监理所在元江县召开2014年农机安全生产暨农机购置补贴工作推进会，各县区农机安全监理站站长及购机办主任参加了会议，并邀请市农业局、中国人民财产保险公司玉溪分公司、各县（区）农业局分管领导参会。

【农机安全生产打非治违专项行动】 2014年8～12月，玉溪市农业机械安全监理所在全市范围内开展农机安全“打非治违”专项行动，深入到田间地头、村寨、场院进行检查，严格查处无牌行驶、无证驾驶、超速超载、违法载人、不按规定进行年检、违章作业、操作带病机具作业、疲劳作业等违法行为。全市共出动检查车辆274台次，出动检查人员1 006人次，检查农业机械8 363台次，检查驾驶操作人员8 179人次；查明无牌行驶75起，无证行驶148起，违法载人434人次，客货混装71起，酒后驾驶6起；扣留驾驶证件6本、农业机械23台次，进行批评教育147次。

【农机统计试点普查】 2014年11～12月，玉溪市农业机械管理总站在江川县雄关镇组织开展农机普查试点工作，通过对26个村民小组的普查，准确掌握了拖拉机、微耕机等各类农业机械的发展现状，摸清了各类农机“家底”，为进一步加强农机管理打下基础。

（李翔、范承东）

【农业机械化培训】 2014年，全市农业机械化技术培训9 855人次，其中：拖拉机驾驶员培训1 363人、微耕机操作培训4 845人、新购置农业机械的操作人员培训2 850人、农机维修人员培训75人、收割机培训4人、管理人员及科技培训211人、农村劳动力转移及其他培训507人。

【农业生产机械化】 2014年，玉溪市农机技术培训推广站依托玉溪市农业科学院高原特色农业示范基地，建成水稻全程机械化示范区1个，完成水稻育秧新技术、开元小型稻麦收割机、艾禾多功能全喂入收割机等新技术、新机具的示范、推广，推广水稻机械化插秧技术示范30 100亩。在玉溪市优质小麦生产和制种基地易门县，建成1个小麦机械化播种、收获千亩和百亩连片示范区，辐射带动近万亩，推广广西开元4LBZ-100半喂入履带自走式水稻联合收割机10台。引进广西桂林科锋公司生产的割晒机、甘蔗转运机在新平县试验示范，推广割晒机80台、甘蔗转运机6台。

【机械化收获】 2014年，玉溪市农机技术培训推广站引进手扶拖拉机挂接的4UM－1B型、中型四轮拖拉机挂接的4U－83型洋芋收获机和1 120型成套洋芋收获机械4台套，在红塔区、华宁县、易门县进行示范推广，有效缓解农民劳动强度，提高了农机使用范围。引进推广集稻麦、油菜、玉米收获功能为一体的多功能艾禾4LZ-5.0全喂入履带式收割机2台，分别在易门县、峨山县进行试验示范。

（普文学）

土肥植保

【测土配方施肥】 2014年，全市在水稻、玉米、油菜、烤烟、蔬菜、马铃薯、柑橘等作物实施测土配方施肥231.16万亩次；配方肥施用面积97万亩，配方肥施用总量达5.77万吨；完成油菜“3 414”肥效试验2组、蔬菜“2+X”试验2组、其他试验192组；创建各类示范样板71个，示范面积16万亩；项目区总增产15.70万吨，总减不合理施肥量6 447.17吨（纯量），总增施肥量4 274.83吨（纯量），总节本增效26 266.36万元。全年共组织采集土样2 435个、植株样85个，分析化验土样2 069个、植株样80个；全年共举办各类培训班583期，培训技术骨干3 796人次，培训农民17.53万人次，培训营销人员591人次，发放培训技术资料23.40万份，广播电视宣传33次，报刊简报44条，墙体广告（条、横幅）247条（张），网络宣传123条，科技赶集56次，召开现场会160次；土壤信息施肥建议书上墙公示 710个村（含自然村和集市）；发放施肥建议卡53.91万份，研究确定作物配方64个，

2014年9月4日，玉溪市农机技术培训推广站在易门县召开机收机播和机械化起垄现场会。云南省农机推广总站站长段晓辉、玉溪市农业局党组书记张春玉、玉溪市农科院院长张钟、易门县人民政府副县长普长福等领导和县区农业局分管农机工作的局领导、农机推广站站长等共120人（含农户、生产企业、经销商40余人）参会 （陈燕红 摄）

易门十街乡十街村委会村民充分利用耕地资源，在洋葱基地推广间作技术种植地埂蚕豆。（李顺德 摄）

为42.70万户农户提供测土配方施肥服务。完成江川县路居镇、通海县九龙街道整建制推进测土配方施肥及其他项目县（片区）20个行政村整建制推进测土配方施肥农企对接推广配方肥工作。

2014年，玉溪市八县一区继续列为中央测土配方施肥项目重点县，项目到位资金204万元，其中：中央财政投入180万元、省级财政投入24万元；每个县中央投资20～30万元。整乡推进测土配方施肥2个、整村推进测土配方施肥20个、推广测土配方施肥技术面积177.3万亩。项目资金主要用于测土配方施技术推广、试验等。

（金 萍 颜洪敏）

【“玉溪市测土配方施肥技术应用与推广”项目获省市奖励】 2014年，由玉溪市土壤肥料工作站主持完成的“玉溪市测土配方施肥技术应用与推广”分别获玉溪市人民政府2013年度科学技术奖一等奖、云南省农业厅2013年度云南省农业技术推广二等奖、玉溪市农业局2013年度玉溪市农业技术推广奖。该项目主要采用测土到田、指导到户、技术到人和配方到厂、供肥到点、连锁配送的“测、配、产、供、施”一体化服务的技术推广应用模式，于2007～2013年，在全市水稻、玉米、马铃薯、小麦、油菜、蔬菜、烤烟、甘蔗、柑橘等作物上累计推广测土配方施肥1 208.9万亩次，新增产量4.82亿千克、新增总产值7.13亿元，累计减少施肥总量0.8万吨（折纯），节本增效6.34亿元，取得了明显的经济效益、社会效益和生态效益。

【测土配方施肥手机综合信息服务试点】 2014年，玉溪市以通海县为先行，利用县农业局“三农通”农业信息服务平台，开展测土配方施肥综合信息服务试点工作，采用农民“收得到、看得懂、易操作”的施肥信息方式，指导农民选肥、用肥。试点工作中，通海县土壤肥料工作站测土配方施肥综合信息手机发送，分不同作物种植区域服务了4.6万户农户，涉及全县7个乡镇2个街道，首次创新开通和实现了测土配方施肥综合技术手机信息服务农民的技术服务新模式。

（金 萍）

【巩固退耕还林成果基本口粮田建设项目】 2014年，玉溪市农业局实施“巩固退耕还林成果基本口粮田建设”，项目总投资1 389.36万元，建设基本农田17 175亩。项目建设获中央专项资金1 288.13万元，县级配套及农民投工投劳折资101.23万元。项目建设分布于江川、通海、易门、新平、元江5个县13个退耕还林村，涉及受益农户28 690人。建设内容包括排灌沟渠建设41.36千米，蓄水池建设1个容积100立方米，农耕道路建设10.64千米，抽水泵站1座，土地平整76亩；培肥地力农艺措施包括完成增施有机肥7 346亩，推广应用配方肥5 854亩。项目建设已竣工并投入使用。

【省级资金中低产田地改造项目】 2014年，玉溪市农业局实施“省级资金中低产田地改造”项目面积3 000亩，项目批复投资1 434.69万元，其中省级财政资金1 100万元，县级配套及农户自筹334.69万元。项目安排在澄江县右所镇、新平县漠沙镇、易门县龙泉街道实施，其中澄江县2 000亩，新平县8 000亩，易门县1 000亩。项目建设内容包括坡改梯3 000亩，新建沟渠2.08千米，农耕道路6.57千米，引水管道17千米，滴灌设施485亩；农艺措施主要完成包括增施有机肥4 445亩，种植绿肥515亩。项目建设已竣工并投入使用。

（何飞逾 杨义三）

【测土配方施肥监测点取土分析化验】 2014年，玉溪市土壤肥料工作站组织对全市测土配方施肥191个耕地监测点进行取土样分析化验，通过分析化验，将分析耕地土壤养分变化趋势，为农民科学施用配方肥提供依据。

（何飞逾 贾 平）

【春季肥料市场检查】 2014年3月18日～4月30日，玉溪市土壤肥料工作站组织出动车辆21车次、人员72人次，与各县（区）农业局、土肥站、执法大队和基层农科站配合，开展肥料市场检查。每县（区）主查1—2个肥料销售较为集中的乡镇，共检查13个基层乡镇49家经销商（户），仅有6家店内所销售的肥料合格（因店内只销有尿素和过磷酸钙），其余43家都存在各种不规范的问题，占检查销售门市的93.8%。

（舒 波 杨义三）

【玉溪市化肥有限责任公司加盟测土配方施肥】 2014年4月31日，玉溪市农业局与玉溪市化肥有限责任公司农企合作推广配方肥签约、授牌在玉溪市化肥有限责任公司举行，各县（区）农业局、市土壤肥料工作站与玉溪市化肥有限责任公司，正式签订加盟三方合作推广配方肥协议，玉溪市化肥有限责任公司正式成为玉溪测土施肥推广配方肥的合作农企，是继“云南玉溪峨山源天生物产业开发有限责任公司”“云南威鑫农业科技股份有限公司”之后的第三家自愿服务农业生产的企业。

（舒 波 金 萍 杨义三）

【农作物病虫害监测预警】 2014年，玉溪市、县（区）发布主要病虫害发生情报、简报、信息95期，其中小春40期，大春55期，在玉溪市农业信息网内发布信息252条、手机农讯通381期次，通过市、县电视报道15期次，玉溪日报报道4条，向省植保站报送资料40份次。年内，玉溪市农业有害生物灾害发生597.90万亩次，防治面积1 206.49万亩次，其中开展绿色防控和专业化统防统治196.51万亩次，挽回粮食损失23 327.45吨，实际损失4 173.46吨，损失率控制在3.68%。其中水稻病虫发生53.11万亩次，防治105.04万亩次；玉米病虫发生88.08万亩次，防治89.93万亩次；油菜病虫发生44.11万亩次，防治63.24万亩次；小麦病虫发生25.36万亩次，防治45.79万亩次；蔬菜病虫发生145.76万亩次，防治371.15万亩次；柑橘病虫发生20.80万亩次，防治49.77万亩次；其他发生220.68万亩次，防治481.57万亩次。

【绿色防控技术推广】　2014年，玉溪市针对水稻、水果、蔬菜、烤烟、花卉等作物建立绿色防控示范点69个，推进性诱、色诱、杀虫灯和使用生物防治等绿色防控技术，推广应用84.5万亩次，其中性诱剂10.23万亩次、色板9.12万亩次、杀虫灯11.19万亩次、生物防治53.96万亩次。抚仙湖径流区（江川县、澄江县、华宁县）实施性诱剂2.57万亩次，色诱面积2.78万亩次，光诱面积1.11万亩次，使用生物防治19.96万亩次。各县区绿色防控面积分别是：红塔区示范推广5.55万亩次，江川县示范推广15.35万亩次，澄江县示范推广3.6万亩次，通海县示范推广12.48万亩次，华宁县示范推广2.01万亩次，易门县示范推广5.93万亩次，峨山县示范推广19.35万亩次，新平县示范推广12.09万亩次，元江县示范推广8.14万亩次。

【农田鼠害防治】　2014年，全市农田鼠害发生107.19万亩次，防治217.32万亩次，室内外灭鼠效果分别达到86.29%和85.37%，全市投入资金160.62万元，灭鼠配制毒饵69.81万千克，歼灭老鼠138.77万只，挽回粮食损失625.57万千克，折合人民币1 517.07万元。

【植保专业化统防统治队伍建设】　2014年，全市累计成立植保专业化合作社62个，其中原有59个、新增3个，已在工商注册47个，从业人员1 533人，拥有植保机械6 440台。年内，针对水稻、蔬菜、烤烟、柑橘、芒果、草莓、葡萄等作物主要病虫害，出动专业化队伍开展专业化防治112.01万亩次，开展专防培训场次324次，培训专业化统防人员4.84万人次，发放宣传资料11.08万份。

【农药市场监督管理】　2014年，全市累计开展农药市场检查活动143次，开展宣传活动45次，出动车辆 293车次，发放宣传材料23 280份。累计出动执法人员1 091人次，依法检查农药经营门店3 074户次，检查农药产品12 280个，抽查农药标签313个，依法下达责令改正通知书5份，按照简易程序对2家违法经营户进行了当场处罚，按照一般程序对30家违法经营户立案开展调查，并作出相应的行政处罚。32个行政处罚案件涉及违法农药产品37个296.9千克，货值22 723.52元，没收违法所得19 308.5元，罚款36 727.5元，两项合计56 054元。37个违法农药产品中，无农药登记证农药（含冒证、套证等）18个、假劣农药9个、未附标签或擅自修改标签内容农药6个，其他4个。

【植物检疫】　2014年，全市实施植物及植物产品调运检疫签证合计291批次，其中苗木22.8万株、种子57 094.96千克、农产品6 423吨。植物和植物产品产地检疫23 540亩。其中，省间调运植物检疫签证73批次13 941.24千克，省内调运植物检疫签证35批次84.52千克。实施植物及植物产品调运检疫签证108批次，全部为烟种，共14 025.76千克。调运检疫签证的植物和植物产品主要有：种苗主要是烟种、蔬菜种、茉莉花、玫瑰花苗、蓝莓种苗等，植物产品主要是商品玉米和白菜、花椰菜、洋葱、洋芋等蔬菜，香蕉、芒果等水果及茉莉花茶等花卉和中药材等。

【植物检疫宣传月活动】　2014年9月5日至10月5日为“玉溪市植物检疫宣传活动月”，宣传活动月期间，全市植保部门在种苗繁育基地、种子市场、主要农产品批发市场等重点地区开展现场宣传咨询活动，设立宣传点29个，悬挂横幅、张贴标语363条，设置宣传牌583块，出动宣传车61次，发放《植物检疫条例》、《植物检疫条例实施细则》、植物检疫常识小册子、执法流程图、农业实用技术及政策法规知识问答、主要病虫害防治手册等资料16 746份（册）；通过当地电视台宣传23次，电台宣传3次，报刊宣传5次。其中，市级政府所在地红塔区在全区11个乡（街道）的500多块电子信息综合显示屏上，宣传植物检疫法规及植物检疫知识4次；通过“三农通”发送手机信息3条，受众达10万人次。宣传月活动期间，全市累计到活动现场咨询的人员达到15 904人。各县区植保植检站分别与辖区内的物流公司、种植基地、花卉公司等40家种苗生产经营单位和农产品生产流通单位签订了植物检疫承诺书，增强了相关单位和个人遵纪守法意识。

【红火蚁疫情普查】　2014年，玉溪市植保植检站组织各县区先后开展了两次农田红火蚁疫情监测普查与防控工作，普查85.39万亩次，访问范围包括农田、园林绿化地等区域，涉及73个乡（镇）621个村委会（社区），占全市村委会（社区）数的88.5%，访问47 152人次，疫情普查结果显示红火蚁在红塔区、澄江县发生，发生655亩。

【柑橘黄龙病普查】　2014年9月开始，玉溪市植保站组织相关县植保站技术人员对辖区内14万亩柑橘进行全面调查，结果表明，柑橘黄龙病在玉溪市柑橘种植区有不同程度发生。

【蓝莓病虫害调查】　2014年，玉溪市植保站组织开展蓝莓病虫害调查工作，目前全市蓝莓病害有锈病、根腐病、梢枯病、僵果病、叶斑病、炭疽病、黄叶病，其中锈病、叶斑病、梢枯病发生较重；虫害有吹棉蚧、日本龟蜡蚧、朝鲜圆球蚧、金龟子、小地老虎。2014年初，由于天气干旱病害较轻，通过监测比，2013年新增4种病虫害，即一种病毒病，三种害虫（绿尾大蚕蛾、角蜡蚧、线茸毒蛾），在发生区域已进行防治指导工作。

（王田珍）

农业科研

【学术交流】　2014年2月26日，韩国自然农业协会赵汉珪会长到玉溪市农业科学院进行学术交流，重点介绍了其经过40多年研究的不使用任何化学添加剂的自然农业的理念、技术、成果等。

【油菜综合试验站百亩核心示范区项目通过验收】　2014年4月7日，由玉溪市农科院油料所承担的油菜综合试验站百亩核心示范区项目通过由玉溪市农业局副局长王琼丽为组长的验收组的验收。

【领导视察】 2014年4月8日，中国农科院油料所李云昌研究员、华中农业大学吴江生教授和马朝芝教授、贵州省油料作物研究所所长饶勇研究员、云南省油菜产业技术体系首席科学家李根泽研究员在玉溪市农科院副院长、玉溪综合试验站站长杨进成的陪同下，到市家科院油料所开展的玉溪油菜综合试验站赵桅试验示范基地进行田间考察。

2014年7月22日，原玉溪市人大常委会主任普朝和暨云南省九湖督导组在玉溪市农科院杨绍聪副院长的陪同下，到江川县星云湖沿岸对市农科院主持的“星云湖湖面漂浮种植空心菜试验示范项目”进行调研。

2014年10月10日，云南省科协副主席戴陆圆到玉溪市农科院（贾井）高原特色农业科研试验示范基地指导工作，现场查看了基地开展的水稻、蔬菜、草莓等项目，肯定了市农科院基地建设取得的成绩，并对今后的发展规划提出了建议和意见。

2014年10月14日，玉溪市政府副市长李平到玉溪市农科院专题调研农业科研工作，李平副市长在市农业局杨正祥局长等陪同下，实地调研了市农科院（贾井）高原特色农业科研试验示范基地及组培苗基地、江川县周官河“星云湖作物漂浮吸收入湖河水氮磷养分研究与示范”项目试点，听取了市农科院工作汇报，肯定了市农科院近几年来所取得的成绩，同时要求市农科院要树立“科研立院”、“推广兴站”的理念，结合玉溪高原特色农业发展的实际和农产品市场导向，调整科研推广的结构和方向，将新品种的引进、试验、示范工作与农业生态环境保护相结合重点来落实。

2014年10月22日，楚雄州农科所所长张永华一行到玉溪市农业科学院交流工作，参观了市农科院（贾井）高原特色农业科研试验示范基地，市农科院院长张钟与张永华所长等双方人员就科研单位的资源整合、研企结合、成果转化以及科研服务于社会经济发展等方面的问题进行了探讨，双方并达成科研合作意向。

2014年11月28日，云南农业大学农业生物多样性应用技术国家工程研究中心副主任王云月博士与其课题组成员到玉溪市农业科学院设在玉溪市研和贾井、大营街龙潭的油菜综合试验站项目和山地油菜避灾高效技术应用研究项目进行田间考察。考察组一行对两个项目的各组试验逐一进行了查看，对玉溪油菜综合试验站的工作给予肯定，并针对山地油菜病虫害防治相关问题进行了讨论。

【农技推广工作现场观摩暨培训】 2014年7月26～27日，玉溪市农业科学院在新平县召开玉溪市农技推广工作现场观摩暨科技培训会，参加培训会的有市农业局及各县区农业局分管农技推广工作的领导，各县区农技站站长、副站长，市农科院全体在职职工。会议期间，参会人员现场观摩了杨武镇大开门村八分田小组和昌源村对科技增粮和绿色防控示范项目，云南农业大学何月秋教授作《十字花科根肿病研究进展》专题辅导，市农科院副院长杨绍聪就农业科技成果技术报告撰写经验进行交流，市农科院张钟院长传达中央、省、市有关农技推广工作文件精神，并安排落实2014年下半年农技推广工作。

【娃娃菜品种通过韩国育种专家鉴评】 2014年9月27日，玉溪市农业科学院园艺所研究的娃娃菜品种，经韩国韩龙种苗（株）式会社安春姬博士等育种专家对项目所供试的15个娃娃菜品种逐一进行详细调查，一致通过鉴评。

【草莓优质丰产技术工作推进】 2014年10月24日，玉溪市农业科学院召开“玉溪市2015年草莓优质丰产技术集成示范工作推进会”，与会人员现场观摩了市农科院（贾井）基地、春和团山、小庄和赵桅居委会草莓优质丰产技术示范项目及草莓组培苗的生产流程。会议旨在通过观摩交流整合资源和技术力量，组织试验，实施绿色防控、低耗栽培、优质丰产技术集成示范展示等措施，辐射带动推广栽培无病毒苗品种区域化，实现草莓丰产，增强玉溪草莓产品的市场竞争力。

【中央财政农技推广项目油菜高效栽培技术培训】 2014年11月4日，玉溪市农业科学院承担的中央农业科技推广项目在红塔区研和贾井村委会举行油菜育苗移栽技术培训。项目组长杨进成副院长现场操作示范油菜无公害标准化高产种植育苗移栽的技术要点。该项目坝区核心示范区示范面积119.5亩，主推品种“玉油1号”和“云油杂15号”。

【农技推广人员专题培训】 2014年12月5～6日，玉溪市农业科学院在红塔区和易门县开展了为期两天的全市农技推广人员专题培训。培训期间，在红塔区黄草坝梁江村对双低油菜轻简化栽培技术进行了现场培训；在易门县开展农技推广人员专题培训，由云南农业大学杨艳丽教授和李锄博士分别作《云南马铃薯产业发展现状分析》和《土壤健康与农业的可持续发展》专题讲座。

【冬马铃薯丰产栽培集成技术】 2014年11～12月，玉溪市农业科学院主持，由江川县农业技术推广站和新平县农业技术工作站等单位承担的《玉溪市冬马铃薯丰产栽培集成技术示范》项目在江川、新平两县开始冬播，按计划完成核心区500亩、展示区1 000亩、带动辐射区1万亩。该项目是2015年玉溪市冬季高原特色农业科技示范项目之一，通过项目的实施将马铃薯新品种推广应用、马铃薯控氮减磷施肥技术、马铃薯病虫害综合防治技术、马铃薯整薯起垄和膜下滴灌抗旱栽培技术、遮阴网抗寒防冻等集成技术得予推广应用，从而解决玉溪市冬马铃薯生产的关键技术。

（杨天艳）

【农业部农村实用人才培训基地揭牌】 2014年4月22日，农业部在云南省玉溪市红塔区大营街社区举行农村实用人才培训基地揭牌仪式，这是农业部确定的第14个部级农村实用人才培训基地。云南省委常委、组织部部长刘维佳，农业部党组成员、人事劳动司司长曾一春，中组部人才工作局一处副处长刘华锋，云南省农业厅党组书记、厅长张玉明，农业部农村社会事业发展中心主任王秀忠，玉溪市委常委、组织部部长姜山，玉溪市副市长李平，红塔区委副书记、区长张小良，大营街社区党总支书记任兴明出席了揭牌仪式。当日，以农民专业合作社为主题的大营街社区培训基地首期培训班也正式开班，来自云南等地的100名农村实用人才带头人参加为期一周的技术培训。

【5名科技人员获云南省科技兴乡贡献奖】 2014年，根据《云南省人力资源和社会保障厅关于开展第六届云南

省科技兴乡贡献奖推荐评选工作的通知》，经自下而上、民主公开、好中选优的原则，采取差额推荐，综合比较，等额上报的方法进行遴选推荐，省有突出贡献优秀人才评审委员会评审，报云南省人民政府同意，玉溪市红塔区北城街道农业技术农机工作站徐红春、通海县里山彝族乡农业综合服务中心黄昆、华宁县华溪镇农业技术工作站张勇、峨山县岔河乡农科站钱春平、元江县曼来镇农业技术农机工作站董军忠获云南省第六届科技兴乡贡献奖。

【云南省农业技术推广奖】 根据云南省农业厅关于2013年云南省农业技术推广奖评审结果的通报，玉溪市共有8项成果获奖，其中二等奖4项、三等奖4项。玉溪市土壤肥料工作站主报的《测土配方全程化施肥技术应用》、玉溪市动物疫病预防控制中心主报的《生猪重大疫病免疫技术探索与推广》、玉溪市农业科学院主报的《优质抗稻瘟病高原粳稻新品种玉粳11号选育应用》、玉溪市水产工作站主报的《抚仙湖四须鲃人工驯养繁殖技术研究与应用》获二等奖；玉溪市农业科学院主报的《除虫菊施肥技术研究与应用》、易门县农业技术推广站主报的《易门县玉米增产技术集成与应用》、峨山彝族自治县植保植检站主报的《稻飞虱预测模型建立及综合防控技术推广》、元江彝族傣族自治县植保植检站主报的《元江果实蝇综合防控技术集成与应用》获三等奖。

（张光和）

【专业技术人员知识更新培训】 2014年，玉溪市农业广播电视学校利用农业远程教育平台，围绕“三农”中心任务，开展农业系统专业技术人员知识更新培训，提高广大农业专业技术人员专业技能和服务能力，全年共组织培训5期654人次，培训学时计入专业技术人员继续教育学时，登记专业继续教育证书184人。

（刘学芬）

【玉溪市农学会被评为3A级社团】 2014年，玉溪市民政局组织开展市属社会团体评估工作，玉溪市农学会按照《玉溪市市属社会团体评估方案》的相关要求，认真组织材料申请参加评估。通过市属社会团体评估委员会对申报材料的评审、实地查看相关档案资料及办公情况，玉溪市农学会顺利通过评估，获得“AAA”社会团体称号。

【玉溪市农学会被评为市科协先进集体】 2014年，玉溪市科协第四次代表大会上，玉溪市农学会被授予“玉溪市科协系统先进集体”称号，农学会专职工作人员黄莲英同志被授予“玉溪市科协系统先进个人”称号。

（黄莲英）

林业管理

【概　况】　2014年，全市林地面积1 555.75万亩，占全市国土面积2 248.42万亩的69.2%，其中，有林地面积1 188.11万亩，森林覆盖率为54.2%，活立木总蓄积4 623万立方米。全年完成林业投资6.63亿元，其中，争取国家和省级项目资金3.3亿元，市级资金4 710.27万元，争取林业贴息贷款3 290万元，开展林权融资2.53亿元。市林业局完成招商引资任务1.05亿元，完成市政府下达1亿元任务的105%。2013年冬至2014年春绿化造林完成41.37万亩、2 182.16万株，完成计划种植面积的105.6%、计划种植株数的103.9%。各项重点工程营造林完成38.86万亩，其中，人工造林16.24万亩，封山育林22.62万亩。近面山绿化工程完成造林绿化面积1 734.8亩。核桃和竹子产业发展29.32万亩，其中，完成核桃种植22.82万亩，完成计划任务13.5万亩的169%；完成竹子种植6.5万亩，完成计划任务6.5万亩的100%。全市林业综合产值达43.1亿元，比上年增长9.14%。森林防火取得了无重大森林火灾、无人员伤亡的好成绩。森林资源管理进一步加强，林业有害生物防治得到强化，野生动植物保护得到加强，林业执法力度不断加大。全市森林公安机关共查处各类涉林案件1 021起，处理违法犯罪人员1 194（次），为国家挽回经济损失1 477.2万元。集体林权制度配套改革不断深化，全年全市林权流转4 950.56万元，林权抵押贷款2.04亿元。为贯彻落实《国务院办公厅关于加快林下经济发展的意见》和《云南省林下经济发展规划纲要》的精神，市林业局委托林业调查规划院编制完成《玉溪市林下经济发展规划（2015～2020年）》，于12月通过省林业厅专家组评审，并呈报市政府批准实施。

【林业产业提档升级】　2014年，为加快推进林业产业提档升级，全市安排专项扶持资金190万元，扶持林业产业化龙头企业；加强对林业合作组织的培育，全市林农专业合作社省级示范社达24户；大力培育以核桃、竹子为主的特色经济林，至10月底，全市核桃累计种植面积120.25万亩、投产面积24.07万亩、产量736万千克、产值20 057万元，竹子累计种植面积60.53万亩、投产面积29万亩、产量16 690万千克、产值11 415万元；积极壮大新兴林业产业经济，以野生食用菌、野生蕨菜、森林药材、森林蔬菜种植为突破口，带动林下养殖、林间采集加工的发展。全年林业综合产值43.1亿元，比上年增长9.14%。其中，第一产业32.5亿元，占林业总产值的75.41%；第二产业7.59亿元，占林业总产值的17.61%；第三产业3.01亿元，占林业总产值的6.98%。

（师红艳）

【林业投资】　2014年，全市争取中央、省级林业投资33 236.22万元，比上年29 137.8万元增加4 098.42万元，增长14 %。其中，争取中央资金19 732.32万元，比上年19 844.73万元减少112.41万元，减0.57%；省级资金13 503.9万元，比上年9 293.07万元增加4 210.83万元，增长45.31%。

（张丽慧）

【林权抵押贷款】　截至2014年12月底，全市累计林权抵押贷款24.18万亩，贷款金额6.77亿元。其中，2014年新增林权抵押贷款6.77万亩，贷款金额20 414.5万元，比上年9 281万元增加了11 132.8万元，增长率近119.94%。

【推进林权流转】　截至2014年12月底，全市林权流转累计19.63万亩，流转宗数1 957宗，流转金额累计24 835.94万元。其中，2014年新增林权流转面积3.85万亩，流转宗数507宗，流转金额4 950.56万元。

【林权证登记发证】　截至2014年12月份，全市共确权1 370.1万亩，占应确权面积1 380.36万亩的99.26%；核发林权证15.38万本、股权证及均利证8.14万本，发证面积1 370.1万亩，发证率100%。林权更正8 008宗。

（杨艳芬）

植树造林

【制订全民义务植树工作方案】　2014年8月1日，全市首次制订《玉溪市2014～2015全民义务植树工作方案》。方案要求各级各有关单位要积极开拓创新，建立和完善全民义务植树激励机制，多渠道搭建公民履行义务植树的平台。单位和公民可以选择以下方式来履行自己的义务：参加植树造林、参加纪念林建设、参加绿地树木认养、参加捐资代劳植树。

（杨春江）

【启动新一轮退耕还林还草工程】 2014年，省级下达全市新一轮退耕还林任务3万亩，其中，华宁县1万亩，易门县1万亩，峨山县0.5万亩，元江县0.5万亩。实施范围严格限定在25度以上非基本农田坡耕地。补助标准为每亩补助1 500元。

（杨　川）

【岩溶分布县石漠化监测实现全覆盖】 2014年11月，全省启动岩溶地区非重点县石漠化监测工作。峨山县、新平县、元江县纳入本次监测范围。加上已纳入全国岩溶地区第一次、第二次石漠化监测并已全面实施了国家石漠化综合治理工程的6个县区，全市岩溶分布县石漠化监测实现了全覆盖。

【首次完成国家储备林划定】 2014年7月，根据国家林业局、省林业厅的相关要求，全市以国营玉白顶林场和国营华宁东山林场作为国家储备林的承储主体，市、县及林场组织专业技术人员，严格按照《国家储备林划定办法（试行）》、《云南省国家储备林（后备林）划定实施细则（试行）》及《全国木材战略储备生产基地现有林改培技术规程（试行）》等规定，完成划定国家储备林5万亩、国家后备林0.55万亩。

【完成年度绿化造林目标责任种植任务】 截至2014年4月10日，全市2013年冬至2014年春绿化造林任务全面完成，共完成绿化造林41.37万亩、2 182.16万株，完成计划种植面积的105.6%、计划种植株数的103.9%。其中，7条重点公路完成种植1.06万亩、193.79万株，完成种植面积计划的130.9%、种植计划株数的155.5%。

【石漠化综合治理林草植被保护与建设】 全市自2008年实施石漠化综合治理项目以来，截至2014年底，石漠化综合治理项目中央预算内投资15 000万元，其中，林草植被保护与建设投资8 858.6万元。项目布局于红塔区、江川县、澄江县、通海县、华宁县、易门县。已实施林草植被保护与建设治理面积达35 780公顷，其中，人工造林6 158公顷，封山育林29 622公顷。

【第五次全国荒漠化和沙化监测县】 第五次全国荒漠化和沙化监测于2014年启动。全省监测范围为上一次监测时国家确定的10个荒漠化县区和31个沙化县区。监测外业调查时间为2014年4月至8月。新平县、峨山县、元江县、华宁县列入本次沙化监测县。元江县列入荒漠化监测县。

【“三湖”径流区经济林发展规划（2014～2015年）】 2014年3月，市林业局委托省林业调查规划院承担并完成《玉溪市“三湖”径流区经济林发展规划（2014～2015年）》。规划范围为澄江县、江川县、华宁县、通海县的17个乡镇，建设规模为8.01万亩，总投资18 390.06万元。规划目标为到2015年，“三湖”径流区共建设经济林8.01万亩。成林后，项目区森林覆盖率可提高3.1个百分点。

（陈桂芬）

林业科技推广

【林业技术培训】 2014年，全市采取办培训班、现场示范、专题讲座、发放资料等多种形式，开展林业技术培训160期（次），累计培训专业技术和林农19 099人次；同时，发放《核桃栽培管理技术要点》、《核桃栽培管理措施》、《竹子低产林改造技术》等15.9万份。

【林业科技进步贡献率】 2014年8月，省林业厅组织、收集1 995～2013年行业统计数据资料，运用柯布-道格拉斯（Cobb-Douglas）生产函数法及索洛（Solow）余值法，测算出全省及各州市“九五”到“十二五”前三年期间的林业科技进步贡献率，形成《云南省林业科技进步贡献率测算报告》。玉溪市“十二五”前三年林业科技进步贡献率为40.16%，位居全省第五位。

【华宁大白壳核桃通过省林木良种审定】 华宁大白壳核桃原产于华宁县吓羊槽、麦勒果一带，是云南核桃传统栽培良种之一，至2014年有711年历史。其干果壳白、薄、刻纹少而浅，果大、味香，嫁接苗种植后5～6年开花结实，第7～12年为初果期，13年后进入盛果期，树龄可达百年以上。2008年以来，先后推广到大理、昆明、曲靖、红河等州市和浙江省。2014年12月，华宁大白核桃通过了省林木品种审定委员会的林木良种审定。

【完成第二个中央财政林业科技核桃良种繁育推广示范项目】 2012年10月至2014年12月，市林业局完成了第二个中央财政林业科技“核桃良种繁育与栽培技术推广示范”项目。项目建成50亩核桃采穗圃、300亩桃栽培示范林、30亩核桃丰产示范园。同时，编印核桃栽培技术资料16.46万份，举办技术培训37次，培训2 871人次；出版专著1本，发表论文2篇，集成技术成果获市级科学技术奖1项。在大营街桃源村建成的30亩核桃丰产示范园，通过推广“核桃—间作（玉米等）—养殖（鸡）—肥料—核桃”林农复合经营的生态循环模式，示范农户2013年至2014年实现销售收入103.62万元，年均亩收入1.73万元。12月7日，项目通过了省林业厅验收。

【省级林业科技推广示范项目通过验收】 2011年至2014年，全市承担《云南甜龙竹低产林改造复壮技术示范》、《油茶标准化栽培技术推广》、《板栗低产园改造技术示范》、《云南省新品种核桃丰产培育标准化示范基地》4个省级林业科技推广示范项目。通过项目实施，先后建立核桃、板栗等科技示范基地7个510亩，编印发放技术资料6 400册，举办培训班28次，培训1 709人次，获技术成果奖1项，示范农户收入达80多万元。12月7日，4个项目通过了省林业厅验收。

（蒋志东）

【开展耐晚霜核桃引种试验项目】 2014年9月，市林业局从昭通鲁甸订购大麻1号1 000株，大麻2号500株，积极开展核桃品种引种工作，并安排10万元资金用于高海拔地区的核桃品种引种试验工作。12月13日，苗木调运到后，分发到澄江县梁王山林场、华宁县东山林场、元江县南溪村进行种植。

（郭　斌）

森林保护

【林业有害生物防治】 2014年，全市发生林业有害生物48.54万亩，发生率为4.06%；成灾面积1.99万亩，成灾率为1.66‰；同病虫新防治面积

45.01万亩，防治率为92.73%；无公害防治面积46.46万亩，无公害防治率98.02%。种苗产地检疫率为99 %。

（孙绍芳）

【森林防火】 2014年，全市克服雪冻天气和林下可燃物载量严重超载的不利条件，取得了无重大森林火灾、无人员伤亡的好成绩，被省政府考评为年度森林防火目标管理责任状执行情况二等奖。全年发生森林火情火灾27次，达到上报的森林火灾5次，为控制指标75次的7%；受害森林面积46.43公顷，受害率为0.06‰，比省控制指标低0.94个千分点；当日扑灭率为100%，比省控制指标高5个百分点；火案查处率为80%，达到省考核指标。与上年相比，火灾次数下降58%，受害面积减少36.82% 。

（王 怡）

【森林防火通道建设】 2014年度全市森林防火通道建设项目布局在红塔区、易门县、通海县。自2013年11月6日启动实施以来，市林业局、县区政府、林业局领导积极协调项目实施乡镇街道和施工单位，按实施方案的设计和建设内容，认真组织开展施工作业，经各方共同努力，顺利完成了建设任务。项目总投资247.8万元， 设计新建森林防火通道21.3千米，土石方工程量为38 793立方米，实际完成48.1千米，土石方量58 495 立方米。

（张 波）

【森林火灾保险】 2014年，全市森林火灾保险投保总面积1 468.25万亩，其中，公益林826.70万亩，商品林641.55万亩，保费总计587.30万元。全市审核获取理赔案件4起，过火面积为8 122亩，公益林损失面积为1 156.5亩，赔付金额为46.26万元，商品林损失面积为105.9亩，赔付金额为4.23万元，共计理赔金额为50.49万元，获赔农户计3户。

（王琼焕）

【森林防火信息指挥系统项目建设】 市级森林防火信息指挥系统建设项目自2013年9月开始建设，红塔区、易门县、峨山县、新平县为第一批建设单位，江川、澄江县、通海县、华宁县、元江县为第二批建设单位。该系统2014年11月底完成设备安装，12月初对各县区进行调试初验，12月8日对全市森林防火信息指挥系统进行总体验收，并顺利通过竣工验收。

（张 博）

【第二次湿地资源调查】 2012年7月27日，全市启动第二次湿地资源调查工作。全市投入调查资金50余万元，调查人员215人，其中，技术人员146人。10月，完成了《玉溪市第二次湿地资源调查报告》的修改、完善。经调查，全市共有湿地总面积43 074.56公顷，列全省第四位，占全市国土面积的2.88%。其中，河流湿地8 275.49公顷，占湿地总面积的19.21%；湖泊湿地30 063.16公顷，占湿地总面积的69.79%；沼泽湿地50.61公顷，占湿地总面积的0.12%；人工湿地4 685.30公顷，占湿地总面积的10.88%。全市自然湿地面积38 389.26公顷，占湿地总面积的89.12%，列全省第三位；占国土面积的2.57%，列全省第一位。

【开展野生动物肇事公众责任保险试点】 2014年，全市在八县一区开展野生动物公众责任保险试点工作，制定了《2014年玉溪市野生动物公众责任保险项目保险方案》，并通过省级评审。委托安诺保险经纪有限公司进行公开招投标，采购了综合排名第一的中国人寿财产保险股份有限公司云南省分公司为全市的野生动物公众责任保险的承保单位，并签订了《玉溪市野生动物公众责任保险服务协议》，保险费50万元。全年新平县、元江县、易门县等地发生野生动物肇事案件980余起，财产损失86万元，由承保的保险公司按照《保险服务协议》进行了全额赔付。

【杞麓湖国家湿地公园试点获国家林业局批准】 2014年2月，通海县启动申报杞麓湖国家湿地公园试点工作，聘请规划单位对杞麓湖进行科学考察、调研，编制完成了《云南通海麓湖国家湿地公园总体规划》及《申报视频》，并通过省级、国家级专家组评审。12月31日，国家林业局下发《关于同意北京房山长沟泉水等140处湿地开展国家湿地公园试点工作的通知》，同意通海杞麓湖湿地开展国家湿地公园试点工作。

（邓春毅）

【启动陆生野生动物资源调查】 2014年7月22日，市林业局召开第二次陆生野生动物资源调查会，正式启动第二次陆生野生动物资源调查工作。本次调查计划用一年半的时间完成省林业厅安排的133种陆生野生动物资源调查任务及全市陆生野生动物本底资源调查。调查内容包括野外种群、驯养繁殖及利用等。主要采用常规调查、专项调查和同步调查等方式。通过调查，基本查清全市陆生脊椎动物的种类及珍稀濒危物种的分布情况，编制《玉溪市第二次陆生野生动物调查报告（133种）》、《玉溪市陆生野生动物本底资源调查报告》，为市政府科学决策、保护管理野生动物提供依据。国家林业局昆明勘察设计院相关专家、市林业局分管领导及相关科室负责人、各县区林业局野生动物保护工作分管领导及国家级自然保护区管理局领导参加了会议。

（师红艳）

【昆曼大通道（中国段）四州市林区警务合作联席会】 2014年10月29日至30日，第三届昆曼大通道（中国段）四州市林区警务合作联席会在新平县森林公安局召开。省森林公安局党委委员、副局长盛志行出席会议并讲话，结合全省森林公安工作实际和警务合作具体实施情况提出了具体要求。昆明、玉溪、普洱、西双版纳四州（市）森林公安局领导分别签署了昆曼大通道（中国段）四州市林区警务合作框架协议、边界联防协议、案件协查协议。与会领导还参观了新平县森林公安局新建综合业务技术用房、执法办案场所建设，并对基础设施建设、信息化、警营文化、队伍建设等工作给予高度评价。四州（市）森林公安局有关领导和政工、治安、刑侦部门负责人及全市9个县（区）森林公安局局长共50余人参加会议。

【林区治安】 2014年，全市森林公安机关共查处森林案件1 021起，处理违法犯罪人员1 194人（次），为国家挽回直接经济损失1 477.20万元。其中，破获刑事案件200起，抓获犯罪嫌疑人178人（次）；林业行政案件受理821起，查处821起，处罚违法人员1 016人（次）；收缴木材1 052.82立方米、野生植物301株、野生动物326头（只）。

【林地清理整顿】 2014年6月，市政府牵头继续在全市组织开展为期5个月的打击破坏林地资源违法犯罪专项整治行动。此次专项整治行动以森林公安为主，查处各类涉林案件556起，查处涉案人员530人，单位11个，团伙6个，采取强制措施114人；查处林地面积1 023.1亩，没收活立木404株，木材583.89立方米，为国家挽回直接经济损失1 000余万元。

（冯建团）

水　利

编辑：王竹能

水利建设

【概　况】　2014年，全市完成水利水电投资241 178万元，占计划235 500万元的102.4%。其中，水利基建完成投资93 606万元，占计划的104.0%；小农水投资完成97 926万元，完成目标任务数的102%；水电投资49 650万元，占计划的100.3%。水利部门共下达水利专项资金117 286.18万元，为历史最高年。全市库塘蓄水总量达53 143万立方米，占计划任务的106%。全市建成农村饮水安全工程277件，解决8.6万人饮水安全问题，提前一年完成“十二五”饮水安全规划任务；建设完成6 000口“爱心水窖”；治理水土流失面积196.6平方千米；征收水资源费1 600万元。

【水利前期工作】　2014年，易门县苗茂和元江县鲁布2座中型水库的初步设计报告，分别获省水利厅、省发改委批复，并实施三通一平工程。新平县洋发城水库扩建工程完成可行性研究报告。华宁县矣则河水库扩建工程的项目建议书已上报省厅待批。红塔区平滩箐水库、新平县横山水库、华宁县核桃冲水库的初步设计报告已经通过国家烟草公司组织的评审。易门县团结水库、元江县小拉史水库的初步设计报告已经批复。团结水库已开工建设。峨山县筇川水库的初步设计报告通过省烟草公司组织的评审。

【水利基本建设】　2014年，全市在建的基建项目共15件，其中，建设任务已全面完成的有8件，即易门县芦柴冲水库、华宁县糯节河水库、新平县依施河水库和费拉莫水库、通海县元山坝扩建工程、峨山县玉河水库、红塔区龙母箐水库和江川县白河水库，正在进行竣工验收资料的收集整理工作。工程建设正在推进的有新平县马鞍山水库，工程累计完成投资10 380万元，完成工程总投资92%；峨山县尼去本水库工程，工程累计完成投资5 140万元，完成工程总投资67%；易门县铜厂龙潭坝水库工程，工程累计完成投资3 000万元，完成工程总投资76%。工程完工投入使用的有元江县西拉河二期东线分干渠工程。元江县章巴水库东沟防渗加固工程建设任务全面完成投入运行。市中心城区应急供水（清水河引水）工程已竣工投入运行，为中心城区供水安全奠定了坚实基础。

【三湖生态保护水资源配置应急工程】　市发展和改革委员会2013年下达《关于玉溪市东片区暨‘三湖’生态保护水资源配置应急工程核准的批复》，交市抚仙湖水务管理公司负责建设和管理，由中国有色金属第十四冶金建设集团公司采用工程总承包加BT方式进行工程建设。项目估算总投资198 963.02万元，其中，工程直接投资184 201.80万元，水土保持投资1 549.46万元，环境保护投资600.33万元，专项补偿费3 040万元，建设期融资利息9 571.43万元。工程于2013年6月19日正式启动项目建设，12月2日正式签订合作协议。市水利局负责组织项目设计等前期工作。该工程水资源论证工作由省水文水资源局承担，于2013年3月26日开展工作，5月20日完成报告编写。可行性研究设计工作由市水利电力勘测设计院承担，于4月初开展野外测量、地勘等外业工作，5月30日编制完成可行性研究报告（代项目建议书），6月18日由市发改委组织评审。水土保持专题报告由市水利电力勘测设计院编制完成。7月22日《水资源论证报告》通过专家评审。市水利局于7月31日对《玉溪市东片区暨三湖生态保护水资源配置应急工程水土保持方案可行性研究报告书》和《水资源论证报告》作出批复。这一系列前期工作的快速推进，为项目落地创造了条件。为确保高标准、高质量按预期计划建设好该项工程，市水利局组织精兵强将投入项目的建设管理。局党组书记杨明、原总工程师曾明贤负责项目组织协调和管理，全力快速推进项目建设。除下属单位市水利电力勘测设计院承担该工程技术设计外，局机关工程师室、水利建设管理与质量安全技术监督站全程进行项目跟踪管理，其他职能科室各自承担了职责范围内的工作。市设计院水工、地质、规划等专业设计代表常驻工地为工程建设做好技术服务。截至2014年底，提水工程中的自流段管线建设，从盘溪大龙潭取水点到一级泵站自流段管线总长5.2千米，管道安装完成，复耕工作完成，正进行启闭室机房施工、水源点景观工程施工；泵站建设完成工程量的80%，一级、二级、三级泵站主厂房土建部分、钢结构及行车吊装完成，正进行副厂

2014年12月22日市委书记罗应光（左三）调研澄江县高效节水减排项目进行检查指导（市水利局　提供）

房、进水池混凝土施工；提水管线建设，总长5.87千米，混凝土垫层浇筑基本完成，钢管安装完成5.5千米，剩余0.37千米，镇支墩浇筑78个（总86个），完成工程量的87%。至2015年1月2日，输水隧洞全断面浇筑完成，现进行回填灌浆施工。输水工程管道安装47.27千米，剩余2.02千米，完成工程量96%；镇墩浇筑702个，剩余97个，完成工程量88%。永久电力工程的线路部分，110千伏铁塔36基、35千伏铁塔16基搭建完成，线路架设完成；降压站部分，一级泵站35千伏降压站基本建成，一次设备部分、保护控制部分已安装调试完成并通过验收及试运行；二级泵站110千伏降压站、三级泵站35千伏降压站配电楼钢结构架柱吊装完成，变压器安装完成，正进行电气设备安装。总体完成工程量95%。

【芦柴冲水库工程竣工验收】　2014年12月23日，易门县芦柴冲水库工程竣工，并通过市水利局、市发改委共同验收。芦柴冲水库位于六街镇二街村委会芦柴冲大箐底沟，是一座以灌溉为主，兼顾六街集镇发展后备供水功能的综合性水资源开发利用小一型水库。水库控制径流面积5.4平方千米，总库容106.6万立方米。工程概算总投资2 487.41万元。工程建设内容包括枢纽工程大坝、输水隧洞和溢洪道、新建水库管理所等。工程于2010年9月28日开工，2012年4月20日完工，实际工期19个月。水库于2012年4月20日下闸蓄水试运行。水库建成后可灌溉农田面积2 736亩，二街村委会17个村民小组1 073户4 099人受益，同时兼顾了下游居民、农田和道路的防洪保护功能。验收中，竣工验收委员会专家通过实地查看、查阅资料、观看专题片、听取汇报等方式，对芦柴冲水库进行了详细的检查验收。专家们一致认为，易门县芦柴冲水库工程已按批准的设计内容建设完成，工程质量合格，财务管理规范，投资控制合理，工程初期运行正常，已发挥初步效益，能按设计要求投入运行，一致同意芦柴冲水库工程通过竣工验收，交付运行管理单位管理使用。同时，竣工验收委员会建议易门县进一步完善各项规章制度和运行操作规程，根据相关技术要求和工程运行条件，科学合理调度库水，确保水库安全和效益充分发挥。

【农村小型水利建设】　2014年，全市完成中低产田地改造0.7万亩，占计划任务的100%。首先是建设7件中央财政小型农田水利重点县。其中，华宁县、易门县重点县建设任务已全面完工；第四至第六批通海县、红塔区、澄江县、峨山县及元江县项目进展顺利。至12月底，共完成投资11 170万元，其中，中央财政6 800万元，省级财政4 000万元，市县财政配套370万元。主要工程量 完成改造渠道总长170.3千米，管道75.6千米，新建和改造提水泵站23座，小坝塘新建及整治16座，水池及小水窖2 297口，实现受益灌溉面积9.30万亩，其中，新增灌溉面积1.84万亩，改善灌溉面积7.46万亩。其次，完成一批高效节水灌溉项目前期工作及工程建设。其一，组织完成了2013～2020年农业高效节水减排规划，共规划高效节水灌溉工程232件，总面积62.74万亩。工程估算投资166 136万元。其二，组织完成了澄江县蓝莓高效节水灌溉项目、通海县蔬菜基地高效节水灌溉项目、新平县褚橙庄园新建漠沙基地高效节水灌溉项目、元江县七条梁子火龙果种植基地高效节水灌溉项目工程建设，灌溉总面积1.48万亩。工程总投资4 782.04万元。其三，完成了华宁县规模化节水灌溉增效示范项目2014年度实施方案编制，概算总投资1 886.19万元，设计灌溉面积10 170亩。项目正在抓紧组织实施。其四，实施列入水利部试点的澄江县高西社区农业高效节水减排项目，计划2015年3月底项目完工，并投入使用。工程概算投资995.72万元。此外，还完成58件小（二）病险水库除险加固工程，完成投资10 343.8万元。这些工程的建设，为农业生产农民增收增强了动力。

【农村饮水安全】　2014年，全市建成农村饮水安全工程230件，完成投资5 367万元，解决了14.22万人的饮水安全问题，占计划任务的164%。并于4月底前完成上年结转的“爱心水窖”12 000口建设任务，完成工程投资6 581万元，新增蓄水容积23.96万立方米，解决了3.65万人的饮水困难；新增的“爱心水窖”6 000口，已全部完工，完成工程投资2 376万元，新增蓄水容积12.78万立方米，解决了1.97万人的饮水困难。

【冬春农田水利基本建设】　2013～2014年，全市超额完成省级下达14.9亿元的投资任务，完成投资16.04亿元（中央水利投资4.17亿元），群众投入工日2 117万个，出动机械台班62.3万台，完成土石方1 774.75万立方米（土方1 471.85万立方米、石方215.78万立方米、混凝土87.12万立方米）。其中，新修和维护小型水源工程13 995件，修复水毁工程237件，完成干支渠防渗148千米，田间渠道381.9千米，疏浚河道86.8千米，清淤沟渠2007千米，建设村镇供水工程28处，新增蓄水能力1 181.07万立方米，新增灌溉面积14.31万亩，恢复和改善灌溉面积34.89万亩，新增节水灌溉面积7.95万亩，年新增节水能力910.72万立方米，改造中低产田7.52万亩，新增供水受益人口28.91万人，治理水土流失面积74.3平方千米。

【农村水电站增效扩容改造】　2014年，全市农村水电站增效扩容改造项目取得巨大成绩。华宁县葫芦口水电站增效扩容改造项目于6月29日试机发电成功，7月1日正式并网发电并投入商业运行，成为完成全省第一批101件农村水电增效扩容改造项目的排头兵。新平县挖窖河一级、五级2座水电站于12月30日完工验收。由元江县依萨河二级水电站增效扩容项目调整而来的元江县滑石板水电站、帮桩箐一级水电站于12月31日完工验收。7座水电站总投资11 026.41万元，其中，争取中央和省补助资金7 678.25万元，新增总装机0.55万千瓦。

（赵传安　杨云川）

防汛抗旱

【库塘蓄水】　2014年，全市各县区降水量（截至12月29日）通海县、澄江县1 009～1 023毫米，华宁县、元江县952～964毫米，新平县674毫米，其余县区760～887毫米。与常年同期相比，易门县、峨山县、新平县偏少1～3成，澄江县、通海县、元江县偏多1～2成，其余县区基本与常年接近。由于降雨较好，增蓄措施得力，全市完成库塘蓄水53 143万立方米，占省水利厅下达蓄水计划5.2亿方的102%，占市政府考核年度计划任务5亿方的106%，为6年来最好的年份。

【抗旱救灾】　2014年，全市出现前旱后涝的自然灾害天气。上半年，全市有31座小（二）型水库和92座小坝塘处于空库状态，八县一区54个乡镇（街道）、259个村（居）委会、830个自然村18.75万人、5.8万头大牲畜出现饮水困难，有360个村、6.94万人依靠拉、挑、背、送水解决饮水困难问题，有28所学校5 992名师生用水困难。全市大小春农作物累计受旱面积达97.08万亩，其中，绝收3.96万亩，粮食因旱损失2.55万吨，因旱直接经济总损失5.18亿元。由于多年持续干旱叠加，抗旱任务极其繁重。面对严重的灾情，水利部门积极作为，认真履职，组织各方面的力量开展抗旱自救。全市投入抗旱人数39.95万人次，机电井40眼，泵站503处，投入机动抗旱设备11 290台套次，出动机动运水车辆9 430辆次；投入抗旱资金6 278.6万元，其中，中央430万元，省级250万元，市级1 670万元，县级558万元，群众自筹3 370.6万元。抗旱用电504.1万度、用油1 023.3吨。抗旱浇灌面积47.06万亩，临时解决18.89万人、5.89万头大牲畜饮水困难。抗旱期间，全市共拉送水44.7万立方米，未发生因干旱造成人员和大牲畜渴死的问题。中心城区及8县城供水正常。全市抗旱挽回粮食1.53万吨，挽回经济总损失4.73亿元。

【防汛救灾】　2014年下半年是自2009年以来洪涝灾害发生最频繁、受灾面最广、受灾人口最多的一年。全市共有57个乡镇受灾，受灾人口63.57万人，房屋倒塌420间，死亡6人（5人地质灾害死亡、1人山洪泥石流灾害死亡）；农作物受灾26.86万亩（粮食作物7.95万亩），成灾16.65万亩（粮食作物5.40万亩），绝收5.56万亩（粮食作物2.01万亩），因灾减产粮食2.84万吨。农林牧渔业直接经济损失27 478万元，工业交通经济损失3 885万元，水利设施损失5 237万元，造成直接经济总损失37 349万元。在抗御洪涝灾害中，水利部门组织投入抢险人数17.81万人次，投入编织袋14.33万条，投入运输设备894（班次），机械设备769（台班）；群众投资折资462.45万元，物资消耗折资141.7万元。防汛减灾经济效益29 460万元。全市完成水毁工程修复81件，其中，江河、湖泊堤防24处3.8千米，河道清障39处43千米，闸涵18座，完成土方23万立方米，石方4.22万立方米，砼方0.38万立方米，完成各级投资1 300万元。

【中小河流治理】　2014年，全市续建和新开工江河治理项目10件，其中，元江干流元江县城段治理工程、华宁县青龙河治理工程、三乡河峨山县甸中镇段治理工程、三乡河易门县十街镇段治理工程、新平县大春河治理工程、峨山县化念河6件河道治理主体工程已完工，完成投资22 957万元，完成治理河长55.48千米，堤防治理长度95.6千米。元江县南溪河防洪堤治理等4项工程正在实施中。

【视频会商系统及山洪灾害非工程措施建设】　2014年，全市建成防汛抗旱视频会商系统，实现国家防总、省、市、县四级联网；建成由9县区和市级山洪灾害防治非工程措施预警平台组成的全市山洪灾害监测预警信息系统，共有172个自动检测雨水情站、1 205个简易监测预警雨量站、47个简易监测预警水位站，对全市江河、重点水库和山洪灾害危险区进行监测，基本实现危险区雨水情监测全覆盖。雨水情信息水利、气象、水文、国土部门全共享，极大地提升了全市水雨自然灾害应对能力。山洪灾害非工程措施投入试运行以来，已取得明显的成效。各县区山洪灾害监测预警信息系统均发布过预警，累计发布预警951次，发布预警短信55 337条，启动预警广播站5次，安全转移3 050人，避免人员伤亡30人次。

（赵传安　杨云川）

水资源管理

【水行政执法】　2014年，全市征收水资源费1 625万元，占计划数500万元的3.25倍。同时，积极开展水事矛盾纠纷“大排查、大调处、大化解”活动，化解水事矛盾纠纷83起，其中，协商处理62件，地方政府处理21件，挽回直接经济的损失39万元；查处水违法案件48件，其中，现场处理35件，立案查处6件，结案48件，警告40件，罚款3万元，责令限期拆除4件，责令采取补救措施1件，当事人自动履行9件。围绕落实最严格的水资源管理制度，代市政府起草了《玉溪市实行最严格水资源管理制度意见》、《玉溪市实行最严格水资源管理制度考核办法》和《玉溪市实行最严格水资源管理制度考核实施方案》，明确了八县一区的“三条红线”控制指标，启动了市政府对各县区用水总量控制指标的考核工作，审批4个地表水和1个地下水取水工程水资源论证报告。全市取水计量设施安装率达75%以上，较大取水户取水计量设施安装率达100%。

【水源保护】　2014年，全市加大依法管水治水力度，开展集中式饮用水水源地综合整治，保护好水源区。中心城区重要饮用水水源地东风水库保护工作成效明显，完成九溪河2号拦污闸的改造，拆除了原来的拦污栅，安装4台回转式自动清污机，实现机械打捞，最大限度地减少入库污染物；重

2014年7月2日，市长饶南湖（右一）陪同省水利厅厅长陈坚（左二）调研红塔区飞井海水库　（市水利局　提供）

新恢复九溪河口A3O处理工程和人工湿地水质净化工程；完成九溪河1.1千米河道综合治理工程项目。

【水利改革】　2014年，全市9个县区农村小型水利工程管理体制改革工作继续深入推进，“十二五”水价改革实施方案逐步贯彻实施，部分县区、部分工程水价改革工作已取得实质性成果，国有水利工程管理体制改革成果得到进一步巩固，基层水利服务体系建设稳步推进。4月23日，市委、市政府联合下发了《关于成立玉溪市推进水务管理体制改革领导小组的通知》，明确由夏立洪副书记任组长，李平副市长、孙云鹏副市长、何坤副组长任副组长，市委、市政府相关部门、各县区副书记、副区长为领导小组成员。领导小组设在市水利局，由乔正喜兼任办公室主任。市水利局起草了《中共玉溪市委、玉溪市人民政府关于全面推进水务管理体制改革的指导意见》和《玉溪市水务管理体制改革实施方案》。市抚投公司编制了《市抚投公司关于上市筹备相关工作的计划、内容和方法》，提出了明确的工作任务、工作方法和时间节点。市抚投公司牵头，市财政、水利等相关部门参与配合，对红塔区、通海县、华宁县、江川县和澄江县的供排水公司、自来水厂、水库管理所等共15个单位完成县区尽职调查工作。

【水土保持生态环境治理】　2014年，全市全社会共完成水土流失综合治理面积196.6平方千米，占计划数190平方千米的103.5%，超额完成了年度目标任务。全年完成总投资12 700万元，完成土石方542.05万立方米，群众投工15.68万个。

【水保重点项目】　2014年，市水利部门组织实施的水土保持重点工程，为易门县大腊主小流域水土保持综合治理三期工程、华宁县世家河清洁型小流域综合治理二期工程和新平县怕纳箐小流域坡耕地水土流失综合治理工程，计划治理水土流失面积3.77平方千米，总投资1 720万元，其中，中央预算内投资1 090万元，省级投资445万元，市级配套165万元，县级配套20万元。3个项目县治理工程进展顺利，共完成水土流失治理面积3.77平方千米，占总计划数3.77平方千米的100%；完成投资1 579.7万元。易门县大腊主小流域水土保持综合治理三期工程为2013年中央预算内水土保持工程，治理工程已顺利竣工，完成治理面积0.5平方千米，完成投资130万元。项目县正进行工程竣工资料整编。华宁县世家河清洁型小流域综合治理二期工程为省立项的重点治理工程，计划治理水土流失面积0.89平方千米，建设当地村庄良好人居环境。计划总投资340万元。工程已完成治理水土流失面积0.89平方千米，完成投资160万元。新平县怕纳箐小流域坡耕地水土流失综合治理工程为2013年中央预算内水土保持工程，计划治理水土流失治理面积2.38平方千米。主要工程建设内容为坡改梯238.39公顷及灌溉设施、道路配套。总投资1 250万元，其中，中央1 000万元，地方250万元。治理工程已顺利竣工，完成水土流失治理面积2.38平方千米，其中，坡改梯238.4公顷，完成投资1 289.7万元。项目县正进行工程竣工资料整编。

【水土保持监督执法】　2014年，全市共进行执法检查401次，检查各级开发建设项目345个，审批开发建设项目水保方案216个，其中，市级20个，县级196个。全年征收水保“两费”363.48万元，验收水保设施45项，查处水保违法案件1起。

（赵传安　杨云川）

工　业

编辑：王竹能

工业管理

【推进工业转型升级】　2014年，市委、市政府印发了《中共玉溪市委、玉溪市人民政府关于加快工业转型升级的实施意见》。全市以探索工业发展新路径，明确工业发展新方向，调优工业结构为工作重点，促进产业转型升级。市工信委加大对产业园区、重点项目和重点企业的扶持力度；支持红塔集团实施烟叶和卷烟产品结构调整，加快推进卷烟配套产业“二次”创业；加快钢铁企业兼并重组，玉溪钢铁集团通过国家钢铁行业规范公告；强力化解过剩产能，提前一年完成“十二五”淘汰落后产能任务；加快推进太标数控机床、烟草薄片等74个投资5 000万元以上重点项目建设，并促成华为-玉溪云计算数据中心落户高新区并开工建设。装备制造、生物医药、新能源新材料、信息等新兴产业培育也取得新突破。

【重点项目建设】　2014年，市工信委力促一批重点项目加快开工建设和竣工投产，为工业经济发展注入新活力。抓好项目前期、开工建设、竣工投产三个关键环节，以投资1 000万元以上的255个工业项目为重点，切实解决项目落地、建设中存在的问题，加快新上项目和在建项目建设进度。全力推进云南太标数控机床有限公司等36个投资5 000万元以上新开工重点工业项目、中烟施伟策（云南）再造烟叶有限公司等38个投资5 000万元以上竣工投产重点工业项目的建设。申报省级2014～2015年工业转型升级项目74个，总投资235亿元。申报滇中城市经济圈投资5亿元以上的项目25个，总投资330亿元。申报滇中城市经济圈工业园区基础设施建设项目8个，总投资109亿元。

2014年玉溪市分月份中央、省属与地方工业增速

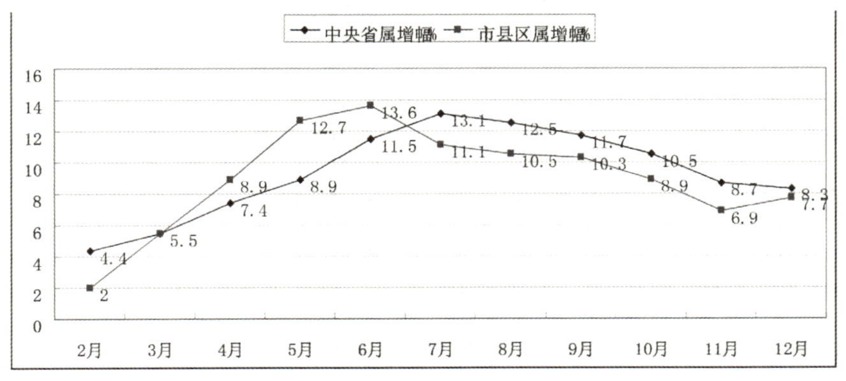

【工业园区建设】　2014年，市委、市政府印发了《玉溪市工业园区实行实体化管理指导意见》。市工信委坚持规划先行原则，完成《研和工业园区总体规划（修编）》、《国家级高新区江川龙泉工业园区总体规划及详细规划》等布局调整修编工作，提高规划的指导性和科学性。按照“实体化管理、企业化运作”的模式，推进全市工业园区实体化工作，启动高新区实体化改革试点工作。同时，开展园区综合考核评价工作，与各园区管委会签订了目标任务责任书，按指标体系对全市工业园区进行考核排名，并积极争取把玉溪大化产业园区列入省级工业园区行列，省考评验收组于10月27日到大化园区进行了实地验收考评；加快园区基础设施建设，争取省级资金2 870万元，市级资金安排补助6 000万元，全年各园区共投入基础设施建设资金28.3亿元（土储中心融资10.4亿元），建成标准化厂房53.9万平方米，收储土地1.48万亩，开发平整土地0.88万亩，园区承载能力和吸引力显著提升，新入园企业85户，新引进项目126个，招商引资160.3亿元。

【企业技术创新】　2014年，市工信委围绕产业链延伸、精深加工、工艺技术装备提升、资源综合利用、环保节能、两化融合等重点领域，加强企业创新平台建设，着力推进两烟配套、矿冶产业、生物制药及食品加工等优势产业的企业技术中心建设。全年新增省级企业技术中心1个，新增市级企业技术中心3个。全市共有44个

2014年玉溪市规模以上工业支柱产业增加值比重构成图

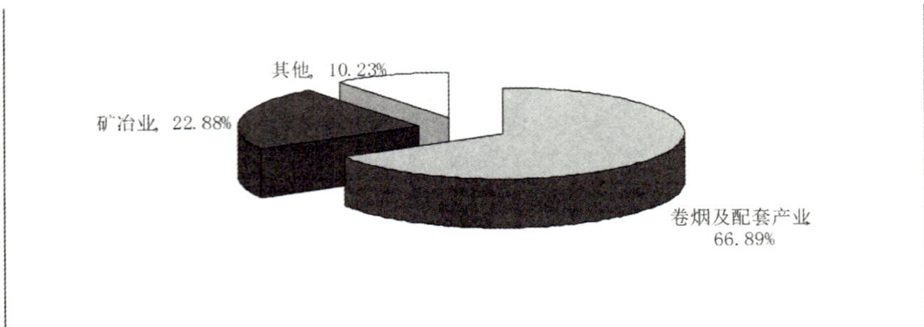

市级以上企业技术中心，其中，国家级1个，省级24个。同时，深化创新能力提升工程，6个项目获得省级技术改造专项资金1 400万元，8个项目获得省级工业跨越发展专项资金1 990万元，列入省工信委“212工程”项目29个，列入省工信委100项重点技改项目7个、100项重点技术创新项目9个；推动钢铁企业管理和技术创新，通过淘汰落后产能和填平补齐、改造提升发展，钢铁企业工艺流程不断更新改进，仙福集团、新兴钢铁等企业利用高炉煤气余热余压和回收炼钢转炉煤气发电，节能成效显著，行业技术装备水平明显提高。

【民营经济发展】 2014年，市工信委召开全市加快民营经济发展大会，深入贯彻落实《中共玉溪市委 玉溪市人民政府关于加快民营经济发展实施意见》，着力解决民营经济发展中融资难、用地难、审批难、办事难问题。同时，加快中小微企业培育力度，筛选了18户中小企业申报省级成长型中小企业，全市列入省级成长型中小企业达到112户；制定《玉溪市关于实施小微企业上规模促升级专项行动的工作意见》，筛选100户小微企业作为重点扶持对象，积极开展纳规工作，32户小微工业企业进入规模以上企业行业，奖励纳规企业460万元，全市规模以上企业户数达到330户，比上年净增12户；实施“两个10万元”微型企业培育工程，全市新创办微型企业并通过会审606户，兑现财政补助资金1 800万元。截至年底，全市民营经济户数13.1万户，增长17.7%；从业人员57.2万人，增加8.2万人，增长16.9%；完成增加值402.3亿元，增长9.1%。

【信息化建设】 2014年，市委、市政府印发了《玉溪市信息产业发展指导意见》，全面推进信息化建设。“信息消费”、“信息惠民”、国家试点工作顺利推进。“宽带乡村”工程正式启动。“华为玉溪云计算数据中心”项目正式启动，过渡性机房已投入运营。阿里巴巴集团农村电子商务试点落户玉溪。“I.yuxi”市民无线免费上网工程稳步推进。华为玉溪云计算数据中心、融创天下“微总部经济园区”、慧达万里“无线城市-智慧玉溪”等6个项目列入云南省信息消费重点推荐项目，积极争取国开行贷款资金6.97亿元。电子政务外网加快全光化改造，协同办公系统实现全市部署，“网格化”管理、“教育云平台”、“网上视频接访”等一批基于云服务模式的信息化建设项目逐步部署到华为玉溪云计算数据中心。数字企业建设及“两化融合”深入推进，33户数字企业获得专项扶持资金119万元。以4G为主的新一代移动通信网络实现乡镇全覆盖。中国铁塔股份有限公司玉溪分公司挂牌成立。无线电管理查处伪基站、“黑广播”等各种违法案件13起。

【节能和淘汰落后产能】 2014年，市工信委开展全民节能宣传，进行节能指标监测分析，实施“县区规模以上工业能源消费量调控目标”节能调控预警制度，抓重点行业和重点项目节能技术改造，18项省、市级重点节能示范项目总投资5.1亿元，可节约标准煤19.3万吨，并争取到省级节能专项资金1 307.8万元，安排市级节能专项资金345万元。同时，开展固定资产投资项目节能评估审查，启动万家节能行动企业能源管理体系建设，实施“节能产品惠民工程”，推广节能灯45万只，争取中央财政补贴381.6万元；淘汰炼钢产能25万吨、炼铁产能92万吨、水泥产能28.6万吨、黄磷产能1万吨，全面完成省下达的淘汰落后产能目标任务；积极组织申报奖励和补助资金，组织申报23个淘汰和关闭项目，争取中央和省级奖励补助资金3 272.9万元，安置职工4 814人。

【要素保障供给】 2014年，市工信委全面贯彻落实中央、省、市稳增长的决策部署，落实达规奖励、促产扩销补助政策，争取省级补助资金1 174.8万元。同时，强化工业运行监测，定期召开工业经济运行分析会，加大对市级重点督导的20户重点企业和17个重点项目的监测，针对工业经济运行中出现的困难和问题，及时提出应对措施；努力搭建企业融资新平台，68户中小企业在前海股权交易中心挂牌，其中，11户获得融资5 500万元；积极推动企业上市培育工作，万绿生物已成功在“新三板”上市，创新新材料公司在深圳“创业板”上市申报材料已被中国证监会正式受理，玉加宝人造板公司“新三板”挂牌上市申报步伐加快。此外，抓好电力需求动态分析，鼓励企业积极扩大生产用电，争取超基数临时电价补助奖励资金8 406.4万元，落实“枯转平”电价和汛期富余水电消纳政策，为60户企业节省电费开支9 109.5万元；协调铁路部门解决企业货运需求，完成铁路货物运输量387.4万吨；加强煤炭生产企业安全监管和推进煤炭产业转型升级，制定《玉溪市煤炭产业结构调整转型升级方案》，成为全省有关闭任务第一个通过煤炭产业结构调整转型升级方案的州市。

（周凤琴）

工业生产

【概 况】 2014年，全市工业产值1 636亿元，增长8.1%。其中，规模以上工业完成产值1 341亿元，增长0.7%；规模以上工业完成增加值577.81亿元，增长8.1%，比上年上升1.3个百分点，呈现出平稳增长态势。全市规模以上工业增加值增速比全省的7.3%高0.8个百分点，比昆明市的7.0%高1.1个百分点，比曲靖市的-0.7%高 8.8个百分点，比红河州的7.2%高0.9个百分点，增速在全省四个重点州市中排名第一，在全省排名第9位，比上年的第16名上升了7名。全市工业实现税收372.8亿元，增长9%，占全市财政总收入487.8亿元的76.4 %；

2014年市玉溪分月规模以上工业走势图

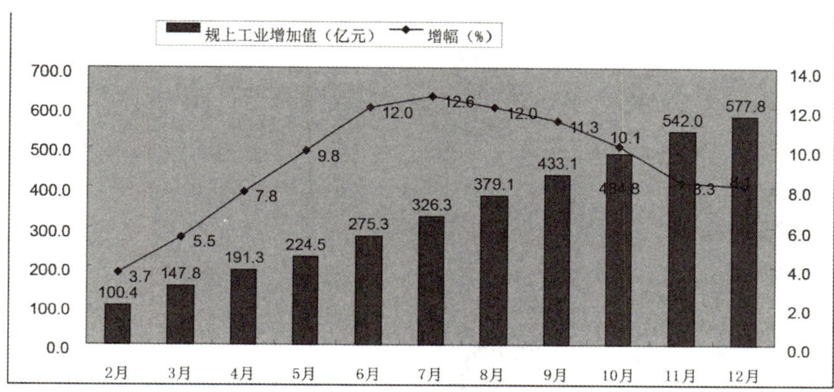

工业增加值占全市生产总值1 185亿元的比重达56.6%，拉动GDP增长5.1个百分点。烟草工业支撑强劲、钢铁工业大幅下滑。烟草制品业完成工业增加值386.4亿元，增9.3%，比上年增长7.7个百分点，拉动全市规模以上工业增加值增长5.5个百分点，成为拉动全市工业增加值增速大幅增长的主要动力；非烟工业实现增加值191.4亿元，增1%，比上年回落8.6个百分点，其中，钢铁工业实现增加值72.1 亿元，降 10.1%，比上年回落13.3个百分点，钢铁工业增加值减少31亿元，占规模以上钢铁工业增加值的30%。

【工业经济运行】　2014年，全市工业经济效益明显下滑。1～12月，全市规模以上工业实现营业收入1 374亿元，比上年减1.2%；实现利税收入总额431亿元，增长3.9%；利润61.7亿元，减15.1%。利润减少较多的行业为烟草制品业实现利润49.1亿元，减少2.7 亿元，下降5.2%；钢铁工业实现利润0.5亿元，降95 %，比上年回落155个百分点。这两个行业合计减少利润12.2 亿元，占全市规模以上工业利润减少总额11.4 亿元的107 %。工业投资小幅增长。全市完成规模以上工业投资141.5亿元，增长13.5%，占全市规模以上固定资产投资的27.6%。其中，非电工业投资117.2亿元，增长1.7%。能耗大幅下降。全市单位地区生产总值能耗预计比上年下降5.74%，超目标2.54个百分点，完成“十二五”节能目标进度100.03%，规上工业万元增加值能耗预计下降13.19%。全市轻工业增速高于重工业。规模以上轻工业实现工业产值644.2亿元，增长8.6%，完成工业增加值415.1亿元，增长9.3%。其中，烟草制品业完成377.4亿元，增长9.6%。规模以上重工业实现产值696.8亿元，下降5.6%，完成增加值162.7亿元，增长5.4%。其中，黑色金属矿采选业完成30.5亿元，增长4.0%；黑色金属冶炼及压延加工业完成41.6亿元，下降9.3%；有色金属矿采选业完成10.7亿元，增长10.2%；有色金属冶炼及压延加工业完成18.5亿元，增长48.7%。主要工业产品产量“4增7减”。4种工业品产量增幅在15%以上，分别为磷矿石增长18.6%，硫酸增长28.6%，磷酸增长24.6%，精炼铜增长17.5%；7种工业品产量下降，分别为糖下降15.8%，发电量下降0.2%，供电量下降0.7%，化肥下降0.6%，水泥下降0.3%，生铁下降17.3%，钢材下降7.4%。

【消费品工业】　2014年，全市烟草制品业产值、增加值增长。红塔集团产量增加，重点品牌保持良好发展态势，单箱结构提升，生产卷烟383.1万箱，增产12.87万箱，比上年增长2.6%。其中，一类烟生产155.4万箱，增10%；完成工业产值 503.3亿元，增长 9%；工业增加值 357.6亿元，增长9.3%，比上年增8.1个百分点。医药行业增加值小幅下降，1～12月，完成工业增加值4.2亿元，比上年下降2.4%。

【原材料工业】　2014年，全市钢铁行业产量、增加值大幅下降。12月，生铁平均市场价格为2 217元/吨，环比下降458元/吨，比上年下跌383元/吨；钢坯平均市场价格为2 630元/吨，环比下跌57元/吨，比上年下跌57元/吨；线材平均市场价格为2 817元/吨，环比下跌66元/吨，比上年回落813元/吨。1～12月，全市钢铁工业完成工业产值378.4亿元，比上年减56.7 %；增加值72.1亿元，比上年减10.1 %。其中，黑色金属采选业生产铁矿石1 716万吨，比上年增长9.49%，环比增1.2 个百分点，完成工业增加值30.5亿元，增长4%；黑色金属冶炼及压延加工业生产生铁469.8万吨，下降17.27%，钢材679.3万吨，下降7.4%，完成工业增加值41.6亿元，下降9.3%。有色行业产量、增加值大幅增长。12月，铜选矿产品平均价格3.98万元/吨，环比持平，比上年下跌1 829元/吨；精炼铜平均价格4.8万元/吨，环比持平，比上年下跌2 203元/吨；粗铜4.6万元/吨，环比下跌664元/吨，比上年下降2 350元/吨；受国际市场影响，电解镍价格11万元/吨，环比持平，比上年上涨1.39万元/吨。1～12月，全市生产铜选矿产品含铜量5.1万吨，增长11.4%；精炼铜1 318吨，比上年增长17.5%；规模以上有色金属采选业完成工业产值 69.3亿元，比上年增长18.2%；工业增加值10.7亿元，增长10.2%；有色金属冶炼及压延加工业完成工业增加值18.5亿元，增长48.7%。化工行业产量、增加值大幅增长。12月，黄磷均价在1.4万元/吨，环比上涨50元/吨，比上年下降950元/吨。1～12月，全市生产黄磷16.2万吨，比上年增长14.2%；磷酸10.9万吨，增长24.64%；规模以上化工行业完成工业增加值12亿元，增长 18.8%。建材行业产量

2014年玉溪市分月份轻重工业增速

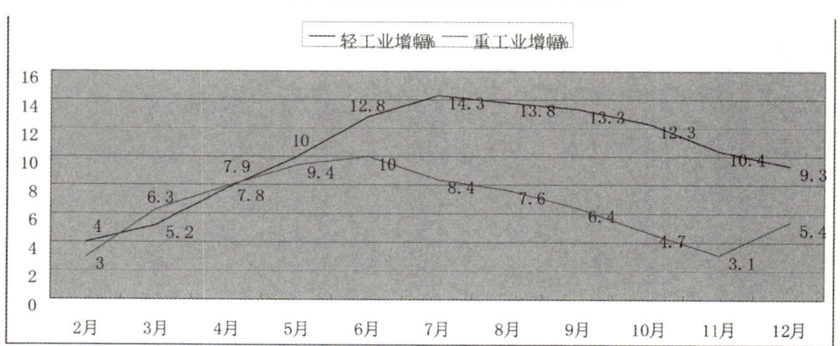

2014年7月29日，中科院院士在易门县康源菌业有限公司调研
（市工信委 提供）

小幅下降、增加值增长。12月，水泥（425#）市场均价在315元/吨，环比持平，比上年上涨84元/吨。1～12月，全市生产水泥1 070.3万吨，比上年下降0.3%，建材行业完成工业产值36.3亿元，比上年增长4.9%；增加值8.2 亿元，增长5.2%。

【装备制造业】 2014年，全市装备制造业产值负增长、增加值小幅增长。全市规模以上装备企业45户，已形成以研和数控机床产业园、峨山铸造产业核心区、通海五金机电特色园区、华宁风电产业园区4个较集中的聚集区，具备实现跨越发展的产业基础。全市装备制造业完成工业产值67亿元，比上年增长25%；工业增加值13.3亿元，增长6.21.%。

【生物医药及食品工业】 2014年，全市生物医药及食品工业企业136户（规模以上企业48户），资产总计98亿元，从业人员14 893人，实现全部工业总产值97亿元。其中，生物医药企业20户（规模以上14户），制药企业12户，植物提取8户，实现产值20亿元；食品工业企业116户（规模以上企37户），实现产值78亿元。

【新能源新材料】 2014年，全市新能源新材料企业16户，资产总额26亿元，从业人员3 187人，实现产值11亿元。新能源主要以太阳能热水器、太阳能光伏发电、风能发电、锂离子电池为主，体量小、发展前景较好。新材料在光电子新材料和新能源材料方面已有一定的产业基础，发展初具规模。

（周凤琴）

电力工业

【概 况】 2014年，全市供电系统围绕“深入推进全面创先，全力提升管理水平，努力服务地方发展”的主题，定目标、抓创先、强管理、求实效，圆满完成各项任务，保持了安全生产平稳有序、供电服务显著增强、电网建设稳步推进、基础管理继续夯实、队伍建设推进有力的良好发展势头。截至年底，玉溪电网管辖35千伏及以上变电站111座（2座500千伏，12座220千伏，49座110千伏，48座35千伏），总变电容量1 154.01万千伏安；运行维护35千伏及以上输电线路4 069.55千米，10千伏配电线路10 300.98千米；直供客户80.2 291万户。

2014年玉溪市电网经济技术指标

指标名称（全口径）	计量单位	本年完成	上年完成	同比增减
供电量	万千瓦时	1203 583	1191 805	0.99%
最高日供电量	万千瓦时	3 749.9	3 721	0.77%
最高日负荷	万千瓦	181.20	172.90	8.3%
平均日负荷率	%	85.10	87.94	-2.84 个百分点
线损率	%	5.27	6.01	-0.74 个百分点
主设备完好率	%	99.99	99.99	0
综合电压合格率	%	99.25	98.59	0.66 个百分点
综合供电可靠率	%	99.9 843	99.8 400	0.1 443 个百分点
电费回收率	%	99.93	100	-0.07 个百分点
企业总资产	万元	486 900	470 500	3.49%
固定资产原值	万元	810 780	772 160	5.00%
固定资产净值	万元	401 986	419 116	-4.09%
上缴税金	万元	29 380	26 054.75	12.76%
全员劳动生产率	万元 / 人年	88.3	83.9	5.24%

2014年3月19日，玉溪市中小企业服务窗口正在接待咨询服务
（市工信委　提供）

【安全工作】　2014年，市供电局梳理辨识玉溪电网十大运行风险，制定51项重点防范措施，持续开展基准及基于问题的风险评估，电网运行风险可控在控。同时，制定设备风险评估策略及维护策略，对设备实行分级管控和差异化运维，在设备逐年增多的基础上实现设备缺陷数下降；落实以风险管控为主线的全过程作业管控思路，强化执行监督和闭环管理，作业计划完成率95.24%，作业风险评估率100%。全面开展安全生产大讨论和安全大检查，发现问题763条，整改率100%。全年未发生人身、设备、电力安全事故和有责任的三级以上事件。此外，加强应急管理，修编应急手册15册，开展各级应急演练367次。并主动与市政府应急办对接，建立政企应急联动机制。“威马逊”台风期间，组织88人抢险队伍赴海南抢险，获南方电网抢修复电先进集体表彰。

【科技进步】　2014年，市供电局统筹科技资源，深入开展前沿重大课题研究合作，策划新能源、智能电网项目3项；强化科技成果申报，科技进步成果突出，4项成果获云南电网有限责任公司科技进步三等奖，2项专利获专利三等奖，1项职工技术创新成果获全国电力职工技术成果三等奖；持续开展知识产权申报，获实用新型专利授权8项，软件著作权2项；强化QC建设平台应用，4项QC成果获省、部级奖，1个班组获全国质量信得过班组称号。

【供电工作】　2014年，市供电局以“服务好、管理好、形象好”为目标，提升供电能力和优质服务能力，将创建全国供电可靠性金牌企业作为管理水平提升的重要契机，深挖管理潜力，全口径客户平均停电时间1.38小时/每户，比上年降低12.63小时/每户。同时，围绕全市经济社会发展目标，主动服务市委、市政府各项促进社会经济发展的举措，开展各县区及工业园区经济发展及用电需求调研，支持三湖引水工程、城市综合体等重大项目建设，全力推进风电接入等工作，积极支持新能源发展，响应政府支持重点企业恢复和扩大生产，落实富余水电消纳政策，组织17户企业参与竞价交易，实际交易电量6.88亿千瓦时，客户受益4 968万元。此外，加强保供电能力建设，圆满完成市“两会”、新春大型灯会、民营经济发展大会等重要保供电任务51次。

【优质服务】　2014年，市供电局建设全方位客户服务体系，强化客户需求传递、客户服务协同、客户服务评价三项机制，第三方客户满意度全口径得分78分，比上年提升5分，获“全国电力行业用户满意服务”称号。同时，加强营销服务与生产、规划、调度协调联动，协同解决业扩受限项目7项；加强营销服务渠道建设，构建自有服务渠道与第三方合作渠道相结合的多元化、分层次的服务体系，全口径非现金缴费率92.25%，比上年提升47个百分点；开展业扩专项治理、营配信息集成、减少客户停电时间等6项专项工作，制定157条行动计划，业扩典型设计应用率达90%以上，办电项目各环节时限保障率均达100%。

【节能降耗】　2014年，市供电局持续深化节能减排工作，完成“十二五”节能减排规划，启动“十三五”规划，开展节能宣传周活动，组织“六走进”活动25次，建设1个“电气化示范小区”，做好节能诊断，推进合同能源管理，完成1个余热发电项目验收工作，圆满完成节约电量电力考核目标，节约电量3 403万千瓦时，节约电力1.08万千瓦。

【电网建设】　2014年，市供电局坚持与地方社会经济发展匹配的电网规划建设思路，开展中心城区电力专项规划、红塔工业园区配电网专项规划、玉溪远景负荷分布及网架设想报告修编，促进城市建设和电网发展从源头协调同步。同时，实现涉网资产“三统一”规划，确定了配电网“三分两自一环”的技术路线，试点开发配电网规划管理系统，提升规划的针对性、合理性；强化项目前期管理，提前做好项目储备，完成110千伏及以上项目可研4项、核准5项；完善以业主项目部为核心的基建一体化、规范化管理，实现项目经理持证上岗率100%；抓实基建安全、质量、进度、造价等“七项管理”，不断完善和运用《基建项目全过程管理风险数据库》和《质量提升信息库》。全系统加快推进项目建设，全年投产110千伏及以上项目4项，新增变电容量20万千伏安，输电线路55.7千米。并按期完成35千伏及以上变电站光纤全覆盖工程及10千伏中央投资农网工程。

（许晓云）

【用电结构】　2014年，全市电力供应富足，但由于国内外经济环境和产业政策等影响，电力消费增长不大，全社会用电量126.29亿千瓦时，比上年仅增长1.10%。全市用电结构持续改善，服务、轻工等低电耗行业用电保持高增长势头。分产业看，第一产业用电量1.21亿千瓦时，比上年增长6.53%；第二产业用电量110.72亿千瓦时，比上年增长-0.02%；第三产业用电量5.91亿千瓦时，比上年增长9.52%；城乡居民生活用电量8.45亿千瓦时，比上年增长10.48%。

【电力生产】 2014年，全市中小水电站109座（总装机容量51.3万千瓦），正常运行发电的84座（总装机容量49.2万千瓦），工信委口径统计全年发电量14.95亿千瓦时，比上年增长30.91%。另有20家企业建设有余热余压利用电站29座（总装机容量29.5万千瓦），工信委口径统计全年发电量7.53亿千瓦时，比上年增长43.02%。合计地方自发电量22.47亿千瓦时，比上年增长34.7%，为全市提供了17.6%的电量补充。华宁磨豆山风电场投产，总装机容量4.8万千瓦，工信委口径统计全年发电量1.32亿千瓦时。

（周凤琴）

烟草管理

【概　述】　2014年，玉溪烟草产业工作按照玉溪市委四届四次全会和市四届人大二次会议提出的目标任务和要求，认真贯彻落实全省烟叶工作会议和《玉溪市人民政府关于切实抓好2014年烤烟生产工作的通知》精神，积极面对新的形势、困难和问题，攻坚克难，主动作为，紧紧围绕“控量提质增效”目标，着力抓好种植规划、合同签订、品种纯度、抗旱移栽保苗、中耕管理、烘烤和收购管理等关键环节，烟叶整体生产水平有效提升，维护好烟叶收购秩序，做到平稳和谐收购。抓住机遇，抓好烟草重点水源工程和烟叶生产基础设施项目的申报和实施，积极争取项目和资金，扶持发展现代烟草农业和夯实烟区基础设施条件，保护烟农的种烟效益和积极性，2014年，市委、市政府确定向上争取资金目标任务数为40 741.8万元，完成52 028.18万元（其中通过财政15 021.34万元、未通过财政37 006.84万元），完成计划的127.7%。积极向国家、省烟草行业争取基础设施建设项目和优质特色烟叶生产扶持资金，以夯实烟叶生产发展基础，提升优质烟叶生产整体水平，充分调动烟农种烟积极性，确保玉溪烟叶生产可持续发展。

【烟叶生产收购】　2014年，全市种植烤烟面积65.93万亩，完成计划面积65万亩的101%；完成烟叶收购量161. 29万担，完成计划的100%，比上年175.7万担减14.41万担（计划调减）；均价27. 11元/千克，比上年25.96元/千克增1.15元/千克，增幅为4.43%；上等烟比例67.83%，比上年69.47%下降1.64个百分点；烟农交售烟叶收入为21.86亿元，比上年22.81亿元减0.94亿元；实现烟叶税4.81亿元，比上年5.02亿元减0.21亿元；实现烟农总收入25.06亿元，比上年25.36亿元减0.30亿元。

【基础设施建设项目】　2014年，玉溪市完成烟叶生产基础设施建设项目20 850件（其中：年初计划13 873件，新增水窖6 977口），完成年初计划13 873件的150%。峨山尼其本水库于2013年9月25日开工建设以来，完成大坝封顶、输水隧洞工程、溢洪道开挖、帷幕灌浆；华宁县核桃冲小（一）型水库、红塔区平摊箐小（一）型水库、新平横山小（一）型水库通过国家级评审；峨山[illegible]川水库通过省烟公司评审，概算总投资34 678.46万元。元江陆家店水库初步设计基本完成，作为备选项目等待上报。

【烟叶原料基地管理】　2014年，全市集中育苗点801个，比上年减少310个。出苗整齐、粗壮少病，经千分制和专项检查考核，各县（区）成苗率均在85%以上。品种纯度明显提高。统一思想、严格品种布局，坚决铲除非规定品种。牢固树立玉溪种烟为红塔的思想，严格规划种植规定品种。2014年，全市共清理外围零散育苗点386个、13.05万盘，铲除私育乱撒露地育苗606个点、2.28万平方米，累计清理铲除的非规定品种烟苗可供移栽大田面积4.1万亩。据市烟草公司统计，全市非规定品种只有2.64万担，仅占总收购量的1.64%，省烟草公司第一次工商交接巡回检查玉等级纯度为91.8%，为红塔集团“卷烟上水平”提供特色优质原料保障，巩固了玉溪特色优质烟叶原料基地的地位。

【抗旱保苗保移栽】　2014年，玉溪市烟草种植从育苗、移栽到团棵、旺长期，遭遇了长时间持续高温、少雨、多日照天气。面对严峻的旱情，各级切实加强对抗旱工作的领导，发动广大烟农开展抗旱，科学调度水源，实施抗旱保苗分片包干，市上积极筹措和安排2 000万元抗旱资金，用于抽水、拉水、补水。加大膜下小苗移栽推广力度，2014全市完成膜下小苗移栽45.95万亩，占计划69.83%，比上年增加7.64万亩，确保了在最佳节令完成移栽任务，并且把干旱造成的损失降到最低，全市旱灾面积近58万亩，但因旱死苗面积只有2 245亩。

【优化烟叶结构】　2014年，市烟草产业办严格按照下部不适用烟叶打除处理数量不低于70千克、上部两片不适用烟叶留在烟株上毁型处理的的要求，从组织领导、政策宣传、责任落实、技术指导、监督考核等五个方面着手，有力有序推进优化烟叶结构工作。2014年，全市优化烟叶结构面积

63.03万亩，占种植面积的95.61%。

【收购管理】 2014年，市烟草产业办做到三严（严合同、严品种、严纪律），三稳（稳利益、稳等级、稳秩序），三提（提服务、提质量、提管理）。加强对集中预检和散叶收购专业化分级工作的领导，混青、混杂和混部“三混”情况明显下降，收购站点收购秩序井然，杜绝了烟农交烟等、排、留宿的现象。做到了善始善终平稳和谐收购，烟农满意。

【烟叶非法流动监管】 2014年，市烟草产业办把收购外地烟叶视为损害本地烟农利益、破坏合同严肃性的严重违规行为，在烟叶收购站点都在显著位置设置“收购外地烟叶举报电话”告示牌；对责任人进行严肃追究和处理；加大对烟叶收购中违法案件的查处力度，有针对性地开展专项活动，严肃查处烟叶非法流动行为，严厉打击贩卖倒卖烟叶的违法行为，维护了烟叶收购秩序。

【落实烟叶收购政策】 2014年，市烟草产业办坚持以烟农为本，认真贯彻落实国家烟叶收购政策，整合资金调整完善烤烟生产扶持政策，确保烟农种烟积极性和种烟效益。年内全市烟叶收购均价增幅为4.43%；整合资金，调整完善产前、产中、产后补助政策，对烟农的直补(K326品种补贴、优化烟叶结构补贴、散烟收购补贴、受灾保险赔付)达到了3.28亿。

【科技试验示范及研究项目】 2014年，为增强玉溪市优质烟叶生产可持续发展的能力，满足红塔集团高端卷烟品牌发展对优质原料的需要，玉溪市烟草产业办公室严格按照红塔烟草集团有限责任公司和玉溪市人民政府烟草产业办公室签订的《红塔玉溪市核心原料基地单元重点科技措施推广协议》、《红塔核心原料基地主栽烤烟品种识别项目合作协议》和《玉溪市人民政府烟草产业办公室关于切实做好2014年红塔科研项目相关工作的通知》要求，实施了2014年红塔玉溪核心原料基地单元科研项目，目前，已完成了田间研究推广工作。研究了大春非烟作物—晚秋作物—空闲—烟、大春非烟作物—晚秋作物—冬季农业—烟、大春非烟作物—小春作物—烟、烟—晚秋作物—空闲—烟、烟—晚秋作物—冬季农业—烟和烟—小春作物—烟6种烤烟种植轮作模式对烤烟产量和质量的影响。烤烟特色品种专用肥示范1 920亩，小面积试验示范130亩，以16个观测站为平台，认真开展红塔基地单元烤烟主产区灾害性天气准确预测预报研究，及时为红塔核心原料基地单元烤烟生产提供气象服务，发旬报27期，烤烟气象趋势预测9期。完成了项目区烟叶的取样工作，现在正在进行室内考察工作。对K326、NC71、KRK26、红花大金元和云烟87五个烤烟主栽品种，开展了品种识别方法研究。

（余 敏）

2014年6月5日，玉溪市市长饶南湖（右一）调研峨山早春中耕管理工作

（市烟草公司 提供）

烤烟生产

【概 述】 2014年，全市烟草公司系统总资产62.8亿元、增长5.56%,固定资产净值4.91亿元、减少8.57%,流动资产45.17亿元、减少11.59%,资产负债率20.29%、比上年上升0.39个百分点，三项费用率9.18%、比上年下降0.61个百分点。全年实现“两烟”销售收入66.18亿元，减0.40%；“两烟”税利27.01亿元，增长3.78%；“两烟”利润17.06亿元，增长8.22%。种植烤烟65.93万亩，完成8.06万吨（161.29万担）烤烟收购任务。全市销售卷烟42.65亿支(8.53万箱)、增长2.16%，实现销售收入20.08亿元，实现单箱销售收入27 536元，销量、销售收入、单箱三项指标增幅达到或超过全国平均水平。科研工作取得新突破，申报专利32件再创历史新高，其中获得授权专利17件，获得专利受理15件，占全省商业系统年度专利申请量的三分之一。

【烟叶烘烤】 2014年，玉溪市制定烟叶烘烤工作实施方案，将烘烤管理考核结果纳入烤烟生产收购专项工作考核管理。玉溪市公司设置专职烘烤管理员2名，分公司设置烘烤师9名，烘烤主管53名。公开招聘烘烤辅导员811人，人均负责面积812.3亩，采取差额择优录用，从设施管护、烘烤培训、技术指导、组织管理等方面，分重点、定期不定期进行严格管理考核。县(区)分公司、烟站成立县级、乡（镇、街道）烘烤巡回指导组，建立权责明晰、层层负责组织管理和考核评价制度。市县两级组织技术培训16次、乡（镇、街道）级培训79场，培训烟农7.39万人次。印发《玉溪市烤烟烘烤技术指导手册》10.5万册。全市有95个密集烤房群1 050座烤房承担商品化烘烤，亩均烘烤成本比普通烘烤模式减少201.4元，烟叶烘烤损失减少7.5%左右。年内，玉溪市烟叶烘烤水平明显提升，烤坏烟叶比例从2013年的15.3%降到2014年的11.5%。

【推进专分散收】 2014年，玉溪市有5个县（区）49个站点实施专分散收，全部采用二工位分级作业方式，其中，32个站点采用“站（点）一体化”收购模式、17个站点采用“集中分级约时定点”收购模式。减少烟叶扎把、收购预检等环节，进一步提高烟叶收购工作效率。全市投资450万元用于散叶收购站点改造，组织县（区）分公司总检、烟叶站主（副）检、专业化分级队员等专业化分级散叶收购培训。专分散收购有效解决B2F混入C3F定级、B2K混入B3F定级、X2F与X3F、B3F与B4F相混等部位、主副组之间的相混问题，有效保障烟叶等级纯度、包内纯度的提升。全市专分散收烟叶收购量3 773.5万千克（75.47万担），均价26.94元/千克、比上年增加1.13元/千克，上等烟比例67.19%，上中等烟比例96.64%，交售金额10.17亿元；专业化分级服务烟农满意率99.6%。

【烟叶基地单元建设】　2014年，玉溪市规划11个国家局烟叶基地单元建设，涉及7个县、27个乡镇、188个村委会、38 681户种烟农户，合同种植面积25.06万亩、计划收购量3 083.5万千克（61.67万担）。11个新建基地单元烟水工程、机耕路、卧式密集烤房覆盖率分别达到100%、86.6%、82.2%，育苗工场可供苗面积100%覆盖种烟面积，深耕、植保、移栽、剪叶等5种农机在11个基地单元配置5 654台，平均百亩拥有农机功率15千瓦以上，各基地单元烤烟生产基础设施条件全面提升。测土配方施肥、以烟蚜茧蜂防治烟蚜为主的生防技术体系、施用腐熟农家肥等适用技术的推广覆盖率100%。同时，推广膜下小苗移栽和揭膜培土技术。各基地单元推进综合服务型烟农专业合作社建设，全市建成11个综合服务型烟农专业合作社，入社农户数2.5万户，专业化育苗服务覆盖率100%，专业化机耕服务面积20.11万亩、覆盖率80.3%，专业化植保服务面积23.35万亩、覆盖率93.2%，专业化烘烤服务面积18.35万亩、覆盖率73.2%，实施专业化分级服务面积16.86万亩、覆盖率67.3%。11个基地单元通过基础设施建设、改善烤烟生产条件，收购中上等烟比例96.7%、比全市平均水平高0.5个百分点，收购均价27.24元/千克、比全市平均水平高0.13元/千克。国家局、省局（公司）抽查烟叶收购纯度合格率90%左右，等级质量合格率在80%以上，工商交接等级合格率72.5%，三项指标明显高于上年；调拨对口工业企业2 860万千克（57.2万担），调拨比例占收购总量的92.6%。

2014年4月28日，玉溪市副市长李平（中）到元江县调研膜下小苗移栽工作（朱光宏　摄）

【烟叶生产基础设施建设】　2014年，玉溪市完成烟叶生产基础设施建设项目区14个（其中年末新增3个），投入烟草行业补贴资金22 265.63万元，完成烟叶生产基础设施建设项目19 727件。其中：烟水配套项目14 833件，烟草补贴8 447.63万元；机耕路55条、长59.35千米，烟草补贴859.81万元；密集烤房3 000件，烟草补贴9 000万元；烟草农用机械1 745台（套），烟草补贴3 058.25万元；育苗设施（小棚）94片，烟草补贴899.94万元。基本烟田受益面积26.19万亩。

【特色优质烟叶开发】　2014年，玉溪市在江川前卫、通海四街、新平平甸3个烟叶基地单元实施特色优质烟叶开发，依次分别对口云南中烟“玉溪”品牌、川渝中烟“娇子”品牌、浙江中烟“利群”品牌，2014年，3个单元合同种植面积6.69万亩，烟叶收购计划750万千克（15万担）。通过“工商研”共建原料与品牌协同发展机制，健全工业主导、商业主体、科技主力的工作机制，转变发展方式，加大科技创新，突出工商合作，突出品种纯度，突出GAP管理，特色优质烟叶开发工作取得明显成效，收购烟叶750万千克（15万担），分别调拨对口云南中烟“玉溪”品牌250万千克（5万担）、川渝中烟“娇子”品牌250万千克（5万担）、浙江中烟“利群”品牌250万千克（5万担），促进全市烟叶生产整体水平整体提升。

【特色品种纯度再提升】　2014年，玉溪市作为云南中烟红塔集团核心原料基地，始终把种植好“K326”特色品种，提供优质原料保障作为中心（重点）工作持续推进。市、县（区）组织烟草、工商、质监等部门清理市场上非法流通的种子，取缔零散育苗点，清理外围零散育苗点386个、13.05万盘，铲除私育乱撒陆地育苗点606个、2.28万平方米，有效阻断计划外苗源，提高特色品种纯度。市公司、县（区）分公司在大田生产期间组织开展品种检查验收，对非规定品种原则上取消合同、取消补贴。严格实行品种差异化收购，在等级把握上差异化对待规定品种和非规定品种，“K326”品种出现错兑品种补贴和“红大”品种二次验级中出现变更品种导致的损失，其损失金额由烟站承担80%，分公司领导班子承担20%。经红塔集团工商交接验收反馈表明，玉溪市“K326”和“红大”特色品种纯度较高，特色凸显。

卷烟专卖管理

【卷烟营销】　2014年，玉溪市卷烟营销按照省局（公司）“稳定规模、创新营销、提升结构、持续发展”的要求，把握重点、创新模式、完善机制,全面提升品牌发展质量和水平，强化规范经营，实现平稳销售。年内，全市有持证卷烟零售户9 486户，实现卷烟销售收入（含税）23.55亿元，单箱销售收入（含税））27 353.89元/箱，同比增加4 315.81元/箱。辖区卷烟销售43.05亿支（8.61万箱），增3.12%。

【品牌市场培育】 2014年，玉溪市以培育品牌为重任，进一步调优市场，提升消费结构。年内，引入新品卷烟“红塔山（大师）”、“云烟（清甜香）”、“云烟（印象烟庄）”、“南京（佳品）”、“红双喜（硬尚派）”、“贵烟(国酒香.30)”、“红塔山（传奇）”在玉溪市场开展品牌培育。同时，开展一、二类卷烟“云烟（大紫）”、“云烟（印象）”、“云烟（软礼印象）”、“威斯（软珍享）”、“威斯（硬经典）”、“泰山（心悦）”品牌培育，提升消费结构。通过品牌培育实现一类烟销售16 898.19箱、增长9.76%，二类烟销售2 514.8箱、增长103.3%。

【零售终端建设】 2014年，玉溪市公司零售终端管理以现代零售终端建设为切入点，在抓好信息采集、明码标价、信息维护等工作基础上，提高对市场的掌控力。一是扩大信息采集点，深入全面了解卷烟市场变动情况，将全市现代零售终端信息采集点扩大范围至300户卷烟零售户；二是加大对客户经理市场走访监管，补充制作并下发二维码1 287张，实现二维码零售终端全覆盖，运用科学管理模式实现客户经理走访轨迹化管理；三是打造特色终端，与云南中烟和浙江中烟协作，在市内挑选700多家零售户开展现代终端扩面。

【卷烟物流】 2014年，卷烟物流中心仓储卷烟出库、分拣、送货86 103.17箱，其中：仓储卷烟破损309条、破损率0.007‰；分拣破损158条、破损率0.0073‰，卷烟送货破损率为0；收到准运证866份，准确率100%；仓储出入卷烟4 268.98万条，差错率为0；分拣效率7 800条/小时。“T+0”和“T+1”送货客户数94%，全省名列前茅；加强工商协作，控制卷烟仓储库存，月平均库存3 964箱，存销比0.57，库存周转率21.72。开展烟箱回收循环利用，回收烟箱27.6万只，其中红塔集团回收烟箱17.47万只，红云红河集团回收烟箱10.13万只。

年内,玉溪市公司根据省、市局物流工作规划，以物流体制改革为突破口，以打造“科技物流、精益物流、人本物流”为工作方针，以物流分拣线改造为建设重点，通过技改使玉溪卷烟物流更具有先进性、适用性、经济性和可靠性。

【专卖管理监督】 2014年，玉溪市烟草专卖管理坚持不懈地抓好打假打私、专卖内管、市场监管“三个体系”。全市查获涉烟案件810起，其中，查获烟叶案件122起，查获烟叶1 837.2吨，案值5 201.7万元；查获卷烟案件688起，查获卷烟610.66万支，案值350.3万元，移送工商机关无证经营案件354起，移交公安机关案件136起。刑事拘留33人，逮捕14人，判刑22人。年内，破获“1·23”、“2·18”、“10·14”、“11·04”非法经营烟叶网络案及“6·03”销售走私卷烟网络案获国家局2014年烟草打假打私重大案件和专项行动表彰奖励。

（朱光宏）

卷烟生产

【概 述】 2014年底，红塔集团以母分公司形式下辖云南省内玉溪卷烟厂、楚雄卷烟厂、大理卷烟厂、昭通卷烟厂4家不具有法人资格的卷烟生产厂；控股红塔辽宁烟草有限责任公司、海南红塔卷烟有限责任公司、香港红塔国际烟草有限公司、老挝寮中红塔好运烟草有限公司；参股吉林烟草工业有限责任公司、中烟国际欧洲公司；拥有云南红塔集团有限公司1个全资子公司。拥有总资产920.80亿元，其中，固定资产119.16亿元、流动资产508.46亿元，资产负债率为20.52%。在岗员工9 292人（含玉溪、楚雄、大理、昭通卷烟厂），其中博士3人、硕士250人、学士2 335人；拥有专业技术资格人员3 629人，其中高职54人、中职1 265人、初职2 310人。

2014年，红塔集团在中国企业联合会、中国企业家协会发布的“2014中国企业500强”中以963.96亿元的营业收入位列位列141位，位列滇企之首，烟草行业第二位。

【卷烟生产经营】 2014年，红塔集团境内外卷烟总产量（包括集团省内四厂内销与出口、合作生产、境外生产）3 021.75亿支（604.35 万箱）。

集团省内4个卷烟厂共生产卷烟1 915.35亿支（383.07 万箱），比上年增长2.65%。生产内销卷烟1 879.5亿支（375.9万箱），比上年增长2.37%，其中一类烟760.85亿支（152.17万箱），比上年增长9.77%；二类烟7.8亿支（1.56万箱），比上年增长14.71%；三类烟709.35亿支（141.87万箱），比上年增长9.66%；四类烟262.05亿支（52.41万箱），比上年下降17.06%；五类烟139.45亿支（27.89万箱），比上年下降19.51%。生产出口烟35.85亿支（7.17万箱），比上年增长19.7%。合作生产卷烟1 007.05亿支（201.41万箱），比上年增长15.88%。

全年集团共销售卷烟（含集团省内四厂内销与出口、合作方销售、回购销售、境外加工生产销售）2 974.75亿支（594.95万箱），比上年增长1.16%。

全年红塔集团本部及省内四厂实现销售收入666.1亿元，比上年增长2.56%。实现税利583.4亿元，比上年增长4.56%，其中利润80.98亿元。三项费用率为6.19%。

【主要产品】 2014年，红塔集团生产的卷烟品牌有“玉溪”、“红塔山”、“红梅”等。其中，生产“玉溪”品牌卷烟825.2亿支（165.04万箱），比上年增长10.45%，其中合作生产37.4亿支（7.48万箱）；销售“玉溪”857.55亿支（171.51万箱），比上年增长9.86%。生产“红塔山”品牌卷烟1 604.8亿支（320.96万箱），比上年增长10.71%，其中合作生产868.05亿支（173.61万箱）；销售“红塔山”1 534.85亿支（306.97万箱），比上年增长1.37%。“玉溪”一类烟在全国商业销量中居一类烟第二位，“红塔山”为全国卷烟销量第三的品牌。

【原料保障】 2014年，红塔集团新成立原料部，重新调整工作重心、加快职能转变，以“围绕品牌做原料”理念，严格落实烟叶工作基地人员提出品牌导向型需求，质检人员严把工商交接质量关，复烤监打人员严把烟叶加工质量关的“三级管理”模式。全年，落实烟叶采购计划465.66万担，白肋烟采购计划4.8万担，晒烟采购计划11.8万担，烟叶质量进一步提高，主要表现为“两高、一低”，即：品种纯度高、等级纯度高，青杂控制达到预期目标；烟叶入库方面，加强烟叶工商交接管理，落实“快调、快检、快入库、快烤”的要求。截至10月31日，省内四厂入库烟叶的进度较同期提前15天，玉溪、楚雄、大理和昭通100%完成烟叶入库；烟叶基地单元建设方面，将集团采购调拨所辖的省内外烟区，划分为8个片区和2个工作组，突出专业化团队作用，深化工商协同、基地共建、生产共抓，全年新增16个烟叶基地单元，在8省23市38县，累计建设国家局层面的基地单元和特色优质烟叶基地单元53个；特色优质烟叶开发方面，按照烟叶品质特色化的要求，严格落实“两特烟叶”生产扶持政策，以烟叶基地建设为载体，以品牌导向为目标，以科研力量为支撑，以品质提升为主线，继续推进有机烟叶生产，为卷烟品质的稳定和清香型风格的彰显提供有力支撑和保障。

【经济运行管理】　2014年，红塔集团加强战略研究分析，做好品牌服务，增强计划运行调控，不断提升集团管控水平，提高集团总体调控能力，进一步落实集团总体发展战略。按照集团新的工作要求，经济运行部把工作重心转移到强化内部管理上来，以精益管理为驱动，加强“两化”融合，探索管理新模式，全面推进管理整合，推动企业转型发展。按照“三个注重”的要求，推进精益改善项目，实现降本增效，全面推进精益管理，挖掘企业发展潜力；严格规范管理，加强专卖内管和整顿规范，加快完善采购管理制度，严格管理涉烟废弃原料，深化合同管理，加强合同法律风险控制；加强对标、创优工作，提升成本控制能力；探索建立系统的可测量的目标指标体系，推动绩效管理信息化，持续深化标准体系建设，提升基础管理水平；按照集团新的职能定位，组织修订集团《管理大纲》；开展管理成熟度评价，推动系统的管理改进和创新；推动管理与信息化的深度融合工作，着力提升管理信息化水平。

【节日期间高端卷烟生产】　2014年1月5日，为有效满足节日期间高端高档卷烟市场需求，针对节日期间高端高档卷烟“玉溪（庄园）”、“玉溪（软小庄园）”、“玉溪（境界）”、“红塔山（大师）”生产任务重、资源相对紧缺的实际情况，玉溪卷烟厂自行制定协调方案，在中试车间原有手工包装班的基础上，从卷包二车间、复烤一车间抽调人员188人参与手工包装，同时与物料中心做好辅料协调工作，深入盘活资源，自主解决人力、物力分配问题。全厂各部门各司其职，分别抓好原料、生产、设备等工作，通力合作，保障生产的顺利进行。

为向市场提供高品质的高端高档卷烟，玉溪卷烟厂对高端高档手工包装深入推行精益管理，生产、质检、安全等相关部门，落实责任，定期对生产现场进行检查，对所有手工包装人员分组进行专业培训，进一步严格标准操作，规范现场安全，强化现场管理，为产品质量作出保证。

【楚雄卷烟厂完成生产任务】　2014年1月8日，楚雄卷烟厂贯彻落实集团“转型”发展的战略部署和“5211”品牌发展目标，以“创建优秀卷烟工厂”为抓手，深入推进规范管理、深化班组建设、开展“精益6Σ创建”活动。截至2013年12月23日，楚雄卷烟厂完成了2013年集团下达的生产任务，各项经济效益指标再创历史最好水平。

2013年共生产卷烟62.51万箱。其中：一类烟11.38万箱，三类烟26.83万箱，四类烟24.30万箱。累计销售卷烟64.40万箱，其中：一类烟10.89万箱，三类烟27.65万箱，四类烟25.86万箱。经济效益持续增长，利润大幅上升。完成现价工业总产值94.23亿元，比上年同期88.71亿元增加5.52亿元；实现税利76.80亿元，比上年同期65.66亿元增加11.14亿元。其中：税费65.64亿元，利润11.16亿元；完成主营业务收入90.54亿元，比上年同期76.61亿元增加13.93亿元。

【昭通卷烟厂推进7S现场管理工作】2014年 1月8日，昭通卷烟厂召开7S现场管理自主改善创新项目及六源改善项目评审会，对2013年度7S现场管理自主改善项目及六源改善项目进行了综合评审。卷包车间、制丝车间、复烤车间、动力车间及评审组成员20余人参加此次评审会。

按照评审程序，各车间对自主改善创新项目及六源改善项目的开展情况进行简要介绍及说明，项目评审组对2013年度7S现场管理自主改善项目及六源改善项目进行了综合评审，评审通过自主改善创新项目21项，其中：卷包车间8项，制丝车间6项，复烤车间3项，动力车间4项，评审通过率65.63%；评审通过六源改善项目134项，其中：卷包车间39项，制丝车间31项，复烤车间11项，动力车间53项，评审通过率59.55%；自主改善创新项目及六源改善项目涵盖了现场、设备、生产、质量、安全、环境等诸多方面，工厂7S现场管理年度自主改善创新及六源改善活动成效明显，达到了年度工作预期目标。

昭通卷烟厂2013年度共完成7S现场管理自主创新项目32项，其中：卷包车间11项，制丝车间10项，复烤车间5项，动力车间6项。查找六源问题300项，改善六源问题225项，其中：卷包车间查找问题57项，改善问题56项；制丝车间查找问题120项，改善问题54项；复烤车间查找问题52项，改善问题49项；动力车间查找问题71项，改善问题66项。

【考察“挂钩帮扶新农村建设”项目情况】　2014年1月8日，玉溪卷烟厂厂长马云参、厂党委书记陈俊松、副厂长李向东及部分基层党支部书记一行到峨山县小街街道兴旺村委会，考察“挂钩帮扶新农村建设”项目建设情况。

玉烟领导一行到田间地头考察烟田水利建设情况，详细询问工程的施工、资金使用以及建成后的效果等情况。现场考察后，厂领导与兴旺村委会相关负责人进行座谈，对该烟田水利建设工程给予充分肯定，并希望兴旺村能一如既往地支持集团的“两烟”生产工作，达到村民和集团的双赢局面。

作为玉溪卷烟厂“新农村建设”挂钩帮扶点的兴旺村委会，位于小街街道东面，有村民住户527户，农业人口1 895人，耕地面积1 927亩。在上级村“两委”及党委政府的领导与支持下，通过扩大烤烟种植面积（目前烤烟种植面积达800亩，占全村耕地面积的41.5%），采用卧式烤房等新技术，烤烟种植收入已成为该村的主要经济来源，成为峨山县烤烟种植“第一村”。近年来，由于干旱缺水，原有的灌溉系统已难满足种植灌溉需要。玉烟党委在接到兴旺村的灌溉重建申请后，认真履行新农村建设挂钩帮扶职责，召开党委会讨论研究，落实帮扶项目，解决农村实际困难，着力推进富民强村工程，安排专项资金20万元用于兴旺村的烟田水利建设。该工程共开挖排灌沟道497.6米，取水闸2道，人行桥4座，机耕桥3座。此项“新农村建设”项目的实施，对兴旺村的经济发展起到了极大的促进作用。

【大理卷烟厂烤烟工业分级结束】2014年1月8日，大理卷烟厂2013年度烤烟工业分级工作圆满结束。2013年度共分选南涧、巍山、弥渡、祥云、永平、漾濞、宾川、大理8个产地红大和K326两个品种52.7万担。2014年烤烟工业分级效率比上年明显提高。

此次工业分级工作从2013年9月1日至2014年1月8日，历时119天，日均分选量4 430担/天，比上年日均分选量3 285担/天，日均增加分选量1 145担/天，分选效率比上年明显提高，比原计划提前了10天完成分选任务，减少了烟叶压油、霉变、碳化的损失。年内集团技术中心工业分级巡检组三次抽检中平均合格率：93.52%，超过集团考核的90%的合格率。

【召开精益六西格玛项目评审会】2014年1月9日，玉溪卷烟厂召开精益六西格玛项目A阶段评审会，玉溪卷烟厂副厂长潘文，厂内、外部专家，各项目组组长、推进者及关键组员，推进办相关人员等60余人参加会议。

根据集团的统一安排部署，历经集团牵头的前期调研、项目预申报、项目立项评审等环节，玉烟严格按照DMAIC方法有序推进精益六西格玛项目，将项目推进分为DM、A、IC三个阶段，每阶段进行一次集中培训、两次一对一的辅导和阶段评审，明确整体项目的主要工作任务以及相应的要求，确保项目实施的完整性和有效性。

A阶段评审会上，玉溪卷烟厂18个精益六西格玛项目依次进行A阶段发布，厂领导和内、外部专家针对项目的时间进度情况、项目推进思路、工具运用、团队管理等情况进行综合评价打分，并对项目的开展方向进行指导。经过评审，玉溪卷烟厂18个项目均较好地完成A阶段项目进度，部分项目取得了较明显的效果，接近甚至已经达到项目目标值，总体效果较好。玉溪卷烟厂副厂长潘文对评审会议进行总结，要求各项目组戒骄戒躁，根据评委及专家的意见持续改进，做好下阶段工作。

4月8日，玉溪卷烟厂召开精益六西格玛终审会，玉溪卷烟厂副厂长潘文，厂内、外部专家，各项目组成员及精益六西格玛推进办相关人员等共40余人参加会议。

会议主要对玉溪卷烟厂从2013年8月开始推进的18个精益六西格玛项目进行了评审。评审过程中，厂领导和内、外部专家分别从项目开展思路、软硬性收益、技术运用及推广价值等多维度对项目进行了综合评分。经过评审，18个项目均已达到预期目标，并有4个项目超越挑战目标，另有数十项标准、专利、论文等成果产生，社会效益和经济效益显著。

【技术交流】2014年1月15日，德国HAUNI公司、FOCKE公司一行8人到楚雄卷烟厂进行技术交流。楚雄卷烟厂设备技术科、生产科、物资供应科、工艺质量科、卷包车间相关领导及工程技术人员参与交流。

在交流中，双方对楚雄卷烟厂计划于2014年度引进的2组新型PROTOS-M5-14K高速卷烟机、FOCKE FXS高速软包包装机安装调试涉及的技术准备、辅料供给、生产安排、工艺要求等进行沟通交流，明确了双方在设备安装调试期间的职责和相互的配合工作。

交流会后，在项目组相关人员陪同下，德国HAUNI公司、FOCKE公司来访人员又深入到卷包联合工房，实地查看高速设备卸货、开箱及搬运计划线路，重点对设备进入卷包车间的方式、实地定位安装进行了确认。

【制丝新设备投入生产试运行】2014年2月18日，玉溪卷烟厂制丝二车间完成了新一轮的设备技术改造，对4台异物剔除器、2台压梗机和3台切梗机进行了设备更换。

此次更换的部分设备自1995年投入使用至今，已超过正常使用时限，设备稳定性下降，对生产效率造成影响。技改项目组于1月23日召开相关方协调会，对设备技术改造的相关事项进行统筹安排，并开展了相关方安全培训。1月26日，技改项目正式实施，历经15天，项目组如期、高效完成了对4台美国KEY公司型号为TS3G6 480的异物剔除器、2台德国豪尼公司IBF压梗机和3台德国豪尼公司KT2-S160切梗机的更换、安装和调试工作，新设备具有机械传动稳定，控制技术成熟等优势，能够更好满足生产和工艺需求。目前，新设备经过待料试机，运作稳定，各项指标显示正常，现已投入生产试运行。

【楚雄卷烟厂首批进口高速卷包设备到货】2014年2月27日，楚雄卷烟厂引进的首批2组德国虹霓公司M514K高速卷接机组设备到货。

楚雄卷烟厂目前使用生产设备中，1992年引进的德国斯幕门公司B1软包包装机和1995年引进的英国莫林斯公司帕西姆卷烟机，设备使用年限已达到20年以上，为实现设备的更新换代，提高企业的设备生产能力，满足高档卷烟，特别是“玉溪（软）”的生产需要，经国家局审核批准，楚雄卷烟厂预计引进5台套高速软包卷接包机组设备，于2013年12月底开始先期发货的2组设备，经过长途运送，于2月27日顺利抵达楚雄卷烟厂厂区，在相关职能部门的紧密配合下，设备顺利卸货进入卷包车间。

下一步，楚雄卷烟厂将积极组织进行设备开箱验收和安装调试工作。高速进口设备的到来，将较大程度提高楚雄卷烟厂的设备装备水平，全面满足卷烟生产能力需求。

【楚雄卷烟厂召开2013年度优秀QC成果发布会】2014年2月28日，楚雄卷烟厂召开2013年度优秀QC成果发布会，副厂长彭黎明、张小乐、各部门分管QC工作的负责人、QC小组成员、技术骨干和专家评委共60余人参加发布会。

楚雄卷烟厂2013年度注册QC课题76个，截至2013年底，完成课题70个，内容涵盖现场管理、节能降耗、质量改进、技术创新及安全管理等各个方面，体现了QC小组活动广泛的群众性和参与性。入选本次优秀成果发布会的20个成果是由各车间、部门层层选拔和推荐的成果，代表了楚雄卷烟厂QC小组活动的总体水平。

发布过程中，各QC小组成员向与会者展示了各自成果中的技术亮点，评委会依据评分标准进行公平、公正的评审。经过一天的角逐，最终《提高润叶加料工序过程能力指数》等3项成果分别荣获一等奖；《堆垛机烟垛超宽校正夹的研制》等6项成果分别荣获二等奖；《降低原子检测室耗材成本》等11项成果获得了三等奖；吴佳忆、孙国祥，韦苑、刁立秋等发布人获“优秀发布人”称号；卷包车间高架库QC小组获得了“优秀多媒体制作奖”、复烤车间灵鹿QC小组获得了“最佳创意奖”。

【QC成果发布会】　2014年3月4～5日,玉溪卷烟厂第七次QC成果发布会在集团技术中心报告厅举行。玉溪卷烟厂党委书记陈俊松、副厂长潘文、各部门分管QC工作的负责人、技术骨干、专家评委和QC小组成员共110余人参加发布会。

参与此次发布会的27项优秀QC成果来自13个部门，经过前期的现场评审，从106项成果中脱颖而出。这些优秀成果运用“精益管理”思想，内容涵盖质量管控、现场管理、节能减排、技术改造、对标管理、职业健康等多个方面。

历时两天的发布会上，各QC小组运用精美的PPT展示和多样的发布形式，展示了课题研究成果，各位评委对QC成果进行了点评。最终，卷包一车间硬乙QC小组的《PASSIM 12K卷烟机上胶辅助装置的研发》等4个成果获一等奖，制丝一车间龙腾虎跃QC小组的《降低12吨线烘丝机除尘风机电能消耗》等9个成果获二等奖，复烤二车间QC乙小组的《降低叶烤机回潮系统嘈音》等13个成果获三等奖，发布会还对最佳创意奖、优秀组织奖、优秀推进者和最佳发布者等优秀集体和个人的获得者进行颁奖。

2014年3月4～5日,昭通卷烟厂在三楼会议厅举办第五届QC成果发布会。各部门主要负责人、QC分管领导、技术骨干、专家评委和QC小组成员共80余人参加发布会。

在历时两天的发布会上，共有来自工厂各个部门的30多个优秀QC成果参加发布，各QC小组以多种形式展示课题研究成果，各位评委对QC成果进行点评。最终，卷包车间、制丝车间、复烤车间的6个成果获得一等奖。

发布会结束后，评委专家代表对本次QC成果的发布情况进行综合点评，参会厂领导为获奖QC小组颁奖。昭通卷烟厂厂长胡发明参加成果发布会并作了总结发言。

【技术发明专利获受理】　2014年3月14日，由红塔集团玉溪卷烟厂和物流中心共同完成的两项发明专利获国家知识产权局受理。这两项专利分别是“双链条输送机链条扣用维修装置”和“一种双排滚子链维修钳”。

“双链条输送机链条扣用维修装置”，是用于双链条输送机上链条的快速维修，装置元件包括正向拉扣、反向拉扣、螺杆及六角螺母套等。它利用六角螺母套精密调节两根相邻挡条之间的精确距离,以达到符合安装链条扣的节距，具有结构简单、辅助维修链条快捷等优点。

“一种双排滚子链维修钳”，是用于链条输送机上双排滚子链的快速维修钳，装置元件包括左手柄、右手柄、铰链、调节螺钉和调节手轮。它根据双排滚子链的几何参数设计钳嘴，手柄设计用CAD按人体工程学设计为曲弧弯柄，且符合杠杆力学省力特点，它通过精密微调手轮，轻易达到符合安装链板和链条销轴要求的准确节距，该发明具有维修双排滚子链快捷、操作简便等特点，且可广泛推广和应用于国内双排滚子链的维修、安装和调试等，在物流传输机领域有高的实用价值。

目前，该两项新型装置均已应用于红塔集团物料输送机的修理和调试领域，对提高链条扣的维修效率起到了关键作用。

【组织开展工艺评吸员感官评吸培训】　2014年3月14日，玉溪卷烟厂组织开展工艺评吸员感官评吸培训。来自玉溪卷烟厂卷包车间、制丝车间、复烤车间、工艺质量科、质量监督检测分站等相关部门的技术骨干和工艺质量员共30人参加此次培训。

原集团技术中心产品室主任担任本次培训的授课老师。他结合自身多年产品开发的经验，从评吸卷烟的基础知识开始，深入浅出地讲解评吸的原理、方法和注意事项，特别介绍评吸过程中易陷入的盲点和错区。随后，授课老师指导全体学员进行各类别卷烟的评吸，通过评吸体验，大家更能明辨清香、清甜的味觉体验，更加了解香气的“质”和“量”的概念，分清“劲头”、“刺激性”的区别等。评吸培训的最后，授课教师指出，卷烟评吸是一项需要长期实践的艰苦工作，需要工艺评吸员继续努力，认真细致地去捕捉触觉感受和味觉感受，更好地为保证卷烟产品质量稳定做出努力。

【红塔大理烤烟品种配置优化及示范应用项目】　2014年3月27日，红塔大理烤烟品种配置优化及示范应用项目在大理卷烟厂召开。大理卷烟厂副厂长王洪云、大理州烟草公司、云南省农业大学、大理市、祥云、永平、南涧等9个县烟草公司相关负责人和人员参加了启动大会。

项目针对近几年，大理烟叶烤后外观质量、内在质量呈逐年下降的趋势，存在长期种植单一品种现象突出，随种植年限延长，品种种性退化、抗性降低、土壤肥力向不利方向定向发展等问题逐渐凸显，其次是气候异常，以及大理州近几年持续规模化发展红花大金元，与红塔集团需求产生的矛盾，拟在以“适应和满足集团卷烟品牌目前及未来发展对大理基地烟叶原料数量和质量需求”为目标，实现大理烟叶原料生产基地生态布局更加合理、特色烤烟品种配置更为适宜，提高大理烟叶原料与集团高端品牌发展需求的匹配度，增强集团适宜、优质特色原料的保障能力，服务集团高端品牌发展的需要。

【提升创新管理水平】　2014年4月2日，玉溪卷烟厂复烤二车间召开科技创新活动技术创新点试点总结会议，总结交流车间动力作业区电修小组试行技术创新点收集工作取得的成绩和经验，安排部署2014年创新工作。

为全面提升车间创新管理水平，实现全员参与创新工作目标，车间充分调动广大干部职工创新积极性，组织开展科技创新活动技术创新点收集工作。科技创新技术点收集建立在“问题导向”机制上，主要通过发现问题、收集问题、分析问题、解决问题、验证问题步骤完成，要求车间职工立足自身岗位，围绕提升产品质量、改善管理环境、降低生产消耗、提高设备有效作业率等方面提出可以创新的技术点。同时组织车间技术人员集中评审收集到科技创新技术点的可行性、实施方向、价值意义，并按照QC、创新创效、专利、科技进步等创新标准划分推行形式，对不符合这些标准的可行性创新点以合理化建议形式报送车间或上级部门。

科技创新技术点收集工作自2013年10月份率先在车间动力作业区动力电修小组以“爱岗敬业 助红塔科技创新”为活动主题试行开展，并取得了明显成效。为保障创新点收集工作顺利开展，动力电修小组从讲究策略、注重过程、强化激励方面入手，制定班组创新创效管理规定，明确参与试点活动的岗位、人员、职责；每周对本职岗位所辖的机台设备、使用技术、同行业技术的最新应用状况进行前期查询梳理；结合岗位专业设备、技术加深认识、学习了解，提出本岗位所属设备的不足之处、期望改进方向、预期改进后技术效果，并统一形成文字、图表记录；每月末收集、分类、统计，组织小组相关专业技术人员对这些科技创新技术点进行初审。截至2014年2月25日，动力电修小组共进行4次项目初审，收集技术岗位人员科技创新点121条，产生潜在各类科技创新项目77项，其中青工创新创效项目31项、QC项目17项、专利项目29项。收集到科技创新技术点“建议将锅炉房发电机作为停电后仪表监控电源的后备之用”在2014年复烤生产淡季配电室改造项目中进行整合改造，并作为2014年QC项目推行。

【楚雄卷烟厂精益六西格玛项目管理工作】 2014年4月9日，集团精益六西格玛评审专家组对楚雄卷烟厂申报实施的10个精益六西格玛项目进行了项目终审，并结合DM阶段、A阶段和IC阶段3个阶段的评审成绩，量化评价出5个黑带项目和5个绿带项目，没有不合格项目，精益六西格玛项目管理工作取得较好成绩。

楚雄卷烟厂自2013年7月启动精益六西格玛项目管理工作以来，在集团的统一安排下，通过导入精益六西格玛管理理念、开展精益六西格玛知识培训、强化精益六西格玛项目过程管理等工作措施，精益六西格玛项目管理工作扎实推进。在导入理念方面，召开了精益六西格玛管理体系启动大会，开展精益六西格玛基础知识培训，厂领导、中层管理人员、各部门预申报精益六西格玛课题项目团队成员共130余人参加培训。

在专业知识培训方面，42名项目团队成员通过3个阶段、历时9天、共55个学时的培训，系统学习了DM阶段、A阶段和IC阶段的相关知识，初步掌握了项目界定、项目目标确定、项目立项报告编制、测量系统能力分析、过程能力分析、末端因子查找评价、假设检验、方差分析、回归分析、实验设计、管理流程分析、项目控制于持续改进等重要知识，所有参训人员经考试合格，为精益六西格玛项目管理推进奠定了坚实基础。

在项目过程管理方面，围绕指标改进及提升机会，组织各车间及工艺质量科等8个部门开展项目预申报，并在项目辅导老师指导下从项目背景、项目目标、项目可行性、项目实施难度等维度对预申报的21个项目进行逐一筛选，确定了10个精益管理课题，编制了项目立项申报书。针对确定的精益课题，确定项目参与人员，明确推进者、项目组长、项目组成员及其工作职责，完成项目团队的组建，制定项目推进计划。结合项目推进计划实施，认真开展项目现场辅导及阶段评审工作，及时发现项目推进中存在的问题与不足，明确改进方向，以良好的过程管控获取良好的过程结果。

通过开展精益六西格玛管理，使楚雄卷烟厂在卷烟原料消耗、设备运行效率、卷烟仓储管理、能耗控制等方面存在的突出问题、难点问题得到解决或逐步解决，并取得了较好的经济收益，直接经济收益达2 909万元。

【楚雄卷烟厂QC成果】 2014年4月9～10日，红塔集团2013年度优秀QC成果发布会在集团技术中心101报告厅召开，来自集团省内四厂和物流中心的32项优秀成果参加发布，6项六西格玛成果也在此次发布会上进行交流展示。

在两天的发布和展示中，各小组的讲述配合精美的多媒体制作，向与会代表和评委完美展示了自己的智慧结晶。最终，发布会评出一等奖5项、二等奖13项、三等奖14项。楚雄卷烟厂参赛成果喜获一等奖1项，二等奖4项，三等奖3项的好成绩。其中，卷包车间的参赛成果《降低YF172滤棒存储末端提升段皮带驱动链故障频次》在发布会上一举夺冠，卷包、制丝、动力、复烤4个车间的参赛成果分别荣获二等奖和三等奖，制丝车间刁立秋、韦苑荣获“优秀发布人”称号，卷包车间陆鲲鹏获“优秀推进者”荣誉称号。

【大理卷烟厂参加全国六西格玛大会成果发布】 2014年4月21～23日，2013年度全国质量技术奖励大会暨第十一届全国六西格玛大会在济南举行，大理卷烟厂六西格玛获奖项目组成员受邀参加大会，并代表云南中烟公司进行成果发布交流。

会上，中国质量协会对评选出的全国优秀六西格项目进行了表彰奖励，颁发荣誉证书。在烟草行业89个获得“全国优秀六西格玛项目”的成果中，大理卷烟厂有5个，分别是《提高复烤动力中心水汽比》、《提高切梗段西格玛水平》、《降低卷包车间万支卷烟内衬纸消耗》、《提高复烤成品片烟外观包装质量西格玛水平》和《提高制梗丝线梗丝出丝率》，其中《提高复烤成品片烟外观包装质量西格玛水平》由于成果水平和代表性较强，被中质协指定在大会上作现场发布。大理卷烟厂自推进六西格玛管理工作以来，已是第二次在大会上获奖并代表云南中烟公司进行六西格玛成果发布交流，标志着大理卷烟厂的六西格玛管理工作取得了实质性的进步。

【帝国烟草与红塔集团进行业务交流】 2014年5月5日，帝国烟草全球营运及工程总裁莱纳·艾伯莱因一行来到红塔集团，与红塔集团领导就先进生产营运理念和国际市场新动向作业务交流。

帝国烟草全球营运及工程总裁莱纳.艾伯莱因及帝国烟草全球营运财务总监，亚太及非洲、西欧、中欧、东欧、雪茄及美国生产营运总裁，全球设备工程总监，全球卓越营运总裁，帝国台湾烟厂厂长，中国区生产营运经理等11人来到集团本部玉溪卷烟厂，受到了集团领导及干部职工的热烈欢迎。

在玉烟制丝、卷包二车间，集团副总裁王勇、玉溪卷烟厂厂长马云参等陪同帝国烟草来宾观看了制丝、卷包生产工艺流程，并向来宾介绍了红塔的设备引进、品牌构成以及集团的产销效等相关情况，重点介绍集团海外市场的拓展情况以及在精益管理方面开展的工作。

帝国烟草来宾认真听取了介绍，并不时在SOPS设计及运用原理展板、烟机设备技能竞赛训练现场、KT2 S160切梗机、PROTOS M5 和PROTOS 2-2卷烟机台前驻足，观察、制丝卷包机械等设备运行，询问红塔的精益管理、产品品质、市场满足率等相关情况。随后，宾主双方在行政楼玉溪厅进行交谈。

王勇向来宾介绍了集团的基本概况并重点回顾了红塔与帝国烟草的合作历程。红塔与帝国烟草的合作自2003年起至今已走过了11年，双方以“威斯”品牌许可生产为纽带，在原辅料、配方、工艺技术研发、生产和销售等方面开展了广泛的合作。帝国烟草的“威斯”品牌中国国内生产和销售，红塔的生产制造工艺保障了“威斯”品牌的质量，红塔的销售渠道为“威斯”品牌产品进入中国的主要市场起到了积极的推动作用。红塔营销团队承担起“威斯”品牌的地方准入手续办理、渠道维护、计划衔接等环节，并全力配合参与“威斯”在国内市场的宣传推广，双方共同开展“威斯”的配方设计、原辅料采购、工艺质量标准制定，使“威斯”品牌在中国的知名度、影响力和覆盖面得到显著提升，10年间累计生产“威斯”烟8.8亿支，累计工业销售6.5亿支，销售区域最大时覆盖全国20个省，68个市。与此同时，通过帝国烟草的努力，红塔集团“玉溪”、“红塔山”（HTS）等名优卷烟相继在台湾、英国有税市场及北美免税市场通过帝国烟草的销售渠道进行推广销售。10年间，英国和台湾有税市场累计销售卷烟2.53亿支，北美免税市场累计销售卷烟1.41亿支，共计销售卷烟3.94亿支，销售区域覆盖台湾、英国、北美和西欧，在一定程度上提升了红塔集团产品在当地的知名度和影响力，让红塔积累了境外成熟有税市场运作的经验，锻炼了团队工作人员的国际营销业务能力，为红塔今后拓展国际市场打下了一定的基础。

红塔集团与帝国烟草在液氮膨胀烟丝技术、烟草制品成分披露、烟叶种植评级等方面也开展了一系列的技术交流与合作。为了给双方下一阶段的合作提升至国家局和帝国烟草战略合作层面奠定良好基础，红塔集团与帝国烟草达成了暂时续签一年合作协议的共识，以此作为下一阶段长期战略合作协议的过渡期。在2013年7月11日至2014年6月30日为期一年的合作期间，双方遵循“平等互利、销量对等”的合作共识，以帝国烟草在中国境内的销量和红塔在境外市场的销量对等为合作目标，帝国烟草继续通过许可生产的方式在集团玉溪卷烟厂生产“威斯”品牌卷烟，红塔集团通过帝国烟草的销售渠道在境外市场销售集团卷烟品牌产品。

【楚雄卷烟厂完成烤季复烤生产工作任务】　2014年5月14日，楚雄卷烟厂顺利完成2013烤季复烤生产工作任务，累计加工初烤烟65.08万担，初烤烟出片率达到69.18%。

楚雄卷烟厂2013烤季复烤生产从2013年11月11日开始，历时6个多月，加工初烤烟比上烤季增加3.51万担，实物产品得率达到了96.25%，设备故障停机率1.2%，比上年相比降低1.85%。

2013年内为最大限度减少初烤烟储存损失，确保烟叶加工品质和生产进度符合要求，楚雄卷烟厂生产、工艺、仓储、动力等相关部门和复烤车间全体干部职工克服了复烤生产线用工不足、烟叶投料加工模式及控制方法改变等各种困难，实现了叶基和非叶基分切后分别打叶复烤打包；叶基和非叶基分切后分别打叶后合并复烤打包；叶基和非叶基分切后分别打叶，非叶基单独复烤打包，叶基按相邻等级合并的原则进行复烤打包等3种加工模式生产，按时按质按量完成了复烤生产任务。

【玉溪卷烟厂QC成果发布】　2014年5月27～29日，云南烟草工业第十一次优秀QC成果发布会在昆明召开，来自红塔集团、红云红河集团的35个优秀QC成果进行了发布。云南中烟工业有限责任公司副总经理姚庆艳，企业管理部部长方斌、副部长顾树东，以及各集团、工厂质量管理小组工作主管领导出席了发布会。此次发布会发布成果多，质量水平高，课题涉及广，参与热情高，交流氛围浓，各成果充分展现了精益QC思想。经过两天的角逐，最终评选出一等奖6项、二等奖13项、三等奖16项。玉溪卷烟厂选送的5个优秀QC小组成果获得佳绩，来自先锋QC小组的《降低PROTOS 2-2卷接机组梗签含丝率》以总分第一的成绩获得一等奖。同时，探路者QC小组的《降低GDX500铝箔纸输送阻塞频次》也以优异成绩荣获一等奖。其余成果分获二等奖1项、三等奖2项。发布会上，玉溪卷烟厂荣获“云南烟草工业2013年度质量管理活动优秀企业”称号，玉溪卷烟厂中质协中级诊断师孔彬荣获“云南烟草工业2013年度质量管理小组活动优秀推进者”。

7月6日，第十届“海洋王”杯全国QC小组成果发表赛在昆明举行，玉溪卷烟厂首次参赛，选派的2个QC成果分获优胜奖和一等奖，优胜奖将直接被推荐为“全国优秀QC小组”。本次杯赛由中国质量协会《中国质量》杂志社主办，来自全国185个QC小组经过评委会的初审，获得参加此次发布赛资格。发布赛上，来自电力、通信、石油、钢铁、烟草等行业的QC小组代表，分享了他们严谨翔实的QC成果。经过5天的角逐，玉溪卷烟厂探路者QC小组《降低GDX500铝箔纸输送阻塞频次》等50个成果荣获优胜奖，“黑匣子”QC小组《提高FOCKE465型封箱机烟箱外观合格率》荣获一等奖。

【大理卷烟厂设备改造项目通过评估】　2014年6月27日，红塔集团装备技术部组织装备技术部、玉溪卷烟厂、楚雄卷烟厂的技术专家到大理卷烟厂，对ZJ17卷烟机蜘蛛手传送臂漏油改造项目进行评估。评估小组听取了大理卷烟厂卷包车间技术人员对该项目的技术方案和实施情况的汇报，并到现场进行查勘。双方就该项目相关技术问题进行深入讨论、交流。

该项目于2012年立项，2013年12月在卷包车间软包1#机组上实施。项目组通过蜘蛛手油箱总成原封闭润滑方式改为循环供油润滑方式，降低了齿轮箱内油温，从而减少高温润滑油对箱体的压力和对传动齿轮的损坏。该项目从实施至今未出现漏油、渗油现象，保证了产品质量，降低备件消耗，同时提高了设备效率。

【楚雄卷烟厂配方放样及制丝工艺调整工作】　2014年7月1日，楚雄卷烟厂组织完成了红塔山（硬经典100）、红梅（软黄）两个品牌卷烟的制丝工艺调整及配方放样试验工作，放样试验样品经感官质量评吸后，已符合产品质量要求，可正式投料生产。

根据楚雄卷烟厂精益制造工作实施要求，为解决制丝生产线滚筒干燥生产线和气流干燥生产线生产不均衡的问题，楚雄卷烟厂和红塔技术分中心通过开展工艺可行性研究、叶组配方调整和设备改造等相关准备工作，生产线已经具备工艺调整条件，并于本月初开始安排工艺放样。此次放样共涉及红塔山（硬经典100）、红梅（软黄）两个品牌卷烟3个叶组配方，经过相关部门辛苦努力，完成了配方放样及工艺验证工作。此次工艺调整及配方放样工作完成后，楚雄卷烟厂红梅（软黄）品牌卷烟气流干燥烟丝用量在原来的基础上增加了34%，红塔山（硬经典100）品牌卷烟气流干燥烟丝用量在原来的基础上增加了7%，有效解决了两条生产线产量不均衡的问题，提高了气流干燥生产线的生产效率，缩短了制丝生产线的日生产时间。

【中国烟叶公司检查楚雄子午烟叶精益生产试点工作】 2014年7月13日，中国烟叶公司检查组一行4人在云南省烟草公司烟叶管理处负责人的陪同下，对楚雄市子午单元烟叶精益生产试点工作进行了检查。

检查组查看了楚雄市子午单元大田烟叶生长情况，与楚雄卷烟厂、楚雄州公司及技术依托单位云南农业大学烟草学院等有关人员进行座谈，详细了解子午单元烟叶精益生产试点工作实施情况。

检查组认为红塔集团子午基地单元大田生产管理规范，组织管理水平较高，生产措施落实到位，尤其工、商、研三方合作紧密，针对工业提出的生产措施改进意见，理解认识到位，并一直坚持以工业原料需求目标为导向，稳步提升烟叶质量等方面成效突出。对基地单元烟叶精益生产试点前期工作表示认可，认为子午单元紧紧围绕满足工业需求和烟农需求开展烟叶精益生产试点，开展了一系列细致有效的工作，取得了较好的效果。检查组要求下一步要认真贯彻"化繁为简"的精益生产理念，按照工业需求导向原则，着力抓好育苗、大田、烘烤、分级等环节的精益生产探索，分环节理清工作思路，特别要抓住怎样最大程度发挥合作社的优势和积极性这个为烟叶基地单元精益生产的推行做好最实实在在的探索工作重点，在提升烟叶品质、提高烟叶安全性、减工降本等方面作积极探索。

【组织开展评标专家和专家库评审工作】 2014年7月14～24日，玉溪卷烟厂组织开展了评标专家和专家库评审工作。工作分为员工在线提交申报信息、归口管理部门初审、工厂采购办审议、工厂"三项工作"管理委员会审核四步骤，由系统内审批和系统外评议两条线同步完成。

在评标专家的评审过程中，工厂严格按照《红塔集团评标专家及专家库管理办法》对专家的资质要求进行把关，重点从申报人员的执业资格、专业工作经验、职业道德以及廉洁从业4个方面进行综合评议。工厂累计申报评标专家836人次，经过采购办会议的严格评审讨论，最终通过评标专家801人次。

【大理卷烟厂召开原料工作会】 2014年7月18，大理卷烟厂召开2014年原料工作会，烟叶生产质检科、仓储管理科、复烤车间、生产科、工艺质量科相关部门人员共35人参加会议。会议由副厂长王洪云主持。会议重点针对2014年原料工作中存在的困难和问题，进行分析、探讨和解决。2014年，云南中烟在大理采购烟叶55万担，其中红大品种33.63万担，K326品种21.38万担，区域主要分布在南涧、弥渡、巍山、永平、漾濞、宾川、云龙和大理8个基地县市，计划于8月15日开始采购。2014年采购量较往年有所减少，但总量中有30万担的散烟，再加上大理市湾桥的3.2万担的筐篮烟，分选过程中把烟划把环节由工业分级完成，对2014年的质检方式、调拨、工业分级等环节有较大的影响。

【召开挂片联系销区工作座谈会】 2014年7月21日，玉溪卷烟厂召开挂片联系销区工作座谈会。玉溪市烟草公司副经理朱寒及公司相关部门负责人，云南中烟营销中心玉溪销区负责人李杨，玉溪卷烟厂厂长马云参、党委书记陈俊松、副厂长潘文以及厂相关职能部门负责人参加会议。

根据《云南中烟工业有限责任公司关于进一步深化领导挂片联系销区工作机制的实施意见》相关要求，为充分发挥云南省内所属工厂的属地优势，促进云产卷烟品牌结构和市场份额的稳步提升，7月14日，省内各卷烟工厂与云南中烟分别签订了《2014年挂片联系市场营销目标责任状》。座谈会上，工商三方紧紧围绕玉溪卷烟厂与云南中烟签订的目标责任状，对2014年玉溪市场营销目标数据进行了测算和深入分析研究。

【SEM（战略计划）管理模块培训】 2014年7月22日，集团管理信息化项目组在玉溪举办SEM（战略计划）管理模块培训。来自省内四厂、各中心、相关职能部门专兼职业务计划员，负责计划（规划）管理的管理人员，全体SEM项目小组人员及相关人员参与了培训。培训课程包括：SEM总体概述、战略规划模块、运营计划模块、生产计划模块、原料辅料采购计划模块、物流配送计划模块以及装备计划模块的培训。内容涵盖：SEM系统架构及流程、登录及界面功能、计划应用功能及查询功能、主数据维护介绍；云南中烟规划接受、集团一级规划、卷烟生产规划、税利目标规划等，上下载功能演示及规划锁定与解锁；集团卷烟运营计划、集团销售计划、运营计划锁定与解锁，工厂及成品物料主数据维护；卷烟生产运营计划，卷烟、半成品、制丝、香糖料执行计划；原料规划、原辅料采购计划及执行计划；物流配送运营、叶组配送执行、成品发货执行计划；装备规划、装备运营计划，设备大修、购置执行计划，装备主数据维护等。

【重点科研项目在楚雄卷烟厂投料】 2014年7月24日，国家烟草专卖局重点科研项目"滚筒——气流式烘丝技术研究与设备研发"项目在楚雄卷烟厂制丝车间投料成功。

"滚筒——气流式烘丝技术研究与设备研发"项目是由中烟机械技术中心有限责任公司、秦皇岛烟草机械有限责任公司与红塔烟草（集团）有限责任公司共同合作的科研项目，项目涉及的工艺改造及设备的试验，此项目结合传统的滚筒式与气流式烘丝的优点，既保存烟丝原有的香气，又有效提高烟丝的填充值，使烘丝流量达到3 000千克/小时。项目在中烟机械技术中心有限责任公司、秦皇岛烟草机械有限责任公司、红塔集团技术中心、红塔集团装备技术部、楚雄卷烟厂多个部门的共同努力下，在制丝车间现场进行反复的认证、研究，最终确定项目的工艺流程及设备的具体摆放位置。2013年12月滚筒——气流式烘丝设备到达楚雄卷烟厂后，在不影响生产任务的前提下，抓紧有效的停产时间积极组织实施，2014年4月对设备进行定位安装，7月12日设备安装、调试完毕，16日投料试车成功。"滚筒——气流式烘丝技术研究与设备研发"项目的投料试车成功，标志着设备及配套设施达到了科研试验的要求，为确保下一步科研、试验的顺利进行打下了基础，为更进一步提高烟丝质量和卷烟感观质量提供了保障。

【楚雄卷烟厂引进高速卷包设备进行调试】 2014年7月31日，楚雄卷烟厂由德国引进的第一组PROTOSM5-14K型卷接机组和FOCKE-FXS软包机组主体部分全部安装完毕，设备电源和压缩气已相继接通，第一阶段调试工作正式启动。7月3日，第一套由德国原装引进的PROTOS M5-14K卷接机组和FOCKE-FXS软包包装机组运抵楚雄卷烟厂卷包车间，车间抽调了部分技术骨干、生产操作人员和安全管理人员全程参与设备吊装、开箱、安装等工作，积极配合设备制造方技术人员，就设备结构原理、部件安装方法等方面开展了广泛沟通和交流，经过全体工作人员的努力，各项安装调试工作按计划稳步推进；7月30日，设备电、气全部接通，卷烟纸、接装纸、商标纸等辅料装入设备；7月31日，正式启动了第一阶段设备通电调试工作。8月，楚雄卷烟厂全面启动第一组新型设备带料调试工作。

【玉溪卷烟厂召开SD5切丝机培训教材内部审定会议】 2014年8月18日，玉溪卷烟厂召开SD5切丝机培训教材内部审定会议，教材编写项目组全体成员参加了会议，玉溪卷烟厂分管设备、技改工作的副厂长王金良到会参与教材的审定工作。

SD5切丝机教材编写项目组经过近一年的策划、组织、实施，目前SD5切丝机培训教材的结构大纲已基本确定，内容已基本完善，达到了预期的目标。会上，设备技术科相关负责人传达了工厂高度重视SD5切丝机培训教材编写工作的指导意见，要求项目组成员有始有终，努力完成最后的修订工作，要求参与教材编写工作的各部门成员相互交流、协作，实现资源共享。

工厂人事劳资科相关负责人结合目前玉溪卷烟厂实施“学校制培训体系”的建设情况，希望各部门将SD5切丝机培训教材的编写工作与该体系进行合理、有机的结合，编写该教材的成员可作为各车间SD5切丝机培训的候选指导老师，并且各部门之间的培训老师可相互交流、借鉴。

【玉溪卷烟厂开展改善提案及OPL培训】 2014年8月20日，玉溪卷烟厂组织开展改善提案及OPL（单点课程）培训，各车间、科室班组长及部门精益管理指导员共计100余人参加培训。

培训紧紧围绕精益管理工具方法应用展开，对改善提案和OPL的定义、方法、流程、制度、评价及相关表单填报等进行了全面系统的培训，强调员工改善提案对改善工厂经营绩效，提高工厂精益管理水平的重要支撑及单点课程对信息资源共享、经验积累、培训效率提升的重要作用，引导员工树立“现在最差”的改善意识，追求“要好还要更好”的理念。

作为精益管理的基础工具之一，改善提案以主观改善为出发点，突出员工的自主提出、自主改善、自主总结改善效果。玉溪卷烟厂通过强化精益工具的应用，引导员工从细微处着眼消除各种浪费、损耗，实现提升产品品质，降低成本，提高效率，改善作业环境的目的，同时提升员工发现问题和解决问题的能力，提高员工的技能水平，不断营造“全员参与”的改善氛围，构建“持续改善”的精益文化，打造一流的精益管理改善团队。

【楚雄试点基地开展烘烤培训】 2014年8月21日，红塔集团楚雄子午烟叶精益生产试点基地单元再次展开烤烟烘烤技术培训以进一步提高烘烤水平和烟叶质量。楚雄卷烟厂基地管理员、基地单元合作社、烟草公司烟叶站点负责人以及烘烤主管、参与烘烤工作的技术人员共计120人参加了培训会。

培训采取理论培训与现场烘烤操作相结合的方式，邀请了有关专家就烟叶成熟采收标准、编烟和装烟技术、烟叶专业化烘烤管理模式，K326品种烘烤技术培训等方面进行了讲座。首先从烟叶成熟特征、成熟采收、鲜烟分类等方面进行讲解，此次培训在常规专业化烘烤工作流程的基础上，使烘烤工作流程前移，将烟叶采收环节纳入工作流程当中，在烟叶采收前坚持田间管理不放松，要求烟农按照采收标准采收烟叶。再次强调了密集烤房特性以及烘烤工艺技术要点，还邀请了密集烤房烘烤设备生产厂家的技术员专门对烤房烘烤设备的原理与使用、维护和安全用电知识进行介绍，并对烘烤过程中存在的技术难题进行了重点分析，推行在同一座烤房烘烤的烟农，实施同质化的烟叶生产，即统一移栽、统一管理、统一采收、统一烘烤，最终实现“同炉同质”烘烤，杜绝无视鲜烟叶素质的“拼凑”烘烤；同时根据K326品种特性，改进烘烤工艺，解决K326上部叶挂灰、杂色严重问题；针对近年来突出的特殊气候，为干旱、洪涝等非常规状况下的烟叶改进烘烤工艺，提升烘烤质量，减少烘烤环节造成的损失。

【楚雄卷烟厂烟叶原收原调工作】 2014年8月25日，楚雄卷烟厂2014年烟叶原收原调工作拉开序幕。

由于2014年全国烟叶总量比上年下调了8%，集团在楚雄的烟叶采购量较上两年有所下降，计划采购楚雄地产烟叶54.58万担。经过与楚雄州烟叶公司的反复协商后，确定红塔2014年在楚雄所采购烟叶全部为K326品种，采购区域涉及楚雄、南华、禄丰、双柏、姚安、永仁6个县（市）的20个乡镇、56个站点，并且除楚雄市的山区站点和双柏县实行把烟收购外，其他地区均实施散叶收购，散叶量占采购总量的80%左右，约40万余担。

在工商交接开始前夕，楚雄卷烟厂原收原调相关人员于8月14日召开了原收原调动员大会。从2014年上半年开始，楚雄卷烟厂就着手对原收原调工作进行充分的准备。6月份，为稳定分级人员，烟叶生产质检员和分选管理人员对楚雄周边分级工较集中的区域进行了走访交流。7月份，配合项目承包方完成了项目承包人员的招聘工作。从8月4日开始，对参与烟叶原收原调工作的所有项目承包方人员进行了岗前培训。搬运堆码人员就堆码技能和安全消防知识两个方面进行了深入的培训。分级人员按分级骨干和普通分级工进行分批、分阶段培训，使项目承包方人员掌握了工作技能。楚雄卷烟厂年内继续加强站点预约调拨，保证烟叶工商交接的有序和顺畅。在质量检验方面，将按工商交接协议的约定进行严格的质量抽检，对每一批次的烟叶先进行品种符合性检验，再进行等级检验，保证入库烟叶品种真实、质量符合要求。工商交接期间，还将继续派出两个由烟叶质检员和基地协调员组成的工作小组，深入到采购涉及的所有站点进行走访，加强与一线的沟通、协商，力保一线收购烟叶质量符合集团要求。同时，针对楚雄近段时间雨水较多，给原烟露天仓储保管造成较大压力的情况，在入库检验时注意对水潮及霉变烟叶的检验处理，并加强烟堆的检查、维护，杜绝烟叶受潮受损。

【烟叶工商交接工作】 2014年8月26日，玉溪市烟叶工商交接工作全面展开。年内，红塔集团烟叶采购计划量465.66万担，原料部烟叶质检科承担了323.78万担的采购任务。玉溪市工商交接集中在集团五库区、大营街常理库和江川库，承担了玉溪市、临沧市、普洱市、德宏市共计175.2万担的采购量。为做好烟叶工商交接，原料部烟叶质检科积极准备，早在一个月前就对全体烟叶质检人员进行了烟叶品种识别和等级质量培训，并与玉溪市烟草公司共同制作收购仿制样品，统一样品眼光，认真组织学习工商交接协议的要求。

由于2014年前期干旱，后期雨水偏多，导致烟叶田间病虫害严重，烤后烟叶颜色淡，身份薄。在工商交接过程中，原料部要求全体烟叶质检员严格执行标准，严格遵守工商交接协议要求，严把烟叶品种纯度和等级纯度关，严格控制混青、混杂、混部现象，把好质量关。从整个工作现场看，烟叶工商交接工作井然有序，质检人员积极投入、严格抽检，装卸工人严格遵守安全操作规程，入库烟叶的等级质量和等级纯度基本达到要求。

【“工商联动 协同营销”宣讲会】 2014年8月29日，按照云南中烟有限责任公司挂片联系销区工作的要求，玉溪卷烟厂召开“工商联动协同营销”宣讲会，进一步推进工厂挂片联系销区工作。云南中烟营销中心、玉溪市及八县一区烟草公司、玉溪卷烟厂三方领导参会。玉溪卷烟厂厂长马云参做动员讲话，玉溪市烟草公司营销中心主任朱运聪就玉溪市烟草销售情况做详细介绍，云南中烟营销中心品牌部协助负责人文涛就云南中烟“两统一、两整合”改革部署背景下市场形势、品牌情况及红塔集团新品“红塔山（传奇）”上市主要目标任务和准备情况做讲解。

2014年7月14日，云南中烟分别与省内各卷烟工厂签订了《2014年挂片联系市场营销目标责任状》，明确了各卷烟工厂协助营销的职责。对玉溪卷烟厂来说，重点是挂片联系玉溪市场，工厂与当地品牌销售情况直接挂钩，并明确了工厂应建立的市场走访机制、市场调研机制、客情维护机制、协调指导机制、信息反馈机制、资源保障机制、考核激励机制等7种机制，第一时间制订了工作实施方案，明确了组织机构，由厂长作为工厂挂片联系玉溪市场第一责任人，副厂长潘文作为具体执行责任人。工厂全体领导班子组成挂片联系领导小组，每一位厂领导班子成员分别按县（区）挂片联系市场。同时，领导小组下设办公室、售后服务组、促销活动组、烤烟生产协同组等，负责配合云南中烟营销中心、技术中心、集团原料部，和玉溪市、县（区）烟草公司，开展相关工作，将与云南中烟营销中心，市、县（区）烟草公司工商联动、协同营销、共育品牌。玉溪市烟草公司副经理朱寒、云南中烟营销中心云南分中心协助负责人王廷波、玉溪市八县一区烟草公司分管销售的副经理、玉烟全体班子成员、全体中层管理人员、营销志愿者、2014年新员工参加本次会议。

【红塔山（传奇）上市】 2014年9月1日，红塔集团生产的新产品“红塔山（传奇）”在玉溪市正式上市。这是该产品在全国首家上市，也是集团新产品第一次在本土市场首先投放。

云南中烟营销中心、玉溪市烟草专卖局、玉溪卷烟厂三方在首家新品上市零售店举行了上市仪式。玉溪卷烟厂厂长、工厂挂片联系玉溪市场第一责任人马云参，玉溪市烟草公司副经理朱寒，玉烟副厂长、工厂挂片联系玉溪市场执行责任人潘文，玉溪市烟草公司营销中心主任朱运聪，云南中烟营销中心相关负责人，玉烟营销志愿者团队及相关部门负责人参加仪式。此次活动也是按照云南中烟挂片联系市场营销要求，受云南中烟营销中心邀请，玉烟积极协助营销的一次具体举措。仪式结束后，玉烟派出30人的营销志愿者团队分赴玉溪市八县一区烟草公司，全面开展协助营销活动。同时，马云参赴玉溪市烟草公司物流中心开展走访调研，就商业分装、销售打码、零售配送等工作进行详细了解，进一步深化工商联动，营销协同。

新上市的“红塔山（传奇）”是红塔集团经典品牌“红塔山”的系列产品，其投放具有补充云产烟“低转高”过程中低一类和三类烟之间规模空档的衔接作用，是“红塔山”品牌发展中从三类跨入二类烟以上的转型产品，同时也是构建高于经典系列的全新“传奇”系列的起步产品。作为全国第一包采用淡彩版画工艺的卷烟产品，其包装设计突出“人”的元素，篆书印章商标鲜明亮眼，识别性强，档次感超越同级产品。同时，新品通过“100年开启华夏烟源”、“60年坚守品质取胜”、“30年销量领跑中国”等重要元素，传达了自1914年玉溪地区等开启云南现代烟草种植纪元的种植传奇，以及烟叶评比得分108的品质传奇、创建优质烟基地的“第一车间”传奇、改革开放取得令人瞩目的成就的“红塔山现象”、连续第7年蝉联“中国最有价值品牌”的品牌传奇、30年来“红塔山”品牌累计销量3 000万箱的销量传奇等，注释了新品作为“传奇”的品牌内涵。

【“阿诗玛”牌烤烟型超细烟下线】 2014年9月1日，香港红塔公司举行超细烟下线及超细烟设备验收仪式，香港红塔产“阿诗玛”牌烤烟型超细烟顺利下线。仪式当天，到贺的来宾及客户一行49人，在香港红塔总经理朱海松等的陪同下，参观了超细烟卷包设备的生产运作，对香港红塔超细烟项目的完成情况给予高度评价，并对香港红塔生产的超细烟顺利下线表示热烈祝贺。身形纤细、精巧完美，这就是对香港红塔生产的“阿诗玛”牌超细烟的诠释。在仪式上，众经销商对缓缓下线的超细烟表现出浓厚的兴趣，在研究其精细的生产工艺和品味其丰富的艺术内涵的同时，均表示对超细烟的前景充满了信心。

作为红塔集团第一组投产的超细烟卷包设备，香港红塔在国家局、云南中烟以及集团的支持下，通过两期技改项目的实施，形成了年产卷烟60万件，软硬包和超细烟设备齐全的技术格局。

【推广设备总点检方法】 2014年10月9日，为全面推进玉溪卷烟厂精益设备管理，提升设备“本体健康”水平，设备技术科在膨胀烟丝车间积极组织开展精益设备总点检方法的推广应用活动。

该活动严格按照精益设备总点检方法的六个实践环节进行，活动首先由设备技术科精益管理小组相关人员对本次活动的内容、要求进行培训说明，并将参与本次活动的成员进行分组；之后，各小组到事先确定的生产现场进行点检活动，并将点检过程中发现的不合理逐一记录；现场点检结束后，各小组分别对点检结果进行发表总结；最后，参与该活动的相关领导对本次活动进行了总结点评。该项活动还将持续在玉溪卷烟厂各车间进行推广开展，使各车间了解、认识设备总点检方法的基本过程、要求，探索一种适合玉溪卷烟厂精益设备管理的方法。

【楚雄卷烟厂顺利上线云南中烟“物流综合业务管理平台”】 2014年10月14日，楚雄卷烟厂通过云南中烟“物流综合业务管理平台”完成物流业务115票，物流平台运行平稳顺利。

为保证云南中烟“物流综合业务管理平台”系统修改和系统完善工作的顺利进行，楚雄卷烟厂立足本厂实际，广泛与物流中心、承运方、项目组等多个部门密切配合，各岗位业务人员加班加点、努力学习、细心操作，认真做好项目上线各项准备和配合工作。

于10月8日正式上线云南中烟“物流综合业务管理平台”，侧重实物和物流动作管理，由计划调度、运输作业、仓储作业、准运证回填、费用管理等多个模块组成，包括了每一单的卷烟运输调度、提货单合同打印、转储业务处理、准运证申报、运费管理、仓库入出库等业务内容，项目的顺利运行，将为云南中烟统一物流操作和物流管理奠定坚实基础。

（金世祥　曹晓军）

2014年7月29日　玉溪市局（公司）技术中心科研人员在做烟叶病虫害防治实验研究　（朱光宏　摄）

烟草科技

【概　况】　2014年，玉溪烟草公司实施科技项目31项，经费预算1 147.67万元。其中：省级26项，国家级3项（“蚜虫可持续防控技术研究与应用”和“生防菌剂与生物多样性控制烟草真菌病害技术研究与应用”2项为中国烟草总公司重点项目，“烤烟根际解磷解钾促生菌PGPR的筛选及应用推广”项目为国家局面上项目），其他项目2项（中烟种子公司项目“外引品种和新品种比较试验”和玉溪市科技局项目“‘玉溪市烟草工程技术研究中心配套经费’”）；市局（公司）主持承担科技项目11项，合作承担科技项目20项。2014年，玉溪烟草公司取得“烟叶自动化包装系统开发研究”、“玉溪生态优质烟叶关键技术研究与开发”、“玉溪市烟草公司6S现场管理研究”、“烟叶工作站6S现场管理规范制定”、“烤烟生产中秸秆还田相关问题研究与应用”、“红塔品牌导向玉溪特色烟叶原料保障体系研究”等6项科技项目成果，其中：“玉溪生态优质烟叶关键技术研究与开发”项目被云南省烟草公司鉴定为部分国内领先，2项（“烤烟生产中秸秆还田相关问题研究与应用”和“红塔品牌导向玉溪特色烟叶原料保障体系研究”）通过玉溪市科技局鉴定。

【科技成果】　2014年，市烟草公司“抗TMV烤烟系列品种的选育及应用”、“红塔品牌导向玉溪特色烟叶原料保障体系研究”项目分别获2014年度云南省政府科技进步奖二等奖、三等奖，“红塔品牌导向玉溪特色烟叶原料保障体系研究”、“烤烟生产中秸秆还田相关问题研究与应用”项目分别获玉溪市政府科技进步奖一等奖、二等奖。年内，有17项科研项目获得授权专利（发明专利1项、实用新型专利16项），专利受理15项（发明专利10项，实用新型5项），软件著作权1项，发表科技论文7篇，制定企业标准1项。

【蚜茧蜂防治蚜虫技术】　2014年，市烟草公司鉴定蚜虫12属15种、蚜茧蜂6属10种。了解烟蚜茧蜂对烟蚜、萝卜蚜、甘蓝蚜、豆蚜、豌豆蚜和豌豆修尾蚜的寄生性规律。筛选出白菜和萝卜作为冬季替代寄主繁蚜和繁蜂。突破僵蚜卡的制作技术以及僵蚜的低温保存与长距离运输技术，僵蚜卡获实用新型专利。拟定利用蔬菜进行繁蜂放蜂技术操作流程，为小春作物繁蜂放蜂提供技术支撑。年内，在蔬菜、油菜等非烟作物上推广应用10万亩。

【烟粉虱生物防治新技术】　2014年，烟粉虱具有寄主范围广和易爆发的特点，市烟草公司为提高烟草的安全性，促进烟草绿色、生态化的进程，构建以丽蚜小蜂控制烟粉虱为主的生物防治技术与体系，研究得到烟粉虱、丽蚜小蜂规模化生产技术及田间释放技术，制定《玉溪市丽蚜小蜂控制烟粉虱生物防治技术规程》1套，是烤烟生物防治技术的有效补充。

【生防菌剂与生物多样性协同控病】　2014年，市烟草公司成功研制出新型枯草芽孢杆菌Tpb55生防制剂，防效达到80%左右，与化学农药相当；同时，运用生态学原理，系统开展生物多样性控制机制研究，提出“烤烟-莴苣-大蒜、玉米-小麦-烤烟、玉米-洋葱-烤烟、玉米-大蒜-烤烟、玉米-油菜-烤烟”五种控制烟草黑胫病的有效种植模式，并将生防菌与生物多样性相结合进行烟草真菌性病害的协同控制，为优质烟叶生产中绿色植保技术推广应用开辟新途径。

【生物炭改良土壤技术】　2014年，市烟草公司改良玉溪老烟区植烟土壤性状，实现土壤可持续利用探索生物炭改良土壤技术。研究表明生物炭适用于玉溪植烟土壤改良，建议生物炭累计施用量最高不宜超过60t•hm–2。在合理范围内，施用生物炭显著提高土壤有机碳含量，显著提高土壤碱解氮、有效磷和有效钾含量，增强土壤养分供给能力；施用生物炭提高了烟叶产量产值，同时烟叶化学品质也得到改善，以累计用量60t•hm–2最佳，且低肥力土壤烟叶产质量提升效果优于高肥力土壤。截至2014年，生物炭和炭基肥4年累计推广应用5 000亩。

（朱光宏）

交通·邮电

编辑：王竹能

公 路

【概 况】 截至2014年12月31日，市交通运输局向上争取资金完成3.2亿元，招商引资完成到位市外资金3.3亿元，固定资产投资完成42.1亿元。全市公路通车总里程达23 051千米（5 926千米未纳入国家数据库列养），高等级公路总里程达915千米，其中，高速公路233千米、一级公路106千米、二级公路576千米，占全市公路通车总里程的比率分别为1%、0.5%、2.5%。市到县实现了公路高等级化，通乡镇公路全部实现了油路化，通建制村公路硬化率66.1%。公路密度按国土面积和总人口计算分别达到151千米/百平方千米、108千米/万人。

【公路建设】 2014年，全市在建晋红、晋江、呈澄、石红、昆明东南绕高速公路共5个项目，建设里程308.4千米，估算投资402.02亿元。其中，市境内里程126.8千米，估算投资165.1亿元。晋红高速公路路线全长49.4千米，双向六车道，设计速度100千米/小时，路基宽度为33.5米，估算总投资86.49亿元，平均每千米造价1.7亿元，桥隧比56.3%，于2013年10月开工建设。2013年12月31日，市政府与中国水电联合体签订了晋红高速公路BOT项目特许经营权协议。该项目2014年已全面进入施工阶段，截至12月31日，累计完成投资22.2亿元，占概算投资的 25.7%。晋江高速公路工可于2013年11月获得省发改委批复，但批复中提出需对大河水库段进行补充环评。该项目由于受大河水库环评问题影响，市委、市政府结合全市经济社会发展的需求，经多方分析，对晋江高速项目方案作出调整，江川段的路线不做任何改动，工可和前期报件的成果仍然可用，晋江高速起点不变，止点由原来的江川县大寨调整到江城镇张官营，里程由原来的58.1千米调整为33.8千米，估算总投资由原来的77.3亿元调整为47.3亿元，市境内里程变为9千米，估算投资12.6亿元。晋宁至江川段待条件成熟后再行实施。呈澄高速公路路线起于昆明市呈贡县马金铺，经提古，止于澄江县新村，路线全长40.2千米，双向六/四车道，设计时速80千米/小时，路基宽度33.5/24.5米，总投资39亿元。其中，市境内里程32.4千米，估算投资30.7亿元。项目由昆明市组织实施。该项目“两桥一隧”控制性工程已全面动工。截至2014年10月底，累计完成投资8.51亿元。石红高速公路起于红河州石屏县城南，接已建成通车的鸡石高速公路，止于元江县红龙厂，接已建成通车的玉元高速公路，路线全长54.8千米，双向四车道，设计速度60千米/小时，路基宽23米，总投资53.05亿元。市境内里程15.7千米，估算投资15.2亿元。石红高速公路由省公路投资公司负责实施，市相关部门主要负责境内征地拆迁工作，基本完成土地作价入股及资金兑付工作。元江境内的第五、第六2个标段项目部已经开始全面施工，累计完成投资8.97亿元。昆明绕城高速公路东南段为国家高速公路网和云南省干线公路网的一部分，路线起于官渡区中对龙，接昆曲高速，经嵩明、宜良、澄江，止于晋宁余家海，接昆玉高速和西南绕，全长130千米，全线采用双向六车道高速公路标准建设，设计速度80千米/小时，路基宽32米，项目估算总投资176.20亿元。昆明东南绕高速公路从九村镇七江村进入澄江县境内，分别经过九村、右所、凤麓和龙街4个镇（街道）10个村（社区），从大风垭口出澄江县。澄江段长约34千米，估算投资47亿元。东南绕澄江境内共完成征租地1 900亩，征租地累计完成投资2.2亿元。县境内控制性8个隧道工程已开工建设7个。农村公路通畅工程建设，省交通运输厅下达农村公路建设计划289千米，市发改委下达农村公路建设计划500千米，同时，制定了《玉溪市加强农村公路建设实施方案》。市政府与各县区政府签订了《玉溪市2014～2017年农村公路建设目标责任书》。市交通运输局积极向省厅争取2015年农村公路建设计划任务520千米提前到2014年实施。省交通运输厅、市交通运输局于10月22日与通海县、华宁县、峨山县、易门县、新平县、元江县政府签订了《云南省通村硬化路厅市县共建协议》。市交通运输局全年完成农村公路通畅工程350千米，完成投资2.6亿元。

【公路养护管理】 2014年，全市公路养护管理工作以精细化养护管理为手段，以四化管理为标准，严格审定农村公路养护计划，加强巡查检查考核、日常养护管理、小修工程管理、桥梁养护管理、大中修工程管理、危桥改造、安保工程管理、应急保通管理、路况查评、公路统计等工作，全面提升公路养护管理水平，初步形成“县道县管、乡道乡管、村道村管”和“统一领导，分级管理”的模式，以及“日常养护沿线农民以户承包，路面养护专业队伍集中修复”相结合的养护方式，积极打造畅、安、舒、美的公路通行环境。全年整修边坡86.3千米，清理泥石流塌方16万立方米，清理垃圾45吨，疏通边沟60 000延米，处治路面病害30万平方米，修补路面坑槽93.9万平方米，路面沥青灌缝160千米，开挖标准水沟5 200千米，清理路肩15 534.5千米。安保工作项目6项，投资2 030万元。大中修项目31项，全部开工建设。经常养护率县道巩固100%，乡道由上年的57%提高到71%，村道由51%提高到62%。好路率县道由上年的63%提高到65%，乡道由37%提高到39%，村道由35%提高到36%。

【路政管理】 2014年，全市路政管理不断加大路政执法力度，实施路政巡查，加大对违法设施、破坏公路设施等违法行为的查处，有效减少对公路的损坏，较好维护了路产、路权。市路政管理支队按照相关要求，在市、县（区）、乡（镇）、村四级建立农村公路路政管理机构与沿线村寨联动协管机制，进一步明晰市、县、乡、村四级对农村公路路政管理工作的职责范围，制定《路政巡查提示卡》，规范巡查行为，确保农村公路安全畅通，并建立健全路产登记制度，严厉打击偷逃通行费。为实现路产管理图档齐全、路产清晰、保护有力的机制，市路政管理支队对玉江高速公路、江通公路、江华公路和通建公路进行路产登记造册。随着治超工作的持续深入开展，治超工作中存在治超站点少，难以覆盖路网，路面治超队伍多，源头治超滞后，处理手段单一（以罚为主），卸货难度大等问题。针对这些问题，及时调整市治超工作领导小组成员及办公室工作职责，统一规划治超站点，与省管单位玉溪公路管理总段、玉溪路政支队对接，向省政府申报审批治超站点13个（全市拟保留治超站点4个，调整3个，新增6个，共13个，布局在市内主要干线公路上）。省政府回函已经交由省交通运输厅统一规划布局。市向省交通运输厅申报在市内农村公路上设置10个固定式治超站点。全年办理路政行政许可审批项目6项，发生路政案件292起，查处287起，查处率98%，经济损失索赔365.9万元，收取超限运输罚没款2 703.7万元。公路路域环境专项治理效果明显，全市拆除二级以上高等级公路违章建筑6 714宗98.87万平方米，清除垃圾15.14万吨，清理非公路标志3 654块，变更公路指示标牌1 240块，整改违法平交道口84个，治理泼洒漏车辆5 406起，取缔违规加水站点119个，修复破损路面374.61万平方米，栽植补植树木309.26万株。同时，完成全部限制货车通行工作，完成限制货车通行各类标志牌91块（中心城区及新玉江线62块，环湖路29块，工程费用215万元）。为加大对中心城区及县城周边公路砂石料厂及公路运输泼洒漏治理力度，与各县区砂石料厂签订《矿山开采环境保护与公路运输环境整治责任书》、《公路路域（矿产品运输）环境保护承诺书》、《公路路域（矿产品运输）环境保护协议书》1 309份，整治规范砂石料厂164个，严禁公路运输泼洒漏行为污染路面。认真做好绿色生态走廊建设工作，各县区以干线公路为重点，在公路两侧开展了大规模的植树绿化工作，完成种植1.06万亩、193.79万株，完成计划种植面积的130.9%、完成计划种植株数的155.5%。市到县区各主要干线公路树木已基本成林，公路绿色生态走廊基本形成。

【运政管理】 2014年，全市道路运输管理以转变发展方式为切入点，以提高发展质量和效益为抓手，以保障和改善民生为归宿，努力构建高效便捷、安全可靠、绿色环保、规范诚信的道路运输服务体系，为社会经济发展、满足城市客货运输需求、方便人民群众便捷出行提供更加有力的道路运输保障。驾驶培训行业监管能力不断提高，建立运管、公安、驾校三位一体的驾驶人报名、培训审核、成绩公示的综合管理机制，通过规范、达标、验收的方式引导驾培行业健康有序发展，驾培训管理实现了教学日志、培训记录、网上数据三结合。城乡客运一体化取得突破，全市已建成农村客运站59个，开通运行农村客运线路192条，从事农村客运的车辆1 938辆，其中，公交车52条518辆（不含红塔区）。行业精细化管理不断创新，制定了道路运输管理工作目标综合考核办法，签订责任书，将工作目标任务分解、细化，提高全市运政系统的执行力、凝聚力、创新力。全市有10个客运站使用计算机派车卡管理，实现派车、例检、报班等管理环节的电子化监管，9个客运站实现联网售票。全年客货总周转量完成140.6亿吨千米，比上年的121.8亿吨千米增长15.43%，比目标任务增速27.5%低12.07个百分点，增幅在全省排名第五位，比排名第1位的文山州（15.98%）低0.55%。

【城市公交】 2014年，全市共有75条公交运营线路，682辆运营车辆。其中，红塔区有27条营运线路，213辆运营车辆，292名公交企业驾驶员（国营16条线路、102辆车，民营11条线路、103辆车）；县级有48条运营线路，477辆公交车。全市有公交站台138个，站点538个。中心城区公交发展达到的指标为每万人拥有公交车数量为6.4标台，公交出行占机动化方式出行比重为17.46%，公交站点500米覆盖率为86%。中心城区公共交通累计完成客运量4 630万人次，比上年的4 130万人次增长12%。其中，公交车客运量2 776万人次，比上年增长4%。为切实加强城市公共交通安保工作，提高群众安全感，保障人民群众生命财产安全，维护公共安全和社会稳定，按照公安部、交通运输部《关于切实加强城市公共交通安保工作的通知》和公安部《关于进一步加强地铁公交安保工作的通知》文件要求，根据“政府出资、企业实施、部门监管”的思路，经市政府同意，市公交出租车辆管理处积极协同保安公司做好红塔区公共交通安保大队各项组建工作，成立全省首家公共交通安保大队。安保大队成立后，主要负责红塔区公共交通企业、客运车辆及其相关附属设施、公共区域的安全巡查防控任务，维护公共交通正常秩序并及时处置突发事件，确保红塔区公共交通安全。5月16日，市交通运输局召开公共交通管理发展专题会议，重点对推进公交换乘枢纽、首末站建设项目开展前期工作作出要求。根据《国务院关于城市优先发展公共交通的指导意见》和《玉溪市公共交通管理办法（试行）》的有关精神，落实《玉溪市中心城区公共交通专项规划》，逐步完善公交服务功能配套基础设施建设，加快“三湖四区”城市群一体化发展的目标，统筹城乡公共交通发展，扎实推进“公交优先”发展战略，推进全市城乡公共交通一体化发展，公共交通资源一体化运作。市交通运输局根据城市总体规划，结合公交车营运和未来发展的需要，采用统一选址，分期建设的办法实施，拟建设6座配套的公交首末站，占地面积约66.93亩。东部公交客运换乘枢纽站位于红塔大道师院东门对面，占地面积32.61亩，建成后辐射范围为山水家园片区、江川县、澄江县、华宁县、通海县等城际公交及中心城区2路、3路、6路等东片区线路。金家边公交首末站位于太极路金家边路口，占地面积19.93亩，建成后辐射范围为北城、春和片区城乡公交及中心城区1路、4路、14路等线路。金粮小区公交首末站位于抚仙路金粮小区对面，占地面积9.85亩，建成后辐射范围为1路、2路、8路、10路、13路等线路。玉龙花园公交首末站位于汇溪路星光公寓对面，占地面积3.99亩，建成后辐射范围为春和、大营街、洛河片区城乡公交及中心城区3路、5路、6路等线路。彩虹小区公交首末站位于彩虹路彩虹家具广场旁，占地面积0.55亩，建成后辐射范围为春和公交及中心城区7路。新火车站公交首末站。以上6个项目，市公共汽车服务公司正在开展站点建设的前期工作。城南客运站位于红塔区高仓立交桥旁，占地面积97.3亩，总建筑面积31 672平方料，项目概算总投资1.44亿元（直接工程费9 095万元，其他工程费4 666万元，预备费648万元）。城南客运站由市交通运输集团公司负责承建，于2014年1月14日正式推进，基坑支付工程已完工，已完成工程投资4 339万元，占总投资额的30%。12月5日，确定中标单位为普洱瑞光建筑工程有限公司，中标价6 104万元。12月15日，与普洱瑞光签订了《建设工程施工合同》。12月17日，在城南客运站项目现场举行了由5家责任主体单位参加的开工典礼。12月19日，在市城建档案馆签订《报送建设工程档案责任书》。玉交集团正在办理该项目的《建设工程施工许可证》。新站建成使用后，中心城区的4个客运站的全部客运车辆将合并到新建的城南汽车客运站发班，每日接纳进站发班车辆可达500余辆，运送旅客上万人，是全市最大的一级客运站。

【城市出租车】　2014年，全市共有1 081辆出租车，其中，红塔区550辆，其余县531辆。红塔区有出租汽车待客泊位68个，临时招呼站41个，出租车从业人员2 927人，在岗人员1 200多人。为创建规范、有序的城市出租车市场环境，市公交出租车辆管理处大力整顿城市公共交通市场秩序，积极开展出租汽车客运市场专项整治活动。为规范城市规划区出租汽车经营行为，维护正常的运营秩序，市公交通出租车辆管理处把所有职工分为4个组，轮班每日上路稽查，全面强化出租车营运监管措施，加大路检路查力度，严厉查处拒载、不使用计价器、无从业资格证等违章行为，有效打击了不规范经营行为，使出租车客运市场秩序得到了进一步规范。全年出动稽查人员802人次，检查出租车6 848辆次，处理出租汽车驾驶员违章案件66起，罚款金额共33 000元。为进一步加快推进出租汽车行业市场准入和退出机制，市公交出租车辆管理处会同市公共资源交易中心、市地方税务局共同研究出租汽车经营使用权交易相关工作，制定了《玉溪市公共资源交易中心出租汽车经营使用权交易规则》，明确了出租汽车经营使用权转让应缴纳的税种及税率，确定了出租汽车经营使用权的交易流程。为调动社会力量对公交出租客运市场进行监督，树立良好的公交出租行业形象，促进行业发展，维护乘客和驾驶员合法权益，市公交出租车辆管理处制定了《玉溪市红塔区公交出租汽车客运市场有奖举报办法》，提交市政府法制办进行审查和备案，审查通过后向公交出租客运市场经营者和市民宣传公示。

【安全工作】　2014年，全市坚持“安全第一、预防为主”的方针，以对人民群众生命财产高度负责的态度，积极开展“六打六治”打非治违、“平安交通”建设、“危险化学品运输、公路隧道安全”隐患专项整治、“安全生产月”、“安全生产大检查”、“道路客运安全年”、“安全生产标准化建设”等专项行动，交通运输系统安全生产工作平稳有序开展，安全生产控制指标严格控制在与市政府签订的安全生产责任范围内。全市共检查道路运输单位（企业）156户，存在一般隐患289项，整改209项，整改率为72%；检查公路建设单位（企业）19户，存在一般隐患11项，整改11项，整改率达到了100%；检查公路管理养护单位6户，存在一般隐患35项，整改22项，整改率为63%；查出重大隐患4项，整改4项，整改率为100%；查处交通运输违规行为4 071起，给予警告15次，责令改正2 294起，罚款411万元。同时，检查单位内部消防安全15户，自检自查15户，未发现火灾隐患存在。全市应达标企业261家，申报达二级标的企业69家，完成达标39家；申报达三级标的企业113家，完成达标考评企业43家。全市交通运输系统共发生4起营运安全一般事故，累计死亡4人，比上年事故减少5起，死亡人数下降7人。

（谢　俊）

铁　路

【运输任务】　2014年，昆玉铁路公司完成货物运输量696万吨，比上年增加120.9万吨，增长21.0%。其中，发送货物41.2万吨，比上年减少20.2万吨，下降32.9%；到达货物346.4万吨，比上年增加17.7万吨，增长5.3%；玉蒙线通过运量308.4万吨，比上年增加123.3万吨，增长66.6%。货物周转量44 500万吨千米，比上年增加7 700万吨千米，增长20.9%。旅客发送18.9万人，比上年增加9.7万人，增长105.4%。公司经营总收入18 458万元，比上年增加809.3万元，增长4.6%。

【生产经营】　2014年，受宏观经济影响，货运形势非常严峻，经营工作进入了一个增速减缓、竞争加剧的艰难时期。公司认真分析运输市场现状，坚持抓运输经营，把增收创效、追求效益最大化作为公司的中心工作认真对待，本着互利共赢原则，以服务促营销，以方便货主稳定货源，在认识市场规律的同时转变服务理念，破解日常经营工作难题，并结合蒙河线开通时机，做好客运营销工作，落实“三个出行”常态化，提升客运服务品质。12月10日，首列K9 832次列车经玉溪站开往河口北站，首列K9 691次列车经玉溪站开往大理站，方便了旅客的出行。同时，公司深化货运组织改革，创新货物运输组织方式，拓展零散货物运输市场，敞开受理零散货物运输，满足客户安全、方便、快捷、经济的物流需求。11月6日，第一单“云岭货物快运”货物533

件、2 525公斤由玉溪南启运。

【设备设施整治】 2014年，昆玉铁路公司根据生产和经营需要，及时增加新设备，确保铁路行车安全和经营工作的顺利开展。公司先后投资350万元，对昆玉线线路进行综合整治；投资830万元，对玉溪南站北货场场地进行综合整治；投资52万元，对玉溪南站货物线石碴及边坡脚设置钢轨护脚；投资53万元，对玉溪南站货场仓库大门大修；投资70万元，为玉溪南站站场铺设劳保板；投资115万元，为玉溪南站增设STP调车监控系统；投资60万元，对凤踪道口和梅园道口进行大修；投资172.8万元，新购抓料机1台；投资110.5万元，新购装载机2台。

【生产安全】 2014年，昆玉铁路公司始终把安全摆在各项工作的首位，认真落实安全风险管理的工作要点，抓好作业风险研判，强化班前提醒和现场检查督促，并结合公司运输生产实际，突出把接发列车、装载加固、调车作业、车辆防溜、道口监护、劳动安全作为日常防范的重点盯住不放，把职工落实标准化作为现场监督的关键要素卡死管严，认真抓好每一天的安全工作，努力延长安全周期。管理人员、作业人员都要做到应知必会的相关内容，向“一口清、一手精、一本通、一个样”的标准看齐。按照昆明铁路局工作部署，同步开展了安全大检查、大谈心活动，加强了职工安全责任意识教育，突出了“严爱管理”理念的宣传，加大了管理层和作业层履职行为问责力度，同时，配合专业化管理单位，坚持职工对规对标检查和干部安全量化指标考核，把检查整改与加强安全基础建设结合起来，提升了职工执行标准化的作业能力，使惯性“两违”现象得到了有效遏制，确保了公司安全生产持续稳定。全年考核干部、职工两违146件，扣款81 435元。截至12月31日，公司实现全年无责任一般D类事故963天，行车安全、劳动安全、货运、装卸安全以及消防安全保持稳定。

【安全保卫】 2014年，昆玉铁路公司成立了综合治理办公室，按照反恐、安保工作标准，细化反恐、安保措施、办法，制定了《昆玉铁路公司反恐防暴应急预案》、《昆玉铁路公司安全风险过程预警干预及应急处置实施办法》、《昆玉铁路公司维稳突发事件处置办法》、《昆玉铁路公司内部治安管理办法》、《门卫管理制度》、《货场巡视制度》，对火车站实行封闭式管理；实施全覆盖视频监控，火车站视频监控与市网格化社会管理平台实现无缝连接，制定了《昆玉铁路公司玉溪火车站视频监控管理办法》，建立了火车站视频监控日常管理台账和视频监控调看管理台账；购置了台式安全检查仪和手持安全检查仪，对候车旅客（含铁路工作人员）和行李进行全员全覆盖安全检查，严禁任何人携带危禁品进站上车。同时，强化火车站站车秩序，为保安增配防暴叉2把、橡胶长棍7根、辣椒水4瓶、防刺背心7件、盾牌3块，并设立了公安警务亭，在候车大厅设置报警电话。公司与玉带路派出所、高速公路交巡警昆玉大队制定了《玉溪火车站反恐联动机制应急预案》，并为玉带路派出所、高速公路交巡警昆玉中队配备了对讲机，以防发生各类暴力恐怖事件、治安刑事案件及矛盾纠纷时及时报警、及时出警，确保各类突发事件得到迅速有效处置。

（王兆平）

【民房安置】 2014年，昆玉铁路电气化扩能改造工程玉溪段累计完成民房拆除542户，安置点分布在红塔区铁路沿线5个街道，共计12个安置点。到年底，北城街道26户、春和街道61户民房基本建成，玉带街道71户正在进行基础处理，大营街街道海子营37户已完成基础工程交由拆迁户建房，马料河143户基础项目工程已完成招标，高仓街道195户基础工程已完成项目审批并进行了招投标，其余安置点正在进行“三通一平”、软基处理等工作。此外，由于昆玉铁路电气化扩能改造工程铁路正线穿桃源小学而过，市政府决定搬迁重建桃源小学。至年底，已完成桃源小学搬迁重建方案。

【玉溪火车西站建设】 中铁二院设计玉溪火车西站站房面积为6 000平方米，市政府增加投资6 000万元，将站房面积扩大为12 000平方米。至2014年底，站房软基处理施工完毕，沿线框架桥及2处地道基本完成路基填土工程。站后工程站房及雨棚软基处理已施工完毕。玉溪西站以南采用堆土路基方案，严重影响了红塔区大营街街道、高仓街道片区群众的生产生活以及该片区未来的规划发展。因此，市政府决定在西站以南增加预留17个下穿交通通道。至年底，17个通道已经建成15个，其余2个正在施工。

【协调解决玉蒙铁路遗留问题】 2014年， 市发改委多次召开协调会，研究解决玉蒙铁路建设遗留问题。玉蒙铁路遗留问题除通海县水源恢复工程、不可复垦的临时用地外，大部分得到了解决。

【玉磨铁路开工准备工作】 2014年，市发改委组织人员多次深入玉磨铁路线路实地察看线路走向及站点分布情况，并与铁路沿线的县区政府充分讨论交换意见，对玉溪至磨憨铁路线路走向及车站设置征求地方的意见和建议。8月25日，国家发展和改革委员会对新建玉溪至磨憨铁路项目建议书进行了批复。9月2日，由中铁总公司鉴定中心组织，在现场踏勘的基础上，对玉磨铁路项目可行性研究进行了评审。

【铁路建设完成投资】 2014年，昆玉铁路电气化扩能改造工程玉溪段完成投资8.94亿元。项目累计完成投资33.96亿元，完成玉溪段总投资38亿元的89.3%。

（杨立忠）

邮　政

【概　况】 2014年3月2日，按照邮政集团、省公司工作部署，市邮政局正式更名为云南省邮政公司玉溪市分公司，并举行挂牌仪式，迈入了政企分开、产业转型的全新阶段。市分公司按时稳步推进企业更名后续工作，认真细致做好各种证照、相关权证及经济合同主体变更工作，确保更名工作有条不紊开展。市邮政分公司按照省公司工作会议和市分公司工作会议的部署，有机结合地方经济发展及群众需求，以转型发展为主线，坚定不移地把创新发展作为第一要务，始终以结构优化和提升效益为中心，以转型发展为主线，把创新发展作为第一要务，全力打好“金融业务大会战、速递业务反击战、总部营销攻坚战”三大战役，持续推进业务拓展和经营转型工作。全市邮政实现业务总收入8 174.35万元，完成年度省公司下达预算8 135万元的100.48%，比上年增长14.49%，净增1 034.45万元。三大板块均实现了正增长，邮务类业务比上年增长13.41%，净增353.56万元；代理金融类业务比上年增长3.03%，净增101.57万元；代理速递物流类业务比上年增长55.05%，净增474.73万元；其他业务收入比上年增长69.46%，净增152.35万元。全市16个经营单位有13个实现了业务收入比上年正增长，12个增幅超过2位数；实现有效收入5 759.31万元，比上年增长21.77%，比邮政业务总收入的增幅高出7.28%；业务总支出8 737.74万元。此外，开展代理金融网点转型、农电预存代扣、“安康杯”、“思乡月”劳动竞赛，凝心聚力促发展。全公司建成市级文明行业1个、文明单位省级3个、市级5个、县区级6个。

【函件业务】　2014年，全市邮政调整函件业务发展结构，提前制定全年项目发展时间表和发展目标，市、县联动，实行“一局一策”发展策略，按月推进。同时，加大产品营销和创新力度，实现封片常态化发展，关爱封、校园封、行业邮资封营销亮点突出，发行《玩转玉溪》风光邮资明信片优惠券册；丰富DM发布方式，积极推进区域无名址广告营销项目，创新搭建《休闲玉溪》邮报广告平台；强化总部项目联动，开发交罚、社保账单等寄递业务，提高银企账单投递回函率；以国内小包、重要专函为抓手，积极拓展特色农产品、电商平台、校园等寄递类市场。并按质完成省公司邮编段道基础地址和组织机构专项数据维护工作。全市函件业务收入实现782.91万元，完成省公司预算的139.81%，比上年增长46.99%。

【集邮业务】　2014年，全市邮政集邮业务发挥地方特色优势，将集邮文化融入地方经济活动。同时，发挥集邮协会功能，开展主题活动，举办集邮展览，有效拓展个人和投资收藏市场，促进邮品销售；培育集邮队伍，市第二职业中学、通海二中通过全国青少年集邮示范基地验收；编写发行中小学集邮校本教材《美哉！少年》，获评2014年全国青少年集邮教材网络展评活动大、中学组二等奖。全年实现收入1 001.33万元，完成省公司下达计划的100.13%。此外，精心组织2015年新邮预订工作，开展网上商城预订新邮宣传活动，实现新邮预订收入319万元，新增39万元。

【报刊发行】　2014年，全市邮政报刊业务深入落实“做大畅销报刊树品牌、做稳党报党刊固网络、做强高端市场创效益”业务发展思路，做好重点刊物、文化礼盒、形象期刊的宣传征订和市场营销，稳步提升各类报刊占有率。按行业领先服务标准要求，提升服务质量，圆满完成全市113所学校春秋季教材发行配送211.72万册。全年实现收入841.4万元，完成预算106.64%，比上年增幅11.46%。不唯计划唯市场，努力增收增量，2015年度报刊大收订实现流转额1 866.44万元，超额完成省公司下达计划目标，增幅达4.99%。省公司主要考核版块均实现比上年正增长。

【电子商务和代理信息业务】　2014年，全市邮政发挥网点资源优势，依托电子商务信息平台，丰富代收代缴服务种类，代收话费3 973笔、代收电费7 484笔，累计交易金额144.07万元，代收“两油款”、卷烟款3 553.32万元。同时，加快票务骨干网点建设，全市销售航空机票6 464张、火车票56 100张、长途汽车客票37张、航空意外险2 359份，销售彩票85.51万元。全年实现收入253.81万元，完成预算126.91%，增幅64.03%。

【包　裹】　2014年，全市邮政积极发展大宗商包、慈善包裹，巩固校园包裹、军营包裹，全年实现包裹收入93.88万元，完成预算104.31%，比上年增长27.07%。

【代理速递物流】　2014年，全市邮政开展速递反击战，项目带动，团队营销，以质量为切入点深化网络运营和服务方式转型。同时，有力组织中秋“思乡月”、昭通苹果、褚橙等项目营销，积极开拓邮政电商平台；翔实制定应急预案，做好“双十一”邮件投递；圆满完成2014年高中考录取通知书24 310件投递工作；进一步做好卷烟配送项目，巩固和开发移动、电信、公安物流配送项目；做好银行凭证包寄递业务，大力发展机动车号牌寄递、身份证寄递、政务邮件等项目。全年完成结算收入1 337.03万元，完成预算109.15%，比上年增长55.05%。

【代理邮政金融】　2014年，全市邮政采取动态调整发展政策、推行积分考核制度等办法，有效推进金融业务大会战各项工作。同时，加强与电力公司的战略合作，以农电预存代扣电费项目为切入点，开展“电费绿卡村”建设项目，解决缴费难的社会热点问题，宣传邮政金融业务，做大农村市场份额，八县一区实现开通，拓展预存代扣电费项目11万户，累计达到12.25万户。并借助农电项目平台，建设28个金融网点村邮服务监督站，完善激励措施，提高业务监督联络员发展业务积极性；制定跨年度营销活动方案，出台相应的支撑办法和发展措施，及早实施，加强督导，狠抓落实。全年实现业务收入3 458.34万元，完成全年计划的89.41%，比上年增长3.03%；存款余额规模为21.86亿元，全省排名第9位；市场占有率3.53%，比年初上升0.04%；年度新增余额1.74亿元，仅完成全年发展目标5亿元的34.85%，增幅全省排名第14位；活期存款占比为26.4%。此外，销售大理财产品2.69亿元；代理保费1 008.24万元，市场占有率（含邮储银行）为4.78%，全市排名第五。

【普遍服务和“三农”服务】　2014年，市分公司有邮政支局（所）83个，设置服务网点89个，其中，农村支局所64个，妥投点50 124个；开通邮路46条，城市投递段道达1 654千米（单程），农村投递线路达7 908千米（单程），其中，自行车4 103千米（单程），电动三轮车203千米（单程），步班投递线路达3 602千米（单程），全市51个乡、443个行政村通邮面达100%。全市邮政共免费收寄义务兵函件和盲人读物869件，收寄和投递国际国内及港澳台平常信件、印刷品693.37万件、给据函件50.11万件、包裹13万件、国内小包37.63万件、各类通知单及汇款单22.76万件、无名址函件206.67万件，代理速递物流投递量126.86万件，投递报刊1 645.02万份，代收话费及公共事业费50.96万笔，代理航空、铁路票务13.97万张，处理进出口机要邮件3.08万件，处理退转和再投函件2.82万件。年末，全市实现邮政业务总量6 399.50万元。全市邮政坚持服务“三农”，积极推进三农服务点建设，发展农资连锁配送及其他农（副）产品运输配送。同时，通过函件和报刊发行渠道，向广大农村宣传国家农业政策，提供先进的农业技术推广资料，拓展农村的信息来源；积极做好农村金融服务，为农民提供小额贷款等服务，做好农村各项补助金的发放工作；做好“三农”延伸服务，开办烟草配送、代收烟草款、特快送汇、代收货款、代收电费、代售航空、火车、汽车客票等业务，把邮政服务深入广大农村，为农村、农业、农民做好服务工作。

【安全内控】 2014年，市分公司推进降本增效和成本集中管理，强化资金、资产、采购、用户欠费管理，提升发展质量和效益；通过预算管理集中全市资源，加大对优质高效业务和核心能力的投入，支撑经营发展；优化资源配置，加快人力资源工作转型；开展营业网点定额定员工作；完善薪酬分配制度，制订《2014年度工资总额和劳务性支出分配考核办法（试行）》，对各单位考核指标打破常规进行量身定制，绩效由各单位主动支配进行按月考核发放，充分调动员工工作积极性；贯彻落实《劳务派遣规定》，对现用劳务工做好减员、清退、外包等规范清理工作。同时，加大教育培训及职鉴工作力度，全年累计培训62期1 135人次，组织1 468人参加各类远程培训班网上学习，组织108名员工参加邮政技能培训和鉴定，91人鉴定合格取得证书。此外，强化监管责任，完善内控制度，制定《玉溪邮政安全生产违规积分考核办法》，规范操作流程，提高监管能力和案件防控能力，全市未发生安全生产事故和资金案件。

【网络支撑】 2014年，市分公司加大对效益网点、代理金融网点的建设改造力度和硬件设施投入，提升营业平台的市场竞争力，投入资金452.89万元，完成华宁县宁州支行、新平县平山路精品网点改造，峨山县环城南路、华宁县华溪支局网点改造，通海县河西网点搬迁改造，玉兴路支局搬迁临时网点改造，东风南路集邮精品文化店改造及新平生产场地大门装修改造，完成4台ATM、12台CRS自助机具安装，强化渠道服务能力。同时，完成首批51条网点线路的MSTP光纤改造，配置安装17个网点二层交换机，完成全国邮储大集中、18个网点排队叫号机上线、东风南路集邮精品店上线，完成春节等节假日及四中全会、APEC峰会期间信息网安全保障，建好应急设备备件库，完成日常系统和设备运行维护，系统运行指标和网络通信能力持续提升，有效支撑业务发展。公司全力推进投递员薪酬改革，完善计件计量工资制度，进一步稳定投递队伍，确保城乡普遍服务标准履行到位；配合省公司干线邮路优化调整方案，完成“520”邮件提速计划，市网运增加邮件小夜班分拣封发作业和国内小包早投及周末投递班次，提高邮件全程传递时限；制定完善速递物流揽投改革方案，红塔区调整为9个揽投合一段，内部处理与揽投人员实行分组管理，提高揽投员积极性；进一步强化投递服务能力，投入22辆电动三轮车，配置130台智能手机、84台PDA，支撑竞争性业务发展；12个手工网点改造为电子化联网网点，建成云南民族大学文化学院主题邮局；建成207个便民服务站，加强便民服务站优化管理和业务叠加整合，代收话费46 600笔、电费8 890笔，代收金额285.78万元，在便民利民的同时实现站点收益。

【空白乡镇网点运营】 2014年，市分公司积极配合政府部门推进空白乡镇邮政局所补建工作落实，截至12月底，接收了11个基本达到国家发改委《空白乡镇邮政支局所补建标准》的局所，及时配置设备设施、招聘培训工作人员，有7个局所已经开始营业为当地政府及群众提供服务，其余网点将在2015年陆续开业。同时，做好农村乡镇空白汇兑业务补建，在7个农村乡镇网点新增开办汇兑业务。

（陈坤华）

电　信

【概　况】 2014年，市电信公司认真践行“一去两化”，以改革和创新为主线，坚定推进深化改革，坚持以用户为中心，把“简约、极致、快速”的互联网思维要求作为工作标准，进一步明确以宽带先装后付、4G体验营销等重点工作切入互联网化运营，坚持经营模式转变，各项工作取得了一定的成效。公司持续增强网络能力，打造行业领先的优质网络，全市IP城域网出口带宽达160G，并完成了“云计算”平台机房创建。先后对87个天翼村进行优化，达到“零断站”要求，有力支撑农村无线网络的使用。同时，加强农村无线宽带建设，在31个自然村建设WIFI网络，向用户提供无线宽带业务。对政企业务大宽带业务提供支撑，支撑政府、企业重要项目，服务地方经济建设。全年开展了电子政务外网建设项目、云计算中心过渡机房建设、电子政务协同办公、党员远程教育项目建设、网格化社会服务管理系统、玉溪网建设项目、平安城市建设、行政审批及电子监察系统建设、数字城管系统建设，助力智慧行业发展，提高工作效率。同时，做好人防工程配套改造，电信所涉设备已安全迁出（凤凰路南侧和南北大街东侧人行道上共计7.6 748管程千米，分布光交接设备38台，电缆交接设备19台，宽带接入设备16台及全球眼监控设备36台，光缆线路52.7千米，电缆11.4千米）。为保障用户的消费权益，实施光缆迁改约250余次。全公司围绕两条主线，持续深化服务提升战役，服务感知及维系效果明显提升，触点能力提升，万用户月均投诉率较年初下降3.43，投诉处理满意率较年初提升2.51%；全生命周期客户维系体系得到完善，建立多渠道协同维系体系，转变观念主动支撑一线，有力推动新入网用户质量管控和在网用户维系二作；深化扩大天翼品牌影响，通过“营销热点推介、节日见面、观影会”等主题活动，提高了客户的满意度与忠诚度，改善客户感知，服务下沉10个直营厅，助力渠道规模发展；开展总经理接待日活动，每月15日线上及所有区县总经理参与，已组织活动3期，开展27场，解决投诉咨询问题79件。为加强信息安全、实名制及应急通信保障，公司成立了“扫黄打非”专项行动领导组及工作组，通过对自营业务、自营网站、合作业务的自查，未发现不良信息事件；通过自查、整改进行实名制规范要求的宣传解释，利用系统身份证核验功能，保障实名制工作规范实施。3月26日，公司举行了全方位自然灾害应急通信演练。7月，完成了元江“威马逊”台风应急通信抢险保障工作。11月，参与了军地抗震救灾应急通信保障演练。

【华为云计算过渡机房完成验收】 2014年10月21日，华为云计算过渡机房落户玉溪电信并举行了验收会议。市高新区管委会、高新区财政局、高新区监察局、市工信委、华为公司、电信公司的相关领导和人员参加了验收会。华为云计算项目是市重点科技招商引资项目。为加快建设步伐和确保工程质量，市委、市政府特事特办，基于对电信公司的信任，将华为

2014年8月26日，市委副书记、市长饶南湖（左四）和华为公司党委书记周代琪到分公司视察华为云计算数据中心机房。市副市长解仕清，高新区管委会主任吴伯平、副主任李长金，分公司总经理黄峰，华为公司云服务业务部总经理杨瑞凯陪同参观（市电信公司 提供）

云计算过渡机房设在了玉溪电信大楼。该项工程得到了公司领导的高度重视，在时间紧任务重的情况下，玉溪电信圆满地完成了建设任务。

【完成全市第一个CPE宽带项目建设】 2014年3月，峨山县电信分公司率先在塔甸镇科拉池村、富良棚乡迭舍莫村、岔河乡棚租坝村率先开展CPE宽带建设，为偏远的农村实现了“智慧家庭”的梦想。

【防灾救灾应急通信保障演练】 2014年3月26日，市电信公司举行了一次全方位自然灾害应急通信演练。演练模拟于3月26日9时21点开始，拟定峨山县岔河发生4.8级地震造成通信阻断，公司启动应急响应，赶赴灾区应急抢险。本次演练考验了网络安全、服务保障、新闻宣传和后勤保障等工作在战时的联动配合能力，锻炼了公司应急通信抢修的组织能力、应急队伍的快速反应能力。

【完成首次增值税网上申报并首度正式发布iPhone6】 2014年7月2日，市电信公司成功完成首次增值税网上申报。10月16日下午19：30，市电信分公司全网通iPhone6首度正式发布，特别邀请了玉溪电视台、《玉溪日报》社、高古楼网站鼎力协助进行报道。果粉们激动不已，火热排队预订。

【签订全市食品药品监督信息化项目】 2014年8月21日，市电信公司与市食品药品监督局签订信息化合作项目。公司作为全市信息化应用推广的主力军，长期协助党政军行业推广各种行业应用，取得了良好的信誉口碑。全市食品药品监督信息化项目自7月启动以来，得到了市食品药品监督局的大力支持，经过多次合作磋商对接，达成了双方在多方面、多业务上的合作意向。

【验收“玉溪网”系统建设租用项目】 2014年12月16日，“玉溪网”网络技术平台验收会在市电信公司举办。市委宣传部副部长孔施祥、《玉溪日报》社总编辑师跃雄、公司副总经理冯绍文及市纪委、市采购中心、特邀专家参加了验收会。“玉溪网”系统建设租用项目于2013年11月15日开工建设，经过1年多的建设完善，于2014年9月15日建设完成并投入试运营。

（张　迎）

移动通信

【概　况】 2014年，市移动公司统一思想，攻坚克难，圆满完成了全年工作任务，公司转型和发展取得了可喜成绩。截至年底，拥有客户160万户，其中，4G客户超过了20万户；基站数量4 000余个，覆盖全市所有乡镇及部分行政村。

【4G启动仪式】 2014年4月19日，市移动公司4G启动仪式在聂耳文化广场隆重举行，标志着具有自主知识产权的第四代移动通信技术在玉溪正式起航，全市进入一个崭新的信息世界，将为市民提供更快速、更精彩的应用和更便捷的服务。4G网络在全市建设“全国信息消费试点城市”的进程中承担了重任，将进一步促进信息产业的发展。

【保基站、保线路、保通信】 2014年4月18日16时左右，红塔区研和镇南安哨发生森林火灾。在得知山火火情后，市移动公司第一时间组织13名通信保障人员携通信保障车3辆、卫星电话1部、对讲机5部、充电宝8个以及抢修工具等迅速到达火灾现场，对移动基站及光缆线路情况进行查看和通信情况测试，针对火场附近基站、线路进行重点保障，并实施话务实时监测，确保火灾现场通信畅通。在本次抢险救灾中，启用了4G远程视频监控设备，通过4G网络实现对火场实时画面的远程视频监控，为火灾现场的指挥工作带来了便利。7月20日，台风“威马逊”对云南省的影响进入高峰期，区域降雨量增大，部分地区出现大到暴雨，河道出现了不同程度的汛情，同时引发山洪、泥石流等次生灾害。元江县、澄江县、通海县、华宁县部分地区基站停电，造成多个基站退服。市移动公司第一时间派出抢修人员携带相关设备赶往现场保通，以高度的责任心和使命感投入到抢险救灾保通信工作中，在暴雨中检修线路，在岩砾中布放光缆，在泥浆中扛着油机跋涉，只为在风雨中坚强奋战的大山百姓们能互道一声平安。

【与市供电局开展战略合作】 2014年12月12日，市移动公司与市供电局签订战略合作协议，建立长期、稳定的全面合作伙伴关系。根据协议，双方将在电力应急保障、应急通信、电网信息化建设服务及资源共建共享等方面开展广泛而深入的合作。双方将充分发挥各自行业优势，共同促进业务发展，为地方经济建设和信息化发展贡献更大力量。

【“宽带乡村”项目试点工程开工】 2014年12月13日，全省“宽带乡村”项目玉溪试点工程开工暨“信息惠民”、“信息消费”项目启动仪式在红塔区春和街道小白井村举行。作为“宽带乡村”的承建方，移动公司坚持高起点、高技术的标准，承担起农村信息化建设的重任，采用“4G无线+全光纤网络有线”立体式的解决方案，将信息高速公路覆盖至广大农村区域，助力滇中产业园区及桥头堡建设，并实现信息惠农、安民、兴农、护农、富农的目标。云南省“宽带乡村”项目规划2 016年实现20个区县1 727个行政村有线宽带100%覆盖，宽带接入能力达到8M；同时，4G行政村覆盖率达到100%。首批试点州市公司为玉溪市、西双版纳州、昆明市。云南移动计划将所有地市纳入“宽带乡村”的工程规划建设范围，预计投入78亿元，计划于2 016年底实现全面覆盖所有行政村和部分自然村的全光纤通信网络，为这些地区提供4M～100M的宽带接入服务。

（李 婧）

联合通信

【概 况】 2014年，市联通公司全面布局，提升综合竞争实力，深入贯彻落实上级公司“3G领先与一体化创新战略”，按照“经营要有新突破、服务要上新台阶、管理要上新水平、队伍要有新活力”的要求，以规模发展为主线，以扩大市场份额为目标，抓机遇、调结构、转观念、促转型，努力推进3G业务规模发展，2G业务快速增长，并为4G业务做准备，宽带业务高速发展，力争实现又好又快发展的新跨越式总体工作部署。市公司按照确定的工作思路和经营目标，加大基站建设投入，稳步扩大信号覆盖水平，新建WCDMA基站130个，宽带发展稳步提升，进一步优化资源配置，提高资源利用率，实现宽带业务又快又好发展，全年新增家庭宽带用户2.1万户。同时，加快营业厅转型，强化营销能力，确保综合服务水平提升，打造统一对外形象窗口。市联通公司还承建了全市网格化社会管理综合信息系统项目，累计发展3G用户7 998户。根据国家相关政策及公司规定，全面完成“营改增”工作。并持续推进实名制工作，要求各营业厅严格按照实名制要求办理业务并建立相应奖惩机制。此外，全省发生了多起严重地震，市联通公司均派出工作人员，跟随省公司一道奔赴灾区抗震救灾，保证灾区通信质量，确保救灾有序进行。

【客户服务】 2014年，市联通公司围绕“服务要上新台阶”的总体要求，汲取行业内优秀服务经验，夯实基础管理，完善服务监督。春节期间开展《2014年春节VIP客户维系活动》，共回馈用户2 000户。5.17期间开展“缤纷五月，关注有礼，积赞迎大奖”用户回馈活动，活动吸引了1 000多客户加入了“玉溪联通客服”公众微信。父亲节期间携手七彩阳光教育开展“沃4G与父亲同乐”活动。通过多项活动，公司建立了客服微信公众号及新浪官方微博，累计有2 500人和16 000人关注，切实拉近了公司和客户之间的距离，有效提升了客户满意度。

【建设道路运输动态监控平台】 2014年，市联通公司开始建设全市道路运输动态监控平台，预计2015年5月上线运营。该平台已经迁入省公司云平台。同时，全面梳理了现有网络安全规章制度，根据实际情况进行了修订和增加，重点修订了地震通信保障应急预案及恐怖袭击通信保障应急预案，完善重点场所巡查制度，确保网络通信安全，杜绝事故发生。

（陈 川）

城乡规划

【概　况】　2014年，市规划局按照建设具有现代都市气息的生态宜居城市及推进新型城镇化建设的工作要求，狠抓各项目标任务落实，城市空间架构初步确立，城市总体规划逐步完善，控规覆盖面不断扩大，村镇规划编制基本完成，并积极开展规划完善提升，进一步规范化规划审批管理。全市城乡规划已经形成以总体规划为核心，以控制性详细规划、专项规划、镇村规划为主要支撑，以城市设计、特色规划及规划管理规定、技术导则为配套的工作体系。5月，提交中心城区城市设计正式成果，即中心城区公共服务设施、综合防灾减灾、综合交通发展战略即改善提升行动规划、中心城区绿道网络规划，并经市规委会第一次会议审议通过。为做好市域城乡统筹，从“红塔时代”走向“三湖时代”，规划建设美丽大玉溪，《玉溪发展战略规划》工作于5月启动，经征求意见、专家评审、修改完善后，于12月提交了正式成果。12月，完成重要片区、重要节点控制性详细规划评估维护。截至12月31日，华宁县、江川县、新平县、澄江县、元江县县城总规已获市政府批复；通海县、峨山县、易门县总规也正在加紧完善之中。《通海县历史文化名城保护规划》通过部、省级审查。

【《玉溪城市总体规划》评估完成】　2014年3月，市规划局邀请住建部规划管理中心联合市规划设计研究院，首次开展了《玉溪市城市总体规划2011～2030》实施评估工作。经过对八县一区的社会经济发展、城市建设等进行摸底调研、资料收集、座谈交流，并对全市产业发展、人口、用地、环境保护、水资源、交通等多方面进行分析和梳理，与总规进行了比对，提出了全市规划实施、城市建设、基础设施建设等方面存在的问题，于11月提交了正式成果。

【开展规划服务“三进活动”】　2014年，针对“拆临拆违”工作开展情况，结合规划部门实际，市规划局开展了规划服务“三进”活动，加强对县乡村规划的督促指导力度。“规划师进社区”活动，9名规划师进社区，为红塔区所辖街道、社区、居民小组提供法规政策和技术咨询，参与建设项目选址研究，协助建设项目方案申报等，形成针对街道的规划服务手册，切实指导帮助解决社区在闲置地块办理规划手续中遇到的困难问题。“党员进社区”活动，自愿为社区提供规划咨询等服务。“领导进县区”活动，在8个县按“牵头领导一对一、挂点干部点对点”的方式提供服务，认真调研红塔区、江川县、通海县、澄江县等多个县区，研究形成滇中民居特色建筑方案，指导县区乡村民居建设，指导配合通海县通过了历史文化名城保护规划的省部级审查，指导配合新平县申报成为5个国家级县域乡村建设规划试点之一，并督促指导各县区积极申报国家级传统村落，共申报55个，有6个入围。同时，加强县区培训力度，积极组织县区、乡镇参加规划培训、实地考察等，逐步提升县乡村规划管理水平。

【城市精细化规划管理】　2014年，市规划局引入三维审批系统并投入会议审查使用。同时，做好中心城区城南和城北站、电网项目及城市综合体等重大项目规划服务工作；编制完成了《玉溪市中心城区标识系统专项规划》、《玉溪城市增长边界及城市公共空间控制导则》、《玉溪（红塔区）历史文化调研报告》、《中心城区老区旧房改造研究》、《玉溪市建筑规划设计导则》、《玉溪市红塔区“美丽家园”规划建设技术导则》；完成昆玉高速公路（刺桐关—研和立交）绿化美化项目方案、城市垃圾焚烧发电厂选址规划、玉河社区修建性详细规划、新平县磨盘山森林公园景观规划设计及西河路改造及规划道路选线研究初步方案。

【乡镇规划编制】　2014年，市规划局积极推进乡镇规划编制工作，在全市已实现乡镇规划全覆盖的基础上，对开展乡镇规划修编的乡镇街道办，继续予以技术支持和经费补助。通海县河西省级历史文化名镇保护规划于2月经省政府批复。

【美丽乡村规划】　2014年，经省、市、县三级相关部门共同努力，全市6 527个村庄（行政村660个，自然村5 867个）已全部完成村庄规划编制，实现村庄规划全覆盖。在此基础上，市规划局编制完成《玉溪市滇中民居建筑规划设计方案》，为全市特色民居和特色村落的建设提供了重要规划指导依据。

【拆临拆违规划项目服务】 2014年度，市规划局加快办理拆临拆违规划项目审批，主动研究项目规划选址方案，抓好项目规划设计方案论证和审查，积极协调、研究解决项目涉及的有关问题，提高规划审批工作效率，按要求及时核发规划许可证，为项目按计划推进创造条件，保障项目建设的有序推进。全年接收拆临拆违地块报件项目42件，其中，选址类报件12件，建工类报件29件，规划设计条件类报件1件。选址类12件已办结核发了建设项目选址意见书。29件建工类项目已办结20件，核发了建设工程规划许可证。规划设计条件类报件1件已办结出具了规划设计条件。

【配合完成转变中心城区“一户一宅”建房方式相关方案】 2014年，市规划局积极做好中心城区的民房规划管理工作，开展了禁止一户一宅模式建房方案的研究和调查，组织编制了《玉溪市红塔区禁止“一户一宅”后社区民房户型方案设计》、《玉溪市中心城区民房规划建设调研及对策建议》、《关于红塔区民房规划建设管理工作的意见》、《红塔区民房建设规划和用地管理意见》、《关于进一步加强全市民房规划建设管理的实施意见》。在此基础上，市人大于10月29日作出了《关于同意市人民政府对红塔区中心城区禁止一户一宅民房建设实施范围进行适当调整的决定》；市政府形成了《关于加强农村居民住房规划建设管理的实施意见》（征求意见稿）。

（王宇飞）

城乡建设

【中心城区城市建设】 2014年，中心城区围绕水、电、路、气、地下管网等基础设施和公用设施，全面推进城市建设。平战结合人防工程竣工投入使用，完成投资6.1亿元。高仓立交改扩工程建成通车，完成投资1.96亿元。中心城区排水管网改扩建完成一期工程，完成投资1.85亿。武警玉溪市支队迁建工程及周边市政道路工程主体完工，完成投资2.58亿元。玉山一路、二路工程完成路基及管沟等附属工程建设，完成投资2.68亿元。红龙路改扩建工程（一期）380米，完成投资1.68亿元。市人民医院改扩建项目完成房屋征收及拆除工作，工程建设完成投资6 028万元。

【新型城镇化建设】 2014年4月23日，市委第六十三次常委（扩大）会议对推进新型城镇化作出决策部署。截至年末，已制定印发了《推进玉溪新型城镇化发展的实施意见》，同步制定和开展了《玉溪市美丽乡镇三年行动计划》、《玉溪市城市精细化管理实施方案》、《玉溪市城乡垃圾整治实施方案》、《玉溪市中心城区天然气利用发展三年行动计划》、《玉溪市加强城镇污水处理厂配套管网建设和运营管理实施方案》、《中心城区2014年天然气利用推广工作实施方案》等一系列支撑工作；召开了全市天然气发展、美丽乡镇和城乡垃圾整治3项行动动员会议。

峨山县岔河乡凤窝村新农村风貌 （市规划局 提供）

【天然气利用】 2014年，市住建局制订了加快天然气利用发展的实施意见，市域燃气专项规划已通过相关部门和专家的评审，八县一区燃气专项规划已全部编制完成，中心城区燃气专项规划已通过审查待批复，江川县、通海县、易门县燃气专项规划已经县政府批准，新平县、华宁县、澄江县、元江县、峨山县规划已经通过审查，正在开展规划修编完善工作。中心城区建成燃气配套设施LNG储备站1座、城北调压站1座，新增燃气管道47.3千米，新增居民用户20 397户，累计居民用户26 432户。启动小密罗至江川至小白坡至华宁、小密罗至峨山至化念至大开门、安宁禄脿至易门3条天然气管道项目公开邀标工作，与2家中标企业签订了《玉溪市城际天然气管道项目投资建设协议书》。

【集镇一水两污项目建设】 2014年，全市以13个省级特色集镇为重点，积极推进重点集镇“一水两污”建设。同时，完成8个县县域“一水两污”体系规划的编制、审查工作；续建2013年5个项目，完工4个；2014年计划实施35个项目已全部启动，开工8个，完成前期工作8个，开展前期工作19个。全市争取到省级专项补助资金4 950万元。

【美丽乡镇建设】 2014年，为解决全市除街道以外的50个乡镇存在的承载力不足、功能不配套、环境脏乱差等突出问题，实现城乡协调发展和农业转移人口就近城镇化的目标，以实施镇容镇貌整治提升工程、集中供水设施建设工程、生活污水处理设施建设工程、生活垃圾处理设施建设工程、乡镇农贸集贸市场改造提升工程和群众文体活动广场建设工程为主要内容，市政府制定印发《玉溪市美丽乡镇规划建设三年行动方案》。2014年启动实施20个乡镇，市级下达补助资金3 650万元。

【城乡垃圾整治行动】 2014年，以解决村镇环境卫生“脏、乱、差”问题，形成环卫设施完善、管理机制健全，城乡容貌整洁、人居环境改善、城乡管理有序的良好局面为目标，市政府制定印发了《玉溪市城乡垃圾整治实施方案》。市级拨付1 000万元专项资金，各县区具体负责实施。

【拆临拆违】 2014年，全市继续巩固拆临拆违工作，至12月末，拆除临违建筑39万平方米。累计对拆除后地块实施绿化43.79万平方米，建设市政配套设施7.94万平方米，开展项目规划47万平方米，完善农村建设52.17万平方米。同时，按照市委、市政府工作部署，制订了《玉溪市清理和拆除村庄内违法违规建筑工作实施方案》，拟开展全市村庄范围内违法违规建筑拆除工作。

【城市园林绿化】 2014年，中心城区通过省住建厅专家组实地考评，同意通过国家园林城市复查。同时，投资600万元，完成包括10个专类园区的玉溪植物园一期建设。峨山县、澄江县成功创建省级园林县城。截至12月末，全市八县一区已成功创建国家园林城市1个（红塔区），国家园林县城2个（易门县、华宁县），省级园林县城4个（元江县、新平县、峨山县、澄江县）。

【城市精细化管理】 2014年，为解决城市管理中重建轻管、管理粗放等问题，市政府印发了《玉溪市城市精细化管理实施方案》和规划建设、市政公用设施、市容环境卫生、园林绿化、道路交通秩序和市场经营秩序等6个方面标准，推进城市标准化、精细化、常态化管理。

【可再生能源建筑应用城市示范项目】 2014年，全市确定可再生能源建筑应用城市示范项目45个，折算应用面积243.22万平方米，超额9.82万平方米。至年末，42个项目建设完工并且检测完成。首批已出具报告的有28个。第二批报告预计春节前出具审核完成，可以按质按量完成示范验收工作。

【绿色建筑】 2014年，市住建局完成《玉溪市“十二五”绿色建筑发展研究报告》，印发了《玉溪市住房和城乡建设局关于加强新建民用建筑节能工作的通知》，对绿色建筑设计建设全过程进行监管，并起草了《玉溪市绿色建筑行动实施方案》报市政府研究。建银广场取得绿色建筑设计二星标识。

【治污项目配套设施建设及运营管理】 2014年，市住建局积极推进城镇污水处理厂配套管网建设、生活垃圾处理厂渗滤液处理站建设，全面加强日常运营管理。至12月末，全市建污水处理厂配套管理建设48.29千米，完成率108%。全市城镇污水处理厂完成COD削减量11 878吨，完成氨氮削减量869吨。

【招商引资及争取上级资金】 2014年，市住建局引进市外国内资金3亿元，争取上级资金52 443万元。截至12月31日，共引进招商引资项目7个，累计上报资金89 615万元；争取到位保障房、农危房、一水两污等项目上级补助资金52 472万元。

（李绍伟）

建筑业

【概　况】 2014年，全市新办建筑业企业资质19家，增项资质17家，7家资质升级初审通过上报省厅审核，3家监理企业资质延续。年末，全市共有建筑施工企业211家，其中，一级施工总承包资质3家，一级专业承包资质3家，二级施工总承包资质47家，二级专业承包资质23家，三级施工总承包资质76家，三级专业承包资质55家，劳务企业4家；质量检测机构13家；监理企业11家，其中，甲级资质企业1家，乙级监理企业3家，丙级资质企业7家；勘察设计企业36家，其中，甲级1家，乙级13家。截至年底，全市建筑业企业共有职称工程技术和管理人员12 046人，其中，高级职称532人，中级职称3 137人；建造员2 156人，一、二级建造师1 693人。主要从业工种已做到了85%的持证上岗率。各类机械设备共20 000多台。全市共有256个工程开工建设，合同价款金额近57亿元，开工面积近361万平方米，建筑业总产值完成105.45亿元，比上年增长7.7%。

【质量安全监管】 2014年，市住建局通过签订《安全生产目标责任状》，实施安全生产工作“一岗双责”制度，加大安全生产隐患大排查力度和按季开展质量安全生产大检查活动等措施，严防建筑质量和安全生产事故。全年组织大规模检查10次，按照“全覆盖、零容忍、严执法、重实效”的总体要求，累计检查全市186个建筑工地，企业自查率100%，县区自查209个建筑工地，住建部、省、市检查抽查45个；累计检查提出一般隐患1 362项，重大隐患27项，非法违法27起，重大危险源监控不到位3个，下发整改通知46份，停工整改30份，已经全部整改完毕。全年建设工程质量管理工作稳步推进，未发生重大工程质量事故；发生建筑生产安全事故1起，死亡1人，直接经济损失100万元。

【建筑工程招投标监管】 2014年，全市完成限额以上工程招投标444个，

2014年10月23日，市委书记罗应光（前排左三）、市政府常务副市长陈勇（前排左四）参观玉溪市第八届房地产展示交易会　（张　权　摄）

招标工程造价60.30亿元，中标造价57.91亿元，节约造价2.38亿元，工程造价降低3.95%；完成限额以下工程招投标158个，招标工程造价为7 002.45万元，中标价6 886.74万元，节约造价115.71万元，工程造价降低1.65%。

【建筑工程档案管理】 截至2014年末，全市已完成容量4万卷的库房建设，建成可容纳5万卷电子档案的内部局域网络系统，城市建设纸质档案、电子档案、声像档案、综合管网档案的收集、整理、保管、利用工作扎实有序开展。累计分编入库建设工程纸质档案9 424卷、电子档案389盘，提供工程档案利用服务328卷次。

【减隔震技术应用】 2014年，市住建局认真落实《云南省人民政府办公厅关于加快推进减隔震技术发展与应用的意见》和《关于进一步加快推进我省减隔震技术发展与应用工作的通知》，进一步加快推进减隔震技术的发展与应用，有效提升全市防震减灾工作水平。对8、9度抗震设防区三层以上中小学校舍、县以上医院的3层以上医疗用房，在进行初步设计和施工图设计文件审查时，严格把关，对符合条件而不采用减隔震技术或不符合减隔震技术设计规范的设计图纸一律不予审查通过，不准发放施工图审查合格书，建设行政主管部门不予办理施工许可证。至年末，全市已有40余个工程项目应用了减隔震技术。

【清欠工作】 2014年，全市清欠工程受理省、市有关部门交办4件，涉及拖欠工程款550多万元，通过协调，已经圆满解决；来人举报20人次，涉及拖欠工程款2 100多万元，实际清理付款1 000多万元；来电、来信、来函举报5件，涉及拖欠工程款近8 660万元，基本未得到解决和回复。清欠农民工工资直接受理农民工举报3件，涉及拖欠工资120多万元，已经得到解决；协助市劳动局清理建设领域拖欠农民工工资5件，涉及人员2 500余人，涉及拖欠工资1 700多万元，大部分得到解决。

（李绍伟）

房地产业

【保障性安居工程建设】 2014年，全市新建保障性住房8 687套（户），其中，公共租赁住房2 852套，限价商品住房1 900套，城市棚户区改造3 835套，国有工矿棚户区改造100户，分解为60个项目进行建设，已全部实现开工，累计完成投资11.77亿元。全面启动棚户区改造工作，与云南建工集团公司签订《玉溪市2013～2017年城市棚户区改造项目融资开发协议》，初步确定启动10个城市棚户区改造项目（红塔区4个、县级6个），面积4 356.38亩（棚户区占地面积约2 616.5亩）；2015年计划实施棚户区改造10 236户，争取国家开发银行棚户区改造政策性专项贷款79.56亿元。中心城区首批公租房“万裕生态城”完成选房配租工作，1 354户入住。第二批申报工作于春节前完成配租入住。中心城区首批限价商品房申购工作完成，成交128套，1.39万平方米，成交金额5 822万元。第二批限价申购工作已启动。同时，完成《玉溪市公共租赁住房管理实施办法（暂行）》和《玉溪市限价商品住房管理规定》修订工作。全市完成农村危房改造拆除重建4 690户，修缮加固6 000户。

【房地产业发展和房价调控】 截至2014年末，全市共有房地产开发企业241家，房地产中介机构104家，物业服务企业88家。1～12月，全市房地产业共计完成投资160.05亿元，比上年增长2.62%。其中，房地产开发投资完成111.46亿元，比上年增长6.5%，占全社会固定资产投资的21.77%。受政策调控及市场等因素影响，全市房地产开发、销售等情况不理想。与上年相比，新开工157.13万平方米，比上年下降34.28%，其中，住宅104.65万平方米，比上年下降40.12%；商品房竣工136.09万平方米，比上年下降27.75%，其中，住宅106.17万平方米，比上年下降27.45%；商品房销售110.5万平方米，比上年下降35.49%；商品房待售91.63万平方米，比上年增长27.49%。中心城区（红塔区）新建商品住房预售备案登记4 165套，商品住房现售备案登记66套，成交50.46万平方米，成交金额26.27亿元；新建商品住房平均销售价（合同备案价）5 206.04元/平方米，比上年增长32.85%。

【中心城区二手房交易及房屋产权登记】 2014年，中心城区二手住房成交数量2 624件，比上年下降16.3%；成交金额9.52亿元，比上年下降22.13%；成交31.44万平方米，比上年下降16.12%；完成房屋登记25 839份，总面积436.61万平方米。中心城区（红塔区）办理房屋租赁登记备案凭证1 074本，办证11.9万平方米；审验房屋租赁登记备案凭证94本，审验17.92万平方米。市直公房出租率为95%。

【中心城区住宅维修资金管理】 2014年，玉溪中心城区新增交存住宅专项维修资金4 483万元，累计交存小区120个，累计交存金额2.29亿元；新增维修支出22万元，累计支出95万元。办理二手房交易住宅专项维修资金变更登记1 084件。8个县累计交存维修资金1.48亿元。

【住房公积金管理】 2014年，全市住房公积金缴存人数11.47万人，归集住房公积金15.61亿元，支持职工购建房和离退休等提取住房公积金10.94亿元，发放住房公积金贷款8.54亿元。全市累计归集住房公积金123.41亿元，累计支取住房公积金77.01亿元，归集余额46.40亿元；累计发放个人住房贷款69.23亿元，个人贷款存贷比75.61%，比上年增长2.75个百分点。全市逾期贷款11.58万元，逾期率0.003%。

（李绍伟）

环境保护

【概　况】 2014年，全市环保工作紧紧围绕“生态立市”发展战略，按照“稳增长、调结构、促消费、抓改革、扩开放、建生态、惠民生”的总体要求，以争当全省生态文明建设排头兵为目标，以改善人民群众生活环境质量为出发点，以全面实施“三湖”水污染综合防治、污染减排为重点，以环保模范城市创建和生态创建为抓手，以敢于担当、勇于创新、专于务实的精神和作风，突出促进经济发展方式转变，加强污染治理和生态环境保护，全面提升环境监管水平，抓改革、抓落实、抓重点、抓监管，切实做到勇于担当、善于作为，环境保护工作取得了扎实成效，开创了环保工作的新局面。坚持高位推动、统筹管理、严格奖惩，扎实推进污染物

2014年11月18日，省政府九湖督导组副组长晏友琼（左三）、高晓宇（左四）率队在兴蒙乡实地调研通海县杞麓湖红旗河流域重点村落污水收集与处理工程运行情况。市委书记罗应光（左二），市委副书记、市长饶南湖（右一）陪同调研　　（市环保局　提供）

减排，150个减排项目完成147个，完成率为98%。抚仙湖、星云湖、杞麓湖水污染综合防治“十二五”规划项目66项，完工42项，在建23项，开展前期工作1项，开工率98.5%，完工率63.6%，完成总投资33.05亿元。市政府出台了《玉溪市2014年沿湖四县生态建设目标任务考核办法》，将沿湖澄江县、江川县、通海县、华宁县生态建设考核分值调整为占地方生产总值分值的50%。市委、市政府出台了《关于争当全省生态文明建设排头兵的实施意见》和《玉溪市争当全省生态文明建设排头兵四年行动计划（2014～2017年）》，全面加快推进生态文明建设，启动了《玉溪市生态文明建设规划》编制工作。同时，集中开展以实施城乡规划全覆盖工程、蓝天工程、碧水工程、绿化工程四大工程为主要内容的城乡环境综合整治，加快美丽玉溪建设步伐；积极开展大气污染防治工作，提高城市空气质量，实施中心城区大气污染物源解析及污染控制对策研究项目。

【污染减排】　2014年，省政府下达给全市的减排目标任务为全市化学需氧量和氨氮排放总量分别控制在31 300吨、2 613吨以内，比上年分别减少6.57%、8.122%；二氧化硫和氮氧化物排放总量分别控制在28 213吨、30 500吨以内，比上年分别减少4%、9.27%。全市需完成减排项目134个，其中，工程减排106个，管理减排21个，结构减排7个。为确保减排任务顺利完成，全市坚持高位推动，强化各级各部门责任落实，形成政府负责，环保牵头，住建、工信、农业、公安、统计、督查各负其责的协调配合机制，按照各自职责，细化工作方案，明确具体责任人，并严格考核奖惩，加大督查督办力度。市政府制定实施了《玉溪市“十二五”污染减排目标任务年度考核实施办法》，将污染减排任务完成的情况作为全市综合考核的重要内容；制定实施了《玉溪市争取解除区域限批工作方案》，安排部署尽快解除区域限批的整改工作。市人大、市政协、市直相关部门组成专项督查组，严格按照年初制定的工作方案，对县区政府减排工作和重点减排项目开展调研、现场督查。各县区政府、市直有关部门认真对照与市政府签订的目标责任书，按照各自的工作职责，细化工作方案，明确具体责任人，实行目标倒逼机制，制定严格的时间表，逐一对照抓好落实。至年末，全市150个减排项目已按责任书要求完成147个，完成率为98%。经初步测算，全市比上年新增削减化学需氧量3 283吨、削减氨氮520吨、削减二氧化硫4 510吨、削减氮氧化物3 739吨，在不考虑新增排放量的情况下，圆满完成了责任书要求的指标任务。

【“三湖”水污染综合防治】　2014年，全市继续将抚仙湖、星云湖、杞麓湖水污染综合防治作为重中之重的工作来抓。市政府召开了全市环境保护暨湖泊保护治理工作会和抚仙湖流域水污染综合防治“十二五”规划项目建设推进会，研究部署“三湖”保护治理工作，并与沿湖4县政府签订了湖泊水污染综合防治目标责任书，不定期联合相关部门实地督查推进项目实施。同时，组织对“十二五”规划中期执行情况进行了自查，对2013年度目标责任书执行情况进行了考核。市政府出台了《玉溪市2014年沿湖四县生态建设目标任务考核办法》，降低沿湖4个县GDP考核权重，将生态建设考核分值调整为占地方生产总值分值的50%，推动对三湖保护的重视；并组织编制专项资金项目申报材料，积极向省环保厅和省财政厅争取了省九湖专项资金4 690万元。抚仙湖良好湖泊生态环境保护试点工作争取到中央资金44 865万元。“三湖”水污染综合防治“十二五”规划项目66项，规划项目总投资61.51亿元，完工42项，在建23项，开展前期工作1项，开工率98.5%，完工率63.6%，完成总投资33.05亿元。同时，实施《玉溪市星云湖杞麓湖水污染防治防范水污染风险发生实施方案》，严防“三湖”水污染风险。按照《玉溪市三湖等主要入湖河道河（段）长责任制考核办法》，对42条入湖（库）河道河长责任制年度执行情况进行了考核。并完成了中央和省属12家企事业单位退出抚仙湖一级保护区资产协调调查工作，将调查报告上报省九湖督导组。此外，认真做好省政府星云湖保护治理工作会筹备工作，在省政府九大高原湖泊水污染综合防治工作会议上争取得到省政府给予星云湖保护治理1亿元资金支持。

【生态文明建设】　2014年，市委、市政府加快生态文明建设步伐，积极争当全省生态文明建设排头兵，制定下发了《中共玉溪市委、玉溪市人民政府关于争当全省生态文明建设排头兵的实施意见》、《玉溪市争当全省生态文明建设排头兵四年行动计划（2014～2017年）》，启动了《玉溪市生态文明建设规划》、《玉溪市生物多样性保护实施方案（2015～2 020）》、《玉溪市近期土壤环境保护和综合治理方案（2013～2 017）年》的编制工作。

同时，组织新平县漠沙镇、平甸乡、华宁县宁州街道申报国家级生态乡镇，澄江县右所镇等7个乡镇申报省级生态文明乡镇并通过了省环保厅的审查和公示；命名了新平县漠沙镇胜利村等95个行政村为“玉溪市市级生态村”。市政府批准实施了《云南省玉溪市创建国家环境保护模范城市规划》和《玉溪市2014年度创建国家环境保护模范城市实施方案》，明确了年度创模重点工程任务和措施以及责任分工。市级财政预算安排下达了500万元创模项目资金，并向国家、省级申报争取生态建设专项资金项目14个，争取到中央、省级农村环保专项资金项目5个，资金620万元。

【大气污染防治】 2014年，市委、市政府高度重视大气污染防治、提高城市空气质量工作，制定实施了《玉溪市进一步落实改善中心城区空气质量有关意见工作方案》、《玉溪市加强中心城区大型施工场地环境监管和监测工作方案》，并委托昆明理工大学实施了《玉溪市中心城区大气污染物源解析及污染控制对策研究项目》。全市发放新车绿色环保标志共2 410辆，建成2个环保检测站、12条环保检测线，开始了机动车环保检测，检测车辆2 931次。中心城区环境空气自动监测系统3个监测点位按照环境空气质量新标准进行监测，监测数据通过市电视台、《玉溪日报》、省环保厅、环境保护部等媒体和网站实时发布，并于每月10日、20日和30日向市委、市政府及相关部门上报全市（中心城区、8县城）环境空气质量专报。全年中心城区环境空气质量一级天数188天，二级170天，超标天数7天，一级天数比上年增加63天，二级天数比上年减少53天，超标天数减少10天。全市8县均已启动了县城环境空气质量的监测工作，监测数据定期向社会公布。按照《云南省大气污染防治行动实施方案》的考核要求，全市中心城区的PM10平均值比上年明显下降，考核结果为优秀。

【重点流域水污染防治】 2014年，市环保局加强以饮用水源地为重点的流域水污染防治工作，积极督促和协调东风水库水污染综合整治，组织市、县区环境监察部门严格按照监察工作计划，对东风水库和飞井海饮用水源地保护区开展了每月不少于2次的现场监察工作，飞井海水库周边环境和水面卫生状况得到较大改善，日常管理到位，保洁效果好；督促推进东风水库水污染综合整治工程，2次下发了督促推进的函件至相关部门和县区政府，每月收集整理工作进度形成工作月报，并按时上报市政府督查室。全市19个项目已完成10个，8个项目正在开展，1个项目暂缓实施，累计投资4 696.11万元。此外，完成了《玉溪市城市集中式饮用水源环境状况评估报告》的编制和数据采集工作；编制完成并报市政府批复同意了《玉溪市曲江流域水环境综合治理规划（2011～2 030）》；编制完成了《元江流域水污染防治规划》。

2014年1月2日，副省长张祖林（原玉溪市市委书记）（左三）到市环保局调研。图为查看玉溪市污染源自动监控中心 （市环保局 提供）

【城乡环境综合整治】 2014年，为实现城乡生态环境更加优美、人居条件更加优越，加快美丽玉溪建设步伐等目标，市政府下发《关于集中开展城乡环境综合整治的通知》，并与县区政府、2个工业园区和6个市直部门签订了目标责任书，将整治工作纳入各级各相关部门综合考核的内容。由市规划局、住建局、水利局、环保局结合日常管理的情况，对应管理职能对各县区进行考核，并将考核结果上报市政府。城乡规划全覆盖工程和绿化工程已经基本完成，各县区按照责任书完成了年度各项指标任务。全市完成11个城乡规划全覆盖工程、蓝天工程、碧水工程、绿化工程项目。

【建设项目环境管理】 2014年，市环保局不断深化行政审批改革，主动服务企业、服务发展。为推动重点项目建设，促进全市产业结构调整和转型升级，按照国务院取消和下放行政审批事项的精神，会同有关部门清理行政审批管理服务事项项目，将行政许可事项的“建设项目投入试生产运行审批”调整为非行政许可。在此基础上，不断挖潜创新，在进一步拓宽建设项目环评审批“绿色通道”、主动上门服务缩短环评审批时间、建立高效环评审批体系上迈出了实质性步伐。在拓宽项目审批“绿色通道”上，坚持把贯彻上级文件精神和服务经济发展有机结合起来，只要有利于促进经济发展、招商引资的项目建设，想方设法为项目审批寻找政策依据，千方百计帮企业拾遗补缺，做到变“这样不行”为“怎样能行”，真正为经济发展创造最佳环境。在主动服务缩短审批时间上，坚持“主动沟通、主动对接、急事急办、特事特办”的原则，做到对企业拟建污染较重、产业政策控制严格、区域流域严格限制的项目，在项目立项前，主动把关，事先了解掌握项目信息，主动上门为项目提供服务，告知环保审批的具体要求及办事程序，确保项目单位在最短的时间内完成环保审批手续。同时，下放审批权限，简化办事程序，优化建设项目环评审批流程，倾力打造服务优、门槛低、审批简的发展环境，努力建立公开透明、公正高效的建设项目环评审批体系，将环保部和省环保厅审批权限以外的市级和县区级投资主管部门负责备案并编制环境影响报告表、登记表，总投资2 000万元以上、5 000万元（不含

5 000万元）以下的工业类建设项目和总投资5 000万元以上、1亿元（不含1亿元）以下的非工业类建设项目，市级投资主管部门负责审批的科技、教育、文化、医疗卫生、行政办公等社会事业及服务业项目和市政供排水管网、河道湖泊综合整治等城市基础设施类项目，以及不跨县区的35千伏及以下输变电类项目属于市级审批的建设项目的环评文件委托县区环保局审批。市环保局全年审批建设项目环评文件109项（工业类项目38项、非工业类项目60项），项目计划总投资220.59亿元（环保投资4.92亿元），重点建设项目环境影响评价制度执行率为100%；办理了42家企业的试生产，项目投资47.22亿元；对45项建设项目办理了竣工环保验收手续（工业类项目18项、非工业类项目24项），项目完成投资24.01亿元（环保投资2.82亿元）；重点建设项目“三同时”制度执行率为100%。

【辐射监管】 2014年，全市环保部门严格按照目标责任书的要求，对放射源使用单位每季度开展1次现场安全检查，对射线装置使用单位每半年开展1次现场检查，重点检查使用单位“六防”安全措施是否到位，管理制度、台账是否健全，全市未出现放射源失控、丢失和被盗，未发生辐射污染事故及安全隐患。同时，在全市范围内深入开展核技术应用辐射安全和放射性专项检查，出动环保执法人员462人次，现场检查放射源使用单位44户，检查放射源191枚，检查各类放射源184枚，涉及医疗、科研、工矿企业。通过全面检查，各使用单位“六防”安全措施基本到位，管理措施基本健全，均由专人负责管理，未发现大的辐射安全隐患，未发生放射源被盗、丢失和失控及辐射环境污染事故，并及时收贮37枚闲置放射源。此外，还制定了辐射安全许可证办理及购源审批事项，辐射类建设项目环保竣工验收程序及申领辐射安全许可证需提交的材料清单，办理5家辐射安全许可证，审批6个核技术利用环评登记表，对38家核技术应用单位的辐射安全许可证到期进行延续、变更、注销。

【环保专项行动】 2014年，全市环保部门紧紧围绕保增长、保民生、保稳定的总要求，切实解决当前影响突出的环境问题，保障人民群众的环境权益，组织开展整治违法排污企业保障群众健康环保专项行动。市政府调整充实了市整治违法排污企业保障群众健康环保专项行动领导小组及办公室，制定实施了《玉溪市2014年整治违法排污企业保障群众健康环保专项行动实施方案》，全面落实污染减排工作部署；全面落实《玉溪市大气污染防治行动实施方案》，开展大气污染防治专项检查；深入开展涉重金属行业、医药制造行业、危险废物行业“回头看”专项整治；认真组织开展饮用水水源地环境安全专项检查，严格环境执法，依法惩治环境污染犯罪；还在实施市级挂牌督办事项等方面开展了环保专项行动。

2014年12月11日，省环保厅厅长姚国华（左四）调研星云湖环湖截污及循环水利用工程 （市环保局 提供）

【环境监督管理】 2014年，全市环保部门用生态文明建设的观念和要求，切实加强环境监管力度。认真做好“12369”环保热线、“96128”政务信息查询热线等工作，畅通群众诉求和机关服务基层和群众的渠道，加强环境信访工作，做好环境纠纷矛盾排查和化解工作，加快查处速度，及时化解环境矛盾纠纷。全面清查风险源和环境敏感目标，强化环境风险源的整改提高和环境敏感目标保护，切实降低环境风险，保障环境安全。同时，加大中心城区周边玉钢、玉昆、汇溪、福玉、永旭、太标等钢铁、“两高一资”、淘汰落后产能、国控、市控企业及以抚仙湖为重点的“三湖”污染减排企业的环境监管力度；加大对中心城区施工场地环境监管力度，印发了《玉溪市加强中心城区大型施工场地环境监管和监测工作方案》，对中心城区大型施工场地进行了现场检查和厂界环境空气质量现场监测；切实做好企业环境应急预案的编制、评估、备案工作，已备案企业68家，5家重点企业针对编制的应急预案开展了应急演练；加强污染源自动系统运行管理，完成企业现场端监测设备安装98户，与市级监控中心联网90户，通过验收88户；与北京中环大地环境科技有限公司订立了《玉溪市污染源自动监控设施运营服务合同》，制定实施《玉溪市污染源自动监控设施运行考核工作方案（试行）》和《玉溪市污染源自动监控设施运行管理工作考核表（试行）》，切实加强系统的运行、维护和日常管理工作。全年出动环境监察人员15 294人次，检查企业7 647家次，处罚环境违法案件102件，罚款419.1万元。全市处理信访、来访投诉案件496件。全市向442户排污企业征收排污费3 192万元，超额完成省厅下达的目标任务。

【环保宣传教育】 2014年，全市环保部门坚持围绕中心，服务大局，突出宣传生态文明理念和探索环保新道路的工作部署，突出宣传环保工作的新举措和新成效，创新宣传形式和工作机制，为推进生态文明建设和环境友好型社会建设营造舆论氛围。市环保局制定《2014年玉溪市环境宣传教育工作要点》，编制完成《2013年度玉溪市环境状况公布》，开展了“向污染宣战”主题宣传及“玉溪市生态建设征文”等活动，召开了“环保开放日暨六·五世界环境日座谈会”，组织市环保局环保志愿服务队开展环保志愿活动。“2014年环保·食品安全科普进校园”暨“六·五”世界环境日宣传周活动期间，深入红塔区、峨山县、江川县的6所中小学，为7 200名师生开展环保和食品安全方面宣传教育。第六批绿色学校、第四批绿色社区申报工作通过培训、现场评查和召开审查会，对21所学校、15家社区进行了命名表彰，推动全市绿色创建工作深入开展。

【环境监测与科研】 2014年，全市环境监测部门按时完成了“三湖一库”及入湖河流、玉溪大河、元江、南盘江、绿汁江等河流监测，集中式生活饮用水源地特定项目监测，省控重点污染源每季度1次的监督性监测，在线连续比对监测，排污许可证年检，建设项目环境保护竣工验收监测等各种监测项目217项，出具监测数据 29 468个，发出各种监测报告217份；完成26家企业的建设项目竣工环保验收监测报告（表）的编制工作；向《玉溪日报》、市气象台、玉溪之窗网站发布了365期中心城区环境空气质量日报及36期全市各县区环境空气质量旬报。抚仙湖孤山水质自动站全年共处理水质自动站原始数据30 912个，累计上报水质周报47期。全市地表水监测环境质量分析专报完成12期。湖库污染防治项目完成9项。专项研究课题完成7项。环境科研工作完成了《玉溪市创建全国生态文明先行示范城市实施方案》、《玉溪市“三湖”保护与管理长效机制研究报告》、《抚仙湖、星云湖、杞麓湖流域水污染综合防治“十三五”规划工作方案》、《2013年全市地表水环境质量状况通报》、《抚仙湖深层水质分层专项监测报告》的编制工作，并开展了《抚仙湖不明漂浮物成因调查研究》、《星云湖蓝藻水华应急处置研究》专题报告的编制工作。

【环境法制】 2014年，为切实加强环境资源保护，有效遏制破坏环境资源违法犯罪行为，严肃查处破坏环境资源违法犯罪案件，促进经济社会协调可持续发展，市环保局、市检察院、市中级人民法院、市政府法制办、市公安局、市国土资源局、市林业局、市抚仙湖管理局联合下发《玉溪市环境资源保护执法协调联动工作实施办法》，建立部门间联席会议制度、执法联动机制、案件移送机制、案件备案制度等。全年召开协调会议2次，完善行政执法与刑事司法衔接机制，加大对破坏资源环境的打击力度。市环保局与市公安局联合印发了《关于建立环境执法衔接配合机制的实施方案》，建立完善联动执法联席会议制度、联动执法联络员制度、信息通报机制、紧急案件联合调查机制、案件移送机制、重大案件会商和联合督办机制、奖惩机制等，发挥环保部门与公安部门的职能优势，构建环境行政执法和刑事司法衔接配合机制，形成防范、打击环境污染违法犯罪活动的合力，完善了执法管理制度体系，维护环境安全。市环保局制定实施了《2014年玉溪市环境保护局法制工作实施意见》和《玉溪市环境保护局2014年普法依法治理工作计划》，开展了《玉溪市环境保护行政处罚自由裁量权细化规范标准（试行）》的修改完善工作，制定印发《玉溪市环保局行政执法案卷集中评查实施方案》，并开展了年度行政执法案卷评查工作。

（赖恒红）

贸易

编辑：王竹能

商务

【概　况】　2014年，全市对外贸易再创佳绩，迈上9亿美元台阶，实现外贸进出口总值9.7亿美元，比上年增35.7%，连续五年增幅高于33%。其中，出口9.1亿美元，比上年增34.4%；进口5 590万美元，比上年增61.1%，进口占全市进出口总值比重由上年的4.9%增至5.8%，分别完成省、市下达目标任务的119.0%和118.0%，全省排名第五位。全年加工贸易进出口值1 654万美元，实现翻番；贵金属、箱包加工贸易进出口值1 654万美元，比上年增231.5%。全市实现社会消费品零售总额255.6亿元，比上年增13.0%，全省排名第六位；批发业实现389.3亿元，比上年增6.0%；零售业实现247.5亿元，比上年增14.0%；限额以上零售额所占比重达58.6%。全市纳入商务部统计实际到位外资953.325万美元。通海县10月单月完成进出口值11 159万美元，成为全市外贸史上首个单月进出口值突破1亿美元的县区。全年实现进出口值52 301万美元，比上年增长54.5%，占全市进出口总值的54.0%。

【参展昆交会】　第2届中国—南亚博览会暨第22届中国昆明交易博览会于2014年6月6～10日在昆明国际会展中心同期举行。全市对外贸易实现成交额2.21亿美元，比上年增15%；国内贸易实现成交额27.97亿元，比上年增15%；集中签约招商引资项目18个，均为内资项目，总投资119.19亿元；纳入成果统计项目104项，总投资661.6亿元；参展企业累计实现展品销售59.8万元，达成意向性签约2 682万元。

（乔　羽）

【进出口企业】　2014年，全市新增有实绩进出口企业20户，新增进出口值4 040万美元，占全市当年进出口增加值25 483万美元的15.9%。宋威进出口有限公司等23户年度进出口值上千万美元企业累计进出口值84 209万美元，比上年增46.5%，占全市进出口总值的86.9%。全市有20户外贸企业向中国信用保险公司云南分公司进行出口货物投保6 136万美元；通过保单融资向中国银行、中国工商银行、广发银行、华夏银行、农业银行融资20 670万元。

【农产品出口】　截至2014年12月末，全市有8户农产品出口企业在6个国家和地区建立了16个境外营销机构，拉动全市农产品出口7.05亿美元。其中，越南28 658万美元，比上年增41.4%；泰国24 786万美元，比上年增44.7%；香港7 991万美元，比上年增141.2%；马来西亚7 929万美元，比上年降1.7%；印度尼西亚1 119万美元，比上年增411.0%；柬埔寨22万美元。出口的农产品中，水果成为全市外贸史上首个单月出口值突破1亿美元的产品，9月、10月单月出口值分别为11 676万美元、10 546万美元。

【跨境贸易人民币结算】　2014年，全市有44户企业开展境外贸易人民币结算业务，比上年增加5户；结算金额227 792万元，比上年增41.3%。主要涉及农产品、五金机电和矿产品。

（赵翠玲）

【成品油供应】　2014年，全市持有《成品油零售经营批准证书》的加油站点216座，批准加油站原址改造或搬迁重建12座。市中石油、中石化两大石油公司累计购进汽柴油579 834吨，累计销售汽柴油580 167吨，比上年增4%。其中，汽油销售183 105吨，柴油销售397 052吨。市中石化公司的汽柴油累计销售量比上年增5%。市中石油公司销量与上年相比持平。两大石油公司各类成品油库存为6 499吨。全市成品油市场总体运行平稳，供求稳定。

【汽车市场】　2014年，全市购进各种品牌汽车13 546辆，销售11 277辆，交易金额153 830.75万元。在红塔区中心城区建成奔驰、奥迪、红旗3个品牌汽车专营店。全市交易二手车20 187辆，比上年增11.2%；成交金额77 309.19万元，比上年增19.6%。二手车鉴定评估公司共评估车辆55辆，评估金额1 976.7万元。

【拍卖市场】　2014年，全市拍卖企业共举行52场拍卖会，比上年增15.6%；拍卖成交金额11 208.77万元，比上年降33.9%。

【连锁经营】　截至2014年末，市内全省唯一本土连锁企业中伸购物已开办12个连锁店，其中，红塔区8个，新平县、通海县、华宁县、江川县各1个。同时，中伸购物积极开拓发展区外市场，已在昆明、红河、楚雄、大理、曲靖等地开办了22个连锁店。

【现代商贸物流服务设施和信息平台建设】　2014年，百信集团商贸服务信息平台、“结算信息平台”已完成升级改造并投入使用。百信集团华宁县生鲜物流配送中心冷库项目（占地36.45亩，投资3 400万元，冷库筑面积5 508平方米，辅助用房9 058平方米）已完成三通一平，于12月20日开工建设。

【再生资源回收体系建设】　2014年，全市再生资源回收体系建设项目150个标准化回收站点规范建设工作已全面展开，其中，新平县标准化回收站点已建设完成，达到验收要求；1个拆解中心已按建设规范投入使用，6个分拣中心、1个集散交易市场已投入使用。

【亿元以上项目推进】　2014年，过境亿元以上项目有云南成品油安宁—玉溪—蒙自干线，管道全长256千米，市境内85.7千米。至年末，市境内完成管道施工、焊接、填埋81.2千米，完成投资30 198万元。玉溪—红河支线天然气管道工程，全程200千米，市境内89千米，总投资25 000万元，于12月初获得省发改委核准。

【餐饮业管理】　2014年，全市省级餐饮业发展资金专项项目审查确定4个，市级餐饮业支持发展的重点项目审查确定15个。红塔区完成了《中心城区美食城建设方案》制订，并报经市政府领导审阅同意，正在有序组织实施。5月30日，《玉溪市红塔区餐饮业发展规划》通过了专家评审，并制订了专项资金管理办法。7月20日，在易门县举行第十届中国·云南野生食用菌交易会暨玉溪市首届美食烹饪大赛。“菌交会”期间，菌类参展交易累计达8 607户次，菌类交易量814.24吨，交易金额6 017.30万元，交易品种60多种。

（阮于航）

【南菜北运】　2014年，通海县汪家富蔬菜公司、高原农产品公司、金茂农产品公司和东绿食品公司4户企业实施了4个“南菜北运”农产品现代流通综合试点项目。4个项目计划总投资9 391万元，实际完成投资9 874万元。4户企业全年累计销售蔬菜73.45万吨，其中，调供北方市场的蔬菜量29.68万吨，占蔬菜销售总量的40.4%。全年新增北方销区5个，累计达24个。项目实施后，4户企业年销售收入达15.40亿元，其中，北方销区销售收入达8.45亿元，带动就业户数27 540户，带动农民人均增收328～1 138元。

【专业市场建设】　2014年，全市新建10个便民农超店，其中，红塔区4个，江川县1个，通海县1个，峨山县1个、易门县2个，新平县1个。各县区统一了便民农超店面标识、管理标准、商品货架、服务规范规定。截至12月末，1个省级大型批发市场红塔区精品建材市场项目核准并实施，建设总投资2 782万元，预计年交易额3.6亿元。截至12月末，交易楼、安全监控中心、信息中心项目综合楼主体工程已完工，一期招商、销售工作按期完成，入驻商家145户，从业人员达500余人。8个省级乡镇农贸市场项目核准并实施，红塔区春和农贸市场、峨山县塔甸镇大西农贸市场、华宁县青龙镇农产品交易市场、新平县漠沙镇河口果蔬交易市场、易门阳光集贸市场已建成；易门县小街乡普厂集贸市场、通海县河西集贸市场、新平县平掌乡农贸市场已完成部分工程，正在如期推进。7个市级农产品交易市场建设项目核准并实施，红塔区波衣农产品交易市场、王棋农贸市场、通海杨广花椰菜市场、华宁革勒村农产品市场、元江县甘庄集贸市场、那诺乡集贸市场已完成场地平整、硬化基础工程，正在如期推进；新平水塘镇集贸市场正在进行市场资源整合提升工作。

【省级猪肉储备】　2014年，凤凰生态食品有限公司申报省级猪肉储备项目获得核准，承储任务为生猪活体5 000头、冻肉1 300吨。自任务下达起，承储企业已按要求进行冻肉在库、活体在栏储备，做到能储备、能应急。

【酒类流通备案管理】　截至2014年12月末，全市累计酒类经营者备案登记4 054户，其中，酒类批发业（批零兼营）287户，零售业2 355户，餐饮业1 266户，酒吧等娱乐业143户，其他3户。

【特行管理】　2014年，全市新增典当企业1户。截至12月末，全市有4户典当企业，分别是鑫源典当有限责任公司、鸿源典当有限责任公司、鑫鸿典当有限公司、融达典当有限公司。

【“万村千乡”市场工程】　2014年，百信商贸集团有限公司物流配送中心增加了仓储区高位叉车设备，并改造了研和购物广场，增加了仓储、配送功能。家佳购物超市有限公司峨山县县级物流配送中心配备了相应的仓储、消防、监控设施设备，能发挥中转型配送中心服务作用。全年改造和新建20个农家店任务已完成，其中，红塔区8个，峨山县4个，易门县3个，新平县5个。45个农家店信息化改造合格。

【农产品现代流通体系建设】　2014年9月，市商务局、市财政局联合审核了2014年促进农产品现代流通体系建设申报项目，推荐了澄江县德林净菜

第十届中国·云南野生食用菌交易会暨玉溪市首届美食烹饪大赛现场

（尹　斌　摄）

有限责任公司农副产品批发市场改扩建、云秀花卉有限公司玫瑰鲜切花产地加工包装集配中心建设、锦发蔬果有限责任公司集配中心建设共3个项目。12月，申报的3个项目全部获得核准。

（苗　莉）

【罂粟替代种植】　2014年8月，由市商务局、市财政局、市禁毒委组成核查组，对市甜馨食品有限责任公司在老挝的境外罂粟替代种植项目种植情况进行实地核查，并联合形成《云南省玉溪市甜馨食品有限责任公司境外罂粟替代种植项目核查情况报告》。10月，根据省商务厅要求，市商务局及时组织现有的2家境外罂粟替代种植企业按要求进行2015年境外罂粟替代种植项的化肥出口计划申报工作，并对2家企业的申报计划进行了严格审核，核准化肥出口计划为三元复合肥2 340吨、硫酸钾970吨、其他含氮磷两种肥效元素的矿物肥料或化学肥料140吨。

【外派劳务】　2014年3月，在“春风行动”大型专场招聘会上，市对外劳务合作服务平台首次引入了2家外派劳务企业入场进行现场招聘。厦门汇贤境外就业服务有限公司招收人员主要派往国家为新加坡。青岛泰成对外经济技术合作有限公司主要派外国家为日本。招聘岗位200个，达成意向性就业协议42人，其中，新加坡27人，日本15人。

（刘东红）

【商贸与现代服务产业招商引资】2014年，市商务局引进商贸与现代服务产业招商项目11项，实施市外国内资金3.03亿元，引进国外资金219万美元。内外资均完成市政府下达目标任务。

（王滟萍）

【外商投资企业审批管理】　2014年，全市办理外商投资企业审批事项23项，其中，新批6项，增资1项，减资1项，进口设备5项，股权变更2项，解除股权质押1项，注册地址变更1项，董事会成员变更4项，延长经营期限1项，转报变更经营范围1项。新批外资项目分别是振江矿业有限公司、晨恒贸易有限公司、贵研迪斯曼（云南）再生资源有限公司、云能新风能源开发有限公司、华盛合金无缝钢管制造有限公司、福原生物科技咨询有限公司。

饶南湖市长率队调研华宁、通海外经贸工作　（赵翠玲　摄）

【外商投资企业年报】　2014年4～6月，由市商务局牵头组织开展2014年外商投资企业年报工作，召集各年检部门讨论商定联合年报的相关工作，确定应参报企业名单，并逐一通知报企业。全年应参报企业46户，实际参报46户，其中，投产开业的44户，处于筹建期的1户，停业的1户；从业人员5 340人，其中，外籍工作人员31人；盈利企业24户，亏损企业22户。

【电子商务】　2014年3月6日，市政府召开玉溪网商城平台建设方案说明会。按照会议决定，市商务局联系了实建电子商务有限公司和优摩客商贸有限公司，要求2家企业拟定并提交商城运营维护方案。4月17日，市商务局将修改后的建设方案和运营维护方案报市政府。玉溪网商城平台最终由玉溪网进行维护运营。12月10日，市政府召开全市电子商务工作座谈会，市长饶南湖出席会议并作了重要讲话。会上，参会企业就各自电子商务开展工作作了情况汇报和交流，同时也从人才、税收、网络、仓储、运输等方面提出了电商发展面临的难题以及下一步的工作打算。市直相关部门结合各自职能对电商的发展和下一步的工作思路、建议作了发言。

（郭艳波）

贸易促进

【概　况】　中国国际贸易促进委员会云南省玉溪市委员会（以下简称“市贸促会”）是经省贸促分会转报国家贸促总会批准，于2005年2月17日经市机构编制委员会批准成立的机构，规格为市政府直属的正县级参公管理事业单位，同时使用中国国际商会玉溪商会（以下简称“玉溪市国际商会”）名称，实行一个机构两块牌子，合署办公。自成立以来，市贸促会紧紧围绕全市外向型经济工作目标，坚持展览、展示和经贸推介活动相结合，积极做好与市外相关领域的贸易促进、招商引资等工作。先后为全市外经贸企业举办培训10余期。先后组织全市相关企业赴俄罗斯、波兰、西班牙、希腊、迪拜、台湾等近20个国家和地区参展参会，开展贸易投资考察及项目推荐活动，为全市外向型经济发展做出了积极贡献。2013年，被国家贸促总会评为“2010～2012年度全国基层贸促机构先进单位”，为全省唯一一家获此殊荣的单位。2014年，市贸促会着力自办展会、国际市场开拓、参展参会、招商引资等工作，均取得了新的成绩。

【举办首届国际汽车展】　2014年5月1～5日，在省贸促会和市政府的支持下，市贸促会与云南世博国际展览有限公司共同合作，首次将第十五届中国（昆明）国际汽车博览会引入玉溪，在聂耳音乐广场举办了“中国（昆明）国际汽车博览会——玉溪巡展暨首届玉溪国际汽车展”。参展品牌有劳斯莱斯、阿斯顿马丁、法拉利、宝马、英菲尼迪、捷豹、路虎、别克、一汽丰田等。展会吸引2万多人次进场观展，交易额达1.5亿元，有力地推动了全市汽车销售行业的提档升级，促进了贸易业、会展业的发展。

【开拓国际市场】 2014年9月13～17日，市贸促会动员组织猫多哩食品有限公司、百信集团凤凰生态食品有限公司、荣盛实业有限公司等3户企业随省贸促会组织的云南经贸代表团赴俄罗斯参加“2014年莫斯科国际食品展”和经贸考察活动。展会上，市内参展企业设展位6个，展出面积54平方米，吸引了大批国外参展商和观众到展位参观咨询、洽谈业务，并发出企业产品宣传资料1 200多份。期间，荣盛实业有限公司成功与俄罗斯较大的水果进出口参展商AYSEL FRUIT COMPANY当场签订了100万美元的书面意向合同。展会结束后，俄方另外一家企业DAAWON INTERNATIONALCO LTD派人到江川县荣盛实业有限公司驻地进行实地考察，当场签订了合同，合同约定出口额达1 800万美元。猫哆哩、凤凰生态食品有限责任公司通过参展参会和考察，正在谋划和办理直接出口俄罗斯产品的证照和相关手续。

【参展参会】 2014年11月27～29日、12月5～7日，应中国（重庆）国际物流展组委会和中国西安电子商务博览会组委会的邀请，市贸促会分别组织相关企业参加了中国（重庆）国际物流展和中国西安电子商务博览会暨网络商品交易会，并与当地贸促会就办展办会经验进行了广泛深入交流学习。

【外经贸实务培训】 为帮助企业用好、用活、用足外经贸政策，2014年8月6～8日，市贸促会举办了“玉溪市桥头堡建设系列讲座（五）——外经贸实务培训”，邀请东方企业家商学院温舟院长、省商务厅规财处主任蒋艳、云南财经大学聂元昆教授、昆明海关监通处主任科员郝岩嵌等专家教授，就如何构建伟大的执行力系统及鬼谷子商战智慧与市场营销体系、外经贸政策讲解、商务谈判策略与技巧、海关通关作业改革等方面知识进行讲授。来自八县一区商贸系统分管外经贸工作的负责人、外经贸科（股）长，贸促会各会员企业及各县区涉外企业的业务负责人、异地商会企业家等160余人参加了此次培训。

【招商引资】 2014年，紧紧围绕市政府下达的引进外资200万美元的目标任务，市贸促会多措并举，积极开展招商引资工作。年初，召开全市异地商会和会员单位招商引资座谈会，动员商会会员和企业会员发挥桥梁纽带作用，以商招商。随后，深入凤凰生态食品有限公司、源天生物有限责任公司、峨山县文明麻纺厂、新平县东绿食品有限公司、力高（云南）箱包有限公司、易门县风格力进出口有限公司、江川县荣盛实业有限公司、云南蓝晶科技股份有限公司等外经贸、外资企业调研，动员企业利用自身优势，开展境外招商引资活动。同时，积极与市、县区招商、工信、园区、商务、发改等部门沟通合作，收集分析各县区招商引资项目资料300余份，向国内外商协会进行推介。并有意向性地衔接异地商会企业家到县区考察投资项目，联系福建商会到通海考察投资综合体项目建设，组织温州商会到江川考察洽谈农贸市场改造投资项目。此外，认真做好蓝晶科技股份有限公司产品生产加工增加投资项目和凤凰生态食品有限责任公司与香格里拉（香港）有限公司合作共建的生化制药项目的相关协调服务工作。最终，蓝晶科技股份有限公司增资3 055万美元对芯片生产车间顺利进行升级改造。市贸促会作为项目参与单位，获得200万美元的项目落地分成任务额，圆满完成了市政府下达的招商引资任务。

【服务异地商会】 2014年12月，市贸促会牵头组织筹建了市内第一家县区异地商会——浙江商会。3月，与市工商联共同组织筹建了市内第5家异地商会——江西商会。先后组织福建、湖南、川渝、江西等异地商会，赴昆明参加第2届中国—南亚博览会暨第22届昆交会，达成贸易意向10余项。

（李勇明）

市贸促会组织市内云南荣盛实业有限公司、玉溪百信集团凤凰食品有限公司、玉溪猫哆哩集团有限公司等3户企业参加“2014年莫斯科国际食品展”。参展企业江川县云南荣盛实业有限公司与俄罗斯较大的水果进出口参展商AYSEL FRUIT COMPANY在其展位上当场成功签订了100万美元书面意向合同

（市贸促会 提供）

粮油经营

【概 况】 2014年，全市粮食系统紧紧围绕“保障国家粮食安全”、“守住管好‘天下粮仓’，做好‘广积粮、积好粮、好积粮’三篇文章”的总部署，以“稳增长、调结构、促消费、强改革、扩开放、惠民生、保供给、稳粮价、兴产业、抓特色”为工作重心，着力抓好粮安工程、放心粮油工程，始终坚守粮食收购、销售、储备、质量“四条底线”，不断推进粮食调控体系、粮食仓储体系、粮食现代物流体系建设，着力提高粮食产业化、企业规模化、管理科学化水平，实现了确保种粮卖得出、吃粮买得到、调控用得上、舌尖上的安全

“四个确保”，粮食产业发展迈上新台阶。全年粮食供给138 021万千克，比上年增7.82%。其中，粮食产量61 419万千克（商品量14 698万千克），省外购进4 276万千克，省内市外购进72 327万千克。油脂供给19 738万千克，比上年增95.91%。其中，省外市外购进17 843万千克。全年粮食需求138 980万千克，比上年增5.42%；油脂需求19 088万千克，比上年增69.18%。粮食消费122 173万千克，比上年增2.25%。其中，口粮44 541万千克，饲料用粮70 811万千克，工业用粮5 705万千克，种子用粮1 116万千克。油脂消费3 039万千克，比上年增3.66%。向市外、省外销售粮食16 807万千克，向省内市外销售油脂16 049万千克。年末社会粮食库存32 377万千克（含农户、城镇居民户存粮），油脂库存2 796万千克。全市统计内企业全年购进粮食（原粮）54 245万千克，比上年增11.10%。其中，国有粮食企业购进粮食21 200万千克，比上年增28.67%。全年购进油料18 707万千克，比上年增111.89%。全年销售粮食（贸易粮）46 078万千克，比上年增7.39%。其中，国有粮食企业销售粮食17 599万千克，增24.14%。全年销售油脂18 092万千克，比上年增81.25%。全市商品粮库存（原粮）5 106万千克，其中，国有粮食企业商品粮库存2 368万千克。全市油脂库存1 948万千克。全市国有粮食企业完成粮油销售收入69 353.8万元，比上年增17.94%，实现利润1 168.7万元，增47.15%。10户购销企业全部盈利，利润总额创历史新高。

【粮食新策】 2014年，为认真贯彻落实《云南省人民政府关于加快发展现代粮食流通产业的意见》精神，加快推进全市现代粮食流通产业发展，《玉溪市人民政府关于加快发展现代粮食流通产业的实施意见》正式制定实施。实施意见提出了全市粮食产业发展的总体思路和目标，内容涵盖了整个粮食安全保障体系建设的方方面面，涉及粮食产业发展、粮食流通基础设施建设、粮食安全保障能力建设、粮食市场体系建设、粮食流通监管体系建设等，同时明确了财政扶持、金融扶持、税收和土地优惠等政策。从2015年开始，市级财政将连续5年每年预算安排500万元以上的粮食仓库维修改造资金，专项用于配套中央、省补助资金实施全市粮仓建设改造项目；市工信委也将连续5年每年安排不少于200万元工业发展专项资金，支持粮油食品、饲料加工企业发展；并在税收、土地政策方面给予更多的优惠，在金融信贷扶持上给予一定的倾斜。该实施意见的制定出台，进一步强化了全市粮食安全保障能力建设，有力驱动了全市粮食部门、企业发展，成为指导当前和今后一段时间全市粮食工作的纲领性文件。

【粮安工程】 2014年，全市粮食部门充分把握实施“粮安工程”关键之年这一机遇，加强粮食基础设施建设，提高粮食安全保障水平。全力抓好“危仓老库”修复项目，与市财政局一并编制完成《玉溪市粮食危仓老库修复实施规划（2014～2 018年）》并上报省相关部门争取项目资金支持，完成5个县区粮食“危仓老库”维修改造项目申报，得到省级批复项目2个，下达补助资金391万元。玉溪国家粮食储备库大修及功能提升项目动工建设，主体工程将于2015年竣工。江川粮食储备库扩建项目基本完成。其余县区建设项目正在积极推进。同时，根据国务院第52次常务会议和国家粮食局部分省区市粮食局长紧急会议精神，积极谋划下一步全市“粮安工程”。根据省发改委、省粮食局的有关要求和各县区仓库实际，突出重点，完成5个较为成熟的仓库建设项目申报工作，为2015年争取项目资金支持奠定基础。全面落实粮食质量监测中心粮食质量安全检验监测能力建设项目，争取国家补助资金和市级配套资金460万。此外，积极组织开展农户科学储粮工程小型粮仓项目建设，继续在新平县、元江县、易门县组织建设，制作发放农户科学储粮工程小型粮仓5 397套，超额完成省级下达的目标任务。

【粮食收购】 2014年，为保护种粮农民利益，保证粮食市场供应，全市及早安排部署全市粮油收购工作。市政府办公室印发了《关于做好2014年全市粮油收购工作的通知》，明确了全市粮油收购工作要求，积极鼓励各类具有资质的市场主体入市收购，确保农民增收。同时，加强粮食收购专项检查，督促国有粮食企业带头执行国家粮油收购政策，充分利用现有仓库、资金、网点等优势，敞开收购粮油。全市粮食部门按照“五要五不准”的粮食收购原则，认真组织开展粮食收购专项检查，切实保护农民利益，规范收购市场流通秩序。在抓好市内粮油收购的同时，广泛动员各类粮食收购企业从市外、省外购入适销粮食，保障全市粮食市场供给，丰富粮油市场。全市统计内企业全年购进粮食（原粮）54 245万千克，比上年增11.10%；购进油料18 707万千克，比上年增111.89%。

【粮食产销合作】 2014年，为了获得稳定的粮源渠道，保证各级储备粮的轮换需求和粮食市场供应，全市坚持“政府推动、部门协调、市场机制、企业运作”的原则，认真履行市

中储粮董事长赵双连视察玉溪储备库 （市粮食局 提供）

政府同吉林省白城市政府签订的粮食产销合作框架协议，推动全市粮食企业和省内外的粮食购销企业、粮食经纪人进行广泛合作，并与吉林省吉粮集团收储公司、辽宁五峰农业科技股份有限公司、辽宁省朝阳北漂西官粮库、黑龙江省齐齐哈尔庆华粮食集团公司以及内蒙古、宁夏、甘肃、河南及省内文山州、楚雄州、陆良县等多家粮食购销企业、粮食经纪人建立了合作关系。全市的粮食产销合作机制得到了进一步完善。随着与主产区的合作层次不断提高，模式不断进化，由开始的企业间单纯的粮食购销合作，逐步发展到境外合作、动态储备合作等，且取得了较好的效果。市国有粮食收储企业发挥多年来经营粮食的客户优势、资金优势和信誉优势，同省内外粮食主产区信誉好的粮食企业和粮食经纪人建立长期稳定的粮食购销合作关系，全面完成了中央移库粮、国家临时存储粮的任务，同时了完成省、市、县区级储备粮轮换任务。全市粮食企业（纳入统计范围）从省外、市外购进粮食36 571万千克，增21.58%；从省外、市外购进油脂17 038万千克，增122.97%，保障了市场需求。此外，积极鼓励粮油企业“内联外创”，实施“走出去”战略，同东南亚粮食主产国发展粮食贸易业务。玉溪国家粮食储备库与老挝金谷农业科技发展有限公司签订粮食产销合作框架协议，就粮食动态储备合作、订单收购、异地存储、稳定粮源基地、联合经营、开拓粮食市场、建立密切联络机制等内容达成了合作协议，为促进粮食供求平衡，确保全市粮食安全提供支持。全年粮食企业从老挝购进稻谷30万千克，优质大米20万千克，从越南、老挝购进玉米203万千克。

【粮食购销经营】　2014年，全市粮食部门狠抓粮食购销经营，在抓好市内粮油收购的同时，加大产销合作力度，积极寻找稳定的市外粮源，在省外寻找更多优质合作伙伴，保持同周边产粮州市的密切联系，寻找补充性粮源，并借助储备粮经营和平价粮油销售政策，加大平价粮油销售力度，粮食购销两旺，企业盈利水平明显提高。全市按略低于市场价累计销售粮食1 301万千克，比上年增13.15%。其中，籼米117万千克，粳米1 139万千克，面粉45万千克；销售菜籽油98万千克。此外，提高储备粮经营效益，加强粮食企业精细化管理水平，积极探索储备粮的经营管理办法，在把好轮入质量关和提高科学保粮水平的基础上，尝试缩短储备粮的轮换周期，在提高粮食质量的同时，获取更高经济效益。全市国有粮食企业实现盈利1 168.7万元，比上年增加374.5万元，增47.15%。

【粮食应急保障能力】　2014年，按照中央一号文件“强化地方尤其是粮食主销区的储备责任，优化区域布局和品种结构”的精神，为进一步调整优惠全市储备粮结构、提高粮食应急保障能力，市粮食局结合通海县面条面粉加工企业整合成功、面条面粉加工水平大幅提升，大米加工能力严重不足的实际，调整全市粮食储备结构，增加储备小麦，达到市级储备粮数量的30%以上，从而提升全市粮食的应急保供应能力，降低承储企业应对境外低价大米冲击的市场风险，增强政府对市场的调控保障能力，储备粮轮换和品种调整优化工作有序推进。按照国家、省粮食应急网点建设的要求，全市按照“合理布点、全面覆盖、平时自营、急时应急”的原则逐步完善粮食应急供应网络建设，依托现已建设完成的放心粮店、平价粮店，按照“三店合一”的建设思路开展应急供应门店建设，在全市建设形成布局合理、设施完备、运转高效、保障有力的粮食供应保障体系。全市累计已建立市级粮食应急供应网点52个、应急加工企业12户，其中，新增市级应急供应点4个、应急加工企业5户。同时，充分发挥国有粮食企业作用，全力做好救灾救济粮、军粮、平价粮等政策性粮油的供应工作，守住销售底线，防止米贵伤民，确保粮食价格不暴涨，粮食供应不断档，粮食质量有保障，确实履行保供稳价职责。全年累计销售平价粮油1 301万千克，供应救灾救济粮247万千克。

【放心粮油】　2014年，全市粮食部门在加强对粮油质量安全监管的同时，积极开展“放心粮油”进农村、进社区示范创建工作，打造从车间到餐桌的粮油产业民心工程，构建粮油食品安全、健康的消费环境，放心粮油示范创建工作发展迅速。全市有中国粮食行业协会命名的“放心粮油”进农村进社区示范销售店2个、示范加工企业3个，省粮食行业协会命名的“放心粮油”进农村进社区示范店31个和示范配送中心2个、示范加工企业4个。全年还积极推荐2家企业申报省的“放心粮油”示范加工企业、4家企业申报省的“放心粮油”示范销售店。全市放心粮油销售额达17亿元以上。同时，认真贯彻推广全省学生营养餐粮油集中供应工作昭通现场会经验，在全市各县区积极开展“放心粮油”进学校活动，提高了学校粮油质量安全保障水平。易门县实现了学生营养餐粮油国有企业统一供应。全市学生营养餐粮油集中供应累计供应大米179万千克、食用油15万千克。

【国有粮食企业改革】　2014年，市政府把国有粮食企业改革列为重点督查的20项重要工作之一。为进一步深化全市国有粮食企业改革，经市政府同意，市政府办公室印发了《玉溪市国有粮食企业深化改革实施意见》，

小粮仓发放　（市粮食局　提供）

确定了全市深化国有粮食企业改革的目标任务和改革内容等，为全市深入推进国有粮食企业改革提供了政策依据。市直国有粮食企业相应制定了深化改革方案，并完成了考核责任制完善和中层干部竞争上岗、职工双向选择等改革内容，积极推动了全市国有粮食企业深化改革工作。

【粮油加工】 2014年，全市粮食系统按照做大做强粮油产业龙头企业的目标要求，积极推进粮油资源整合，并结合地方粮油企业优势资源，着重培养一批粮油行业龙头企业。同时，按照《玉溪市人民政府关于促进经济平稳较快发展的意见》，加强对粮油产业龙头企业的服务、指导和支持，对全市经营业绩较好的粮食企业给予扩产促销专项资金补助奖励，分别对国有粮食企业销售收入前四名、非国有粮油加工企业销售收入前三名的粮油企业给予补助，促进粮油加工企业发展壮大；积极支持云南滇雪粮油食品公司联合云南国储油脂有限公司等粮油企业组建云南油脂集团有限公司，鼓励公司创新生产经营模式，扩大食用油生产规模、提升产品质量档次、增加销量，拉动全市粮油工业的快速发展，打造云南食用油加工龙头企业，并列入全省非公企业100强的第63位；继续发展壮大通海杨广面条加工龙头企业，通过整合重组成立了杨广红达食品有限公司，实现了生产规模扩大、工艺升级、品牌壮大的目标，获得省著名商标荣誉，被授予农业产业化省级重点龙头企业和“全国熟食产业化示范企业”称号。此外，快大多畜牧科技公司完成搬迁重建，年产30万吨的新厂区在红塔工业园区内建成投产，实现销售收入10.1亿元，饲料加工业呈快速发展趋势。全市粮油加工业完成工业产值20.3亿元，比上年增20.16%；完成销售收入20.4亿元，增21.43%；实现利税2 386万元，增28.9%。

【粮食流通监督检查】 2014年，全市粮食行政主管部门在认真开展好春节、中秋、国庆等节日期间粮食流通市场监督检查，保证节日粮油市场稳定的同时，积极开展平价粮油、军粮、救灾救济粮等政策性用粮的检查，实现政策性粮油经营的规范运作。全年开展各种粮油市场监督检查240余次，出动行政执法人员1 409人次，检查经营企业1 891户次。认真开展粮食库存检查和清仓查库工作，确保全市粮食库存账实、账账、账表相符，库存粮食质量良好，储存安全。并完成《粮食收购许可证》年审换证工作，全市累计取得粮食收购资格的经营者共69户，其中，国有企业13户，私营和个体经营者56户。《玉溪市粮食行政处罚自由裁量权基准制度》通过听证并于6月1日正式颁布执行。

（姚　梅）

市政府副市长李平调研粮食工作 （市粮食局　提供）

供销合作

【概　况】 2014年，全市供销社系统实现销售总额73.7亿元，比上年增6.5%，完成省供销社下达任务60亿元的122.8%；供应各种化肥61.7万吨，比上年增8.5%，完成省供销社下达任务42万吨的146.9%；实现农副产品购进25.7亿元，比上年增28.3%，完成省供销社下达任务15亿元的171.3%；实现利润总额5 121万元，比上年增18.8%，完成省供销社下达任务3 100万元的165.2%；实现社有资产总额39 943万元，比上年增11.1%；实现社会贡献额25 469万元，比上年增14.4%；上缴各种税费2 552万元，比上年减2.9%；争取上级资金646.35万元，完成任务645万元的100.2%；组织农村实用型人才培训43期4 033人。

【农资供应】 2014年，全市供销社系统认真履行服务“三农”职责，认真贯彻执行国家发改委、全国供销合作总社等11个部门联发的《关于做好2014年春耕化肥供应工作的通知》文件精神，加强领导，抓好农资调、储、供，确保农业生产需要。市社早计划、早安排，及时下发了《关于切实做好化肥淡季储备工作的通知》，明确提出全系统储备化肥6.5万吨。全市供销社系统千方百计筹措资金，储备农资，筹集储备资金17 558.9万元，其中，贷款13 236.2万元，自筹4 322.7万元；组织、协调、动员全系统农资经营企业加强与农资生产企业、流通企业的沟通衔接，确保化肥储备货源的落实，及时组织货源进库，落实年度货源供应计划；加强市场分析和预测，掌握市场动态，保证市场供应，做到化肥、农药、农膜等农资商品不断档、不脱销、不误农时；充分树立“质量第一、服务第一”的思想，严把进货关，坚决杜绝假冒伪劣、不合格农资商品进入供销社的流通渠道；严格按照国家对农资商品的作价原则，合理定价；积极主动配合质监、工商、农业等部门，加大了对农资商品的稽查力度，规范农资市场；创新服务方式，组织开展送放心肥下乡，送农资科技进村入户和惠农让利销售活动，让农民得到实惠，全年共促销化肥51.8万吨。通过一系列举措，全市供销社系统做到了不误农时，满足农业生产需求，充分发挥了供销社的主渠道作用，农资销售市场占有率仍然保持在85%以上。3月，接受了市人大组织开展对全市农资供应工作的视察。全系统组织购进各种化肥468 116吨、农药

4 634吨、农膜846吨，组织供应各种化肥617 104吨、农药7 774吨、农膜1 449吨。

【农村现代流通网络体系建设】2014年，全市供销社系统始终把农村现代流通网络建设作为加快供销合作社改革发展的总抓手和增实力、强服务的重要载体，重点抓好农业生产资料、日用消费品配送中心提档升级，连锁经营网点、农副产品购销经营网点的改造提升，提高了商品配送率，扩大了连锁经营规模。同时，加强基层供销合作社的恢复重组、改造提升工作。全系统改造提升农资、日用消费品、烟花爆竹配送中心、各类连锁经营网点130个，其中，新发展各类经营网点87个，改造乡村集贸市场1个；投资724.41万元，改造提升基层供销合作社12个；投资496万元，恢复重组基层供销合作社7个。

【“两社一会”发展】2014年，全市供销社围绕推进高原特色产业发展，抓好特色蔬菜、食用菌、竹子、核桃、葡萄、荷藕、热带水果、畜禽等专业生产合作社的发展，新发农民专业合作社37个，完成目标35个的105.7%；新发展农民专业合作社联合社1个，完成目标任务1个的100%；新发展城市消费合作社7个，完成目标任务7个的100%；改造提升农村公共管理合作社13个，完成目标任务13个的100%；创办农民专业合作社示范社24个，完成目标任务20个的120%。同时，通过供销社信息网，利用气象信息平台，做好农资、农产品价格信息服务工作，指导农民购买农资、发展生产、销售产品，协助“两社一会”更好的发展。全年收集信息7 677条，通过筛选共发布了5 681条。其中，农资信息收集4 495条，发布4 492条；农产品信息收集3 185条，发布1 189条。红塔区供销合作社被认定为百强县级社。通海县九街供销合作社、红塔区大营街供销合作社、红塔区北郊供销合作社、新平县老厂供销合作社、新平县戛洒供销合作社、新平县漠沙供销合作社6个基层社被认定为基层社标杆社。元江县龙洞荔枝专业合作社被认定为农民合作社示范社。

【项目建设】2014年，全市供销社加强项目建设，把项目管理、项目建设作为供销社转型发展的重要抓手，扎实推进各类项目的组织实施，申报“乡村流通工程”项目10个，计划总投资6 434万元（自筹4 243万元），6个项目被省财政厅、省供销社批准扶持，扶持资金205万元；申报“食用菌产业发展项目”4个，项目计划总投资780万（自筹资金500万元），获批准项目3个，争取扶持资金80万；申报“农开项目”2个，项目计划总投资845万元（自筹资金565万元），申请补助资金280万元。已有2个项目通过省级评审，送报全国总社。项目建设不仅对企业扩大生产、提高产品竞争力起到决定性作用，同时发挥了供销社在推进全市高原特色产业发展中的推动作用。

【教育培训】2014年，全市供销社通过各种途径，根据农民需要举办各类培训班，组织各类人员培训，内容涉及农产品经纪人，庄稼医生，蔬菜、水果、茶叶栽培，新化肥、新农药的科学施用技术等。市供销社发挥合干校教育培训的平台作用，联合各县区供销社、企业及乡镇，采取自办、联合等方式组织农村实用型人才培训43期4 033人，其中，农产品经纪人培训12期1 049人，农民专业合作社经济组织负责人培训7期261人，农业科技培训24期2 723人，农产品经纪人持证培训累计8期805人；6月23日，与总社培训中心、省供销社联合举办了全国农民专业合作社理事长公益性培训班，培训人员154人。通过培训，提高了农村基层干部和广大农民群众的科技意识和商品意识，对提高农产品质量、搞活农产品流通、助农增收有明显成效。

【综合改革试点】2014年，根据中共中央、国务院《关于全面深化农村改革　加快推进农业现代化的若干意见》精神及全国供销总社综合改革试点工作的部署安排，全市供销社被确定为全省供销社综合改革试点市。为更好地开展综合改革试点工作，市供销合作社成立市、县供销社综合改革试点工作领导小组，草拟了《综合改革试点方案》。市委、市政府于12月24日下发了《中共玉溪市委、玉溪市人民政府关于印发全面深化农村改革总体方案》及4个专项实施方案的通知，明确综合改革试点工作重点。全年恢复重组7个基层供销社，改造提升12个基层供销社，成立市、县资产管理公司2个，进一步完善了市农资公司内部经营管理机制，并制定了《玉溪市供销合作社社有资产管理办法》。

【基层社建设】为更好地服务当地群众生产生活和产业发展，2014年初，市供销合作社确定恢复重组7个基层供销社，投资496万元，改造和新建了经营服务设施，完成了工商注册登记、税务登记等证照工作，恢复了经营服务业务；投资724万元，对基层社所在地较大的经营网点进行改造提升，更换基层社标识标牌。基层社的改造提升，扩大了经营范围和服务领域，提升了服务功能，优化了购物环境，重塑了供销社的形象。通海县四街供销社宏诚超市通过改造，提升了超市档次，改善了消费环境，经营业绩增长30%。峨山县亚尼供销社超市通过改造提升，增加了日用品经营业务，成为当地档次最高、环境最优的购物超市，开业当天销售收入就达到6万余元，从10月开业以来，平均每月销售额在20余万元。澄江县右所供销社改造提升后，增加了餐饮服务和当地名特产品销售业务，为当地旅游业发展、高原特色农产品宣传作出了积极贡献。

（何剑虹）

医药经营

【概　况】2014年，玉溪医药公司实现销售3.79亿元，比上年增加 5 773万 元，增17.96%。其中，批发2.95亿元，占77.81%，增13.72%；零售8 415万元，占22.19%，增35.72%；实现税利1 066万元。公司各类员工341人。

【开展院企合作】2014年，玉溪医药公司在通海县县级公立医院遴选药品配送服务项目招标中中标，成为通海县县级3家医疗机构的药品配送方，为其提供药房托管服务。

【拓展零售终端市场】2014年，玉溪医药公司在认真做好市场调研和商圈调查的基础上，新开设三十五店、江川七十店、通海八十店、八十一店四个店。将二十二店搬迁到山水佳园，白腊屯药店搬迁到玫瑰园并更名为三十二药店。并采取收购华宁聚源堂大药房股份的方式，将其下属7个药店并入玉溪医药公司零售连锁麾下；全额收购成源大药房3个药店并更名为二十九店、三十店、三十一店。公司零售连锁的经营规模迅速扩大，形成了规模效应。同时，积极申报定点药店，有11个店获得批准。至年末，玉溪医药公司拥有直营连锁店49个（医保定点药店41个），合作经营药店7个。

【完成物流中心验收及搬迁工作】 2014年2月，玉溪医药公司完成物流中心主体的内部装修、场地平整硬化、监控及空调安装、电梯安装验收、绿化工程，进入申请工程验收阶段。3月初，物流中心顺利通过了住建、建筑质量监督、消防、国土部门的验收，并协调解决了土地置换事项，办理了房产证。4月3～8日，历时5天完成仓库整体搬迁到新物流中心工作。新物流中心仓库面积7 812平方米，辅助用房（食堂、宿舍）面积1 035平方米，正常储存仓库全部为阴凉库（配置了空调），安装了温湿度自动监测系统，并新建了140立方冷库1个，配备了备用发电机组，实现了进出货品分流，确保药品按特性安全储存。

【开展质量效益型企业建设】 2014年，玉溪医药公司验收来货31 961 批次，验出不合格423批次，合格率为98.7%。其中，验收中药材、中药饮片、中药配方颗粒2 840批次，不合格13批次；验收销后退回商品8 336批次，验出不合格1 977批次。全年未出现药品质量问题，未发生重大质量事故，未出现违法经营现象。全年接受药监、卫生部门日常检查和专项检查26 次。药监部门抽检9个品种，全部检查检验合格，抽检合格率100%。

【批发环节通过GSP认证】 2014年，玉溪医药公司进一步明确质量方针和目标，完善了质量体系文件，修订了26个岗位说明书、34个质量职责、60个质量管理制度、14个操作规程、66个质量记录表；调整组织机构，明确职责，按资质要求招录人员，鼓励员工参加药学专业学历教育，全年组织质量培训39次；新配备中央空调7台，购置了冷藏车、保温箱，安装电子温湿度监测系统、风幕机，对计算机信息系统进行改进，加强了对药品经营环节的质量控制。2015年1月，公司顺利通过云南省GSP认证审评中心现场检查。

【获评重合同守信用企业】 玉溪医药公司坚持“诚信为本，依法经营”的宗旨开展经营，2014年获国家工商总局“重合同守信用企业”公示资格，被评为云南省2012～2013年“重合同、守信用企业”、玉溪市2012～2013年“重合同、守信用五星级企业”。

（徐　玲）

财政·税务

编辑　王竹能

财　政

【财政收支】　2014年，全市财政总收入完成4878 477万元，比上年增收395 097万元，增长8.8%。全市地方公共财政收入完成1135 897万元，比上年增收76 210万元，增长7.2%。其中，税收收入完成786 032万元，比上年减收4 326万元，下降0.5%；非税收入完成349 865万元，比上年增收80 536万元，增长29.9%。从预算级次上看，市本级公共财政预算收入完成479 261万元，比上年增收22 311万元，增长4.9%；县区地方公共财政预算收入完成656 636万元，比上年增长53 899万元，增长8.9%。县区间公共财政收入预算增幅不平衡，增幅较大的县是易门县、澄江县、华宁县，分别比上年增长16.8%、16%、10.7%，其余县区呈个位数增长。全市地方公共财政预算支出完成2073 136万元，比上年增支210 348万元，增长11.3%。从预算级次上看，市本级地方公共财政预算支出完成606 672万元，比上年增支159 773万元，增长35.8%；县区地方公共财政预算支出完成1466 464万元，比上年增支50 575万元，增长3.6%。全市政府性基金预算收入完成234 803万元，比上年增收57 919万元，增长32.7%；政府性基金预算支出完成125 777万元，比上年增支62 895万元，增长100%。

【全口径预算】　2014年，全市大力推进“收入一个笼子、预算一个盘子、支出一个口子”为主要内容的综合预算改革。市本级试编了一般公共预算、政府性基金预算、国有资本经营预算、社会保险基金预算等4本预算，使政府预算真正做到纵向到底、横向到边、不留死角、全面完整地反映政府收支情况，为全市实施全口径预算管理奠定了重要基础。

【压缩“三公”支出】　2014年，全市认真贯彻落实中央八项规定和《党政机关厉行节约反对铺张浪费条例》精神，采取了一系列厉行节约的措施，进一步加大“三公”经费控制力度。年初预算安排取消购车经费，压缩各预算单位35%的交通费、考察培训费和部门业务工作经费。通过源头和执行过程的控制，全市“三公”经费厉行节约成效显著。全市“三公”经费支出完成18 640万元，比上年减少7 559万元，下降29%。

【争取上级资金】　2014年，全市累计争取上级支持资金114.6亿元，比上年增长24.6%。其中，争取中央代地方发行债券转贷资金6.5亿元，是上年的14.4倍；均衡性及县级基本财力保障转移支付9.52亿元，比上年增长17.4%；资源枯竭城市转移支付1.36亿元，比上年增长20.1%。全市积极利用上级扶持企业发展政策，组织相关部门和企业网上申报省级扶持项目271个，比上年增加101个，增长59.4%；当年争取省级资金1.2亿元，比上年增长12.9%。市财政局强化招商引资工作，加大工作力度，完成招商引资任务3.25亿元，为目标任务2亿元的162.5%，超额完成1.25亿元。

【预算信息公开】　2014年，在公开政府预、决算的基础上，全市积极推进部门预算信息公开。市级64个一级预算单位已有57个单位公开了部门预算和“三公”经费预算。八县一区有4个县区全部公开了部门预算和“三公”经费预算，其余县大部分单位公开了部门预算和“三公”经费预算。与往年相比，公开的内容进一步细化，公开的范围进一步扩大，公开的力度进一步加大。

【决算信息公开】　2014年，全市遵循“公开是原则，不公开是例外”和“决算比照预算、地方比照中央”的基本要求，对上年度政府决算进行了全面公开，并积极推进部门决算和“三公”经费信息公开。全市除部分涉密和少数单位未准备好尚未公开外，其他部门决算和“三公”经费信息已全部公开，公开率达90%以上。

【政府综合财务报告】　2014年，根据财政部和省财政厅的部署，在市本级和八县一区启动了上年度权责发生制政府综合财务报告试编工作，并于8月结束按时上报省财政厅。本次政府财务报告编制的单位主体包括纳入部门决算编报范围的行政事业单位和部分国有企业。同时，根据《国务院关于加强地方政府性债务管理的意见》要求，市财政局在全市范围内认真开展了政府债务清理工作，进一步摸清政府债务家底，规范政府举债行为，防范化解债务风险。

【非税收入管理】 2014年，市财政局进一步完善“权责统一、运转高效，管理科学、监督有力”的非税收入管理体制，确保全市非税收入应收尽收。全市非税收入实现584 668万元（含专项基金收入234 803万元），比上年增收138 455万元，增长31.02%。同时，进一步加强非税收入收缴执行情况、完成情况分析，严格预算执行，认真审核非税收入支出，严格把好非税收入审核关。全年市本级共审核非税收入支出320笔，审核非税收入支出48 881万元。

【“营改增”试点扩围】 2014年，继上年“营改增”试点启动以来，全市按照中央统一部署，认真做好试点扩围工作，将邮政、电信纳入试点范围。全市共有“营改增”纳税人5 892户，实现“营改增”税款入库17 360万元。

【结构性减税】 2014年，受国内经济增速放缓、市场不景气、企业效益下滑的影响，全市卷烟、生铁、磷化工、房地产及建筑业等行业市场需求大幅减少，产品价格大幅下跌，收入增收乏力。大多数小钢铁企业处于停产和半停产状态，部分小微企业面临倒闭。国家出台的促进小微企业发展、鼓励引导民间投资、为中低收入者减负在内的一揽子结构性减税政策，虽然短期内带来了地方财政收入的减少，但在抵御金融危机中发挥了重要作用，也有力推动了全市经济结构转型，挽救了部分中小企业的命运，实现了放水养鱼，调动了中小企业的积极性。全市共为14.17万户企业实行了结构性减税，比上年增加0.74万户企业；减免抵税额高达14.71万元，比上年增加1.46亿元，增长11%。

【稳增长促发展】 2014年，市财政局为应对经济下行压力，更加注重发挥财政杠杆的调控作用，进一步加大投资力度，增加民生投入，促进经济发展。围绕促进产业发展，认真落实省政府16条政策措施要求，加快构建结构优化、保障有力的财政资金保障机制，市级当年新增预算安排2 000万元，并从部门专项经费中切块1 000万元，用于省、市各项政策补助和奖励。围绕保护抚仙湖，安排市级专项资金1 000万元用于抚仙湖径流区种植业结构调整，有效控制面源污染，稳定保持抚仙湖水环境质量，促进生态文明和农业产业发展。围绕稳增长、促就业，在依法合规的前提下，用足用够国家小微企业发展相关税费优惠政策，尽可能向低限收取，能免则免，能减则减，能缓则缓，充分发挥政策效力，帮助企业克服困难，稳定增加就业，促进经济增长。

【乡镇财政所建设】 2014年，按照全省乡镇财政标准化建设规划要求，在总结第一批经验和做法的基础上，全市组织开展了第二批22个乡镇财政标准化建设，完善了县乡财政管理体制，充实了乡镇机构队伍，乡镇财政管理水平和服务能力显著增强，办公设备和办公环境建设进一步改善，经省市考核组检查验收，全部达标。红塔区小石桥被评为省级优秀标准化财政所。全市乡镇财政所标准化建设取得了显著成效。截至2014年底，全市74个街道和乡镇，已完成国库集中支付制度改革的街道和乡镇共57个，改革面达到77%。其余17个街道和乡镇将在2015年全部完成国库集中支付制度改革。

【基层政权建设资金】 基层政权建设专项资金政策从2000年开始执行，到2014年，争取的建设资金从第一年的60万元增加到1 193万元。为保证基层政权建设资金的专款专用，市财政局对下达基层政权建设资金进行了专项检查。

【预算执行动态监控】 2014年，市本级预算执行动态监控系统共监控181个市本级预算单位授权支付28 251笔，授权支付资金170 362万元；预警监控支付6 252笔，预警监控支付资金87 713万元，占财政授权支付金额总数的51.5%。

【盘活存量资金】 2014年，市财政共收回上年以前结余资金0.49亿元，并加大对结转规模较大的政府性基金的统筹使用力度。同时，严格规范财政专户管理，加强收入缴库管理，杜绝虚列支出或调节收入行为。全市征收价格调节基金452.9万元、大中型水库库区基金129.81万元、小型水库移民扶助基金372.32万元。

【财政票据年检】 2014年，全市财政票据年检单位1 264家，年检手工票53 810本、微机票608.3万套。单位自查率100%。重点检查单位950家，重点检查率为75.16%。

【医疗保险补助】 2014年，中央财政对城镇居民基本医疗保险补助标准从每人每年188元提高到220元，省财政补助标准从每人每年54元提高到58元。全市共争取中央和省补助资金5 016万元，市财政筹措城镇居民基本医疗保险补助资金877万元。同时，深入调查研究，积极推进医疗保险付费制度改革，积极探索有效的医疗保险付费方式，加大医疗保险支付方式改革力度，建立健全医疗保险总额预付、按病种结算和按项目结算等复合式结算方式，增强医保对医疗行为的激励约束；把建立医疗保险总额预付制度作为付费制度改革的重点，积极配合市人力资源保障局制定了推进基本医疗保险支付制度改革的具体方案，明确了责任单位和完成时限，并对全市城镇医疗保险总额预付结算办法和定点医疗机构考核办法、总额预付财务管理办法等文件的制定提出了修改意见建议。

【就业保障支出】 2014年，全市共争取就业专项资金5 638万元，并安排了选聘高校毕业生到村任职专项资金415万元等基层就业项目、高校毕业生应征入伍学费补偿和助学贷款代偿等专项资金。全年实现城镇新增就业22 550人，城镇下岗人员实现再就业6 640人，帮助“4 050”人员和特殊困难群体实现再就业4 870人，开发公益性岗位4 508个；“贷免扶补”小额贷款33 114万元，扶持创业人数4 970人；“创业促就业”小额担保贷款48 455万元，扶持创业人数6 980人；劳动密集型小企业贷款3 950万元，扶持劳动密集型小企业20户，

【投融资改革】 2014年，6户市属投融资公司协议融资222.25亿元，其中，货币融资82.17亿元，实物工程量112.11亿元；7家投融资公司共参与全市52个重点工程建设项目，投融资公司助推全市经济社会发展的贡献率显著增强。同时，通过抓项目壮大了投融资公司资本实力，为公司转型升级和发展实体经济打下了基础。市国资委围绕发展混合所有制经济目标，在学习借鉴省内外国企改革经验做法，并对市属投融资公司进行全面调研的基础上，提出了《玉溪市市属投融资企业改革方案》上报市委、市政府；配合市国企改革办研究谋划全市国企

改革工作，拟定了《玉溪市国有企业改革实施意见》，并以市委、市政府文件下发执行。市国资公司组建了市国有资本投资有限责任公司，围绕市抚仙湖保护开发投资公司3年上市申报目标，抓好水务“一体化”工作，开展组建市场主体的尽职调查，为从管资产向管资本转变迈出了坚实的一步。

【行政事业资产管理】 截至2014年12月31日，全市行政事业单位资产总额183.87亿元，其中，行政单位资产79.12亿元，事业单位资产104.75亿元。资产分类构成为流动资产69.22亿元，固定资产107.18 万元，对外投资/有价证券1.8亿元，无形资产3.52亿元，其他资产6.93亿元。

【农业综合开发】 2014年，全市完成上年批复并通过省级验收农业综合开发项目20个，其中，中低产田改造项目9个（含省级项目2个），高标准农田示范工程4个，生态治理项目3个，农业综合开发产业化经营项目4个；总投资10 309万元，其中，中央财政4 280万元，省财政2 072万元，市财政1 036万元，县级财政配套1 064万元，农民及企业投工投劳折资自筹1 724万元。同时，市财政局认真贯彻财政部对县域金融机构涉农贷款增量奖励政策，争取上级奖励资金343.6万元，鼓励县域金融机构加大对涉农领域贷款发放。通过以奖促贷，有效拉动贷款，放大了财政资金调节能量，调动了金融机构将信贷资金投向“三农”的积极性，有力地支持了农业和农村经济发展。

【农业保险补贴】 2014年，全市共争取中央、省级农业保险和森林火灾保费补贴资金1 458.94万元，市级财政投入配套资金558.99万元，实施种植业保险64.42万亩、养殖业保险15.41万头、森林保险1 468.24万亩，其中，水稻保险14.94万亩、玉米保险34万亩、油菜保险15.48万亩、能繁母猪保险15.41万头、公益林保险826.69万亩、商品林保险641.55万亩。政策性农业保险的实施有效降低了农户种植、养殖风险，提高了农户生产积极性，有效解决了农民因灾致贫、因灾返贫的问题，对保障和促进农业生产，推动农村经济发展起到了积极的作用。

【移民资金管理】 2014年，市财政局严格移民资金管理，严把核实关、拨付关，确保移民资金安全。全年市财政局共拨付各类移民资金10 975.97万元，其中，通过财政专户拨付2 500万元，有力促进了全市移民生活的稳定和移民产业的发展。

【小额信贷】 2014年，全市认真贯彻中央关于加强财政政策与金融政策配合，鼓励创业带动就业的政策措施，建立健全小额贷款贴息工作制度，完善担保和风险补偿机制，积极筹集小额贷款贴息资金，全力支持小额信贷工作。全年新增小额贷款额10 680万元。

【“小金库”治理】 2014年，全市各级各部门认真贯彻落实财政部、国家审计署关于深入开展贯彻执行中央“八项规定”严肃财经纪律和“小金库”专项治理工作有关要求，精心组织，周密部署，圆满完成了自查自纠、重点检查、整改完善三个阶段的工作任务，治理工作取得了初步成效。通过专项治理，全市发现涉及“小金库”单位9户，涉及金额182.07万元。对各阶段检查发现的“小金库”问题，已纠正和收缴财政管理，并由相关部门对违纪单位责任人进行严肃处理，有力打击了各类财经违纪违规行为。

【会计监督检查】 2014年，全市各级财政部门投入检查力量79人，组成15个检查小组，对30户企业、行政事业单位会计信息质量和财经纪律执行情况开展了监督检查。检查发现违问题7户，发现违规金额128.09万元，纠正违规金额81.53万元，追缴单位财政资金6.86万元；对违规单位处以罚款1.8万元，处理处罚责任人3人，对责任人处以罚款金额0.6万元。

【专项资金检查】 2014年，市财政局按照年初工作计划，组织对市级专项资金进行检查。首先对上年全市小额贷款担保贷款财政贴息资金发放情况进行了监督检查。同时，针对上年8月省财政厅对全市2011～2012年文化专项资金检查时发现问题的整改情况进行了督促检查，并以此为契机，进一步规范文化专项资金管理，严格按相关管理办法和规定使用文化专项资金，充分发挥资金使用效益。此外，对上年全市“菜篮子”产品生产扶持补助资金、市级科技资金、全市招商引资资金进行了专项检查，并针对检查出的问题提出了整改建议。

【预算绩效管理】 2014年，市财政局大力推进绩效管理业务支撑体系建设，在健全绩效管理制度体系的基础上，侧重从完善业务操作程序入手，将预算绩效目标申报、审核环节的工作整合纳入部门预算编审软件进行规范，实现了预算单位项目绩效目标网上申报和财政职能科室网上审核，并将绩效目标审核作为部门预算下一编审流程的前提，实现了项目绩效目标与预算编审相融合的信息化管理模式，利用技术手段强化和规范了绩效目标申审管理。9月，组织市、县财政160名工作人员注册参加了财政部预算绩效管理网络远程培训，要求各参训人员的网上培训学习课时不得少于25个小时，促使全市财政预算绩效管理专、兼职干部系统学习了预算绩效管理理论知识和操作实务，增强了绩效意识和责任意识，提升了绩效管理政策水平和业务能力。10月，动员、组织全市资产评估中介机构和财政绩效管理工作人员参加省资产评估协会举办的资产评估与财政支出绩效评价专题培训班，培育了中介机构服务财政的能力，为推进财政支出项目绩效第三方评价工作打下良好基础。

【支出绩效评价】 2014年，市财政局要求对市级预算50万元（含50万元）以上的单个项目支出全部进行全过程预算绩效管理试点，以金额划定的形式初步实现了预算绩效管理对市直部门的全覆盖。市财政局对29个部门上报的160个项目的预期绩效目标进行了审核批复，涉及市级预算安排金额79 838.96万元，为衡量和考核项目预算执行结果提供了依据。重点对抚仙湖流域水污染综合防治“十二五”规划2年行动计划的22个治理项目实施了绩效评价管理。项目涵盖城镇污水处理及配套设施、农业面源污染防治、区域水环境综合整治、环湖生态治理、环境监管能力建设6个大类，涉及资金45.86亿元，其中，市级资金4.7亿元。根据项目实施计划和工作进度，制发了《关于抚仙湖流域水污染综合防治“十二”规划项目资金绩效管理的关事项的通知》，明确了责任主体、工作内容、工作程序、时间安排和具体工作要求，并将项目绩效目标审核、绩效评价等关键工作委托中介机构参与实施，增强绩效评价的公正性、专业性和科学性，确定绩效评价管理将贯穿项目建设的全过程，直至每个项目完工并进行绩效评价后方为结束；配合中介机构依据项目初设及实施计划完成了14个项目的预期绩效目标审核论证，确定的绩效目标将作为项目实施跟踪监控和项目完成后绩效评价的主要依据；开展项目实施情况跟踪监督，于7月、11月2次参加市政府组织的抚仙湖“十二五”规划项目进展和资金使用情况专项督查行动，重点对项目资金使用和绩效运行情况进行了跟踪监督，从健全财务制度规范会计核算，完善内控制度确保资金安全，加快预算执行确保项目进展，严格项目执行防范绩效目标偏离等各个方面提出了若干意见和建议，有效促进了项目资金规范管理；布置项目执行单位在预算年度结束后开展绩效自评，分析项目绩效目标实现情况和存在的问题，促进项目目标的顺利实现。

【保障性住房资金】 2014年，省政府下达全市城市棚户区改造目标任务为3 835套（户），新建廉租住房1 452套，新建公共租赁住房1 400套，租赁住房补贴发放户数5 374户（新增加150户）。市财政局认真落实保障性住房“三项政策”，多渠道筹措保障性住房资金5 959.26万元，其中，2012年项目3 286.48万元，上年项目2 672.78万元，全部用于配套公共租赁住房建设项目资金；同时，积极争取中央城镇保障性安居工程专项资金11 273万元，其中，基础专项部分9 673万元，以奖代补部分1 600万元。全市用于城市棚户区改造资金1 918万元、公共租赁住房资金3 164.4万元、廉租住房资金3 192.4万元、租赁住房补贴资金1 398.2万元。市财政局切实加强保障性住房专项资金使用监督管理，提高资金使用效益，确保保障性安居工程建设目标任务的顺利完成。

【农林水支出】 2014年，全市财政农林水事务支出为320 955万元，比上年的258 985万元增加61 970万元，增23.9%。其中，农业支出100 198万元，比上年的89 870万元增加10 328万元，增11.5%；林业支出33 785万元， 比上年的30 550万元增加3 235万元，增10.6%；水利支出87 128万元，比上年63 100万元增加24 028万元，增38.1%；扶贫支出10 022万元，比上年的3 925万元（不含上级通过扶贫专户直拨资金）增加6 097万元，增155.3%。全市争取中央财政抚仙湖保护治理资金44 865万元、省级20 000万元，市级财政安排20 000万元。

【强农惠农补贴】 2014年，全市兑付中央种粮农民补贴资金12 086.86万元，其中，农资综合补贴10 159万元，水稻良种补贴479.36万元，小麦良种补贴244.25万元，玉米良种补贴949.73万元，油菜良种补贴254.52万元；兑付中央草原生态保护补助奖励资金1 986.19万元，其中，禁牧补助690.12万元，草原平衡奖励1 125.57万元，牧草良种补贴170.5万元；争取农机购置补贴资金1 960万元，其中，中央农机购置补贴资金1 900万元，省级扶持农机专业合作社资金60万元，使13 696户农户受益。为贯彻落实中央1号文件精神，加快全市农业产业化发展，扶持农业龙头企业，全市积极筹措资金，调整支出结构，安排700万元专项资金扶持农业企业和农民专业合作组织。在项目单位自愿申报的基础上，经过市级相关部门对项目单位资格审查、申报材料审查、实地查看、部门联合审核、专家组集中评审等程序，对县区推荐申报的116个农业产业化项目中符合规定的74个项目进行了扶持，扶持单位67个（农业龙头企业40个、农民专业合作社24个、其他3个）。按扶持方式分，无偿补助275万元，贷款贴息237万元，以奖代补188万元。按县区分，红塔区109万元，通海县108万元，江川县96万元，澄江县42万元，华宁县67万元，峨山县85万元，易门县59万元，新平县115万元，元江县19万元。市级财政还安排2 970万元用于扶持核桃竹子产业，其中，2 720万元用于扶持核桃和竹子基地建设，200万元用于扶持龙头企业发展，50万元用于项目管理资金。

【扶贫资金】 2014年，全市省级整乡推进扶贫项目共安排资金4 110万元，其中，中央资金3 000万元，市级配套资金1 110万元。按照“县为单位、整合资金、整体推进、连片开发”的思路，新平县者竜和华宁县通红甸2个整乡推进项目严格按照实施方案实施。争取到省级扶贫安居工程项目补助资金600万元，用于对600户群众扶贫安居工程建设补助，使3 000多人直接受益。全市实施整村推进扶贫项目206个，投入财政扶贫资金3 240万元，其中，省级1 440万元，市级1 800万元，用于集中实施21个美丽家园行动项目建设。

【革命老区建设】 2014年，全市安排革命老区开发项目41个，其中，省级8个，市级33个；投入财政资金870万元，其中，省级670万元，市级配套资金200万元。同时，争取省级革命老区红色乡村幸福家园行动计划试点项目资金500万元，用于易门县扶贫对象发展特色优势产业、小型公益基础设施、村组道路。

【美丽乡村建设】 2014年，市财政局积极主动向省财政厅争取美丽乡村建设项目34个，争取到项目资金5 250万元，并及时下拨各县区，全面开展项目建设，已完工25个。全年市级财政整合资金3 805万元，推进美丽乡村建设；省投入300万元，实施6个村容村貌整治项目；上级补助资金650万元，推进10个民族团结示范村建设；省级投入1 440万元，实施24个整村推进项目。

【公益林补助】 全市纳入国家级、省级补偿的公益林面积709.64万亩，2014年，公益林生态效益财政补偿资金达10 268.78万元。全市9个县区、64个乡镇、475个村委会、4个林场、4个自然保护区受益。全市争取到林业贴息贷款3 290万元（大额贷款3 250万元，小额贷款140万元），开展林权融资2.53亿元（新增林权流转金额4 950.56万元，新增林权抵押贷款2.04亿元）。

【职业技术培训】 2014年，中央启动实施新型职业农民培育工程，对阳光工程实行全面转型升级，共安排全市新型职业农民培训任务1 200人。其中，生产经营性培训590人，人均补助3 000元，培训不少于15天；专业技能型培训100人，人均补助标准1 000元，培训不少于7天；社会服务型培训510人，人均补助标准1 000元，培训不少于7天。

【畜牧贷款贴息】 2014年，为推动畜牧产业持续健康发展，加快养殖小区、规模养殖、专业村发展，促进农民增收，全市年度畜牧专项贴息资金规模3亿元（红塔区4 000万元，江川县3 000万元，澄江县1 800万元，通海县3 200万元，华宁县2 500万元，易门县3 500万元，峨山县3 000万元，新平县7 000万元，元江县2 000万元）。信贷资金由市农村信用合作联社办事处承贷25 000万元，市邮政储蓄银行承贷5 000万元；市级财政按2%、县级财政按1%给予贴息补助。

【现代农业项目】 2014年，全市争取到7个中央现代农业生产发展项目，获得中央补助资金1 850万元，比上年增加350万元，增23%。其中，蔬菜产业项目3个，补助资金1 050万元；山地养鸡产业项目4个，补助资金800万元。全市7个中央现代农业生产发展项目共整合资金1 828.5 万元，其中，整合财政性资金183.5万元，企业投入资金613.5万元，农户自筹资金1 031.5万元。

【整合支农资金】 2014年，全市严格按照中央、省、市相关要求，积极组织各县区认真开展上年县级财政支农资金整合考评工作。全市上年整合支农资金规模达30.31亿元。元江县在上年全省县级财政支农资金整合工作考评中被省财政厅评为第一名，获得了县级财政支农资金整合考评中央奖励资金300万元，专项用于支持发展当地优势农业产业火龙果产业发展。

【农村危房改造】 2014年，全市争取上级农村危房拆除重建资金5 276万元，拆除重建4 690户；下达县区1 500万元，市级财政配套720万元修缮加固专项资金，修缮加固6 000户。按照2 000元/户补助标准，全市需配套1 200万元，市、县两级按6：4（市级户均补助1 200元，县级配套800元）比例承担。

【农财人员培训】 2014年11月11～15日，全市乡镇财政干部139人参加了乡财干部培训。由于培训的主要内容切合实际并具有很强的针对性，收到了预期效果。在县乡“两委”换届选举结束后，农村财会人员财政支农政策培训已进入查缺补漏阶段。截至12月底，全市八县一区共培训7 239人，超计划完成培训了任务。

【政府采购】 2014年，市政府采购需求预算100 284万元，实际采购金额89 236万元，比上年的78 360万元增加19 691万元，增长33.56%，节约采购资金10 876万元，节约率为11.02%。实际采购金额中，公开招标55 344万元，占采购总金额的62.02%；节能产品类采购总金额34 164万元，其中，国家节能产品清单内列明的产品采购金额32 300万元，占94.54%；节水产品类采购总金额14 623万元，全部是国家节水产品清单内列明的产品；环保产品项目采购总金额31 888万元，其中，国家环保产品清单内列明的环保产品采购金额25 534万元，占80.08%；中标（成交）企业中，小型微型企业37 977万元，占采购总金额的42.56%。全年实现了政府采购以公开招标为主。节能产品、环保产品采购比例按市政府《玉溪市争当全省生态文明排头兵五年行动计划》的工作目标积极稳妥推进。小微企业政府采购份额达到了市委、市政府《关于加快民营经济发展的实施意见》的要求。

【采购信息公开】 2014年，除涉密项目和特殊的单位自行采购项目外，所有采购项目都在省政府采购网和市政府采购网同时发布采购信息。市政府采购网全年发布信息公告2002条，比上年的1 428条增加了574条。截至年末，经征集、审核合格，由市级管理的政府采购评审专家累计214人。全年抽取专家的项目数量610项，抽取专家3 498人次，实际到位专家参评1 994人次。

【优秀贫困学子奖励】 从2014年开始，全市实施优秀贫困学子奖励计划，每年认定200名左右考入省属重点院校的玉溪籍优秀贫困学子，在其本科学习期间，市级财政给予每人每年3 000元学费奖励。全年市级财政安排全市优秀贫困学子奖励计划资金59.7万，补助标准3 000元/年，受益学生199人。

【美丽100校园建设】 全市上年启动的美丽100校园行动计划暨中小学校舍安全工程市级财政安排建设资金2 067万元，2014年撬动市场融资5亿元，放大了财政资金的杠杆效应，提高了财政资金使用效益。

【学生营养餐补助】 从2014年11月开始，中央财政将农村义务教育阶段学生营养改善计划补助资金标准提高到4元/人/天，全年按照学生在校时间200天计算，补助金额为800元。市级财政积极筹措资金，追加下达提标部分市级资金407.1万元，受益学生188 732人。

【科技发展资金】 2014年，为保证全市科技事业稳步发展，核心技术有所突破，市级安排财政预算项目经费共780万元，其中，重点实验室及行业技术中心认定及奖励150万元，县区农业特色科技示范园建设专项经费80万元，农业科技专项经费50万元，工业科技专项经费100万元，科技合作专项经费50万元，省科技厅-市政府战略合作工作经费40万元，社会科技发展专项经费50万元，中青年科学技术学科带头人专项经费45万元，知识产权执法能力建设经费35万元，知识产权普及宣传经费20万元，科技会展参展及科技参展经费20万元，国家级科技项目申报与组织实施工作经费20万元，省级科技项目申报与组织实施工作经费20万元。

【珠心算比赛】 2014年，澄江县代表队、华宁县盘溪中心校代表队代表全省参加全国第二十一届少数民族珠心算比赛。澄江县代表队代队荣获团体一等奖，华宁盘溪中心校代表队荣获团体二等奖，创造了全省最好成绩，第一次登上了一等奖的领奖台。华宁县盘溪中心校代表队还代表省参加中国珠算心算协会第四届全国珠心算比赛，荣获学生A组团体赛二等奖，代表省参加世界珠算心算联合会第五届珠心算比赛，荣获团体三等奖。

【会计管理】 财政部《企业产品成本核算制度（试行）》和《企业会计信息化工作规范》于2014年1月1日起施行。2014年，财政部印发和修订了《企业会计准则第2号——长期股权投资》等7个企业会计准则，于7月1日起施行。市财政局邀请云南财经大学3位专家学者举办了市级财政、商务、工信委、税务、审计等部门的相关领导及执行企业会计准则体系的大中型企业财务负责同志共计200余人参加的培训班，确保新企业会计制度和准则执行到位。同时，全市完成了注册会计师、会计师、初级会计职称、高级会计师、会计从业资格证的报名、报考工作。全年报考注册会计师456人、1 229科次，会计师628人、1 655科次，初级职称1 681人、3 362科次，高级会计师36人，会计从业资格6 664人、19 992科次。并对全市近2.7万名会计从业人员开展继续教育注册登记和换发新版会计从业资格证书工作。

【行政事务管理】 2014年，为切实加强全市的制度建设，做到用制度管人、管事，市财政局拟定了《玉溪市市级机关会议费管理办法》和《玉溪市市级机关差旅费管理办法》，并经市政府常务会议研究同意后印发执行。同时，起草并与市委组织部、市人力资源和社会保障局制定并联合下发了《玉溪市市级机关培训费管理办法》，配合市政府接待主管部门制定了《玉溪市市级机关接待费管理办法》。

（廖忠华 杨晓黎）

国家税务

【收入特点】 2014年，全市国税系统累计组织税收收入353.51亿元，比上年增收24.46亿元，增长7.43%，比上年6.38%的增幅提高了1.05个百分点，增幅低于全省平均增幅0.67个百分点。征收的主体税种“三增二减”。“三增”即增值税入库78.93亿元，比上年增收1.24亿元，增长1.60%；消费税入库246.73亿元，比上年增收26.47亿元，增长12.02%；车辆购置税入库3.89亿元，比上年增收1 983万元，增长5.38%。“二减”即企业所得税入库23.96亿元，比上年减收3.46亿元，下降12.6%；个人储蓄利息所得税入库10万元，比上年减收19万元，下降65.52%。全年四级预算收入增长不均衡，中央级收入完成322.9亿元，比上年增收24.6亿元，增长8.25%；省级收入完成5.74亿元，比上年减收8 293万元，下降12.62%；市级收入完成15.95亿元，比上年减收2 831万元，下降1.74%；县级收入完成89 122万元，比上年增收9 717万元，增长12.24%。10个征收单位税收收入“六增四减”，增幅最高的是易门县18.79%，其次是华宁县增长12.23%，开发区增长8.26%，江川县增长8.04%，红塔区增长2.65%，通海县增长0.61%；减幅最大的是澄江县下降11.42%，其次是新平县下降6.63%，峨山县下降2.74%，元江县下降0.76%。

【红塔集团税收】 2014年，红塔集团入库卷烟“三税”310.89亿元，比上年286.99亿元增收23.90亿元，增长8.33%，首次迈上300亿元台阶。其中，增值税入库51.67亿元，增收0.42亿元，增长0.81%；消费税入库245.58亿元，增收26.40亿元，增长12.05%；企业所得税入库13.64亿元，减收2.92亿元，下降17.65%。卷烟工业“三税”增收额占全市国税系统同期增收额24.46亿元的97.71%，拉动全市国税收入增长7.26%。卷烟工业“三税”占同期国税收入总额353.51亿元的87.94%，比上年度的87.22%上升0.72个百分点。卷烟工业“三税”是实现全市国税收入持续稳定增长的支撑柱。

【矿电行业增值税】 2014年，矿电行业增值税入库12.06亿元，比上年减收2 546万元，下降2.07%，连续三年呈现负增长（2012年度和上年度分别比上年减收23.82%和7.33%）。矿电行业增值税呈“三增四减”，分别是电力增长19.76%，矿产品增长2.75%，有色金属增长12.83%，钢坯钢材减收67.94%，生铁减收64.60%，煤炭减收8.56%，化工产品减收4.72%。在矿电行业征收的7个品目中，连续三年增收的行业仅有电力行业，而连续三年减收的有化工产品、钢坯钢材和煤炭3个品目。

【非公经济税收】 2014年，全市入库非公经济税收14.10亿元，比上年14.22亿元减收0.12亿元，下降0.84%。从非公经济类型来看呈现“三增两减”。“三增”即外商投资企业入库税收1.09亿元，比上年增收0.16亿元，增长17.2%；个体经营入库税收4.54亿元，比上年增收0.43亿元，增长10.46%；港澳台商投资企业入库税收1.16亿元，比上年增收0.11亿元，增长10.48%。“两减”即私营企业入库税收7.26亿元，比上年减收0.75亿元，下降9.36%；其他入库税收0.05亿元，比上年减收0.06亿元，下降54.54%。市委、市政府加大了招商引资力度，把招商引资作为推动全市经济实现跨越发展的重要措施，港澳台商投资企业、外商投资企业发展态势明显增强。随着“营改增”范围不断扩大，给私营企业注入了新鲜力量，私营企业数量比上年增长了36.55%。国税部门推动结构性减税政策有效落实，全力促进和支持个体工商户健康发展，个体工商户数量达69 556户，比上年增长12.9%，增强了非公经济在地方经济发展的权重。

【食品制造业税收】 2014年，全市食品制造业入库国税税收收入1.35亿元，比上年8 202万元增收5 277万元，增长64.34%，首次登上全市国税收入上亿元重点税源行业。其中，增值税入库8 267万元，比上年增长45.06%；企业所得税入库5 177万元，比上年增长110.28%。达利食品有限公司引领全市食品制造业实现高速增长，1～11月，企业实现销售收入111 737万元，首次突破10亿元大关，比上年增长23.57%；入库国税税收收入12 011万元，比上年增长70.27%；占全市食品制造业国税收入的89.11%，增长速度明显快于全市食品制造业的税收增长速度，跃入年纳税额上亿元以上的重点税源企业。食品制造业跨入上亿元重点税源行业，为全市较为单一的税源结构增添了新活力。食品制造业入库国税收入已连续三年实现高速增长，增幅比全市国税收入增幅7.43%高出五成多，充分展现出龙头支柱企业促进大发展的引领作用。

【增值税管理】 2014年，全市国税系统完善增值税优惠政策的备案、审批程序，清理综合征管系统中的减免税文书，更改和完善文书操作，为减免税收入的核算打下坚实的基础。同时，完善农产品抵扣政策，对全市购进水果加工出口的企业进行调研，进一步强化农产品抵扣政策的管理。全系统大力推行网络办税一体化，网络申报扣款率大幅提升，为纳税人提供了更方便的申报、报税、认证、缴税途径。其中，增值税一般纳税人网络申报率为94.90%，网络报税率63.42%，网络认证率为35.04%。市国税局根据《增值税管理风险预警提示信息及采集部分风险企业专用发票汉字信息》，针对不同经营模式、不同规模、不同行业、不同区域企业的特点，做好增值税税收风险防范和纳税评估工作。并对省局下发的预警信息，从销售收入规模、收入变动率、应纳税额变动率、增值税专用发票异常流向分析等指标入手，形成待评估核查企业清册，指导基层工作。

【营业税改征增值税】 2014年1月1日起，铁路运输业、邮政服务业纳入营改增试点。6月1日起，电信业纳入营改增试点。全市国税部门不断完善和巩固“营改增”试点工作机制，细化工作实施方案，抓细抓实试点管户摸底、基础数据采集、纳税人培训等工作，并积极进行“营改增”政策宣传，主动与地税、工商等部门沟通协调，营造“营改增”工作的良好氛围，确保了全市涉及营改增的邮政业9户和铁路运输1户共10户企业于1月1日起正常开票，2月1日起正常申报；确保了6月1日涉及的47户电信企业一般纳税人6月1日起正常开具发票，7月1日起成功申报纳税。截至12月底，全市共有“营改增”纳税人5 892户，其中，交通运输业3 292户，邮政电信和现代服务业2 600户。全市增值税一般纳税人340户（含混业经营的173户），其中，交通运输业一般纳税人91户，邮政、电信和现代服务业249户。全市“营改增”税款入库17 357万元，比上年增收12 402万元，增长2.5倍，拉动非工业卷烟税收增长2.95个百分点。其中，交通运输业入库11 671万元，现代服务业入库4 120万元，邮政业入库6万元，电信业入库1 560万元。“营改增”增值税收入成为非工业卷烟税收增收的主力。

【消费税管理】 2014年，全市国税系统加强卷烟、酒类消费税管理，认真做好消费税涉税信息采集，对上年度的2户卷烟企业、9户酒类企业开展了消费税涉税数据采集及录入系统工作，进一步强化了消费税征管信息化手段，加强了对消费税重点税源的分析研究，并完善酒类最低计税价格管理。全年消费税入库246.73亿元，比上年增收26.47亿元，增长12.02%。其中，工业卷烟消费税入库2455 761万元，比上年增收264 025万元增长12.05%；商业卷烟消费税入库9 975万元，比上年增加854万元增长9.36%。

【企业所得税管理】 2014年，全市国税系统开展上年度汇算清缴，有5 036户企业参加，比上年的4 372户增加664户。经汇算清缴，上年度盈利企业2 857户，占56.73%，比上年增加2.43%；亏损企业1 680户，占33.36%，比上年下降0.49%；零申报企业499户，占9.91%，比上年下降1.94%。上年度全市企业所得税纳税人累计实现应纳所得税额27.55亿元，比上年增加2.79亿元，增幅11.28%。经过汇算清缴，上年度企业所得税预缴率达101.64%，年度纳税申报率99.64%，汇算报表差错率为0，进一步提高了企业所得税的征管质量。同时，运用汇算清缴数据，全面掌握上年度全市企业所得税税源基本状况，分析经济税源变动情况，强化风险控管意识，为落实重点税源企业、高风险事项、跨地区经营企业、跨年度事项等所得税管理工作奠定坚实基础，推进企业所得税后续管理工作取得新突破。此外，组织开展了对棚户区改造、企业重组事项、农林牧渔业减免税税收政策及企业所得税风险管理工作的调研，加强了对所得税政策执行情况的监控督导，为提高所得税管理水平、防范所得税风险管理提供了依据。全市入库企业所得税239 554万元，比上年减收34 546万元，下降12.6%，与上年度的增幅相比，下降33.2个百分点。

【车购税管理】 2014年，全市国税系统加强车购税征收管理，督促各县区局按总局制定的纳税服务规范，并对照新规范进行了培训，规范了车购税各项业务的操作，简化了操作流程，方便了纳税人，提高了工作效率；同时，严把免税、减税政策，做到每月对免税车辆、减征车辆逐一审核，针对公汽电车车辆免征车辆购置税的政策，做好审批工作，确保政策执行到位。全年组织入库车辆购置税3.89亿元，比上年增收1 983万元，增长5.38%，征税车辆总数为70 151辆。1～12月，办理符合免税条件车辆189辆，比上年减少180辆，减少48.78%；计免征车辆购置税税款907万元，比上年减收902万元，减少49.86%。免税车辆类型中公共汽电车所占比重增加较快，为56辆公交车办理免税手续，占免税车辆比重的30%，减免车辆购置税88万元，有力地支持了地方公交事业的发展。其次，从新能源车免税政策出台后，新能源车购买需求有所增加，从9月份开始，已为4辆新能源车办理免税手续，对环境保护、节约能源起到良好的作用。

【发票管理】 2014年，全市国税系统充分发挥“信息管税”优势，不断强化发票管理；加大网络开票的推广力度，为纳税人开票数据及时回传打下基础；完善发票发售流程，进一步提高纳税服务质量；完善自助办税服务区功能设置和导税员制度，确保为纳税人提供优质、高效服务；积极会同公安、通信等部门严厉打击发票违法犯罪活动。全年对石油石化、建筑安装、商业批发与零售、餐饮娱乐、盈利性教育培训、中介机构等部分社会关注度高的行业、部分中央企业开展发票使用情况重点检查。全年检查114户，有问题户数66户，缴获各类违法发票（收据）943份，查补税款643.34万元，加收滞纳金74.20万元，罚款21.41万元，合计738.95万元；公开曝光案件2起，移送公安及联合办案4起，经检察机关起诉，法院对涉案被告人马某判处有期徒刑6年，对判处单位罚金20万元。

【征管改革】 2014年9月，市国税成立了深化税收征管改革项目组，全面启动深化税收征管改革试点工作，将税收征管推向“管事”和“管有风险的事件”为特征的运行模式，通过调

2014年11月初，省国税局局长张树学（中）到玉溪调研征管改革工作（杨有德　摄）

优征管资源，把机关业务部门直接融入征管大格局，提高从事税源管理的人员比例，扩大征管资源体量；通过重组岗位职责，厘清外勤和前台的职责范围与边界，使机关实体化与分局税源专业化管理职责相统一，以集体决定方式替代税务管理员与纳税人之间固定的管理与被管理关系；通过分级分类管事，把“管事”分为专业辅导、专项调查、综合评估、行政处罚四类，由市局构建风险管理的实体化团队和本级风控中心，将风险管理职责在不同层级进行划分；通过普遍服务联络，使纳税人在办理涉税事项遇到困难时，能及时联络到国税干部进行辅导、指引、代办等；通过扁平组织体系，明确税源管理的基础职能和专业化管理职能，强化技术支撑，实现任务管理功能、税务行政事项电子凭证管理功能、税收风险管理功能、税源分布电子地图功能、税源管理经验交流共享功能等税源管理服务技术支持平台。经过2个多月的努力，岗责组建立起5大类12个业务组59个工作岗位，流程再造形成了形成业务流程12个大类36个小类135项，表证单书组梳理归纳共计709项，其中，法定有效608项，废止或建议废止101项，清单梳理组梳理出权力清单10大类535小项，服务清单9大类49项172个事项，负面清单226项。技术支持组主要任务是开发集成任务管理、电子凭证管理、税源地理空间分布三大功能的软件。全市税收征管改革试点取得的成效，主要体现在“两个特性”即突显了增强税收执法刚性和纳税服务柔性，“三个转变”即实现了“管户”向“管事”转变，“单兵作战”向“团队协作”转变，“分片包干式”向“流程控制式”，“四个适应”即体现了与税源管理需求相适应，与人力资源状况相适应，与依法行政要求相适应与税收发展方向相适应。

【纳税评估】 2014年，全市国税以深入推进税收征管改革为契机，以信息技术为依托，从销售收入规模、收入变动率、应纳税额变动率、增值税专用发票异常流向分析等指标入手，形成待评估核查企业清册。各县区局抽调业务骨干组成专业化纳税评估团队，开展日常评估、交叉评估和重点评估等多元化纳税评估。全年评估纳税人411户，存在问题的纳税人231户，评估入库税款1 752.8万元，其中，增值税1 646.27万元，消费税0.2万元，企业所得税106.09万元，文化建设事业费0.24万元，补缴滞纳金22.64万元，评估调增企业所得税应纳税所得额1 711.51万元，弥补亏损1 858.47万元。

【出口退税】 2014年，全市国税系统全面梳理岗责体系、表证单书、业务流程、服务清单，简化退税流程，提升办理出口退税行政审批时效，对外精减出口企业退税申报单证复印件等涉税资料，对内简化审核签字环节，在全省国税首家修改了《生产企业出口货物免抵退税呈批表》，减少了重复签字环节。同时，改变过去由企业自行到市局报送退税资料的情况，由县区局在规定的时限内统一上报市局审批，大大降低了企业的办税成本，保障了退税申报、审核通道畅通。全年对内、对外举办了2期出口退税业务培训，使各出口退税岗位人员及出口企业明确了出口退税各项政策，确保出口退税政策的贯彻落实。全市认定出口退税企业174户，实际申报办理出口退税68户，审批出口货物退（免）税2.8亿元，比上年增收0.89亿元，增长46.43%。其中，审批退税2.7亿元，比上年增收0.95亿元，增长54.29%；审批免抵税额0.1亿元，比上年减少0.06亿元，下降38%。

【国税稽查】 2014年，全市国税稽查坚持公平、公正执法，狠抓案件查办，严厉打击涉税违法犯罪活动，继续深入实践和探索全市一级稽查工作，全面推进稽查现代化建设，不断提高税收稽查工作的质量和效率。全年组织入库查补收入15 594.43万元，其中，稽查部门组织自查查补收入1 346.11万元，重点稽查查补收入1 597.66万元，自查及纳税评估查补收入12 650.66万元。稽查部门对94户开展重点稽查，其中，正在稽查3户，正在执行1户，已经执行完毕90户；查结有问题户88户，查补收入1 597.66元，其中，税款1 300.92万元，滞纳金251.07万元，罚款45.67万元，实际入库1 179.18万元，抵扣留抵税款418.47万元，弥补亏损5 145.54万元；曝光案件10件；查结案件选案准确率达95.7%，入库率达100%，结案率95.74%，查处偷税案件处罚率达50%。

【纳税服务】 2014年，全市国税系统创新推出“便民办税春风行动”8件实事，即实施免填单纳税服务、纳税服务清单管理、免重复报送相同基础信息资料、加大自助办税设施建设力度、扁平机关内设部门职能、卸除税收管理员的行政权力和无限责任、清理行政备案事项变相审批以及建立普遍纳税服务联络制度，深入推进《全国县级税务机关纳税服务规范》（V1.0）落地生根，打通服务纳税人“最后一千米”，增设90余台计算机、打印机全面升级自助办税区，设置导税员、推行办税服务厅值班长制度，确保办税服务厅高效有序运转以及解答纳税人办税问题、听取纳税人意见建议，并推行涉及29项办税业务的“免填单”服务，单项工作平均办

2014年底，市委书记罗应光（左三）、市长饶南湖（左二）到国税局进行新春慰问 （杨有德 摄）

结时间由原来的15分钟缩短至8分钟以内。自实行“免填单”服务以来，全市共计受理“免单”服务63 247户次，“免填单”服务35 461户次，“简化填单”服务约6 000户次。同时，“晒”出涵盖9大类136项纳税人常办业务的《市国税局纳税人办理涉税事项一览表》，并将所需资料、政策依据、业务流程和承诺时限进行列示，即时办结72项，限时办结64项，涉税事项办理全面提速；实行“窗口受理、内部流转、限时办结、窗口出件”的“一窗式办结”模式；推行国、地税“联合办证”，节约办税时间，降低征纳成本；落实《纳税人诉求快速响应实施办法》，确保纳税人诉求在第一时间获得有效响应；强化落实首问责任制、纳税服务投诉（举报）、预约服务和延时服务等制度，方便纳税人办理涉税事宜；深化涉税审批改革，对备案类事项实行“当场办结、加强事后管理”；实施审批“清单管理”，向社会公开涉税审批事项，方便纳税人及时查询、开展监督；公开办税流程，涉税事项一次性告知；公开个体定额调整和纳税人欠税信息，主动接受社会监督；充分利用办税服务厅、纳税人学校、税企座谈会等形式加强与纳税人的交流沟通。全市国税系统在市、县区两级设立10个实体课堂，自开班以来共举办各类业务培训30期，培训纳税人4 800人次。《全国县级税务机关纳税服务规范》（V1.0）实施以来，纳税人报送资料、办税流程、办结时间等平均减少了30%，纳税人满意度持续提升。

【税收执法】 2014年，全市国税办理行政审批事项384件，依托“税务行政许可管理信息系统”受理税务行政许可441件，审查准予许可403件，不予许可16件，正在办理22件。同时，成立公职律师服务工作组，协调公职律师为相关行政复议、行政诉讼、重大税务案件审理等提供法律服务；组织开展行政执法案卷集中评查工作，对上年已结案的13件税务行政处罚和2件税务行政许可案卷进行全面的自评自查，被市法制办抽查的两卷案件均被评为优秀；严格执行税务行政处罚自由裁量权适用规则和执行标准，明示执法权力和执法程序，广泛接受社会公众和广大纳税人监督；完善执法监督和督察，加强重大案件审理，审理重大案件26件，维持初审意见17件，改变调查部门处理意见6件，返回补证3件。通过重大税务案件审理应补税款、罚款合计1 993.55万元，直接抵扣留抵税额411.26万元，抵减多缴企业所得税16.13万元，弥补亏损5 001.36万元。所审案件中，无一起税务行政复议和行政诉讼败诉案件。1～11月，全市执法业务336 231项，经申辩调整后执法系统产生过错9条，执法过错率万分之0.27。还成立了税收执法督察工作领导小组，进一步对税收执法督察文书主要种类、文书模板及运转操作流程开展督察，保证督察文书的规范性。全系统坚持把普法宣传与税收宣传月、日常管理和法制宣传日活动相结合，围绕税收工作重点、难点和热点问题开展宣传、咨询答复，提高纳税人的税法遵从度。

【落实税收优惠政策】 2014年，全市国税系统认真贯彻落实涉农税收优惠政策，全年有768户纳税人享受支农惠农征前减免增值税销售收入18.45亿元。同时，严格按照政策要求办理资源综合利用减免税备案和退税，全年为4户企业审批办理资源综合利用增值税即征即退税额1 095万元；积极落实安置残疾人税收优惠政策，为27户安置残疾人企业退还增值税1 837万元；有力发挥出口退税促进外向型经济发展的作用，审批办理出口退税28 009.4万元，比上年增长8 881.22万元，增长46.43%；贯彻落实小型微利企业所得税优惠政策，经汇算清缴，上年度全市有374户小型微利企业享受优惠政策，受惠面达96.64%，共计减免企业所得税87万元；继续按政策免征车辆购置税，对189辆车辆免征税款907万元；落实行政事业性收费减免153.93万元，其中，免征税务发票工本费140.93万元；对新开业和办理变更税务登记的纳税人，免收税务登记证工本费13万元。

（孙　燕）

地方税务

【概　况】 2014年，全市地税系统认真贯彻落实组织收入原则，强征管，严稽查，大力清缴欠税，千方百计堵漏增收，竭尽全力组织税费收入，依法征收，应收尽收，确保税费收入“颗粒归仓”，圆满完成了全年组织税费收入任务。全市各项税费收入1204 275万元，比上年下降4.11%，减收51 663万元。其中，地方税收入库837 766万元，完成省局下达全年收入任务确保目标825 000万元的101.55%、奋斗目标865 000万元的96.85%，比上年增长0.38%，增收3 174万元；征收社会保险费277 153万元，比上年下降17.73%，减收59 748万元；征收地方教育附加、文化事业建设费、抚仙湖资源保护费、残疾人保障金、价格调节基金、工会经费共计89 356万元，比上年增长5.82%，增收4 912万元。征收的14个税费种呈现“8增6减”，税费种之间两极分化明显，增收税费种普遍较快增长，减收税种均为明显下降。8个增收税费种中，印花税增幅超40%，车船税、房产税增幅超15%，城镇土地使用税、契税增幅超10%，城建税、教育费附加增幅接近10%，个人所得税增幅不足3%。6个减收税种中，耕地占用税下降23.50%，土地增值税下降10.63%，企业所得税下降10.61%，营业税下降10.58%，资源税下降10.25%，烟叶税下降7.47%。在经济下行压力加大、多种减收因素叠加影响情况下，卷烟制造业对全市地方税收的支撑作用更加突出，入库地方税收361 130万元，比上年增长12.64%，增收40 530万元，占全市地方税收比重为43.11%，比上年提高4.7个百分点，拉动全市地方税收增长4.86个百分点。除卷烟制造业增长12.64%，金融业增长9.80%，建筑业增长2.10%，居民服务、修理和其他服务业增长38.09%外；其他重点行业税收普遍快速下滑，其中，房地产业下降10.73%，采矿业下降11.79%，批发和零售业下降5.49%，交通运输业下降59.39%，住宿和餐饮业下降12.29%，电信业下降29.53%，租赁和商务服务业下降21.03%，公共管理、社会保障和社会组织下降21.59%。中央级收入小幅下降，省级、市级收入明显增长，县区级收入明显下降。全年中央级收入下降4.35%，减收3 017万元；省级收入增长8.34%，增收14 018万元；市级收入增长11.00%，增收23 424万元；县区级收入下降8.13%，减收31 251万元。

2014年玉溪市地税组织收入分税（费）种完成情况表

单位：万元

税（费）种	2014年完成数	上年完成数	± 额	± %
一、各项税费收入合计	1204 275	1255 938	51 663	−4.11%
二、税收收入小计	837 766	834 592	3 174	0.38
营业税	152 875	170 954	−18 079	−10.58
资源税	30 486	33 968	−3 482	−10.25
城市维护建设税	248 372	227 664	20 708	9.10
个人所得税	56 629	55 252	1 377	2.49
印花税	15 482	10 949	4 533	41.40
土地增值税	20 023	22 404	−2 381	−10.63
城镇土地使用税	24 590	21 990	2 600	11.82
房产税	19 006	16 438	2 568	15.62
车船税	9 002	7 525	1 477	19.63
企业所得税	53 937	60 342	−6 405	−10.61
烟叶税	48 098	51 983	−3 885	−7.47
耕地占用税	25 323	33 100	−7 777	−23.50
契税	24 318	22 057	2 261	10.25
教育费附加	109 586	99 922	9 664	9.67
其他收入	39	44	−5	−11.36
三、规费收入小计	292 316.22	352 386.86	−60 070.64	−17.05
养老保险费	162 918.65	209 470.14	−46 551.49	−22.22
医疗保险费	84 737.18	98 493.54	−13 756.36	−13.97
工伤保险费	9 094.61	8 919.65	174.96	1.96
生育保险费	3 819.58	3 566.19	253.39	7.11
失业保险费	16 583.38	16 452.36	131.02	0.80
残疾人保障金	773.22	659.96	113.25	17.16
工会经费	13 192.05	13 111.24	80.81	0.62
价格调节基金	457.90	946.76	−488.86	−51.64
抚仙湖资源保护费	739.66	767.01	−27.35	−3.57

【依法治税】　2014年，市地税局为扎实推进依法治税工作，维护执法依据的规范统一，按照省局规范性文件清理工作要求，清理了自机构分设以来的36件税收规范性文件，最终确定保留的税收规范性文件23件，部分条款失效废止的规范性文件1件，因营业税改征增值税等原因导致全文失效废止的规范性文件5件。按照市政府推进网上政务服务大厅建设的要求和《玉溪市人民政府办公室关于加快推进网上政务服务平台的建设相关工作的通知》要求，克服困难按时完成市局行政审批项目网上服务厅的录入和测试工作，成为全市首批通过审核的单位之一，并加强对各县区局网上审批工作进度的督导。为加强重大行政处罚案件管理，降低执法争议引发的税务行政复议及诉讼风险，制定了《玉溪市地方税务系统重大税务行政处罚工作制度》，在系统内部建立重大税务行政处罚事前审查、事后备案工作机制。《制度》明确了市局事前审查以及事后备案的案件范围和标准，规定由同级法规负责本局重大行政处罚的审核把关，对拟采取税收强制措施和税收强制执行以及行政相对人对拟处理结果异议较大，可能引发税务行政复议、行政诉讼的案件在实施前必须上报市局法规部门审查。

【税收减免】　2014年，全市地税系统树立“组织收入是成绩，依法落实政策减税免税也是成绩”的意识，立足区域经济优势，因情施策，用准、用足、用活税收政策，不折不扣地

玉溪市地税2014年与2013年税费收入完成情况比较图

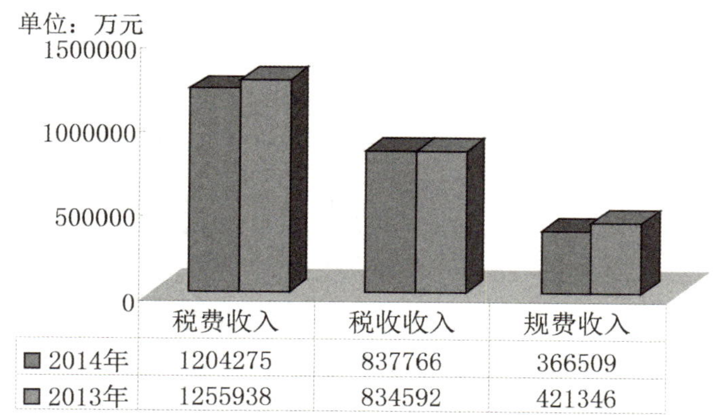

落实税收优惠政策。1～12月，全市地税为74 110户纳税人减免各项税收54 386万元，其中，营业税20 554万元，企业所得税16 840万元，个人所得税757万元，资源税4 468万元，土地增值税4 417万元，城建税1 851万元，房产税1 064万元，城镇土地使用税604万元，契税1 543万元，其他税收2 288万元。从减免项目看，改善民生减免9 908万元，促进民营经济发展减免29 054万元，支持小微企业发展减免8 949万元，支持西部大开发减免5 016万元，促进高新技术产业发展减免1 197万元，支持节能环保及公共基础设施建设减免513万元，加快高原特色农业发展减免4 388万元，支持滇中产业区建设减免1 680万元。

【纳税服务】 2014年，市地税局强化执法与优化服务并重，着力完善服务举措，着力优化服务流程，着力提升服务质量，在征管改革中整合纳服资源，在整合纳服资源中落实服务规范，有效解决服务纳税人“最后一千米”的问题。同时，开展“便民办税春风行动”，全力推进“公开行政审批清单、公开执法权力清单、公开税收规范性文件、提高办税服务效率、推行首问责任制、减轻纳税人负担、诚信纳税、移动办税、深入‘蹲企服务’、保障纳税人合法权益”等十项工作，着力解决在行政审批、办事效率、服务意识、办税负担、纳税信用、规范执法等方面的问题。各基层单位结合实际，在优化纳税服务、创新服务手段方面进行了积极的尝试。通海县局开通了官方微博，在微信公众平台推出税收宣传订阅号，实现在线发布最新政策、税收政策咨询、涉税事项通知、友情提示及表证单书下载。易门县、峨山县、华宁县、高新区、元江县等大多数单位也通过建立QQ群、税讯通以及“税企通”等税企互动交流平台，与企业实时交流，实现征纳双方沟通零距离。新平县地税设置“首席服务官”，在办税服务厅从事政策咨询辅导、办证审核、代开发票申请审核等个性化服务。全市地税系统切实加强实体办税服务厅和网络办税服务厅规范化建设，完善及优化“一窗式”、“一站式”、“一条龙”的办税服务流程，大力推行网上办税（费），有效满足纳税人、缴费人的正当需求。11个办税服务厅已全部开通“窗口办税费、网上办税费、自助办税费”三位一体的多元化税费办理通道。全市规费管理和科技信息部门通力合作，4月1日起，规费征缴纳入财税库银横向联网运行。仅4月、9月征缴期就有60 341户缴费户成功缴纳了社会保险费135 521.95万元，工会经费6 072.98万元。经过几年来的努力，全市已经有80%左右的纳税人和缴费人，可以足不出户的通过网络进行纳税申报和费款缴纳。按照“成熟一项推行一项”的原则，全市积极稳妥地推进涉税事项前移工作，减少资料报送，简化审批手续，优化业务流程，减轻办税负担，为办理税务（设立、变更）登记、代开发票、发票领用、二手房交易等业务的纳税人实行免填单服务。全市所有县区局都实现国地税联合办理税务登记证和派员进驻国税局办税服务厅，加强对代开增值税发票附征税款的征收。在市政府的全力支持下，由市局发起的全市协税护税工作机制不断得到健全和完善，地方税收工作正越来越成为保增长、调结构、促改革、惠民生系列工作的重要财力保障。

【税收稽查】 2014年，全市地税累计组织稽查查补收入14 004.94万元，超额完成了省稽查局10月份调整后查补率为1.5%的查补收入任务13 950万元。其中，立案查处税收违法案件90户，查补税款、滞纳金、罚款1 867.33万元；组织了368户企业自查，有问题户256户，查补税款、加收滞纳金12 137.615万元。选案准确率、入库率、结案率均为100%，查补率为1.67%。同时，开展税收专项检查，对房地产及建筑安装企业、金融业、“高污染、高能耗”及产能过剩企业、医疗卫生行业、高收入者个人所得税进行了全面检查。全年累计实施检查290户，立案检查54户，查补税款、滞纳金、罚款共计1 357.08万元，已全部入库；累计开展自查236户，有问题户数198户，已查补税款、滞纳金7 780. 82万元，已全部入库。结合全市税收征管现状，在总结上年工作经验的基础上，继续对农产品收购、矿产品和成品油购销企业较为集中的地区及相关专业市场、部分县区的耕地占用税征管情况开展区域税收专项整治；选取保险行业、广播电视及邮电通信业、物业管理行业、商砼制造行业及其关联企业开展专项整治。在此检查中，市局对从事房地产建筑安装业的纳税户103户进行检查，查补税款、加处罚款、加收滞纳金共计4 289.5万元；部分县区对耕地占用税征管情况开展区域税收专项整治，查补税款1 139.6万元；商砼制造行业及其关联企业开展专项整治共查补税款128万元。继续会同公安经侦、国税等部门打击发票违法犯罪活动。对建筑安装、餐饮娱乐、营利性教育培训、中介机构等部分社会关注度高的行业开展发票使用情况重点检查。全年累计检查企业306户，检查发票24 848份，其中，定额发票19 868份，网络发票517份，其他发票4 463份；查处违法企业51户，查处非法发票101份，涉及金额607.9万元，查补税款28.69万元，加收滞纳金6.78万元，罚款14.34万元；并对全市查补税款金额达到50万元以上的税收违法案件，通过市局门户网站和“三务公开”信息系统对外公告重大税收违法案件1件。截至12月，收集专项检查典型案例6件，对符合标准的一些典型案件，完善部分内容后逐级上报；受理举报案件3件，其中，建筑业1户，社会服务业1户，制造业1户，并对举报涉及的营业税、个人所得税、印花税进行了检查，查补税款、加收滞纳金、加处罚款181.17万元。

【土地增值税清算】 2014年，市地税局将土地增值税的清算工作列入重点，要求各县区局加大土地增值税的清算力度，按季制定清算工作计划，分阶段有序推进房地产开发项目的清算工作。由于行动早、抓落实、措施到位，土地增值税清算工作取得了明显成效。全市征收入库土地增值税20 022.67万元，完成土地增值税清算审核的项目58个，清算补税7 933.23万元，清算补税比上年增收777.11万元。在土地增值税清算工作中，全市对土地增值税清算工作高度重视，各县区均成立了清算领导小组，由分管领导牵头，成员由税政、征管和管理分局的人员组成，制定计划表，切实抓好此项工作的落实。很多县区采取了分小组、分任务的做法来开展清算工作。坚持预征与清算并重的精细化管理理念，强化清算管理，区别普通住房、非普通住房和商用房等不同类型，取得预收款时，按规定的预征率申报缴纳土地增值税，待达到清算条件后及时进行清算，根据每个项目的实际情况适用清算方式，坚决杜绝“一核了之”的粗糙做法。同时，以项目管理为依托，摸清房地产项目底数，区分应清算、可清算项目的不同情况，有计划、有步骤地开展清算工作。并按项目建立档案、设置台账，从纳税人项目立项开始，一直到销售完成项目清算为止，对房地产开发全过程情况进行实时动态监管，实现清算从事后管理向房地产项目运作全过程管理转变。土地增值税清算工作涉及知识面广、计算复杂、政策性强。为提高干部的清算水平，各县积极开展土地增值税清算的专门培训，以案例剖析式讲解为主，使大家能够更好地掌握清算的重点、难点和要注意的相关事项，为清算工作打牢了基础；最终严把清算审核关，对纳税人报送的清算资料进行认真审核，重点审核项目归集的一致性、数据计算准确性等，在案头审核的基础上，通过对房地产开发项目实地查验等方式，对纳税人申报情况的客观性、真实性、合理性进行审核。

【税收征管改革】 2014年，全市地税系统紧紧围绕“以创新管理制度为先导，以调整职能配置为保障，以防范税收风险为导向，以专业化管理为基础，以重点税源管理为着力，以科技信息手段为支撑，以优化服务职能为根本，努力实现一体化、专业化、扁平化、制度化、规范化、现代化的税收征管体系”的建设思路，坚持“因地制宜、分步实施、整体协调”的原则，深入调研、统筹部署，并制定下发《税收征管改革实施方案》，明确了征管改革的目标任务和完成时限。易门县、峨山县被确定作为试点单位，在不突破现有机构、编制、职数的前提下，完成了机构组建、管户划转、人员调整、流程再造等工作。非试点单位积极实施税源专业化管理，澄江县、江川县、通海县、华宁县采取“行业+规模”、“内分”和“外分”相结合、“税费同管”的方式，实现了税源的内部分类和人员的专业化配置。市、县区联动，建立税收风险管理工作机制，遵循“先重点、后一般”的原则，通过对市局定点联系企业进行全流程税收风险管理试点，为后续工作的开展积累了丰富的经验。与此同时，在上年“营改增”试点工作的基础上，继续抓好管户划转及后续管理工作，做好电信业纳入“营改增”试点的管户核实及试点前的各项准备工作，按时于6月1日前划转“营改增”纳税人238户。至5月底，分3批移交“营改增”纳税人2 123户。各单位按规定做好试点过程中的监测分析和宣传解释等，对纳税大户、税负增加的交通运输业等行业开展调研，并对试点中遇到的新情况、新问题及时反馈和对接；做好“营改增”后税收收入的预测、发票收缴等工作；加强“营改增”后国地税联合办税工作，在当地国税局办税厅设地税窗口，收缴零散地方税收，以保证“营改增”试点后地税收入的及时入库。

【税源监管】 2014年，全市地税系统按照属地管理、分片负责的原则，由税收管理员及时对责任区内的纳税人的户籍、税基、税源管理按月进行调查分析，适时催报催缴；深入纳税户核实与监控经营状况，实行税源分类管理办法，对重点税源实行重点监控网络管理，对中小企业实行分行业管理；进一步完善大企业、大项目、大税源行业、大税源区、大税种“五大”税源管理长效机制，加强重点税源监控，做好重点税源监控分析，及时了解重点税源纳税人的生产经营和税收情况，建立包括税负、物耗、成本费用率等指标的重点税源预警体系，实时掌握企业的税收增减变动和涉税诉求，主动提供纳税服务和政策咨询；抓好重点工程项目税收征管，定期召开部门协税护税联席会议，及时掌握本地区重点工程项目立项、中标、建设进度和资金使用情况，实行专人动态跟踪管理；严格重点工程项目的营业税、耕地占用税等地方各税的代征代扣工作，认真组织重点工程项目税收清算，确保税收征管到位。截至9月30日，实际动工的86个重点工程项目（新开工的有21个，续建工程有65个），已缴纳地方税款18 061万元。

【欠税管理】 2014年，全市各县区局对符合欠税公告规定的欠税户进行了公告，公告欠税户次47户次，其中，企业9户，个体29户，公告欠税金额131.24万元，收回欠税4.5万元。同时，市局制定清欠措施，进一步加大欠税清缴力度，把欠税清缴作为当前和今后一段时期组织收入的主要工作来抓。各县区单位摸清家底，对欠税的户数、税种及欠税原因等逐户逐项落实，结合工作实际制定确实可行的清欠措施和清欠计划并加以贯彻落实。税源管理部门实时监控欠税纳税人的生产经营变化情况，明确专人负责，加大日常巡查力度，全力清缴欠税，最大限度避免形成死欠。截至12月25日，全市收回52户欠税户（有4户属部分收回）的欠缴税款344.02万元。31户尚余欠税1 913.27万元，其中，有19户1 075.89万元属难于追回的欠税。

【发票管理】 2014年，全市地税系统严格按照《中华人民共和国发票管理办法》及其《实施细则》规定，规范发票领用、填开、保管发放等各个环节的管理工作；严格执行发票专用章备案、验旧领新和出入库登记管理制度，督促纳税人规范开具、使用和保管发票，加强对丢失发票和发票库房安全管理，确保发票安全；加强对冠名发票的管理，按照法定程序受理、审核自印冠名发票申请，按期上报省局审批。1～9月，受理8户32类自印冠名发票的申请，无因地税局工作失误或拖延遭到冠名发票申请企业投诉现象。同时，加强和规范税务机关代开普通发票管理，规范代开发票对象、附报资料和发票样式，建立代开发票台账，严格登记代开发票信息，定期进行发票专项检查，严肃查处发票违法行为。全市认真贯彻执行免收发票工本费政策，保证发票供应。1～12月，全市地税部门发出普通发票本2122 048（套），免收发票工本费139.54万元。

【涉外税收管理】 2014年，全市地税系统完善国际税收基础征管，加强同工商、商务等相关部门的联系，强化对非居民纳税人的户籍管理、税源管理及对外支付证明的开具，切实做好对外商投资和外来投资（内资）企业的跟踪服务工作。1～8月，开具《服务和贸易等对外支付证明》8份，缴纳个人所得税2.1万元。同时，对辖区内大型跨国集团公司和“走出去”企业2004～2013年向境外关联方支付服务费和特许权使用费的情况进行摸底排查，未发生单独向境外支付费用的情况及异常现象。4～6月，与工商、质量监督、外汇管理等部门联合对全市的涉外企业进行网上年检，对参检企业的生产经营、财务情况、纳税申报、发票的运用等涉税事项已进行了认真检验，46户参检企业顺利通过了年检。

【税收信息化】 2014年，全市地税系统根据省局的统一安排，完成企业所得税汇算清缴软件的升级维护，并完成个人股权转让管理系统需求分析及系统试运行。在试运行期间，发出个人股权转让《税务事项知书》353份，有200户纳税人按要求报送了《个人股东变动情况报告表》，其中，135户通过了审核；涉及股权转让收入16 441.6万元，征收税款11万元，其中，个人所得税5.8万元。同时，做好地税门户网站的维护管理，全年发布各类信息540条，回复12 366网上咨询单23条，局长信箱1条，组织在线访谈4次；推广网络发票系统，做好纳税人的一些电话咨询问题的回复，核定3 402户网络发票用户，开具网络发票84.3万份，开具金额13亿元。触摸屏系统是税务机关展示自我、宣传政策、提供服务的重要窗口。原有的系统因软件陈旧，操作不便，已不能适应工作需要。科技信息科不等不靠，在触摸屏上自行开发完成了“玉溪市地方税务局纳税服务辅助系统”，采用集中与分布的管理模式，内容完善，界面美观，已投入到各办税服务厅使用，取得了良好的效果。

（阚璐蕊）

金融·保险

编辑：王竹能

金融管理

【概　况】　2014年末，全市金融机构人民币各项存款余额1 195.6亿元，比年初增加66.4亿元，增长5.9%。人民币各项贷款余额777.2亿元，比年初增加68.7亿元，增长9.7%。其中，短期贷款余额357.45亿元，比年初增加36.21亿元，增长11.27%；中长期贷款余额413.05亿元，比年初增加34.63亿元，增长9.15%。

【货币信贷】　2014年，市人行加强货币信贷政策传导，通过制订下发《2014年玉溪市信贷指导意见》，按季召开金融运行分析会等措施和手段，加强"窗口"指导和政策传导，引导和督促金融机构加大对地方经济发展的支持力度。首先，充分运用再贷款、差别存款准备金率宏观审慎管理等政策工具，增强地方性金融机构活力。对2家村镇银行发放8 000万元支农再贷款，并引导其联合第三方运用支农再贷款创设专属支农信贷产品；对玉商行发放4亿元支小再贷款；对玉商行和农合行降低存款准备金率0.5个百分点；对考核达标的7家县农信社给予下调1个百分点存款准备金率的政策优惠，累计释放约3.35亿元的资金运作空间。地方金融机构全年新增贷款57.6亿元，占全市新增贷款的83.8%，增幅达22.1%。同时，运用信贷政策导向效果评估，将支持涉农项目和中小企业的情况重点纳入评估，督促和引导金融机构加大对小微企业、"三农"的信贷支持。年末，小微企业贷款余额185.71亿元，比年初增加23.52亿元，增长14.5%，高于全市各项贷款增速4.8个百分点；全市涉农贷款余额395.55亿元，比年初增加46.17亿元，增长13.22%，高于全市各项贷款增速3.52个百分点。此外，结合辖区滇中产业新区易门片区发展实际，研究制订了《金融支持滇中产业新区易门片区指导意见》，有效引导和促进了全市银行业金融机构对园区的支持力度；配合市政府筹备召开银企合作座谈会，61户企业现场签约获得贷款6.12亿元，至年末累计获得贷款42.01亿元，获贷率达99.79%。

【"两管理、两综合、一保护"工作】　2014年，市人行积极推动"两管理、两综合、一保护"工作。全年对通海县、新平县、易门县农村信用社开展稳健性现场评估，实现地方法人金融机构的全覆盖；对5家市级金融机构及各县农村信用社开展综合评价工作；对5家金融机构开展综合执法检查，行政处罚6.1万元；登记重大事项报告92项；开通金融消费者权益保护"12 363"投诉热线，进一步畅通投诉渠道，受理处置3起金融消费投诉，接受4 851次业务咨询。

【金融统计】　2014年，市人行全面提升统计数据质量，加大数据审核力度，不断夯实金融统计业务基础，为金融运行分析等材料提供多视角的数据支持。根据《关于鼓励县域法人金融机构将新增存款一定比例用于当地贷款的考核办法（试行）》的要求，认真做好2013年度县级8家信用社的考核工作，确保数据、考核机构的完整性和真实性。严格按《云南省小微企业贷款增量风险补偿奖励资金管理暂行办法》的要求，对金融机构申报的各项小微贷款数据进行审核，全市获得小微企业贷款风险补偿奖励金额82.06万元。同时，积极推进金融统计标准化工作，辖区金融机构成功实现按标准化编码报数和存贷款综合抽样统计试点报数。

【征信管理与社会信用体系建设】　2014年，市人行进一步拓宽信用报告查询渠道，开通个人信用报告网络查询和柜台自助设备查询，客户查询效率、满意度和便利化程度大幅提升，并建立"信用玉溪行"征信宣传长效机制，每月与一家金融机构合作开展征信宣传，提高了宣传的长效性、针对性和特色性。全年受理个人信用报告查询16 539人次，增长60%。同时，深入推进社会信用体系建设。9月，全市被省政府确定为全省社会信用体系建设综合性试点市。市人行以农村信用体系建设为突破口，扎实推进综合试点工作。截至年末，全市采集农户信用档案42.2万户，评定信用户26.9万户，创建信用乡（镇）15个，信用村117个，信用组765个。年内，华宁县通红甸乡、峨山县化念镇、新平县老厂乡和戛洒镇成功创建"信用乡"。通过协同市财政局和工信委各方力量，加强中小企业信用信息的采集与更新管理，建立完善信用信息服务机制，推进中小企业信用体系建设。全年收集中小企业信息档案983户，征集过程中累计为2 928户中小企业办理了贷款卡，累计取得银行授信意向的中小企业568户。此外，大力推进应收账款融资服务平台推广应用，截至年末，全市应收账款融资服务平台用户注册数、成交笔数及融资额三项指标均居全省州市（除昆明外）第一，并通过平台成功办理全省首笔水费收费权融资业务。

【支付结算与农村支付环境建设】 2014年，市人行有效推动银行卡商圈消费金融建设，统筹组织辖区银行机构和银联商务在全市选取103个餐饮店、蛋糕店、烧烤店开展为期半年的“畅刷银行卡·玉溪美食惠”银行卡联合宣传活动，参与活动商户消费交易笔数比上年增长541%，交易金额比上年增长157%。同时，积极推进农村支付环境建设，新建成“刷卡无障碍示范街”2条，全市累计7条，覆盖六县一区；新设惠农支付服务点12个，全市累计建成571个惠农支付点，覆盖71个乡（镇、街道）、453个行政村、571个自然村，惠及135.35万农村群众，基本实现惠农支付业务服务点在全市有需求行政村全覆盖。全市571个惠农支付服务点全年完成交易29.44万笔，金额12 365.67万元，比上年增加4 921.58万元，增长66.11%。此外，大力推进烤烟、甘蔗、蔬菜、柑橘等农副产品收购非现金结算，全市烤烟收购非现金结算20.72亿元，受益农户10.4万户。澄江县支行推动的惠农支付与金融知识宣传“站点合一”建设，取得很好的效果，形成了一些可复制、可推广的经验。新平县支行在水塘乡大牲畜交易中试点推动手机移动支付，为便利农户、丰富交易手段做了积极的探索。

【经理国库与人民币管理】 2014年，市人行做好辖区凭证国债和储蓄式国债的发行管理，顺利完成全省首例代理支库收回试点工作，并成功实现省内首批社保基金由国库统一收缴，纳入财税库银横向联网系统运行，向全口径预算管理迈出了重要一步。同时，认真做好全市现金供应和人民币流通管理，优化人民币总量和券别调剂管理，保障现金总量供应，增加小面额货币投放，有序组织残损人民币回收，提高票面整洁度，并积极配合公安机关严厉打击制贩假人民币的犯罪行为，维护辖区人民币的流通秩序。

【外汇管理】 2014年，市人行围绕全省沿边开放和全市经济发展实际需求，贯彻落实国家推进贸易投资便利化措施，推动跨境人民币结算工作实现新跨越。全市金融系统以进一步便利跨境贸易投资为出发点和落脚点，强化管理与服务，推动跨境人民币结算覆盖面不断拓宽，结算品种不断丰富，参与主体不断增加，业务总量持续增长。全市跨境人民币结算总额22.78亿元，比上年增加6.66亿元，增长41.32%。

【信息调研与金融宣传】 2014年，市人行紧扣地方产业发展，构建政务信息联动机制，围绕烟草改制、高原特色农业、抚仙湖保护等内容，完成多篇调研报告报市委、市政府，被市委采用30篇，增长150%，其中1篇被市委作为经验交流材料印发各县区和市直单位；被市政府采用71篇，增长108.8%。市人行政务信息工作排名全省第二。同时，联合《玉溪日报》刊出金融工作“两会”特刊，向社会公众宣传和引导稳健货币政策；开设“金融知识大讲堂”专栏，扩大金融知识普及力度；利用政务公开网络，有效打造货币政策宣传解释、金融系统便民服务、金融工作成效展示3个子平台，增强社会各界对人民银行和全市金融工作的认知度。

（徐　昊）

银行业监管

【概　况】 2014年末，全市有银行业金融机构23家，营业网点381个。面对全年复杂的经济金融形势，市银监局结合银行业监督管理职能认真履职，在引领全市银行业深化改革、防控风险、支持实体、服务民生、规范管理上取得了新突破，促进了全市经济金融和谐健康较快发展。年末，全市银行业金融机构资产总额1 358.31亿元，比年初增加74.37亿元，增长5.79%；各项存款余额1 190.15亿元，比年初增加64.19亿元，增长5.70%；各项贷款余额777.65亿元，比年初增加69.20亿元，增长9.77%。

【支持实体经济转型升级】 2014年，市银监局引导全市银行业按照“稳增长、盘存量、用增量、惠民生”的要求，主动对接省、市重大战略部署，将信贷资源配置努力向战略性新兴产业、基础设施、民生工程等重点项目及化解过剩产能、产业升级等重点领域倾斜，并积极配合市政府组织召开银企合作座谈，促成银企双方签约项目7个，金额6.12亿元。年末，全市工业转型升级贷款 26.02 亿元、文化产业贷款2.11 亿元、保障性安居工程贷款 22.01 亿元，分别比年初增长18.33 %、48.59 %、57.34%。

【重点领域风险管控】 2014年，市银监局推进金融案件防范及社会创新综合治理工作，继续保持案防高压态势并督促银行业金融机构加强案防体系建设，组织开展“平安银行”创建活动。全年重点督促辖区银行加强自助设备巡查、管理和信息科技风险防控，引导辖区银行妥善化解企业集群信贷风险、克隆存贷质押信贷风险。针对经济下行压力加大的实际，及时进行风险提示，督促银行机构全面排查重点领域和关键行业信贷风险隐患，做实贷款质量分类，严防不良贷款大幅反弹；强化辖区银行业法人机构流动性风险监管，消除季月末“冲时点”、头寸管理失当、投资占比过高等各种流动性脆弱因素。在融资平台贷款管理上，加强全口径风险监测，做好存量贷款风险缓释和处置，严格平台退出条件和程序。年末，全市融资平台贷款余额75.72亿元，比年初减少14.29亿元，平台贷款未出现还款违约。在房地产贷款风险防控上，督促全市银行业认真执行房贷政策，重点防范房屋库存积压、高端住房项目空置以及商业地产过剩带来的相关风险，并配合市政府做好部分房地产项目的风险协调化解工作。此外，还加强了表外业务和影子银行业务风险监管，并有针对性地开展了现场检查。

【支持金融服务薄弱环节】 2014年，市银监局引导全市银行业立足支农支小，把“两个不低于”的目标要求内化为推动“三农”、“小微”金融服务转型升级的举措，并组织开展了“第三届小微企业金融服务宣传月”活动，着力解决融资难、融资贵问题，鼓励金融创新。玉商行已按照小微企业流动资金续贷管理办法开展续贷管理工作。同时，持续推进惠农服务“三大工程”，积极开展“三权”抵质押产品创新试点，推广农村地区自助银行和便民服务终端建设，多措并举解决金融服务“最后一千米”问题。年末，小微企业贷款余额254.59亿元，比年初增加39.73亿元，增长18.49%；涉农贷款余额 395.55亿元，比年初增加46.17亿元，增长13.22%。年末，全市小微企业和涉农贷款增速均高于各项贷款平均增速。

【银行业改革发展及创新】 2014年，市银监局推进金融服务均等化建设，引导辖区银行准确、明晰市场定位，促进网点合理布局、理性竞争、差异化经营、特色化发展。同时，支持中小银行推进社区银行、小微支行建设，年内新设立社区支行3家、小微支行1家；坚持银行化改革方向，督促云南红塔农村合作银行稳步提升指标，为改制为农村商业银行创造条件；稳步发展新型农村金融机构，积极引入符合条件的机构到辖区发起设立村镇银行；抓实辖区法人机构公司治理改革，重点找准法人机构在机制建设、资本管理、发展战略、风控体系、业绩考核等方面存在的症结，针对性地推动其改进治理结构，明确职责边界，完善议事规则和决策程序，严格规范运行，并对玉商行开展公司治理进行现场评估，针对存在问题提出监管意见。在开展同业理财业务现场检查基础上，深入贯彻银监会、省银监局业务治理政策，督促法人机构制定专营部门改革方案。玉商行、红塔农村合作银行均已成立同业业务专营部门，理财业务实行事业部管理。

【金融生态环境建设】 2014年，市银监局组织开展了“加强依法合规经营与支持实体经济发展”专项活动，推动加强合规风险管理，构建良好合规文化，增强依法合规经营意识，构建良好金融生态环境。重点加强银行业从业人员诚信教育，动态管理从业人员诚信情况，开展守法诚信主题教育活动，增强守信意识，并及时掌握从业人员违规违法及受处分情况；持续开展“送金融知识下乡”活动，深入农村地区，向农民群众普及金融知识，提升了农民群众诚信意识和金融安全意识；与市人行共同组织全市银行业金融机构开展“金融知识普及月”活动，积极推广银监会“金融掌中宝”手机客户端，多渠道、多形式加强银行业金融知识普及工作；推荐部分基层银行网点为“送金融知识下乡”宣传服务站，形成了金融知识普及宣传长效机制。同时，指导市银行业协会加强行业自律，认真践行自律公约，自觉规范竞争行为，建立违约信息共享机制，加强客户诚信信息收集和监测，并引导银行业协会在全市开展了金融消费“守信客户”评定工作，营造守信激励、失信惩戒的良好金融生态环境。

【提升监管质效】 2014年，市银监局持续改进监管手段，积极探索监管承诺制，增强机构内在约束，节约监管资源；完善和规范重大事项报告制度，将高管人员调整、内部审计发现问题、系统内考核情况、经营重大情况等内容纳入重大事项报告范围；强化市场准入的导向性，探索完善新设机构审验模式；加强对全市高管人员任职动态管理和履职评价，及时将考评结果向上级行和地方主管部门反馈；深入落实银监会推进简政放权工作精神，重新修订完善《玉溪银监分局行政许可操作规程》，提高行政许可效率。全年对24项机构事项进行审批，核准106名高管人员任职资格。同时，提高非现场监管分析预警能力，收集全市各银行业金融机构主要经营指标，着手编制机构概览，为提升数据分析能力和运用效果打好基础；强化事前监管，做好前瞻性处置应对，并提高现场检查的专业性。全年向机构发出各类风险提示5次，约谈9家机构高管，开展审慎监管会谈16次；完成13个现场检查项目，被查机构21个，检查金额231.94亿元，发现问题203个，提出整改意见113条，监管意见27条。对银行屡查屡犯、违规操作问题及时启动监管措施，坚决查处4家银行机构违法违规行为，处罚金额达60万元。通过从严查处违规收费问题，银行机构主动清退不合理收费132.5万元，银行业监管的有效性和威慑力得到了显著提升。

（徐志敏）

商业银行

【市农发行加大支农力度】 2014年，市农发行始终坚持政策性银行的办行方向不动摇，围绕地方经济发展规划和自身业务范围，切实加大支农力度，积极拓展支农领域，在履行好支持粮油收购等职能的同时，加大政策性信贷资金投入，大力支持社会主义新农村建设和涉农水利建设，各项工作成效明显，存贷款实现双增。至年末，累计发放各类贷款95 918.34万元，贷款余额292 099万元，比上年末增加578万元，增0.2%；各项存款余额（含同业存款）7.02亿元，比上年末增0.84亿元，增幅13.49%；贷款利息综合收回率达100.17%，比上年增加0.49个百分点；不良贷款实现双降，不良贷款监测余额为0，比年初减少344万元，不良率为0，比年初下降0.12个百分点；实现账面利润4 544万元。

【传统信贷业务】 2014年，市农发行围绕支持粮棉油收储这一基本任务，及时足额供应信贷资金，传统业务贷款余额73 949万元，比上年增加4 067万元，增幅7%。在粮食、油料、猪肉收储等关系国计民生的信贷业务中，主渠道作用得到进一步巩固。全年发放贷款41 618万元，其中，发放粮油收购贷款16 010万元，支持企业收购粮油4 640万公斤；发放地方储备粮油贷款5 146万元，支持企业收储粮油1 306 万公斤；发放国家储备肉全额补贴贷款4 967万元，支持企业收储冻猪肉2 400吨；发放省级以上储备肉贷款2 295万元，支持企业收储冻猪肉1 000吨；发放产业化龙头企业贷款2笔共13 200万元，支持企业收购三七120吨、甘蔗22万吨。

【支持水利和新农村建设】 2014年，市农发行围绕支持水利建设和新农村建设的信贷重点，结合农发行信贷政策与市委、市政府打造滇中水城系列工程项目和加快新农村建设规划的行情、市情，积极介入各项民生项目，营销、发放了抚仙湖湖滨缓冲带“退田、退房、退塘”还湖一期工程项目建设贷款50 000万元，为市农发行自成立以来支持地方经济建设单笔最高金额贷款。全年累计发放项目贷款54 300万元，中长期项目贷款净增11 555万元。中长期项目贷款余额218 150万元，比上年末增加11 555万元，增幅5.6%。

【运营管理】 2014年，市农发行始终将严谨、务实、合规作为工作的重点，不断健全管理体系，完善规章制度，多措并举，以经营促发展，向管理要效益。全年大力组织低成本存款，优化存款结构；狠抓风险防控，

项贷款余额404 210万元。

【扶植中小企业】 2014年，市中行积极创新中小企业信贷业务模式，大力推广“中银信贷工厂”。针对当地中小企业经营特点，全年成功推出“保联通宝”、“快易贷”、“押税通宝”、“立业通宝”、“应收账款质押+信用险”融资、“企贷保A/B/C”等特色金融产品，满足中小企业多样化融资需求，为小微企业解决融资问题。

【支持外向型经济发展】 2014年，市中行充分发挥在外汇业务和国际结算业务中的独特优势，通过丰富的结算产品和灵活的金融服务方案，支持企业发展外向型经济。全年国际贸易结算量达34 367万美元，比上年增4 238万美元，市场占有率42.65%，全市排名第一；跨境人民币结算量101 412万元，比上年增32 070万元，市场占有率44.10%，全市排名第一。

【业务技能和服务水平】 2014年，市中行重视员工业务技能培训，强化文明优质服务理念，并通过一系列精细化过程管理，提升业务技能和服务水平。10月，在省分行组织的业务技能比赛中，取得了个人IT蓝图对公第一名、中文录入第一名、个人IT蓝图对私第三名的好成绩。11月15日，在全市银行业首届职工业务技能竞赛中，3名参赛选手分别荣获小键盘数据录入第三名、单指单张第七名、多指多张第七名的优良成绩。此外，高开区支行还荣获“2013～2014年度中国银行云南省分行青年文明号”；市分行营业部荣获 “2014年度云南省银行业文明规范服务示范单位”；马耀媛荣获年度全市银行业文明规范服务“服务明星”称号。

（赵 旭）

【市建行各项经营指标增长】 2014年，市建行紧紧围绕省分行年初提出的总体目标，努力抓好各项工作，全行经营指标稳步增长。至年末，一般性存款余额达1551 298万元，比年初增加114 795万元，增长7.99%。其中，对公存款余额达979 677万元，比年初增加61 333万元，增长6.68%；个人存款余额达571 621万元，比年初增加53 462万元，增长10.32%。各项贷款余额872 937万元，比年初增加21 899万元，增长2.57%。全年实现中间业务收入11 594万元。全年实现税前利润25 482万元。住房资金归集余额458 878万元，比年初增加55 728万元。公积金住房贷款稳步增长，余额达306 616万元，比年初新增44 699万元。公积金龙卡IC卡累计发卡89 557张。

【支持城市基础设施建设】 2014年，市建行积极争取总分行的资金支持，向泷水塘老工业区改造及玉溪大河治理二期以北片区土地收储项目提供8亿元的资金支持，用于城市基础设施建设。同时，完成了晋红高速公路投资发展有限公司10亿元信用额度的申报工作。

【支持小微企业发展】 2014年，市建行将“助保贷”业务作为实现小企业业务持续发展、密切银、政、企三方关系的重要基础性工作，为轻资产、前景好的小微企业有效解决融资难题，与6个县政府及高新区管委会签订了助保贷业务合作协议，并向1户企业发放贷款300万元。同时，大力推广“网银循环贷”和“五贷一透”等重点产品，进一步满足小微企业的融资需求，累计投放“网银循环贷”17户，投放金额4 291万元；发放“五贷一透”大数据产品17户，投放贷款1 178万元。

【服务质量与经营能力】 2014年，市建行办公综合业务用房置换（建银广场项目）已实现全面封顶。同时，完成新平县、华宁县、峨山县、澄江县、江川县、红塔区支行原址装修，使网点区域划分更加合理，服务功能日趋完善；完成峨山县、新平县、华宁县、江川县、通海县、玉溪师院、玉溪一中、玉溪工业财贸学校离行式自助银行的建设，为客户办业务提供了方便。华宁县支行被评为总行级文明单位。元江县支行、新平县支行被评为省分行级文明单位。

（罗厚富）

【市交行实现规模、质量与效益均衡发展】 2014年，市交行根据总、分行“转型发展年”的工作要求，以“改革创新、转型发展”为主题，紧紧围绕存款、利润、中收三大指标，认真落实中央宏观调控政策，因势而变，改革创新，巩固存量，拓展增量，努力实现规模、质量与效益的均衡发展，管理水平得到增强，各项存款保持平稳增长，并实现跑赢大市的目标。至年末，全行人民币各项存款余额为44.43亿元，比上年增加0.94亿元，增幅2.16%。各项存款在市、区两级银行业机构中的市场占比分别比上年提升0.29、0.73个百分点。同时，将授信和风险管理体系建设落实到位，培育健康信贷文化，在信贷全流程中强化贷前尽职调查、贷中尽职审查和贷后尽职检查，监控重点风险领域授信，积极化解逾期贷款风险，以全面风险管理要求为指引，细化管控流程和工作要求，确保业务运行严格遵循既定规则，持续抓好授信业务风险管理，连续6年保持不良贷款为零的纪录，贷款质量继续保持在业内较好水平。

【支持地方经济】 2014年，市交行在持续加大对民生保障和消费升级领域支持力度的同时，支持能源资源、城市基础设施建设领域的有效需求和结构调整，严格管控“两高一剩”等行业，按照信贷可持续原则，调整基础设施类及一般制造业，探索新农村建设、棚户区改造领域，择优支持保障性安居工程、教育、卷烟配套、运输等行业，不断优化信贷结构，提高信贷资产质量。全年新增贷款发放9户合计3.15亿元。同时，坚持盘活存量，用好增量，通过减退加固、信贷资产证券化，以及信贷业务重组等手段，收回一些沉淀在低效、产能过剩行业里的资金，盘活住房抵押贷款等长期资金，增加可贷资金总量，助力地方经济结构优化。年末，全行贷款余额27.28亿元，比上年减少1 445万元，减幅为0.53%。

【获全国银行业协会“千佳网点”称号】 2014年，市交行顺利通过了省银行业文明规范服务“省级示范单位”和中国银行业文明规范服务“五星示范网点”及“千佳网点”创建。其内设的“育婴室”还被联合国妇女儿童基金会授予“母爱10㎡”机构，开创了全省金融系统服务单位的先河，极大地彰显了交行人文关怀的服务特色。通过服务品牌的创建工作，全行服务水平迈上新台阶。在发展自身业务、支持地方经济建设的同时，积极履行社会责任，持续开展“金融知识普及行动”等活动，将“普及金融知识万里行”、“送金融知识下乡”等活动与分行的“社区行”、“企业行”、“校园行”相结合，积极向民众普及金融知识，提升金融风险防范意识能力，将社会责任宣言贯穿于经营管理全过程，取得了积极的社会效果，树立了企业的责任品牌。

【“银卫安康”一卡通项目落地】 2014年，为缓解人民群众反映强烈的看病难、看病挤等问题，市交行积极参与社会民生事业工作，为医院提供高效金融解决方案，与市医院合力打造了银卫安康一卡通项目，并于12月4日成功落地，实现了患者凭银行卡、医保卡及身份证等在自助机具上自助挂号、自助缴费、自助查询等全流程自助化服务，有效解决患者在医院长时间排队挂号、缴费等问题，对提升市医院信息化水平，为广大患者提供更加快捷方便的就医体验打下了良好的基础。

（乔艳梅）

【市广发行支持个体工商户信贷】 2014年，市广发行个贷中心紧扣总行“两卡一中心”战略思路，积极发展对个体工商户的信贷支持，持续推进“生意人”卡及“自信一贷”卡的营销。全年新增发放生意红信用贷款194笔，金额6 431万元；生意通贷款4笔，金额470万元；发放自信一贷信用贷款70笔，金额1 329万元。同时，通过“圈链会”累计发放支持个体工商户的信用贷款“生意红”贷款2001笔，金额28 728万元，有力地支持了当地个体工商户流动资金的贷款需求。

【保险代理业务实现零突破】 2014年，市广发行加快中间业务的发展，积极与合作保险机构开展代理业务，全年完成保险代理业务55笔，代理保险金额199 940元，实现了保险代理业务的突破。

【“三防一保”工作】 2014年，市广发行在开展创建“平安银行”活动的基础上，积极开展内部纪律教育月活动，开展“六五”普法教育及考试，8月组织了消防演练，9月组织防抢劫、防爆炸、防恐演练，10月接受总行安全生产大检查，11月在全行范围内开展消防宣传月活动。全年实现安全无案件、事故及严重违法违纪的情况发生。

（王勇军）

【市浦发行全力助推地方经济发展】 2014年，市浦发行在经济运行新常态下，严格贯彻落实国家宏观调控政策和监管部门的各项监管要求，紧紧围绕“守、增、转”的工作思路，坚持以效益为中心、以客户为基础、以创新为突破、以风控为前提，迎接经济体制改革挑战，加快信贷投放，重点加强基础设施建设及加快新型城镇化发展，全力助推地方经济发展。至年末，全行各项存款23.93亿元，表内外各项贷款34.64亿元，比年初增加17.24亿元，增长99.13%，有力地支持了地方经济的发展。12月29日，世纪华庭小微支行顺利开业。

【金融创新】 2014年，市浦发行坚持“一资源、二龙头、三批量”的客户开发导向，围绕供应链的上下游挖掘中、小型客户，加强对小微企业的支持力度，并尝试通过“产业基金”及“园区模式”与各县区工业园区优质企业建立合作关系，初步达成了银政、银园、银企合作的中小企业合作模式。同时，通过投行业务创新，市供排水公司2亿元融资租赁项目和市土地储备中心12亿元总行直营自投项目成功落地。

【优质金融服务】 2014年，市浦发行全面推进金融消费者权益保护工作，开展了金融知识普及月活动、金融消费权益保护进社区等一系列活动，并牵手红塔区公安分局、市监管分局、市银行业协会，共同加强金融知识宣传、打击非法集资等，增强了金融消费者保障自身资产安全的意识，提升了广大人民群众的金融知识和防范金融诈骗的能力。同时，围绕业务技能、优质服务提升等方面组织开展了“腾飞浦发”“青春飞扬”系列活动，通过业务技能比赛、培训、银企座谈会等活动，使全行员工精神面貌焕然一新，全面提升了优质金融服务。

（李晓琳）

【市华夏银行盈利能力提高】 2014年，市华夏行继续以“运行有序、管理严谨、业绩优良”为出发点，坚持以发展为中心，以结构调整为主线，坚定不移地走高质量发展之路，积极开展业务改革，推进全行业务增长方式的转变，实现盈利能力稳步提高。同时，加强内控机制建设，畅通业务流程，提高各项业务办理效率，提升服务质量；注重风险监控，开展风险排查，严防案件发生。至年末，全行实现本外币各项存款37.32亿元，其中，对公存款30.76亿元，储蓄存款6.56亿元；各项贷款余额26.17亿元；实现利润1.58亿元。

【支持地方经济发展】 2014年，市华夏行根据总行提出的“中小企业金融服务商”战略要求，紧紧抓住当地主流经济，以满足实体经济和客户需求为出发点，加快由单一的产品营销向综合金融服务解决方案和行业整体解决方案转变，提高市场竞争能力，并在风险可控的条件下，优选交易对手，做大规模，做多流量，大力发展低资本消耗、高效益、可持续的业务，同时加强对全市重点骨干企业、特色产业及中小企业、科技创新、节能环保及薄弱环节的信贷支持，加大对县域经济的信贷投放，全力支持县域经济发展，努力促进全市经济发展方式转变和经济结构调整。

【优化客户结构】 2014年，面对日益激烈的行业竞争环境，市华夏行深入贯彻“没有客户的发展就不是发展，没有合理客户结构的发展更是不可持续的发展”这一理念，在保障存量客户的前提下，始终把新客户开发作为全行的工作重点贯穿全年，加大新客户的开发力度，以点为面，扩大业务辐射范围，以新客户的增量作为发展助推器，为各项业务的发展奠定了良好的基础。在大力拓展增量客户的同时，积极推进客户结构调整，调整大、中、小客户的比例结构，加大中小客户的比例，提高结构比例质量，增强了业务发展的稳定性，实现了盈利能力的稳步提高。

【提高风险管控能力】 2014年，市华夏行信贷政策以强化风险防控、夯实信贷资产质量，强化经营效能管理、提高资源使用效率，强化服务能力建设、不断提高市场竞争力，优化业务布局、不断提升可持续发展能力为原则，对于重点投放领域，持续加大政策支持和资源投入，作为全行新发放贷款的优先选择，不断提高信贷规模占比。其中，对传统产业转型升级、绿色信贷、基础设施、公用事业、健康医疗、现代服务等较为成熟的领域，采用传统信贷业务或新型金融工具提供融资支持；对先进装备制造、现代信息技术、文化传媒、现代农业等新兴领域，在有效把控风险前提下积极寻求业务机会，逐步形成行业特色金融服务模式，培育信贷业务新的增长引擎。

（朱怡颖）

【市民生行发展“小微”“小区”业务】 2014年，市民生行的金融创新，先是伴随着“小微”金融的发展，后是“小区”金融的跟进，在这个大背景下，开创全行做小微、专心致志做小微、一心一意做小微的商业模式，采用“批量开发、规划先行”的模式，对商圈、市场、行业等进行批量化、专业化的销售和开发；同时，率先在红塔区建立2家社区支行，以“便民、惠民、利民”为服务理念，服务社区居民。通过持续的金融创新，进一步凸显了做小微、小区业务的优势，为全市中小微企业的发展做出了应有的贡献。从2009年以来，累计发放小微企业贷款2 163笔，放贷金额20亿元，其中，2014年放贷541笔，金额49 914万元。小微贷款占全行总信贷规模的56%。贷款涵盖八县一区，有力地促进了全市小微企业的发展，切实解决了小微企业融资难的问题，被市工商联授予“支持小微企业贡献突出银行奖”。社区支行业务办理采用移动运营设备为客户办理银行卡、网上银行、手机银行等产品，利用网上银行、手机银行客户端购买理财产品，为社区居民提供水电费、数字电视费、电话费的代缴费业务及商户打折优惠等便民服务，让居民在家门口就可以享受到便利的金融服务；同时，为社区居民举办了反假币宣传、读懂你的信用报告、信用卡的使用、金融防诈骗等讲座，还为社区居民提供一系列如亲子活动、名车试驾、插花活动等多项非金融服务，丰富了居民的生活、普及了金融知识。至12月30日，2家社区支行累计财富资产8 715万，客户数2 070户。

【调整业务结构】 2014年，受经济下行影响，银行业不良资产压力明显增加，在相关监管政策的引导下，市民生行及时退出以钢贸和异地为主的10户企业，虽然导致结算业务及存款的下降，但所有拟退出客户均实现了正常退出，对公授信客户无不良发生。同时，将业务重心逐渐转向以红塔区为主，加强红塔区内业务规划，制定出以百货、家居、建材、餐饮行业等项目为重点的规划，大力调整业务结构，使全行贷款结构逐步趋向合理。

【风险管理】 2014年，市民生行按照总行二级分行风险管理体系建设标准，完善了从组织架构、部门设置、岗位设置、人员配备及制度流程的风险管理体系，人员配置到位，并对支行存在的问题进行整改，业务的合规性得到提升，能够全面履行支行风险管理职能。由于经济下行，不良资产显现，在此背景下，紧盯客户，严控风险成为当务之急，为此成立了“铁骑行动”工作领导小组和清收团队，全力进行问题贷款的清收化解工作，不良增长的趋势得到遏制。

（杨 励）

【市邮储行业务发展】 2014年，市邮储行完成业务收入6 471万元，完成年计划的95.86%，比上年增长14.34%，净增812万元。全行个人存款额达28.18亿元，比年初增长2.47亿元；公司存款达2.78亿元，比年初增长1.25亿元；发放小企业贷款4.65亿元、个人贷款5.24亿元，贷款结余11.07亿元，全省排名第五。至年末，分行拥有营业网点58个，其中，自营网点15个，邮政代理网点43个，乡镇网点占比43%。全年不良贷款金额179.59万元，比年初增加28.08万元，不良率0.16%，比年初下降0.03个百分点，资产质量在全省继续保持较好水平，实现了不良贷款的双控目标。全行存贷比35.76%，比年初上升0.26个百分点。

【再就业贴息贷款】 2014年，根据中国人民银行、财政部、人力资源部和社会保障部关于进一步改进小额担保管理，积极推动创业促就业的通知精神，市邮储行继续为全市下岗失业人员发放再就业贷款1 950笔、1.36亿元，对维护社会稳定，繁荣地方经济起到了积极的作用。

【服务“三农”、小企业】 2014年，市邮储行继续坚持普惠金融理念，加大产品创新，服务“三农”、服务小企业。为有效解决农户融资难的问题，不断创新金融产品，针对客户特点推出了合作社+农户的小额批量贷款业务。这种小额贷款批量模式的开发，为进一步创新小额贷款的发展打开了新的思路，为农村经济的繁荣发展提供了有力的金融支持。为解决企业融资难、融资贵的问题，向省行积极申请办理转期贷和增信贷等新业务，开办了快捷贷，发放小企业贷款116笔，贷款金额4.65亿元。

【首次办理林权抵押业务】 2014年，市邮储行创新抵押方式，开办了林权抵押贷款，有效解决了森林种植企业无抵押物融资难的问题，办理林权抵押贷款4笔2 000万元。该项业务的成功办理，解决了以前抵质押物单一的问题，为进一步拓展资产业务范围提供了有效的解决途径。

（王 宁）

【玉商行转型升级】 2014年，玉溪商业银行充分认识和把握经济新常态，围绕服务实体经济，强化基础管理，严守风险底线，实施“六位一体”布局，各项改革积极推进，转型升级效果显现，较好地完成了各项目标任务。至年末，全行22个对外营业机构资产总额达190.67亿元，比年初增加24.39亿元，增长14.67%。其中，各项贷款余额67.73亿元，比年初增加13.58亿元，增长25.09%。全行负债总额173.56亿元，比年初增加20.08亿元，增长13.09%。其中，各项存款余额146.13亿元，比年初增加23.54亿元，增长19.20%。全年盈利能力保持较好水平，监管指标达到监管要求，资产质量基本保持稳定，年末不良率0.99%，与年初持平。

【提升管理水平】 2014年，玉商行完善公司治理，健全制度体系，修订公司章程，固化三会一层的运行模式，完善董事会运作体系和监事会监督体系，进一步发挥董事会核心决策作用，充分发挥监事会监督职能；同时，全面深化改革，拟定《玉溪市商业银行深化改革与战略规划纲要（征求意见稿）》，完成组织架构调整和薪酬套改；实施增资扩股，拟定《2014年度增资扩股方案》，实施增资扩股20 000万股，分两阶段开展资本金募集工作，完成第一阶段11 596万股资本金募集；严守风险底线，推进新资本管理办法的实施，建立健全全面风险管理体系，做好信用风险、流动性风险、市场风险、操作风险和信息科技风险的防控，全年无案件发生。

【加快业务转型】 2014年，玉商行积极推进业务转型，零售、小微企业等战略性业务规模不断扩大。全年发行“玉溪财富”理财产品54期，其中，非保本型50期，保本型4期，累计销售额85.18亿元，带动储蓄存款显著增加，年末储蓄存款余额24.72亿元，比年初增加7.22亿元，增幅41%。同时，坚持“小微企业伙伴银行”的鲜明市场定位，将支持小微企业发展作为全行战略发展的根基，年末小微企业各项贷款余额44.28亿元，比上年末增10.49亿元，占全行贷款余额的66%，比上年增量多增2.06亿元，增速31%，比全部贷款增速高5.96个百分点，实现了“两个不低于”的目标。全年涉农贷款余额27.94亿元，比上年末增加6.06万元，占全部贷款余额的41.25%，比上年末上升0.84个百分点。

【助力地方发展】 2014年，玉商行切实服务实体经济，面对经济下行压力，认真贯彻“稳增长”要求，合理把控信贷投放规模和节奏，优先支持重点项目、优势产业，年末各项贷款余额比年初增加13.58亿元，完成全年投放计划数的99.89%，既在规定范围之内，又充分利用贷款规模。全年多措并举缓解融资贵，牢固树立与客户共同发展的理念，根据借款人的信用、期限等因素，合理确定贷款利率，创新信用方式，规范服务收费，将质优价廉的服务真正落到实处；着力缓解小微企业融资难，推出“易商贷”微贷业务，大力支持劳动密集、产业升级、绿色环保、消费和外贸领域的小微企业和个体工商户，上门营销客户3.46万户，发放贷款1 263笔，金额3.24亿元。同时，稳步推进网点建设，加大自助机具布放，深入开展金融服务进社区活动，强化电子银行推广，年内完成万商汇支行、昆明关上支行、活发大楼自助银行、通海自助银行、彩虹路自助银行的开业工作，并推出了手机银行，拓宽了服务渠道和服务半径，完善产品和服务体系，加强员工技能培训，着力提升服务水平。营业部获评中国银行业五星级文明规范服务示范单位、云南省银行业文明规范服务示范单位、玉溪市银行业文明规范服务“十佳示范单位”，州城支行获评云南省巾帼文明岗、玉溪市银行业文明规范服务“十佳示范单位”。全年缴纳各项税金1.17亿元，并向社会捐款130多万元。

（龙　伟）

【市农信社经营态势良好】 2014年，市农信社不断提高金融服务“三农”水平，加大对地方经济建设的支持力度，各项业务实现了健康持续发展的良好态势。至年末，全市农信社各项存款余额427.13亿元，比年初增55.47亿元，增幅14.92%；各项贷款余额248.37亿元，比年初增42.36亿元，增幅20.56%；拨备覆盖率223.58%，比年初提高3.78个百分点；资本充足率（老口径）13.73%，比年初提高0.6个百分点；不良贷款余额比年初增加5 632万元，占比下降0.02个百分点；电子银行交易金额991.74亿元，电子业务替代率得到较大提升。

【支持“三农”】 2014年，市农信社涉农贷款余额177.46亿元，比年初增32.93亿元，并在业务创新与支农惠农结合方面做了有益的探索。其中，基层党员带领群众创业致富贷款5 267万元，林权抵押贷款21 086万元，农村房屋抵押贷款20 085万元，农户小额建房贷款50 213万元，高原特色农业贷款55 192万元，精准扶贫贷款21 709万元。

【助力中小微企业】 2014年，市农信社通过积极调整信贷结构，完善授信制度，优化业务流程，创新担保方式，不断加大对工业园区、高原特色产业、农业产业化龙头企业、新兴产业等实体经济的支持力度。至年末，中小微企业贷款余额110.63亿元，占各项贷款的44.54%，比年初增21.59亿元，增速为24.26 %，切实解决中小微企业资金需求。

【民生金融服务】 2014年，市农信社不断提升民生金融服务水平，发放“贷免扶补”创业贷款、创业促就业小额担保贷款、劳动密集型小企业贷款、大中型水库移民小额贷款等政策性贴息贷款69 470万元，余额134 349万元；评定信用乡镇15个、信用村117个、信用组765个、信用户26.86万户；设立惠农支付服务点392个，累计为120.55万人代收、代发养老金12.12亿元，代发财政直补资金127.21万笔，金额2.65亿元，代理兑付烤烟收购款69.73万笔，金额15.50亿元。

【支持重点项目】 2014年，市农信社强化银政合作，先后对“美丽校园100”校安工程建设、“两湖”流域治理、土地储备中心、棚户区建设改造项目等市、县级重点项目授信16亿元，已用信11亿多元；支持公租房、廉租房等保障性住房建设项目贷款2.45亿元。

（杨益民）

【兴和村镇银行盈利能力增强】 2014年，兴和村镇银行强化基础管理，秉承“兴三农、构和谐、创新机”的经营理念，立足服务“三农”、服务社区经济、支持微小企业发展，积极拓展业务和产品创新，不断强化内部管理，建立健全内控制度，严守风险底线，经过全行员工的努力，各项业务稳步发展，取得了较好的经济效益和社会效益。至年末，全行资产总额143 114.48万元，比上年末增6 979.79万元，增5.13%；负债总额123 206.82万元，比上年末增 4 998.85万元，增4.23%。各项存款余额117 271.07万元，比上年末增4 830.27万元，增4.3 %。其中，对公存款83 209.14万元，占各项存款的70.95%；储蓄存款34 061.93 万元，占各项存款的29.05%。日均存款余额87 717.36 万元，比上年增12 872.91万元，增17.20%。全年完成董事会下达任务指标95 000万元的92.33%。全行实现总收入7 511.42万元，比上年增1 550.42 万元，增26.01%；总支出4 667.27万元，比上年增1 251.98万元，增 36.66%；实现经营利润3 973.07万元，比上年增1 199.74万元，增43.26%：实现净利润2 417.53万元，比上年增282.92万元，增13.25%；所有者权益合计19 907.66万元，比上年增1 978.36 万元，增11.03%。

【信贷资产质量保持良好水平】 2014年，兴和村镇银行各项贷款余额86 405.63 万元，比上年末增17 923.61万元，增26.17%。其中，小微企业贷款余额76 181.3万元，占贷款总额的88.17%，比上年末增16 674.39万元，增28.02%；农户贷款余额44 515.23 万元，占贷款总额的51.52%，比上年末增16 554.64 万元，增59.21%。

【新业务、新产品开发】 2014年，兴和村镇银行通过进村镇、入社区，了解和掌握农户、小微企业经营情况，有效解决“三农”资金需求，大力推行优化种植联合担保贷款产品。该产品获得人民银行金融创新产品的认可，并在发起行（玉溪市商业银行）的牵头下对该产品进行优化重组，使项目方案更具备风险管控力及市场推广力，为全面推广该项目奠定了基础。同时，为满足中小微企业、“三农”等客户日益增长的多元化需求，更好地为当地经济社会发展提供金融服务，紧紧围绕发行自主品牌的金融IC借记卡工作设想，圆满完成了金融IC借记新兴卡系统的立项、开发、卡面设计、报批审核、银联入网等工作，并于12月11日上线试运行，对新兴卡所支持的各种业务进行生产测试。

（罗丹辰）

财产保险

【概　况】 2014年，市人保财险公司累计实现保费收入6.24亿元，实收保费收入6.18亿元；实现账面利润（利润总额）216.7万元，实收保费利润率为0.35 %；上缴国家税利3 345.6万元；列支直接赔款3.35亿元，综合赔付率为64.83%，综合成本率99.74%；市场份额51.57 %，为全市提供保险保障6 561亿元。

【引领行业先进】 2014年，市人保财险公司率先在全省系统开展红塔区同城公司改革转型，红塔支公司改为商业非车险支公司，高新支公司改为车商专管专营支公司，新兴支公司改为综合性支公司；率先开发了客户电话验真工具，客户真实性信息工作受到省公司充分肯定，经验和做法被推广；多项工作取得较好成效，公司涌现出一大批各级先进集体和个人，文明建设、社管综治等工作得到地方党委政府的高度好评。与此同时，公司在当地同行业及系统创下了8个第一，即市场份额居当地行业第一，文明建设领居行业先进水平第一，信息宣传采用率居行业第一，车险理赔服务保险消费者满意度居行业第一，理赔技能大赛获全省系统第一，万元以下车险赔案内部流转时效获全省系统第一，客户电话全年平均分类标识率排名全省系统第一，单证管理考核全省系统第一。公司党风廉政建设、合规、社管、档案、保密、印章、单证、工会工作经考核，全市系统12个考核单位均实现优秀满堂红，并保持全省系统先进水平。市分公司荣获省公司授予的“2014年度车商渠道综合管理先进单位、车商渠道新车业务发展先进单位”称号，再度荣获全省系统“满意在人保”主题活动客户服务先进单位，被市道路交通协会表彰为“开文明车 行文明路 做文明人”百日竞赛活动先进单位，被市保险行业协会表彰为宣传信息工作先进单位。所辖的红塔区支公司、元江县支公司荣获全省系统金牌服务示范窗口；新平县支公司被省政府表彰为2012至2013年度云南省“守合同重信用”企业；通海县、峨山县、华宁县、新平县、易门县、元江县支公司被评定为全市2012至2013年度三星级守合同重信用企业；通海县支公司还荣获全省系统先进单位称号。

【竭诚服务“三农”】 2014年，市人保财险公司不断深化农网建设，认真贯彻落实“新国十条”，深入推进农房统保、能繁母猪、奶牛、油菜、水稻、玉米、甘蔗等政策性农业保险，并围绕“三农”分散性保险，继续推进农村学幼险、“吉祥农村”、“农村小额意外伤害保险”等特色保险。全年实现农业保险保费1 990.83万元，提供风险保障3.22亿元；支付农业保险赔款992.28万元，支付防灾防损费164.31万元，有效发挥了保险对地方经济建设的保驾护航作用，为新农村建设作出应有的贡献。

【赔付首例网销非车险赔付案】 2013年3月，向某通过网络购买人身意外保险，网上支付保费54元。2014年1月9日，向某回家途中，不慎扭伤，随后向中国人保95 518服务专线报案。接到向某赔款报案申请后，市人保财险公司及时转账支付保险赔款1 600余元。此案赔付方便快捷，是市人保财险公司网销非车险的第一起赔付案。7月7日，经省公司批准，在市公司设立电子商务渠道直属业务部，即电子商务业务部，其定位为内设经营性部门，并于7月31号成功配送第一张保单。

【首次签订机动车维修企业返修责任保险】 2014年6月28日，红塔支公司首次签订了机动车维修企业返修责任保险，实现保费合计3.6万元，为客户提供了18万元的保险保障。

【理赔技能大赛】 2014年7月12日，市人保财险公司举办第三届理赔技能大赛。此次大赛共有12支代表队56人参赛。比赛设车险查勘定损、车险理算核赔、人伤跟踪医疗审核、企财险、农险理赔5个项目。经过笔试和上机操作的紧张角逐，分公司理赔中心本部获团体总分第一名，同城三组获团体总分第二名，同城一组获团体总分第三名。8月24至26日，在省人保财险公司第三届理赔技能大赛中，经过紧张角逐，市分公司个人和团队双双获得荣誉，公司获团队总分第一名，再次蝉联全省系统理赔技能大赛团体三连冠。

【首次开办家财险附加地震责任保险】 2014年6月1日，根据省人保财险公司对开办家财险附加地震责任保险的通知要求，市分公司作为全市系统首批试点公司之一，首次推出家财险附加地震责任保险。家财险附加地震责任保险是在普通家财险主险基础上附加地震责任。家财险附加地震责任保险销售采取非定额保险方式和定额组合保险方式。

【快速查勘境内农房、水稻、玉米受灾】 2014年9月18日，红塔区境内受“海鸥”台风影响，北城、春和等多个乡镇投保的农房、水稻、玉米等险种因暴风雨不同程度受灾。接到报案后，市人保财险公司理赔中心非车险分部快速行动，深入查勘灾情。此次灾害，支付保险赔款8.3万元。

【市太平洋产险公司市场份额稳居第二】 2014年，市太平洋产险公司以客户需求为导向，秉承“用心承诺，用爱负责”的服务理念，按照“稳增长、重价值、促转型、增效率”的要求，贯彻落实新“国十条”，向“诚信经营在保险”的方向发展，在日趋复杂激烈的市场竞争环境中，实现总保费15 608.86万元，比上年增长16.21%；市场地位在全市14家财产保险公司中稳居第二，市场份额14.52%；累计支付赔款9 263万元，综合赔付率55.21%；上缴国家税金1 681万元；为全市人民提供风险保障538.03亿元。公司还承保了八县一区共计65.926万亩烤烟保险，完成烟叶保险查勘件1 855件，确认保险责任案件1 680件，赔款金额3 272万元，赔付率100.77%，涉及农户近4万户，均以按照相关规定赔付到户。

（吴秀萍）

人寿保险

【概　况】 2014年，市人寿保险公司坚持价值先导、规模适度、优化结构、注重创费，深化改革和创新，着力推进转型升级的总体工作思路，加强条线管理，夯实队伍基础建设，更新队伍思想观念，创新业务发展模式，坚定不移地为达成目标而拼搏，努力提升经营效益。在业务快速发展的同时，坚持依法合规经营，强化销售队伍基础建设和管理，提升队伍销售能力，增强公司竞争实力，保持公司持续、快速、健康发展，实现了各项业务指标稳步增长，完成主要经营考核指标。全年实现总保费4.36亿元，其中，新单保费1.71亿元（含短险），长期险首年标准保费3 155.63万元，首年期交保费6 384.02万元，10年期及以上首年期交保费3 994.28万元，短险保费4 424.05万元，续期保费2.48亿元。

【渠道创新发展】 2014年，市人寿保险公司为突破业务发展瓶颈，学习和创新了多项业务推动项目，确保了个险各项业务的快速增长。通过“保单升级”、“会员专属权益派送报告会”等销售模式，掀起了个险销售热潮，创下了公司自分设以来单季和单月的历史最好成绩。银保渠道以基本法和系统推广为契机，保险规划师队伍得到迅猛发展，截至年底，保险规划师队伍45人，实现了从无到有的历史性突破。团险渠道全面推广实施基本法，队伍管理能力得到提升，销售人员有效人力达36人，市场拓展能力和服务能力不断增强。

【稳固市场地位】 2014年，市人寿保险公司积极适应市场竞争需要，高度重视个险发展，增强加快发展的紧迫感和责任感，将自身的发展置身于市场之中，以强烈的竞争意识，密切关注激烈竞争的市场，认清自己发展的状况，主动出击，继续加快业务发展步伐，聚焦销售队伍，努力取得实实在在的突破。重点在核心业务及核心队伍的发展上展开工作，在实践中不断提升市场反应速度、均衡发展能力以及综合竞争能力。通过统筹城乡发展，实施针对性的销售策略，牢牢掌握市场的主动权，保证在发展的速度、数量和质量上保持领先，切实巩固公司的市场地位。全年深入治理销售误导，大力宣导“诚信我为先”理念，全面推进诚信文化建设，加强内控制度建设，建立重点业务风险监控体系，严厉查处违法违规违纪现象。同时，前置管控关键岗位操作风险，正向引导关键岗位人员合规作业，强化《关键岗位人员异常行为监督管理暂行办法》的执行，推动关键岗位人员的岗位轮换和离岗检查，严防群体性事件、重大舆情风险，落实好应急处理预案；进一步加强信息安全管控力度，树立全员信息安全意识，杜绝信息安全事件。此外，狠抓执行力建设，深入推进领导干部思维模式和思想观念的提升和转变，把公司的一系列发展思想、工作思路不折不扣地落到实处；着力解决执行问题，加大对执行各类管理措施、规章制度和落实企划方案等的监督和检查，保证业务发展有具体可行的计划、方法和措施，避免只重形式、喊口号、摆样子的工作方法，对安排布置的每一项工作，要一步步、一件件、扎扎实实地抓好落实。

【市太平洋人寿公司强化执行力】 2014年，市太平洋人寿公司坚持推进“以客户需求为导向”的战略转型，聚焦营销、聚焦期缴，在激烈的市场竞争中创新发展，对标市场，转变观念，把依法合规经营认真贯彻落实在整个业务经营发展和管理的全过程，围绕公司价值可持续增长、投入产出持续优化的要求，在整合内外资源，优化业务结构的同时，强化执行力。全年完成保费收入8 459.32万元，比上年增长77%；总赔款330.68万元，总赔款件数397件。

（杨　茜）

证　券

【太平洋证券玉溪营业部开展综合创新业务】 2014年，A股迎来久违的牛市，沪指突破3 200点，创出近五年新高，成交量最高突破万亿大关。太平洋证券玉溪营业部根据公司总部的发展战略，以稳定存量客户为基础，积极完成产品销售，大力开展综合业务，实现了传统经纪业务转型的突破性发展。截至年末，玉溪营业部共有客户资金账户3万余户，全年交易量488亿元。营业部共有员工35人，其中客户经理19人，占总人数的54.29%。营业部除在传统经纪业务上取得佳绩外，还在一些创新综合业务中取得了突破性发展。随着公司多项创新业务资格的取得，重点推出了融资融券业务。玉溪营业部根据公司发展目标，在玉溪证券市场上相继开展了约定式购回、股票质押、融资融券等业务。截至年底，融资融券业务共开立300余户，融资余额达1亿元，约定购回规模130万元，股票质押1 300万元。此外，营业部还推出了“太平洋证券睿富6号”等一系列资管产品共8个，实现销售量2 000万元，销售太平洋证券保本型收益凭证2个，代销指数分级证券投资基金、混合型证券投资基金、货币基金等各类型基金6只共计280万元。这些综合创新业务的开展，打破了以前单一的传统经纪业务模式，为客户提供了更多更全面的投资理财渠道，为玉溪证券市场的健康发展打开了新局面。10月，向上级部门上报了在澄江县设立轻型营业部的方案，并接到了省证监局关于同意设立网点的批复。

（马丽波）

【大同证券玉溪营业部规模和收入同步增长】 2014年，大同证券玉溪营业部在市场由熊转牛，行业创新提速，券商自主性创新蔚然成风，且竞争格局和盈利模式出现可喜变化的背景下，主动顺应行业创新发展的新趋势，在深挖传统经纪业务潜力的基础上，又在新业务领域持续发力，并着力推动各项重点工作，不仅实现了业务规模和营业收入的同步大幅增长，为加快转型步伐、增强可持续发展后劲打下了非常稳固的基础，而且赢得了全市投资者的认可。营业部在制订年度投资者关系管理与保护工作实施方案的基础上，又通过积极参与“3·15”消费者权益日和“12·4”全国法制宣传日等全国性的投资者保护宣传活动，精心组织交易所主导的“我是股东”和“走进上市公司”活动，密切配合辖区监管机构组织的投资者保护宣传月活动，持续不断地举办客户沙龙及报告会，推动投资者面对面服务，树立理性投资和价值投资理念，引导客户资产有效配置，并进行新业务知识培训及风险揭示，防范非法证券活动，致力于企业发展与地方经济繁荣一盘棋，把提升社会声誉和社会公信力作为企业的软实力加以打造。

（薛　莲）

景区建设与促销

【概　况】　2014年，全市旅游产业抢抓桥头堡建设历史机遇，创新思路，深化改革，调整结构，加快推进以试验区为重点的重大旅游项目建设，培育发展旅游新产品、新业态，建设高端休闲度假旅游产品，并加快推进乡村休闲旅游产品建设和传统景区提档升级，加大宣传促销和市场营销力度，强化旅游行业市场监管和执法力度，加大旅游服务技能培训力度，提升旅游服务素质和品质，推动全市旅游产业发展再上新台阶。全市累计接待入境旅游者（海外旅游者）4 863人次，比上年增长11.46%；接待国内旅游者2 029.95万人次，比上年增长15.58%；过夜游客占755.25万人次，比上年增24.38%，带动游客人均消费增长明显；旅游总收入108.57亿元，比上年增长26.87%；住宿业营业额总收入14.38亿元，增幅10.3%。3项主要经济指标均超额完成省政府下达的年度旅游强省目标任务。其中，抚仙湖接待游客550.83万人次，比上年增长51.43%，实现旅游总收入27.9亿，比上年增长54.36%；春节黄金周接待游客113.25万人次，比上年增长32.48%，实现旅游总收入4.38亿元，比上年增长23.25%；“十一”黄金周共接待游客101.92万人次，比上年增长2.69%，实现旅游总收入4.07亿元，比上年增长1.93%。

【旅游重大项目建设】　2014年，全市被列入考核对象的旅游项目有14个。其中，前期准备类6个，分别是澄江寒武纪乐园、仙湖山水国际休闲旅游度假园、华夏和谐文化矣马谷度假区、抚仙湖水上运动俱乐部、仙湖锦绣、天湖湾一期云顶社区；在建类8个，分别是中国红滨湖休闲度假旅游区玫瑰湾温泉度假村、太阳山国际生态旅游休闲度假社区、湖畔圣水、江抚仙湖国际老年康体养生度假中心、金色抚仙湖九龙国际会议中心、玉山城、玉水金岸五星级酒店、南屯湖生态旅游园。澄江寒武纪乐园项目主要包括化石地博物馆、寒武纪梦幻乐园、抚仙湖国际养生园、仙湖旅游小镇和湿地公园5个子项目。项目控规经省旅发委组织的专家评审和省十大历史文化旅游项目领导小组审查获通过，并于2月28日开工建设。全年完成投资54 260万元，已实现年内开工的目标任务。仙湖山水国际休闲旅游度假园项目于1月17日开工建设，完成投资28 182万元，已实现年内开工的目标任务。华夏和谐文化矣马谷度假区项目修建性详细规划已获试验区管委会审查通过，业主已按规定程序缴纳项目保证金3 445万元，正在办理环评及规划报批手续，完成投资1 800万元，基本完成年内开工任务。抚仙湖水上运动俱乐部由于市委、市政府清理项目，不符合试验区规划，业主已退出。仙湖锦绣游客接待中心投入使用，建成沙滩铺设、景观游泳池、山区景观和4套样板房等工程。项目合同款、农民工保障金、人防等费用已支付。全年完成投资9 275万元，已完成开工任务。天湖湾一期云顶社区项目环评工作全面启动，土壤及水文监测工作已完成，协调环评单位完成环评报告编制所需资料的补充收集，相关工作已开展，基本完成年内开工任务。中国红滨湖休闲度假旅游区玫瑰湾温泉度假村项目进展顺利，网球场休息室、温泉深井、网球场周边绿化630KVA箱变、游泳馆装修、部分特色民居等已完工。全年完成投资0.7 461亿元，超额完成年内投资0.5亿元目标任务。太阳山国际生态旅游休闲度假社区希尔顿酒店装修基本完成。全年完成投资108 818万元，已超额完成年内投资1亿元目标任务。湖畔圣水项目二期基本完成，并投入运营。全年完成投资10 113万元，完成年内建成投入运营的目标任务。抚仙湖国际老年康体养生度假中心项目进行绿化养护维护及日常运行，原东风度假村5层办公楼拆除，3号楼主体建成，正在进行内装，1号路已通，并与北京众和投资有限公司、北京世欣控股有限公司签订了合作协议。全年完成投资5 186万元，超额完成年内投资0.5亿元目标任务。金色抚仙湖九龙国际会议中心由于用地手续未办理完毕，项目进展迟缓。全年完成投资1 110万元，基本完成年度投资任务。玉山城项目玉山一路、玉山二路已开工建设，岚园5证办理完成，主体全部完成，内外墙抹灰完成，正在进行外立面装修及室外工程建设，玉山小镇建设进入收尾阶段。全年完成投资2.47亿元，超额完成年内投资1亿元目标任务。玉水金岸五星级酒店项目完成酒店地下室负二层消防水、电系统、感烟、感温探测器设备、压力排水系统管道及支架制作、通风工程及管道预埋、配套室外电缆安装及室外附属道路与绿化工程等。全年完成投资1.2亿元，完成年度投资任务。南屯湖生态旅游园项目二期公园绿化、茶室、综合服务店基本完工，6个亭子正在安装。全年完成投资10 010万元，超额完成年内投资1亿元目标任务。

【民族特色旅游村寨建设】　2014年，全市积极抓好5个省级民族特色旅游村寨项目建设。红塔区黄草坝特色旅游村对村内初具规模的10户彝家乐进行了改造，修缮了2条旅游线路路面，新建了1 694平方米的活动广场和4 000平方米的祭龙广场。华宁县上拖卓特色旅游村投资617.96万元，实施了村内吊桥加固修饰、民族广场建设、村内街道硬化、亮化、村内排污、彝族民居改造、彩绘绘上墙及创建“民族团结进步” 示范户等工程。新平县漩涡特色旅游村完成了村内拆临拆违、太阳能路灯安装、绿化植树、竹篱笆、穿衣戴帽、树林景观改造等工作。易门县平滩子特色旅游村完成了科技文化室、文化活动场地、排污管网、特色民居等改造，种植绿化树1 300棵，绿化面积3 000平方米，安装太阳能路灯65盏、垃圾筒10个。元江县尼果上寨特色旅游村完成了改造石棉瓦、彩钢瓦屋顶为青瓦屋顶等工程，重建了扇舞之家，举办了以哈尼棕扇舞为主的哈尼十月年活动。

【乡村旅游建设】　2014年，全市积极开展美丽乡村、特色旅游小镇建设，建成抚仙湖北岸湿地一期工程，打造新平县樱花庄园、褚橙庄园，启动禄充景区、秀山景区、波息湾片区、界鱼石景区提档升级，完成了澄江县右所镇、龙街街道特色旅游小镇规划编制工作，已按照规划分步实施。通海县河西镇实施了供水改扩建和生活垃圾炭化热解项目，加大了绿化工程建设，完成了曲陀关都元帅府文化旅游休闲中心项目的土地审批手续。

【市场促销】　2014年，市旅游发展委积极完善区域联合营销机制，加强与昆明、红河、普洱、版纳等州市的区域合作，共同打造昆明—玉溪－红河生态观光自驾旅游、昆（明）—玉（溪）—（普）洱—（版）纳民族艺术文化旅游。5月，与昆明、红河签订联合宣传营销合作协议，并与昆明、普洱、版纳签订联合宣传营销协议。8月6～13日，5州市到贵阳、重庆、成都、攀枝花开展联合营销工作。期间，组织旅游车辆13辆、50余人参加，历时8天，行程3 000多千米。以旅游专题推介会、广场民族风情演出、双方旅游部门交流及企业洽谈、车辆沿途宣传等形式向贵州、重庆、四川游客宣传昆明、玉溪、红河、普洱、西双版纳的旅游产品以及辐射云南、东南亚国家的旅游线路。本次活动充分宣传和促销了昆玉红旅游经济带以及昆曼大通道旅游线路与产品，增进了与贵阳、重庆、成都、攀枝花旅游业界的交流和友谊。9月14～16日，市旅委组织县区旅游行政部门、旅游景区、旅行社到重庆、成都举办“魅力玉溪：精华旅游产品信息发布会”。当地40余家新闻媒体、90余家旅行商参加了信息发布会。市旅委领导介绍了全市主要的旅游资源和多样化的旅游产品，并向来宾发出盛情邀请。九龙旅游文化投资公司分别就全市东、中、西3条精品旅游线路进行PPT演示介绍。会后，九龙旅游文化投资公司与当地旅行商代表签署了合作协议。此次发布会，巩固了重庆、成都两大客源市场，加强了与当地旅游商的合作。5月16～18日，受昆明市旅委的邀请，全市组织10家旅游企业40余人参加了在大观楼举办的“昆明国际旅游月”旅游便民惠民超市活动。活动期间，发放旅游宣传资料12 000余份，酒店卖家达成协议50余份，销售瓷器、铜制品、新平县土特产旅游商品20 000元左右。本次活动除传统的旅游线路、旅游景区外，重点推出自驾车旅游线路，突出地域特色，并对中心城区生态休闲、抚仙湖高原湖泊康体度假、哀牢山—红河谷民族生态文化等特色产品进行全面宣传，大力宣传了“天人合一·休闲玉溪”旅游品牌形象。

【会展宣传促销】　2014年9月6日，由国家旅游局和福建省政府联合主办的第十届海峡旅游博览会在福建厦门国际会展中心举办。市旅委组织红塔区、通海县、澄江县、易门县、新平县文旅广体局和旅游企业参加了此次旅游博览会。会展期间，展团向厦门市民及参会客商发放旅游宣传资料15 000余份。宣传资料突出地域特色，对中心城区生态城市休闲度假游、抚仙湖高原湖泊康体休闲度假游、哀牢山—红河谷民族生态休闲度假游、昆明－玉溪生态观光自驾游等特色产品进行了宣传，充分展示了全市“天人合一·休闲玉溪”和“西方日内瓦 东方抚仙湖”旅游品牌形象，进一步拓展了旅游客源市场。9月19～22日，全市积极响应省旅委号召，组团参加了陕西省主办的丝绸之路国际旅游博览会。旅博会期间，市旅委发放宣传资料1 000多份，接待各类旅行商、观众3 000余人，重点营销旅游资源、旅游产品、特色旅游线路，以饱满的热情面向全国旅游界广泛营销，提高了影响力，增强了吸引力。11月14～16日，中国国际旅游交易会在上海新国际博览中心举办。市旅委组织县区旅游部门参加了此次交易会，展示了智慧旅游建设成果、抚仙湖高原湖泊康体休闲度假游、哀牢山—红河谷民族生态休闲度假游等旅游品牌形象。

【媒体宣传】　2014年，市旅委延续与市内外各类媒体及户外平面广告媒介的合作，进一步加大“天人合一 休闲玉溪”宣传营销力度，继续在机场、大理火车站投放形象广告，并在原有15辆旅游汽车车身广告的基础上增加30辆旅游汽车车身广告进行旅游形象宣传，新增昆明火车站铁路电视系统57块55寸显示屏、2块10平方米LED大屏进行旅游形象宣传，新增永武高速、嵩待高速、昆曲高速公路各1块广告牌进行旅游形象宣传，大力塑造“天人合一·休闲玉溪”整体形象。同时，改进和完善旅游宣传品制作，与市电视台合作制作2分钟、4分钟、8分钟旅游形象宣传片，并设计自驾车手绘地图；加快旅游信息化建设，与纵横壹旅游科技（成都）有限公司多次协商，达成初步合作协议，加大智慧旅游系统的应用推广；与市电视台、市委宣传部合作共同完成中央电视台七套《美丽中国乡村行》玉溪2集专题片拍摄工作，充分展示了社会主义新农村建设中乡村建设新面貌和民族风情；与《假日旅游》合作，在《假日旅游》秋季刊上对哀牢山－红河谷旅游产品进行了宣传；与《大观周刊》悦享高尔夫合作，对冬季旅游度假产品进行宣传。

（徐晓秋）

旅游节庆活动

【新春大型灯会】 2014年1月28日至3月10日，新春大型灯会在聂耳文化广场举办。本次灯会是市内第二次举办大型灯会，延续“红红火火、塔塔生辉、山山壮美、川川秀丽”的灯会主题，围绕“全力打造成云南灯会第一品牌、昆玉红旅游文化产业经济带的新亮点、展现三乡文化的新平台、建设和谐幸福美丽新玉溪的精神动力”的目标和定位，按照“市场化运作，政府保障”的思路，围绕“龙马腾宵”，把中国传统春节文化元素与地方风情文化结合起来，展出129组精品彩灯（陆地112组，水上17组）。为了进一步弘扬传统文化，丰富灯展内容，灯展区域附近同步举行玉水金岸米线文化节和畅游花海新春花卉展。为使高雅艺术大众化，在开幕式上融入昆明聂耳交响乐团。整个灯会期间喜庆、安全，吸引了30余万人次前来观灯，接待国内外游客65.98余万人次，旅游总收入2.9亿元。

【花腰傣花街节】 2014年春节黄金周期间，新平县以“相约花街·情定花街”为主体，开展了花腰傣服饰展演、花腰傣传统民俗展示、汤锅美食体验、原生态花腰傣风情歌舞表演、磨盘山浪漫之旅、哀牢山神秘之旅、《花腰宴舞》演出等系列旅游文化活动，吸引了众多游客云集新平。据统计，黄金周期间，新平县接待游客22.28万人次，比上年增长6.69%；实现旅游收入7 839.4万元，比上年增长4.99%。花街节已成为新平县对外宣传的名片，亦成为全市节庆活动的品牌。

【二月二戏会】 2014年农历二月二，易门县二月二戏会在县城如期举行。在龙泉文化广场、会厅、龙泉公园、中心街等近2.5平方千米的范围内，沿路布设了滇剧、民族舞，让游客一路走、一路看、一路乐。持续3天的二月二戏会，游客达8.42万余人次，比上年增长13.5%；实现旅游收入3 175万余元，比上年增长14.2%。仅开幕式当天，参与戏会的游客就达4.2万余人次。二月二戏会真正成为以戏会友、以戏搭桥、以戏经商、以戏扬名的重要平台，吸引了众多县内外游客，扩大了易门县的知名度。

【千桌万人磨盘宴】 2014月3月8日，一年一度的新平千桌万人磨盘宴在新平县樱花庄园暨磨盘山国家森林公园樱花广场举办。节日当天，外地游客、本地游客汇聚樱花庄园及磨盘山森林公园参加千桌万人磨盘宴，观赏万亩樱花花海奇观，体验丰富多彩的民族歌舞文化，在自然生态环境中品尝美食，感受特色鲜明的饮食文化。市场化运作使活动取得了成功，据统计，游客达14 310人，实现旅游收入428.48万元，为进一步巩固和打造“千桌万人磨盘宴”品牌迈出了坚实的一步。

【柑橘旅游文化节】 2014年9月12～15日，华宁县举办了一年一度的柑橘旅游文化节。节庆期间，举办了开幕迎宾文艺演出、柑橘旅游文化节专题大型文艺演出和滇中·华宁摇滚音乐狂欢节晚会以及篝火狂欢夜，使节日热闹非凡；举办了首届华宁陶创意文化节、首届滇中·华宁中国象棋擂主挑战赛、名家字画公益拍卖会、首届磨豆山山地自行车挑战赛和“自驾玉溪　非凡体验”主题旅游活动；组织华宁县名优特产展、商贸街及柑橘节车展，丰富节庆商贸活动；举办炊锅宴、生态摸鱼、自助烧烤，品尝华宁传统特色美食；华溪、盘溪分会场举办柑橘采摘趣味运动赛。通过以上活动的开展，充分展示了华宁县“泉、桔、湖、陶”的自然资源和历史、人文资源，提升“中国泉乡”文化品牌，丰富了节日活动，赋予了柑橘节生机与活力。节日期间，华宁县接待国内旅游者7 311人次，其中，过夜游客3 227人次，一日游游客4 084人次，实现旅游收入334.51万元，与上年相比，游客总量增长13.2%，旅游收入增21.47%。

【秀山素食文化旅游节】 2014年“十一”黄金周期间，通海县成功举办了秀山素食文化旅游节，分别在三元宫、清凉台、白龙寺、涌金寺举办了素食品尝和销售活动，并在文庙举办了三礼活动。活动由县旅游局主办，秀山历史文化公园、中天会展服务公司、玉溪网新领航文化传媒公司具体承办。通过举办素食文化节活动，增强游客吸引力，“山城湖”旅游区人流量明显增加，各酒店宾馆、小旅馆出租率较高，饭店、乡村旅游接待点、购物商店等经济收入均不同幅度上升。据统计，素食节期间共接待游客44.91万人次，比上年增2.45%；实现旅游收入1.4亿元，比上年增5.78%。

【春节黄金周】 2014年春节期间，红塔区、通海县等地举办了丰富多彩的节庆活动，假日旅游经济效益明显增强。整个黄金周全市共接待游客113.25万人次，比上年增长32.48%；实现旅游总收入3.9亿元，比上年增长23.25%。其中，过夜游客13.94万人次，一日游客99.31万人次。住宿设施平均客房出租率达到38.83%。随着周边地区游客以自驾游形式不断涌入市内各大景区，主要景区抚仙湖接待人数为14.94万人次，比上年增长23.38%，旅游收入0.52亿元，比上年增长20.91%；红塔区主要景区接待游客20.21万人次；新平主要景区接待游客6.45万人次，门票收入为128.30万元；通海县主要景区接待游客25.97万人次，门票收入为32.95万元。整个黄金周进出市域的机动车总通行量为109.21万辆次，进出市域的自驾车通行量为93.94万辆次，其中，进入的自驾车通行量为50.82万辆次，离开的自驾车通行量为43.11万辆次。节日期间，旅游战线员工各司其职，旅游从业人员服务到位，假日办成员单位和各相关部门密切配合，全市旅游秩序良好，实现了“安全、秩序、质量、效益”四统一的目标。整个黄金周，全市接到旅游投诉3件。值班人员严格按照旅游投诉程序处理，细致了解、认真协调，及时组织双方当事人协商，最后投诉都得到妥善解决。

【“五一”小长假】 2014年“五一”假期，全市旅游再掀春季旅游高潮，接待游客47.09万人次，比上年增长23.48%，其中，过夜游客

8.22万人次，一日游客38.87万人次；旅游业总收入1.61亿元，比上年增长27.16%。各县区推出了丰富多彩的节庆活动，赢得了游客的青睐。主要景区抚仙湖接待游客7.28万人次，门票收入23.34万元。新平县、红塔区、通海县亦迎接大量游客。小长假期间，自驾车市场持续火爆，全市主要景区、饭店、餐馆的停车场爆满。自驾车游客主要来自昆明及周边县市。整个小长假期间有自驾游车辆52.32万辆次，其中，进入市域的有27.94万辆次，离开市域的有24.38万辆次。由于节前市旅委联合工商等部门对各大景区（点）及星级酒店、旅行社的安全和服务质量进行了大检查，使景区安全问题和服务质量有保证，各大景区、酒店未出现安全质量和服务质量方面的投诉。

【“十一”黄金周】 2014年“十一”黄金周期间，全市共接待游客101.92万人次，比上年增长2.69%；实现旅游总收入3.67亿元，比上年增长1.93%。其中，过夜游客16.18万人次，一日游客85.74万人次。住宿设施平均客房出租率达到44.98%。黄金周期间，红塔区、通海县、新平县举办了丰富多彩的民俗文化旅游活动，引来了四面八方的游客，各大景区游客大幅增加。通海等县宾馆饭店持续几天爆满，平均床位出租率7天均在90%以上。整个黄金周进出市域的机动车总通行量为109.09万辆次，进出市域的自驾车通行量为70.55万辆次，其中，进入的自驾车通行量为379 658辆次，离开的自驾车通行量为32.59万辆次。黄金周全市接到旅游投诉4件，经过值班工作人员认真细致地了解、处理，最后都得到妥善解决。黄金周无一例安全事故和重大旅游投诉发生，实现了“安全、秩序、质量、效益”四统一的目标。

（徐晓秋）

旅游行业管理

【导游年检】 2014年3月19～21日和26～28日，市旅游培训中心组织导游人员分2批开展了年度导游年检培训工作。全市185名全国导游员和27名景区导游员参加了年检培训。培训班专门编印了导游学习资料，系统指导导游人员学习《旅游法》、全省旅游市场“十五不准”及省、市领导的重要讲话，增强了导游人员的政治敏锐性，拓宽了知识面。学习结束，参训学员进行了考试。本次参加年检培训的212名导游（185名全国导游员和27名景区导游员）有211人通过年检，一人暂缓通过。

【星级饭店评定复核】 2014年，全市共有一至三星级旅游饭店35家，其中，三星级饭店14家，二星饭店20家，一星级饭店1家。参加星级年度常规性复核的34家（1家未到复核期），31家通过复核，1家因装修改造延期复核，2家取消星级（抚仙湖交通培训中心、波息湾度假村）。

【旅游市场监管】 2014年，全年开通24小时旅游投诉专线电话“96927”，依法、公平、公正处理旅游投诉，确保所有投诉在第一时间、第一地点得到有效处理。全市受理旅游投诉48件，办结48件，结案率100%；调解旅游纠纷赔偿金额32 700元；接受旅游咨询29余人次；办理违法案件1起，处罚金额7 000元人民币；无行政复议案件发生。与上年相比，全市辖区内游客满意度有所提高，投诉率有所下降，旅游网络舆情的监测、引导和处置妥当，没有发生因处置不当而造成恶劣影响。

【旅游安全管理】 2014年，市旅委制定了《玉溪市旅游行业安全生产工作检查制度》，实行自检自查、定期和不定期检查、集中专项检查、联合督查相结合方式，对全市旅游企业进行联合大检查。形式有旺季旅游安全检查、汛期安全检查、冬春季节火灾隐患排查、食品安全专项检查、地质灾害隐患排查、岁末年初安全检查。检查内容具体包括旅游企业设立专兼职安全管理员及从业人员培训的情况，签订安全责任状，健全应急预案，健全并落实各项安全责任制，事故报告和处理及对有关责任人的责任追究情况，设备配备和维护情况，旅行社租用车辆资质情况，所组建的团队没有违背国家法律法规的旅游活动项目情况等。坚持“安全第一、预防为主、综合治理”方针，深入、细致、有序、有效地开展全市旅游行业安全隐患大排查大整治专项行动，积极预防和有效遏制各类旅游安全事故，保持全市旅游安全生产形势稳定；排查全市旅行社、星级饭店、A级旅游景区（点）、星级乡村旅游、旅游汽车公司等旅游生产经营单位，对安全管理组织体系、制度建设、责任落实、现场管理、档案管理、事故查处等方面存在的薄弱环节进行全面排查；结合旅游市场整治组织开展安全生产“打非治违”行动，制定“六打六治”专项行动方案，重点对星级饭店设施设备、旅行社租用车辆进行全面检查和落实。全市共开展检查126次，其中，集中专项检查8次，按照“四不两直”方式暗访抽查6次，出动检查人员1 100人次、车辆178台次，检查旅行社27家、酒店宾馆38家、旅游景区19个、星级农家乐及沿线经营户310家、旅游汽车公司1家、节庆活动1家。全市做到了100%的企业全覆盖，100%的隐患挂牌整改，100%建立安全检查档案并层层签字认可。

【导游服务技能大赛】 2014年10月20～23日，由市旅委主办，市旅游行业协会承办，九龙旅游文化投资公司协办的“九龙投资杯”第六届导游服务技能大赛在云溪宾馆举行。来自全市7个县区代表队的29名选手参加了比赛。大赛评委由全市文旅行业7名专业人士组成。通过景区景点讲解、知识问答、才艺展示的比赛，12位选手获奖。来自红塔工业旅游接待中心的吴莎莎获得一等奖及“金牌导游”称号。

【云南民族大学文化学院玉溪教学实训基地揭牌】 2014年12月26日，云南民族大学文化学院玉溪教学实训基地在市旅委揭牌。云南民族大学文化学院、市旅委主要领导出席签字仪式并为基地揭牌。为进一步推动示范应用型本科人才培养，促进校地资源共享，合作培养应用型旅游管理人才，让学生获得更多的实训机会，锻炼和提高学生的实践能力，双方本着“优势互补、资源共享、互惠互利、友好合作”的原则，达成共建教学基地协议。市旅委将为云南民族大学文化学院旅游专业学科学生提供到本单位及各县区旅游行政主管部门实习机会；协调在市内旅行社、星级宾馆、A级景区、旅游重大项目等旅游企业建立实习、实验、实训基地，选择研究课题，参与社会实践；在从业人员资格考试、培训和各种旅游技能服务比赛中，提供学生参加考试培训、技能服务比赛锻炼的机会。云南民族大学文化学院将聘用市旅委相关专业人员为“双师型”教师，共同进行相关科研课题，实现智力优势与资源优势互补，为全市旅游产业发展提供智力支持和人才储备。双方在开展好以上合作的同时，将在旅游发展研讨会、论坛、推介等活动中相互帮助、共同宣传，并在网络建设方面加强合作，共同推进全市旅游产业发展。

【新平县获“中国最具投资价值旅游名县”殊荣】 2014年5月30日，由国际文化旅游促进会、中国民族文化旅游协会、中国生态旅游发展协会、魅力中国旅游网主办的第二届美丽中华特色旅游品牌宣传推广会在昆明召开。来自哈尔滨、甘肃、广东、南京等地的30余个市、县旅游局、景区代表以及部分旅行商、新闻媒体等100余人参加了此次宣传推广盛会。在旅游宣传推广会上，新平县文化旅游广电和体育局党委副书记王燕荣从新平县的4张旅游名片到新平县的五大节庆活动，向以会代表推介新平县丰富的旅游资源和奇异的花腰傣民族风情，并播放《天籁新平》旅游风光片。新平这张大名片再次得到了到会专家和很多代表的青睐与好评，纷纷表示，以后一定到新平走一走、看一看，亲临感受新平的魅力。鉴于新平县是滇中地区旅游资源的富聚地，具有丰富的自然景观和民族风情，是极具投资价值的旅游目的地，经专家团综合评审，授予新平县“中国最具投资价值旅游名县”荣誉称号。

（徐晓秋）

科学技术

编辑：王 斌

科技管理

【概　况】　2014年，全市科技创新大会出台了《加快实施创新驱动发展战略建设创新型玉溪的决定》，极大地激发了全市科技创新的积极性和热情。开展高层次科技合作与交流。5月和7月分别举办第十六届中国科协年会——生物论坛和“中国院士玉溪行”活动，借助院士专家团队的科技、人才优势，提升玉溪科技合作水平；新增华东理工大学田禾院士和云南林缘香料有限公司共同建立了田禾院士工作站、长沙矿冶研究院余永富院士与大红山矿业有限公司共同建立了余永富院士工作站，引进国宝级的高端人才、行业（专业）领军人才帮助企业攻克技术难关，助推企业提档升级。

加强品牌建设。成功申报了国家新能源汽车推广应用城市；相继申报国家创新型试点城市、国家农业科技园区；7月红塔工业园区通过省科技厅认定，成为云南省高新技术产业开发区。

加强科技创新平台建设。成功申报2家省级工程技术中心，使全市省级工程技术中心由上年的4家增至6家。2014年玉溪有国家级企业技术中心1个，省级企业技术中心23个，省级工程技术研究中心6个，研发机构的数量居全省第二；科技创新助推高新技术企业发展。新增11家高新技术企业，全市复查认定高新技术企业64户，居全省第二位。有省级创新型企业8户，创新型试点企业19户；注重创新人才培育。积极推荐优秀科技人才申报云南省中青年学术和技术带头人后备人才及省技术创新人才培养对象，年内有4人入选省级学术技术带头人和后备人才，11人入选省级技术创新人才和培养对象。

【全市科技创新大会】　2014年12月4日，市委、市政府组织召开玉溪市科技创新大会，市委、市人大、市政府、市政协主要领导和分管领导，市直相关部门领导，各县区党委政府主要领导、分管领导、科技管理部门负责人，高新技术企业代表、学科技术带头人代表、荣获市科技进步奖的获奖代表参加了会议。会议颁布了《中共玉溪市委 玉溪市人民政府关于加快实施创新驱动发展战略建设创新型玉溪的决定》，全面总结回顾了近年科技工作取得的成绩，明确了未来一段时期建设创新型玉溪的总体思路和目标，安排部署了全市科技创新工作。创新大会的召开和文件的出台，对全市夯实创新基础，激发创新激情，提升创新能力和水平具有深远意义，成为玉溪创新发展道路上的一个重要里程碑。

【申报国家级农业科技园区】　2014年，市科技局编写了《云南玉溪国家农业科技园区建设规划实施方案》。11月，园区申报材料通过省、市相关部门审核上报科技部。12月9日，通过了科技部组织的专家实地考察。12月31日，通过了科技部专家视频答辩。2015年2月，玉溪农业科技园区通过科技部认定，成为国家级农业科技园区。

【新能源汽车推广应用】　2014年1月27日，玉溪被科技部、工信部、财政部、发改委四部委批准为全国第二批新能源汽车推广城市。市科技局组织市直部门和比亚迪、重庆五洲龙等新能源车企多次召开推广应用新能源汽车的座谈会，征询意见，开展需求调查，完成了需求情况汇总，分析整理出基本情况，形成了《玉溪市推广应用新能源汽车实施方案（2014年–2015年）》报市政府。2014年，上牌推广应用新能源汽车7辆。

【红塔工业园区被认定为云南省高新技术产业开发区】　2014年7月，经过市科技局多年培育和指导，红塔工业园区通过省科技厅认定，成为云南省高新技术产业开发区。玉溪红塔工业园区已拥有高新技术企业38户，实现工业总产值80.99亿元，上缴税金6.38亿元，成为带动玉溪高新技术产业发展的重要力量。

【高新技术企业认定】　2014年，市科技局推荐13户企业申报高新技术企业，11户企业通过国家高新技术企业认定。认定省科技小巨人企业1家、云南省科技型中小企业17家。推荐认定5个云南省重点新产品、4家云南省创新型企业、5家云南省创新型试点企业。全市高新技术企业通过技术创新从靠扩张、外延式的发展转向走内涵式的发展道路，打造自己的品牌，提高产品的附加值，成为玉溪工业经济平稳较快发展的重要支撑。

【科技创新平台建设】 2014年，市科技局推荐云南省玉溪市太标太阳能设备有限公司和玉溪中烟种子有限责任公司申报省级工程技术研究中心，顺利通过省科技厅认定，成为省级工程技术中心。市科技局完成4家市级工程技术研究中心和一个市级重点实验室认定工作。玉溪科技信息网改版升级，六个创新服务平台新增加收录数字文献约100万篇，总量达3 800万篇，文献库访问人数达8万人次，文献下载量达9万篇，约26万页，社会反映良好。

【科技惠农项目建设】 2014年，市科技局组织科技攻关，实施龙头企业科技带动战略，粮食丰产工程和科技富民专项行动，通过加大新品种、新技术的引进、实验、示范力度，加快实用技术的组装配套及研究。玉溪的3家企业被省科技厅认定为省优质种业基地。9家企业被省科技厅认定为省科技型农产品深加工企业。12家企业被省科技厅认定为省级农业科技示范园。

【启动科技特派员创新创业活动】 2014年8月9日，玉溪市科技特派员创新创业行动启动仪式暨第一期培训班举行。各县区政府分管领导、科技管理部门负责人、成长性较好的企业领导参加了启动仪式和培训。辽宁省科技厅分管科技特派员的领导、宁夏科技厅科技特派员管理中心主任介绍了两省区的主要做法和将来的工作打算。全国优秀科技特派员张青等2人作了经验交流，副市长王学勤对开展科技特派员创新创业活动做了全面安排部署，拉开了玉溪市科技特派员创新创业行动序幕。

【科技项目建设】 2014年1～2月，市科技局先后七次邀请省科技厅相关处室到玉溪举办了有针对性的项目申报培训和工作业务培训，提升项目申报能力。年内，申报国家科技计划项目26个，获批9个，占34%，申报成功率明显提高，争取国家科技计划项目资金462万元；141个项目获省4 935.13万元经费支持；全年的150个项目共争取国家和省科技计划项目资金5 361.13万元，项目申报、立项数量和争取上级资金数量又创新高。申报市级科技计划项目111个，立项91个，创新大会后，积极争取市级财政投入，在年初预算（780万元）的基础上追加了200万元科技专项经费，至此，2014年市级财政投入980万元支持科技项目实施。

【科技招商引资工作】 2014年，玉溪市科技局通过云南玉溪昆玉钢铁集团有限公司的“煤气、蒸汽余热发电”项目，完成招商引资1亿元。通过云南林缘香料有限公司“桑叶多糖提取纯化工艺和生物活性研究及产业化”引资1 300万元。通过云南贡润祥茶产业开发有限公司“年产10 000吨普洱茶露饮料”项目引资120万元。经市考核办认定，引进市外国内资金11 420万元，获2014年度全市招商引资绩效考核二等奖。

【举办生物资源开发论坛】 2014年5月23日，中国科协和云南省人民政府主办，云南省科技厅和玉溪市人民政府承办，市科技局具体承办的第十六届中国科协年会生物资源开发论坛在玉溪举办。中国医学科学院院长曹雪涛院士、福建省农业科学院的谢安华院士、北京大学药学院的张礼和院士等五位专家学者在论坛上作了主题报告，指出了玉溪生物资源开发具有的优势，为玉溪生物资源产业化开发出谋划策。论坛结束后，召开院士专家座谈会，市领导认真聆听院士专家为玉溪发展的建言献策，维和药业、沃森生物等高新技术企业代表进行了现场咨询和互动交流。

【“中国院士玉溪行”活动】 2014年7月28～29日，由市委、市政府主办，市科技局承办的中国院士玉溪行活动，吸引了来自全国11位中国工程院和中国科学院院士聚集玉溪，分别是中国工程院院士向仲怀、陈焕春、李玉、孙宝国、程京、李德发和中国科学院院士陈凯先、孙汉董、邓子新、梅宏、周成虎。这些院士为玉溪创新发展出谋划策，提出实现玉溪驱动的前瞻性意见和金点子，通过活动，搭建玉溪与院士间创新创业的合作交流平台，为推进经济结构战略性调整和实现经济发展方式转变开辟了新的途径。这次活动，活动规模之大、层次之高、反映之好在玉溪乃至全省其他州市尚属首次，是一次高层次人才交流与科技合作活动，成为玉溪招揽高层次人才的重要平台。

【院士工作站建设】 2014年，玉溪新增华东理工大学田禾院士和云南林缘香料有限公司共建的田禾院士工作站、长沙矿冶研究院余永富院士与大红山矿业有限公司共建的余永富院士工作站，通过院士工作站建设，为解决产业发展中存在的重大科技问题提供支撑，玉溪开展科技合作交流的能力水平进一步提升。

【第二届科技入滇工作】 2014年，市科技局积极参与省科技厅到省外开展“科技入滇”推介活动。邀请省科技厅相关处室来玉溪做“科技入滇”项目征集动员培训，召开科技入滇对接活动工作安排会，市科技局制定了玉溪市参加第二届科技入滇对接活动工作方案，明确多项措施，将各阶段工作任务分解下达各县区，征集各类科技合作需求项目50项。促成了一批科技项目、资金在玉溪落地，为玉溪科技发展注入了新活力。

【科普工作】 为提高民众素养，普及科学知识，市科技局在全市开展了形式多样的科普宣传活动。1月17日，玉溪市2014年文化科技卫生“三下乡”集中示范活动在易门县十街彝族乡启动。5月12日，在聂耳文化广场开展以“识别灾害风险，掌握减灾技能”为主题的防灾减灾日宣传教育活动。5月21日，玉溪市暨澄江县2014年科技活动周启动仪式在澄江县城凤山公园举行。市、县相关部门、企业、各乡（街道）15个单位参加了集中示范活动。5月28日，在江川县前卫中心小学和中学开展了“环保科普进校园”科普系列活动。通过开展送科技下乡、科技咨询，进行实物和展板展示，并向群众发放科学种养、环境保护、防震减灾、疾病预防控制等方面科普知识宣传资料近万份。

【知识产权工作】 2014年4月，市科技局以知识产权活动日和知识产权宣传周为载体开展宣传活动，发放5种共7 000多份知识产权宣传资料，组织4辆巡回宣传车，深入县区街头，开展巡回宣传活动，宣传知识产权工作；组织开展企业知识产权实务培训，近200名企业领导、知识产权工作人员参加了知识产权保护、开发和利用知识培训。为市委党校青干班举办专题讲座，传授知识产权保护和应用知识。

做好专利申请和维持费用资助、专利奖励项目的组织、初审和推荐上报工作。继续落实专利申请目标责任制，把专利工作目标任务分解到各县，齐聚各方力量，共同做好专利申请工作，确保专利申请目标落到实处；采取多种措施加大专利技术转化推广运用力度。2014年完成专利申请量981件，其中：发明、实用新型、外观设计专利申请量分别为：264件、555件和162件，专利授权量：658件，专利申请量和授权量均居全省第二。专利有效量492件，已超额完成省市目标任务，（省指标为440件，市指标为447件）。组织申报省专利申请和年费资助478项，下达667项，资助金额33.9 795万元。组织“废弃菜叶回收利用生产工艺等专利在废菜叶资源化中的运用”等四个项目申报云南省知识产权局专利转化实施项目。

（李　真）

科技成果

【科学技术奖评审】　根据《玉溪市科学技术奖励办法（试行）》规定，2014年8月20日《玉溪市人民政府关于2013年度科学技术奖励的决定》对有力促进玉溪市科技进步和经济社会发展的50项优秀科技成果进行奖励。授予“长距离固液两相流顺序输送多品级矿物新工艺”等6项成果为科技进步类一等奖，授予“热轧带肋钢筋抗震性能技术开发及应用”等11项成果为科技进步类二等奖，授予“50 000箱/年茶末-醋纤二元复合滤嘴棒产业化”等33项成果为科技进步类三等奖。50项获奖科技成果中，工业类14项占28%、农业类15项占30%、卫生类18项占36%、教育文化类3项占6%。

【获省科学技术奖项目】　2014年度，玉溪市共有13项科技成果获云南省科学技术奖，玉溪明珠花卉股份有限公司参与完成的“主要球根花卉种质创新与产业化关键技术集成示范”获科技进步奖一等奖。云南大红山管道有限公司完成的“大落差矿浆管道消能输送关键技术研发及应用”获技术发明二等奖。玉溪新兴钢铁有限公司牵头完成的“热轧带肋钢筋抗震性能技术开发及应用”、玉溪市疾病预防控制中心完成的“突发公共卫生事件风险评估体系建设研究及推广应用”获科技进步奖二等奖。玉溪市水产工作站、江川县水产技术推广站、玉溪市古生态抗浪鱼科研保护中心合作完成的“抚仙四须鲃人工驯养繁殖技术研究”，云南省烟草公司玉溪市公司完成或参与完成的“红塔品牌导向玉溪特色烟叶原料保障体系研究”、“中式卷烟大品牌云南优质烟叶原料生产技术研发与应用”，红塔烟草（集团）有限责任公司完成或参与完成的“烤烟新品种NC102、NC297引种选育及配套技术研制与应用”、“红塔集团最佳业务流程的研究及两化融合应用实践”、“卷烟纸中碳酸钙的测定方法开发及推广应用”，玉溪市农业科学院参与完成的“高产、广适、新株型粳稻新品种云玉粳8号选育及应用”，玉溪市植保植检站参与完成的“小菜蛾优势天敌半闭弯尾姬蜂扩繁关键技术与应用”，易门县林业局参与完成的“云南山地油茶良种选育及丰产栽培技术集成与应用”获科技进步奖三等奖。

【“长距离固液两相流顺序输送多品级矿物新工艺”效益显著】　“长距离固液两相流顺序输送多品级矿物新工艺”项目由云南大红山管道有限公司的李平、普光跃、潘春雷等人完成，2013年7月19日，通过玉溪市科技奖励办公室组织的验收，获2013年度玉溪市科学技术奖科技进步类一等奖。成果以同一条管道多级泵站同时输送不同品级铁精矿矿浆为切入点，进行精矿分级存储与输送、脱水处理、运行监控、计量堆料等协同处理研究。对多品级铁精矿固液两相流管道输送流体力学特性进行研究，获得各品级矿浆输送工艺参数及分界方法。解决了矿浆分级输送过程中的运行控制问题，实现了矿浆分级输送过程中浆体实时位置监控。研发出矿浆分级连打输送技术，有效避免输送过程中不同品级矿浆的混淆；研发了多品级铁精矿同一管道加速流消除技术，有效保障了管道的安全运行；研发矿浆分级脱水新工艺，实现不同品级矿浆到达终端站后，进行分级脱水、分级存储。项目实施期，共输送二级精矿238万吨，实现新增销售收入4.17亿元，新增净利润1.81亿元，获发明专利授权4项，实用新型专利授权8项，经济、社会、生态环保效益显著。达到国际先进水平。

【测土配方施肥技术应用与推广】　“玉溪市测土配方施肥技术应用推广”项目是玉溪市土壤肥料工作站等单位承担实施的农业部测土配方施肥项目，由金萍、贾平、舒波等人完成，2014年2月25日，通过玉溪市农业局等单位组织的验收，获2013年度玉溪市科学技术奖科技进步类一等奖。成果自2007年开始实施，至2013年累计开展农户调查35 467户，采集土样35 013个、植株样品3 474个，分析土壤样品27 492个、植株样品3 474个。进行田间正规小区试验386组、校正试验313组、同田对比试验1 853组、“2+X”试验79组、微量元素试验27组。根据不同区域特点，共研究制定作物施肥配方198个，其中：经校正正式推荐使用配方84个。在大量调查、采样测试、田间试验、参数研究、配方设计、技术研发等基础上，建立了各县域施肥指标体系、测土配方施肥数据库和耕地地力评价系统，为推广测土配方施肥技术奠定了坚实基础。累计举办各种培训班3 019期次，培训农民、技术骨干、肥料营销人员145.5万人次，发放技术资料140.1万份、施肥建议卡314.2万份，扩大了测土配方施肥的社会影响力，增强了农民科学施肥意识。在水稻、玉米、烤烟、马铃薯、甘蔗、柑橘等10余种作物上累计推广测土配方施肥1 208.9万亩，新增产量4.82亿千克、新增总产值7.13亿元，累计减少施肥总量0.8万吨（折纯），节本增效6.34亿元，取得明显的经济、社会和生态效益，成果总体达省内领先水平，在“测、配、产、供、施”一体化服务推广模式上达国内先进水平。

【红塔品牌导向玉溪特色烟叶原料保障体系研究】　“红塔品牌导向玉溪特色烟叶原料保障体系研究”项目由云南省烟草公司玉溪市公司田泽华、计思贵、张立猛等人完成，2014年1月17日，通过玉溪市科技奖励办公室组织的验收，获2013年度玉溪市科学技术奖科技进步类一等奖。成果建立了土壤、气象、烟草种植适应性评价体系和烟叶外观质量、内在质量、评吸质量表征体系。系统分析、整理了烟区生态环境和烟叶质量资料，建立了玉溪市植烟土壤、气象和烟叶质量数据库。建立了红塔品牌导向的玉溪烟叶原料生产技术体系及玉溪市优质烤烟生产技术标准。成果发表论文3篇，获软件著作权1项。2011～2013年，累计推广214.72万亩，累计生产烟叶585.61万担，实现烟农收入65.52亿元，实现烟叶农特税及附加税14.42亿元。

【“玉溪市中小学生养成教育的理论与实践研究”通过验收】 “中小学生养成教育的理论与实践研究”课题由玉溪市教育学会李世华、李永云、陆晖等人完成，2013年2月26日，通过玉溪市科技奖励办公室组织的验收，获2013年度玉溪市科学技术奖科技进步类一等奖。成果是教育部的实验课题和重点课题，通过研究探索出一条适合中小学生年龄特点的养成教育基本理论、方式、方法和有效途径，实现了对中小学生养成教育理论体系的建立、创新和突破。编写了《玉溪市初中养成教育教材》、《玉溪市小学养成教育教材（高、中、低段）》，出版了近30万字的《养成教育的理论与实践探究》一书。课题自1995年开始，经过试点、推广、完善和理论提升阶段，经历了由城镇到农村、小学到中学、试点到普及、思想认识到行动内化、专题教育到教育科研，形成较为完整的理论与实践体系，并已溶入全市教育体系中。

【“突发公共卫生事件风险评估的建设及应用研究”通过验收】 “突发公共卫生事件风险评估体系建设及应用研究”项目，由玉溪市疾病预防控制中心李顺祥、张洪军、吴强完成，2014年1月16日，通过玉溪市卫生局等单位组织的验收，获2013年度玉溪市科学技术奖科技进步类一等奖。成果结合玉溪实际建立了传染病、突发事件参比数据库，利用传染病报告、各专病监测及其它专报等10余个系统及风险监测平台和风险评估预案体系。在整合、优化、集成各种资源的基础上，构建突发事件公共卫生风险评估体系，填补了区域内该领域的多项空白，实现突发公共卫生事件风险信息监测、识别、分析、评价及风险管理建议的及时性及有效性。通过系统的决策支持，针对突发公共事件，实现医疗卫生资源（包括卫生应急队伍、卫生应急物资等）的科学调度，取得了良好的经济、社会效益。成果在各类期刊杂志上公开发表相关学术论文29篇，所发表的论文被CNKI、万方等数据库收录，被业界同行多次引用，论文影响因子累计达12.559，成果达到国内先进水平。

【“A、C、Y及W135群脑膜炎球菌多糖疫苗产业化技术研究及应用”通过鉴定】 “A、C、Y及W135群脑膜炎球菌多糖疫苗产业化技术”项目由玉溪沃森生物技术有限公司的黄镇、周红军、施競等人完成，2014年3月1日，通过云南省科技奖励办公室组织的科技成果鉴定，获2013年度玉溪市科学技术奖科技进步类一等奖。成果依据《中国药典》，对A、C、Y及W135群流脑多糖疫苗进行稳定性、异常毒性试验等多种试验，各项指标符合规定，并达到或部分超过WHO规程及欧洲药典标准。在疫苗产业化生产工艺上进行研究，优化了大规模发酵所需的部分参数，形成稳定的生产工艺，并改进了质量检测技术，于2012年3月，获国家食品药品监督管理局颁发的《药品注册批件》。生产车间及辅助配套设施，产业化仪器设备配备齐全，于2012年9月顺利通过认证，获得GMP证书。2012年12月正式投入产业化生产，生产能力达年产300万瓶，截止2013年9月实现产值8 379万元，销售额2 686万元，净利润1 087万元。2012年共有3批产品获得《生物制品批签发合格证》，2013年共有26批产品获得《生物制品批签发合格证》，产品批签发检验合格率100%。项目获发明专利授权1项，发表论文2篇，建立了企业标准、生产和检测标准操作规程及完整的工艺技术文件。在细菌多糖疫苗产业化研究及应用领域达到国内领先水平，内毒素去除技术达到国际先进水平，取得明显社会效益和经济效益。

（连　梅）

【热轧带肋钢筋抗震性能技术开发及应用】 “热轧带肋钢筋抗震性能技术开发及应用”项目由玉溪新兴钢铁有限公司等单位的王佩文、陈伟、张卫强等人完成，2014年2月26日，通过玉溪市科技奖励办公室验收，获2013年度玉溪市科学技术奖科技进步类二等奖。企业通过集成创新，采用低成本控轧控冷和富氮铌钒微合金化控冷工艺开发出HRB335E、HRB400E、HRB500E抗震钢筋并实现产业化生产。项目实施后，335、400、500MPa级热轧带肋钢筋抗震合格率分别由85.75%、91.15%、90.05%提高到99.74%、99.83%、99.96%。2010～2013年，抗震钢筋年产量大于100万吨，项目实施累计增产38.40万吨，新增销售收入140 610.86万元，新增利润8 012.30万元，新增税收11 307.09万元。项目申请国家专利20件，已授权15件，其中发明专利授权5件；在国内外核心学术期刊发表论文18篇，其中SCI/EI/ISTP检索收录9篇。

【“OVD-QR码防伪定位烫印箔激光刻蚀技术研发及应用”通过鉴定】 “OVD-QR码防伪定位烫印箔激光刻蚀技术”项目由云南荷乐宾防伪技术有限公司的杨群峰、袁财荣、梁建荣等人完成，2014年1月10日，通过云南省科学技术奖励办公室组织的科技成果鉴定，获2013年度玉溪市科学技术奖科技进步类二等奖。项目对OVD（电化铝定位烫印箔）烫印工艺及QR二维码应用技术，飞行定位激光刻蚀工艺进行研究，用OVD光学防伪图案和QR码集成进行防伪标识应用，解决了电器控制、机械传动、打标定位、定位检测等工艺技术，能够同时在四组柔性窄幅铝烫印箔材料上进行激光打标。研发了能同时在多组铝烫印箔柔性窄幅材料上进行QR码激光刻蚀的专用设备，所研制设备印制的烫印箔OVD-QR码防伪标识，达到国家标准要求，通过国家条码质量监督检测中心检验。项目获国家发明专利1项和实用新型专利3项，自2012年应用以来，累计生产防伪标识46 804.9万枚，实现产值1 310万元、销售收入1 051万元（含税）。

【“氧化剂存在下配合物吸附催化波的研究与应用”通过鉴定】 “氧化剂存在下配合物吸附催化波的研究与应用”项目由玉溪师范学院的林洪、台希、仲一卉等人完成，2012年7月12日，通过省科技厅组织验收，获2013年度玉溪市科学技术奖科技进步类二等奖。项目研究了金属离子与有机试剂的极谱吸附还原波，应用多种电化学手段表征了该还原波的电化学属性，在此基础上引入能导致峰电流增加产生吸附催化波的氧化剂，提出8个氧化剂存在下的配合物吸附催化波体系，建立了吸附催化波法测金属离子的方法，将方法用于实际样品分析，研究了催化波增敏原理。此外，还将新型纳米材料Mo6S9-xIx纳米线引入本课题研究，构筑了测定DNA和H2O2的生物传感装置。所得研究成果不仅丰富了催化波理论和实践，而且为用简单廉价的仪器实现元素的高灵敏度测定提供了简便易行方法。项目发表论文5篇，其中SCI2篇、EI2篇，全国电分析化学学术会议交流1篇。

【难选铁尾矿中铁的综合回收技术及工业应用研究】 "难选铁尾矿中铁的综合回收技术及工业应用研究"项目由玉溪大红山矿业有限公司的徐炜、徐士申、李金恩等人完成，2013年7月25日，通过玉溪市科技奖励办公室组织的验收，获2013年度玉溪市科学技术奖科技进步类二等奖。项目针对大红山铁矿尾矿中铁品位较高金属损失较大的问题，研发出难选铁矿的强磁场分离技术、弱磁性铁矿物与含铁硅酸盐矿物的反浮选技术、微细粒级的强磁—离心机磁重联合回收技术，确定了尾矿综合回收利用方案，并进行工业化试验，2010年从尾矿中回收铁精矿68万吨，2011年回收烧结精矿74.18万吨，2012年回收烧结精矿80万吨。项目研发的尾矿综合回收技术在三个选矿厂生产中的应用，使选矿技术指标得到了很大的提高，一选厂总尾矿品位从16.5%降至9.02%，二选厂总尾矿品位从16.2%降至10.53%，三选厂尾矿品位从12.85%降至11.3%，平均品位降到了10.8%，为11%的全国铁尾矿平均品位以下，年均每年减少铁金属损失19.22万吨。该项目在大红山铁矿的应用，每年可取得3 000万元的经济效益，同时可减少尾矿排放量80万吨，延长尾矿库服务年限5年。

（周丽琼）

【"优质抗稻瘟病高原粳稻新品种玉粳11号选育应用"通过验收】 "优质抗稻瘟病高原粳稻新品种玉粳11号选育应用"项目，由玉溪市农业科学院等单位的普双有、沈祥宏、邹茜等人完成，2013年12月31日，通过玉溪市农业局等组织的验收，获2013年度玉溪市科学技术奖科技进步类二等奖。项目采用系谱法，利用地理远缘和云南多样的生态条件，以南京农大"镇稻香粳5125"材料作母本，与本地复交组合"莫王谷///P154/282//玉糯2/曲S-35"作父本杂交，"集中组配，异地、异季穿梭"，通过多点适应性比较试验与展示，经7年8代成功育出优质、抗稻瘟病的常规粳稻新品系，于2007～2008年参加省区域试验，2009年参加省生产试验，2010年12月通过云南省审定，定名为"玉粳11号"。该品种集优质、抗稻瘟病、抗稻曲病为一体，糙米率、整精米率分别达到 85.5%和76.5%，高于国家一级标准，具有株高、生育期适中，农艺性状和丰产性好的特点，适宜在海拔1 500米～1 800米的地区种植。2010～2013年间，累计应用面积66.23万亩，新增稻谷总产量2 501万千克，新增总产值8 758万元，节支258万元，合计效益9 016万元。

【烤烟生产中秸秆还田相关问题研究与应用】 "烤烟生产中秸秆还田相关问题研究与应用"项目由云南省烟草公司玉溪市公司的张立猛、计思贵、吴建洲等人完成，2014年1月7日，通过玉溪市科学技术奖励办公室组织的验收，获2013年度玉溪市科学技术奖科技进步类二等奖。成果针对田烟和地烟不同秸秆不同还田方式，对烤烟生长发育及产量的影响、秸秆覆盖条件下烤烟氮素累积特征等进行研究。发现烤烟移栽采用秸秆覆盖还田能有效改善土壤水、肥、气、热条件，协调了土壤的理化性质，秸秆覆盖能够促进烟株生长发育，地烟效果好于田烟，水稻秸秆和玉米秸秆以半腐熟还田油菜秸秆直接还田效果较好，有利于提高氮肥利用率。明确了秸秆腐熟过程中温度、pH值、硝态氮、铵态氮、含水量、发芽率指数等技术指标变化特征。制订了《玉溪市规模化秸秆覆盖栽培及秸秆腐熟还田技术规程》，发表论文3篇，累计推广面积313.7万亩，累计增加烟叶产量1 343.89万千克，累计增加烟叶产值41 465.49万元。

【"抚仙四须鲃人工驯养繁殖"获得成功】 "抚仙四须鲃人工驯养繁殖"项目由玉溪市水产工作站等单位的张四春、夏黎亮、张培清等人完成，2013年12月12日，通过玉溪市农业局等单位组织的验收，获2013年度玉溪市科学技术奖科技进步类二等奖。抚仙四须鲃为云南特有鱼类，因生态环境的变化和人类活动的影响，致使该鱼种资源衰退、数量稀少。项目从抚仙湖采集野生原种、驯化养殖、亲鱼培育、人工繁殖、孵化、苗种培育等进行研究，2009年至2013年，多次人工催产繁殖成功，多次实现了全人工繁殖，几年累计获受精卵近40万粒、孵化出鱼苗28万尾，向抚仙湖放流鱼种9.6万尾，受精卵平均孵化率达80%、鱼苗培育平均成活率达40%。成果的推广应用对保护玉溪市土著鱼类资源恢复物种，维护生态平衡，发展高原湖泊特色渔业，有较好的社会、生态、经济效益。

（王 红）

【"大鼠甲醇中毒后认知功能及脑组织的病理变化研究"通过验收】 "大鼠甲醇中毒后认知功能及脑组织的病理变化研究"项目由云南省玉溪市人民医院等单位的童宗武、吴春云、苏少明等人完成，2014年1月16日，通过玉溪市卫生局组织的验收，获2013年度玉溪市科学技术奖科技进步类二等奖。急性甲醇中毒以中枢神经系统损害、眼睛损害和代谢性酸中毒的表现为主。患者常出现头晕头痛、意识障碍、认知行为异常等与认知功能脑区受损相关的临床表现。成果通过复制急性甲醇中毒动物模型，运用Morris水迷宫、平衡木实验和噪音横杆跑动实验，根据中毒大鼠脑组织病理变化及脑组织趋化因子单核细胞趋化蛋白1（MCP-1）及血管内皮生长因子（VEGF）mRNA水平的表达变化，证实急性甲醇中毒大鼠存在平衡功能障碍、空间学习记忆功能障碍及脑组织损伤，其程度与甲醇中毒剂量有关，为临床判断急性甲醇中毒后认知功能改变及脑组织的病理变化提供了实验依据。成果研究表明甲醇中毒对脑组织有损害，且发生较早，为临床治疗急性甲醇中毒提供了重要的基础研究资料。

【"感染性炎症标志物的临床应用研究"通过验收】 "感染性炎症标志物的临床应用研究"项目由云南省玉溪市人民医院的徐文波、李礼、山德生等人完成，2014年1月16日，通过玉溪市卫生局组织的验收，获2013年度玉溪市科学技术奖科技进步类二等奖。课题研究感染性标志物的诊断界点，对敏感度、特异度、阴性似然比、阳性似然比、诊断指数进行分析，结果表明，采用PCT、IL-6、CRP和血液常规的联检，可以尽早发现、区分细菌感染和病毒感染，动态观察PCT可反映抗菌药物的疗效，PCT的变化可作为调整用药的依据。该课题的研究实施，为快速诊断感染性疾病的检测新添了评估指标，为临床抗菌药物治疗及停止提供了依据，在诊断细菌、病毒感染性和抗菌药物的使用、治疗中具有重要意义，在核心期刊发表学术论文3篇。

【"DNA高甲基化检测在肺癌早期诊断中的应用"通过验收】 "DNA高甲基化检测在肺癌早期诊断中的应用"项目由玉溪市人民医院的张继华、张毅、蔡远玲等人完成，2014年1月16日，通过玉溪市卫生局组织的验收，获2013年度玉溪市科学技术奖科技进步类二等奖。肺癌是目前世界范围内发病率和死亡率最高的恶性肿瘤，而早期诊断肺癌，提早干预是改善预后、减轻个人及社会经济负担的重要手段。该课题探讨了DNA高甲基化检测在肺癌早期诊断中的价值。结果显示:P16基因甲基化检验为非小细胞肺癌早期诊断提供科学依据，有望用于肺癌高危人群的筛查。具有一定的推广应用价值。

【“灾害脆弱性分析技术在医院应急管理中的应用”通过验收】 “灾害脆弱性分析技术在医院应急管理中的应用”项目由玉溪市人民医院的张竣、陈晋、米跃生等人完成，2014年1月2日，通过玉溪市卫生局组织的验收，获2013年度玉溪市科学技术奖科技进步类二等奖。课题关注灾害脆弱性分析在医院应急管理中的重要作用，并应用国际上普遍采用的应用价值高的灾害脆弱性分析工具对医院潜在的脆弱性因素进行分析，探索医院应急措施、建立支持体系，提高医院的抗灾意识和能力、应急管理能力、风险管理能力、提前预警能力，消除或降低灾害对医院运行的影响，为医院风险管理的系统化和科学化奠定了一定的基础，明确医院灾害脆弱性分析的有效路径和程序，建立符合实际的、立体的、适应医院应急管理各阶段要求的新体系。该课题站在医院角度系统提出医院风险因素及对人力、物力的影响，开启了从单一风险评估到系统评估的先河，为医院灾害应急管理提供了有效思路及实施范本。

（周丽琼）

科协工作

【概　况】 2014年，玉溪市科协按照强基固本、突出重点，改革创新、拓展领域、强化服务、提升水平的工作要求，和“1126”的工作思路，即：围绕一条主线（《科学素质纲要》）、深化一项改革（学会改革）、拓展二个领域（企业科协建设、社区科普益民）、巩固六项成果（科普组织建设、项目综合管理、农函大办学、科技扶贫示范、农村科普“六个一”建设、青少年科普教育），以实施“学会改革创新行动”和“美丽玉溪科普惠民行动”为抓手，全面推进各项工作创新发展，使整体工作取得新成效。

《全民科学素质行动计划纲要》实施特色明显。各级科协除正常开展科普日、科技周、三下乡等科普活动外，更加注重体现科普活动的地方特色。市科协联合九三学社玉溪市委继续开展“2014年云南省百名专家科技下乡”活动，共举办科普讲座8场；联合市环保局、教育局等连续第三年开展“环保、科普进校园”活动；积极争取中国科协流动科技馆到玉溪巡展，已完成在红塔区、澄江、江川的巡展；发挥社区及农村的科普文艺队在基层，分布广的优势，以科协下发的反邪教光盘和剧本为蓝本，编排节目开展文化反邪教宣传。2014年，全市科协系统组织1 000多人次的专家深入全市各县区的352个村委会、95个社区开展科普宣传活动，共举办科普宣讲活动94次，发放各种资料（书籍、挂图）31.8万份；举办讲座、报告120场；受益群众19万人次。

多措并举，为农村产业发展提供科技支撑。对32个农技协、20个科普示范基地、9位农村科普先进个人进行表彰，为申请科普惠农项目创造条件。根据区域优势产业，培育、组建、扶持农技协发展，年内发展农技协17个，使全市农技协总数达到227个。组织县（区）开展重楼品种资源和种植面积调查，为重楼产业发展提供决策依据。加强技术培训，提高农民科学技能，举办实用技术培训894次，培训9.3万余人次；农函大玉溪分院在全市69个乡镇、街道办共开办29个专业256个教学班，招收学员15 038人。引进、推广新技术、新品种105项。深入基层调研，切实帮助基层解决产业发展中的科技问题。邀请相关专家对蓝莓、重楼、金银花、蔬菜、核桃等产业发展进行指导。

通过市民政局评审，参加等级评估的13个学会，有12个学会达到3A等级（4A须省上复核认定）、1个学会达到2A等级，为学会承接政府转移职能、购买政府服务、接受捐赠奠定基础。

【科技扶贫点工作】 2014年，市科协多次深入扶贫联系点元江曼来镇平昌村委会，针对大春生产的烤烟移栽，适时进行指导。在产业培育中，积极与大公司联系，帮助引进、示范种植小米辣160亩，并派出技术人员全程提供技术指导，为平昌村的蔬菜发展提供技术支撑。在平昌村举办蔬菜种植培训4期，培训农户200多人次，现场技术指导6次，组织外出参观学习蔬菜种植27人次。9月初小米辣成熟上市，商家按订单协约到产地收购，该村农户示范种植的小米辣平均交售单价3.2元，亩产值达5000余元，示范户最高亩产值达7000多元。同比烤烟产值增收40%以上。该项目的示范成功，为该村农业种植业结构调整，助农增收找到了出路。

【老科协组织建设】 截至2014年8月底，全市八县一区的老科协已全部成立，全市会员951人。各县区老科协组织在市老科协的指导带动下，充分发挥自身优势，为玉溪的经济社会发展做出了积极的贡献。市老科协文化文艺组，积极响应市委、市政府关于殡葬改革，建设美丽家园的号召，把花灯艺术与殡葬改革宣传教育活动融为一体，组织编排了群众喜闻乐见的殡葬改革花灯小戏深入城市社区和农村演出，并制成DVD光碟，在全市开展殡葬改革宣传。新平县老科协围绕农村产业结构调整，提交了重楼产业发展的建议和粮食生产发展的对策与建议；组织医学组专家到漠沙、平掌、水塘、新化、老厂、杨武等6个乡镇，开展义诊活动，受益群众960余人；举办科普讲座46场次，受益群众6 930人次。澄江县老科协围绕保护抚仙湖，开展蓝莓生态种植调研；5月9～11日邀请省内30位中医老专家到澄江县为群众提供义诊服务，受益群众2 200余人。江川县老科协围绕农民增收问题、农村畜禽疾病预防开展调研。易门县老科协举办科普讲座20场，受益人数2 000余人，还提交了洋葱产业发展建议。华宁县老科协针对核桃“毛毡病”问题，撰写了核桃树“毛毡病”防治技术文章；举办科普宣传活动21场次，受益群众3 000余人。峨山县老科协就核桃产业发展、特色农业、林权制度改革等进行调研。元江县老科协针对林地租赁、土地流转中存在的问题、甘蔗测土配方施肥问题开展调研。玉溪师院老科协在调研后提交了《大学生村官去行政化的思考》的报告。红塔区老科协参与区科协组织的科普活动9次，发放科普宣传资料4 000余份。据初步统计，全市老科协共开展科普宣传 175场次，受益人数达24 587人次。市老科协在市民政局对学会等级评估中，达到3A标准。

【青少年科技创新大赛】　2014年，在第二十九届青少年科技创新大赛中，市科协共收到397件作品，其中：学生科技创新研究项目93项，科技实践活动13项，少年儿童科学幻想绘画162幅；教师科技创新成果竞赛项目67项、论文62篇。评出市级获奖项目173项。推荐参加省级竞赛的作品，获省级奖75项，其中：学生创新研究项目二等奖6项、三等奖22项，科技实践活动一等奖1项、二等奖3项、三等奖1项，少儿科幻绘画二等奖3幅、三等奖11幅；教师科技创新竞赛项目一等奖2项、二等奖11项、三等奖12项，教师论文一等奖1篇、三等奖2篇。10件作品被省级推荐至全国参加竞赛，江川一中的“江川县野生大型真菌种质资源调查与利用”和玉溪市红塔区高仓中心小学的“红塔区高仓龙树小学辣椒专项套种体验实践活动”，分别获全国学生创新研究项目二等奖和科技实践活动二等奖。

【科普进校园活动】　2014年5月26日，由玉溪市科协牵头，市环保局、市教育局、食药监局共同举办的，以“节约能源资源，保护生态环境，保障安全健康，促进创新创造”为主题的2014年“科普进校园”活动在玉溪市第二职业中学举行启动仪式，市科协副主席王保才、环保局副局长矣家宁、教育局副局长吴光连、食药监管局副局长王琼珍出席启动仪式。启动仪式结束后，2 200多师生观看了3D立体展板，并参与科普知识、法律知识有奖竞答、科普知识讲座。发放了科普知识系列丛书1 500余册，宣传资料2 200余份。

在为期四天的活动中，在红塔区、峨山、江川的6所中小学巡回展出3D立体科普展板40块、科普展具20件，举办科普报告8场，开展知识有奖竞答，发放活动奖品1 200份，价值3 600元，发放科普资料7 500份，受益师生8 000余名。

9月23日上午，市科协的科普大篷车开进玉溪市特殊教育学校，为特校的200多名聋哑学生送上“科普盛宴”，活动现场在科普志愿者教师手语的讲解下，观看了一副副展品。市科协还赠送了作业本、三角板等学习用品200余份，向师生发放了《健康教育指导手册》、《食品安全与科学饮食》等科普知识丛书200余册。

【机器人竞赛】　2014年，玉溪四小代表玉溪参加云南省青少年机器人竞赛的两个队，分别荣获小学组FLL工程挑战赛一等奖1个、三等奖1个，足球赛三等奖1个。

【青少年生物学竞赛】　2014年5月11日，组织玉溪一中105名高中学生参加2014年全国中学生生物学联赛云南分赛，获得二等奖20名、三等奖20名。

【中国流动科技馆玉溪巡展】　2014年7月16日，中国流动科技馆玉溪巡展在红塔区青科中心拉开序幕，省科技馆副馆长杨晓林、三溪市科协副主席王保才及红塔区区委、政府、人大、政协和江川、澄江县科协的相关领导，参加了启动仪式。

“中国流动科技馆”以“体验科学”为主题，设置了声光体验、电磁探秘、运动旋律、数学魅力、健康生活、安全生活、数字生活、科学表演、科学实验、科普影视10 个主题，50多件（组）展品。观众通过若干互动展品不仅可以了解到物理、数学等基础科学，还能了解到3D技术、居家安全和饮食健康等与生活息息相关的科学知识。参与者可在互动中感受科学魅力，在体验中激发科学兴趣，在探索中树立科学精神，在思考中启迪科学智慧。红塔区展出结束后，又到澄江、江川等地巡展，为期半年多的巡展，共接待观众4.4万余人次，中小学生占70%左右。

【科学表演赛】　在第二届云南省科学表演大赛中，新平县第五小学创作的“森林事多多”和新平戛洒二中创作的“王冠是纯金的吗？”分别获得微剧本二等奖；新平县第五小学创作的“贝贝梦游记”获得微剧本三等奖，该作品同时获得全国微剧本优秀奖。

【参加高校科学营活动】　2014年7月14～20日，玉溪市选派华宁一中和澄江一中的20名在校高中生和2名科技教师前往武汉理工大学参加云南省科协组织的“高校科学营”活动。活动内容主要为聆听高校名师的科普讲座，与科学大师面对面交流；参观高校内体现尖端科技进展的国家或省部级重点实验室、创新实践基地；与高校大学生或学生社团进行科技文化交流，感受大学特有的文化和精神；参观高校所在城市的科技场馆。

【科普日活动】　2014年2月25日，玉溪市“全国科普日”活动暨中国科协流动科技馆玉溪巡展澄江站开馆、启动仪式在澄江县举行，参加开馆、启动仪式的有省、市、县10多家单位的领导及工作人员、科技工作者、科普志愿者和学生2 000余人。启动仪式结束后，参会者参观、体验了中国科协流动科技馆展品，观看3D展板和球幕科普电影，并参与有奖知识竞答。各县区科协结合各自实际开展了科普进

2014年5月26日，科技进校园活动在玉溪二职中举办科普讲座

（市科协　提供）

社区、科普进农村活动。

据统计，活动期间全市共举办科普宣讲活动24场，受众64 720人次，发科普资料9万余份，播放科普节目133个，举办实用技术培训163场，培训20 486人次，为8 000多人次提供了科技咨询和义诊服务。活动覆盖了149个村，29个社区。

【云南省百名专家科技下乡讲学活动】 2014年10月23日～24日，由云南省科协、九三学社云南省委主办，市科协、九三学社玉溪市委承办的“百名专家科技下乡”讲学活动在红塔区、澄江县、华宁县同时进行。云南大学心理健康咨询中心教授、医学博士解亚宁，云南师范大学教育科学与管理学院教授、心理学博士陶云，中国科协委员、云南省环境科学学会副理事长兼秘书长、教授级高工李唯，中国科学院昆明动物研究所原副所长、研究员熊江亲临玉溪为5 400多名师生中小学生和289名公务员作了8场精彩报告。

【云南省农函大玉溪分院获奖】 在云南省农函大2014年度办学情况评价中，农函大玉溪分院及红塔区、江川县、易门县三个分校再获全省农函大办学一等奖；华宁、峨山、新平、元江四个分校获二等奖；澄江、通海县两个分校获三等奖。

（张丽萍）

防震减灾

【概　况】 2014年是实施防震减灾“十二五”规划的关键之年，玉溪市的防震减灾工作以防震减灾三大工作体系建设为抓手，以新建防震减灾中心投入使用为契机，狠抓工作落实，注重实效，干在实处，各项工作齐头并进。市政府召开了2014年度防震减灾工作联席会议并与各县区政府签订目标责任书；玉溪市防震减灾中心、防震减灾科普馆、地震应急指挥平台、4个数字化测震台等项目建成投入使用；做好滇南—滇西南震情跟踪监视牵头工作；地震应急避难场所、地震安全示范社区建设取得新突破；配合有关部门做好农村民居地震安全工程和校安工程的实施工作；广泛深入开展防震减灾科普知识宣传教育工作；加强基层防震减灾基础能力建设。

玉溪市防震减灾局获2014年度全省州市防震减灾工作综合考核一等奖（已连续5年一等奖）；荣获2014年度全国地市级防震减灾工作综合考核先进单位；2014年度地震趋势研究报告获全省第二名；获2014年度滇东地震预报协作区工作先进单位。

【地震活动】 2014年1月1日至12月31日，玉溪市境内共发生ML≥1.0级地震262次。其中1.0～1.9级247次，2.0～2.4级14次，2.5～2.9级1次。最大地震事件为5月25日发生在易门县绿汁镇的2.7级地震，震源深度10千米。2014年，玉溪市的小震活动强度偏低，活动频次偏少，地震活动水平总体不高。地震相对集中在新平、易门、元江、峨山和澄江等县。地震具体分布为：新平县101次，易门县65次，元江县32次，峨山县20次，澄江县16次，通海县9次，江川县9次，华宁县6次，红塔区4次。

【地震监测预报】 根据2014年度全国、全省地震趋势会商结论，市防震减灾局作为滇南至滇西南地区的震情跟踪工作牵头单位，把工作重点放在震情跟踪监视上，确保信息畅通、数据快速传递和各类监测仪器正常运转，坚持每周震情会商、每月编印《震情动态》、《玉溪市震情跟踪工作月报》、季度编印《玉溪防震减灾信息》及时反映地震监测预报情况和防震减灾工作动态。认真执行宏微观异常零报告制度，组织各县区及成员单位开展辖区或所属观测点各类定点前兆观测、定点宏观观测点资料的清理，玉溪共清理定点前兆观测资料32项，定点宏观观测点47个，滇南—滇西南重点组共清理定点前兆观测资料123项，定点宏观观测点184个，每周二定时向省地震局、昆明圈等上报。共向省地震局上报宏、微观异常4份。根据震情形势和震情跟踪工作实际，制定工作方案，进一步明确职责和落实任务，使震情跟踪工作落到实处。

2014年，云南省中强地震连发，5月24日、30日连续发生了盈江县5.6级、6.1级地震，特别是“8·03”鲁甸6.5级地震和“10·7”景谷6.6级地震，市防震减灾局在第一时间向市委、市政府办公室上报《地震速报》，迅速与省地震局联络，及时组织震情会商，专题分析5级以上地震趋势及对玉溪市的影响，要求各县区防震减灾局收集震情等有关情况，做好地震监测及震情跟踪工作。

【震害防御】 2014年，市防震减灾局共审批14件行政审批事项，其中：13件为一般建设工程，1件为需要做安评的建设工程。加强行政审批事项及清理工作，制定玉溪市网上政务服务平台建设方案，认真梳理“建设工程抗震设防要求”确定行政审批事项，开展网上政务服务，按照属地管理原则，此项行政审批事项自2015年起下放至红塔区防震减灾局，市防震减灾局负责对全市项目审批工作的监督管理。完成对现行有效的规范性文件清理工作，加强对地震安全性评价中介服务机构的监督管理，开展对2013年度行政执法案卷评查工作。加强减隔震技术的推广应用，起草《玉溪市人民政府办公室关于在玉溪市建筑工程中全面推广应用减隔震技术的通知》，经过反复征求意见，市政府办公室于9月9日印发实施。

参与农村民居抗震设防指导及校安工程的督促检查工作。开展防震减灾科普示范学校和地震安全示范社区创建活动，2014年命名4所市级防震减灾科普示范学校和2个市级地震安全示范社区。

【防震减灾科普宣传】 2014年，市防震减灾局采取多种宣传渠道和形式，大力开展防震减灾知识的普及和教育。在5月12日第六个“防灾减灾日”活动中，邀请云南省地震局30余位老专家先后在红塔区玉兴街道右所社区、江川县“江川大讲堂”举办“防震减灾，关爱生命”专题讲座。联合市民政局、科技局、国土资源局、卫生局等13个部门，在聂耳文化广场开展“城镇化与减灾”主题宣传活动，省地震局专家现场解答市民对防震减灾有关知识和问题的咨询，展出宣传展板92块，发放宣传册子1 600本，宣传单8 750张，其他宣传用品3 200件。

开展“11·6”全省防震减灾宣传日活动。与玉溪市文联共同举办“纪念通海大地震45周年防震减灾书画摄影作品展”。深入开展防震减灾宣传“七进”活动，到学校、企业、乡村、社区等发放科普读物，举行防震减灾科普知识讲座和指导地震应急疏散演练活动。以《玉溪防震减灾》报、防震减灾宣传网进行科普知识宣传，编印《玉溪防震减灾》报6期，每期2.5万份，随《玉溪日报》免费发放，扩大防震减灾知识宣传面。

【防震减灾科普馆投入使用】 经过一年半的建设，玉溪市防震减灾科普馆于2014年11月6日举行开馆仪式，免费向社会公众开放。玉溪市防震减灾科普馆是云南省第一个专业地震科普馆，建筑面积1 500平方米，总投资350余万元。科普馆分为序厅、地震模拟体验厅、认识地震区、地震工作区、地震自救体验区和结语厅，30个专题展品，设计和布展体现出行业特征、时代特点和玉溪特色。科普馆充分运用现代科技，将栩栩如生的模型、丰富多彩的动态图像、寓教于乐的互动模拟实验、身临其境的震感体验、通俗易懂的图文等呈现给社会公众，从认识、体验、预警、防御、自救互救的角度向公众宣传防震减灾科普知识。通过学习、互动和体验，增强人们对地震灾害的认识，掌握临震应对方法，提高应急避险能力。

【修订《玉溪市地震应急预案》】 为健全完善玉溪市地震灾害应急救援体系和运行机制，不断提高地震灾害应急救援能力，增强预案的针对性、实用性和可操作性。按照云南省地震局和《玉溪市人民政府办公室关于进一步做好地震应急准备工作的通知》的要求，进一步修订《玉溪市地震应急预案》。2014年7月8日，市政府办公室以《玉溪市人民政府办公室关于印发玉溪市地震应急预案的通知》印发各县区人民政府，市直各单位，中央、省驻玉单位组织实施。根据抗震救灾工作需要和人员变动情况，市政府对抗震救灾指挥部成员进行了调整，并印发了《玉溪市人民政府办公室关于调整充实市抗震救灾指挥部成员的通知》。

【地震应急准备工作检查】 2014年，云南省内中强地震连发，为进一步加强地震应急准备工作，坚持“主动防灾、充分备灾、科学救灾、有效减灾”的原则，全面做好“防大震、抢大险、救大灾”的各项准备工作，结合玉溪市2014年面临的震情实际，市政府于2014年9月25～30日，由市政府应急办、防震减灾局、民政局、住建局、教育局领导和有关工作人员组成三个工作组，对全市各县区的地震应急准备工作进行全面检查。汇总各工作组的检查情况后，形成《玉溪市2014年地震应急准备工作检查情况报告》上报市政府。按照云南省抗震救灾指挥部关于印发《2014年云南省地震重点危险区应急准备工作方案》要求，结合玉溪市实际，制定了《玉溪市2014年地震应急准备工作方案》，并上报省抗震救灾指挥部。

（钱宝运）

气象科研

【概　况】 2014年，玉溪气象局地面气象测报、农气测报等各类观测资料传输质量稳步提高；综合天气预报质量获评全省第三；气象服务相关平台建设得到加强，服务能力和服务水平进一步增强提升，各项气象服务尤其是气象灾害预报预警和高原特色农业气象服务工作成效显著；山洪地质灾害防治气象项目及气象灾害防御体系建设取得新进展，气象防灾减灾能力和效益得到新提升；人影工作硬件和软件建设得到加强，全市人工增雨作业增加降水20%，人工防雹保护烤烟和其他农作物面积81.6万亩；气象依法行政和防雷减灾社会管理能力进一步增强，促进了防雷减灾工作有序规范开展；推进县级气象机构综合改革，县区级气象局领导班子和人员队伍建设得到全面加强；多项气象科研项目获立项支持并通过验收，部分科研成果应用于实际工作取得成效，多篇学术论文在国内和省内相关期刊发表，促进了气象学术工作的交流与开展。年度综合目标管理被省气象局考评为达标单位。

【地面气象观测】 2014年，玉溪气象局按照上级业务改革调整相关规定，全市9个台站除红塔区基本站、元江基准站保留人工云量观测，江川、新平、元江、峨山等4个台站保留人工能见度观测外，其余台站观测要素均为自动观测。测报工作管理考核由原来的统计观测基数、错情率、“百班、250班”等指标调整为资料上传及时率、数据可用率及质量控制反馈率等指标，各台站观测重心以设备维护维修、网络畅通、数据质量控制为主。市气象局采取举办业务调整相关事宜培训、制定下发《玉溪市地面气象观测业务改革调整指导意见》、组队参加全省气象行业综合业务职能技术竞赛等形式，促进台站业务人员综合素质和业务能力的全面提升，从而确保全市自1月1日业务切换后，各类观测资料的准确及时上传、观测设备的维护、维修、突发应急观测事件的处理及时到位。全年观测资料传输及时率99.88%，数据可用率99.96%，设备稳定运行率99.99%，自动土壤水分传输率99.5%，新平磨盘山无人自动站上传率98.26%。地面农气观测总基数14 871.7 分，错情率为0.0‰。台站设备维护维修和相关数据质量控制处理符合规范技术规定，观测设备运行正常，全年各项资料传输质量达到中国气象局和省气象局考核目标要求，验收通过“农气百班无错”4个。

【气象监测预报服务】 2014年，玉溪气象局注重新资料、新技术、新方法在天气预报中的应用和经验总结，以灵活应用卫星探测、数值预报资料和“主班初报”、“首席把关”等多种方法来分析研判天气趋势走向。同时，应用自己开发的“玉溪城镇精细化天气预报质量检验”系统，对预报员个人和台内预报质量同省级和国家级预报质量实时跟踪检验，预报员实时比对并发现失误原因，从而找到改进和提升的方法，使玉溪天气预报准确率有提高，服务质量、服务成效有新提升。年内，第一季度和第四季度预报质量获评全省第一、第三季度获评全省第二，全年降雨和气温综合预报质量获评全省第三，四次受到了表彰奖励。市气象台1人获云南省重大气象服务先进个人称号。

公益服务。改进完善常规天气预报制作、发布方式，每日定时从电视、广播、电子显示屏发布的预报和相关信息更具个性化，公众更乐意收看收听。手机短信平台、气象网站专栏、玉溪日报、滇池晨报（玉溪版）天气栏发布的气象预报预警和各类综合信息，也更于公众接收阅看。年内，共发布霜冻、寒潮、大风、高温、雷电、暴雨预警75期；发送干旱、高温、雷电、暴雨等预警服务信息2千余条，发送雨情通报2万余条，重要性、转折性天气消息7万余条，为公众出行和安排生产生活提供了参考。尤其是5月高温转雨天气和冬季强降温霜冻天气预报准确、服务到位，为抗旱促春耕和保暖防冻工作起到积极作用，预报服务工作受到公众好评。

专项专业服务。市气象局针对农业、水利、交通等行业气象服务需求，制作发送各行业相关专题气象服务材料71期。制作完成地质灾害专题、森林火险专题、财产保险专题气象服务材料65期，制作报送烤烟气象旬报、烤烟气候预测、烤烟气候影响评价等常规服务54期（份次），制作报送烤烟气象服务专报2期，发送雨量实况和重要天气消息短信27 056条（次）。针对特色农业服务需求，开展面向新型农业经营主体的直通式气象服务，成立了由8位农业、7位气象专家组成的专家联盟，确定气象服务对象514个，对各县区有代表性、有特色并具有一定规模的服务对象信息录入了气象服务数据库，为其建立专门的服务产品和提供信息传送渠道。各县区气象局选择适合当地特点的高原特色农业示范区，并在不同示范区建成柑橘观测站2个，火龙果观测站、油菜观测站和烤烟育苗观测站、蓝莓育苗观测站各1个。在“玉溪庄园”建成小气候观测站1个。在省气象局的支持下成立了滇中烤烟气象服务中心，使玉溪特色农业气象服务硬件设施进一步加强。

决策服务。市气象局成功开发手机版气象信息服务平台，为各级领导了解和掌握天气变化及雨情信息提供了一条快捷、方便的渠道，使气象预报、预测、预警信息及气象情报服务的及时性比原有气象信息服务方式和渠道大大提高，为防灾减灾及抢险救灾决策提供了科学依据。年内，共发布大雾、寒潮、霜冻、高温预警22次，重要天气消息16期，干旱监测评估分析、森林防火服务材料14期，向市委、市政府领导、水利部门发布雨情短信43次，发出高温（黄、橙、红色）预警信号15 次，发出《晴热高温天气消息》2期。尤其是6月7日历史罕见强降水及“威尔逊”和“海鸥”两次强台风登陆减弱云系影响天气过程的准确预报预警和及时到位的服务，让各级政府和有关部门及时采取防御措施抢险救灾，及时转移受灾害威胁群众，大大减少了因气象灾害造成的经济损失。

【人工影响天气工作】　2014年，玉溪市、县两级人工影响天气中心在汛期前对人工影响天气（以下简称“人影”）作业高炮、火箭发射装备进行性能检测、检查、检修；对XDR雷达、计算机宽带网、区域自动站网进行全面维护维修；进行了5个标准化人影作业点建设改造和红塔区、元江、江川三县（区）人影指挥平台建设；完成易门、峨山、新平、通海县无线通信网改造，使人影工作相关设备设施硬件进一步加强。

人工增雨。市人工影响天气中心改变以往地面单一增雨作业方式转换为地空立体作业，在1～5月抓住11个天气过程组织9个作业点实施地面人工增雨作业48点次。6月进入主汛期后，充分利用人影作业点多面广及雨季云水优势，在认真做好防雹减灾工作的同时，加大人工增雨工作力度，抓住48个天气过程组织49个作业点实施地面人工增雨作业189点次。同时，加大与省人影中心联系，以玉溪为重点的飞机增雨作业达18架次，多次增雨作业惠及玉溪。据评估测算，实施增雨作业后约使全市增加降水20%，为缓解旱情、增加湖泊库塘蓄水起到积极作用。

人工防雹。全市进入主汛期后，市人工影响天气中心于6月1日开始组织各县区106个防雹点上阵实施防雹作业，严防死守4个月，防雹点实施防雹作业509点次，发射各种类型防雹箭弹3 783枚，保护烤烟43.6万亩，其他农作物38万亩。经统计，防雹期间防区外烤烟受灾率为11.6%，而防区内仅为1.1%，最大限度将烤烟雹灾损失降到了最低。

【防雷减灾工作】　2014年，玉溪市闪电定位监测网在全市范围内共监测到雷闪36 989次。其中，强度在20～50千安的有21 863次，50～100千安有3 108次，100千安以上的强闪有561次。据不完全统计，强雷闪造成全市发生雷击灾害6起，建（构）筑物受损2起，单位电子设备雷击事故2起，多套办公、生产电子、监控设备受损，全年雷灾直接经济损失达10多万元，雷灾事故和雷灾经济损失比上年有所减少和减轻。

市雷电中心在雷雨季节前抓紧进行易燃易爆场所，烟草、红塔集团等防雷重点单位的防雷装置安全检测，全年共对10 000余幢（组、套）防雷装置进行安全技术年度检测，对检测后发现的雷击事故隐患，及时提出整改意见并督促被检单位进行整改。为玉溪相关建设项目防雷设计和施工提供依据，进行雷击风险评估项目41个，对39个建设项目进行土壤电阻率测试和防雷装置设计技术评价，完成89个建设项目防雷装置竣工验收检测。防雷设计图纸、防雷装置竣工验收许可率达100%以上；易燃易爆场所检测面达100%；督促防雷隐患整改检测面达100%。利用闪电定位仪、大气电场仪等雷电监测资料，研究开发雷电科研及技术服务项目20套，为红塔集团玉溪卷烟厂的雷电预警服务取得较好效益。

【气象法规建设】　2014年，玉溪气象局按照“强化气象依法行政和气象防灾减灾社会管理”要求，进行了“玉溪政务服务网上大厅基础数据库”建设工作，所建数据库被市编办列为标准样本，并由市政府办发文推广实施。开通气象网上大厅审批服务，用户可通过互联网申报气象行政审批事项。开展气象行政执法案卷评查，对2013年度全市气象行政处罚、气象行政许可和气象行政复议三类案卷中的399件气象行政许可类案卷进行认真评查，建立案卷评查目录，随机抽取的4件行政许可案件被市评查工作小组评为优秀案件，省气象局抽取的1件气象行政许可案件获评省气象局优秀案卷。年内，市气象局与市教育局联合印发了“关于进一步加强中小学校舍防雷安全管理工作的通知”，与县区气象局建立开展联合执法工作机制，发出执法通知书226份，发出责令停止违法行为通知书8份，依法办理施放气球活动审批53件，办理防雷装置设计审核118件，办理防雷装置竣工验收124件，促进防雷减灾工作的有序规范开展。

【山洪地质灾害防治及气象灾害防御体系建设】　2014年，玉溪气象局开展山洪地质灾害防治气象保障工程项目及农村“气象灾害防御体系”建设取得新进展。年内，按中国气象局“山洪地质灾害防治气象保障工程项目”实施进度要求，进行了江川、新平气象观测站新型自动观测设备的安装，全市各县区气象观测工作全部实现双套自动观测，装备可靠性显著提高。江川、澄江完成暴雨洪涝风险普查，为山洪地质灾害气象风险预警预报服务打下坚实基础。红塔区局和新平局继续获得中国气象局“三农”专项资金支持，按年度实施方案要求，完成了主要粮食作物水稻、烤烟农业气候区划和农业气象灾害风险区划，初步建立了乡乡有信息服务站的农村气象灾害监测预报体系，使精细化的气象灾害监测预报能力和水平进一步提高。开展乡镇气象灾害应急准备认证工作，有5个乡镇获得中国气象局气象灾害防御标准化乡镇认证。红塔区、新平县以村为单位查明了农村主要气象灾害风险隐患，建立了以村为单元的农村气象灾害风险数据库并编制了农村气象灾害风险图。调整和优化气象信息员队伍，气象信息员行政村覆盖率达到100%，气象信息服务站乡镇覆盖率达86.7%。

【数字化无线人影通信网建设】2014年，玉溪气象局在省人工影响天气中心和玉溪市、县（区）两级政府投入200多万元资金支持下，组织实施数字化无线人影通信网建设。主要应用现代数字化无线通信技术，建设市级人影指挥中心至县（区）级人影指挥中心、县（区）人影指挥中心至各县（区）人影作业点不同级别的中继站17个，实现市、县（区）、基层人影作业点三级人影通信网络全覆盖。年内，完成了市人影指挥中心到县（区）人影指挥中心和县（区）人影指挥中心到县（区）作业点数字化无线通信网建设任务。其中，市人影指挥中心到县（区）人影指挥中心无线网在红塔区设立1个一级中继站，江川、易门、峨山、新平、元江县设立5个二级中继站，实现市人影指挥中心到县（区）人影指挥中心的全覆盖。另外，县（区）人影指挥中心到各县（区）人影作业点共设立11个中继站。其中，峨山、新平各有2个中继站，其余县（区）各有1个中继站，实现县（区）人影指挥中心到各县（区）人影作业点的全覆盖。待后期市级人影中心直接呼叫全市所有人影作业点建设任务完成后，玉溪数字化无线人影通信网通信效果将会得到极大改善，并为未来实现流动作业点GPS定位、图片传输和视频信息联通等打下较好网络基础，而原来使用已久的模拟无线通信网将被彻底淘汰。

2014年12月，玉溪市气象局联合市烟草公司在澄江抚仙湖畔“玉溪庄园”建成玉溪首个庄园烤烟多要素气候观测站　（褚二忠　摄）

【手机版气象信息服务平台建设】2014年6月，玉溪市气象局组织技术人员成功开发手机版气象信息服务平台，使气象信息服务的质量和效率得到提高。这一服务平台能够实时收集、处理全市9个国家级气象站和238个区域自动气象站的气温、降水、相对湿度等气象要素资料，提供9个县（区）天气实况及旬月降水情况查询、区域自动气象站雨量查询、短期预报、中期预报和重要天气信息查询，并能自动推送气象灾害预警信息，为玉溪各级党政领导了解和掌握天气变化及雨情信息提供一条快捷、方便的渠道，使气象预报、预测、预警信息及气象情报服务的及时性比原有气象信息服务方式和渠道大大提高。

【县级气象机构综合改革】2014年，玉溪气象局根据上级推进县级气象机构综合改革的指导意见和相关要求，深入推进县级气象机构综合改革工作取得新进展。年内，审核并印发各县区局机构设置方案，并按要求推进业务调整、岗位设置、人员调剂等工作。围绕云南省气象局“职能融入、能力提升、注重特色、创新发展”指导思想，注重气象工作与地方政府的职能融入，积极协调地方气象业务工作机构及经费，易门县气象局获县政府以购买服务的方式，解决2个人工影响天气工作岗位及人员经费；元江县政府以政府购买服务的方式，为县气象局火龙果特色农业气象服务中心聘用4名工作人员。

【气象科技创新】2014年，玉溪市气象局结合气象业务服务工作实际，以举办科研学术讲座，组织开展学术论文撰写交流、参加科技宣传周活动等方式，促进了气象业务、气象防灾减灾及科研能力、学术水平的进一步提高。年内，“玉溪市大气负氧离子监测预报研究”、“滇中短时强降水的成因和中尺度特征分析”项目分别获市科技局重点项目和省气象局预报员专项立项支持。其中“大气负氧离子监测预报研究”完成研究工作，系统获国家计算机软件著作权登记证书，并通过验收。“初夏旱涝预测方法研究和系统建设”项目被市科技局推荐到省科技厅参评年度云南省科技进步奖。“云南省强雪雨倒春寒天气过程的分析研究”成果，通过省气象局组织的验收。市气象局立项的“防雷装置设计系统”、“玉溪GIS气象决策服务系统”、“气象业务科研管理系统”等3个项目已完成研究任务，并通过了市局的结题验收，在县（区）气象局推广应用。编辑《玉溪市气象文集》收录论文27篇；在省内和国内相关期刊发表论文16篇。期中，核心期刊8篇，为历年最多。

（褚二忠）

教育管理

【概　况】　2014年，全市教育事业发展成效显著。玉溪市教育局获省教育厅教育创新工作一等奖；玉溪被确立为国家特殊教育改革实验区和全省外来务工人员随迁子女入学工作试点城市。

一年来，玉溪市教育局以打造数字校园、绿色校园、文化校园、平安校园、质量校园“五化校园”、提升广大人民群众教育幸福指数为目标，加强教育软硬件建设，全面提高教育质量，教育改革发展持续稳步上升。美丽100校园行动计划暨校安工程在统一建设、统一筹资、统一还款“三统一”建设模式基础上，全年完成各类融资9.83亿元，超额完成省教育厅下达的目标任务，攀升至全省第一。教育信息化不断提速，截至2014年底，各项融资和招标工作已经完成，正抓紧实施第一批69所项目学校建设，各种系统的研发集成正有序进行。教育综合改革稳步实施，以国家中小学教育质量综合评价改革实验区建设为契机，把2014年确定为“教育质量提升年”，高位推动教育综合改革。全面加强安全工作，加大安全投入，健全完善安全管理长效机制，全年各类安全事故大幅下降，溺水、交通安全事故死亡人数同比下降50%。共认定市级“平安校园”22所，推荐申报省级“平安学校”9所。各级各类教育发展态势良好，学前教育普惠性成效显著，抓住实施学前教育三年行动计划和省定试点机遇，大力扶持学前教育发展，争取各类学前教育改造建设项目，学前儿童毛入园（班）率达93%。义务教育均衡发展稳步推进，完成了华宁县、江川县教育工作督导评估和红塔区的基本均衡评估。2014年5月，国务院推进义务教育均衡发展督察组督导检查玉溪，给予高度评价。普通高中规模质量再创新高，2014年，玉溪10所一级高中全部进入省教育厅一级高（完）中教育质量评价前80名。职业教育发展迅速，获省级中等职业教育技能大赛一等奖21个、二等奖26个，国家级中等职业教育技能大赛二等6个、三等奖4个，是全省获奖层次最高、数量最多的地区。

2014年，全市现有各级各类学校903所，其中：幼儿园232所，小学537所，初中90所，普通高中21所，职业中学9所，普通中专3所，成人中等专业学校8所，普通高等院校1所，高等职业学校1所，特殊教育学校1所。在校学生395 441人，教职工28 132人。

（王韶琨）

【再获“云南省文明学校”称号】　2014年3月，省教育厅、省文明办公布了2013年云南省文明学校的评选和复查结果，全省共命名147所学校为云南省文明学校。玉溪工贸学校、玉溪第一幼儿园、玉溪师院附中、玉溪市第一小学、玉溪一中、玉溪师范学院等10所学校，按照云南省文明学校“十有十无”创建条件及评价体系及《云南省教育厅关于做好2013年省级文明学校申报和复查工作的通知》要求，再次申报省级文明学校的复查认定，经评选，再次被命名为2013年度云南省文明学校。

（周　洁）

【学前教育】　2014年，市教育局抓住实施学前教育三年行动计划和省定试点机遇，采取以奖代补的方式对具有办学资质、年检合格的公办和民办学前教育机构实行生均公用经费补助。争取各类学前教育改造建设项目，现已投入使用147所幼儿园，通过竣工验收75所。2014年，招收幼儿32 930名，学前儿童毛入园（班）率达93%，“入园难”问题初步缓解。预计到“十二五”末，在园幼儿将增加2.5万人，实现基本普及三年学前教育的目标。

【义务教育】　2014年，玉溪出台《关于深入推进义务教育均衡发展的实施意见》，国家中小学质量综合评价改革实验区试点工作全面铺开。完成了华宁县、江川县教育工作督导评估和红塔区的基本均衡评估，对151所学校开展现代教育学校督导评估，所有学校全面开展责任督学挂牌督导。全市义务教育阶段学校就读的流动人口子女达26 623人，在公办学校就读比例远高于全省平均水平。2014年，全市共安排下达“三免一补”资金3.28亿元，营养改善计划资金1.29亿元，各类助学金2 669.57万元，有力促进教育公平。2014年，玉溪义务教育各项指标居全省前列，均衡发展水平得到进一步巩固和提高，获国务院推进义务教育均衡发展督察组督导检查高度评价。

【普通高中教育】 2014年，全市普通高中招生13 028人，在校生达到38 954人，比2013年的38 481人增加473人，高中阶段毛入学率达81.04%。高考成绩再次攀升全省前列，全市高考综合成绩、一本上线率明显提高，居全省第三位。2014年，在省教育厅对全省129所一级高（完）中教育质量评价中，玉溪10所一级高中全部进入前80名，创历史最好成绩。

【职业教育】 2014年，全市中职学校招生10 876人，学生就业率达96.12%，职业资格取证率达85%。对18个市级骨干专业给予每个10万元的资金支持，安排职业教育配套项目经费150万元。加强实训基地、设施设备建设，申报实训基地建设等项目22个，争取资金7 450万元，改善实训条件。进一步扩大双师型教师队伍，有3名教师被评为云南省“云岭教学名师”。参加全省中等职业教育技能大赛，获一等奖21个、二等奖26个，参加全国中等职业教育技能大赛，获二等奖6个、三等奖4个，是全省获奖层次最高、获奖数量最多的地区。

【美丽100校园行动计划暨校安工程】 实施统一建设、统一筹资、统一还款“三统一”后，简化审批程序，办理时限大为缩短，截至2014年底，全市美丽校园建设完成35所，校安工程加固改造项目完成392个39.58万平方米，拆除重建项目完成192个17.66万平方米，全年累计完成实物工程量9.87亿元，超额完成省教育厅下达的目标任务。是校安工程推进最快的一年，由全省排名靠后攀升至全省第一。

【教育综合改革】 2014年，市教育局紧紧围绕国家、省教育综合改革的要求，研究起草《深化教育改革的实施意见》，出台了义务教育免试入学、学区建设、高中招生录取改革等多个配套文件。启动教育教学“云平台”等系统开发。深入推进俭约校园和善行义举榜建设，对全市18所公办高中学校和红塔区的学校试行优秀教师多点执教政策。在各县区中小学全面推行“学区化”办学，实施市属高中与县区高中“捆绑考核、协同发展”。选派58名中小学校长、幼儿园长到北京东城区教师培训中心挂职培训，完成了499名教师培训研修工作，对120名市级学科带头人进行考核认定。

【对外交流与合作】 2014年，市教育局继续加强对外交流，实施教育合作。大力支持玉溪实验中学和玉溪一中与德国海外学校教育司合作，开展德语项目。召开“2014年玉溪教育国际化项目推介会”，支持玉溪三中开展“校企联合办学”，开设国际班。鼓励全市有条件的学校积极参加教育国际化项目。鼓励和支持学校选派教师及志愿者参与汉语推广工作，玉溪三中教师白洁被国家留学基金录取，前往日本留学。协助玉溪师院附中、玉溪三中、玉溪五中完成2013–2014年所聘外教的离岗、离境工作和2014–2015学年聘请外籍教师工作，正式聘请来自德国、英国的外教3人，分别在玉溪一中、玉溪师院附中和玉溪三中任教。

2014年，市政府出台《关于加快教育信息化建设的实施意见》，确定2015年全市基本实现“三通两平台”，多媒体班套比达到1：1，信息技术应用学科覆盖率达100%，基本实现云计算服务、分布式管理的目标。图为11月13日，玉溪市教育信息化建设启动会召开

（市教育局　提供）

【学校安全工作】 2014年，玉溪加大学校安全投入，健全完善安全管理长效机制，全面开展安全隐患大检查和大整治行动。认定市级“平安校园”22所，推荐申报省级“平安学校”9所。全市各级各类学校共安装监控头6 000余个，配备专职安保人员1 389名，配置校园安保器械2 028套，基本建成全方位、全天候的学校安全防范系统。组织专家、一线教师和安全管理人员共同开发地方教材《中小学幼儿园安全》读本。加强对地质灾害、校园施工、实验药品、交通安全、消防安全、森林防火、食品安全、疾病防控、防溺水等方面进行排查整改，排查安全隐患219起，限期整改115起。开展各类应急疏散演练2 000余场次。年底，市政府印发《关于加强当前学校安全工作的紧急通知》，由副市长杨洋带队，市直14个部门抽派相关人员组成10个督查组，全面开展学校及周边环境大检查，及时进行排查整改。

（王绍琨）

【教学质量监管】 2014年，玉溪分批选派16位市、县（区）教研员到教育部行政学院、同济大学、东北师大、杭州师大等参加课程教材、教育质量综合评价等学习培训。指导峨山、华宁、新平、元江县教科所开展云南省一级县级教研机构建设发展评估创建工作。

专职学科教研员深入红塔区，易门、江川、澄江等县30多所中小学进行学科教学调研指导，人均听评课65节、开展专题活动4次。组织全市高三教师170多人到昆明参加高考研讨会，分学科召开665位高三教师参加的“玉溪市高考研讨交流会”。

启动中小学教育质量综合评价改革试点工作，召开培训会，全市150位小学教师参加学习研讨。组织召开“2014年高中毕业班工作会”“初三学业水平考试工作会”、“初中学业水平考试改革质量分析会”，强化初中教育质量提质增效保障体系。

【教师培训】 2014年，玉溪市加大资金投入力度，采用立体化培训模式打造师资队伍，队伍建设成效明显。组织实施“国培计划（2014）”云南省农村骨干教师培训项目，选派168名小学、初中教师参加置换脱产培训，122名各类骨干教师参加短期集中培训，4 800名小学、初中教师参加学科骨干、班主任、信息技术能力提升项目远程培训，接收336名师范生到玉溪中小学顶岗实习。强化校长队伍综合素质，选派校园长228人到北京、杭州、广州等地培训学习。实施市校合作项目，提升教师专业技能，全年共选培各学科骨干教师562人。选培中小学山区教师、音体美等专任课教师762人，组织1 050人，开展质量监测与优化过程性评价、新教材、教师职业素养等培训活动，极大地提高玉溪中小学教师的专业化水平和综合素质。

【教学竞赛】 2014年，为培养打造玉溪名师队伍，促进教师专业技能的提高，组织中小学（幼）共275位教师的“高效课堂”竞赛，评出一等奖49名、二等奖59名、三等奖48名；在275位教师参加的教学技能竞赛中，评出一等奖40名、二等奖56名、三等奖37名；98项教学成果评比中，评选出一等奖18项、二等奖24项、三等奖19项；推选25位优秀选手、3项成果参加省级以上教学竞赛、成果评比。推荐教师参加各级各类教学竞赛和评比，获全国一等奖5人、二等奖1人、三等奖1人，获省一等奖19人、二等奖17人、三等奖16人。在各项竞赛中，参加观摩教师4 700多人次。

遴选玉溪市职业院校8个专业17位教师参加云南省第三届中等职业学校“创新杯”教学设计及说课竞赛，获一等奖7人、二等奖6人、三等奖4人；推荐11人参加国家级竞赛，6人获一等奖。组织了市县区职业高中分赛点进行的玉溪市第十届师生技能大赛。

【课题研究】 2014年，市教育局组织专家对51项市级课题进行评审论证，批准立项45项，全年评审结题课题7项。组织申报“云南省教育科学2014年度课题”及“2014年云南省哲学社会科学教育科学规划项目课题”37项，2项被立为省级规划课题。获玉溪市科技成果评奖活动一等奖1项、三等奖2项。

报送《体验式教学与实验》成果参加教育部优秀成果评奖、《玉溪市中小学养成教育理论与实践研究》成果参加玉溪市科技进步奖评奖、《玉溪市中小学养成教育的理论与实践研究》、《教师正能量》成果参加玉溪市社科联评比等工作。

【“一师一优课一课一名师”活动】 根据教育部、省教育厅通知要求，玉溪市于2014年12月2日邀请省教科院方贵荣副院长对市县区专职教研员90人作专题培训，11日正式启动玉溪市“一师一优课一课一名师”工作，成立组织机构，明确工作职责和活动任务，对县区教育局分管领导、负责科室（所）及市直学校相关人员进行培训及职责分工等工作安排。要求2014年底至2015年5月完成玉溪市中小学教师10%网上晒课，晒课完成后按照优课标准，评选推荐100节优课报送省教育厅。

【教育书刊编辑】 2014年，市教育局组织编写、出版发行《聂耳》《澄江化石》《神奇抚仙湖》3套9本，该读本被教育部列入全国素质教育基础工程系列教材，由市政府免费提供全市中小学生使用。完成《玉溪市教育》杂志6期和《玉溪市中小学我的梦•玉溪梦•中国梦文集》（增刊1期）的编辑出版任务。启动玉溪市中小学安全教育读本编写工作，读本分幼儿版、小学版、中学版三个版本。

【语言文字工作】 2014年，市教育局创建了8所市级语言文字规范化示范校，并申报省级示范校；完成2所省级汉字书写教育特色学校的创建申报工作。按照云南省语言文字工作委员会规划部署，完成江川、通海三类城市语言文字规范化达标创建的准备工作。

为加强普通话机测站点建设，在原有2个机测站点基础上新建玉溪农职院、江川职中、通海青少年活动中心3个计算机辅助普通话水平测试点。全年组织测试10 117人次（学生7 463人，教师、社会考生2 654人），超额完成省定目标4 000人次的测试任务。选送7名教师参加云南省普通话口语提高班暨普通话测试员培训班，选派2名教师到北京科技大学及苏州参加贫困县中小学语文学科骨干教师和语言文字工作幼儿园骨干园长培训。6名队员获第二届中“中国汉字听写大会”云南省级选拔赛团体优秀奖。

（教科所）

高等教育

【师院招生就业工作】 2014年，玉溪师院面向全国26个省区、直辖市招生，共录取全日制新生3 539人。其中，本科3 048人，专科289人，民族预科及五年制高职202人，是录取人数最多的一年，净增学生778人，在校生人数达到12 452人。生源质量进一步提升，本专科录取最低分均高出省控制线。

2014年，毕业学生2 761人，其中本科2 553人，专科208人，是毕业生人数较多的一年。面对严峻的就业形势，学校主动联系人社局、人才市场、学校、企业等单位，让毕业生充分享受到国家、省市、学校出台的各

2014年10月13日，澄江县组织鼓号队展演比赛 （市教育局 提供）

项就业优惠政策和补助。截至11月30日，本科毕业生就业率为93.22%，专科毕业生就业率为93.75%，实现了与教育厅签订的年度就业责任书规定的目标，学校荣获2014年高校毕业生就业创业工作目标责任考核一等奖。

【师院学生参赛获奖】 2014年，玉溪师院组织学生参加全国大学生数学建模比赛、第十四届省运会、第十届省民运会、云南省第四届大学生艺术展演活动、第十七届CUBA全国大学生篮球联赛云南赛区选拔赛、“高教社杯”云南省高等学校教师教育联盟、第二届师范专业大学生教学技能竞赛等一系列竞赛活动，均取得了优异成绩，累计获得各类奖项100余项。选送13件作品参加云南省大学生创业计划竞赛，获金奖2件、银奖4件、铜奖5件，其中3件被推荐参加全国大学生创业大赛。举办第二届专业技能竞赛节，开设大学生创业“跳蚤市场”，参与人数3 000余人次。

一年来，共有17名学生获国家奖学金，23人获省政府奖学金；410人获国家励志奖学金，86人获省政府励志奖学金；1 074人获国家一等助学金，3 007人获二等助学金。合计发放奖助学金1 394.45万元。76人考取硕士研究生，其中26名同学考取同济大学等“211工程”、“985工程”院校。

【优化专业和课程建设】 2014年，玉溪师院制定双专业人才培养模式实施办法，进一步完善学分制模式下的复合型人才培养体系。新增“国际经济与贸易、电气工程及自动化、绘画”3个本科专业，本科专业数达到50个。完成3个新增学士学位授予权专业的自评工作。同时，对所有本科专业进行分类。其中，巩固建设或重点发展专业15个，重点建设或特色发展专业21个，调整办学条件不足，生源差，就业率低的专业11个。外语学院“泰语语音”课程、泰语教研室分别获云南省东南亚南亚语种精品课程及优秀教研室建设项目立项；商学院教材《旅行社管理》被省教育厅推荐参加“十二五”普通高等教育本科国家级规划教材评选；《云南民族传统体育理论与教学》获省级精品教材称号。

【质量工程项目建设】 2014年，玉溪师院共完成在建质量工程项目150余项、投入建设经费217.8万元。获得省级立项质量工程项目23项，建设经费74.1万元。“林洪名师工作室”和“聂锐新名师工作室”获云南省“名师工作室”称号；“湄公河次区域民族民间文化传习示范中心项目”获省级教学实践能力提升工程项目立项；“滇龙胆再生体系的研究”等4个大学生创新创业训练计划项目获省级立项。共计29名教师获省级项目资助，2名教师获名师工作室访问学者学习资格。4名学生获云南省东南亚南亚语种优秀学生留学支持项目资助。

【师院科研成果】 2014年，是玉溪师院获得国家级项目和科研经费最多的一年。共获得国家级项目6项，省部级项目15项，地厅级项目27项，自筹经费项目24项，横向和纵向项目经费800万元。完成在建质量工程项目150余项、投入建设经费217.8万元。获得省级立项质量工程项目23项，建设经费74.1万元。学校有42个科研项目通过结题验收，教师申请专利6项。市级重点实验室《玉溪市高原湖泊生态环境保护中心重点实验室》通过验收。教师科研成果获云南省第十七次哲学社会科学优秀成果三等奖1项，玉溪市第八次社会科学优秀成果奖20项，玉溪市科技进步奖二等奖1项。《玉溪师范学院学报》入选国家新闻出版广电总局第一批认定学术期刊名单。

（玉溪师院）

【农职院特色骨干院校建设工作】 2014年，为确保高质量完成省级特色骨干院校建设任务，玉溪农职院研究制定了实施方案，明确时间节点，细化建设任务，完善相关配套。在建设过程中，强化过程管理，充分发挥建设项目的示范引领作用。在11月12日省教育厅召开的2014年度省级高职高专特色骨干院校建设评审会上，专家对玉溪农职院申报省级特色骨干院校工作给予充分肯定和好评。

【农职院质量建设】 2014年，玉溪农职院共申报20项质量工程项目，2个项目立为省级质量工程建设项目。园艺系开展的以教学内容岗位工作模块化设置，教学时间集中化安排为主要核心的“专业项目化改革试点”工作，进展顺利，效果显著；在经管系开展的考证模块集中教学改革试点，学生取证率提高了近20个百分比；在基础部以大学英语课程组为试点开展了教学内容模块化改革。

【参加技能竞赛获佳绩】 2014年4月11日，玉溪农职院承办了云南省高等职业院校学生技能大赛的园林景观设计、阉鸡技术、鸡人工授精技术、植物病虫杂草识别四个比赛项目。玉溪农职院获得优秀组织奖，5位教师获优秀指导教师称号，2位教师获优秀工作者称号；学院参赛项目中，4个单项获一等奖、5个单项获二等奖、12个单项获三等奖。1个项目获团体一等奖。在2014年云南省中等职业学校“福圆食品杯”农业技能大赛中，学院取得团体二等奖；在云南省“能投浪潮杯”计算机设计大赛中获专科组组织奖，2人获三等奖，5人获优秀奖，2作品代表云南出赛。

【农职院校内实训基地建设】 2014年，农职院实验实训基地建设有了新进展。根据专业结构调整的情况，整合优化院内实验实训室资源；以食用菌研发中心、组织培养研发中心、中草药种植园、苗圃园等建设项目以及和平鸽赛鸽中心引企入校项目建设为主，加快对玉溪市农科院研和试验示范基地的建设。

【玉溪烟草职教集团年会】 2014年12月11日，农职院召开玉溪烟草职教集团年会，这是集团自2005年成立以来的第一次年会。市教育局、市烟草产业办、市、县区农业局、烟草系统、兄弟学校及合作企业共42个单位的领导出席了会议。会议修订并通过了《玉溪烟草职教集团章程》，产生玉溪烟草职教集团新的组织成员，举办了校企合作、中高职衔接、烟草专业人才培养三个职教论坛。为玉溪职业教育改革，集团化办学路子的探索奠定了良好的基础。

【农职院科研工作】 2014年，玉溪农职院教师发表论文（第一作者）共计65篇，其中科学引文索引（SCI）发表论文2篇，核心期刊18篇。1项课题获玉溪市第八次社会科学课题与调研报告类二等奖，5篇论文分别获省、市相关学会优秀论文评选二、三等奖。韩建强以第一作者在《Journal of Wildlife Diseases》期刊上发表的论文，提高了学院学术论文在SCI上的质量。马瑶的《团体辅导提高高职院学生综合心理素质的有效性研究》被云南省高等职业教育教学研究一般项目立项。

【社会培训及职业技能鉴定】　2014年，农职院充分发挥专业人才资源优势和“一所一站三基地”的作用（云南省第110鉴定所和职业技能培训站、云南省农业厅认定的全省现代农业技术培训基地、玉溪市就业再就业技能培训基地、省级农村劳动力转移培训和阳光工程项目培训基地），积极开展社会服务工作。对全省的638名基层农技人员开展现代农业技术培训，对玉溪的547名农民开展就业再就业职业技能培训，对全校1 278名毕业生进行多个工种的技能鉴定，承担玉溪市机关事业单位65人的工人技术等级的培训鉴定，全年共培训和鉴定2 528人。

（农职院）

职业技术教育

【参加技能竞赛获佳绩】　2014年4月，玉溪工贸学校参加在曲靖市举办的云南省中等职业学校技能大赛。教师代表队获汽修、电子电工、会计手工等个人单项一等奖5个、二等奖4个、三等奖4个；学生代表队在“松骋杯”比赛中获车身涂装、汽车空调维修等项目获多个奖项。6月13日，由教育部、交通运输部和江苏省政府在无锡联合主办的2014年全国职业院校技能大赛中职组“雪佛兰杯”汽车运用与维修技能大赛上，获二等奖1个、三等奖2个，同时获大赛推动奖。

【工贸学校受表彰】　2014年，玉溪工业财贸学校荣获全国职业教育先进单位，并被确定为国家高技能人才培训基地、全国第一批节约型公共机构示范单位。荣获全国校园文化建设成果评选二等奖、云南省文明学校称号、云南开放大学首届教职工文艺比赛一等奖。

（工贸学校）

【卫校基础设施建设】　2014年，玉溪卫校投入282万元资金，对学生公寓闲置多年的空地进行体育运动场改建，对综合楼除险加固、网管机房除险和沐浴室改造，装修多功能报告厅和会议室，新建多媒体教室（84寸触控一体机）4间、改造多媒体教室20间、新建计算机教室1间（60台），添置教师办公用计算机33台，改造校园网络，增加校园安全监控设施，完成了图书、阅览采编计划。争取1 200万元的国家级实训中心建设项目兴建实训楼，现已投入使用。

【卫校受表彰】　2014年，玉溪卫校有34名教师在国家级或省级杂志上发表论文。获评市级先进班集体1个，省级优秀毕业生31人，省级“三好生”1人、省政府奖学金5人，市级“三好生”7人、优秀学生干部3人；评出省政府奖学金获得者5人。成教处被中南大学网络教育学院评为2014年“优秀校外学习中心”。护理专业应届毕业生参加国家护士执业资格考试，取得合格率为87.3%的好成绩，同比增加20.4%。

（玉溪卫校）

【参加省年度赛获佳绩】　2014年，玉溪体校派出柔道、排球、拳击、自行车、散打、摔跤、篮球、举重、田径9个运动队参加云南省“十四运会”预选赛，其中，柔道、拳击、散打、摔跤、举重五个项目194名参赛运动员均获省运会决赛资格。球类项目中，排球项目获男子组第三名、女子组第二名，共折合金牌3枚；篮球项目获女子组第二名、男子组第五名，共折合金牌2枚。其他项目获金牌16枚、银牌11枚、铜牌17枚。

【参加省十四运会获佳绩】　2014年7月，玉溪体校参加云南省第十四届运动会的田径、游泳、射击、自行车、柔道、武术套路、散打、拳击、摔跤、射箭、举重、击剑、皮划艇、篮球、排球、沙滩排球共16个项目的比赛，共获金牌46枚、银牌55枚、铜牌60枚，学校大赛成绩及输送转正运动员人数折算带回金牌35.5枚，共获金牌81.5枚。

（玉溪体校）

普通教育

【玉溪一中高考情况】　2014年，玉溪一中不断开拓进取，高考取得优异成绩：考生986人，700分以上3人，600分以上405人，占全省5.6%，600分以上人数较上年提升58.2%（全省600分以上人数较上年提升53.9%）。一本上线率86.49%，其中文科一本上线率80.08%，理科一本上线率88.65%。文、理科全省前十名3人，全省前三十名8人，名列全省第二。

【省高中信息技术教师优质课评比活动在玉溪一中举行】　2014年11月，云南省高中信息技术教师优质课评比活动在玉溪一中举行，来自全省各地的18位选手参加了此次评比活动。本次评比活动采用同课异构、报到时临时抽签和借班上课的方式进行。活动中，选手们展示了精彩的课堂教学设计和教学风采，来自全省各校的到场观摩教师达150多人次。经过三天的角逐，共评出一等奖4名，二等奖5名，三等奖9名。玉溪一中教师张绍忠获一等奖。

【玉溪一中与四所中学签订捆绑发展协议】　2014年12月11日，为贯彻落实玉溪市教育局关于《玉溪市普通高中教学质量评价方案》、《关于开展普通高中学校捆绑发展的通知》要求，玉溪一中与澄江一中、新平一中、元江一中、元江民中协商合作方案，并正式签订捆绑合作发展协议。

2014年起，玉溪开始实施普通高中捆绑发展。全市以玉溪一中、玉溪民族中学、师院附中、玉溪三中为牵头学校，把全市18所公办高中组建为4个捆绑体进行发展、考核，逐步实现全市高中学校管理水平进一步提高，教学质量进一步提升，努力打造更加规范、更具特色、更高质量的高中教育。

（玉溪一中）

【玉溪民中高考工作】　2014年高考，玉溪民中高考再创佳绩：600分以上46人，一本上线277人，一本上线率比上年提高9.15个百分点。二本以上648人，本科上线率96.52%，总上线率100%。圆满完成了市教育局下达的任务，高考综合排名位居全省第26名。

【启动“树人大讲堂”活动】　2014年，玉溪市民族中学在校内开设“树人大讲堂”，每年邀请10位左右国内知名专家、教育家到校做专题讲座。全国政协副主席李金华为学校题写“树人大讲堂”牌匾。年内，教育家邱学华、魏书生等名家大师到校讲学，开阔了师生视野。特别是魏书生主讲的第二讲——“班级工作与人本化管理”，吸引了全市各县区和市直学校900多位中小学教师到会，成为民中办学以来层次最高、参加人数最多的学术会议。

（玉溪民中）

【师附中高考成绩创新高】　2014年，玉溪师院附中高考成绩创新高，稳居全市第二。应届生578人报考，总上线率100%，其中本科上线率98.2%，600分以上48人，占8.3%，最高分663分（理科）。一本上线274人，一本上线率47.4%，二本上线250人，二本以上（含一本）比例90.7%。是全市除玉溪一中外一本上线率和二本以上比例连续3年保持在40%和90%以上的学校，且一本上线率继续领先同批次学校10个以上百分点。继续保持全省一级高中前30名的成绩，在2014年省教育厅一级高中教学质量考评中，荣获二等奖。

【省级书法大赛创佳绩】　2014年3月，在云南省首届“教科杯”书法竞赛及云南省教育厅于2013年6月组织的全省教育系统“中国梦”规范汉字书写大赛中，玉溪师院附中学生大获丰收。云南省首届“教科杯”书法竞赛毛笔书法：一等奖4人（全省23人）、二等奖4人、三等奖6人、优秀奖2人。硬笔书法：一等奖3人（全省23人）、二等奖8人、三等奖2人；云南省教育系统“中国梦”规范汉字书写大赛毛笔书法：一等奖1人、二等奖1人、三等奖2人。其中两件作品被组委会选送参加2013年8月在北京举办的“首届‘华文杯’国际书法大赛”硬笔书法，获一等奖2人、二等奖2人、优秀奖1人。这一成绩的取得，彰显了玉溪师院附中办学特色，展示了玉溪师院附中作为云南省首批特色高中的办学实力。

（师院附中）

特殊教育

【特殊学校名师工作室通过省级考评】　2014年8月，云南省中小学幼儿园名师工作室省级考评工作在云南师范大学实验中学举行。省考评组围绕工作室课堂教学示范、课堂教学研究、专题集中研修三方面的主要工作任务，从政策保障、团队建设、管理制度、教学示范、教学研究、研修培训、业绩成效、辐射影响、特色创新等9个方面，通过答辩、查阅资料等举行认真考评，玉溪市特殊教育名师工作室通过省级考评合格。

【特殊学校与云师大签订合作协议书】　2014年11月20日，云南师范大学教育科学与管理学院副院长陈元丁带领特殊教育专业学生到玉溪特殊学校观摩学习，双方签订了合作共建“特殊教育研究与实践教学基地”协议书，陈副院长向学校授牌。

【申报国家级重点课题研究】　2014年9月，玉溪市特殊学校成功申报国家级重点课题子课题《云计算环境下基于平板电脑的听障学生个性化网络学习模式探索》，10月31日举行开题仪式。子课题《云计算环境下基于平板电脑的听障学生个性化网络学习模式探索》的提出意义重大、立意高远，具有指导意义和现实意义。

【特殊学校参赛获奖】　2014年，玉溪特殊学校学生参加第五届国际少儿书画大赛，获铜奖及优秀奖各1名；参加第四届“星星河”全国少年儿童美术书法摄影大赛，获一等奖5名、二等奖6名、三等奖6名，唐仕永获优秀指导奖，学校获集体优秀奖；在团省委2014“向上向善、大美至滇”云南青少年书法美术大赛中，获省级少年组美术类二等奖2人、三等奖1人，市级一奖2人、二等奖1人、三等奖1人，唐仕永获省级优秀指导教师奖、青年组书法篆刻类三等奖、美术类优秀奖，市级青年组美术类一等奖；8月参加第十届云南省残疾人运动会和第四届特奥会，获聋人足球第三名、特奥篮球第一名、4×100米接力第二名。在个人项目方面，获特奥田径100米第一名1人、第三名1人，200米第三名2人。白永康获聋人100米蛙泳第一名、100米自由泳第二名、100米蝶泳第二名、50米自由泳第二名。

（特殊学校）

学前教育

【市一幼教研活动】　2014年9月，云南省教育厅体卫艺处带领新加坡幼教专家到市一幼进行教研活动。剖析开放教育理念，并就如何将体育、美术、音乐与戏剧教育融入学前教育本土化进行探讨。12月7日～10日，市一幼举办南京—玉溪教学交流研讨活动，培训活动参与人员达300多人，有来自玉溪各县区，昆明、楚雄、普洱、西双版纳等其他州市幼儿园的同行们。交流会上，南京市一幼专家团队一行6人进行了音乐、科学、数学领域现场教学活动，陆㛃敏等幼教专家开展针对幼儿教育的讲座，受训教师反映良好。

市一幼多次组织教学骨干到红塔区三幼、高仓，新平、通海幼儿园帮扶指导工作。外派教师到南京、厦门、温州学习；与文山州幼儿园进行现场教学交流，接待国培学员、泰国中小学校长、外州市幼教同仁和师院学生来访、参观学习共1 000多人次。

（市一幼）

【市二幼开展防震消防反恐安全演练活动】　为帮助幼儿了解地震、火灾、暴力事件发生时的应急知识，提高自我保护意识，2014年6月11日，市二幼严格按演练预案进行避震、消防、反恐三项演练活动。本次演练活动，提高了幼儿园实际应对和处置突发安全事件的能力，取得了实实在在的效果。

【市二幼获省体育舞蹈展演比赛一等奖】　2014年6月3日，玉溪市二幼幼儿代表队100名幼儿参加“云南省学校体育舞蹈大课间展演比赛”，荣获“幼儿园组校园恰恰恰”展演比赛一等奖。

（市二幼）

文化管理

【概　况】 2014年，全市文化系统充分发挥职能作用，公益性文化惠民工程效果明显。争取省级2014年农村文化建设专项资金328万元做好农村文化建设项目规划并精心组织实施。30个文化站改扩建、维修项目投入使用、6个文化惠民示范村项目和4个美丽乡村建设点工作有序推进。农村文艺“星火工程”全面推进，群众广场文化成为玉溪的文化品牌。争取省文化厅扶持资金77.2万元对193个农村优秀文艺队进行补助，全市3 500多支业余文艺队6万余名文艺骨干活跃于1 000多个群众文化广场。全市农家书屋实现村级全覆盖，新增11个，共达714个，数字农家书屋试点逐步推进。中国楹联文化城市创建工作全面推进，截至2014年底，通海、新平、易门、澄江4个县楹联文化县城创建成功。配合市政府圆满完成“中华文化四海行”走进玉溪系列活动。组织60多人的队伍开展送戏、送书、送楹联文化下乡活动。全市各级文化单位举办庆祝传统节庆系列文化活动，开展文艺演出、书画摄影展、广场电影放映、民俗文化展演等文艺活动，丰富基层群众文化生活，输送文化精神食粮。

公共文化免费开放让老百姓得实惠。全市“三馆（文化馆、图书馆、博物馆）一站”（乡镇文化站）基础设施建设不断夯实，公共文化免费开放程度不断提高，服务内容不断增加，服务水平不断提升，常年面向社会提供各类免费教育培训、文化展览、电影放映等，输出正能量，传播时代主题。全年下达中央、省级补助免费开放资金1 126万元。举办展览255个，观看人数78.17万人次；举办各类讲座276场，听众36.95万人次；举办培训班1 096个，参训人数158.74万人次；举办各类文艺活动2 262次，观众1 574.08万人次；文化信息共享工程电子阅览室运用计算机人数217.27人次。各项服务工作得到了广大群众的赞誉，老百姓真正享受到公共文化服务的实惠。

文化精品力作社会影响力不断扩大。组织召开“全市百名文艺骨干艺术创作工作培训会”，成立了“玉溪市艺术专家委员会”，各界艺术家紧紧围绕“中国梦·玉溪情”主题开展系列文艺创作活动，举办“我的中国梦·玉溪市第四届青年演员比赛”，推荐12位获奖选手参加全省青年演员比赛，取得出色的成绩。举办首届流行音乐演唱大赛，迎国庆民族音乐专场文艺晚会，全市广场舞大赛等，丰富了群众文化生活。倾力打造一批文艺精品力作，对外文化交流影响力不断扩大。花腰傣舞蹈《裙儿摆摆秧箩情》在全国少数民族文艺展演活动中荣获铜奖。滇剧小戏《乡长来了》荣获首届张家港长江流域小戏小品节优秀剧目奖。《灯魂》、《花腰情》在全国花鼓灯调演大赛中荣获最佳表演奖。积极参与彩云奖角逐，3个节目荣获“彩云奖”。在省第十届民运会中玉溪文艺表演节目获得两金一银两铜的好成绩。玉溪花灯剧院在第三届云南省花灯艺术周中获得综合成绩二等奖。玉溪滇剧院倾力打造的大型原创滇剧《水莽草》荣膺中宣部“五个一”工程奖，入选2014年度国家艺术基金重点扶持剧目，并作为云南优秀基层公益巡演剧目到昆明、曲靖、大理等10个州市及部分高校巡演多场次，在市内易门、江川等地为群众进行公益性展演，还参加了广州、上海等艺术节专场演出，观众累计达7万余人次。玉溪花灯剧院编排《生命源》作为党的群众路线教育主题文艺晚会，到八县一区及乡镇、部队、企业、社区巡演24场。玉溪滇剧院编排优秀节目参加省文化厅组织的“文化大篷车·千乡万里行”赴昭通、曲靖等10余个县乡巡演。全市7个专业文艺院团全年开展文化惠民演出533场，观众上百万人次，文化惠民走在全省前列。

文物、博物和非遗工作取得丰硕成果。全国首次可移动文物普查工作正常推进，并及时召开第二阶段工作推进会，下拨玉溪博物馆和各县（区）普查经费19万元，全市文物认定、鉴定、信息采集和录入工作正式开始。完善文保单位“四有”工作，认真开展文物安全大检查，确保文物安全。积极争取省级文物保护资金560万元，推进省级重点文物维修工作。配合公路建设沿线文物考古调查工作，积极开展“三湖”流域文物调查工作。继续抓好非物质文化遗产整体性保护，全面完成全市第三批市级非遗名录传承人申报，14人入选省级非遗传承人名录。争取省级非遗项目补助3项30万元，争取省级非遗传承人31人补助经费15.2万元。在玉溪博物馆和元江县举办以“让文化遗产活起来、非遗保护与城镇化同行”为主题的第九个非物质文化遗产日系列活动，命名玉溪市第二批非物质文化遗产传承人。组织编撰非物质文化遗产系列丛书之《民间工艺师》篇。玉溪市博物馆共引进省内外13个精品展，接待观众23.27万人次。自主创作推出《穿越古滇文明之光—云南玉溪文物精品展》和《中国的声音：聂耳与国歌主题展》，2个精品展览到省内外巡回展出，接待观众6万余人次，增进与省内外的文博工作交流。

文化市场监督管理规范有序。进一步完善理顺文化市场综合行政执法和市场监管网络体系，切实加强版权管理和保护，党政机关软件正版化工作顺利通过国家广电新闻出版总局检查验收，深化“4·24世界知识产权日”宣传教育活动和“绿书签行动2014”活动，全市共销毁侵权盗版及非法出版物5万张（盘、册）；开展农村文化市场扫黄打非“六个一”建设工作，对全市网络淫秽色情信息进行“2014净网行动、清源行动、秋风行动”3项专项治理行动，有力地维护了文化市场安全。完善行政审批制度，开展“窗口式一站审批”，利用统一的电子政务信息化平台推进政务公开，全市1 617家文化经营单位规范运营，文化、新闻出版、版权市场保持健康、繁荣和稳定的发展局面。

文化产业体系建设探索出新路子。深入挖掘地方特色文化资源，加强对文化产业龙头企业的培育扶持，加大项目、企业和园区三大载体建设，加快文化工作招商引资步伐。在创意设计、展览、产品销售环节上下功夫，努力推动文化产业取得新发展。重点打造以玉溪窑、华宁陶、易门陶瓷为代表的陶瓷产业，以青铜工艺品、银饰品、生活铜制品、刺绣、民族服饰等为主的民族民间特色文化产业；以创意产业、汽车展、古玩博览会等为主的会展业。市博物馆举办玉溪首届文化创意产业博览会、第四届古玩博览会，参观人数累计15万人次，进一步推进了文化会展业的发展。玉溪新华书店有限公司更加注重社会诚信体系建设，切实强化公司的产业化运作，全年累计实现销售总额11 795万元，比上年增长985万元，增长比率9%，实现利润470万元。

文化干部队伍建设有了新的建树。全面加强全市文化系统领导班子建设、党员队伍建设、文艺人才队伍建设。大力推进以文化专业人才、文化产业人才、文化管理人才建设为主要内容的“文化玉溪”人才培养工程，培育造就一支造诣高深、成就突出、德艺双馨、善于管理的文化人才队伍。圆满完成2014年职称评审工作，认真落实好“三区”文化人才支持计划行动，下派64人到5个山区县积极开展基层文艺辅导、基层文艺人才培养等工作，有效带动5个山区县开展群众文化活动，提升了农村文艺队伍的整体水平，丰富活跃群众文化生活。

（杨 敏 祝 罗 董 莹）

【文化体制改革】 为全面深化改革，着力破解文化体制改革遭遇到的瓶颈，2014年2月14日，市文化局召开第一次文化体制改革专题研讨会，拉开了深化全市文化体制改革的序幕。3月14日，市文化局召开第二次专题研讨会，重点对“进一步深化文化体制改革，推进公共文化服务社会化、最大化；进一步创新机制，激发文艺院团艺术活力；进一步深化文化管理机制改革，理顺职能关系”三个方面进行研讨。4月10日，市文化局召开第三次专题会议，局长周延平传达玉溪市全面深化改革领导小组第一次会议精神，市文化局成立了以局长为组长的全面深化文化体制工作领导小组，全面启动改革工作。8月19日，市委常委、宣传部长杨兴荣召集市县区宣传文化思想工作单位主要领导，学习传达全省深化文化体制改革工作会议精神和市委主要领导的批示要求，对玉溪制定《实施方案》及《工作项目分工》进行安排部署，杨洋副市长要求抓紧研究制定好全市的《实施方案》。市委宣传部、市文化局、市广播电视局及时成立起草小组。9月10日，《玉溪市深化文化体制改革实施方案》和《玉溪市深化文化体制改革实施方案重要改革举措及工作项目分工》初稿完成。10月9日，分别书面征求人大、政府、政协相关领导的意见建议，召开各县区宣传部长、市级相关责任部门负责人征求意见座谈会。10月31日，玉溪市文化教育卫生体制改革专项小组召开会议，专题对《实施方案（送审稿）》及《项目分工》进行研究讨论，同意提交市委常委会议研究审定。11月24日经市委常委会讨论通过，12月17日云南省文化教育卫生体制改革专项小组办公室顺利批准通过，市委发文正式实施。玉溪市文化局配套制定了《玉溪市文化局文化体制改革工作运行机制》和《2015年文化体制改革和发展工作要点的通知》，对全市文化系统2015年文化体制改革进行全面安排部署。

（杨 敏 祝 罗）

【文化产业】 玉溪市初步形成了包括新闻出版、文化产品服务、休闲娱乐、文艺演出、工艺美术、文化信息服务、广播影视、文化艺术服务等行业在内的综合型文化产业体系，列入文化新闻出版部门统计范围的文化经营单位已达1 772家，其中，陶瓷企业53家，铜制品企业50家，印刷复制企业466家，演出经营单位8家，互联网上网服务营业场所210家，出版物、音像经销单位554家，文化娱乐场所431家，从业人员达2万余人。

全市初步形成了以新闻出版印刷产业、陶瓷文化创意产业、青铜文化创意产业为重点的三大优势文化产业。新闻出版印刷业形成了“三大印刷业基地”（以红塔区为出版物和包装装潢印刷为主的生产基地，以江川县和通海县为主包装装潢印刷生产基地），辐射其他县（区）；陶瓷产业形成以红塔区、华宁县、易门县为主的生产基地，辐射其他县（区）；铜制工艺品产业形成以江川县为主的生产基地，辐射其他县（区）。成立了玉溪窑发展研究中心、华宁陶研究所等重点研究机构；培育和发展了玉溪环球彩印纸盒有限公司、玉溪创新科技有限公司、玉溪印刷有限责任公司、玉溪水松纸厂、玉溪通印股份有限公司、七彩虹窑、宁州陶、云南玉窑文化传播公司、玉溪复观瓷文化创意有限公司、江川铜器工艺制品厂、云南省江川李家山青铜工艺制品厂等骨干文化创意产品生产企业；培育和发展了玉溪晟祥商贸公司、宁州陶玉溪专卖店等骨干销售企业，有力提升了玉溪的对外文化形象，文化产业在区域经济社会发展以及满足人民群众文化生活需求中具有越来越重要的地位。

（祝 罗 丁亚东）

【“农家书屋”建设】 截至2014年，全市共有农家书屋714个，实现了农家书屋村级全覆盖。新建农家书屋11个，配套40余万元图书，推进数字农家书屋试点，配送专用电脑40台，配备电子图书40套，分10类400万册，合计价值30万元。协调省新闻出版局、省药物研究所，捐赠45套《云南天然药物图鉴》360卷赠送45个农家书屋。跟踪调查农家书屋中央资金86万使用情况，不断推进农家书屋规范建设。

（叶新英）

【楹联文化城市创建】 2014年，玉溪进一步开展诗联文化进机关、进社区、进学校、进企业、进景区景点活动。红塔区、峨山县、易门县、澄江县等在年内先后召开了创建“中国楹联文化县”动员会。易门县建立了10千米长的楹联文化建设长廊，面向全国举办“大美易门”诗联有奖征集活动。《玉溪艺苑》会刊刊载全市老中青诗联骨干和爱好者的文化艺术作品，共计印发54 000多册，产生了良好的社会影响。完成了《当代中国楹联集成（玉溪卷）》、《当代中华诗词集成（玉溪卷）》、《玉溪百景图》的编辑、审查工作。元江县举办“农行杯”诗联作品有奖征集活动。新平县诗联学会联合相关部门和学校在青少年中开展诗联朗诵、背诵活动，提出创建中国优秀楹联文化县和中华诗词之乡的新目标。2014年9月12～13日，全市创建中国楹联文化城市现场推进会在易门召开，市委常委、宣传部长杨兴荣讲话。市委、市政府分管领导，各县（区）委宣传部部长，各县区政府分管副县（区）长，文旅广体局局长，玉溪市创建中国楹联文化城市工作领导小组18家成员单位负责人，市、县老干部诗书画协会会长、诗联学会会长参加了会议，进一步加快了全国楹联文化城市创建工作步伐。12月25日，易门、澄江县“中国楹联文化县”创建成功，至此，通海、新平、澄江、易门县成功创建了“中国楹联文化县”。

【首批“三区”文化人才支持计划启动】 2014年5月12日，市文化局在聂耳大剧院举行玉溪市首批“三区”（边远贫困地区、民族地区和革命老区）文化人才支持计划启动仪式，标志着2014年“三区”人才支持计划正式进入实施阶段。会议由市新闻出版（版权）局局长岳川主持，市文化局局长周延平在会上作讲话，并对开展2014年首批“三区”人才支持计划进行安排部署。会上签订了“三区”人才支持计划文化指导员协议书。市人力资源和社会保障局、财政局、扶贫办以及“三区”人才受援的5个县（元江、新平、峨山、易门、华宁）文化旅游广电和体育局分管领导、市直文化单位主要负责人和全体选派人员参会。首批“三区”人才支持计划，选派市属各文化单位人才13人，其中元江县3人、易门县2人、峨山县3人、新平县3人、华宁县2人，省级下派到玉溪各受援县共10人，其中，包括省委组织部安排的2名村官，作为文化辅导员到新平县驻村开展文化辅导工作。

（董　莹）

【文化市场管理】 2014年，玉溪市有文化经营单位1 617家，其中歌舞娱乐场所363家，网吧210家，演出团体6家，音像制品经营单及出版物零售594家，印刷企业109家，打印复印影印企业335家。基本形成了发展速度快、场所分布广、门类品种全，集欣赏娱乐、健身休闲为一体的文化娱乐产业。

2014年，全市文化市场监管部门对全市网络淫秽色情信息进行“2014净网行动、清源行动、秋风行动”3项专项治理行动，共出动执法人员3 663多人次，检查经营场所3 001家（次），查缴各类盗版及非法出版物86册，删除或屏蔽淫秽色情及低俗信息1 064条，取缔非法游商、地摊82个，查处销售、盗版及非法出版物案件37起。以深入开展专项行动和集中治理为抓手，主动作为，勇于担当，采取日常巡查、明察暗访、交叉执法、联合整治、错时检查等有效措施和办法，组织全市执法人员共出动检查26 881人次、检查经营单位19 485家次、责令改正105家次、受理举报49件、立案调查67件、移交案件16件、办结案件74件、警告61家次、罚款245 150元、责令停业整顿4家次、没收违法所得13 354元，有力地维护了文化市场安全。

充分应用市文化市场管理工作领导小组成员单位联席会议平台，年内，两次协调相关部门开展夜间文化市场专项检查，组织查处取缔无证无照经营娱乐场所。以歌舞厅、卡拉OK厅、网吧等人员密集场所为重点对象，取缔黑网吧电子游戏场所。实现文化市场举报电话12 318与公安110、工商12315之间的沟通、协作。

（祝　罗　杭　卫）

【“扫黄打非”和版权保护专项行动】 2014年，玉溪市新闻出版局、玉溪市“扫黄打非”领导小组办公室联合市“扫黄打非”各成员单位组织开展全市网络淫秽色情信息专项治理“2014净网行动、清源行动、秋风行动”为契机，深入开展“扫黄打非”工作。努力实现经营场所不存储、不摆放、不销售侵权盗版音像、图书报刊等非法出版物。管住非法出版物印刷源头，实现出版物印刷经营活动规范，印刷手续齐全。

扎实做好春节期间“扫黄打非”工作。春节期间开展以封堵查缴政治性非法出版物和有害信息、打击互联网和手机淫秽色情信息工作、打击侵犯知识产权和制售假冒伪劣商品专项行动等为重点，扎实做好春节期间“扫黄打非”工作，严厉打击各类非法出版活动。在寒、暑假期在全市范围内开展中小学教辅资料市场整治专项行动。对中小学教辅资料、青少年课外读物的订购渠道、图书的内容、印刷质量等进行重点整治，共出动行政执法人员310多人次，检查全市各类书报刊经营单位560家、各类印刷经营单位（包括打字复印门店）424家（次）。以“4·26”世界知识产权保护日为契机，加大“打击侵权盗版，保护知识产权”宣传力度。4月24日在聂耳大剧院设立全国统一举行大规模的侵权盗版制品及各类非法出版物集中销毁活动玉溪分会场，销毁近年来查获收缴的非法音像制品和非法书刊5万余件。有效净化出版物市场经营秩序。8月19日，联合出动行政执法人员15名，对市中心城区出版物相对集中的区域进行专项联合执法检查。以围绕封堵查缴各类非法出版物、扫除淫秽色情等文化垃圾、遏制各类侵权盗版行为为重点，全面整治图书音像市场、电子软件市场，严肃清缴邪教、封建迷信、色情暴力等非法出版物及盗版经营软件，取缔非法出版经营活动，收缴非法音像制品1 200张。推行农村文化市场“六个一”工作。即：县，乡、镇、街道签订一张包括平安文化市场创建工作的责任书；建立一块农村文化市场法律法规宣传栏；明确一名乡镇街道党委政府分管领导；建立一套农村文化市场监管培育考核制度，建立一个青少年优秀读物专柜；建立一条有农村文化市场监管的村规民约建设工作。7个县（区）已经完成“六个一”建设工作，到2015年实现覆盖全市、责任到人、监管到位的执法监管网络，为全市农村文化市场又好又快发展创造良好环境。

（祝　罗　李　敏）

2014年7月25日，玉溪市第四届青年演员比赛颁奖晚会　（杨　勇　摄）

文学艺术

【艺术创作工作会暨艺术创作培训会】　2014年3月31日至4月2日，玉溪市文化局组织召开艺术创作工作会暨艺术创作培训会，各县区文化馆、市艺术创作研究所、花灯剧院、滇剧院、玉溪师院的90余人参加了培训。

培训会邀请省戏剧家协会主席吴卫民、省音乐家协会副主席刘晓耕、云南艺术学院舞蹈学院硕士生导师殷宏光等3位专家，分别从戏剧、舞蹈和音乐3个方面举办专题讲座，并对玉溪艺术创作人员编创的艺术作品进行分析点评。此次培训为玉溪文艺界不断出作品、出精品，为玉溪文化大繁荣、大发展创造了很好的条件。

（潘　勇　李忠福）

【大型滇剧《水莽草》获“五个一工程奖”】　2014年4月至6月，由市文化局、市滇剧院倾力打造的大型滇剧《水莽草》，作为云南优秀基层公益巡演剧目，先后到云南省10个州市巡演，深受各地观众喜爱，并得到高度赞誉。自编排演出以来共巡演展演80余场，玉溪范围内演出20多场，足迹遍及省内外。

8月《水蟒草》入选中宣部第十三届精神文明建设“五个一工程奖”，并入选2014年度国家艺术基金重点扶持剧目，成为云南唯一获得此项全国最高荣誉奖的艺术剧目，并参加了“广州艺术节”展演。9月《水蟒草》剧本获第二十一届曹禺剧本提名奖。10月，《水莽草》参加了“上海国际艺术节”展演。

（祝　罗　杨　婷）

【花灯大戏《生命源》巡演活动】
2014年4月，由市委组织部、宣传部主办，市文化局承办，市花灯剧院编排的《生命源》，在全市各县区及乡镇、企业、部队巡回演出22场。

大型花灯戏为主的《生命源》系列文艺节目从创作到彩排历经一个多月时间，旨在把党的群众路线教育实践活动通过舞台的形式展现出来，引导群众关注、参与群众路线教育实践活动。《生命源》由“江山”、“永恒的记忆”、“现实的丰碑”、“生命的源泉”和“中国梦”五个章节组成，包含《十送红军》、《江姐》、《卖鸡》等 10个以歌舞、小品、花灯剧为主要表演形式的文艺节目。其中，“永恒的记忆”通过对中国近代革命史的一部分经典事件和人物进行演绎，充分展示革命先辈们高尚的革命情操和崇高的人格情怀；在“现实的丰碑”中，讲述焦裕禄、杨善洲、高德荣和陶应全等当代优秀共产党员的感人事迹，体现共产党员勤政为民的光辉本色；在“生命的源泉”章节中，通过歌舞和小品等表演，展现“人民群众是党的生命源泉”这一永恒不变的真理。

《生命源》所到之处充满喝彩之声，其内容深受广大观众的喜爱和好评，社会反响非常好，传播文化正能量的效果极佳。市委组织部、市委宣传部等专门组织宣传、文化等相关部门对巡演活动进行了总结和研讨。

（祝罗　李忠福）

【举办花灯戏《踏摇娘》研讨会】
2014年1月24日晚，玉溪市花灯剧院创作的大型古装花灯戏《踏摇娘》在玉溪公演，副市长杨洋，市委宣传部、市文化局、市文联等领导观看演出。并邀请中国戏剧家协会分党组书记、驻会副主编季国平等一行5位专家以及云南艺术表演团体的部分领导和演员观看演出。

25日《踏摇娘》研讨会在玉溪中玉酒店召开。编剧吴戈介绍了剧目的创作初衷及基本情况，北京戏剧专家对该戏提出了意见和建议。主创人员听取专家意见后对剧目进一步修改、加工，使剧目再上一个新档次。

【文化表演队参加省民运会获奖】
2014年9月，在迪庆州香格里拉举办的云南省第十届少数民族传统体育运动会上。玉溪代表团荣获2金、1银、2铜的好成绩，花腰傣健身操表演项目《嬉鳝乐》、彝族竞技类体育表演项目《花辫飞扬》荣获金奖；彝族综合类表演项目《磨皮花鼓舞》荣获银奖；开幕式表演节目《玉溪飞歌》、哈尼族综合类表演项目《舞棕汉子》荣获铜奖。

（高　洁）

【竹乐组合获国家原生民歌奖】
2014年6月26～30日，由文化部主办，文化部民族民间文艺发展中心、甘肃省文化厅和临夏州人民政府联合承办的第七届中国原生民歌大赛在临夏州和政县松鸣岩景区举办。玉溪市聂耳竹乐团两名歌手荣获文化部颁发的第七届中国原生民歌大赛优秀演唱奖。

中国原生民歌大赛是国家文化部举办的国内最高水平的原生民歌大赛。大赛分独唱及重唱、对唱组，多人组合组，院校组和民歌改编组。选手由各省、自治区、直辖市文化行政部门及各有关参赛院校推荐及评委会选拔产生。玉溪聂耳竹乐团原生态歌手许力娟、施桂珍组成唉嚓嫫（彝语：姊妹）组合从云南省参赛的28组选手中脱颖而出，成为云南省进入决赛的两组选手之一，唉嚓嫫组合以优美的四季长腔《姑娘小伙来唱调》、《合心姐妹来相会》荣获文化部颁发的第七届中国原生民歌大赛优秀演唱奖。四季长腔唱法流传于玉溪峨山县甸中镇彝族地区，腔调高亢、悠长，演唱时真假声结合，自由转换，简洁、干净、质朴、纯真。

（刘　毅）

【"平安玉溪"专题文艺晚会】2014年9月29日晚，"平安玉溪"专题文艺晚会在聂耳大剧院上演。晚会由玉溪市社管综治办、市文化局主办，市委防范办、市公安局、市教育局等11家社管综治成员单位协办，旨在进一步提升社会各界对玉溪平安建设、法制建设的知晓率、参与率和满意度，营造浓厚的禁毒、防艾、反邪和自觉遵守交通，消防安全的社会氛围，通过寓教于乐的宣传形式，引导全社会共同参与平安建设、法制建设，积极构建和谐社会，打造"平安玉溪"。

晚会以"平安玉溪"为主题，由歌曲、舞蹈、小品、音诗画、情景剧、花灯小戏、独唱等组成，时长90多分钟。市直各有关单位、学生代表及群众共1 000余人观看了演出，晚会受到观众的高度评价。

（杨晶晶）

【参加省第十届青年演员比赛】由云南省文化厅主办，云南省文化厅艺术处、云南省民族艺术研究院承办的"云南省第十届青年演员比赛"，经过8天3个类别（戏剧、舞蹈、音乐）24场的比赛，于2014年10月22日在昆明落下帷幕。

本届大赛共有263名选手参加决赛，其中戏剧类选手70名、舞蹈类选手123名、音乐类选手70名。玉溪共有12名选手参加决赛，其中戏剧类选手9名、音乐类选手3名。玉溪选手荣获新艺表演一等奖2名（滇剧肖丹、器乐宋露），新艺表演二等奖8名（滇剧陈莉依、童颜、林沫含，花灯刘迎春、高娜、李彪，声乐石羽韩，器乐李双燕），新艺表演三等奖2名（滇剧徐斯诺、周墅宝）。玉溪市文化局荣获省第十届青年演员比赛优秀组织奖。玉溪花灯剧院李沅遥和矣露，分别被云南省文化厅评选为"青年表演艺术家"及"优秀青年演员"。

【市花灯剧院参加省花灯艺术周获奖】由中共云南省委宣传部、省文化厅、省文联主办，云南广播电视台、曲靖市委宣传部、宣威市委、宣威市政府承办的2014年云南省花灯艺术周活动，于2014年11月3日～9日在宣威市举办。

玉溪代表队由玉溪市花灯剧院和易门县文化馆文化展演辅导工作队共50人组成，带着3个花灯小戏和1个花灯歌舞参加2014年云南省花灯艺术周活动。经过激烈角逐，花灯小戏《特别嫁妆》荣获二等奖（一等奖空缺）。花灯歌舞《虞美情》荣获二等奖。花灯小戏《买星牌》荣获三等奖。高兆荣获优秀编剧奖，胡镝获优秀导演奖，矣露获优秀表演奖。

（高　洁）

【中华文化四海行走进玉溪系列活动】"中华文化四海行"是国务院参事室、中央文史研究馆组织开展的大型系列文化活动，每年与一至两个省（市、区）政府共同举办。旨在发挥政府文史研究馆及馆员在建设文化强国战略中的独特作用，推动文史研究和艺术创作成果与社会需求有机结合，挖掘各地文化资源，共同推动中华优秀传统文化的传承与创新。

2014年11月28～29日，"中华文化四海行——走进云南"的中央及18个省（市、区）文史研究馆馆员、文化艺术界知名人士150人来到玉溪，考察了解玉溪的经济、文化发展情况，并领略了玉溪的自然美景和风土人情。29日上午，冯远先生在玉溪师院作"简述当代美术生态及其他"的专题讲座。下午，由市、区文化局领导陪同艺术家团队150名艺术家参观聂耳故居。晚上举行了"中华文化四海行——走进云南"活动文化调研座谈会暨活动总结会，副市长杨洋向与会专家学者汇报了玉溪市民族文化建设情况，专家学者就云南各地文化建设等进行了热议。

（祝　罗）

【"玉溪文学奖"评奖揭晓】2014年1月9日，市文联、《玉溪》编辑部举行"玉溪文学奖"评奖活动，对2013年发表在《玉溪》文学杂志上的作品进行评选。宋艳珊的中篇小说《消失的狗虾》荣获小说奖，赵丽兰的诗歌《与亲书（组诗）》荣获诗歌奖，孟晓琴的散文《青苔青青》荣获散文奖，陈默则的短篇小说《过客》、丁丽华的散文《那些素静的时光》分别荣获新人奖。"玉溪文学奖"由玉溪市文联、《玉溪》编辑部设立，评选范围是当年发表在《玉溪》文学杂志上的文学作品，旨在不断发现和培养文学人才，扩大文学交流，繁荣文学创作。"玉溪文学奖"每年评选一次，共设5个奖项，小说、诗歌、散文各1名，新人奖2名。

【举办书法创作骨干培训班】2014年3月15日和4月26日，玉溪市文联、玉溪市书法家协会共同举办了两期书法创作骨干培训班，分别邀请中国书协会员颜刚和中国书协会员、云南省书协田园媛授课。各县区书法创作骨干共20余人参加培训。两位老师结合自己的创作经验，分别讲授了书法创作的基本技巧、现代刻字的学习与创作两个专题讲座。两位老师的讲座理论结合实际，针对性强、图文并茂，讲解细致、生动活泼，为参训人员解决了许多书法创作中的困惑和难题。

2014年12月29日，"中华文化四海行——走进云南"活动。冯远先生在玉溪师范学院举办专题讲座　（文化局　提供）

2014年1月13日，玉溪市文联开展“我们的中国梦——文化进万家”书赠春联活动在元江县城举行（杨　勇　摄）

【“哀牢山四县文学作品联谊赛”在新平县举行】　2014年6月10日，第五轮第一届“哀牢山四县文学作品联谊赛”在新平县举行。活动由玉溪市文联主办，新平县文联承办。《边疆文学》、《云南日报》、玉溪市文联和新平县有关部门领导，峨山、易门、元江、双柏、墨江、镇沅县文联领导，以及获奖作者、新平县部分骨干作者近90人参加了会议。《边疆文学》主编潘灵作了文学创作专题讲座。会议表彰了12名获奖作者，一等奖2名，二等奖4名，三等奖6名，丁丽华的散文《故乡人》、孟晓琴创的散文《硬币、和我一起成长》分别荣获一等奖。

【五县区文学联展】　2014年6月25～26日，2014年“五县区文学联展”暨文学笔会在澄江县举行。活动由玉溪市文联主办，澄江县文联承办，玉溪市文联及澄江县有关领导和五县区骨干作者共70余人参加会议。会议表彰了15名获奖作者，其中梁艳波的小说《周书群的最后一夜》、汤秀琼的诗歌《天空之下（组诗）》、江雁的散文《我在抚仙湖畔成长》分别获小说、散文、诗歌一等奖。《滇池》杂志主编张庆国、副主编李泉松及评论家朱霄华从“小说的个案写作、在场表达及成为诗人所具备的基本素质”三个方面分别作了专题讲座。

【第四届青年演员比赛】　2014年7月21～25日，玉溪市文联、市文化局举办“我的中国梦”·玉溪市第四届青年演员比赛，比赛由玉溪市艺术研究所承办，旨在加强玉溪市文艺人才队伍建设，进一步发现、培养、储备青年表演人才，为玉溪市文艺事业的繁荣发展打下坚实的人才基础。共有来自玉溪市、县区各级专业院团和玉溪师范学院的60余名参赛选手参加，参赛者年龄均在40周岁以下。本次比赛新增了声乐和器乐两个比赛项目，共有花灯、滇剧、舞蹈（单、双、三人舞）和声乐、器乐五个比赛项目。经过四天的激烈角逐，决出一等奖7名，二、三等奖35名，3人获得“育花奖”，玉溪市艺术创作研究所、市花灯剧院、市滇剧院和玉溪师院等10个单位获得组织工作奖。7月25日晚，颁奖晚会在聂耳大剧院举行，玉溪市人大常委会副主任叶本功、玉溪市人民政府副市长杨洋、玉溪市政协副主席马良昌出席会议并为获奖者颁奖。

【“玉溪市优秀文学艺术奖”表彰会暨文艺创作座谈会】　2014年8月1日上午，中共玉溪市委、玉溪市人民政府举办第七届“玉溪市优秀文学艺术奖”表彰会暨玉溪市文艺创作座谈会。中共玉溪市委常委、宣传部部长杨兴荣出席会议并讲话，玉溪市人民政府副市长杨洋主持会议，玉溪市各县区委宣传部长、分管文化工作的副县区长、第七届评审工作领导小组成员和市直相关部门主要领导出席会议，各县区文联主席、市直文艺家协会主席和全体获奖作者参会会议。

杨兴荣在讲话中强调：广大文艺工作者是历史文化的继承者、知识文明的传播者和社会历程的见证者，应该在建设美丽玉溪、谱写“中国梦”玉溪篇章的伟大实践和历史征程中发挥重要作用、承担重大责任、实现大作为，一要坚持正确的文艺导向，在建设美丽玉溪中立大志；二要围绕“中国梦”主题，在建设美丽玉溪中出大作；三要增强文化自信，在建设美丽玉溪中成大家。玉溪市各级党委、政府、宣传部门要全面贯彻党的文艺方针政策，认真贯彻省委关于建设民族文化强省的各项政策措施，把文艺事业纳入经济社会发展总体规划，深入研究事关文艺发展的重大问题，加大投入和保障力度，完善扶持和激励政策，着力改善文联和文化部门经费不足、人员过少、文艺阵地缺乏的问题。要充分尊重文艺家的创造性劳动，多为文艺工作者解决实际问题，着力扶持重点文艺创作项目，加大对优秀文艺作品的奖励力度，形成全社会尊重知识、尊重人才、尊重文艺的良好氛围，为文艺事业持续健康发展创造更好的条件和环境。各级宣传文化部门、文联和各文艺家协会要努力创造条件，加强对各类文艺人才、骨干的培训，采取多种形式，早出人才、多出人才、出好人才。

会议表彰奖励了荣获第七届“玉溪市优秀文学艺术奖”的42件作品，6位文艺界代表分别作了交流发言，重点介绍了开展文艺工作的主要经验和基本做法，对加强文艺创作、培养文艺人才、健全文艺奖励机制、提升玉溪文化影响力等提出了良好的建议和意见。

【8件美术作品入选第十二届全国美展】　2014年9月，玉溪师院有8件作品入选第十二届全国美展，油画作品云南省入选6件，玉溪入选3件，分别是王玄的《月光下的凤尾竹》、郭仁海的《绿色生活·傣家》和缪远洋的《关索古意》，王玄的《月光下的凤尾竹》荣获第十二届全国美展油画展优秀奖（全国共设6名优秀奖），是玉溪在全国美展中荣获的最高荣誉。雕塑作品云南省入选2件，玉溪入选1件，为李小兵的《碰撞》。版画作品云南省入选18件，玉溪入选3件，分别是王玄的《福岛毒云》、吴婉希的《留下来的孩子》、郭仁海的《凡音》。水粉、水彩画入选作品是李华

的《城市边缘》。

【国庆书法美术摄影展】 2014年9月26日至10月16日，“中国梦之玉韵溪声”——玉溪市2014年国庆书法美术摄影展在玉溪举办。展览由玉溪市委宣传部、玉溪日报社、市文联、市文化局共同主办，共展出300多件书法、美术、摄影作品，作品以传播中华民族优秀传统文化，弘扬社会主义核心价值观，提升城市文明形象，表现全市人民建设“美丽玉溪”的生动实践为主题，反映了近年来玉溪政治、经济、社会、文化、生态取得的巨大成就和城乡居民生产生活发生的巨大变化，展示了玉溪书法、美术、摄影艺术的创作水平与成果。

【文艺家协会第四次代表会】 2014年11月20～30日，玉溪市文联直属的作家协会、戏剧家协会、美术家协会、书法家协会、舞蹈家协会、音乐家协会、摄影家协会、曲艺家协会、民间文艺家协会9个市级文艺家协会分别召开第四次代表会。9个市级文艺家协会回顾总结了过去五年的主要工作和基本经验，研究安排了今后五年的发展目标和工作任务，选举产生了第四届理事会和出席玉溪市文联第四次代表大会的代表。各文艺家协会第四届理事会第一次会议分别选举产生了新的主席、副主席，聘任了名誉主席、顾问和秘书长、副秘书长。市级文艺家协会是市文联下属团体会员单位，共有市级会员1 857人，是培养文艺人才、创作文艺精品、展示文化形象的重要力量，多年来为玉溪文艺事业的繁荣发展作出了应有的贡献。

【文学创作笔会】 2014年11月11～13日，玉溪市文联、玉溪市作协共同举办玉溪市2014年文学创作笔会。会议邀请了《散文选刊》主编葛一敏，《十月》编辑宗永平，云南省作协副主席、秘书长杨红昆，云南省作协副主席、《滇池》主编张庆国为作者授课。玉溪市文联、玉溪市作协领导及文学骨干作者及文学新人近70人参加此次笔会。几位老师的讲解，旁征博引，深入浅出，既介绍了自己的创作经验，又讲解了文学创作的基本方法和技巧，既有对优秀作品的经典解析，也对参会作品进行了详细点评，会上作者们积极发言，相互交流，会场气氛热烈。

【文联第四次代表大会】 2014年12月23～24日，玉溪市文联召开第四次代表大会。中共玉溪市委书记罗应光，云南省文联党组成员、专职副主席张维明出席开幕式并讲话，中共玉溪市委副书记夏立洪主持会议。玉溪市党政领导李洪云、吕昌会、杨兴荣、姜山、金志达、杨洋、汪燕平出席开幕式，玉溪市“两湖”试验区督导组副组长、玉溪市总工会主席范志华代表市级人民团体致辞。会议听取了普辉代表市文联第三届委员会所作的工作报告，审议通过了《玉溪市文联章程》，选举产生了玉溪市文联第四届领导班子。会议认为：玉溪市文联五年来围绕市委、市政府中心工作，认真履行“联络、协调、服务、指导”职能，团结带领全市广大文艺工作者，培养文艺人才，举办文艺活动，打造文艺精品，开展对外文化交流，营造文化氛围，努力加强自身建设，不断满足人民群众精神文化需求，有力推动了玉溪文艺事业的繁荣发展，为促进玉溪经济发展、社会稳定、民族团结提供了强有力的文化支撑。会议号召，全市文艺家和广大文艺工作者要高举中国特色社会主义伟大旗帜，以邓小平理论、“三个代表”重要思想、科学发展观为指导，坚持“二为”方向和“双百”方针，全面贯彻党的十八大、十八届三中、四中全会及习近平总书记系列重要讲话精神，深入贯彻省委九届九次和市委四届五次全会精神，认真履行职能，充分发挥优势，挖掘文化资源，打造文艺精品，干在实处、走在前列，开拓进取、锐意创新，不断增强凝聚力，彰显影响力，潜心创作出更多反映玉溪文化特征、具有玉溪元素、体现玉溪精神的优秀作品，不断推进玉溪文艺事业的大发展大繁荣，为玉溪经济社会发展献计出力、再立新功。

【《中国民间故事全书·玉溪卷》出版】 2014年12月底，《中国民间故事全书·玉溪卷》丛书由知识产权出版社正式出版发行。丛书共有9卷，分为红塔、通海、江川、华宁、澄江、易门、峨山、新平、元江卷，每卷30余万字，分别由神话、传说、故事、笑话四部分组成，内容翔实，题材多样，语言朴实，体例齐全，是对玉溪民间文学“三套集成”的充实和完善，是玉溪抢救和保护民间文化遗产、弘扬民族文化的一次成果再现。《中国民间故事全书》（县卷本）的编纂出版是中国民间文化遗产抢救工程主干项目之一，已被列入“十一五”期间国家重点图书出版规划。

2011年12月，市委宣传部牵头成立了《中国民间故事全书·玉溪卷》编审委员会，负责对玉溪市9个县区的民间故事集进行编审校对；各县区也分别成立了编审委员会，负责对各县区民间故事的抢救、搜集和整理工作。玉溪市各级文联干部和民间文艺工作者深入机关、企业、学校、农村，采访、搜集、整理了大量的民间故事，并进行体裁分类、仔细校对、编辑排版和反复审阅，历时三年，最终完成《中国民间故事全书·玉溪卷》的编撰工作，并提交省级编审委员会和中国民间文艺家协会审核通

2014年12月23日，玉溪市文联第四次代表大会召开 （杨 勇 摄）

过，由知识产权出版社出版发行。

（杨　勇）

群众文化

【元旦、春节文娱活动】　2014年12月，玉溪市文化局组织书法家、书法爱好者在聂耳大剧院为文化系统全体工作人员书写春联；市文化局、市文化馆，江川县文化馆、图书馆、雄关乡文化站在江川县江城镇大地村、雄关乡现场为村民书写春联500余幅；市文化馆联合市文联、市书协、市图书馆等单位到市区、县乡开展书赠春联活动，送出春联12 000余幅；红塔区分别在研和街道、北苑社区、小石桥乡、高仓街道免费为群众撰写春联，送出1 500余副春联及《红塔诗联》100多册；市博物馆为市民免费写春联400余幅；通海县文化局组织县新华书店到四街镇、纳古镇赠送图书176册、对联250副；华宁县组织12名书法爱好者分别到县城、盘溪、顾家营等地开展书赠春联活动，送出春联6 600对、畜联600对、厨联500对、家堂联300套，共8 000对（套）。全市共送出对联2万多幅。

元旦、春节文艺演出。全市3 500多支业余文艺队演出7 000多场，观众近100万人次。红塔区春节期间为群众带来5场精彩纷呈的文艺演出，每晚400余观众观看。通海县举办“2014年迎春民俗文化展演”，演出人员达2 000余人，内容有花车、高台、高脚狮子、舞龙、腰鼓、秧歌、彩船、龙船、彩车、毛驴灯、龙灯、虾灯等民俗民间文化艺术。江川县的24支业余文艺队于大年初一至初三在县城老戏台举行精彩的文艺演出，每天8支文艺队参演，演出节目95个，内容有歌舞、独唱、花灯剧、小戏小品等，观众达1万余人。新平县戛洒镇组织600多人进行巡街，村组群众文艺队的260多演员连续在花街水岸表演。峨山县举办除夕迎新春焰火晚会，澄江县举办2014年新农村文艺调演。

市、县（区）、乡镇文艺院团送戏下乡进万家。玉溪滇剧院精心编排滇剧折子戏《游湖》、《包公赔情》、《李逵探母》，滇剧小品《乡长来调研》、《妻贤夫祸少》、《特殊作业》，滇剧小戏《打焦赞》、《乾元山》，歌伴舞《和谐中国》《中国梦》，舞蹈《秋月》、《武韵》等优秀作品，演出21场，观众达5万多人次，演出地点遍布玉溪、安宁等地。玉溪花灯剧院在聂耳广场上举行新春文艺演出，演出大型古装神话剧《天仙配》等9个节目。各县区、乡镇也积极开展文艺下乡演出。其中易门县龙泉街道组织12个社区的14支文艺队在辖区内开展系列文体活动，初一至初六在各村演出38场，节目276个，观众达4万多人；六街街道于初一至初三在六街文化站、集镇集贸市场、各村（社区）文体活动广场等地举行丰富多彩的春节文艺展演，共演出25余场次，观众达2 000余人次；易门县文化旅游广电和体育局、易门县文化馆于2月10～11日到龙泉街道曾所社区曾所自然村和江口社区田心自然村进行2场文艺展演，观众达3 000余人。

玉溪市文化系统首届职工摄影作品展览，展出作品108幅（组）；市文化馆举办春节书画展，展出书画作品60余件，观众1 000余人次；玉溪市文化馆组织开展游园活动，活动项目丰富多彩，3天共发放游园奖品1 200余份，接待游人4 000余人次；聂耳大剧院于1月10日～2月14日举办玉溪画院成立美术作品展；红塔区举办第二届邻里文化节系列活动之贺新春·百家宴活动、“我们的中国梦 文化进万家”2014春节美术书法作品展、春节有奖阅读活动、春节游园活动及电影放映；峨山县举办迎新春送春联、迎新春斯诺克比赛、读者百科知识竞猜、迎新春书画展、电影放映等活动，县文工队深入双江、小街街道进行春节慰问演出，各乡镇（街道）、村（居）委会也结合当地实际，组织各具特色的文体活动，如舞龙、舞狮子、唱花灯、篮球、拔河比赛等；江川县组织300多人的耍龙舞狮巡演、“玉湖春韵”迎新春书画展、江川县第二届农民书画作品展、趣味性知识有奖竞猜、百科知识有奖抢答、春节广场电影放映等活动；新平县戛洒镇开展“相亲面对面”、“浪漫花街·情定戛洒”主题文艺晚会、系红带祈福、见证爱情·玫瑰花种植、花街水岸篝火晚会、花腰宴舞、汤锅美食体验、原生态花腰傣风情歌舞表演等活动。

（董　莹）

【“三下乡”集中示范活动】　2014年1月17日，中共玉溪市委宣传部牵头，市直30多个部门和单位联合组成的玉溪市2014年文化、科技、卫生“三下乡”集中示范活动启动仪式在易门县十街彝族乡举行。

市文化局精心筹备，组织了60多人的队伍开展送戏、送书、送楹联文化下乡活动。玉溪花灯剧院集花灯小戏、歌舞组合的送戏下乡演出给集中示范活动拉开了序幕。在本次活动中，市图书馆赠送图书340册，价值6 000元，市诗联学会赠送楹联600幅。各县区积极开展“三下乡”集中示范活动，江川县文化部门在雄关乡表演文艺节目15个，展出科普展板20块，发放文物保护法律宣传材料1 000余份和科技小报2 000余份，赠送图书500余种。红塔区聂耳文化演艺有限公司演出“我们的中国梦——文化进万家”8场、“玉溪米线文化节”演出4场，“文化惠民送戏下乡活动”等演出活动，春节期间为广大群众送去一台台集花灯小戏、小品、民族歌舞晚会。

（高洁　董莹）

【3个节目获省群众文化“彩云奖”】2014年12月20～27日，由云南省文化厅主办，云南省社会文化指导中心、省文化馆、州市（滇中新区）文化局承办的“两年一届”云南省群众文化艺术政府最高奖项“彩云奖”在云南省文化馆举行。来自全省16个州市、滇中新区事务管理局17支队伍、101个节目、1 000余名演职人员参加决赛。

为确保节目质量，“彩云奖”评选节目需采取县级初评、州市复赛、省级决赛的方式进行层层选拔。玉溪市以2014年举办的各大小型民族民间传统文化节日庆典活动为依托，开展了一系列评选活动，从中选拔出8个复赛节目申报省厅参加决赛。音乐类3个，2支合唱队伍4首歌曲《醉美彝山》、《雨后彩虹》、《在松花江上》、《小河淌水》，少儿弦子弹唱《叽咕里》，男声组合表演唱《依恋云南》；舞蹈类2个，彝族女子群舞《磨皮花鼓舞》，广场舞《三杯酒》等5个节目。经过激烈角逐，玉溪有3个节目荣获本届“彩云奖”，获奖节目是：合唱《醉美彝山》、《雨后彩虹》；男声组合表演唱《依恋云南》；彝族女子群舞《磨皮花鼓舞》。按省文化厅的规定，荣获彩云奖的节目作为云南省申报参加下一届全国“群星奖”的储备节目。

【业余文艺队骨干培训班】　为进一步践行“文化旅游兴市”发展战略，推进和丰富“美丽乡村”建设的步伐和内容，提高农村文艺演出队伍的演出质量和水平，丰富广大群众业余文化生活。2014年9月15～20日，玉溪市文化局主办，玉溪市文化馆承办，组织基层100支业余文艺队110多名骨干进行专业培训。

培训班按舞蹈、音乐、戏剧小品三大类，开设民族舞蹈、现代舞蹈、广场舞蹈、小戏小品表演班以及小合唱、二胡、打击乐等科目的培训。学员可自由选择多科目、多门类学习掌握文艺节目的组织、编排、演出的基本知识和技能技巧，并采取“大课”与“小班”相结合，普遍传教与重点辅导相结合，如广场舞蹈“广场教”，“声乐”、“民族器乐”则单独辅导传授等形式，收到了良好的培训效果。培训结束，学员和老师在聂耳文化广场大舞台进行汇报演出，取得明显的效果。

（徐亚玲）

【市文化馆免费开放培训工作】 玉溪市文化馆开设的免费开放培训项目有音乐（含声乐、器乐类）、美术（含多种画种和书法）舞蹈（含民族舞、现代舞、花灯歌舞、少儿舞蹈等）、戏曲（含京剧、滇剧、花灯、曲艺、小品等）、艺术展览、“非遗”展示、图书阅览、文体活动等30多个项目。长期举办国标舞培训班、传统美德系列讲座（家庭教育）、老年大学民族舞蹈培训班，尽可能地满足相关群众的文化活动需求。

2014年，共开展各类培训83期，参训人数达30 000余人次。其中利用馆内设施开展各类培训23期，参训人数13 000余人次；派出外出辅导教师120余人次，举办培训班60期，参训人数17 000余人次。组织各类群众性文艺展演活动60余场，举办各类展览、讲座活动50余场次观众累计60 000余人次。创作（含辅导）各类文艺作品50余件，获得国家及省市级各类奖项10余个。

建立11个馆办（中心城区、县区）文化活动示范基地，长期在馆内活动挂靠的文艺团队有9个及2个协会（市音乐家协会、传统美德促进会）。文化馆专业人员在为各县区文化馆（站）进行业务指导的同时，深入到基层（农村、社区、部队、学校）进行各艺术门类的基础培训、排练指导和节目传授活动。有时还聘请省和市的有关老师参与培训指导，得到了广大群众的普遍赞扬。

（马一雄）

【首届广场舞大赛】 为努力推动群众文化事业的发展，展示玉溪市群众文化广场活动的成果及人民群众精神面貌，丰富群众文化生活，2014年10月31日至11月2日，在聂耳文化广场举办主题为“幸福起舞、舞动健康”玉溪市首届“晋福古园”杯广场舞大赛。

大赛由玉溪市文化局、玉溪日报社共同主办，玉溪网、玉溪手机报、玉溪市文化馆、玉溪市文化管理服务中心、玉溪新领航文化传媒有限公司承办。大赛自9月中旬启动以来，全市各县区机关、企业厂矿、社区、农村文艺队等112支队伍2 600余人参赛，历时一个多月，分为初赛和决赛两个阶段，设一等奖2名、二等奖4名、三等奖10名。各参赛队伍经过4轮初赛的激烈角逐，最终16支队获得11月2日的决赛权。经过角逐，玉溪明玉艺术团的《三杯酒》和新平县文化馆少哆哩业余文化队的《傣乡韵》荣获一等奖。

（邵建洪）

2014年12月18日，玉溪市“中国梦.玉溪情”文艺作品展演（文化局 提供）

文物博物

【文物保护工作】 截至2014年，玉溪市共登录不可移动文物667项，其中新发现417项，复查250项。另外登录消失文物42项。登记在册的文物中，有古墓葬38项，占所有文物5.7%；古遗址63项，占所有文物9.45%；古建筑392项，占所有文物58.77%；近现代重要史迹及代表性建筑107项，占所有文物16.04%；石窟寺及石刻63项，占所有文物9.45%；其他4项，占所有文物0.6%。

全市共有包括6大类别的各级文物保护单位262项，其中国家级6项（江川李家山古墓群、通海秀山历史文化公园、新平陇西世族庄园、玉溪文兴祥商号旧址、玉溪窑址、澄江金莲山），省级23项、市级53项、县级180项。

（郭 艺）

【非物质文化遗产保护工作】 截至2014年底，玉溪被列入国家级“非遗”名录项目6个（玉溪滇剧、玉溪花灯、通海高台、通海妙善女子洞经、澄江关索戏、元江哈尼族棕扇舞），省级25项，市级187项，县级324项。被列入国家级非物质文化传承人4人、省级传承人65人、市级传承人99人、县级传承人210人。至此，四级保护体系基本形成。

2014年2～4月，组织实施第三批市级非物质文化遗产代表性传承人的评定和命名工作，共有56名民间艺人被命名为市级传承人；组织实施了第五批省级非物质文化遗产代表性传承人的申报工作，共有14名民间艺人被命名为省级传承人；5月举办市级非物质文化遗产传承人冯光祥剪纸艺术展，展出作品200余幅；6月组织实施第九个文化遗产日活动，在元江县举办玉溪市庆祝第九个文化遗产日“非遗”项目展、“非遗”保护座谈会、“非遗”专题晚会；组织玉溪青花瓷、华宁陶、易门浦贝陶3个项目参加云南省文化厅举办的文化遗产日传统技艺展，陶瓷展品和传承人的现场技艺展示均得到好评；5～8月，市文化馆派出1名“非遗”专业技术人员到华宁县，参加“三区”人才支持计划文化工作；对玉溪青花瓷、华宁陶等进行深入的调查，拍摄资料照片200余张；推荐剪纸传承人冯光祥的作品参加中华文化促进会与江苏省文化厅联合举办的“白蛇传传说”全国剪纸邀请赛。

（马一雄）

【首届文化创意产业博览会】 2014年6月，玉溪市博物馆与玉溪日报社联合举办“2014玉溪首届文化创意产业博览会”。根据文化创意产业的行业分类、发展方向、不同地域及不同功能，共分为5个主题展区。不仅推出动漫、高科技产品，更旨在带动玉溪陶瓷文化、青铜文化等行业的发展和创新。

博览会内容丰富，展示、论坛、讲座、评奖、演出等形式多样。博览会期间参观人数达4万人次，共有38家企业商家参展，这是一次集中展示玉溪青花、华宁陶、易门瓷、江川铜、通海银、峨山刺绣等地方民族民间工艺美术的平台，对今后服务推动玉溪的文化创意产业起了积极的效果。

（王 溪）

【市博物馆开办科普展览】 2014年，玉溪市博物馆充分发挥科普示范教育基地的服务功能作用，共举办包括《澄江化石地科普展》、《“创意帽天山、认识寒武纪”创意与艺术展》等科普性展览6场；5月市博物馆与市社科联共同举办2014年科技活动周云南省社会科学普及集中示范活动，展示形式丰富多样，精彩纷呈，受到社会广泛好评。

【市博物馆文化交流】 2014年，玉溪博物馆共引进或举办《八百年不灭的神灯—祭祀成吉思汗的鄂尔多斯蒙古族历史文化展》、《“朔地恋歌”—宁夏岩画特展》等22个精品临展，内容涉及历史、文化、艺术、生活多方面，共接待观众23.27万人次。自主创作推出《穿越古滇文明之光——云南玉溪文物精品展》和《中国的声音：聂耳与国歌主题展》2个精品展走进内蒙古、北京和丽江等地博物馆院巡回展出，共接待观众6万余人次，增进了对外博物文化交流。

（解景然）

图 书

【市图书馆免费开放服务工作】 2014年，玉溪图书馆全面完成图书馆管理系统的换代升级，运用InterLib的工作程序和操作方法，不断调整和改进图书采编的业务流程和模式，提升工作效率。采购图书6 408种、共计16 021册，包括参考资料及地方文献636册，接受捐赠地方文献及图书249册；完成2015年度970种中文期刊、149种中文报纸的征订；完成2014年度人民日报光盘数据及其他音像资料、电子文献的订购。年内，玉溪市图书馆共计接待读者277 448人次，阅览书刊1387 240册次，书刊外借178 521册次，开展各类活动222场次，参与读者109 672人次。

新增玉溪市旭日塑料厂、水松纸厂、汇溪钢铁铸造制品有限公司、政务中心4个图书流通点，形成了一个拥有21个流通点和2个分馆、覆盖全市五县一区及部队、监狱等单位的汽车流通图书配送网络，汽车图书馆创新开展“送书上门”、“送书下乡”等。年内，汽车图书馆向每个流通点配送图书3次、共计配送图书10 380册，各流通点及分馆共完成书刊外借50 000余册次，接待读者100 000余人次，在推进公共文化服务体系建设、缩短城乡文化差距方面发挥着非常积极的作用。年内有2篇论文荣获中国图书馆学会一、二等奖，有8篇文章获奖或入选中国西部公共图书馆联合会。

【市图书馆举办公益展览】 2014年，玉溪图书馆为了发挥图书馆公共文化服务功能，充分利用好各个展厅和各类节庆活动，举办一系列公益性展览，受到社会各方的好评。

年内，先后举办“2014年玉溪市迎新春楹联书法展”、首届“玉溪市文化系统摄影作品展”、“赵振纪先生书法展”、“城镇化与减灾”为主题的宣传展板、玉溪市“美丽乡村”摄影展、“第三届农民书画展”、“笃慕梦园·花鼓峨山”峨山县美术、书法、摄影作品展、“共筑中国梦 凝聚正能量”老干部、摄影作品展、玉溪市三县区摄影作品展等各类展览，共展出诗书画、摄影、图片作品千余幅。

【市图书馆网络信息共享工程】 2014年，玉溪图书馆充分利用文化信息共享工程为广大市民服务，接待电子阅览服务和开展技术培训、放映活动。举办外来务工人员计算机培训4期（共10节课），培训63人，261人次；少儿寒假电脑培训6期（共30节课，每节课2小时），培训118人，491人次；农民工子女走进图书馆系列活动之电脑培训1期，培训42人，42人次。共享工程网络培训7期，63人次。电子阅览区接待读者6 106人，其中成人4 263人次，青少年绿色上网中心1 843人次。公共文化空中大讲堂共进行3期，6堂培训课程，共395人次接受培训。全年在节假日和寒暑假期间为小朋友放映科普片和动画片、故事片108场，7 103人次。

【公益讲座】 2014年，市图书馆举办《高贵与富足的精神气质修养》等11期“正心读书”系列活动，共吸引795位读者参与。举办公益性科普讲坛—“云岭大讲堂·玉溪讲坛”系列讲座，举办《中国共产党十八届三中全会精神解读》、《古滇国与古滇国文化旅游项目》等9期专题讲座，共吸引1 460人到场聆听。举办迎三八“乳腺疾病与保健”知识讲座，200多名女性聆听了讲座。与红塔物流中心联合举办“健康心脏.健康生活——心血管疾病的危险因素及预防”讲座，80名红塔集团职工聆听了。

【读书征文活动】 2014年，玉溪图书馆根据少年儿童自身特点，采取馆内馆外力量联动、馆校合作等形式，积极组织开展寓教于乐的活动40余次，全市6万余名少年儿童、学生和家长参与。

邀请聂耳小学“关爱学校”的92名学生，开展“走进聂耳图书馆一日读书培训”系列活动。与市一幼、市二幼馆校合作开展28次“书香悦读第二课堂”系列读书活动，接待儿童、教师及家长3 838人次。举办“我与图书馆”征文、读书、电脑培训等活动，开展4月23日世界读书日阅读推广活动、“六一”系列读书活动，举行图书馆征文活动、“给父母写封信”活动、“中国梦”主题演讲比赛等，全市5 000余名青少年儿童和学生参加，颁发获奖纪念品和奖金折价为2.6万元。关注弱势群体和边远山区学生的读书看报等问题，先后走进农民工子女学校振兴学校、红塔区关爱学校、市特殊学校、新平县水塘9个村的小学等，捐赠了价值1.2万元的1 014册图书和价值上千元的文具用品等。邀请省劳模、玉溪市十大杰出青年段其海为夏令营学生作“学雷锋心得体会”专题报告。开展文化沙龙交流互动活动，举办诗歌欣赏与朗诵活动、“迎中秋·古琴音乐欣赏与交流”活动、开展读者问卷调查、组织读者座谈会等。

（祝罗 罗启元）

新闻·广播电视

编辑：王　斌

新　闻

【概　况】　2014年，玉溪日报社报纸采编质量稳步提高。紧紧围绕“唱响主旋律、传播正能量、发出好声音”的总要求，着力推进采编一体化、报网一体化。加强新闻策划，围绕市委市政府重大决策、重点工作和重大活动，加大时政报道力度，开设了“干在实处、走在前列，奋力推进玉溪跨越发展”等20多个栏目，刊发了3 000多篇稿件；加大民生新闻报道力度，版面安排更集中更突出，数量增加了22.5%；重视社会新闻报道，关注重大突发新闻、社会热点新闻的追踪报道，加强舆论监督、树立正面典型，强化党报的舆论引导作用。

新媒体建设发展取得重大进展。紧紧抓住市委、市政府高度重视新媒体发展的机遇，按照建设玉溪重要门户网站的要求，高质量完成玉溪网建设任务，日均点击率达3.5万次以上。加大调整整合力度，进一步完善县乡直通车、手机报、掌上玉溪以及官方微博、微信等平台，圆满完成《玉溪日报》新闻客户端建设。与昆明、曲靖、楚雄、红河联合组建了“滇中城市新媒体联盟”。加快健全完善新媒体运营管理机制，建立采编操作规程、采编管理、稿酬支付等制度，规范内部管理，推进报网融合。

深化改革，推动企业加快发展。进一步理顺报社与下属企业的关系，按照“一企一策”的原则，认真制定深化企业改革的方案，采取收购、合并、重组等办法深化企业改革，着力推进经营一体化，在广告、发行、印刷、新媒体运营等方面做了大量卓有成效的工作，特别是各企业加大了品牌推广、会展等经营性、公益性活动的拓展力度，取得较好的经济效益和社会效益。

内部管理不断加强。围绕着力推进管理一体化的要求，结合党的群众路线教育实践活动，以健全完善、认真落实各项规章制度为重点，先后健全完善了党组议事规则、“三重一大”集体决策制度、采编工作考核规定、经营人员考核奖励办法、财务管理制度、固定资产和采访设备管理制度、公务接待公务用车管理制度以及工作纪律、请休假等制度，推进了决策的民主化、科学化，管理的制度化、规范化。按照报社“一盘棋”的要求，强化干部管理、人力资源管理、重大项目建设管理的统一性。

队伍建设进一步加强。通过开展政治和业务学习、到中央和省级媒体考察学习、上党课、专题讲座、内部业务培训等对员工进行多次培训轮训，并组织开展汉字听写大赛、职工运动会等丰富多彩的活动。加强干部教育培养和选拔任用，年内新选拔任用干部5人，轮岗交流7人，员工岗位调整16人。认真开展打击“新闻敲诈”治理有偿新闻专项行动，未发现存在“新闻敲诈”和有偿新闻的问题。由于管理有效，玉溪日报社荣获中国地市报管理创新十强。

【玉溪网正式上线】　214年3月29日上午，玉溪网上线仪式举行，标志着玉溪信息化建设及互联网规范管理整合水平上了一个新台阶，也标志着新媒体正在玉溪崛起与发展。2013年4月16日，市委第42次常委会提出，要进一步健全完善玉溪政务和门户网站，将玉溪网、玉溪新闻网等网站整合起来，做成信息全面、覆盖面广、全国知名、省内一流的门户网站，使之成为正确引导社会舆论、得到群众信任和喜爱的重要网络平台。根据这一要求，由市委、市政府主办，玉溪日报社承办的玉溪综合性门户网站玉溪网开始投入紧张的筹建之中。玉溪网网址为www.yuxi.cn，整个网站分为城市门户与综合新闻站群、政务站群、三湖社区、移动互联网四大块。站内共20个频道导航，83个子站、152个网页。玉溪网的建设运行，初步实现了玉溪主要网站的资源整合，构筑起了新闻、政务、社区、商城四大版块的站群架构，初步形成了涵盖手机版网站、微博、微信和手机客户端等新媒体立体化互动传播格局，加强了内宣，拓展了外宣。

【玉溪日报新闻客户端上线】　2014年11月28日，由玉溪日报社倾力打造的玉溪日报新闻客户端正式上线。这是玉溪首家面对智能手机用户发布新闻的官方媒体，也是玉溪日报社加快推进传统媒体与新兴媒体融合发展迈出的重要一步。为适应媒体变革形势，充分利用好新媒体平台，加大对全市经济社会发展的宣传报道，玉溪日报社开发建设了以玉溪本土新闻为主的玉溪日报新闻客户端。至此，玉溪日报社已发展成为拥有报纸、网站、手机报、微博、微信、电子阅报栏、客户端等多种传播形态的现代化全媒体矩阵。该手机应用程序以玉溪日报社强大的新闻采编力量为依托，集新闻阅读、在线浏览、政民互动、资讯推送等功能于一"端"，重点打造时政、社会、读报、问政四大栏目。"时政"栏目及时发布本土时政要闻，宣传市委、市政府的中心工作；"社会"栏目发布玉溪的社会民生新闻，为大众提供生活资讯服务。此外，读者可通过玉溪日报新闻客户端在手机上直接阅读《玉溪日报》电子版，"打开手机看报纸"，并可通过客户端向全市有关部门和单位进行咨询和提问，实现政民互动。

【玉溪日报社与各县（区）签署战略合作协议】 2014年，玉溪日报社与玉溪9个县（区）委宣传部签署战略合作协议。双方将开展多层次、多领域、全方位的合作，实现优势互补、互利共赢的目标。玉溪日报社将紧紧围绕各县区委、政府中心工作，凭借《玉溪日报》、玉溪网、玉溪手机报3个品牌媒体优势，为各县区提供涵盖纸媒、网络、手机客户端等为一体的全方位宣传推广服务平台。按照协议，玉溪日报社将派出骨干记者，聚焦各县区和乡镇工作 重点、亮点，对县区重大决策、重点工作、重大部署、重要经验在重点版面进行重点报道。以《县区周刊》栏目为主阵地，集中报道县区工作成就和经验；利用玉溪日报社全媒体优势，继续为县区维护运营县乡直通车频道"县区新闻网"，并在玉溪网首页醒目位置建立县区新闻网链接；为县区设计制作"掌上县区"手机客户端，在"掌上玉溪"醒目位置建立"掌上县区"链接，并负责对"掌上县区"栏目内容的更新及其他运行维护工作。协议明确，玉溪日报社与县区宣传部紧密合作，共同打造县区通讯员队伍，指定各采编部室负责对通讯员进行业务指导，明确专人负责与特约通讯员进行日常协调、联系、服务，定期不定期组织培训。

【贯彻落实十八届四中全会精神报道】 2014年10月20～23日中共十八届四中全会在北京举行，《玉溪日报》于24日头版整版刊发全会公报，二版头条刊发《人民日报》社论《实现依法治国的历史跨越》；29日全文刊发《中共中央关于全面推进依法治国若干重大问题的决定》。从26日起，转载《人民日报》深入学习贯彻十八届四中全会精神系列评论《为中华民族伟大复兴提供法治保障》、《准确把握全面推进依法治国总目标》、《把党的领导贯彻到依法治国全过程》、《用法治为全面深化改革护航》等文章。随后，《玉溪日报》开设专栏"认真学习贯彻十八届四中全会精神 全面推进依法治市"，先后刊发《罗应光主持召开领导干部大会传达学习贯彻十八届四中全会精神》、《我市掀起学习十八届四中全会精神热潮》等稿件。开设"走基层 看法治玉溪建设"专栏，先后刊发《通海扩大覆盖面提高普法实效》、《澄江着力推进平安法治建设》、《新平深化法治宣传教育推进依法治县》等稿件。

【学习贯彻习近平总书记系列重要讲话报道】 2014年，《玉溪日报》按照中央和省、市要求，开设"学习贯彻习近平总书记系列重要讲话"专栏，对全市各县（区）、各部门学习贯彻落实情况进行报道，先后刊发《元江县以群众喜闻乐见形式宣传讲话精神》、《彝山民族团结宣讲团用家乡话宣讲总书记讲话精神》、《新平县把讲话精神落实到具体工作中》、《易门学用结合破解发展难题》、《华宁学以致用推动各项工作扎实开展》、《江川结合县情推进生态文明建设》等稿件。

【开设"十八大一年来"专栏】 中国共产党十八大召开一年多来，玉溪着力做好解放思想、改革创新、锐意进取、攻坚克难、转变作风、狠抓落实、深化改革，各项工作取得许多新进展。2014年1月8日《玉溪日报》推出"十八大一年来"专栏，对一年多来发生在百姓身边的实实在在的变化进行重点报道。先后刊发《生态玉溪大步走》、《文化玉溪惠民生》、《民生优先铺就幸福路》、《项目建设风生水起》、《建强队伍引领美丽玉溪建设》等综述性报道，并深入基层，采写刊发了《小白山农民走宽增收路》等一批稿件。

【党的群众路线教育实践活动报道】 2014年，《玉溪日报》把党的群众路线教育实践活动的报道作为全年工作的重中之重，制定周密、详细的报道方案，抽调精兵强将，全方位、多角度、多形式进行持续深入的报道，开设"扎实开展党的群众路线教育实践活动"、"反对'四风' 边学边查边改"、"反对'四风' 立行立改"、"整改成绩单"等专栏，先后刊发《玉溪召开党的群众路线教育实践活动动员大会》、《玉溪市群众路线教育实践活动解读》、《群众路线教育实践活动前期工作抓得实》、《压缩"三公"经费 投向民生工程》、《我市整治公款送礼公款吃喝》等稿件，对全市整个教育实践活动进行了报道。刊发《一项重大的政治任务》、《不折不扣抓落实》、《确保教育实践活动取得实效》、《坚定不移贯彻党的群众路线》、《进一步推动教育实践活动扎实深入开展》、《作风建设没有休止符》等评论员文章。开设"深入开展党的群众路线教育实践活动系列谈"，组织撰写系列短评52篇。

【市委全会报道】 2014年1月15～16日中共玉溪市委四届四次全会召开，16日《玉溪日报》在头版用一个整版刊发全会开幕消息和分组讨论侧记，在二版用一个整版，以图表的形式，对全会报告进行解读；17日《玉溪日报》在头版刊发了全会闭幕消息，全文刊登《中国共产党玉溪市第四届委员会第四次全体会议决议》，刊发《努力实现玉溪跨越发展新突破》的社论。21日起推出"落实全会精神 实现跨越发展新突破"专栏，先后刊发了《东片区应急调水工程完成投资3.4亿》、《红塔区推进经济社会发展新跨越》、《新平走好"上坡路"迈向发展新高峰》、《澄江"三化"融合建现代生态宜居旅游城市》、《江川力争实现生态建设与产业发展相生相融》、《华宁狠抓产业建设提升发展水平》、《通海立足提高质量效益促发展》等稿件。

12月2～3日中共玉溪市委四届五次全会召开，4日《玉溪日报》用头版一个整版进行报道。刊发《市委四届五次全会召开》的消息，配发会场和罗应光书记作报告的图片；全文刊登《中国共产党玉溪市第四届委员会第五次全体会议决议》；刊发题为《奋力开创法治玉溪新局面》的社论。

【市委工作会议报道】 2014年7月14～16日，中共玉溪市委召开工作会议，《玉溪日报》派出多路记者，认真采写，精心编辑，接连三天用多种形式对多会议进行报道。采写刊发《一天奔走300千米 检阅精彩“上半年”——市委工作会议昨日召开》、《全市14个重点项目集中开工》、《彰显“玉溪效率” 刷新“玉溪速度”——市委工作会议第二天现场观摩侧记》、《会风好 收获多 信心足——市委工作会议参会干部谈观感》、《市委工作会议强调—— 抓改革促发展转作风抓落实 确保全年目标任务圆满完成》等报道，配发了《不断开创跨越发展新局面》《转变作风狠抓落实 确保完成目标任务》两篇评论员文章，并对各县区上半年经济社会发展情况、下半年工作安排进行了全方位报道。

【两会报道】 2014年2月19日，政协玉溪市四届二次会议开幕。2月20日，市四届人大二次会议开幕。为做好两会报道，《玉溪日报》认真策划，会前开设“代表风采”栏目，刊发了市人大常委会工作综述、市政协常委会工作综述。会中报纸、新媒体联动，开设“两会每日评”、“热议发展”、“建议聚焦”、“提案点击”、“会外连线”、“观点声音”、“两会现场”、“图说两会”、“履职故事”、“直面热点”等栏目，大量采用制作图表的方式，对政府工作报告、财政报告、计划报告、“两院”报告和人大常委会工作报告、政协常委会工作报告、政协提案工作报告进行全方位、多角度的解读。刊发社论《汇聚改革正能量谱写发展新篇章——热烈祝贺市四届人大二次会议、市政协四届二次会议开幕》、《奋力谱写中国梦的玉溪篇章——热烈祝贺市四届人大二次会议、市政协四届二次会议胜利闭幕》。同时，在玉溪网开设“2013玉溪两会”专页，在玉溪手机报开辟两会专栏，多角度广覆盖全面报道两会盛况，拓宽宣传渠道，扩大宣传范围，实现了宣传的广泛、深入、有效。会后及时刊登相关报告。

【系列报道】 2014年10月8日，全市领导干部大会召开。会议强调：各级各部门一定要认清形势，找准差距，正视问题，振奋精神，以决战的姿态、必胜的信心，全力冲刺四季度，以各县（区）目标任务的完成来确保全市目标任务的完成，确保玉溪干在实处、走在前列。10日起《玉溪日报》刊发系列评论《全力冲刺 确保完成全年目标任务——一论确保玉溪“干在实处、走在前列”》、《集中精力 一心一意抓发展——二论确保玉溪“干在实处、走在前列”》、《抓好产业建设 打造工业经济升级版——三论确保玉溪“干在实处、走在前列”》、《抓好城乡建设 积极推进新型城镇化——四论确保玉溪“干在实处、走在前列”》、《抓好思想文化建设 凝聚发展正能量——五论确保玉溪“干在实处、走在前列”》、《抓好党建 为跨越发展提供坚强保障——六论确保玉溪“干在实处、走在前列”》。13日起推出“干在实处 走在前列 奋力推进玉溪跨越发展”专栏，专访各县（区）委书记、市直相关部门负责人，先后刊发了《全力以赴推动跨越发展——访市委常委、红塔区区委书记董文献》、《狠抓落实 全力冲刺四季度——访通海县县委书记张小良》、《苦战80天确保完成全年目标任务——访江川县县委书记马文龙》、《用更多精力和时间抓工作落实——访华宁县县委副书记、县长黄云鹍》等稿件。随后，继续在该栏目刊发稿件，对玉溪各县区、各部门、各行业和广大干部群众求真务实、埋头苦干，推动经济社会发展进行了大量报道。

【社会主义核心价值观报道】 2014年，《玉溪日报》开设“弘扬美德 提升素质”和“大力弘扬社会主义核心价值观”两个专栏，对玉溪社会各界如何践行社会主义核心价值观进行报道，先后刊发了《华溪镇“四德”工程育文明新风》、《凤凰街道善行义举榜释放正能量》、《全市中小学将开展“俭约校园”活动》、《峨山创新方式传播社会正能量》、《澄江建成20个善行义举榜示范点》、《首届“玉溪好人”表彰座谈会举行》等新闻稿件，刊发了《践行核心价值观 领导干部要带头》、《从我做起践行核心价值观》、《践行核心价值观是一种选择》等评论。同时，《玉溪日报》转载了《人民日报》的《弘扬社会主义核心价值观系列评论》五篇、《着力培育和践行社会主义核心价值观系列评论》三篇。与市委党校合作，在“理论与实践”版块开辟专栏，刊发践行社会主义核心价值观理论文章30余篇。

【开设“回眸2013 展望2014玉溪发展新跨越”专栏】 2013年，全市围绕又好又快、争先进位、跨越发展的目标任务，扎实推进各项重点工作的落实，取得了许多新进展。2014年，是玉溪实现跨越赶超的关键之年，是改革创新年、基础设施建设年、生态文明建设年。2014年2月11日起《玉溪日报》推出“回眸2013 展望2014 玉溪发展新跨越”专栏，先后刊发了《城市规划建设管理全面提速》、《生态文明建设全面推进》、《工业奏响调结构新乐章》、《农业提质增效快速发展》、《招商引资推动跨越发展》、《奏响跨越发展主旋律》、《文化旅游互融共荣良性发展》、《“民生为先”的创新行动》、《新作风赢来新发展》等稿件。

【民营经济发展报道】 2014年，玉溪出台《玉溪市加快民营经济发展的实施意见》，按照市委、市政府的要求，《玉溪日报》开设“加快民营经济发展系列报道”专栏，先后刊发了《玉溪民营经济竞展风采 玉溪民营经济期待再铸辉煌》、《玉溪民营企业坡道换挡求存图强》、《红塔区推进民营经济“二次创业”》、《通海民营经济爬坡过坎奋力前行》等稿件。开设“加快民营经济发展实施意见解读”专栏，先后刊发了《如何进一步拓展民营经济发展空间》、《如何进一步提高民营企业用地保障水平》、《如何进一步破解民营企业融资难题》、《如何进一步优化民营经济发展环境》等稿件。同时，刊发了《大力推动民营经济快速发展》、《为民营经济发展再加一把力》、《着力打造一批县域经济强县》等评论。

【殡葬改革报道】 2014年，围绕市委、市政府要求，《玉溪日报》继续开设“推进殡葬改革 建设美丽玉溪”专栏，对殡葬改革的重大意义、相关政策和全市殡葬改革推进情况进行报道。先后刊发《红塔区殡葬改革有序推进》、《峨山出台惠民殡葬政策》、《江川全县辖区100%划定为火化区》、《农村老党员带头火葬开启殡改新风》、《全力以赴实现火化区火化率100%》、《玉溪殡葬改革这一年》、《全市拆除平毁活人墓近3万冢》、《玉溪将开展乱埋乱葬和“活人墓”治理工作》、《玉溪出台系列政策推动殡葬改革》、《聚焦玉溪殡葬改革》等报道，先后推出了《想方设法做好群众工作》、《锁定目标任务 推进殡葬改革》、《进一步推动殡葬改革》、《党员干部应带头推动殡葬改革》等评论，为玉溪推行殡葬改革营造了良好的舆论环境。

【玉溪日报社获奖作品】 2014年，玉溪日报社多件作品获奖。深度调查《土地作价入股 失地不失保障》获第30届（2013年度）云南新闻奖二等奖、第16届（2013年度）云南报业新闻奖一等奖、第28届2013年度中国地市报新闻奖三等奖。消息《坚持早保护早治理 不走先污染后治理老路玉溪今年融资二十六亿呵护抚仙湖》获第30届（2013年度）云南新闻奖三等奖。专题摄影《那些留守儿童的生活和梦想》获第16届（2013年度）云南报业新闻奖二等奖。深度调查《玉溪乡村纪事》获第16届（2013年度）云南报业新闻奖二等奖。摄影《黄官社区800亩荒田重焕生机》获第16届（2013年度）云南报业新闻奖三等奖、第28届2013年度中国地市报新闻奖三等奖。言论《给公车戴上“紧箍咒”》分别获得2013年云南报纸副刊好作品奖三等奖、第28届2013年度中国地市报新闻奖二等奖。副刊《走出深闺的通海馆藏文物》获2013年云南报纸副刊好作品奖三等奖。消息《玉溪今年融资二十六亿呵护抚仙湖》获第28届2013年度中国地市报新闻奖三等奖。消息《蔬菜“水上漂”环保又好销》获中国报业协会城市党报新闻奖二等奖。通讯《大营街投13亿帮助家家户户建特色民居 重铸云南第一村新形象》获中国报业协会城市党报新闻奖二等奖。通讯《文化无国界 网络显神威 聂耳竹乐团QQ上开音乐会》获得中国报业协会城市党报新闻奖二等奖。消息《玉溪主要入湖河道有了监护人 四十二位市级领导当河长》获中国报业协会城市党报新闻奖三等奖。《走出深闺的通海馆藏文物》获得城市党报副刊作品一等奖。

（徐志强）

广播电视

【概　况】 2014年，玉溪市各广播电视媒体持续深入推进节目改版创新，坚持“三贴近”、开展“走、转、改”，严格按照党的群众路线教育实践活动要求，走村入户做好新闻采访和宣传报道，使广播电视宣传更加亲民，更加深入基层、深入群众。2014年，玉溪人民广播电台播出本地新闻2 613条，播出省内新闻4 100多条，播出国际国内新闻7 400多条。广播电视新闻播出量和上云南台、中央台的播出量，都比2013年增加，云南台采用新闻361条，比2013年上升24.1%；中央台采用新闻18条，上升60%。播出公益广告15条5 475次。电视台两个频道播出新闻9 426条，其中：《玉溪新闻》364期4 124条、《新闻直通车》364期2 172条、《大众新闻》208期3 130条，云南台采用378条，中央台采用11条；制播栏目460期，专题19部集、微电影3部；播出公益广告共计52条20 880次。

事业建设稳步推进，完成地方节目地面数字电视无线覆盖第一、二期工程建设，实现地方台节目人口覆盖率达90%以上，地方台节目覆盖“户户通”用户率达70%以上，完成户户通二期工程省级和市级验收；进一步完善村村通和户户通工程长效运行维护机制，推进广播电视公共文化体系建设；圆满完成5 241场农村公益电影“村村放”任务，观众达47万余人；积极探索传统媒体与新兴媒体融合，电台成功实现与网络媒体平台合作；持续推进玉溪人民广播电台、玉溪电视台、玉溪有线电视台三台改革，整合和盘活频道资源；广播、电视全面实现广告经营公司代理制，促进广播电视事业和产业稳步发展。

【广播影视外宣工作】 2014年，玉溪广播影视外宣工作取得较好成绩，对介绍玉溪、推广玉溪发挥了积极作用。玉溪人民广播电台与云南网络广播电视台合作，利用广播直播车对通海“三礼”活动进行广播和网络同步直播，这是玉溪广播电台与新媒体的第一次直播活动，收到较好的宣传效果；与中央人民广播电台乡村之声积极联系，播出宣传玉溪的专题节目《幸福城市——玉溪》、《高原明珠 滇国故里——江川》；与省广播电台经济频率、香格里拉之声合作，播出介绍玉溪旅游、美食、经济等方面的36期小专题。玉溪电视台配合中央电视台7套拍摄《美丽中国乡村行——走进玉溪》节目一期，在央视7套播出4次；为央视10套《地理中国》拍摄哀牢山长臂猿，哀牢山候鸟迁徙两期节目素材。

【获奖广电节目】 在2014年举办的国家、省、市级广播影视评奖中，玉溪市广播影视节目创优成绩比上年明显提升，国家级奖项增加1件、省级增加4件、市级增加1件。

2014年3月，在“2011年度—2012年度中国广播影视大奖”评选中，由玉溪广播电台记者李绍明、何永平、赵健敏采制的广播消息《云南澄江化石地成为我国首个化石类世界遗产》获得“中国广播影视大奖提名奖”。中国广播影视大奖是国家级政府奖，由国家新闻出版广电总局主办，是中国广播电影电视领域最高奖项，也是中国广播电视工作者成就最高荣誉象征。这是玉溪人民广播电台作品首次获得该奖项，也是玉溪广电作品所获最高新闻奖项。是玉溪广播电台采制的广播长消息，时长2分52秒，节目于2012年7月1日23：30在玉溪人民广播电台《新闻夜航》栏目中播出。此前荣获云南广播电视奖一等奖。在“2013年度云南省广播电视奖”评选中，玉溪市共有18件广播电视作品获奖。玉溪广播电台选送的7件作品获奖，对农节目《拆除塑料大棚，让家园更美丽》、知识性节目《国家一级保护动物——豚尾猴》荣获一等奖；评论《多一点“杞人”忧地》、专题《抚仙湖保护治理行动再升级》、长消息《全国最大珍稀豚尾猴群安家元江》荣获二等奖；外宣《乡土乡情——环转玉溪》荣获三等奖；主持人杞荣播音的《拆除塑料大棚，让家园更媒体》荣获广播主持二等奖。

玉溪电视台选送8件作品获奖，《大众新闻》荣获电视“十佳”栏目；长消息《土地作价入股 千余农民成股民》荣获一等奖；评论《塑料大棚 后患无穷》、专题《滇国故里山水江川》荣获二等奖；短消息《立昌村民自编花灯唱“搬迁”》、公益《保护电力设施人人有责》荣获三等奖；主持人方婷主持播出的《大众新闻》荣获电视播音二等奖、主持人余芳主持播出的《天天看玉溪》荣获电视主持二等奖。另有《浅议如何突出电视新闻中的兴奋点》、《地方电视台如何改文风增强亲和力》等3篇论文作品获论文类奖项。

在“玉溪市第十五届优秀新闻奖（2013年度）”评选中，玉溪人民广播电台、玉溪电视台共计11件作品获奖。玉溪人民广播电台5件作品获奖。新闻评论《多一点“杞人”忧地》和短消息《立昌村民舍家护湖自愿搬离家园》两件作品获广播一等奖；新闻专题《抚仙湖保护治理行动再升级》、长消息《全国最大珍稀豚尾猴安家元江》、对农节目《拆除塑料大棚　让家园更美丽》三件作品获广播二等奖。玉溪电视台6件作品获奖，系列报道《塑料大棚　后患无穷》、系列报道《学习江苏经验　加快玉溪发展》两件作品获电视一等奖；系列报道《关注殡葬改革》、外宣节目《滇国故里　山水江川》和社教专题《千里奔袭》获电视二等奖；另有纪录片《东风水韵》获电视三等奖。

【电台电视台节目改版】　2014年，玉溪电视台、玉溪广播电台先后对节目进行改版调整，让节目更加贴近群众、贴近生活。

2013年末，玉溪电视台根据新闻综合、公共两个频道的定位、职责，提出改版策划。2014年初，玉溪电视台按照策划，开始进行节目改版。新闻综合频道以新闻为特色，强化时政报道和主题宣传，传播正能量，不断提升新闻质量，不断提高舆论引导能力和水平，办好《玉溪新闻》、《新闻直通车》等节目；以“内容新颖的公共话题会读，及时全面地记录玉溪发展，资讯丰富的时尚消费聚焦，健康个性的生活乐点放松”为定位，推出《亮见》、《见政》、《消费慧时尚》、《健康开讲》等新栏目。公共频道以“关注民生、服务大众、引领时尚、倡导文明”为宗旨，以“民生、服务、娱乐节目为特色的电视综合频道”为定位，对原有的《大众新闻》、《警示窗》、《法庭纵横》进行改版，推出《哇家玉溪》和《美食江湖》两档全新栏目，打造玉溪本土最具影响力的电视频道。改版节目推出后好评不断，观众对节目的关注度和参与度都得到一定提升。

7月玉溪人民广播电台对节目进行小幅改版，每天上下班四个高峰时段播出《路况信息》，把每天几个高峰时段的实时路况及时向听众播出，收到较好效果。把每天16：00——17：00播出的《都市生活馆》、17：00——18：00播出的《锋行玉溪》栏目合并为一个大版块，新增《吃在玉溪》、《住在玉溪》、《玩在玉溪》等栏目，向听众推荐玉溪美食、旅游、购物、服装等，办成一个接地气的本土节目，听众参与节目的热情高涨。商家冠名播出，收到较好社会效益和经济效益。

【法制宣传报道】　2014年，玉溪广播电台、玉溪电视台及时宣传玉溪市各级各部门开展依法行政活动情况和典型经验，采播相关新闻622条，法制类节目570期，公益广告达10 000余次。

玉溪电视台播出资料栏目《安全与法》305期，《法治中国》40期，分别宣传报道依法行政工作重大部署、重要动态和法律知识；玉溪电视台公共频道《警视窗》、《法庭纵横》等法治栏目长期与市公安局、市中级法院合作，连续多年成为全省法制栏目的典范。《警视窗》栏目播出专题片43期，新闻150条，在中央级媒体播出新闻27条，在省级媒体播出新闻47条。《法庭纵横》栏目共播出节目43期。

玉溪广播电台播出《时尚生活E时间·周末法制版》、《畅行中国——平安交通玉溪在行动》、《法制红塔》等栏目，播出禁毒、交通安全等有关依法制市公益广告播出条3 000余条（次）。

【数字电视技术培训】　2014年3月4～6日，市广播电视局举办地面数字电视覆盖网技术暨安全播出培训，市局和各县区技术骨干30多人参加培训。此次培训特别邀请成都广电设备有限公司、成都康特数字广播电视设备有限公司的专家，针对地面数字电视覆盖网技术、1千瓦（KW）和300瓦（W）地面数字电视发射机使用与维护进行授课。同时，安排玉溪广电系统内3位工作经验丰富的技术人员，从防雷接地、供配电技术、广播电视安全播出管理规定、广播电视各专业实施细则等方面进行细致讲解，使参训技术人员掌握地面数字电视覆盖网技术，为地方节目地面数字电视覆盖网工程实施作准备。

【地方节目地面数字电视无线覆盖工程建设】　地方节目地面数字电视无线覆盖工程，暨为2013年玉溪投入近160万元启动建设的玉溪电视台综合频道无线覆盖工程及后续工程统称。2013年，玉溪结合实际，提出工程一期规划，建设了五脑山、老尖山、照壁山、老窝底 4 个市局直属高山骨干发射台和易门底尼象山 1 个县级高山发射台站，信号可覆盖红塔区、江

2014年底，为保证在2015年春节前完成地方节目数字电视无线覆盖二期工程，全市广电系统职工加班加点，抓紧设备安装调试。图为工程人员对澄江县九村镇东山村委会设备进行调试

（广电局　提供）

川、通海县70%以上人口，新平、元江和易门县50%以上人口及部分户户通用户。覆盖范围内，凡使用户户通设备的用户和使用40寸以上电视机（内置机顶盒）的用户都可以免费收看玉溪电视台综合频道和当地县电视台节目。

2014年，市广播电视局根据“实现地方台节目人口覆盖率达90%以上，地方台节目覆盖‘户户通’用户率达70%以上”的要求，对一期工程进行检测，对一期工程范围内覆盖不到的地方进行补点建设，在各县区规划选择出30个站点，严格按照《玉溪市地方广播电视节目地面数字电视广播覆盖网发展总体规划》和《玉溪市广播电视局地方节目无线覆盖网技术方案》要求和工程招标采购规定进行施工建设。工程于2014年12月底顺利进入调试运行阶段，成功实现“地方台节目人口覆盖率达90%以上，地方台节目覆盖‘户户通’用户率达70%以上”的目标。

【“户户通”二期工程通过省级验收】 2013年，玉溪户户通二期工程共投入资金690万元建设完成省厅下达的1.5万户建设任务。2014年7月7～11日，由玉溪市广播电视局、云南广电网络集团玉溪分公司等单位领导及专家组成验收小组，对玉溪市户户通二期工程采取查阅资料、听取汇报和现场抽验方式进行市级考核验收，共计抽验9县区18个乡镇、38个行政村、72个村民小组、1 500户农户。经抽验，玉溪市户户通二期工程市级与县区级政府配套补助资金到位率100%；工程入户安装开通率98%；农户购机款收取率100%；群众总体满意率97%；建立9个县区级服务网点、55个乡镇服务网点，正常提供售后服务，各项指标均达到或高于验收标准，顺利通过市级验收。11月底，该工程通过省级验收。

【直播卫星“户户通”工程售后维护服务】 2014年8月初，市广播电视局与云南广电网络集团公司玉溪分公司就“户户通”工程售后服务体系建设达成共识。云南广电网络集团玉溪分公司是玉溪户户通工程实施主体，并担负售后服务工作职责。服务网络由云南广电网络集团玉溪分公司建立，由公司户户通售后服务管理中心、各县支公司服务管理站和乡镇服务管理点组成，并逐步设置村委会户户通设备维护管理专（兼）职人员，采用自建和合作委托相结合的方式设立覆盖全市所有乡镇的户户通售后服务网点；市广电局提供部分村村通设备给云南广电网络集团有限公司玉溪分公司作为备机周转使用；数字电视媒体给予户户通工作支持，在开机画面中做好宣传，拓展群众知晓率，扩大影响；协商制定《直播卫星“户户通”设备售后维修合作协议书》和《户户通售后服务管理办法》，明确权力、职责、义务，加强和完善对户户通售后服务管理。

【广播电视广告经营推行公司代理制】 2013年12月玉溪电视台以公开招投标方式，将广告经营权交由中标单位云南昆明众旭广告公司代理运营，实现广告公司代理后，2014年9月1日起，玉溪人民广播电台与玉溪市新视听文化传播有限公司签订合作协议，实现广告经营公司代理制。本次玉溪人民广播电台与玉溪市新视听文化传播有限公司合作期为一年；玉溪市新视听文化传播有限公司支付电台126万元广告承包费用，有效保障玉溪人民广播电台经营创收。玉溪市级广播电视媒体广告运营全面进入公司代理制时代，电台、电视台广告创收比2013年大幅提高。

【广播电台探索与新兴媒体合作】 2014年10月中旬，玉溪人民广播电台与“酷狗fm”、“蜻蜓fm”两家运营商达成协议，最终采用资源置换形式进行合作，电台节目上传至酷狗、蜻蜓平台上实时直播。通过与新兴媒体合作，玉溪人民广播电台的听众不断增加。据实时在线统计，12月底“蜻蜓fm”同时在线听众达1.3万多人，并在不断攀升；在“酷狗fm”也形成一定收听群，实现传统媒体向新兴媒体的融合发展。

【整治非法卫星地面接收设施】 2014年，市广播电视局多次协同综治、公安、工商、信息产业及红塔区相关单位开展非法卫星地面接收设施专项整治工作行动。发放和粘贴宣传单24 885份，进行电视广播广告宣传902条次；先后出动155车次、551人次；查处拆除非法接收设施116户，没收暂扣接收设施165套，取缔非法销售和安装点45个，并对相关店主进行批评教育，责令停止非法销售活动；以摸底调研与清理整治相结合手段，清理非法安装销售“小锅盖”天线72个、高频头90个、接收机83台。

【农村公益电影放映】 2014年，部分村委会改社区后，玉溪市行政村数量由601个减少为432个，玉溪电影发行放映管理中心承担农村公益电影放映任务变为5 184场次。截至2014年12月31日，玉溪电影发行放映管理中心全年完成放映农村电影5 242场，超任务58场，超额1.5%，观众471 571人次；放映社区（居委会）广场电影1 768场，超额634场，约为总任务数55%，观众196 936人次；放映禁毒防艾、防范邪教等公益宣传片890场，观众163 552人次。

（尚　薇）

【广播节目《红塔早安》】 2014年，玉溪人民广播电台推出的广播节目《红塔早安》是一档文学欣赏节

2014年4月，市广电局技术人员到元江县洼垤乡罗垤村为村民安装调试设备（广电局提供）

目，每天7：30—8:00在玉溪人民广播电台播出，时长一个半小时。在节目中，主要播出歌颂玉溪美丽山川、秀美人文的抒情小文、短文、散文、杂文、诗歌等。在每天清晨时光，用清新美文陪伴听众，让听众通过电波，体味文学，感受生活，共同分享优美的文学作品。该节目与中央人民广播电台中国乡村之声合作，进行“记忆乡愁”征文活动，玉溪本土作家积极投稿，《父亲的乡愁》、《割不断的情结》、《小村记忆》等一大批原创本土诗歌、散文先后在中国乡村之声播出，这些作品抒发作者乡愁同时，也让听众感受到玉溪多彩和谐的文化和玉溪人民对幸福美好生活的向往。

【广播节目《锋行玉溪》】 2014年，玉溪人民广播电台推出的广播节目《锋行玉溪》是一档生活类节目，每天16：00——18：00时在玉溪人民广播电台播出，时长2个小时。节目分为《吃在玉溪》、《住在玉溪》、《玩在玉溪》等版块，全方位向听众推荐玉溪美食、玉溪旅游、购物、服装等，是一档贴近群众生活的节目。节目由企业冠名，邀请在玉溪做餐饮的厨师、美食家、销售员等走进直播间，向听众介绍玉溪好玩、好吃和玉溪土特产等，让听众共同参与到节目中，参加竞猜、拍卖等活动。节目自开办以来，听众参与热情高涨，收到较好的社会效益和经济效益。

【广播节目《畅行中国——文明交通玉溪在行动》】 2014年，玉溪市公安局交警支队与玉溪人民广播电台联手打造的直播访谈节目《畅行中国——文明交通玉溪在行动》，每周三和周六11：00——12：00时在玉溪人民广播电台播出，时长一小时；节目开设“交通快报、警务动态、事故通报、警民互动、大队长热线、专家访谈”等栏目，通过“我眼中的城市文明交通”与市民进行互动，畅谈城市文明交通建设情况，使市民了解、关注城市道路交通管理发展现状，支持和积极参与“文明交通行动计划”。通过节目宣传，使广大交通参与者自觉关注自己和身边人的交通行为方式。

（玉溪广播电台）

【电视栏目《见政》】 2014年，在全省十佳栏目《天天看玉溪》基础之上全新改版推出的《见政》栏目，是玉溪电视台新闻综合频道唯一档时政纪实类栏目。栏目以打开时事话题，记录玉溪全新发展为主题，全面展示玉溪的发展全景。《见政》栏目每期节目20分钟，每周二、周三20:35首播，周六、周日20:40黄金时段重播，其余5个不同时段滚动播出，是地方时政宣传的最好平台。

《见政》栏目设三个板块，针对不同的选题需要，具体执行编导可以自选《在基层+对话时间》或《在基层+视点》结构，栏目记者走近基层，见证变化，发现亮点，寻找答案，节目避免了灌输式的枯燥感，以记者的体验，以媒体公允冷静的目光，感受和见证玉溪发展中的攻坚克难，奋发向上。

【电视栏目《亮见》】 2014年，玉溪电视台综合频道推出的民生与时政紧密结合的综合类专栏节目，为周播节目，每周一20:35首播，时长20分钟。每期节目设“我挨你说”，“时事话你知”，“正能量”三个板块，栏目内容丰富、风格清新。“你挨我说”每期一个热点话题，以街头采访的形式，倾听百姓心声；“时事话你知”内容丰富、信息量大，以资讯播报的方式对重大时政、社会民生等新闻事件进行精炼总结和评说；“正能量”是节目的主体部分，栏目记者走进基层、贴近群众，用平实的语言讲述老百姓的故事，传递社会正能量。

【电视栏目《哇家玉溪》】 《哇家玉溪》是玉溪电视台公共频道2014年推出的一档平民视角的方言新闻节目，每周二晚22：00时首播，时长约30分钟。节目针砭时弊，抑恶扬善，实现媒体的舆论引导功能。主持人采用玉溪方言土语主持配音，对《大众新闻》、《玉溪新闻》等媒体上获取的各种与老百姓息息相关的新闻进行解读评论，用玉溪方言讲述老百姓身边的故事。乡音乡韵拉家常，诙谐幽默晓事理。强调节目的贴近性，风趣、辛辣、亲民。根据节目特点，栏目不分具体子栏目，但每期均以方言课堂开始，每期教观众一个方言词汇，并以这个词汇来串联整期节目，这种串联可以是仅串第一条，也可以是第一组，还可以贯穿始终。方言课堂对方言词语的演绎：主持人开讲，接下来用方言版的小电影、网络视频、电影片段，对图片、漫画进行配音、配字幕等方式来演绎；充分演绎关键词后，围绕这个关键词顺势进入第一条新闻，在这条新闻中，这个关键词须是反复出现的、能够概括核心的，或是节目中的人物要说的。栏目开播以后，其风趣、辛辣、亲民的节目风格受到广大市民好评，收视率屡创新高，取得了很好的社会效果。

【电视栏目《美食江湖》】 《美食江湖》是玉溪电视台公共频道2014年1月重新改版推出的一档以推介本地美食为主的周播节目，栏目每周五晚18：00时首播，时长20分钟。栏目以“民以食为天，做美食与观众之间的桥梁，为市民解决不知道去哪儿聚餐、品美食的问题，为观众推介玉溪最好吃，最时尚的美味佳肴”为定位，以大众化、轻松、时尚、有趣及适当参与性为主要方式进行宣传，栏目下设《美食英雄会》、《美食谍报站》、《飘香一剑》、《美食新闻》四个子版块。《美食英雄会》是整期节目的主体，根据一定的美食主题展现本次主题的饮食历史、渊源、典故、故事等文化。从而让观众对本次美食进行完全的了解与喜欢。《美食谍报站》中主持人走出演播室寻找美食美味，搜索玉溪城区美食饭店，每期向观众推荐一家美食特色饭店。《飘香一剑》板块由知名酒楼饭店的名师大厨展示拿手好菜和绝活，并且教授大家做菜的各种小窍门，以及美食背后的故事、渊源等。《美食新闻》板块以2～3分钟的时间，重点介绍玉溪餐饮界发生的新鲜事、逸闻趣事以及饭店开张等动态信息。栏目开播以来，在玉溪餐饮界和广大市民中产生了一定的影响，收视率逐渐攀升，知名度在日益扩大，达到预期的社会效果。

（玉溪电视台）

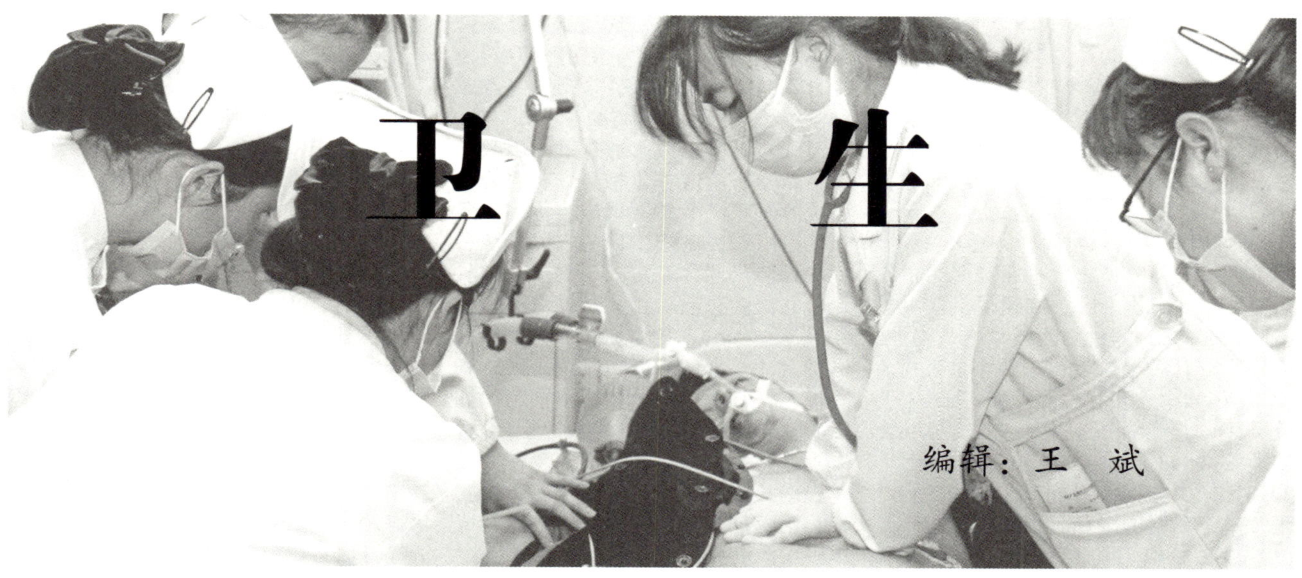

卫生管理

【概 况】 2014年，玉溪市医疗卫生系统坚持把保障和改善民生作为一切工作的出发点和落脚点，解放思想、改革创新，继续深化医药卫生体制改革。

拓展试点，积极推进县级公立医院的综合改革。除红塔区外其余8县均被确定为国家级的公立医院改革试点县。破除以药养医机制、实行药品零差率销售，调整服务收费价格、改革补偿机制，加大对县级医疗卫生投入力度，改革内部运行机制、强化内部管理，提高服务效益，县级综合医院改革工作全面启动。整合县域资源，全面实施县乡村医疗卫生服务一体化改革工作，优化资源配置，努力实现群众大病不出县、小病不出乡的卫生惠民目标。

引进社会资金，探索建立公立医院改革新机制。市卫生局认真贯彻落实市政府制定出台的《关于鼓励社会资本进入医疗服务市场促进民营医院健康发展的实施意见》精神，优先发展社会办医疗机构，社会办医疗机构有所增加。争取省级资金支持，组织做好推荐民营医院发展专项资金项目申报工作，鼓励和引导社会资本举办规范发展项目医院、示范建设项目医院，通海华康医院被列为规模发展医院，玉溪明仁医院被列为示范建设医院。4月审批云南晨升投资有限公司在玉溪投资和万家妇产医院；由北京金大洋控股公司投资25亿元新建的玉溪西南国际医院暨健康产业园已经签订投资协议和备忘录；新平戛洒中恒医院设置许可的现场勘验工作及百信医院搬迁设置审批工作已完成。10月引进华润医疗集团参与市儿童医院建设运营和管理并签订合作意向书，进一步加大开放和合作，放宽政策，探索社会办医新模式。

开展便民惠民服务，健全农民医疗保障制度，新农合有新发展。2014年，巩固扩大基本医保覆盖面，重点做好农民工和新生儿参合管理工作，新农合覆盖农业人口数165. 24万人，实际参合162. 56万人，参合率为98.38%，较上年提高0.83%；继续提高基本医保水平，新农合筹资标准为435元，截至12月实际筹集新农合基金71 353.22万元；改革医保支付制度，取消大病救助和重大疾病报销封顶线限制，凡符合新农合报销政策的就医费用均可按比例报销；利用现有的新农合管理机构和管理资源，按照“大病救助建机制”的目标，科学统筹使用新农合资金，建立具有玉溪特色的新农合大病救助制度；坚持收支平衡原则，加强新农合基金收支管理，减少基金沉淀，基金使用率106.45%，累计结余率22.59%；全面推进22种重大疾病保障工作，开展便民惠民服务。

继续以国家“农村孕产妇住院分娩补助项目”为抓手，围绕 “妇幼健康计划”的年度任务指标，狠抓妇幼卫生工作。继续实施第三轮禁毒防艾人民战争，积极推进艾滋病咨询检测、感染者管理、抗病毒治疗、母婴阻断、高危人群干预、孕产妇抗体检测等工作。

加强传染病防控和卫生应急综合能力建设，职业病防治、基本公共卫生服务有成效。围绕控制重大疾病暴发目标，认真抓好手足口病、人感染H7N9禽流感、高致病性H5N1禽流感等重大传染病防控措施的落实。做好职业病防治工作，开展职业病体检、诊断鉴定工作。继续做好基本公共卫生服务项目，促进基本公共卫生服务均等化。创新建立行政处罚自由裁量权基准制度，规范执法行为。

【卫生机构及卫生队伍】 2014年，全市有医疗卫生单位771个，其中市直单位8个、县（区）级单位44个、乡（镇）卫生院68个（含中心卫生院20个），社区卫生服务中心2个，村卫生室642个，编制病床9 398张，开放病床11 349张，职工15 392人，专业技术人员占74%。有乡村医生2 028人。至2014年12月，玉溪市共有各级各类医疗卫生机构1 422个，其中基层医疗卫生机构1 261个。三级卫生机构中，市县区级综合及专科医院15所，中医医院9所，卫生监督局10所，疾病预防控制中心10所，妇幼保健院10所，市级中心血站1所，急救中心9所，个体诊所466个，民营医院40所，乡镇卫生院67家。全市共有各类卫生人员17 843人，各类卫生人员中共有卫生技术人员13 401人。市县区级卫生监督局共有职工129人，其中卫生技术人员105人；市、县区级卫生部门综合医院共有职工7 894人，其中卫生技术人员6 454人，占职工总数的81.8%；中医医院共有职工1 456人，其中卫生技术人员1 233人，占职工总数的84.7%；乡（镇）卫生院共有职工2 185人，其中卫生技术人员1 845人，占职工总数的84.4%；市、县区疾病预防控制中心共有职工491人，其中卫生技术人员402人，占职工总数的81.8%；市、县（区）妇幼保健院共有职工506人，其中卫生技术人员419人，占职工总数的82.8%；全市共有村卫生所644个，乡村医生1 652人，卫生员196人，诊所、卫生所、医务室、护理站共543个，卫技人员1 684人。2014年末，全市实有病床总数11 912张，其中私营医院和其他部门医疗单位2 739张，市、县（区）、乡（镇）卫生部门医疗卫生单位8 843张（市县级综合医院4 457张、中医院1 712张、妇幼保健院251张、乡镇卫生院及社区卫生服务中心1 822张）。

【医疗业务与收治量】　2014年，全市医疗卫生机构诊疗人次数1 491.9万人次，比上年1 440.6万人次增加3.6%；入院病人36.5万人，比上年34.4万人增加6.10%；病床使用率78.13%；出院者平均住院日8.9日。

【公立医院改革】　2014年，市政府制定《玉溪市加快发展民营医院的实施意见》，加大发展社会办医的政策支持力度，进一步放宽举办主体、服务领域和大型医用设备配置要求，从鼓励社会资本以多种形式参与公立医院改制重组入手，持续提高社会办医的管理水平和质量。

2014年4月30日，市政府与北京金大洋控股公司签订玉溪西南国际医院暨健康产业园项目投资协议，由北京金大洋控股公司投资25亿元，新建一所三级甲等综合医院。10月10日市政府与华润医疗集团签订合作意向书，引进华润医疗集团参与市儿童医院建设运营和管理，迈出公立医院改革的新步伐。

【县级公立医院改革】　2014年，玉溪拓展试点，积极推进县级公立医院的综合改革。通海、华宁、澄江、峨山、元江、易门县被列为第二批国家级改革试点县。

9月第二批公立医院综合改革试点县完成改革方案的制定，10月各县启动实施，涉及改革的各县各单位均已取消药品加成，实现药品零差率销售。取消药品加成后，每县每月约减少合理收入40余万元，全市参与改革的县级公立医院每年将减少收入3 500余万元。这部分收入通过增加财政补助，调整医疗服务价格，以及医院加强成本核算、节约运行成本等多方共担。市发改委、卫生局、人力资源和社会保障局联合制定了《关于推进县级公立医院医药价格改革试点的指导意见》，各试点县增加财政补助标准已确定，根据各县财力及原补助基础等情况，县级财政承担因取消药品加成后减少合理收入的比例占20%～40%不等；新平、江川、元江、易门等县调整医疗服务价格政策已制定下发实施；医院加强成本核算、节约运行成本等工作正有序进行。

【基层医疗机构改革】　2014年，市卫生局以保障和改善民生为出发点和落脚点，深化基层医疗卫生机构改革，提高奖励性绩效工资比例。各县（区）将基层医疗卫生机构纳入财政全额预算拨款补偿，在绩效工资管理基础上，制订出台综合量化考核方案，按前三年基数测定工作完成量，超出部分的业务收入实行收支两条线管理，提取40%～60%用于二次绩效考核分配，强化以服务数量、质量、效果和居民满意度为核心，形成公开透明、动态跟踪的工作考核机制，实行考核结果与个人收入挂钩的分配激励机制，调动医务人员的积极性。红塔区把奖励性绩效工资与基础性绩效工资的比例由3：7改变为4：6，有效激发职工的工作热情。澄江县除核定的基础性绩效工资和奖励性绩效工资外，再从公共卫生单位事业收入中提取一定的比例作为工作质量考核奖。职工收入明显增加，工作积极性有效提高。

探索全科医生（团队）签约服务和首诊负责制，服务方式有转变。通海县乡村医生签约服务工作在总结四街镇、高大乡试点经验的基础上，2014年在全县范围内全面开展签约服务工作。采取团队协调服务、村医划片管理的形式，通过一个平台（玉溪市区域卫生综合管理系统）、两份手册（乡村医生工作手册和签约农户卫生手册）、三级联动（县、乡、村三级医疗卫生机构），提供两类基本服务（基本公共卫生服务和基本医疗服务）和三项个性化服务（健康评估、转诊服务和重点人群跟踪服务），实行服务模式主动化、服务内容规范化、服务质量精细化、服务管理信息化的管理，探索公共卫生服务模式的转变。全县应签约户数78 031户，实际签约户数67 854户，签约率87%；应签约人数254 557人，实际签约人数243 715人，签约率95.7%。在红塔区北苑社区卫生服务中心开展全科医生团队签约服务试点工作。根据“按家庭签约、分人群服务”的原则，通过集体签约、门诊签约、家庭签约、专病签约等方式，优先为65岁以上老年人、0～6岁儿童、孕产妇、残疾人和慢性病患者免费提供基本公共卫生服务、健康宣教资料、健康咨询服务和指导、紧急情况帮助联系转诊等，全科医生服务团队与辖区近292户家庭签订服务协议。华宁县宁州卫生院开展“首诊负责制”试点工作。利用门诊日志登记，将因医疗技术、设备条件等原因不能处理的病例作为管理重点，指导交接转诊工作、跟踪落实和信息上报。

【县乡村医疗服务一体化建设】　2014年1月6日，市政府在峨山县召开“玉溪市县乡村医疗服务一体化管理工作启动会”，专题安排部署县乡村医疗服务一体化管理工作，在人员、经费、医保、新农合等方面给予政策倾斜和支持。截至2014年底，省级财政已下达600万元、市级财政专门拨付300万元资金投入县乡村一体化管理，县区财政也已对被托管单位投入资金200万元，托管机构对被托管机构已投入资金231万元；全市9个县区的县级医疗机构与34个乡镇卫生院、社区卫生服务中心签约，启动一体化管理。一体化管理的县区覆盖率100%，乡镇（社区）覆盖率50%。其中，整体托管22个、对口帮扶12个；托管单位下派138人、被托管单位上派进修学习168人；被托管机构新开设服务项目31个/项；被托管的基层医疗机构管理规范得到强化，服务能力增强。与上年同期相比，被托管理基层医疗机构门急诊人次增加6.4%，收入增加10.9%；住院人次增加0.2%，收入增加9.3%，医疗服务一体化管理工作取得初步成效。

【重点卫生建设项目】　2014年，玉溪重点推进市人民医院改扩建、市儿童医院、市急救中心、玉溪西南国际医院暨健康产业园、市中医院改扩建项目。

2014年10月10日，玉溪市人民政府、华润医疗集团在深圳举行签约仪式
（杨燕梅　摄）

市人民医院原址改扩建项目：2014年累计完成固定资产投资1.18亿元。截至12月，市医院改扩建工程推进顺利，拆迁安置补偿固定资产投资已完成审计。

玉溪西南国际医院暨健康产业园项目：项目用地总面积292.7亩。其中，玉溪西南国际医院用地面积150亩，健康产业园用地面积142.7亩。2014年已落实到位资金22 000万元。

市急救中心项目：2014年8月26日，市发展和改革委员会下发文件，对市急救中心建设项目修编初步设计的批复，同意市急救中心建设项目按照修编初步设计中所述的地点、规模和内容、资金进行项目建设。2014年完成固定资产投资1 128.691万元。

市儿童医院建设项目：2014年10月10日，玉溪市政府与华润医疗集团签署战略合作框架协议，拟以玉溪市儿童医院现有资产、人员、医疗市场为基础，引入社会资本办医，与华润医疗集团合作，共同投资4亿元，在玉溪市（北市区）生态文化区新建一所集儿童疾病诊断、治疗、科研、教学、保健、康复为一体的三级儿童医院；12月24日，经市政府常务会议研究，通过了与华润医疗集团联合办院《合资合作框架协议》。

市中医医院改扩建项目：2014年5月，建筑面积14 200.9平方米，高12层的市中医外科大楼建成投入使用。

【巩固完善基本药物制度】　2014年，全市除红塔区外的各县人民医院均取消药品加成，实行零差率销售，巩固完善基本药物制度。政府办基层医疗卫生机构基本药物省级网上集中采购和零差率销售均为100%，3月起开始“点对点”采购。全面执行一般诊疗费收费标准和补偿政策，2014年上半年较上年同期普通门诊支出增加471.79万元。2014年，按照中央及省级的要求及时足额落实基本公共卫生服务市级配套经费466万元。

【卫生信息化建设】　2014年，玉溪市已建成市级区域卫生信息平台，构建起覆盖全市各级各类医疗卫生机构的网络体系。已上线基层医疗卫生机构658个，覆盖率91.90%。其中，乡镇卫生院（社区卫生服务中心）72个，村卫生室576个，县区级医疗机构10个。系统使用率达日均5 000多人，截至2014年年底累计完成门诊诊疗260余万人次、入出院12 000多人次、结算费用1亿余元。12月经国家卫计委统计信息中心专家的测评，玉溪市区域卫生信息互联互通标准化成熟测评已通过定量测评 。

【基本公共卫生服务均等化服务】　2014年，全市基本公共卫生均等化服务工作扎实推进，人均基本公共卫生服务经费35元。免费为城乡居民提供健康档案、健康教育、预防接种、传染病防治、儿童健康管理、孕产妇健康管理、老年人健康管理、高血压等慢性病管理、严重精神障碍患者随访管理、中医药健康管理、卫生监督协管等基本公共卫生服务。居民健康电子建档率87.69%，0-6岁儿童管理率97.28%；孕产妇健康管理率97.38%；年内孕产妇死亡率18.43/10万，孕产妇剖宫产率26.97%。

【禽流感等重大传染病防控】　2014年3月初，通海县里山乡乌龙潭村、杨广镇台家山村、秀山街道东村3村交汇地区部分蛋鸡养殖场相继出现疑似禽流感疫情，经国家禽流感参考实验室确诊为H5N1亚型高致病性禽流感，3月7日晚，玉溪市农业局通报疫情。为降低人感染H5N1禽流感风险，有效防控疫情发生，按照市重大动物疫病防治指挥部的统一部署，市卫生局组织市疾控中心专家组前往通海指导开展人感染H5N1禽流感监测防控工作。通过有效的疫情分析，结合通海县此次禽流感疫情及监测防控实际需要，省、市、县三级专家联合制定技术方案。在全县82家医疗机构全面展开对禽类接触史的流感样病例和不明原因肺炎病例监测，实施及时、准确的动态管理；深入养殖户及扑杀现场，加强暴露人员个人防护工作的督导；开展培训，提高基层各类人员防控能力。在禽间疫情点多、面广的严峻形势下，实现人感染高致病性禽流感的零病例报告。

高度重视人感染H7N9禽流感防控工作，以卫生、农业、林业、工商等部门为重点，建立人兽共患疾病联防联控工作机制，市卫生局与市农业部门下发《关于建立人兽共患传染病联防联控工作机制的通知》、《关于切实加强当前禽流感预防控制工作的通知》，积极落实部门联防联控。开展主动监测及时掌握动态。以哨点医院为平台，各县区医院为基础，扩大监测面，截至11月21日，哨点医院共采集咽拭标本400份；开展环境标本禽流感监测工作，1月选择玉溪市红塔区新兴农贸市场，共检测玉溪市环境标本禽流感标本40份；明确定点医院，做好患者救治准备。强化业务培训，提高各级医疗卫生人员防控能力。

【医疗救援地震灾区】　2014年8月3日，昭通市鲁甸县地震灾情发生后，市卫生局在接到省卫生厅派遣医疗队的要求后，及时研究部署，精心挑选富有临床经验和急救经验的医疗卫生骨干9人，于8月4日奔赴灾区。8～10日医疗队在医疗点接诊伤患50多人次。 10月7日晚，普洱市景谷县发生6.6级地震。按省卫生计生委要求，受市委市政府派遣，市卫生局派出医疗卫生救援队赶往灾区，全力以赴组织

2014年8月9日，由现场流行病学、卫生检验、消杀等10名队员组成的玉溪市赴鲁甸抗震救灾防疫队，奔赴昭通市鲁甸县开展灾后防疫工作 （张耀喜 摄）

抢险救援和伤员救治，尽心尽力为灾区群众服务。

【卫生系统获奖励情况】 2014年，玉溪市荣获国家卫计委、中国红十字会总会“2013～2014年度全国无偿献血先进市”；玉溪市疾病预防控制中心被国家卫计委授予“全国疾病预防控制工作先进集体”荣誉称号；6月玉溪代表队在云南省卫生厅应急办组织的“云南省卫生应急技能竞赛”中荣获单项一等奖，团体三等奖。

在第四周期（2012～2014年）动态管理创建活动中，玉溪市人民医院以优异的成绩跻身百强，荣获中国医院协会“全国百姓放心百佳示范医院”称号。12月玉溪市疾病预防控制中心李顺祥主持完成的《突发公共卫生事件风险评估体系建设及推广应用》项目荣获玉溪市人民政府科技进步一等奖，云南省人民政府科技进步二等奖，是州市卫生单位获得的最高级别的省级奖项；5月20日市疾控中心罗珠珠荣获云南省健康教育所组织的“云南省健康巡讲课件评选活动”一等奖；7月市疾控中心王艳波荣获云南省地方病防治所组织的“2014年云南省寄生虫病防治技术竞赛”个人综合成绩一等奖；2014年，在云南省卫计委、云南省总工会组织的“云南省妇幼健康技能竞赛”中，玉溪市卫生局荣获团体二等奖，玉溪市妇幼保健院王云芬荣获二等奖，通海县妇幼保健院岳佳、红塔区妇幼保健院朱芸慧荣获三等奖；9月25日市医院副院长李礼和心内科主任郝应禄被云南省卫计委评为“云岭名医”；12月19日市人民医院副院长蔡德芳被国家脑防委评为“2014年脑卒中高危人群筛查和干预项目先进个人”。

（赵从瑛）

卫生监督

【职业卫生监督】 2014年，华宁、通海、新平县取得职业健康检查机构资质，全市有职业卫生服务机构10家，从事职业病诊断的医师23人，从事职业健康检查的医师74人。年内，对接触职业病危害的工人进行职业健康体检7 295人，发现疑似职业病人22人。职业禁忌症：噪声155人，高温6人。申请职业病诊断158人，新增职业病41人。对取得资质的单位进行监督检查，所使用的仪器设备运转正常，职业健康检查项目完整，出具的体检报告规范，依法在资质范围内开展职业健康检查工作。

【饮用水卫生监督】 2014年，全市开展“生活饮用水卫生重点监督检查”、“全国饮用水卫生专项监督检查”、“乡镇集中式供水单位卫生监督现状调查”、“城市饮用水卫生监督监测”、“饮用水安全专项整治行动”、“饮用水卫生监督监测工作”等工作。应监督检查各类供水单位618户，实监督检查各类供水单位565户，监督覆盖率91.42%；实监督户次数1 136户，合格户次1 131户，合格率99.56%；对存在生活饮用水不符合卫生标准的19户，均给予行政处罚，对存在其他违法行为的51户给予警告，责令限期改进。

【饮用水水质监测】 2014年，全市共检测水质881件，合格811件，合格率92.05%。乡镇公共供水检测209件，合格175件，合格率83.73%；二次供水检测487次，合格466件，合格率95.69%；农村学校自建设施供水水质监测75件，合格24件，合格率32%。

【涉水产品抽检】 2014年，市卫生监督局共抽检涉水产品23件，合格率100%；蓄水池不锈钢板材2件，合格率100%；给水管材15件，合格13件，合格率86.66%。对抽检管材不合格的2家经营单位下达了卫生监督意见书，责令禁止销售，并将该管材立即撤出经营场所，妥善封存，择时退回生产厂家。为全力配合做好玉溪东片区引水应急工程，市卫生监督局对工程中所使用的“防腐涂料”、“密封圈”进行随机抽检，3次抽检所测指标均符合《生活饮用水卫生规范》（2001）附件2“生活饮用水输配水设备及防护材料卫生安全评价规范”的要求。

【放射卫生监督】 2014年，全市有放射诊疗单位116户，监督检查116户，签订《放射卫生管理责任书》116份；取得《放射诊疗许可证》91户，持证率78.4%，同比上升2.4个百分点；配备放射工作人员防护用品及受检者防护用品的116户，配置率100%；放射工作人员健康体检409人，体检率81.8%；共有放射诊疗设备192台，设备性能检测98台，检测率51%；建设项目职业病危害（放射防护）设施预评价报告审核6户，建设项目职业病危害（放射防护）设施竣工验收10户。

【餐饮具集中消毒】 2014年，全市餐饮具集中消毒单位38户，取得营业执照有35户。生产场所面积达200平方米以上有32户，占84.2%。从业人员274人，体检人员241人，体检率为88.0%。监督检查餐饮具集中消毒单位91户次，合格88户次，合格率96.7%，建档率为100%。共抽检餐饮具集中消毒单位38户，消毒备用餐具409件，检测合格392件，合格率95.84%，罚款5户。对检查结果各县区及时通报相应

2014年4月23日，市卫生监督局到元江县因远镇安定居委会开展水源点水样检测工作（陶秀红　摄）

工商和食药监部门，确保人民群众身体健康。

【学校卫生监督检查】　2014年，全市各类学校共有670所，托幼机构239所。卫生监督系统监督检查各类学校665所，监督覆盖99.25%。检查托幼机构217所，占全市托幼机构（239所）的90.8%。对学校教学环境、饮用水、传染病防控等工作进行监督检查，对存在问题提出整改意见，责令限期改正学校89所。

【排查违规组织幼儿群体服药行为】　2014年，全市卫生监督部门共出动卫生监督员及协管员125人次，车辆76辆次，对辖区内的236家幼儿园、391家中小学校，共627家学校开展拉网式排查。从使用药物和违规药物两方面进行严格监督检查，对排查中发现和暴露的问题及时进行整改。检查中未发现任何违规组织幼儿群体服药行为。

【卫生行政许可证发放】　2014年，市卫生监督局发放卫生行政许可证2 102户，新准入卫生技术人员1 869人，变更注册1 190人，延续注册1 830人，重新注册263人，注销注册24人，补办18人，改错2人。开展了各项工作相应的证件发放工作，资料完整，程序规范。审查医疗机构新、改、扩建项目24个，新准入医疗机构24家，变更78家，校验815家，延续97家，暂停执业3家，注销17家。新准入母婴保健技术服务机构5家，变更2家，校验31家，延续5家，暂停执业1家，注销1家。

【打击非法行医】　2014年，市卫生监督局对全市1 356家医疗机构及传染病监督检查，特别是执业许可证的有效性、执业地点、诊疗科目、医疗质量管理、临床用血管理、诊疗设施的使用、开展医疗美容诊疗活动的医疗机构以及医疗广告的发布等情况进行监督检查，监督覆盖率100%，监督合格率97.8%。全市抽检各类医疗机构的非产品样品1 717个，进行微生物学指标检测，合格1 643个，合格率95.7%。联合公安、药监、计生等部门开展打击非法行医专项行动，共同查办案件87件，形成综合整治的强大声势，有力震慑违法犯罪分子。印制打击非法行医宣传材料6 000份，开展丰富多样的宣传。对辖区内的电视台、报纸、户外医疗广告进行了31次监测，对4家违规发布医疗广告的医疗机构，给予行政处罚，限期撤销违法广告。

【采供血机构和临床用血监督检查】　2014年，市卫生监督局对中心血站的执业人员资格、血源管理、血液储存、发放、运输、疫情管理、消毒药械的使用、试验诊断试剂的购买、消毒实施、医疗废物及污水处理等情况进行监督检查。对59户临床用血医疗机构及11个基层血库的血液来源和管理、血液储存及发放、临床用血中执行有关制度、临床用血文书的使用等情况进行监督检查，对存在问题提出整改意见。

【母婴保健技术服务监督检查】　2014年，市卫生监督局对72户开展母婴保健技术服务医疗保健机构的《母婴保健技术服务执业许可证》持证情况、《母婴保健技术考核合格证》持证情况、母婴保健技术服务项目的开展情况及《出生医学证明》管理及发放情况进行监督检查，并开展校验工作。持证72户，持证率100%；从事母婴保健技术服务的有964人，948人取得《母婴保健技术考核合格证书》，持证率99%。监督检查中没有发现违法行为。

【麻醉精神药品管理检查】　2014年，市卫生监督局对全市132家取得麻醉精神药品购用印鉴卡的医疗机构进行了监督检查。检查内容主要是：麻醉精神药品管理组织、管理制度的建立情况，药品的购进、保管、使用和销毁等环节是否符合法定要求等。对监督检查中发现的问题提出了整改意见。

【公共场所卫生监督】　2014年，全市共有各类公共场所4 622户、有效许可证持证率100%，市卫生监督系统实监督8 909户次、覆盖率95.7%、有从业人员12 831人、健康培训证持证率97.8%，监测产品类样品1 870件、合格率94.6%，非产品（用品）类样品11 287项、合格率98.7%。除责令限期整改外，给予行政处罚警告24户，罚款23户、处罚金额18 850.00元。

全市进行各类公共场所量化分级管理评定2 992户，其中A级单位74户、B级单位610户、C级单位2 282户、不予评级26户。

【消毒产品监督检查】　2014年，全市有消毒产品经营单位237家，省管消毒剂生产企业2家。市卫生监督局监督检查15家卫生用品类消毒产品生产企业，单位卫生许可证均有效；从业人员151名，持从业人员健康证、卫生知识培训合格证的149名，持证率98.7%。监督检查237家消毒产品经营单位，主要从所经营的消毒产品是否符合《消毒产品标签说明书管理规范》、台账、索证、生产日期、保质期、是否标注暗示疗效等方面进行监督检查，检查后对发现的问题均下达整改意见，告知其进行限期整改。

【卫生监督协管工作】　2014年，玉

溪市各县区组建了卫生监督协管机构689个（乡镇、社区67个，卫生所622个），共有卫生监督协管员846名（乡镇146人，卫生所700人），逐步建立起基层卫生监督协管管理网络和管理规范，职责明晰，制度建全的卫生监督协管队伍，整合了卫生监督管理资源。28个乡镇卫生监督协管手持机建设全面推进，试点工作达到预期的效果。

【行政处罚】 2014年，市卫生监督局处理行政处罚案件数122件，结案案件数126件，罚款金额182 350元。接到对公共场所、医疗机构等举报投诉案19起，全部落实并对举报属实的给予相应的行政处罚，及时给举报投诉人进行回复。全年没有对卫生监督员违纪违规的举报投诉。

（汤春仙）

医疗服务

【爱婴医院复核】 2014年，由市卫生局组织实施，市妇幼保健院开展爱婴医院复评及日常监管工作，在全市范围内组织开展爱婴医院复评工作。专家组对1家申请创建和22家申请复核“爱婴医院”称号的医疗机构进行抽验复审。根据复核工作要求，检查组分管理组、产科组、新生儿科组及护理组四个组进行。按照国家《爱婴医院复核标准（2014年版）》要求，围绕爱婴医院组织管理、产儿科医疗质量、护理服务等方面，重点对爱婴医院组织建设、制度建设、人员培训、宣传指导、医护人员业务能力、剖宫产率、母乳喂养率、新生儿安全管理等内容进行评审。经过市级专家组逐一进行外部评估，抽验的11家爱婴医院顺利通过复核评审。

【推出“家庭式”病房】 2014年，市妇幼保健院在全市首家推出“家庭式”病房，开设产科家庭式病房能够减轻产妇临产期的焦虑、恐惧心理，并通过家人的陪伴，消除孤独感。陪伴分娩能够缩短产程，减少孕妇的焦虑与抑郁情绪，降低剖宫产率，减少产后出血以及产后并发症的发生，让病人在医院里也能感受到家庭的温暖。“家庭式”病房得到产妇及其家属的一致认可，提高了产科的医疗护理质量。在产科建立康乐待产区和分娩区，打造10个温馨病房，把冰冷的病床换成舒适的席梦思床，增加了沙发、整体衣柜、茶几等生活用品，方便患者家属休息、生活。

（胡云蓉）

【临床路径管理】 2014年，市卫生局加强医院管理，全面推行优质护理，各级医院优化门诊诊疗流程，实行错峰、分时段诊疗，全面推广叫号服务，合并挂号、收费等服务窗口，简化就医手续，缩短患者候诊时间。

全市二、三级综合医院均按要求开展临床路径工作，全市14家县级以上医院累计选择140个专业次、428个病种次开展临床路径管理试点工作，进入路径病例数21 673例。各医院开展的临床路径病种数均超过了要求。

【提升县级医院服务能力】 2014年，市卫生局加强县级医院以人才、技术、重点专科为核心的能力建设。全市8个县各选送1人参加为期一年的县级医院骨干医师培训。市医院和市中医医院按要求开展对口帮扶工作。市人民医院支援易门、新平、元江县人民医院，市中医医院支援新平、元江县中医医院。在全市范围内建成远程诊疗系统。探索县级医院设立人才特岗制度。

【光明工程、尿毒症透析、重性精神病患者康复医治】 2014年，市卫生局与市残联通力协作、密切配合，共同完成光明工程病源筛查工作。严格监控，加强医院感控工作，确保手术安全，力争手术一例、光明一例、幸福一家。全市为3 572例白内障患者实施复明手术，完成率178.6%。完成贫困尿毒症患者救治303例，完成率126.25%；完成重性精神病患者康复医疗救治1 134例，完成率103.10%。

（赵从瑛）

【“银卫安康”一卡通】 2014年，为优化患者就医流程，减少排队时间，切实解决医院“三长一短”问题，市医院和交通银行合力打造了“银卫安康”一卡通系统。在医院安装“银卫安康”一卡通自助设备29台，该自助设备具备挂号、门诊缴费、就诊信息查询、银行卡余额查询、医疗服务价格查询、医保服务等六大功能，到医院就诊的患者只要凭借身份证、医保卡、银联卡或者医院的个人信息条形码，就可在“银卫安康”一卡通系统设备上完成自助挂号、缴费、查询等服务。

【预住院管理】 2014年3月10日，市医院在普外二科推行择期手术患者预住院管理工作。全年共收治215名预住院患者，平均住院日缩短0.22天，病床使用率提高1.28%。为缓解群众就医难，解决医院因改扩建导致的病房严重不足问题，市人民医院以“租赁”模式，在矿业医院开设普外三科、神外二科、疼痛科。10月9日开诊，开设病床近100张，多收治患者1 452人次，群众就医难问题得到缓解。

【市医院科技强院工作】 2014年，市医院检验科顺利通过国家自然科学基金项目立项申报，获政府经费资助47万元，实现了建院以来国家级基金项目零的突破；发表SCI论文3篇。截至2014年年底医院荣获1个国家级临床护理专业重点专科，骨科、重症医学科、心内科等3个省级临床重点专科，1个“云南省优质护理服务研究中心”。经与昆明医科大学协商，实现昆明医科大学图书馆与市医院图书馆馆藏资源共享，网络资源通过远程账号共享，达到两馆互通有无，实现了馆际互借。

6月市医院编著的《护理样本》出版，该书以市人民医院的三年临床护理改革实践为模型，介绍如何以临床护理发展实现医院改革发展的经验，得到护理同行的认可。

市医院作为昆明医科大学第六附属医院，2014年7名副主任医师成功申报成为专业型硕士研究生指导教师，医院研究生导师数达到13名。

【市医院获批1500张编制床位】 2014年8月29日，市人民医院《关于增加编制床位的请示》获省卫计委同意，医院核定编制床位为1 500张，在原有901张编制床位的基础上，增加599张。

【抢救一氧化碳中毒者】 2014年3月23日上午9点48分左右，4名玉昆钢铁公司CO（一氧化碳）中毒患者送来市人民医院抢救。在随后的2个多小时内，后续的15名中毒患者也陆续被送来。市医院各科室迅速启动应急预案全力抢救患者生命。26日除2名送来时呼吸、心跳已停止患者抢救无效死亡，2名患者自行离院外，15名住院、留观患者均病情基本平稳，症状明显好转，生命体征平稳。

2014年9月14日，市人民医院开展服务百姓健康大型义诊活动

（董国清　摄）

【义诊宣教】　2014年，市医院响应市委市政府关于建设"美丽玉溪 服务先锋"活动号召，积极开展义诊和健康宣教活动，分别开展在职党员进社区服务8次，在院本部、八县一区开展义诊、健康讲座、学术讲座等，义诊服务4 500余人次，脑卒中筛查4 400余人，超额完成省卫生厅下达的2 000例任务数，发放健康宣教7 360份，免费送药3 900余元，开展健康大讲堂、健康讲座22次，到扶贫点开展扶贫工作30余次。

（杨　丽）

【市中医院完善基础设施建设】2014年，玉溪市中医医院在充分论证的基础上，通过公开招标的方式，与创业软件股份有限公司合作，分三期完成医院信息系统的搭建。10月20日启动信息系统培训工作，2015年1月1日一期正式启动his系统。

2014年，市中医院自筹资金1 200万元，通过公开招标引进美国GE1.5Tsignahdxt磁共振成像仪，满足患者对高端设备检查的需求。

市中医院老住院楼、门诊楼、医技楼使用了27年，建筑内部设施陈旧，配套不齐全，功能布局和医疗流程不合理等矛盾日益凸显，已不能满足患者和医疗要求。2014年5～12月，医院对三幢楼进行翻新改造，全面进行粉刷，增设消防、监控设施，就医环境明显改善。

在全国征集VI视觉识别系统，从医院的院徽、标识以及衍生品入手，进行系统的设计，特色鲜明、导视清楚，使就诊患者对医院就诊流程更加直观和方便。

【市中医院开展技能竞赛】　2014年6月，市中医医院开展临床技能竞赛活动。全院共23个竞赛队参加，竞赛分为临床组、医技组、药剂组。从理论竞赛、中医门诊接诊、中医体格检查、中医护理技术操作、急诊急救、隔离技术、还原中药处方等7个方面展开竞赛。5月医院以纪念"5·12国际护士节"为契机，组织开展医、护、药、技、设备、后勤、行政、保卫等各个工作环节服务礼仪大练兵，练兵情况以节目形式进行展示评比，使医院职工加强主动服务的意识，逐渐把行为要求转化为行为习惯。

【市中医院完善内部管理】　2014年6月20日至9月29日，市中医医院开展第三轮中层管理人员、护士长竞聘工作，本次中层管理岗位竞聘职位共88个，其中临床医技科室44个，职能科室18个，科室护士长26个。新选拔任用干部37名，其中，副科级干部提任正科级干部14名，选拔任用副科级干部23名。

结合医院发展的实际，对院内科室进行重新规划、调整。4月CT室独立成科。9月骨伤科划分为4个病区，针灸Ⅰ科推拿Ⅰ科划分为2个病区，心病科、脑病科独立成科，脾胃病科、糖尿病科独立成科，增设治未病科、体检科。

（康雪俊）

【市二院司法鉴定中心通过评审】2014年9月20日，玉溪市第二人民医院司法鉴定中心通过实验室资质认定计量认证现场评审，为云南省司法鉴定机构中第二家，州市司法鉴定机构中第一家。评审的通过标志着市二医院司法鉴定中心具备了符合认证准则要求的管理条件和技术能力，能够客观、公正和独立地从事司法鉴定活动。

【市第四届第一次精神科学术年会】2014年8月13～18日，玉溪市第四届第一次精神科学术年会在玉溪举行。市卫生局副局长曲校德、市医学会张媛春秘书长、市二医院院长尹利德、副院长杨顺英及省内专家代表110人参会。邀请刘善明教授、许秀峰教授、康传援副教授等7位专家举办了八个专题讲座。通过培训，参会人员进一步更新了精神科领域的新理念、新进展和精神卫生知识信息，提高了各级精神科医务人员的临床诊疗水平和管理水平。

【《突发环境事件应急预案》通过评审】　2014年8月22日，玉溪第二人民医院通过了由昆明市环境监测中心、玉溪高新区环境监测站、玉溪高新区国土规划局等单位专家对《玉溪市第二人民医院突发环境事件应急预案》的评审，这在全市医疗卫生机构尚属首家。应急预案加强了医院对环境危险源的监测、监控并实施监督管理，建立环境事件风险防范体系，积极预防、及时控制、消除隐患，减少突发环境事件带来的损失，最大程度地保障公众健康，保护人民群众生命财产安全。

【市医学会心身医学专业委员会成立】　2014年11月14～16日，玉溪市医学会心身医学专业委员会召开成立大会并举办心身医学诊疗新进展讲习班，市二医院主任医师贾敏当选第一届心身医学专业委员会主任。心身医学诊疗新进展培训班邀请许明智、许秀峰、杨建中教授，王敏、杨顺英、贾敏、刘琼主任医师，熊鹏、顾翠副主任医师分别举办"抑郁与疼痛的治疗策略"等九个专题的讲座，来自全市市直医疗单位及各县（区）医院、乡镇卫生院从事精神卫生及心身医学的医护人员参加了学习培训。

【市民政精神病医院移交】　2014年2月11日，市政府召开专题会议研究决定：玉溪市民政精神病医院项目由市二院进行管理使用。3月医院与市民政局正式完成移交工作，并根据诊疗环境的要求，进行室内功能调整和诊疗设备的增置，5月中旬正式投入使用，进一步扩充了全市精神病患者特别是符合民政救助的重性精神病患者收治的容量。

（火红艳）

【参加省急救技能大赛】 2014年9月10～13日，玉溪市急救中心代表队参加云南省总工会、云南省卫生厅、云南省急救中心联合主办的第四届全省急救中心急救技能大赛。比赛分为技能操作竞赛和理论知识竞赛两部分。市急救中心以第二名的成绩获得团体二等奖。3名参赛选手获得全省急救技术能手的称号，均取得全省前十名的好成绩。

【急救业务】 2014年，玉溪市急救中心共完成120电话接听33 020次，有效调度7 146次，完成院前急救5 607人次，转运、返送病人1 539人次。在业务数量明显增加的同时，院前急救质量也较以往得到进一步提升。做到了120呼救电话接通及时，接通率100%；回车率小于3%；车载GPS终端完好率100%；急救车完好率100%；值班救护车消毒率100%；甲级病历95%；处方合格率97%；一次性无菌物品合格率100%；车载设备完好率100%。市急救中心与市红十字会合作开展急救技能培训，共培训1 200余人次。

（杞云搏）

疾病预防

【甲乙类传染病发病情况】 2014年，玉溪无甲类传染病报告。报告乙类传染病15种，3 896例，死亡20人，传染病发病率、死亡率、病死率分别为179.1/10万（云南省为220.1/10万）、0.9/10万（云南省为4.0/10万）、0.51%，发病数率与上年同期相比上升13.4%。各县区发病率分别为：红塔区261.7/10万（与上年同期相比上升10.9%）、元江县249.7/10万（30.5%）、通海县176.8/10万（29.3%）、华宁县149.5/10万（-2.1%）、澄江县146.7/10万（-10.6%）、江川县144.9/10万（41.7%）、峨山县144.6/10万（0.5%）、新平县134.0/10万（4.0%）、易门114.0/10万（10.5%）。

【疫情报告管理】 2014年，疾控部门对全市164个疫情报告单位进行专项督导检查，覆盖率达100%；认真开展传染病疫情报告管理专项检查及传染病疫情漏报调查工作，对新平、华宁、江川县和市级共计34个单位进行法定传染病漏报调查。共抽查门诊日志、检验及影像登记和出入院登记301 865人次，共查出16种法定报告传染病503例，漏报9例，总漏报率1.79%，报告及时率96.76%。

全市共报告各类突发公共卫生事件28起，累计发病500例，事件波及13 243人，报告死亡4例。其中，传染病暴发疫情22起，发病415例，无死亡病例报告；职业中毒1起，发病19人，死亡2人；食物中毒3起，发病63例，死亡1例；其他中毒1起，发病3例，死亡1例。在28起事件中，Ⅲ级事件2起，Ⅳ级事件25起，未分级事件1起。所有突发公共卫生事件均得到及时、规范处置。

【鼠疫监测防治】 2014年，市疾控中心继续深化鼠疫防治联防工作，巩固联防成果。高度重视疫情“三报”及“零”报告工作，“零报告”99月次，报告符合率、及时率均为100%；认真抓好鼠疫检测质量控制工作。对元江、新平、峨山、华宁、江川、易门县现场抽检鼠血清120份进行复判，符合率100%；强化对宿主及媒介的监测工作，全市共设监测点109个，布鼠笼39 098个，捕鼠728只，鼠密度1.9%；超额完成省级下达指标任务，全市完成鼠脏器培养3 426份（完成率105.1%），鼠蚤培养1 297组（完成率103.0%），结果均未检出鼠疫杆菌，鼠血清检测1 385份（完成率110.0%），未检出F1抗体阳性标本。

【霍乱监测防治】 2014年，市疾控中心共检测腹泻病人粪便标本926份、外来海产品130份、外环境污水标本318份，均未检出霍乱弧菌。

【结核病监测防治】 2014年，全市登记接诊初诊病人3 502例，共发现结核病患者692例，其中活动性肺结核病人689例，完成任务数的107.2%。其中，新发涂阳肺结核病人185例，复治涂阳17例，涂阴肺结核病人430例，结核性胸膜炎57例，肺外结核3例。

全市医疗机构结核病防治参与率100%，医疗机构报告肺结核病人或可疑病人2 221例，其中，结防机构收到转诊单1 996张，转诊率99.80%；主动到结防机构就诊病例980例，主动转诊到位率49.35%。需追踪的1 013例，实追踪1 011例，追踪率99.8%，追踪到位980例，追踪到位率96.7%，总体到位率98.4%。

涂阳病人治疗满2个月痰菌阴转率90.4%，治疗满3个月痰菌阴转率97.3%；新发涂阳病人治愈率97.7%，复治涂阳病人治愈率83.33%；涂阴肺结核病人完成疗程率90.9%。

【流感、禽流感监测防治】 2014年，全市流感监测哨点医院报告的流感样病例数648人，占门诊病例总数

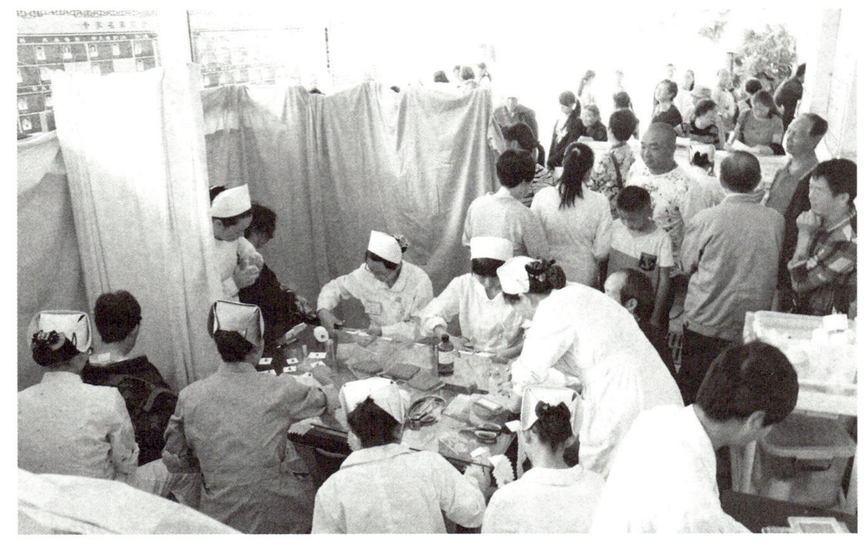

玉溪市中医医院开展冬病夏至“三伏灸”受到广大民众欢迎（李甜甜 摄）

百的0.2%。对615例流感样病例采集咽拭标本进行流感病毒MDCK细胞分离培养，其中阳性数为36份，阳性率5.0%，其中，乙型流感病毒17份，H3N2季节流感病毒7份，新型甲型H1N1流感病毒12份。全市共报告聚集性流感疫情2起，无死亡病例，采集暴发疫情病例标本88份，通过快速核酸RT-PCR检测，共检出核酸阳性标本4份，阳性率为50.0%，均为H2N3流感病毒。2014年3月，通海县发生H5N1亚型高致病性禽流感禽间疫情，疫情共波及4个乡镇、22个行政村，涉及禽类养殖户共817户，养殖人员2 419人。疾控部门科学、高效应对通海禽间禽流感疫情，采取加强疫情监测、强化个人防护措施、落实消毒技术规范、正确引导舆论导向等一系列综合性措施，有效杜绝了人间禽流感疫情的发生。

【手足口病监测防治】　2014年，全市共报告手足口病11 735例，其中，重症病例140例，未出现死亡病例。累计采集并检测病例标本838份，检出阳性444份，阳性率53.0%。病毒构成EV71共150份，占17.9%，COA16有199份，占23.7%，其他肠道病毒95份，占11.3%。

【狂犬病防治】　2014年，共接种狂犬疫苗44 274人份，人狂犬免疫球蛋白7 211支。强化疫情监测，高度重视一犬伤多人事件处置，全市共发生一犬伤多人事件8起，所波及22人均采取了免疫措施，并随访3个月，未发生狂犬病；加大对犬伤门诊的检查指导力度，提高犬伤人员规范处置水平；做好与畜牧部门沟通、协调工作，实现信息互通、信息共享。2014年，全市共发生犬伤病例4例，卫生、畜牧等部门通力合作，科学划定疫点、疫区，并进行了规范处置。

【麻风防治】　2014年，全市疾控部门走访疫村74个，访问12 591人，走访非疫村5 521个，访问133 029人，患者家属体检175人。报告麻风病线索334条，全部由专业人员进行核查，核查率100%。发现麻风病2例，全部进行联合化疗。

全市累计发现麻风病2 395例，其中多菌型1 163人，少菌型1 232人。累计治愈1 949例，累计死亡380例，红塔区、江川县、澄江县、峨山县、新平县、元江县已达到国家规定的麻风病控制指标并通过省级验收达标。

【疟疾防治】　2014年，全市完成发热病人血检20 391例，完成率106.76%，县级血片复检查2 047张，完成率为107.17%；市级血片复检查573张，完成率为100%；疟疾发病2例，均为输入性病例（江川、新平各1例），发病率为0.1/10万。易门县（94.50分），峨山县（93.00分），华宁县（97.25分），澄江县（93.25分），红塔区（93.25分）顺利通过消除疟疾考核验收，玉溪市通过消除疟疾验收县区已达7个，新平、元江县尚未提交验收报告。

【疫苗冷链运转】　2014年，全市一类疫苗入库707 240人份，发苗693 436人份；二类疫苗入库276 205人份，发放269 381人份。

【常规免疫接种率监测】　2014年，全市卡介苗应种21 209人，实种21 209人，接种率99.9%；脊灰疫苗应种22 912人，实种22 864人，接种率99.8%；百白破疫苗应种22 973人，实种22 745人，接种率99.8%；麻疹组分疫苗应种23 143人，实种23 099人，接种率99.8%；乙脑疫苗应种22 990人，实种22 941人，接种率99.8%；乙肝疫苗全程应种23 298人，实种23 250人，接种率99.8%，首针应种22 059人，实种数22 053人，首针接种率99.9%。

【AFP、新破、麻疹、乙肝主动监测】　2014年，全市共报告疑似麻疹病例49例，经市级麻疹实验室检测，确诊麻疹病例4例，风疹5例。全市共报告6例AFP病例，其中红塔区3例，澄江、华宁、新平县各报告1例，其余县区均无报告。全市乙肝专报系统报告新发病例56例，除易门、峨山、新平、元江县报告乙肝新发病例外，其余县区专报均未报告。

【免疫效果监测】　2014年，全市疾控部门完成免疫效果监测4 221人次，其中，麻疹抗体监测3 560人份，阳性率为96.1%，保护率71.1%；完成乙肝表面抗原、表面抗体两项指标监测，共监测3 560人次，其中Anti-HBs阳性率为65.7%，HBsAg携带率为0.79%。

【碘缺乏病监测防治】　2014年，全市疾控部门共监测居民食用盐2 700份，合格碘盐2 654份，不合格碘盐41份，非碘盐5份，碘盐覆盖率为99.86%，碘盐合格率为98.45%，合格碘盐食用率为98.32%，非碘盐率为0.14%，碘盐中位数24.96mg/kg。

【肿瘤登记报告】　全市累计收集肿瘤登记报告卡1 459张，其中，2014年新发肿瘤病例报告卡578张，死亡肿瘤病例报告卡321张，

【死因监测】　2014年，全市114个监测点网络报告死亡个案14 476例，平均报告死亡率6.66‰。县级医疗机构报告及时率91.32%，乡镇卫生院报告及时率93.07%，及时审核率99.16%。

【高血压、糖尿病、重性精神疾病管理】　2014年，全市累计完成65岁及以上老年人建档219 924份，建档率138.3%；生活自理能力评估159 226人，评估率100.1%；完成体检（体格检查、辅助检查）12 687人，体检率89.18%；完成健康管理144 947人，健康管理率91.12%；共完成高血压患者建档147 671份，建档率105.55%；健康管理147 671人，健康管理率105.55%；规范管理136 458人，规范管理率99.45%，最近一次现场抽查血压控制率59.06%；共完成糖料病患者建档33 879份，建档率106.76%；健康管理33 879人，健康管理率106.76%；规范管理31 245人，规范管理率98.46%；最近一次血糖抽查控制率54.27%；完成重性精神疾病患者登记8 816人，检出率3.82‰，除新平县外，其他县区检出率均达到3.0‰以上，其中易门、澄江、华宁、元江县达到3.5‰以上。全市体检人数为6 231人，体检率达到78.72%；专科医生评估人数7 369人，评估率达93.10%，规范管理率达78.72%。

【放射卫生监测】　2014年，市疾控中心完成2 153人份个人剂量监测，未发现超标准现象；完成11家放射单位普通医用X射线机房、CT机房、DR机房、钼靶机房等12台医用诊断X射线机房的预评价；完成12家放射单位普通医用X射线机房、CT机房、DR机房、钼靶机房等的控制效果评价；完成客户委托射线装置防护监测68台次。年内未接到放射事故报告。

【环境卫生监测】　2014年，市疾控中心开展公共场所集中空调通风系统

卫生监测工作，共监测集中空调通风系统8台80个点。水质检测情况：完成城市市政供水580件检测，合格373件，合格率为64.3%。其中，城市市政供水出厂水46件，合格39件，合格率为84.78%，城市市政供水末梢水313件，合格236件，合格率为75.34%，城市二次供水221件，合格98件，合格率为44.34%。城市自建供水和农村学校自建供水：城市市政供水出厂水46件，合格39件，合格率为84.78%；城市市政供水末梢水313件，合格236件，合格率为75.34%；城市二次供水221件，合格98件，合格率为44.34%；农村饮用水检测：全市共检测报告农村饮用水373件，合格102件，合格率为27.34%；其中，农村集中式供水出厂水95件，合格32件，合格率为33.68%；农村集中式供水末梢水213件，合格56件，合格率为26.29%；农村分散式供水65件，合格14件，合格率为21.53%。

【职业卫生监测】 2014年，市疾控中心进行职业健康监护：职工职业健康体检159个厂矿，应检职工40 410人，实检职工40 054人，发现疑似职业病68人，职业禁忌症117人，调离岗位38人。职业病诊断：年内发现患尘肺病102人，年内新尘肺病病例10人，分别为壹期尘肺病7人，贰期尘肺病3人。职工职业健康体检：完成3 507人，发现15人职业禁忌症，调离15人，未发疑似职业病。

2014年取得职业健康检查资质、职业病诊断机构资质、职业卫生技术服务资质，职业病诊断医师资格9人，分别为尘肺2人，职业中毒5人，物理因素及其他7人。

市疾控中心完成职业卫生网络报告工作，报告尘肺病31份，农药中毒355份，有毒有害作业工人健康监护卡78份，作业场所职业病危害因素监测卡7份。

【食品卫生监测】 2014年，市疾控中心全面完成食品安全风险监测各项指标任务。省级项目共完成4大类8小类样品检测136件（要求135件），完成率100.7%。其中：婴幼儿食品50件、乳制品61件（超1件）；瓶（桶）装水10件、米线15件。监测结果显示玉溪突出的食品安全问题为鲜米线中大肠菌群严重超标。国家级项目共完成461件样品监测，完成率102.4%。其中：化学污染物及有害因素监测样品采送任务全部完成265件，完成率100.4%；食源性致病菌监测样品完成196件，完成率105.95%。积极开展食源性疾病监测工作。2014年共报告食源性疾病56起，其中，野生菌中毒41起，其它植物性毒素中毒7起，细菌类中毒6起，不明原因中毒2起，暴露人数2 210人，发病395例，死亡1例。市医院、市三医院、华宁县医院、易门县医院4所哨点医院开展食源性疾病监测工作，共监测腹泻病例584例，对所有病例均采集粪便样本进行致病菌检验，检出志贺氏菌1例，沙门氏菌18例，致泻性大肠埃希氏菌属1例。

【学校卫生监测】 2014年，市疾控中心强化对学生体检机构的技术指导及培训工作，规范学生体检工作，提高学生体检机构体检能力及水平。积极开展学生体检工作，全市共体检学生69 589名，学生六种常见病分别为：视力不良33 331人，不良率28.6%；沙眼2 425人，占3.2%；患龋人数14 364人，龋患率42.1%，活动龋牙数（D）13 387，已补牙数（F）4 300，填充率19.3%；检出身高上等12 354人，占17.75%，下等4 503人，占6.47%；检出体重上等18 929人，占27.20%，下等3 772人，占5.42%；检出营养不良15 765人，占22.65%。检出肥胖学生7 085人，占10.18%。贫血共监测学生4 107人，阳性人数59人，阳性率1.44%；肠道寄生虫共监测学生337人，检出蛔虫卵3人，阳性率0.89%。统一全市中小学教学环境监测报告模板，切实加强全市各县区开展中小学校教学环境监测工作；以落实学生因病缺课报告为突破口，切实重视学生常见病、多发病监测防治工作，并撰写全市学生传染病疫情专项报告；认真开展学生营养餐专项督察工作，完成学生营养餐网络直报工作。

【公共服务从业人员体检】 2014年，市疾控中心对2 801名公共服务从业人员进行健康体检，发现甲肝12例，检测率0.4%；戊肝13例，检测率0.5%；痢疾5例，检测率0.2%；肺结核2例，检出率0.1%。为体检合格的2 768人办理健康证，对体检不合格的33名从业人员建议卫生监督部门作调离处理。

【健康教育】 2014年，市疾控中心开展健康教育进学校、进社区、进企业活动，在中心城区5所学校开展健康教育讲座5场，受众达2 400人，在荷花社区等9个社区开展健康教育讲座9场，受众1 460人。以各种宣传日为契机，积极开展广场、社区专项宣传教育活动。进一步丰富健康教育形式及载体，充分利用报刊、电视、短信、网络、板报等平台开展健康教育工作。共发放各种宣传材料25种12.3余万份（条）。

【病媒生物监测及防治】 2014年，市疾控中心完成中心城区27家医疗机构消毒灭菌效果监测，采样417份，合格率为95.7%。其中空气消毒效果监测37份，合格率97.3%；灭菌医疗器材灭菌效果监测48份， 合格率95.8%；消毒医疗器材消毒效果监测5份， 合格率100%；物体表面消毒效果监测77份，合格率98.7%；医护人员手消毒效果监测35份，合格率88.6%；使用中消毒液监测135份， 合格率99.3%；压力蒸汽灭菌器生物监测34份， 合格率100%；血液透析治疗用水监测2份，合格率100%；紫外线灯辐照强度监测46只，合格率82.6%。完成中心城区21家次医疗卫生机构的污水监测，总余氯低于国家标准的4家次，粪大肠菌超过国家标准的3家次，全指标合格的17家。完成市级2家幼儿园预防性消毒监测工作，采样35份，合格率94.3%。完成红塔区、江川县、华宁县7家县级医疗机构的消毒灭菌医疗器械、使用中消毒液、物体表面、医护人员手以及空气消毒等消毒灭菌效果监测，共采样112份，合格106份，合格率为94.64%。开展四害密度监测工作。

（李顺祥）

【艾滋病防治】 2014年，市卫生局积极推进艾滋病咨询检测、感染者管理、抗病毒治疗、母婴阻断、高危人群干预、孕产妇抗体检测等工作。全市完成艾滋病抗体检测45.31万人份，婚前检测3.14万人份，孕产妇筛查4.81万人份，检出HIV阳性506例。对艾滋病病毒感染者和病人实施了关怀救助，累计收治1 917名海洛因成瘾者到门诊接受美沙酮维持治疗，累积收治2 246人参加艾滋病抗病毒治疗，中医药累计治疗401人。年初，市卫生局联合公安、司法等部门，以公益组织“中国爱之关怀”为依托，在红塔区创建“部门联动支持，社会组织主导、社区康复为主、综合项目入驻”的吸毒人员艾滋病防控新模式，动员社会力量参与艾滋病防控工作，其工作场所命名为“平安一号”，为强制隔离戒毒出所人员和社会上吸毒人员提供医疗检测转介、心理咨询、法律援助、社会关怀等服务。“平安一号”共接收公安部门转介以及自愿参加的康复人员12人。

在分析全市各乡镇艾滋病疫情的基础上，市卫生局确定“重点地区、重点防治，重点环节、重点突破，科学防治、全面推进”的防治原则，对疫情较重的10个乡镇开展重点防治，以乡镇（街道）政府主导、多部门参与“家庭为基础、社区为依托、卫生为指导” 的“多位一体化”社区艾滋病综合防治长效管理机制模式。充分发掘社区资源优势及功能，利用社区文化和环境影响进行艾滋病健康教育、行为干预，推行国家防治艾滋病“五扩大、六加强”策略，项目覆盖人口28.6万人，占10个乡镇总人口的51.47%，重大宣传40次，培训84次，宣传品覆盖19.3万人，安全套发放24.5万支；监测检测5.46万人，重点人群检测比例占总检测比例的40.5%，检测感染者/病人38例，有力地推进了玉溪艾滋病社区综合干预工作，有效遏制艾滋病在社区各类人群的传播和蔓延。

【免疫规划管理】　2014年，市卫生局以消除麻疹为目标，进一步扩大免疫规划管理，基础免疫报告接率保持在较高水平。基础免疫预防接种率均达95%以上，乙肝疫苗首针24小时及时接种率94.42%。

【慢性病防控】　2014年，市卫生局探索开展慢性病“三位一体”服务管理，提升慢性病管理水平。在认真分析全市慢性病防控管理存在的问题的基础上，选择易门县开展慢性病“三位一体”服务管理试点，实现“县、乡、村”三级医疗卫生机构之间、“防、医、管”之间、“体系、体制、机制”之间的“三位一体”的慢性病防控策略。通过建立科学的管理机制，充分发挥“县、乡、村”三位一体管理职能作用。县卫生局定期指导和评估县乡村三级的慢性病管理工作，县疾控中心承担制订县域慢性病防控规划，发挥综合协调指导的作用，县级医疗机构承担县域居民慢性病诊疗服务和慢性病的危重急症抢救任务，对乡镇卫生院和村卫生室进行培训和指导。乡镇卫生院承担对区域内常见的普通慢性病的正确诊断和治疗、慢性病防控管理和指导，村卫生室发挥村医在慢性病预防和行为干预、慢性病筛查和线索发现、患者的日常管理和信息采集等方面的积极作用。同时，建立县级医院与乡镇卫生院之间的双向转诊机制，逐步实现基层首诊、分级医疗。

通过慢性病“三位一体”服务管理的开展，易门县7个乡镇卫生院、49个村卫生室全部实现居民健康档案信息化管理，高血压、糖尿病患者管理工作纳入公共卫生服务重点考核。高血压、糖尿病规范管理率分别达到101.3%和101.63%，重性精神病患者规范管理率达到99.23%。县中医医院诊疗人次由2011年的56 967人次增加到2014年的71 625人次，住院人次由2 373人次增加到3 030人次。

（赵从瑛）

妇幼保健

【妇幼保健主要指标完成情况】　2014年，全市出生活产数 21 708人；产妇数 21 561人；孕产妇系统管理率97.38%；住院分娩率 99.75%；新法接生率99.98%；居民健康档案电子建档率99.87%；高危孕产妇 10 424人，高危孕产妇检出率48.04%；高危住院分娩率100%。全市孕产妇死亡7例，按户籍死亡率为32.25/10万。全市7岁以下儿童147 994人，其中：5岁以下儿童数为107 693人；3岁以下儿童数为67 649人。7岁以下儿童保健覆盖率97.28%，3岁以下儿童保健覆盖率97.33 %。剖宫产活产数5 855人，剖宫产率26.97%。婴儿死亡死亡率为4.70‰，5岁以下儿童死亡率为6.73‰。

【新生儿听力筛查】　2014年，全市医疗机构开展新生儿听力筛查，筛查20 512例，筛查率89.96%。筛查出听力可能障碍204例，最终确诊听力筛查障碍16例，检出率0.08%，治疗人数16例。

【农村乳腺癌、宫颈癌检查】　2014年，省卫生计生委下达给红塔区、新平县二个农村妇女乳腺癌筛查项目县任务数各2 000例，红塔区完成2 000例，新平县完成2004例。省卫生计生委下达给玉溪市农村妇女宫颈癌筛查任务数为14 000人（澄江和江川县未申请开展两癌筛查），玉溪市全年完成14 092人。

【妇女病筛查】　2014年，玉溪妇幼保健系统对全市20-64岁妇女开展妇女病筛查89 968人，筛查率24.08%，查出妇女病22 788人，患病率25.33%，其中阴道炎患病率13.24%，宫颈炎患病率8.12%，尖锐湿疣0.01%，子宫肌瘤患病率2.54/10万，宫颈癌患病率 102.26/10万，乳腺癌患病率38.79/10万，卵巢癌患病率1.11/10万。

【婚前医学检查】　2014年，全市免费婚前医学检查30 726人，有35 776人办理结婚登记，婚前医学检查率85.88%，比上年同期增长5.18个百分点。

【预防艾滋病母婴传播】　2014年，全市对新婚登记人群进行HIV免费检测31 251例，检出阳性54例，其中男26人，女28人，阳性率0.17%，有28 720例孕产妇在孕、产期接受HIV抗体检测，检测覆盖率99.91%，共检测孕产妇孕期HIV感染70例、检出率0.24%。有64例阳性孕产妇进行母婴阻断综合措施，其中终止妊娠29例，住院分娩33例已分娩的HIV阳性产妇中，抗HIV病毒药物服药率100%，HIV阳性产妇所生婴儿服用抗病毒药33例，服药率100%。阳性产妇所生婴儿18个月龄结案26例，其中25例阴性结案，成功阻断率96.15%，阳性率1例，阳性率为3.84%。

【预防梅毒母婴传播】　2014年，全市对新婚登记人群进行梅毒免费检测31 251例，检出阳性45例，其中男18人，女 27人，阳性率0.14%；有28 777例孕产妇在孕、产期接受梅毒免费检测，检测覆盖率99.91%，检查阳性95例，梅毒抗体阳性孕产妇检出率0.33%。有79例梅毒阳性孕产妇进行母婴阻断综合措施，其中终止妊娠24例，住院分娩 53 例，其中活产53　例（元江县1例双胞胎），1例死胎死产，3例七天内死亡，已分娩的梅毒阳性产妇中，药物治疗49例，服药率92.45%，梅毒感染产妇中所分娩的儿童中，排除感染46 例，无18月拒绝检测和失访现象发生。

【新生儿遗传代谢性疾病筛查】　2014年，市妇幼保健院（云南省新生儿疾病筛查中心玉溪分中心）完成遗传代谢性疾病筛查24 953人，新生儿代谢性疾病筛查23 912人，筛查率104.87%（含流动人口），查出G6PD阳性患者66例、确诊先天性甲减（CH）1例，高TSH血症2 例；确诊1例苯丙酮尿症（PKU），并对PKU患儿申请到国家特殊奶粉项目资助。

【产前筛查】　2014年，市妇幼保健院完成产前筛查 15 781人，检出高风险961例，确诊22例胎儿染色体异常，分别为：唐氏综合症8例、特纳综合症3例、常染色体平衡异位4例、超X综合症1例、克式综合症1例、超Y综合症2例、三倍体1例、嵌合体异常2例。

【托幼机构卫生保健管理】　2014年，妇幼保健系统组织对全市289个托幼机构在园儿童 41 153人体检，共体检人数 40 420人，体检率为98.22%。年内开展体检儿童综合评估和儿童保健知识宣传。

【农村孕产妇住院分娩补助项目】　2014年，全市实施农村孕产妇住院分娩经费支出737.95万元，农村孕产妇住院分娩补助人数18 449人。补助覆盖率95.68%，比上年同期增长0.67个百分点。全市共使用高危和贫困孕产妇救助专项资金154.64 万元，累计救助高危和贫困孕产妇 310人。玉溪农村住院分娩率为99.70%。

【出生医学证明管理】　2014年1月1日起启用新版《出生医学证明》（第五版），旧版《出生医学证明》签发日期截至2013年12月31日。全市各医疗保健机构首次签发出生医学证明27 512 套。换发140 套，补发145套，医疗保健机构外出接生（家庭接生员）签发136套。在医疗、保健机构因为打印、填写错误造成证件作废的393套，全市共使用28 326套，废证率为1.39%。

（胡云蓉）

农村卫生

【新型农村合作医疗】　2014年，全市新农合覆盖农业人口数1652 364人，实际参合1625 630人，参合率为98.38%，参合人数较上年增加8 257人，参合率提高0.83%。新农合筹资标准为435元（较2013年提高35元），其中，各级政府补助375元，农民个人自筹 60元。实际筹集新农合基金71 353.22万元，其中，中央财政补助资金35 764.00万元，省级财政补助资金5 160万元，市级财政补助资金16 638.75万元，县区财政补助资金3 398.26万元，参合农民个人缴纳9 753.78万元，利息收入632.08万元，其他收入6.35万元。新农合持续惠民，共减免补偿496.42万人次，补偿新农合基金75 956.90万元，新农合统筹区域政策范围内住院费用支付比例78.31%，统筹区域内实际住院费用支付比例65.73%。

创新保障模式，逐步建立和完善多层次重大疾病保障机制，实行“一站式”补偿服务，构建起人群全覆盖、病种全覆盖的新型农村合作医疗大病救助制度，并取消大病救助报销封顶线限额。2014年，共有16 645人次获得大病救助补偿，万元以上大病实际补偿比达70.11%。提高重大疾病的保障水平，将农村儿童先天性心脏病、白血病等22个重大疾病纳入农村居民重大疾病保障范围，新农合支付比例为70%以上。各县扩大慢性病门诊补偿管理的病种由14个增至24个，共有89 917人次享受门诊慢性病补偿，医药总费用2 403.98万元，新农合基金补偿1 711.10万元，实际补偿比达71.18%。全面执行一般诊疗费收费标准和补偿政策，普通门诊统筹共补偿463.40万人次，补偿新农合基金8 379.77万元，实际补偿比为49.43%。

【新农合支付改革】　2014年，市政府办公室制定下发《关于印发玉溪市基本医疗保险支付制度改革工作方案的通知》，通过规范新农合定点医疗机构诊疗行为、深化支付方式改革、控制不合理费用增长和加强对费用监督管理等手段确保新农合基金运行安全，杜绝基金超支风险和隐患；完善支付机制，向基层医疗卫生机构倾斜并鼓励使用中医药。将符合条件的非公立医疗机构纳入新农合定点医疗机构。新农合补偿普通门诊补偿不设起付线，村级按不低于50%补偿，乡级按不低于45%补偿，每人每年累计补偿不低于200元。住院报销比例乡镇级为95%至100%，县区级为80%至90%，省、市级为55%至70%。市、县中医医疗机构住院补偿起付线较综合医院下调100元，鼓励使用中医药。

【基层卫生基础设施建设】　2014年，市政府对村卫生室的房屋建设给予补助，安排村卫生室建设补助资金160万元；市政府下达村乡镇卫生院建设任务7个、卫生室建设任务10个。7个乡镇卫生院全部开工建设，建筑规模9 423平方米，概算投资1 095万元，6个已完工，1个在建。实际完成村卫生室建设项目12个，总建筑面积2 037平方米，总投资221.15万元。安排基层医疗卫生机构中医药设备配置25万元，乡镇级医疗卫生机构建设补助49万元。

玉溪市妇幼保健院举办“婴儿抚触实操班”，对准爸爸、准妈妈们进行“婴儿抚触”培训　（仝　莉　摄）

【乡村医生队伍建设】　2014年，玉溪市建立和完善财政保障体制，切实加强乡村医生队伍建设。市级财政对在岗村医补助为100元/人/月，县区级财政补助标准为100元–350元/人/月，市级和县区级财政均将乡村医生补助列入年度财政预算。及时下达2014年乡村医生省级和市级财政补助资金至各县区，各县区均制定乡村医生补助资金分配方案。对省级财政新增的每人每月100元，统筹用于补助工作在偏远地区、服务人口少、服务年限长、条件艰苦、收入偏低的村医。落实乡村医生多渠道补偿政策，安排乡村医生补助277万元。

【卫生下乡】　2014年1月17日，市卫生局组织市直医疗卫生单位30多人的卫生队伍到易门县十街乡，参加市委、市政府组织的2014年文化科技卫生"三下乡"集中示范活动。开展健康知识宣传、现场咨询、送药品、义诊等内容的卫生下乡活动。活动当天发放13类健康宣传资料2 000多份，为120余名老年人、妇女和儿童进行义诊。市卫生局向易门十街乡捐赠1万元现金和价值6千元的药品。

（赵从瑛）

血液管理

【无偿献血】　2014年，市中心血站积极探索新的宣传方式，充分利用各种载体和途径开展宣传活动，提高无偿献血社会知晓率和影响力，巩固发展无偿献血者队伍。全年共招募无偿献血者17 984人次；采集血液5060 650毫升；建立稀有血型者档案199人；连续9年实现全市医疗临床用血100%来自自愿无偿献血。

【血液检测、成分输血】　2014年，市中心血站完成血液检测18 004人份；血液检测率100%；血型检测准确率100%；血液标本漏检率为0；血液检测报告发放准确率100%；质量安全事故率为0。市中心血站积极推广成分输血，向临床供应全血200毫升、悬浮红细胞24 943.5U、冰冻血浆15 180U、洗涤红细胞128U、冷沉淀2 953U、机采血小板5 010U、解冻去甘油红细胞122.25U。成分血分离率达到99.81%，成分输血率99.99%。

【成立机采血小板献血者"板友会"】　2014年5月10日，市中心血站召开机采血小板献血者联谊会，有45名献血者参会。在听取献血者的建议后，于9月底重新修订机采积分奖励方案，并成立机采血小板献血者板友会，拟定了会员入会条件和管理、奖励措施，进一步规范了对机采血小板献血者的管理。

11月29日，市中心血站召开稀有血型献血者联谊会。会上，对近两年内累计献血3次以上的11名稀有血型献血者进行了表彰和奖励。

（沈佳佳）

爱国卫生

【卫生县城检查】　2014年10月，根据省爱卫会的安排部署，云南省开展第十一次卫生县城检查，玉溪市爱卫会组成检查团，对玉溪市的5个县创建省卫生县城工作进行检查。12月经省爱卫会予以确定命名：通海、江川、华宁、峨山、元江县为"云南省卫生县城"。

【省市级卫生村创建工作】　2014年11月，根据通海县爱卫会推荐，市爱卫办组织人员检查确定，上报了通海县的四个村创建省卫生村推荐意见，12月被省爱卫会命名为"云南省卫生村"。

7月，在各县区爱卫会上报的基础上，经市爱卫办组织检查，市爱卫会决定命名19个"玉溪市卫生村"，并给予了表彰奖励。至此全市市级卫生村总数累计达到75个，进一步取到了创卫工作以点带面的作用。

【无烟医疗卫生系统创建】　2014年，市卫生局根据《云南省卫生厅关于开展全省无烟医疗卫生系统创建工作督导检查的通知》及创建国家和省卫生县城的标准，认真查缺补漏，继续保持创建成果。通过6～7月份国家、省级控烟工作暗访，玉溪市综合评分排名全省第一。

【健康巡讲课件获省奖】　2014年5月，在云南省健康教育所组织的"云南省健康巡讲课件征集活动"中，玉溪市报送的参赛作品《合理用药保健康》、《儿童与孕妇合理用药》、《呵护健康合理用药》、《"药"保安全——口服降糖药治疗》分别获得一等奖一个，二等奖两个，三等奖一个的好成绩，在全省六个获奖作品中，玉溪获得了四个。同时，玉溪市卫生局获得"优秀组织奖"。

【灭鼠先进县城】　2014年，红塔区、华宁县、澄江县、江川县的省"灭鼠先进县城"工作，逢五年一次复查。通过做好消杀及防鼠设施建设、鼠密度的监测，加强对人员聚集区、宿舍区、单位食堂、宾馆等区域的监测，堵洞抹缝，消除"四害"生存条件等。7月将上述县区的灭鼠情况上报省爱卫办，12月省爱卫办组织专家进行现场检查，红塔区、华宁县、江川县、澄江县的灭鼠各项指标均控制在国家标准范围内，四县区都继续保持省"灭鼠先进城区"称号。

（王　昀）

体育管理

【概　况】 2014年，玉溪市体育工作坚持改革创新，积极为全市经济社会发展服务，体育事业持续健康发展。

全民健身工作成效显著。市体育局以贯彻落实《全民健身条例》为主线，认真组织实施“七彩云南全民健身工程”和《玉溪市全民健身实施计划（2011～2015）》，全力构建全民健身服务体系，加强全民健身基础设施、组织机构建设，广泛组织开展全民健身活动，掀起了全民健身新高潮。

加大全民健身基础设施建设力度，积极争取国家、省体育部门项目、资金支持，全年争取上级资金2 897.52万元，完成目标任务的100.08%。在全市5个乡（镇）、172个行政村（社区）实施“七彩云南全民健身基础设施建设工程”项目建设。同时实施体育产业项目4个40万元，体育扶贫项目4个40万元，全民健身组织和活动示范项目76.5万元。市体育局投入100万元，用于全市39个村“美丽家园”项目建设。

市体育局组织举办玉溪市、红塔区元旦·春节环城赛、玉溪市老年人全民健身运动会、玉溪市幼儿体操比赛、第八届云南·玉溪抚仙湖公开水域游泳邀请赛、“全民健身日”群众登山健步走活动等丰富多彩的全民健身活动30多项次，参与人数达10万多人次，掀起全民健身热潮；承办国际网球巡回赛、全国围棋甲级联赛、全国武术冠军赛、格兰芬多自行车节玉溪站等国内外大型赛事，推动玉溪体育旅游发展，着力提高玉溪城市影响力和知名度；加强体育组织队伍建设，全市举办各级社会体育指导员培训班12期。截至2014年底，全市有市级体育协会19个，健身气功站点38个，晨晚练点745个，国民体质检测站10个，社会体育指导员3 637人。

玉溪自主创编的柔力球套路《花季雨季》、《彩云南》、《草原舞曲》、《阳光年华》、《茉莉花》、《中华孝道》、《走向复兴》等经选评作为全国套路推广；一批群众体育先进单位和个人受到省级表彰；抚仙湖高原帆船赛获中国帆船赛事年度最新突破赛事奖。

竞技体育取得新突破。完成省第十四届运动会备战参赛工作，取得团体总分第二名、金牌总数第三名的成绩；玉溪运动员师涛、白发全在韩国仁川第17届亚运会上获得1枚金牌，2枚铜牌，实现了玉溪籍运动员参赛亚运会金牌“零”的突破，诞生了玉溪首位“亚星”； 承办省青少年排球锦标赛、省中长跑、竞走锦标赛、中国女排升降级附加赛云南队主场比赛、省青少年体育舞蹈锦标赛、全省男子三人篮球赛玉溪赛区等赛事活动。主办全市少年儿童篮球、田径、游泳等比赛，通过比赛提高了少年儿童体育竞技水平，搭建了体育后备人才选拔的平台；组织玉溪14名“山花网球”后备人员参加省级测试，1人获得到北京世纪东方学校进行网球训练学习资格；组织玉溪体校、市少体校，新平、元江、通海县少体校完成云南省高水平体育后备人才基地申报工作。

完成玉溪市第六次全国体育场地普查工作。体育产业稳步发展，体育彩票全年共销售3.158亿元，年度销售额首次突破3亿元。

【全市体育工作会议】 2014年3月5日，玉溪市体育工作会议召开。各县区文化旅游广电和体育局分管领导、业务骨干、玉溪体校、市体育局机关全体职工及直属单位负责人参会。会议主要任务是深入贯彻党的十八大、十八届三中全会精神，传达落实市委四届四次全会、市四届人大二次会议及全省体育局局长会议精神，全面总结2013年体育工作，安排部署2014年各项工作。

市体育局局长雷毅在会上作《扎实推进改革创新 促进玉溪体育事业持续健康发展》的工作报告，总结2013年工作，强调要深入开展党的群众路线教育实践活动，推进改革创新，全面做好2014年各项体育工作：把握关键问题，推进体育事业改革创新；继续实施七彩云南全民健身工程，加快全民健身工作发展；以备战参赛省十四运会为重点，推动竞技体育发展；积极探索体育产业发展新路子，完成第六次全国体育场地普查工作任务。

市体育局副局长朱建华在会上讲话，安排布署全民健身基础设施建设、活动开展、体育社团等工作。市体育局副局长黄绍林主持会议，并就竞技体育业余训练、人才输送、参赛省运会、体育彩票销售管理等工作进行了安排部署。会上签订了《玉溪市体育局与县区体育彩票销售管理目标责任书》。

（解家敏）

【第六次全国体育场地普查】 玉溪市第六次全国体育场地普查工作自2013年10月开始至2014年10月结束。玉溪制定了《玉溪市第六次全国体育场地普查工作实施方案》，市、县区体育、教育、统计等部门通力配合支持，各项普查、登记、录入、上报工作按计划时间表逐项顺利推进。几经反复核查、申报，再核查，再申报，玉溪第六次全国体育场地普查工作按时、按质、按量完成省级布置的普查工作任务。

经普查，截至2013年12月31日，玉溪市境内共有体育活动场地3 937块，按系统分：体育系统121个，教育系统2 288个，其他系统1 528个。按类型分：体育场11个，田径场21个，小运动场104个，体育馆9个，游泳馆12个，室内外游泳池30个，综合房（馆）10个，各类专项训练、健身房（馆）205个，各类室内外专项体育场地2 817个，户外健身、登山、活动路径、步道、营地481个（条），其他类体育场地237个。全市共有体育场地面积380万平方米，每万人拥有体育场地16.82个，人均体育场地面积1.62平方米（红塔集团新建的高尔夫球场场地面积较大是此次场地普查人均占有量激增的主要因素）。

（张 建）

【体育彩票销售】 2014年，玉溪市体育彩票销售工作狠抓网点品牌形象建设，开展世界杯足球彩票营销等活动。2014年省体育局体彩中心下达玉溪市销售任务为3.073亿元，截至2014年12月31日，全年销售315858 354元，超额完成任务855万元，其中概率型玩法销售199671 594元、竞猜型玩法销售50787 660元、即开型玩法销售65399 100元。玉溪体彩年度销售额首次突破3亿元。

（解家敏）

群众体育

【实施七彩云南全民健身工程】 2014年，玉溪全力实施七彩云南全民健身工程中的七彩云南全民健身基础设施建设工程、全民健身组织建设工程、全民健身活动示范工程，并取得显著成效。

加大全民健身基础设施建设力度，积极争取国家、省体育部门项目、资金支持。全年共争取到中央、省体育彩票公益金1 103.5万元，在全市5个乡（镇）、172个行政村（社区）实施“七彩云南全民健身基础设施建设工程”项目建设。同时实施体育产业项目4个40万元，体育扶贫项目4个40万元，全民健身组织和活动示范项目76.5万元。此外市体育局投入100万元，用于全市39个村“美丽家园”项目建设。

根据省《七彩云南全民健身组织建设工程和活动示范工程实施意见》要求，加大社会体育指导员培训力度。7月1日，省体育局正式命名玉溪师院为一级社会体育指导员培训基地。市体育局命名玉溪体校为二级社会体育指导员培训基地。2014年共举办一级社会体育指导员培训班1期、二级社会体育指导员培训班2期、三级社会体育指导员培训班9期，培训社会体育指导员496人，截至2014年底，全市有社会体育指导员3 637人。新增通海县健身气功站、通海县河西镇健身气功站、新平县桂山街道五桂社区凤翔街健身气功站3个健身气功站点，全市共有健身气功站点38个。

以“全民健身与美丽玉溪建设共进”为主题，组织开展全年性健身系列活动。全市体育职能部门和社会体育基层组织，不间断地开展丰富多彩的健身活动，健身人群不断增加，全市举办各类大、中、小型赛事活动160余次，健身活动向精品、品牌发展。

【中心城区元旦·春节环城赛】 2014年1月17日，七彩云南全民健身运动会“湖畔知城杯”玉溪市、红塔区元旦·春节环城赛在聂耳文化广场鸣枪开跑。市党政领导饶南湖、黄宪庭、鹿辉阳、叶本功、李平、杨洋、左广、陈志芬、汪燕平、马良昌等出席起跑仪式，并与各界群众一起起跑。市委副书记、市长饶南湖在起跑仪式上讲话，市政协主席黄宪庭为比赛鸣枪，副市长杨洋主持起跑仪式。市两湖试验区产业督导协调组副组长、市总工会主席范志华向赞助单位昆明中实房地产开发有限公司颁授“支持全民健身，共建幸福社会”公益牌匾。

本次环城赛跑活动由玉溪市全民健身指导协调委员会、红塔区全民健身协调领导小组主办，玉溪市体育局、市总工会、玉溪日报社等单位承办，玉溪手机报协办，昆明中实房地产开发有限公司独家冠名。来自社会各界的11 000名市民参加了环城跑活动，是近年来玉溪参与单位和人数最多、规模最大的一次，拉开了2014年玉溪市全民健身活动的序幕。此次环城赛以“全民健身与生态和谐城市建设共进”为主题，分为中、青年男、女子竞赛组、老年组、单位集体方队3个组别进行。单位集体方队参加单位共144 家，人数为8 172人，老年组参加人数2 029人，竞赛组参加人数474人，总人数达11 000人。比赛起点为聂耳文化广场，途经玉江大道、康井路、龙马路下段到达玉溪一中旁的湖畔知城，全程约6千米。

被誉为玉溪“新年第一跑”的元旦·春节环城赛已成为玉溪全民健身的传统品牌赛事和辞旧迎新的标志性活动，已连续举办20多届。

【全国城市羽毛球赛玉溪站比赛】 2014年4月12～13日，“羽林争霸”红牛城市羽毛球赛西南赛区玉溪站比赛在市体育馆举行，本次比赛由红牛维他命饮料有限公司、玉溪市体育局主办，市体育馆、市羽毛球协会承办。来自全市34支羽毛球队，近300名运动员参赛，比赛采用5人制混合团体赛形式，包括男单、女单、男双和混双。经过激烈角逐，宝源羽毛球俱乐部代表队夺得冠军，于5月下旬代表玉溪参加在成都举行的西南赛区决赛。

西南赛区云南分赛区共设昆明、玉溪、曲靖、大理、文山5个城市赛，各城市的冠军直接晋级5月在成都举行的西南赛区决赛。玉溪是连续第三年举办该项赛事，通过比赛推动了全民健身运动开展，促进羽毛球运动地普及和提高。

【承办全省青少年体育舞蹈锦标赛】 2014年5月2日，七彩云南全民健身运动会云南省第五届青少年体育舞蹈锦标赛玉溪站比赛在市体育馆举行。本站比赛由云南省社会体育指导中心、玉溪市体育局主办，云南省体育舞蹈协会、玉溪市体育馆承办。来自全省32个俱乐部、教学站点的2 000多名体育舞蹈爱好者参赛，玉溪有峨山青少年活动中心、新平青少年活动中心、玉溪558舞蹈工作室等代表队参赛。比赛分拉丁舞和标准舞两大类，设少年组、青年组、精英组、6人队列和团体赛等，共10个大项200多个小项。

此次锦标赛是省第十四届运动会的热身赛，比赛宗旨是贯彻《全民健身条例》，实施“七彩云南全民健身工程”，提高广大青少年体育舞蹈运动技术水平，将全省青少年体育舞蹈办成每年一届的群众体育品牌赛事。比赛共设文山、大理、玉溪3站，总参赛规模突破1万人次。2010年体育舞蹈正式列入亚运会比赛项目，2014年列入云南省第十四届运动会比赛项目。

【三人篮球赛】 2014年5月17～18日，云南省第九届招商会·体育季“招商地产杯”男子三人篮球赛玉溪赛区比赛在市体育馆举行。来自市、县区社会各界的21支队伍112名篮球爱好者组队参赛。本次比赛由云南省体育局主办，玉溪市体育局承办，市体育馆、市篮球协会协办。经过两天激烈争夺，华宁县篮球协会、省第三强制戒毒所、福达门业代表队分获前三名。本次比赛选拔出的优秀运动员组队代表玉溪市参加8月在德宏州举行的“七彩云南全民健身运动会”三人篮球赛总决赛。

【老年人运动会】 2014年4月28～30日，七彩云南“退管杯”玉溪老年人全民健身运动会在市体育馆举行。运动会由市老年人体育协会主办，市企业退休人员管理服务中心承办，来自市直、军分区干休所、红塔集团、市交通集团等20支代表队的500多名运动员参加，比赛设门球、柔力球竞技、气排球3个项目。该项运动会自2004年开始，由中央、省驻玉单位、市直有关单位和企事业单位轮流承办，每年举办一届，已连续举办十届。

11月22～25日，玉溪市第十二届老年人运动会在元江县举行。运动会由市人民政府主办，元江县人民政府承办，市体育局、市老龄委、市老体协和元江县文化旅游广电和体育局及县老体协协办。来自全市八县一区和市退休人员管理服务中心的10个代表团400多名运动员和100多名裁判、工作人员参加运动会。开幕式上，副市长、大会组委会主任解仕清致开幕辞并宣布开幕，元江县委副书记、县长张伟致欢迎词。来自各县区老体协、艺术团和市退管中心代表队展演了各具特色的文艺节目。晚会在元江县羊街乡文艺队表演的原生态哈尼族棕扇舞《苍色塞嘟》中拉开序幕，之后分《中国梦》、《民族情》、《家乡美》三个篇章展示了各县、各单位艺术特色，最后在常青艺术团歌舞《老体协会员之歌》中落幕。23日，乒乓球、柔力球和地掷球比赛在各场地拉开帷幕，运动会充分展示了老年人奋发向上、健康乐观的精神风貌，诠释了全民健身运动精神。

【全国围棋甲级联赛广西队主场比赛】 2014年6月14日，“金立智能手机杯”中国围棋甲级联赛广西华蓝队对浙江荣美控股队玉溪专场比赛在中玉酒店举行，这是玉溪首次举办大型国家级围棋赛事。赛事由中国棋院、玉溪市人民政府主办，玉溪市体育局、广西华蓝围棋俱乐部、玉溪市围棋协会承办。6月13日下午，市领导张祖林、李文斌、董文献、杨兴荣、杨洋、陈志芬、汪燕平、马良昌、李少华出席比赛开幕式暨新闻发布会。市委书记张祖林致欢迎辞。

此次围棋甲级联赛玉溪专场比赛是广西华蓝队本赛季第七轮主场比赛，迎战浙江荣美控股队。经过抽签，主将台由广西队李世石九段对阵浙江队张涛四段，快棋由广西队廖行文五段对阵浙江队周贺玺五段，另两台则分别是广西队张立六段、陈贤三段对阵浙江队胡然闵四段和秦悦欣四段。通过四局对决，双方各胜两局，局分相同，但因李世石战胜张涛，广西队获两个积分，浙江队获一个积分。

新浪网、搜狐网、弈城围棋网进行网络直播，中央电视台体育频道、云南日报、春城晚报、云南网、滇池晨报及玉溪市内媒体作全程报道，提升了玉溪的知名度和影响力。比赛期间开展了丰富多彩的活动，除专业棋手挂盘讲棋，还组织广西队专业棋手与玉溪棋迷的指导交流赛，推进围棋运动在玉溪的普及发展。

【中国乒乓球协会会员联赛玉溪站】 2014年6月27～29日，“相约苏州世乒赛·李宁红双喜杯”中国乒乓球协会会员联赛玉溪站比赛在市体育馆举行。比赛由中国乒乓球协会主办，云南省体育局、玉溪市人民政府承办，玉溪市体育局、玉溪市乒乓球协会协办。比赛设团体赛和单打赛，选手根据年龄分为30岁组、40岁组、50岁组、60岁组、65岁以上组男、女子单打和团体赛。

本次比赛是全国级别最高、规模最大、影响最广的国家级业余乒乓球赛首次在玉溪举行。赛事吸引了众多乒乓球爱好者参与，来自全国42支俱乐部的400余人参与角逐，其中玉溪有9支乒乓球队报名参赛，经过激烈角逐，江川一队魏小丹获男子单打30岁组冠军，江川二队获男子团体30岁组冠军。

2014年会员联赛共设19站分站赛和一站总决赛，在全国20个省、自治区、直辖市举办，玉溪站是第十一站比赛。总决赛的地点设在2015年世乒赛举办城市—苏州，体现“全民共享世乒赛”的理念。会员联赛各分站赛和总决赛的比赛成绩均纳入中国乒乓球协会会员的积分系统，获得会员联赛各分站赛团体和单打冠军者及总决

2014年6月14日，中国围棋甲级联赛广西华蓝队对浙江荣美控股队玉溪专场比赛在中玉酒店举行。图为世界冠军李世石九段现场挂盘讲解 （解家敏 摄）

赛团体比赛和单打比赛前三名者可向中国乒乓球协会申请授予业余运动健将称号。

【双人围棋赛】　2014年8月15～17日，玉溪市“抚仙湖杯”双人围棋赛在澄江抚仙湖畔象山宾馆举行。比赛由玉溪市体育局主办，澄江县文化旅游广电和体育局承办。副省长、中共玉溪市委书记张祖林出席开幕式并讲话，副市长杨洋及澄江县领导参加开幕式。

12名围棋职业高手，包括世界冠军罗洗河九段、王煜辉七段，以及云南本土的丁伟九段、陈明川七段、王垚六段、邱继红五段、梁雅娣二段、杨梓二段、陈盈初段等职业棋手和20余名本地业余围棋手参赛，采取抽签搭档的方式两两对抗，积分多者获胜。经过两天紧张激烈的角逐，世界冠军罗洗河和业余选手彭磊组合以5胜1负积10分，获第一名，云南本土九段高手丁伟与搭档谢光平获第二名，王垚六段与搭档李存贵获第三名，陈盈/张金翔、张瑞/洪振森及付冲/谢石相组合分获第4至第6名。

【全民健身日登山健步走活动】　2014年8月8日上午，由玉溪市体育局、红塔区文化旅游广电和体育局举办的“七彩云南全民健身运动会”玉溪市•区“全民健身日”群众登山健步走活动出发仪式在聂耳文化广场举行，此次活动主题为“全民健身、全民共享”。参加活动的9 000余名干部职工及市民从聂耳文化广场出发，途经玉湖路、北苑路、棋阳路、聂耳大剧院、山水路、环山北路、尚易佳园，最终到达烈士陵园，全程约5千米。本次活动推进了全民健身活动的深入开展，丰富了人民群众的体育文化生活。

【社会体育指导员西部行玉溪站活动】　2014年10月22日，以“相约动起来，健康中国人”为主题的香港马会助力全民健身—社会体育指导员公益服务西部行活动云南玉溪站启动仪式在市体育馆举行。活动由国家体育总局社会体育指导中心、中国社会体育指导员协会、云南省体育局主办，云南省群众体育指导中心、玉溪市体育局承办，香港马会赞助，玉溪市体育馆、市老年人体育文娱活动中心，红塔区、通海县、澄江县、华宁县、峨山县、新平县文化旅游广电和体育局协办。

2014年10月22日，香港马会助力全民健身—社会体育指导员公益服务西部行活动走进玉溪。国家级社会体育指导员对玉溪市健身群众开展全民健身培训指导
（解家敏　摄）

本次活动的目的是为深入贯彻落实《全民健身条例》，大力开展全民健身志愿服务，推动玉溪全民健身运动发展。来自香港马会、国家体育总局社会体育指导中心、中国社会体育指导员协会、玉溪市政府、省、市体育局领导及玉溪市健身群众共1 000多人参加启动仪式。国家体育总局社体中心指导员部主任秦吉宏、香港马会国际业务发展部主管谭百贤、玉溪市体育局局长雷毅分别致辞，省体育局纪检组长向勇宣布活动开始。香港马会向玉溪市社会体育指导员代表赠送了100套专业服装和1 000套教材，拨付专款30万元，香港马会共为本次活动赞助经费50万元。玉溪健身爱好者进行了柔力球套路、少数民族健身操—彝家欢歌、健身气功、学生课间操、台舞—舞动中国等全民健身活动展示。

启动仪式后，由中国社会体育指导员协会选派的6名优秀国家级社会体育指导员及玉溪市体育局选派的6名优秀社会体育指导员共12人，于10月23～24日分赴红塔区（太极拳培训）、通海县（青少年拓展训练培训）、澄江县（柔力球培训）、华宁县（广场健身操舞培训）、峨山县（少数民族健身操培训）、新平县（健身气功培训），对当地健身群众开展全民健身培训指导，本次活动全市共培训社会体育指导员600余人次。

香港马会助力全民健身——社会体育指导员公益服务西部行活动2014年在内蒙古、新疆、西藏、四川、陕西、贵州等地举办11站，玉溪站是该年西部行活动的收官之站，也是云南省唯一的一站。

【格兰芬多国际自行车节玉溪站比赛】　2014年11月17日，“七彩云南格兰芬多国际自行车节”玉溪站比赛在聂耳文化广场鸣枪开赛。省体育局局长杨宁、副局长沈俊镔，市领导罗应光、饶南湖、夏立洪、叶本功、杨洋、汪燕平等出席开幕式。市委书记罗应光宣布开幕，市委副书记、市长饶南湖致辞，副市长杨洋主持开幕式。出席开幕式的省市领导参加了约4千米的体验骑行活动。

赛事由省体育局、玉溪市政府主办，玉溪市体育局、云南省社会体育指导中心，红塔区、江川、澄江、华宁县政府等协办。共有来自国内外的400余名选手和玉溪300余名自行车爱好者参赛。赛事设长距离181千米组和短距离82千米组两个组别，骑行线路为：玉溪聂耳文化广场—玉江大道—江川县城—江城镇—阳光海岸—悦椿酒店（短距离组终点）—海口—居乐村—阳光海岸—悦椿酒店（长距离组终点）。

云南省于11月16～22日分别在昆明、玉溪、楚雄、大理、丽江5个州市举办“七彩云南格兰芬多国际自行车节”，玉溪是第二站，赛事以“七彩云南骑乐无穷”为主题。为突出玉溪抚仙湖及周边的地方特色，在红塔区、江川、澄江、华宁县各段赛程中，玉溪组织开展具有地方特色、形式各异的文体展演：红塔区开幕式活动展演了彝族广场舞、花灯歌舞、广场健身舞等；江川县举行李家山青铜器文物展示、彝族腰鼓舞展演；澄江县举行关索戏表演、帽天山古生物化石图片展示；华宁县举行彝族烟盒舞、花灯歌舞表演、“土陶”展示、抚仙湖帆船长航赛。终点悦椿酒店举行国际组合乐队现场表演、小轮车特技表演，借助赛事充分展现玉溪城市魅力。

【抚仙湖高原帆船比赛】 2014年8月18日，玉溪市体育总会帆船训练中心挂牌仪式在抚仙湖畔阳光海岸举行，这是云南省首家专业帆船训练中心，填补了云南省水上运动的空白。玉溪得天独厚的湖泊环境适合帆船运动发展，成立训练中心是为筹备全国帆船比赛。训练中心在江川县孤山风景区水域组织训练，为比赛积累适航经验及培训赛事服务人员，首批训练人员为玉溪体校水上项目学员和清华大学帆船队学员。

10月27日，2014年第八届中国杯帆船赛在深圳大亚湾落幕。作为首支内陆湖泊帆船队的玉溪抚仙湖帆船队参加比赛，这支由玉溪体校水上项目学员和清华大学帆船队学员组成的船队，取得珐伊28R组第七名的成绩，这是玉溪抚仙湖帆船队连续第二年组队参加该项赛事。

11月14～17日，2014“中致远杯”抚仙湖高原帆船赛在华宁县海镜村附近水域举行。本次赛事是云南历史上首次举办帆船赛，抚仙湖成为中国首个举办帆船赛的高原内陆湖泊。比赛由云南省体育局、玉溪市政府主办，玉溪市体育局、华宁县政府和厦门顽石航海俱乐部等承办。赛事为期4天，前3天均为场地赛，每天根据风力情况各组安排3至5轮比赛。来自广东、福建、海南、北京、上海、云南等地的16支帆船队，按职业和业余设A、B两个组别，其中广州帆协队、广州风帆队、游牧虎队、厦门顽石队水平较高，来自荷兰和英国的3支外国队参赛。东道主云南有4支帆船队参加，分别是A组的中致远宝马队和B组的强林石化队、昆明宇光队和玉溪师范学院队。

经过3天角逐，厦门城市学院队获得A组冠军，汉嘉工学院队夺得B组冠军，云南本土的强林集团队荣获B组第二名，首次组队参赛的玉溪师范学院队荣获最佳比赛风格奖。11月17日，为配合七彩云南格兰芬多自行车节的举办，主办方安排了一场长航赛，全部帆船在水上追随自行车队伍，形成陆上自行车竞技、水中千帆竞渡的壮观场面。

12月12日，在首届中国航海界帆船赛事年度最佳评选活动中，中国首个高原内陆湖泊帆船赛——2014抚仙湖高原帆船赛获得最新突破赛事奖。评委们一致认为：高原内陆湖泊抚仙湖是国内目前唯一拥有一类水质的淡水湖泊，由于其诸多特殊原因和办赛条件限制，能在抚仙湖成功举办帆船赛是重大突破。

【抚仙湖公开水域游泳邀请赛】
2014年7月19日，七彩云南全民健身运动会第八届云南·玉溪抚仙湖公开水域游泳邀请赛在澄江禄充风景区波息湾举行，来自省内外的500多名游泳爱好者参赛。

比赛由云南省体育局、玉溪市政府主办，作为一个品牌赛事，每年都吸引来自全国各地的游泳爱好者慕名参加，随着赛事的逐年推广和大众游泳热潮的兴起，2014年参赛人数达到500多人。比赛设男、女2 000米两个大项，按年龄和水平层次分设大众、半专业和畅游组三个组别，其中半专业组的参赛选手为大专院校、游泳专业学校及体校游泳专业的学生。为了鼓励游泳爱好者的参赛热情，组委会扩大了授奖面，每个组别按照参赛人数的三分之一录取名次并给予证书和奖金鼓励。为保证比赛顺利进行，组委会在比赛沿线派出救生船巡视。游泳爱好者们在抚仙湖中劈波斩浪、奋勇争先，尽情享受自然美景和运动快乐。

【玉溪手机报第四届足球赛】 2014年12月21日，玉溪手机报第四届足球赛在玉溪体育场落幕，红塔物业队以2：1力克玉昆钢铁队夺冠，这是红塔物业队连续第二次夺冠。玉昆钢铁队、佳融投资队分获亚军、季军，新平金茂地产队、致诚水利队、峨山紫隆投资队、红塔开院队，易门九田酒代表队分获第四至八名。通海纳古队获公平竞赛奖，玉溪联通队获道德风尚奖，新平金茂地产队获最佳组织奖。最佳球员由玉昆钢铁队杨建钢获得，最佳射手颁给了红塔物业队和春雷，李伟获最佳裁判员。

比赛由玉溪市体育局、玉溪日报社主办，玉溪网、玉溪手机报承办。玉溪手机报足球赛作为玉溪一项传统的体育竞技项目，已成功举办四届。比赛自11月1日拉开战幕，历时近两月，主要在双休日举行比赛。共有来自全市各界的22支球队500多名运动员报名参加，比上一届足球赛增加了2支队伍，场次达62场。参赛队伍除红塔区外，新平、通海、峨山、易门、元江、江川县都有球队参加。

【受省表彰命名的先进单位和个人】
2014年1月，经省体育局、省教育厅考核评估，江川县阳光青少年体育俱乐部（依托单位：江川县少体校）、通海县青少年体育俱乐部（依托单位：通海县少体校）、元江县青少年体育俱乐部（依托单位：元江县少体校）、红塔区青少年体育俱乐部（依托单位：红塔区少体校）4所俱乐部被命名为省级青少年体育俱乐部。省体育局对获命名的俱乐部给予体彩公益金资助，对俱乐部开展活动情况进行检查，以促使俱乐部不断创新活动项目和内容，适应不同层次青少年参加体育活动的需要。

4月25日，在昆明召开的云南省第21届劳动模范和先进工作者表彰大会上，云南省人民政府授予玉溪市少体校教练段红专及奥运冠军郭伟阳“云南省先进工作者”荣誉称号。

8月12日，在曲靖市召开的云南省群众体育先进表彰会上。峨山县体育馆、华宁县少体校、玉溪市羽毛球协会，红塔区、江川县、易门县、通海县、元江县、澄江县、新平县文化旅游广电和体育局，玉溪市体育局被授予2010～2013年度云南省群众体育先进单位称号；张纪美、张立武、李生德、储前进、张开林、何海、陈荣、赵开华、林虹、王丽萍被授予2010～2013年度云南省群众体育先进个人称号；李维俊被授予2012～2013年度云南省十佳社会体育指导员称号；祁加斌、王旭东、史文杰、孔凤玲、高秀芬、钱西宁、杨世蓉、肖蓉被授予2012～2013年度云南省优秀社会体育指导员称号。

竞技体育

【备战参赛省十四运会】 2014年3月25日，市体育局召开备战参赛省十四运会推进会，听取玉溪体校、市少体校预赛及备战工作情况汇报。截至2月底，玉溪参赛省十四运会预赛工作结束，除跳水项目直接进入决赛外，田径、游泳、皮划艇、击剑、射击、自行车、篮球、排球、沙滩排球、射箭、举重、摔跤、柔道、武术、拳击、网球、体操、乒乓球18个项目预赛共派出领队、教练员72人，运动员403人参赛。预赛取得决赛资格运动员390人，获金牌55.5枚，银牌51枚，铜牌52枚。加上直接进入决赛的跳水运动员，玉溪403人取得决赛资格。

5月30日，副市长杨洋、市政府副秘书长王军一行来到玉溪体校、市少体校，对玉溪备战省十四运会及体育工作发展情况进行调研。杨洋一行参加了市少体校庆六一主题活动，与师生一起欢度六一儿童节，随后来到玉溪体校，深入各运动队训练一线，看望正在紧张备战省运会的运动员、教练员，了解训练情况，对省运会备战参赛工作提出具体要求。

7月1日，玉溪市体育代表团参赛云南省第十四届运动会出征动员大会在中玉酒店举行。市委书记张祖林在会上作动员讲话，鼓励参赛运动员和教练员弘扬奥林匹克精神，在省运会上赛出风格、赛出水平，充分展示玉溪良好的精神风貌和综合实力。市委副书记夏立洪向代表团授旗，副市长杨洋主持会议。市人大副主任叶本功、市政协副主席汪燕平出席动员大会。代表团副团长、市体育局局长雷毅作省十四运会备战工作情况汇报，运动员、教练员代表发言。市直有关部门、各县区政府及体育部门、玉溪体校、市少体校的领导、运动员、教练员、工作人员及媒体记者共350人参会。会上，市体育局局长雷毅与玉溪体校校长杨钜、市少体校校长张开兰签订了赛风赛纪责任书。参会领导为参赛全国第十二届运动会获奖的玉溪运动员、教练员代表及输送贡献奖单位颁奖。

7月22日，省十四运会首个竞赛项目皮划艇比赛在个旧市金湖举行。玉溪皮划艇队运动员方翠在女子甲组1 000米单人皮艇决赛中，以4分47秒32的成绩夺得本届省运会首枚金牌。

8月18日，省十四运会在曲靖闭幕。玉溪代表团在本届省运会上共获得团体总分2 359分，名列团体总分第二名，共获得112.5枚金牌（其中42枚为玉溪运动员参加国际、国内重大比赛带入、9.5枚为输送运动员带入）、75枚银牌、82枚铜牌，名列金牌总数第三名，同时获体育道德风尚奖。本届省运会打破惯例，实现全省运动会、职工运动会、大学生运动会、青少年运动会“四会合一”，设青少年组、成年组。玉溪代表团403名运动员参加了青少年组田径、游泳、皮划艇、击剑、射击、自行车、网球、体操等19个大项346个小项的角逐。成年组分设职工组、大学组，玉溪代表队参加成年职工组5个项目的比赛，获成年职工组金牌总数、团体总分第三名，玉溪师范学院获成年大学体育专业组团体总分第十五名。省运会期间，市委副书记夏立洪、市人大副主任雷庆丽、副市长杨洋、市政协副主席汪燕平等应邀出席开幕式，并到赛场看望慰问运动员、教练员、工作人员，为参赛运动员加油鼓劲。

11月21日，市委、市政府召开玉溪体育代表团参赛省十四运会总结表彰大会，表彰奖励省运会获奖人员和单位。市委副书记夏立洪出席会议并讲话，市人大副主任叶本功、副市长杨洋、市政协副主席汪燕平等出席会议。杨洋宣读市委、市政府通报表扬决定，市体育局局长雷毅作代表团参赛总结报告。各县区分管副县长、文旅广体局局长、分管副局长、市体育局机关、玉溪体校、市少体校干部职工、运动员、教练员共300多人参会。与会领导为在省十四运会参赛中取得优异成绩的教练员、运动员和作出突出贡献的单位、仁川亚运会场地自行车男子团体追逐赛金牌运动员师涛进行了颁奖。

【玉溪运动员首获亚运会金牌】 2014年10月4日，第17届亚运会在韩国仁川闭幕，本届运动会有师涛、白发全两名玉溪籍运动员参赛，他们共获得1枚金牌，2枚铜牌。其中师涛于9月21日与队友合作，在场地自行车男子4千米团体追逐赛中，以4分07秒936领先对手近5秒的成绩击败东道主韩国队获得金牌。师涛获得的这枚金牌是云南选手在本届亚运会上收获的首枚金牌，也是历史上玉溪籍运动员获得的第一枚亚运会金牌，实现了玉溪籍运动员参赛亚运会金牌“零”的突破。

9月25日，在亚运会铁人三项男子个人决赛中，代表中国队出战的玉溪籍运动员白发全以1小时49分41秒的成绩夺得铜牌，实现了中国男子铁人三项项目在亚运会上奖牌“零”的突破。9月26日进行的铁人三项男女混合接力赛中，白发全与队友精诚协作、奋力拼搏，以1小时19分16秒的成绩获得铜牌。

【国际男子网球巡回赛玉溪站】 2014年3月15～23日，ITF国际男子网球巡回赛中国·玉溪站比赛在红塔网球中心举行。比赛由国际网联（ITF）授权，国家体育总局网球运动管理中心、玉溪市政府主办，玉溪市体育局、云南羽润立盛文化传播有限公司承办，玉溪红塔网球中心、玉溪市少体校、市网球协会协办。

本次比赛属于希望赛，旨在为初级职业选手获得积分，以取得参加更高级别职业比赛的资格。赛事设男子单打、双打两个项目，单打设预选64个位置，正选单打设32个位置，双打正选设16个位置。来自意大利、加拿大、美国、日本、西班牙、韩国、中国等20个国家和地区的102名职业运动员参赛。代表中国男子网球最高水平的吴迪、张择等选手及玉溪籍运动员陶俊楠、王瑞凯、谭海云等参赛。

3月21日举行的双打决赛中，赛会4号种子、国家队组合吴迪、李喆，以两个6比4击败赛会头号种子、一对韩国组合夺得冠军。3月23日男单决赛中，赛会2号种子、国家队选手张择苦战2小时，经过两盘抢七，以两个7比6击败赛会8号种子、韩国选手钟贤夺得新赛季首个ITF单打冠军，这是张择职业生涯获得的第7个ITF单打冠军。

国际网联（ITF）男子网球巡回赛是培育未来国际网坛巨星的重要比赛，玉溪连续第三年举办该赛事，对促进玉溪网球运动发展，打造精品传统体育赛事，增进国际、国内交流，展示美丽玉溪建设成果起到积极促进作用。

【承办全国武术套路冠军赛】 2014年9月4～7日，由国家体育总局武术运动管理中心主办，云南省体育局、玉溪市政府承办，玉溪市体育局、云南省武术协会协办的“体彩杯”全国武术套路冠军赛在玉溪市体育馆举行。全国武术套路冠军赛是国内层次最高、规模最大、影响最广的全国性武术大赛，参赛选手为各省、区、市的专业武术运动员。自1980年以来，云南省屡次申请承办该项目比赛均未成功，本次比赛是云南省时隔34年后承办这一赛事，玉溪是首次举办该赛事。比赛设男女长拳、南拳、太极拳、刀术、剑术、南刀、太极剑、棍术、枪术、南棍、对练等13个项目，其中混合双人自选太极拳是首次纳入全国武术套路冠军赛赛程的项目。共有来自全国各省区市及解放军、体育院校的33支代表队260余名运动员参赛。

国家体育总局武术运动管理中心主任高小军、副主任陈国荣，省体育局局长杨宁、副局长赵建军，玉溪党政领导饶南湖、叶本功、杨洋、汪燕平出席开赛仪式，高小军宣布开赛，副市长杨洋致辞。

云南队派出5男3女共8名运动员出战，其中解放军以及云南双记分选手雷露、第十三届全运会及第二届世界武术搏击运动会双料银牌得主李建芳是玉溪运动员。李建芳以9.70分获女子太极拳金牌，同时获女子太极剑银牌，雷露与搭档曲金歌组合以9.74分获混合双人自选太极拳金牌。云南选手陆如飞以9.68分获男子太极剑铜牌，云南队获2金1银1铜。

【承办省年度赛】　2014年1月20～26日，云南省青少年排球锦标赛在玉溪体育馆和玉溪体校训练馆举行。比赛由云南省体育局主办，玉溪市体育局、玉溪体校承办。来自昆明一队、二队、云师大附中、玉溪体校、保山队、春城中学、大理一队、二队等12支男队及昆明、玉溪体校、德宏、丽江、昆明二中、华宁一中等12支女队共292人参赛。经过7天84场激烈角逐，大理州体育中学、保山市、玉溪体校代表队获得男子组前三名，昆明、玉溪体校、德宏代表队获女子组前三名。本次比赛是省内最高水平的青少年排球比赛，参赛队伍人数多，比赛水平高，各运动队在赛场上表现出了不俗的实力，展现了云南省排球健儿的风采，取得运动成绩和精神文明双丰收。

2月16～21日，由云南省体育局主办，玉溪市体育局、玉溪体校承办，红塔区文化旅游广电和体育局协办的“玉溪高新杯”2014年云南省中长跑、竞走锦标赛在玉溪体育场举行。来自云南省各州市的15支代表队302人参赛。比赛设男、女子甲组和男、女子乙组4个组别。通过角逐，中长跑团体总分前六名：女子组分别是玉溪、昭通、曲靖、红河、保山、昆明代表队；男子组分别是昭通、玉溪、普洱、曲靖、保山、临沧代表队。竞走团体总分前六名：女子组分别是曲靖、马龙、普洱、昭通、怒江、昆明代表队；男子组分别是马龙、昆明、曲靖、玉溪、昭通、大理代表队。玉溪、曲靖、普洱代表队获体育道德风尚奖。通过本次比赛，提高了云南省少年儿童中长跑、竞走水平，为上一级体育部门挑选后备人才搭建了很好的平台。

2月23日，中国女子排球联赛2013～2014赛季升降级附加赛在玉溪市体育馆举行。主场作战的云南女排迎战河南女排，云南女排以3：1胜河南女排。2月28日，云南女排在河南漯河客场挑战河南女排，云南女排以0：3告负，失去晋级中国女子排球联赛A组的机会。

（解家敏）

【幼儿体操、排舞锦标赛】　2014年7月5日，玉溪市幼儿体操、幼儿排舞锦标赛在市体育馆开幕，市体育局、市教育局相关领导出席开幕式，市体育局局长雷毅宣布开幕。比赛由市体育局和市教育局主办，市少体校、市体育馆承办，市一幼、市二幼、红塔区一幼、红塔区三幼、红塔区凤凰中心幼儿园、红塔区大营街幼儿园、峨山县机关幼儿园、易门县机关幼儿园、澄江县机关幼儿园、通海县秀山幼儿园、通海县青少年校外活动中心共11个单位参赛，参赛运动员、教练员、领队共328人。进行了幼儿旗操、幼儿排舞、幼儿基本体操3个项目比赛，市一幼、通海秀山幼儿园进行了独具特色的节目展示。幼儿体操不同于竞技体操，强调锻炼身体，促进身体发育，让孩子享受体操运动的快乐，动作具有韵律感，富有趣味性，配乐节奏鲜明，符合儿童生理、心理发展规律。

（普云红）

【少儿篮球、田径、游泳年度赛】　2014年8月20～25日，由市体育局、市教育局主办，江川县文化旅游广电和体育局承办的玉溪市青少年体育俱乐部篮球赛在江川举行。来自红塔区、易门、澄江、华宁、新平、元江、通海、江川县共16支男女代表队263名运动员参赛。经过5天36场激烈争夺，荣获男子组前六名的分别是：易门县、澄江县、江川县、华宁县、红塔区、元江县代表队；荣获女子组前六名的分别是：通海县、澄江县、易门县、华宁县、红塔区、新平县代表队；江川县、元江县代表队荣获体育道德风尚奖；董森、尹杰等获体育道德风尚奖和优秀裁判员。

8月21～24日，玉溪市少年儿童田径比赛在峨山县体育场落幕。来自玉溪各县区的252名田径小选手参赛，比赛分男、女少年组和儿童组，共设竞走、跳高、跳远、掷垒球、铅球、标枪、接力、三项全能以及中、长、短距离跑步等10多个竞赛项目。经激烈角逐，红塔区、元江县、通海县代表队分获团体总分前三名。华宁队陈伟夺得男子少年组1 500米、3 000米和5 000米第一名；元江队舒灿夺得女子少年组1 500米和3 000米第一名；红塔区队李伟生夺得男子少年组竞走3 000米和5 000米第一名，此次比赛为玉溪体校教练选拔参加下一届省运会参赛队员提供了平台。

8月27～28日，玉溪市儿童游泳比赛在元江县游泳馆举行，来自全市的7支代表队168名运动员经过两天紧张激烈的角逐，华宁县代表队以总分201分获男子团体第一名，红塔区、元江县代表队分获第二、三名。红塔区代表队以总分248分斩获女子团体第一名，华宁县、元江县代表队分获第二、三名。比赛由市体育局、市教育局主办，元江县文旅广体局、县教育局承办，竞赛项目为全能、单项和接力比赛。

【玉溪运动员国际、国内大赛创佳绩】　2014年5月4日，国家体育总局网球运动管理中心主办的NIKE全国网球青少年U12排名赛嘉兴站比赛落幕。玉溪市少体校网球队选派4男4女共8名队员参赛，经过14天鏖战，取得优异成绩。第一阶段排位赛，8名参赛队员悉数进入正选，并打入第二阶段排名赛。李达、李星迪进入男子双打前四名，苏凌、张芙月进入女子双打8强；苏凌、李达、李星迪进入单打16强。

5月16～18日，在2014年静水皮划艇世界杯捷克站男子4人划艇1 000米决赛中，玉溪体校输送的玉溪籍皮划艇运动员刘浩与国家队队友通力合作，为中国队夺得一枚银牌。

7月24日，在北京举行的2014年全国场地自行车锦标赛男子4千米团体追逐赛中，云南红塔山队玉溪籍运动员师涛与队友袁中、秦晨露、沈平安代表国家队参赛，以4分04秒763的成绩名列第一，为云南队带入一枚金牌。

10月13～25日，第二届亚洲残疾人运动会在韩国仁川举行，来自亚洲42个国家的2 500余名运动员参赛。代

2014年9月4～7日，“体彩杯”全国武术套路冠军赛在玉溪市体育馆举行。玉溪籍运动员李建芳在女子太极拳比赛中获得金牌　（解家敏　摄）

表中国队参加女子轮椅篮球比赛的元江籍运动员郑冬怀与队友一起在决赛中以65：43击败日本队，获得中国队历史上首个亚残运会轮椅篮球冠军。

10月25～26日，中国武术套路王中王争霸赛在四川都江堰开赛，来自全国的5名世界冠军、3名亚洲冠军和20名全国冠军在两天比赛中争夺14个单项王桂冠。经激烈比拼，玉溪籍运动李建芳成功卫冕女子太极拳“王中王”称号。李建芳以2014年全国锦标赛、冠军赛全能冠军的成绩登上中国女子太极拳王宝座，接受对手挑战，最终以9.7的当场最高分力压群雄，获得太极拳“王中王”称号，这是李建芳连续第二次蝉联女子太极拳“王中王”称号。

（解家敏）

【运动员输送及裁判员培训批授】

2014年各县区向玉溪体校输送运动员48人，向市少体校输送19人。玉溪市向省优秀运动队输送运动员4人，向省体育运动职业学院输送运动员1人。

2014年市体育局批授二级运动员104人、三级运动员1人，二级裁判员532人、三级裁判员670人。省体育局批授玉溪市：一级运动员6人、一级裁判员16人、二级裁判员2人。

2014年市体育局加强竞训干部、教练员、裁判员、体育教师的管理、培训工作，全年共组织选派全市13批74人次参加全省、全国各类业务培训。市级依靠玉溪师范学院、各单项体育协会举办全市各项目裁判员培训班，近1 400人次参训。

（普云红）

人口与计划生育

【概　况】　2014年，全市人口和计划生育工作坚持以稳定低生育水平，实现人口均衡发展为目标，以创新体制机制为动力，用“和美家庭”工程统揽局，着力提升管理服务水平，全市人口和计划生育工作取得较好发展。

2014年全市年末总人口217万人，其中，当年出生人口23 981人，政策内生育22 312人，符合政策生育率93.04%，人口出生率11.07‰。人口自然增长11 200人，人口自然增长率5.17‰，优选节育率达82.46%。全市累计领取《独生子女父母光荣证》98 675人，其中，2014年新领证17 788件，领证率23.15%，领证率比上年同期增加4.61个百分点。2014年，全系统共处理来信来访11 897件，办结率100%。

【计划生育指标完成情况】　据计生统计年报显示：2014年全市出生婴儿23 981人，比上年同期多出生4 825人，其中：男性12 375人，女性11 606人，男、女婴儿性别比107：100。从分孩次出生婴儿看：一孩出生15 323人，一孩率63.90%，性别比106：100；二孩出生8 355人，二孩率34.84%，性别比107：100；多孩出生303人，多孩率1.26%，性别比131：100。与上年同期相比，一孩增加3 480人，一孩率提高2.07个百分点；二孩增加1 323人，二孩率下降1.87个百分点；多孩增加22人，多孩率下降0.20个百分点。在出生的23 981人中，政策内生育22 312人，符合政策生育率为93.04%，比上年同期提高1.34个百分点。分孩次计划生育率分别为：一孩94.94%，二孩91.08%，多孩31.02%。计划外出生1 669人，比上年同期多生79人，计划外生育率6.96%，比上年同期下降1.34个百分点。计划外多孩出生303人，比上年同期增加22人，计划外多孩生育率1.26%，比上年同期下降0.20个百分点。全市已婚育龄妇女426 325人，占全市总人口2171 438人的19.63%，比上年同期减少5 788人。累计落实各种节育措施373 919人，比上年同期减少5 515人；综合节育率87.71%，比上年同期下降0.10个百分点。其中：长效节育人数351 541人，与上年同期相比减少6 125人，优选节育率82.46%，下降0.31个百分点；采取针药及避孕药具避孕22 378人，增加610人，针药具避孕率5.25%，提高0.21个百分点

【人口和计划生育责任目标落实情况】　2014年，省下达玉溪市人口和计划生育事业费投入1 200万元，实际完成1 253.33万元，超额53.33万元。

全市75个乡镇均建立以政府为主导，统筹多部门参与的人口信息联动机制，实现人口信息资源共享。据2014年计生统计年报显示，全市全年出生人口23 981人，人口出生率11.07‰，在省下达的12‰指标任务内；人口自然增长11 200人，自然增长率5.17‰，其中，计划内出生22 312人，符合政策生育率93.04%，超过省下达的90%的指标任务。抓好19项国家基本免费孕前优生健康检查项目，全年免费检查25 219人次，完成目标人群任务数的117.29%。加强信息化建设，继续做好流动人口抽样评估检测和全国流动人口服务管理均等化试点工作任务。全面推进“诚信计生”工作，村（居）民自治效果较好，行政处罚和社会抚养费征收案卷评查合格率100%，奖励扶助和特别扶助等卷宗合格率100%，依法行政工作合格率100%，圆满完成了人口和计划生育工作成效综合评估8项指标考核任务。

【计划生育宣传教育】　2014年1月17日，玉溪市2014年文化科技卫生“三下乡”集中示范活动在易门县十街乡举行，市人口计生委和当地县乡人口计生部门相关人员一起到“三下乡”集中示范活动点，发放计划生育政策、生殖保健、避孕节育等宣传材料5 700份、挂历610张、安全套12 000只、避孕药具710盒、印有宣传图画的购物袋400只，解答计划生育政策53人，免费体检216人，捐赠资金15 000元。

参加玉溪市“12·4”全国法制宣传日活动，向群众发放计划生育政策宣传挂历、流动人口“五免费”宣传小折页和计划生育服务指南、生殖保健、避孕节育等宣传材料，共发放宣传挂历1 600张、安全套6 000只，宣传材料3 000张，现场解答计划生育政策46人。

【计划生育技术服务】　2014年，全市计划生育技术服务部门不断提升服

务质量，全面推进国家免费孕前优生健康检查项目。

国家免费孕前优生健康检查工作。认真抓好19项国家免费孕前优生健康检查项目，全年免费检查25 219人次，完成目标人群任务数的117.29%。在全市范围内建立出生缺陷一级预防、农村妇女免费增补叶酸、国家免费孕前优生健康检查项目“三合一”工作机制，全面实施优生促进工程，全年免费发放叶酸19 306人份，完成任务数的113.56%。

计生药具工作。投入资金100万元配备12台药具自助发放机，新增35个免费避孕药具发放网点，建设VI形象店2个，药具应用率达99.47%、随访率达99.17%，有效率达99.03%。继续实施推广使用安全套预防艾滋病工程，免费发放安全套462万只，宾馆、酒店等重点场所保持100%摆放安全套。

女性生殖健康知识讲座。邀请省市有关专家开展20场次2 950人次参加的女性生殖健康知识巡回讲座，接受咨询743人次、免费义诊916人次。组织开展“关怀儿童健康成长家庭教育讲座、生殖健康知识进社区、到农家活动、青春健康进校园”知识讲座7期覆盖3 891人次。

技术人员培训。10月上旬，邀请省第一人民医院、省人口计生科研所、省计生药具站、市人民医院有关专家对全市人口计生系统专业技术人员和药具管理人员130余人进行业务技术培训。

创建全国计划生育优质服务先进单位工作。全市9个县（区）有6个县（区）先后荣获“全国计划生育优质服务先进单位”称号，国优比例位居全省前列。

【计划生育奖励扶助】 2014年，玉溪完成2013年度奖励、扶助政策资金兑现2 231.37万元，惠及132 110人2 658户群众。完成2013年度423名群众符合城镇居民未享受退休金独生子女父母养老扶助政策的兑现工作。通过“以奖促控”，全市农业人口领取《独生子女父母光荣证》达33 135户，其中年内新领证692户，全市农业人口一孩家庭领证率达26.81%。

【计划生育法制工作】 2014年，市人口计生委以开展基层行政执法专项活动、“重点帮扶”、“诚信计生”等工作为载体，推行执法责任制度，强化法制培训，规范执法行为。举办全市计划生育依法行政培训班2轮次，组织未取得行政执法证件和行政执法证件到期的统一参加市政府法制办组织的行政执法人员资格培训和考试，全市人口计生系统执法人员持证率达100%。完善行政决策程序，举行重大决策事项专家论证2次，重大决策事项合法性、合理性、可行性和可控性风险评估2次。行政执法专项检查，未发现违反相关法律法规和“人口和计划生育群众工作纪律”的行为和现象。

依法行政工作。各县（区）根据人事变动适时调整充实人口和计划生育依法行政领导小组，纷纷制定各自工作实施意见，年初同各乡镇、街道计生办签订计划生育行政执法责任书，单位内部班子成员间、班子成员与股室执法人员分别签订执法责任书，明确执法职责、任务、工作标准及奖励考核办法，定期不定期组织召开专题会议，分析行政执法责任制落实情况。

计生干部业务技能、执法上岗培训。组织计生干部参加市县乡三级举办的“单独两孩”生育政策培训。认真开展《人口计划生育法》等专项法律法规的学习宣传活动。市县两级分别组织对人口计生政策法规人员业务培训共20期；乡级根据需要定期不定期召开基层计生专干宣传培训班，认真贯彻落实国家《人口计划生育法》、省《条例》，严格规范行政执法程序。

专项整治活动。县乡两级人口计生部门整合人财物资源，组成工作组深入乡村组开展计划生育行政执法专项整治活动。年内全市共受理和办结各种证件47 682件，其中《生育服务证》24 544件、“单独两孩”《生育服务证》98件、《独生子女父母光荣证》17 788件、《流动人口婚育证明》5 252件。共处理来信来访11 897件，办结11 897件，信访结案率100%。

深化“诚信计生”工作。加强人口计生工作规范化、法制化建设，落实行政执法人员执法资格管理制度，落实“两个工作纪律”和“八不准”规定；加大计划生育法制宣传力度，举办法制知识讲座，增强干部群众的法制意识。畅通“96128”政府政务信息专线及网上公众信箱，开展“请农民兄弟姐妹评计生”和“请流动人口农民工评计生”活动，评议结果综合满意率分别为99%和99.1%；积极组织参加市政府纠风办举办的“政风行风热线”和省政府“金色热线”直播节目，以公开带动“阳光管理”、“阳光服务”、“阳光维权”；继续做好3县9乡20村的诚信计生示范点工作。

【计划生育协会工作】 2014年县（区）编办先后行文批复成立各县（区）计生协会，归口县（区）委管理。

全市共建立各级协会组织855个、会员小组6 234个、宣传活动阵地1 012个、会员之家767家，会员联系

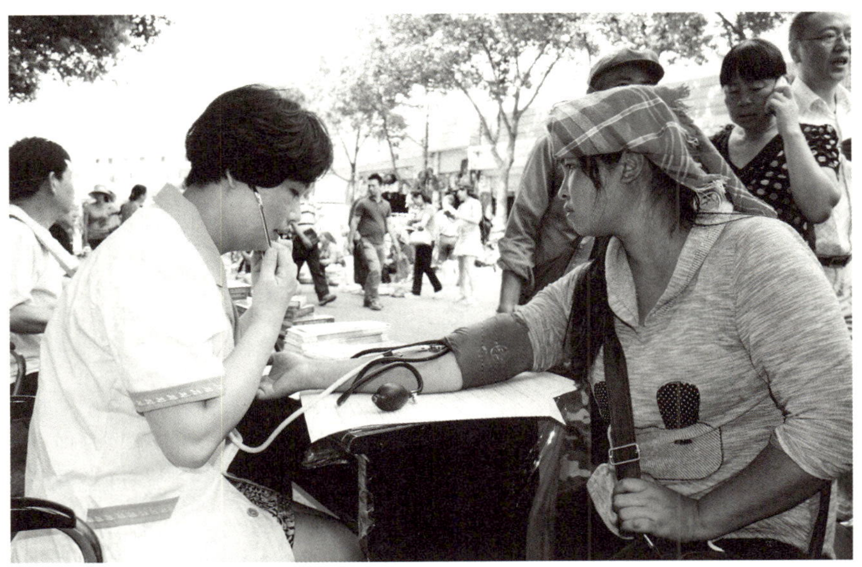

2014年5月29日，市人口计生委、计生协组织专家到新平县扬武社区开展“5·29计生协会员活动日”宣传服务活动　（计生委　提供）

户123 990户、协会会员214 080人，占全市总人口的10.3%。

各级协会充分利用“5·29”、“7·11”等重大纪念日和“三下乡”、“四进社区”活动，组织开展具有较大社会影响力的公益宣传服务活动，强化计生宣传服务，扩大社会影响力。积极落实计划生育奖励、扶助、优惠政策，发挥好知情、评议、监督作用，保证奖励扶助政策在落实中做到公开、公平、公正；开展“五访五问”活动，慰问独生子女、双女困难户、困难计生工作者和贫困母亲821户，发放慰问金106 973元，慰问品折合人民币18 776元。

计划生育家庭意外伤害保险工作。全市共动员10.37万户计划生育家庭参加计划生育家庭意外伤害保险，投保人数达29.8万人，收取保费773.89万元，完成省下达任务数的241.8%。在投保的计划生育家庭中，出险2 490例，赔付金额478.86万元，实现群众利益最大化。

“少生快富”帮扶项目。做好第四轮“少生快富”帮扶项目，投放资金92万元，帮扶96户计划生育群众。协调相关职能部门，为1 160户独生子女户、双女户争取小额信贷资金2 802万元，解决其创业启动资金，帮助其实现“少生快富”目标。

青春健康教育项目。省市计生协投入资金近10万元，继续完善新平县青春健康教育培训示范基地。在新平县戛洒中学开展青春健康教育活动，并辐射全县中小学校，把生育关怀延伸到校园；市计生协印制了《青春健康知识》折页发到各县（区）中小学校，对青春健康教育知识进行宣传普及，举办专题知识培训讲座，为中小学生提供生理、心理健康咨询服务。

【“和美家庭”建设】 2014年，市人口计生委继续加强“和美家庭”工程建设，组成3个工作组对“和美家庭”建设工程开展基线调查，摸清基层基础工作情况和群众需求变化，完善“和美家庭”建设工程年度工作计划，围绕提升优质服务质量，把“和美家庭”工程纳入建设美丽乡村方案和行动计划内容，争取市级财政投入150万元在红塔区、江川县、新平县3县（区）9乡镇27村开展试点，建立规范的工作规程、设置6大制度模块，初步构建具有玉溪特点的“党政主导、计生牵头、部门配合、社区互动、家庭参与”的人口计生工作新路子。对181个村（居）委会计划生育规范化建设进行摸底排查和筛选，开展对育龄群众“四查”工作，加强孕情跟踪服务，严格大月份引流产管理，推进出生人口实名制管理、再生育审批、案件评查等工作，分季度、分阶段、分类别开展工作督查，总结推广红塔区“问需百姓创和美”、江川县“三点连一线、和美进万家”、新平县“一条主线、六个结合”的经验，把家庭发展与社区发展融为一体，形成各具特色的品牌。

【重点帮扶工作】 2014年，市计生委坚持“抓两头带中间”的工作思路，确定新平、元江、峨山、华宁4县10乡镇（街道）为新一轮重点帮扶工作对象，实行领导包村、干部包户、工作目标倒逼管理及通报等办法，采取委党组成员挂钩联系、科室结对帮扶、资金重点倾斜等方式。多次召开重点帮扶工作推进现场会，制作、发放基础台账模板63套，组织人员面对面帮助重点帮扶点规范统计台账、开展30多轮次便民服务活动、搞好“三查两清一服务”，主动上门为落后的山苏等少数民族群众搞好服务，大幅度提高少数民族群众以长效避孕为主的避孕节育措施落实率；指导帮助偏僻边远少数民族聚居区建章立制，提高基础信息的真实性和准确率。加强与法院、卫生等部门的协调配合，加大联合执法工作力度，加大违法生育专项整治、社会抚养费征收力度，提高依法行政、管理能力。

抓好村组计生宣传员、服务员岗位培训制度的落实，分步骤解决基层普遍缺员问题，及时兑现并逐步提高村组计生干部报酬，稳定基层计生干部队伍，打造一支永不出村的工作、服务人员队伍。

编排系列群众喜闻乐见的人口文艺节目，开展“和美家庭”文艺巡演，加大计划生育国策的宣传普及，发挥计生协会功能，创新计划生育群众自治方式；举办基层计生队伍培训3期，参加人数400人次，全面增强其履职能力。

推行责任目标管理，与10个重点帮扶乡镇（街道）分别签订目标责任书，定期上报工作开展情况，定期开展工作督导，委党组成员不定期下点开展工作指导、检查，及时帮助解决存在的困难和问题，形成工作督查情况专报，成效明显。

【“单独两孩”政策实施】 2014年，市人口计生委组织4个调研组对全市符合生育“单独两孩”的目标人群进行摸底排查，做好相关数据分析，预测新的生育政策调整后可能产生的各种影响，制定预警、预案措施，配套完善政策，做到实施过程可控、生育秩序可控。

市计生委制定出台玉溪市“单独两孩”政策执行规程，及时公开“单独两孩”政策的生育办理流程，做好“单独两孩”政策咨询服务、生育服务证的办理和服务工作。

举办全市人口计生系统新一轮“单独两孩”政策培训班；各县（区）也先后举办一系列便民服务窗口办证人员业务培训活动；市县大力加强对县乡两级计生干部和窗口办证服务人员的业务培训。利用和发挥广播电视（台）、报刊、网络等媒体作用，把“单独两孩”政策的享受对象、受理材料、手续办理程序等及时向社会作了公开，加强正面引导，消除群众误解。办好“96128”政府政务信息专线和“12356”阳光计生服务热线及网上公众信箱，设置咨询服务台，认真做好政策解答，主动回应社会关切，减少或避免抢生和违法多生育现象发生，防止生育水平出现大的波动。

开展生育指导，大力普及计划生育、优生优育和生殖健康科学知识，做好孕期保健、产后知识保健等优质服务，特别是做好高龄人群再生育的咨询、指导和服务，温馨提醒市民合理安排生育时间。3月28日玉溪与全省同步启动实施“单独两孩”政策。年内共受理申请“单独两孩”生育90对，“双独”生育15对，实际生育“单独两孩”27人、“双独”9人。

【人口计生信息网格化建设】 2014年，市计生委着眼建立“人口宏观管理与决策系统、育龄妇女数据库、流动人口服务管理信息平台，开发使用计划生育专项业务应用系统，完善面向公众的门户网站和内部办公系统，基本形成比较健全的信息安全体系和信息管理工作制度”目标，依托市网格化社会管理综合信息系统平台，与市县联通公司合作，适时启动玉溪市人口计生信息网格化系统建设工作。

全市人口计生信息网格化系统建设工作启动会于5月13日召开，随后，各县区也相继召开了启动会，安排布置工作；6～7月完成网格化信息采集及核对；8～9月完成信息的微机录入；10月各县区以乡镇、街道为单位进行查缺补漏；11月逐步启动运行。按照纸质和网格化台账数据入库率100%、数据误差率控制在1%以内的要求，大力加强人口计生基础台账建设和管理，投入网格化管理工作经费近700万元，通过组织台账业务培训、台账统计现场会、网格化信息采集试点等方式狠抓“有字台账”和“无字台账”建设，基本实现“有字台账”信息无差错，“无字台账”一口清问不倒。年内共录入数据为：总人口670 758户2198 934人（常住人口2076 487人、流动人口122 447人），总人口录入率达94.03%；录入流动人口122 447人，录入率达85.96%。

【人口计生干部综合培训】　2014年11月3～5日，举办全市人口计生系统综合培训班，市、县、乡人口计生干部共232人参加培训。培训班围绕“人口形势”、“行政执法和文明执法”、“计划生育宣传教育”、“流动人口计划生育服务管理”、“如何开展和美家庭工程创建活动”、“计划生育公文写作”、“计划生育基层组织建设”等进行专题培训。

【基层计生协工作研讨】　2014年11月6日，玉溪市计划生育协会在新平县举办2014年基层计生协工作研讨班，全市乡级计生协秘书长及计生干部近200人参加研讨。研讨会由市计生协会会长董诗强作主题讲话，新平、通海、峨山县计生协、新平县桂山街道计生协、红塔区李棋街道计生协、澄江县凤麓街道计生协分别作专题交流发言；现场会观摩了新平县古城街道昌源社区计生协的计生基层群众自治、创建幸福家庭活动情况，新平一中“生育关怀—青春健康”教育培训示范基地建设情况，新平县桂山街道凤凰社区计生协工作情况。

【流动人口基本公共服务均等化试点工作会】　2014年5月12日，玉溪市全面深化流动人口基本公共服务均等化试点工作启动会议召开，各县区政法委副书记、社管综治办主任，县区人口计生局局长，人口计生局分管流动人口工作副局长、卫生局分管流动人口工作副局长，以及市直18个成员单位领导，试点办公室相关人员共计70余人参加。省人口计生委副主任李善荣等到会指导。会议的主要任务是认真贯彻落实全国流动人口卫生和计划生育基本服务均等化试点工作启动会议精神，总结前一轮均等化试点工作成绩，安排部署新一轮试点工作任务。市试点工作领导小组办公室主任、政法委副书记、社管综治办主任李矿生作题为“努力在社会治理中强化人口环境建设”的讲话，市试点工作领导小组办公室副主任、人口计生委副主任李建明宣读“先进县区及成员单位”表彰决定、“先进综合服务示范站”表彰决定；市试点工作领导小组组长，社管综治委（政法委）刘宁笙书记与各县区、各成员单位传签2014年流动人口基本公共服务均等化试点工作目标责任书。

（计生委）

劳动和社会保障

【城镇及困难群体就业情况】　2014年，全市城镇新增就业人员22 708人，完成省目标任务的105.6%；完成市目标任务的103.2%。帮助4 889名就业困难人员实现就业，完成省目标任务的111.1%；完成市目标任务的108.6%。城镇下岗失业人员再就业6 694人，完成省市目标任务的111.6%。开发公益性岗位4 508个，完成省市目标任务的104.8%。全市城镇登记失业率3.29%，控制在4.3%以内。完成“贷免扶补”小额贷款33 114万元，扶持创业人数4 970人，完成省市目标任务的100%（其中：就业局完成“贷免扶补”小额贷款2 616万元；扶持创业人数400人，完成省市目标任务的100%）；完成“创业促就业”小额担保贷款48 455万元，扶持创业人数6 980人，完成省市目标任务的100%；完成劳动密集型小企业贷款3 950万元，扶持劳动密集型小企业20户，完成省市目标任务的100%。

【创业带动就业】　2014年，玉溪新增发放失业人员小额担保贷款48 455万元，扶持创业6 980人，完成省目标任务6 980人的100%；就业机构推荐新增发放劳动密集型小企业贷款3 950万元，扶持企业20户，完成省目标任务20户的100%；全市由就业经办机构、工会、共青团、妇联、工商联、个私协共同开展的贷免扶补小额贷款新增发放贷款33 114万元，扶持创业4 970人，完成省目标任务4 970人的100%，其中就业机构完成新增发放贷款2 616万元，扶持创业人数400人，完成省目标任务400人的100%。

【重点人员就业工作】　2014年，玉溪人社部门以农村转移劳动力、城镇困难人员和退役军人为重点，通过开展公益性岗位开发、社会保险和岗位补贴、职业介绍、就业培训和创业培训等一系列政策扶持措施，帮助失业人员多渠道就业。开展再就业援助，走访就业困难人员和零就业家庭2 588户，帮助就业困难人员实现就业844人；开展“就业援助月”、“春风行动”、“民营企业招聘周”等就业专项服务系列活动，及时收集劳动力供求信息，为各类劳动者实现就业搭建良好的就业服务平台，组织招聘会27场，入场招聘单位380个，提供就业岗位18 737个，达成意向性就业协议4 375人，举办农村劳动力转移就业专场招聘会12场，完成省市目标任务的120%；积极开拓对外劳务输出市场，不断拓宽就业渠道，与商务部门合作建立了省级对外劳务合作服务平台建设试点。

【大学生创业】　2014年，玉溪人社部门积极建设青年创业园，进一步完善大学生创业园管理运营，引导和鼓励青年及大学生自主创业。其中，大学生文化教育创业园，共入驻创业实体51户，带动就业125人；大学生科技创业园，共入驻创业实体20户，带动就业83人。实施“云岭大学生创业引领计划”，加大对大学生创业的扶持力度，确保项目扶持资金及时发放给大学生创业者。

【劳动关系】　2014年，玉溪人社部门进一步规范程序，构建多部门联动机制，建立完善劳动关系“三方四部门协调机制”。认真做好劳动合同登记备案、劳务派遣行政许可、企业职工退休、劳动能力鉴定等工作。新签订劳动合同42 195人，企业劳动合同签订率达91%，企业集体合同签订率达82%。做好劳务派遣工作，共办理劳务派遣行政许可15户，外地公司在玉溪备案2户，审批39户。做好劳动能力鉴定，组织劳动能力鉴定15次，鉴定因病和工伤职工1 230名。

【城镇职工养老保险】　按照“全覆盖、保基本、多层次、可持续”的要求，扎实推进社会保障体系建设。

2014年，全市参加城镇职工基本养老保险人数达29.31万人，完成省厅下达目标任务28.78万人的101.84%，其中：企业养老保险参保从业人员16.8万人，完成省厅下达目标任务16.54万人的101%；收缴企业养老保险基金126 313万元，收缴率达99%。其中，补收历年企业欠缴养老保险费786万元，完成省厅下达目标任务650万元的121%，支付41 179名企业离退休人员基本养老金93 736万元，支付丧葬抚恤费1 517万元。为全市40 011名退休人员调整增加了养老金，人月均增加186元。调整后月人均养老金1 904元。收缴机关事业单位养老保险费107 116万元（其中：职工个人缴费6 885万元），收缴率达93%，支付22 074名离退休人员基本养老金98 654万元。

【工伤保险】 2014年，全市参加工伤保险人数达21.69万人，完成省厅下达目标任务21.68万人的100%；收缴工伤保险费10 282万元，收缴率达99%；支付3 617人的工伤保险待遇7 672万元。全市为404名1～4级工伤和398名工亡职工供养亲属调整增加按月领取伤残津贴、护理费、供养亲属抚恤金。调整后，月人均伤残津贴1 895元、护理费1 124元、供养亲属抚恤金816元。

【生育保险】 2014年，全市参加生育保险人数达17.88万人，完成省厅下达目标任务17.73万人的100.85%；收缴生育保险费4 094万元，收缴率99%，支付5 650人生育保险待遇4 036万元。

【失业保险】 2014年，全市参加失业保险人数14.45万人，完成省市目标任务14.2万人的101.5%，其中，参加失业保险的农民工人数为23 752人。全市全年新增领取失业保险金人数3 511人，全年领取失业保险金人数6 179人。971名劳动合同期满未续订或者提前解除劳动合同的农民合同制工人领取了一次性生活补助。

【医疗保险】 2014年，全市参加城镇基本医疗保险48.83万人，完成市全年指标的103.5%，其中：城镇职工25.38万人；城镇居民23.45万人。积极稳妥提高医疗保险待遇，城镇职工医疗保险最高支付限额达到25万元。稳步推进医疗保险付费制度改革，建立“总额预付”、“按项目付费”和“按病种付费”相结合的复合式结算方式。城镇居民大病补充医疗保险不再单独缴费，从基本医疗保险中划拨。加强医疗保险基金管理，严格执行基金支付报批制度，降低基金支付风险，基金运行安全平稳。

【城乡居民基本养老保险】 2014年，全市应参保人数123.12万人，实际参保人数120.23万人，参保率97.65%，完成省级下达任务118万人的101.89%；本年度缴费人数89.5万人，参保缴费率95.77%，超过省级下达任务90%的5.77个百分点。全市城乡居民基本养老保险60周岁以上领取养老金人数26.76万人，领取个人账户养老金人数70 219人，55–59周岁重度残疾人领取养老补助金人数928人，全年累计发放基础养老金19 235万元，个人账户养老金993.7万元，发放丧葬补助费547.38万元。全市各级财政为特殊人群代缴养老保险费人数23 966人，其中，重度残疾人7 393人，三级残疾人5 538人，四级残疾10 381人，五保供养人员654人。

【被征地农民养老保险】 2014年，全市累计审核批复征地报件共291件（其中2014年52件），征地面积4 465.13公顷，其中建设用地、水田、菜地1 857.68公顷，旱地、园地1 138.39公顷，林地及其他农用地1 151.61公顷。应收取社保安置补助费27 949.22万元，实收23 858.64万元（欠费红塔区晋红高速项目4 090.58万元），已全部缴入县区财政专户，年底上划市级财政专户管理。上划到市级专户管理的社保安置补助费累计结余103 588.2万元。全市被征地农民人数累计达37.35万人，已参保人数9.41万人，其中60周岁以上领取养老金人数3.56万人，2014年收取被征地农民养老保险费12 644.73万元，基金累计结余61 007.45万元。

【社保基金监督】 截至2014年底，全市15项社会保险基金累计结余达87.82亿元，较上年增长13.07亿元，增长率为17.48%，基金运行平稳，安全完整。2014年，社保基金监督工作紧紧围绕确保基金安全完整这一中心任务有序开展，严格执行社保基金预算制度，启动预算执行按月报告制度，进一步提高基金管理水平；引入审计思路，强化内部审计，研究制定《玉溪市人力资源和社会保障局内部审计工作管理规定》和《玉溪市人力资源和社会保障局实行社会保险基金和专项资金支付报批制度》，加强单位内部管理，形成长效工作机制；加大基金专项检查力度，开展医疗保险基金、社会保险财政补助资金和未参保集体企业职工、被辞退中小学代课教师及原民办教师参加企业职工基本养老保险情况等专项检查；研究制定《玉溪市社会保险基金保值增值工作方案》，提高基金保值增值能力；创新医保基金监督检查方式，尝试引入中介机构对定点医疗机构使用医保基金情况进行检查；玉溪市人力资源和社会保障局制定出台《玉溪市城镇基本医疗保险定点医疗机构、定点零售药店财务和药品管理办法（试行）》，规范定点行为，加强医保监管；进一步贯彻执行《社会保险工作人员纪律规定》，严格监督检查纪律，规范监督检查行为。

【信息化建设】 2014年，在保障全市各社会保险业务信息系统及网络平台安全运行的同时，完成数据容灾备份项目竣工验收；全市专网联网点扩大到681个；完成新一轮人社业务专网合作运营商招标，启动专网升级改造，通过构建“统一接入平台”，引入竞争机制，为接受多个电信运营商专网接入创造条件；为医保参保人提供网上自助查询服务；在红塔区启动服务群众“最后一千米”试点工作；对门户网站“玉溪市人力资源和社会保障网”进行改版，重点打造网上“网上服务大厅”，突出网上办事功能；将省人社厅办公自动化系统公文收发推广到市局，将视频会议系统推广到县局；认真分析现有业务系统数据质量、合作银行服务网点分布情况，启动社会保障“一卡通”建设，为全面发行金融社保卡做好前期准备工作。

【劳动保障监察】 2014年，全市人社部门完成各类用人单位劳动执法年审9 072户，涉及劳动者21余万人，追发劳动者工资等待遇353万元。认真开展农民工工资日常巡查，追讨农民工工资4 724.2万元，涉及农民工4 965人。继续推动劳动保障监察“两网化”建设，全市实现劳动保障监察网格化管理全覆盖。认真贯彻实施《云南省农民工工资支付保障规定》，全市预存农民工工资保证金19 852万元。

【劳动信访仲裁】　2014年，全市受理劳动人事争议案件955件，上期未结9件，共计964件，已结案件961件，涉案总金额2 548.76万。其中:仲裁调解429件，占已结案件的44.64%；仲裁裁决496件，占已结案件的51.61%；其他36件，占已结案件的3.75%。结案率为99.69%。全市人社部门共接待来访群众2 665批次、涉及4 424人次，来信112件次，涉及226人次。在完成全市各县区仲裁院建院100%的基础上，进一步完善调解组织和调解机制建设，加大争议调处力度，推进企业劳动争议预防调解示范工作。截至2014年11月，全市74个乡镇、街道均已经成立乡镇街道劳动争议调解委员会，配备专兼职调解员105人，超额完成2014年底实现乡镇街道调解组织组建率达70%的目标任务。强化培训，组织全市14名专职仲裁员到昆明参加人力资源和社会保障部举办的专职仲裁员培训班，提高仲裁员队伍素质建设。精心组织，继续深入开展好非公有制企业商会（协会）劳动争议预防调解示范工作。对上年确定的20个非公企业和商会（协会）示范户的劳动争议预防调解工作适时进行调研指导，通过分期分批、以点带面的推动工作，逐步在全市建立企事业单位、商会（协会）劳动人事争议调解委员会。探索预防调解工作与人民调解、诉讼调解、调解仲裁工作相对接的机制，努力将劳动人事争议化解在萌芽状态，解决在基层。

【工伤认定】　2014年，全市收到工伤认定申请2 402件，不予受理13件，认定（视同）工伤2 328件，不予认定61件。工伤认定行政复议5件，行政诉讼一审13件。

【企业退休人员管理服务】　2014年，全市企业退休人员管理服务工作以提高管理服务质量和水平为目标，以社区管理为重点，全面推进社会化管理服务进程。全市范围建立起一个机构健全、制度完善、管理规范、服务到位的社会化管理服务体系，全市纳入社会化管理服务范围的企业退休人员45 898人，社会化管理率达100%，其中进入乡镇、街道、社区管理45 398人，社区管理率达98.91%。积极开展时政学习、文体活动、生病住院看望、医疗互助、节日走访慰问等，退休人员权益得到有效保障。

4月28～30日，由玉溪市老年人体育协会主办，玉溪市退管中心承办的七彩云南“退管杯”玉溪老年人全民健身运动会开幕，来自中央、省驻玉单位和市直有关单位的20支代表团近500多名老年人参加门球、气排球、柔力球三个项目比赛；9月23～25日，玉溪市第五届企业退休人员文艺调演在玉溪花灯剧院举行，市、县区退管中心、玉交集团、红塔集团等12支代表队共计300多人角逐歌唱类、舞蹈类和戏曲曲艺类三个参演项目。各种文体活动的开展有力地宣传了企业退休人员社会化管理服务工作，营造了良好的社会氛围，促进了老年事业和社会保障事业协调发展，维护了社会和谐稳定。

（周于娜　吴景洋）

安全生产监督

【安全生产事故指标控制】　2014年，全市共发生各类伤亡事故59起、死亡63人，死亡人数同比上升5%。其中，生产性道路交通事故死亡49人，同比上升36.1%；工矿商贸事故死亡14人，同比下降36.4%；煤矿未发生伤亡事故，同比下降100%。全市发生一次死亡3至9人较大安全生产事故11起、死亡37人（均为道路交通事故），死亡人数同比下降9.76%；已连续12年未发生一次死亡10人以上重特大安全生产事故，全市列入考核的安全生产指标均在省政府下达的控制考核范围内。

【完善安全生产组织保障机制】　2014年，玉溪市委、市政府高位推动，严格落实“党政同责、一岗双责、齐抓共管”的要求，切实把安全生产工作摆上重要位置。出台了《玉溪市安全生产党政同责暂行规定》、《玉溪市市级有关部门安全监管职责暂行规定》，加大安全生产在经济社会发展中的量化考核权重。逐级落实安全生产目标责任制和“一岗双责”制度，市、县、乡“三级五覆盖”安全责任体系初步建成。市委、市政府主要领导、各分管领导带头，坚持开展检查督导，实行每月形势通报，每季度听取汇报，定期报送工作情况，保证了各项安全生产措施落到实处。

【安全隐患排查治理】　2014年，全市安监系统深入开展安全生产大检查、隐患大排查大整治，探索建立以企业自查申报为基础，配之以部门专项检查、专家明察暗访、政府综合督查的“1+3”的常态化、动态化、系统化安全生产大检查机制，实现检查模式和方式的根本性转变。全市排查一般隐患16 701项、整改率99.8%，重大事故隐患86项，全部由省、市、县政府挂牌督办，其中市政府挂牌27项。聘请专家210人次开展明察暗访，对检查发现的问题和隐患全部下达整改指令，对新平好木冲铁矿等隐患进行督办，推动安全生产大检查工作的有效落实。

【安全监管执法】　2014年，全市安监系统在全市范围内开展“打非治违”专项行动，打击非法违法行为6.8万起。从8月起，按照国务院和省政府的统一部署，组织开展“六打六治”打非治违专项行动，重点打击整治煤矿、金属非金属矿山、危险化学品运输、油气管道、交通运输、建筑施工和消防等重点行业领域非法违法行为。全年共组织执法检查组343次，检查企事业单位和场所2 556家（次），开展跨地区、跨部门联合执法检查59次，对重点地区和单位实施暗访暗查131次，查处各类非法违法行为539起。

【重点行业领域专项整治】　2014年，全市安监部门开展煤矿停产整顿专项整治，对年产9万吨及以下的煤矿全部停产整顿，对年产9万吨以上煤矿严格落实管控措施。开展金属非金属矿山攻坚克难专项行动，对26座地下矿山和42座尾矿库进行专家检查。深化“道路客运安全年”活动，推广丘北经验，开展高速高等级公路交通秩序、农村地区严重交通违法行为等集中整治，完成“两客一危”道路运输车辆GPS更新任务，处罚各类交通违法行为30余万人次。排查建立全市28户危险化学品重大危险源企业档案，对98户涉氨制冷企业、49户煤气和煤气隔断装置企业、107户有粉尘爆炸危险的企业进行专项治理；13户烟花爆竹生产企业签订整合协议，其中2户已完成改造并取得新的安全生产许可证。深化“清剿火患”战役，开展老城区、商场市场消防安全整治，检查单位8 296家，全市545家重点单位、1 200余家人员密集场所“四个能力”建设全部达标。特种设备、旅游、民用爆炸物品、输油气管道、城市燃气、重点建设工程、学校等行业领域持续开展专项整治，取得明显成效。

【企业安全生产主体责任】 2014年，全市安监系统坚持抓预防、重治本，狠抓基础基层工作，推动企业主体责任落实。全市所有正常生产的4个煤矿、216座非煤矿山、238户危险化学品企业、13户烟花爆竹生产批发企业、131户规模以上工贸企业、212户交通运输企业达到三级及以上安全生产标准化，创建省级、市级建筑施工标准化工地23个。纳入监管的1 320户重点企业全部完成网上基础信息填报。淘汰非煤矿山国家禁止使用的21种工艺及设备，3座煤矿、17座非煤地下矿山建成“安全避险六大系统”，165座露天矿山实现机械铲装、113座采用液压二次破碎、118座采用非电引爆，4座三等以上尾矿库全部安装在线监测系统。完成省安监局下达15个重大危险源自动化改造。开展应急救援资源普查，完善事故应急救援体系，实施政企联动应急演练，事故应急处置能力进一步提升。

【安全生产宣传教育】 2014年，全市安监系统深入开展六月“安全生产月”活动、习近平总书记重要讲话精神专题宣传、“安全生产咨询日”、“11·9”消防安全日、“12·2”道路交通安全日等系列活动取得较好的社会效果。坚持舆论导向，开设安全生产专栏，丰富载体，加大宣传力度，营造舆论氛围，全民安全意识得到进一步提高。大力宣传新《安全生产法》，制定宣传方案，发放单行本万余册，在新闻媒体进行公告、刊登，向企业发出公开信，层层签字背书，迅速掀起宣贯高潮。加大培训力度，培训企业负责人、安全管理人员、特种作业人员99期、10 258人。

（王　嫣）

民政事务管理

【概　况】 2014年，玉溪自然灾害频发，干旱、洪涝、风雹、山体滑坡、泥石流等自然灾害不断。面对灾情，全市各级民政部门及时调查了解掌握受灾群众生产生活状况，统筹安排生活救助工作。全年共下拨救灾资金2 100万元，发放救灾粮食2 272吨，衣被2.65万件（套），临时安置受灾群众1 019户3 028人，协调帮助因灾倒损民房恢复重建842户，累计救助受灾群众22.06万人次。

加大社会救助力度。全年共发放城乡低保金2.53亿元，为87 326户125 826人提供保障。城市居民最低生活保障标准从每人每月334元提高到384元，农村最低生活保障标准从每人每年2 070元提高到2 100元。城乡医疗救助3.2万人次，支出救助金1 748万元。

殡葬改革取得阶段性成效。澄江、易门等6个县殡仪馆建成投入使用，通海、江川县殡仪馆基本完工；建成农村公益性公墓322个，经营性公墓5个。完成全市火化区划定，覆盖全市66个乡镇（街道）401个村（居）委会3 622个村（居）民小组。清理整治乱埋乱葬，共平毁活人墓34 345冢，植树遮挡实坟27 941冢，迁走实坟1 285冢，完成任务数的100%。火化率稳步提升，全市火化率达49.26%。落实惠民殡葬政策，除国家公职人员外，进入公益性公墓安葬或采取生态葬法的县区群众人均补助4 000～5 000元。加大殡葬改革宣传力度，采取电视、报刊、花灯剧目、卡通漫画等群众喜闻乐见的方式深入宣传殡葬制度改革政策，倡导新风。

【民政暨老龄工作会】 2014年1月22日，市政府召开2014年民政暨老龄工作会议，市人大副主任李有明、副市长解仕清、市政协副主席马良昌、市政府副秘书长戴兴德出席会议，市直机关有关部门领导、各县区分管民政工作的副县（区）长、民政局局长、老龄办主任、办公室主任和市民政局全体干部职工参加会议。市民政局党组书记、局长方建华作民政工作报告，总结2013年民政和老龄工作，安排部署2014年工作，方建华局长宣读了《关于对县区民政局社管综治工作考核进行表彰奖励的通知》和《2013年全市民政系统“解放思想、转变作风、提升效能”学习教育活动先进集体和先进个人的表彰决定》。

副市长解仕清讲话，充分肯定2013年玉溪民政和老龄工作取得的成绩，并就下一步的工作提出了明确的要求。会上，解仕清副市长代表市政府与各县（区）签订《2014年民政工作目标管理责任书》。

【“关爱民生•寒冬送暖”活动】 2014年11月下旬，市民政局在全市范围内组织开展“关爱民生•寒冬送暖”走访慰问活动，全市共有535个单位2.2万名干部职工参加，筹集慰问金289.14万元、物资4.17万件，走访慰问受灾群众、农村低保户、五保户、残疾人、孤儿、老党员等困难群体、弱势群体、特殊群体1.32万户，4万余人从中受益。

【落实《社会救助暂行办法》】 2014年 5月10日，市民政召开全市社会救助工作会议。省民政厅副厅长王建新、市人大副主任李有明、副市长解仕清、市政协副主席马良昌、市政府副秘书长戴兴德、市民政局局长方建华出席会议，市直有关部门领导、市民政局全体干部职工，各县区政府分管副县区长、民政局局长等100人参加会议。省民政厅副厅长王建新讲话，就如何贯彻落实《社会救助暂行办法》提出要求。5月19日召开全市《社会救助暂行办法》宣传培训会议，对县区民政副局长、社会救助、救灾救济股股长、乡镇街道分管领导、民政办负责人等200余人进行培训。各县区相应对乡镇分管领导、民政办人员、村（居）主任、村民政信息员共1 860余人进行业务培训。加大宣传力度，在《玉溪日报》开设专版宣传《社会救助暂行办法》，开展“《社会救助暂行办法》进社区”宣传周活动，累计接受群众咨询16 000多人次。

【救灾救济工作】 2014年，全市民政部门共下拨救灾资金2 100万元，发放救灾粮食2 493吨，衣被3.18万件（套），累计救助受灾群众22.06万人次；抓好备灾体系建设，修订出台《玉溪市地震灾害救助应急预案》，新建成华宁、峨山县救灾物资储备库；全市库存救灾专用帐篷3 520顶，棉被25 700床，衣服38 200件（套），彩条布2 556件，折叠床1 440张，床垫2 168个，大米1 238吨，其他物资827件；抓好防灾减灾工作，利用“防灾减灾日”、“国际减灾日”等活动，组织开展防灾减灾科普宣传教育与防震减灾应急演练；积极推进 “全国综合减灾示范社区”创建工作，华宁县华溪镇甫甸社区、澄江县凤麓街道澄波社区和揽秀社区、新平县桂山街道五桂社区4个社区荣获“全国综合减灾示范社区”称号。

鲁甸县、景谷县发生地震后，市民政局发扬“一方有难，八方支援”的传统美德和互助精神，第一时间运送3 000顶救灾帐篷驰援鲁甸和景谷灾区，及时向社会公告接收救灾捐赠帐户，组织开展接收救灾捐赠工作，收到向鲁甸地震灾区捐款594 977元，并如数汇往灾区。市民政局党组书记、局长方建华亲自前往普洱景谷地震灾区进行慰问，送去10万元慰问金和部分食品。

【城乡低保工作】　2014年，全市各县区成立了居民家庭状况核对中心，“一门受理、协同办理”窗口建设取得成效。开展低保规范化管理专项整治，全市共复核低保对象119 826名，对不符合低保条件的7 141人进行清退，新增低保对象3 836人。不断提高低保标准，城市居民最低生活保障标准从每人每月334元提高到384元，农村最低生活保障标准从每人每年2 070元提高到2 100元，全年共发放城乡低保金2.53亿元，为87 326户125 826人提供了保障。社会化发放率达100%。城市低保月人均补差比上年底同期增长26元；农村低保月人均补差比上年同期增长20元。

【医疗救助】　2014年，玉溪市民政局认真落实相关医疗救助政策，继续巩固城乡医疗救助“一站式”即时结算方式，医疗救助效果显著。各县区在各乡镇卫生院、县级医疗机构全面推行“一站式”即时结算方式，截至2014年年底，全市城乡医疗直接救助3.2万人次，支出资金1 748万元。

【五保供养】　2014年，全市共支出农村五保供养金1 830万元，为4 421户4 553人农村五保对象提供了保障。逐步提高农村五保对象供养水平，让更多的五保户享受政府的惠民政策，农村五保集中供养和分散供养补助标准分别达到587元/人·月和261元/人·月。市民政局以玉溪市社会福利服务中心为平台，探索五保老人集中供养新模式，2014年，市社会福利服务中心共入住老人158名，其中，城乡福利院入住37人，均为五保老人。

【临时救助】　2014年，全市实施临时救助8 256人次，共支出救助金916万元。组织开展全市“福彩助学·爱心圆梦”助学活动，成功资助650名贫困大学新生顺利入学，共发放资助金187万元。资助对象每人获得2 000元或3 000元不等的资助。

【流浪乞讨人员救助】　2014年，市民政局坚持自愿受助、无偿救助的服务宗旨，向社会公布救助站联系地址、联系人及联系方式，加强对流浪乞讨人员的救助，实现变被动救助为主动救助的服务模式，玉溪流浪乞讨人员救助管理步入规范化、社会化、人性化轨道。全年累计救助流浪乞讨人员3 067人次，市救助管理站在“寒冬送温暖”专项救助行动中受到民政部表彰。2013年12月17日开始，在全市开展“寒冬送温暖节日送温馨”专项救助行动。截至2014年3月14日，市县区开展较大规模的专项救助行动排查和主动救助64次，参与排查和主动救助工作人员1 671人次。

【和谐社区示范单位创建活动】　2014年，在各地自查申报、省级考察推荐的基础上，经第三方独立评审和民政部部长办公会议研究，民政部确定玉溪市红塔区为第二次全国和谐社区建设示范城区，江川县大街街道办事处大街社区、澄江县凤麓街道办事处揽秀社区、华宁县宁州街道办事处城关社区、峨山彝族自治县双江街道办事处登云社区、新平彝族傣族自治县古城街道办事处锦绣社区为第二次全国和谐社区建设示范社区。在红塔区葫田社区、红塔区教育社区、澄江县揽秀社区、新平县锦绣社区4个社区开展社区管理和服务创新试点。

【基层政权建设】　2014年，市民政局加快村（社区）服务体系建设，补助36村（社区）办公用房和服务设施建设资金430万元。积极与省民政厅协调，争取到社区干部生活补助经费和社区基础设施建设经费共1 356.6万元，其中：社区干部生活补助经费1 100.4万元，社区基础设施建设经费11个社区230万元，社区干部教育培训经费26.2万元。健全农村集体“三资”管理制度，规范“三公开”工作，村（居）务公开民主管理制度100%覆盖。进一步加快推进105个城市社区活动场所建设工作，已完成98个，在建7个。

【社会福利设施建设】　2014年，玉溪加快养老服务设施建设，完成10个农村敬老院、50个居家养老服务中心、103个农村幸福院、102个老年活动室新建和改扩建，全市养老床位达到4 363位，每千名老人拥有的床位13.1张。市民政精神病医院建成移交市第二人民医院运行管理。玉溪市社会福利服务中心被命名为“全国敬老模范单位”、“全国最佳养老机构”、“全省民政系统行风建设示范单位”。

【孤儿保障工作】　2014年，民政部门在全市范围内继续执行国家散居孤儿625元/人/月、机构供养孤儿1 000元/人/月的保障标准，同时，市级财政另补助50元/人/月。2014年，全市共投入孤儿生活补助资金448.5万元，保障了455名孤儿及感染艾滋病儿童基本生活。

【福利彩票销售】　2014年，玉溪市福利彩票管理中心按照“巩固提升、开拓创新”的思路，进一步优化福彩销售网点布局，加强安全技术保障，创新管理激励机制，扩大宣传营销力度，提升服务质量，加强福利彩票发行管理工作。新争取开设视频型彩票“中福在线”销售厅1个，彩票销售站点10个，开通了“快乐十分”销售点275台，全年完成福利彩票销售3.53亿元，比上年增加3 300万元，增长10.3%，再创历史最高水平。

【优抚工作】　2014年，全市累计投入抚恤经费4 560万元，为17 437名三属、伤残人员、在乡老复员军人、带病回乡退伍军人等优抚对象全面落实各项优抚措施，优抚对象抚恤补助100%发放到位，义务兵家属优待面100%覆盖。做好重点优抚对象解困帮扶工作，制定出台了《玉溪市人民政府办公室关于做好重点优抚对象解困帮扶工作的通知》，涉及社会救助、就业服务、社会保障、住房保障、医疗优惠、节日慰问6个方面17项内容。2014年，共投入335万元资金为2 972名优抚对象解决“三难”问题。

【双拥工作】　2014年，玉溪市各级政府为部队解决粮油水电燃料补贴441.7万元，基础设施建设经费3 104.4万元，划拨营房建设用地20亩，筹集1 500余万元资金，为驻玉某部队进出道路进行修复改造和绿化亮化。投入驻玉军警部队、优抚对象、军休干部走访慰问经费820万元，安置随军家属就业16人。组织开展双拥模范创建，玉溪市、红塔区被命名为云南省第九届双拥模范城，江川、澄江、易门、新平、元江等5个县被命名为云南省第九届双拥模范县，通海、华宁、峨山等3个县被命名为云南省第九届双拥先进县。

【退役士兵安置】 2014年，全市共接收退役士兵828人，通过“双考”安置101人，自主就业安置727人，发放自谋职业、自主择业一次性补助1 275万元，安置率达100%。

【双拥模范城（县）命名表彰大会】 2014年7月24日，玉溪市第五届“双拥模范城（县）”命名表彰大会举行，表彰双拥模范城（县）、双拥模范单位和先进个人，动员全市各级党政军民高标准、高质量地做好新形势下的双拥工作，为建设美丽玉溪作出新的贡献。市委、市政府、玉溪军分区决定授予红塔区玉溪市第五届“双拥模范城”荣誉称号；授予通海等八个县“双拥模范县”荣誉称号；授予市委办等36个单位“爱国拥军模范单位”荣誉称号；授予玉溪军分区拥政爱民办公室等40个单位“拥政爱民模范单位”荣誉称号；授予张小良等20人“爱国拥军先进个人”荣誉称号；授予杨象钧等20人“拥政爱民先进个人”荣誉称号。

【编制《玉溪市行政区划调整规划方案》】 2014年，玉溪市为有序推进行政区划调整稳步进行，与中国行政区划促进会共同开展《玉溪市行政区划调整规划方案》编制工作。编制中，专家学者深入江川、通海、新平等县调研，先后召开3次座谈会1次审稿会。历时一年多，《玉溪市行政区划调整规划方案》审定定稿。

【《玉溪政区大典》出版】 2014年8月，由玉溪市民政局组织编纂的《玉溪政区大典》公开出版发行。全书65万字10幅行政区划图。其内容涵盖市、县区、街道、乡镇政区概况，全面反映玉溪9个县（区）75个街道（乡、镇）政治经济社会的发展情况。参加编审人员100余人，历时两年半时间。

【社会组织管理】 2014年，玉溪制定出台了《玉溪市关于大力培育发展社会组织加快推进现代社会组织体制建设的意见》，建立完善社会组织登记、退出、年检、换届指导监督、等级评估及备案等工作机制。2014年新增社会组织56个，变更218个，评估社会团体13个，全市在民政部门登记的社会组织达到914个。

【婚姻收养登记】 2014年，全市民政部门依法开展结婚登记34 351对，离婚登记8 489对，涉外婚姻登记16对，合格率100%。办理收养登记167人。

【慈善事业】 2014年，全市各县区成立了慈善总会，市慈善总会募集善款1 243.5万元，与玉溪华山眼科共同开展了“光明工程慈善公益活动”，为近700多名老人配发老花镜。

【界线管理】 2014年，完成4条州市界线和市内县（区）12条边界线的边界联检工作，制订出台《玉楚线联检和平安建设实施方案》；启动并完成市内红通线、江通线、通华线三条界线全长110千米10颗界桩联检和创建平安边界工作。全市共调处边界纠纷3起，实地确认界线2起，修复安装界桩3颗。自2008年以来，全市共投资近150万元经费，全面推进了玉溪与楚雄、玉溪与昆明、玉溪与红河、玉溪与普洱边界线和市内9个县区12条边界线平安创建工作。

【地名管理】 2014年，全市共新设置地名标志牌541块，维修56块；新命名地名85条。玉溪高新区地名标志设置240块，其余县区设置地名标志245块，维修地名标志56块。启动全国第二次地名普查工作。

（陈　芳）

扶贫工作

【概　况】 2014年，玉溪市累计争取到位上级财政扶贫资金11 013.05万元（其中：中央资金6 343万元、省级资金4 670.05万元），完成市政府下达任务10 941万元的100.7%，比上年同期完成9 995.65万元增长10.2%（其中：中央资金5 405万元、省级资金4 590.65万元）。完成信贷资金指标3.17亿元（其中：项目贴息贷款1亿元、到户贴息贷款2.17亿元）。扶贫项目资金重点投向整村推进、整乡推进、易地扶贫搬迁、劳动力培训转移、革命老区建设、到户贷款、产业扶贫、互助资金、扶贫安居工程、贴息贷款、外资项目、对口帮扶等十余类扶贫项目建设，扶贫形式多样，取得显著的扶贫成效，帮助全市50 612人实现了脱贫，圆满完成5万贫困人口脱贫目标任务。

【整村推进扶贫】 2014年，玉溪市扶贫办计划完成整村推进扶贫项目200个。实际完成206个整村推进项目，比年初计划200个超额完成3%。全年共投入资金3 910万元，其中自然村整村推进96个，中央和省级财政专项资金1 440万元。全年累计建成产业项目的土地平整和大棚建设硬化面积4 390平方米，村内道路硬化11.17千米，农村科技文化活动室1所1 186平方米，铺设引水管道10 480米，公厕13座；永久性标志牌16块。累计共2 297户、7 871人贫困群众直接受益。市级美丽乡村建设扶贫资金1 800万元，实施美丽乡村项目21个；两个整乡推进项目折算为40个整村推进；互助村19个；省级红色乡村23个，资金500万元；省级老区7个，资金170万元。

【整乡推进扶贫】 2014年，玉溪市扶贫办组织实施了浦贝、者竜和通红甸3个整乡推进项目。全面完成易门县浦贝乡整乡推进，投入资金1.2亿元，占项目规划总投资9 691.44万元的124.9%。全年累计完成生产总值26 158万元、农村经济总收入43 380万元、社会农民人均纯收入8 770元，种植烤烟9 600亩以上、核桃5 000亩。新平县者竜乡和华宁县通红甸乡两个试点项目完成年度项目总投资7 455.85万元，占年度规划投资6 502.6万元的114.6%。新争取的2个（新平平掌和元江因远）省级整乡推进项目计划及资金已落实到位。省级已通过评审批复，并下达了第一批项目资金2 000万元（每个乡1 000万元）。市级已将项目资金下达到项目县并陆续启动项目建设。

【易地扶贫搬迁】 2014年，市扶贫办争取落实实施省级易地扶贫搬迁项目计划600人、资金360万元，密切与市县国土、民政、民宗等部门沟通协调配合，按照农村宅基地的相关管理规定和要求，积极稳妥实施600人易地扶贫搬迁项目。在新平、通海县组织易地扶贫搬迁5个自然村、132户、600人，安排财政扶贫资金360万元，规划安居房132套、15 840平方米，架设人畜饮水管道3.59千米，村内道路硬化480平方米，入村道路建设4条、6.58千米，新建科技活动室1所。

【劳动力培训转移】 2014年，市扶贫办完成省扶贫办下达给玉溪的贫困地区劳动力转移培训1 100人的任务，投入资金110万元，圆满完成目标任务。培训计划人数以及资金分配到各县区，分别是红塔区70人、补助7万元，江川县120人、补助12万元，澄江60人、补助6万元，通海50人、补助5万元，华宁120人、补助12万元，易门150人、补助15万元，峨山140人、补助14万元，新平180人、补助18万元，元江210人、补助21万元。通过市县扶贫、财政部门和培训机构的积极努力，已全面完成了1 100人贫困地区农村劳动力的培训计划任务，完成率100%。先后组织培训班11个、专业7个、受训人数1 100人。培训学员全部参加职业技能鉴定，获得职业资格证书1 060人，占培训人数的96.3%；转移就业1 025人，转移率达93.2%。转移就业人员主要分布在旅游服务、食品、家电产品维修、汽车修理等行业。

【革命老区建设】 2014年，市扶贫办完成省级革命老区项目7个，投入专项资金170万元。省级项目建设全部完工，全年累计建成人畜饮水工程1件，村组公路1条、村内道路硬化2条，以农产品交易为主的多功能服务场所2个，公厕2座，峨山、新平、元江县的7个村委会、7个自然村、894户、3 257人直接受益。完成市级老区项目15个，项目总投资475.82万元。市级项目全年建成村庄道路硬化9条，安装太阳能（风力）路灯14盏，种植冬樱花树395株、大椿树15株，新建科技活动室4所、翻新危旧科技活动室1所，平整硬化活动场地813平方米，新建小型桥1座，公厕5座、垃圾池4个，牛养殖基地1个、肉鹅养殖基地1个，华宁、易门、峨山、新平、元江县的12个乡镇（街道）、15个村委会（社区）、33个小组、1 802户、6 837人受益。

玉溪“红色乡村、幸福家园”试点项目集中在易门县小街乡实施，项目规划总投资1 977.8万元，其中：省级补助资金500万元，市级补助资金200万元，县级投入资金301万元，部门整合资金896.8万元，民众自筹资金80万元。主要投入建设产业发展、基础设施建设、人居环境改善工程，共涉及甲浦、小街两个村委会，23个村民小组，1 138户农户，4 121人。

【到户贷款扶贫】 2014年，云南省财政厅、云南省扶贫办下达给玉溪到户贷款计划21 700万元，贴息资金1 085万元。全市到户贷款计划发放完毕，贷款覆盖70个乡（镇、办）、618个村、2 653个自然村、5 149户、20 596人。发展粮食作物1.31万亩、经济作物3.77万亩、经济林果2.24万亩，生猪2.56万头、牛0.70万头、羊1.26万只，家禽41.88万只。通过项目的实施，获贷农户实现总收入20 911.98万元。

【产业扶贫发展项目】 2014年，市扶贫办投入财政补助资金1 378万元用于发展产业扶贫项目。第一批扶贫产业项目8个，财政补助718万元，其中：红塔区洛河乡3 000亩优质山地辣椒种植项目、澄江县九村镇1 000亩金丝小枣种植项目、华宁县通红甸乡3 000亩高优核桃种植项目、峨山县富良棚乡1万亩核桃种植项目和大龙潭乡8 800亩核桃种植项目、易门县小街乡9 000亩泡核桃种植项目、新平县平掌乡6.23万只林下鸡养殖项目、元江县龙潭乡2 000亩柿子种植项目；第二批产业扶贫项目4个，财政补助350万元，其中：峨山县甸中镇1 130亩金丝蜜枣种植项目，峨山县塔甸镇1万亩核桃、5 000亩华山松种植项目，元江县甘庄街道2 000亩芒果种植项目；2013年财政扶贫资金绩效考评奖励产业项目5个，财政补助310万元，其中：元江县种植大红桃3 000亩，易门县种植500亩车厘子，新平县者竜乡庆丰社区大海赖小组示范养殖LY母猪150头、平甸乡种植西番莲866亩、桂山街道种植蔬菜400亩和人畜饮水项目。全市有8个乡镇、32个村委会、147个自然村、4 977户（其中贫困户2 279户）、村民直接受益。

【贫困村互助资金】 2014年，玉溪获省级互助资金项目及奖补资金300万元，比同期增加150万元。分别安排给新平、易门、华宁县择定实施贫困村互助资金试点村 19个，其中：奖补互助村项目3个，资金25万元；新增互助村（社）16个，资金275万元。项目覆盖3个县的4个乡（镇）、7 个行政村、 19个村民小组、1 081户贫困农户。贫困村村级发展互助社借助国家财政扶贫资金的支持，把农户个体零散的资金特别是闲置资金集中起来，形成一定规模的资金量，再按照章程，在本村内将资金发放到有需求的互助社员手中，使会员能够及时获得资金支持，并互通有无，互相帮扶，有效地缓解了农户生产发展资金紧缺的问题，为贫困户脱贫致富奠定了基础。

【扶贫安居工程】 2014年，玉溪完成上级下达的扶贫安居工程项目600户，分别安排给红塔区30户、江川县40户、澄江县30户、通海县31户、华宁县50户、峨山县50户、易门县149户、新平县70户、元江县150户，投入中央财政扶贫资金600万元，累计完成386幢40 340平方米的项目建设，共600户、1 702人贫困群众直接受益。随着扶贫安居工程力度的不断加强，群众的生产生活方式得到了进一步优化和改善。

【扶贫项目贴息贷款】 2014年，玉溪组织实施贴息贷款项目6个，安排贴息贷款1亿元。分别是易门山源食品开发有限公司年产6 000吨保鲜蔬菜加工项目贴息贷款1 500万元、云南易门益生绿色食品有限公司年加工3 200吨蕨菜等系列产品项目贴息贷款900万元、云南玉溪源天生物产业开发有限责任公司年加工6万吨油菜籽等食用油系列产品项目贴息贷款2 000万元、云南新平南恩糖纸有限责任公司20 000亩高优蔗园建设项目贴息贷款1 900万元、云南元江县丰年农业发展有限公司2 000亩火龙果标准园基地建设项目贴息贷款700万元、云南阳光食品有限公司特色酸腌菜产品加工项目贴息贷款3 000万元。6个项目带动江川、易门、峨山、新平、元江等6个县及周边县区群众发展蔬菜种植5.13万亩、油菜44.25万亩、甘蔗2万亩、火龙果2 000亩。共有32个乡、663个村、3.2万户、13.11万人受益，为贫困地区剩余劳动力提供就业岗位2 858个。

【外资扶贫】 2014年，玉溪按照2012年10月获省发展和改革委批复项目可行性研究报告，该项目概算总投资7 885万元，使用国际农业发展基金会贷款3 941.3万元人民币，国内配套资金3 943.6万元，要求省、市、县按照1：1：1的比例配套项目资金。截至2014年底，共下达省级配套资金1 291.5万元，其中：2013年省级配套资金661.65万元，2014年省级配套资金629.85万元。项目集中在新平县实施，截止2014年12月中旬，漠沙项目区村级道路建设完工，完成投资1 146.9 181万元。

【对口帮扶】 2014年，玉溪市在2013年玉溪市级财政预算安排帮扶贫资金1 000万元的基础上，增加300万元达1 300万元，集中用于迪庆州德钦县拖顶乡洛玉村委会堆拉村民小组生态移民搬迁综合开发项目。截至2014年12月底，玉溪市2013年和2014年帮扶资金共2 300万元已全部到位，项目完成投资额2 686万元，占计划总投资的72.3%，安居房和跨江大桥已建成，其他配套工程正在建设中。

【定点挂钩】 2014年，玉溪市级118个党政机关、社会团体和企事业单位共帮扶31个乡镇，118个村委会；驻村帮扶77人，其中，处级及以上11人，科级以下66人；入村考察调研2 860人，其中，处级及以上902人，科级以下1 958人；部门直接投入3 313.32万元，其中，投入资金3 218.87万元；引进项目49个，引进资金3 069.42万元；举办科技适用技术培训班93期，受训人数0.78万人次；组织劳务输出2 240人，资助困难学生496人。

（吴正洪 徐明洁）

移民工作

【化念移民安置工作】 2014年11月21日，玉溪、昭通两市签订了《溪洛渡水电站云南库区外迁移民接收安置协议》，溪洛渡水电站云南库区外迁化念移民接收安置工作取得阶段性成果。移民667套安置房屋如期建成，并进行了初验和实体检测；完成溪洛渡水电站库区 664户2 997人（生产安置移民 2 983人 、随迁移民14人）外迁到玉溪市峨山县化念镇的搬迁安置工作，除少数在外务工人员外，99%的移民已入住新居；安置点市政工程、供排水设施、土地整理、东西大沟修复和教育卫生设施扩容建设等配套工程如期完工；按照“人均1亩水田或2亩旱地”的标准，完成664户2 983名生产安置人口土地配置工作。成立了移民社区、小组临时管理组织，充分发挥基层组织的职能作用，提高移民自我管理能力；办理移民户口迁移658户2 970人，占总户数的99.10%，为487名移民子女办理转学或入学手续，帮助低保对象、优抚对象、高龄老人、退役军人等办理 转移手续。

2014年11月21日，化念移民接收安置签字仪式 （移民局 提供）

【新建电站移民工作】 2014年，新平县戛洒江一级水电站社会风险评估报告完成，11月27日签订了建设征地及移民搬迁工作配合协议；元江鲁布水库建设征地实物指标调查工作细则、移民安置规划报告、建设征地补偿和移民安置社会稳定风险评估、建设征地移民安置规划设计专题报告的审查工作完成；12月16日易门县苗茂水库工程开工建设。

【移民新村建设】 2014年，红塔区春和街道办事处飞井社区居委会6组、李棋街道办事处康井社区9组2个移民新村建设任务完成（共投资681.47万元，其中移民专项资金560万元，整合及自筹资金121.47万元）。积极推进易门县龙泉街道办事处水桥村委会中村、元江县曼来镇农场田村委会老箐小组移民新村建设。积极开展新平县黄草坝小组、大寨小组移民新村建设的前期工作。

【直补资金发放】 发放2014年四个季度移民直补资金1 115.325万元，及时解决移民群众生产生活中的实际困难，确保了社会稳定。

【小额贴息贷款】 2014年，玉溪出台《玉溪市大中型水库移民贴息小额贷款办法》，贷款最高额度为10万元，贷款期限为1～3年，贴息额度为70%，共发放小额贴息贷款2 604万元。

【移民后期扶持项目】 2014年，全市完成或在建后期扶持项目建设9批112项，总投资12 210.04万元，其中争取移民专项补助资金9 528.94万元，整合及自筹资金2 681.1万元。项目涉及村内道路硬化、文化活动中心建设、活动场地硬化、排污管网建设、村容村貌整治等与移民生产生活息息相关的基础设施建设。

【“扶贫帮困”活动】 2014年，市移民局协调安排资金130万元，为新农村联系点春和街道龙池社区移民群众铺设村庄排污管道治理村内污水；安排给新平县平掌乡仓房村委会扶贫联系点2万元的工作经费，并组织党员干部为22户困难群众捐赠价值5 556元的毛毯和食用油；在春节前安排5万元经费慰问100户困难移民群众，为他们送去节日的关怀。

【库区和安置区稳定工作】 2014年，市移民局与市综治委联合开展“平安库区”创建活动，与市司法局联合开展移民法律服务援助工作，加大法律法规宣传，提高移民的法制意识帮助移民解决诉讼中的困难和问题；做好矛盾纠纷化解排查工作，把不稳定因素解决在基层、消除在萌芽状态；认真及时处理移民来信来访，面对面答复受理移民群众正常来访15次，按照事事有答复，件件有回音的要求进行了认真办理，回复率100%，实现了库区和安置区社会稳定。

（白孝伟）

县（区）概况

红塔区

【自然概貌】 红塔区位于云南省中部、玉溪市西北部，处于东经102°17′32″～102°41′37″，北纬24°08′30″～24°32′18″区间。东与江川县相连，东南与通海县毗邻，西南与峨山县交界，北与昆明市晋宁县接壤。区政府驻地距省会昆明88千米。区境平面形态呈北宽南窄不规则三角形状，区境四面环山。市区中心——州城海拔1 630米，境内最高点（高鲁山）海拔2 614米，最低点（玉溪与通海交界处的曲江河滩）海拔1 502米。幅员周边长161千米，国土面积1 004平方千米。区内水系比较发育，玉溪大河横贯其间，河流的主干和支干流总长350多千米，水资源年均总量4.3亿立方米，其中地下水占29%。境内自然资源丰富，有动物、植物1 500多种。矿藏有铁矿、硅矿、煤等16个矿种。2014年平均气温17.3℃，极端最高气温33.5℃（6月4日），极端最低气温-1.8℃（1月21日）。全年日照时数2 394.7小时，日照率51%。霜降从2013年11月25日始至2014年2月20日止，共88天；全年降雨137天，降雨量886.5毫米。主要气象灾害有冰雹、旱灾、霜冻等。

【行政区划】 全区设玉兴、玉带、凤凰、北城、大营街、研和、李棋、春和、高仓9个街道和洛河、小石桥2个彝族乡；下辖104个村委会（社区居委会），其中社区94个、村委会10个；村（居）民小组1 106个，其中社区居民小组1 035个，村民小组71个。自然村437个。

【人口、民族】 2014年年末，全区总户数174 751户，户籍总人口436 858人。其中农业人口147 297人，非农业人口289 561人；少数民族人口68 237人，占总人口的15.6%。有30个民族，其中世居民族有汉、彝、回、白、哈尼5个。人口密度435人/平方千米。年内出生人口5 002人，出生率11.50‰；死亡人口2 811人，死亡率6.46‰；净增人口2 191人，人口自然增长率5.04‰。

【综合经济指标】 2014年，红塔区实现地区生产总值（现价）617.45亿元，按可比价计算（下同）比上年增7.1%。人均实现生产总值12.23万元。在生产总值中：第一产业（农业）增加值13.70亿元，第二产业（工业、建筑业）增加值477.55亿元，第三产业（除一、二产业外）增加值126.20亿元。三次产业在生产总值中的比重由上年的2.2%、77.8%、20.0%调整为2.2%、77.4%、20.4%。区属（不含红塔集团）生产总值221.6亿元，其中第一产业增加值13.70亿元，第二产业增加值89.25亿元，第三产业增加值118.66亿元。不含红塔集团的三次产业在生产总值中的比重6.2%、40.3%、53.5%，第三产业比重首次突破50%。

年内，全区乡村从业人员17.95万人（男劳动力9.25万人、女劳动力8.7万人）。在农村从业人员中，从事第一产业的6.81万人，占农村从业人员的37.9%；从事二产业的6.64万人，占37.0%；从事三产业的4.51万人，占25.1%，比重下降0.2个百分点。

【农 业】 2014年，红塔区实现农业总产值（现价）27.03亿元，同比（可比价，下同）增长5.8%。其中种植业产值11.12亿元，占农业总产值的41.1%，同比增3.9%；畜牧业产值15.33亿元，占56.7%，同比增6.3%；其他产值0.58亿元，同比增34.1%。农村居民人均可支配收入11 836元，增13.4%，扣除价格因素，实际增10.4%。完成农村经济总收入766亿元，同比减8.7%，为10年来首次出现负增长。

年末，红塔区有常用耕地9 590公顷，同比增122公顷；农作物播种22 652公顷，同比减0.1%。复种指数235.7%。全年粮食总产量5 909.45万千克，同比减5.7%。烤烟总产量536.82万千克，同比减4.5%，上等烟占69.9%，比上年下降1.5个百分点。油料总产量906.05万千克，同比增1.8%。全年蔬菜种植4 855公顷，同比增12.9%，蔬菜总产量10 132.35万千克，同比增12.9%。花卉种植801公顷，同比减7.9%。粮经作物种植比例由上年的37.6：62.4调整为35.0：65.0，经济作物比重比上年上升2.6个百分点。

年内，肥猪出栏53.93万头，同比减4.1%；出栏肉牛0.86万头，增6.9%；出栏家禽827.23万只，增4.9%。全区肉蛋奶总产量9 401.31万千克，同比增2.6%；猪、牛、羊

2014年2月28日，云南省政协副主席、省工商联主席喻顶成（左一）到玉溪现代农业庄园调研 （玉溪庄园管理中心 提供）

肉总产量5 084.05万千克，同比减2.5%，其中猪肉产量4 845.43万千克，同比减3.1%；禽蛋产量2 469.10万千克，同比增14.4%。

全年完成绿化造林3.36万亩、187.96万株，其他绿化树种植1.32万亩、126.19万株。森林覆盖率62.4%。年内，林业有害生物发生面积2.53万亩，发生率2.8%，成灾率2.25‰；防治面积2.37万亩。

【工 业】 2014年，红塔区实现工业总产值（现价，下同）904.2亿元，同比减1.7%，其中规模以上工业总产值862.02亿元，同比减2.2%。区属（不含红塔集团）工业总产值400.9亿元，同比减12.4%；其中规模以上工业总产值358.73亿元，同比减14.5%。在区属工业中，矿电产业、卷烟配套产业、生物制药行业产值同比增速为负，装备制造业保持正增长。矿电产业总产值268.97亿元，同比减17.5%，占区属工业总产值的67.09%；卷烟配套产业总产值36.56亿元，同比减4.9%，占9.12%；生物制药产业总产值7.88亿元，同比减13.7%，占1.97%；装备制造业总产值43.61亿元，同比增长9.9%，占10.88%。全年区属规模以上工业产销率97.9%，同比提高1.1个百分点。

主要工业产品产量：卷烟产量383.07万箱，水泥产量152.84万吨，生铁产量452.29万吨，粗钢产量434.11万吨，钢材产量484.46万吨，塑料制品产量5.69万吨，金属切削机床产量10 182台。

【乡镇企业】 2014年，红塔区有乡镇企业 22 855户，其中集体44户，私营690户，个体22 121户。营业收入721.73亿元，同比减8.11%；乡镇企业总产值（现价）550.42亿元，同比减7.1%，其中乡镇企业完成工业总产值343.52亿元，同比减14.39%；缴税17.07亿元，同比增6.49%；利润总额19.5亿元，同比减14.06%；工资总额37.59亿元，同比增11.41%；从业人员16.91万人，同比增0.95%。

【交通、邮电】 2014年年末，境内有铁路55.4千米，设大古城、莲池、玉溪、玉溪南4个车站。公路通车里程1 398.88千米，其中高速公路44.14千米。有国道47千米，省道22.2千米，县道162.73千米，乡道1 029.28千米，村道93.53千米，公路网密度134.5千米/平方千米。自然村通车率100%。年末，全区拥有机动车21.82万辆，其中汽车12.07万辆（大型汽车2.28万辆、小型汽车9.79万辆）、挂车0.1万辆、摩托车9.65万辆。机动车驾驶员18.33万人，其中汽车驾驶员15.82万人。

年末，本地电话交换机总容量457.9万门，比上年减0.4万门；拥有固定电话机6.9万部，减1.2万部；移动电话用户67.1万户，减0.6万户；电话普及率147部/百人，其中移动电话普及率133.1部/百人；互联网宽带用户12.52万户，减2.3%。

【商贸物流】 2014年，红塔区完成社会消费品零售总额124.63亿元，同比增12.8%。其中：城镇消费品零售额107.74亿元，同比增14.8%；商品零售额102.61亿元，同比增10.4%，餐饮收入22.07亿元，同比增26.0%；公有经济零售额48.11亿元，同比增19.7%，非公有经济零售额76.52亿元，同比增8.9%。

年末，全区完成货运周转量1 005 369万吨千米，其中公路960 819万吨千米，铁路44 550万吨千米。客运周转量168 149万人千米（均为公路），同比增2.8%；货运量2 503万吨，增16.2%，其中公路1 807万吨，铁路696万吨，分别增14.3%、21.4%；客运量2 039万人，其中公路1 833万人、铁路206万人。

【旅 游】 年内，红塔区成功举办2014玉溪新春大型灯会、“玉水金岸”2014中国·玉溪米线文化节和“畅游花海”新春花卉展。年末，列为国家级4A级景区2个，2A级景区1个。有旅行社16家；高、中、低档宾馆（饭店、招待所）450家，总床位 1.44万张；年内，7家星级饭店平均床位入住率56.6%，比上年提高2.4个百分点。接待中外游客634.17万人次，同比增10.2%；实现国内旅游收入35.84亿元，同比增 24.14%；其中接待海外游客（含港澳台同胞）1 111 人次，同比增6.9%。实现外汇收入53.91万美元，同比增51.4%。

【固定资产投资】 2014年，红塔区完成固定资产投资181.09亿元，同比增22.7%，全区投资总额占全市投资总额的35.37%。其中：民间投资82.63亿元，同比增4.3%，占全区投资的45.6%；非房地产投资114.7亿元，同比增18.4%，房地产投资66.39亿元，同比增30.8%。

【财税、金融、保险】 2014年，红塔区完成财政总收入28.12亿元，同比增1.7%。其中公共财政预算收入19.63亿元，同比增6.3%；公共财政预算支出27.48亿元，同比增11.1%。

截至2014年12月末，全区金融机构人民币各项存款余额628.24亿元，比年初增1.6%。其中：单位存款余额360.63亿元，比年初增长1.8%；个人储蓄存款余额253.83亿元，比年初增长1.9%。12月末，全区金融机构人民币各项贷款余额（境内）403.31亿元，比年初增5.1%。全区金融机构存贷比57.4%，比上年提高0.1

个百分点。

有26家保险公司驻红塔区，全年仅车辆保险保费收入5.39亿元，同比增18.05%，占全市9.81 亿元车辆保险保费收入的55%。同时构建农业风险保障体系，保障农业产业发展和农民财产安全。

【科　技】　2014年，红塔区组织申报国家、省、市科技计划项目41项（国家级7项、省级26项、市级8项）。年内，申请专利400余件，授权330余件；申报专利资助、奖励120项。2013年实施的“国家知识产权强县工程”试点通过验收，并被考核为云南省2个优秀县（区）之一，具备申报“国家知识产权强县工程”示范区基本条件。

【教　育】　2014年年末，红塔区境内有学校110所，其中高等院校2所，中等专业学校3所，普通中学24所，中等职业学校2所（成人中等专业学校1所、职业高中学校 1所），特殊教育学校1所，小学78所。在校学生103 947人，比上年增4.4%。其中小学在校学生36 406人，普通中学在校学生30 298人（初中19 816人、高中10 482人），中等职业学校在校学生7 391人，普通中专在校学生11 073人，特殊教育学校在校学生337人，高等学校在校学生18 442人。全区有专任教师5 749人。年内，红塔区率先成为全省首批义务教育发展初步均衡县（区），通过国家义务教育发展均衡县（区）省级评估。初三学业水平考试成绩再创新高，700分以上人数占全市41%，择优录取玉溪一中人数占全市46%。玉溪二职中“国家中职教育改革发展示范校”创建工作通过省级验收。校安工程、美丽100校园工程及农村薄弱学校改造工程开工84个、完工37个。63个闲置校舍改造项目促进社区幼儿园建设，学前教育三年毛入园（班）率98.5%。投入106.6万元为义务教育阶段学校增配功能室电子白板10套、图书4万册，进一步改善学校办学条件。

【文　化】　2014年年末，红塔区境内有文艺表演团体3个，群众艺术馆2个，博物馆1个，文物管理所2个，公共图书馆2个（藏书67.0万册）。年内，红塔区积极筹备中国楹联文化区创建工作，在玉溪文庙展出挂联14副、楹联书法作品80幅；组织诗联下乡采风、赠书送联等活动。编创的花腰傣族女子群舞《裙儿摆摆秧箩情》获全国少数民族舞蹈精品展演铜奖并荣获云南省第七届文化精品工程奖。

广播覆盖率和电视覆盖率均达到99.9%。编制玉溪窑址建设规划和北城李家大院修缮方案；完成境内10个文物保护单位保护标志碑制作安装、古建筑群保护范围、建设控制地带认定和公布；配合省、市文物考古部门，对新发现研和东山清代青花窑址进行考古发掘。

【体　育】　组织“元旦·春节环城赛跑活动”，有144个单位、10 670名群众参加活动；全年举办“七彩云南全民健身运动会”“捷安特”杯玉溪龙马山自行车爬坡赛、“全民健身”群众登山健步走活动；承办玉溪手机报第四届足球赛，举办山区、城区小学生田径运动会；老体协开展门球赛5次、115个球队参赛，文娱汇演节目17个304人次。年内，完成11个乡（街道）42套健身路径、3副篮球架安装。红塔区为上级体校输送运动员13 名，连续多年在全市输送体育人才工作中排名第一；红塔区输送运动员105人取得云南省第十四届运动会决赛资格，总数及单项均列玉溪市代表团第一位；组织参加“玉溪高新杯”2014年云南省中长跑、竞走锦标赛、玉溪市青少年年度赛等活动，在年度赛中红塔区实现田径卫冕（获金牌38枚、银牌7枚、铜牌11枚），游泳取得女子团体第一、男子团体第二成绩。全年获金牌59枚、银牌19枚、铜牌5枚，男女篮球均获第五名。

【卫　生】　2014年年末，境内有卫生机构317个，其中医院（卫生院）36个，急救中心1个，采供血站1个，社区卫生服务中心（站）4个，妇幼保健院（所）2个，卫生疾病预防控制中心2 个，卫生监督局 2个，乡村卫生室74个，诊所（医务室）185个，计生技术服务机构10个。卫生技术人员5 690人，医院（卫生院）床位4 760张。全区农民参加新型合作医疗人数20.52万人，参合率99.92%，全区新型农村合作医疗筹资标准435元/人·年。

年末，全区已婚育龄妇女85 746人，领取独生子女证人数30 536人（比上年增加824人）。“三术”节育率82.84%，综合节育率89.22%。

【社会保障】　全年春荒粮救助灾民5 282户8 024人，采购大米20万千克；为2 948名重点优抚对象发放抚恤及生活补助费1 326.59万元；为农村五保对象390人发放救助金178.31万元；为9 794人（次）发放医疗救助金183.23万元；为9 345人参加新型农村合作医疗保险代缴60元个人承担费用56.07万元；为临时性、突发性原因造成基本生活出现暂时困难低收入城乡家庭实施救助（199户），救助资金59.15万元。全区有居家养老服务中心7个，改扩建面积7 495.4平方米，其中刘总旗社区居家养老服务中心建成投入使用。2014年，红塔区被民政部确定为全国“和谐社区”建设示范城区，成功创建第九届省级双拥模范城。

年末，红塔区参加医疗保险单位（含市级）2 274个，其中企业（个体）1 646个，机关及事业单位628个；参保人数117 288人，其中企业（个体）83 136人，机关及事业34 152人。收缴基本医疗保险金48 185万元。参加城镇居民基本医疗保险参保登记11.92万人。

【人民生活】　2014年，红塔区城镇居民人均可支配收入28 109元，扣除价格因素，实际增长7.3%，其中工资性收入16 951元，比上年增6.2%。城镇居民人均消费性支出22 277元，比上年增29.3%。农村居民家庭人均可支配收入11 836元，扣除价格因素，实际增10.4%；其中工资性收入6 741元，比上年增13.5%；农村居民人均生活消费支出9 683元，比上年降0.7%。年末，城镇居民人均拥有生活住房59平方米，农村居民人均拥有生活住房61平方米，每百户农民家庭拥有彩色电视机104台、电冰箱80台、家用电脑32台、家用汽车41辆、摩托车78辆。

【领导干部】　区委书记董文献（傣族），副书记张小良（彝族，2014年7月离任）、李毅昆（2014年7月任）、李永忠（2014年7月离任）、方洪（2014年7月任）、程睿涵（2014年2月挂职期满）、李涧霞（2014年3月挂职）。人大主任殷绍焜，副主任马亮伟（回族）、赖正东（2014年4月离任）、姜永祥、董晋红（女）。区长张小良（彝族，2014年7月离任），李毅昆（2014年7月代理），副区长李毅昆（2014年7月任）、普东海（2014年7月离任）、马利兴（布依族）、曾逵、王红（女）、梁士洪、吴光连

（2014年3月离任）、赖正东（2014年3月任）、蔡琼（女，2014年6月挂职期满）。政协主席王文平，副主席白发福（彝族）、李家金、孟国平、朱学祥。纪委书记张亚波

【“缅气”在红塔区入户使用】 2014年6月，玉溪市市级财政安排资金1 000万元，专项用于居民用户天然气庭院管网建设补贴。6月1日，中缅油气管道天然气（简称“缅气”）在红塔区正式入户使用，价格便宜、供气稳定是“缅气”最大特点。8月20日至9月30日，先后启动玉溪中心城区第一批13个居民小区和第二批13个居民小区的天然气建设工作。10月，第三批22个居民小区天然气推广利用工作启动。至此，全市计划内的48个小区2万户居民用户天然气推广利用工作全面展开。截至年末，中心城区完成52.5千米的燃气管道建设，发展居民用户10 004户。

【红塔区通过县域义务教育基本均衡市级复评】 2014年10月23～24日，红塔区接受了由市政府成立的义务教育均衡发展市级复评组的督导评估。对照评估指标要求，经过两天的定量与定性分析，红塔区86所初中、小学基本办学条件7项及以上达标率100%，政府推进义务教育均衡发展工作指标中有三项被扣分，其余指标均为满分，得分95分，公众满意度测评89.5分。督导复评组认为，红塔区县域义务教育均衡发展初步达到“基本均衡”的相关要求，同意上报省政府教育督导团评估。

【全国和谐社区建设示范城区】 自第二次全国和谐社区建设示范单位创建活动开展以来，红塔区通过进一步夯实社区基础设施、健全社区管理体制、优化社区服务职能、提升社区服务水平、美化社区环境、强化社区治安等社区扁平化管理手段，2014年，红塔区被确定为“全国和谐社区建设示范城区”。

【玉兴街道】 2014年，全街道总人口 67 982 人，其中男 33 292人，女34 690人；少数民族人口8 192人，占总人口的12.05%。人口自然增长率1.75‰。农村劳动力 8 123人，其中从事第二、三产业的8 013人，占总劳动力的 98.64%。

2014年年末，全街道有耕地393.6亩，复种指数180%。全年粮食总产92.84吨，比上年增165.26%；油料总产18.3吨，比上年减17.94%；居民人口人均产粮0.13千克。年末，生猪存栏2 000头，与上年持平；肥猪出栏4 400头，比上年增3.7%。水利化程度100%。

2014年，全街道有企业2 509个（其中个私企业2 497个），比上年增197个；从业人员14 506人，比上年增1.26%；企业总收入637 910万元，比上年增15%；实现税利33 422万元，比上年增8%。

2014年，全街道农村社会总产值（现价）67.26亿元，比上年增15%。工农业总产值（现价）86 021万元，比上年增 207.89%。其中，工业总产值85 013万元，比上年增10.6%；农业总产值1 008万元，比上年减18.51%。农村经济总收入67.26万元，比上年增15.01%；农民人均纯收入13 840元，比上年增11.49%。

2014年，全街道财政总收入39 463万元，比上年减5%，其中地方财政收入18 892万元，比上年减1%；财政支出2 500万元，比上年减18%。

街道党工委书记师吉明（2014年10月离任）、何东明（2014年10月任），人大工委主任吴婷（女，彝族），办事处主任雷双菠（2014年10月离任）、龚文勇（2014年10月任）。

【玉带街道】 2014年，全街道总人口50 856人，其中男26 954人，女23 902人；少数民族人口1 413人，占总人口的4.86%。人口自然增长率5.88‰。农村劳动力251人，其中从事第二、三产业的17 769人，占总劳动力的99.76%。

2014年年末，全街道有耕地2 528亩，复种指数95.9%。全年粮食总产11.7吨，比上年减77.54%；油料总产9.4吨，比上年减60.83%；农业人口人均产粮0.64千克。年末，生猪存栏2 276头，比上年增9.42%；肥猪出栏9 276头，比上年增8.03%。水利化程度80%。

2014年，全街道有企业2 888个（其中个私企业2 830个），比上年增51个；从业人员17 811人，比上年增3.27%；企业总收入48.41亿元，比上年增9.06%；实现税利9 006万元，比上年增10.52%。

2014年，全街道农村社会总产值（现价）35.5亿元，比上年增7.07%。工农业总产值（现价）15 240万元，比上年增7.07%。其中，工业总产值13 950万元，比上年增4.07%；农业总产值1 290万元，比上年减33.95%。农村经济总收入49.17亿元，比上年增8.06%；农民人均纯收入13 300元，比上年增11.1%。

2014年，全街道财政总收入15 195万元，比上年增14.83%，其中地方财政收入11 110万元，比上年增31.52%；财政支出1 894.31万元，比上年减6.94%。

街道党工委书记杨文武，人大工委主任谢家平，办事处主任邹明佑。

【凤凰街道】 2014年，全街道总

2014年4月24日 中央群众路线教育实践活动第四巡回督导组长张维庆（前左二）到玉溪现代农业庄园调研指导工作 （朱光宏 摄）

人口75 123人，其中男39 602人，女35 521人；少数民族人口3 835人，占总人口的5.1%。人口自然增长率8.21‰。农村劳动力1 150人。

2014年年末，全街道有耕地1 425亩，复种指数166%。全年粮食总产700吨，比上年增0.07%；油料总产53吨，比上年减4.5%；烤烟总产27吨，比上年增48.35%，上等烟占66.9%。农业人口人均产粮396千克。年末，生猪存栏2 585头，比上年增3%；肥猪出栏5 819头，比上年增6%。水利化程度98%。

2014年，全街道有企业3 920个（其中个私企业3 770个），比上年减68个；从业人员16 906人，比上年增2.83%；企业总收入29.12亿元，比上年增0.6%；实现税利2.8亿元，比上年减1.71%。

2014年，全街道工农业总产值（现价）18.26亿元，比上年减3.11%，其中工业总产值18.06亿元，比上年减0.54%；农业总产值0.2亿元，比上年减0.5%。实现农村经济总收入49.56亿元，比上年增3.26%；农民人均纯收入13 348元，比上年增11.6%。

2014年，全街道财政总收入18 085万元，比上年增1.1%，其中地方财政收入10 483万元，比上年减6.3%；财政支出2 226万元，比上年增5.6%。

街道党工委书记徐惠琼（女），人大工委主任夏云艳（女），办事处主任邹著。

【大营街街道】　2014年，全街道总人口48 835人，其中男23 955人，女24 880人；少数民族人口7 253人，占总人口的14.85%。人口自然增长率5.72‰。农村劳动力27 879人，其中从事第二、三产业的20 586人，占总劳动力的73.8%。

2014年年末，全街道有耕地20 811亩，复种指数209.71%。全年粮食总产10 166.3吨，比上年减3.44%；油料总产1 865.6吨，比上年减1.33%；烤烟总产474.1吨，比上年减22.46%，上等烟占75.59 %。农业人口人均产粮 216千克。年末，生猪存栏 4.28万头，比上年减5.07%；肥猪出栏9.92万头，比上年增3.26%。水利化程度88%。

2014年，全街道有企业878个（其中个私企业858个），比上年增5个；从业人员 20 714人，比上年减13.65%；企业总收入106.48 亿元，比上年减34.71 %；实现税利 34 703 万元，比上年减 23.12%。

2014年，全街道农村社会总产值（现价）69.23亿元，比上年增33.95%。工农业总产值（现价）53.66亿元，比上年减40.95%。其中，工业总产值 49.66亿元，比上年减42.96%；农业总产值4亿元，比上年增4.78%。农村经济总收入120.2亿元，比上年减36.78%；农民人均纯收入12 818元，比上年增10.3%。

2014年，全街道财政总收入20 499万元，比上年增3.4%，其中地方财政收入8 833万元，比上年增10.26%；财政支出3 072万元，比上年增6.38%。

街道党工委书记杨美琼（2014年6月离任）、缪玉（2014年6月任），人大工委主任曹杰，办事处主任王晋（2014年6月离任）、李超（回族，2014年6月任）。

【研和街道】　2014年，全街道总人口46 762人，其中男23 035人，女23 727人；少数民族人口6 372人，占总人口的13.63%。人口自然增长率5.11‰。农村劳动力26 898人，其中从事第二、三产业的11 475人，占总劳动力的42.66 %。

2014年年末，全街道有耕地19 193亩，复种指数278.44%。全年粮食总产10 395.1吨，比上年减10.17%；油料总产1 528.7吨，比上年增8.44%；烤烟总产490.9吨，比上年减2.02%，上等烟占63.02%。农业人口人均产粮2 394.3千克。年末，生猪存栏30 638头，比上年增13.97%；肥猪出栏81 059头，比上年增3.48%。水利化程度98%。

2014年，全街道有企业3 601个（其中个私企业3 407个），比上年减5个；从业人员21 192人，比上年减2.37%；企业总收入184.15亿元，比上年减7.66%；实现税利14 353万元，比上年减72.64%。

2014年，全街道农村社会总产值（现价）137.06亿元，比上年减32.52%。工农业总产值（现价）117.58亿元，比上年减4.18%。其中，工业总产值113.74亿元，比上年减4.23%；农业总产值38 434万元，比上年减2.75 %。农村经济总收入187.68亿元，比上年减7.59 %；农民人均纯收入11 606元，比上年增12.12%。

2014年，全街道财政总收入19 047万元，比上年减8.1%，其中地方财政收入9 305万元，比上年增8.34%；财政支出2 537万元，比上年减12.8%。

街道党工委书记李剑（傣族），人大工委主任史永清，办事处主任张希也（女）。

【春和街道】　2014年，全街道总人口58 194人，其中男28 545人，女29 649人；少数民族人口7 115人，占总人口的12.23%。人口自然增长率5.37‰。农村劳动力34 450人，其中从事第二、三产业的13 694人，占总劳动力的39.75%。

2014年年末，全街道有耕地35 673亩，复种指数200%。全年粮食总产8 368.3吨，比上年减17.17 %；油料总产1 426.4吨；烤烟总产1 308吨，比上年减7.89 %，上等烟占68.34%。农业人口人均产粮149.72千克。年末，生猪存栏4.75万头，比上年增9.33%；肥猪出栏10.97万头，比上年减6.96%。水利化程度79.4%。

2014年，全街道有企业3 018个（其中个私企业2 930个），与上年持平；从业人员28 600 人，比上年增12%；企业总收入77.14亿元，比上年增6.6%；实现税利8.19亿元，比上年增41.5%。

2014年，全街道农村社会总产值（现价）72.23亿元，比上年减4.7%。工农业总产值（现价）40.74 亿元，比上年增7.1%，其中，工业总产值35.25亿元，比上年增7.4%；农业总产值5.49亿元，比上年增5.12%。农村经济总收入80.57 亿元，比上年增6.31%；农民人均纯收入13 437元，比上年增15.19%。

2014年，全街道财政总收入1.58亿元，比上年减9.65%，其中地方财政收入6 814万元，比上年减1.53 %；财政支出3 761万元，比上年增8.97%。

街道党工委书记周德梅（女，哈尼族），人大工委主任 沈安平（白族），办事处主任金忠武。

【李棋街道】　2014年，全街道总人口36 006 人，其中男17 985人，女18 021人；少数民族人口844人，占总人口的2.3%。人口自然增长率7.98‰。农村劳动力 18 117人，其中从事第二、三产业的14 791人，占总劳动力的81.64%。

2014年年末，全街道有耕地3 622.5亩，复种指数94.24%。全年粮食总产1 909.8吨，比上年减27.63%；油料总产391吨，比上年减20.56%。农业人口人均产粮58.05千克。年末，生猪存栏2 200头，比上年减60.07%；肥猪出栏13 200头，比上年增2.97%。水利化程度100%。

2014年，全街道有企业1 521个（其中个私企业1 458个），比上年增8个；从业人员18 162人，比上年增4.02%；企业总收入48.68亿元，比上年增9.5%；实现税利3.6亿元，比上年减25.34%。

2014年，全街道农村社会总产值（现价）50.98亿元，比上年增9.66%。工农业总产值（现价）2.76亿元，比上年减81.52%。其中，工业总产值2.26亿元，比上年减47.07%；农业总产值0.5亿元，比上年减32.7%。农村经济总收入51.02亿元，比上年增9.14%；农民人均纯收入13 691元，比上年增16.4%。

2014年，全街道财政总收入2.21亿元，比上年增6.4%，其中地方财政收入1.93亿元，比上年增7.3%；财政支出3 033.1万元，比上年减25.4%。

街道党工委书记朱学祥（2014年9月离任）、龙海燕（女，2014年9月任），人大工委主任杨劲松，办事处主任封伟（白族）。

【北城街道】 2014年，全街道总人口 62 227人，其中男 30 235人，女 31 992人；少数民族人口 5 527人，占总人口的 8.9%。人口自然增长率4.12‰。农村劳动力 37 048人，其中从事第二、三产业的 26 909人，占总劳动力的72.6%。

2014年年末，全街道有耕地26 070亩，复种指数261.28%。全年粮食总产10 486.1吨，比上年增10.3%；油料总产976.1吨，比上年减19.86%；烤烟总产621吨，比上年增4.55%，上等烟占71.3%。农业人口人均产粮168.5千克。年末，生猪存栏22 983头，比上年增 1.7%；肥猪出栏82 391头，比上年增12.2%。水利化程度89%。

2014年，全街道有企业3 174 个（其中个私企业3 110个），比上年减347个；从业人员24 948人，比上年减0.52%；企业总收入96.49亿元，比上年减9.79%；实现税利 40 196万元，比上年增19.6%。

2014年，全街道农村社会总产值（现价）103.34亿元，比上年减10.33%。工农业总产值（现价）98.80亿元，比上年减5.93%。其中，工业总产值 94.26亿元，比上年减 6.45%；农业总产值45 402万元，比上年增8.7%。农村经济总收入112.35亿元，比上年减8.18%；农民人均纯收入12 529元，比上年增 10.35%。

2014年，全街道财政总收入10 318万元，比上年增18%，其中地方财政收入4 627万元，比上年减6%；财政支出3 037万元，比上年减13%。

街道党工委书记施毅（彝），人大工委主任高连俊，办事处主任郑应平（2014年9月离任）、马荣（2014年9月任）。

【高仓街道】 2014年，全街道总人口22 105人，其中男10 806人，女11 299 人；少数民族人口3 105人，占总人口的14.1%。人口自然增长率6.31‰。农村劳动力12 407人，其中从事第二、三产业的6 304人，占总劳动力的50.81%。

2014年年末，全街道有耕地13 227亩，复种指数211.37%。全年粮食总产4 602.2吨，比上年减10.83%；油料总产 669.1吨，比上年减3.28%；烤烟总产850.9吨，比上年增14.52%，上等烟占73.31 %。农业人口人均产粮213.28千克。年末，生猪存栏 60 742头，比上年增 4.57%；肥猪出栏11.04万头，比上年减4.72%。水利化程度90%。

2014年，全街道有企业644个（其中个私企业611个），比上年增3个；从业人员3 555人，比上年增25.7%；企业总收入30.30亿元，比上年增1.6%；实现税利19 253 万元，比上年减26.8%。

2014年，全街道农村社会总产值（现价）38.96亿元，比上年增3.18%。工农业总产值（现价）31.77亿元，比上年减2.88%，其中，工业总产值27.75亿元，比上年减3.6%；农业总产值4.02亿元，比上年增2.37%。农村经济总收入38.96亿元，比上年增3.18%；农民人均纯收入11 956元，比上年增12.59%。

2014年，全街道财政总收入7 531.07万元，比上年减21%，其中地方财政收入4 608.32 万元，比上年减48%；财政支出 1 887.43万元，比上年减1%。

街道党工委书记康德勤，人大工委主任杨志文，办事处主任王家宏。

【洛河彝族乡】 2014年，全乡总人口10 037人，其中男 5 007人，女5 030人；少数民族人口7 969 人，占总人口的79.4%。人口自然增长率6.4‰。农村劳动力1 993人，其中从事第二、三产业的816人，占总劳动力的50.6%。

2014年年末，全乡有耕地20 033亩，复种指数128%。全年粮食总产3 980.8吨，比上年增19.42 %；烤烟总产516吨，比上年减2.62%，上等烟占 70.32%。农业人口人均产粮409 千克。年末，生猪存栏11 190头，比上年增0.24%；肥猪出栏24 728 头，比上年增3.19%。水利化程度40%。

2014年，全乡有企业14 个（均为民营企业），比上年增7个；从业人员310人，比上年减81%；企业总收入21 648万元，比上年减63.3%；实现税利200万元，比上年减82.7%。

2014年，全乡农村社会总产值（现价）24 965万元，比上年减83.7%。工农业总产值（现价）24 697 万元，比上年减78.5%。其中，工业总产值3 695万元，比上年减95.7%；农业总产值21 002万元，比上年增19%。农村经济总收入52 118万元，比上年减35.29 %；农民人均纯收入11 995元，比上年增12.09%。

2014年，全乡财政总收入1 198万元，比上年减36%，其中地方财政收入851万元，比上年减20%；财政支出1 393万元，比上年减3%。

乡党委书记王飞，人大主席赵永彦，乡长童进彪（彝族）。

【小石桥彝族乡】 2014年，全乡总人口6 472 人，其中男3 266人，女3 206人；少数民族人口2 785人，占总人口的44.38%。人口自然增长率5.8‰。农村劳动力4 177人，其中从事第二、三产业的1 088人，占总劳动力的23.98%。

2014年年末，全乡有耕地9 525亩，复种指数400%。全年粮食总产8 478吨，比上年增1.27%；油料总产864.4吨，比上年减22.61%；烤烟总产1 029吨，比上年减3.83%，上等烟占71.19%。农业人口人均产粮1 310千克。年末，生猪存栏1.33万头，比上年增0.2%；肥猪出栏2.23万头，比上年增3.1%。水利化程度73.4%。

2014年，全乡有企业 7个（均为民营企业），比上年减7个；从业人员

1 088人，比上年增6.9%；企业总收入1.94亿元，比上年减21.17%；实现税利1 590万元，比上年减27.4 %。

2014年，全乡农村社会总产值（现价）4 亿元，比上年减7.74%。工农业总产值（现价） 3.39 亿元，比上年减10.30%。其中，工业总产值1.69亿元，比上年减 21.7%；农业总产值1.7亿元，比上年增2.04%。农村经济总收入4.05万元，比上年减6.5%；农民人均纯收入11 827元，比上年增11.25%。

2014年，全乡财政总收入2 412万元，比上年减40.13%，其中地方财政收入 1 630 万元，比上年减24.31%；财政支出1 078万元，比上年减18.16%。

乡党委书记曹炳勇，人大主席曹忠寿，乡长左红余（彝族）。

（邹　瑾）

江川县

【自然概貌】　江川县地处云南省中部，位于东经102° 35～102° 55′和北纬24° 12′ ～24° 32′ 之间。东接华宁县，南连通海县，西与红塔区交界，北同晋宁、澄江两县毗邻。县城大街街道位于县境中部，县政府驻地距云南省政府驻地昆明市106.05千米，距玉溪市政府驻地25.4千米。县境由湖泊、盆地、中低山组成，东西最大横距31.9千米，南北最大纵距33.7千米，县域面积850平方千米。在总面积中，山区、半山区占71.67%，平坝占15.96%，湖泊占12.37%。地势四周高、中部低，西部九溪略向玉溪倾斜。境内最高峰谷堆山海拔2 648米，最低点九溪河口村海拔1 690米。境内主要河流有16条，河道总长184.8千米，属珠江流域西江水系，最大洪水流量315立方米/秒，多数为季节性河流。县境中部有高原断陷湖泊星云湖，辖有抚仙湖三分之一水面。星云湖总面积34.7平方千米，最大水深10米，平均水深7米，容水量1.84亿立方米，正常水位海拔1 722米，属富营养型湖泊，十分适合鱼类生长，被誉为“天然养鱼塘”。抚仙湖总面积212平方千米，其中江川辖水面68.94平方千米，占水面总面积的32.5%。

2014年，平均气温为17.3℃，比历年同期偏高1.4℃，比上年同期偏高0.3℃，属偏高年份。年极端最高气温33.7℃（6月4日），极端最低气温-1.8℃（1月21日）。全年日照时数2 393小时，比历年同期偏多204小时，比上年同期偏多123小时，属略偏多年份。初霜期2013年11月22日，终霜期2014年2月4日，霜期75日。全年降水量811.0毫米，比上年同期偏多50毫米，是2008年以来最多的一年，总体属正常略偏少年景。

【行政区划】　2014年，全县辖大街街道和江城、前卫、九溪、路居4个镇及安化（彝族乡）、雄关2个乡。共有村（居）委会73个，其中村民委员会53个，社区居委会20个；村（居）民小组464个，其中村民小组299个，居民小组165个。全县自然村349个。

【人口、民族】　2014年末，全县常住人口28.53万人，其中城镇人口10.9万人，城镇化率38.2%。户籍总人口27.8万人。其中农业人口21.4万人，非农业人口6.3万人。全年出生人口2 896人，死亡人口2 102人，人口自然增长率2.86‰。在总人口中，汉族人口25.8万人，占总人口的92.8%；少数民族人口2.0万人，占总人口的7.2%。

【综合经济指标】　2014年，全县完成地方生产总值612 796万元，比上年增9.8%。其中:第一产业增加值148 788万元，增5.5%，对GDP增长的贡献率为14.1%；第二产业增加值199 008万元，增14.7%，对GDP增长的贡献率为49.7%；第三产业增加值265 000万元，增8.6%，对GDP增长的贡献率为36.2%。人均地方生产总值21 555元，比上年增1 968元，增9.5%。 三次产业结构由2013年的25.1：31.7：43.2调整为2014年的24.3：32.5：43.2，其中第一产业比重比上年下降0.8个百分点，第二产业比重提高0.8个百分点，第三产业比重保持不变。2014年，全县非公经济增加值331 308万元，比上年增31 623万元，增10.7%；非公经济增加值占GDP的比重为54.1%，比上年提高0.1个百分点。

【工业和建筑业】　2014年，全县工业总产值完成645 452万元，比上年增9.4%，其中：规模以上工业产值375 675万元，增16.5%；规模以下工业产值269 777万元，增0.7%。工业增加值144 786万元，增18.0%，拉动GDP增4.4个百分点，对GDP的贡献率为44.6%。其中:规模以上工业增加值108 713万元，增23.5%；规模以下工业增加值36 073万元，降12.0%。全县全社会建筑业增加值54 222万元，增5.7%。资质以上建筑业15户，完成建筑业总产值54 060万元，增11.6%。

主要工业产品产量：磷矿石（折含五氧化二磷30%）68.23万吨，黄磷3.41万吨，箱纸板0.74万吨，纸制品6.16万吨，水泥31.54万吨。

【农　业】　2014年，全县实现农林牧渔业总产值241 715万元，比上年增5.9%。其中:种植业总产值137 159万元，增1.0%；林业产值4 098万元，增22.0%；牧业产值84 617万元，增10.8%；渔业产值9 444万元，增31.4%；农林牧渔服务业产值6 397万元，增13.8%。

农作物总播种面积366 012亩，比上年减1 791亩，降0.5%。其中：粮食播种86 318亩，增2 063亩，增2.5%；油料播种面积37 600亩，减891亩，降2.3%；烤烟栽种93 125亩，减11 040亩，降10.6%。全县收购烟叶1 142万千克，其中：上等烟818万千克，占71.6%，比上年降1个百分点；收购单价为28.5元/千克，提高1.9元/千克；收购金额为32 503万元，减549万元，降1.7%。

全年完成人工造林2.32万亩，核桃移植1.6万亩，防护林0.72万亩（主要是旱冬瓜、杉木），封山育林2.6万亩，森林抚育1万亩。共育林木种木苗2.4亩，可供苗木175万株，义务植树60.26万株，零星植树29.52万株，全县森林覆盖率40.66%。

全县肉蛋奶总产量44 548吨，比上年增6.8%，其中肉类总产量31 199吨，增2.3%。年内出栏肥猪28.7万头，增0.1%；全年营销仔猪98.8万头，降7.1%；年末，生猪存栏25.8万头，降0.7%，其中能繁殖母猪43 057头，降7.2%。

全县水产品产量4 106吨，比上年增108吨，增2.7%。其中星云湖2 130吨，增100吨，增4.9%；抚仙湖531吨，增20吨，增39.1%。

【固定资产投资】　2014年，全县500万元以上固定资产投资306 429万元，比上年增21 326万元，增7.5%。其中工业投资完成75 572万元，减 5 760万元，降7.1%。房地产开发投资60 117

万元，减46 245万元，降43.5%。

【交通运输和邮电业】 2014年，交通运输、仓储及邮政业增加值37 152万元，比上年增1 975万元，增5.3%，增速比2013年回落1.2个百分点。年末，全县公路总里程902.42千米，其中一级公路15.07千米，二级公路54.16千米，三级公路198.99千米，四级公路594.22千米，等外公路23.99千米。年末，全县拥有载货汽车8 741辆，载客汽车485辆。

全年邮电业务总量22 845万元，其中邮政业务总量637万元，电信业务总量2 856万元，移动公司业务总量18 066万元，联通公司业务总量1 286万元。全县电话普及率每百人77.7部，年末，固定电话用户12 062户，其中住宅电话5 370户。移动电话209 040户。互联网25 142户。

【贸易和物价】 2014年，全县社会消费品零售总额完成171 453万元，比上年增12.7%。按销售单位所在地统计，城镇消费品零售额91 132万元，增8.1%；乡村消费品零售额80 321万元，增18.4%。按行业统计，批发贸易业消费品零售额10 612万元，增12.0%；零售贸易业消费品零售额118 609万元，增12.9%；住宿业消费品零售额8 913万元，降6.3%；餐饮业消费品零售额33 318万元，增18.5%。按经济类型统计，公有制经济消费品零售额41 544万元，增31.9%；非公有制经济消费品零售额129 908万元，增7.7%。

全年销售营业额合计248 437万元，比上年增17.0%。其中：批发业销售额31 473万元，增17.0%；零售业销售额146 455万元，增16.0%；住宿业营业额16 799万元，增6.2%；餐饮业营业额53 711万元，增24.0%。

居民消费价格比上年累计上涨2.1%，商品零售价格上涨1.2%，农业生产资料价格上涨2.1%。

【对外经济和旅游】 全年招商引资项目共实施99项，其中续建项目31项，新建项目68项。年内实际利用县外国内资金565 505万元，比上年增139 757万元，增32.8%。其中：市外国内资金564 955万元，增139 207万元，增32.7%；省外资金380 415万元，增30 857万元，增8.8%。利用外资1 890万元人民币，为外资企业境内人民币投资（约合309万美元）。

2014年，全县共接待游客270.26万人次，比上年增46.9万人次，增20.98%。旅游总收入达到127 618.29万元，增29 476万元，增30.03%。

【财政、金融】 2014年，财政总收入86 066万元，比上年增9 091万元，增11.8%。地方财政收入59 631万元，增8 706万元，增17.1%。地方财政支出165 469万元，增19 596万元，增13.4%。

年末，全县金融机构各项存款余额949 105万元，比上年增11.9%，其中城乡居民储蓄存款余额603 869万元，增12.7%。各项贷款余额614 964万元，增19.7%，存贷比为64.8%，比上年提高4.2个百分点。

【教育、科技、文化、体育和卫生】 2014年，全县有公办学校76所，其中乡（镇）中心小学12所，村完小42所；一贯制学校4所，教学点3个。乡（镇）中学11所，普通高中2所，职中1所，县幼儿园1所。有教学班1 112个，其中幼儿学前班195个，小学548个，初中255个，普通高中80个，职业高中34个。全县在校学生44 683人，其中在园（班）幼儿6 875人，小学18 408人，初中12 687人，普通高中5 406人，职业高中1 307人。小学毛入学率110.03%，小学学龄儿童入学率99.98%，辍学率0.47%，毕业率99.61%，小学毕业生升学率98.71%，年巩固率99.58%。新招一年级新生受过一年学前教育的占100%，学前幼儿毛入园（班）率87.15%，15周岁初等教育完成率99.86%。初中毛入学率122.77%，初中毕业率99.46%，初中辍学率1.89%，年巩固率98.29%，17周岁初级中等教育完成率98.92%。全县共有教职工2 762人，其中正式教职工2 434人，保安130人，临时人员198人。专任教师合格率高中达99.67%、初中达99.41%、小学达98.22%。

全年共向国家、省、市推荐申报科技项目和科普专项共39个，其中国家级科技项目1 个，省级科技项目19个，市级科技项目8 个，国家级科普项目2个，省级科普项目3个，市级科普项目6 个。申报成功的国家、省、市各类科技项目25 项，其中国家级1个，省级18 个，市级6个，县级0个。科普专项获得立项的8个，其中国家级2个，省级2个，市级4 个。全年申请专利40 件，其中申请发明专利 7 件，实用新型17件，外观设计16 件。专利授权量31 件，发明专利2件、实用新型专利12件、外观设计专利17 件（含上年度申报的1件）。

继续保持“全国文化先进县”的称号。年末，全县共有大小文艺队290个，全年举行文艺调演汇演29次，组织文艺活动164次。有文化厅室81个，全年共举办展览35期，举办各种培训班88期。

全县有6个乡（镇）、一个街道成立全民健身领导小组，挂牌成立“全民健身指导站”。拥有社会体育指导员281人，其中国家级6人，一级2人，二级112人，三级161人。年末，全县拥有体育场地222个（不含教育系统），体育系统拥有体育场地9个，年内开放使用7万人次；举办培训班5期，参加培训146人次。竞训体育有省布传统项目（游泳）1个点，在训运动员28人；市布传统训练项目（田径、柔道、自行车）3个点，在训运动员30人；县布训练项目（篮球、武术）1个点，在训运动员42人。

2014年末，共有卫生机构12个，其中医院2个、卫生院7个、妇幼保健院 1个、疾病预防控制中心 1个、卫生监督检验机构1个。卫生技术人员528人，其中执业医师和执业助理医师262人，注册护士147人。医院和卫生院床位716张。乡（镇）卫生院7个，床位266张，卫生技术人员168人。村级卫生室73个，乡村医生255人。全县有238 621人参加了新型农村合作医疗，参合率98.49%。

【就业和社会保障】 2014年，共开发就业岗位404个，新增就业2 273人，下岗失业人员再就业 629人，城镇登记失业率3.73%。

年末，全县共有599户企业9 677人参加养老保险统筹，全年共发放养老金5 091万元；有422户7 170人参加失业保险统筹，发放失业救济金135.43万元；有29 070人参加医疗保险统筹，支付医疗保险金4 321.55万元；参加农村养老保险172 958人，支付农村养老保险金2 746.88万元；参加工伤保险统筹企业394户8 733人；参加生育保险统筹企业251户3 689人。

全年对城市低保受益户3 710户5 585人发放低保金1 778.77万元。对农村低保受益户8 066户8 801人发放低保金1 304.29万元，对农村五保户608户627人发放五保供养金324.72万元。年末共有优抚对象3 012人，全年共对3 012人发放各类补助金1 317.59

万元；兑现义务兵家属优待金273人123.18万元。

【人民生活】 2014年末，全县在岗职工15 002人，比上年末减349人。其中：国有单位在岗职工6 362人，城镇集体单位在岗职工328人，其他单位在岗职工8 312人。全年在岗职工平均工资42 195元，增6 667元，增18.8%。其中：国有企业单位53 509元，增2 035元，增4.0%；事业单位54 658元，增7 043元，增14.7%；机关单位55 185元，增4 796元，增9.5%。

城镇居民家庭人均可支配收入26 194元，比上年增2 411元，增10.1%。农村居民人均可支配收入9 274元，增1 094元，增13.4%。

【领导干部】 县委书记马文龙，副书记钱兴、石伟、付伟（2014年3月离任，挂职）、孔江（2014年3月任，挂职）。人大常委会主任李东林，副主任杨本忠、刘跃宁、史云德、陆富仙（女）。县长钱兴（2014年1月任），副县长张文彬、李志刚、牛旺林、王波、杨军苹（女）、普朝鹏、李启红（挂职）、周福荣（2014年7月任，挂职）。政协主席罗跃岗，副主席杨生明、郭开明、杨吉英（女）、李绍华。纪委书记李学祥（2014年1月任）。

【中德专家考察江川文物古迹】 2014年4月12～13日，中科院南京地理与湖泊研究所教授史江峰与德国柏林大学、德国地理研究所、德国柏林工业大学教授Wunner、Frank等专家、教授一行19人，在云南省文物考古研究所教授蒋志龙陪同下，先后对江川县路居光坟头遗址、李家山古墓群遗址、抚仙湖与星云湖交界处进行为期二天的实地考察。专家组结合遗址的保存状况，对当地的环境、气候、人文等进行了解，从学术角度对江川的古代文化遗存进行研究讨论和分析，为中德博古联合培养项目作准备。

【举办“中国云南江川第十届开渔节”】 2014年12月24日，江川县第十届开渔节暨高原湖泊水产品交易会文化惠民群众文艺演出在渔文化广场举行。整场演出由江川人自编、自导、自演，演出的节目中，渔文化、地方特色文化突出，节目有舞蹈《彝寨欢歌》、《安化彝赛兹古里》，方言小品《山里人》，江川县高原水乡合唱团的无伴奏清唱《两湖情》等16个特色节目。2014年开渔节期间，共接待游客30.9万人次，比上年同期增6.55%；实现旅游收入9 255.3万元，比上年同期增10.08%。

【玉江线限行】 2014年1月1日起，新玉江线禁止载质量750千克以上的货车驶入（每日23：00时至次日06：00时允许持有通行证的通行），江川县交警大队分别在玉江高速公路的江川县城五岔路口、九溪收费站设置控制点和紫红坝路口设置临时检查点。10月30日，为方便群众及生产企业物资运输，根据市委、市政府决策，货车限行工作取消。

2014年5月26日，玉溪市首个院士工作站——孙宝国院士工作站在江川县前卫镇卓一食品有限公司揭牌。　（江川县前卫镇　供稿）

【平安江川视频监控系统】 2014年11月25日，平安江川视频监控系统（二期工程）投入运行。城市视频监控系统二期工程建设——平安城市建设于2014年1月2日开工，项目预计总投资2 098万元，由114套治安视频监控、15套道路视频监控、6套卡口抓拍、20套闯红灯抓拍及传输、存储设施设备组成，集公安、交警多级监控系统组成。11月下旬，建成高清监控点203个，其中球机101个、枪机102个，监控点覆盖县城所有街道、主要路口、重点单位和要害部位。

【蓝莓科技示范园建设项目通过验收】 2014年底，由玉溪市科技局牵头，会同市农业局、市经作站、市科技发展中心及行业有关专家组成验收组，对江川县工信局承担的江川县蓝莓科技示范园建设项目进行验收。

江川县蓝莓科技示范园建设项目围绕发展蓝莓种植与抚仙湖、东风水库径流区环境保护、调整农业产业结构、减少农业面源污染、增加农民收入等目标任务，2013～2014年举办蓝莓种植技术培训、技术咨询指导累计1 236人次。经过两年多的标准化项目建设，2014年已在九溪镇和江城镇的三百亩、牛摩、明星、胡家湾等地规模、连片种植3个系列18个品种的蓝莓1 362亩；引进云南万家欢集团、仙湖蓝星科技发展公司2户蓝莓种植企业，成立江川仙湖蓝星、红燊蓝莓庄园、福湾3户蓝莓专业合作社，建成1个连片规模面积在100亩以上的标准化、规范化蓝莓种植示范基地。江川县蓝莓科技示范园建设项目配套资金到位，所提供的技术资料完整，组织管理措施到位，完成项目任务书规定的各项考核指标，通过验收。

【蔬菜产业获科技部项目支持】 2014年，“江川县蔬菜标准化种植与精深加工产业化示范”科技项目被列入科技部2014年富民强县专项行动计划。该项目实施年限为2014年5月至2016年4月，项目资金总额1 300万元，其中：县级自筹1 005万元，市级补助100万元，省级补助50万元，科技部补助145万元。

【“两湖”保护】 2014年，江川县在保护星云湖退田还湖中，退出农田3 054.51亩，建成调蓄塘135 245平方米，建成20.12千米巡护道路及截污配水沟、人行步道8.5千米，恢复湿地、湖滨带5 324亩，种植各类乔木达37万株，补种水生植物90万株，实施残体打捞、清淤清杂9 380立方米，设置围网3 622米、宣传牌91块。至年底，各标段已通过初验，进入竣工决算，累计完成投资9 921万元。入湖河流治理，从源头、河道、沿湖村落、农业多方面入手，在东西大河、大街河、渔村河、螺蛳铺河4条主要入湖河流实施环境综合治理，完成投资1 125万元。继续实施湖泊内源生物治理工程，圈养紫根水葫芦1 500亩、普通水葫芦400亩。核心区总氮、总磷、氨氮削减30%～40%、有效治理区削减20%～30%，透明度提升达1倍。

完成抚仙湖大鲫鱼河流域环境综合治理工程后续工作。续建抚仙湖湖滨缓冲带"退田、退房、退塘"还湖一期工程完工。完成明星河、鲭鱼湾河低污染水净化工程，秦家山、胡家湾、大马沟等15个村的村落污染控制工程。建设大马沟至大沙咀、牛摩、火焰山三片区人工湿地优化工程。推进抚仙湖玉带河清水产流机制修复工程、牛摩河流域环境综合治理工程。抚仙湖水污染综合防治项目实施及后续工作。

【大街街道】 2014年，全街道总人口80 331人，其中男40 347人，女39 984人；少数民族人口2 588人，占总人口的3.22%。人口自然增长率3.63‰。农村劳动力38 962人，其中从事第二、三产业的19 038人，占总劳动力的48.86%。

2014年年末，全街道有耕地18 943亩，复种指数262%。全年粮食总产7 221.4吨，比上年减0.86%；油料总产1 477.8吨，比上年增3.07%。农业人口人均产粮144千克。年末，生猪存栏49 420头，比上年减6.8%；肥猪出栏78 606头，比上年增3.11%。大牲畜存栏752头，比上年减2.21%。水产品产量227吨，比上年减5.02%。全年投入水利建设资金524.82万元，水利化程度91.19%。

2014年有个私企业4 171个，比上年增10个；从业人员26 955人，比上年增0.52%。企业总收入523 977万元，比上年增5.53%；实现税利41 041万元，比上年增7.91%。

2014年，全街道生产总值186 584万元，按可比价增11.3%。工农业总产值465 665万元，比上年增13.4%。其中，工业总产值426 079万元，比上年增14.4%；农业总产值39 586万元，比上年增4.2%。农民人均纯收入9 693元，比上年增13.9%。

办事处党工委书记靳永春，人大工委主任李忠兴，办事处主任胡正鸿。

【江城镇】 2014年，全镇总人口71 592人，其中男36 016人，女35 576人；少数民族人口1 299人，占总人口的1.81%。人口自然增长率2.99‰。农村劳动力47 684人，其中从事第二、三产业的11 426人，占总劳动力的23.96%。

2014年年末，全镇有耕地36 946亩，复种指数293.8%。全年粮食总产154 855吨，比上年增2.9%；油料总产16 273吨，比上年减16.59%。农业人口人均产粮280.9千克。年末，生猪存栏6.97万头，比上年减0.35%；肥猪出栏8.85万头，比上年增5.8%。大牲畜存栏2 981头，比上年增0.71%。水产品产量344吨，比上年增0.53%。全年投入水利建设资金81.7万元，水利化程度88.08%。

2014年有个私企业3 271个，比上年增605个，从业人员9 069人，比上年减13.11%。企业总收入147 808万元，比上年增11.99%；实现税利5 464万元，比上年增7.01%。

2014年，全镇生产总值113 586万元，比上年增6.2%。工农业总产值129 386万元，比上年增1%。其中，工业总产值66 984万元，比上年减3.9%；农业总产值34 108万元，比上年增6.8%。农民人均纯收入10 139元，比上年增17.1%。

年末，全镇各项存款余额129 783.24万元，比上年增13.05%；人均储蓄存款余额15 619.33元，比上年减2.96%。

镇党委书记李忠海，人大主席李江润，镇长郭峰（2014年1月任）。

【前卫镇】 2014年，全镇总人口48 890人，其中男 24 416人，女24 474人；少数民族人口2 253人，占总人口的4.6%。人口自然增长率4.28‰。农村劳动力30 148人，其中从事第二、三产业的9 260人，占总劳动力的30.7%。

2014年年末，全镇有耕地22 132亩，复种指数263%。全年粮食总产6 819.4吨，比上年减5.4%；油料总产3 219吨，比上年减0.06 %。农业人口人均产粮164.2千克。年末，生猪存栏54 578头，比上年增2%；肥猪出栏55 142头，比上年增0.9%。大牲畜存栏198头，比上年增3.4%。水产品产量360吨，比上年增0.8%。全年投入水利建设资金1 181.8万元，水利化程度82.6%。

2014年有个私企业1 382个，比上年增8个，从业人员5 578人，比上年减2.65%。企业总收入101 771万元，比上年增0.5%；实现税利4 789万元，比上年增9.8%。

2014年，全镇生产总值87 257万元，比上年增6.9%。工农业总产值140 404万元，比上年增8.8%。其中，工业总产值96 148万元，比上年增11.2%；农业总产值28 140万元，比上年增1%。农民人均纯收入9 731元，比上年增13.4%。

年末，全镇各项存款余额57 800万元，比上年增19.42%；人均储蓄存款余额11 822元，比上年增19%。

镇党委书记刘绍宏，人大主席李江辉，镇长莽嘉慧。

【九溪镇】 2014年，全镇总人口27 044人，其中男13 547人，女13 497人；少数民族人口3 182人，占总人口12% 。人口自然增长率4.86‰。农村劳动力19 478人，其中从事第二、三产业的7 162人，占总劳动力的36.8%。

2014年年末，全镇有耕地15 666亩，复种指数239%。全年粮食总产3 928吨，比上年减4.9%；油料总产1 137吨，比上年增1.3%。农业人口人均产粮160.3千克。年末，生猪存栏32 431头，比上年增1.7%；肥猪出栏26 446头，比上年增4.5%。大牲畜存栏804头，比上年增1.8 %。水产品产量201吨，比上年增4.7%。全年投入水利建设资金2 751.58万元，水利化程度85.2%。

2014年有个私企业755个，比上年减7个，从业人员2 180人，比上年减16.4 %。企业总收入15 005万元，比上年减22.9 %；实现税利2 461万元，比上年增37.8%。

2014年，全镇生产总值 38 375万元，比上年增8.1%。工农业总产值37 872万元，比上年减10.3%。其中，工业总产值11 231万元，比上年减33.8%；农业总产值26 641万元，比上年增5.4%。农民人均纯收入9 695元，比上年增17.1%。

年末，全镇各项存款余额 53 000万元，比上年增43.2%；人均储蓄存款余额19 597.69元。

镇党委书记蒋文，人大主席杨进荣（2014年1月任），镇长何眉。

【路居镇】 2014年，全镇总人口29 270人，其中男14 791人，女14 479人；少数民族人口491人，占总人口的1.68%。人口自然增长率4.8‰。农村劳动力17 560人，其中从事第二、三产业的4 923人，占总劳动力的28 %。

2014年年末，全镇有耕地16 724亩，复种指数250%。全年粮食总产2 642.3吨，比上年增10.64%；油料总产168.7吨，比上年增2.24%。农业人口人均产粮100.77千克。年末，生猪存栏30 149 头，比上年减0.34%；肥猪出栏15 631头，比上年减18.27%。大牲畜存栏1 131头，比上年减9.74%。水产品产量47吨，与上年持平。全年投入水利建设资金69.9万元，水利化程度82.91%。

2014年有个私企业28个，比上年减1个， 从业人员701人。企业总收入13 039万元；实现税利707万元。

2014年，全镇生产总值34 352万元，比上年增7.5%。工农业总产值46 368万元，比上年增9.0%。其中，工业总产值19 405万元，比上年增12.7%；农业总产值26 963万元，比上年增6.4%。农民人均纯收入9 038元，比上年增13.4%。

年末，全镇各项存款余额59 659.6万元，比上年增13.9%；人均储蓄存款余额11 773元，比上年增2.3%。

镇党委书记普学化，人大主席刘锦红（2014年1月任），镇长张培龙（2014年1月任）。

【雄关乡】 2014年，全乡总人口11 666人，其中男5 993人，女5 673人；少数民族人口350人，占总人口的3%。人口自然增长率4.7‰。农村劳动力7 631人，其中从事第二、三产业的975人，占总劳动力的12.8%。

2014年年末，全乡有耕地8 677亩，复种指数3.3%。全年粮食总产2 019吨，比上年增4.8%；油料总产680吨，比上年增7.4%。农业人口人均产粮93.2千克。年末，生猪存栏15 026头，比上年增1.1%；肥猪出栏14 588头，比上年增2.5%。大牲畜存栏881头，比上年减0.3%。水产品产量150吨，比上年增2.7%。全年投入水利建设资金140万元，水利化程度85%。

2014年有个私企业353个，比上年增35个，从业人员865人，比上年增1%。企业总收入19 017万元，比上年增2%；实现税利1 953万元，比上年减1%。

2014年，全乡生产总值22 018万元，比上年增9.3%。工农业总产值44 039万元，比上年增13.4%。其中，工业总产值25 181万元，比上年增18.9%；农业总产值13 157万元，比上年增6.6%。农民人均纯收入9 400元，比上年增17.5%。

年末，全乡各项存款余额13 021万元，比上年增15.28%；人均储蓄存款余额11 161.5元，比上年增12.1%。

乡党委书记李德坤，人大主席解若云（2014年1月任），乡长岳东芬。

【安化彝族乡】 2014年，全乡总人口9 394人，其中男4 856人，女4 538人；少数民族人口9 009人，占总人口的95.6%。人口自然增长率3.96‰。农村劳动力6 430人，其中从事第二、三产业的996人，占总劳动力的13.9%。

2014年年末，全乡有耕地9 206亩，复种指数174%。全年粮食总产4 958.5吨，比上年增18.3%；油料总产1 220吨，比上年增13.1%。农业人口人均产粮542千克。年末，生猪存栏6 632头，比上年减6%；肥猪出栏7 021头，比上年减5%。大牲畜存栏1 574头，比上年减3.7%。水产品产量137.9吨，比上年增6.1%。全年投入水利建设资金3万元，水利化程度81%。

2014年有个私企业2个，从业人员58人。企业总收入5 015万元，比上年减0.7%；实现税利131万元，比上年增19%。

2014年，全乡生产总值19 549万元，比上年增24.8%。工农业总产值23 823元，比上年增6.4%。其中，工业总产值5 829万元，比上年增9.7%；农业总产值14 050万元，比上年增0.3%。农民人均纯收入7 920元，比上年增8.4%。

年末，全乡各项存款余额7 548万元，比上年增3%。

乡党委书记赵琦（2014年8月离任），陆云波（2014年8月任），人大主席雷永彪，乡长李永华。

（徐凡清）

澄江县

【自然概貌】 澄江县地处云南省中部，位于北纬24° 29′ ~24° 55′ ，东经102° 42′ ~103° 4′ 之间。东沿南盘江与昆明市宜良县交界，西与呈贡、晋宁两县接壤，南跨抚仙湖与江川、华宁两县为邻，北含阳宗海与宜良毗连。县城位于舞凤山下，海拔1 755米，距省会昆明52千米，距玉溪市行政驻地红塔区93千米。南北长47.5千米，东西宽26千米，总面积773平方千米。其中，山区占总面积的73.43%，水面占18.6%，坝区占7.97%。形成“七山二水一平坝”的天然格局。境内有淡水湖泊抚仙湖、阳宗海。“滇中第一山”梁王山为境内最高点，海拔2 820米；境内最低海拔1 327米，绝对高差近1 500米，立体气候明显。常年气候温和，四季如春，平均气温16.1℃。2014年，县境内平均气温17.1℃，属于偏高年份，与历年平均值比偏高1.0℃，与2013年比偏高0.4℃。极端最高气温32.1℃（6月4日），极端最低气温—1.1℃（1月21日）。境内雨量充沛，常年降雨量900 ~ 1 200毫米。2014年，降雨量1 022.9毫米，属于略多年份，与历年平均值比偏多98.0毫米，与2013年比偏多227.3毫米。日照充足，常年日照时数2 141.8小时，常年平均总辐射量为每平方厘米12 220千卡。2014年，日照时数2 476.4小时，与历年平均值比偏多411.6小时，与2013年比偏多115.9小时，日照时数最多出现在3月，其值为276.8小时，最少月出现在6月，其值为136.4小时。

【行政区划】 2014年，全县辖2个街道，4个镇，有326个自然村。即凤麓、龙街2个街道，阳宗、右所、海口、九村4个镇，下辖18个社区居民委员会，22个村民委员会，162个居民小组，218个村民小组。

【人口、民族】 2014年年末，全县常住人口为17.4万人，出生率11.7‰，死亡率6.19‰，人口自然增长率5.51‰。按公安部门提供年末户籍人口统计，全县总户数56 991户，总人口143 175人。其中：农业人口92 606人，占总人口的64.7%；非农业人口50 569人，占总人口的35.3%。少数民族人口11 515人，占总人口的8%。

【综合经济指标】 2014年，全县完成现价生产总值（GDP）64 710万元，按可比价计算比上年增8.1%。分产业看，第一产业增加值97 395万元，增6.4%，拉动GDP增长0.9个百分点，对GDP增长的贡献率为11.8%；第二产业增加值213 432万元，增7.5%，拉动GDP增长2.5个百分点，对GDP增长的贡献率为33.7%；第三产业增加值333 883万元，增9.3%，拉动GDP增长4.1个百分点，对GDP增长的贡献率为54.4%。三次产业结构为15.1∶33.1∶51.8。全县人均生产总值（GDP）达到37 159元，比上年增7.5 %。全县非公有制经济增加值达357 402万元，按可比价计算比上年增7.5%，占GDP的比重为55.4%。

【工　业】 2014年，实现现价工业增加值174 979万元，按可比价计算，比上年增长9.5%（增加值增幅均为可比价），拉动GDP增长2.5个百分点，对GDP增长的贡献率为31.1%。完成现价工业总产值502 936万元，同比增加21 576万元，增4.5%。其中，17户规模以上工业企业完成现价总产值326 208万元，同比增5.3%，占全县工业总产值的64.9%；实现工业增加值97 284万元，按可比价计算同比增12.6%；规模以下工业企业完成现价总产值176 728万元，同比增3%，占全县工业总产值的35.1%。

全县完成建筑业增加值79 911万元，按可比价计算，比上年增长3.3%。施工房屋246 497平方米，比上年增5.6%；竣工114 982平方米，比上年增11.6%。全县具有资质等级证的建筑施工企业11家。

主要工业产品产量：发电量28 487万千瓦小时，比上年增长63.7%；供电量116 574万千瓦小时，减少3.6%；黄磷79 126吨，增长14.5%；磷酸99 013吨，增长26%；磷酸一铵（实物量）35 245吨，增长54%；磷酸二铵（实物量）78 645吨，减少11.8%；硅酸水泥熟料105.23万吨，减少5.2%；水泥131.77万吨，减少5.9%；红砖121 890万块，减少1.6%；塑料制品1 837吨，增长12.7%；饲料33 377吨，减少24.9%。

【农　业】 2014年，完成农、林、牧、渔业总产值（现价）165 701万元，比上年增加10 188万元，增6.5%。其中，农业产值120 928万元，比上年增加6 805万元，增6%；林业产值837万元，比上年减少269万元，减24.3%；畜牧业产值40 377万元，比上年增加3 494万元，增9.5%；渔业产值2 673万元，比上年增加143万元，增5.7%；服务业产值886万元，比上年增加15万元，增1.7%。农、林、牧、渔业及其服务业所占农、林、牧、渔总产值的比重分别为73%、0.5%、24.4%、1.6%、0.5%。主要种植业产品产量：粮食总产3 673万千克，蔬菜总产22 451.75万千克，烤烟总产520.66万千克。

全县林业用地53.44万亩，其中，有林地37.46万亩，森林覆盖率33.17%。全年完成义务植树40.14万株，全县共发生各类破坏森林资源和野生动植物案件108起，查处106起，综合查处率98%。全年共发生森林火警、火灾1起，无特大森林火灾发生。实施森林病虫害防治面积44 434亩，防治率达到100%。

全年实现畜牧业产值40 377万元，比上年增加3 494万元，增9.5%，其中：生猪产值20 987万元，比上年增加295万元，增1.4%；家禽13 744万元，比上年增加2 398万元，增21.1%。全年肉类总产量达1 605万千克，比上年增8.2%；牛奶产量195万千克，增31.8%；禽蛋产量321千克，增26.9%。大牲畜年末存栏 16 878头，增1.57%；出栏 6 469头，增9.87%。生猪年末存栏 81 339头，增5.28%；出栏112 302头，增6.51%。羊年末存栏43 601只，增26.02%；出栏 14 629只，增8.48%。家禽年末存栏108万只，增21.35%；出栏 249万只，增14.22%。肉类总产量1 605万千克，增8.23%。

全县水产品产量1 724吨，比上年减少10吨，减0.6%。

【物　价】 2014年，居民消费价格（CPI）比上年上涨2.3%。从结构上看：食品上涨6.3%，烟酒及用品类上涨0.1%，衣着类回落0.6%，家庭设备用品及维修服务类持平，医疗保健和个人用品类回落0.7%，交通和通信类上涨0.5%，娱乐教育文化用品及服务类上涨0.3%，居住类上涨1.2%。

【固定资产投资】 全年完成规模以上（500万元以上）固定资产投资597 641万元，同比增加189 114万元，增长46.3%。其中，房地产开发投资140 597万元，同比减少16.2%。按三次产业划分，第一产业完成投资45 789万元，同比增1.8倍；第二产业完成投资62 955万元，同比增1.34倍；第三产业完成投资488 897万元，同比增33.9%。

【国内贸易】 2014年，实现社会消费品零售总额153 895万元，比上年增13.0%。按经营地统计，城镇消费品零售额129 077万元，增20.0%；乡村消费品零售额24 818万元，减13.6%。按经济成分统计，公有经济36 657万元，减7.4%；非公有经济117 056万元，增21.3%。

【交通运输】 2014年年末，境内公路通车里程为1 000.438千米（含石安公路过境线10千米）。其中，有国、省道129.288千米，县道120.925千米，乡道650.82千米，村道79.537千米，专用公路9.868千米。按技术等级划分，有二级公路112.807千米，三级公路17.354千米，四级公路851.319千米。公路密度128千米/百平方千米。年末，全县拥有各种机动车辆50 873辆，其中大型汽车1 232辆，小型汽车13 633辆，摩托车35 889辆，三轮汽车、低速货车35辆，其他车辆84辆。县城有第一路至第十三路公交车，共投放运力90辆，覆盖全县5个镇（街道）。

【邮电通信】 2014年年末，全县固定电话机用户8 766户，移动公司电话用户128 009户，联通公司电话用户15 726户，互联网宽带用户12 042户。国内函件29 767件；订销报纸109.68万份；杂志4.72万份；报刊期发数4 335份；杂志期发数2 831份；集邮业务量12.11万枚，集邮册数1 206册。

【旅　游】 2014年，全县接待国内外游客280.63万人次，接待海外旅游者269人次，实现旅游总收入151 476.37万元，分别增长15.11%、16.96%、31.49%。门票收入475万元，与上年同期433.8万元相比，增长9.5%。

【财　政】 全县财政总收入完成89 966万元，同比增加9 260万元，比上年增11.5%。地方财政收入完成68 075万元，同比增加10 505万元，比上年增18.2%，地方公共财政预算收入完成54 054万元，同比增加7 448万元，比上年增16.0%，其中：国内增值税完成3 264万元，增3.0%；营业税14 069万元，减19.7%；企业所得税1 340万元，减33.8%。完成地方财政支出132 913万元，同比增加10 271万元，增8.4%；完成地方公共财政预算支出115 583万元，比上年增3.6%，其中，用于农林水事务、教育、医疗卫生、住房保障支出、社会保障与就业的支出分别增长-16.4%、4.4%、4.0%、-28.7%和9.3%。

【金　融】 2014年，全县金融机构各项贷款余额405 140万元，比年初增加58 499万元，增16.9%。金融机构各项存款余额708 436万元，比年初增加93 368万元，增15.2%，存贷比57.2%。城乡居民储蓄存款余额410 944万元，比年初增加54 030万元，增15.1%。

【科教文卫体】 2014年，澄江县向国家、省、市科技管理部门申报科技项目6项，获立项支持6项；举办科普宣传及展览6次，办科普宣传展板159块，发放科普宣传资料22 550份，观众5 200人次。

2014年末，全县有中小学、幼儿园及职业学校58所，其中普通中学5所，职业高级中学1所，小学31所，幼儿园21所。全县在校中小学生共19 241人（含职业中学，不含幼儿园），其中职业高级中学645人，普通中学7 940人（高中2 133人、初中5 807人），小学10 656人。在园幼儿3 956人（学前班327人）。全县共有教职工1 618人，其中专任教师1 427人，普通中学有专任教师609人，小学685人，幼儿园133人。全县有教学班605个，其中普通高中38个，初中116个，小学337个，幼儿及学前班114个。全县小学学龄儿童入学率107.53%，少数民族儿童入学率100%，小学毕业生升学率94.4%，巩固率99.17%，辍学率0.1%；初中阶段学龄人口入学率95.66%，初中学龄人口毛入学率106.45%，升学率54.86%。全县有895名考生参加高考，上线人数884人，其中本科上线413人。“三免一补”政策惠及学生84 480人次，免补资金2 268.9 635万元。

2014年，全年开办电视栏目156期，共播出电视新闻稿1 776条，其中，有346条被省、市电视台及广播采用。年末，全县广播覆盖率99.8%，电视覆盖率97.5%。有线电视入网用户达38 000户，入户率达80%。年内新增有线电视入网用户2 002户，发展数字电视用户2 002户；完成756户直播卫星“户户通”工程建设；完成地方节目无线覆盖二期工程3座基站的基础设施建设。

开展文化“三下乡”活动，放映电影445场（次），观众5.6万人（次），其中，“2131”工程放映264场（次），观众3.2万人（次），广场电影周放映108场（次），观众2.4万人（次）。为活跃农村文化，举办文化广场晚会和文化专场演出185场。年末，全县有公共图书馆1个，图书室39个，总藏书量21.4万册，总流通27.3万人次，总流通图书27.4万册次，读者14.6万人次，外借图书14.5万册，阅览13.2万人次。

2014年年末，全县共有卫生医疗机构67个，其中镇及镇以上卫生机构13个，村级卫生所27个，个体医疗诊所27家。有床位数432张。全县卫生医疗机构有在职职工558人，其中卫生技术人员470人（执业医师188人、职业助理医师29人、注册护士153人、药剂人员29人、检验人员19人、其他卫生技术人员52人），占总人数的84.23%。每千人口拥有卫生技术人员3.3人，拥有病床数3.03张。门诊人数616 928人次，住院人次15 150人。2014年，全县新型农村合作医疗参合40 127户、120 562人，参合率98.6%。县内传染病发病率146.7/10万人，五苗覆盖率100%，食品合格率88.49%，餐具、饮具合格率98.84%。全年孕产妇建卡管理人数2 441人，管理率100%，孕产妇系统管理人数1 595人，管理率98.82%，七岁以下儿童保健人数9 611人，儿童保健管理率为99.91%，三岁以下儿童保健人数4 477人，管理率为99.98%。

2014年，全县经常参加体育活动人数达2.87万人，占全县总人口比重的20.13%。年末，全县共拥有体育场地252块，其中，标准体育场地216块，占85.71%，非标准体育场地36块，占14.29%。

【人民生活】 据农村住户抽样调查资料表明：2014年，农民人均食品支出占生活消费支出比重（恩格尔系数）为20.5%。农民人均居住住房66平方米，较上年增加7平方米，增11.9%。农民人均总收入14 710元，较上年增加1 139元，增8.4%，农村居民人均可支配收入10 532元，较上年增加1 245元，增13.4%。农民人均生活消费支出8 674元。其中：食品支出1 777元，占生活消费支出的20.5%；衣着支出571元，占生活消费支出的6.6%；居住支出1 990元，占生活消费支出的22.9%；家庭设备用品及服务支出574元，占生活消费支出的6.6%；交通和通讯支出823元，占生活消费支出的9.5%；文化教育娱乐支出1 100元，占生活消费支出的12.7%；医疗保健支出1 424元，占生活消费支出的16.4%；其他商品和服务消费支出118元，占生活消费支出的1.4%。

据城镇居民住户抽样调查资料显示，2014年，城镇居民人均可支配收入27 494元，比上年增加2 544元，增10.2%。生活消费支出16 469元，其中：食品支出4 054元，占生活消费支出的24.6%；衣着支出1 222元，占生活消费支出的7.4%；居住支出3 911元，占生活消费支出的23.7%；家庭设备及服务用品支出972元，占生活消费支出的5.9%；医疗保健支出1 200元，占生活消费支出的7.3%；交通和通讯支出2 178元，占生活消费支出的13.2%；教育文化娱乐及服务支出2 351元，占生活消费支出的14.3%；其他商品和服务消费支出582元，占生活消费支出的3.6%。人均住房面积65.2平方米。

年末，全县单位从业人员11 315人，其中，在岗职工9 847人；单位从业人员劳动报酬59 341万元，比上年增31.6%，其中，在岗职工工资总额54 974万元，比上年增28.7%，在岗职工年平均工资52 159元，比上年增16.9%。

2014年，全县享受优抚对象的人数1 544人，发放优抚金总额511.85万元。集体办敬老院5个，实有床位199张，年末在院人数79人；社会困难救济1 476人次，支出342.57万元；已享受居民低保的户数5 022户，人数6 508人，其中，城镇居民1 986户2 487人，发放低保金950.9万元，农村居民3 036户4 021人，发放低保金625.6万元。全年发放低保资金1 576.5万元。

【社会保障】 2014年，全县参加基本养老保险参保人数19 182人。其中，机关事业养老保险参保缴费人数16 366人；企业缴费人数9 016人。全年养老保险应征基金8 141.65万元，实际征收8 129.09万元，基金收缴率99.9%。企业事业单位失业保险参保单位442户，参保人员7 956人；企业工伤保险参保缴费人数6 144人，征收保险基金281.98万元，收缴率96.43%；生育保险参保人数10 040人，征收保险基金171.11万元，收缴率96.84%；

澄江县荷藕规模化种植初见成效 （金云龙 摄）

基本医疗保险参保单位565户，参保职工12 649人，征收保险金5 102万元，收缴率99.92%。收缴大病补充医疗保险321万元，收缴率100%。

【领导干部】 县委书记葛勇，副书记李朝伟（彝族）、鲁春红（彝族）（2014年12月任）、康凌华（2014年7月离任）、窦志梅（2014年3月离任）、朱保福（2014年3月挂职）。人大主任张同安，副主任华丽萍（女）、石洪、李晓勇、马汝乾（回族）。县长李朝伟（彝族），常务副县长师燕忠，副县长李荣坤（哈尼族）（2014年6月离任）、吴运龙、吴正坤、刘燕萍（女）、张猛、刘世祥、周斌（彝族）（2014年6月任）、李莲（女）（2014年8月挂职）。政协主席李自乔，副主席李树明、马金瑞（回族）、张丽萍（女）、郭亮。纪委书记汤之德（哈尼族）。

【蓝莓产业】 2014年，澄江县科协分别从江苏植物所、大连理工大学、青岛佳沃公司引进7个蓝莓新品种进行试验种植，筛选出适宜澄江县种植的高丛蓝莓品种“夏普兰”、“奥尼尔”、“莱格西”、“比洛克西”等进行推广种植。推广蓝莓扦插育苗、大容器育苗、土壤改良等种植技术，扦插成活率由最初的5%上升至75%，大容器育苗技术应用率达100%；建成100亩以上的规范化蓝莓种植示范基地8个，建成大型育苗基地2个，年可提供优质种250万株，中小型育苗基地10余个；引进云南福湾农业科技公司、云南万景湖农业科技公司到澄江县种植蓝莓；做好蓝莓技术培训、技术指导、信息交流及销售促进工作，为蓝莓种植户提供技术咨询；牵头协调建设蓝莓销售市场，牵头组织澄江相关部门和蓝莓种植业主参加中国国际蓝莓大会；做好土地流转协调和技术指导工作。2014年，全县新定植蓝莓2 260亩。

【优秀校长及骨干教师赴中山大学培训】 2014年9月13日，澄江县教育局组织63名优秀中小学校长及教师赴中山大学进行为期一周的培训。在开班仪式上，中山大学党委副书记李萍教授致辞，澄江县副县长刘燕萍代表澄江县委、县政府对中山大学给予澄江县教育的支持和帮助表示感谢。培训期间，学员们先后聆听了广东省督导室副主任孙立新作的“督导评估的基本理论和技术活动”、广州市外国语学校秦金华校长作的“现代化校长与现代化教师”、广东第二师范学院吴开华教授作的“学生管理的法律限度”等七场精彩的讲座。学员们还先后参观中大附中、岭南职业技术学院、黄埔军校，与学校的老师们进行交流，学校的办学理念、校园文化建设、教育管理等给大家带来深刻的启发和思考。

（王基宇）

【凤麓街道】 2014年，全镇总人口21 310人，其中，男10 721人，女10 589人；少数民族人口1 297人，占总人口的6%。人口自然增长率1.49‰。农村劳动力4 645人，其中，从事第二、三产业的2 417人，占总劳动力的52%。

2014年年末，全街道有耕地984亩，复种指数329%。全年粮食总产0.07万吨，比上年减37.68%。农业人口人均产粮5 423千克。年末，生猪存栏3 141头，比上减20.5%；肥猪出栏5 974头，比上年减16.05%。大牲畜存栏32头，比上年减36%。全年投入水利建设资金11.9万元，水利化程度98%。

2014年有个私企业9 284个，比上年减73个，从业人员14 900人，比上年增27.3%；企业总收入84 124万元，比上年增10.5%；实现税利5 363万元，比上年增11%。

2014年，全街道社会总产值（现价）185 484万元，比上年增9%。工农业总产值（现价）70 703万元，比上年增11.2%，其中，工业总产值67 843万元，比上年增8.5%；农业总产值2 860万元，比上年增17.5%。农村经济总收入47 510万元，比上年增7%；农民人均纯收入11 500元，比上年增10%。

2014年，全街道财政收入6 451万元，比上年增1.1%；财政支出1 980万元，比上年减1.7%。年末，各项存款余额289 328万元，比上年增26.6%；人均储蓄存款余额96 000元，比上年增20%。

街道党工委书记高正刚，人大工委主任陈彦坤，办事处主任钱凯。

（张朝燕）

【龙街街道】 2014年，全街道总户数22 129户，其中农业家庭户15 715户，非农业家庭户6 396户。总人口58 735人，其中，男29 028人，女29 707人。农业人口43 763人，非农业人口14 972人。人口自然增长率4.94‰。农村劳动力38 422，其中，从事第一产业的26 007人。

2014年年末，全街道有耕地28 329亩，复种指数320.5%。全街道农作物总播种90 801亩，其中粮食作物种植21 834亩；经济作物、蔬菜及其他作物种植68 967亩。全街道粮食总产855.56万千克，油料总产6.44万千克。年末，生猪存栏21 870头，肥猪出栏43 438头；大牲畜存栏4 063头。

2014年有乡镇企业（含个体工商户）1 196个，完成营业收入340 639万元，利润总额11 410万元，上缴税金6 845万元。

2014年，龙街街道完成现价生产总值（GDP）171 388万元，按可比价计算比上年增8.0%，其中第一产业增加值34 202万元，增6.4%；第二产业增加值96 065万元，增8.1%；第三产业增加值41 121万元，增9.1%。

2014年，全街道农村经济总收入284 417万元，比上年增15.05%。农民人均纯收入10 735元，增14%。全年完成地方财政收入7 637万元，完成目标任务数8 110万元的94.17%。

街道党工委书记任自能，人大工委主任李春林，办事处主任戎胜凯。

（马菊芬）

【右所镇】 2014年，全镇总人口39 674人，其中男19 641人，女20 033人；少数民族人口1 305人，占总人口的3.3%。人口自然增长率6.9‰。农村劳动力27 359人，其中从事第二、三产业的4 443人，占总劳动力的16.2%。

2014年年末，全镇有耕地18 499亩，复种指数295%。全年粮食总产8 435.2吨，比上年减25%；油料总产196.8吨，比上年减23.5%。农业人口人均产粮222.2千克。年末，生猪存栏19 890头，比上年增13.2%；肥猪出栏25 105头，比上年增13.9%。大牲畜存栏1 987头，比上年增12.6%。水产品产量500吨，比上年减16.7%。全年投入水利建设资金958万元，水利化程度95%。

2014年有个私企业860个，比上年减10个；从业人员4 443人，比上年增363人；企业总收入66 715万元，比上年增10%；实现税利6 688万元，比上年增10%。

2014年，全镇农村社会总产值（现价）43 200万元，比上年增11.4%。工农业总产值（现价）172 221万元，比上年增11%。其中，工业总产值130 021万元，比上年增11.5%；农业总产值43 200万元，比上年增11.4%。农村经济总收入105 014万元，比上年增12.5%；农民人均纯收入10 751元，比上年增17.1%。

2014年，全镇财政收入6 211.21万元，比上年减38%。年末，各项存款余额54 057万元，比上年增17.9%；人均储蓄存款余额13 625.28元，比上年增15.4%。

镇党委书记刘世祥（兼）、王建春（2014年9月任职），人大主席李晓林，镇长赵昌。

（徐绍光）

【九村镇】 2014年，全镇总人口11 728人，其中，男6 085人，女5 643人；少数民族人口249人，占总人口的2.12%。人口自然增长率为6.2‰。农村劳动力7 470人，其中，从事第二、三产业的1 149人，占总劳动力的15.38%。

2014年年末，全镇有耕地14 111亩，复种指数308%。全年粮食总产704.87万千克，比上年增15.89%。农业人口人均产粮601千克。生猪存栏14 286头，比上年增2.8%；肥猪出栏13 698头，比上年增4.77%。大牲畜存栏3 884头，比上年增13.27%。水产品产量82吨，比上年增2.5%。全年投入水利建设资金2 540万元，水利化程度86%。

2014年有个私企业22个，比上年增3个，从业人员2 132人，比上年增5.9%；企业总收入157 000万元，比上年增8.28%；实现税利7 080万元，比上年增14.1%。

2014年，全镇社会总产值（现价）202 569万元，比上年增9.3%。工农业总产值（现价）196 513万元，比上年增10.65%，其中，工业总产值177 800万元，比上年增10.8%；农业总产值18 713万元，比上年增8.85%。农村经济总收入201 499万元，比上年增16.35%；农民人均纯收入10 402元，比上年增14.42%。

2014年，全镇财政收入7 535万元，比上年增13.73%；财政支出1 293.6万元，比上年增4.5%。年末，各项存款余额22 519万元，比上年增40.95%；人均储蓄存款余额19 201元，比上年增39.59%。

镇党委书记余安全，人大主席张纹云，镇长陈永林。

（阮梅萍）

【海口镇】 2014年，全镇总人口11 650人，其中，男5 900人，女5 750人；少数民族人口3 060人，占总人口的26.27%。人口自然增长率3.7‰。农村劳动力7 679人，其中，从事第二、三产业的人口占总劳动力的10.2%。

2014年年末，全镇有耕地10 149亩，复种指数281%。全年粮食总产0.68万吨，比上年增0.49%；油料种植1 353亩，比上年减少5.32%。农业人口人均产粮579千克。年末，生猪存栏8 662头，比上年减4.53%；肥猪出栏9 069头，比上年减0.33%。大牲畜存栏2 243头，比上年减19.05%。水产品产量71吨，比上年减0.33%。全年投入水利建设资金1 200万元，水利化程度82%。

2014年，全镇有个私企业307个，从业人员572人，比上年减5.5 %；企业总收入8 705万元；实现税利75万元。

2014年，全镇社会总产值32 581万元，比上年增7.1%。工农业总产值28 395万元，比上年增57.3%，其中第一产业增加值10 492万元，增6.3%；第二产业增加值10 293万元，增6.5%；第三产业增加值11 796万元，增8.2%，农村居民人均可支配收入10 263元，比上年增15.19%。

2014年，全镇财政收入2 710.75万元，比上年减18 %；财政支出986.22万元，比上年减18.8%，各项存款余额2 699.7万元，比上年增136%。

镇党委书记郭恩达（2014年9月离任）、赵宏高（2014年9月任），人大主席鲁建波，镇长李娜。

（王开柳）

【阳宗镇】 2014年，全镇总人口25 045人，其中，男13 273人，女11 772人；少数民族人口363人，占总人口的1.45%。人口自然增长率4.79‰。农村劳动力16 224人，其中，从事第二、三产业的3 216人，占总劳动力的12.84%。

2014年年末，全镇有耕地22 705亩，复种指数311%，蔬菜、花卉种植面积6.99万亩，实现产值2.51亿元。生猪存栏13 490头，比上年增20%；肥猪出栏14 501头，比上年减7%。牛存栏3 814头，比上年减0.4%；出栏750头，比上年减5.6%。羊存栏6 835头，比上年增2%；出栏3 505头，比上年增10%。家禽存栏11.44万只，比上年增6.8%；出栏28.4万只，比上年增4.8%。肉类总产量2 003.9吨，比上年减3.4%；禽蛋产量285吨，比上年增0.3%。

2014年有个私企业36个，比上年增5个，从业人员1 072人，比上年增0.6%；企业总收入3.2亿元，比上年增23%；实现税利416万元，比上年增33%。

2014年，全镇社会总产值9.99亿元，比上年增5.83%。工农业总产值5.76亿元，比上年增13.6%。其中，工业总产值 2.6亿元，比上年增21 %；农业总产值 3.16亿元，比上年增7.8%。农村经济总收入26 492.82万元，比上年增12.6%；农民人均纯收入9 366元，比上年增13%。

2014年，全镇财政收入5 966万元，比上年增137%；财政支出3 015万元，比上年增10%。年末，各项存款余额36 730万元，比上年增11%；人均储蓄存款余额14 666元，比上年增11%。

镇党委书记简勇，人大主席洪冬，镇长洪志华。

（何跃辉）

通海县

【自然概貌】 通海位于云南省中南部，东经 102º 30′ 26″ ~ 102º 52′ 53″、北纬 23º 55′ 11″ ~ 24º 14′ 49″ 之间。是历史有名的滇南重镇及经济和手工业发达的地区，有“秀甲南滇”、“冠冕南州”、“礼乐名邦”之美誉。县城所在地秀山街道为云南省级历史文化名城，全县总面积 721 平方千米，东西长 37.97 千米，南北宽 36.32 千米。县人民政府驻地秀山街道距玉溪市政府所在地红塔区 47 千米，距省会昆明市 125 千米。通海县东与华宁县接壤，南与红河州石屏县、建水县交界，西与峨山县、红塔区相邻，北与江川县毗邻。通海属坝区县，县境以中山、平坝、河谷三大区组成，中山占 77.07%，平坝占 21.63%，河谷占 1.3%。在平坝中部镶嵌有 36 平方千米的杞麓湖，是坝区用水及调节气候的重要因素，杞麓湖四周为平坦肥沃的农田，是全县粮食和经济作物的主要产区。全县湖、山、河相间，风光秀美，景色秀丽。县城海拔高度 1 815 米，最高峰为位于河西镇的螺峰山，海拔 2 441 米；最低处为位于红河州建水县与通海县交界处的马脖子，海拔仅为 1 350 米，高差 1 091 米。通海属中亚热带湿润凉冬高原季风气候，冬无严寒、夏无酷暑，多年来气候宜人、雨量充沛，但近 4 年多来降水有所减少。2014 年平均气温为 16.7 摄氏度，极端最高气温为 31.9 摄氏度（6 月 4 日），极端最低气温零下 2.0 摄氏度（1 月 2 日）；全年降水量为 1 009.6 毫米，最大日降水 86.0 毫米（10 月 5 日）；全年无霜期为 318 天；年日照总时数为 2 679.6 小时，日照率 61%。

【行政区划】 2014年，全县设2个街道、4个镇、3个乡。即：秀山街道、九龙街道、河西镇、四街镇、杨广镇、纳古镇、里山彝族乡、兴蒙蒙古族乡、高大傣族彝族乡。下属44个村委会、27个社区居委会，330个村民小组、223个社区居民小组，361个自然村。

【人口、民族】 据公安人口统计年报，2014年年末，全县户籍人口为97 162户285 835人，分别比上年增加1 279户1 384人。在总人口中，男141 285人，占总人口的49.4%；女144 550人，占50.6%。农业户50 566户，农业人口164 230人，占总人口的57.5%；非农业户46 596户，非农业人口121 605人，占总人口的42.5%。少数民族人口46 931人，占16.4%。

2014年年末，全县常住人口为31.04万人，比上年增加0.14万人。其中城镇人口14.65万人，城镇化率47.19%，比上年提高2.09个百分点。

据人口与计划生育局统计，2014年，全县出生人口3 181人，出生率为11.06‰；死亡1 846人，死亡率6.42‰；自然增长人口1 335人，自然增长率4.64‰，比上年提高1.44个千分点。

2014年，全县有少数民族乡镇4个，少数民族村委会20个，少数民族人口占30%以上的村民小组98个，少数民族31种。全县少数民族人口46 931人，占全县户籍总人口的16.42%。其中，彝族19 712人、回族12 134人、蒙古族6 664人、傣族4 875人、哈尼族2 757人、白族219人、苗族143人、壮族133人、拉祜族68人、布依族56人、佤族30人、傈僳族22人、纳西族17人、瑶族10人、布朗族11人、满族8人、景颇族4人、水族3人、阿昌族4人、藏族2人、普米族1人、独龙族1人、基诺族1人、德昂族1人。

【综合经济指标】 2014年，通海县完成现价生产总值（GDP）795 428万元，按可比价格计算，比上年增6.6%。分产业看，第一产业增加值146 113万元，增5.4%；第二产业增加值319 962万元，增6.4%；第三产业增加值329 353万元，增7.3%。三次产业比重为18.4∶40.2∶41.4。一、二、三产业对GDP增长的贡献率分别为14.1%、42.6%、43.4%，分别拉动GDP增长0.9、2.8、2.9个百分点。非公经济创造增加值477 846万元，比上年增7.6%，占全县GDP的比重达60.1%，比上年提高0.1个百分点。

2014年，全县共完成固定资产投资278 831万元，比上年增23.9%。在投资中，完成工业投资61 178万元，减42.6%。其中，500万元以上项目投资246 366万元，增43.3%；房地产投资32 465万元，减38.9%。按产业划分，第一产业完成10 984万元，增45.6%；第二产业完成61 178万元，减42.6%；第三产业完成206 669万元，增86.5%。本年房屋施工面积102.42万平方米，其中，住宅73.63万平方米；房屋竣工面积24.09万平方米，其中住宅18.96万平方米，房屋竣工率23.5%。

【工 业】 2014年，全县实现工业总产值1 818 972万元，比上年增0.8%。按轻重工业分：轻工业493 108万元，增4.5%；重工业1 325 864万元，减0.6%。按经济类型分：国有企业78 879万元，增1.3%；集体企业7 783万元，增2.9%；股份合作企业34 566万元，增5.1%；股份制企业713 195万元，减2.1%；外商及港澳台投资企业31 042万元，增8.2%；其他经济类型953 507万元，增2.6%。完成工业增加值280 836万元，增5.6%，对GDP的贡献率为33.3%，拉动GDP增长个2.2个百分点。

2014年，全县有规模以上工业企业68家，完成规模以上工业企业总产值745 888万元，比上年减2.2%；完成规模以上工业企业增加值155 729万元，增5.9%；实现规模以上工业销售产值707 409万元，减2.2%；产销率为94.8%，与上年持平。

主要产品产量：多色印刷品198万对开色令，纸制品49 255吨，合成氨45 464吨，碳氨238 812吨，氮肥40 837吨，甲醛13 637吨，精甲醇9 435吨，油墨2 236吨，水泥71.76万吨，成品钢材866 243万吨，变压器387.92万千伏安，铸件94 794吨。

【乡镇企业】 2014年，全县有乡镇企业（不含个体户）518户。其中，集体企业11户，私营企业278户。在乡镇企业中，交通运输及仓储企业14户，批发零售业65户，住宿餐饮业3户。乡镇企业总数比上年增加66户，增加14.6%。年末，有职工人数26 038人，比上年减3.1%。实现营业收入（现价）1 477 696万元，比上年增27.1%。完成现价产值1 460 243万元，比上年增18.2%。年内，完成新上技改、扩建投资项目22项，新增固定资产38 735万元，比上年增24 204万元。

【农 业】 2014年，全县农、林、牧、渔业总产值245 284万元，按可比价比上年增长5.5%。其中：农业（种植业）产值120 890万元，增5.3%；林业产值1 664万元，增6.3%；牧业产值117 537万元，增5.8%；渔业产值2 877万元，增0.9%，农、林、牧、渔服务业产值2 316万元，增长0.2%。

2014年，全县农作物总播种面积40.69万亩，其中，粮食、油料、烤烟、蔬菜、花卉面积分别为9.96万亩、1.13万亩、5.69万亩、23.01万亩和0.58万亩。粮食与非粮食作物面积比例基本稳定在24∶76。

主要农产品产量：粮食产量3 718.23万千克，（其中稻谷317.13万千克，玉米2 644.12万千克，小麦435.26万千克，豆类134.05万千克，薯类135.83万千克），油料总产165.14万千克，烤烟总产713.11万千克，蔬菜总产70 999.12万千克，水果总产1 101.18万千克。

2014年，全县畜牧业持续稳定发展，猪、牛、羊、禽全面增长，肉蛋产量继续增加。年末，大牲畜存栏16 248头，比上年增4.9%；大牲畜出栏19 608头，比上年增10.0%。生猪存栏148 159头，比上年增6.5%；肥猪出栏307 697头，比上年增10.3%。牛累计出栏19 582头，比上年增10.1%；羊累计出栏23 384只，比上年增10.3%。肉类总产量41 481.1吨，比上年增12.2%。禽肉产量13 914.1吨，比上年增13.9%。禽蛋产量67 624.2吨，比上年增10.6%。奶类产量5 390.1吨，比上年增0.2%。全县水产品产量3 094吨，其中，杞麓湖产量1 200吨。

当年完成烟叶收购总量699万千克，减9.2%，收购总金额19 088.48万元，减4.7%，中上等烟比例达到96.9%，比上年提高1.1个百分点，其中，上等烟比例70.0%，下降了0.1个百分点。

【交通、邮电】 2014年年末，全县公路通车总里程1 009.3千米。其中，省道118.7千米，县道111.0千米，乡村公路779.5千米。在公路总里程中，高速公路14.7千米，一级公路25.1千米，二级公路39.0千米，三级公路102.2千米，四级及以下公路828.3千米。全县机动车拥有量113 094辆（含拖拉机），比上年增加4 392辆。机动车中，汽车45 760辆，大中小型拖拉机10 955台，摩托车60 156辆，挂车212辆。全县公路营运货车11 082辆，吨位44 882吨；营运客车231辆，客座5 138座。公路运输客运量完成291万人，旅客运输周转量11 770万人千米；完成货运量1 467万吨，公路运输货物周转量237 668亿吨千米。

2014年，全县邮电业务总量34 855万元。固定电话用户达22 192户，其中住宅电话14 270户，移动电话用户达281 236户。电话普及率98部/百人。互联网宽带网用户36 425户。

【贸　易】 2014年，全县实现社会消费品零售总额238 659万元，比上年增13.0%。其中：限额以上企业零售额58 079万元，增13.3%。按经营单位所在地分：城镇消费品零售额154 483万元，增13.7%；乡村消费品零售额84 176万元，增11.7%。按消费形态分：餐饮业收入84 263万元，增26.5%；商品零售业154 396万元，增6.8%。按经济成分分：全县公有经济实现零售额38 868万元，增19.3%；非公经济199 791万元，比上年增11.8%，占全县社会消费品零售总额的83.7%。2014年，居民消费价格指数为102.2%，全县城乡消费市场呈现平稳增长、物价总体平稳态势。

【财政、金融、保险】 2014年，全县完成财政总收入76 768万元，比上年增3.5%。地方财政收入完成50 170万元，增7.2%。公共财政预算收入完成44 050万元，增6.3%。税收收入完成26 383万元，减15.9%。其中增值税5 682万元，增17.6%；营业税5 571万元，减36.8%；企业所得税1 473万元，减13.6%；烟叶税4 199万元，减4.8%。当年地方财政总支出143 512万元，减5.3%。公共财政预算支出133 066万元，减7.0%，其中一般公共服务支出14 984万元，增长23.2%；教育支出29 517万元，增2.1%；社会保障和就业支出17 058万元，减26.6%；农、林、水事务支出20 636万元，增14.3%；医疗卫生与计划生育支出19 309万元，增17.5%。

年末，全县金融机构各项存款余额1 070 414万元，比上年增6.7%，其中城乡居民储蓄存款余额816 444万元，增8.3%。各项贷款余额741 645万元，增9.1%，其中中长期贷款309 912万元，比上年增2.5%，存贷比为1∶0.69。

2014年，中国人民财产保险股份有限公司通海支公司共开办6大类险种计43个，各项保险保额 1 477 455万元，实现保费收入6 796.96万元。当年已决赔案数10 136件，支付各类赔款3 715.83万元，综合赔付率60.8%，上缴税利356.34万元。中国人寿保险股份有限公司通海县支公司共开办险种116种，保险费总额4 904.54万元，比上年同期减少1 044.35万元，减17.56%；年度总给赔付金额1 202.78万元，比上年同期减少629.74万元，减34.6%；年度参保人数为137万人，比上年同期减少1.6万人，减10.45%；综合赔付率37.03%，比上年同期减少35%；上缴税利21.1万元，比上年同期减少15.89万元，减42.96%。

【科　技】 2014年用于科技投入的资金3 823万元。申请专利79件，专利授权70件。新列入科技专项计划项目56项，其中国家级6项、省级19项、市级6项、县级25项。

2014年，全县企事业单位共有各类专业技术人员5 019人（事业单位3 631人、企业单位19人、自收自支事业单位33人、非国有企业1 336人）。专业技术人员中，正高级职称9人、副高级职称575人、中级职称1 914人、初级职称2 295人、在岗未聘226人。

全年共组织筛选了52项科技项目申报国家、省、市科技计划获立项31项；县级立项实施25项；组织实施新增科技计划项目共计56项。至年底，全县共有高新技术企业15家。被立为“云南省创新基金”项目3项。

【教　育】 2014年，全县有中、小学和中等职业学校67所，其中高级中学2所，完全中学1所，初级中学8所，中等职业学校1所，小学55所，其中小学教学点2个。全县中、小学和中等职业学校班数1 003个，其中初中班223个，高中班77个，职业高中班28个，小学班675个。在校学生总数40 725人，比上年减1 563人，在校生中，普通高中4 704人，初中11 235人，中等职业学校944人，小学23 842人。全县有幼儿园12所，班数277个，在园幼儿数10 802人，比上年减少490人。全县专任教师2 616人，比上年减少19人，其中普通中学1 086人，中等职业学校55人，小学1 305人，幼儿园170人。全县毕业生人数9 945人，比上年减少167人，其中高中1 465人，初中4 054人，中等职业学校285人，小学4 141人。学龄儿童入学率达99.99%，小学升学率95.15%，初中升学率47.34%，3～6岁儿童毛入园率106.05%。

2014年，普通高考报名1 590人（实考1 549人），上线人数达1 499人，综合上线率达94.28%，居玉溪市第二名。

【文　化】 2014年年末，全县有文化馆1个，公共图书馆1个，乡（镇、街道）文化站9个。被列入国家级“非遗”名录项目2个，保护单位1个；省级项目3个，保护单位1个；市级项目11个，保护单位1个；县级项目5项，保护单位1个。有国家级非物质文化遗产代表性传承人1人，省级12人，市级8人，县级6人。

全县广播和电视综合覆盖人口29.39万人和29.40万人，覆盖率达95.11%和95.15%；调频转播发射台2座，调频发射机2部，电视转播发射台2座，电视发射机2部。年末，全县数字电视用户数47 581户，其中，农村用户数33 368户，城镇用户数14 213户。

【卫　生】 2014年年末，全县有医疗卫生机构198个，其中：医疗机构194个，预防保健机构2个，卫生监督机构1个，计划生育技术服务机构1个。在医疗机构中，医院9个，其中卫生部门所属医院2个，其他医院7个；乡镇卫生院8个；工业、其他部门所属医务室及个体办医110个，村卫生室66个。全县医疗机构有病床1 216张，其中卫生部门所属医疗机构有病床839张。全县医疗卫生技术人员1 643人，其中卫生部门所属机构卫生技术人员809人（包括合同工、长期临时工），其他机构及个体诊所卫生技术人员834人。全县每千人拥有病床4.27张，拥有卫生技术人员5.78人。年内，全县传染病发病率162.78/10万。孕产妇系统管理人数3 234人，管理率98.51%，建卡率100%，住院分娩率100%；7岁以下儿童保健人数20 671人，保健管理率98.20%；3岁以下儿童系统管理人数9 484人，系统管理率98.13%。全年无孕产妇死亡，婴儿死亡率3.66‰，5岁以下儿童死亡率5.48‰，出生缺陷发生率158.30/万。

开展爱国卫生运动，通海县顺利通过了玉溪市第十一次县城卫生检查考核复查。农村改厕工作稳步推进，通海县是2014年全市唯一被列为省级补助改厕项目县。

【体　育】 2014年，通海县实施“2014年通海县全民健身工程”，援建全县33个单位健身路径24套，篮球架20副，乒乓球桌8副。将纳古镇、海东村委会等15个单位申报为2015年云南省“七彩云南全民健身工程”项目单位。竞技体育取得新成绩。当年9月21日，通海籍运动员师涛在韩国仁川第十七届亚运会自行车场地追逐赛中夺得金牌，实现了玉溪、通海籍运动员夺取亚运会金牌零的突破；在云南省第十四届运动会上，通海运动员夺得金牌8.27枚。参赛玉溪市少年儿童年度比赛取得好成绩。县第二幼儿园组队参加在官渡区举行的2014年“舞动中国—排舞”（云南赛区）暨云南省幼儿体操、啦啦操、健美操锦标赛，获得幼儿体操（甲组）、旗操二项一等奖及优秀完成奖。参加玉溪市第二届县（区）乡（镇、街道）篮球大联赛，取得男子第二名。通海县申报云南省高水平训练基地（单项）各项准备工作顺利完成。完成第六次全国场地普查登记。

2014年，举办县内各种竞赛活动29次，参赛人数26 502人次；参加国家、省、市比赛400人次，获一等奖奖牌30块、二等奖58块、三等奖42块；向上级输送运动员3人。

【旅　游】 2014年，全县1家景区，4家旅行社（分社、网点）的导游人员参加选拔优秀选手参加全市导游服务技能比赛，通过各项工作顺利完成，全县旅游经济平稳增长。全年接待国内旅游人数232.54万人次，接待境外旅游者2 290人次，全年旅游总收入10.31亿元。

【环境保护】 2014年，根据县政府与市政府签订的《杞麓湖水污染综合防治目标责任书（2014年）》要求，通海县杞麓湖水污染综合防治目标责任书项目共计21项，至年底，项目开工率95.24%，完工率76.19%。配合省环科院完成杞麓湖水污染综合防治规划“十二五”中期评估工作。全面落实河段长负责制。2014年，对全县的入湖河道（沟）纳入河段长负责制范围，制定《通海县六条主要入湖河道管理考核表》，加强考核管护。继续抓好省政府办公会已建设的十二五项目管理。制订《通海县2014年主要污染物总量减排目标责任书》，细化责任。当年完成县政府与市政府签订的《玉溪市2014年主要污染物总量减排目标责任书》15个减排项目。

【社会保障】 2014年，全县参加城镇职工养老保险21 816人，其中，企业8 645人，个体、自谋职业者7 164人，机关事业单位6 007人。参加城乡居民基本养老保险人数162 556人。参加城镇基本医疗保险人数34 319人，其中，参保职工23 014人，参保城镇居民11 305人。参加工伤保险职工16 640人，生育保险职工14 825人。参加新型农村合作医疗保险242 217人，参合率99.04%。参加失业保险的职工13 156人，本年失业人员再就业1 075个，年末，全县城镇登记失业率为3.48%。

全县有农村敬老院9个，床位105张。全年为7 558户8 588人城乡最低生活保障户提供最低生活保障金1 862.45万元；为397名在乡复员、带病回乡人员发放267万元定补金；为“三属”、革命伤残军人及义务兵家庭、优抚对象发放抚恤、补助金391.3万元，为19 016人自然灾害救济对象安排口粮25万千克、提供救济衣被8 421件（条）、救助资金4.2万元。

【人民生活】 2014年年末，全县单位从业人员25 363人，比上年减

2014年12月14日，兴蒙乡第十三届那达慕大会隆重举行　（林启龙　摄）

165人，减0.6%，其中，在岗职工人数23 506人，减356人，减1.5%；全年从业人员劳动报酬105 864万元，增6.3%，其中，在岗职工工资总额98 640万元，增4.8%；全部从业人员年平均劳动报酬41 334元，增加2 574元，增6.6%，其中，在岗职工年平均工资42 219元，增加2 205元，增5.5%。城镇居民人均可支配收入27 062元，比上年增加2 509元，增10.2%；农村居民人均可支配收入11 476元，比上年增加1 332元，增13.1%；城乡居民人均储蓄存款26 303元，比上年增加1 895元，增7.8%。

【领导干部】　县委书记张延明（2014年6月离任）、张小良（2014年6月任），副书记卢维江（壮族）、赵振峰（满族，2014年5月离任）、刘建华（2014年3月任，挂职）、魏德锦（2014年5月任）。人大主任魏德武（彝族），副主任叶永元、普家伟（傣族）、周清、钱秀琼（女）。县长卢维江（壮族，2014年1月任），副县长柳洪（2014年5月任）、喻学超、赵南方、孙军伟、李艳萍、范之能（2014年8月任）。政协主席钱润光，副主席陈永春、尚学寿、杨文良、吴云（女）。纪委书记刘世伟。

【昆明医科大学在通海办学】　2014年3月，昆明医科大学与通海县人民医院合作举办医学成人学历教育班。成人学历教育班学历层次分为专科及专升本，并设有临床医学、护理学、医学检验、口腔医学、医学影像学、药学、预防医学等多个专业。通海教学点就设在通海县人民医院，考生录取后，直接到通海县人民医院报到、上课、考试，昆明医科大学安排教师到通海授课。

【“高原阳光”健康助残行动】　2014年7月1日，由省残疾人福利基金会、郑州百消丹药业有限公司发起的云南省“高原阳光”健康助残行动在通海县河西镇启动。启动仪式上，郑州百消丹药业公司向河西镇肢体残疾人捐赠了10台轮椅。公司专业人员还免费为残疾人检测钙、铁、锌、硒微量元素缺乏情况，并根据人体所需的微量元素，向参加活动的残疾人免费发放100天用量的微量元素。

【举办“秀山之恋——通海县2014首届千人相亲会”活动】　2014年7月11～13日，由通海县青年联合会携手通海县志愿者协会举办的“秀山之恋——通海县2014首届千人相亲会”大型相亲主题公益活动在通海县体育场举行。来自不同岗位的500余名单身青年参加了此次活动。通过“寻缘墙”、“幸福微景观”、“现场拍卖”、“爱心义卖”等各项活动，让单身男女之间从陌生到逐步建立好感，增进友谊，并通过活动将“拍卖、义卖”所得用作对贫困学生、困难家庭的帮扶资金。

【《历史的拐点》摄制组到纳古镇取景】　2014年7月13日，由中央电视台科教节目制作中心策划的大型历史纪录片《历史的拐点》到通海县纳古镇进行为期2天的取景拍摄。摄制组拍摄了该镇青少年学习阿拉伯语和中老年班念诵《古兰经》、穆斯林群众在清真寺礼拜、热闹的集市场景和美丽的纳古特色小镇全景，以及具有现代风格的纳家营清真寺和古朴典雅的清真女寺，并采访了部分宗教上层人士。据了解，《历史的拐点》预计拍摄30集，是一部展现历史珍贵瞬间、紧扣时代脉搏的高清纪录片，该片精选若干个历史重要事件，以突破陈规的结构方式解读历史，同时将历史和今日的现实加以结合，旨在通过展现中国历史上最具影响力的历史瞬间，对祖国璀璨的文明史作出纪录和见证。

【竹下天麻合作社成立】　2014年7月3日，通海县竹下天麻专业合作社在里山彝族乡大黑冲村举行揭牌仪式。该专业合作社于2014年3月注册，由里山彝族乡大黑冲村5个农民发起，入社农户共120户，注册资金50万元，具有独立法人资格。合作社依托大黑冲野外自然生长的3 000多亩竹林地为种植基地，遵循竹下野生天麻的生长规律，采用人工点种，主要以天麻种植、销售为主。

【通海残疾人运动员在省残运会上取得好成绩】　2014年9月6日，云南省第十届残疾人运动会暨第四届特殊奥林匹克运动会在曲靖闭幕。通海县残疾运动员在这次运动会上奋勇拼搏，表现出色，取得了令人瞩目的好成绩。残疾人运动员赵旭经过顽强拼搏，在田径男子T45/46级别100米比赛中荣获第一名；在田径男子T45/46级别200米比赛中荣获第二名。残疾人运动员王珊在自行车女子LC1级中荣获1千米计时赛第一名；3千米计时赛第一名；5千米计时赛第一名的好成绩。

【杞麓湖国家湿地公园申报成功】　2014年9月25日，国家林业局湿地保护管理中心副主任严承高、国家林业局湿地保护管理中心干部付元祥、重庆大学教授袁兴中、国家高原湿地研究中心副教授肖德荣、云南省林业厅副厅长万勇、云南省湿地保护管理办公室副主任喻懋坤、玉溪市人民政府副市长李平、玉溪市林业局局长资武、玉溪市森林公安局局长胡健伟、玉溪市森林公安局副局长余朝俊等一行12人到通海县对拟建云南通海杞麓湖国家湿地公园进行实地考察评审，通海人民政府副县长喻学超、县林业局局长杨清华和相关人员陪同专家考察组对整个杞麓湖湿地公园的规划范围进行了实地考察。同年12月，在北京召开的国家级湿地公园评审会上，专家组评委高票通过，并于2014年12月31日国家林业局发文通过通海县杞麓湖湿地公园（试点）为国家级湿地公园，成为全市首个国家级湿地公园建设试点。杞麓湖国家湿地公园规划总面积3 881.22公顷，其中湿地3 762.57公顷，湿地率96.94%。划分生态保育区、恢复重建区、宣教展示区、合理利用区和管理服务区五个功能区。当年，杞麓湖有维管束植物107种、脊椎动物115种。常见鸟类以赤颈鸭、红嘴鸥等雁鸭类和鸥类居多；鱼类当中，大头鲤为国家II级重点保护野生动物，杞麓白鱼、翘嘴鲤、云南鲤为杞麓湖特有种，杞麓鲤、大头鲤、抚仙鲇为云南高原湖泊特有种。

【通海历史文化名城保护规划通过专家评审】　2014年10月17日，通海县组织召开了《通海县历史文化名城保护规划》听证会和评审会。经省住建厅组织，由住建部、国家文物局及省、市相关专家进行了《通海县历史文化名城保护规划》的评审，获得原则通过。

【兴蒙乡白阁村被命名为少数民族特色村寨】　2014年11月23日，国家民委发布《关于命名首批中国少数民族特色村寨的通知》，全国共有340个村寨被作为首批“中国少数民族特色村寨”予以命名挂牌。通海县兴蒙乡白阁村被命名为少数民族特色村寨。

2014年4月，通海书画展在昆明剧院举行　（林启龙　摄）

【云南省农业科技示范园认定】　2014年12月31日，根据“云南省科技厅关于认定2014年云南省农业科技示范园的通知”，云南鑫海汇花业有限公司“通海鑫海汇玫瑰花科技示范园”、云南云秀花卉有限公司“玉溪云秀鲜切花种植科技示范园”、通海锦海农业科技发展有限公司“通海锦海玫瑰花种植科技示范园”3家示范园被批准认定为云南省农业科技示范园。

【张勇荣获全国青年志愿者优秀个人奖】　通海县青年志愿者、县疾病预防控制中心副主任张勇在2014年第十届中国青年志愿者优秀个人奖评选活动中榜上有名，成为云南省本届获奖的10名青年志愿者之一，这是通海青年志愿者首次获此殊荣，也是玉溪市近几年来青年志愿者首次获此殊荣。2009年，张勇组建了一支防艾青年志愿服务队并担任队长，五年来，张勇和他的服务队走遍了通海的各乡（镇、街道）和60多所学校，开展宣传教育、反歧视、促关爱等活动100多场，志愿服务队员也由最初的20人发展到了80多人。

（张永伟）

【秀山街道】　2014年，全街道总人口66 760人。其中男32 768人，女33 992人；少数民族人口3 312人，占总人口的4.96%。农村劳动力27 017人，其中从事第二、三产业的7 608人，占总劳动力的2.8%。

2014年年末，全街道有耕地14 887亩，复种指数240%。全年粮食总产968吨，比上年减15.76%。农业人口人均产粮55千克。生猪存栏21 887头，比上年增5.71%；肥猪出栏47 723头，比上年增9.33%。大牲畜存栏618头，比上年减8.71%。水产品产量57吨，比上年减3.4%。全年投入水利建设资金156.37万元。

2014年，全街道农村社会总产值（现价）348 648万元，比上年增4.19%。工农业总产值（现价）129 831万元，比上年增4.51%。其中，工业总产值100 005万元，比上年增7.91%；农业总产值29 826万元，比上年减3.40%。农民人均纯收入13 132元，比上年增27%。

2014年，秀山街道财政收入10 106万元，比上年减0.02%；财政支出2 617万元，比上年增77.14%。

党工委书记普家忠，人大主任杨堂聪，主任王宏运。

（刘晓梦）

【九龙街道】　2014年，全街道总人口36 196人。其中男17 867人，女18 329人；少数民族人口3 214人，占总人口的8.9%。人口自然增长率4.83‰。农村劳动力23 851人，其中从事第二、三产业的7 588人，占总劳动力的31.8%。

2014年年末，全街道有耕地21 822亩，复种指数253%。全年粮食总产2 412.2吨。比上年减6.6%；油料总产4.5吨，比上年增15.4%。年末，生猪存栏23 041头，比上年增6.4%；肥猪出栏39 934头，比上年增1.9%。大牲畜存栏1 743头，比上年增4.1%。水产品产量141吨，比上年增3.32%。全年投入水利建设资金866.5万元。

2014年，全街道农村社会总产值（现价）140 329万元，比上年减2.7%。工农业总产值（现价）92 872万元，比上年增7.57%。其中，工业总产值50 126万元，比上年增4.79%；农业总产值42 746万元，比上年增11%。农民人均纯收入13 521元，比上年增26.10%。

2014年，九龙街道财政收入699万元，比上年增3.86%；财政支出1 532万元，比上年减34.97%。

党工委书记王国雄，人大主任王兆春，办事处主任张勤勋。

（赵　明）

【河西镇】　2014年，全镇总人口52 156人。其中男25 828人，女26 328人；少数民族人口8 444人，占总人口的16.2%。人口自然增长率4.2‰。农村劳动力31 495人，其中从事第二、三产业的10 195人，占总劳动力的32.4%。

2014年年末，全镇有耕地43 581亩，复种指数218%。全年粮食总产10 678吨，比上年增1.4%；油料总产723.3吨，比上年减7.7%。农业人口人均产粮242千克。年末，生猪存栏31 636头，比上年增4%；肥猪出栏61 929头，比上年增1.3%。大牲畜存栏5 865头，比上年增5.9%。水产品产量387.3吨，比上年减0.7%。全年投入水利建设资金1 091.6万元，水利化程度86.6%。

2014年，全镇农村社会总产值（现价）258 401万元，比上年增0.3%。工农业总产值（现价）218 957万元，比上年增1.1%。其中，工业总产值170 276万元，比上年减0.3%；农业总产值48 681万元，比上年增6.6%。全年农村经济总收入202 169万元，比上年增4.9%；农民人均纯收入11 438元，比上年增25%。

2014年，全镇财政收入1 411万元，比上年减5.2%；财政支出1 916万元，比上年减28.1%。年末，各项存款余额93 515.92万元，比上年减9.8%；人均储蓄存款余额16 311元，比上年减28.1%。

镇党委书记溥发高，人大主席余联昌，镇长储汝学。

（解水银）

【四街镇】　2014年，全镇总人口43 168人。其中男21 401人，女21 767人；少数民族人口4 199人，占总人口的9.4%。人口自然增长率4.86‰。农村劳动力28 261人，其中从事第二、三产业的9 553人，占总劳动力的33.8%。

2014年年末，全镇有耕地35 285亩，复种指数201.35%。全年粮食总产4 597.5吨，比上年减6.3%；油料总产579.7吨，比上年增72.6%。农业人口人均产粮107千克。年末，生猪存栏25 813头，比上年增6.2%；肥猪出栏54 752头，比上年增9.4%。大牲畜存栏1 889头，比上年增4.8%。水产品产量652吨，比上年减0.31%。全年投入水利建设资金2 298.5万元，水利化程度85%。

2014年，全镇工农业总产值（现价）339 333万元，比上年增5.5 %。其中，工业总产值300 560万元，比上年增5.2 %；农业总产值38 773万元，比上年增7.6 %。农村经济总收入222 067万元，比上年增20%；农民人均纯收入12 636元，比上年增25.8%。

2014年，全镇财政收入1 682万元，比上年增6.79%；财政支出1 675万元，比上年减6.27%。年末，各项存款余额67 692万元，比上年减29.73%；人均储蓄存款余额15 681.06元，比上年减27.31%。

镇党委书记储强，人大主席杨朗建，镇长高应春。

（岳　凤）

【杨广镇】　2014年，全镇总人口51 181人。其中男25 472人，女25 709人；少数民族人口2 147人，占总人口的4.19%。人口自然增长率5.67‰。农村劳动力34 617人，其中从事第二、三产业的3 749人，占总劳动力的10.83%。

2014年年末，全镇有耕地28 047亩，全年粮食产6 773吨，与上年持平；油料总产9.8吨，比上年增55.3%。农业人口人均产粮138.40千克。年末，生猪存栏20 570头，比上年增6.63%；肥猪出栏47 547头，比上年增8.71%。大牲畜存栏2 856头，比上年增4.81%。

2014 年，全镇农村社会总产值（现价）417 902万元，比上年增8.75%。工农业总产值（现价）318 077万元，比上年增14.18%。其中，工业总产值 275 691万元，比上年增15.94 %；农业总产值42 386万元，比上年增3.89%。农民人均纯收入11 220元，比上年增22.92%。

2014 年，杨广镇财政收入1 951万元，比上年增25.79%；财政支出3 687万元，比上年增53.75 %。

党工委书记常伟，人大主席葛红华，镇长唐雅馨。

（马　菲）

【纳古回族镇】　2014 年，全镇总人口8 976人。其中男4 393人，女4 583人；少数民族人口7 429人，占总人口的 82.77%。人口自然增长率11.78‰。农村劳动力4 614人，其中从事第二、三产业的3 639人，占总劳动力的78.87%。

2014年年末，全镇有耕地1 576亩，复种指数227%。全年粮食总产708.5吨，比上年增18.14%；油料总产40.7吨，比上年增16.61%。农业人口人均产粮78.93千克。年末，大牲畜存栏805头，比上年增5.6%。全年投入水利建设资金1.2万元，水利化程度87%。

2014年，全镇农村社会总产值（现价）826 989万元，比上年减1.3%。工农业总产值（现价）804 870万元，比上年增0.24%。其中，工业总产值800 003万元，比上年增0.17%；农业总产值4 867万元，比上年增8%。农村经济总收入695 799.5万元，比上年增2.6%；农民人均纯收入17 007元，比上年增27.5%。

2014，全镇财政收入1 364万元，比上年减37.7%；财政支出444万元，比上年减7.3%。年末，各项存款余额51 942万元，比上年减9.38%；人均储蓄存款余额57 867.65元，比上年减10.11%。

镇党委书记张兴友，人大主席马恒骧，镇长纳立凡。

（徐　瑞）

【里山彝族乡】　2014 年，全乡总人口8 784人。其中男 4 382人，女4 402人；少数民族人口4 492人，占总人口的 51.4 %。人口自然增长率6.71‰。农村劳动力 6 268人，其中从事第二、三产业的1 362人，占总劳动力的21.7 %。

2014年年末，全乡有耕地16 547亩，复种指199%。全年粮食产5 135.4吨。比上年减1.55%；油料总产270.4吨，比上年减8.3%。农业人口人均产粮604千克。年末，生猪存栏5 141头，比上年增6.2%；肥猪出栏9 501头，比上年增9.6%。大牲畜存栏1 033头，比上年增5.8 %。水产品产量127.6吨，比上年增6%。全年投入水利建设资金1 968.9万元。

2014年，全乡农村社会总产值（现价）128 114万元，比上年增4.81%。工农业总产值（现价）125 054万元，比上年增5.8%。其中，工业总产值110 200万元，比上年增7.43%；农业总产值14 854万元，比上年减4.9%。农民人均纯收入6 749元，比上年增24.8%。

2014年，里山乡财政收入593万元，比上年增2.4%；财政支出1 668万元，比上年增133.2%。

乡党委书记师本雄，人大主任奎福华，乡长龙发亮。

（王跃萍）

【高大傣族彝族乡】　2014年，全乡总人口11 472人。其中男5 717人，女5 755人；少数民族人口7 676人，占总人口的67%。人口自然增长率2 ‰。农村劳动力8 409人，其中从事第二、三产业的881人，占总劳动力的10%。

2014年年末，全乡有耕地10 304亩，复种指数254%。全年粮食产5 619.3吨。比上年增8%；油料总产13.6吨，比上年增24%。农业人口人均产粮513千克。年末，生猪存栏16 616头，比上年增8.9%；肥猪出栏27 303头，比上年增2.4%。大牲畜存栏1 276头，比上年增7.8%。

2014年，全乡农村社会总产值（现价）39 044万元，比上年增9%。工农业总产值（现价）23 141万元，比上年增6%。其中农业总产值15 903万元，比上年增15.3%。农民人均纯收入9 512元，比上年增13%。

2014年，全乡财政收入735万元，比上年增93.9%；财政支出735万元，比上年减33.1%。

乡党委书记白明，人大主席吕增伟，乡长周国斌。

（刘梓旭）

【兴蒙蒙古族乡】　2014 年，全乡总人口5 684 人。其中男2 794人，女2 890人；少数民族人口5 428人，占总人口的95.4%。人口自然增长率5.51‰。农村劳动力3 676人，其中从事第二、三产业的1 235人，占总劳动力的33.6%。

2014 年年末，全乡有耕地3 308亩，复种指数288.2%。全年粮食总产290.4吨，比上年减0.89%。农业人口人均产粮53.43千克。年末，生猪存栏1 818头，比上年增6.8%；肥猪出栏4 605头，比上年增3%。大牲畜存栏163头，比上年增7%。水产品产量49.6吨，比上年增17%。全年投入水利建设资金81.8万元，水利化程度96%。

2014 年，全乡农村社会总产值（现价）23 352万元，比上年增3%。工农业总产值（现价）15 510万元，比上年增6%。其中，工业总产值9 200万元，比上年增6%；农业总产值6 310万元，比上年增6%。全年农村经济总收入25 963万元，比上年增9.3%；农民人均纯收入8 531元，比上年增15%。

2014 年，全乡财政收入104万元，比上年减7.1%；财政支出586.7万元，比上年增16.64%。年末，各项存款余额14 195.4万元，比上年增12.3%；人均储蓄存款余额24 974.3元，比上年增11.5%。

乡党委书记黄必权，人大主席夏传海，乡长旃明华。

（杨迎春）

华宁县

【自然概貌】 中国泉乡——华宁，地处滇中偏东南，玉溪市东部，位于东经102° 49′ ～103° 09′ 、北纬23° 59′ ～24° 34′ 之间。东接红河州弥勒县，南连建水县，西邻通海、江川县，北倚澄江县和昆明市宜良县。境内东西宽34千米，南北长59千米，总面积1 313平方千米。县城距玉溪市政府所在地红塔区53千米，距昆明市148千米。全县地势西北高，东南低，地形东西狭，南北长，崇山峻岭连绵起伏，高山、丘陵、盆地、河谷间杂交错，呈“两脊夹两槽”地形，较大的盆地有宁州坝和盘溪坝。主要河流有南盘江、青龙河、海口河、龙洞河和华溪河，均属珠江水系。境内最高海拔磨豆山2 663.1米，最低海拔磨法冲江边1 110米，相对高差1 553.1米。气候总体属亚热带半湿润高原季风气候，但由于地形地貌复杂，形成南亚热带、中亚热带、北亚热带和南温带4个气候类型区，呈现垂直变化大、季节变化小、干湿季分明、地区差异明显的立体气候特点。2014年平均气温16.8℃，极端最高气温33.3℃（6月3日），极端最低气温-2.3℃（1月21日）；年日照总时数2 332.7小时，无霜期318天，全年总降雨量956.6毫米。

【行政区划】 2014年，全县辖3个镇1个乡和1个街道办事处，共有54个村委会和23个社区，下辖653个村（居）民小组。

【人口、民族】 2014年末，全县总人口72 414户211 317人，同比增加357人。其中，男108 251人，女103 066人。农业人口161 434人，非农业人口49 883人。城镇人口85 118人，城镇化率达40.28%。少数民族人口62 656人，占总人口的29.65%。人口自然增长率为3.56‰。

【综合经济指标】 2014年，全县完成县内生产总值608 351万元，同比增长9.0%。其中，第一产业增加值165 071万元，同比增6.3%；第二产业增加值213 990万元，同比增13.3%；第三产业增加值229 290万元，同比增6.2%。一、二、三产业结构由2013年的27.2∶34.6∶38.2调整为2014年的27.1∶35.2∶37.7。非公有制经济完成增加值330 832万元，同比增30 032万元，增长10.6%，高于县内生产总值1.6个百分点，占生产总值的54.4%，比上年提高0.1个百分点。工业总产值640 828万元，同比增40 709万元，增长6.8%；农业总产值263 312万元，同比增15 961万元，增长6.5%。全年税收收入45 473万元，同比增3 569万元，增长8.5%；实现地方财政收入44 289万元，同比增2 453万元，增长5.9%；地方财政支出129 160万元，同比减1 609万元，负增长1.2%。生产总值完成608 351万元，在玉溪市9个县（区）总量排位第七位，增长（按可比价计算）排名第四位。

【固定资产投资】 2014年，全县完成规模以上〔500万元以上〕固定资产投资总额293 019万元，同比增102 081万元，增长53.5%。其中，第一产业完成投资3 793万元，同比增1.3倍，占总投资的1.3%；第二产业完成投资95 988万元（全为工业），同比下降12.1%，占总投资的32.8%；第三产业完成投资193 238万元，同比增1.4倍，占总投资的65.9%。从工作阶段看：新建项目完成投资125 485万元，同比增94.2%，占投资总额的42.8%；续建项目完成投资167 534万元，同比增32.6%，占投资总额的57.2%。从用途上看：基础设施项目完成投资125 270万元，同比增2.5倍，占投资总额的42.8%；竞争性项目完成投资129 058万元，同比下降13.1%，占投资总额的44.0%；社会事业项目完成投资38 691万元，同比增5.1 倍，占投资总额的13.2%。

【工　业】 2014年，全县实现工业增加值157 126万元，同比增15.6%。其中，制造业121 094万元，同比增12.7%，工业化率19.9%，同比提高0.1个百分点。现价工业总产值640 828万元，同比增6.8%。其中，矿电业产值273 828万元，占42.7%，同比增长7.0%，拉动全部工业总产值增长3.0%；建材产业产值142 402万元，占22.2%，同比增长7.1%，拉动全部工业总产值增长1.6%。轻工业产值177 503万元，占27.7%，同比增长5.5%；重工业产值463 325万元，占72.3%，同比增长7.3%。国有企业完成产值38 368万元，占6.0%，同比增43.4%；集体企业2 119万元，占0.3%，同比增5.4%；合资、股份制企业100 134万元，占15.6%，同比增5.6%；私营及个体工业500 207万元，占78.1%，同比增5.0%。25户规模以上工业企业实现工业总产值225 034万元，占全部工业总产值的35.1%，同比增28 649万元，增长14.6%，工业增加值76 486万元，同比增29.8%，对县内生产总值增长的贡献率43.6%，贡献度3.9%。

【农　业】 2014年，全县完成农、林、牧、渔业总产值263 312万元，同比增6.5%。在农业总产值中：种植业产值172 902万元，同比增5.3%，其中烤烟34 033万元、蔬菜47 287万元、柑橘66 230万元、柿子4 067万元、核桃1 709万元；林业产值3 645万元，同比增4.1%；畜牧业产值81 191万元，同比增9.0%；渔业产值3 704万元，同比增5.6%；农、林、牧、渔服务业产值1 870万元，同比增8.1%。“三棵树”（柑橘、柿子、核桃）产值72 006万元，同比增10.9%。农业商品产值239 433万元，同比增7.7%，农业商品率90.9%，同比提高1个百分点。农作物总播种475 997亩，同比增5 036亩，增长1.1%。其中：粮食作物播种163 969亩，同比增2 621亩，增长1.6%；非粮食作物播种312 028亩，同比增2 415亩，增长0.8%。“三棵树”种植总规模265 296亩（柑橘85 979亩、柿子39 815亩、核桃139 502亩），同比增33 956亩，增长14.7%。耕地复种指数277.3%，比上年提高3.3个百分点。全县粮食作物播种面积与非粮食作物播种面积比例为34∶66，与上年基本持平。

【招商引资】 2014年，全县共签订项目协议10个，协议总投资63.35亿元。市政府考核认定引进市外国内资金360 409万元，同比增长51.3%，其中省外资金174 676万元，同比下降

19.8%。完成出口6 032万美元，同比减少236万美元，下降3.8%。

【交通、邮电】 2014年年末，全县境内公路里程1 747.4千米，其中二级以上公路94.2千米，占5.4%。在总里程中，省道80.2千米，县道229.1千米，乡村道路1 438.1千米。全年公路客运量51.36万人次，旅客周转量3 595.2万人千米；公路货运周转量86 038.1万吨千米，同比增长10.4%。年末实有营运载客汽车68辆，客位1 944个，其中，公交车38辆、出租车16辆，客位50个。年末，全县有载货汽车4 566辆，吨位11 692吨。全县道路运输从业人员8 373人。

全县邮政业务总量635.4万元，同比增10.6%。年末拥有固定电话8 064户，同比减少2 093户，下降18.6%；移动电话166 662户，同比增加3 129户，增长1.9%；宽带用户24 860户，同比增加2 024户，增长8.9%。全年电信业务总量17 045万元，同比下降0.73%。

【金融、保险】 2014年年末，全县5个金融机构（建设银行、农业银行、玉溪市商业银行、农村信用社、邮政储蓄银行）各项贷款余额334 068万元，比年初增加40 976万元，增长14.0%；各项存款余额565 013万元，比年初增加56 179万元，增长11.0%。存贷差230 945万元，存贷比为1：0.59。年末，城乡居民储蓄余额360 124万元，同比增9.2%，人均储蓄17 042元，比年初增加1 414元，增长9.0%。

【科　技】 2014年，全县科技投入1 408万元，申报省、市级科技项目20项，立市级项目8项，争取项目资金106万元。申请专利18件，获专利授权5件。

【教　育】 2014年，全县共有各级各类学校106所。其中，高级中学1所，完全中学1所，初级中学8所，完小74所（下设小学教学点3个），教师进修学校1所，职业中学1所，幼儿园20所。全县在校学生33 929人，其中，高中3 078人，初中8 717人，小学15 997人，职业中学988人，幼儿园（学前班）5 149人。教职工2 490人，其中，在职在编2 177人，临时工313人。小学适龄儿童入学率99.92%，辍学率0.3%；4～6岁儿童入园率88.52%；初中毛入学率105.62%，辍学率0.99%；高中阶段毛入学率71.94%，净入学率60.8%，参加高考1 082人，上线998人，高考上线率92.23%。投入“三免一补”及各种学生资助5 605.49万元，其中，中小学生实施营养餐计划补助1 184.21万元，惠及农村中小学生22 246人。

【文　化】 2014年，全县有县级图书馆、文化馆各1个，乡（镇、街道）文化站5个，文物管理所1个，农村图书室81个，群众业余演出团队354个。图书馆、室藏书99 776册，其中，图书83 697册，报刊16 079册；接待读者14 250人次，外借、阅览图书45 700册次。县、乡文化馆（站）举办展览21个，组织文艺活动169场，举办训练班93次，训练班结业3 830人次。

全县建有调频转播发射台7座，广播覆盖率99.6%，电视转播发射台1座，调频发射机7部，电视发射机3部。有线电视传输干线网络总长847千米，比上年增加40千米，有线电视用户数42 213户，新增1 355户，其中，数字电视用户36 380户，新增2 648户。全年播出公共（自制）节目3 650小时，其中新闻节目248.5小时，专题节目210小时。

【体　育】 全县组建7支代表队、185人次参加了市级竞赛，获金牌16枚，银牌17枚，铜牌10枚；县级组织竞赛11次，185支代表队、5 500人次参加了比赛；向上级体育部门输送体育后备人才15人。共有省、市布点传统项目学校3所，在训学员80人，有400米跑道田径场4块，游泳馆（池）5个，网球场5块，篮球场206块，地掷球场10块，门球场12块。经常参加体育活动的7.8万人，占全县总人口的36.9%。

【旅　游】 2014年，全年共接待游客68万人次，同比增加5万人次，增7.9%。实现旅游收入43 058万元，同比增加6 666万元，增18.3%。

【卫　生】 2014年，全县有卫生机构118个，同比增3个。其中，医院3个，卫生院5个，妇幼保健院、疾病预防控制中心、卫生监督所各1个，诊所、卫生所、医务室107个；病床740张，同比增10张，增长1.3%；卫生专业技术人员924人，同比增69人，增长8.1%，其中，执业医师241人，执业助理医师69人，注册护士259人。医疗机构全年门诊诊疗1 025 779人次，同比增5.1%；住院21 825人次，同比下降3.7%；出院21 609人次，治愈13 749人次，治愈率63.63%，好转7 810人次，好转率36.14%；死亡50人，死亡率0.23%。年内报告乙类传染病11种325例，县内传染病发病率151.9/10万；免疫五苗覆盖率96.71%；收治肺结核病人70人，免费治疗70人；新发麻风病1人，接受治疗3人，麻风病院现有病人17人。全年产妇2 150人，孕产妇建册管理率99.91%，高危孕产妇管理率100%，0～7岁儿童保健管理率96.3%，3岁以下儿童系统管理率97.96%，婚前健康检查率86.23%，疾病检出率4.06%，新生儿死亡率7.41‰，婴儿死亡率7.41‰，出生缺陷率17.48‰。

【社会保障】 2014年，全县参加城镇职工养老保险单位3 771个。其中企业3 575个（含个体企业），机关事业单位196个。参保职工12 076人，其中企业6 911人，机关事业单位5 165人。离退休人员4 001人。收缴基本养老金13 350万元，全年支付养老保险金12 643万元。

从2014年开始，全县农村养老保险与城镇居民养老保险合并称为城乡居民养老保险，参保126 916人，参保率98.2%，筹集保险金3 335.08万元，其中个人缴纳1 038.37万元，中央补助1 599.9万元，省补助573.09万元，市补助62.82万元，县补助60.9万元。按月享受养老金26 486人，支出养老保险金2 020.29万元。

城镇职工医疗保险参保单位445个，参保职工13 066人，其中在岗9 502人，退休3 564人。基本医疗保险统筹基金收入3 030万元，个人账户基金收入2 429万元，基本医疗保险统筹基金本级支出2 060万元，个人账户基金支出2 525万元。

新型农村合作医疗保险参保182 505人，占应参加人数的98.12%。筹集资金7 986.75万元，其中个人缴纳1 095.03万元，中央财政补助4 015万元，省财政补助456万元，市财政补助1 952.8万元，县财政补助419.76万元。全年共补偿346 089人次，其中门诊324 178人次，住院21 911人次。补偿金额7 865.67万元，其中门诊971.58万元，住院6 894.09万元。

城镇居民医疗保险参保12 650人，筹集保险金106万元，其中个人缴纳63万元，县财政补助43万元。支出保险金214万元。

城镇职工工伤保险参保单位462个，其中机关事业单位203个，企业259个。参保职工10 840人，其中机关事业单位5 325人，企业5 515人。收缴保险金445万元，支付保险金209万元。

城镇职工生育保险参保单位449个，其中机关事业单位203个，企业246个。参保职工10 409人，其中机关事业单位5 325人，企业5 084人。收缴保险金178万元，支付保险金155万元，其中机关事业单位支出41万元，企业支出114万元。

城镇职工失业保险参保单位356个，参保职工8 419人，筹集保险金1 031万元，支付保险金386万元，其中对失业职工发放334万元。

全县享受定期补助优抚对象总人数1 889人，优待金总额827万元。全县有福利中心1个、集体办敬老院5个，床位461张，收养人数67人。社会困难救济2 302人次，发放救济金260万元。全县纳入低保10 395人，其中城镇居民3 394人，农村居民7 001人；发放低保金1 752万元，其中城镇居民1 009万元，农村居民743万元。

【人民生活】　2014年，全县城乡居民人均总收入26 930元，同比增10.8%；农民人均纯收入8 908元，同比增15.4%。社会消费品零售总额141 413万元，同比增12.7%；人均实现购买力6 698元，同比增12.6%。城镇居民人均住房建筑50.06平方米，农村居民人均住房52.03平方米。每百户拥有冰箱71台、洗衣机70台、摩托车89辆、固定电话1部、移动电话212部、彩色电视机83部、微波炉5台、抽油烟机16台。

【领导干部】　中共华宁县委书记苏绍华，副书记黄云鹍、余丽、王曦宁。人大主任李世聪，副主任张丕贵、龚紫龙、陈宁、高玉萍。县长黄云鹍，副县长王虎能、王卫林、李丹、张伟红、沐华斌、关宏茹（2014年7月离任）、李钰（2014年7月离任）、魏德锦（2014年5月离任）、王志华（2014年5月任）、张春燕（2014年7月任）。政协主席白应海，副主席袁慧芬、张平、张进文、黄永祥（2014年1月任）。纪委书记何国斌。

【华宁文笔塔恢复重建】　2014年12月，象征华宁文脉的华宁文笔塔恢复重建工程完工。文笔塔位于县城南3.5千米处的文笔山，现在原址重建。原塔始建于清乾隆四十四年（公元1 779年），毁于清道光年间。重建后的塔高25.99米，塔基直径16米，呈七级八面，逐级递减，第一层高5.8米，可作为展览遗迹供游客参观，二层以上全部中空，塔体用青砖青石砌身，青瓦飞檐，塔身笔直。

【陶应全被评为省、市道德模范】经逐级评选、网上投票评选和省、市评委会审核通过，华宁县青龙镇糯租村委会绿塘子村民小组原组长陶应全被评为“云南省敬业奉献模范”和“玉溪市敬业道德模范”。陶应全妻子苏丽琼参加了省、市召开的座谈会。陶应全于2012年3月26日因公牺牲后，被认定为烈士，先后被省、市、县追授为优秀共产党员。2012年7月27日，陶应全被中共中央组织部追授为“全国创先争优优秀共产党员”。

【通红甸刺绣首次在省文博会参展】　2014年8月9～14日，通红甸民族刺绣作品首次参加了由云南省文产办、云南省文化厅、云南省广电局、云南省新闻出版局、昆明市政府和云南世博旅游控股集团有限公司共同主办的创意云南2014文化产业博览会。华宁送展的16件绣品参加云南省第八届“工美杯”工艺美术精品评选，7件绣品荣获优秀奖。

【华宁现代农业科技示范基地项目揭牌】　2014年11月7日，由全国妇联、科技部、农业部联合认定的全国巾帼现代农业科技示范基地项目在宁州香食品有限责任公司董家山养殖基地揭牌，为发挥基地科技引领，帮助华宁县农村妇女依靠科技增收致富提供了一个平台。

【华宁柑橘庄园建设】　至2014年，华宁县种植柑橘85 979亩，总产量171 482.9吨，总产值66 230万元。2014 年10月，“华宁柑橘”注册商标被认定为玉溪市知名商标。华宁县农业局亚热带水果示范园全年果子总产115.55吨，经济总收入380万元，为提升华宁柑橘档次，在示范园基础上建设“华宁柑橘庄园”。庄园于2013年10月开工建设，华宁县农业局投入资金260多万元，项目工程于2014年11月通过华宁县农业局初步验收。

【华宁黑陶彩雕作品获优秀奖】2014年，华宁县舒氏陶艺有限责任公司推出的“情系彩云南”黑陶彩雕作

2014年1月20日，全国妇联权益部、联合国儿童基金会及天津、湖北、江苏、云南四省区妇联到华宁县对“12338”妇女维权服务指南、妇女之家及社区儿童保护项目进行实地调研。全国妇联权益部部长、法律帮助中心主任蒋月娥（左五），联合国儿童基金会儿童保护处处长郁兰达（左三），云南省妇联副主席马迎春（左一）等相关领导在玉溪市委常委、副市长鹿辉阳，副县长李丹的陪同下，分别到华宁县家庭暴力综合防治示范点、“12338”服务热线办公室、城关社区妇女之家进行参观　（施锦泉　摄）

品参加3月份在北京举办的全国休闲农业创意精品展，获产品创意优秀奖。

（杨有文）

【宁州街道】 2014年年末，全街道总人口80 729人，其中，男41 134人，女39 595人，农业人口48 876人，非农业人口31 853人。有少数民族15 702人，占总人口的19.45%。人口自然增长率为5.5‰，人口密度每平方千米184人。

2014年，全街道有耕地53 412亩，复种指数263%，人均占有耕地0.66亩，农民人均产粮340千克。粮食总产1 666.34万千克，比上年增5.3%；种植烤烟3.54万亩，交售烟叶368.7万千克，收购金额8 446.28万元，上中等烟比例达97.35%，均价27.47元/千克；油料总产2 171万千克；蔬菜产量11 071.66万千克；水果产量1 398.9万千克。新栽核桃18 666亩。年末，生猪存栏10.4 374万头，出栏18.9 311万头；羊存栏23 681只，出栏1.25万只；大牲畜存栏1. 95万头，出栏1.44万头；肉蛋奶总产量2 731.8万千克，全年畜牧业总产值达4.29亿元，占农业总产值的53.2%。实现农业总产值8.06亿元，比上年增长6.6%。其中：农业产值3.4亿元，比上年增11%；林业产值2 487万元，比上年增5.8%，畜牧业产值4.29亿元，比上年增3.4%；渔业产值518万元，比上年增4.6%；服务业产值694万元。农村实有劳动力45 685人，从事第二、三产业劳动力17 813人。

全年生产总值（现价）31.96亿元，比上年增2.8亿元，增长9.6%，其中第一产业增加值完成4.76亿元，第二产业增加值完成12.86亿元，第三产业增加值完成14.34亿元，第一、二、三产业比重15：40：45。

全街道有私营企业101户，从业人员5 654人，比上年增长0.7%；增加值61 729万元，总产值197 282万元，比上年增18.3%；营业收入242 417万元，比上年增19.8%；上交税金6 704万元，比上年增11.4%。规模以上企业（营业收入500万元以上）14个，实现工业总产值14.04亿元，占工业总产值的35.01%。纳入登记管理的个体工商户5 317户，从业人员12 135人，实现营业收入41.5亿元，实现利税总额1.63亿元，比上年增6.5%，其中实交税金2 268万元。

全年工业企业完成现价工业总产值40.1亿元，比上年增12.46%；完成工业增加值10.74亿元，比上年增26.43%；完成工业企业营业收入38.74亿元，比上年增13.8%；实缴税金8 972万元，比上年增12.08%。

全年上划中央“两税”完成122万元。地方财政总收入完成2 961万元，其中地方财政一般预算收入完成2 465万元，比上年增224万元。地方财政总支出完成2 961万元，比去年增152万元，其中地方一般预算支出完成2 371万元，比上年增9万元。

街道党工委书记纳俊辉，人大工委主任张坤，办事处主任王明清。

（马庆辉）

【盘溪镇】 2014年，全镇总人口53 036人，其中，农业人口43 022人，非农业人口10 014人。有少数民族23 930人，占总人口的46.1%。

2014年，全镇有耕地33 947亩，其中田18 726亩，地15 221亩；农业人口人均占有耕地0.79亩。全年农作物播种68 019亩，粮食作物面积29 463亩，粮食总产量1 384.51万千克，同比增0.5%；人均产粮322千克，同比增7.7%；经济作物播种38 556亩，同比增3%。大牲畜存栏8 333头，同比增长4.4%；累计出售和自宰肉牛1.6万头，同比增7.7%。生猪存栏4.4万头，同比增3.7%；累计出栏肥猪5.9万头，同比增7.5%。山绵羊存栏1.2万只，同比增2.2%，累计出售和自宰肉羊9 654只，同比增6.4%。家禽存栏7.3万只，同比增5.4%；累计出售和自宰肉禽18.6万只，同比增11.4%。

2014年，全镇生产总值（GDP）14.7亿元，比上年增10%。其中，第一产业增加值3.7亿元，同比增9.4%；第二产业增加值5.5亿元，同比增11.9%；第三产业增加值5.5亿元，同比增8.4%。社会固定资产投资6.5亿元，比上年增224.3%；社会消费品零售总额3.9亿元，同比增12%；农民人均纯收入9 615元，比上年增13.8%。

2014年，全镇财政总收入2 304万元，公共财政收入1 696万元（不含教育经费）；公共财政预算支出1 823万元。全年存款余额9.8亿元，贷款余额4.3亿元。

2014年，全镇企业个数1 131个，同比增加22个；从业人员9 253人，同比增加300人，增3.4%；全镇企业（含个体工商户）完成营业总收入288 120万元，同比增12 354万元，增加4.5%；全镇企业现价总产值完成282 825万元，同比增加13 796万元，增5.1%；企业上交税金5 494万元，同比增加88万元，增1.6%；企业利润总额61 439万元，同比增加3 665万元，增6.3%；企业劳动者报酬9 010万元，同比增加778万元，增9.5%。

镇党委书记牛成武，人大主席马操原，镇长范云松（2014年3月离任）、代理镇长马聪（2014年3月任）

（王悦潇）

【青龙镇】 2014年年末，全镇总人口53 293人，其中，男27 683人，女25 610人。农业人口48 540人，非农业人口4 753人。有少数民族10 487人，占总人口的19.67%。全年出生人口 527人，出生率9.89‰；死亡406人，死亡率7.62‰；人口自然增长率2.27‰，人口密度123人/平方千米。

2014年，全镇完成镇内生产总值99 982万元，比上年增7.8%，其中：第一产业完成 50 004万元，增6.3%；第二产业完成25 958万元，增8.1%；第三产业完成24 020万元，增9.9%。完成工农业总产值133 485万元，增7.5%，其中：农业总产值77 431万元，增6.5%；工业总产值56 054万元，增9%。完成社会固定资产投资4.2亿元。实现农村经济总收入72 177万元，增8.6%。实现农民人均纯收入9 995元，增9.98%。

2014年，全镇财政总收入5 118万元，比上年增5%；财政支出5 118万元，比上年增5%。年末，金融机构存款余额7.52亿元，比上年增9.73 %，贷款余额2.28亿元，存贷比为3.3：1。

全镇有个私企业1 251个，比上年增0.08%；从业人员2 989人，比上年增0.6%。营业收入61 095万元，比上年增18.11%；利润总额9 142万元，比上年增7.9%；上交税金1 468万元，比上年增6.53%；现价总产值77 508万元，比上年增15.99%。

镇党委书记黄汝刚，人大主席施学光，镇长梁丽芙

（马利娟）

【华溪镇】 2014年，全镇总人口13 677人，其中，男6 969人，女6 708人。农业人口12 032，占88.5%，非农业人口2 753人，占20.1%。有少数民族7 935人，占总人口的58.4%。年内出生人口187人，死亡人口103人。人口自然增长率6.1‰，人口密度90人/平方千米。

2014年，全镇实现社会生产总值2.95亿元，比上年增3 800万元，增长14.8%；工农业总产值（现价）40 071万元，比上年增21.2%。其中，农业总产值完成3.45亿元，比上年增6 800

万元，增长24.5%；完成工业总产值5 596万元，比上年增226万元，增4.2%；农村居民人均纯收入13 830万元，比上年增6.4%；人均储蓄存款余额16 816.55元，比上年增19.6%。

全镇财政收入609万元，比上年增111万元，增长22%；财政支出718万元，比上年增加79万元，增12.4%。上级支出27万元。金融机构各项存款余额2.3亿元，贷款余额2.7亿元，存贷比1∶1.2。

全镇有企业371个，比上年减44个。其中集体企业1个、私营企业20个、个体工商户348个、股份合作企业2个。全年工业总产值5 347万元，比上年增3%。

完成农业总产值3.45亿元，比上年增6 800万元，增长24.5%。全镇有耕地10 702亩，全年粮食总产301.87吨，比上年减3.9%；油料总产105.2吨，比上年增103.1%。农业人口人均产粮261.08千克。全镇完成烟叶收购48.54万千克，经济收入1 439.2万元，上等烟比例和均价五年居全县首位。畜牧业总产值4 013万元，比上年增28.4%。以核桃为主的干果产品取得良好经济效益，核桃种植11 115亩，产值606.72万元。

镇党委书记董刚，镇人大主席孙德昕，镇长李志林。

（付　吕）

【通红甸彝族苗族乡】　2014年，全乡总人口10 582人，其中，少数民族人口4 514人，占总人口的 42.7%。出生率为 7.9‰，人口自然增长率为1.34‰。

2014年末，全乡完成生产总值（现价）12 345万元，比上年增1 212万元，增长（现价比）10.9%。其中：完成第一产业增加值7 607万元，增长8.8%；第二产业增加值2 791万元，增长19.8%；第三产业增加值1 947万元，增长7.6%。实现工业总产值（现价）3 942万元，下降2.1%；本级财政收入1 314万元，增长44%，本级财政支出890万元，增长35%；农村居民人均可支配收入5 472元，增长13.8%；社会消费品零售总额1 105万元，增长10%。

2014年年末，全乡工业总产值4 726万元，比上年增698万元，增长17%；工业增加值827万元，比上年增170万元，增长25.9%。全乡有企业9家，其中工业企业4家，住宿企业1家，农业企业3家，交通运输1家。

2014年，全乡农业总产值（现价）12 168万元，比上年增613万元，增长5.3%，其中：农业产值7 991万元，比上年增371万元，增长4.87%；林业产值265万元，比上年增111万元，增长72.0%；牧业产值3 743万元，比上年增94万元，增长2.6%；渔业产值13万元；农、林、牧、畜服务业产值156万元。全乡有耕地18 033亩，农业人口人均占有耕地1.79亩。

乡党委书记普兴华，人大主席刘福寿，乡长坝兴伟。

（叶学丽）

易门县

【自然概貌】　滇中水城、菌乡——易门县，地处云南省中部，位于玉溪市西北部，介于东经101°54′～102°18′，北纬24°27′～24°57′之间。东接昆明市的安宁市、晋宁县，南连峨山县，西邻楚雄州双柏县，北与安宁市、禄丰县接壤。县境东、西最大横距44千米，南、北最大纵距57千米。总面积1 571平方千米，山区占97%，坝区及河谷面积占3%。县城龙泉街道海拔1 570米，距省会昆明95千米，距玉溪市委、市人民政府驻地红塔区州城110千米，有安易高等级公路从县城至安丰营与安楚公路相接，便捷地通达昆明、楚雄等地。省道晋云线和武峨线的易（门）峨（山）高（仓）二级公路分别以东西向和南北向从县境穿过，直达双柏、峨山县城和玉溪。县内东、北、西三面均是高山，中部为坝子，东南部为扒河和绿汁江谷地，地形似马蹄形，属高原地貌形态。境内最高点为西北面的小街乡甲浦村委会老黑山顶峰雀窝尖山，海拔2 608米，最低处在西南面的绿汁镇棚苴村委会炉房村绿汁江面，海拔1 036米，境内高差1 572米。县境属中亚热带半湿润高原季风气候，冬无严寒，夏无酷暑，夏秋多雨，雨热同期，干湿季节分明，呈立体气候特点。有南亚低热河谷气候、中亚热带气候、北亚热带气候、南温带高山气候共4种气候类型。同时由于地形、海拔的不同，因而造成小区气温、降水的差异性，有“十里不同天”之说。2014年总降水量766.5毫米，比常年值843.5毫米偏少77毫米，比上年同期多138毫米，仍属较少年份。年内平均气温17.2度，比常年值16.5度偏高0.7度，比上年值偏高0.4度，属较高年份；极端最高气温35.1度（6月3日），极端最低气温-2.7度（1月22日）。全年无霜期为291天；年日照时数2 158.8小时，比常年值多31.9小时，比上年同期偏多7.5小时，日照率49%。2014年总体上气候属中等略偏好年景。主要自然资源有铜矿、铁矿、锰矿、钨矿和高岭土、石灰石、矿泉水、野生食用菌等。主要旅游景区（点）有金三峡景区、绿汁江景区、易门铜矿老矿洞、马头山景区和龙泉国家森林公园、龙泉河景区、龙泉文化广场、石莲寺、静乐庵、小街爱国主义教育基地、脚家店恐龙化石群保护区等。著名地方特产有易门豆豉、粗铜、抗菌瓷餐具、高级墙地砖、工艺彩陶、野生食用菌及其制品、即食蕨菜、滇溪山泉、大龙口高粱酒、东君御酒、九田酒等。

【行政区划】　2014年，全县辖1个镇2个街道4个乡，即绿汁镇和龙泉街道、六街街道及小街乡、铜厂彝族乡、浦贝彝族乡、十街彝族乡。乡（镇、街道）下设39个村民委员会和19个社区居民委员会，有746个村（居）民小组、801个自然村。

【人口、民族】　2014年年末，全县总户数61 232户，总人口166 503人，比上年减253人，减少0.15%。在总人口中，农业户数33 609户，人口107 110人，占64.3%；男性84 789人，女性81 714人，男女性别比为104∶100；少数民族人口55 142人，占33.12%。年内出生1 474人，比上年多266人，出生率8.85‰，上升1.15个千分点；死亡1 395人，死亡率8.37‰，下降0.53个千分点；人口自然增长79人，自然增长率0.47‰；比上年上升1.68个千分点。人口密度每平方千米106人。

【综合经济指标】　2014年，全县完成现价生产总值（GDP）611 822万元，按可比价格计算，比上年增长22.2%。在生产总值中，第一产业增加值102 286万元，增长6.3%，占GDP比重的16.7%；第二产业增加值325 906万元，增长34.9%，占GDP比重的53.3%；第三产业增加值183 630万元，增长9%，占GDP比重的30%。三次产业结构调整为17∶53∶30，形成“二三一”发展格局。全县人均生产总值（按户籍人口计算）34 314元，比上年增加5 968元，增长22.2%。

【工 业】 2014年，全县实现现价工业总产值100.21亿元，比上年增22.6%。矿冶、陶瓷建材和食品加工三大产业实现产值822 147万元，增21.6%。其中，矿冶业实现产值578 526万元，增长20.9%，占工业总产值的57.7%；水泥陶瓷建材业实现产值151 089万元，增长14%，占工业总产值的15.1%；食品加工业实现产值92 532万元，增长42.1%，占工业总产值的9.2%。实现现价工业增加值303 966万元，按可比价格计算，比上年增长36%。

全县规模以上工业企业实现主营业务收入421 192万元，增长20.4%；实现利税总额26 420万元，增长42.9%；实现利润14 832万元，增长22%。

主要工业产品产量：铜精矿含铜量3 640吨，同比下降41.2%；水泥270万吨，同比增1.1%；日用陶瓷器2 632万件，同比增7.2%；铸铁件19 405吨，同比增72.9%；白酒9 354吨，同比增0.1%；发电量3 193万千瓦小时，同比降16%；供电量68 975万千瓦小时，同比增7.7%；粗铜37 698吨，同比增1.1%；硫酸（折100%）180 148吨，同比增28.6%；墙地砖3 918万平方米，同比增35.2%；玻璃26.2万重量箱，同比增5.2%；石膏板3 718万平方米，同比增37.3%

【农 业】 2014年，全县实现农业总产值180 511万元，比上年增8%。全年农作物总播种38.7万亩，其中，粮食作物18.6万亩，比上年增1%；非粮作物20.1万亩，比上年减2.1%。粮食与非粮作物种植比例为48∶52，非粮作物种植比例比上年下降0.8个百分点。年末有常用耕地157 453亩，其中田63 414亩，地94 039亩。农民人均占有耕地1.47亩。全年粮食总产5 919万千克，比上年增5.4%，其中，稻谷780万千克，玉米3 812万千克，小麦665万千克，蚕豆116万千克。油料总产270万千克，蔬菜产量8 845万千克。全县烤烟生产总量1 009万千克，交售总量990万千克，交售金额25 632万元，平均交售单价25.89元/千克，上等烟比例62.32%。农民人均烤烟交售收入2 393元。

2014年，肥猪出栏339 843头，比上年增加10.2个百分点，出栏率191.1%，比上年增13.2个百分点；大牲畜出栏21 578头，增14.7%；山绵羊出栏41 613只，比上年增16.4%；家禽出栏762万只，增6.9%。肉蛋奶产量5 128万千克，增12.2%，其中，肉类产量4 822万千克，增10.7%，猪肉2 768万千克，增10.2%，农业人口人均肉产量450千克，增20.3%。全年实现畜牧业产值94 878万元，增5.9%，占农业总产值的52.6%。

年内，完成3 000亩封山区补植补造和5 000亩核桃造林、六街河流域生态治理工程人工造林5 000亩，改造国家森林10 000亩和省级低效林10 000亩任务。加强国家重点公益林项目管理，全年下拨护林员管护费和林权所有者补偿费1 489.86万元。加大林业执法力度，扎实有效开展森林防火工作。及时对以松纵坑切梢小蠹虫和板栗溃疡病为主的森林病虫害进行综合防治。积极推进集体林权制度配套改革，有效开展林权变更登记、林权流转和林权抵押贷款工作。全年共办理林权更正44宗、林权流转192宗，流转面积19 147.5亩、流转交易额1 113万元；办理林权抵押贷款35户110宗，涉及林地10 014.4亩，贷款金额2 691万元。加大森林执法力度。龙泉国家森林公园从2014年1月1日起免费向公众开放。森林覆盖率72.16%。

农业基础设施不断夯实。全年投资28 226.58万元实施水利建设，完成水利建设工程5 387件，新增蓄水能力117.25万立方米，维修加固堤防5.63千米，新增防渗渠道162千米，新增有效灌溉面积0.28万亩，改善灌溉面积3.2万亩，除涝0.67万亩，改造中低产田0.18万亩，治理水土流失面积35.4平方千米。实现1.86万人饮水安全，66件农村人饮水安全工程完工投入使用。十街河道治理和山洪防治县级非工程措施建设项目及铜厂龙潭坝扩建主体工程完工。苗茂水库、团结水库、双龙潭水资源保护、六街集镇供水、绿汁江上游易门段治理等项目开工建设。水利化程度75.36%。

【固定资产投资】 2014年，完成规模以上固定资产投资419 054万元，比上年增181 180万元，增76.2%，其中，国有投资108 508万元，占投资总额的25.9%；民间投资310 546万元，占投资总额的74.1%；工业投资210 068万元，占全社会投资总额的50.1%。

全年签约招商引资项目38项，协议投资总额141亿元。全年实际利用县外国内资金55.73亿元，比上年增加23.2亿元，增长71.2%。

【交通、邮电】 2014年，投资6 551万元计54千米的毛毛凹、金田至大村、米苴至大箐、西山至股水、龙泉公园至平滩子、绿汁至木奔公路工程完工通车。全年县、乡公路好路率75%，通车率100%；乡村公路好路率52%，通车率99.8%。全县有公路里程1 654千米，公路密度105.3千米/百平方千米。

2014年年末，全县有固定电话用户8 785户，比上年减少1 810户；移动电话130 093部，比上年增加3 735部；互联网用户25 094户，比上年增加7 474户。电话拥有量每百人77.9部，比上年增加11部。

【贸易和物价】 2014年，社会消费品零售总额141 851万元，增长13.3%。全年外贸进出口总额完成4 211.61万美元，同比增长28.2%。其中，进口完成1 574.14万美元，同比增长1.2倍；出口完成2 637.47万美元，增长3.2%。市场物价稳定运行，居民消费价格指数为102.3%，比上年同期回落0.8个百分点。

【财政、金融和保险】 2014年，完成财政总收入88 884万元，比上年增加17 258万元，增长24.1%。其中，中央、省、市级收入共完成30 424万元，比上年增加6 604万元，增27.7%；地方财政收入完成58 460万元，比上年增加10 654万元，增22.3%。全年财政支出163 111万元，比上年增支17 981万元，增12.4%。

年末，全县金融机构存款余额625 593万元，比上年增加83 918万元，增15.5%。其中，城乡居民储蓄存款余额378 888万元，比上年增加45 336万元，增13.7%；人均存款21 250元，比上年增加2 543元，增13.7%。全县金融机构贷款余额397 651万元，比上年增加48 639万元，增13.9%，存贷比为63.6%，比上年下降0.8个百分点。

全年各种保费收入13 026万元，比上年增加82万元，增0.6%；保险赔付额 3 557万元，比上年减少1 623万元，减31.3%。

【科技、教育】 2014年，争取科技扶持资金510万元，评出上年县级科技进步成果一等奖3项、二等奖4项、三等奖2项，组织申报科技项目31项，立项30项，其中国家级2项、省级21项、市级7项。申报市科技成果2项，获得玉溪市科技进步三等奖1项。申请专利98件，授权61件，其中发明专利7件，外观设计2件，实用新型57件。

2014年年末，全县有普通高级中学1所，招生750人，在校生2 171人，毕业生629人。有职业高级中学1所，招生471人，在校生1 056人，毕业生424人。有普通初级中学8所，招生2 265人，在校生7 085人，毕业生2 300人。有普通小学52所，招生1 297人，在校生10 824人，毕业生2 263人。有学前教育164个班，其中学前班43个，招生825人，在校853人；幼儿园34所，在园幼儿2 621人。全县有教职工1 998人（含民办幼儿园77人），其中教师1 816人（含民办幼儿园77人）。全县7～12周岁适龄龄儿童入学率99.95%，小学升初中入学率99.95%，小学辍学率0.81%，初中辍学率1.66%。

【卫生、体育】 2014年，继续巩固县医院、县中医医院二级甲等医院创建成果。投资2 550万元的县中医医院改扩建和125万元的小街乡卫生院改扩建项目主体工程完工；投资40万元的8个村卫生室改扩建项目开工2个。年末，全县有医疗卫生机构61家，其中，县级医疗机构3家、疾控中心1家、乡（镇）卫生院7家、村卫生所43家、民营医院4家、个体诊所38家、医务室6家。有床位954张、卫生技术人员689人。新型农村合作医疗参合农民126 374人，参合率96.77%，新农合资金支出5 877.73万元，减免255 144人次。以防治艾滋病、控制结核病和手足口病为重点，全面落实各项传染病防控措施，重点传染病得到有效控制。年内共报告传染病14种875例，发病率522.39/10万，其中，乙类传染病10种188例，发病率112.24/10万，丙类传染病5种667例，发病率398.21/10万，无甲类传染病发生。年末，孕产妇系统管理率99.22%，0～6岁儿童健康管理率97.86%。

体育事业成功申报“七彩云南全民健身基础设施工程”10个、“活动示范工程项目”1个，争取项目资金52万元。举办各种赛事，带动不同人群参与健身活动，常年坚持参加体育锻炼的人数6.8万人，全民体质不断增强。

妇幼保健工作落实“住院分娩补助”惠民政策。年末，孕产妇系统管理率99.22%，0～6岁儿童健康管理率97.85%。

【旅游、文化和广播电视】 2014年，旅游产业紧紧围绕“旅游兴县”发展战略，着力夯实“滇中水城、菌乡易门”旅游品牌，全力打造集生态观光、休闲度假、运动探险和康体保健于一体的生态旅游品牌。年内，省级民族特色旅游村寨—平滩子村建设项目完工；南屯湖生态旅游园建设项目二期公园的道路硬化、景观绿化、路网建设工程及樟木箐生态旅游新农村项目继续推进。抓好乡村旅游接待经营户提档升级工作，突出特色，扶持发展乡村旅游，积极打造乡村休闲度假旅游产品。组织宾馆酒店、景区景点、乡村旅游经营户的从业人员100余人参加旅游服务技能培训，全面提升旅游行业服务水平和质量。截至年末，全县共有四星级乡村旅游接待点2家，三星级10家。全年共接待游客115.4万人次，比上年增长8.2%，实现旅游总收入58 293.6万元，增长20.8%。

以春节、“二月二”戏会等传统节日为契机，借助野生食用菌交易会等重要活动，精心组织群星艺术团、龙灯、地会表演队、蔡营社区居委会龙灯、狮子等9支文艺表演队进行文艺演出，广泛开展公益性文化活动。年内举办2期文艺骨干创作培训班，参与各级展演和比赛，《夫妻醉酒》、《花瓣飞扬》、《玉溪欢歌》等一批花灯小戏和综合类表演节目获得省、市奖项。抓好非物质文化遗产的申报工作，成功申报土陶制作家杨建云、苗族民间舞“跳三桩”传承人龙明忠为市级非物质文化遗产传承人；申报歪头山村、下江口村、贾姑摆衣村为第三批中国传统文化村落。年内，新华书店销售图书61.4万册，销售额达724万元。图书馆流通图书（期刊）100 742册，新书（期刊）上架7 070册。已建成的58家农家书屋功能作用发挥良好。全年在龙泉文化广场展映文化共享工程优秀影片162场，在农村放映公益电影408场，文化惠民、文化育民作用进一步彰显。

广播电视工作牢牢把握正确的舆论导向，全方位、多角度对《抗大旱 保民生 促生产》、《来自重点工程的报道》、《践行社会主义核心价值观》、《建设美丽家园》、《践行党的群众路线》等专题栏目的进展情况、成效、经验进行宣传报道。年内，与玉溪市电视台联合推出《我县建章立制强服务 破解项目落地难》、《我县大力推进南屯湖生态旅游园建设 提升“滇中水城”城市品位》、《鑫诺陶瓷完成项目投资1.4亿元》等一批成效性主题报道，对外充分展示易门各行各业开展工作采取的新举措和取得的新成果、新经验。《菌乡易门》专题片在云南电视台经典人文频道和昆明电视台播出，《菌子飘香时 情览山珍绝妙滋味》在云南电视台新闻联播“美丽云南我的家”栏目头版头条播出，让外界群众体验易门风土人情，感悟易门民族民间文化的同时，提高舆论引导公信力和对外宣传影响力。全年编播新闻161期949条，播发各类公益广告4 000余条（次），编发《新闻直通车》栏目17期223条。年末，电视覆盖率99.88%，广播覆盖率达99.77%。

【人民生活和社会保障】 2014年，农村居民人均可支配收入9 349元，比上年增加1 234元，增15.2%；城镇居民人均可支配收入26 678元，比上年增加2 985元，增12.6%。

全县机关、企事业单位职工和个体从业人员参加城镇职工基本养老保险21 060人，收入17 259万元，支出17 041万元；参加城乡居民养老保险97 831人，收入3 335万元，支出1 686万元。参加城镇职工基本医疗保险16 758人，收入6 690万元，支出5 205万元；参加城镇居民基本医疗保险17 185人，收入785万元，支出785万元。参加失业保险7 604人，收缴保费1 066万元，发放失业职工保险金173.9万元。全县纳入城市居民最低生活保障6 320人，发放保障金1 952.3万元；农村最低生活保障16 654人，发放保障金2 472.1万元。

全年共投入救灾资金446.5万元；对城乡特困群众7 790人实施医疗救助，支付医疗救助资金447.5万元；对586人实施临时困难救助，发放救助资金124.7万元。全县城镇登记失业率为3%，下岗失业人员再就业485人，城镇新增就业2 270人，帮助特殊困难群体对象实现再就业435人，发放再就业资金398万元。

全县7所敬老院在院供养“五保”老人125人，分散供养675人，支出“五保”对象的供养经费247.1万元。全年发放优抚对象抚恤金495.7万元，退伍安置费127.3万元，孤儿基本生活费42.9万元，高龄老人“保健长寿补助金”204万元。

全年争取财政扶贫项目资金2 004.2万元，实施项目11项，其中实施浦贝整乡推进项目完成投资3 520.9万元；投入财政扶贫资金180万元实施整村推进项目3个；投入老区开发专项资金545万元实施革命老区建设项目5个；投资149万元实施扶贫安居工程项目149户；投入财政扶贫资金240万元实施产业扶贫项目3个；发放扶贫贴息贷款4 900万元，财政贴息197万元；投入435.5万元在龙泉、浦贝、六街7个村实施美丽家园建设项目工程。

2014年，完成白内障复明手术207例，开展“高原阳光”健康助残行动，为4 153名残疾人免费赠送价值49.8万余元保健食品4 153盒；调查落实市级阳光家园计划项目居家托养33名、贫困重度精神残疾人免费服药100名。职业技能、体育竞技取得好成绩，在玉溪市第四届残疾人职业技能竞赛中，荣获2个二等奖、2个三等奖；在省残运会中，取得自行车1千米、3千米、5千米计时赛项目3个第一、铅球项目第三名的优异成绩。全年征收残疾人保障金175.3万元。

【领导干部】 县委书记马云峰，副书记周龙武、范永光、彭协平（省下派，2014年3月任，挂职）。人大常委会主任王华堂，副主任金德芳（女）、王文方、法治祥、李翠仙（女、彝族）。县长周龙武（2014年1月任），副县长徐卫明、许绍宏（彝族）普立敏（彝族）、沐尚葵（女）、普长福（彝族）、杨兴龙、高逢旸（女，省下派，挂职）、施立刚（省下派）。政协主席冯晓燕（女），副主席周黎明、朱林、侯丽芬（女）、赵兴堂。纪委书记范永光（2014年1月离任）、钱树才（2014年1月任）。

【经济指标增速快】 2014年，易门县10项经济指标增速居全市第一。全县生产总值61.2亿元，同比增22.2%；工业总产值100.2亿元，同比增22.6%；规模以上工业增加值24.4亿元，同比增42.7 %；财政总收入8.9亿元，同比增24.1%；地方财政收入5.8亿元，同比增22.3%；地方公共财政预算收入4.6亿元，同比增16.8%；规模以上固定资产投资41.9亿元，同比增76.2%；实际利用县外国内资金55.7亿元，同比增71.2%；农村居民人均可支配收入 9 349元，同比增15.2%；城镇居民人均可支配收入26 678元，同比增12.6%。

【外来投资企业增多】 2014年，易门县外来投资企业户数增加。全县共有40家外来投资企业进入统计范围，同比增6家，增长17.64%；外来投资企业职工人数增加较大，易门籍职工在外来投资企业中所占比重增加较快，比上年同期增1 809人，占外来企业职工总人数的72.22%，比上年同期增加30.2个百分点。

随着易门籍人员各项素质的不断提高，广大易门籍职工不断得到外来投资者的认可和接纳，已逐渐成为易门县外来投资企业生产的主力军。

（矣德忠）

2014年4月2日，中共玉溪市委书记张祖林（前排左二）、市长饶南湖（前排左三）、市人大常委会主任谢兴荣（前排左四）到易门调研并指导工作

（易门县史志办　提供）

【龙泉街道】 2014年，全街道总人口57 682 人，其中男 28 487人，女29 195人；少数民族人口8 717人，占总人口的15.1%。人口自然增长率2.89‰。农村劳动力30 944人，其中从事第二、第三产业的20 299人，占总劳动力的65.6%。

2014年年末，全街道有耕地24 448亩，复种指数242.09%。全年粮食总产1 000.34万千克，比上年增6%；油料总产59.99 万千克，比上年增21.7%。农业人口人均产粮516.33千克。年末，生猪存栏50 540 头，比上年减3.1%；肥猪出栏84 730头，比上年增15.1%。大牲畜存栏4 990头，比上年增15.2%。水利化程度88.2%。

2014年，有个私企业295个，比上年增6个；从业人员7 360人，比上年增4.3%；企业总收入286 632万元，比上年增24%；实现税利5 773万元，比上年增28%。

2014年，全街道农村社会总产值（现价）66 425 万元，比上年增4.3%。工业总产值26 515万元，比上年增 6.3%；农业总产值41 229万元，比上年增28.02%。农村经济总收入66 425万元，比上年增 4.13%；农民人均纯收入9 530元，比上年增8.4%。

2014年，全街道财政收入2 374.7万元，比上年增 0.13%。

街道党工委书记杨应勇，人大主席刘东明（2014年11月任），街道办事处主任施立生（2014年1月任）。

（刘　珍）

【六街街道】 2014年，全街道总人口253 692人，其中男12 807人，女12 555人；少数民族人口5 218人，占总人口的20.6%。人口自然增长率1.74‰。农村劳动力16 258人，其中从事第二、第三产业的6 917人，占总劳动力的42.5%。

2014年年末，全街道有耕地22 325亩，复种指数208.7%。全年粮食总产986.57万千克，比上年减8.3%；油料总产24.22万千克，比上年增15%。农业人口人均产粮522.5千克。年末，生猪存栏33 500 头，比上年增1.8%；肥猪出栏42 500头，比上年增2.3%。大牲畜存栏6 561头，比上年增6%。水产品产量7.4万千克，比上年增32%。全年投入水利建设资金2 188万元，水利化程度85%。

2014年，有个私企业2 139个，比上年增661个，从业人员4 560人，比上年增12.4%；企业总收入106 540万元，比上年增13%；实现税利 13 641

万元，比上年增31.7%。

2014年，全街道农村社会总产值（现价）157 100万元，比上年增14.7%。工农业总产值（现价）149 000万元，比上年增16%。其中，工业总产值119 800万元，比上年增7.7%；农业总产值29 300万元，比上年增13.2%。农村经济总收入62 962万元，比上年增12.5%；农民人均纯收入9 509元，比上年增14.8%。

2014年，全街道财政收入1 965.39万元，比上年增24.4%；财政支出1 993.69万元，比上年增23.5%。年末，各项存款余额4.06亿元，比上年增 3.6%；人均储蓄存款余额16 014元，比上年增3.6%。

街道党工委书记李富良（2014年1月24日任），人大主席吴剑坤，街道办事处主任陈有兵。

（许春梅）

【绿汁镇】 2014年，全镇总人口17 583人，其中男9 352人，女8 231人；少数民族人口 7 189人，占总人口的 40.89%。人口自然增长率-4.39‰。农村劳动力 9 599人，其中从事第二、第三产业的3 123人，占总劳动力的32.53%。

2014年年末，全镇有耕地20 844亩，复种指数278%。全年粮食总产712.9万千克，比上年增5.83%；油料总产27.75万千克，比上年增28.56%。农业人口人均产粮556千克。年末，生猪存栏17 524头，比上年增1.59%；肥猪出栏 32 892头，比上年增5.73%。大牲畜存栏4 515头，比上年增1.25%。水产品产量31万千克，比上年减3.1%。全年投入水利建设资金 945.3万元，水利化程度68%。

2014年，有个私企业422个，与上年持平，从业人员1 522人，比上年增0.13%；企业总收入23 384万元，比上年增1.15%；实现税利1 911万元，比上年增1.16%。

2014年，全镇农村社会总产值（现价）68 650万元，比上年增12%。工农业总产值（现价）39 623万元，比上年增11%。其中，工业总产值25 913万元，比上年增3.47%；农业总产值13 710万元，比上年增28.7%。农村经济总收入25 576万元，比上年增14.02%；农民人均纯收入9 276元，比上年增15%。

2014年，全镇财政支出1 570万元，比上年增13.11%。年末，各项存款余额3.18亿元，比上年增6%；人均储蓄存款余额18 086元，比上年增8.02%。

镇党委书记李全盛（2014年12月离任），人大主席李增寿（2014年3月离任），镇长郭晖。

（李世兵）

【小街乡】 2014年，全乡总人口12 378人，其中男6 373人，女6 005人；少数民族人口2 876人，占总人口的23%。人口自然增长率2.21‰。农村劳动力8 310人，其中从事第二、第三产业的2 273人，占总劳动力的27%。

2014年年末，全乡有耕地14 926亩，复种指数296%。全年粮食总产545.08万千克，比上年增5.4%；油料总产27.01万千克，比上年增3.8%。农业人口人均产粮440.3千克。年末，生猪存栏12 254头，比上年增3%；肥猪出栏41 895头，比上年增3%。大牲畜存栏4 451头，比上年增0.5%。全年投入水利建设资金1 081.9万元，水利化程度74%。

2014年，有个私企业720个，比上年增18个，从业人员1 794人，比上年增2.4%；企业总收入2 584万元，比上年增1.8%；实现税利503万元，比上年增4.1%。

2014年，全乡农村社会总产值（现价）18 046万元，比上年增5%。工农业总产值（现价）18 318万元，比上年增7.5%。其中，工业总产值1 685万元，比上年增5%；农业总产值16 633万元，比上年增7.8%。农村经济总收入18 430万元，比上年增12%；农民人均纯收入8 843元，比上年增15%。

2014年，各项存款余额2.3亿元，比上年增22%；人均储蓄存款余额18 215元，比上年增22%。

乡党委书记王红喜，人大主席袁清，乡长高峻岭。

（李佳佳）

【铜厂彝族乡】 2014年，全乡总人口21 514人，其中男11 042人，女10 472人；少数民族人口12 690人，占总人口的59%。人口自然增长率1.3‰。农村劳动力13 971人，其中从事第二、第三产业的3 203人，占总劳动力的22.93%。

2014年年末，全乡有耕地32 380亩，复种指数246.78%。全年粮食总产1 043.01万千克，比上年增1.57%；油料总产48.55万千克，比上年减5.5%。农业人口人均产粮480千克。年末，生猪存栏27 965头，比上年增2.4%；肥猪出栏47 002头，比上年增7%。大牲畜存栏4 761头，比上年减9.1%。水产品产量5.6万千克，比上年增5%。全年投入水利建设资金1 762.65万元，水利化程度85.2%。

2014年，有个私企业270个，与上年持平，从业人员666人，与上年持平；企业总收入12 917.1万元，比上年增8%；实现税利278万元，比上年增10%。

2014年，全乡农村社会总产值（现价）28 569万元，比上年增9.15%。工农业总产值（现价）28 828万元，比上年增9.1%。其中，工业总产值259万元，比上年增5%；农业总产值14 958万元，比上年增9.96%。农村经济总收入29 533万元，比上年增11.57%；农民人均纯收入8 320元，比上年增17%。

2014年，全乡财政收入1 165万元，比上年减1.19%；财政支出1 165万元，比上年减1.19%。年末，各项存款余额2.21亿元，比上年增10%；人均储蓄存款余额 2 879 元，比上年增4.5%。

乡党委书记何莉琼（2014年11月离任）、王文光（2014年11月任），人大主席马尊龙，乡长法绍伟。

（铜厂乡办公室）

【浦贝彝族乡】 2014年，全乡总人口17 837人，其中男 9 182人，女8 655人；少数民族人口9 528人，占总人口的53.4%。人口自然增长率-1.4‰。农村劳动力11 860人，其中从事第二、第三产业的5 268人，占总劳动力的44.4%。

2014年年末，全乡有耕地21 740亩，复种指数228.7%。全年粮食总产799.41万千克，比上年增13.7%；油料总产43.41万千克，比上年增30.7%。农业人口人均产粮525千克。年末，生猪存栏26 529头，比上年增1.7%；肥猪出栏 52 413头，比上年增9.4%。大牲畜存栏6 914头，比上年增6%。水产品产量3.8万千克，比上年减5%。全年投入水利建设资金1 661万元，水利化程度81%。

2014年，有个私企业75个，与上年持平，从业人员3 585人，与上年持平；企业总收入101 201万元，比上年减1%；实现税利4 629万元，比上年增5.4%。

2014年，全乡农村社会总产值（现价）148 307万元，比上年增20%。工农业总产值（现价）112 198万元，比上年增2.5%。其中，工业总产值87 000万元，比上年减1%；农业总产值 25 198万元，比上年增8%。农村经济总收入47 717万元，比上年增16%；农民人均纯收入9 500元，比上年增14%。

2014年，全乡财政收入1 484万元，比上年增19%；财政支出1 529万元，比上年增26.7%。年末，各项存款余额2.08亿元，比上年增11.9%；人均储蓄存款余额11 661元，比上年增12.2%。

乡党委书记田晓荣，人大主席李长华，乡长雷波。

（王震金）

【十街彝族乡】 2014年，全乡总人口12 806人，其中男6 548人，女6 308人；少数民族人口7 169人，占总人口的56%。人口自然增长率-12‰。农村劳动力9 174人，其中从事第二、第三产业的3 316人，占总劳动力的36%。

2014年年末，全乡有耕地21 837亩，复种指数225%。全年粮食总产852.14万千克，比上年增1.24%；油料总产4.8万千克，比上年减27.71%。农业人口人均产粮680千克。年末，生猪存栏17 169头，比上年增40.7%；肥猪出栏38 411头，比上年增12.3%。大牲畜存栏1 634头，比上年增4.3%。水产品产量13万千克，比上年增18%。全年投入水利建设资金2 740万元，水利化程度73%。

2014年，有个私企业251个，比上年增6个，从业人员1 372人，比上年增0.07%；企业总收入920万元，比上年增9.5%；实现税利15万元，比上年增15%。

2014年，全乡农村社会总产值（现价）26 526万元，比上年增8.2%。工农业总产值（现价）16 981万元，比上年增10.4%。其中，工业总产值4 638万元，比上年增11.5%；农业总产值12 343万元，比上年增10%。农村经济总收入22 168万元，比上年增16%；农民人均纯收入8 793元，比上年增9.4%。

2014年，全乡财政收入980万元，比上年增0.3%；财政支出980万元，比上年增0.3%。年末，各项存款余额1.8亿元，比上年增12.5%；人均储蓄存款余额14 416元，比上年增14%。

乡党委书记严霖，人大主席普文玉，乡长李小龙。

（十街乡办公室）

峨山彝族自治县

【自然概貌】 峨山彝族自治县地处云南省中部。位于东经101°52′～102°37′，北纬24°01′～24°32′之间。东接红塔区，东南与通海县交界，南与红河州石屏县接壤，西南与新平县山水相连，西北与楚雄州双柏县隔江相望，北与易门县相通，东北与昆明市晋宁县毗邻。玉元高速公路（213国道）穿境而过。县委、县政府驻地双江街道距玉溪市政府驻地24千米，距云南省会昆明市118千米。区域最大横距74.6千米，纵距56.7千米。总面积1 972平方千米，山区占96%，坝区及河谷占4%。

峨山属高原地貌，丘陵、平坝、河谷、中山相间，地势西北高东南低，县城海拔1 538米，最高点为北部甸中镇镜湖行政村的火石头山，海拔2 583.7米，最低点在西部绿汁江边的丫勒，海拔820米。立体气候显著，属亚热带半湿润凉冬高原气候区。县境地形似三角形，东部狭长，西部较宽，由中山、河谷、小盆地三种地貌构成。境内海拔2 000米以上的高山有60多座，较大的有高鲁山、大西山、总果山、大黑山、火石山等。地势西北高东南低。东部因受曲江（县境称猊江）切割，形成西北至东南走向的山地与谷地相间的地貌形态。中部的岔河、塔甸、富良棚等乡（镇）属岩溶比较发育的石灰岩地区，群山起伏，溶洞、洼地较多，有地下沟、河分布，地面水源较缺。西部和北部山高坡陡，箐深谷狭，地形破碎。境内峰峦叠翠，山清水秀，素有“山有多高，水有多高；冬无严寒，夏无酷暑，四季如春”之美称。

境内河流分属红河、珠江两大水系。分水岭由高鲁山沿峨山、红塔区界入岔河乡境内，经黄草岭而南至厂上李家山，南入石屏县。分水岭以东为珠江水系，以西为红河水系。2014年，境内年平均气温17.0℃，极端最低气温-1.1℃，极端最高气温34.1℃，霜期从2013年12月20日至2014年2月15日，有霜日22天。年日照数2 383.3小时，年降雨量760.2毫米。

峨山矿产资源主要有铁、煤、硅、铜、锌、高岭土、花岗岩、大理石等，这些矿藏品位高，地处公路沿线，矿点集中，易于开采。

2014年，县内林地面积228万亩，森林覆盖率66.4%。在茫茫的林海中，有植物1 500多种，有国家一级保护植物大树桫椤，有国家二、三级保护植物数十种。香菇、木耳、干巴菌、鸡棕等20多种野生食用菌以优质量大闻名省内外。

【行政区划】 2014年，全县辖双江街道、小街街道、化念镇、甸中镇、塔甸镇、岔河乡、富良棚乡、大龙潭乡，全县设76个村（居）民委员会，570个村（居）民小组，558个自然村。

【人口、民族】 2014年年末，全县常住人口16.56万人，比上年末增加0.1万人。全年出生0.19万人，出生率为11.24‰；死亡0.1万人，死亡率为5.84‰；自然增长率为5.4‰，比上年提高0.08个千分点。年末，全县城镇人口6.59万人，乡村人口9.97万人，全县城镇化率达39.78%，比上年提高1.28个百分点。全县总户数为54 205户，比上年增808户，其中，农业户为28 881户，减1 399户。总人口为155 395人，比上年增3 270人，其中，农业人口99 959人，占总人口的64.3%；女性人口77 439人，占总人口的49.8%；少数民族人口105 464人，占总人口的67.9%。

【综合经济指标】 2014年，全年完成现价生产总值（GDP）550 378万元，按2010年可比价计算，比上年增11.2%。其中，第一产业增加值95 456万元，增6.6%；第二产业增加值265 044万元，增15.2%；第三产业增加值189 878万元，增6.8%。三次产业结构由上年的17.2∶47.5∶35.3调整为17.3∶48.2∶34.5，分别拉动GDP增长0.9、8.0和2.3个百分点，对GDP增长的贡献率分别为8.1%、71.2%和20.7%。人均生产总值为33 336元，比上年增3 223元，按2010年可比价计算增长10.6%。

全年全县非公有制经济完成增加值294 616万元，占GDP的比重为53.5%。

全县居民消费价格总指数（CPI）比上年上涨1.4个百分点，涨幅比上年回落0.4个百分点，其中，食品价格上涨0.2%，非食品价格上涨1.9%；消费品价格下降0.2%，服务项目价格上涨8.4%。商品零售价格总指数比上年下降0.8个百分点，农业生产资料价格指数比上年下降0.1个百分点。

【工业和建筑业】 2014年，峨山县实现工业增加值243 481万元，按可比价计算（下同）比上年增15.7%，拉动GDP增长7.6个百分点，对GDP增长的贡献率为68.1%。其中，21户规模以上工业企业完成增加值149 990万元，增18.0%。

在规模以上工业增加值中，按轻重工业分，轻工业增加值5 662万元，下降1.1%，占规模以上工业增加值比重为3.8%；重工业增加值144 328万元，增18.9%，占规模以上工业增加值比重为96.2%。按经济类型分，集体企业增加值7 715万元，增52.3%；股份制企业增加值139 860万元，增17.3%；外商及港澳台商投资企业增加值2 415万元，下降16.0%。全县五大高耗能行业完成增加值53 902万元，比上年增8.2%，其中，炼焦业增长2.7%，化学原料及化学制品制造业增长12.1%、非金属矿物制品业增长31.6%、黑色金属冶炼及压延加工业下降3.4%、电力热力的生产和供应业增长15.8%。

全年规模以上工业企业累计实现利税75 136万元，比上年增3.7%；其中实现利润46 472万元，下降8.0%。

全年完成建筑业增加值21 563万元，按可比价计算比上年增长8.7%。全县具有资质等级的建筑业企业6个。

【农　业】　2014年，全县完成农、林、牧、渔业总产值147 763万元，比上年增6.8%，扣除物价因素实际增长6.7%。其中，农业产值78 801万元，按可比价计算（下同）增4.9%，占农、林、牧、渔业总产值的比重为53.3%；林业产值7 058万元，增10.8%，占总产值的4.8%；牧业产值57 800万元，增9.0%，占总产值的39.1%；渔业产值1 244万元，增2.7%，占总产值的0.8%；农、林、牧、渔服务业产值2 860万元，增5.0%，占总产值的2.0%。

全年农作物总播种393 621亩，比上年增5 598亩，增长1.4%。复种指数为189.3%，比上年提高1.8个百分点。全年粮食播种181 606亩，比上年增3 877亩，占总播种面积的46.1%，比重比上年提高0.3个百分点；经济作物播种129 939亩，比上年减20 911亩，占总播种面积的33.0%，比重比上年下降5.9个百分点；其他作物播种82 076亩，比上年增22 632亩，占总播种面积的20.9%，比重比上年提高5.6个百分点。

全县共建成生猪标准化规模养殖场35个。全年出栏肥猪50头以上的规模户140户，其中500头以上的7户，1 000头以上的11户；养肉牛20头以上的规模户208户，其中100头以上的3户；年出栏肉羊50只以上的规模户270户，其中出栏100只以上的23户；年出栏肉鸡1 000只以上的规模户17户，其中1万只以上的7户，5万只以上的1户；年饲养蛋鸡1 000只以上的12户，其中1万只以上的2户，5万只以上的1户；年出栏水禽500只以上的34户。

林业生产以特色林产业发展为重点，做好竹子、核桃、杨树的种植和管护工作；结合地方高原特色，温带水果的种植初具规模，全年共栽种5 470亩，其中，猕猴桃650亩、金丝枣2 750亩、三华李1 020亩、油桃1 050亩。

2014年，全县水产养殖6 200亩，与上年持平，其中池坝塘养殖面积2 776亩，水库养殖面积3 424亩。稻田养殖面积1 726亩，比上年增376亩。水产品产量850吨，比上年增20吨，增长2.4%。水利化程度达63.44%。

全县拥有农业机械总动力41 894.84万瓦特，比上年增758.55万瓦特，增长1.8%。全年完成养殖小区和联户沼气池建设4座，农户沼气使用率达86.4%；完成农村节柴改灶推广900户；完成农村太阳能安装40户。

全年全县施用化肥29 390吨，比上年增3.5%；农用塑料薄膜使用917吨，比上年增14.1%；农药使用量518吨，比上年增7.9%；农村用电量6 002万千瓦时，比上年增长9.8%。

年末，乡村劳动力资源数90 112人。全县乡村从业人员82 625人，其中：从事农、林、牧、渔业人员58 237人，占乡村从业人员的70.5%，比上年下降0.1个百分点；从事第二产业的9 725人，占乡村从业人员的11.8%，比上年下降0.1个百分点；从事第三产业的14 663人，占乡村从业人员的17.7%，比上年上升0.2个百分点。

【乡镇企业】　2014年，全县乡镇企业营业收入达513 714万元，比上年下降5.9%，其中个体、私营企业营业收入510 912万元，比上年下降5.2%。实现利润总额14 450万元，比上年下降41.6%，上交各种税金18 409万元，比上年下降12.4%。乡镇企业年末从业人员26 154人，比上年下降1.1%；劳动者报酬44 318万元，比上年增长16.1%；从业人员平均工资16 945元，比上年14 439元增2 506元。

【固定资产投资】　2014年，全县完成固定资产投资418 184万元，比上年增16.7%。分三次产业看，第一产业完成投资14 351万元，增2.5%；第二产业完成投资192 558万元，增22.2%；第三产业完成投资211 275万元，增13.1%。一、二、三产业投资额分别占规模以上固定资产投资总额的3.4%、46.1%、50.5%。

房地产开发投资36 460万元，比上年增9.1%。商品房施工26.89万平方米，比上年增51.9%；商品房屋竣工0.26万平方米，下降45.7%；商品房销售8.62万平方米，增长67.8%；商品房销售额25 274万元，比上年增54.6%。

固定资产投资施工项目118个，比上年增16个。其中，本年新开工项目71个，比上年增4个；上年续建项目47个，本年竣工投产项目76个。施工项目中，固定资产投资施工项目108个，房地产开发投资施工项目10个。本年完成投资500万元以上1 000万元以下的项目有19个，比上年增5个；完成投资1 000万元以上的项目有86个，比上年增12个。

【国内贸易】　2014年，全县实现社会消费品零售总额121 320万元，比上年增13.4%。按销售单位所在地分，城镇市场实现社会消费品零售额94 599万元，增15.2%；乡村市场实现社会消费品零售额26 721万元，增7.2%。按消费形态分，全县商品零售84 747万元，增7.9%；餐饮收入36 573万元，增28.7%。按经济类型分，公有经济实现消费品零售额34 560万元，增91.2%；非公经济实现消费品零售额86 760万元，下降2.4%。

【对外经济】　2014年，全县实施市外国内资金项目99项，其中新建项目71项，结转项目28项，有资金到位的项目99项。实际到位市外国内资金51.29亿元，比上年增91.2%，其中省外国内资金30.37亿元，比上年增41.1%。全年引进外资322万美元，比上年增1.8倍。全县外贸进出口总额434万美元，比上年增64.4%。其中出口总额422万美元，增63.6%；进口总额12万美元，增长1倍。

【交通、邮电】　2014年，完成交通运输、仓储和邮政业增加值33 269万元，按可比价计算比上年增7.9%。

年末，全县公路通车里程为2 234.4千米，比上年末增加64.6千米。其中，国道92.9千米、县道379.2千米、乡道1 400.8千米、专用公路44.6千米、村道316.8千米。按技术等级分，高速公路36千米、一级公路3千米、三级公路67.8千米、四级公路2 081千米、等外公路46.6千米。按路面等类型分，沥青混凝土路面124.8千米，水泥混凝土路面369千米，简易铺装路面153.6千米，砂石路面1 581.6千米，砼预制块5.3千米。年末拥有营运汽车5 436辆，比上年增482辆，其中载客汽车253辆，载货汽车（含牵引车、挂车）5 183辆。

全年邮电业务总量16 073万元，比上年下降4.3%。其中，邮政业务总量512万元，下降15.7%；电信业务总量15 561万元，下降3.9%。年末，固定电话用户9 779户，其中住宅电话4 493户；移动电话用户133 956户；年末，全县固定及移动电话用户总数达到143 735户，电话用户普及率87.1部/百人。互联网用户15 935户。

【旅游业】　2014年，峨山县编制完成了《昆玉红旅游文化产业经济带峨山行动计划》，做好“彝人先祖文化产业园——笃慕梦园”前期编制工作。以彝人谷旅游项目建设为契机，加快乡村旅游建设，推进高香景区、彝人谷竹海、小街温泉度假区等乡村旅游提档升级工作，不断完善景区内基础设施建设。结合摆依寨民族团结示范村建设，统筹推进摆依寨乡村旅游接待点建设，已建成“山旮旯人家”农家乐。积极探索凤窝庄园生态乡村旅游项目，依托庄园有机蔬菜、有机水果及生态养殖，推动游客体验式采摘旅游项目发展，实现第一产业和第三产业相结合，推动庄园经济与乡村生态旅游的融合发展。开展以“笃慕梦园，花鼓峨山”为形象主题的对外宣传，利用发放旅游宣传册、峨山文化旅游网平台、开新街、火把节等传统节日进行多渠道旅游宣传。2014年，全县共接待国内游客106.61万人次，比上年增7.1%；接待海外游客59人，比上年增5.4%。实现旅游总收入68 221万元，比上年增长19.6%。

【财政、金融和保险业】　2014年，全县财政总收入65 980万元，比上年增收1 875万元，增长2.9%。完成上划中央两税收入9 803万元，比上年减收661万元，下降6.3%。完成地方财政收入56 418万元，比上年增收2 704万元，增长5.0%。其中公共财政预算收入完成46 012万元，增长6.8%。完成地方财政支出135 584万元，比上年增支1 965万元，增长1.5%。

金融机构各项存贷款余额保持平稳增长。年末，全县金融机构各项存款余额达528 427万元，比上年增9.6%。其中，个人储蓄存款余额345 628万元，增14.3%。各项贷款余额为358 375万元，比上年增12.0%，存贷比为67.8%，比上年提高1.5个百分点。城乡居民人均储蓄存款20 934元，比上年增2 536元。

2014年，保险机构实现保费收入9 068万元，比上年增5.7%；支付各类赔款金额5 132万元，比上年增长9.8%，赔付率达56.6%。

【教育和科学技术】　2014年，全县有普通中学11所，其中，高级中学2所，初级中学9所；有中等职业教育学校2所，其中，成人中等专业学校1所，职业高中1所；有小学41所，其中，完全小学40所，教学点1个；有幼儿园14个，其中，公办幼儿园3个，民办幼儿园11个。在校中、小学生及在园幼儿共25 646人，比上年减少961人，其中初中在校6 581人，高中在校4 236人，职业高中在校1 238人，小学在校10 377人，幼儿园（学前班）在园幼儿3 214人。全县共有专任教师1 956人，比上年增加26人，其中普通中学专任教师832人，职业高中专任教师83人，小学专任教师933人，幼儿园专任教师108人。学前3年儿童入学率89.7%，小学入学率99.83%，小学辍学率0.03%；初中入学率96.59%，初中辍学率0.83%。高考上线率96.44%。

2014年，新认定市级企业技术中心1户，新认定省级成长型中小企业2户。申报各级各类科技计划项目12项，其中国家级1项、省级5项、市级6项。实施省、市科技计划项目10项，其中省级4项，市级6项。加强科技成果管理，评审出县级2013年度科技进步奖4项，获市级2013年度科技进步三等奖3项。全县专利申请24件，其中，发明4件，实用新型3件，外观设计17件；获授权专利14件，其中发明1件、实用新型3件、外观设计10件。

【文化、卫生和体育】　2014年，文化事业紧紧围绕“文旅活县”发展战略，紧扣“笃慕梦园，花鼓峨山”的工作思路，着力弘扬彝人先祖文化、花鼓文化、圣火文化、节庆文化和彝绣文化，积极培育广场文化，以旅游、生态、文化有机结合为重点推动彝文化品牌优势化，全县文化事业得到繁荣发展。开展公益性文化活动，全年对全县8个乡（镇、街道）进行广场舞、花鼓舞及业务知识等辅导培训，共举办14期3 000人次；图书馆的各个服务窗口继续免费开放，共接待读者43 578 人次，图书杂志总流通158 976册次；组织开展了彝族手工刺绣技艺、诗词楹联进校园、中老年人免费电脑等系列培训活动；农村电影管理站按照“一月一村一场”农村电影放映工作目标，在76个村（居）委会放映故事片734部，科教片419部；县群众文化工作队共计演出75场次，观众达10万多人次。

广播电视事业建设稳步发展。全年在峨山电视台共播出新闻1 592条，在玉溪人民广播电台播出365条（名列县区第三），在玉溪电视台《玉溪新闻》中播出287条（名列县区第一）、《新闻直通车》中播出40期。着力解决部分群众看不好电视和收看不到中央、省上星节目和本地节目的问题。加快农村有线电视联网工程建设；完成玉溪市地方台节目无线覆盖网信号测定、选点工作；建立以县城为中心，乡（镇、街道）为基础的“村村通”、“户户通”维修点，让更多山区群众能收看到地方电视节目。2014年，全县广播人口覆盖率达98.05%，电视人口覆盖率达98.17%。有线电视用户28 630户，有线电视入户率达56.57%。

档案馆馆藏档案全宗数154个，馆藏档案数量89 268卷和94 818件，开放档案全宗数31个，开放档案数量3 052卷。

年末，全县有医疗卫生机构127个，其中，县级直属医疗卫生机构6家，乡（镇）卫生院8个，村（居）卫生所75个，民营医院2家，个体诊所28个，厂矿与学校医疗室8个。卫生机构实有病床782张，拥有卫生技术人员743人，其中，执业医师212人，助理执业医师61人。全县新型农村合作医疗保险实际参合123 718人，比上年，增3 570人，参合率达98.75%。全年共减免补偿329 017人次，总受益率达265.9%，共补偿新农合资金6 272.91万元。

体育事业逐步推进乡（镇）体育小广场、文体活动广场、健身路径、篮球场等体育健身设施项目建设，加大对篮球架、乒乓球桌等体育器材的配置经费投入。以节假日为重点，积极组织各类体育竞赛活动，成功举办了峨山县第一届体育运动会、“农信杯”羽毛球赛、峨山县2014年“体彩杯”周末足球比赛和迎国庆环城跑比赛等群众性体育活动。体育业余训练以县体校、6所体育传统项目布点学校为主体的网络体系，开设田径、击剑、射箭等3个训练大项，各训练点业余训练学生达到200多人，通过参加2014年玉溪市少儿田径年度赛，比赛发现和选拔了10余名优秀体育后备人才。全年向上级体校输送了多名击剑、武术、散打、中长跑等队员。

【环境保护和安全生产】 2014年年末，全县共创建国家级生态乡2个，省级生态乡（镇）8个；实施双江街道摆依寨民族团结示范村环境综合整治工程，村内污水管网收集工程、污水处理池建设工程和垃圾处理工程项目均已完成；全面启动了创建省级生态县的各项工作，启动了峨山县县城饮用水源地径流区农村环境连片整治项目的申报工作。

做好县城环境空气质量监测工作。截至12月底，共计监测351天，其中一级243天，二级108天。制作环境空气质量专报35期，网站公示35次。

全县安全生产形势总体稳定。全年生产安全事故死亡人数8人，与上年持平。其中，道路交通事故死亡6人，工矿商贸企业（不含煤矿）生产安全事故死亡人数为2人，煤矿无死亡事故。

【人民生活和社会保障】 2014年，城镇居民人均可支配收入27 173元，比上年增2 515元，增长10.2%；农村居民人均可支配收入9 068元，比上年增收1 072元，增长13.4%。年末，城镇居民人均住房40.74平方米，农村居民人均住房37.72平方米。

2014年，全县城镇新增就业2 110人，城镇下岗失业人员再就业410人，就业困难人员再就业305人，开发公益性岗位405个；全县鼓励创业“贷免扶补”扶持创业人数490人，发放担保贷款3 740万元。2014年，全县城镇登记失业率为2.19%。全年共转移输出农村劳动力803人，完成农村劳动力培训609人。

社会保障体系进一步完善，全县城镇职工基本养老保险参保人数20 255人，其中企业单位10 288人，机关事业单位4 943人，离退休人员5 024人。全县城乡居民基本养老保险参保88 653人，参加被征地农民基本养老保障19 571人，老农保参保22 737人。全县城镇基本医疗保险参保人数26 950人，其中职工16 330人，居民10 620人。全县工伤保险参保15 126人，其中企业10 044人，机关5 082人。城镇职工失业保险参保8 410人。城镇职工生育保险参保10 833人，其中企业5 751人，机关5 082人。城市低保对象和农村特困户享受了最低生活保障，2014年领取农村低保人数为5 221人，城镇低保人数为2 534人，共发放低保资金1 743.79万元。

【领导干部】 县委书记王志新，副书记朱尤锋、俞建国（2014年3月离任，挂职二年）、万平（2014年3月任，挂职二年）。人大主任陈爱军，副主任陈丽、李顺龙、邱兴和、李戈良。县长朱尤锋（2014年1月任），副县长常成、孙汝泽、蒋晓林、张建、朱国翠、黄甫则（挂职二年）、李昀（挂职二年）、张家宏（2014年1月任，2014年12月离任）。政协主席董云勇（2014年1月任），副主席张平生、邱永明、马晓东、普丽华。纪委书记施纯律。

【移民接收安置】 2014年，溪洛渡水电站云南库区外迁化念移民接收安置进入攻坚关键阶段，市、县、镇党委、政府高度重视。玉溪市委、市政府于4月7日成立以市长饶南湖任组长，政法委书记刘宁笙，副市长李平，副市长、公安局长明正斌任副组长的移民安置工作领导小组和督导工作组，指导、参与移民接收安置工作。11月21日，玉溪、昭通两市正式签订《溪洛渡水电站云南库区外迁化念移民接收安置协议》，协议明确了外迁移民搬迁安置范围、外迁移民待遇、外迁移民户籍等各项手续转接、外迁移民身份界定、行政确认、外迁资格审查、后期扶持人口核定、未缴清建房款的移民户资金收缴主体等甲（玉溪市）、乙（昭通市）方9个方面各自责任和双方7个方面共同责任。

在落实安置工作中，市、县、镇充实和加强联合工作组和群众工作组的力量，除昭通工作组21人外，从峨山县机关单位和化念镇党委、政府抽调230名领导干部，组成土地安置分配组、基层党组织组建组、房屋质量整改组、户口迁入组、群众工作组等5个工作组，全面开展各项工作。工作组成员驻扎4个移民安置点，主动接待服务群众；峨山县4名县级领导分片挂钩4个安置点，其他科级干部和一般干部采取“一对多”的形式挂钩移民户，230名干部职工与664户移民群众结成对子、攀上亲戚。截至11月30日，累计参与工作干部19 631人次，累计入户工作13 336户次、接访2 467人（户）次。驻点接访工作组加强宣传发动，公安部门简化审批手续，加快移民户口迁移落户工作。截至12月31日，累计办理落户手续660户2 984人，占移民总户数664户的99.40%、总人数2 997人的99.57%。除长期在外打工联系不上的4户13人外，外迁移民户的户口转接工作全部完成。

针对移民接收安置的实际情况，依法组建移民基层组织，念江和念溪两个安置点分别设立居民小组成立念江社区，平乐安置点作为居民小组并入凤凰社区，清远安置点作为居民小组并入党宽村改设社区。4月10日，顺利选举产生念江社区党总支和4个移民安置小组党组织班子及成员。11月20日，念江社区举行“三委”挂牌仪式，念江社区正式成立。化念镇党委、政府采取行政任命的方式，任命念江社区居委会、监督委员会及下辖的7个居民小组的临时组成人员（其中，念江居民点划分为4个小组、念溪居民点划分为3个小组），临时管理组织初步实现了基层群众自我管理、自我服务、自我教育。

土地承包分配是移民接收安置工作的重点。工作组完善土地配置方案，明确土地分配主体的合法性，细化时间进度，实行土地承包分配工作倒逼管理；对即将配置的2 743.13亩土地再次深度翻犁，实行熟地分配；精确测量配置土地四至界限核对三县（区）新增人口68户、91人，确定四个安置点总户数为664户、2 997人，实际参与土地分配人口为2 983人。完成土地整理项目的初验和再整理；划拨配置移民农业生产用地3 280.3亩，其中水田2 743.13亩（含鱼塘244.66亩）、旱地537.17亩。于5月30日公布配置土地分布测绘地形图，向各移民居民小组通告配置农业生产用地面积、地类、位置和区域情况。进一步细化土地配置工作推进时间路线图，修改完善土地分配承包方案。按照“先易后难，成熟一点推进一点、成熟一块推进一块、成熟一片推进一片”的原则，选择条件相对成熟的平乐组率先启动土地配置分配到户工作，取得实质性进展。自7月21日平乐组第一轮移民土地配置抽签后，截止到11月17日，已抽签移民土地配置到户工作全部结束，四个居民小组共完成660户2 951人土地配置，认领到户3 245.65亩，占配置总面积的98.79%。

截至12月31日，前3季度共计9.59万元后扶直补资金也及时足额发放到移民手中。

（宋绍伟）

【“常回乡大走亲”活动】 峨山县在开展党的群众路线教育实践活动中，以干部“乡愁”为支点，探索撬动干部“乡愁”有效办法，变被动下乡为主动回乡，开展“常回乡大走亲”活动。

活动坚持两个“全覆盖”：干部职工全覆盖，县、乡两级机关干部和除教师、医护人员以外的事业单位职工全部参与活动；全县75个村（社区）566个小组全覆盖。

回乡走亲活动中，全县91个县级部门、8个乡（镇、街道）的3 100余名干部职工结亲6 470户，住村3 788天，走访农户12 427户，撰写心得体会1 122篇，调研报告185篇，群众对干部的意见由5 000余条减少到2 383条。

“常回乡大走亲”活动受到了各级领导的肯定，并以《零距离接地气　面对面解民忧》为题，在中央政策研究室主办的《学习与研究》2014年第6期上刊载。

（李加喜）

【双江街道】 2014年年末，全街道总人口48 617人，其中男24 291人，女24 326人；少数民族29 460人，占总人口的60.58%；人口自然增长率2.91‰。农村劳动力20 706人，其中从事第二、三产业的10 562人，占总劳动力的51%。

2014年，全街道有耕地23 087亩，复种指数216%，全年粮食总产量8 900.1吨，比上年增3.8%；油料总产量109.12吨，比上年增21.7%。农业人口人均产粮345千克。生猪存栏23 510头，比上年减8.14%；肥猪出栏51 086头，比上年减2.32%。大牲畜存栏2 020头，比上年减15.13%。水产品产量123吨，比上年增0.82%。全年投入水利建设资金3 409.8万元，水利化程度70.5%。

2014年，全街道有个体工商户（含私营企业）3 985户，比上年增120户；从业人员12 328人，比上年减7.99%；营业总收入241 481万元，比上年减2.4%；实现利润亏损总额2 020万元。比上年减185.78%。

2014年，全街道实现农村社会总产值（现价）244 374万元，比上年减3.9%；工农业总产值（现价）206 853万元，比上年减0.72%。其中，工业总产值182 388万元，比上年减3.63 %；农业总产值24 465万元，比上年增14.9%。农村经济总收入84 577万元，比上年增9 547万元，增12.72%；农民人均纯收入10 916元，比上年增1 586元，增17%。

2014年，全街道实现财政收入5 180万元，比上年减4.67%；财政支出5 180万元，比上年增25.42%。年末，各项存款余额59 526.09万元，比上年增72%；人均储蓄存款余额12 244元，比上年增71%。

街道党工委书记方勇，人大工委主任施桂仙（2014年10月离任）、合红星（2014年10月任）、办事处主任方奇。

（梁铭瑞）

【小街街道】 2014年年末，全街道总人口25 913人，其中男12 883人，女13 030人；少数民族人口13 263人，占总人口的51.18%；人口自然增长率2.55‰。农村劳动力16 308人，其中从事第二、三产业的4 535人，占总劳动力的27.8%。

2014年，全街道有耕地42 823亩，复种指数191.4%。全年粮食总产量17 760.2吨，比上年增1.34%；油料总产量106.2吨，比上年增94.2%。农业人口人均产粮7.21千克。生猪存栏21 746头，比上年增11%；肥猪出栏60 291头，比上年增23.39%。大牲畜存栏3 485头，比上年增2.98%。水产品产量207吨，比上年增3.5%。全年投入水利建设资金466万元，水利化程度75.5%。

2014年，全街道有个体工商户（含私营企业）2 230户，比上年增13户，从业人员6 130人，比上年增4.25%，营业总收入130 872万元，比上年增6%，实现税利总额4 402万元。比上年增29.7%。

2014年，全街道实现农村社会总产值（现价）168 305万元，比上年增10.91%。工农业总产值（现价）126 972万元，比上年增9.88%。其中，工业总产值92 294万元，比上年增13.92 %；农业总产值34 678万元，比上年增0.39%。农村经济总收入44 345万元，比上年增2 840万元，增6.84%；农民人均纯收入9 747元，比上年增15.05%。

2014年，全街道财政收入6 276万元，比上年增1.14%；财政支出5 652万元，比上年减8.04%。年末，各项存款余额37 418万元，比上年增13.38%；人均储蓄存款余额14 049元，比上年增27.83%。

街道党工委书记柴慧明（2014年8月离任）、施忠诚（2014年8月任），人大工委主任施洪文，办事处主任施忠诚（2014年8月离任）、徐永梅（2014年8月任）。

（孙全文）

【化念镇】 2014年年末，全镇总人口10 337人，其中男5 156 人，女5 181人；少数民族人口6 036人，占总人口的58.39%。人口自然增长率5.54‰。农村劳动力6 668人，其中从事第二、三产业的1 262人，占总劳动力的18.93%。

2014年，全镇有耕地14 411亩，复种指数170%。全年粮食总产量5 669.7吨，比上年增6.94%；油料总产量67.5吨，比上年增37.47%。农业人口人均产粮548.5千克。生猪存栏10 017头，比上年减6.6%；肥猪出栏19 777头，比上年增8.4%。大牲畜存栏5 914头，比上年增3.4%。水产品产量164吨，比上年增1.8%。全年投入水利建设资金2 100万元，水利化程度85%。

2014年，全镇有个体工商户（含私营企业）273户，与上年持平；从业人员715人，比上年增42.43%；营业总收入15 000万元，比上年增106.2%；实现税利总额400万元，比上年增73.9%。

2014年，全镇实现农村社会总产值（现价）79 506万元，比上年减30.03%。工农业总产值（现价）71 305万元，比上年减35.71%。其中，工业总产值58 831万元，比上年减40.96%；农业总产值12 474万元，比上年增10.77%。农村经济总收入11 902万元，比上年增10.2%；农民人均纯收入9 301元，比上年增14.9%。

2014年，全镇实现财政收入1 118.57万元，比上年减38.21%，财政支出1 826.12万元，比上年减59.4%。年末，各项存款余额28 825万元，比上年增10.2%；人均储蓄存款余额27 885元，比上年增9.7%。

镇党委书记普睿，人大主席汪海东，镇长王华明。

（马宇航）

【甸中镇】 2014年年末，全镇总人口19 936人，其中男9 911人，女10 025人；少数民族人口13 965人，占总人口的70%。人口自然增长率1‰。农村劳动力13 313人，其中从事第二、三产业的3 734人，占总劳动力的28%。

2014年，全镇有耕地32 757亩，复种指数190%。全年粮食总产量11 920吨，比上年增6.5%；油料总产量1 631吨，比上年减8.5%。农业人口人均产粮671千克。生猪存栏21 365头，比上年减8.7%；肥猪出栏34 971头，比上年减1%。大牲畜存栏3 661头，比上年减12%。水产品产量131吨，比上年增10.1%。全年投入水利建设资金4 561万元，水利化程度79.7%。

2014年，全镇有个体工商户（含私营企业）711户，比上年增14户；从业人员1 933人，比上年增2.6%；营业总收入53 577万元，比上年增19.2%；实现税利总额6 786万元，比上年减7.7%。

2014年，全镇实现农村社会总产值（现价）76 416万元，比上年增19.4%。工农业总产值（现价）50 871万元，比上年增3%。其中，工业总产值30 037 万元，比上年增0.01%；农业总产值20 834万元，比上年增7.6%。农村经济总收入24 356 万元，比上年增9.1%；农民人均纯收入9 298 元，比上年增13.5%。

2014年，全镇实现财政收入1 749万元，财政支出1 700万元。年末，各项存款余额27 340万元，比上年增9.1%；人均储蓄存款余额13 714元，比上年增9.2 %。

镇党委书记王朝斌，人大主席解燕学（2014年8月离任）、赵德彦（2014年8月任），镇长王加学。

（秦　伟）

【塔甸镇】 2014年，全镇总人口13 993人，其中男7 173人，女6 820人；少数民族人口12 511人，占总人口的89.4%。人口自然增长率1.28‰。农村劳动力8 549人，其中从事第二、三产业的1 822人，占总劳动力的21.31%。

2014年，全镇有耕地21 681亩，复种指数216.53%。全年粮食总产量5 540吨，比上年增1.3%；油料总产量1 319.7吨，比上年减7.44%。农业人口人均产粮483千克。生猪存栏16 687头，比上年增0.9%；肥猪出栏23 457头，比上年增0.9%。大牲畜存栏3 359头，比上年减17.1%。水产品产量35吨，比上年增25 %。全年投入水利建设资金361万元，水利化程度65%。

2014年，全镇有个体工商户（含私营企业）556户，与上年持平；从业人员1 501人，与上年持平；营业总收入10 154 万元，比上年增 9%；实现税利总额286万元。比上年增11%。

2014年，全镇实现农村社会总产值（现价）35 066万元，比上年增10%。工农业总产值（现价）25 041万元，比上年增7.37%。其中，工业总产值 10 996 万元，比上年增8.09%；农业总产值14 045万元，比上年增6.8%。农村经济总收入15 647万元，比上年增10.42%；农民人均纯收入7 143元，比上年增16.96%。

2014年，全镇实现财政收入1 448万元，比上年减8%；财政支出1 448万元，比上年减17%。年末，各项存款余额28 664万元，比上年增11%；人均储蓄存款余额2.05万元，比上年增11.4%。

镇党委书记普亚军（2014年12月离任）、施仲彪（2014年12月任），人大主席谢绍林（2014年8月离任）、祝学勇（2014年8月任），镇长靳联明。

（颜　松）

【岔河乡】 2014年，全乡总人口9 672人，其中男4 907人，女4 765人；少数民族人口9 159人，占总人口的92%。人口自然增长率-1.04‰。农村劳动力6 844人，其中从事第二、三产业的1 643人，占总劳动力的16.9%。

2014年，全乡有耕地16 769亩，复种指数206%。全年粮食总产量7 618.7吨，比上年增5.2 %；油料总产量392.3吨，比上年减17.6%。农业人口人均产粮787千克。生猪存栏6 601头，比上年增10.9 %；肥猪出栏25 389头，比上年增10.8 %。大牲畜存栏1 471 头，比上年增15.2 %。水产品产量65 吨，比上年增3.2 %。全年投入水利建设资金196.59万元，水利化程度56%。

2014年，全乡有个体工商户（含私营企业）139户，比上年增1户；从业人员299人，比上年增1%；营业总收入1 424万元，比上年增8%；实现税利总额260万元，比上年增8%。

2014年，全乡实现农村社会总产值（现价）9 380万元，比上年增10.1%。工农业总产值（现价）6 409万元，比上年增7%。其中，工业总产值113万元，比上年增7%；农业总产值6 296万元，比上年增6.9%。农村经济总收入8 872万元，比上年增12.16%；农民人均纯收入7 421元，比上年增12.02%。

2014年，全乡实现财政收入487万元，比上年增9.68%；财政支出2 131万元，比上年增31.5%。年末，各项存款余额10 445.74万元，比上年增1.9%；人均储蓄存款余额10 800元，比上年增1.8%。

乡党委书记王丽萍，人大主席任燕宏，乡长柏家锋。

（陈晓英）

【富良棚乡】 2014年，全乡总人口10 554人，其中男5 335人，女5 219人；少数民族人口10 351人，占总人口的98.37%。人口自然增长率4.8‰。农村劳动力7 684人，其中从事第二、三产业的914人，占总劳动力的11.89%。

2014年，全乡有耕地19 918亩。全年粮食总产量6 340吨，比上年增10.85%；油料总产量740.2吨，比上年增7.98%。农业人口人均产粮630.8千克。生猪存栏14 638头，比上年增5.2%；肥猪出栏20 697头，比上年增10.2%。大牲畜存栏5 198头，比上年增0.68%。水产品产量15吨，比上年增7.14%。全年投入水利建设资金6 828.96万元，水利化程度73.6%。

2014年，全乡有个体工商户（含私营企业）428户，比上年增21户；从业人员586人，比上年增14.7%；营业总收入4 803万元，比上年增1%；实现税利总额286万元，比上年增7.1%。

2014年，全乡实现农村社会总产值（现价）18 663万元，比上年增6%。工农业总产值（现价）15 858万元，比上年增4.5%。其中，工业总产值1 950万元，比上年增6.8%；农业总产值13 953万元，比上年增6.67%。农村经济总收入13 092万元，比上年增3.45%；农民人均纯收入9 131元，比上年增15.2%。

2014年，全乡实现财政收入1 387万元，比上年增8.8%；财政支出1 647.6万元，比上年增47.6%。年末，各项存款余额11 429.8万元，比上年增8%；人均储蓄存款余额10 829.8元，比上年增8.2%。

乡党委书记徐强，人大主席施正

辉，乡长魏勤发（2014年8月离任）、施正伟（2014年8月任）。

（方　毅）

【大龙潭乡】 2014年，全乡总人口12 832人，其中男6 519人，女6 313人；少数民族人口10 244人，占总人口的79.83%。人口自然增长率-1.34‰。农村劳动力8 989人，其中从事第二、三产业的1 796人，占总劳动力的21.46%。

2014年，全乡有耕地21 906亩，复种指数226.6%。全年粮食总产量6 880吨，比上年减1.67%；油料总产量713.7吨，比上年增49.7%。农业人口人均产粮632.99千克。生猪存栏15 473头，比上年增5.3%；肥猪出栏23 178头，比上年增10.43%。大牲畜存栏2 372头，比上年增4%。水产品产量30吨，比上年增36%。全年投入水利建设资金956.61万元，水利化程度74.16%。

2014年，全乡有个体工商户（含私营企业）336户，比上年增5户；从业人员790人，比上年增20.61%；营业总收入4 371万元，比上年增6.5%；实现税利总额1 664万元，比上年增4.78倍。

2014年，全乡实现农村社会总产值（现价）22 487万元，比上年增16.54%。工农业总产值（现价）21 581万元，比上年增12.96%。其中，工业总产值4 667万元，比上年减14.24%；农业总产值16 914万元，比上年增23.79 %。农村经济总收入16 412万元，比上年增2.53%；农民人均纯收入8 388元，比上年增16.16%。

2014年，全乡实现财政收入2 993万元，比上年增100.87%；财政支出2 993万元，收支平衡。年末，各项存款余额 14 900万元，比上年增23.29%；人均储蓄存款余额6 496.16元，比上年减24.72%。

乡镇党委书记张继，人大主席普鸿康，乡长施艳芳。

（吕虹颖）

新平彝族傣族自治县

【自然概貌】 新平彝族傣族自治县位于云南省中部偏西南，地处哀牢山中段东麓、北纬23°38′15″~24°26′05″，东经101°16′30″~102°16′50″之间。东与峨山彝族自治县毗邻，东南与红河州石屏县接壤，南连元江哈尼族彝族傣族自治县，西南接普洱市墨江哈尼族自治县，西与镇沅彝族哈尼族拉祜族自治县相接，北隔绿汁江与楚雄州双柏县相望。县人民政府驻地桂山街道，海拔1 480米，距省会昆明市180千米，距玉溪市政府所在地红塔区90千米。全县总面积4 223平方千米，其中山区4 139.6平方千米，坝区83.4平方千米，是玉溪市土地面积最大的县。县境地势西北高、东南低，境内最高海拔哀牢山主峰大磨岩峰3 165.9米，最低海拔漠沙镇南蒿村422米。

新平县气候受海拔差影响，形成河谷高温区、半山暖温区、高山寒温区三个气候类型。2014年年平均气温18.1℃，年最高气温33.6℃（6月4日），年最低气温-0.5℃（1月21日），全年总降水量674.0毫米，总日照时数2 921.6小时。无霜期319天。

【自然资源】 水资源。一江三十二条河蕴藏着巨大的水能资源。县内河流除平掌乡过境河道谷麻江属李仙江水系外，其余均属元江水系。元江干流流经新平县境，长113.7千米，三江口以上称石羊江，三江口至河口大桥称戛洒江，河口大桥以下称漠沙江，于漠沙阿迭村流入元江县境。全县水资源总量为18.9亿立方米，水能资源理论蕴藏量127.22万千瓦（含红河干流），可开发利用装机容量52.36万千瓦。

生物资源。全县共有林地353万亩，占全县土地面积的55.8%，森林187万亩，森林覆盖率60.96%；草地126万亩。有高等植物219科762属1 402种，有国家一级保护植物伯乐树、二级保护植物水青树、三级保护植物翠柏等。兽类75种，禽类153种，两栖爬行类45种，昆虫类130余种，其中有一级保护动物绿孔雀、二级保护动物白鹇等。哀牢山自然保护区是原始生态最为典型，为世界同纬度生物多样化，同类型植物群落保留最完整的地区，被列为联合国“人与生物圈”森林生态系统定位观察站和国际候鸟保护基地。

矿产资源。县境内已发现矿种37种（含伴生矿种），占省内矿种的25%，有各类矿床、矿点、矿化点156处，已探明的矿种金属矿有金、银、铜、铁、铬、镍、钴、铅、黄铁、水银、铝、钯、铀，非金属矿有煤、石灰岩、白云石、蛇纹石、石膏、石棉、水晶、滑石、叶腊石、大理石等，其中铁矿石储量5.86亿吨，铜矿石储量173万吨，分别占全省探明储量的48%和25%；煤炭储量620万吨，可开采量250万吨；锌矿储量36.2万吨；大理石储量2.6亿立方米。

【历史沿革】 新平县属古西南荒裔，汉为嶍猊蛮所居，唐为阿僰所居。宋·大理国时设马龙甸、他郎甸，地域为今新平的漠沙、戛洒、新化、老厂、水塘、建兴、腰街、者竜。元宪宗时，戛洒江以西及新化、老厂一带设马龙甸二千户所，桂山、平甸、扬武属嶍峨五千户所，均隶宁州万户府。元至元十三年（1276年），并马龙、他郎等甸，在他郎（今新化）设马龙他郎甸司，隶元江路军民总管府；司东南设平甸县，辖今桂山、平甸、扬武等乡（镇），隶嶍峨州。元至元二十六年（1289年），嶍峨州降为县，平甸县降为嶍峨县（今峨山县）的乡。明弘治八年（1495年），马龙他郎甸长官司改设直隶新化州。明万历十九年（1591年），以平甸乡为基础，划入元江、石屏、河西、新化等州县部分村寨，建立新平县，今平甸乡旧城村为县城，与新化州并属临安府。明崇祯七年（1634年），县城迁今地，筑砖石城。清康熙四年（1665年），裁新化州入新平县。1948年1月至1949年4月，云南省第六区行政督察专员公署设于新平县城，管辖新平、峨山、双柏、龙武、镇沅、景东、元江、墨江8个县。1949年9月17日，建立新平县人民政府。1979年12月26日，国务院批准成立新平彝族傣族自治县，1980年11月25日，正式成立新平彝族傣族自治县。

【行政区划】 2014年，新平县辖2个街道4个镇6个乡，即桂山街道、古城街道、扬武镇、漠沙镇、戛洒镇、水塘镇及平甸乡、新化乡、老厂乡、建兴乡、平掌乡、者竜乡，共设村（居）民委员会123个，村（居）民小组1 461个。

【人口、民族】 2014年年末，全县户籍人口总户数88 969户，比上年增1.9%；户籍人口275 657人，比上年增0.4%。其中：农业户数53 330户，非农业户数35 639户。农业人口200 047人，比上年下降1.8%；非农业人口75 610人，比上年增长6.7%。彝族、傣族人口共179 733人，比上年增长

0.5%，占全县总人口的65.2%。年内出生人口2 930人，出生率10.67‰；死亡人口1 857人，死亡率6.76‰。人口自然增长率3.91‰，比上年上升0.61个千分点。

【综合经济指标】 2014年，全县实现生产总值1 005 315万元，按可比价格计算，比上年增5.8%，其中：第一产业增加值162 532万元，比上年增6.4%，拉动GDP增长0.7个百分点，对GDP增长的贡献率12.7%；第二产业增加值612 501万元，比上年增4.2%，拉动GDP增长2.7个百分点，对GDP增长的贡献率为46.7%；第三产业增加值230 282万元，比上年增9.9%，拉动GDP增长2.4个百分点，对GDP增长的贡献率为40.6%。三次产业结构由上年的15.1∶63.2∶21.7调整为16.2∶60.9∶22.9，经济结构呈二、三、一格局。全县实现工农业总产值2 112 803万元，按现价计算比上年增0.6%，其中工业总产值1 811 812万元，比上年下降0.3%；农业总产值300 991万元，比上年增长6.8%。

年末，乡村从业人员162 266人，比上年增1.5%，其中从事一、二、三产业的从业人员分别为113 438人、14 339人、34 489人，分别占乡村从业人员总数的69.9%、8.8%、21.3%。

【工业、建筑业】 2014年，完成工业总产值1 811 812万元，按现价计算比上年下降0.3%；实现工业增加值577 017万元，按可比价计算比上年增3.7%，拉动GDP增长2.2个百分点，对GDP增长的贡献率为38.3%，其中规模以上工业完成工业总产值1 745 288万元，比上年下降0.5%，实现增加值480 139万元，按可比价计算比上年增长3.6%。全年规模以上工业企业累计实现利税87 555万元，比上年下降32.2%；实现利润总额10 469万元，比上年下降76.4%。

主要工业产品产量：成品糖58 499吨，合成橡胶5 174吨，发电量72 367万度，铁精矿5 093 489吨，机制纸及纸板22 613吨，铜金属含量58 499吨，铁矿石原矿11 810 701吨，球团矿774 687吨，粗钢1 419 932吨，线材534 962吨，棒材592 450吨，耐磨钢球43 189吨，水泥661 802吨，酒精1 651千升。

2014年，全县具有资质等级的建筑企业13个，从业人员1 869人，比上年增长1.2%；完成建筑业总产值90 627万元，比上年增长36.4%。

【固定资产投资】 2014年，完成规模以上项目固定资产投资628 991万元，比上年增长23.2%，其中国有单位投资360 104万元，比上年增长1.7%。在投资总额中，第一产业投资额28 514万元，比上年增360%；第二产业投资235 971万元，比上年下降13.5%；第三产业投资364 506万元，比上年增57.5%。全社会新增固定资产635 125万元，比上年增长77.3%。

全年房地产开发投资额完成67 160万元，比上年增51.4万元。其中，商品住宅投资46 207万元，比上年增长69.1%；商业营业用房投资9 491万元，比上年增长38.1%。全年房屋施工面积86.3万平方米，比上年下降24.4%，房屋竣工面积1.6万平方米，比上年下降76.8%。全县商品房施工面积46.6万平方米，比上年下降15.5%；商品房销售面积18.4万平方米，比上年增长1.8倍，销售额60 315万元，比上年增长2.40倍。

【乡镇企业】 2014年年末，全县共有乡镇企业10 604户，比上年增1.9%；从业人员37 746人，比上年下降11%。实现营业收入1 163 889万元，比上年增长0.5%；实现现价总产值1 375 523万元，比上年增长8.1%；实现利润总额13 494万元，比上年下降58.7%。

【农　业】 2014年，全县实现农、林、牧、渔业总产值300 991万元，按现价计算比上年增长6.8%，其中种植业产值169 998万元，比上年增长4.0%。

2014年，全县有常用耕地294 175亩，比上年增长0.2%；农民人均常用耕地1.47亩，比上年增18.6%。稳产高产基本农田132 495亩，比上年下降1.6%。全年粮食总产量11 518万千克，其中：大春13 560万千克，比上年增长3.9%；小春1 958万千克，比上年增长7.7%。烤烟总产1 272万千克，比上年下降8.2%。甘蔗总产636 518吨（估产）。油料总产187万千克，比上年增22.1%。蔬菜总产13 618万千克，比上年增21.3%。水果总产8 392.2万千克，比上年增34.2%。茶叶总产122.7万千克，比上年增74.8%。核桃总产3 711.9吨，比上年增83%。笋丝总产853.7吨，比上年增62.6%。

2014年，完成白丫口、马龙河等16座小（二）型水库除险加固和褚橙庄园高效节水灌溉项目建设。年末，拥有水库、坝塘630座，总库容14 572.6万立方米，蓄水量11 709.6万立方米。水利有效灌溉面积187 800亩，占常用耕地的63.8%，比上年上升0.1个百分点。

全年完成重点造林工程5.9万亩，其中竹子连片种植1万亩，核桃连片种植4.9万亩。完成2013年度国家森林抚育补贴试点项目1万亩，投入造林资金2 947万元，森林覆盖率60.96%。全年实现林业产值18 597万元，按现价计算比上年增长11.7%。

2014年，发放畜牧专项贷款7 000万元，建成生猪规模养殖场9个，肉牛规模养殖场20个，养殖专业村3个，养殖小区3个，发展规模养殖大户51户。全年实现畜牧业产值106 833万元，按现价计算，比上年增10.8%。肉蛋奶总产量5 488.3万千克，其中猪肉产量3 613.2万千克。生猪年内出栏427 021头，年末存栏304 424头。大牲畜年内出栏39 562头，年末存栏96 147头。山绵羊年内出栏75 724只，年末存栏108 742只。家禽年内出栏462.7万只。

全年完成养殖水面8 722亩，推广稻田养鱼8 085亩。完成水产品总产量1 255吨，比上年增长1.8%，实现渔业产值1 844万元，比上年增长0.7%。

【商业、物价】 2014年，全社会消费品零售总额166 558万元，比上年增13.1%。按经济成分分，公有制经济消费品零售总额27 639万元，比上年增18.2%；非公有制经济消费品零售总额达138 919万元，比上年增12.1%。从消费形式看，实现餐饮收入35 842万元，比上年增12.4%；实现商品零售额130 716万元，比上年增13.3%。

居民消费价格总指数比上年同期上涨 1.6%。八大类居民消费品价格呈“七升一降”的格局，其中食品类上涨2.4%，医疗保健和个人用品类上涨1.8%，家庭设备用品及维修服务类上涨0.2%，交通和通信类下降0.7%，娱乐教育文化用品及服务类上涨2.1%，烟酒类上涨0.2%，衣着类上涨2.1%，居住类上涨1.2%。商品零售价格上涨0.5%；农业生产资料价格下降1.8%。

【交通运输、邮电】 2014年末，全县公路通车里程4 836.12千米，其中国道22千米，省管公路318.12千米，县管省道65.7千米，县道423.6千米，乡道2 390千米，村道1 594.1千米，专用道22.6千米，公路密度每百平方千米114.5千米。年末拥有各种机动车辆87 674辆（不含拖拉机），比上年增13.3%，其中营运客车545辆（出租汽车100辆、公交车11辆）。农村道路客运量184.5万人，周转量每千米5 364.3万人。

全年报刊累计发行125万件，比上年下降1.6%。电话机总数236 483部，比上年增1.0%，其中：固定电话10 424部，比上年下降8.5%；移动电话226 059部，比上年增1.5 %。电话普及率每百人82部，比上年提高0.9部；互联网用户22 218户。

【对外经济】 2014年，全县共实施市外国内资金项目34项，实际到位市外国内资金434 900万元，比上年增33.3%；外商投资完成401万美元，比上年下降30.1%。实现进出口总额3 092万美元，比上年增5.1倍。其中出口2 834万美元，比上年增长4.7倍；进口258万美元，比上年增18.8倍。2014年，实现非公经济增加值362 347万元，按可比价计算比上年增7.5%，占全县生产总值的36%，比上年提高0.5个百分点。

【财税、金融、保险】 2014年，实现辖区内财政总收入210 732万元，比上年增0.9%，实现地方财政收入136 573万元，比上年增6.2%，其中公共财政预算收入109 507万元，比上年增9.5%；完成地方财政支出258 215万元，比上年下降4.3%，其中公共财政预算支出完成219 180万元，比上年增7.0%。

2014年年末，全县金融机构各项存款余额752 664万元，比上年增长10.1%；贷款余额552 039万元，比上年增长25%；存贷比为73.3%，比上年上升8.7个百分点。城乡居民储蓄存款余额444 348万元，比上年增12.7%。

2014年，财产和人寿保险机构实现保险业务收入7 719万元，比上年增8.1%；保险赔付支出1 918万元，比上年下降36.8%。

【环境保护和城市建设】 2014年，完成水塘镇省级生态文明乡（镇）和漠沙镇、平甸乡国家级生态文明乡（镇）及71个市级生态文明村创建工作。完成曼李村生态农庄建设项目验收及85个农村垃圾池建设，完成10个污染减排项目建设及6家企业强制性清洁生产审核现场验收。建成4所市级绿色学校、1所省级绿色学校和2个市级绿色社区。全面启动县城环境空气质量、饮用水及区域环境监测工作和戛洒江、平甸河等主要河流定期监测工作，县城环境空气优良率99.7%。全年受理建设项目环境影响评价审批52件，建设项目试生产审批4家，建设项目环境保护“三同时”竣工验收51家。出动833人次现场监察排污企业301家（次），立案查处环境违法案件12件；征收排污费392.82万元。

年内，成立城乡规划管理委员会，启动县城西部生态文化旅游示范区规划，完成城市道路交通、绿地系统等9个专项规划。城镇规划区面积44.8平方千米，建成区面积14.17平方千米。新平被列为国家级县域村庄建设规划试点，戛洒镇和扬武镇被确定为全国重点城镇。2014年，县城中心城区建成区面积6.22平方千米，比上年增0.7%。

【教育、科学技术】 2014年，全县共有各级各类学校142所，其中高中1所，高级职业中学1所，教师进修学校1所，初中12所，小学97所，幼儿园30所（民办幼儿园28所）。有教职员工3 346人，其中专任教师2 917人。在校学生41 402人，比上年下降2.0%，其中小学19 670人，比上年下降4.3%。毕业学生11 550人，其中小学3 794人，比上年下降9.0%。学龄儿童入学率99.87%，小学巩固率99.94%；小学升学率97.97%，初中升学率78.7%，高中升学率85.31%。全县有党职技校13所，其中县委党校1所，乡（镇）党职技校12所。年内完成戛洒镇发启小学教学楼等41个校舍安全工程项目建设，实施职业高级中学实训楼等13个“美丽校园”建设项目，开工建设12个薄弱学校食堂建设项目，启动建设者竜、扬武、戛洒、建兴4个乡（镇）中心幼儿园，完成新化老五斗小学、老厂保和小学、建兴挖窖小学、漠沙鱼塘小学4个小学附属幼儿园改造。

2014年，全县有各级各类农村专业技术协会51个，比上年增11%，其中县级12个、乡级4个、村级35个；会员总数7 334人，比上年增长9.9%，其中县、乡、村级会员分别为1 576人、459人、5 299人。农村种植养殖专业技术协会 45个，会员6 112人，分别比上年增长9.8%、7.9%。全年实际完成专利申请204件，其中发明专利申请80件，实用新型专利123件，外观设计专利1件；专利授权134件，其中发明专利授权16件，实用新型专利授权118件。发明专利拥有量92件。评出年度科学技术奖17项，其中一等奖2项，二等奖5项，三等奖10项。大红山铁矿成为省级高新技术企业，新平酱咸菜行业协会成为省科技型农村经济合作组织。年末，全县共有各类专业技术人员4 119人，其中正高级4人，副高级433人，中级1 593人，初级1 752人，未定等级337人。

【文化、旅游、广电和体育】 2014年年末，全县共有文物保护单位24个，其中国家级1个，省级1个，市级2个；收集地方文献彝族古籍2册，申

新平县少体校输送的龙海琼（中）在曲靖市举办的云南省第十四届运动会上荣获女子柔道44公斤级第一名
（陶俐华　摄）

报15名县级传承人、7名市级传承人、4名省级传承人。12个乡（镇、街道）设有文化站，县属文化企事业单位5个。成功创建云南省诗词之乡，创作《花腰乐》等文艺节目50个，编排拍摄第十二套广场舞。民族图书馆藏书30 531册，接待读者12 817人，47 776册次。年内，云南新平花腰傣民族文化艺术团演出105场次；新华书店新平分公司发行图书85.3万册。文联主办的《哀牢山》文艺季刊共发行4期。年内，共有50件作品获市级以上奖项，其中文学类8件，摄影类24件，美术类15件，舞蹈类3件。

2014年，完成磨盘山景观景点规划设计，磨盘山景区经营权顺利移交。积极开展旅游推介活动，利用微信平台等多种媒体，不断拓宽宣传营销渠道，花腰傣之乡、褚橙之乡、中国樱花城、神秘哀牢山西黑冠长臂猿世界分布中心品牌效应显现，荣获“中国最具投资价值旅游名县”称号。年末，全县共有星级饭店7家，乡村旅游星级接待单位19家，国内旅行社1家，AA级景区4家，AAA级景区1家；全年接待游客201.5万人次，比上年增32.1%；实现旅游业总收入102 522万元，比上年增35.9%。

全年播出电视新闻2 753条，其中市级采用694条、省级采用22条、中央采用6条，被中央、省、市级媒体采用的新闻排序居全市第二名。农村电影放映点121个，全年放映1 648场。截至2014年末，完成村村通安装10 947户、户户通16 678户，有线数字电视用户48 726户，比上年增长4.1%。广播覆盖率99.17%。电视覆盖率99.38%。

年内承办“华豫杯”羽毛球比赛和“首届中国樱花节”最美樱花景观大道徒步活动，举办第五届新平县“和谐杯”运动会；组织1支男子篮球队参加玉溪市体育局举办的“七彩云南全民健身运动会”2014年玉溪市第二届县（区）乡（镇、街道）篮球大联赛，并获三等奖。

【医疗卫生】 2014年，全面实施县、乡、村健康服务一体化管理，成功创建省级慢性病综合防控示范区。年末，全县实有卫生机构25个，其中县级6个，乡（镇）卫生院10个，社区卫生服务中心2个，私立医院5个，厂矿医院2个。拥有医院编制床位884张，实有病床1 223张。拥有职工1 512人，其中卫生技术人员1 226人；有执业医师315人，执业助理医师86人，注册护士511人。拥有村级卫生所122个，乡村医生316人。每万人拥有卫生技术人员42.2人，每一名卫生技术人员负担人数为237人。全年门诊治疗病人1 376 190人次，入院人数40 965人，治愈好转39 568人，治愈好转率97%。病床使用率70.2%，传染病发病率132.91/10万。2014年，全县共有217 012人自愿参加新型农村合作医疗，参合率达98.1%。全年共有58.2万人次享受新农合减免补偿，减免补偿金达9 864.4万元。

【社会保障】 2014年，全县共有201 944人参加基本养老保险；参加失业保险15 314人；参加医疗保险273 933人，其中农村居民217 012人；参加职工医疗互助活动15 448人。全县共有3 063户3 771名城镇居民享受最低生活补助，全年发放最低生活保障金1 275万元；有11 230户13 726名农村居民享受最低生活保障补助，发放最低生活保障金2 468万元。年内实现城镇新增就业2 417人，农村劳动力转移就业2 150人，城镇下岗失业人员再就业1 012人，城镇失业登记率为3.39%。

【人民生活】 2014年，全年发放在岗职工工资总额119 173万元，比上年增长5.1%，其中国有经济单位51 951万元，比上年增6.5%。在岗职工年平均工资46 710元，比上年增3.0%，其中国有经济单位57 182元，比上年增6.9%。农村居民人均可支配收入9 334元，比上年增13.2%。城镇居民人均可支配收入27 108元，比上年增10.1%。

【领导干部】 县委书记吴伯平（2014年6月离任）、李永忠（2014年8月任），副书记李丁全、潘宝华（2014年5月任）、曹燕（2014年3月任）。人大主任刘振华，副主任张家惠、张绍平、李天禄、郭健鑫。县长李丁全（2014年1月任），副县长李春宏、王丽娟、解凌云、自福庄、李顺平、龙家寿、杨雪波、代永林。政协主席史亚新，副主席李太祥、李永光、邵永云、毛启芳。纪委书记金家辉。

【新平县再获“省级双拥模范县”称号】 2014年11月，在云南省第九届双拥模范城（县）命名表彰大会上，新平县第三次连获“省级双拥模范县”称号。

新平县属革命老区，建国前为滇中地委所在地。近几年，新平县委、县政府不断加强双拥模范县建设，自2009年以来，在县级财政较为紧张的情况下，累计安排1 066.35万元帮助驻新平军（警）解决营房建设、设备更新、车辆购置等实际困难。全县共发放优抚对象抚恤优待定补经费2 205.17万元；同时接收退伍义务兵、符合安置的城镇退役士兵和退役士兵（士官）的安置。现役义务兵优待金2013年提高到每年每户6 000元。全力做好关心慰问工作，坚持每年元旦、春节和“八一”节期间，走访慰问驻新平军警部队和军休干部及优抚对象，并坚持每年召开议军会议和过“军事日”活动，共谋军地发展。2009～2014年，驻新平军警部队共支援地方重点工程建设，积极投入新农村建设，投入资金25万元；参加公益事业建设，出动车辆184台次，投入人力575人次，投入资金18.37万元；参加抢险救灾620次，出动车辆1 738台次，出动官兵8 805人次，抢救转移群众1 952人，为人民群众挽回损失1 312万元。有力地支持新平县经济和社会的发展，维护了安定团结的大好局面。

【“云冠”冰糖橙入选全国名特优新农产品目录】 柑橘产业是新平县的支柱产业之一，特别是新平金泰果品有限公司落户新平县后，柑橘产业迅速发展，现有规模以上柑橘生产企业5家，其中，“云冠”冰糖橙由于特殊的区位优势和养护经营模式，品质明显优于其他地区同类产品。2013年9月，新平县组织申报新平金泰果品有限公司的“云冠”冰糖橙参加《全国名特优新农产品目录》征集，经农业部审查及专家审核，于2014年2月25日最终入选《全国名特优新农产品目录》果品类。这是新平县首个进入《全国名特优新农产品目录》的产品。

【新平县获“中国最具投资价值旅游名县”殊荣】 2014年5月30日，由国际文化旅游促进会、中国民族文化旅游协会、中国生态旅游发展协会、魅力中国旅游网主办的2014年第二届美丽中华特色旅游品牌宣传推广会在昆明召开，新平县向与会代表隆重推介丰富的旅游资源和奇异的花腰傣民族风情，重点介绍新平的四张旅游

2014年2月3日，新平县在戛洒镇举行花街节服饰展演　（曹仕山　摄）

名片和五大节庆活动，并播放《天籁新平》旅游风光片。鉴于新平县是滇中地区旅游资源的富聚地，具有丰富的自然景观和民族风情，是极具投资价值的旅游目的地，经专家团综合评审，授予新平县“中国最具投资价值旅游名县”荣誉称号。

【新平县被列入国家级县域村镇体系规划试点】　2014年6月5日，新平县与辽宁大洼、浙江德清、河南商城、广东增城一起列入全国仅有的5个国家级县域村镇体系规划试点，也成为全省唯一被列入试点的县份。被列入国家级县域村镇体系规划试点后，新平县将获得一定的中央财政补助经费开展试点规划编制工作，玉溪市规划局将加强督促指导新平县推进此项工作，探索县域城乡规划、国民经济社会发展规划、土地利用规划及生态环境规划等“多规合一”的规划方法和工作机制，实现新平县域村镇体系规划全覆盖，全县一张图管理。

【新平县城至三江口公路通过交工验收】　2014年7月9日，新平县召开新平县城至三江口二级公路交工验收会议，新三二级公路通过交工验收，并于7月10日正式开放交通进入试运营阶段。新三公路于2009年10月正式被列为全省19条新开工二级公路项目予以建设，项目里程94.42千米，云南省发展改革和改革委员会批复核定概算投资为216 268.8万元。该项目是新平县建县以来投资最多、规模最大、地质最复杂、施工最难、受益人口最广的一项重大工程。工程建成后，可使全县12个乡（镇、街道）中的11个乡（镇、街道）15万名群众受益，对突破新平交通“瓶颈”制约，改善新平县交通基础条件，推动新平经济社会持续发展将起到积极的推动作用。

【新平县成功创建“云南省诗词之乡”】　新平县始终坚持文化强县战略引领，积极推进“诗词之乡”创建工作，开展诗词进校园、进机关、进企业、进乡村、进社区、进景区、进报纸杂志等系列活动，采取多种群众喜闻乐见的形式，加大宣传力度，在全县营造浓厚的诗词艺术氛围；以科学的发展观推动临高诗词艺术的发展，并注重加强硬件、软件建设，全面推进创建工作。2014年9月29日，省、市诗词学会专家组赴新平县考察验收“诗词之乡”创建工作，通过考察和听取汇报，专家组对新平县创建“诗词之乡”的工作给予高度肯定，确定批准新平县成为“云南省诗词之乡”。

【平寨社区荣获“云南十大刺绣名村镇”称号】　2014年8月14日，“针尖上的云南刺绣大赛”暨“云南十大刺绣名村镇”颁奖仪式在昆明国际会展中心举行。新平县戛洒镇平寨社区的花腰傣刺绣以绣工精美、色彩丰富艳丽在44个参评村镇中脱颖而出，荣获“云南十大刺绣名村镇”称号。为打造全新的“花腰傣”旅游文化品牌，宣传浪漫的花腰傣风情，展示“中国花腰傣之乡”形象又添一张对外宣传的文化名片。“针尖上的云南刺绣大赛”暨“云南十大刺绣名村镇”评选活动由文博会组委会主办，云南日报报业集团承办，大观周刊全程执行，旨在关注云南刺绣的传承和发展，加强各少数民族对其传统文化及手工刺绣重要艺术价值的认知和重视，提高民众对民族优秀手工刺绣作品的鉴赏能力。评选活动于4月29日启动，全省有包括昆明、保山、大理、曲靖、玉溪、普洱、红河、文山、楚雄、昭通、西双版纳、丽江等12个州（市）的10个少数民族，共44个村镇报名参加。

［桂山街道］　2014年，街道总人口49 780人，其中男24 935 人，女24 845人；少数民族人口24 987人，占总人口的50.2%。人口自然增长率4.83‰。乡村从业人员数9 607人。

2014年年末，街道有常用耕地3 327亩，复种指数341%。全年粮食总产199万千克，比上年减3.8%。油料总产9.91万千克，比上年减0.1%。烤烟总产5.3万千克，比上年增4.5%。乡村人口人均产粮121千克，比上年减1.4%。年末，生猪出栏21 011头，比上年减4.5%；生猪存栏11 520头，比上年增2.4%。大牲畜出栏5 065头，比上年增9.7%；大牲畜存栏2 660头，比上年增1.7%。

2014年有乡镇企业2 495个，比上年减28.3%；从业人员11 154人，比上年减38.1%；营业总收入226 103万元，比上年增12.8%；利润总额13 164万元，比上年增17.9%；上交税金13 350万元，与上年持平；总产值224 733万元，比上年增13%。

2014年，全街道实现农、林、牧、渔业总产值（现价）13 047万元，比上年增5.7 %。农村经济总收入29 588万元，比上年增14.2%；农民人均所得9 550元，比上年增15.1%。

2014年，全街道财政支出5 741万元，比上年减54.5%。

街道党工委书记夏利新，人大工委主任马秀萍，办事处主任李美艳。

［古城街道］　2014年，全街道总人口19 335人，其中男9 892人，女9 443人；少数民族人口12 318人，占总人口的63.7%。乡村从业人员9 196人。

2014年年末，全街道有常用耕地11 633亩，复种指数284.3%。全年粮食总产656万千克，比上年减3.2%。油料总产7.9万千克，比上年减33%。烤烟总产48万千克，比上年减38.2%。乡村人口人均产粮447千克，比上年减

4.1%。年末，生猪出栏33 184头，比上年增14.9%；生猪存栏15 012头，比上年增2.9%。大牲畜出栏936头，比上年增10.5%；大牲畜存栏2 226头，比上年增1.5%。

2014年有乡镇企业380个，比上年增35.3%；从业人员1 826人，比上年增38.4%；营业总收入29 274万元，比上年增26%；利润总额3 993万元，比上年减1.6%；上交税金793万元，比上年增69.4%；总产值27 490万元，比上年增79.8%。

2014年，全街道实现农、林、牧、渔业总产值（现价）13 959万元，比上年增5.0%。农村经济总收入15 400万元，比上年增28.3%；农民人均所得9 814元，比上年增40%。

2014年，全街道财政支出2 021万元，比上年减28.9%。

街道党工委书记刀文高，人大工委主任姚焕琼，办事处主任周兴志。

［扬武镇］ 2014年，全镇总人口21 412人，其中男10 750人，女10 662人；少数民族人口17 424人，占总人口的81.4%。人口自然增长率3.42‰。乡村从业人员13 462人。

2014年年末，全镇有常用耕地28 519亩，复种指数245%。全年粮食总产1 114万千克，比上年增4.7%。油料总产11.5万千克，比上年减8.2%。烤烟总产67.6万千克，比上年减17.7%。甘蔗总产量（估产）36 000吨，比上年减9.1%。乡村人口人均产粮536千克，比上年增16.3%。年末，生猪出栏33 790头，比上年增0.4%；生猪存栏27 174头，比上年增3.4%。大牲畜出栏2 946头，比上年增9.3%；大牲畜存栏9 867头，比上年增1.5%。

2014年有乡镇企业869个，比上年增3.7%；从业人员6 110人，比上年减9.2%；营业总收入708 184万元，比上年减8.6%；利润总额-30 854万元，比上年减210%；上交税金13 301万元，比上年减1.1%；总产值925 883万元，比上年增16.6%。

2014年，全镇实现农、林、牧、渔业总产值（现价）19 980万元，比上年增4.8%。农村经济总收入39 373万元，比上年增11.1%；农民人均所得8 068元，比上年增15.3%。

2014年，全镇财政支出2 756万元，比上年减37.8%。

镇党委书记杨文举，人大主席李云山，镇长李宗霖。

［漠沙镇］ 2014年，全镇总人口46 587人，其中男23 746人，女22 841人；少数民族人口41 515人，占总人口的89.1%。人口自然增长率2.71‰。乡村从业人员数29 461人。

2014年年末，全镇有常用耕地84 401亩，复种指数257%。全年粮食总产4 570万千克，比上年增0.7%。油料总产41.87万千克，比上年增58.9%。烤烟总产6.87万千克，比上年减46.7%。甘蔗总产量（估产）241 179吨，比上年增0.3%。乡村人口人均产粮1 030千克，比上年增0.5%。年末，生猪出栏60 257头，比上年增7.0%；生猪存栏38 621头，比上年增1.1%。大牲畜出栏4 182头，比上年增7.6%；大牲畜存栏16 214头，比上年增0.2%。

2014年有乡镇企业1 857个，比上年增50.4%；从业人员4 688人，比上年增42.4%；营业总收入62 680万元，比上年增28.3%；利润总额11 641万元，比上年增28.5%；上交税金2 117万元，比上年增12.7%；总产值63 316万元，比上年增28.3%。

2014年，全镇实现农、林、牧、渔业总产值（现价）72 818万元，比上年增5.0%。农村经济总收入47 353万元，比上年增16%；农民人均所得9 400元，比上年增15%。

2014年，全镇财政支出4 014万元，比上年增19.6%。

镇党委书记刘坚，人大主席杨永周，镇长饶云。

［戛洒镇］ 2014年，全镇总人口35 368人，其中男18 071人，女17 297人；少数民族人口28 418人，占总人口的80.3%。人口自然增长率4.88‰。乡村从业人员数21 930人。

2014年年末，全镇有常用耕地35 395亩，复种指数224.3%。全年粮食总产1 453万千克，比上年减0.7%。油料总产11.07万千克，比上年减1.2%。烤烟总产49.06万千克，比上年减9.5%。甘蔗总产量（估产）125 000吨，比上年减4.8%。乡村人口人均产粮412千克，比上年减3.8%。年末，生猪出栏48 780头，比上年减3.0%；生猪存栏32 650头，比上年增3.3%。大牲畜出栏4 755头，比上年增13.2%；大牲畜存栏10 325头，比上年增2.4%。

2014年有乡镇企业2 816个，比上年增5.3%；从业人员7 943人，比上年减8.3%。营业总收入98 494万元，比上年增22.6%；利润总额2 760万元，比上年减67.1%；上交税金5 226万元，比上年减2.0%；总产值97 249万元，比上年增26.9%。

2014年，全镇实现农、林、牧、渔业总产值（现价）39 748万元，比上年增9.2%。农村经济总收入31 470万元，比上年增26.5%；农民人均所得7 150元，比上年增25%。

2014年，全镇财政支出5 493万元，比上年增35.2%。

镇党委书记李晗，人大主席丁光松（2014年1月任），镇长王鹏。

［水塘镇］ 2014年，全镇总人口21 778人，其中男11 140人，女10 638人；少数民族人口14 051人，占总人口的64.5%。人口自然增长率4.33‰。乡村从业人员数13 086人。

2014年年末，全镇有常用耕地8 458亩，复种指数483.3%。全年粮食总产916万千克，比上年减2.2%。油料总产1.66万千克，比上年增1.4倍。甘蔗总产量（估产）86 900吨，比上年减6.8%。乡村人口人均产粮433千克，比上年减2.9%。年末，生猪出栏60 795头，比上年增13.8%；生猪存栏31 233头，比上年增7.6%。大牲畜出栏4 595头，比上年增29.4%；大牲畜存栏4 988头，比上年增2.0%。

2014年有乡镇企业518个，比上年增1.6%；从业人员2 204人，比上年增6.4%。营业总收入19 781万元，比上年增10.2%；利润总额8 309万元，比上年增15.3%；上交税金325万元，比上年增4.8%；总产值19 168万元，比上年增6.0%。

2014年，全镇实现农、林、牧、渔业总产值（现价）24 035万元，比上年增7.2%。农村经济总收入22 644万元，比上年增11.8%；农民人均所得6 289元，比上年增18.6%。

2014年，全镇财政支出3 238万元，比上年增7.4%。

镇党委书记张祖权，人大主席何洪亮，镇长曹玉菲。

［平甸乡］ 2014年，全乡总人口14 448人，其中男7 489人，女6 959人；少数民族人口11 481人，占总人口的79.5%。人口自然增长率5.08‰。乡村从业人员数8 776人。

2014年年末，全乡有常用耕地20 230亩，复种指数367.4%。全年粮食总产1 202万千克，比上年增36.7%。油料总产18.3万千克，比上年减51.8%。烤烟总产237万千克，比上年减3.5%。乡村人口人均产粮837千克，比上年增58.2%。年末，生猪出栏16 865头，比上年增9.1%；生猪存栏15 850头，比上年增3.3%。大牲畜出栏2 442头，比上年增9.4%；大牲畜存栏5 413头，比上年增1.2%。

2014年年末，全乡有私营企业5户，个体工商户23户。全乡完成招商引资10 622万元。

2014年，全乡实现农、林、牧、渔业总产值（现价）18 994万元，比上年增4.9%。农村经济总收入17 982万元，比上年增17%；农民人均所得7 066元，比上年增16.4%。

2014年，全乡财政支出2 077万元，比上年增11.5%。

乡党委书记陈佳，人大主席朱开亮，乡长高汝海。

［新化乡］　2014年，全乡总人口24 079人，其中男12 530人，女11 549人；少数民族人口18 488人，占总人口的76.8%。人口自然增长率3.95‰。乡村从业人员数16 277人。

2014年年末，全乡有常用耕地18 667亩，复种指数545%。全年粮食总产1 606万千克，比上年增25.5%。油料总产15.4万千克，比上年减7.4%。烤烟总产422万千克，比上年减10.5%。乡村人口人均产粮689千克，比上年增34.3%。年末，生猪出栏32 662头，比上年增8.0%；生猪存栏31 850头，比上年增10.2%。大牲畜出栏3 065头，比上年增9.5%；大牲畜存栏9 980头，比上年增1.9%。

2014年有乡镇企业163个，与上年持平，从业人员475人，比上年增0.6%。营业总收入2 293万元，比上年增10.3%；利润总额170万元，比上年增4.9%；上交税金21万元，比上年减12.5%；总产值874万元，比上年增12.1%。

2014年，全乡实现农、林、牧、渔业总产值（现价）28 194万元，比上年减0.8%。农村经济总收入23 500万元，比上年增9.8%；农民人均所得6 632元，比上年增15%。

2014年，全乡财政支出2 730万元，比上年增0.3%。

乡党委书记赖朝东，人大主席邱富云（2014年11月离任）、龚兆琪（2014年11月任），乡长蒋建蓉。

［老厂乡］　2014年，全乡总人口16 914人，其中男8 734人，女8 180人；少数民族人口12 434人，占总人口的73.5%。人口自然增长率3.07‰。乡村从业人员数10 974人。

2014年年末，全乡有常用耕地17 937亩，复种指数610%。全年粮食总产1 703万千克，比上年减3.5%。油料总产5.67万千克，比上年减12.5%。烤烟总产310万千克，比上年减6.5%。甘蔗总产量（估产）32 000吨，比上年减8.6%。乡村人口人均产粮1 035千克，比上年减0.4%。年末，生猪出栏32 800头，比上年增11.5%；生猪存栏23 430头，比上年增8.5%。大牲畜出栏4 500头，比上年增10.4%；大牲畜存栏14 372头，比上年增1.9%。

2014年有乡镇企业571个，比上年增3.39倍；从业人员1 930人，比上年增2.41倍。营业总收入7 052万元，比上年增1.39倍；利润总额2 294万元，比上年增2.1倍；上交税金463万元，比上年增10.6倍；总产值7 302万元，比上年增1.52倍。

2014年，全乡实现农、林、牧、渔业总产值（现价）21 668万元，比上年增25.4%。农村经济总收入32 274万元，比上年增33.4%；农民人均所得6 856元，比上年增20.7%。

2014年，全乡财政支出2 701万元，比上年增13.9%。

乡党委书记李星，人大主席陈光宏，乡长普跃。

［者竜乡］　2014年，全乡总人口12 568人，其中男6 409人，女6 159人；少数民族人口6 862人，占总人口的54.6%。人口自然增长率5.26‰。乡村从业人员数7 437人。

2014年年末，全乡有常用耕地8 771亩，复种指数396%。全年粮食总产624万千克，比上年增14%。油料总产46.45万千克，比上年增138.4%。烤烟总产53.4万千克，比上年减18.3%。乡村人口人均产粮519千克，比上年增13.6%。年末，生猪出栏21 385头，比上年增8.0%；生猪存栏21 568头，比上年增5.5%；大牲畜出栏1 574头，比上年减1.4%；大牲畜存栏5 651头，比上年增1.5%。

2014年有乡镇企业181个，比上年增1.1%，从业人员395人，比上年减3.7%。营业总收入4 400万元，比上年增13.1%；利润总额630万元，比上年增37%；上交税金37万元，比上年增15.6%；总产值3 500万元，比上年增12.9%。

2014年，全乡实现农、林、牧、渔业总产值（现价）12 992万元，比上年增4.8%。农村经济总收入8 421万元，比上年增15%；农民人均所得5 054元，比上年增18.1%。

2014年，全乡财政支出2 454万元，比上年增25.7%。

乡党委书记李勇，人大主席方旭，乡长杨溢。

［建兴乡］　2014年，全乡总人口17 639人，其中男9 350人，女8 289人；少数民族人口13 124人，占总人口的74.4%。人口自然增长率3.75‰。乡村从业人员数10 241人。

2014年年末，全乡有常用耕地25 447亩，复种指数248%。全年粮食总产579万千克，比上年减3.0%。油料总产1.93万千克，比上年增1.6%。烤烟总产55万千克，比上年增59.4%。乡村人口人均产粮336千克，比上年减2.9%。年末，生猪出栏23 864头，比上年减4.8%；生猪存栏25 705头，比上年增2.9%。大牲畜出栏2 645头，比上年减12%；大牲畜存栏6 636头，比上年增1.3%。

2014年有乡镇企业398个，比上年增29.6%；从业人员725人，比上年增33.5%。营业总收入3 929万元，比上年增65.6%；利润总额651万元，比上年增16%；上交税金80万元，比上年增45.5倍；总产值3 929万元，比上年增132%。

2014年，全乡实现农、林、牧、渔业总产值（现价）16 131万元，比上年增42%。农村经济总收入11 293万元，比上年增19.9%；农民人均所得4 383元，比上年增20.1%。

2014年，全乡财政支出2 650万元，比上年减7.0%。

乡党委书记何志刚，人大主席任永福，乡长李永安。

［平掌乡］　2014年，全乡总人口15 084人，其中男8 085人，女6 999人；少数民族人口11 673人，占总人口的77.4%。人口自然增长率1.19‰。乡村从业人员数8 869人。

2014年年末，全乡有常用耕地22 069亩，复种指数193%。全年粮食总产896万千克，比上年减1.2%。油料总产15万千克，比上年增8.1%。烤烟总产1 5.9万千克，比上年增55.4%。乡村人口人均产粮618千克，比上年减1.1%。年末，生猪出栏22 446头，比上年增9.1%；生猪存栏29 811头，比上年增2.3%。大牲畜出栏1 991头，比上年增7.0%；大牲畜存栏7 507头，比上年增1.4%。

2014年有乡镇企业222个，比上年增1.03倍；从业人员296人，比上年减2.3%。营业总收入1 699万元，比上年增0.6%；利润总额736万元，比上年增0.5%；上交税金17万元，比上年增41.7%；总产值2 079万元，比上年增1.1%。

2014年，全乡实现农、林、牧、渔业总产值（现价）12 053万元，比上年增7.8%。农村经济总收入8 326万元，比上年增21.4%；农民人均所得3 526元，比上年增20.3%。

2014年，全乡财政支出2 066万元，比上年增18.2%。

乡党委书记周保锐，人大主席李兴武，乡长张良。

（刀燕勤）

元江哈尼族彝族傣族自治县

【自然概貌】 元江县位于云南省中南部，东经101°39′～102°22′、北纬23°19′～23°55′之间；东与红河州石屏县接壤，南与红河县相连，西与普洱市墨江县毗邻，北与新平县紧邻。县城距市政府所在地红塔区132千米，距省会昆明220千米。县境南北长64.5千米，东西宽71.5千米。总面积2 858平方千米，其中：山区2 766.5平方千米，占96.8%；坝区91.5平方千米，占3.2%。地势西北高，东南低；山脉南北走向，以元江（河）为界，西南支属哀牢山脉，东北支属横断山脉，两山脉逶迤向南延伸，使元江河谷形成了东峨坝、元江坝等河谷盆地。境内最高海拔2 580米，最低海拔327米；县城所在地海拔380米。气候属低纬高原季风气候，由于地形复杂，立体气候特点突出，山区温凉，坝区炎热。2014年平均气温24.7℃，极端最高气温43.1℃（6月4日），极端最低气温 4.9℃（1月22日）；年降雨量964.6毫米，年日照时数2 628.0小时。

【历史沿革】 元江县古属西南夷地，称"西南荒裔"；夏、商、周时名惠笼甸，属梁州地；蜀汉、西晋时名罗槃甸，属兴古郡地；隋、唐时名步头，属黎州地；宋大理时名因远部、罗必甸，属威远睑治地；元至元元年（1264年）名罗槃部，属元江路治地，至元二年（1265年）改为元江府，至元二十五年（1288年）改设元江路；明洪武十五年（1382年）改设元江府；清乾隆三十五年（1770年）改设元江直隶州。民国2年（1913年）改设元江县，属普洱道。1949年8月成立元江县临时人民政府，属蒙自专区；1954年7月改属玉溪专区。1979年12月，国务院批准成立元江哈尼族彝族傣族自治县，1980年11月22日正式挂牌成立元江哈尼族彝族傣族自治县。

【行政区划】 2014年，根据《元江县人民政府关于撤销部分乡镇设立街道办事处及有关行政区划调整的决定》，撤销澧江镇，设立澧江街道、红河街道；撤销青龙厂镇，设立甘庄街道；撤销东峨镇、羊岔街乡，设立曼来镇，红光农场并入曼来镇。调整后全县共有3个街道、2个镇、5个乡，57个村民委员会、23个居民委员会，533村民小组和246个社区居民小组，685个自然村。

【人口、民族】 2014年年末，全县总户数66 839户，其中：非农业户27 118户；户籍人口207 445人，比上年增加1 580人。其中：男106 747人，女100 698人；农业人口147 103人，非农业人口60 342人；少数民族人口168 751人，占总人口的81.3%。少数民族人口中，哈尼族88 991人，占少数民族人口的42.9%；彝族45 734人，占少数民族人口的22.0%；傣族25 151人，占少数民族人口的12.1%；白族 6 145人，占少数民族人口的3.0%；苗族1 037人，占少数民族人口的0.5%；拉祜族1 084人，占少数民族人口的0.5%；其他少数民族112人，占少数民族人口的0.05%。年内出生1 458人，出生率7.11‰；死亡1 149人，死亡率为5.60‰；人口自然增长率为1.51‰，比上年减1.64个千分点。人口密度为每平方千米73人。

【自然资源】 由于地理环境特殊，元江县的水能、地热、矿产和动植物等自然资源都很丰富。全县水能理论蕴藏量达41.37万千瓦，可供开发的有24.65万千瓦，可建30多个装机500千瓦以上的水电站；已开发的水力电站为6.66万千瓦，占可开发量的27%。共有热、温泉18处，水温为21℃～94℃，流量86.2升/秒，年产水量272万立方米。矿产有金、银、铜、铁、镍等金属矿和煤、石膏、石棉、蛇纹石、大理石、石灰石、红宝石等非金属矿，其中石棉、石膏和铜、镍的储量较大，镍矿储量位居全国第二。动物有豹、孔雀、红鹇、白鹇、獭猴、蟒蛇、蛤蚧、雉鸡、岩羊、穿山甲等100余种；植物共有226科1 081属2 394种，其中树蕨、天料木、顶果木、千里榄仁、钟萼木、荔枝等是国家一、二类重点保护植物，野茶、翠柏、红椿等是省级三类重点保护植物。

【综合经济指标】 2014年，全县实现现价生产总值（GDP） 553 860万元，比上年增49 113万元，按2010年可比价格计算，增长8.6%。其中，第一产业（农、林、牧、渔及其服务业）增加值172 028万元，增长6.3%，对GDP贡献率为18.9%，拉动GDP增长1.6个百分点；第二产业（工业、建筑业）增加值142 539万元，增10.9%，对GDP贡献率为36.4%，拉动GDP增长3.1个百分点。在第二产业中，工业增加值106 428万元，增长14.1%，建筑业增加值36 111万元，增长1.8%。第三产业（除第一、二产业外的其他产业）增加值239 293万元，增长8.6%，对GDP贡献率为44.7%，拉动DGP增长3.9个百分点。三次产业在生产总值中的比重分别为31.1%、25.7%、43.2%。人均地区生产总值25 005元，比上年增加2 114元，可比价增长8.2%。

【工　业】 2014年，元江县规模以上（年主营业务收入2 000万元以上独立核算）工业企业共20户，实现现价总产值324 162万元，比上年增加29 016万元，增长9.8%，其中：规模以上工业产值224 093万元，增加23 729万元，增长11.8%；规模以下工业产值100 069万元，增加 5 287万元，增长5.6%。在全部工业总产值中，轻工业产值 85 281万元，比上年增长0.8%，占全部工业总产值的比重为26.3%；重工业产值238 881万元，增长13.5%，占全部工业总产值的比重为73.7%。

主要工业产品产量：食糖31 233吨，水泥1 447 512吨，发电量37 351万千瓦时，铁合金32 261吨，电解镍2 395吨，电解铜1 318吨，黄金112千克，纤维板93 809立方米，人造水晶113吨，芦荟凝胶丁5 119吨。

全年完成工业增加值106 428万

元，按可比价增长14.1%，拉动GDP增长3.0个百分点，对GDP增长的贡献率为34.9%。其中：规模以上工业增加值61 005万元，增长18.0%。

全年完成建筑业增加值36 111万元，按可比价增长1.8%。资质以上建筑企业6户，完成建筑业总产值45 764.5万元，同比增长4.6%；期末从业人员1 253人，同比增长33.6%。

【农　业】　2014年，元江县实现农、林、牧、渔及其服务业总产值（现价）287 725万元，比上年增加17 537万元，按可比价比上年增6.4%。其中：农业（种植业）产值222 364万元，增长8.5%；林业产值7 645万元，增长5.1%；牧业产值52 527万元，增长5.1%；渔业产值4 302万元，增长22.6%；农、林、牧、渔服务业产值887万元，增长6.5%。

全年农作物总播种面积538 117亩，比上年减14 660亩，减少2.7%。复种指数为189.4%，比上年下降6.4个百分点。全年粮食播种面积272 362亩，比上年增2 350亩，占总播种面积的50.6%，比重比上年提高1.8个百分点；经济作物面积265 755亩，比上年减17 010亩，占总播种面积的49.4%，比重比上年下降1.8个百分点。

特色生物产业进一步发展，全年芦荟鲜叶产量43 745吨，比上年增加4 373吨，增长11.1%；实现农业产值2 628万元，比上年增加265万元，增长11.2%。茉莉花鲜花交易量4 168吨，比上年减少376吨，减8.3%；实现农业产值8 128万元，比上年增加167万元，增长2.1%；加工花茶6 350吨，实现加工产值1 083万元，比上年增加242万元，增长28.8%。种植花卉8 608亩，实现花卉产值14 680万元，比上年减少2 635万元，减15.2%。青枣产量36 183吨，实现产值14 842万元；香蕉产量36 157吨，实现产值12 227万元。

主要农产品产量：粮食总产量9 587万千克，油料总产量352.5万千克，甘蔗总产27.31万吨，烤烟953.03万千克，水果21 582.81万千克，蔬菜4 336.58万千克。

全年完成造林6.03万亩，人工造林5.03万亩，封山育林1万亩。义务植树60.3万株；森林覆盖率50.96%。

畜牧业生产以发展现代畜牧业、促进农民增收为目标，大力发展标准化规模养殖，积极扶持发展养殖大户，全县共建成生猪标准化规模养殖场5个，畜禽养殖示范村2个。全年出栏肥猪50头以上的规模户82户，其中500头以上的23户，1 000头以上的5户；养肉牛20头以上的规模户257户，其中100头以上的7户。年出栏肉羊50只以上的规模户66户，其中出栏100只以上的2户；年出栏肉鸡1 000只以上的规模户9户，其中1万只以上的6户，5万只以上的1户；年饲养蛋鸡1 000只以上的1户。

渔业生产发展平稳，全县水产养殖19 317亩，其中池塘2 422亩，水库6 895亩，稻田10 000亩；全年水产品产量1 722吨，比上年增产4.0%。

【商　业】　2014年，实现社会消费品零售总额191 525万元，比上年增13.0%。按销售地区分：城镇实现消费品零售额142 052万元，增长13.3%；乡村实现49 473万元，增长12.2%。按行业分：批发零售贸易业实现155 778万元，增长13.3%；住宿餐饮贸易业实现35 747万元，增长11.6%。按经济成分分：公有经济实现3 574万元，增长1.4 %，占全县社会消费品零售总额的1.9%；非公经济187 951万元，增长13.3%，占全县社会消费品零售总额的98.1%。

【旅游业】　2014年，元江县依托热区自然、民族文化资源优势和昆玉红色旅游文化产业经济带建设玉溪行动计划，抢抓机遇，以生态、民族文化元素入手，全力打造“红河谷中太阳城”、“彩云之南花果园”、“哈尼故里罗槃国”旅游品牌，促进元江经济社会发展。1～12月，接待海外旅游者349人次，比上年同期增12.9%，实现旅游外汇收入6.30万美元，比上年同期增1.02倍。接待国内旅游者121.04万人次，比上年同期增30.85%，其中过夜游客61.5万人次，比上年同期增71.95%，一日游游客59.54万人次，比上年同期增4.9%；接待旅游团队3 032个68 766人次，较上年同期增1.34倍和13%。元江知名度不断提高，全年接待游客121万人次，实现旅游收入6.8亿元，分别增长30.9%、22.8%。2014年年末，县城内实有星级宾馆3家，拥有床位519张。旅游社会收入达68 400万元。

【交通、邮电】　2014年，全县交通运输、仓储和邮政业增加值12 297万元，可比价增长5.4%。年末，全县公路通车里程2 688千米，其中，国道177千米，省道68千米，县道388千米，乡（镇）道路1 723千米，专用道路62千米，村道270千米。按技术等级分：高速公路76千米、一级公路8千米、二级公路35千米、三级公路113千米、四级公路2 448千米、等外公路8千米。全县公路运输客运量完成77.5万人次，增长6.5%；旅客运输周转量6 886.9万人千米，增长33.1%。完成货运量160.8吨，增长20.1%；完成公路运输货物周转量88 732.7万吨千米，增长12.6%。

2014年，全县拥有机动车76 770辆，其中大型汽车718辆，小型汽车10 607辆，低速汽车100辆，摩托车65 164辆。营运客车214辆，其中公交车9辆，出租车31辆，微型面包车109辆，中巴车（19座）65辆。

2014年，电信业务总量1 915万元，移动公司业务总量6 600万元，联通公司业务总量1 212万元。全县电话普及率77.7部/百人，年末，电话用户172 394户，其中固定电话用户8 881户，移动电话用户163 513户。互联网宽带网用户19 041户。

全年国内外函件7.9万件，订销报纸累计108万份，订销杂志累计5.6万份。全年邮政业务总量438.5万元，比上年增加54.6万元，增长14.2%。

【财税、金融、保险】　2014年，元江县上划中央“两税”收入6 318万元，比上年减少458万元，减6.8%。完成地方财政收入50 613万元，比上年增加4 383万元，增长9.5%。其中公共财政预算收入完成33 971万元，增长7.8%。完成地方财政支出164 663万元，比上年增支19 306万元，增长13.3%。完成公共财政预算支出146 330万元，增长11.0%。其中：一般公共服务支出19 606万元，增21.3%；教育支出29 268万元，增8.4%；社会保障和就业支出22 253万元，增12.5%；农、林、水事务支出27 380万元，增17.7%；医疗卫生与计划生育支出16 238万元，增15.5%。

全县两税系统共组织各项税收收入37 181万元，比上年减少2 958万元，减7.4%，其中：国税系统组织收入12 478万元，比上年减少95万元，减0.8%；地税系统组织收入24 703万元，比上年减少2 863万元，减10.4%。

全县金融机构各项存款余额为473 826万元，比上年增47 135万元，增长11.0%。其中个人储蓄存款291 304万元，比上年增30 907万元，增长11.9%。各项贷款余额334 702万元，比上年增31 729万元，增长10.5%。存贷比为70.6%，比上年下降0.4个百分点。居民人均储蓄存款13 122元，比上年增加1 339元，增长11.4%。

年末，全县共有各类商业保险经营机构10个，全县实现保费收入8 313.1万元，赔款支出3 078.8万元，赔付率为37.0%。

【科　技】 2014年，元江县根据上级项目申报指南要求和分给的申报指标，组织相关专家和领导严格按标准在全县范围内开展了项目申报调研。协调和组织申报完成了6个项目，国家级农村科普示范基地项目1个，省级科普惠农兴村计划项目2个，省级科普示范创建项目2个，省级科普公民科学素质提升类项目1个。有效发明专利13件，申请专利18件，专利授权8件。获得省、市主管部门立项支持12项，其中省级2项、市级10项。新认定高新技术企业2家，分别是：元江县臧健花卉科技开发有限公司、云南万绿生物股份有限公司。年末，全县共有农技协29个，举办各类农村实用技术培训26次，培训人数9 600人次；举办科普宣讲活动暨开展科技咨询7次，受众人数7 400人次；参加活动科技人员96人，覆盖10个村，6个社区。农函大在全县10个乡（镇、街道）10个村委会和1个协会开办烟草、柿子、柑橘、桃子、草果、中药材、火龙果、青枣、核桃、蔬菜、油桃、养鸡等15个专业，37个教学班，共招收学员1 800名。

【教　育】 2014年，元江县加大教育投入力度，积极发展职业教育、成人教育等多形式、多层次教育，培育各类人才，提高劳动者素质。年末，全县在人事部门登记的各类专业技术人员3 242人，其中正高级职称3人，副高级职称329人，中级职称1 324人，初级职称1 419人；在岗未评定职称的专业人员167人。

全县有普通中小学校74所（不含幼儿园），其中高中2所，职业中学1所，初中9所，小学62所。全县有在校学生28 281人，其中高中3 294人，职中933人，初中8 130人，小学15 924人。有幼儿园10所，其中教办4所，民办6所，在园幼儿3 559人；学前班48个，有学龄前在校儿童1 444人。有专任教师2 055名，其中高中233名，职中45名，初中576名，小学1 201名。全县毕业学生6 366人，其中高中945人，职中122人，初中2 511人，小学2 788人；高中毕业报考大学人数1 273人，上线人数910人，其中本科399人，专科511人。学龄儿童入学率达77.2%。学前3年儿童入学率54.9%，小学入学率为114.3%，小学辍学率为0.14%；初中入学率90.8%，初中辍学率为2.8%。全县有县委党校1所，2014年，县委党校与西南林业大学经济管理学院合办的农业推广专业硕士在读研究生62人，其中正式学员32人，跟读生30人。乡（镇、街道）办文化事务中心10所（原乡镇、街道党职技校和文化站合并而成），村级成技校72所，全县乡（镇）、村成技校开展实用技术培训471期，受训4.65万人次。

【文　化】 2014年，元江县有文化馆1个、公共图书馆1个、乡（镇、街道）文化事务中心10个、民族歌舞团1个。重点抓好“两馆一站”免费开放工作，利用文化中心场地开展老年人免费服务活动。县档案馆馆藏档案116全宗64 643卷。100支农村文艺队自2012年组建以来，成为元江县农村文化活动的主力军，活跃全县各乡村舞台。组织红河街道中心文艺队代表全县100支农村骨干文艺队参加“第七届魅力中华才艺国际展示大赛”（云南赛区）比赛，参赛节目《凤凰花开》荣获集体舞专业成人组一等奖。被列为国家级非物质文化遗产项目1个（棕扇舞）、省级非物质文化遗产项目1个（九祭献），市级非物质文化遗产项目26个；县级项目48个。全县被命名为项目代表性传承人的共133人，其中国家级非物质文化遗产代表性继承人1人，省级6人，市级25人，县级102人。

2014年，新华书店发行图书87万册，完成销售收入1 103万元，实现利润110万元。积极推进农村电影放映服务体系建设，年内，共放映电影948场，观众6.81万余人，其中：农村电影放映场次677场，科教电影场次193场，观众42 673人次，太阳城广场放映78场，观众25 454人次。

【广播电视】 2014年年末，全县广播人口综合覆盖率99.11%，电视人口综合覆盖率98.12%。元江县广播电视台录制的节目在玉溪电视台播出新闻629条，在云南电视台各频道、各栏目中播出56.5条，在中央电视台播出新闻3条，外传新闻总计播出688.5条，名列全省县级广播电视台第一，连续八年获得“云南省县级新闻报道先进集体”荣誉称号。2014年4月15日，玉溪市广播电视局投入20万元，在老窝底发射台安装了一台300W的无线地面数字电视发射设备，传输玉溪台、元江台两套本地电视节目，信号覆盖曼来镇、澧江街道、红河街道、甘庄街道、洼垤乡、龙潭乡的部分区域，覆盖范围占全县“户户通”用户数的18.16%，总人口覆盖达44.91%，覆盖区内的“户户通”用户能收看到玉溪台、元江台两套本地电视节目。

【卫　生】 2014年年末，全县实有卫生机构16个，其中，县及县以上医院3个，乡（镇）卫生院10个，其他卫生机构3个；拥有病床631张，有职工780人，其中卫生技术人员613人；有执业医师125人，执业助理医师51人，注册护士252人；有个体开业16户，从业人员211人，其中卫生技术人员178人。每万人拥有卫生技术人员36人。有乡村卫生所75个，拥有乡村医生173人，卫生员66人。全年门诊诊疗病人589 460人次；入院人数24 709人，病床使用率77.2%；传染病发病率246.7/10万。

新农合制度进一步巩固和发展，全县共有173 090人参加新农合，参合率97.12%；2014年筹资标准提高到435元/人·年，共筹集新农合基金7 643.72万元，减免补偿785 070人次，补偿新农合基金8 919.76万元，较2013年增加1 123.75万元。群众受益面达453.56%，基金使用率为118.62%。

【体　育】 2014年，全县共举办各种运动会45次，参赛运动员151 213人次；向上级输送各类体育人才10人，全县体育人口占总人口的39%。元江县运动员全年共获奖牌数（枚）35枚，其中获省级金牌18枚，地区（市）级金牌17枚；银牌44枚，其中获省级银牌15枚，地区（市）级银牌29枚；铜牌43枚，其中获省级铜牌21枚，地区（市）级铜牌22枚。截至2014年12月，全县境内乡（镇、街道）共有体育项目场地387块，其中体育场1块，体育馆1座，游泳馆1座，游泳池1池，网球馆1座，篮球场307块，网球场6块，羽毛球场5块，乒乓球场8块，地掷球场11块，门球场10块，健身路径35条（共有204架）。

【社会保障】 2014年年末，全县共有重点优抚对象1 176人，发放抚恤定补金额377.7万元；享受城市最低生活保障5 004户6 093人，发放城市最低生活保障金1 512.4万元；享受农村最低生活保障8 078户13 607人，发放农村最低生活保障金1 935.7万元；全县共有“五保”对象315人，其中集中供养的106人；集体办敬老院9个，有职工20人，床位数240张。

年末，全县职工基本养老保险参保人员16 697人，其中企业参保11 107人，机关事业单位参保5 590人。实际征收基本养老保险基金15 727.5万元，全年支付养老保险金18 584.9万元。城乡居民基本养老保险参保人数111 250人，参保率98.05%；收缴基本养老基金1 019.3万元，实际支付养老保险金1 664.3万元。城镇职工基本医疗保险参保职工18 809人，其中在职人员12 647人，全年实际收缴基本医疗保险金7 601万元，支付6 622万元；城镇居民基本医疗保险参保人数8 815人，收缴医疗保险费124万元，支付124万元；工伤保险参保的企业职工7 854人，其中农民工4 176人，全年收缴保险基金407.6万元，支付406.5万元。生育保险参保的企业职工6 459人，其中农民工4 012人，全年实际收缴生育保险金191.6万元，支付198万元。失业保险参保职工9 342人，全年实际收缴失业保险金897.4万元，支付270万元。

2014年，全县城镇新增就业人员2 105人，完成市级下达目标任务2 000人的100.20%；城镇下岗失业人员再就业501人，完成市级下达目标任务500人的100.20%；就业困难人员再就业405人，完成市级下达的目标任务400人的101.25%；城镇登记失业率3.8%，控制在市级下达目标任务4.3%以内；开发公益性岗位数511人，完成市级下达目标任务500人的102.20%；“贷免扶补”扶持创业620人（其中就业经办机构50人），已发放620笔4 592万元（其中就业经办机构已发放50笔338万元），完成市级下达目标任务620人的100%；失业人员小额担保贷款扶持创业797人（已发放797笔6 011万元），完成市级下达目标任务797人的100%；小额担保贷款扶持劳动密集型小企业3户（已发放3户600万元），完成市级下达目标任务3户的100%；农村劳动力培训874人，完成市级下达目标任务800人的109.25%；农村劳动力转移314人，完成市级下达目标任务300人的104%。

【人民生活】 2014年年末，全县在岗职工15 711人，比上年增427人，增长2.8%。其中：国有单位职工8 683人，比上年增47人，增0.5%；集体单位职工204人，比上年减少11人，减5.1%；其他单位职工6 824人，比上年增391人，增长6.1%。在岗职工工资总额69 431万元，比上年增4 267万元，增长6.5%。其中：国有单位42 681万元，比上年增2 237万元，增5.5%；集体单位1 331万元，比上年减少38万元，减2.8%；其他单位25 419万元，比上年增2 068万元，增长8.9%。全县在岗职工年平均工资46 921元，比上年增3 132元，增长7.2%。其中：国有单位53 996元，比上年增加2 805元，增长5.5%；集体单位65 255元，比上年增加3 014元，增长4.8%；其他单位38 231元，比上年增3 431元，增长9.9%。农村居民人均可支配收入8 851元，比上年增1 066元，增长13.7%；城镇居民人均可支配收入26 430元，比上年增2 403元，增长10.0%。

【领导干部】 县委书记黄太文（2014年6月任），副书记张伟、刀有忠、易茂平（2014年3月任，挂职）。人大主任方国铁，副主任王文保、周明亮、李云珍、赵德福。县长张伟（2014年1月任），副县长瓦庆超、陈家福、王玉华、李丽、封志荣、曾睿辉、常虹。政协主席唐进峰，副主席陶明、普金学、杨雄辉、刀桂芳。纪委书记陈李浩。

（元江县史志办）

【李将福获市级非物质文化遗产传承人称号】 自1994年起，李将福就随父亲——著名木根雕艺术大师李元生学习木根雕立体镂空透雕技艺，是玉溪市第二届、第三届青联委员。2000年与家人创办玉溪市第一家私人艺术馆——元生艺术展馆。多年来向各级政府相关部门赠予大小百余件木根艺作品，引起各级媒体广泛宣传。个人代表作品参加过各级大小艺术大赛并获奖，被逐一收藏。他先后被共青团中央授予2004年度“全国乡村青年文化名人” 称号；2006年中国人才研究会艺术家学部委员会授予《优秀根木雕艺术家》称号，并通过ISE艺术品价值评定；全球华人联合会授予“当代文艺先锋”荣誉称号；玉溪市委宣传部、市文化局授予市“民族民间工艺师” 称号；个人艺传入选《中国人才辞典》第四卷、《中国专家名人辞典》、《中国当代人生格言》、《中外哲理名言》、《翰墨丹青·全国优秀书法美术作品集》等多部名录，未来的工作重点是多创作出具有反映“与时俱进”的新型艺术品。2013年4月，李将福荣获玉溪市“民族民间工艺师” 称号，2014年3月获市级“非

2014年6月20日，巡山护林员在元江国家自然保护区内发现一只野生雄性黑熊幼崽，后经鉴定，确认为国家二级保护动物野生亚洲黑熊，俗称狗熊，这是自1989年元江国家级自然保护区建立20多年来首次发现的黑熊活体实物

（元江县林业局　提供）

物质文化遗产项目目标技艺代表性传承人”称号。

【豚尾猴养殖基地在元江建成】　豚尾猴是国家一级保护动物，在中国仅分布于云南和西藏地区。据估计，豚尾猴野生种群不足1 000只，因其头顶平而有一毛旋，尾巴像猪尾巴，所以又被叫做“平顶猴”或“猪尾猴”。为促进该物种保护，扩大种群数量，云南金杰康生物科技有限公司对豚尾猴进行了人工养殖。该公司是国家林业局作为豚尾猴进口建立繁殖种群的唯一批准单位。2012年11月，经云南出入境检验检疫局检疫合格，云南金杰康生物科技有限公司把元江作为豚尾猴养殖基地建设。元江独特的区位和气候优势，为猴子养殖提供了丰富而低成本的饵料，一年四季都可以喂食新鲜应季水果，猴子养殖成本低。截至2014年，豚尾猴的数量已从引进时的600只增加到638只。已成为全球最大，国内唯一的豚尾猴种群和国内最大的豚尾猴养殖保护基地。

【石红高速公路（元江段）开工建设】　石红高速公路是国道323线江西瑞金—韶关—柳州—临沧公路的重要组成部分，是连接云南省南部红河、玉溪、普洱、临沧、西双版纳地区的主要干线和出海通边的重要通道。起于红河州石屏县县城南，接鸡（街）至石（屏）高速公路终点，止于玉（溪）至元（江）高速公路红龙厂立交，与国道玉（溪）元（江）高速公路连接，全长54.81千米（元江县境内里程达14.89千米），设计时速60千米/小时，路基宽23米，计划投资为53.05亿元。自2013年12月开工建设以来，元江县高度重视，积极组织工作组进村入户做好群众思想工作，并创新工作方式创造性地实施土地作价入股参与建设的征地拆迁，既确保项目建设顺利推进又保障了群众的长远利益。截至2014年12月，已完成进场道路建设、征地拆迁、电力、移动、联通、广电杆线搬迁、撮科小寨出入口协调等工作，完成投资6亿元。

【万绿生物在“新三板”挂牌上市】　2014年7月4日，云南万绿生物股份有限公司股票在北京全国中小企业股份转让系统有限公司（俗称“新三板”）挂牌上市。至此，万绿生物（股份代码：830828）成为玉溪市第一家“新三板”挂牌公司。

【元江发现千年野生古茶树】　2014年10月27日，由中国科学院研究员张顺高、云南农业大学教授张芳赐以及云南省茶叶协会等部门组成的专家组一行10人深入元江县南溪原始森林腹部对现有的古茶树群落进行实地考察。在原始森林与光山寨角结合处，发现两株野生古茶树，其中最大一株树高达12.2米，根部直径1.2米。通过对两株古茶树所处的海拔、土壤、树龄、品种、花果、枝叶和形状进行了现场研究分析后，初步认定两株古茶树为大叶子野生古茶树，测定树龄约1 700年左右，是目前云南省发现存有比较健壮、根部直径最大的野生大叶古茶树王。

【辣木种植】　辣木又称鼓槌树、不死树、萝卜树等，原产于印度和非洲，为辣木科辣木属植物，是一种有独特经济价值的热带植物。1991年，元江县启动了辣木种植的系统研究，中国林科院资源昆虫研究所在元江、元阳、元谋等地开展了辣木引种试验，并获得成功。元江县委、县政府高度重视，将辣木作为元江新兴县域经济增长点全力推进。至2014年12月，元江县已建成辣木树种源基地约40亩，种苗培育基地约20亩，种植基地近2 500亩，每年亩产值达1～2万元，成为中国辣木品质最好的繁育和供应基地。

【“光伏农业科技大棚”落户元江】　2014年9月，元江县与青岛昌盛日电太阳能科技有限公司签订《生态农业科技大棚100兆瓦光伏电站项目投资合作协议》，标志着“光伏农业科技大棚”这项兼顾太阳能发电和农业生产的新型、高效现代农业模式落户元江。光伏农业科技大棚是现代农业发展的一种新模式，是一种与农业生产相结合，棚顶太阳能发电、棚内发展农业生产的新型光伏系统工程，此次签约项目总投资15亿元，将建设5 000亩的生态农业科技大棚100兆瓦光伏电站及农业深加工项目。项目一期工程将投资5亿元人民币，用地约1 800亩，建成40兆瓦光伏农业科技大棚电站项目并网运行，在建设太阳能科技大棚的同时，也将太阳能生态小镇进行统一设计与规划，将光伏农业科技大棚+太阳能生态小镇结合在一起，打造一个既可以解决农民的生产问题，也可以解决农民生活问题的新型城镇化、节能低碳、绿色环保、可持续发展的综合样板示范工程。

【金芒果文化旅游节】　2014年6月13～27日在元江县城举办“中国·元江2014红河谷金芒果文化旅游节”，这次举办的形式第一次尝试市场化运作方式，由元江县美丽村落有限公司负责承办。此次活动以“金色芒果 美丽元江”为主题，坚持政府引导的原则，以“充分展示元江县得天独厚的自然特色、产业特色、民族特色，繁荣民族文化，培育壮大旅游产业，强化引资促发展”为宗旨，着力打造“红河谷中太阳城、彩云之南花果园、哈尼故里罗槃国”文化旅游品牌，培育做大文化旅游产业，全面推动县域经济发展。本届金芒果文化旅游节共设13个项目，即开幕式暨迎宾文艺晚会、高空焰火、招商引资洽谈会、万人泼水狂欢、百种水果及民特产品一条街、吃芒果暨喝啤酒比赛、2014金芒果公主评选、那路民族民间风情演绎、小燕滨江风情赶摆、长街宴、万亩生态农业观光园山地自行车赛、元江风光风情摄影展暨2014金芒果摄影比赛。节日期间共接待省内外游客11.1万余人次，实现旅游收入3492.1万元。

【移民新村建设】　元江县曼来镇曼来社区箐门口、石脚地、马鹿洞、桥边4个村民小组是玉溪市移民新村建设的典型之一。4个村民小组是1982年和1984年建设磨房河水库、街子河水库时，为响应元江县委、县政府“山顶蓄水，山腰发电，山脚灌溉”的号召，经过两次动迁，于1987年自海拔2 160米的库区搬迁到现居住地。搬迁前，以种植洋芋、荞子、玉米为主，经济发展滞后，人均纯收入仅200元左右。搬迁后，以种植玉米、糖料甘蔗为主，农民人均纯收入不足400元。2003年，曼来社区利用国家退耕还林政策，进行农业产业结构调整，改种荔枝、芒果、龙眼为主的热带水果，并将水果种植面积扩大到2 000余亩，成了远近闻名的水果村，2005年底，农民人均纯收入实现3 650元。2006年，国家出台大中型水库移民后期扶持政策，当地又抢抓机遇，加强基础设施建设，改善移民安置区的生产生活条件，四年半的时间，农户收入进一步增长，2010年实现农民人均纯收入5 995元，2014年达到了12 000元，农民人均纯收入实现了跳跃式增长。

在国家帮扶与村民自力更生的共同努力下，四个村民小组用好用活国家的移民和各种扶持政策，多方式多渠道积极筹措资金，充分利用元江干热河谷得天独厚的气候资源优势，结合市场需求，依靠勤劳的双手积极发展荔枝、龙眼、桃李等多种经济果林木种植。随着收购水果客商和自驾车游客的不断增多，曼来镇曼来社区移民安置区的乡村旅游逐渐形成了一定的气候，为更好地服务好前来收购水果的客商和前来体验的自驾车游客，四个村民小组的农户逐步开设起了生态民居民俗客栈、生态农家乐等，形成了别具一格的“村在林中，林在村中，人在林中”的现代新农村，形成了以种植水果为主的“农户带农户、农户比农户”，“遥望村寨果林园，花果飘香醉游人”的乡村生态旅游景观雏形，成了远近闻名的富裕村、文明村、生态村、示范村、和谐村。2014年，箐门口、石脚地、马鹿洞、桥边4个移民示范村被命名为省级文明村。

【澧江街道】 2014年，全街道总人口25 338人，其中男12 674人，女12 664人；少数民族人口20 289人，占总人口的80.07%。人口自然增长率3.99‰。农村劳动力12 693人，其中从事第二、三产业的3 598人，占总劳动力的28.3%。

2014年年末，全街道有耕地27 098亩，复种指数186.6%。全年粮食总产9 377.6吨，比上年增3.37%；油料总产97.3吨，比上年增4.4%。乡村人口人均产粮479千克。年末，生猪存栏20 821头，比上年增2.04%；肥猪出栏25 139头，比上年增4.86%。大牲畜存栏11 042头，比上年增3.23%。水产品产量175吨，比上年增2.94%。全年投入水利建设资金891万元，水利化程度93.1%。

2014年有个私企业2 106个，比上年增274个，从业人员9 457人，比上年增6.95%；企业总收入137 432万元，比上年增3.9%；实现税利2 952万元，比上年增14.32%。

2014年，全街道农村社会总产值（现价）197 919万元，比上年增10.05%。工农业总产值（现价）160 803万元，比上年增21.58%。其中，工业总产值92 227万元，比上年增34.29%；农业总产值68 576万元，比上年增7.86%。农村经济总收入205 475万元，比上年增12%；农民人均纯收入9 282元，比上年增14.99%。2014年，全街道财政收入1 055万元；财政支出1 560万元，比上年增30.76%。

街道党工委书记白春林，人大工委主任张强，办事处主任杨丽萍。

（姚建慧　赵建龙）

【红河街道】 2014年，全街道总人口23 766人，其中男12 017人，女11 749人；少数民族人口17 706人，占总人口的74.5%。人口自然增长率4‰。农村劳动力9 172人，其中从事第二、三产业的4 301人，占总劳动力的46.89%。

2014年年末，全街道有耕地5 655亩，复种指数344.5%。全年粮食总产4 791.3吨，比上年减5.6%；油料总产10.1吨，比上年减61.3%。农业人口人均产粮0.2千克。年末，生猪存栏10 682头，比上年增4.33%；肥猪出栏25 630头，比上年增8.01%。大牲畜存栏2 670头，比上年增1.64%。水产品产量114吨，比上年增0.036%。全年投入水利建设资金54.97万元，水利化程度92%。

2014年有个私企业3 631个，比上年增168个，从业人员15 779人，比上年增3%；企业总收入267 191万元，比上年增18%；实现税利18 008万元，比上年增10%。

2014年，全街道农村社会总产值（现价）263 676万元，比上年增6.5%。工农业总产值（现价）64 100万元，比上年增7.3%。其中，工业总产值34 984万元，比上年增8.6%；农业总产值29 116万元，比上年增5.7%。农村经济总收入298 227万元，比上年增20.5%；农民人均纯收入9 360元，比上年增17%。

2014年，全街道财政收入1 241万元，比上年增6.6%；财政支出1 256万元，比上年增1.5%。

街道党工委书记方永东，人大工委主任李祥，街道办事处主任刀铁林。

（龙存华）

【甘庄街道】 2014年，全街道总人口22 631人，其中男11 132人，女11 499人；少数民族人口17 998人，占总人口的79.5%。人口自然增长率-1.7‰。农村劳动力16 278 人，其中从事第二、三产业的 984人，占总劳动力的6%。

2014年年末，全街道有耕地53 972亩，复种指数173.5%。全年粮食总产19 694.8吨，比上年增5.49%；油料总产95.6吨，比上年增1.38%。农业人口人均产粮870.26千克。年末，生猪存栏27 337头，比上年增4.94%；肥猪出栏32 532头，比上年增10.21%。大牲畜存栏6 831头，比上年增2.75 %。水产品产量72吨，比上年增4.35%。全年投入水利建设资金326万元，水利化程度51.23%。

2014年有个私企业977个，与上年持平，从业人员2 213人，比上年增15.5%；企业总收入44 368万元，比上年增8.1%；实现税利2 142万元，比上年减15.67%。

2014年，全街道农村社会总产值（现价）81 324万元，比上年增5.5%。工农业总产值（现价）76 334万元，比上年增9.18%。其中，工业总产值34 666万元，比上年增11.5%；农业总产值41 668万元，比上年增7.32%。农村经济总收入67 468元，比上年增9.8%；农民人均纯收入7 004元，比上年增10.58%。

2014年，全街道财政收入2 283 万元，比上年增93.1%；财政支出1 335万元，比上年增14.8%。年末，各项存款余额31 782万元，比上年增27.1%；人均储蓄存款余额1.4万元，比上年增27.3%。

街道党工委书记李龙武，人大工委主任李献捌，办事处主任陈邵瑜。

（杜　晗）

【因远镇】 2014年，全镇总人口30 316人，其中男15 520人，女14 796人；少数民族人口27 000人，占总人口的89.06%。人口自然增长率2.4‰。农村劳动力17 338人，其中从事第二、三产业的2 189人，占总劳动力的12.6%。

2014年年末，全镇有耕地68 984亩，复种指数122%。全年粮食总产9 789.1吨，比上年增0.47%；油料总产2 138.9吨，比上年减4.8%。农业人口人均产粮355千克。年末，生猪存栏13 490头，比上年增1.01%；肥猪出栏20 640头，比上年增1.69%。大牲畜存栏7 209头，比上年减4.91%。水产品产量119吨，比上年增2.59%。全年投入水利建设资金500万元，水利化程度68%。

2014年有个私企业 538个，与上年持平，从业人员1 955人，比上年减12.9%；企业总收入48 620万元，比上年增14%；实现税利 8 805 万元，比上年增2%。

2014年，全镇农村社会总产值（现价）79 827万元，比上年增

18%。工农业总产值（现价）87 271万元，比上年增54.3%。其中，工业总产值60 100万元，比上年增31.4%；农业总产值27 171万元，比上年增5.69%。农村经济总收入79 827万元，比上年增18%；农民人均纯收入7 357元，比上年增11%。

2014年，全镇财政收入2 201万元，比上年减3.5%；财政支出 969万元，比上年减13.7%。年末，各项存款余额21 306.28万元，比上年增13.2%；人均储蓄存款余额7 028元，比上年增12.6%

镇党委书记白沙才，人大主席周国兴，镇长黄继英（2014年8月任）。

（杨　锐）

【曼来镇】 2014年，全镇总人口 30 990 人，其中男16 080人，女14 910人；少数民族人口18 904 人，占总人口的61%。人口自然增长率1.79‰。农村劳动力19 725人，其中从事第二、三产业的2 362人，占总劳动力的12%。

2014年年末，全镇有耕地43 594亩，复种指数160%。全年粮食总产20 398.3吨，比上年增6.27%；油料总产21.4吨，比上年减63.7%。农业人口人均产粮661千克。年末，生猪存栏21 620头，比上年增1%；肥猪出栏24 065头，比上年增1.3%。大牲畜存栏9 529头，比上年增1.43%。水产品产量64吨，比上年增10.34%。全年投入水利建设资金990万元，水利化程度45%。

2014年有个私企业1 095个，比上年减425个，从业人员2 397人，比上年减65%；企业总收入18 459万元，比上年减34%。

2014年，全镇农村社会总产值（现价）54 454万元，比上年增5%。工农业总产值（现价）52 943万元，比上年增5%。其中，工业总产值10 675万元，比上年减7.6%；农业总产值42 268万元，比上年增8.7%。农村经济总收入41 000万元，比上年增12.3%；农民人均纯收入7 001元，比上年增11.1%。

2014年，全镇财政收入1 085万元，比上年增31.3%；财政支出1 364万元，比上年增18.09%。年末，各项存款余额23 674万元，比上年增13.78%；人均储蓄存款余额7 639元，比上年增16.37%。

镇党委书记杨万昌，人大主席宋燕，镇长李剑东。

（崔　林）

【咪哩乡】 2014年，全乡总人口15 740人，其中男8 505人，女7 235人；少数民族人口13 250人，占总人口的84.1%。人口自然增长率0.32‰。农村劳动力9 538人，其中从事第二、三产业的678人，占总劳动力的7.1%。

2014年年末，全乡有耕地21 360亩，复种指数218%。全年粮食总产4 760.3吨，比上年增6.5%；油料总产923.5吨，比上年增5%。农业人口人均产粮311.3千克。年末，生猪存栏8 172头，比上年增3.6%；肥猪出栏9 425头，比上年增25%。大牲畜存栏3 221头，比上年减3.5%。水产品产量18吨，比上年增38.4%。全年投入水利建设资金190.6万元，水利化程度60%。

2014年有个私企业371个，与上年持平；从业人员369人，比上年增0%；企业总收入3 045万元，比上年增26%；实现税利21万元，比上年增5%。

2014年，全乡农村社会总产值（现价）18 113万元，与上年持平。工农业总产值（现价）11 403万元，比上年增0.4%。其中，工业总产值579万元，比上年减35%；农业总产值10 824万元，比上年增7.42%。农村经济总收入9 409万元，比上年增12%；农民人均纯收入4 403元，比上年增15%。

2014，全乡财政收入607.5万元，比上年减13.1%；财政支出607.5万元，比上年增13.1%。年末，各项存款余额3 391.42万元，比上年增15.71%；人均储蓄存款余额2 154元，比上年增14.2%。

乡党委书记白宝龙，人大主席李接明，乡长杨斗解。

（郑东平）

【羊街乡】 2014年，全乡总人口18 689人，其中男9 745人，女8 944人；少数民族人口17 060人，占总人口的91.28%。人口自然增长率-0.44‰。农村劳动力10 697人，其中从事第二、三产业的2 524人，占总劳动力的26.24%。

2014年年末，全乡有耕地33 619亩，复种指数158%。全年粮食总产874.00吨，比上年增6.54%；油量总产8.4吨，比上年减21.5%。农业人口人均产粮48.9千克，年末，生猪存栏12 117头，比上年减7.55%；肥猪出栏19 742头，比上年增9.42%。大牲畜存栏3 427头，比上年减6.62%。水产品产量31吨，比上年增10.7%。全年水利建设投资399.4万元，水利化程度71.6%。

2014年有个私企业210个，比上年增2个；从业人员488人，比上年增12.4%；企业总收入3 055万元，比上年增8.99%；实现税利479万元，比上年增14%。

2014年，全乡农村社会总产值（现价）19 148.00万元，比上年增22.65%。工农业总产值16 385万元，比上年增25.8%。其中，工业总产值292万元，比上年减30.48%；农业总产值16 093万元，比上年增5.93%。农村经济总收入16 651万元，比上年增17.08%；农民人均纯收入5 864元，比上年增17.1%。

2014年，全乡财政收入928万元，比上年增0.65%；财政支出724万元，比上年减25.8%。年末，各项存款余额7 802.07万元，比上年增3.35%；人均储蓄存款余额3 729元，比上年减8.49%。

乡党委书记王森，人大主席王金学（2014年10月离任），乡长段者行（2014年7月离任）、丁文平（2014年11月代理）。

（段鸿斌）

【那诺乡】 2014年，全乡总人口18 919人，其中男10 170人，女8 749人；少数民族人口17 517人，占总人口的92.59%。人口自然增长率1.34‰。农村劳动力13 712人，其中从事第二、三产业的3 478人，占总劳动力的25.36%。

2014年年末，全乡有耕地16 433亩，复种指数252%。全年粮食总产6 285吨，比上年增2.29%；油料总产30.8吨，比上年增3.7%。农业人口人均产粮661.3千克。年末，生猪存栏18 096头，比上年增3.55%；肥猪出栏12 199头，比上年增10.04%。大牲畜存栏1 827头，比上年增2.01%。水产品产量43.88吨，比上年增19.51%。全年投入水利建设资金180万元，水利化程度42%。

2014年有个私企业171个，比上年增13个；从业人员239人，比上年增7.75%；企业总收入2 726万元，比上年增26.79%；实现税利30万元，比上年增25%。

2014年，全乡农村社会总产值（现价）14 034万元，比上年增64.6%。工农业总产值（现价）12 425万元，比上年增10.56%，其中，工业总产值268万元，比上年增67.5%；农业总产值12 157万元，比上年增9.74%。农村经济总收入13 186万元，比上年增19.02%；农民人均纯收入

4 112元，比上年增10.3%。

2014年，全乡财政收入600万元，比上年增1.69%；财政支出560万元，比上年增5.07%。年末，各项存款余额65万元，比上年增1.2%；人均储蓄存款余额3 627.04元，比上年增2.11%。

乡党委书记刘荣，人大主席张福宝，乡长王里成。

（快云兴）

【洼垤乡】 2014年，全乡总人口11 305人，其中男5 701人，女5 604人；少数民族人口10 192人，占总人口的90.2%。人口自然增长率-2‰。农村劳动力6 170人，其中从事第二、三产业的368人，占总劳动力的6%。

2014年年末，全乡有耕地19 664亩，复种指数214%。全年粮食总产6 251.8吨，比上年增5.7%；油料总产68.9吨，比上年增23.93%。农业人口人均产粮596千克。年末，生猪存栏16 290头，比上年增3.4%；肥猪出栏14 676头，比上年增9.1%。大牲畜存栏5 895头，比上年增3.1%。水产品产量37吨，比上年增12%。全年投入水利建设资金395万元。

2014年有个私企业106个，比上年减29个；从业人员179人，比上年增20%；企业总收入2 797万元，比上年减8.7%；实现税利91万元。

2014年，全乡农村社会总产值（现价）17 018万元，比上年增4.6%。工农业总产值（现价）15 661万元，比上年增4.4%，其中，工业总产值3 450万元，比上年增0.03%；农业总产值12 211万元，比上年增5.7%。农村经济总收入10 013万元，比上年增2.7%；农民人均纯收入3 708元，比上年增2.9%。

2014年，全乡财政收入763万元，比上年减25.6%；财政支出754万元，比上年减26.4%。年末，各项存款余额10 521万元，比上年增6.8%；人均储蓄存款余额9 307元，比上年增10.4%。

乡党委书记白雄。人大主席白永德。乡长白新华。

（杨 波）

【龙潭乡】 2014年，全乡总人口8 268人，其中男4 352人，女3 916人；少数民族人口7 023人，占总人口的84.9%。人口自然增长率-3.77‰。农村劳动力4 951人，其中从事第二、三产业的3 516人，占总劳动力的30.9%。

2014年年末，全乡有耕地15 936亩，复种指数196%。全年粮食总产4 844.6吨，比上年增10.95%；油料总产17.8吨，比上年增5.95%。农业人口人均产粮602.56千克。年末，生猪存栏8 192头，比上年减7.5%；肥猪出栏5 019头，比上年增1.97%。大牲畜存栏3 276头，比上年减12.1%。水产品产量17吨，与上年持平。全年投入水利建设资金257万元，水利化程度44%。

2014年有个私企业119个，比上年增1个，从业人员181人，比上年增0.04%；企业总收入903万元，比上年增9%；实现税利100万元，比上年增11%。

2014年，全乡农村社会总产值（现价）8 072万元，比上年增7%。农业总产值（现价）7 432万元，比上年增2.93%。农村经济总收入5 575万元，比上年增10%；农民人均纯收入4 588元，比上年增10%。

2014年，全乡财政收入709万元，比上年增41.8%；财政支出613万元，比上年增27.4%。年末，各项存款余额6 695万元，比上年增24.3%；人均储蓄存款余额6 382元，比上年减2.3%。

乡党委书记吴海燕，人大主席杨志红，乡长龙保山。

（白子瑞）

人物

编辑 王 斌

享受国务院特殊津贴者

【黄 镇】 男，汉族，1963年9月出生，中共党员，制药工程硕士，高级工程师，昆明理工大学硕士生导师，云南省委联系专家。玉溪沃森生物技术有限公司总经理，玉溪市医药行业协会会长。

黄镇先后主持研发了10个新疫苗产品，其中四项已上市销售，近7年的时间，实现销售收入20.8亿元，上缴税金2.9亿元，带来了良好的经济效益和社会效益；作为课题负责人和课题技术负责人先后承担国家级重点项目7项，省市科研重点项目27项，其主持承担的项目获批国家资金支持已达近1.5亿元人民币；申请国家发明专利11项，其中8项已获授权；在国家核心期刊以第一作者和通讯作者发表论文10余篇。

在黄镇的主持下，沃森生物已建成8条疫苗生产线，并建成大型分包装集成中心。促成玉溪沃森生物技术有限公司与俄罗斯Biomed公司和Allergen公司的战略合作，为公司实现创汇200万美元。

其先后主持研究开发了10个新疫苗品种。其中"b型流感嗜血杆菌结合疫苗"、"冻干A、C群脑膜炎球菌多糖结合疫苗"、"ACYW135群脑膜炎球菌多糖疫苗"和"A群C群脑膜炎球菌多糖疫苗"分别于2007、2009、2012年投产上市，近7年的时间，已实现销售收入20.8亿元，上缴税金2.9亿元，带来了良好的经济效益和社会效益，并且"b型流感嗜血杆菌结合疫苗"、"冻干A、C群脑膜炎球菌多糖结合疫苗"这两个产品均获得国家重点新产品证书，其主持的课题"b型流感嗜血杆菌结合疫苗研究开发"在2009年被评为云南省科学技术进步奖二等奖；"冻干A、C群流脑结合疫苗产业化技术研究及应用"在2012年被评为云南省科学技术进步奖二等奖，玉溪市科学技术进步奖一等奖。这使该公司一举成为全国唯一一家具有两个结合疫苗产品的生物制品企业，推动了云南省疫苗技术水平的整体发展。

由于工作业绩突出，先后获得"云南省技术创新人才"，"云南省有突出贡献的优秀专业技术人才"，"玉溪市中青年学科技术带头人"，"玉溪市优秀专利发明人"，"昆明市劳动模范"，"玉溪杰出人才奖"，"云南省优秀民营企业家"、"十一五"省科技计划执行先进个人、"玉溪市劳动模范"，"云南省优秀民营企业家"，"玉溪市优秀民营企业家"，"云南省政府特殊津贴证书"，"云南省劳动模范"等荣誉称号。经人力资源和社会保障部批准，享受2014年度"国务院政府特殊津贴"。

有突出贡献优秀专业人才

【董从华】 男，1965年3月生，汉族，中共党员，云南通海人，工程硕士，高级讲师、国家高级考评员、企业培训高级技师。现任玉溪农业职业技术学院院长。

董从华在任玉溪工业财贸学校党委书记期间，结合中职教育，又高于中职教育，潜心研究，学术成果颇丰。2009年至2014年间，主编《汽车底盘构造与维修》等16本实训教材，均由云南教育出版社发行。2006年，专著《员工与老板》一书（云南大学出版社），获玉溪市哲学社会科学优秀成果著作类三等奖；2014年，专著《寻梦职教》，由云南人民出版社出版发行。先后在国家、省、市级刊物上发表和交流论文50多篇（近五年8篇），其中，《走集团化办学路子 增强技工教育活力》等3篇论文在国家级刊物发表；《中职学校开展积极心理健康教育的思考》等5篇论文获全国优质教育成果评比一等奖；主持了《金融危机下西部地区中职学生就业现状与对策研究》等6个国家级课题研究和《中职学生生命生存生活教育实验基地建设研究》等5个省级、市级的纵横向科研课题及教学改革研究项目。

他带领学校领导班子，锐意改革，创新发展，学校先后晋升为国家级重点中等职业学校，被确定为首批国家中等职业教育改革发展示范校；晋升为云南省首批技师学院，成为云南省高技能人才培养基地、云南省电焊电工外派劳务培训基地。学校先后被评为全国创先争优先进基层党组织、全国教育系统先进集体、国家师德建设示范基地、云南省文明单位、云南省先进基层党组织、云南省模范职工之家、云南省首届黄炎培职业教育奖优秀学校奖等多项殊荣。他本人先后荣获首届玉溪市十大杰出青年、依法治市工作先进个人，两次荣获云南省优秀教师称号，并被国家劳动和社会保障部授予全国技工学校优秀教师称号。经云南省人民政府批准，获得2014年度“云南省有突出贡献优秀专业人才”称号。

【冯民权】　男，湖南湘潭人，1969年10月生，本科学历，高级工程师。现任通变电器有限公司副总工程师、云南省高原型变压器工程研究中心主任。

冯民权长期坚持在变压器技术工作第一线，从事变压器研发工作，先后主持参与完成H级环氧浇注干式变压器关键技术和产品合作研发、高电压大容量电炉变压器的研发、箱式变电站产业化开发、节能配电变压器研发、非晶合金铁心变压器研发等6项云南省科技计划项目。共获科技成果奖9项次，其中：省（部）级奖励3项，地厅级6项，并多次获县处级以上先进个人奖励，获国家实用新型专利14项。

近5年来，冯民权致力于技术创新、新产品开发，在多种产品开发上任主任设计师，攻坚克难，取得了优异的成绩，对提高产品竞争力、节能降耗做出了重要贡献，使公司多数产品技术水平达到国内先进或领先。负责组织实施已成功的箱式变压器、节能配电变压器、风力发电、光伏发电专用变压器等12个新产品，已投放市场，产品性能达到国内领先水平，并取得了良好的社会效益、经济效益。公司主导产品多次评为云南省名牌产品，干式变压器评为云南省自主创新产品，S13型节能配电变压器、卷铁芯变压器评为云南省重点新产品。5年内冯民权共获科技成果奖8项次，其中：省（部）级奖励3项（二等1项、三等2项），地厅级5项（一等4项、二等1项），获国家知识产权局实用新型专利12项。经云南省人民政府批准，获得2014年度“云南省有突出贡献优秀专业人才”称号。

【沐　青】　女，回族，玉溪新平人，1972年10月出生，中共党员，一级演员，中国戏剧家协会会员。玉溪花灯戏传承保护展演中心传承培训部主任。

在20年的演艺生涯中，她先后主演了大小型剧目20多个，其中有17个剧目分别获得优秀剧目奖、最佳表演奖、优秀表演奖、表演一二等奖、演员比赛一等奖等各种奖励。获得中国戏剧家协会、中国戏剧文学学会、中国舞蹈家协会、中国文学艺术界联合会、中国少数民族戏剧学会、国家民委文化宣传司奖励有8项次；获得云南省委宣传部、省文化厅、省文学艺术界联合会、省戏剧家协会、第十届滇中南民族艺术节组委会奖励有8项次。

在大型剧目《牛虎神案》中获表演一等奖；《失子惊疯》参加云南省第七届青年演员比赛荣获表演一等奖；《蝶双飞》参加首届中国小戏、小品比赛进入十强荣获金奖；《古湄歌》参加云南省第九届新剧（节）目展演，荣获表演二等奖。《失子惊疯》、《回煞》、《蝶双飞》参加云南省第五届戏剧“茶花奖”比赛荣获“山茶花奖”，《大山深处有天堂》参加云南省第十届新剧（节）目展演荣获表演二等奖。《一对羊》参加第二届中国小戏、小品比赛进入十强，荣获金奖，参加云南省“星耀杯”花灯小戏电视大赛，荣获个人优秀表演奖。参加第二届中国少数民族戏剧会演，荣获个人优秀表演奖；《冤家亲家》参加第三届中国小戏、小品比赛，荣获观众最喜爱的演员奖，参加第二届中国少数民族戏剧会演，荣获金奖和个人优秀表演奖，参加韩国木槿花艺术节演出荣获金奖，参加中国戏剧文学优秀剧目调演，荣获金奖和个人最佳表演奖，参加第二届云南省花灯艺术周展演，荣获本届唯一一个个人表演一等奖。多次代表云南、玉溪出国演出。所编导的作品多次获国家，省市大奖，其中《崴灯》获中国胶州秧歌节大赛金奖，《灯魂》获云南省第三届花灯艺术周舞蹈类唯一金奖，同时获个人优秀编导奖。三次担任中国聂耳音乐周开幕式舞蹈总编，展示了自己较强的编排水平和组织能力。经云南省人民政府批准，获得2014年度“云南省有突出贡献优秀专业人才”称号。

【蔡德芳】　女，汉族，1964年9月出生，中共党员，公共管理（MPA）硕士。现任玉溪市人民医院党委委员、副院长。

在蔡德芳主持下，医院先后建立了《护理人员科间相互支援制度》、《重症护理应急队员培养和使用制度》及《突发公共卫生事件处理应急预案》等；倡导现代护理服务观，开展以病人为中心的整体护理，规范护理服务，护理服务水平再上新台阶，使玉溪市人民医院护理服务满意率达98%以上，为玉溪市人民医院成为全国州市级医院唯一的临床护理专业重点专科以及云南省唯一卫生部优质护理服务考核优秀医院做出了突出的贡献。

她多年来致力于临床护理、护理管理和护理学术研究，以第一作者发表论文23篇，近5年在国家级刊物发表11篇；主持或主要参与完成科研11项，获玉溪市政府和省卫生厅奖励7项，所设计的“传染病防护服”获国家专利局颁发的外观设计专利证书。并先后荣获云南省优秀护理管理工作者；玉溪市中青年学科技术带头人。经云南省人民政府批准，获得2014年度“云南省有突出贡献优秀专业人才”称号。

【夏黎亮】　男，汉族，1965年9月生，中共党员，在职研究生学历，高级农艺师，现任玉溪市水产工作站站长。

夏黎亮30年来，一直在农业生产第一线从事渔业技术研究与推广普及工作，并致力于淡水鱼类新品种、新技术的引进、吸收、创新利用及云南土著鱼类的保护研究与开发应用，积累了丰富的实践经验和解决生产中技术问题的能力，深受养鱼户的欢迎和好评。先后获科技成果奖26项（次），其中：省部级4项，地厅级奖励22项（次）；发表专业论文20篇（其中核心期刊发表4篇），并有4篇论文获市级优秀科技论文奖；获国家发明专利1项及专利受理4项；8次被上级评为先进个人。特别是近5年来，在土著鱼类的保护研究与开发利用、新品种引进利用、池坝塘底层增氧技术研究与应用等方面业绩突出，共获科技成果奖8项次，其中：农业部全国农牧渔业丰收奖二等奖1项、云南省科技进步三等奖1项、玉溪市科技进步奖二等奖1项及三等奖2项、省农业技术推广奖二等奖2项及三等奖1项；发表科技论文12篇（其中国家核心期刊3篇）；获发明专利1项及受理专利4项。2013年7月被选拔为玉溪市中青年学科技术带头人。2013年12月 被农业部评为全国农业先进个人，为玉溪市渔业可持续发展做出了突出贡献。经云南省人民政府批准，获得2014年度“云南省有突出贡献优秀专业人才”称号。

享受云南省政府特殊津贴

【韩守礼】　男，1957年3月生，中共党员，研究生学历，贵金属冶金高级工程师，现任贵研资源（易门）有限公司总经理。

2010年4月，高纯材料事业部依托“贵金属二次资源综合利用项目”扎根易门县，成立贵研资源（易门）有限公司，韩守礼任总经理，作为主要负责人从事贵金属二次资源综合利用的技术研发、产业化建设及生产管理工作。在过去5年，韩守礼全面负责贵金属二次资源综合利用产业化项目的研发和管理，一直致力于贵金属冶金、低品位贵金属二次资源物料的高效分离、富集、提纯工作，从事技术研究与生产管理。参与、主持了多项技术开发工作，承担“国家重大科技成果转化项目”、“省战略性新兴产业专项”、“国家高技术研究发展计划（863计划）课题”、“科技创新强省计划”等国家、省部级重点项目13项；获得中国有色金属工业科学技术三等奖1项、云南省首届职工技术创新成果优秀奖1项、云锡控股公司首届职工创新成果二等奖1项，2013年被评为“玉溪市中青年学科技术带头人”，发表论文20余篇，申请专利16项。经云南省人民政府批准，享受2014年度“云南省政府特殊津贴”。

【谢洪武】　男，汉族、1970年出生，大专学历，高级畜牧师，现任红塔区畜禽改良站站长兼草山饲料站站长。

谢洪武从事畜牧兽医工作24年来，在畜禽良种及养殖技术推广、标准化生产基地建设等方面做了大量卓有成效的工作，积累了丰富的实践经验和解决生产中技术问题的能力，深受养殖场、养殖大户的欢迎和好评。共获各级各类科技成果奖31项（次），其中：省部级奖励3项；地（厅）级奖励8项（次）；县处级奖励20项（次）。在省级期刊发表专业论文1篇，获市级论文奖3篇，获省、市、区农业主管部门先进表彰奖励5次。特别是近五年来，负责全区畜牧项目建设管理工作、指导规模化养殖场升级改造、推广标准化养殖技术，无公害饲料及综合养殖配套技术推广应用、动物疫病防控等方面业绩突出。获科技成果奖励18项（次），其中：云南省人民政府科技进步三等奖1项（排名第4）；地厅级奖5项（次）、县处级12项（次）。在省级期刊发表专业论文1篇。获省、市、区农业主管部门先进表彰奖励6次。经云南省人民政府批准，享受2014年度“云南省政府特殊津贴”。

（人社局）

受表彰人物

【蒋传党】　男，彝族，云南省宣威市人，1984年7月生，中共党员，本科学历，现任玉溪师范学院附属中学团委书记。

蒋传党一直工作在教育教学第一线，模范履行党员义务，教学成绩突出，深受学生好评，在2008年、2010年玉溪市高中课堂教学竞赛中先后荣获二等奖、一等奖。在六年的班主任班级管理工作中，有两个班荣获“云南省先进班集体”称号。组织发展了英语、艺术、公益等六个社团；担任团委书记职务1年，全面负责学校团委的各项工作，一年中学校46人获市级团组织表彰，4人获省级团组织表彰，学校团委工作荣获共青团玉溪市委评选一等奖。蒋传党科研能力强，教研工作出色。2014年独立设计的《种群和群落》学案发表于当代中学生报；2014年参与申报《目标管理在高中学校管理过程中的实践与应用研究》的云南省课题研究。 2014年9月10 日，蒋传党荣获人力资源社会保障部、教育部“全国模范教师”称号。

（师院附中）

【王徐攀】　男，拉祜族，1980年12月出生，中共党员，本科学历。现任教于元江县那诺乡哈施小学。

15年间，王徐攀先后在那诺乡浪树、哈施小学任教，担任村完小校长。他所任教的地方大都是哈尼族聚居的少数民族村寨，教育发展滞后，文明卫生习惯也不好。王徐攀从普及文明习惯入手，通过不断的努力，学生的文明卫生习惯得到基本养成，并带动家长改变。在浪树村，村民们实现了从只会讲哈尼族语言到普通话的普及。作为全乡最边远落后的浪树小学，由于学生及其家长的教育意识极其淡薄，

“控辍保学”工作便成了学校工作的一大难点。王徐攀担任校长以后，经常带领教师走村入户去做群众的思想工作，足迹踏遍了每一个村寨。为了让学生不掉队，不辍学，他从自己微薄的工资里挤出钱来，帮助贫困学生交资料费、买学习用品。每当学生生病时，第一时间把学生送到医院。功夫不负有心人，学校的“空辍保学”工作成果显著，学龄儿童入学率达100%，残疾儿童入学率也高达99%以上。

作为一名普通的乡村小学教师，王徐攀在业务上总是用高标准要求自己。在日常教学中，他开动脑筋、钻研业务，认真备课、上课，所教班级成绩多位于全乡同年级前列。近年来时逢课程改革，因为地处偏远，他多方搜集材料，了解课改的新动向，主动学习课改理论知识，阅读了大量的素质教育和新课程改革的理论书籍，写了一万多字的读书笔记和读书心得，通过在教中研、研中改，积极实践新的教学风格，创设宽松和谐的课堂教学气氛。同时，他积极撰写教学论文，《浅谈如何转化后进生》等多篇教育教学论文获奖，成为当地教师队伍中的一名教学能手。多年来，在各级组织的教学质量检测中，他任教的班级多次荣获全乡乃至全县第一名，使学校甩掉了过去位于全乡倒数第一的帽子。2014年9月，王徐攀被教育部评为全国优秀教师。

【耿　川】　男，汉族，云南省玉溪市华宁县人，1966年5月生，大学本科学历，中学高级教师，现任教于华宁县第三中学。

耿川工作26年，他始终战斗在教育教学第一线，成绩十分突出。教育科研能力强，教研工作出色，他撰写的论文《浅谈数学教学的布局艺术》在2013年全国教育改革科研论文竞赛中荣获一等奖，并发表在《中国教育改革论丛》2014年2月第1期，《数学教学情境创设的艺术》在2015年中国教育教师科研论文竞赛中荣获一等奖，并刊发在《中国教师教育》2015年4月第2期，另外有2篇获云南省教育科研论文竞赛二等奖，有4篇获云南省教育科研论文三等奖。

在他所教的十届毕业班中，七次获得了全县中考第一名，三次获得全县中考第二名，他担任班主任的班级中，有两个班获得玉溪市“先进班集体”称号，有四个班获得华宁县“先进班集体”称号。他本人三次被评为县级优秀教师，四次被评为县级优秀教育工作者，2011年被评为华宁县教育专家，2012年被授予玉溪市劳动模范称号，2013年荣获全国教育改革优秀教师称号，2014年9月，被教育部评为全国优秀教师。

【杨　玲】　女，汉族，云南省玉溪市江川县人，1962年5月20日出生，中共党员，现任江川县前卫镇前卫中学语文教学和学校德育主任。

杨玲是江川县唯一的女性德育主任，她一直恪守着“学校是我家，学生是我娃”的朴实诺言对待工作，她以豁达的胸襟来宽容和接纳学生的犯错，为了强化学生的养成教育，她编写了《一日歌》、《美丽校园我承诺》等学生喜闻乐见的诗歌。杨玲一直担任班主任且工作在教学一线，所教班级中考成绩多次名列校第1名，全县前3名。杨玲是一个有着“终身学习”意识并注重自身业务素养提升。2005年她撰写的论文《在创新尝试中品味成功》获云南省教育科研论文二等奖；2008年11月《对初中语文阅读教学的几点思考》获“中国教育学会第21次全国学术年会”论文征集和评选活动三等奖；2015年1月《努力探索教学方法　提升学生交际能力》在国家级核心期刊发表。她踊跃参加各种教学竞赛，1995年获江川县青年教师讲课大赛二等奖；2009年10月获江川县“双主互动”教学模式学校校长及中层讲课赛一等奖；2011年3月获江川县“星抚杯”语文教学课堂大赛一等奖。1993年9月被评为市级优秀教师，2005年4月被认定为县级语文学科首批骨干教师，2007年9月被再次评为市优秀教师，2011年7月被评为江川县优秀共产党员。2014年9月，被教育部评为全国优秀教师。

（市教育局）

【王绍文】　男，彝族，1963年3月出生，中共党员，本科学历，一级警督，现任玉溪市森林公安局刑侦大队教导员。

王绍文从警30余年，从事过刑侦和缉毒工作，先后担任过派出所所长、镇党委副书记兼派出所教导员、森林公安局刑侦大队长、教导员等职务。多年来，王绍文始终坚守着“选择警察这一职业就要更多地付出”，把对党和人民无限忠诚的朴实情感化作实际行动默默奉献着。他认为作为一名合格的人民警察，只凭一腔热血还远远不够，还必须掌握系统的法律法规知识，怀爱民之心，立安民之志，在工作中大胆创新，不断改进工作方法，提高执法水平。近五年来由于玉溪连续干旱，火灾案件频发，给森林公安工作带来很大的压力，同时也是对刑事侦查部门的严峻挑战和考验。为了快速破获火案，依法惩处放火者，还林区安全与稳定。他不知放弃了多少个周末和节假日，为审讯犯罪嫌疑人熬了多少个通宵，带病坚持多少个工作日。他踏实工作，任劳任怨，无私奉献，先后破获查处了一大批重特大案件，为保护玉溪森林资源安全、维护林区治安秩序作出了突出的贡献。2008年3月，被国家林业局授予全国森林公安机关百名优秀侦查员称号；2014年12月，因各项工作成绩突出，被国家森林公安局荣记个人二等功。

（冯建团）

【白智荣】　男，彝族，1976年5月出生，中共党员，专科学历，先后在华宁玉珠水泥有限公司生产线担任回转窑主操作工、工段长、中控室主任、车间主任、经理等职务。

自工作以来，他从一个普通员工逐步成长为生产线上的骨干，一步一个脚印，在繁重的工作中，始终以满腔热情追寻属于新时代工人的职业快乐，以一名共产党员、普通员工的实际行动，树立了对党忠诚、爱岗敬业、务实创新、无私奉献的良好形象。

1996年，参加600t/d水泥熟料生产线设备安装、调试，在他的准确调度、精心操作下，该生产线于1997年2月一次性点火带负荷调试成功。在陆续完成的1000t/d、3000t/d生产线建设中，他积极学习新技术、新工艺、新方法，成为公司生产技术的行家里手。2011年3月，勇挑3000t/d生产线安装、调试重担，确保该生产线于2011年5月点火带负荷调试一次性成功，创造了同窑型投产最快的奇迹。

2006年4月，被评为华宁县“热爱企业优秀职工”。2012年4月，被玉溪市人民政府授予“玉溪市劳动模范”称号。2014年4月，被云南省人民政府授予“云南省劳动模范”称号。

【贺小塘】 男，汉族，1966年3月生，汉族，本科学历，现任贵研资源（易门）有限公司总工程师，正高级工程师，硕士研究生导师。

贺小塘在我国铂族金属冶金技术研究领域取得了突破性进展，铑、铱、钌等复杂物料的提纯技术达到了国际先进水平，集成了国内外最先进的技术和装备，建成了国际领先水平的失效汽车催化剂回收生产线，每年从二次资源废料中回收的铂族金属产量超过了我国矿产铂族金属量。他参与省部级重点项目17项；发表论文40余篇，申请发明专利19项，已授权8项，申请实用新型专利5项，已授权5项；制修订地方、行业、国家标准12项；培养研究生1名、工程技术人员42名。2011年获云南省科技进步三等奖1项、2012年获得有色金属工业科学技术奖1项、2012年获得云南省“五一劳动奖章”、2013年享受云南省政府特殊津贴、2014年获得云南省“工业发展杰出贡献奖”，并入选2014年首批“云岭产业技术领军人才”。

（周凤琴）

首届“玉溪好人”

见义勇为好人

秦淑宪　玉溪轴承有限公司

张　建　易门县人民检察院

宁超云　峨山县纪委监察局

龙进海　峨山县岔河乡棚租坝村乌木树村

潘国洲　红塔区李棋街道金家边社区八组

曾之会　红塔区大营街赵桅社区赵官坝

助人为乐好人

张　鹏　玉溪供排水有限公司

矣发富　易门县绿汁镇人民政府

马金会　江川县九溪镇马家庄村委会

高永贵　通海县河西镇河西社区第十一小组

孝老爱亲好人

朱光有　峨山县大龙潭乡司城村委会下塔竜组

李红兰　峨山县岔河乡文山村委会茂林村

王丽华　易门县妇联

敬业奉献好人

王长林　江川县江城镇大地村委会大地村

郭正有　红塔区李棋街道玉河社区居委会一组

方富光　峨山县大龙潭乡鱼塘村委会烂泥塘中村

郎子荣　新平县平掌乡敬老院

秦　仙　江川县江城镇孤山村委会冯家湾二组

王秀春　玉溪百信商贸集团有限公司

诚实守信好人

马海鹏　云南大掌柜超市有限公司

关于玉溪市2014年国民经济和社会发展计划执行情况与2015年国民经济和社会发展计划草案的报告

——2015年2月4日在玉溪市第四届人民代表大会第三次会议上

玉溪市发展和改革委员会

各位代表：

受市人民政府委托，现将玉溪市2014年国民经济和社会发展计划执行情况与2015年国民经济和社会发展计划草案提请市四届人大三次会议审查，并请市政协委员提出意见。

一、2014年国民经济和社会发展计划执行情况

过去一年，面对严峻的宏观经济环境，全市上下紧紧围绕市委四届四次全会和市四届人大二次会议确定的目标任务，始终把发展作为第一要务，积极主动作为，狠抓工作推进，有效应对宏观经济下行压力，统筹协调稳增长、促改革、调结构、惠民生，全市经济运行总体平稳，民生保障得到加强，社会事业全面进步。

据统计，全市完成生产总值1 184.7亿元，增长8%；规模以上固定资产投资511.9亿元，增长30%；地方公共财政预算收入113.6亿元，增长7.2%；社会消费品零售总额255.6亿元，增长13%；城镇居民人均可支配收入27 223元，增长10.1%；农村居民人均可支配收入9 969元，增长13.2%；城镇化率达到45.1%；单位生产总值能耗下降5.7%、居民消费价格指数102.1%、城镇登记失业率3.3%、人口自然增长率5.3‰，均控制在目标范围内。经济社会发展基本情况是：

（一）经济运行总体平稳

认真贯彻省政府稳增长16条措施，结合玉溪实际出台15条措施，共安排专项资金3 000万元，鼓励企业扩产促销，大力培育微型企业，着力扩大消费需求，促进了全市经济实现平稳较快发展。一是主要经济指标保持全省中上水平。全市生产总值保持全省第3位，规模以上固定资产投资、规模以上工业增加值增速分别排名第6位和第9位；二是城乡居民收入保持两位数增速，实现与经济发展同步增长；三是金融运行保持平稳。截至12月末，金融机构人民币各项存款余额1 195.6亿元，比年初增长5.9%，人民币各项贷款余额777.2亿元，比年初增长9.7%，存贷比达65%；四是物价水平保持稳定，控制在省下达的目标范围内；五是就业形势基本稳定，全市城镇新增就业人数超额完成年度任务，城镇登记失业率控制在计划范围内。

（二）产业结构调整迈出新步伐

相继出台化解产能过剩矛盾和转型发展实施方案、

加快民营经济发展的实施意见、实施文化旅游兴市战略加快旅游产业发展的决定以及加快陶瓷产业发展指导意见等一系列政策措施，产业建设扎实推进。

一是加大工业结构调整力度，工业经济保持增长。工业增加值完成670.4亿元，增长8.1%。清理整顿产能过剩行业，组建玉溪钢铁集团，淘汰钢铁落后产能117万吨、水泥产能28.6万吨。配合红塔集团做好“两统一、两整合”改革，推进卷烟配套企业“二次创业”，卷烟产量累计383.1万箱，卷烟增加值完成357.6亿元。新兴产业发展加快，成立装备制造、生物医药、陶瓷文化产业发展领导机构，中国72.5%，其中：交通运输、水利管理业分别增长4.9倍和0.5倍。从县区来看，8县区实现两位数以上的增长，县域投资增速差距明显收窄。积极组织88个重点项目参与全省集中开工仪式，101个市级投资亿元以上重点项目推进顺利，竣工和在建东盟国际生物医药港落户玉溪。积极培育信息产业，成功申报国家信息惠民试点城市，华为云计算数据中心、宽带乡村试点工程开工建设。园区建设取得新突破，高新区实体化改革试点工作启动，建成标准化厂房50万平方米。民营经济跃上新台阶，40户小微企业进入规模以上企业行列，50户服务业企业纳入限额以上企业库，112户列入省级成长型中小企业。召开全市科技创新大会，科技支撑产业发展能力有效提升，新增11家高新技术企业和2家院士工作站，培育43家市级以上企业技术中心，5户企业列入云南省第九批创新型试点企业。

二是围绕建生态调结构，高原特色农业加快发展。强农惠农政策全面落实，农业基础地位更加稳固，农业增加值完成122.8亿元，增长6%。粮食产量实现“九连增”，烤烟种植任务圆满完成。蔬菜、水果、花卉等特色产业规模稳步扩大，辣木、魔芋等种植加工初显雏形。科学处置禽流感疫情，养殖业实现困中有进，实现畜牧产值79.1亿元，增长7.7%。产业化经营水平进一步提升，启动18个农业庄园建设，褚橙庄园投入运营。建生态调结构取得重大进展，抚仙湖径流区结构调整工作全面启动，拆除塑料大棚4 139亩。

三是旅游文化产业带动作用进一步增强，服务业较快增长。抓住昆玉红旅游文化产业经济带及全省十大历史文化旅游项目建设机遇，组建市旅游发展委员会，不断夯实旅游文化产业带动作用，第三产业增加值完成355.5亿元，增长7.4%。以试验区为重点的太阳山国际生态旅游度假区、澄江寒武纪乐园、仙湖山水国际休闲旅游度假园、抚仙湖九龙国际会议中心等重大旅游项目建设稳步推进，高端酒店产品建设成效凸显，成功引进希尔顿、香港东方华庭、洲际等国际酒店经营管理公司，全市接待国内旅游者1 932万人次，增长10%，旅游总收入108.6亿元，增长26.9%。市场流通体系不断完善，专业市场和乡镇农贸市场建设有序推进，积极培育电子商务、连锁经营等新型消费方式。制定出口奖励政策，全市进出口总额完成9.7亿美元，增长35.7%。

（三）固定资产投资较快增长

坚持重大项目市级领导联系制度，深入开展“转作风、送服务、送承诺”活动，突出重点区域、重点行业，加强分类指导、管理，圆满完成省下达目标任务。从行业来看，水利管理、农业、非电工业、房地产开发和道路运输业五大重点行业全年完成投资371.3亿元，占全市投资总量的项目完成率和新建开工率均比往年提高，完成投资248.7亿元。建立完善招商引资工作目标责任制和年度考核办法，实施100项重大招商引资项目三年滚动计划，引进市外到位资金605.4亿元，实际利用外资7 430万美元，全面完成招商引资目标任务。创新投融资方式，积极破解资金难题，向上争取资金114.6亿元，7个市属投融资公司实际融资216亿元，19亿“一四玉溪开投债”成功发行，争取中央代云南发行地方政府性债券省级转贷资金6.5亿元，与国开行云南省分行签署800多亿元战略合作协议，万绿生物成功在“新三板”上市。

（四）城乡规划建设不断加强

进一步完善城镇体系规划，制定了推进玉溪新型城镇化发展的实施意见，启动实施美丽乡镇规划建设三年行动计划、城乡垃圾整治行动、中心城区天然气利用发展三年行动计划。中心城区城市功能进一步完善，平战结合人防工程、高仓立交改扩建和东近面山绿化工程竣工，新天地商业广场、红星国际广场一期工程等一批城市综合体建设项目有序推进，雨污管网改扩建二期、燃气管网等重点基础设施建设加快推进。强化县城扩容提质，县城和13个重点镇“一水两污”工程进展顺利。城市精细化管理水平提升，农村居民住房建设管理不断规范。城乡人居环境提升行动成效显著，美丽家园建设深入推进，路域和农村环境综合整治取得明显成效，拆除临违建筑15.8万平方米。

（五）生态文明建设取得成效

加强以“三湖两库”为重点的生态环境保护治理，66项“三湖”水污染综合防治“十二五”规划项目完工42项，在建23项，开展前期工作1项，开工率98.5%，完工率63.6%。抚仙湖列入国家重点支持江河湖泊生态环境保护专项，东片区暨“三湖”生态保护水资源配置应急工程取得阶段性成果，建成抚仙湖北岸湿地631亩，星云湖恢复湿地、湖滨带5 324亩，杞麓湖列入国家级湿地公园建设试点。探索绿色GDP指标体系，制定了“三湖”沿湖四县生态建设目标任务考核办法。开展以绿化造林为切入点的生态文明绿色玉溪建设，完成绿化造林41.4万亩，治理水土流失面积196平方千米。重点行业企业污染减排、大气污染防治工作扎实推进，中心城区空气质量一级天数比上年增加63天。

（六）全面深化各项改革

认真贯彻落实中央和省委的改革部署，按照市委全面深化改革领导小组提出的工作要点，全力推进重点领域和关键环节的改革。行政审批制度改革深入推进，市及县区行政审批事项清理工作基本完成，共取消、下放及调整合并市级行政审批事项92项，行政审批网上服务大厅试点工作走在全省前列。殡葬改革步伐加快，9县区划定了火化区，乱埋乱葬和“活人墓”集中整治成效明显。中心城区规划区范围内“一户一宅”建房方式改革有序推进。财税和投融资改革取得积极进展，制定了盘活存量、政策引导、调整规划等破解土地“瓶颈”的政策措施。水务改革试点稳步推开，公务用车制度改革启动。事业单位分类改革、公立医院改革试点、“三农”金融服务改革创新、农村产权制度改革、生态文明体制改革和文化体育卫生体制改革等稳步推进。

（七）民生保障持续有力

坚持把稳增长、促改革、调结构的聚焦点放在惠民生上，十件惠民实事稳步推进，人民生活持续改善，社会保持和谐稳定。认真落实积极就业政策，帮助4 889名就业困难人员实现就业，城镇下岗失业人员再就业6694人，培训农村劳动力2.8万人、新增转移2.7万人，圆满完成年度计划目标。完善社会保障制度，探索整合城乡居民基本养老保险，推进城乡居民大病保险。全市城镇职工养老保险参保人数29.3万人，城镇、农村基本医疗保险参保211.2万人。进一步完善全市低收入群体价格临时补贴与物价上涨挂钩联动机制，加大对24.2万人困难群体保障力度。公租房、廉租房并轨运行，基本建成城镇保障性住房14 500套，完成农村民居地震安全工程和农村危房改造10 690户。新建农村饮水安全工程277件，解决8.6万人的饮水安全问题。大力推进扶贫开发，完成农村贫困人口减贫5万人。教育事业加快发展，抓住实施学前教育三年行动计划和省定试点机遇，优质教育资源覆盖面不断扩大，完成50所美丽校园及396个校安工程建设。基本公共服务水平进一步提升，市人民医院改扩建、市儿童医院、市急救中心建设项目顺利推进，完成6个乡（镇）卫生院和31个标准化村卫生室建设。实施文化惠民工程，完成30个文化站改扩建，新建自然村农家书屋11个。广泛组织开展全民健身活动，落实“七彩云南”全民健身基础设施建设工程83个。人口和计划生育工作不断加强，社会治安、安全生产、食品药品监管等工作全面推进。

回顾过去的一年，我市经济在近年来最为困难的情况下总体保持平稳，能够取得这样的成绩实属不易，这是市委、市政府正确领导的结果，是市人大、市政协加强监督和支持的结果，是全市上下共同奋斗的结果。与此同时，我们清醒地看到，部分主要经济指标低于年初预期，年初人代会审议通过的12项指标中除城镇新增就业人数、居民消费价格指数、城镇登记失业率、人口自然增长率和单位生产总值能耗5项指标可完成全年目标任务外，其余7项难以完成年初预期目标。主要原因既有外部环境不利和内生增长动力不足多种因素相互叠加，又有短期困难和长期结构性矛盾相互交织：一方面，由于世界经济复苏一波三折，市场有效需求不足，我市以资源型、原材料型为主的地方工业进一步暴露出增长乏力的问题，全市经济增长的主要支撑力量受到很大冲击，而新兴产业短期内难以形成新的经济增长点。另一方面，是同全国、全省和大多数州市一样，在年初制定计划时对宏观经济环境的变化估计不足，对国内外经济形势研判过于乐观，预期目标测算主要依据正常情况和发展需求提出，显得偏高。

同时，我市经济下行压力不断增大，经济增长动力依然偏弱，当前我市经济发展面临的困难和风险仍不可低估：一是工业经济严重依赖卷烟及配套、矿冶产业，调结构转方式任务艰巨。受生产计划因素制约，卷烟拉动全市工业增长的动力逐步减弱，非烟工业受市场供求影响，企业亏损面大，停产半停产企业较多，增长的动力和空间不足；二是固定资产投资增长乏力。生产性投资比重小，经济发展后劲不足；企业融资难、融资贵，增加投资的能力和愿望不足，建设用地难、项目落地难问题依然突出，新开工大项目数量下降，重点项目推进困难；三是财政收支矛盾突出。税收收入增长乏力，刚性支出不断攀高，保障重点支出的任务较重，财政预算平衡压力加大；四是生态环境脆弱，以抚仙湖为重点的“三湖两库”保护治理任务重、压力大，资源环境约束加剧。针对上述主要问题，我们必须牢固树立进取意识、机遇意识和责任意识，着力破解制约经济社会发展的难题，进一步释放体制机制活力。

二、2015年国民经济和社会发展主要目标和任务

2015年是全面贯彻落实党的十八大、十八届三中、四中全会精神、全面深化改革和推进依法治市的重要一年，是完成“十二五”规划的收官之年和开展“十三五”规划研究的关键之年，做好今年的工作具有重要意义。综合考虑我市面临的宏观发展环境和发展条件，建议2015年经济社会发展主要预期目标为：

——全市生产总值增长10%左右；

——规模以上固定资产投资增长28%左右；

——社会消费品零售总额增长13%以上；

——地方公共财政预算收入增长7%左右；

——城镇居民人均可支配收入增长11%以上；

——农村居民人均可支配收入增长13%以上；

——城镇化率提高2个百分点；

——居民消费价格指数控制在103%以内；

——单位生产总值能耗下降2%以上；

——城镇新增就业人数2.2万人以上；

——城镇登记失业率控制在4.3%以内；

——人口自然增长率控制在5.8‰以内。

围绕上述目标任务，要认真贯彻落实党的十八届三中、四中全会、中央经济工作会和省委经济工作会、滇中城市经济圈一体化发展现场推进会精神，按照市委四届五次全会要求和市委经济工作会部署，主动适应经济发展新常态，坚持稳中求进的总基调，深化改革，抢抓机遇，化解压力，确保玉溪在经济社会发展中干在实处，走在前列。建议着力抓好七个方面的重点工作。

（一）加快产业转型升级，全力打造玉溪经济升级版

围绕全省大生物、大旅游、大能源、大制造、大服务五大产业发展战略，结合产业发展新业态和滇中城市经济圈产业布局，突出玉溪比较优势，加快产业转型升级步伐，提高对稳增长的贡献度。

一是着力推进特色优势产业提质增效。充分运用市场、环保双重倒逼机制，巩固提升卷烟及配套、矿冶、高原特色农业三个支柱产业，稳定玉溪的产业基础。抓紧研究出台我市工业转型升级的实施意见，坚决淘汰落后产能，积极化解产能过剩矛盾，推动受市场影响波动较大的矿冶产业转型升级，抓好大红山400万吨/年二期采矿工程、睿安特30万吨/年重型钢结构等项目实施。加大政策对接，把云南中烟“两统一、两整合”改革中对玉溪产生的影响降到最低，全力支持红塔集团加快技术改造、打叶复烤及烟叶存储仓库等项目建设，深入推进卷烟配套企业“二次”创业，鼓励配套企业积极向非烟领域拓展，确保工业增加值增长9.5%以上。以特色农产品生产基地和现代农业精品庄园建设为支撑，稳定粮食和烤烟生产面积，推进蔬菜、鲜食水果、花卉、生物药原料和辣木、魔芋等特色产业发展，加快林下资源开发和林产品深加工。着力转变农业生产方式，加快培育新型农业经营主体，发展壮大农业龙头企业，推进8个省级精品庄园建设。发展规模化标准化健康养殖，建设生猪标准化规模养殖场28个，确保畜牧业产值增长10%以上、农业增加值增长6.5%以上。

二是集中力量推进产业发展多元化。抓住全省产业发展布局的机遇，发挥玉溪产业基础和区位的比较优势，着力培育旅游文化、生物医药及食品、装备制造、

现代物流四个新的支柱产业。编制实施昆玉红旅游文化产业经济带玉溪板块规划和大旅游建设实施方案，推进太阳山、寒武纪乐园、仙湖锦绣、哀牢山生态旅游区等重大旅游项目建设，加强对19个省级特色旅游村寨建设的指导，推进旅游、文化融合发展，确保全市接待国内外游客达到2 100万人次，增长8%以上，旅游总收入126亿元，增长16%以上；依托数控机床产业园、峨山铸造产业核心区、通海五金特色园区三大装备制造聚集区，加快发展数控机床、电力装备、农业机械、工程机械制造，抓好云南台正光机公司年产3 000台光机、易门嘉诚35万吨热镀锌薄板及25万吨彩涂卷板、年产4.5万台高原机械装备制造及农业产业工程、风机制造、新型建材城等项目；以昆曼国际大通道建设和滇中城市经济圈一体化发展为契机，加快现代物流业发展，推进得胜商业中心、滇南购物中心、通力汽运、润特物流中心等项目建设；抓住省将玉溪列为生物医药基地机遇，以沃森、维和等龙头企业为重点，抓好生物医药及食品产业发展，重点抓好韵雅生物药用黄腐酸生产、达利二期、嘉和生物治疗性单抗药物产业化等项目建设。加快发展信息、新能源新材料及节能环保两个战略性新兴产业。以建设信息惠民、信息消费、宽带乡村国家试点城市和申报国家智慧城市为契机，积极培育云计算、物联网等新业态，加快华为云计算数据中心、融创天下—玉溪“微经济总部”、慧达万里智慧玉溪等项目建设；依托蓝晶科技、能投汇龙、贵研资源、中广核、大唐集团等企业，加大新技术、新产品研发力度，大力发展光电子新材料、太阳能光热应用，推动大容量动力电池产业化。

三是提高园区产业平台承载能力。以玉溪高新区、红塔工业园区、研和工业园区和大化产业园区为引领，抓好工业园区软硬件建设，引导企业向园区集聚发展，突出各园区产业特色，避免同质化竞争发展。理顺健全园区管理体制机制，完成6个省级园区实体化改革。加大土地收储力度，确保园区收储土地1.3万亩以上，提供设施完善的土地1万亩以上。认真贯彻落实加快民营经济发展的实施意见，实施好150户成长型中小企业培育工程，力争民营经济增加值增长13%以上。

四是大力实施创新驱动发展战略。贯彻落实市委市政府关于加快实施创新驱动发展战略建设创新型玉溪的决定，充分发挥市场在科技布局和项目资金配套上的作用，推动重大科技成果产业化，加快传统企业技术改造，加快推动高新技术企业和科技型中小企业成长，认定高新技术企业7户，培育创新型企业3户、科技“小巨人”企业1户。

（二）千方百计抓投资促消费，着力增强经济发展动力

着力破解项目建设瓶颈制约，全力扩大投资规模，多措并举扩大消费，充分发挥投资的关键作用和消费的基础作用，确保规模以上固定资产投资达655亿元、社会消费品零售总额达289亿元。

一是全力推进重大项目建设。组织实施好滇中城市经济圈一体化发展和119个市级亿元以上重点项目，以项目推进夯实发展基础。加快大通道建设，强化玉溪在桥头堡、“一带一路”和滇中城市经济圈的区位优势，加快昆玉铁路电气化扩能改造，推进晋红、呈澄、石红高速公路建设，开工建设江通高速、新平河口—元江高等级公路，配合做好玉溪—磨憨铁路征地拆迁和新平—临沧高速公路前期工作。强化水利建设，抓好东片区暨“三湖”生态保护水资源配置应急工程、元江县鲁布、易门苗茂等中型水库建设。抓好水电开发重点项目建设，积极推进戛洒江一级电站、雨果电站、220千伏通海永济输变电工程进度。有序发展风电和太阳能光伏发电，加快新平向阳山、元江羊岔街、华宁大丫口和将军山风电场建设，抓好元江北泽坝农业大棚光伏发电、甘庄2万千瓦并网发电。

二是加大项目建设要素保障。提高土地节约集约利用水平，大力清理闲置土地、盘活现有建设用地，拓展用地空间。加强银政、银企合作，加快与国开行、富滇银行、民生银行合作协议后的资金到位和项目推进。探索以政府发债、政策性金融支持、特许经营等方式引导社会资本参与城镇基础设施建设和运营管理，建立多元可持续的资金保障机制。强化项目招商引资能力，认真研究市场发展趋势，做好产业规划，制定产业招商方案，实施外引内培，推动产业招商取得成效，确保实际利用市外国内资金增长20%、实际利用外资增长10%以上，力争形成投资500亿元以上。

三是认真抓好投资管理。全面落实“七位一体”工作机制，建立健全重大项目市县乡分级负责制，着力研究项目推进遇到的实际困难，加大稽查力度，强化指导服务。认真分析国家宏观调控政策和我市面临的重大发展机遇，科学测算、合理分解，做好固定资产投资目标任务责任分解工作。继续深化投融资体制改革，进一步优化政府投资结构，减少审批环节，简化办事程序，提高办事效率。

四是多点支撑促进消费扩大升级。加强监管，整顿和规范市场秩序，抓好省级社会信用体系试点建设工作，营造良好的消费环境。贯彻落实国家深化收入分配制度改革的实施意见，合理调整最低工资标准，增加居民收入，提高居民消费能力。抓好服务业相关扶持政策措施的贯彻落实工作，加快发展物流、电子商务、信息服务、节能环保等生产性服务业，大力发展健康养老服务业、民族文化产业和康体养生旅游等生活性服务业，积极培育新的消费增长点，拉动消费的有效增长。

（三）加快推进新型城镇化，统筹推进城乡协调发展

坚持统筹城乡一体化发展，着力做精县域中心城镇，做特升级重点镇和特色小镇，做美乡村。

一是做好规划修编与实施。围绕滇中城市经济圈一体化发展总体规划，突出规划引领，完成“大玉溪”规划和新型城镇化规划、综合交通发展规划、美丽玉溪行动、特色民居村镇等规划编制，抓好红塔区和易门县“四规合一”试点工作。以推进玉溪新型城镇化发展的实施意见为纲领，组织实施好美丽乡镇三年行动计划、城市精细化管理实施方案、城乡垃圾整治实施方案等工作。

二是加快城乡融合发展。围绕建设区域性中心城市和宜居生态城市目标，按照“一城四点”空间布局，推进产城融合，加快中心城区雨污管网、新天地商业广场、红星国际广场等项目建设进度，发挥中心城区在新型城镇化建设中的火车头和排头兵作用。抢抓国家加大棚户区改造扶持力度的政策机遇，充分利用与国开行签署战略合作协议的800多亿元融资资金，加大旧城区和城中村拆迁改造力度，开工建设城镇保障性住房11067套。加快“三湖”生态城市群建设，加快江川、澄江撤县设

区审批争取工作，推进通海撤县设市工作。鼓励支持8个县城扩容提质，认真开展“百村示范千村整治”行动，完成18个集镇重点基础设施建设。认真落实城市精细化管理实施方案，加强农村住房建设管理，着力提升城市管理水平。推进农业转移人口市民化，提高“农转城”质量。

（四）加强生态环保建设，争当全省生态文明建设排头兵

一是切实加强湖泊保护治理。认真实施“三湖”保护条例，贯彻落实省政府抚仙湖保护治理工作会议精神，注重从源头上控制和减少污染，强化督查落实，认真梳理“三湖”水污染综合防治“十二五”规划项目，倒排计划，强化责任，确保项目按期完成。加大工程治理力度，加快星云湖和杞麓湖环湖截污治污、东风水库和飞井海水库环境综合整治等项目建设。创新河道流域管理模式和联合执法工作机制，严肃查处违法违规排污行为。

二是全面推进生态建设。进一步做好农村环境综合整治，持续抓好生态建设示范创建工作。积极构建绿色生态屏障，集中开展“三湖”周边、城镇面山、重点交通沿线、重要江河流域等重点地区生态治理和植被恢复。实施好退耕还林配套荒山造林项目、巩固退耕还林成果、石漠化综合治理等工程项目，完成营造林37.5万亩，治理水土流失面积190平方千米。继续深入推进生态村、生态文明县、乡镇等系列创建工作。

三是切实加强节能减排。认真落实化解产能过剩矛盾和转型发展实施方案，实施重点节能示范工程，严格控制产能过剩行业扩张，全面完成“十二五”节能减排目标和淘汰落后产能任务。抓好总量控制和污染减排，积极开展环保专项执法行动。

（五）强化民生保障，促进社会和谐稳定

一是继续实施积极的就业政策。多渠道开发就业岗位，稳步推进小额担保贷款工作，重点抓好高校毕业生、城镇就业困难人员、产业转型下岗人员、军队复转人员、失地人员就业。坚持以创业带动就业，落实好全民创业各项政策措施，加强职业技能培训，完成农村劳动力培训2.3万人、转移1.6万人。

二是进一步完善社会保障体系。逐步建立和完善城乡统一的医疗保险制度、养老保险制度、最低生活保障制度和低收入农户帮扶制度，逐步实行城乡社会保障一体化，确保城镇职工养老保险参保人数29.8万人，城镇基本医疗保险人数47.7万人，失业保险人数14.3万人，城乡居民基本养老保险120万人。继续抓好扶贫攻坚工作，提高扶贫工作成效。

三是保持价格总水平基本稳定。完善市场决定价格机制，深入推进价格改革。继续发挥价格调节基金惠民稳价作用，完善落实社会救助和社会保障标准与物价上涨联动机制。做好居民生活必需品价格监测预警和重要农产品成本调查分析，做好涉案、涉纪财务价格鉴定工作。加强市场价格监管，做好粮油市场保供稳价工作。

四是全面发展教科文卫体等社会事业。加大教育资源整合力度，完成美丽100校园行动计划暨校安工程，加快推进职教园区规划建设。加大公共文化体系和文化惠民工程建设，大力弘扬优秀传统文化。强化公共卫生服务体系建设，抓好市儿童医院、市急救中心建设和市人民医院改扩建。进一步加强体育基础设施建设，广泛组织开展全民健身活动。加大社会治理和公共服务力度，加强安全生产和食品药品安全监管，确保社会和谐稳定。

（六）突出改革创新，增强区域发展活力

一是不断深化各项改革。发挥法治引领和保障作用，继续加快推进行政审批制度、工商注册登记制度等改革，承接好国家和省简政放权相关工作，切实转变政府职能。积极适应国家全面规范地方政府性债务管理要求，推动投融资体制改革，创新投融资体制，鼓励政府和社会资本合作，引导社会资本参与基础设施建设和运营。全力争取财税体制改革相关政策，逐步将政府债务收支纳入预算管理。全面完成公务用车改革。统筹推进文化、教育、医疗卫生、养老、资源性产品价格等方面改革。

二是率先融入滇中城市经济圈一体化建设。以抓好88个列入滇中城市经济圈总盘子的重大项目建设为切入点，按照“一区两带四城多点”的滇中区域空间布局，抢抓机遇，抓好规划，强化对接，着力推进基础设施、产业发展、市场体系、基本公共服务和社会管理、城乡建设、生态环保6个一体化建设，积极参与滇中产业新区建设，着力推进昆玉一体化进程。

三是全面提升开放型经济水平。紧紧抓住国家加快沿边地区开发开放和云南建设面向西南开放重要桥头堡等重大机遇，积极融入国家“一带一路”建设，研究玉溪进一步扩大开放的举措，争取在与周边区域互联互通等重大项目上取得实质性突破，不断拓展玉溪对内对外开放的广度和深度。加强对外经济技术合作交流，引导企业积极稳妥“走出去”发展。优化出口产品结构，推进国家级蔬菜基地、省级水果基地建设，确保外贸进出口总额增长18%以上。

（七）发挥规划引领，科学编制好“十三五”规划

按照“站位要高、目标要实、做得要好”的要求，在认真总结“十二五”规划执行情况的基础上，围绕全面建成小康社会的目标，结合桥头堡、“一带一路”、滇中城市经济圈建设等国家和省发展战略和布局，深入谋划“十三五”期间重大工程项目、重大改革事项。年初完成基本思路起草，年底编制好规划纲要草案，同步完成21个重点专项规划编制工作。加强与国家、省规划的衔接工作，争取玉溪在项目、资金、政策方面的诉求更多地纳入国家和省规划。

各位代表，做好今年的工作任务艰巨、责任重大。我们将在省委、省政府和市委的坚强领导下，在市人大的法律监督、工作监督和市政协的民主监督下，努力干在实处、走在前列，为全面建成小康社会奠定坚实基础。

关于玉溪市2014年地方财政预算执行情况和2015年地方财政预算草案的报告

——2015年2月4日在玉溪市第四届人民代表大会第三次会议上

玉溪市财政局

各位代表：

受市人民政府委托，现将2014年地方财政预算执行情况和2015年地方财政预算草案提请市第四届人民代表大会第三次会议审查，并请市政协各位委员和列席会议的同志提出意见。

一、2014年地方财政预算执行情况

2014年，面对市场需求持续低迷、经济下行压力不断加大等严峻形势，全市各级各部门在市委的正确领导和市人大及其常委会的监督指导下，认真落实中央、省、市各项决策部署，积极研判宏观经济形势，着力做好稳增长、促改革、调结构、惠民生等各项工作，全市经济运行平稳，财政收入稳步增长，民生投入持续加大，重点支出保障有力，财税改革深入推进，较好地完成了上级下达的各项目标任务。

（一）全市地方财政预算执行情况

1.地方公共财政预算执行情况

地方公共财政预算收入完成113.6亿元，为年初预算的94.9%，比上年决算数增长7.2%。地方公共财政预算支出完成207.3亿元，为年初预算的103%，比上年决算数增长11.3%。

地方公共财政预算收支平衡情况是：公共财政预算收入113.6亿元，转移性收入92.7亿元，上年结余0.8亿元，调入资金7.2亿元，地方政府债券转贷收入6.5亿元，收入总计220.8亿元。公共财政预算支出207.3亿元，转移性支出12.2亿元，地方政府债券还本支出0.5亿元，支出总计220亿元。收支相抵，年终滚存结余结转下年支出0.8亿元。

2.政府性基金预算执行情况

政府性基金预算收入完成23.5亿元，比上年决算数增长32.7%。政府性基金预算支出完成27.6亿元，比上年决算数增长49.1%。

政府性基金预算收支平衡情况是：基金预算收入23.5亿元，转移性收入6.8亿元，上年结余4.5亿元，收入总计34.8亿元。基金预算支出27.6亿元，调出资金3.7亿元，支出总计31.3亿元。收支相抵，年终滚存结余3.5亿元。

（二）市本级地方财政预算执行情况

1.地方公共财政预算执行情况

地方公共财政预算收入47.9亿元，为年初预算的92.8%，比上年决算数增长4.9%。地方公共财政预算支出60.6亿元，为年初预算的118%，比上年决算数增长35.8%。

地方公共财政预算收支平衡情况是：地方公共财政预算收入47.9亿元，转移性收入104.6亿元，调入资金2.9亿元，债券转贷收入6.5亿元，上年结余收入0.2亿元，收入总计162.1亿元。地方公共财政预算支出60.6亿元，转移性支出99.6亿元，债券转贷下级支出1亿元，债券还本支出0.2亿元，支出总计161.4亿元。收支相抵，年终滚存结余0.7亿元。

2.政府性基金预算执行情况

政府性基金预算收入12亿元，比上年决算数增长58.6%，政府性基金预算支出12.6亿元，比上年决算数增长100%。

政府性基金预算收支平衡情况是：基金预算收入12亿元，转移性收入6.8亿元，上年结余收入3.8亿元，收入总计22.6亿元。基金预算支出12.6亿元，转移性支出5.6亿元，调出资金2.3亿元，支出总计20.5亿元。收支相抵，年终滚存结余2.1亿元。

3.社会保险基金预算执行情况

社会保险基金预算收入13.4亿元，比上年决算数增长17.9%，转移性收入5亿元，上年结余35亿元；社会保险基金预算支出8.4亿元，比上年决算数增长21.6%，转移性支出2.3亿元。滚存结余42.7亿元。

4.国有资本经营预算执行情况

国有资本经营预算收入50万元，转移性收入33万元，转移性支出20万元，国有资本经营预算支出13万元，年终结余50万元。

以上均为快报数，省财政厅批复我市2014年财政决算后，部分数据会有所变化，届时再向市人大常委会报告变化情况。

二、2014年主要工作及成效

（一）按照中央总体部署，扎实推进新一轮财税制度改革

深化财税制度改革是党的十八届三中全会作出的一项重大决策部署，是一场关系国家治理体系和治理能力现代化的深刻变革。我市按照中央关于深化财税体制改革的总体部署，围绕建立现代财政制度，重点推进了五个方面的改革：一是完善政府预算体系，实施全口径预算管理。按照党的十八大提出的全口径预算管理要求，市本级在以往编制两本预算的基础上，于年初试编了国有资本经营预算和社保基金预算，初步形成了四本预算提交市四届人大二次会议审查，为实施全口径预算管理打下了坚实基础。二是预算信息公开取得突破性进展。在公开政府预、决算的基础上，积极推进部门预算信息公开，市级64个一级预算单位已有57个单位公开了部门预算和“三公”经费预算；八县一区中，4个县区全部

公开了部门预算和“三公”经费预算，其余县大部分单位公开了部门预算和“三公”经费预算。与往年相比，公开的内容进一步细化，公开的范围进一步扩大，公开的力度进一步加大。三是全面开展政府综合财务报告试编工作。根据财政部和省财政厅的部署，在市本级和八县一区启动了2013年度权责发生制政府综合财务报告试编工作，试编工作于8月结束并按时上报省财政厅。本次政府财务报告编制的单位主体包括纳入部门决算编报范围的行政事业单位和部分国有企业。通过建立政府综合财务报告制度，对进一步加强和规范政府资产、债务和预算管理，合理配置政府资源，科学安排财政收支，促进经济社会持续健康发展起到了十分重要的作用。四是根据《国务院关于加强地方政府性债务管理的意见》要求，在全市范围内认真开展了政府债务清理工作，在摸清家底的基础上，通过修明渠、堵暗道，把政府负有偿还责任债务纳入全口径预算管理，进一步规范政府举债行为，防范化解债务风险，为今后玉溪发展提供了有力的支撑。五是稳步推进“营改增”试点。继2013年“营改增”试点启动以来，我市按照中央统一部署，认真做好试点扩围工作，将邮政电信纳入试点范围。2014年，全市共有“营改增”纳税人5 892户，实现“营改增”税款入库17 360万元。通过实施“营改增”，不仅达到了规范税负的要求，而且在试点行业内基本消除了重复征税，总体上实现了区域整体税负下降，促进了产业转型升级明显加快。

（二）发挥财政杠杆作用，促进经济持续健康发展

针对经济下行压力较大的实际情况，更加注重发挥财政杠杆的调控作用，进一步加大投资力度，增加民生投入，促进经济发展。一是围绕促进产业发展，认真落实省政府16条政策措施要求，加快构建结构优化、保障有力的财政资金保障机制，市级当年新增预算安排2 000万元，从部门专项经费中切块1 000万元，用于省、市各项政策补助和奖励。二是围绕保护抚仙湖，安排市级专项资金1 000万元用于抚仙湖径流区种植业结构调整，有效控制面源污染，稳定保持抚仙湖水环境质量，促进生态文明和农业产业发展。三是围绕促进农民增收，加大核桃种植业扶持力度，市级资金安排比上年增加1 920万元，种植核桃补助从40元/亩提高到80元/亩，不断发展壮大核桃产业，让核桃产业成为农民增收新渠道，成为推动玉溪经济发展新动力。四是围绕稳增长、促就业，在依法合规的前提下，用足用够国家小微企业发展相关税费优惠政策，尽可能向低限收取，能免则免，能减则减，能缓则缓，充分发挥政策效力，帮助企业克服困难，稳定增加就业，促进经济增长。

（三）积极争取上级支持，着力提升财政保障能力

一是针对玉溪“增、消两税”税返低和上级财政转移支付补助少的问题，市党政主要领导先后五次率财政部门到省财政厅汇报对接工作，通过汇报对接，省财政厅充分认可玉溪的财政困难，对玉溪的经济社会发展给予了很大支持，并将继续加大补助力度，统筹整合省级资金安排，对玉溪的基础设施建设、产业发展、环境保护等给予具体支持。二是在各级各部门的共同努力下，全市累计争取上级支持资金114.6亿元，比上年增长24.6%，其中：争取中央代地方发行债券转贷资金6.5亿元、是上年的14.4倍，均衡性及县级基本财力保障转移支付9.52亿元、比上年增长17.4%，资源枯竭城市转移支付1.36亿元、比上年增长20.1%。三是积极利用上级扶持企业发展政策，组织相关部门和企业网上申报省级扶持项目271个，比上年增加101个，增长59.4%。当年争取省级资金1.2亿元，比上年增长12.9%。通过做实项目争取工作，为促进我市产业发展提供了有力支撑。

（四）加大“三农”及社会事业投入，切实保障和改善民生

2014年，全市公共财政支出中用于民生方面的支出达到155.7亿元，增长13%，占公共财政支出的比重为75%。一是加大“三农”支持力度。全市农林水事务支出32.1亿元，比上年增长23.9%。全面落实各项强农惠农政策，支持农业产业结构调整，促进农业可持续发展和农民增收。二是创新模式破解教育投资难题。全市教育支出32.2亿元，比上年增长3.8%。以推进美丽100校园行动计划为重点，整合预算内资金2 067万元，融入信贷资金5亿元，为推进玉溪教育基础设施建设提供了坚实保障。三是落实城乡社会保障政策。全年累计投入社会保障和就业资金23.7 亿元，比上年增长8.1%，连续11年落实中央关于提高企业退休人员基本养老金待遇政策，城乡低保做到应保尽保，就业再就业工作扎实推进。四是加强医疗保障和卫生服务体系建设。全市医疗卫生和计划生育支出19亿元，比上年增长12.4%。积极推进城乡居民基本医疗保障一体化，新农合参保率达98.4%；省、市下达基本公共卫生服务经费7 604万元，人均达35元。五是支持保障性安居工程建设。积极争取中央、省补助资金2.4亿元，全市共投入保障性住房支出7.9亿元，重点支持廉租房、公租房建设及棚户区改造，切实解决低收入人群住房难问题。

（五）认真贯彻中央八项规定精神，强化源头管控

进一步强化对差旅费、会议费、公务接待费、公务用车购置及运行经费、因公出国（境）经费等管理，切实将中央和省委、省政府有关规定落实到预算编制、预算执行和财政管理中。一是按照中办、国办出台的《党政机关国内公务接待管理规定》等相关文件精神，结合玉溪实际制定实施办法，严格落实好各项厉行节约措施，杜绝公款浪费现象；二是进一步加大压缩“三公”经费支出的力度，将“三公”经费支出预算在上年基础上压缩15%，并按此目标分解到市本级和各县区，通过严格落实，全年“三公”支出下降29%；三是坚持有压有保，通过压缩“三公”经费，把节约下来的资金投入到关系广大群众切身利益的生态文明建设、美丽家园建设等民生工程、惠民项目中，确保向老百姓交出一份合格的答卷。四是坚持先有预算后有支出，严格执行经同级人大批准的预算和各项开支标准，严格执行公务支出审核报销制度，坚决杜绝超预算、无预算安排支出的情况，较好地维护了预算的严肃性。

（六）以党的群众路线教育为契机，全面转变干部作风

坚持教育与实践并重，纠“四风”与建制度并举，把教育实践活动与财政工作结合起来，用教育实践活动指导、推动财政工作开展，用财政工作成绩检验活动成效，做到了“四个促进”：一是促进了干部思想政治素质进一步提升，党性意识达到新境界。全体党员充分认识到教育实践活动的重大意义和深远影响，宗旨意识、大局意识、担当意识进一步增强。二是促进了机关管理进一步加强，干部作风实现新转变。过去是服务对象上

门多，现在是财政干部主动上门服务。过去多数时间在办公室，现在多数时间在基层搞调研、察民情、听民意。过去一些办事拖拉的现象没了，对上级领导交办的事项和服务对象的诉求做到了速办、速结、速复。三是促进了财政职能进一步转变，财政管理取得新突破。通过调整支出结构，创新理财模式，放大资金倍数，提高资金使用绩效，为推动全市经济社会发展提供了有效保障。四是促进了党风廉政建设深入开展，营造了和谐稳定氛围。切实抓好党风廉政建设和反腐败工作，认真落实党风廉政建设责任制，加强干部职工警示教育，筑牢反腐倡廉思想道德防线；抓牢抓实社管综治维稳工作，积极开展平安单位创建活动，不断增强社会治安防控能力，营造了良好的工作、生活环境。

在总结成绩的同时，我们也清醒地看到，我市财政运行和管理中还存在不少困难和问题，主要表现为：受整个经济下行的影响，财政收入增长缓慢，财政增收基础还不牢固；重点项目建设、民生政策落实、统筹城乡发展等资金需求不断增加，财政刚性支出逐年增长，财政收支矛盾依然突出；财税体制改革亟须进一步完善；地方政府性债务风险不断积累；财政资金使用效益有待进一步提高，勤俭节约意识仍需加强。对这些困难和问题，我们将以“钉钉子”的精神，通过深化改革、加快发展，逐步加以解决。在此，恳请各位人大代表、政协委员对财政工作提出宝贵的意见建议，指导和监督我们进一步做好财政工作。

三、2015年地方财政预算草案

2015年，我市财政预算安排和财政工作的指导思想是：认真贯彻习近平总书记视察云南时的重要讲话精神，全面落实党的十八届三中、四中全会、中央经济工作会以及省委九届九次全会、省委经济工作会、市委四届五次全会、市委经济工作会议精神，坚持稳中求进的总基调，按照“站位要高、目标要实、做得要好”的要求，主动适应经济发展新常态，干在实处，走在前列，着力培植壮大财源，积极争取上级支持，促进经济持续健康发展；着力强化收入征管，促进财政收入可持续增长；着力优化支出结构，加大对民生领域和社会事业等重点支出的保障力度，促进民生改善和城乡统筹发展；着力推进财税改革，加快构建现代财政制度；着力增收节支提效，加强财政科学化管理，健全厉行节约长效机制，提高资金使用效益，为推动玉溪经济平稳健康发展和社会和谐稳定提供有力保障。

根据上述总体要求及全市经济社会发展预期，2015年主要预算指标安排如下：

（一）全市地方财政预算安排建议

一般公共预算收入安排121.5亿元，比2014年快报数增长7%。一般公共预算支出安排221.8亿元，比2014年快报数增长7%。

一般公共预算收支平衡情况是：一般公共预算收入121.5亿元，转移性收入112.6亿元，上年结余收入0.8亿元，收入总计234.9亿元。一般公共预算支出221.8亿元，转移性支出13.1亿元，支出总计234.9亿元。收支平衡。

政府性基金预算收入安排27亿元，比2014年快报数增长15.1%。政府性基金预算支出安排35.2亿元，比2014年快报数增长28%。

政府性基金预算收支平衡情况是：基金预算收入27亿元，转移支付收入6亿元，上年结余收入3.5亿元，收入总计36.5亿元。基金预算支出35.2亿元，县区基金调出1.3亿元，支出总计36.5亿元。收支平衡。

（二）市本级地方财政预算安排建议

1.一般公共预算安排建议

一般公共预算收入安排51.3亿元，比2014年快报数增长7%。一般公共预算支出安排64.9亿元，比2014年快报数增长7%。

一般公共预算收支平衡情况是：一般公共预算收入51.3亿元，转移性收入122亿元，上年结余收入0.7亿元，收入总计174亿元。一般公共预算支出64.9亿元，转移性支出109.1亿元，支出总计174亿元。收支平衡。

2.政府性基金预算安排建议

政府性基金预算收入安排12.3亿元，比2014年快报数增长2.7%，政府性基金预算支出安排15.3亿元，比2014年快报数增长22%。

政府性基金预算收支平衡情况是：基金预算收入12.3亿元，转移性收入6亿元，上年结余收入2.1亿元，收入总计20.4亿元。基金预算支出15.3亿元，转移性支出5.1亿元，支出总计20.4亿元。收支平衡。

3.社会保险基金预算安排建议

社会保险基金预算收入安排18.3亿元，比2014年快报数增长36.7%，转移性收入4.6亿元，上年结余42.7亿元，收入总计65.6亿元；社会保险基金预算支出安排9.1亿元，比2014年快报数增长7.9%，转移性支出2.8亿元，支出总计11.9亿元。滚存结余53.7亿元。

4.国有资本经营预算安排建议

国有资本经营预算收入安排98.6万元，其中:其他国有资本经营预算企业利润收入98.6万元，上年结余50万元，收入合计148.6万元。支出安排148.6万元。收支平衡。

各位代表，面对经济增速回升缓慢、信贷政策持续偏紧、上级大幅压缩专款补助以及结构性减税政策不断出台的复杂局面，2015年财政改革和保障任务十分繁重，财政运行形势仍不容乐观。收入方面，制约财政增收的不确定性因素依然较多，主要是受国内经济增长趋缓，企业利润增幅下降；钢材、建材、采矿业等产品价格在低位徘徊，房地产市场疲软，重点税源行业税收减收严重；国家结构性减税力度加大，“营改增”扩点扩围减税让利，省中烟公司“两统一、两整合”改革等等，都将对我市财政增收产生较大影响。支出方面，随着社会保障制度范围的扩大和标准的提高，机关事业单位养老保险改革，民生支出规模将不断扩大，财政支持经济发展和保障民生支出的需求将快于财力增长幅度，收支矛盾将不断加剧。此外，偿还债务的压力逐年加大，地方政府债务已进入一个还本付息的高峰期，且按照国发43号文件规定，所有政府负有偿债责任的债务都要纳入预算管理，将进一步加大财政支出的刚性需求，财政保障压力持续增大。

四、强化措施，干在实处，确保2015年目标任务圆满完成

2015年，是全面深化改革的关键之年，做好财政工作，确保完成各项目标任务，对于推进全市整体改革、加快经济社会发展具有十分重要的意义。我们将按照市委的总体工作部署，强化措施，干在实处，重点抓好七个方面的工作。

（一）把服务发展作为第一要务，着力推进经济持

续增长

坚持稳中求进、进中求好，加强政策研究，创新财政支持经济的办法和措施，加大资金筹措力度，促进经济持续增长。一是坚持项目带动。抓住国家和省实施新一轮西部大开发、桥头堡、“一带一路”、滇中城市经济圈一体化建设等重大战略机遇，用足用好政府债务清理过渡期政策，通过整合各类专项资金、争取项目融资等多渠道筹措资金，加大资金投入，发挥带动作用，加快棚户区改造、晋红公路、大化产业园区、中心城区城市综合体等重大项目建设进度，不断夯实经济发展基础。二是支持产业提升。认真落实积极财政政策，采取贷款贴息、以奖代补等扶持措施，加大对重点行业、骨干企业的扶持力度，促进优势产业做大做强。充分发挥财政专项资金的引导作用，加快电子商务、旅游、现代物流、金融保险、文化产业等现代服务业发展，推动创新创业资金等资源向新兴产业集聚，发展壮大战略性新兴产业，增强经济发展活力。三是支持“三农”发展。进一步完善财政投入机制，统筹整合涉农资金，创新农业投融资机制，汇集多方力量加快推进农业现代化，加大农村基础设施投入，全面落实各种涉农补贴，促进农业增产、农民增收、农村稳定。四是推进生态文明建设。支持生态公益林保护和造林绿化工程，推进城乡环境综合整治“点线面”攻坚计划实施，抓好“三湖”流域综合治理、农村环境连片整治和水土流失治理，加强节能减排和环保监测，建设体现“五位一体”要求的美丽乡村，努力实现“百姓富、生态美”有机统一。

（二）把改善民生作为根本宗旨，着力提升财政保障能力

把保障和改善民生放在更加突出的位置，调整和优化支出结构，加大民生资金筹措力度，确保民生支出稳步增长，努力提高人民生活水平。一是大力支持教育优先发展。强化经费保障措施，坚持既尽力而为、又量力而行，加快健全以政府投入为主、多渠道筹集教育经费的保障体制，切实保障美丽100校园行动计划实施，着力改善教育发展条件。继续完善义务教育经费保障机制，继续落实各阶段教育家庭经济困难学生政府资助制度，继续实施农村中小学生营养改善计划，努力拓宽社会投入渠道，充分调动全社会办教育的积极性，鼓励和引导社会力量采取捐资助学、出资办学等多种途径和形式增加教育投入。二是积极推进机关事业单位养老保险制度改革，做到一个统一、五个同步。“一个统一”，即党政机关、事业单位建立与企业相同基本养老保险制度，实行单位和个人缴费，改革退休费计发办法，从制度和机制上化解“双轨制”矛盾。“五个同步”，即机关与事业单位同步改革，职业年金与基本养老保险制度同步建立，养老保险制度改革与完善工资制度同步推进，待遇调整机制与计发办法同步改革，改革与全国同步实施。三是继续深化医药卫生体制改革。积极推进城镇居民医保与新农合统筹试点，将新农合和城镇居民医保财政补助标准提高到每人每年380元。落实国家基本公共卫生服务经费保障机制，提升医疗机构服务能力，促进卫生事业健康发展。加快公立医院改革，着力改变“以药养医”状况，切实缓解群众看病贵问题。四是继续加大社会管理创新投入。积极筹措资金，支持加强应急管理、食品药品安全、安全生产，落实政法经费保障机制，加强基层政权建设，提高基层政府公共服务和社会管理能力。

（三）把多方聚财作为重中之重，着力做好向上争取这篇文章

要发展就要投入，要大发展就要大投入，而投入资金的来源靠自身积累太慢，靠银行信贷太难，唯有争取上级资金来得最快、最直接，也最实惠。特别是在经济下行压力加大、收入增长乏力的情况下，向上争取项目建设资金就显得尤为重要。做好向上争取这篇文章，需要各部门继续强化机遇意识、责任意识，加强领导，加强协调配合，特别是项目的申报部门、实施部门、资金管理部门等必须相互联动，步调统一，密切配合，进一步发挥职能作用，加强项目储备、申报和协调汇报工作，争取更多的项目挤进国家、省的盘子，特别是上级已答应补助支持的项目要尽快与省级相关部门对接，确保资金及时下达到位。作为财政部门，在履行好自身职能的同时，要积极配合相关部门做好项目申报工作，加强与省财政厅的协调对接，确保资金尽快落实和安排下达。

（四）把深化改革作为强大动力，着力破解发展难题

按照中央、省的部署，坚持统筹谋划，重点突破，全面推进财税制度改革，加快建立现代财政制度，释放改革红利，为发展增添新动力。一是建立全口径预算管理体系。按照新预算法要求，从2015年开始，政府的全部收支纳入预算管理，预算由预算收入和预算支出组成，预算包括一般公共预算、政府性基金预算、国有资本经营预算、社会保险基金预算。一般公共预算、政府性基金预算、国有资本经营预算、社会保险基金预算应当保持完整、独立，政府性基金预算、国有资本经营预算、社会保险基金预算应当与一般公共预算相衔接。二是全面推进预算公开。预算公开总的要求是：“公开是原则，不公开是例外”，除涉密信息外，所有使用财政资金的部门均应公开本部门预决算，所有涉及财政资金的情况都要主动向社会公开。三是建立跨年度预算平衡机制。改进年度预算控制方式，实现预算审核的重点由收入预算、平衡状态向支出预算和政策拓展。按照量入为出、收支平衡的预算编制原则，一般公共预算年度执行中若有超收，只能用于建立预算稳定调节基金或者冲减赤字和偿还债务；若出现短收，需通过调入预算稳定调节基金或削减支出，上述两项措施若不能实现平衡，可申请省级救助，对申请省级救助部分必须在下一年度预算编制中予以安排偿还。四是建立权责发生制政府综合财务报告制度。建立权责发生制政府综合财务报告制度是做实国家治理体系和治理能力现代化的重要基础。通过建立权责发生制政府综合财务报告，统一规范政府财务报告目标、报告方式、报告内容和报告程序，提供高质量的政府财务信息，既有助于全面反映政府财务状况，摸清家底，判断财政运行的效果和可持续性，提高财政透明度，也有助于评估政府受托责任的履行情况，满足公共部门绩效管理的需要。五是认真落实国家税制改革政策。加强对“营改增”、消费税、房产税、资源税、环境保护税、个人所得税等税收改革的前瞻性研究，未雨绸缪，主动应对。尤其是加强以房产税和消费税为主的地方税体系的研究，深入调研、测算对接、做好准备，确保改革顺利推进。

（五）把依法理财作为内在要求，着力提高资金使用效益

围绕贯彻党的十八届四中全会精神，把依法理财作为推进玉溪依法治市的一个重要组成部分，把责任落到实处，把工作落到实处，把督促检查落到实处，不断提升财政理财水平，提高财政资金使用效益。一是按照国务院统一部署，全面清理财政专户，盘活各领域财政“沉睡”资金，盘活的资金重点投向民生改善、公共服务、基础设施等领域，让积极财政政策更好发力，服务经济社会发展。二是推进国库集中支付和公务卡改革，提高国库直接支付比重，完善国库集中支付运行机制，加强预算执行动态监控，防范财政支付风险。三是加强行政事业单位资产管理，完善规范统一的国有资产管理营运体制，促进国有资产保值增值。四是强化财政资金绩效管理，逐步建立“预算编制有目标、预算执行有监控、预算完成有评价、评价结果有反馈、反馈结果有应用”的预算绩效管理机制，实现花尽量少的钱、办尽量多的事。五是强化财政监督，坚持严查宽管，全面提升财政监督的成效和作用，为推进经济社会发展提供有力的纪律保障。六是完善地方政府性债务管理制度，逐步建立政府性债务动态监控和预警机制，进一步明确职责分工，建立健全管理机制，规范政府融资举债行为，防范政府财政风险。

（六）把反腐倡廉作为长期任务，着力抓好制度建设

根据新形势新要求，加强基础性制度建设，坚持用制度管权管事管人，完善财政部门反腐倡廉建设相关制度规定，不断形成与财政职能和责任相适应的惩治和预防腐败体系，更加有效地从源头上防治腐败。建立健全科学民主决策机制，坚持重大决策、重要人事任免、重大项目安排（包括物资采购）、重大突发事件处置和大额资金使用等事项集体研究、集体决策。坚持和完善党员领导干部民主生活会制度，建立班子成员谈心交心，不断提高班子发现问题、解决问题的能力。认真履行财政职能，结合贯彻落实《党政机关厉行节约反对浪费条例》，进一步梳理、修订和完善财政部门内部规章制度，形成针对性、操作性、指导性强的管理制度体系，为厉行节约反对浪费提供有力的制度保障。同时，结合实施内部控制工作，强化权力运行的监督和制约，深入推进廉政风险防控机制建设，全面梳理财政业务及管理中的各类风险，不断完善制度办法和工作流程，采取不相容职责岗位分离控制、授权控制、流程控制等手段，对各类风险进行事前防范、事中控制、事后监督和纠正，构建财政内部控制框架体系，为落实党风廉政建设主体责任和防控廉政风险提供有力的制度保障。

（七）把作风建设作为永恒主题，着力巩固群众路线教育实践成果

党的群众路线是永不褪色的生命线和永不过时的传家宝。全市各级财政部门要深入学习贯彻习近平总书记系列重要讲话精神，认真总结党的群众路线教育实践活动成功经验，深化对“作风建设永远在路上”的认识，把党的群众路线精神不断引向深入。一是牢牢把握作风建设这个根本，扭住“四风”，以踏石留印、抓铁有痕的劲头持之以恒抓作风改作风，在抓常、抓细、抓长上下功夫，勤用“四盆水”洗尽作风之弊、行为之垢，狠抓门难进、脸难看、事难办“三难”问题，整治学风不正、会风不严、文风不实、话风不纯现象，促进作风大转变、工作大落实；坚持群众满意的价值标准，突出问题导向，从群众最需要的地方做起，从群众最不满意的地方改起，解决事关群众切身利益的实际问题，增强服务群众效果。二是牢牢把握党员领导干部这个核心，践行“三严三实”和“忠诚、干净、担当”要求，做好“六个表率”，坚持“四个不变”，强化“四个意识”，发挥领导干部示范作用，切实抓好班子、带好队伍，推动形成风清气正的良好氛围。三是牢牢把握纪律教育这个关键，强化纪律刚性约束，用铁的纪律确保党的路线方针政策在财政工作中得到贯彻落实，自觉做到“六不”：不让一天闲过，不让一事拖拉，不让一样恶习上身，不让一笔赃款进家，不让一个自己接触过的群众不满，不让一个亲属和身边人员惹出闲话，清清白白做人，干干净净干事，让组织放心，让领导放心，让群众满意。

各位代表，新的一年财政工作任务艰巨、使命光荣。我们将在市委的坚强领导下，自觉接受市人大及其常委会的法律、工作监督和政协的民主监督，适应新常态，激发新动力，不断开创财政事业新局面，为推动玉溪经济社会持续健康发展作出更大的贡献。

玉溪市综合评标专家库和评标专家管理办法（试行）

第一章　总则

第一条　为加强对评标专家库和评标专家的管理，保证评标结果的公平、公正，维护招投标活动当事人的合法权益，根据《中华人民共和国招标投标法》、《评标委员会和评标方法暂行规定》和《云南省综合评标专家库和评标专家管理办法》等法律法规规章的规定，结合玉溪实际，制定本办法。

第二条　本行政区域内综合评标专家库组建、使用、管理及评标专家的资格认定、管理适用本办法。

第三条　市综合评标专家库由市政府依法组建。

市发展和改革委员会负责对市综合评标专家库进行综合协调、监督管理；

市政务服务管理局负责综合评标专家库日常维护管理；

市公共资源交易中心负责综合评标专家库评标专家的日常抽取工作；

市监察局负责对综合评标专家库和评标专家的组建、使用、管理实施行政监察；

市级各行业主管部门负责对本行业的专家进行资格审查、入库、培训、考核、退出及信息变更等日常管理工作。

第四条　市综合评标专家按照国家《评标专家专业分类标准》，由政府各行政主管部门结合各自领域的实际情况，进行分类设置，入库管理。

第五条　市综合评标专家库可以为社会开展招标投标活动提供评标专家资源，各类招标项目的招标人或者其委托的招标代理机构均可以从市综合评标专家库中无偿抽取专家。

第二章　评标专家认定及权利义务

第六条　入选市综合评标专家库的专家，应当具备下列条件：

（一）从事相关专业领域工作满8年，具有高级职称或者具有同等专业水平；

（二）熟悉有关招标投标的法律法规、规章和工作流程；

（三）能够认真、公正、诚实、廉洁地履行职责；

（四）身体健康，能够承担评标工作；

（五）其他法定条件。

第七条　符合第六条规定条件的人员可以向其所属的行业主管部门提出申请并按规定报送相关材料。

各行业主管部门对申请人报送的材料进行审核，符合条件的纳入综合评标专家库管理。

各行业主管部门原有专家库内专家，经各行业主管部门复核后纳入综合评标专家库管理。

第八条　入库评标专家享有下列权利：

（一）接受招标人或其招标代理机构聘请，担任评标委员会成员；

（二）依法按照招标文件确定的评标标准和方法对投标文件进行独立评审，提出评审意见，不受任何单位或者个人的干预；

（三）接受参加评标活动的合法劳务报酬；

（四）查询与本人相关的评标抽取记录，可对有效期（六个月）内评标抽取记录的疑问，要求有关行政监督部门解答；

（五）对有关行政监督部门做出的处理决定申请复核；

（六）法律、法规和规章规定的其他权利。

评标专家所在单位应当对评标专家参加培训和评标活动给予支持。

第九条　入库评标专家应当履行下列义务：

（一）严格按照招投标法律法规、规章和有关规定，客观公正地开展评标活动，对所提出的评审意见承担个人责任；

（二）对评标过程及相关内容履行保密义务，不得透露与评标有关的信息；

（三）准时出席资格审查、评标活动，严格遵守评标工作纪律；

（四）不得私下接触投标人及其利害关系人，收受投标人财物或者其他好处；

（五）评审结束后，评标专家应当在评审报告上签字。对评审结论持有异议而拒绝在评审报告上签字的，应当以书面形式阐述不同意见和理由，并记入评审记录；

（六）向招标人或者有关行政监督部门反映评标活动中发现的违法违规行为，积极协助配合有关行政监督部门对招投标活动的监督检查及投诉处理，解答评审工作有关问题，并接受咨询和质疑；

（七）有本办法第十条规定情形的，应主动申请回避；

（八）自觉参加有关行政监督部门组织的法律法规和招标投标业务知识培训与考核；

（九）个人基本信息发生变化时，应书面提交行业主管部门审核；

（十）其他法定义务。

第十条　入库评标专家有下列情形之一的，应当主动回避。

（一）是投标人的在职工作人员或者是投标人负责人的近亲属；

（二）过去3年内与投标人有工作关系的；

（三）与投标人有利害关系，可能影响公正评标的；

（四）是行政主管部门所属招标、采购监督管理机构工作人员；

（五）有其他法定要求的。

第三章 评标专家库的使用

第十一条 市内依法应当进行招标的项目，其评标专家应当从市综合评标专家库中随机抽取。

技术复杂、专业性强或者国家有特殊要求，采取随机方式确定的专家难以胜任评标工作项目，可以由招标人直接确定，其中国有资金或者国家融资项目的评标专家需要直接确定的，应当经有关行政主管部门同意。

招标项目涉及法律、法规、规章及国家政策性调整另有规定的，从其规定。

第十二条 评标专家应当采取随机抽取方式确定，并在开标前一小时内抽取。抽取外地专家，可提前抽取，但不得超过开标前24小时。

参加评标活动的评标专家名单应当保密。

第十三条 评标专家的抽取应当在招标人、行政主管部门的监督下进行。

第十四条 市综合评标专家库在市、县区公共资源交易中心设立抽取评标专家的网络终端（以下简称抽取终端）。

设立抽取终端应当具备以下条件：

（一）有健全的评标专家库抽取终端管理体系、工作流程、专家抽取保密制度和工作人员责任制度；

（二）有经考核认定的专职管理、使用和维护人员；

（三）具有相对封闭的评标专家抽取用房，配有计算机、打印机、互联网等硬件设备与网络运行环境，并配备音视频监控系统。

第十五条 设立抽取终端的市、县区公共资源交易中心应当履行下列义务：

（一）无偿为招标人或者招标代理机构提供服务；

（二）坚持以随机抽取方式确定评标专家；

（三）严格遵守有关评标专家抽取工作的保密规定；

（四）对抽取终端进行日常维护，保障正常运行。

第十六条 市综合评标专家库抽取专家按照下列程序进行：

（一）招标人或其代理机构提前24小时预约抽取；

（二）招标人或其代理机构填写《玉溪市综合评标专家库专家抽取申请表》；

（三）市公共资源交易中心通过抽取终端随机抽取并确定评标专家。

评标专家确定后，招标人、监督人员、抽取工作人员应当在市综合评标专家库抽取专家记录上签字。

第十七条 评标专家确定后，发生评标专家不能到场或者需要回避等特殊情况的，应当及时由行业监管部门工作人员记录不能到场原因，并进行补抽。

第四章 监督管理

第十八条 入库评标专家实行聘任制，聘期2年。对认真履行职责且无不良行为记录的专家可以续聘。

入库评标专家实行动态管理。各行业主管部门应建立入库评标专家个人档案、评标表现、业务水平、诚信记录、不良行为记录、被投诉次数及调查处理结果、继续教育及考核情况，每年对其管理的专家做出考评评价，考核评价结果作为入库专家续聘的重要依据。

第十九条 行业监管部门应当依照招标投标活动行政监督职责分工，加强对入库评标专家评标活动的监督，入库评标专家有违反招标投标法律、法规、规章和本办法规定行为的，有关单位和部门应当及时书面告知相关行政主管部门，由相关行政主管部门依法处理，并将处理结果及时记入评标专家档案。

第二十条 入库评标专家有下列情形之一的，应当终止其入库评标专家资格：

（一）因工作调动，不再适宜担任入库评标专家的；

（二）因身体健康原因不能胜任入库评标专家工作的；

（三）经本人申请不再担任入库评标专家的；

（四）其他原因不适宜担任入库评标专家的。

第二十一条 评标专家有下列情形之一的，由有关行政主管部门责令改正；情节严重的，暂停参加评标活动、取消其评标专家资格，并予以公告。

（一）私下接触投标人、招标人，为其出谋划策谋取私利的；

（二）非法收受所评标项目利害关系人的财物或其他好处的；

（三）向他人透露投标文件的评审和比较、中标候选人的推荐以及与评标有关的其他情况的；

（四）无正当理由拒不参加评标活动的；

（五）在评标过程中擅离职守，影响评标程序正常进行，或者在评标过程中不能客观公正地履行职责的。

第二十二条 抽取终端工作人员有下列情形的，依法给予行政处分；构成犯罪的，依法追究刑事责任。

（一）对符合条件的抽取申请予以拒绝的；

（二）对符合本办法规定抽取条件，但要求招标人或者其招标代理机构支付抽取费用的；

（三）利用职务之便收受招标人或招标代理机构财物、接受可能影响专家抽取的宴请、旅游或其他活动的；

（四）违反本办法规定的抽取程序办理抽取事宜的；

（五）中标结果确定前透露专家抽取有关信息的。

第二十三条 依法应当进行招标项目的招标人或者其委托的招标代理机构有下列情形之一的，由有关行政主管部门依法予以处理：

（一）不依照本办法规定从玉溪市综合评标专家库抽取评标专家的；

（二）擅自直接确定评标专家的；

（三）违反本办法规定抽取评标专家的。

第二十四条 机电产品国际招标、医疗器械集中采购等项目评标专家的抽取和使用依照其行业主管部门的规定执行。使用国际组织或者外国政府贷款、援助资金的项目进行招标，贷款方、资金提供方对评标专家有特别规定的，从其规定。

第二十五条 评标专家库管理过程中，有关行政监督部门及其工作人员不依法履行职责的，应当依法予以处理。

第五章 附则

第二十六条 红塔区政府、玉溪高新技术产业开发区综合评标专家库及评标专家纳入市综合评标专家库统一管理，不再另行建库。

各县综合评标专家库及评标专家管理可参照本办法执行。玉溪市人民政府过去文件规定与本办法不一致的，依照本办法执行。

第二十七条 本办法自2014年5月1日起施行。

玉溪市政府投资建设项目中介服务机构库管理办法（试行）

第一章　总则

第一条　为加强玉溪市政府投资建设项目监管，规范政府投资建设项目中介服务市场，促进公平竞争，加强廉政建设。根据《中华人民共和国招标投标法》、《中华人民共和国政府采购法》、《中华人民共和国招标投标实施条例》（第613号令）等法律法规规定，结合实际，制定本办法。

第二条　市政府投资建设项目中介服务机构库（以下简称中介服务机构库）的建立、使用和管理适用本办法。

中介服务机构库是指市政府通过公开招标、比选、遴选方式确定符合相关资质、业绩要求，拟为市政府投资建设项目提供相关服务的中介服务机构组成的中介服务机构库。

第三条　本办法所称市政府投资建设项目是指使用下列资金或资产的项目：

（一）本级财政预算资金；

（二）上级部门专项补助资金；

（三）国债资金；

（四）国际金融组织或外国政府贷款等政府主权外债资金；

（五）通过政府信用贷款或政府承诺偿还的方式所筹资金；

（六）采用BOT、BT模式等政府融资资金；

（七）国际组织定向或不定向捐助资金；

（八）其他政府性资金采购项目等。

第四条　中介服务机构库的管理遵循“公平公正、市场调控、随机抽取、综合评价、动态管理”原则。

第五条　市政府投资建设项目需要中介服务机构进行相关服务时，必须在中介服务机构库中抽取选用。

建设项目涉及法律、法规、规章及国家政策性调整另有规定的，从其规定。

第二章　中介服务机构库的建立

第六条　市政府成立玉溪市规范政府投资建设项目中介服务工作协调领导小组及其办公室（以下简称：领导小组和领导小组办公室），负责对中介服务机构库的建立、使用、管理工作的组织领导及协调。

第七条　各行业主管部门（单位）按照职责规定，根据中介服务机构市场情况和政府投资建设项目业务需求情况，拟定行业建库的要求、标准和数量，报领导小组办公室。

领导小组办公室根据各行业主管部门（单位）上报的中介需求情况，确定市政府投资建设项目中介服务需求目录。

市政府投资建设项目纳入中介服务机构库管理目录包括：

（一）节能评估报告、方案编制机构；

（二）可行性研究报告编制机构；

（三）建设项目环境影响评价报告书（表）、登记表编制机构；

（四）水土保持方案报告书（表）的编制和竣工验收机构；

（五）规划编制机构；

（六）抗震设防、消防设施、防雷设施检测检验咨询机构；

（七）建筑设计方案、初步设计文件、施工图设计文件、施工图审查报告、人防工程施工图编制机构及施工图审查机构；

（八）勘察机构；

（九）房屋测绘机构；

（十）招标代理机构；

（十一）资产评估、招标控制价（工程量清单）审计、工程决（结）算审计、财务竣工决算审计机构；

（十二）预算及财政评审编制机构；

（十三）工程监理机构；

（十四）其他依法成立并为市政府投资建设项目提供相关服务的中介服务机构。

第八条　入库中介服务机构一般通过公开招标产生，具体产生程序如下：

（一）制定方案。由领导小组办公室牵头，各行业主管部门（单位）配合，制定招标方案；

（二）发布信息。由玉溪市公共资源交易中心委托招标代理机构面向社会发布招标信息；

（三）招标评标。由领导小组办公室组织相关行业主管部门，依照国家相关法律法规要求，开展招标评标工作；

（四）评审公示。通过专家评审，确定拟入库中介服务机构中标名单，并按规定在相关媒体进行公示；

（五）入库管理。公示结束后，符合条件的中介服务机构，纳入中介服务机构库使用管理信息平台。

第九条　入库中介服务机构应当符合下列基本条件：

（一）依法成立，具有独立法人资格，独立享有民事权利，承担民事责任；

（二）依法取得相应中介服务资质；

（三）遵守国家有关法律法规，职业道德和社会信誉良好，近3年内未因业务质量问题或违法违规行为受到司法机关、行政机关、行业自律组织处罚或处理。

第十条　入库中介服务机构享有下列权利：

（一）依法接受市政府有关部门和单位委托，在业务许可范围内订立服务合同为政府投资建设项目提供中介服务，并按合同约定收取中介服务费；

（二）依法独立进行相关业务活动，不受任何单位或个人的非法干预；

（三）对中介服务机构库管理部门做出的相关处理

决定提出申诉；

（四）合法执业行为受国家法律保护；

（五）法律法规和规章等规定的其他权利。

第十一条 入库中介服务机构应当履行下列义务：

（一）严格执行相关法律法规和规章等规定，遵循公平、公正的原则，认真履行职责，遵守职业道德；

（二）提供的信息、资料及出具的书面文件应当完整、真实、合法，符合行业技术标准；

（三）对执业中知悉的商业秘密及其他秘密事项予以保密；

（四）接受和配合有关行政监督部门的依法监督、检查；

（五）入库中介服务机构档案信息发生变化时，应当书面向行业主管部门（单位）及市公共资源交易中心报备相关材料；

（六）入库中介服务机构每年提交年检资料备查；

（七）法律、法规和规章等规定的其他义务。

第三章 中介服务机构库的使用

第十二条 市公共资源交易中心设立中介服务机构库使用管理信息平台进行入库中介服务机构的抽取选用；设立中介服务机构抽取场所并建立音视频监控系统，对中介服务机构抽取选用工作进行全程监管。

第十三条 入库中介服务机构选用采用随机抽取的方式。 各类中介服务机构的选用按照轮流选用的原则进行，在同一轮中，各类中介服务机构有且只有一次选用机会。（即：如本次需要的中介服务机构分库有5家，本次随机抽取的中介服务机构为A，则下一次随机抽取时A不再参加抽取，参加抽取的为B、C、D、E 4家，直到5家中介服务机构均开展了服务工作，再进行新一轮随机抽取。）

第十四条 入库中介机构的抽取选用采取竞争性谈判法或二次平衡询价法。

（一）估算中介服务费用在10万元以上的，采取竞争性谈判法抽取选用中介服务机构。

1. 业主或委托单位在中介服务机构库内筛选出符合条件的中介服务机构，由业主或委托单位从所筛选出的中介服务机构中选择3家中介服务机构，再由中介服务机构库使用管理信息平台从所筛选的中介服务机构中随机抽取 2 家中介服务机构参加竞争性谈判；

2. 由市公共资源交易中心使用中介服务机构库使用管理信息平台发函通知参加谈判中介服务机构，告知项目投资概算、工期要求、估算中介服务费用等要求，参加谈判中介服务机构根据要求报价回函；

3. 中介服务机构库使用管理信息平台根据各响应中介服务机构最低报价或市场参考价，再次发函通知参加谈判中介服务机构报价回函，并在响应同等条件要求的中介服务机构中通过随机方式抽取选用中介服务机构，按抽取先后顺序结果依次排序第一、第二、第三中选中介服务机构；

4. 签订服务合同。

（二）投资估算中介服务费用在1万元以上10万元（含10万元）以下的，采取二次平衡询价法抽取选用中介服务机构。

1. 业主或委托单位在中介服务机构库内筛选出符合条件的中介服务机构，随机抽取出不低于7家中介服务机构，由市公共资源交易中心使用中介服务机构库使用管理信息平台发函通知被抽取中介服务机构，告知项目投资概算、工期要求、估算中介服务费用等要求；

2. 被抽取中介服务机构根据要求响应报价回函，中介服务机构库使用管理信息平台根据各响应中介服务机构报价自动计算出平衡价或市场参考价，由市公共资源交易中心使用中介服务机构库使用管理信息平台再次发函通知响应中介服务机构；

3. 中介服务机构根据发函要求响应报价回函，中介服务机构库使用管理信息平台在响应同等条件要求的中介服务机构中通过随机方式抽取选用中介服务机构，按抽取先后顺序结果依次排序第一、第二、第三中选中介服务机构；

4. 签订服务合同。

（三）估算中介服务费在1万元（含1万元）以下的项目，业主或委托单位可自行选择确定中介服务机构。

第十五条 参与竞争性谈判法或二次平衡询价法的中介服务机构数量原则上分别不少于五家、七家，中介服务机构库中少数类别中介服务机构数量不足时，以实际入库中介机构数量为准。

第十六条 中介服务机构库使用管理信息平台推荐第一中选中介服务机构为业主或委托单位提供中介服务，若第一中选中介服务机构放弃，在中选中介服务机构中依次递补。

第十七条 中介服务机构抽取选用工作完成后，由市公共资源交易中心在相关媒体公示抽取选用结果。

第十八条 服务合同签订后，业主或委托单位将服务合同交市公共资源交易中心备案，由市公共资源交易中心制发《玉溪市公共资源交易中心进场交易证明书》交业主或委托单位。

财政、审计部门依据《玉溪市公共资源交易中心进场交易证明书》进行资金拨付和决（结）算审计工作。

第十九条 库内中介服务机构无法满足项目需求或因建设项目有特殊要求的，经相关行业主管部门同意报领导小组办公室批准，可由业主或委托单位依据相关规定单独组织招标，其招投标工作进入市公共资源交易平台。

第四章 中介服务机构库的管理

第二十条 市公共资源交易中心具体负责中介服务机构库的日常使用管理工作。

市政务服务管理局负责对中介服务机构库使用管理工作进行监督，并负责组织各行业主管部门对入库中介服务机构履行服务合同情况进行日常抽查和年度考核评价。

各行业主管部门（单位）负责制定中介服务机构监管办法，对本部门管理范围内的中介服务机构进行日常监管和指导。

市监察局对各行业主管部门履行职责情况进行监督。

其他部门依据相关法律法规做好中介服务机构抽取选用工作。

第二十一条 中介服务机构库入库有效期为 3 年，期满后重新组织招标入库。

入库中介服务机构需求数量不足时，经领导小组办公室同意，市公共资源交易中心可依据市政府投资建设项目中介需求数量适时招标补充入库。

第二十二条　中介服务合同履行完毕，业主或委托单位应填写《玉溪市中介服务机构服务库入库中介机构服务评价表》，对中介服务机构的服务情况进行综合评价。

《玉溪市中介服务机构服务库入库中介机构服务评价表》由市公共资源交易中心负责发放、收集、统计和保存，作为年度考核评价入库中介服务机构的依据。

《玉溪市中介服务机构服务库入库中介机构服务评价表》分值按百分制计算，入库期内，该服务项目的业主或委托单位评价分值低于60分的，该中介服务机构不得参加下一轮抽取。

第二十三条　入库中介服务实行综合评价考核，动态管理，具体考核办法另行制定。

入库有效期满，综合评价考核平均分值在70分（含70分）以上，且考核排名前五分之三的中介服务机构可优先进入下一期中介库。

第五章　法律责任

第二十四条　业主或委托单位及中介服务机构在抽取选用过程中，发现违法违规行为的，有权向有关部门举报。

第二十五条　入库中介服务机构在入库有效期内，有下列行为之一的，取消当期中介机构服务资格，并记入《入库中介服务机构不良信用记录》。

（一）中选中介服务机构3次无正当理由放弃中选机会或不能履行服务委托合同或转包给其他中介服务机构的；

（二）中介服务机构不能完全或全面履行合同义务，导致业主或委托单位遭受重大损失的；

（三）发生与中介服务相关的严重违法、违规行为的；

（四）履行委托合同时提供虚假、不实信息资料的；

（五）入库中介服务机构执业人员在开展服务过程中，利用执业便利违规操作谋取不正当利益的；

（六）无证照执业或同一执业资格证跨单位执业，以及超经营范围执业的；

（七）不执行行业主管部门（单位）制定的中介服务机构监管办法，发生其他违规违纪行为的。

第二十六条　业主或委托单位及相关行业主管部门工作人员，有下列情形之一的，由上级行政主管部门或纪检监察机关追究其责任，构成犯罪的，移送司法机关处理。

（一）应当选用入库中介服务机构而擅自选用库外中介服务机构的；

（二）非法干预中介服务机构抽取选用工作的；

（三）与中介服务机构恶意串通，弄虚作假的；

（四）在中介服务机构招标选用过程中徇私舞弊、滥用职权、玩忽职守的；

（五）在中介服务机构库使用管理工作中有其他违规违纪行为的。

第六章　附　则

第二十七条　本办法施行前各行业主管部门已经通过公开招标建立中介服务机构库，并签订合同的，合同期内执行原合同，合同期满，遵照本办法执行。

第二十八条　红塔区政府、玉溪高新技术产业开发区投资建设项目中介服务管理遵照本办法执行，不再另行建库。

各县政府投资建设项目中介服务机构管理可参照本办法执行。玉溪市人民政府过去文件规定与本办法不一致的，依照本办法执行。

第二十九条　本办法自2014年5月1日起施行。

玉溪市城乡居民基本养老保险实施细则

第一条 为建立健全全市公平、统一、规范的城乡居民基本养老保险（以下简称城乡居民养老保险）制度，根据《国务院关于建立统一的城乡居民基本养老保险制度的意见》和《云南省人民政府关于印发〈云南省城乡居民基本养老保险实施办法〉的通知》文件，结合我市实际，制定本实施细则。

第二条 城乡居民养老保险制度以“全覆盖、保基本、有弹性、可持续”为基本方针，坚持政府主导与居民参加相结合、权利与义务相对应、保障水平与玉溪市经济社会发展水平相适应的原则。

第三条 城乡居民养老保险实行社会统筹与个人账户相结合的制度模式，个人缴费、集体补助、政府补贴相结合的筹资方式，基础养老金与个人账户养老金相结合的待遇形式。

第四条 年满16周岁（不含在校学生）、非国家机关和事业单位工作人员及不属于职工基本养老保险制度覆盖范围的、具有玉溪市户籍的城乡居民（以下简称参保人），可以在户籍所在县区参加城乡居民养老保险。

第五条 城乡居民养老保险制度实施时，未满60周岁的参保人应按照规定缴纳养老保险费。个人缴费标准目前设为每年100元、200元、300元、400元、500元、600元、700元、800元、900元、1 000元、1 500元、2 000元12个档次。参保人自主选择缴费档次，按年缴纳，多缴多得，并将需要缴纳的养老保险费存入个人养老保险存折（卡）或社会保障卡。

第六条 有条件的村集体经济组织应对参保人缴费给予补助，补助标准由村民委员会召开村民会议民主确定。鼓励有条件的社区将集体补助纳入社区公益事业资金筹资范围。鼓励其他社会经济组织、公益慈善组织、个人等为参保人缴费提供资助。每年记入个人账户的补助、资助金额之和不超过本实施细则设定的最高缴费档次标准。

第七条 参保人按照规定缴费后，省财政给予每人每年30元的缴费补贴。在此基础上，对选择100元以上档次缴费的参保人，每增加缴费100元，给予10元的缴费补贴，但最高补贴标准每人每年不超过100元，所需资金省级财政承担50%，市、县区级财政各承担25%。

第八条 对重度残疾人，从本实施细则实施之年起，由省财政按照200元缴费档次标准逐年全额代缴养老保险费；对三、四级残疾人由县区财政按100元的缴费档次，逐年分别给予不低于50元、30元的缴费补助；对五保供养户由县区财政按不低于100元的缴费档次逐年给予全额代缴。

对符合享受养老补助条件的重度残疾人，由省财政按月支付养老补助，支付标准与月基础养老金标准一致。

第九条 县级城乡居民养老保险经办管理机构为缴费参保人建立养老保险个人账户，个人缴费、各级政府对参保人缴费补贴、集体补助及其他社会经济组织、公益慈善组织、个人等对参保人的缴费资助，全部记入个人账户。个人账户储存额按照国家规定计息。

参保人个人养老保险存折（卡）或社会保障卡中的养老保险费应按照参保人选择的缴费档次逐年划入其个人账户。

第十条 年满60周岁、累计缴费满15年且未领取国家规定的基本养老保障待遇的参保人，从年满60周岁的次月开始按月领取城乡居民养老保险金。

（一）新型农村社会养老保险（以下简称新农保）或城镇居民社会养老保险（以下简称城居保）制度实施时，已年满60周岁且在本实施细则执行之前未领取国家规定的基本养老保障待遇的，不用缴费，自本实施细则实施之月起，按月领取城乡居民养老保险基础养老金。

（二）新农保或城居保制度实施时，距领取年龄不足15年的参保人，应逐年缴费，对其在年满45周岁到新农保或城居保制度实施时之间的未缴费年限，可在其年满59周岁当年一次性补缴相应年限养老保险费，并同时享受政府缴费补贴，但累计缴费年限不超过15年。

（三）新农保或城居保制度实施时，距领取年龄超过15年的参保人，应按年缴费，累计缴费年限不少于15年。鼓励其在累计缴费年限满15年后继续按年缴纳养老保险费，长缴多得。参保人在缴费期间未实现连续缴费的，可从中断缴费的次年继续缴费，其中断前后的缴费年限累计计算。

第十一条 参保人领取的养老金由基础养老金和个人账户养老金构成，按月实行社会化发放，支付终身。

（一）基础养老金：按照中央财政和省财政确定的每人每月基础养老金标准以及市、县（区）财政加发的基础养老金执行。

（二）个人账户养老金：个人账户养老金的月计发标准为个人账户储存额除以139（与现行职工基本养老保险个人账户养老金计发系数相同）。

第十二条 对符合城乡居民养老保险待遇领取条件的参保人，累计缴费年限超过15年的参保人，缴费年限每增加1年，每月加发2元的基础养老金。所需资金市、县区级财政各承担50%。

新老农保制度衔接时，老农保按规定折算的缴费年限和新农保、城居保的补缴年限计入城乡居民养老保险缴费年限。

第十三条 按照省政府统一部署和我市经济社会发展、物价变动等情况，适时调整基础养老金标准和个人缴费档次标准及缴费补贴标准。

第十四条 对年满60周岁及其以上的重度残疾和五保供养人员，每人每月加发50元基础养老金，所需资金市、县（区）级财政各承担50%。

新增重度残疾和五保供养人员加发的基础养老金发放时间，从持有效的证件到经办机构办理的次月起执行。

第十五条 已年满55周岁未满60周岁且未领取国家规定的基本养老保障待遇的重度残疾人，按月领取城乡居民养老保险养老补助。但在未满60周岁前应按年继续缴费，年满60周岁时按照规定享受相应的城乡居民养老保险待遇，不再享受养老补助。

第十六条　参保人在领取待遇期间死亡，其个人账户资金余额，一次性支付给其法定继承人或指定受益人。领取待遇的参保人自死亡次月起停止发放养老金，未及时办理养老金停发手续而多领取的养老金应予以退回。

参保人在领取待遇期间死亡，每人给予一次性丧葬补助金600元，其中：市级财政承担400元、县（区）级财政承担200元。

第十七条　参保人在缴费期间户籍迁移、需要跨地区转移城乡居民养老保险关系的，可在迁入地申请转移养老保险关系，一次性转移个人账户全部储存额，并按照迁入地规定继续参保缴费，缴费年限累计计算；已按照规定领取城乡居民养老保险待遇的，无论户籍是否迁移，其养老保险关系不转移，仍在原参保地领取待遇。

第十八条　城乡居民养老保险制度与职工基本养老保险、优抚安置、城乡居民最低生活保障、农村五保供养等社会保障制度以及农村计划生育奖励扶助制度的衔接，按照有关规定执行。

第十九条　原参加新农保和城居保人员统一并入城乡居民养老保险，其新农保和城居保个人账户资金并入城乡居民养老保险个人账户，新农保和城居保的缴费年限累计计算为城乡居民养老保险缴费年限。尚未达到按月领取养老金条件的人员应继续缴费。已领取新农保或城居保养老金人员按照本实施细则继续领取养老金。

第二十条　新农保基金和城居保基金合并为城乡居民养老保险基金，纳入社会保障基金财政专户，实行收支两条线管理，按照基金会计核算办法和基金财务管理办法，单独记账、独立核算、实账运行，并按照国家规定投资运营，实现保值增值，任何部门、单位和个人均不得挤占、挪用、虚报、冒领。

第二十一条　各级人力资源和社会保障部门是城乡居民养老保险工作的主管部门，负责会同有关部门做好统筹规划、政策制定、统一管理、综合协调等工作，按照规定披露信息，做到公开透明，接受社会监督。财政部门负责研究落实财政补贴政策，将同级政府补贴、补助资金纳入同级财政预算；履行基金监管职责，对基金的筹集、上解、划拨、发放、存储、管理等进行监督和检查。审计部门对基金的收支、管理和投资运营情况实施监督。对虚报冒领、挤占挪用、贪污浪费等违纪违法行为，有关部门按照国家有关法律法规严肃处理。发展改革、公安、民政、国土资源、农业、人口计生、监察、残联等单位各司其职，密切配合，通力合作，共同做好有关工作。

第二十二条　各县区要确保政府配套资金及时到位，对城乡居民养老保险应配套资金没有足额到位的，在每年12月31日从财政决算中直接扣缴补足到位。

第二十三条　城乡居民养老保险经办管理机构应建立健全内控制度和基金稽核监督制度，做好城乡居民养老保险登记、个人权益记录、待遇支付、基金预决算草案编制等工作，提供政策和业务办理咨询、个人信息查询、核对参保人缴费和领取待遇记录等服务，建立参保档案并长期妥善保存。

第二十四条　城乡居民养老保险经办管理机构和村民委员会（居民委员会）每半年应对城乡居民养老保险待遇领取人员进行核对，在行政村（社区）范围内对参保人的缴费情况和待遇领取资格进行公示，接受群众监督，并与职工基本养老保险待遇等领取记录进行比对，确保不重、不漏、不错。

第二十五条　各级政府应将城乡居民养老保险工作列入当地经济社会发展规划和年度目标管理考核体系，加强组织领导，加大财政投入，为城乡居民养老保险制度提供必要的财力保障；加强经办管理服务能力建设，科学整合现有公共服务资源和社会保险经办管理资源，充实加强基层经办力量，为经办机构提供必要的工作场地、设施设备、经费保障，实现精确管理、便捷服务；注重运用现代管理方式和政府购买服务方式，降低行政成本，提高工作效率。城乡居民养老保险工作经费按实际参保人数市级每人每年0.2元、县级每人每年1元纳入同级财政预算，不得从城乡居民养老保险基金中开支。

第二十六条　各级政府和有关单位应加强城乡居民养老保险信息化建设，根据“金保工程”的统一规划，建立和完善市、县、乡网络服务平台。大力推行社会保障卡，方便参保人持卡缴费、领取待遇和查询本人参保信息。

第二十七条　各级政府、有关部门应坚持不懈抓好政策宣传工作，全面准确地宣传解读政策，正确把握舆论导向，注重运用通俗易懂的语言和群众易于接受的方式，深入基层开展宣传活动，引导符合条件的城乡居民踊跃参保、持续缴费、增加积累，不断提升城乡居民的参保意识，确保参保人的合法权益。

第二十八条　各县区人民政府应根据本实施细则，在统筹考虑前期新农保和城居保工作基础上，结合本地实际，制定具体实施方案，报市人力资源和社会保障局备案。

第二十九条　本实施细则所指的新农保或城居保制度实施时的具体时间以国务院批准试点时间为准。

第三十条　本实施细则自2014年8月1日起施行，已有规定与本实施细则不一致的，按照本实施细则规定执行。

玉溪市限价商品住房管理规定（重新修订稿）

第一条 为完善我市住房保障体系，规范限价商品住房建设、销售和管理工作，根据国家和省有关规定，结合我市实际，制定本规定。

第二条 本规定所称限价商品住房，是指当地政府在出让保障性住房建设用地或普通商品住房建设用地，提出限制销售价格、限制住房套型面积、限制销售对象等要求，由建设单位取得建设用地，进行开发建设和定向销售的普通商品住房。

对当地政府成立的国有企业开发的限价商品住房建设项目，可以通过协议方式出让建设用地；对其他房地产开发企业开发的限价商品住房建设项目，应当采取限房价、竞地价方式，通过招拍挂方式出让建设用地。

第三条 本市行政区域内限价商品住房的建设、销售和管理适用本管理规定。

第四条 限价商品住房建设、销售和管理工作坚持政府主导，多方参与，并遵循“公开透明，公平公正；自愿申请、逐级审核；限制交易，动态监管”的原则。

第五条 限价商品住房的建设、销售和管理实行属地原则，由市、县区住房城乡建设行政主管部门负责。

市、县区国土、发展改革、规划、财政、工商、民政等有关部门按照各自职责做好相关工作。

第六条 限价商品住房多层建筑单套建筑面积应控制在90平方米以内，高层建筑单套建筑面积应控制在120平方米以内。

第七条 限价商品住房实行最高限价管理。由县级以上价格主管部门会同同级住房城乡建设行政主管部门在综合考虑土地取得费用、开发建设成本、税费和合理利润的基础上，按照不高于同地段或同区域、同类别普通商品住房价格的80%，确定项目限价商品住房销售基准价格，报同级人民政府批准后执行，并上报市价格、住房城乡建设行政主管部门备案。具体单套住房的销售价格结合楼层、朝向、通风、采光等因素确定。

第八条 限价商品住房的购买条件为各县区辖区范围内城镇中等收入以下住房困难的家庭或个人以及在本地就业的进城务工人员和外来务工人员。

第九条 申请购买限价商品住房的家庭和个人应当同时具备以下条件：

（一）上一年度家庭成员年收入平均数低于统计部门公布的城镇居民人均可支配收入2倍以下（收入情况以所在单位或当地社区或村委会证明为据）；

（二）无房户或人均住房建筑面积低于40平方米的住房困难家庭。红塔区玉兴街道办事处、凤凰街道办事处、玉带街道办事处（凤凰街道灵秀社区除外）范围外到中心城区的务工人员在申请购买限价商品房时，其在农村原有宅基地住房建筑面积不合并计算；

（三）申请人1年（含1年）内在本地无住房交易行为或记录，有交易行为但交易的住房建筑面积小于家庭人均住房建筑面积40平方米的不受本条件限制；

家庭成员年收入是指全部家庭成员一年的收入总和，包括工资、奖金、津贴、补贴等劳动收入和储蓄存款利息等收入。

第十条 以家庭名义申请购买限价商品住房的，由年满18周岁且具有完全民事行为能力的家庭成员作为申请人。

申请家庭成员之间应当具有法定的赡养、抚养或者扶养关系，包括申请人及其配偶、未成年子女、父母等。

第十一条 以个人名义申请购买限价商品住房的，申请人应当年满18周岁且具有完全民事行为能力，包括未婚人员、不带子女的离婚或丧偶人员。

第十二条 符合条件的家庭或个人只能购买一套限价商品住房，已购买限价商品住房家庭或个人不得再享受其他形式的保障性住房和廉租住房补贴。

第十三条 购买限价商品住房实行申请、初审和预公示、审核和公示制度。具体按照下列程序办理：

（一）申请。限价商品住房购买资格申请实行日常登记受理方式。

1. 以家庭名义申请购买限价商品住房的可持以下相关资料向户籍或单位所在地街道办事处（乡镇政府）提出申请，并提供以下证明材料：

（1）户口簿和家庭成员身份证；

（2）家庭成员婚姻状况证明；

（3）现有住房产权证明或房屋租赁合同；

（4）家庭成员所在单位出具的收入证明，街道办事处（乡镇政府）或所在单位出具的住房情况证明；

（5）申请人为进城务工人员或外来务工人员的，需持有当地公安部门核发的居住证、劳动合同以及社会保险缴交证明或纳税证明；

（6）《玉溪市城镇保障性住房申请书》（一式三份，以下简称《申请书》）；

（7）其他需要提交的证明材料。

2. 以个人名义申请购买限价商品住房的可持以下相关资料向户籍或单位所在地街道办事处（乡镇政府）提出申请，并提供以下证明材料：

（1）个人身份证；

（2）个人婚姻状况证明；

（3）现有住房产权证明或房屋租赁合同；

（4）所在单位或街道办事处（乡镇政府）出具的收入证明，街道办事处（乡镇政府）或所在单位出具的住房情况证明；

（5）申请人为进城务工人员或外来务工人员的，需持有当地公安部门核发的居住证、劳动合同以及社会保险缴交证明或纳税证明；

（6）《申请书》（一式三份）；

（7）其他需要提交的证明材料。

以上规定材料属证明的提供原件，属证件、证书或合同的提供复印件，并同时提供原件核对。申请人应当对提供材料的真实性、有效性负责，如实申报家庭住房、收入等状况，声明同意接受审核部门调查核实其家庭住房、收入等情况。

（二）初审和预公示。街道办事处（乡镇政府）应当自受理之日起15个工作日内对申请人的家庭人口、户籍、收入、住房等情况进行核实，初步符合条件的，在7个工作日内完成初审并在街道办事处（乡镇政府）辖区或单位内进行公示，公示期不得少于7个工作日。公示期内有异议的，由街道办事处（乡镇政府）调查核实，并将核实结果书面告知申请人。无异议的，街道办事处（乡镇政府）应当将申请材料及公示情况及时上报县区住房城乡建设行政主管部门。

（三）审核和公示。县（区）住房城乡建设行政主管部门应当会同民政、公安、税务、住房公积金、人力资源和社会保障等部门对初审通过的申请人进行审核、公示，公示期不得少于15个工作日。公示期间，对申请人有投诉或对其相关申请材料真实性有异议的，县区住房城乡建设行政主管部门应进行调查核实，核实后不符合购买限价商品住房条件的家庭或个人，取消申购资格，书面告知申请人并说明理由。公示期满无异议的，将审核结果（名册）报市住房城乡建设行政主管部门备案。

经公示无异议的申请人进入申请人轮候库。

第十四条　申请人在轮候期间，家庭人口、户籍、收入、住房等情况发生变化的，应主动向原提交申请的街道办事处（乡镇政府）提出变更登记，并按规定程序重新审核。申请人情况变化且不再符合限价商品住房申请条件的，街道办事处（乡镇政府）应当及时向县区住房城乡建设行政主管部门报告。

县区住房城乡建设行政主管部门收到街道办事处（乡镇政府）报告后，应当在10个工作日内进行审查并作出决定。对不符合限价商品住房申请条件的，应当及时取消申请人购买限价商品房的资格，并在作出取消决定之日起5个工作日内书面告知申请人。

第十五条　按照公开、公平、公正的原则，市、县（区）住房城乡建设行政主管部门采用摇号方式在符合条件的申请人中确定选房顺序，摇号过程由公证部门全程公证，中号申请人由市、县区住房城乡建设行政主管部门发给《玉溪市城镇保障性住房选房通知书》（以下简称《选房通知书》）。申请人连续二次摇号都未摇中的，在条件允许的情况下，第三次可直接申领《选房通知书》。

第十六条　取得《选房通知书》的申请人，应当按确定的选房顺序持相关资料在规定时间内选购住房，并签订购房确认书。《选房通知书》有效期三个月，在规定时限内申请人未认购住房并办理购房手续的，按自动放弃处理。申请人放弃选购住房的，应当按顺序递补。

第十七条　市、县（区）人民政府引进的专业人才和在玉溪工作的全国和省部级劳模、市级劳模、全国英模、残疾人、孤儿、获得县级以上见义勇为表彰、荣立二等功以上的复转军人符合条件的可以按属地原则优先购买限价商品住房。

第十八条　限价商品住房产权登记在申请人名下，产权登记部门进行权属登记时应当在房屋权属证书上注记“限价商品住房”字样。

第十九条　限价商品住房自房地产登记之日起5年内，不得上市交易。5年后需要上市交易的，应当按照申购限价商品住房价格的10%向政府交纳收益价款。5年内因特殊原因确需上市交易的，产权人应当向县（区）住房城乡建设行政主管部门提出申请，经批准后，由县（区）住房城乡建设行政主管部门指定的开发建设单位按申购价格扣除折旧后回购。回购后的住房应当出售给符合申购限价商品住房条件的申请人。

第二十条　审核部门对申请人的申报材料进行审查时，相关管理部门及单位应当积极配合。

第二十一条　市、县（区）住房城乡建设行政主管部门和监察部门应当加强对申购限价商品住房全过程的监督检查。

（一）对弄虚作假、隐瞒家庭收入、住房和资产状况及伪造相关证明的申请人，一经查实，由市、县（区）住房城乡建设行政主管部门取消其申请资格，五年内不得再申请。已骗购限价商品住房的，由住房城乡建设行政主管部门责令购房人退回已购限价商品住房并承担相应的违约责任。构成犯罪的，依法移送司法机关处理；

（二）对出具虚假证明的单位，由住房城乡建设行政主管部门提请监察部门依法追究单位主要领导和相关人员的责任。构成犯罪的，依法移送司法机关处理；

（三）对单位和个人在限价商品住房建设、销售和管理过程中，玩忽职守、滥用职权、徇私舞弊的，由其所在单位或上级主管机关依法追究其行政责任。构成犯罪的，依法移送司法机关处理。

第二十二条　本规定自2014年10月1日起施行。

玉溪市抚仙湖保护管理实施办法

第一章 总则

第一条 为了加强抚仙湖保护和管理，根据《中华人民共和国水法》、《中华人民共和国环境保护法》、《中华人民共和国水污染防治法》、《云南省抚仙湖保护条例》（以下简称《条例》）等法律法规的规定，结合本市实际，制定本办法。

第二条 在抚仙湖保护范围内活动的单位和个人应当遵守本办法。

第三条 抚仙湖保护管理坚持湖泊优先、生态优先、保护优先的原则，以控源截污为前提、生态修复为基础、河道治理为重点、中水利用为关键、产业结构调整为根本，坚持工程措施与非工程措施并举，综合治理、标本兼治。

第四条 抚仙湖保护管理采取沿湖截流断污、治理面源污染、补水节水、面山绿化、建河道湿地、人口外迁、严格监管等有效措施，推进流域重点污染源治理、湖滨带生态修复、坝区产业结构调整、山区半山区林业生态建设、入湖河流水污染综合整治。

第五条 抚仙湖保护管理工作实行周巡查、月检查、季通报、年考核制度。

第六条 抚仙湖保护管理工作按照属地管理，实行县委书记、县长负责制。每季度召开一次沿湖三县县委书记、县长联席会议，由沿湖三县依次轮流召集，市直相关部门负责人参加。

第七条 市人民政府将抚仙湖保护管理工作纳入政府目标管理，加强对沿湖江川、澄江、华宁三县人民政府（以下简称沿湖三县人民政府）和市级相关部门的目标考核。

沿湖江川、澄江、华宁三县应当采取有效措施，加强抚仙湖保护，防止湖泊水体污染，改善抚仙湖流域生态环境。

第八条 抚仙湖保护管理工作中取得下列成绩之一或者作出重大贡献的单位和个人，由市、县人民政府给予表彰和奖励：

（一）在保护抚仙湖Ⅰ类水质、防治水污染工作中成绩显著的；

（二）在保护集水区天然植被，造林绿化，防治水土流失，成绩显著的；

（三）在保护和增殖土著渔业资源，发展渔业生产，成绩显著的；

（四）科学合理开发利用抚仙湖资源，成绩显著的；

（五）在抚仙湖执法管理工作中取得显著成绩的；

（六）其他在抚仙湖保护管理中作出重大贡献的。

第九条 市、沿湖三县人民政府应当将抚仙湖保护管理工作经费纳入同级财政预算。市人民政府每年安排一定的抚仙湖保护管理奖励资金。

第二章 管理职责

第十条 沿湖三县人民政府是抚仙湖保护管理的责任主体，履行下列职责：

（一）贯彻落实水污染防治规划，组织实施抚仙湖保护治理规划项目；

（二）贯彻落实《抚仙湖—星云湖生态建设与旅游改革发展综合试验区总体规划》、《抚仙湖流域禁止开发控制区规划》；

（三）负责抚仙湖保护治理工程项目前期工作和组织实施；

（四）负责旅游开发项目的项目规划审查（审核）以及项目在建期间的监督管理职责；

（五）负责组织开展对抚仙湖保护范围内违章建筑、填湖围滩等违法行为进行综合整治；

（六）协助做好抚仙湖资源保护费征收工作，并按规定管理、使用抚仙湖资源保护费；

（七）以“按规划、带项目、配资源”的原则，配置相应资源到玉溪市抚仙湖保护开发投资有限责任公司（以下简称“市抚投公司”）；

（八）加强专职救生队伍建设，配备救生设施，保障水上安全；

（九）负责辖区内的非工程措施保护管理工作；

（十）完成抚仙湖保护管理的相关工作。

第十一条 玉溪市抚仙湖管理局（以下简称“市抚仙湖管理局”）对抚仙湖实施统一管理，除《条例》赋予的职责外，履行下列职责：

（一）负责编制抚仙湖保护治理相关规划和制定年度项目实施计划；

（二）对抚仙湖保护治理项目前期工作和组织实施进行监管；

（三）督促沿湖三县人民政府组织开展对抚仙湖保护范围内违法行为的综合整治工作；

（四）督促代征单位依法征收抚仙湖资源保护费；

（五）监督检查沿湖三县人民政府对抚仙湖主要入湖河道的管理工作；

（六）对抚仙湖开发建设项目提出审查意见；

（七）督促检查沿湖三县辖区内非工程措施管理工作；

（八）完成抚仙湖保护管理的相关工作。

第十二条 市级相关职能部门按照各自工作职责，做好抚仙湖保护管理工作。

第十三条 沿湖三县抚仙湖管理局除履行《条例》赋予职责外，履行下列职责：

（一）对辖区内抚仙湖保护治理工程措施和非工程措施进行具体实施和监督管理；

（二）对辖区内抚仙湖旅游开发项目等进行监督检查；

（三）负责辖区内违章建筑、填湖围滩、建筑垃圾乱堆放等违规行为的行政执法工作；

（四）负责辖区内环境卫生的管理；

（五）督促沿湖各镇（街道）做好辖区内抚仙湖入湖河道的管理工作；

（六）按照相关规定，严格管理和使用上级下拨的抚仙湖保护治理资金；

（七）完成其他抚仙湖保护管理的相关工作。

第三章　建设项目管理

第十四条　抚仙湖生态建设、环境保护、重大项目开发建设实行统一领导、统一规划、统一管理、统一保护、统一开发。

第十五条　抚仙湖项目开发建设应当符合《云南省抚仙湖保护条例》、《抚仙—星云湖泊省级风景名胜区总体规划》、《抚仙湖—星云湖生态建设与旅游改革发展综合试验区总体规划》、《抚仙湖流域水环境保护与水污染防治规划》、《抚仙湖—星云湖生态建设与旅游改革发展综合试验区旅游功能区控制性规划》、《抚仙湖流域禁止开发控制区规划》以及抚仙湖保护治理和开发建设等相关规定。

第十六条　抚仙湖项目建设要严格执行环评、水保“三同时”制度，采取科技措施，设置中水管网，提高中水利用率，实现项目建设的低碳环保。

第十七条　抚仙湖建设项目方应当制定环境管理方案，明确项目区域内环境管理目标，管理机构以及经费来源，采取监控措施，加强项目区域的环境保护。

第十八条　涉及抚仙湖特有鱼类国家级水产种质资源保护区内的项目，按照国家有关规定编制建设项目对水产种质资源保护区的影响专题论证报告，并将其纳入环境影响评价报告书。

第十九条　抚仙湖项目规划设计应当充分考虑抚仙湖现状、地形地貌，最大限度减少对山体的开挖和现有原生植被的破坏，同时避免与周边项目的同质化。

第四章　四退三还

第二十条　抚仙湖一级保护区内实施“四退三还”工程，加快生态修复和生态湖滨带建设。

第二十一条　“四退三还”工程坚持以人为本，注重民生；依法搬迁，接受监督；以点带面，全面推进的原则。

第二十二条　市人民政府负责制定“四退三还”工程规划，统筹协调、督促、检查“四退三还”工作。沿湖三县人民政府负责本辖区内抚仙湖一级保护区内的“四退三还”工作。市直相关部门负责“四退三还”工程涉及的项目申报建设用地审批、水保、环评、规划、拆迁、施工等相关工作。

第五章　河道管理

第二十三条　抚仙湖入湖河道实行属地管理、一河一策、建管并重，以控源减污为核心，以提升入湖河道水质为目标。

第二十四条　抚仙湖入湖河道治理按照“截污、贯通、绿化、加宽、保洁”的要求实施综合整治，实现主要入湖河道“绿色视廊、生态湿地、休闲通道、达标水体、城乡景观”的总体目标。

第二十五条　抚仙湖入湖河道实行河（段）长责任制。建立市、县、乡（镇、街道）三级全覆盖的河（段）长责任制管理网络。

第二十六条　推进抚仙湖流域内入湖河道垃圾减量化，污水处理系统化，有效控制入河、入湖污染负荷，改善河道水环境质量，从源头上控制和减少入湖入库污染负荷。

第二十七条　入湖河道所在地环境监测站负责河道水质监测工作，监测结果定期报送市环保局和市抚仙湖管理局。

第二十八条　沿湖三县人民政府应当按照《玉溪市主要入湖河道河长责任制考核办法》的规定，定期对主要入湖河道进行检查，并做好日常检查评分。

第六章　环境保护管理

第二十九条　保护抚仙湖沿岸黑泥沟、热水塘、渔沟渔洞等地热资源，未经批准，不得开发利用。

第三十条　抚仙湖一级保护区内禁止下列行为：

（一）用电以及鱼枪等捕捞抚仙湖水生动物；

（二）洗车、洗动物、洗澡、洗头、洗衣物、洗网具、洗农作物、洗生产生活用具；

（三）侵占水体、开山、砍树、毁草、挖树根、取土、取石、取沙；

（四）擅自设立广告牌、宣传牌；

（五）法律法规规章禁止的其他行为。

第三十一条　抚仙湖一级保护区内不得实施下列行为：

（一）露营、野炊、烧烤；

（二）骑马、驾驶沙滩摩托；

（三）放牧、放养家禽；

（四）爆破、打井；

（五）放许愿灯、还愿灯、孔明灯；

（六）焚烧垃圾；

（七）放流水生生物；

（八）堆放垃圾、粪便；

（九）法律法规规章规定不得实施的其他行为。

第三十二条　抚仙湖保护范围内不得实施下列行为：

（一）在抚仙湖利用溶洞、渗井、渗坑、裂隙和稀释等排放工业废水、生活污水；

（二）在抚仙湖以及入湖河道沟渠清洗装贮过油类或者有毒有害污染物的车辆和容器、用品；

（三）运输液体、散装货物不作密封、包扎、覆盖造成泄漏、遗撒；

（四）在二十五度以上陡坡地开垦种植农作物；

（五）法律法规规章规定不得实施的其他行为。

第三十三条　宣传、普及野生动植物生态环保知识，加强对抚仙湖生物资源、野生动物的保护。

第七章　水政管理

第三十四条　抚仙湖实行取水许可制度，禁止任何单位和个人擅自取水。

第三十五条　取水单位或者个人应当缴纳水资源费。

第三十六条　取水口和取水申请人不在同一行政区域内，需要跨界取水的，由市抚仙湖管理局指定具体管理部门。

第三十七条　申请取水应当提交下列材料：

（一）申请书；

（二）与第三者利害关系的相关说明；

（三）属于备案项目的，提供有关备案材料；

（四）法律法规规定的其他材料。

建设项目需要取水的，申请人还应当提交由具备建设项目水资源论证资质的单位编制的建设项目水资源论证报告书。论证报告书应当包括取水水源、用水合理性以及对生态与环境的影响等内容。

第三十八条 建设项目中取水事项有较大变更的，建设单位应当重新进行建设项目水资源论证，并重新申请取水。

第三十九条 取水申请批准后三年内，取水工程或者设施未开工建设的，取水申请批准文件自行失效。

第四十条 因公共利益需要，市抚仙湖管理局可以对取水单位的取水量采取紧急限制。

第四十一条 连续停止取水满二年的，由市抚仙湖管理局注销取水许可证，并在媒体上公告。由于不可抗力或者进行重大技术改造等原因造成停止取水满二年且取水许可证有效期尚未届满的，经市抚仙湖管理局同意，可以保留取水许可证。

第八章 渔政管理

第四十二条 抚仙湖实行捕捞许可证制度。

第四十三条 在抚仙湖从事渔业捕捞的单位和个人，应当办理渔业捕捞许可证，并缴纳渔业资源增殖保护费。

第四十四条 申请办理捕捞许可证，应当提供下列材料：

（一）申请书；

（二）渔业船舶检验证书；

（三）渔业船舶登记证书；

（四）法律法规规定的其他材料。

第四十五条 捕捞许可证实行一船一证，并应当随船携带。

第四十六条 抚仙湖开渔期间应当使用指定的船网工具进行捕捞。禁止采用灯光诱捕、地笼和定置漂网等方式捕捞。

渔船禁止安装电动或者燃油助推器。

第四十七条 有下列情形之一的，不得发放捕捞许可证：

（一）使用禁止渔具或者捕捞方法进行捕捞；

（二）渔业船舶检验不合格；

（三）未办理渔业船舶登记。

第四十八条 抚仙湖渔业船舶实行年度检验制度，每年开湖前30日内开展渔业船舶检验工作。

第四十九条 在抚仙湖进行捕捞作业的渔业船舶，应当配备救生、照明、通信设施，捕捞时作业人员应当身着救生衣。

第五十条 抚仙湖禁渔期渔业船舶应当归港上岸，停放地点由沿湖三县政府确定。

第九章 环境卫生管理

第五十一条 沿湖三县人民政府要加大对抚仙湖保护范围内的环境卫生管理，将其纳入对乡镇工作考核的重要内容，落实组保洁、村收集、镇转运、县处置的环境卫生工作运行机制。

第五十二条 建立抚仙湖环境卫生市场化运作模式，通过公开招投标，由企业进行经营管理。

第五十三条 抚仙湖沿湖单位或者个人负责所使用湖面、沙滩、码头、渔洞等区域的环境卫生工作。

第五十四条 抚仙湖一级保护区内禁止下列行为：

（一）吐痰、便溺、乱扔皮核、纸屑、烟头、菜叶等废弃物；

（二）在公共设施、建筑物或者树木上乱写、乱画、乱贴、乱刻、乱挂；

（三）不按规定地点、方式倾倒垃圾、粪便；

（四）拆除、占用、迁移、封闭环境卫生设施，依附环境卫生设施搭盖建筑物；

（五）入湖船舶向水体倾倒、丢弃垃圾；

（六）损坏各类环境卫生设施及其附属设施；

（七）法律法规规章禁止的其他行为。

第十章 水上安全管理

第五十五条 进入抚仙湖从事旅游、运输的非机动船应当取得入湖许可证。

第五十六条 沿湖三县人民政府应当加强抚仙湖的水上安全管理，签订水上安全责任书，全面落实县、镇、村、企业（经营户）船舶安全管理的四级安全责任。

第五十七条 抚仙湖非机动船经营户禁止下列行为：

（一）非取得入湖许可证入湖作业；

（二）超载；

（三）船员和乘客未穿救生衣或者未佩带救生设备入湖；

（四）法律法规规章禁止的其他行为。

第五十八条 禁止救援船艇用于经营、渔业捕捞和其他与救援无关的活动。

第五十九条 根据《抚仙湖流域禁止开发控制区规划》规定，保护岸线禁止游泳。

第六十条 游泳区域应当具备下列安全保障条件：

（一）有明显的安全游泳区域警界标志；

（二）水底地势平缓，无陡坡、陡坎，无暗礁潜流；

（三）设置救生瞭望台，配备有专门的机动救生艇和救生员；

（四）制作“游泳安全须知”、“ 游泳行为规范”等提示、告示牌。

沿湖三县人民政府按照属地管理原则，加强抚仙湖游泳安全管理工作。

第十一章 法律责任

第六十一条 违反本办法规定的，由抚仙湖管理机构或者相关部门依照相关法律法规的规定予以处理。

第六十二条 企业和个人不缴或者少缴抚仙湖资源保护费的，由财政部门依据《财政违法行为处罚处分条例》、《云南省非税收入管理条例》的规定予以处理。

第六十三条 侮辱、漫骂、殴打执法人员，拒绝、阻碍执法人员依法执行公务，违反《中华人民共和国治安管理处罚法》的，由公安机关依法查处，构成犯罪的，依法追究刑事责任。

第六十四条 市人民政府对抚仙湖保护管理工作进行督促检查，跟踪问效，检查情况由市政府督查室进行通报。对工作落实不力的单位和个人，由监察机关进行问责。

第六十五条　行政机关及其工作人员有下列行为之一的，由监察机关或者主管部门依法给予处分；构成犯罪的，依法追究刑事责任：

（一）违反抚仙湖保护和开发利用总体规划，批准开发、利用项目的；

（二）对填占、侵害抚仙湖的违法行为不予查处的；

（三）违反规定程序和条件实施行政许可的，不履行监督职责的；

（四）其他玩忽职守、徇私舞弊、滥用职权违法违纪行为。

第十二章　附则

第六十六条　本办法中“四退三还”是指退人、退房、退田、退塘，还湖、还水、还湿地。

第六十七条　本办法自2014年11月1日起施行。

玉溪市特许经营权管理暂行办法

第一条　为了规范特许经营权的出让、经营和管理，保障社会公共利益、公共安全和特许经营者的合法权益，营造公开、公平、公正的市场环境，根据《中华人民共和国行政许可法》等法律法规的规定，结合本市实际，制定本办法。

第二条　本办法所称特许经营权，是指经特定程序而获得的对有限自然资源开发利用、公共资源配置以及直接关系公共利益的特定行业的市场准入权。

本办法所称特许经营权出让，是指政府将特许经营权在一定期限内授予经营者的行为。

本办法所称特许经营权转让，是指经营者在特许经营期内将特许经营权转让给其他经营者或投资者的行为。

第三条　本市行政区域内特许经营权的出让、转让、经营和管理，适用本办法。法律法规另有规定的除外。

第四条　下列直接关系公共利益、涉及公共资源配置和有限自然资源开发利用的项目，应当实施特许经营：

（一）供水、供气、供热；

（二）污水处理，生活垃圾（粪便）、建筑垃圾处置；

（三）公园、广场、绿地；

（四）公共客运线路及站（场）；

（五）公共停车场、洗车场；

（六）医疗废物收集和处置；

（七）利用城市公共区域或者空间设置户外广告；

（八）城市公共汽车、出租汽车经营权；

（九）水能、风能、太阳能等能源资源的开发利用；

（十）风景名胜区内的项目经营和旅游资源的开发利用；

（十一）经营性公墓建设和经营；

（十二）政府投资建设和提供的公用设施和公共服务设施项目；

（十三）法律、法规、规章规定和市人民政府确定的其他项目。

从事上述特许经营的，应当取得相应的特许经营权。

第五条　特许经营权的实施应当坚持合理布局、有效配置资源，以及公开、公平、公正的原则。

第六条　任何单位和个人对特许经营活动享有知情权和提出意见的权利，对侵害公共权益的行为有权举报和投诉。

第七条　特许经营权实行全市统筹和分级管理的原则，特许经营权的授权主体是市、县区人民政府、玉溪高新技术开发区管理委员会（以下简称授权主体）。

市人民政府负责管理本市行政区域内跨区域的特许经营权。县区人民政府、玉溪高新技术产业开发区管理委员会负责管理辖区范围内的特许经营权。

市、区人民政府、玉溪高新技术产业开发区管理委员会特许经营权具体管理范围由市特许委另行规定。

第八条　市县区人民政府、玉溪高新技术产业开发区管理委员会分别成立特许经营权管理委员会（以下简称特许委），负责特许经营权出让的决策和管理，指导和协调特许经营项目的实施和推进工作，并代表同级人民政府审批行业主管部门上报的特许经营权出让方案和《特许经营权出让合同》。

特许委下设特许委办公室（以下简称特许办）在国有资产监督管理部门，主要职责是：

（一）组织相关部门和专家对行业主管部门提交的出让等方案进行评审；

（二）组织、指导、协调和监督辖区内特许经营权出让的实施工作；

（三）处理特许委的日常工作。

第九条　发展改革、住房和城乡建设、交通运输、民政、旅游、环保、卫生、城市管理等有关行政管理部门（以下简称行业主管部门）依据同级人民政府的授权，负责事权范围内特许经营权的具体管理工作，主要职责是：

（一）依照程序组织实施事权范围内的特许经营权出让工作，并保存特许经营项目档案；

（二）建立特许经营项目评估制度，组织制定公共产品和服务质量规范；

（三）监督特许经营者履行法定义务和《特许经营权出让合同》约定的义务；

（四）监督特许经营者的经营计划实施情况、公共产品和服务的质量以及安全生产情况；

（五）建立公众参与机制，受理公众对特许经营者的投诉，依法及时查处违法行为；

（六）制定临时接管应急预案，在危及或者可能危及公共利益、公共安全等紧急状态下，按规定组织临时接管特许经营项目；

（七）协助相关部门核算特许经营者的成本，提出价格调整方案；

（八）保守特许经营权管理工作中知悉的商业秘密和技术秘密；

（九）向特许办提交对特许经营者的年度经营监督检查报告；

（十）法律、法规、规章规定和同级人民政府授权的其他职责。

财政、价格、工商、审计、监察等有关行政主管部门按照各自职责，对特许经营活动进行监督管理。

第十条　特许经营权出让应当遵守法律、法规、规章的相关规定，通过招标、拍卖等公开竞争的方式确定。

对市场化条件尚不成熟或者因客观条件限制难以通过招标、拍卖方式出让的特许经营权，经特许办审查，报特许委同意后，可以采用协商、挂牌、竞争谈判、招募等方式出让。

国有投融资公司受人民政府委托实施的项目所产生的特许经营权，由国有投融资公司直接取得。

第十一条　特许经营权的期限根据行业特点、规模、经营方式、投资回报所需时间等因素确定，一般不超过10年，最长不得超过30年，但经营性公墓特许经营年限除外。

市政道路、园林绿化养护、环卫清扫保洁的特许经营一般不超过3年，最长不得超过5年。

法律、法规、规章另有规定的，从其规定。

第十二条　特许经营可以采取下列形式：

（一）在一定期限内，将项目授予特许经营者投资、建设、经营，期限届满后无偿移交给授权主体；

（二）在一定期限内，将公用设施移交特许经营者经营，期限届满后无偿移交给授权主体；

（三）在一定期限内，委托特许经营者提供某项公共产品和公共服务；

（四）法律、法规、规章规定和授权主体批准的其他形式。

前款第（一）、（二）项的经营期限最长不超过30年；第（三）项的经营期限最长不超过8年；法律、法规、规章另有规定的，从其规定。

第十三条　行业主管部门应当根据本办法编制下列特许经营权出让方案，经特许办审查，报特许委批准后组织实施：

（一）管道燃气、加气站的建设和经营权，由住房和城乡建设管理部门编制出让方案；

（二）城市自来水生产和供应、污水处理及生活垃圾、餐厨垃圾、粪便、建筑垃圾处置等经营权，由住房和城乡建设管理部门（或城市管理部门）编制出让方案；

（三）医疗废物收集和处置经营权，由环境保护管理部门会同卫生行政管理部门、城市管理部门编制出让方案；

（四）利用城市公共区域或者空间设置户外广告，由负责审批的住房和城乡建设管理部门或城市管理部门编制出让方案；

（五）经营性公墓建设和经营权、利用城市道路路名牌设置户外广告，由民政管理部门编制出让方案；

（六）城市公园、广场、绿地等公共设施的建设和经营权，由住房和城乡建设管理部门编制出让方案；

（七）公共客运线路及站（场）、城市公共汽车、出租汽车经营权，由交通运输部门编制出让方案；

（八）公共停车场、洗车场建设和经营权，由住房和城乡建设部门会同规划、城市管理等部门编制出让方案；

（九）水能、风能、太阳能等能源资源开发建设和经营权，由发展改革部门编制出让方案；

（十）风景名胜区内的项目建设和经营权由住房和城乡建设管理部门或负责风景名胜区管理部门编制出让方案；

（十一）旅游资源开发建设和经营权，由旅游管理部门会同有关行政管理部门编制出让方案；

（十二）政府投资建设和提供的公用设施和公共服务设施项目经营权，由承担项目建设或管理的相关职能部门编制出让方案；

（十三）其他项目特许经营权，由特许办根据相关职能职责指定相关部门编制出让方案。

第十四条　行业主管部门编制特许经营权出让方案，应当组织专家学者进行论证，并公开听取社会公众的意见后，经特许委批准后实施。

特许经营权的出让方案应当包括以下内容：

（一）项目名称和实施机关；

（二）申请人应当具备的条件，投标人、竞买人的资格要求和选择方式；

（三）特许经营权的经营形式、主要内容、区域、范围及期限；

（四）项目的经济技术指标；

（五）特许经营项目的投资金额及出让方式；

（六）特许经营权的出让金及其优惠政策、保障措施；

（七）价格和投资回报的测算；

（八）产品或者服务的数量、质量和相关标准要求；

（九）临时接管应急预案；

（十）其他应当明确的事项。

前款第（三）、（五）、（六）、（七）项中规定的特许经营权出让方式、出让金、价格和投资回报测算以及招投标标底和拍卖底价，由行业主管部门会同财政、发改、国资、金融等行政管理部门测算经审计部门审计后确定；第（四）项涉及项目建设的，还应当提供经批准的项目建议书、项目核准咨询意见和规划、国土、环保等相关行政管理部门的意见。

第十五条　行业主管部门应当自特许经营权出让方案批准之日起20日内，将特许经营权出让信息向社会公开发布。

第十六条　特许经营权的申请人，除具备招标、拍卖、招募等文件规定的相关条件以外，还应当符合下列要求：

（一）具备相应的从业经历和良好的经营业绩、企业声誉；

（二）具有实施特许经营项目必需的资金、设施、设备，或者可靠的资金来源以及相应的偿债能力；

（三）有相应数量的技术、财务、经营等关键岗位人员；

（四）具有依法缴纳税收和社会保障资金的良好记录；

（五）有可行的经营方案；

（六）法律、法规、规章规定的其他条件。

第十七条　行业主管部门应当依照下列程序确定特许经营者：

（一）按照向社会公开发布的条件、程序和时限，受理特许经营的申请；

（二）组织相关行政管理部门和专家成立评审委员会，负责资格审查和方案预审；

（三）根据特许经营的出让方式，按照有关法律、法规、规章的规定，依法组织实施。对采用协商、挂牌、竞争谈判、招募等方式出让特许经营权的，由评审委员会通过质询、公开答辩或者其他法定方式，择优确定特许经营权的经营者；

（四）向社会公示结果，公示时间不少于20日；

（五）公示期满，没有异议的，经特许办审查同意后，报相关授权主体批准。

行业主管部门应当自公示期满之日起30日内与特许经营者签订《特许经营权出让合同》，颁发特许经营许可证，授予特许经营者特许经营权。

采取招标、拍卖等公开竞争方式出让特许经营权的，应当进入公共资源交易中心集中交易，统一信息发布、统一规范运作、统一监督管理。

第十八条　《特许经营权出让合同》应当与特许经营权出让方案的主要内容一致，并载明以下内容：

（一）行业主管部门、特许经营者；

（二）特许经营项目的名称、内容、经营形式、区域、范围和有效期限；

（三）特许经营权出让金数额、支付方式和支付时限；

（四）特许经营权出让金以及减免，政策补贴或者其他优惠政策措施；

（五）公共产品和服务的数量、质量和标准及其价格和收费的确定方法、调整程序；

（六）投融资期限、方式，以及投资回报的方式；

（七）特许经营项目设施的权属与处置，维护和更新改造；

（八）特许经营者的权利、义务和履约担保；

（九）中止、变更或者终止特许经营的条件、补偿方案；

（十）特许经营项目的安全管理、应急预案以及移交或者临时接管的标准、方式和程序；

（十一）违约责任和争议解决方式；

（十二）政府监管和社会监督的内容；

（十三）未尽事宜的处理以及协议双方认为应当约定的其他事项。

《特许经营权出让合同》中，授权主体和行业主管部门不得向特许经营者承诺固定回报，不得为特许经营者提供融资、贷款担保和商业风险分担，法律、法规、规章另有规定的除外。

第十九条　签订合同的行政主管部门应当自《特许经营权出让合同》签订之日起30日内报特许办备案。

第二十条　特许经营者支付的特许经营权出让金等属于政府非税收入，纳入同级财政预算，实行“收支两条线”管理，并接受财政、审计监督。

第二十一条　特许经营者在特许经营期内享有下列权利：

（一）独立经营管理的权利，国家机关、社会团体和其他组织不得非法干预其正常经营活动；

（二）根据《特许经营权出让合同》的约定，通过提供公共产品和服务而获得合理收益，并承担相应风险；

（三）符合条件的，享受有关优惠政策和政府补贴；

（四）请求有关行政管理部门制止和排除侵害其特许经营权的行为；

（五）对发展规划和价格等的调整提出合理建议，并积极配合价格管理部门，做好实行政府定价和政府指导价的重要商品和服务价格的成本监审及定价工作；

（六）法律、法规、规章规定或《特许经营权出让合同》中约定的其他权利。

第二十二条　特许经营者在特许经营期内应当履行下列义务：

（一）按照《特许经营权出让合同》，为社会提供持续、安全、方便、优质、高效、公平和价格合理的公共产品和服务；

（二）不得擅自以出租、转让、承包、挂靠等方式处置特许经营权；

（三）不得擅自处分特许经营权和特许经营项目的土地、设施、设备及其他项目资产；

（四）不得利用自身优势地位妨碍其他特许经营者的合法经营活动，不得强制、限定、阻碍用户购买某种产品或者有其他侵害消费者合法权益的行为；

（五）对特许经营项目建设、运营、维修、保养过程中有关资料进行收集、归类、整理和归档；

（六）按照国家安全生产法规和行业安全生产标准，对特许经营项目进行安全管理；

（七）按照国家有关技术标准和规范，对设施、设备的运行进行维护和更新改造，确保设施完好，不得擅自改变设施、设备的功能和用途；

（八）接受行业主管部门对公共产品和服务质量的监督检查，提供咨询服务，向公众公示公共产品和服务的标准、价格等；

（九）法律、法规、规章规定或《特许经营权出让合同》约定的其他义务。

第二十三条　特许经营者在保证公共安全和保障经营合法权益的情况下，应当允许其他经营者按照规划要求连接其投资建设或者经营管理的公用设施。

特许经营者因建设和维护公用设施需进入某一区域和建（构）筑物时，应当事先与权利人协商。

对公用设施进行建设、改造或维护以及场站设置和管线建设、改造时，特许经营者应当服从有关行政管理部门的总体安排，并遵守相关道路和绿化管理法律、法规、规章。因紧急情况需要抢修时，特许经营者可以先实施抢修，同时告知有关行政管理部门，并补办有关手续。

第二十四条　实行特许经营的公共产品和服务的价格应当保持相对稳定。价格行政主管部门应当按照国家政策的规定和要求，依据社会平均成本、特许经营者合理收益、社会承受能力以及其他相关因素，依法组织听证，确定或者调整特许经营项目的价格。

特许经营者应当按照经批准的特许经营项目价格标准向用户收取费用。

第二十五条　特许经营期限内，特许经营者变更股权的，应当经行业主管部门同意，且受让方应当符合特许经营权的授权资格条件，不符合条件的不能受让。

特许经营期限内，未经行业主管部门同意，特许经营者不得转让特许经营权。

第二十六条　有下列情形之一的，特许经营者应当配合，行业主管部门应当以特许经营者取得特许经营权时的成本为基数，扣除按照实际使用年限计算的折旧后，给予合理补偿：

（一）已获特许经营权的市政公用设施因公共利益需要而依法被征用；

（二）承担政府公益性指令任务，按照行业主管部门的要求，超出特许经营协议的约定提供免费或者优惠的特许经营产品和服务；

（三）在特许经营期限内，因法律、法规、规章发生变化或者所依据的客观情况发生重大变化，为了公共利益的需要，提前收回特许经营权并解除合同的；

（四）法律、法规、规章规定的其他情形。

第二十七条　特许经营期限届满前6个月，行业主管部门应当按照本办法的规定，重新进行特许经营权的出让。

原特许经营者在特许经营期限内提供了符合《特许经营权出让合同》所约定或者法律法规、国家标准、行业标准规定的公共产品和服务的，在同等条件下享有优先受让权。

第二十八条　特许经营者在特许经营期限内单方提出解除合同的，应当提出书面申请，行业主管部门应当自收到申请之日起3个月内作出答复。

在行业主管部门同意解除合同前，特许经营者应当保证正常的经营与服务。

第二十九条　特许经营者有下列情形之一的，行业主管部门应当责令其限期改正；逾期未改正的，经特许办审查同意，报特许委批准后终止《特许经营权出让合同》，撤销其特许经营权，并按照《特许经营权出让合同》的约定实施临时接管：

（一）未经实施机关同意，出租、转让特许经营权或者采取承包、挂靠等方式变相转让特许经营权的；

（二）擅自变更股权，或者因转让股权而出现不符合《特许经营权出让合同》约定的授权资格条件的；

（三）超出《特许经营权出让合同》约定范围，从事特许经营活动的；

（四）未达到《特许经营权出让合同》约定的公用事业产品、服务的标准和要求，严重影响公众利益的；

（五）擅自将市政公用设施和所经营的公共财产进行抵押、质押、出租、转让、挪用的；

（六）因经营管理不善，造成重大安全责任事故的；

（七）因经营管理不善，财务状况严重恶化，危及公众利益的；

（八）不按城市规划建设、改造和维护公用设施的；

（九）擅自停产、停业、歇业的；

（十）《特许经营权出让合同》约定的其他情形；

（十一）法律、法规规定的其他情形。

第三十条　行业主管部门应当制定特许经营项目的应急预案。发生突发事件时，应当采取有效措施或者临时接管措施，保证公共产品或者服务的连续性、稳定性。

有下列情形之一的，行业主管部门应当成立临时接管委员会，报特许委批准，依法对被接管的特许经营项目实施临时接管，并对特许经营者的资产状况进行审查监督，责令其限期移交全部特许经营资产和档案：

（一）法律、法规和国家政策调整，为了公共利益的需要，授权主体解除《特许经营权出让合同》的；

（二）出现不可抗力，特许经营者无法继续经营，并经行业主管部门同意的；

（三）特许经营期限届满或者特许经营权被撤销的，新的特许经营者尚未产生的；

（四）行业主管部门同意特许经营者单方解除合同后，新的特许经营者尚未产生的；

（五）需要实施临时接管的其他情形。

实施临时接管后，临时接管委员会应当采取有效措施保证被接管的特许经营项目的连续性和稳定性，并自临时接管之日起3个月内，由行业主管部门按照本办法规定的出让程序重新确定新的特许经营者。

第三十一条　行业主管部门在作出撤销特许经营权决定之前，应当书面通知特许经营者，特许经营者有权要求举行听证。

特许经营者可以自收到书面通知之日起5日内，提出书面申辩或者要求举行听证。特许经营者要求举行听证的，行业主管部门应当自收到书面申请之日起20日内组织听证。

在作出撤销特许经营权决定之后，特许经营者对决定不服的，可依法申请行政复议或者提起行政诉讼。

第三十二条　发展改革、住房和城乡建设、交通运输、民政、旅游、环保、卫生、城市管理等行业主管部门应当加强对事权范围内特许经营权的监督管理，对特许经营者在特许经营管理和服务中违反相关法律、法规或规章规定的，依照有关法律、法规、规章规定予以处罚。

第三十三条　国家机关及其工作人员有下列情形之一的，由其上级行政机关或者监察机关依法给予处分；构成犯罪的，依法追究刑事责任：

（一）弄虚作假、徇私舞弊、滥用职权、玩忽职守的；

（二）对不符合法定条件的竞标者、竞拍者等授予特许经营权或者不按程序实施特许经营权出让的；

（三）妨碍经营者正常的生产经营活动，索取或者收受经营者的财物，谋取其他不正当利益的；

（四）不依法履行监督职责或者监督不力，造成严重后果的。

第三十四条　本办法自2014年12月1日起施行。本办法施行前已合法取得特许经营权而未完善相关手续的项目，由相关行业主管部门报授权主体批准后，完善相关手续。

中共玉溪市委 玉溪市人民政府 关于加快民营经济发展的实施意见

为深入贯彻党的十八届三中全会精神，进一步解放思想，改革创新，着力解决我市民营经济发展中的突出问题，促进民营经济持续健康快速发展，现提出如下实施意见。

一、指导思想和发展目标

（一）指导思想

坚持以党的十八届三中全会精神为指导，牢牢把握改革发展这一主题，进一步解放思想，改革创新，以增加经济总量、提高质量为目标，以高原特色农业、工业新兴产业和现代服务业为主要发展方向，坚持权利平等、机会平等、规则平等，坚决废除对民营经济各种形式的不合理规定，创造更加公平的市场环境、政策环境和社会环境，充分激发民营经济活力和创造力，不断开创民营经济发展新局面，为玉溪全面建成小康社会作出新的贡献。

（二）发展目标

到2017年，全市民营经济增加值力争达到710亿元，年均增长18%，占全市GDP的比重达到40%以上；新增就业10万人，年均增长7%。重点培育150户年销售收入过亿元的企业，其中过10亿元的10户，过50亿元的5户，过100亿元的3户。

二、拓展民营经济发展空间

（三）放宽民间资本市场准入

衔接国家、省部署，研究制定民间资本不能进入领域的负面清单，鼓励支持民间资本以独资、参股、控股等多种方式进入可以实行市场化运作的能源、城市供水、城市燃气、污水处理等城市基础设施建设、市政公用事业和金融、电信运营、公路桥梁等交通设施建设及育幼养老、教育、文化、体育、医疗卫生等行业和领域。承接好国家、省下放的审批事项，按照凡市场主体决定事项坚决取消审批的原则，推动行政审批事项继续向县区下放，最大限度激活县域经济活力。到2017年，民间投资占全市固定资产投资的比重达到70%以上。鼓励民营企业参与国有企业改革，大力发展混合所有制经济。（责任单位：市政务服务管理局、市政府法制办、市发展改革委、市工业信息化委、市工商局、市交通运输局、市水利局、市住房城乡建设局、市国土资源局、市农业局、市商务局、市人行、市银监局及相关部门）

（四）放宽工商登记条件

推进公司注册资本登记制度改革和工商注册制度便利化。推行公司注册资本由实缴登记制改为认缴登记制，降低开办公司成本。实行年度报告公示制，将现行的年度检验制度改为企业年度报告公示制，推行全程电子化登记管理和电子营业执照。放宽市场主体住所（经营场所）登记条件，除法律、法规对经营场所有特殊规定的行业外，经有利害关系的业主同意，可将住宅登记为经营场所；允许“一照多址”、“一址多照”。（责任单位：市工商局）

三、提高民营企业用地保障水平

（五）统筹安排民营企业用地指标

对民营企业用地做到应保尽保。工业园区要为民营企业发展预留用地，从2014年起，工业项目原则上不再单独选址，通过购买或租赁方式进入园区标准厂房解决生产经营场地。各工业园区要规划建设1个面积不少于200亩的小企业创业基地，引导小型微型企业入园创业发展，实行园区标准厂房补助与小型微型企业入驻率挂钩，标准厂房建设资金补助的项目当年企业入驻率要达到90%以上。（责任单位：市国土资源局、各工业园区管委会）

（六）降低企业用地成本

对工业项目，土地出让金可区别情况按《全国工业用地出让最低价标准》的10%～50%执行。民间投资项目符合《划拨用地目录》的，可以划拨方式提供土地使用权。对符合规划、不改变土地用途、利用企业自有存量土地进行建设、提高土地利用率和增加容积率的工业项目用地，不再征收土地出让金。工业园区标准厂房建设免收市政配套费。（责任单位：市国土资源局）

四、着力缓解民营企业融资难题

（七）加大信贷支持力度

金融机构要创新信贷业务和抵（质）押方式，简化贷款审批手续，合理确定贷款期限和利率，为小型微型企业提供差异化金融服务，适当提高对小型微型企业贷款不良率的容忍度，对小型微型企业贷款的增速要高于全部贷款平均增速，增量高于上年水平，确保每年新增贷款的50%以上用于支持中小型微型企业发展。（责任单位：市人行、市银监局）

（八）拓宽企业融资渠道

允许民营企业通过法律未禁止的方式向民间直接融资。支持小型微型企业采取知识产权质押、商标权质押、仓单质押、商铺经营权质押、商业信用保险保单质押、商业保理、典当等多种方式融资。支持符合条件的企业通过上市、股权挂牌交易、发行企业债、公司债、可转债、中期票据、短期融资券等方式直接融资。到2017年，力争2户以上民营企业实现上市融资，对成功上市的企业给予200万元的奖励；对在“新三板”上市的企业给予50万元奖励；对进行股权挂牌交易或发行债券的企业一次性给予10万元奖励。加快建立覆盖县区和工业园区的中小企业融资担保体系，到2017年，力争培育20家中小企业融资担保示范企业。（责任单位：市金融办、市人行、市银监局、市财政局、市工业信息化委）

五、改善民营经济发展环境

（九）提高行政服务效率

推行无障碍准入、无刁难审批、无歧视办事、无拖延办结，促进民间投资便利化。建立重大项目审批“统一受理制、项目代办制、快速转办制、并联审批制、办结告知制”5项制度。对鼓励和允许发展的项目，实行备案登记制；对确需审批和转报上一级审批的项目，发改委、工信委等投资管理部门要指导做好项目前期工作。对符合条件的备案项目，在3个工作日内办结；对资料齐全、条件具备的核准或审批项目，10个工作日内办结。对民营企业投资5 000万元以上的生产性项目，由所在地县级政府或园区管委会代办项目审批手续。（责任单位：各县区政府、各工业园区管委会、各相关部门）

（十）改进用地和环评审批服务

在土地利用总体规划确定的城镇建设用地规模范围和工业园区范围内，民营企业用地按照批次用地方式报批，再按具体项目办理供地手续。民营企业建设项目用地审查、审批，登记发证，要件和手续齐备的，在10个工作日内完成。环境保护部门要采取提前介入、跟踪督办等措施，压缩审批时限，将项目环境影响报告书、报告表和登记表的审批时限分别压缩为30个、15个、10个工作日。（责任单位：市国土资源局、市环保局）

（十一）加强园区基础设施建设

加快工业园区水、电、路、通信、排污等基础设施建设，为园区集约化生产提供一流的共享服务。在加强生产性配套设施建设的同时，逐步完善生活配套设施和三产服务功能，为园区企业员工解决吃、住、行、娱乐、购物、就医、子女入学等实际问题，解决企业发展的后顾之忧。自2014年起，3年内工业园区内新增税收，依照现行财政体制规定应上缴市级财政部分，留给工业园区用于基础设施建设；工业园区内的存量和增量收入，划定一定比例用于园区建设发展。（责任单位：各工业园区管委会、市财政局）

（十二）构建公共服务体系

加快建立市、县区和工业园区公共服务平台，明确各层级中小企业服务中心职能职责。推动各级中小企业服务中心通过互联互通、信息共享、资源统筹、功能互补、服务协同，整合社会服务资源，增强服务功能。采取政府购买服务或服务补助、税费减免、专项奖励等方式，推动在工业园区、民营企业聚集区建立一批专业服务机构。建立健全服务评价和考核激励机制，培育服务品牌。充分发挥行业协会（商会）的桥梁纽带作用，提高行业自律和组织水平。（责任单位：各县区政府、各工业园区管委会、市工业信息化委、各行业协会）

六、加大对民营经济的支持力度

（十三）加大财税支持力度

增加政府对民营经济、中小微企业扶持的财政投入，引导各类资金投向民营企业。市级增加民营经济发展专项资金，在2013年资金规模的基础上，根据发展和财力情况逐步增加。市级各相关部门用于产业及企业发展的财政专项资金，支持民营经济发展的比例不低于资金总额的70%。各县区也要相应设立民营经济发展专项资金，并视财力逐年递增。税务部门要认真执行国家和省出台的涉及民营经济、中小微企业各项税收优惠政策，加大政策宣传。凡各级财政或政府部门拨付到企业的专项资金，企业在提供资金拨付文件、资金管理办法、对该资金发生的支出进行单独核算的前提下，免交企业所得税。（责任单位：市财政局、市国税局、市地税局）

（十四）加大政府采购支持力度

鼓励民营企业申报政府采购项目，对符合规定的民营企业自主创新产品实行政府首购。采购代理机构和采购人要认真落实国家关于政府采购促进中小企业发展有关规定，凡是中小企业能够提供的服务，原则上向中小企业购买，确保各级政府采购中小企业的货物、工程和服务比例达到年度政府采购项目预算总额的30%以上，其中，预留给小型微型企业的比例不低于预算总额的18%。在政府采购评审中，对小型微型企业产品可视不同行业情况给予6%～10%的价格扣除。鼓励大中型企业与小型微型企业组成联合体共同参加政府采购，小型微型企业占联合体份额达到30%以上的，可以给予联合体2%—3%的价格扣除。（责任单位：各级政府采购中心）

七、推动民营经济转型发展

（十五）优化产业结构和鼓励发展新兴产业

按照全市经济结构调整的要求，推进民营经济优化产业结构，调优第一产业，做强第二产业，扩大第三产业；坚持扩大投资和消费双轮驱动，坚持盘活存量和扩大增量并重，促进民营经济结构更趋合理。依托工业园区、农业庄园、商贸服务街区、商务楼宇等各类载体，重点围绕装备制造、生物制药、新能源新材料等新兴产业，以及高原特色农业、电子信息、电子商务和物流业、旅游业、文化创意产业等现代服务业，加大招商引资力度，引进民营企业大项目、好项目，促进产业集聚、集约和集群发展。（责任单位：市发展改革委、市工业信息化委、市农业局、市商务局、市旅游局）

（十六）支持民营企业做大做强

鼓励支持民营企业通过收购、联合、参股等多种形式开展并购重组，促进企业上规模、上水平，提高产业集中度和市场竞争力。要指导民营大企业制定发展规划，加大技术改造，培育自主品牌，开展企业文化建设，促进产业升级。继续实施中小企业成长工程，以提升科技创新能力为重点，围绕省市级成长型中小企业，优先配置各类生产要素，加大对企业技术改造、市场开拓、信息化建设和融资服务等方面的扶持培育力度，力争每年有3～5户成长型中小企业迈入大企业行列。继续实施创业培育工程，加大鼓励创业“贷免扶补”、小额担保贷款、劳动密集型小企业贷款工作力度，鼓励有创业能力和创业愿望的组织和个人自主创业，鼓励公务员按照公务员法有关规定辞职创业、提前退休创业；鼓励高等院校、科研院所科技人员在完成本单位工作任务的前提下，到民营企业兼职，取得合法收入；鼓励高校毕业生和在校大学生积极创业；吸引国内外高层次人才入玉创业。依托园区小企业创业基地和中小企业公共服务平台，通过提供创业场所，开展创业辅导、信息咨询、投资融资、贷款担保、技术支持、人才引进、人员培训、法律咨询等服务，力争每年有20户以上小型微型企业发展为规模以上企业。自2014年开始，对小型微型工业企业成长为规模以上企业的每户给予5万元奖励（商贸流通、服务业等其他行业按相关标准，纳入限额以上的给予2万元奖励）；对销售收入首次过亿元的民营企业给予10万元奖励；对成长型中小企业发展为大型企业的给予20万元奖励；对营业收入首次超过50亿元的民营企业，市政府给予50万元的奖励；营业收入每上百亿元台阶，市政府给予100万元奖励。（责任单位：市工业信息化委、市人力资源社会保障局、市统计局、市财政局、市工商联）

（十七）推进民营企业技术进步

引导民营企业加强与科研院校的合作，共建研发机构，成立产业技术创新战略联盟。支持民营企业建立企业技术中心，开展原始创新、集成创新、引进消化吸收再创新，提升企业创新能力。到2017年，建成市级以上企业技术中心50户。对新认定的国家级企业技术中心一次性给予300万元奖励；认定为省级企业技术中心的给予50万元奖励；认定为市级企业技术中心的给予30万元奖励。对通过国家高新技术企业认定、省自主创新产品认定的民营企业，由市科技部门协调科技专项补助资金。对民营企业引进国际先进、填补省内空白、购买价格达到5000万元以上的首台（套）重大技术装备，由市级财政给予200万元补助资金；对购买国内外先进技术的，按合同交易额的10%给予补助，最高不超过200万元。鼓励和支持民营企业实施品牌战略，加强自主知识产权的利用和保护，转化上升为地方标准、行业标准、国家标准、国际标准。对获得国家级、省级、市级名牌产品的企业分别给予10万元、5万元、3万元的奖励；对获得“中国驰名商标”的企业给予30万元奖励、获得“云南省著名商标”的给予3万元奖励、获得“玉溪知名商标”的给予1万元奖励；对参与起草国际标准、国家标准、行业标准、地方标准的民营企业，优选列入技术改造、技术创新和新产品开发扶持。（责任单位：市工业信息化委、市科技局、市质监局、市工商局、市财政局）

（十八）引导民营企业提高管理水平

引导民营企业按照现代企业制度要求完善法人治理结构，加强财务、安全、节能、环保、用工等管理。依托国家“中小企业银河培训工程”和省工业人才培育计划，重点围绕政策法规、宏观经济、经营管理、融资担保、产业集群、技术创新、电子商务等内容开展培训，力争每年培训民营企业经营管理者1 000人次以上。通过采购服务、委托服务等政策手段，组织和引导管理咨询机构，为民营企业提供有针对性的、质优价惠的管理诊断或咨询服务。加快推进“数字企业”建设试点工作，扩大试点范围，提高企业信息化运用水平，认定为“数字企业”的，市政府给予3万元补助资金。到2017年，民营企业利用信息技术开展生产、管理、创新活动的比例力争超过50%。（责任单位：市工业信息化委、市工商联）

八、推进民营企业开放发展

（十九）加大招商引资力度

以全国民营企业500强、民营制造业500强为重点，抓好园区招商、产业招商、以商招商，力争每年引进5户以上中国民营企业500强进入玉溪发展。有关部门要制定“民企入玉”工作计划，明确目标任务和保证措施，建立完善民企招商引资项目库，每年开展一批重大招商引资活动。对来玉溪新设地区总部、研发中心、采购中心等功能性机构的重点民营企业，按照“一事一议”的原则给予支持。对实际投资（含新增投资）达2亿元人民币以上的鼓励类投资项目，市级权限内的规费予以全免；实际投资（含新增投资）1亿～2亿元人民币的鼓励类投资项目，市级权限内的规费减半收取。加强招商引资项目的跟踪协调服务，千方百计促进项目落地，着力提高项目履约率、开工率和资金到位率。本地民间投资项目，享受本实施意见中相应优惠政策。（责任单位：各县区政府、市招商合作局、市工业信息化委）

（二十）实施“走出去”战略

对参与境外矿产资源开发、能源开发和农业合作的民营企业予以重点支持；鼓励钢铁、有色金属、建材、化工、生物医药产业的民营企业到境外建立科技合作研发机构和生产基地；鼓励民营企业到周边国家建立文化交流合作平台。对我市民营企业境外承包工程和劳务输出的重点项目，建立跟踪服务和协调机制，帮助和协调解决工作中存在的问题。实施出口倍增计划，加快面向东南亚出口加工基地规划建设，鼓励民营企业加大农产品、机电产品等的出口力度。从2014年起，对年进出口额达到4 000万美元以上（含4 000万美元）的企业，给予10万元奖励；对年进出口额达到1亿美元以上（含1亿美元）的县区，给予县区政府10万元奖励；对年进出口额达到5 000万美元至1亿美元的县区，给予县区政府5万元奖励。市商务局等有关部门要积极向上争取政策支持，加强与涉及外经贸业务部门的沟通协商，进一步增强外经贸企业能力整改，促进民营企业外贸便利化。（责任单位：市商务局、市财政局）

九、强化组织领导，落实责任制

（二十一）加强组织领导形成发展合力

市委、市政府每两年召开一次全市民营经济发展大会，大张旗鼓地表彰纳税大户、优强企业、优秀企业家、社会公益之星、优秀成长型中小企业等，营造民营经济发展氛围，总结民营经济发展取得的成效和经验，分析面临的形势和发展中存在的问题。调整充实玉溪市加快民营经济发展工作领导小组，加强对民营经济工作的领导，研究民营经济发展中的重大问题。领导小组办公室设在市工信委，负责处理日常事务。完善联席会议制度，定期召开联席会议，协调解决民营经济发展过程中出现的问题。各县区也要成立相应的领导协调机构。建立领导联系重点民营企业制度，市级领导每人挂钩1～2户重点民营企业，定期到企业调研，协调解决项目审批、用地、融资以及煤电油运等要素保障问题。结合开展党的群众路线教育实践活动，加强党委、政府与民营企业的联系。（责任单位：各县区政府、市民营办）

（二十二）强化政策落实与目标考核

各县区人民政府和市直有关部门要制定本《实施意见》的实施细则。各级各部门要多渠道强化政策宣传，提高民营企业对政策的知晓率。市民营经济发展领导小组办公室要强化对《实施意见》落实情况的督促检查。市委、市政府督查室要把促进民营经济发展作为重点督查内容，纳入各级各有关部门的工作考核范畴。建立民营经济统计和指标评价体系，加强对小型微型企业的调查统计工作。健全完善民营经济发展考核奖励办法，强化对年度发展目标任务的考核。要进一步强化行政问责，着力解决工作落实问题，对发展民营经济不作为、工作不得力、成效不明显的行为，要进行通报、警示和诫勉谈话。（责任单位：市民营办、市委督查室、市政府督查室、市统计局）

本实施意见自发布之日起执行，适用于各类中小微企业。我市原有政策与本《实施意见》不相符的，以本《实施意见》为准。

中共玉溪市委　玉溪市人民政府
关于推进玉溪新型城镇化发展的实施意见

为深入贯彻中央和省城镇化工作会议精神，推进玉溪新型城镇化发展，提高发展质量和水平，根据《中共云南省委、云南省人民政府关于推进云南特色新型城镇化发展的意见》，结合玉溪实际，提出如下实施意见。

一、统一思想，充分认识推进新型城镇化的重大意义

玉溪市历届党委、政府高度重视城镇建设，改革开放特别是近年来，城镇化进程不断加快，城乡面貌变化较大。2013年全市常住人口、户籍人口城镇化率分别达44.1 %和33.79%，比全省平均水平分别高3.62和6.59个百分点。但也存在一些突出的矛盾和问题，主要是规划水平不高，筹资渠道单一，基础设施建设滞后，基本公共服务供给不足；产业支撑能力不强，第三产业发展滞后；城镇特色不明显，产业、人口集聚不足，辐射带动能力不强；城镇改革滞后，体制机制不健全，经营管理水平不高。这些问题，必须认真研究加以解决。

新型城镇化是以城乡统筹、城乡一体、产城互动、节约集约、生态宜居、和谐发展为基本特征的城镇化。加快新型城镇化，是推动玉溪科学发展、和谐发展、跨越发展的必然选择，是保持经济又好又快发展的强大动力，是解决“三农”问题的重要途径，是推进产业转型升级的重要抓手，是促进社会和谐进步的必然要求。当前，玉溪正处于城镇化发展的加速期。各级各部门必须把思想统一到中央和省城镇化工作会议精神上来，破除旧有观念，凝聚发展共识，把新型城镇化作为玉溪赶超跨越、加快发展的重大战略，坚持以人为本这个核心要求，质量至上这个鲜明特征，彰显特色这个关键问题，“四化同步”这个有效途径，抢抓机遇，改革创新，攻坚克难，积极、稳妥、扎实推进新型城镇化，着力打造美丽幸福新玉溪。

二、明确目标，牢牢把握新型城镇化的总体要求

（一）发展思路

以邓小平理论、“三个代表”重要思想、科学发展观为指导，紧紧围绕建成云南区域中心城市目标和“一核、双心、两轴、四城、多节点”的空间布局框架，以“大玉溪”的全新思路指导城市规划，科学安排山、水、田、路、产、城六大要素，以加快产业和人口集聚为重点，以提高城镇综合承载力、集聚力和辐射力为核心，以体制机制创新为动力，做大中心城区，做强县城，做特集镇，做美乡村，走以人为本、四化同步、科学布局、城乡一体、生态文明、文化传承的玉溪特色新型城镇化道路，实现山水融合、城乡融合、产城融合，打造山水田园城市，为全面建成小康社会，谱写“中国梦”玉溪篇章奠定坚实基础。

（二）基本原则

——坚持以人为本。以人为本统筹城乡发展，尊重群众意愿，保障群众权益，推进农业转移人口市民化，推动村庄变社区、水体变景观、田园变庄园、森林变公园，让农民享受更好的公共服务，全面提高城乡居民生存质量和水平。

——坚持节约集约。强化生态文明理念，把保护生态环境作为头等大事，着力推进绿色发展、循环发展、低碳发展，形成节约资源和保护环境的城镇格局、产业结构、生产方式、生活方式。

——坚持彰显特色。以文立市、特色建城，深入挖掘具有玉溪地域特色的文化资源，延续城市历史文脉，促进自然与人文、现代与传统交融，把城镇打造成为历史底蕴厚重、时代特色鲜明的人文魅力空间。

——坚持四化同步。推动城镇化与工业化、信息化、农业现代化同步发展，发挥好工业化的主动力作用、信息化的融合器作用、城镇化的大平台作用、农业现代化的根本支撑作用，推动城乡从二元结构向一体化转变。

——坚持改革创新。以改革突破体制性障碍，以创新破解发展难题，充分发挥市场在城乡资源配置中的决定性作用，更好发挥政府作用，整合各类资源，激活各类要素，形成有利于推进新型城镇化持续健康发展的体制机制。

——坚持科学有序。遵循城镇化发展规律，强化规划引领作用，科学确定城镇化目标任务，因势利导，实事求是，积极主动、稳妥扎实推动玉溪新型城镇化发展。

（三）发展目标

城镇化水平稳步提高，到2020年，实现新增城镇户籍人口26万，“农转城”人口总数达60万，常住人口城镇化率达到60%左右，户籍人口城镇化率达到46%左右。城镇布局更加优化，城镇体系更加完善，城镇总体构架基本形成。产业支撑、人口集聚能力明显提高，城镇综合经济实力大幅提升。城镇文化特色浓郁，城乡面貌显著改观，生态环境进一步改善，基础设施和公共服务设施更加完善，综合承载能力和辐射带动能力明显增强。城乡融合速度加快，差距明显缩小，城乡一体化成效显著。

三、强化规划引领调控，着力提高规划执行力

（四）提高城乡规划水平

高质量编制实施“大玉溪”战略规划，强化规委会作用，科学确立城镇功能定位和形态，合理布局城乡生产空间、生活空间、生态空间，统筹基础设施和公共资源配置，引导城乡协调发展。积极开展前瞻性、战略性研究，编制、整合、完善、提升城市总体规划、控制性详细规划、各类专项规划和乡镇、村庄规划，加强重要片区、重要地段、历史街区等城市设计，精心研究、集思广益、充分论证，体现城市的建筑美、色彩美、协调美、整体美。开放规划建筑设计市场，引进国内外高水平规划编制单位、建筑设计单位，参与重要规划编制和建筑设计任务。加强规划整合衔接，以经济社会发展规划为目标、城乡规划为整合平台、土地利用总体规划为

载体、生态和环境保护规划为检验，逐步建立“多规合一”的规划编制和实施管理机制。

（五）强化城乡规划执行

建立以控制性详细规划为法定依据的建设工程规划管理机制，严格执行城乡管理办法和技术管理规定，严格实施城市道路和建筑红线、生态绿化绿线、水源河道保护蓝线、市政公用设施黄线、名胜古迹紫线和高压走廊黑线“六线”管理制度，严格规范用地性质和容积率等规划条件的调整程序。强化规划刚性约束，制定城乡规划建设考核指标体系，健全责任追究制度，将城乡规划实施情况纳入党政领导干部考核和离任审计，做到交班交规划、接班接规划，保证一张蓝图干到底。健全城乡规划建设管理监督机构，建立城乡规划督察员制度，强化执法队伍建设，加强城乡规划实施全过程监督管理，严肃查处各类违法违规建设行为，切实维护城乡规划的法定性、权威性和严肃性。

四、优化城镇布局和形态，促进各级城镇协调发展

（六）完善城镇化体系

按照“建得起、建得美、建得好、建出特色”要求，积极构建“一核、双心、两轴、四城、多节点”的新型城镇化空间布局框架，形成城乡协调发展、功能互补的新型城镇化体系。“一核”，即以红塔区、澄江、江川、通海、峨山为核心，建设玉溪大都市区。“双心”，即做强红塔区中心城区，加快江川撤县设区，将教育、科研、会展等服务功能向江川集聚，促进红塔区和江川互补融合发展。“两轴”，即东西轴和南北轴，东西轴是依托滇中二环国道高速主干线，构建易门—峨山—红塔区—江川—华宁东西向的旅游文化、加工等产业发展轴；南北轴是依托昆曼国际大通道，构建红塔区—峨山—新平—元江基础产业、高原特色农业、外向型经济产业发展轴。“四城”，即将易门、澄江、华宁、新平四个县城建成县域中心城市。“多节点”，即实行点轴联动、点面结合，积极发展居住型、生产服务型、商贸型、旅游型等多形态的重点集镇，建立连接城乡、服务农村、引导农村人口就近就地转移、多元化发展的特色城镇。

（七）积极融入滇中城市群

抓住国家实施滇中城市群和省推进滇中城市经济圈建设的重大机遇，加快建立区域协作机制，主动加强与滇中各城市的合作对接，促进玉溪与昆明一体化发展，实现玉溪与周边城市资源共享、设施共建、经济共荣、环境共护。加大重大交通项目和综合交通枢纽建设力度，加快昆玉城际快速通道建设，形成以城际铁路、高速公路等快速通道为骨架的快捷交通网。建立区域环境保护和生态建设合作机制，共同营造良好的区域生态环境。加强与滇东南红河、滇西南普洱等城市联动发展，推动产业优势互补，形成产业群体优势。修编易门县城总体规划、产业发展规划、土地利用总体规划，加快易门融入滇中产业新区建设。加快建设以高原湖泊风光为特色，由红塔区及江川、澄江、通海三个次中心城市构成的“三湖”生态城市群，为建成百万人口大城市提供空间依托。到2020年，规划区域城市规模达104.5平方千米，总人口155.3 万、城镇人口101万，常住人口城镇化率达65%。

（八）做大区域中心城市

围绕建设区域中心城市、具有现代都市气息的宜居生态城市目标，按照“一城四点”空间布局，坚持北进、东拓、西部开发发展方向，壮大城市规模和综合实力。加快北城新区规划建设，稳步推进老城和棚户区改造，开展城中村、连片旧住宅综合整治，完善基础设施和公共服务体系，优化城市产业结构，推动产业高端化发展，加快人口和经济集聚，打造复合型核心城市，发挥红塔区在新型城镇化建设中的火车头和排头兵作用。到2020年，中心城区建成区总面积达70平方千米以上、总人口70万以上，建成产业优化、人才聚集、功能完善、生态宜居、特色鲜明的现代化城区。

（九）做强县城

把做强县城放在城镇化中心位置，鼓励支持8个县城结合区域产业发展方向，发挥优势，突出特色，宜工则工，宜农则农，宜商则商，宜旅则旅，建设新兴工业原料和加工基地、优质生物资源种植基地、区域农产品加工集散中心、旅游服务中心及现代服务中心。在扩容提质上下功夫，鼓励社会资本参与县城开发建设，抓好市政道路、公共基础设施项目建设，精心设计道路接点、商业楼宇、街心花园、雕塑等城市标识，塑造富有地域特色、民族特征的城镇风貌和建筑风格，打造拥有历史文化底蕴、鲜明时代特色、人与自然融合的人文城镇。积极推动城镇区划设置工作，推进江川等有条件的县撤县设区，加快通海等县改市步伐。坚持特色立城、特色建城、特色兴城，依托各县山水林田等独特资源，打响现代生态宜居旅游城市、历史文化名城、水城菌乡、红河谷中的太阳城、中国泉乡、彝人先祖圣地、中国樱花城等城市品牌，成为令人向往的生活休闲中心、公共服务中心、创业创富中心。

（十）做特集镇

省级特色小镇和市级重点镇要强化产业培育，构筑产业支撑体系，完善市政公用设施和公共服务设施，优化功能结构，保护好自然生态、文化传统、田园风光，改善人居环境，促进人口和产业聚集。其他集镇要走多样化、特色化发展之路，重点完善基础教育、医疗卫生、社会保障、商贸流通服务和支农服务等功能，加强与中心村之间的设施网络建设，吸引农民进城入镇。实施美丽乡镇三年规划建设行动计划，搞好镇容镇貌整治提升、集中供水设施建设、生活污水处理设施建设、生活垃圾处理设施建设、农贸集贸市场改造提升和实施群众文体活动广场建设六项工程，把50个建制乡镇建成基础设施完善、人居环境优良、特色风貌鲜明的新型城镇，力争全部创建为国家或省级生态乡镇，实现全市美丽乡镇全覆盖。

（十一）做美乡村

按照发展中心村、保护特色村、整治空心村要求，着力打造一批历史文化型、特色景观型、乡村旅游型、农业产业特色型乡村。实施美丽家园行动计划，政府引导、农民主体，因地制宜、突出特色，以基础设施建设、生态建设、环境卫生整治、特色民居建设为重点，实施特色民居示范工程，推广适宜各地本土文化的民居通用图，用3年时间完成国道省道主要公路沿线、“三湖”周边可视范围827个自然村建设，建成一批省级重点村，打造美丽乡村风景线。实施城乡垃圾整治行动，建立财政投入和考核机制，完善“组保洁、村收集、镇转运、县处置”的农村生活垃圾处置体系。加强农村照明设施建设，实施以新能源技术为支撑的村村亮工程。

五、坚持以人为本，有序推进农业转移人口市民化

（十二）改革农业转移人口落户制度

坚持自愿、分类、有序原则，引导农业转移人口向城镇有序迁移。深入推进户籍制度改革，逐步建立城乡统一的户口登记制度。健全农业转移人口落户制度，因地制宜制定农业转移人口落户标准。放宽全市城镇落户限制，优先解决存量，切实解决好城中村居民、城市棚户区改造和已征地未转城人员转户进城等历史遗留户籍问题，重点推进在城镇有合法稳定住所和职业的农民工、新生代农民工、农村籍大中专学生、农村籍退役士兵转户进城，促进农业转移人口就近就地进城落户，带动其他农村人口转户进城。各县区要尽快制定完善措施办法，吸引更多有能力在城镇稳定就业和生活的农业转移人口进城落户。开展"农转城"示范点建设，将城中村、城市近郊村和产业聚集区居住的农业人口成建制转为城镇户口。

（十三）保障农业转移人口基本公共服务

建立健全由政府、企业、个人共同参与的农业转移人口市民化成本分担机制。进一步落实转户进城农民"兼有两个身份、同享城乡待遇、享有五项保留、提供五项保障"政策，全面实行流动人口居住证制度，确保农业转移人口、流动人口真正享受与城镇居民相同的就业、住房、教育、社保、医疗卫生等公共服务，让转户进城居民进得来、留得住、融得进、能发展。多渠道改善农业转移人口居住条件，完善购房、建房金融服务，适当给予资金补助，放宽简化农业转移人口申请公共租赁住房的条件和程序，从2014年起将农业转移进城人口纳入公共租赁住房保障范围，租金标准不高于同地段同档次住房租金的70%。做好新型农村合作医疗与城镇医疗保险的转移接续工作，整合城乡居民基本养老保险，推进城乡居民基本医疗保障一体化。建立完善教育保障机制，切实保障农业转移人口子女平等接受义务教育。

（十四）营造创业就业环境

落实鼓励创业促进就业"贷免扶补"政策，采取财政支持、创业投资引导、政策性金融服务、税费减免、工商登记简化等措施，为创业型企业创造良好的经营环境。鼓励企业和单位录用农业转移人口，对稳定、成规模录用的，给予贷款扶持和一定奖励。制定扶持创业促进就业考核办法，强化各级政府及相关部门工作目标责任，将农业转移人口纳入城镇就业创业服务和政策扶持范围。培育发展劳动密集型产业，扩大城镇产业就业容量。整合政府部门和社会公共培训资源，加大进城农民职业技能培训力度，提高农民工融入城镇的素质和能力。

六、坚定不移推进城镇上山，着力提高土地利用效率

（十五）多渠道增加城镇新增建设用地

坚持"守住红线、统筹城乡、城镇上山、农民进城"的总体要求，稳步推进山地城镇建设，统筹规划布局低丘缓坡和坝区建设用地，完善耕地占补平衡制度，促进山坝土地资源合理开发利用。积极争取开展土地利用总体规划评估修编工作，用好用活城镇建设用地指标。加大闲置土地清理力度，采取限期开工、调剂、转让、租赁、收回等方式，最大限度盘活闲置土地。搞好批而未供土地消化利用，将其列入考核，与县区年度建设用地指标挂钩。大力实施城乡建设用地增减挂钩项目，开展空心村、工矿废弃地整治，推进旧城、旧厂、旧村改造，搞好城镇低效建设用地再开发，加快推进拆临拆违地块重新开发利用，最大限度发挥土地效益。

（十六）推动城镇土地节约集约利用

科学划定城市发展边界，合理确定城市用地规模，优化城市用地布局，统筹地上地下空间，积极开发利用地下空间。建立城镇用地规模结构和土地用途管控机制，统筹安排基础设施和公共服务设施用地，促进土地资源合理配置，重点保障重大项目建设、产业聚集区发展和生态保护用地。实行严格的耕地保护制度和节约集约用地制度，管住总量、控制增量、盘活存量、优化结构，提高城镇建设用地效率。实行存量挖潜与增量供给挂钩的供地用地政策，建立城镇低效用地再开发和存量建设用地退出激励约束机制，盘活城镇建设用地存量，强化工业用地投资管控，鼓励企业建设多层标准化厂房，提高工业用地利用率。加强农村宅基地管理，规范农村建房行为，鼓励开展迁村并点试点。实行"统一规划设计、集资集中建设、两权不变"建设模式，引入城市社区标准统一建设农村村民住房，逐步改变中心城区、县城及城郊接合部农村村民"一户一宅"建房状况。

七、突出新型特色城镇建设，增强可持续发展能力

（十七）增强城镇综合承载能力

完善环城交通体系，实现城市内外客运零距离换乘和货运无缝衔接，促进城市交通与铁路、高速公路有机衔接。实施公交优先战略，构建以公共交通为主的城市机动化出行系统，加大城市道路、停车场和交通枢纽建设力度，强化交通综合管理，确保城市交通畅通。完善城镇公共服务体系，统筹布局建设教育、文化、医疗卫生、商业网点等各类服务设施，完善便民利民服务网络。提高城镇应急避难能力，加强城镇防灾减灾和救援救助设施建设，合理规划建设应急避难场所。编制乡镇供水、污水和生活垃圾处理设施体系规划，抓好建制镇"一水两污"建设，创新建设模式和融资方式，建立完善价格体系，合理确定处理成本，保证企业可持续经营。

（十八）发展绿色低碳城镇

实施绿色建筑行动计划，积极开展绿色生态城区建设，大力发展节能环保、安全耐久的绿色建材，加大工业、建筑、交通、公共机构等领域节能力度。实行最严格的水资源管理制度，深入开展节水型社会工作，推广普及先进适用的节水工艺、技术和器具，鼓励再生水利用，创建国家节水型城市。突出抓好"三湖两库"保护治理，加快推进"三湖"周边四县绿色转型发展。改善城市生态系统，科学规划生态功能区，搞好城市水库、水系、周边湿地生态系统、绿地生态系统保护和建设，加快城市河道整治、环城山区综合治理和园林绿地、立体绿化、城市绿道景观、生态走廊、休闲健身广场建设。加快天然气等清洁能源推广应用，到2017年，中心城区供气总规模达3亿立方米以上，推广天然气居民用户7万户以上，城镇居民用气量1亿立方米以上，工业用气量1.5亿立方米以上。

（十九）提升城乡人居环境

加快集商业、休闲、娱乐为一体的城市综合体建设，中心城区建成一批全省领先、国内一流的城市综合体，各县建成1～2个实用型、精致型、特色型城市综合体，打造城市新名片、新街区、新景观。提升城市园

林绿化水平，大力实施拆临拆违建绿、拆墙透绿、小区垂直绿化，广泛开展园林小区创建活动。深入开展城乡环境综合整治，加强大气污染、水污染、土壤污染等防治，构筑城乡绿色生活空间。城区空气主要污染物年平均浓度值达到国家二级标准，主要污染物日平均浓度达到二级标准天数占全年总天数的85%以上。力争到2020年，中心城区城市绿化覆盖率达40%以上，城市绿地率达35%以上，人均公共绿地面积12 平方米以上。积极开展争创联合国人居环境奖、中国人居环境奖、国家环保模范城市、国家生态园林城市、国家园林县城和全国文明城市等创建活动。

（二十）彰显城镇人文特色

突出城镇地域、历史、民族和文化特色，保护历史文化遗存，发掘城市文化资源，传承创新玉溪文化。旧城改造要注重保护历史文化街区、优秀建筑和文物，保留城市发展记忆。新城新区建设要注重延续城市历史文脉，融入现代元素，彰显时代风貌。完善非物质文化遗产保护体系，实施乡村记忆工程和传统村落挂牌保护制度，保留村庄原始风貌，慎砍树、不填湖、少拆房，尽可能在原有村庄形态上改善居民生活条件，体现城在林中、山在城中、水乳交融、山水田园一幅画的景观，让居民望得见山、看得见水、记得住乡愁。深入挖掘历史文化资源，加强历史文化名镇、名村申报和保护，新增一批国家级、省级历史文化名城名镇名村。

（二十一）建立多元投入机制

坚持市场在资源配置中的决定性作用，政府直接从大包大揽搞建设的模式中退出来，凡市场能干的都交由市场干，政府主要发挥创造制度环境、编制发展规划、建设基础设施、提供公共服务、加强社会治理等方面职能。健全市县政府事权与支出责任相适应的体制机制，整合城镇化规划、城市基础设施建设、环境保护等方面的专项资金，充分发挥财政资金的引导作用，提高财政资金使用效益。建立政府引导、市场运作的多元化投融资体制，采取银行贷款、委托贷款、公私合营（PPP）等方式，拓宽城市建设融资渠道。进一步深化投融资体制改革，理顺市政公用产品和服务价格形成机制，降低社会资本进入门槛，鼓励民间资本通过直接投资、与政府合作投资、政府购买服务及购买地方政府债券等形式，参与城镇公共服务、市政公用事业等领域建设。对一定期限内经营收入能平衡建设和经营成本，并能产生合理利润的经营性项目，依法放开建设和经营市场，积极推行投资运营主体招商，推进市场化运作。对一定期限内虽有一定经营收入、但无法完全收回建设和经营成本，或是虽可实现“保本微利”，但前期投入较大，投资回收期较长的准经营性项目，合理选择BT、BOT、PPP、股权投资等方式，并通过建立投资、补贴与价格的协同机制，为投资人获利创造条件。对基本上无经营性收入的非经营性项目，可在建立政府购买服务等机制后，采取TOT或综合开发方式，引入投资人组织捆绑实施。强化土地储备和循环开发，坚持“多出让熟地、少出让生地、不出让毛地”，通过先做规划、先做基础设施、先做环境，把土地做熟、再进行招拍挂、提高土地价值，推进城市土地资源有序开发。整合国有资源、资本、资产、资金注入投融资公司，增强公司实力和项目建设能力。积极争取发行市政债券，建立合理偿债机制。

八、加大改革创新力度，提升城镇管理水平

（二十二）理顺城镇管理体制

坚持把加强城市管理作为提升城市竞争力的重要途径，设立城市管理委员会，强化城市标准化管理，构建综合性、系统性、集中性的城镇管理体系，推进城市管理网格化、精细化、信息化。推进城镇管理重心下移，强化基层属地管理责任，建立市政府宏观决策、县区政府全面负责、街道办事处具体实施、社区居委会配合落实的管理机制。认真实施《云南省玉溪城市管理条例》及配套管理办法，整合城市管理资源，建立健全城市管理长效机制。加强城市综合管理，严格执行规划建设、园林绿化管理、市政设施建设、城市道路交通秩序、市容环境卫生维护、城市市场经营等6个方面城市精细化管理标准。创新社会治理体制，鼓励和支持社会各方参与城市管理。

（二十三）加强城镇建设管理

坚持先规划后建设、先设计后施工、先地下后地上，强化对城镇项目规划、设计和施工监管，完善工程质量安全监管体制。加快建设城镇综合地下管廊，统筹推进城镇供水、排水、燃气、通信、电力等各类地下管线建设。扎实抓好治污设施营运管理，依法加大排污费征缴力度，强化重点污染源在线监测和实时监控。对临违建筑、建筑工地、道路运输、环境卫生等实行专项整治，促进市容市貌整洁有序。强化建筑市场监管，提高质量安全监管效能。加大城管执法人员教育、培训和管理力度，提高执法人员综合素质。

（二十四）推进智慧城市建设

统筹城市发展物质资源、信息资源和智力资源利用，推动物联网、云计算、大数据等新一代信息技术创新应用，推广应用数字玉溪地理空间框架建设成果，改造升级“数字城管”，创建全国智慧城市、信息惠民示范城市。整合城市各级各类公共服务和应急指挥信息技术资源，构建城市管理信息系统。深化交通、市政、环境监管、应急、医疗、教育、社区服务、社会保障、治安防控等领域信息化应用，建设农业转移人口市民化信息平台。加强城乡建设档案管理，建立数字化的城镇地下管线信息系统。

九、加快产城融合发展，强化城镇产业支撑

（二十五）强化城镇产业支撑

认真贯彻省“产业建设年”三年行动计划，打好园区经济、县域经济、民营经济“三大战役”，努力推进传统产业高端化、高新产业规模化、优势产业集群化、重点产业品牌化。大力发展高原特色农业，积极引入社会资本发展庄园经济，推进农业产业向园区化、庄园化、生态化、标准化、规模化、品牌化发展，使农业更强农村更美农民更富。稳定发展卷烟及配套产业，打造全国最大的烟草配套产业区；巩固提升矿冶产业支柱地位，以铸造、汽车制造、通用航空等为重点，将装备制造等产业培育成工业支柱产业。引进战略合作伙伴，培育生物医药、新材料、新能源等新兴产业，建成全国重要的生物医药产业基地、全省重要的新能源产业基地；推进信息消费试点城市建设，加快发展IT产业，着力建设玉溪云计算产业链，打造西南地区云计算数据中心，把信息产业培育成产值上百亿元的优势产业。改造提升传统服务业，大力发展金融、保险、现代物流和健康服务、养老及家庭服务等服务业。加快落实昆玉红旅游文

化产业经济带建设玉溪行动计划，努力把旅游业培育成支柱产业。把房地产业作为重要产业来抓，正确处理政府、投资者、群众三方利益，树立“用地成本短期不平衡、长期平衡，静态不平衡、动态平衡，局部不平衡、全局平衡”理念，合理控制土地开发成本，保持房价平稳，吸引周边地区人群到玉溪购房居住工作生活，促进房地产业和整个城市稳步健康发展。

（二十六）推动产业向城镇聚集发展

统筹建设城市新区和产业园区，将产业园区纳入城镇总体规划控制范围，把产业园区融入城市新区，以产业园区建设促进城市新区扩展。采取以实体化运作为主的开发建设模式，把11个工业园区建成经济第一增长极。用好国家高新区平台，着力提升玉溪高新区自主创新能力和产业竞争力，把研和工业园区建成新型工业化基地，支持实力较强的其他省级园区升格为国家级开发区。加快大化产业园区建设步伐，建设云南省山地产城发展创新区、低丘缓坡建设示范区、现代新型工业发展基地。选择3～5个有条件的产业新区，建设产城融合试验示范区。

（二十七）调整优化产业布局

中心城区要加大“退二进三”力度，着力淘汰落后产能，大力发展高新技术产业、高附加值产业及旅游文化产业，在大力发展现代服务业、改造提升传统服务业上率先突破。“三湖四片区”要坚持生态建设产业化、产业发展生态化，抓住省建设抚仙湖—星云湖生态建设与旅游改革发展综合试验区、昆玉红旅游文化产业经济带等重大机遇，加快发展先进制造业、高新技术产业、战略性新兴产业、旅游文化产业和生态、优质、高效、安全的湖滨特色农业，加快基础设施配套完善，促进第三产业发展。其他县城和重点镇要以发展农产品加工业、劳动密集型产业、规模企业配套产业、农村服务业和旅游商贸服务为重点，加强工业强镇、旅游强镇、商贸强镇规划建设。

十、坚持城乡统筹，加快推动城乡发展一体化

（二十八）完善体制机制

改革创新土地管理机制，明晰农村土地产权，深入推进集体林权及土地所有权、承包经营权、宅基地使用权、农房所有权确权登记颁证工作。制定宅基地退出补偿标准，建立有偿退出机制，促进农村建设用地高效利用。采取农户承包土地转包、出租、互换、转让、股份合作、荒地租赁等形式，推动承包土地和林地使用权适度流转，实现土地集中规模化经营。探索农村产权的多种实现形式，建立农村产权流转交易市场和交易制度，稳步推进农民住房财产权抵押、担保、转让，稳步增加农民财产性收入。完善集体土地征收制度，合理确定征地补偿标准，建立补偿动态调整机制，加快建立城乡统一的建设用地市场，在符合规划和用途管制的前提下，允许农村集体经营性建设用地出让、租赁、入股，与国有土地同等入市、同权同价，保障农民土地增值收益。加快“三农”金融改革创新，全面推进“三权三证”为重点的农村产权流转服务体系和抵押融资体系建设，鼓励金融机构向农村延伸，支持小贷公司改制为村镇银行。修编完善村庄布点规划，健全城镇化与新农村建设协调推进机制。建立精准扶贫机制，同步推进区域发展与扶贫攻坚。

（二十九）推动城乡发展一体化

统筹推进城乡基础设施建设一体化，推进城镇基础设施向农村延伸覆盖，促进城乡基础设施衔接互补、联网共享；实施村庄道路硬化、饮水安全、山区“五小水利”、农村清洁能源、环境整治、危房改造和地震安居、电网升级改造等工程，加快小城镇和中心村配套设施建设。统筹推进城乡产业发展一体化，促进城乡三次产业协同发展，构建现代产业体系。统筹推进城乡基本公共服务一体化，建立健全公共财政稳定投入保障机制，加大对农村公共社会事业发展的支持力度，提高农村基本公共服务标准和保障水平。实施校安工程和美丽100校园行动计划，优化城乡教育资源配置，扩大优质教育资源辐射面。盘活市级医院资源，加快县乡村医疗服务一体化改革，推动优质医疗资源向基层流动，完善公共卫生和城乡基本医疗服务体系。实施文化惠民工程，加强县图书馆、文化馆和乡镇文化站建设，推进公共文化服务体系建设，创建国家公共文化服务体系示范区。加快城乡居民养老设施建设，统筹推进城乡社会保障一体化，加强面向农民的就业服务和社会保障体系建设，加快建立城乡统一的人力资源市场，探索建立城乡统筹的居民基本养老保险、基本医疗保险制度，完善社会保险关系转移接续和参保缴费政策，逐步缩小城乡社会保障差距。统筹推进城乡社会治理一体化，健全乡村治理机制，创新群众工作机制，建立城乡综合管理服务平台，提高城乡基层公共服务和社会治理水平。

十一、强化各项任务落实，又稳又好推动城镇化发展

（三十）加强组织领导

市委、市政府成立推进城镇化工作领导小组，及时协调解决城镇化发展中的重大问题和突出矛盾。领导小组下设办公室在市住房城乡建设局。各县区要成立推进城镇化工作领导机构。各级党委、政府要加强对新型城镇化工作的领导和组织协调，党政主要领导要亲自抓。加大宣传力度，把握正确舆论导向，在全社会形成关注城镇化、参与城镇化建设热潮。

（三十一）加强人才培养

强化对各级领导干部新型城镇化发展知识培训，加快培养一批专家型的城市管理干部。各级领导干部要认真学习研究，成为行家里手，用科学态度、先进理念、专业知识去规划、建设和管理城市，提高驾驭新型城镇化工作的能力和水平。大力引进和培养一支掌握城镇规划建设管理专业知识和发展规律，熟悉市情县情的专业人才队伍，为推进新型城镇化提供人才支撑。

（三十二）争取试点示范

市直相关部门和县区要按照国家、省确定的新型城镇化试点示范项目，加强向国家和省的请示汇报，积极争取建立多元化、可持续的城镇化投融资机制，建立创新行政管理、降低行政成本的设市设区模式，改革完善农村宅基地制度，“多规合一”工作等试点示范项目，争取国家、省政策支持和倾斜，先试先行、大胆探索、积累经验，以点带面，整体推进全市新型城镇化工作。各县区要不等不靠，积极探索新型城镇化实现路径和工作抓手，研究出台具体化、可操作的措施办法，一项一项推进，一步一步做实，确保城镇化建设取得实效。

（三十三）细化任务分解落实和监测统计

市住房城乡建设局抓好城乡建设管理、建筑节能、城镇减排、住房建设、建筑市场监管等工作，市规划局负责抓好城镇体系规划、城市规划、镇规划、乡规划及村庄规划、专项规划编制的组织和指导工作，市发展改

革委抓好城镇各类基础设施建设立项和新型城镇化规划编制工作，市公安局牵头抓好深化户籍制度改革相关工作，市国土资源局抓好城镇上山和城镇建设用地节约利用和资源保护工作，市环境保护局抓好城乡环境综合保护治理工作，市城乡统筹办抓好农业转移人口市民化推进工作，市人力资源社会保障局抓好农业转移人口市民化劳动就业和社会保障工作，市教育局抓好农业转移人口子女市民化中子女接受基础教育的工作，市卫生局抓好农业转移人口市民化医疗工作，市人口计生委抓好计划生育政策落实工作，市民政局抓好转户居民社会救助和撤县设区等工作；市直其他相关部门要强化大局观念、增强服务意识，各负其责、齐抓共管，形成共同推进新型城镇化发展的合力。市统计局、公安局、住房城乡建设局要加强城镇化统计工作，建立健全统计监测指标体系和统计综合评价指标体系，规范统计口径、统计标准和统计制度方法。

（三十四）健全督查考核问责机制

玉溪市推进城镇化工作领导小组办公室要尽快制定新型城镇化工作考核指标体系及考核办法，市综合考评领导小组办公室把推进新型城镇化工作纳入年度目标任务考评范围，作为评价各级领导干部实绩的重要依据，加大监督考核力度，切实调动各方面工作的积极性。市委、市政府每两年召开一次表彰大会，总结工作，研究措施，安排部署目标任务，以奖代补，表彰奖励城镇化工作做得好的县区、乡镇、乡村和部门，持续推进城镇化建设。市委督查室、市政府督查室每半年对新型城镇化工作进展情况开展一次督查，及时通报工作情况，充分发挥督查考核的导向作用。

中共玉溪市委关于贯彻落实《中共中央关于全面推进依法治国若干重大问题的决定》的实施意见

为深入贯彻落实《中共中央关于全面推进依法治国若干重大问题的决定》（以下简称《决定》）的战略部署和《中共云南省委关于贯彻落实〈中共中央关于全面推进依法治国若干重大问题的决定〉的意见》（以下简称《意见》）精神，全面推进依法治市，加快法治玉溪建设，结合实际，提出如下实施意见。

一、贯彻落实党的十八届四中全会精神，加快推进依法治市、建设法治玉溪

1.重大意义。依法治国是党领导人民治理国家的基本方略。党的十八大以来，以习近平同志为总书记的党中央对“全面推进依法治国”作出了重大战略部署。党的十八届三中全会将“推进法治中国建设”纳入全面深化改革的重要内容。党的十八届四中全会审议通过的《决定》，是新形势下全面推进依法治国的纲领性文件，对建设中国特色社会主义法治体系、建设社会主义法治国家具有重大而深远的影响。全市各级党组织和领导干部一定要把思想和行动统一到党的十八届三中、四中全会精神上来，坚定不移走中国特色社会主义法治道路，切实增强全面推进依法治市的紧迫感和责任感，全面加快法治玉溪建设，积极推进依法执政、依法行政、公正司法、普法宣传教育等工作，确立法治在全市社会治理中的基础性、规范性、保障性作用，积极推进治理体系和治理能力现代化，使优质法治环境成为玉溪各项事业干在实处、走在前列最为显著、最为核心的竞争优势。

2.指导思想。深入贯彻落实党的十八大和十八届三中、四中全会精神，高举中国特色社会主义伟大旗帜，以马克思列宁主义、毛泽东思想、邓小平理论、“三个代表”重要思想、科学发展观为指导，深入贯彻习近平总书记系列重要讲话精神，坚持党的领导、人民当家作主、依法治国有机统一，坚定不移走中国特色社会主义法治道路，全面推进依法治市，坚决维护宪法法律权威，依法维护人民权益，维护公平正义，维护社会和谐稳定，为奋力推进玉溪跨越发展提供有力法治保障。

3.目标任务。贯彻中国特色社会主义法治理论，按照“科学立法、严格执法、公正司法、全民守法”的总要求，坚持依法治市、依法执政、依法行政共同推进，坚持法治玉溪、法治政府、法治社会一体建设。到2020年，实现各级党组织和党员干部法律意识显著增强，善于运用法治思维和法治方式推进工作，依法执政能力显著提升；各级政府职能依法转变到位，法治政府基本建成；使司法在维护社会公平正义、保障人民合法权益中的基础性作用更加显著，公信力明显提高；全民学法、守法、用法的氛围基本形成，法律的权威和尊严显著提升；法治人才结构持续优化，队伍素质全面提升；党风廉政建设深入推进，从严治党落到实处；全市经济建设、政治建设、文化建设、社会建设和生态文明建设全面纳入法治化轨道，各项事业法治化水平明显提升，优质法治环境基本形成。

4.基本原则。全面推进依法治市，必须坚持中国共产党的领导，确保党领导立法、保证执法、支持司法、带头守法，把党的领导贯彻于依法治市全过程。必须坚持人民主体地位，以保证人民根本利益为出发点和落脚点，始终为了人民、依靠人民、造福人民、保护人民。必须坚持法律面前人人平等，任何组织和个人都必须尊重宪法法律权威，在宪法法律范围内活动，不得有超越宪法法律的特权。必须坚持法治与德治相结合，充分发挥法律的规范和道德的教化作用，以法治体现道德理念、以道德滋养法治精神。必须坚持从实际出发，把中央和省委的要求与我市的发展需求相结合。

二、健全立法机制和强化监督工作，保证宪法法律法规实施

5.健全地方立法机制。人大在制定、修改地方性法规时，立法计划要报同级党委审查批准，制定、修改地方性法规涉及的重大问题由人大常委会党组向同级党委报告。推进地方立法工作健康有序进行。民族自治县要依照当地的政治、经济、文化特点，完善自治条例和单行条例，促进加快经济社会发展。加强人大对立法工作的组织协调，发挥人大代表参与立法作用，建立健全人大代表参与立法调研、起草、论证、协调、审议机制。建立立法协商机制，充分发挥政协委员、民主党派、工商联、无党派人士、人民团体、社会组织在立法协商中的作用。

6.履行法律实施的监督职责。各级人大及其常委会要保证宪法、法律、法规和上级人大及其常委会决议在本行政区域内的遵守和执行，维护国家法制的统一、尊严和权威。强化对“一府两院”执法司法的监督，确保行政权、审判权、检察权得到正确行使。坚持权责统一，做到有权必有责、用权受监督、违法受追究、侵权须赔偿。对决策失误、违法行政、滥用职权、失职渎职等行为，严格依法依规追究责任。

7.创新法律法规实施监督机制。市、县区人大常委会通过执法检查、听取和审议专项工作报告、询问和质询等法定形式，加强对法律法规实施情况的监督。健全法律法规实施情况报告制度。对未有效实施的法律法规，法律法规实施部门要向同级人大常委会报告情况并提出改进措施。市、县区人大常委会依法监督法律法规实施部门加强和改进执法工作。加强对制定法律法规配套办法的监督检查。

8.完善规范性文件备案审查机制。市、县区人大常委会要加强规范性文件备案审查工作机构和队伍建设，完善备案审查机制和程序。所有规范性文件都要纳入备案审查范围，加大主动审查力度，依法撤销和纠正违法的规范性文件。禁止制发有立法性质的文件。建立备案审

查衔接联动机制，加强与政府法制工作机构的合作，形成审查监督合力。

三、深入推进依法行政，全面加快法治政府建设

9.推进政府机构职能法定化。完善各级政府及其工作部门行政组织和行政程序法律制度，推进机构、职能、权限、程序、责任法定化。依法划分各级政府之间的事权，确定政府部门之间的职责，建立事权和职责的运行协调机制。推行政府部门权力、责任、负面清单制度，明确界定职权行使边界，坚决消除权力设租寻租空间。坚持法定职责必须为、法无授权不可为，坚决纠正不作为、乱作为。

10.健全完善法治政府建设指标体系。制定《玉溪市法治政府建设指标体系》。完善法治政府建设考评机制，提高法治政府建设考评指标在政府绩效考核体系中的权重。强化考评结果应用力度，把法治政府建设成效作为衡量各级政府及其工作部门领导班子和领导干部工作实绩的重要内容，全面提升法治政府建设的质量和水平。

11.推进行政审批制度改革。推进政府职能转变，规范行政权力运行，最大限度地防范和减少因行政行为失当引发的社会矛盾。深化行政审批制度改革，推进行政审批电子化，减少审批环节，优化审批流程，提高审批效能。

12.提高政府规范性文件制定水平。推进政府规范性文件的集中草拟，重要行政管理规范性文件由政府法制机构起草，有效防止规范性文件制定中的部门利益。建立成本效益和社会效益预评估制度，提高规范性文件的质量。完善规范性文件发布前统一审查制度，严格法定权限和程序，强化备案审查，加强规范性文件的监督管理。建立定期清理制度，适时修改、废止与法律法规、经济社会发展不相适应的规范性文件。

13.健全依法决策机制。各级政府及其工作部门要完善依法决策制度，建立健全重大行政决策公众参与、专家论证、风险评估、合法性审查、集体讨论决定的法定程序，切实做好重大决策的合法性审查，凡是未经合法性审查或审查不合法的，不得提交讨论，防范法律风险，推进依法行政。制定责任追究相关办法，坚持重大决策于法有据，做到决策和严格执法紧密衔接，重大决策的经过应当予以记录并保存，切实执行重大决策终身责任追究制度及责任倒查制度。

14.积极推行政府法律顾问制度。充分发挥以政府法制机构人员为主体、吸收专家和律师参加的法律顾问队伍的作用。2015年实现市、县（区）政府及其工作部门法律顾问全覆盖。

15.加强和改进行政执法。按照减少层次、整合队伍、提高效率的原则，研究制定市、县（区）两级政府部门执法队伍的规范整合方案，建立职能集中、管理规范、上下协调、运行有效的综合执法体系。重点加强食品药品安全、工商质检、公共卫生、安全生产、文化旅游、资源环境、农林水利、交通运输、城乡建设等重点领域的综合执法。探索推行跨部门综合执法。加强城市管理综合执法机构建设，逐步实现城市综合执法中执法权、执法力量、执法手段三集中，提高执法和服务水平。严格实行执法人员经考试持证上岗和资格管理制度。严格执行罚缴分离和收支两条线管理制度，严禁收费罚没收入同部门利益直接挂钩或者变相挂钩。

16.健全行政执法与刑事司法相衔接机制。完善案件移送标准和程序，建立行政执法机关、公安机关、检察机关、审判机关信息共享、案情通报、案件移送制度，坚决克服有案不移、有案难移、以罚代刑现象，实现行政处罚和刑事处罚无缝对接。建立联席会议制度，协调解决执法机关之间的矛盾和争议。

17.严格规范公正文明执法。完善行政执法程序，建立健全执法全过程记录制度，细化具体操作流程，明确执法步骤、环节和时限，重点规范行政许可、行政处罚、行政强制、行政征收、行政收费、行政检查等关系群众切身利益的执法行为，严格执行重大行政执法决定法制审核制度。完善行政执法告知、调查取证、听证、集体讨论等制度。建立全市统一行政执法主体及行政人员数据库。建立健全行政裁量权基准制度，细化、量化行政裁量标准，规范裁量范围、种类、幅度，统一各系统内行政处罚自由裁量权适用规则。加强行政执法信息化建设，推行执法流程网上管理，提高执法效率和规范化水平。全面落实行政执法责任制和执法评议考核制，严格确定不同部门及机构、岗位执法人员执法责任和责任追究机制。加强执法监督，坚决排除对执法活动的干预，防止和克服地方和部门保护主义，严惩执法腐败行为。

18.强化对行政权力的制约和监督。加强对政府内部权力的制约，规范权力运行程序，对权力集中的部门和岗位强化内部流程控制，有效防止权力滥用。建立向人大报告、向政协通报工作机制，自觉接受监督。重视社会监督、舆论监督，改进相关工作。加强行政监督和审计监督，强化责任追究。加强行政复议和行政执法督查工作，建立健全行政复议建议书和意见书制度，强化政府内部层级监督。积极推进行政问责和绩效管理监察，运用电子监察系统扩大对行政执法案件的同步监察范围。严格执行行政问责制度，健全责令公开道歉、停职检查、引咎辞职、责令辞职、罢免等问责方式和程序。保障依法独立行使审计监督权，严格落实对公共资金、国有资产、国有资源和领导干部履行经济责任情况实行审计全覆盖规定。强化上级审计机关对下级审计机构的领导。大力推进审计职业化建设。健全对村规民约的审查备案和监督机制，乡镇（街道）政府（办事处）对违反宪法、法律法规和国家政策的村民自治章程、村规民约和村民会议的决定，要责令改正。

19.全面推进政务公开。坚持以公开为常态、不公开为例外的原则实施政务公开，推进决策公开、执行公开、管理公开、服务公开、结果公开。政府及其工作部门编制权责清单并向社会全面公布。重点推进财政预算、“三公”经费及公共资源配置、重大建设项目、社会公益事业等领域的政府信息公开。建立健全行政执法公示制度，公开行政执法主体、执法职责、执法依据、执法过程和执法结果。未经审定公布的行政审批事项，行政机关不得实施。未经审查公布的规范性文件，行政机关不得执行。加强政府法治信息服务工作，创建玉溪政府法治信息网。

四、保证公正司法，切实提高司法公信力

20.确保依法独立公正行使审判权、检察权。建立领导干部干预司法活动、插手具体案件处理的记录、通报和责任追究制度。任何党政机关和领导干部不得让司法机关做违反法定职责、有碍司法公正的事情，任何司法机关不得执行党政机关和领导干部违法干预司法活动的要求。对干预司法机关办案的，给予党纪政纪处分；造

成冤假错案或者其他严重后果的，依法追究刑事责任。建立健全司法人员履行法定职责保护机制，非因法定事由，非经法定程序，不得将法官、检察官调离、辞退或者作出免职、降级等处分。坚持行政机关法定代表人依法出庭应诉、支持法院受理行政案件、尊重并执行法院生效裁判的制度。严格惩戒妨碍司法机关依法行使职权、拒不执行生效裁判和决定、藐视法庭权威等违法犯罪行为。

21.优化司法职权配置。健全司法权力分工负责、相互配合、相互制约、权责一致的机制，理顺司法权与司法事务管理权、司法权与监督权的关系，确保规范执法、公正司法。实行法院、检察院行政事务管理权和审判权、检察权相分离。推动实行审判权和执行权相分离的体制改革。完善刑罚执行制度，统一刑罚执行体制。探索建立检察机关提起公益诉讼制度。检察机关在履行职责中发现行政机关违法行使职权或者不行使职权的行为，应该督促其纠正。探索完善行政机关和相关部门协查职务犯罪工作机制，明确纪检监察、刑事司法办案标准和程序衔接，完善职务犯罪案件初查机制，依法严肃查办职务犯罪案件。健全完善国家保护、奖励职务犯罪举报人制度。

22.完善司法管辖体制。推进市、县区法院、检察院人财物由省统一管理制度，建立与行政区域适当分离的司法管辖制度。完善行政诉讼体制机制，合理调整行政诉讼案件管辖制度，切实解决行政诉讼立案难、审理难、执行难等问题。探索通过提级管辖、指定管辖审理行政案件、跨行政区域民商事案件、环境保护案件等。健全完善市、县区法院派出巡回法庭工作机制。

23.完善司法权力运行机制。健全事实认定符合客观真相、办案结果符合实体公正、办案过程符合程序公正的制度机制。推进以审判为中心的诉讼制度改革，确保侦查、审查起诉的案件事实证据经得起法律的检验。全面贯彻证据裁判规则，严格依法收集、固定、保存、审查、运用证据，完善证人、鉴定人出庭制度，确保庭审在查明事实、认定证据、保护诉权、公正裁判中发挥决定性作用。变立案审查制为立案登记制，对人民法院依法应该受理的案件，做到有案必立、有诉必理，保障当事人诉权。严格落实审级制度，一审重在解决事实认定和法律适用，二审重在解决事实法律争议、实现二审终审，再审重在解决依法纠错、维护裁判权威。加大对虚假诉讼、恶意诉讼、无理缠诉行为的惩治力度。加强案例指导，统一法律适用标准。轻微刑事案件要快速办理，提高司法效率，减轻群众诉累。完善刑事诉讼中认罪认罚从宽制度。完善对涉及公民人身、财产权益的行政强制措施实行司法监督制度。严格规范减刑、假释、保外就医的条件和程序，建立法院、检察院、刑罚执行机关减刑、假释、保外就医网上信息平台，建立减刑、假释、保外就医公开制度，加强法律监督和社会监督；健全对假释、保外就医罪犯的管理制度。健全社区矫正制度，提高社区矫正执法保障能力，加强和落实管理责任。

24.推进司法公开。推进审判公开、检务公开、警务公开，依法及时公开执法司法依据、程序、流程、结果和生效法律文书，构建开放、动态、透明、便民的阳光司法机制。加强法律文书释法说理，建立生效法律文书统一上网和公开查询制度，实现当事人通过网络实时查询办案流程信息和程序性信息。建立督导制度，严格落实责任，确保各项公开措施得到落实，实现以公开促公正。保障人民群众在司法调解、司法听证、涉诉信访等司法活动中的参与权。

25.加强人权司法保障。坚持保障人权和惩罚犯罪并重，强化诉讼活动中对当事人和其他诉讼参与人的知情权、陈述权、辩护辩论权、申请权、申诉权等制度保障。健全落实罪刑法定、疑罪从无、非法证据排除等法律原则的法律制度。完善对限制人身自由司法措施和侦查手段的司法监督；加强对刑讯逼供和非法取证的源头预防；统一错案责任认定标准，明确纠错主体和启动程序，健全冤假错案有效防范、及时纠正机制。进一步规范在刑事、民事、行政诉讼中查封、扣押、冻结、处理涉案财物的司法程序。探索建立跨部门的地方涉案财物集中管理平台，统一管理辖区内刑事诉讼案件涉案财物。加快建立失信被执行人信用监督、威慑和惩戒法规制度，加快建设信息共享、协调联动的执行指挥中心网络，切实解决执行难问题，保障胜诉当事人及时实现权益。落实终审和诉讼终结制度，实行诉访分离，建立涉法涉诉信访事项导入司法程序机制，保障当事人依法行使申诉权利；依法完善涉法涉诉信访终结制度，把涉法涉诉信访纳入法制轨道解决。改革律师制度，完善保障律师依法执业的制度机制，建立规范办理律师提出举报、申诉、控告、申请工作机制和听取律师意见制度；对不服司法机关生效裁判、决定的申诉，逐步实行由律师代理制度。落实法律援助政府责任制，将聘不起律师的申诉人纳入法律援助范围，努力实现法律援助应援尽援，加大法律援助经费保障力度，提高法律援助质量和水平。完善国家司法救助制度，规范程序，落实救助资金，确保因遭受犯罪侵害或民事侵权无法获得有效赔偿、生活困难当事人及时得到救助。

26.加强对司法活动的监督。建立司法权力清单制度，优化司法机关执法办案组织，科学划分内部执法办案权限，建立司法机关内部人员过问案件的记录制度和责任追究制度。完善主审法官、合议庭、主任检察官、主办侦查员办案责任制，改革审判委员会和检察委员会制度。明确各类司法人员工作职责、工作流程、工作标准，实行办案质量终身负责制和错案责任倒查问责制，落实谁办案谁负责，建立有权必有责、用权受监督、失职要问责、违法要追究的司法责任体系，确保案件经得起法律和历史检验。加强检察机关对刑事诉讼、民事诉讼、行政诉讼的法律监督，努力让人民群众在每一个司法案件中感受到公平正义。完善司法内部办案监督工作机制，强化对权力行使的监督制约和办案质量的全程监控。健全完善执法档案制度，全面记录和掌握执法办案业绩与效果。健全办案责任考评机制，定期对办案质量进行评查，并将评查结果作为等级晋升、奖惩的重要依据。完善人民陪审员制度，规范选任条件，改革选任方式，完善随机抽选方式，扩大参审范围，保障公民陪审权利，逐步实行人民陪审员只参与审理事实认定问题，不再审理法律适用问题，提高人民陪审制度公信度。完善人民监督员制度，重点监督检察机关查办职务犯罪的立案、羁押、扣押冻结财物、起诉等环节的执法活动。司法机关在办案过程中要自觉接受舆论监督，及时回应社会关切。规范媒体对案件的报道，防止舆论影响司法公正。加大惩治力度，对因违法违纪被开除公职的司法人员、吊销执业证书的律师和公证员，终身禁止从事法律职业，构成犯罪的要依法追究刑事责任。依法规范司法人员与当事人、律师、特殊关系人、中介组织的接触、交往行为。严禁司法人员私下接触当事人及律师、泄露或者为其打探案情、接受吃请或者收受其财物、为律师介绍代理和辩护业务等违法违纪行为，坚决惩治司法掮客行为，防止利益输送。坚决破除各种潜规则，绝不允许办关系案、人情案、金钱案。坚决反对和惩治粗暴执法、野蛮执法等行为。对司法领域的腐败零容忍，坚决清除害群之马。

五、增强全民守法意识，深入推进法治社会建设

27.构建社会普法宣传教育机制。以每年12月4日国家宪法日为契机，积极开展宪法教育，弘扬宪法精神。坚持把全民普法和守法作为依法治市的长期基础性工作，深入开展法治宣传教育。健全国家机关“谁执法谁普法”的普法责任制，建立普法职责单位定期例会制度，推进实施《玉溪市“六五”普法责任制实施方案》《玉溪市第四个五年依法治市规划（2013～2017）》和《中共玉溪市委、玉溪市人民政府关于加强司法行政促进依法治市的意见》，全面落实普法工作责任制。实施“公民法律素质提升资助计划”，深入开展普法志愿者活动，积极探索建立多种社会力量参与法制宣传教育的工作模式。到2017年，全社会学法守法用法意识明显增强；基本建成覆盖城乡、功能完备、务实高效的法律服务体系，实现城乡基本公共法律服务均等化；基本形成与平安玉溪相适应的基层“大调解”工作格局、特殊人群管理服务机制、刑罚执行体系模式，全市矛盾纠纷调解率达100%，社区矫正人员和刑释解教人员重新违法犯罪率低于3%，影响社会公平正义、和谐稳定的突出问题得到切实解决。

28.推动领导干部带头学法守法。完善国家工作人员学法用法制度，把宪法法律列入党委（党组）理论中心组学习内容，列为党校、行政学校必修课。通过组织领导干部旁听行政诉讼案件庭审等方式，不断创新领导干部学法形式。推行各级人大常委会任命领导干部任前法律知识考试，从入口处强化领导干部的法治思维。

29.提升市民法治素养。认真落实中小学校法治知识课程的整体规划，建立法治教育的经费、教师、质量保障机制以及质量评估体系。编写中小学生法治知识读本，充实中小学校法治知识课专兼职教师队伍，完善中小学校配备兼职法制副校长制度。加强预防青少年犯罪警示基地建设，完善家庭、学校、社会“三位一体”的青少年法制教育网络。加强宗教场所普法教育，提高教职人员和信教群众的法律意识。健全企业员工法治教育制度，构建符合企业员工职业特点和需求的法治教育内容体系。把法治教育纳入精神文明创建内容，开展群众性法治文化活动。开展争当文明守法好市民活动，营造守法光荣、违法可耻的社会氛围。

30.创新法治宣传教育方式。建立法官、检察官、行政执法人员、律师等以案释法制度，运用典型案例开展法治宣传教育，增强普法宣传的实效。通过组织旁听庭审和举办典型案例巡回讲座、座谈等活动，让市民在参与法治实践过程中感受法治的公平正义。健全媒体公益普法制度，强化媒体落实公益法治宣传教育的社会责任，进一步提升法治公益广告宣传的强度和频度。开设法治专栏，开通专门法治频道，积极运用微博、微信、微视等新媒体，增强法治宣传教育的互动性和渗透力。创建“法治玉溪”微信平台，传播法治正能量。将每年12月的第一周确定为“法治宣传周”。在农村积极推进普法“四个一”建设，力求做到每个乡镇建立一个法律辅导站，每个行政村（社区）设立一块法律宣传栏，每个村（居）民小组建立一个法律图书专柜，每个家庭培养一个法律明白人。积极引导群众依法表达诉求、解决纠纷、维护权益，形成办事依法、遇事找法、解决问题用法、化解矛盾靠法的良好法治氛围。

31.建设社会主义法治文化。培育完善一批各具特色的法治广场、公园、街区等法治文化示范点。举办法治文明体验活动。鼓励支持各文艺团体、各企事业单位和其他社会力量积极开展法治题材文学艺术作品创作。充分调动广大法学、法律和文化工作者以及各界人士的积极性，加强法治文化理论和应用对策研究。

32.加强社会诚信建设。深入推进省级社会信用体系建设试点市工作，制定全市社会信用体系建设实施方案，加快推进政务诚信、商务诚信、社会诚信和司法公信等重点领域信用建设。理顺社会信用管理体制，完善市级社会信用体系建设部门联席会议工作制度，推进信用法规制度建设，加快构建全市信用信息共享平台，建立健全信息披露和联合奖惩机制，促进信用信息广泛使用，教育引导公民把诚实守信作为基本行为准则，使遵法守法诚信成为人民群众的共同追求和自觉行动。

33.加强公民道德建设。大力践行社会主义核心价值观，弘扬中华优秀传统文化和全市优秀民族文化，增强法治的道德底蕴，强化规则意识，倡导契约精神，弘扬公序良俗。深入实施公民道德建设工程，认真推进“节约养德”全民节约行动和“善行义举榜”建设，广泛开展“道德讲堂”和道德实践活动，加强青少年思想道德建设，加强社会公德、职业道德、家庭美德、个人品德教育，发挥“玉溪好人”等身边道德模范作用，引导人们自觉履行法定义务、社会责任、家庭责任，营造重德守礼的社会新风尚。

六、促进社会治理法治化，全力维护社会和谐稳定

34.全面推进多层次多领域依法治理。坚持系统治理、依法治理、综合治理、源头治理，形成政府治理和社会自我调节、居民自治良性互动的社会治理格局，提高社会治理法治化水平。建立健全系统完备、科学规范、运行有效的社会治理规则体系，发挥法治对社会治理的引领、规范和保障作用。不断深化法治城市、法治县区和民主法治示范村（社区）、依法诚信示范企业等多层次多形式的法治创建活动。深化基层组织和部门、行业依法治理，支持各类社会主体依法自我约束、自我管理。推动社区党组织、居委会、工作站等多元主体依法治理，提高社区治理法治化水平。发挥市民公约、乡规民约、行业规章、团体章程等社会规范在社会治理中的积极作用。建立健全统一登记、各司其职、协调配合、分级负责、依法监管的社会组织管理体制，发挥人民团体和社会组织在法治社会建设中的积极作用。建立健全社会组织参与社会事务、维护公共利益、救助困难群众、帮教特殊人群、预防违法犯罪的机制和制度化渠道。支持社会组织依法参与社会治理，支持工青妇组织发挥枢纽型社会组织在法治社会建设中的引领作用，支持行业协会商会类社会组织发挥行业自律和专业服务功能，支持社会组织对其成员的行为引导、规则约束、权益维护。支持和发展志愿服务组织，完善志愿服务制

度。建立健全社会组织第三方社会评估机制，推进社会组织信息公开，完善社会组织社会监督举报受理机制，加大对社会组织违法活动和非法社会组织的查处力度。加强社团管理。依法妥善处置涉及民族、宗教等因素的社会问题，促进民族关系、宗教关系和谐。

35.构建完备的法律服务体系。健全公共法律服务网络，整合公共法律服务资源，拓展公共法律服务领域，加快建立健全符合市情、覆盖城乡、惠及全民的公共法律服务体系，加强民生领域法律服务，不断满足保障公民基本权利，维护群众合法权益，实现社会公平正义和保障人民安居乐业所必需的法律服务。依托基层司法所，加快乡镇（街道）、村（社区）法律服务工作站（室）和服务点建设，力争每个建制村、城市社区建成1个法律服务点，解决法律服务资源匮乏问题。积极探索建立村（社区）法律顾问制度，引导广大律师、公证员和基层法律服务工作者参与信访、调解、群体性案（事）件处置和社区工作等公益性法律服务。市、县区政府要把公共法律服务经费列入财政预算，纳入政府购买项目，推动建立公益性法律服务补偿机制，促进基本公共法律服务可持续、常态化。

36.大力发展律师、公证等法律服务业。统筹城乡、区域法律服务资源合理分布、均衡发展，解决律师资源不足问题。发展涉外法律服务业。积极推动法律服务机构在工业园区、县域城镇、民营企业聚集区设立分支机构、建立专业团队，丰富服务功能。组织律师、公证员下基层开展公益性、便利性专项活动。完善激励措施，引导和鼓励广大律师、公证员、司法鉴定和基层法律服务人员主动为妇女儿童、青少年、老年人、残疾人、特殊人群等群体提供法律服务，促进民生领域法律服务多元化、社会化、常态化。完善律师执业权利保障机制和违法违规执业惩戒制度。选拔和储备合格法律职业人才。健全统一司法鉴定管理体制。

37.健全完善社会矛盾预防化解机制。强化法律在维护群众权益、化解社会矛盾中的权威地位。建立健全社会矛盾预警机制、利益表达机制、协商沟通机制、救济救助机制，畅通群众利益协调、权益保障法律渠道。把信访纳入法治化轨道，坚持法定途径优先原则处理信访问题，保障合法合理诉求依法按程序得到解决。健全及时就地解决群众合理诉求机制，依法规范信访秩序，引导群众依法就地反映诉求。进一步畅通和拓宽群众信访诉求表达渠道，严格落实领导干部接访下访和包案化解矛盾纠纷制度，全面推行网上信访、视频接访，让群众更加便捷地反映合理诉求。健全完善调解、仲裁、行政裁决、行政复议、诉讼有机衔接、相互协调的多元化纠纷解决机制。加强大调解体系建设，完善县、乡、村、村民小组“四级联动”和人民调解、行政调解、司法调解“三调对接”，行业调解助推的基层“大调解”工作格局。制定完善人民调解员选任、人民调解员担任人民陪审员等制度，落实“以案定补”“以奖代补”等调解工作奖励和补助政策。健全村（居）人民调解委员会，发挥其源头控制、常态排查、就地化解的作用。完善仲裁制度，提高仲裁公信力。健全行政裁决制度，强化行政机关解决同行政管理活动密切相关的民事纠纷功能。

38.深入推进平安玉溪建设。以争创全国“长安杯”，争当平安云南建设“示范区”为目标，更高层次地全面推进平安玉溪建设，努力实现“居所更加安宁、生活更加安康、环境更加安全、群众更加安心、社会更加安定”，确保全市社会和谐稳定。实施《玉溪市人民代表大会常务委员会关于推进平安法治玉溪建设的决议》，开展平安县（区）、平安乡（镇、街道）、平安村（社区）、平安家庭等“细胞工程”创建活动，努力实现基层创建活动全覆盖。完善“网格化管理、信息化支撑、精细化服务”的社会服务管理新模式，全面推进“6995”语音公众服务平台与网格化信息系统平台合二为一，到2015年实现村（社区）网格化管理全覆盖。全面落实领导责任制、目标管理责任制，“一票否决权”制、领导干部综治维稳专项政绩考核制度，考核结果与业绩评定、职务晋升、奖惩等挂钩。

39.深入推进社会治安综合治理。推进立体化社会治安防控体系建设，加快市、县区城市报警监控系统项目建设，着力提高动态条件下社会治安防范控制能力。突出打击整治重点，积极回应社会关切，依法严厉打击暴力恐怖、涉黑犯罪、邪教、黄赌毒等关系群众切身利益、群众反映强烈的违法犯罪问题，不断提升人民群众安全感。深入推进禁毒防艾人民战争。严密防范宗教极端思想传播，坚决取缔非法宗教活动，保障人民生命财产安全。深化食品药品监管体制改革，建立科学完善的食品药品监管体系，严格食品药品安全政绩考核评价制度、企业责任首负制度和行政问责制度，落实地方属地管理和生产经营主体责任。建立健全“党政同责、一岗双责、齐抓共管”的安全生产责任体系，加大安全生产考核权重和责任追究力度。加大资源环境领域执法力度，依法严厉查处破坏资源环境的违法行为。加大对网络色情、诈骗、赌博以及利用网络制造传播谣言、散布虚假信息等违法犯罪活动的整治力度。加强公共安全宣传教育和应急演练，提高公众防灾减灾救灾意识和应急自救互救能力。

七、提升法治队伍素质，创新法治人才培养机制

40.建设高素质法治专门队伍。坚持把思想政治建设摆在首位，坚持党的事业、人民利益、宪法法律至上，加强法治工作队伍建设。抓住立法机关、执法机关、司法机关和政府法制机构各级领导班子建设这个关键，突出政治标准，把善于运用法治思维和法治方式推动工作的人选拔到领导岗位上来。畅通立法机关和执法、司法机关、政府法制机构干部和人才相互之间以及与其他部门具备条件的干部和人才交流渠道。推进法治专门队伍正规化、专业化、职业化，提高职业素养和专业水平。完善法律职业准入制度，建立法律职业人员统一职前培训制度。建立从符合条件的律师、法学专家中招录法官、检察官制度，畅通具备条件的军队转业干部进入法治专门队伍的通道，健全从政法专业毕业生中招录人才的规范便捷机制。加强民族地区法治专门队伍建设，建立完善少数民族法律人才培养使用长效机制。建立符合职业特点的法治工作人员管理制度，完善职业保障体系，落实法官、检察官、人民警察专业职务序列及工资制度。积极推进法官、检察官逐级遴选制度。落实民族自治地方主体少数民族法官、检察官单独招录制度和遴选办法，积极培养民族自治地方“双语”法官、检察官。

41.加强行政执法队伍建设。探索公务员分类管理改革和公安专业化改革，探索实施组织系的职位说明书制度，健全警察职位体系和配套精细化管理制度。探索建立招考职位目录制度。深化分类考核，强化考核结果在执法人员职务晋升中的作用。制定行政执法工作行为

规范，严格执法办案程序，明确执法人员岗位风险点，制定防范措施和要求。对任职时间较长的执法人员有计划、有重点、有步骤地进行跨地区、跨部门交流轮岗。进一步扩大执法类职位范畴。

42.加强法律服务队伍建设。将思想政治教育培训作为申请律师执业考核和执业律师年度考核的重要指标。理顺律师行业党建工作体系，强化党对律师工作的领导，积极从优秀青年律师中发展党员。加大对律师业的扶持力度，建立多元化的人才培育和发展保障体系。扩大公司律师在现代服务业、高新技术产业的试点范围，健全公司律师管理制度。建立公职律师管理体系，扩大公职律师试点范围。研究建立各级党政机关和人民团体设立公职律师制度，支持企业设立公司律师，参与决策论证，提供法律意见，促进依法办事，防范法律风险。明确公职律师、公司律师法律地位及权利义务，理顺公职律师、公司律师管理体制机制。大力发展公证员队伍，严把公证员选录关，中心城区公证机构率先做到从通过国家司法考试人员中选拔、任命公证员。大力发展基层法律服务工作者队伍，扩大服务范围，提升服务水平。

43.创新法治人才培养机制。坚持用马克思主义法学思想和中国特色社会主义法治理论占领法学研究阵地，加强法学基础理论研究。将法治专门人才的培养发展纳入党的人才建设整体规划，加强法学高端人才引进，建设善于处理涉外法律事务的涉外法治人才队伍。健全政法部门和法学院校人员双向交流机制，实施高校和法治工作部门人员互聘计划，重点打造一支政治立场坚定、理论功底深厚、熟悉国情省情市情的高水平法学专家团队。

八、加强党的领导，确保依法治市工作取得实效

44.坚持依法执政。依法执政是依法治国的关键。各级党组织和领导干部要深刻认识到，维护宪法法律权威就是维护党和人民共同意志的权威，捍卫宪法法律尊严就是捍卫党和人民共同意志的尊严，保证宪法法律实施就是保证党和人民共同意志的实现。各级党组织和领导干部要对法律怀有敬畏之心，牢记法律红线不可逾越、法律底线不可触碰，带头遵守法律，带头依法办事，不得违法行使权力，更不能以言代法、以权压法、徇私枉法。

45.建立健全领导体制和工作机制。按照党委总揽全局、协调各方的原则，从制度上、程序上规范党委与人大、政府、政协、司法机关以及人民团体的关系，支持人大及其常委会依法行使职权，支持政府履行法定职能、依法行政，支持政协围绕团结和民主两大主题履行职能，确保审判机关、检察机关依法独立公正行使审判权、检察权，支持工会、共青团和妇联等人民团体依照法律和各自章程开展工作，在依法治市中积极发挥作用。加强对法治建设的统一领导、统一部署、统筹协调。各级党政“一把手”要切实履行推进法治建设第一责任人的职责。完善党委依法决策机制，发挥政策和法律的各自优势，促进党的政策和地方性法规互联互动。党委要定期听取政法机关工作汇报，做促进公正司法、维护法律权威的表率。完善和强化市委全面推进依法治市领导小组，组长由市委主要领导担任，下设办公室在市委政法委，具体负责全面推进依法治市的日常事务工作。

46.切实带头遵守宪法法律。市、县（区）人大、政府、政协、审判机关、检察机关的党组织和党员干部要坚决贯彻党的理论和路线方针政策，贯彻党委决策部署；各级人大、政府、政协、审判机关、检察机关的党组织要领导和监督本单位模范遵守宪法法律，坚决查处执法犯法、违法用权等行为。凡经人大及其常委会选举或者决定任命的国家工作人员正式就职时，必须公开向宪法宣誓。

47.更好地发挥政法委员会职能作用。政法委员会是党委领导政法工作的组织形式，必须长期坚持。市、县区党委政法委员会要进一步明确职能定位，把工作着力点放在把握政治方向、协调各方职能、统筹政法工作、建设政法队伍、督促依法履职、创造公正司法环境上，带头依法办事，保障宪法法律正确统一实施。进一步创新政法委员会的领导方式，善于议大事、抓大事，善于管宏观、谋全局，着力提升协调解决事关政法工作全局的重大问题的能力，着力提升领导政法工作的科学化、法治化水平。政法机关党组织要建立健全重大事项向党委报告制度。加强政法机关党的建设，在法治建设中充分发挥党组织政治保障作用和党员先锋模范作用。

48.严格落实党内法规制度。各级党委要严格遵守党章这一最根本的党内法规及其他党内法规，提高党内法规执行力，运用党内法规把党要管党、从严治党落到实处，切实促进广大党员干部带头遵守国家法律法规。各级党组织和广大党员干部要充分认识党规党纪严于国家法律，既要模范遵守国家法律法规，更要按照党规党纪以更高标准严格要求自己，坚定理想信念，践行党的宗旨，坚决同违法乱纪行为作斗争。依纪依法反对和克服形式主义、官僚主义、享乐主义和奢靡之风，形成严密的长效机制，严格执行领导干部政治、工作、生活待遇方面各项制度规定，着力整治各种特权行为。严格落实党风廉政建设党委主体责任和纪委监督责任，严肃处理违反党规党纪的行为，坚决惩处腐败行为和腐败分子。

49.提高法治思维和依法办事能力。各级党员干部尤其是领导干部要以身作则、以上率下，自觉提高运用法治思维和法治方式深化改革、推动发展、化解矛盾、维护稳定的能力。把法治建设成效作为衡量各级领导班子和领导干部工作实绩的重要内容，纳入政绩考核指标体系。把能不能遵守法律、依法办事作为考察干部的重要内容，并与业绩评定、职务晋升、奖惩等挂钩，对法治素养好、依法办事能力强的干部，同等条件下优先提拔使用。对法治观念淡薄的干部要批评教育，拒不改正者要调离领导岗位。

50.加快基层治理法治化建设。充分发挥基层党组织在全面推进依法治市中的战斗堡垒作用，教育引导基层广大党员干部增强法治观念、法治为民意识，提高依法办事能力。加强基层法治机构和法治队伍建设，建立重心下移、力量下沉的法治工作机制。加大经费保障力度，改善基层基础设施和装备条件。大力推进法治干部下基层活动，增强基层活力，提高基层治理法治化水平。

各级各部门要全面准确贯彻《决定》《意见》和本实施意见精神，加强组织领导，进一步细化方案措施，明确责任，健全落实机制，加强督导检查，确保全面推进依法治市各项任务落到实处。全市党员干部和各族群众要紧密团结在以习近平同志为总书记的党中央周围，高举中国特色社会主义伟大旗帜，增强法治意识，弘扬法治精神，运用法治思维，提升法治水平，奋力开创法治玉溪建设新局面！

中共玉溪市委　玉溪市人民政府
关于玉溪市工业园区实行实体化管理的指导意见

为深入贯彻落实《中共云南省委云南省人民政府关于推动工业跨越发展的决定》和《中共玉溪市委玉溪市人民政府关于进一步加强工业园区建设的意见》精神，进一步深化全市工业园区（以下简称“园区”）管理体制机制改革，推进经济行为实体化、园区建设市场化、公共服务社会化，全面实现园区建设大推进、规模大扩张、发展大提速、品质大提升，市委、市政府决定对全市工业园区实行实体化运作。现结合实际提出如下指导意见：

一、总体思路和目标

（一）总体思路

坚持转变发展方式和走新型工业化发展道路，按照工业园区化、园区城市化的发展要求，大胆改革、勇于创新，着力破除园区经济社会发展体制机制障碍，以实现经济行为实体化、园区建设市场化、公共服务社会化为目的，以理顺管理体制机制和经济行政管理审批权限下放为核心，以加快园区机构、人事、收入分配制度改革为重点，全面推行园区规划区域范围城乡规划建设、产业发展、经济社会发展一体化，全面推行权责合一、党政合一、经济社会发展合一实体化管理，大力促进园区建设升级、产业转型升级、服务管理升级，真正把园区打造成新型工业化的示范基地、对外开放的重要窗口、经济发展的主引擎、体制机制创新的先行区、统筹城乡发展的示范区和玉溪科学发展新跨越的动力源。

（二）发展目标

建强“十大园区”，打造“六大产业”，建好“六大基地”。全力推进园区基础设施提升、特色优势产业集群发展、培育战略新兴产业、园区提档升级和体制机制创新“五大工程”。2015年全市园区实体化管理要取得实质性进展，产业集中集群发展、经济规模倍增扩展、载体功能显著提升、体制机制高效运行、争先进位取得新突破。到2020年，培育玉溪高新区含江川龙泉片区、红塔工业园区2个销售收入过1 000亿元，研和工业园区400亿元，新平矿业循环经济特色工业园区、易门陶瓷特色工业园区2个过350亿元，通海五金产业园区、大化产业园区2个过200亿元，澄江工业园区、华宁工业园区2个过150亿元，元江工业园区1个过100亿元，形成国家、省、市三级并进、布局合理、竞相发展的园区体系。

二、主要内容及措施

（三）调整领导体制

按照“小机构、大服务”原则，设立园区党工委、管委会，国家级高新区作为市委、市政府派出机构，其他园区作为各县区党委、政府派出机构，负责对辖区内经济社会事务实行统一管理。实行管委会主任负责制，国家级高新区和工业园区管委会主要领导按干管权限任命，其余岗位实行全员聘任聘用制。大化产业园区保留现有指挥部，将其规划建设管理等职能移交峨山县政府（其扬武片区仍按属地管理不变）。

（四）强化规划管理

利用综合开发低丘缓坡的机遇，加快土地规划评估修改，严格按照“高起点、高要求、高标准”要求，明确园区实体化管理区域四至范围，规划一步到位，建设逐步推进。各园区要完善总体规划、控制性详细规划、产业发展及相关专项规划，把工业与农业、城市与乡村、城镇居民与农村居民作为一个整体统筹谋划，新型城镇化建设与相对集中的工业园区形成“产城融合”的共同体。推动工业化和城市化协调带动发展，并可根据发展需要，结合土地利用总体规划及批准的总体规划，向原审批部门适时申请调规。支持园区实施“多规合一”的规划管理。园区管委会根据所在地政府的授权情况，负责审批办理管辖范围内的有关建设活动许可。市政府批准或授权相关部门审批园区总体规划和控制性详规、区域环评、产业发展方向和布局等。对不符合本园区产业布局的招商引资项目调整到其他符合产业布局的园区落户。所产生的总产值、增加值、税收等按三七比例分成（具体管理办法另行制定）。

（五）精简内设机构

在依法行使管理职能，实现对内接口、对外接轨的前提下，按照“小机构、大服务”和“精简、高效”的原则自行设置内设机构，实行社会化、市场化运作。园区管委会内部采用扁平化两级管理体制，内设机构设正职1人，副职1～4人。中央、省直部门的派出机构实行双重领导，以业务主管部门管理为主。

（六）落实管理职权

按照“成熟下放、急用先放、不急缓放、不需不放”原则，授予省级、市级工业园区管委会部分市级、县级经济社会管理权限。被授权园区以编号公章形式实施经济管理权限。由此产生的法律后果由行权园区承担。根据园区开发建设实际需要和接受能力，重点落实发改、规划、土地、建设、环保、安监、质监、干部、人事等方面的市、县区级权限。凡园区需要的行政管理权限，除国家法律法规和政策禁止性规定外，市、县区级有关部门要通过委托、授权等方式赋予园区管委会行使。上级有关部门要加强指导，帮助管委会履行好相关管理职能。上级转报的事项，由管委会直接上报并抄送所在地政府相关部门，需通过市级呈报省有关部门的事项，由市级有关部门换文上报。市级有关部门要优先办理，按规定限时办结。

（七）深化人事改革

按照“老人老办法、新人新机制”原则，园区工作人员由管委会自主配备，除管委会班子成员外，其他人员实行全员聘任聘用制。实施实体化管理前属行政或事业编制的人员，其身份和级别存档保留，作为人员流动或退休时的依据，若工资晋升，只作为档案工资进行保留。退休时按原有身份办理和计算退休费。新进人员一律实行聘任聘用制，社会保险按企业进行统筹。内设机构的中层管理岗位及一般岗位工作人员在编制限额内可由管委会面向社会公开考核聘用。组织、人事部门要为园区干部人事制度改革创造条件。

（八）创新分配机制

按照“因事设岗、以岗定酬”的原则，园区管委会在不违反法律法规政策的前提下，享有收入分配自主权，区别不同的园区发展状况，合理确定收入分配总体水平，适当提高园区工作人员的工资待遇。各园区管委会建立收入分配与岗位、实绩挂钩的目标管理机制，全员实行“岗位工资+绩效工资”的工资体系，在分配中坚持多劳多得，优绩优酬，重点向关键岗位、业务骨干和作出突出贡献的工作人员倾斜，充分调动园区干部职工的积极性和创造性。以国家级高新技术产业开发区为试点，其他工业园区适时推进。实施方案由各管委会自行拟定，分别报市县区政府通过实施。

（九）加大财政扶持

按照“划分收支、核定基数、超收留用”的原则，充分保障园区增量收入既得利益，园区增量收入与所在县区合理分成，具体事宜由各县区确定。按照省定政策，省级工业园区实现的企业所得税、耕地占用税省级分享部分增量返还，留给省级工业园区用于基础设施建设。工业园区土地出让收入，扣除成本和按国家、省相关规定计提相关基金后，全额划转园区按规定使用。

（十）创新开发模式

按照管理与开发、政府与企业双重分离的原则，园区实行行政管理主体与开发建设主体相分离的管理体制。建立健全实体化管理运作的市场主体，管委会设国有控股或独资的投融资公司，代表管委会行使资产经营管理权，享有管辖范围内土地一级开发权，具体负责园区开发建设事项。

（十一）创新服务体系

加快管委会办公场所和行政服务中心建设，实行“一站式、一条龙”服务，积极探索网上服务、上门服务、代理服务、预约服务等制度，实现园区企业“办事不出园”，甚至“办事不出厂”，全力打造效率园区。加强以资金融通、信息服务、市场开拓、人才培训为主要内容的服务体系建设，借助民间资本和市场机制推进公共服务社会化。

（十二）充实招商队伍

管委会面向社会挑选一批“年富力强、懂经济、善交往”的优秀人才充实到招商引资第一线，建设一支高素质、专业化招商队伍。在抓好敲门招商、跟踪招商、组团招商、会展招商的基础上，更加注重以企引企、以商招商，推动招商引资由部门招商、政府招商向市场主体招商、专业化招商、产业化招商转变，形成市场运作、企业为主、政府推动的招商引资新格局。

（十三）强化制度建设

健全管委会主任会议议事规则、党工委议事决策程序等内部工作规则，建立项目入园办事程序、入园企业手续审批、建设项目工程管理等规章制度，不断完善制度建设体系，规范工作流程，推进园区制度建设逐步走上制度化、规范化、科学化、程序化轨道。

（十四）加强统计管理

管委会要加强对统计工作的组织领导，落实机构、人员、经费和办公场所及设施。上级统计主管部门要定期检查、督促园区统计报表制度的落实和执行情况，并给予业务指导，确保统计数据质量和水平。

（十五）统筹城乡发展

鼓励条件成熟的园区托管规划区域内的乡镇或街道，对规划区域内城乡土地、建设、社会治安、交通运输等城乡经济社会的管理和服务事务实行统一管理，变城乡二元管理为园区一元化管理。

（十六）完善考核机制

建立健全园区考核体系，实行单列考核，实行分类、分级别、分档次考核。重点考核园区经济规模、开发建设、产业培育、招商引资等工作。具体考核内容和主要考核指标以各园区当年与市政府签订的目标责任书为准。考核结果作为市级园区专项资金安排的主要依据及各园区年终奖励的重要依据。

三、组织保障

（十七）加强组织协调

实施园区实体化管理是市政府加快全市园区开发建设的重大战略决策。各县区党委、政府作为实行园区实体化管理的责任主体，党政主要领导是园区建设的第一责任人，要亲自抓，分管领导要全力以赴具体抓。市工业信息化委要加强对实施园区实体化管理的指导、协调和服务，市级组织、发改、财政、规划、国土、环保、人事等部门要按照“分工负责、协调配合、共同推进”的原则，保障园区实体化管理的顺利实施。

（十八）严格督促检查

市委督查室、市政府督查室要把园区实体化管理纳入市委、市政府对县区的年度目标考核管理，会同有关部门，对实体化管理落实情况进行专项督查。对实体化管理落实不到位的，责令限期整改，并由纪检监察机关对有关责任人进行问责处理。

（十九）制定可行方案

各涉园县区党委、政府要加强领导、提高认识，统筹安排、认真研究，尽快制定符合本实施意见精神和本地实际情况、突出自身特色、具有针对性和可操作性的具体实施方案。市级有关部门要结合职能职责，积极献计献策，指导帮助县区制定完善实施方案。方案报经市政府同意后组织实施。

本意见自发布之日起实行。

中共玉溪市委　玉溪市人民政府
关于玉溪全面深化农村改革的总体方案

全面深化农村改革，是贯彻落实党的十八大、十八届三中、四中全会精神的重要举措，是加快推进农业现代化，确保玉溪干在实处、走在前列的迫切需要。根据《云南全面深化农村改革总体方案》精神，制定本方案。

一、总体要求

（一）指导思想

全面贯彻党的十八大和十八届三中四中全会、中央农村工作会议、省委九届九次全会和市委四届五次全会精神，坚持工业反哺农业、城市支持农村和多予少取放活方针，按照推进“四化同步”、统筹城乡一体化发展的要求，围绕农业强农村美农民富的目标，全面深化农村重点领域、关键环节改革，加快推进体制机制和组织创新，进一步激发农业农村发展活力，大力发展农业产业化，转变农业发展方式，着力破解城乡二元结构，建立健全促进农民增收、高原特色农业发展、新农村（美丽乡村）建设、扶贫攻坚的长效机制，加快形成以工促农、以城带乡，城乡一体的新型工农城乡关系，为与全国全省同步全面建成小康社会奠定基础。

（二）基本原则

——坚持城乡统筹、保障农民权益。坚持“四化同步”、城乡发展一体化，始终把实现好、维护好、发展好广大农民根本利益作为农村改革发展的出发点和落脚点，让广大农民群众充分享受改革红利。

——坚持整体推进、确保重点突破。更加注重农村改革的系统性、整体性和协调性，按轻重缓急推进改革，通过重点领域和关键环节的改革创新带动全面深化农村改革工作全局。

——坚持顶层设计、鼓励先行先试。注重顶层设计和总体谋划，鼓励县区、基层和群众先行先试，大胆探索，勇于实践，创造性地开展工作。

——坚持农民主体、汇聚群众力量。充分尊重农民的意愿和首创精神，发动农民群众支持改革、拥护改革、参与改革，激发农民的创造力、创新力，为推动深化农村改革提供不竭动力。

——坚持党的领导、完善工作机制。坚持党在农村的基本政策，以改革创新精神全面推进农村党的建设，健全党管农村工作的领导体制和工作机制，不断提高党领导农村工作的水平。

（三）总体目标

通过全面深化改革，激发农村活力，重点在健全农业支持保护制度、深化农村土地制度改革、构建新型农业经营体系、深化农村金融制度改革、维护农民土地权益、赋予农民更多财产权利、建立农民增收长效机制等领域取得重大突破。2015年全面启动和推进改革的重点工作。到2017年，农村改革在重要领域和关键环节取得决定性成果。到2020年，基本建立城乡统筹联动，城乡要素平等交换和公共资源均衡配置的体制机制，形成城乡经济社会发展一体化新格局。

二、改革重点

（四）健全农业支持保护制度

1.健全“三农”投入稳定增长机制。完善财政支农政策，增加“三农”支出。公共财政要坚持把“三农”作为支出重点，市级基建投资继续向“三农”倾斜，优先保证“三农”投入稳定增长。

2.建立健全涉农保险制度。2015年启动农房地震保险试点，稳妥推进农民互助保险试点工作，鼓励保险机构开展优势特色农产品保险，2020年基本建立覆盖全市主要特色农产品的农业保险体系。

3.落实粮食直补政策。按照实际粮食播种面积或产量对生产者进行补贴。

4.拓宽“三农”资金投入渠道。2015年制定鼓励社会资本投资农业和建设新农村的实施意见，发挥财政资金引导作用，采取贴息、奖励、风险补偿等措施，带动更多社会资金投入农业农村；探索建立工商企业流转农业用地风险保障金制度，严禁农用地非农化。

5.开展涉农资金整合试点。建立完善财政支农资金整合机制。2015年健全县级财政支农资金整合工作考核机制，探索从预算源头归并性质趋同、目标接近的财政支农资金整合办法。2017年建立制度化、规范化的财政支农资金整合机制。

（五）深化农村土地制度改革

6.加快推进农村土地承包经营权确权登记颁证工作。继续抓好元江县及其他8个县（区）各1个乡（镇）确权登记颁证试点。2017年完成全市农村土地承包经营权确权登记颁证工作。

7.加快推进农村集体土地确权登记颁证工作。继续抓好农村宅基地使用权和集体建设用地使用权确权登记发证工作，2016年完成确权登记颁证。

8.加快推进农村房屋所有权确权登记颁证工作。2015年出台全面开展全市农村房屋所有权确权登记颁证工作的实施意见，2018年基本完成全市农户申请农村房屋所有权确权登记颁证工作。

9.慎重稳妥推进农村集体经营性建设用地入市试点。在授权范围内有序推进农村集体经营性建设用地、农村宅基地管理等改革试点。2015年，研究构建土地市场体系和完善农村宅基地管理制度等办法，积极探索农民住宅自愿有偿规范退出机制和模式。

10.建立农村产权交易市场。2015年建成覆盖全市的林权管理和林权服务信息网络，加快县乡土地流转服务中心建设。2016年探索建立覆盖全市物权、债权、股权、产权等多种交易类型的农村产权交易市场。

11.保障农民集体经济组织成员权利。2015年制定农村集体经济组织成员认定指导意见，开展农村集体经济组织成员认定工作。启动农村集体资产股份制改造试点，赋予农民对集体资产股份占有、收益、有偿退出及抵押、担保、继承权。

12.推进征地制度改革。建立健全征地信息公开制度，完善被征地农民合理、规范、多元的保障机制，2015年出台推进征地制度改革的具体实施办法，健全征地争议调处裁决机制，建立健全耕地数量和质量占补平衡制度。

（六）构建新型农业经营体系

13.培育新型农业经营主体。加快培育农业龙头企业、专业合作经济组织、家庭农场、专业大户、新型职业农民等各类新型农业经营主体，发展多种形式适度规模经营，扶持发展规模化、专业化、产业化经营。尽快研究出台关于大力培育新型农业经营主体的实施意见，开展家庭农场和休闲农业乡村旅游市级示范企业认定工作。大力发展主体多元、形式多样、竞争充分的社会化服务，支持具有资质的经营性服务组织从事农业公益性服务。

14.加快建设示范性现代农业庄园。围绕高原特色农业产业发展重点，坚持错位化、差异化、特色化发展，大力发展不同产业、不同类型、不同功能、不同模式的现代农业庄园。2015年，出台关于大力发展现代农业庄园的实施意见，制定市级现代农业庄园管理办法，加快推进市级现代农业庄园和省级精品农业庄园建设。

15.依法规范农村土地承包经营权流转。推动农村土地承包经营权流转交易公开、公正、规范运行，鼓励土地承包经营权在公开市场上向专业大户、家庭农场、农民合作社、农业龙头企业流转。2015年出台关于推进农村土地承包经营权流转工作的实施意见，建立“政府引导、市场调节、农民自愿、依法有偿”的流转机制，完善农村土地承包经营权流转服务体系和农村土地承包经营纠纷仲裁体系。2017年，农村土地承包经营权流转率达30%以上，农业产业规模化经营水平得到显著提高。

16.创新科技兴农机制。以高原特色优势产业为重点，按照产业链、技术链和人才链深度融合的要求，整合科研、教学、推广单位的科技资源，构建新型农业科技推广体系，加强农科人才队伍建设，建立健全科技兴农机制。支持农业科研院所、高等院校和科技人员创办农业科技示范园区，扶持新型农业经营主体建立产学研相结合的农业科技创新研发机制，促进科技成果转化应用。突出高原种业科技创新，建立种质资源保护利用平台，建设一批标准化、规模化优质农作物种子（种苗）和畜禽良种生产基地。

17.提高农业产业化经营水平。以工业化的理念推进农业发展方式转变，规划建设农产品加工园区和物流（园区）配送中心，大力发展农产品深加工，加快农产品专业市场建设，加强农产品质量安全监管体系建设和信息服务体系建设。强化高原特色农业品牌建设，加快农产品电子商务的发展，推动我市农业从原料销售、初级加工的生产型向资本运营、品牌经营的市场型转变。

18.加快发展外向型农业。充分利用两个市场和两种资源，大力培育与高原特色重点产业相配套的加工、营销、科技型创汇龙头企业，加快建设一批特色鲜明、规模集中、与国际标准接轨的出口农产品生产基地。以东盟为重点，加快实施农业走出去战略，加强技术、种植和生产资料、农产品贸易等方面的国际交流与合作。加大农业招商引资力度，引导外资、工商资本、民营资本投向园区建设、农产品加工、流通服务以及科技研发。

（七）深化林业改革

19.深化集体林权制度改革。巩固集体林权制度主体改革成果，2015年出台玉溪市进一步深化集体林权制度改革的实施意见。2015年全面完成各县区林权管理服务中心建设，建成覆盖全市的林权管理和林权服务信息网络；探索林木证发证工作，在全市全面推行非林地林木证发证工作；积极开展创新公益林、商品林经营管理模式试点；完善森林资源资产产权制度和林业市场体系，建立和完善林业综合保险制度和投融资体系，加快林下经济和林产业发展。

20.完善森林生态效益补偿制度。配合省抓好自然保护区管理体制改革，积极推进国家公园建设，2015年，争取把新平哀牢山自然保护区申报为国家公园。2014～2017年，建立跨部门、跨区域的森林生态效益补偿机制；研究森林、湿地、自然保护区、国家公园生态效益补偿政策，完善重点生态功能区生态补偿机制；建立管补分离的生态效益补偿基（资）金制度，保障所有者的补偿利益，促进公益林的有效管护。

21.抓好林木采伐管理改革试点。尽快建立科学、简便、高效的集体商品林采伐管理制度，推动建立林木采伐指标入村到户长效机制。积极争取新平天保工程区集体商品林采伐纳入省试点。探索开展公益林林权在依法依规前提下合理流转试点，放活集体林区商品林采伐利用管控权。

22.推进森林生态文明制度建设。健全自然资源资产产权制度和用途管理制度，科学划定森林生态保护红线，加大林业重点生态工程建设力度，发挥生态文明建设林业主体作用。2014年，对工程建设使用林地实行定额管理和用途管制，实施林地管理考核指标规定；研究提出生态文明建设的科学评价方法；全面推行以森林公安为主相对集中林业行政处罚权的行政执法管理模式；加快推进生态文明教育基地建设。2016年，科学划定生态保护红线，研究提出划定全市林地和森林、湿地、物种保护红线意见；在继续推进林业重点工程建设的同时，依托加快转型发展争取国家和省支持我市生态安全屏障试验区建设。

23.推进国有林和国有林场改革试点。进一步理顺国有林场管理体制，健全政策体系，规范经营管理，促进林区和谐稳定。科学界定国有林场性质，明晰国有林场功能，创新国有林场生产经营方式，改革劳动人事制度。2015年，积极争取将我市纳入全国或省国有林场改革试点范围，制定国有林场改革试点方案，待国家和省级正式出台国有林场改革意见后，全面启动我市国有林场改革。

24.完善陡坡地生态治理政策。把国家新一轮退耕还林政策与我市陡坡地生态治理结合起来，科学规划陡坡地生态治理工程实施规模、布局重点，制定新一轮退耕还林项目管理办法。2015年，在确保全市基本农田保护面积的前提下，争取将全市25度以上的陡坡地耕地（非基本农田）全部纳入国家新一轮退耕还林范围。

（八）深化水利改革

25.加快推进水价改革。认真贯彻落实省关于加快推进水利工程供水水价和农业综合水价改革的意见和要求，健全完善和深入组织实施《玉溪市“十二五”水利工程供水价格改革实施方案》，加快阶梯水价和累进加价制度的实施。2015年研究制定差别化水价政策，做到水利工程供水水价和农业综合水价全面反映供水成本、资源保护成本，全成本计入资源补偿、生态补偿等成本。2017年基本建立节水优先，能反映水资源稀缺程度和供水成本的水价形成机制。

26.深化水利投融资改革。进一步提高固定资产投资中水利基本建设的比例，严格执行按土地出让总收入的5%计提水利建设专项资金等水利投入政策，支持民间资本参与水利建设。2017年做实做强玉溪市水务投融资平台，完成水资源、水利工程确权划界和注入水利平台公司的工作。探索研究建立水利政策性金融工具，争取中央、省级和地方财政贴息政策，为水利工程建设提供中长期、低成本贷款；积极争取协调以水利、供排水资产及其收益权等作为还款来源和合法抵押担保物，拓宽资金渠道。

27.深化水资源管理制度改革。坚持规划约束、管控前移，建立和严格执行水资源、水生态、水环境承载能力刚性约束机制。2015年研究出台水资源配置制度改革指导意见，实现从供水管理向需水管理和提高用水效益的转变。探索推行水资源负面清单管理模式，完善取用水限批、禁批制度，建立和落实最严格水资源管理制度。2017年按照精简、统一、效能的原则，完成城乡水务一体化管理体制改革。

28.建立市场化的水利管理模式。2014～2017年，开展用水总量控制和建立水权交易制度试点，在全市初步建立水权出让市场；加快推进水利市场化改革，引导和支持民间资本参与水利建设；建立健全水利工程市场化管养维护体制，推行水利工程物业化管理，使一大批符合条件的水利工程维修养护以市场化方式进行。

29.推进水行政管理体制改革。2015～2017年，稳步推进水利事业单位分类改革和水利学会改革，健全水利服务体制机制，强化水资源统一管理，切实提高基层水利建设、管理与服务能力；加快完善河湖管理与保护体系，全面推行“河长制”，建立严格的河湖管理与保护制度。

（九）深化农村流通和信息体系改革

30.加强农村流通市场建设。加快规划建设农产品物流（园区）配送中心建设，继续推进农产品大型批发市场和专业特色市场的建设和升级改造。加快培育多种形式的现代流通中介组织，大力发展农村连锁经营、物流配送、电子商务等现代流通方式，重点推进农产品商务平台建设。2017年，市级以上农业龙头企业开展电子商务营销比例达50%。

31.深化粮食流通体制改革。加快发展现代粮食流通产业，严格落实粮食行政首长负责制，进一步深化国有粮食企业改革，做大做强国有粮食企业，推进实施“粮安工程”，完善粮食储备机制，提高全市粮食安全保障能力。

32.推进供销社综合改革试点。抓好供销社综合改革试点，到2017年全面深化供销社改革，把供销社打造成为政府主导，以合作经济组织形式推动“三农”工作的重要阵地，为农民生产生活服务的生力军和综合平台。

33.加快农村信息化建设。加快涉农信息资源整合与共享，推进互联网、电信网、广电网在农村地区的融合，依托党员干部现代远程教育网络，积极争取农村信息化示范市建设试点。2015年农业农村信息化总体水平提高到35%，农业信息化服务整体水平达到50%；不断提高农业政策宣传、科技推广以及气象、农产品价格、农资市场等信息服务“三农”水平。2016年围绕重点特色优势农产品，扶持建立一批跨区域、专业化的特色农业网站和农产品交易网络，形成以批发市场、商贸中心、物流调度中心和商品集散地为依托的农业电子商务服务体系。2017年力争实现信息化进村入户全覆盖。

（十）完善扶贫开发体制机制

34.建立精准扶贫工作机制。按照中央和省要求，2015年制定农村扶贫开发工作实施意见，加强农村贫困监测统计调查工作，加大精准扶贫，产业扶贫力度，全力打好扶贫攻坚战。

35.建立财政专项扶贫资金管理机制。按照中央和省要求，认真贯彻落实扶贫任务、资金、责任、权力“四到县”制度；制定全市财政专项扶贫资金竞争性分配办法，强化以结果为导向的资金分配机制和以奖代补竞争机制，全面提高专项扶贫资金的覆盖面和使用效益；制定扶贫项目资金公示公告管理办法，推进建立县以上扶贫资金披露制度。

36.创新扶贫开发工作考核机制。2015年制定和完善扶贫整乡推进和深度贫困自然村整村推进扶贫攻坚工作考核管理办法；研究制定扶贫开发与基层党建整乡“双推进”考核管理意见；制定扶贫开发工作重点乡、村（组）“脱帽”政策，建立扶贫开发退出机制。

37.完善社会参与扶贫开发机制。2015年优化干部驻村帮扶机制，建立和完善广泛动员社会力量参与扶贫开发制度，加强扶贫领域国内国际交流与合作，制定鼓励社会组织参与扶贫开发新机制指导意见。

（十一）推进城乡基本公共服务均等化

38.建立健全城乡教育服务均等化制度。加快农村学校校舍改造建设工作，优化城乡教育资源配置，合理调整和优化区域内中小学布局，积极支持社会力量办学，努力实现城乡义务教育均衡发展。加快发展农村学前教育，坚持以市场需求和就业为导向发展职业教育。建立城乡教师资源合理流动机制，使优质教育资源向农村配置，实现优质资源城乡共享。

39.建立健全城乡医疗服务均等化制度。巩固和提升新农合水平，提高农村重大疾病保障水平，积极推进农村居民大病保险，完善公共卫生和城乡基本医疗服务体系建设，县域新增卫生资源重点向农村和城镇社区倾斜。推进整合城乡居民基本医疗保险制度，制定健全完善紧密型县乡医疗服务一体化管理指导意见，确保优势卫生资源向农村配置，实现优质资源城乡共享。2015年按照填平补齐原则，支持乡镇卫生院提升服务能力，完成乡镇卫生院全科医生特设岗位的招聘工作，进一步提升基层医疗卫生机构服务能力。2016年基本建立城乡优质卫生资源共享机制。

40.建立健全城乡文化体育服务均等化制度。繁荣城乡文化和体育事业，统筹城乡区域公共文化服务设施网络建设，促进公共文化资源在区域和城乡之间的合理配置。有效整合各类农村文化惠民项目和资源，推动县乡公共文化体育设施和服务标准化建设。以城乡基层文体设施建设为重点，改建和扩建未达标的县级图书馆、文化馆、乡（镇）文化站，建设中心村（农村社区）综合性活动中心，继续推进全民健身组织建设工程。鼓励企业和社会组织在农村兴办各类文体事业。2017年，完成城乡文化体育服务均等化，基本形成城乡优质文化和体育资源共享机制。

41.建立健全城乡社会保障均等化制度。整合城乡居民基本养老保险制度，加快农村社会养老服务体系建设，推进农村最低生活保障制度改革，制定社会保险关系转移接续管理办法，完成城乡居民住房保障实施方案。2015年探索推进城镇职工、城镇居民、新型农村合作医疗保险三网融合，基本实现以职工医疗保障、城镇居民医疗保障和农民医疗保障为主的医疗保障全覆盖，实现城乡、区域、行业之间社保制度整合衔接，基本实现社会保险管理服务一体化。建立完善住房保障制度，将农业转移进城人口纳入城镇保障性住房建设计划，并将城镇保障性住房建设延伸到乡镇。2016年基本建立中央、省、市、县区四级投入的农村低保资金分担、筹集和保障机制，扩大农村低保覆盖面、做到应保尽保。提高新型农村社会养老保险基础养老金标准、农村低保和农村五保供养标准。完善社会保险关系转移接续政策。

42.健全完善覆盖城乡的公共法律服务体系。推进公共法律服务体系建设，2017年基本形成覆盖全市城乡的公共法律服务体系。

（十二）深化农村金融体制改革

43.创新农村金融服务主体。支持发展以服务“三农”为主的新型农村金融机构。鼓励金融机构向农村延伸，创新服务“三农”金融产品，拓展服务领域。在维持现有法人主体地位不变的前提下，本着“成熟一家，组建一家”的原则，积极创造条件推动农村合作金融机构银行化改革。2015年选择一定数量的合作社探索农民资金互助社和农村合作互助担保试点，设立供销合作社发展专项基金，组建政策性农业担保公司。

44.加快推进“三农”金融服务改革创新试点。深入开展“三农”金融服务改革创新试点及便利化行动。2015年出台农村土地承包经营权、农民住房财产权抵押融资管理试行办法，推进以“三权三证”为重点的农村产权抵押融资试点，推广“三农”小额贷款保证保险创新试点。2017年形成金融支持农村土地承包经营权流转的良性运行机制。

45.创新新型农业经营主体融资方式。2015年积极推进金融产品、利率、期限、额度、流程、风险控制等创新，全面推进农村信用体系建设，把各类新型农业经营主体纳入信用评定范围，提高新型农业经营主体授信额度。

46.培育发展“三农”资本市场。进一步加大对具有自主创新能力、发展前景好的涉农企业上市和挂牌宣传、培育工作力度，鼓励和支持涉农企业进行股份制改造，并在主板、中小板、创业板发行上市，引导暂不具备上市条件的高成长型、创新型涉农企业到“全国中小企业股份转让系统”、深圳前海股权交易中心挂牌融资。鼓励和支持涉农企业积极利用资本市场进行并购重组。引导和鼓励涉农企业和农村经济组织通过期货交易或运用期货市场价格信息合理安排生产，积极利用期货市场进行风险管理。

47.探索建立财政、银行、保险联动机制。2016年探索制定市级信贷扶贫担保基金管理办法和保险分担基金管理办法，出台全市扶贫到户小额贷款风险补偿金试点实施方案，整合各类风险补偿资金及贴息资金，全面推进扶贫到户小额贷款风险补偿工作。发挥好财政资金引导作用，继续推进小额信贷保证保险试点，建立涉农贷款风险分担补偿机制。

（十三）健全城乡发展一体化体制机制

48.修编完善村庄布点规划。制定乡镇规划建设三年行动计划，充分考虑新型城镇化和农业现代化发展趋势，修编完善村庄布点规划，科学确定中心村和需要保留的自然村。提升完善美丽乡村建设规划，逐步形成县城、建制镇、一般乡、行政村、自然村五级城乡规划体系。

49.建设美丽乡村。2015年，按照建得起、建得好、建得美、建出特色的要求，坚持政府引导、农民主体，以实施“百村示范、千村整治”工程为抓手，加大资源整合力度，全面推进美丽乡村建设。强化政策引领，市中心城区和各县县城规划区居民建房执行社区建设标准，加强农村宅基地管理，规范农村建房行为，鼓励开展迁村并点试点。

50.开展村庄人居环境整治。开展城乡人居环境提升行动、城乡环境综合整治行动，建立财政投入和考核机制，完善“组保洁、村收集、镇运转、县处置”的农村生活垃圾处置体系，推进农村生活污水处理设施建设。有效解决农村乱占乱建乱加层等问题，遏制脏乱差现象。加快推进农村公路和农村危房改造及民居地震安全工程建设，理顺农村公路养护管理体制机制。继续推进农网改造升级，巩固“户户通电”成果。继续实施农村饮水安全工程。

51.扩大统筹城乡发展试点。继续抓好元江县、峨山县扩大统筹城乡发展试点，探索建立完善城乡发展一体化体制机制。2015年出台统筹城乡发展试点工作实施细则及有关部门实施方案。2018年出台加快推进城乡发展一体化的意见。

52.建立健全维护农民工权益机制。2015年成立全市农民工工作领导小组。2015年进一步建立健全维护农民工权益联动机制，建立农民工信息管理体系。

53.推进农业转移人口市民化。2015年开展建立财政转移支付同农业转移人口市民化挂钩机制和从严合理供给城市建设用地机制试点，开展建立农业转移人口市民化成本分担机制试点。全面实行流动人口居住证制度，逐步推行居住证持有人享有与当地户籍人口同等的基本公共服务权利。2016年建立城乡统一的户籍登记制度。

54.开展扩权强镇试点。2015年建立对吸纳农业转移人口较多城镇公共服务能力建设给予必要支持机制，开展对吸纳农业转移人口多、经济实力强的镇赋予同人口和经济规模相适应的管理权试点。

（十四）改善乡村治理机制

55.加强农村基层服务型党组织建设。扎实推进“美丽玉溪服务先锋”行动，创建基层服务型党组织。坚持完善干部直接联系群众制度，推进服务型党组织综合平台建设，建立健全县乡村组四级纵向延伸覆盖的为民服务体系。加强农村基层党组织带头人和党员队伍建设，不断提高农村党员干部队伍素质和水平。完善村级组织运转经费保障机制，逐步提高村干部“一定三有”保障水平。坚持控制总量、优化结构、提高质量、发挥作用的原则发展农村党员，全面推行党员积分制管理，探索处置不合格党员的有效途径。积极开展抚仙湖周边“仙湖卫士”行动，组织党员投身抚仙湖保护治理工作。健全选强用好新农村指导员、常务书记、选调生、大学生村官长效机制。进一步加强农民合作社等新型经营主体的党建工作。加强农村党风廉政建设，深入推进党务、政务、村务公开。

56.健全村集体经济发展机制。转变村级集体经济发展方式，创新农村集体资金、资产、资源管理运营方式，利用村级各类资源优势，通过拍卖、承包、租赁、股份合作等方式进行联合开发，实施强基惠农“合作股份”工作，增加村级集体收入。2015年出台壮大村集体经济发展意见，健全村级集体资产管理制度，健全村级经济收入管理制度，健全村级财务公开制度，建立各级财政投资项目建成资产移交村民自治组织、形成村集体资产制度。加强农村集体资金、资产、资源经营监管，全面消灭“空壳村”，发展壮大薄弱村。

57.健全基层民主制度。坚持和完善行政村“四议两公开”、村民小组“一事一议”等基本制度，2015年研究制定创新基层社会治理、完善基层民主的实施意见，研究制定推进和深化全市村民监督委员会工作的相关配套政策。在村民委员会、社区居委会建设试点单位和村民小组探索协商民主在基层的实现形式。2016年健全农村留守儿童、留守妇女、留守老人的关爱服务体系。

58.创新基层管理服务。2015年出台全市城乡社区服务体系建设规划。健全农村治安防控体系，推进以网格化服务管理为重点的农村治理机制创新，建立农村社会矛盾纠纷化解机制，切实做好安置帮教、社区矫正、流动人口服务管理等综治基础性工作。深化殡葬制度改革，加快农村公益性公墓建设。加强农村食品安全、防灾减灾救灾工作，增强农村突发公共事件和自然灾害的应对处置能力。建立健全气象信息服务站，加强气象信息接收及传播设施建设，不断扩大气象信息覆盖面，2020年气象信息公众覆盖率达到95%，2015年制定城乡气象服务均等化实施方案。

三、保障措施

（十五）加强组织领导

市委农村工作领导小组在市委全面深化改革领导小组的领导下，负责统筹推进全面深化农村改革工作，充分发挥统筹谋划、综合协调、指挥调度、整合资源的作用，把全面深化农村改革重点任务分解到具体责任部门，及时了解情况，深入研究重大问题，集中解决突出矛盾，切实加强对深化农村改革工作的组织领导。各级各部门要按照市委市政府的安排部署，加强领导，勇于担当，敢闯敢试，把握好改革的方向和节奏，全面推动和落实农村各项改革工作。

（十六）明确责任分工

市委农办要加强对全面深化农村改革工作的统筹协调，负责全面深化农村改革整体推进、督查落实等日常工作，研究推进改革工作中出现的新情况和新问题，协调解决遇到的重点和难点问题，及时跟踪、收集、汇总改革推进情况，定期向市委农村工作领导小组汇报改革进展情况。各改革牵头部门要按照分工方案确定的任务，切实履行职责，一把手负总责，工作优先部署，投入重点保障，政策明显倾斜，措施大胆创新，按时限和要求抓好落实。各参与部门要求真务实、真抓实干，及时沟通协调，加强工作衔接，主动配合牵头部门，合力推进全面深化农村改革各项工作。

（十七）细化方案和配套措施

各级各部门要在吃透中央和省、市相关文件精神的基础上，全面开展调查研究，广泛听取党员干部和农村群众的意见，借鉴先进经验和成功做法，抓住突出矛盾和问题，找准改革的突破口和切入点，制定科学合理、切实可行的改革实施方案及配套措施。

（十八）注重档案管理

全面深化农村改革工作政策性强，形成的相关资料是维护农民切身利益和促进经济社会发展的长期凭证和重要依据。各级各部门要本着对改革工作负责，对历史负责，对人民群众负责的精神，切实加强对有关档案资料的收集整理、归档管理工作。市委农办、市档案局要加强对有关部门文件材料归档管理工作的业务指导，确保档案资料的真实完整、信息安全。

（十九）加强宣传引导

要坚持正确的舆论导向，充分利用各种宣传媒介，认真做好全面深化农村改革政策的宣传工作，统一思想、消除疑虑，充分调动广大党员干部和农民群众推进农村改革的积极性、主动性、创造性。要精心设计宣传主题，创新宣传方式，及时总结推广实践中涌现的好经验和成功探索，发挥好示范带动作用，大力营造全社会关心、支持和参与改革的浓厚氛围，努力汇聚全面深化农村改革的强大正能量。

玉溪市深化农业改革专项方案

根据《中共云南省委关于贯彻落实〈中共中央关于全面深化改革若干重大问题的决定〉的意见》、《云南全面深化农村改革总体方案》、《云南深化农业改革专项方案》和《玉溪全面深化农村改革总体方案》精神，制定本方案。

一、总体要求

（一）指导思想

全面贯彻党的十八大、十八届三中、四中全会和省委九届七次、八次全体（扩大）会议、市委四届四次全体（扩大）会议精神，不断解放思想，改革创新，加快转变农业发展方式，推进农业结构调整，健全完善农村土地制度，构建新型农业经营体系，力争在体制机制创新上取得新突破，在释放农业农村经济内部活力和外部动力上取得新进展，在促进产业转型升级上取得新成就，在发展生态型、精品型、示范型、外向型、休闲型高效优质农业上走在全省前列，把玉溪打造成全省发展高效农业的展示区、农产品加工与出口的集散区，走出一条具有玉溪特色的现代农业发展之路。

（二）基本原则

——坚持依法合规，尊重群众。严格在现行法律框架范围内推进各项改革。落实党的群众路线，尊重农民意愿，激发群众热情，让广大农民群众平等参与改革进程，共享改革成果。

——坚持市场导向，政府扶持。切实发挥市场在资源配置中的决定性作用，激发农村经济社会活力。妥善处理好政府和市场的关系，做到政府支持保护与发挥市场作用功能互补。

——坚持统筹兼顾，突出重点。按照“四化同步”的要求，统筹推进城乡一体化、社会主义新农村建设与高原特色农业发展。在全面推进农业农村经济改革的基础上，推动群众要求迫切、工作基础扎实的重点领域和关键环节率先突破。

——坚持因地制宜，先行先试。不搞“一刀切”、不追求一步到位，允许各地根据自身实际，采取差异性、过渡性的制度和政策安排。在明确底线的前提下，鼓励创新，支持地方大胆探索，先行先试。

——坚持依托资源，生态发展。立足资源禀赋，突出区域特色和地方特色，适度组织规模生产。坚持资源开发与生态环境保护并重，在保护中开发、在开发中保护，实现资源永续利用和特色农业的可持续发展。

二、主要内容

（一）加快推进土地承包经营权确权登记颁证

1.完善政策措施。2014年，研究出台《玉溪市关于开展农村土地承包经营权确权登记颁证工作的实施意见》，启动新平县平甸乡磨皮村农村土地承包经营权确权登记颁证试点工作。2015年上半年元江县在全县开展确权登记颁证工作，红塔区在小石桥乡、江川县在前卫镇、澄江县在右所镇、通海县在四街镇、华宁县在宁州街道、易门县在六街街道、峨山县在双江街道、新平县在桂山街道开展确权登记颁证试点工作。2017年，全市基本完成农村土地承包经营权确权登记颁证工作，建立农村土地承包信息管理系统，健全农村土地承包经营权登记制度。

2.抓好重点工作环节。认真做好确权登记颁证的组织发动、调查摸底、测绘公示、登记颁证、总结验收各个重点环节工作，妥善解决确权登记过程中的各类矛盾纠纷，切实解决承包地块面积不准、四至不清、空间位置不明、登记簿不全、产权不清等问题，实现承包面积、承包合同、经营权登记簿、经营权证书“四相符”，承包地块、面积、合同、权属证书“四到户”。

（二）加快推动土地承包经营权流转

1.依法规范农村土地承包经营权流转。推动农村土地承包经营权流转交易公开、公正、规范运行，鼓励土地承包经营权在公开市场上向专业大户、家庭农场、农民合作社、农业龙头企业流转。加快研究出台《玉溪市关于推进农村土地承包经营权流转工作的实施意见》，建立完善“政府引导、市场调节、农民自愿、依法有偿”的流转机制。力争到2017年底，全市农村土地承包经营权流转率达到30%以上，农业产业规模化经营水平得到显著提高。

2.建立完善农村土地承包经营权流转服务体系。建立完善农村土地承包经营权流转服务体系和农村土地承包经营纠纷仲裁体系，健全农村土地承包经营权流转市场，加强农村土地承包经营权流转管理服务，依法规范农村土地承包经营权流转行为。加快建设县乡土地流转服务中心，搭建农村土地承包经营权流转服务平台；建立健全农村土地承包经营权纠纷调处机制，争取中央项目支持在9县区建成县级农村土地承包经营纠纷仲裁庭。2017年，形成完善的农村土地承包经营权流转服务体系和农村土地承包经营纠纷仲裁体系。

3.强化金融服务支持。加大金融支农力度，发挥财政资金引导作用，带动社会资金更多投入农业农村。全面贯彻执行《云南省农村承包土地经营权抵押贷款管理办法》，积极稳妥推进以农村土地承包经营权抵押贷款为重点的农村产权抵押融资创新，推进农村土地承包经营权流转。2017年，形成金融支持农村土地承包经营权流转的良性运行机制。

（三）构建新型农业经营体系

1.培育新型农业经营主体。加快培育农业龙头企业、专业合作组织、家庭农场、专业大户、新型职业农民等各类新型农业经营主体，发展多种形式适度规模经营，扶持发展规模化、专业化、现代化经营。在年度建设用地指标中倾斜安排一定比例专门用于新型农业经营主体建设配套辅助设施。大力发展主体多元、形式多样、竞争充分的社会化服务，支持具有资质的经营性服务组织从事农业公益性服务。尽快研究出台《玉溪市关于大力培育新型农业经营主体的实施意见》；2014年，研究出台《玉溪市关于大力培育发展家庭农场的意见》，启动家庭农场示范场认定工作，扶持认定50个家庭农场示范场；2017年，扶持认定的家庭农场示范场达到200个以上。到2017年，支持县（区）发展100户骨干龙头企业，力争市级以上龙头企业达到130户，其中：年销售收入超10亿元的4户、超5亿元的10户和上亿元的20户。开展休闲农业乡村旅游市级示范企业认定工作，从2014年起每年认定3户以上休闲农业乡村旅游市级示范企业，到2017年示范企业户数达10户以上。支持农民专业合作社示范社发展，每年创建省级示范社9个以上，评定市级示范社10个以上，对新评审认定的市级示范社给予一定的补助，力争工商注册登记的合作社达到1 000个以上。到2017年，扶持发展500个种养专业大户，形成20个专业化、规模化、标准化和产业化加工原料示范基地。

2.加快建设示范性现代农业庄园。围绕烟草、粮油、蔬菜、水果、花药、高效林和畜牧业七大高原特色农业产业发展重点，坚持错位化、差异化、特色化发展，大力发展不同产业、不同类型、不同功能、不同模式的现代农业庄园。2014年，研究出台《玉溪市关于大力发展现代农业庄园的实施意见》，制定市级现代农业庄园管理办法，每个县区启动2个以上市级现代农业庄园建设，建成3个省级精品农业庄园。从2015年起，每年启动建设10个以上市级现代农业庄园。至2017年，全市建成50个市级现代农业庄园，10个以上省级精品农业庄园。

（四）推进生态畜牧业健康发展

1.推动畜牧业发展方式转变。以规模化、生态化为重点目标，加快推进畜牧业发展方式转变，在“三湖二库”径流区、水源涵养区、城镇周边等环境敏感地区有序实行限养、禁养措施，畜牧产业逐步向华宁、易门、峨山、新平、元江等山区县转移。强化养殖污染防控、治理，在限养区鼓励养殖场发展种养结合粪污自我消纳封闭运行的循环农业，规模养殖场必须建设配套治污设施。标准化规模养殖比重平均提高10个百分点以上，扭转全市养殖“小而散”局面。2014年，研究出台《玉溪市关于加快畜牧业可持续发展的实施意见》；编制完成《玉溪市畜牧业可持续发展规划（2013～2020）》，并印发实施。到2017年，畜牧业产值占农业总产值的比重达50%以上，把玉溪打造成全省发展高效畜牧业的展示区、畜产品加工与出口的集散区。

2.加快发展规模养殖。按照“畜禽良种化、养殖设施化、生产规范化、防疫制度化、粪污无害化”的要求，推进生猪、肉鸡、蛋鸡、肉牛、肉羊标准化规模养殖场建设。到2017年，新增生猪年出栏500头以上养殖场60个，建成万头生猪规模养殖场5个，千头牛场3个、千只羊场5个，年出栏5万羽的肉鸡场10个，年存栏5万羽以上的蛋鸡场10个；畜禽规模养殖大户发展到1 400户；畜禽养殖示范村（专业村）发展到280个以上；种养结合循环农业示范场达到20个。

3.加快草食畜发展。丰富肉食品市场供应，加快发展肉牛肉羊生产，促进畜牧业内部产业结构调整。挖掘全市草食畜养殖资源优势，按照草畜配套和农牧结合的方式，发展适度规模养殖。到2017年，重点在肉牛出栏2万头以上的华宁、易门、新平、峨山和元江县建设存栏千头肉牛的标准化规模养殖场（小区）3个，在肉羊出栏2万只以上的华宁、易门、新平、峨山和元江县建设存栏千只肉羊的标准化规模养殖场（小区）5个；出栏肉牛21万头以上，出栏肉羊35万只以上；利用落实草原生态保护补助奖励政策的有利契机，实施牧草良种补贴，建设连片面积达万亩以上的万亩山地高原生态牧场2个。

4.完善动物疫病预防控制机制。加强基层动物防疫队伍、基础设施建设，继续坚持和完善强制免疫补助、免疫反应死亡补助、强制扑杀补偿、病害动物及其产品无害化处理补偿、乡村动物疫病防控设施等政策措施，畜禽疫病死亡率控制在猪3%、大牲畜1.5%、羊2%、禽6%以下。全面推行动物防疫整村推进工作，对规模养殖场和养殖小区开展程序化免疫，规范化监测；对交通沿线和农村散养户开展春秋两季集中免疫和每月定期补针。以口蹄疫、猪瘟、猪高致病性蓝耳病、禽流感等动物疫病为重点，强化动物疫病监测和预警预报。健全重大动物疫病防控机制，完善应急处置机制。2014年，编制完成《玉溪市中长期动物疫病防治规划（2015～2020年）》并组织实施。尽快修改完善《玉溪市突发重大动物疫情应急预案》。到2017年形成完善的动物疫病预防控制体系。

（五）推进农村集体资产产权制度改革

1.开展农村集体资产产权制度改革试点。2014年，借鉴全省开展农村集体资产产权制度改革试点工作取得的成功经验，推进全市试点工作开展。2015年，研究出台《玉溪市农村集体资产产权制度改革实施意见》。2016年，在清产核资的基础上，推进村集体经济组织产权制度改革。2017年，继续推进村集体经济组织产权制度改革，建立健全股东大会、董事会、监事会等各项管理制度。

2.发展壮大村级集体经济。创新农村集体资金、资产、资源管理运营方式，通过盘活闲置土地和实物资产、依法开发村域内自然资源、非农建设用地使用权入股或租赁、兴办经营实体等形式，探索发展壮大村级集体经济新模式。开展强基惠民“合作股份”试点工作，不断壮大村级集体经济。进一步推进农村集体“三资”监管信息网络平台建设，强化“三资”监督与管理，建立健全财务管理制度，资产、资源承包、租赁、出让制度，资产、资源清查制度，资产、资源评估制度等，全面落实村务、财务公开，促进农村集体“三资”管理制度化、规范化和信息化。

3.建立管理决策机制和收益分配机制。加快建立“归属清晰、权责明确、利益共享、保护严格、流转规范、监管有力”的农村集体经济组织管理决策机制和收益分配机制。2015年，探索农村集体经济组织成员资格认定办法，建立健全经营收益分配制度，保障农民集体收益分配权。严格农村集体资产承包、租赁、处置和资源开发民主管理程序。

（六）创新农业科技服务体系

1.加快农业科技创新步伐。继续增加农业科技投入，启动实施玉溪市现代农业产业技术体系建设，通过整合科研院所、学校及企业的力量，建立以首席专家、综合试验站站长、区域推广站站长为主体的农业科技创新团队，加快高原特色农业重点品种的选育和高效快繁技术研究及推广。开展特色农产品增产关键技术、重大动物疫病和植物病虫害防治、农业资源保护与高效利用、农业设施轻简化机械化生产技术、农产品精深加工等技术的研发与应用。加强农业良种培育，重点发展烟草、蔬菜、花卉、绿化林木、生物药材等农业生物育种，开展人工繁育鱼、大头鱼、元江鲤等地方特色鱼种，大力发展城市园林绿化苗木。加快良种生产基地建设，建设种子、种苗、种球研发、加工基地。加强畜禽良种改良。

创办各类农业科技示范园，2017年每个县（区）建设10个以上蔬菜、花卉、水果、畜禽养殖等重点特色产业的科技示范园。实现科技对农业增长的贡献率达55%以上。

2.强化农业科技推广。巩固基层农技推广体系改革成果，落实好基层公益性农技推广服务机构、办公条件、人员队伍建设的各项政策措施，切实做到各乡镇有编制、有机构、有职能、有队伍、有牌子、有公章、有法人，为农业科技推广“最后一千米”奠定基础，全面提升基层农技推广体系公共服务能力。以推广主导品种、主推技术和实施主体培训为关键措施，深入推进高产和标准化创建活动，辐射带动周边广大农户。围绕七大主导产业的发展壮大，加强农业科技示范基地、农业科技示范户的建设，建立和完善科技人员包村联户制度、完善“专家+试验示范基地+技术指导员+科技示范县+辐射带动户”的成果快速转化机制，推动全市农业主导产业的发展，提高高原特色农业主导产业的科技含量和科技水平，提高种养殖效益。2017年，全市建立农业科技示范户1万户以上，主导品种和主推技术入户率达到95%以上。支持龙头企业、农民专业合作社、家庭农场、种养大户等新型农业经营主体，通过政府订购、定向委托、奖励补助、招投标等方式，广泛参与农业科技推广服务，引导经营性服务组织参与公益性服务。

3.加强农科人才培养。认真贯彻落实《中共玉溪市委、玉溪市人民政府印发〈关于创新体制机制加强人才工作的实施意见〉的通知》精神，在强化农业重点人才培养、创新农业人才激励政策、改革农业人才评价机制、改善高层次农业人才待遇、提升农业人才服务水平等方面取得新的突破。实施农业科技人员继续教育工程，选派部分科技人员到发达地区和现代农业企业顶岗锻炼、学习；鼓励基层农技人员提高学历，45岁以下的农业科技人员，应在5年内至少达到专科以上学历，对获得相应专业成人教育毕业证书的，由所在单位给予全额学费补助。实施农业技术人员培训“百人计划”，每年培训100名农业科技骨干，加快提升农业技术人员科研能力。启动基层农技推广人员培训“千人计划”，每年培训县乡在岗公益性农技人员1 000人次以上。广泛动员各级农业涉农单位、科研、教育单位，采取异地研修、县乡集中办班和现场实训等形式，对基层农技人员开展技术培训，重点培训农业生产新品种、新技术、新模式以及农技推广技能、农业公共信息服务技术等内容，并探索建立长效机制。完善基层农业科技队伍职称评聘办法，注重工作业绩和推广实效，适当增加中、高职岗位设置，并向县、乡基层科技队伍倾斜。实施农业创新人才培养计划，选拔培养一批农业科技创新带头人；充分发挥学科带头人的带动作用，对获得国务院和省政府特殊津贴、省级有突出贡献专业技术人才奖和市级杰出人才奖励的科技人员，实行特殊培养与高效使用相结合，其专业技术职务岗位聘任和晋升根据考核结果给予优先。

（七）大力发展农产品加工与市场建设

1.大力发展农产品加工。围绕延长农业产业链条和提高农业综合效益，大力发展农产品加工业，力争农产品加工率达到70%以上，把玉溪建成云南省重要的农产品加工基地。重点发展粮油、蔬菜、水果、甘蔗、中药材、花卉、藕粉、畜禽产品、水产品、木材、林竹浆纸、木本油料、野生食用菌和林化加工。2017年，按照连片种植、连片设施栽培、万头出栏生猪、千头存栏牛羊的规模要求，扶持发展20个专业化、规模化、标准化和产业化加工原料示范基地；加快建设以红塔区、江川县、通海县为重点的云南省重要的农产品加工基地，重点支持县区建设农产品加工园区，其中按照“园中园”要求支持在省级工业园区中建设农产品加工园区；培育省级农产品深加工科技型企业30个。

2.强化高原特色农业品牌经营。通过展示、展销等活动，积极利用广播、电视、网络等媒体，多渠道扩大品牌农产品的宣传，着力提升高原特色农业品牌影响力。2017年，创建无公害农产品、绿色食品、有机食品品牌100个以上，涉农云南著名商标80件、中国驰名商标3件以上，国家地理标志农产品5个以上，云南名牌农产品每年新认定2个产品以上。加大对涉农品牌标志、标识使用的监督管理，严格查处违法使用涉农品牌标志、标识和侵犯他人品牌权益的行为。

3.加快农产品现代流通体系建设。加快和提升蔬菜、水果、畜禽等专业市场建设，改造一批乡镇集贸市场、特色农产品市场，鼓励和支持农产品冷链物流企业发展，加快产地和销地农产品冷链物流设施建设。支持各类农业企业在国内外建立农产品营销网络。继续推进“乡村流通工程”建设，做强配送中心，夯实村级综合服务社等网络终端。落实鲜活农产品“绿色通道”等政策。积极推进农超对接、农校对接、农企对接等多种形式的产销衔接，探索发展直销直供模式；支持主产区和农村合作经济联合会、行业协会等举办各类特色优势产品产销对接活动，积极探索发展电子商务，推行“网上交易、网下配送”等产销对接模式。建立多渠道、多形式采集农产品供求、价格等信息制度，支持重点批发市场引入竞价拍卖、远期合约、电子交易、经纪人代理等交易方式。进一步加强农业交通基础设施建设。2017年，实施特色农产品市场建设项目8个，市级以上农业龙头企业开展电子商务营销比例达50%。

4.加强农产品质量安全监管体系建设。建立健全农产品质量安全监管制度和追溯制度。加快制定一批特色优势农产品种植、加工技术规程和产品质量标准，基本建成覆盖全市主要特色优势农产品的标准体系。实施农业标准化技术推广专项，大力普及种养和加工标准，大力推行产地标识管理、产品条形码制度，力争80%以上的特色优势农产品生产和全部农产品精深加工实现标准化。加快市级农产品质量安全检验检测中心建设，新建和完善县区农产品质量安全检验检测站，加快县区、乡镇（街道）农产品质量安全监管机构建设，力争实现市、县区、乡镇（街道）农产品质量安全监管和检验检测机构全覆盖，确保农产品质量抽检合格率稳定在95%以上，努力确保不发生重特大农产品质量安全事件。加强农业综合执法机构建设，加快推进农业综合执法，加强日常检查和违法案件查处，严防不符合质量安全标准的农产品进入市场。

（八）加大农业对外开放

1.提升农业外向度。依托玉溪精品农业发展基础、农产品加工技术优势和健全的营销体系，积极发展的外向型农业。推进农业标准化、品牌化建设，加快建设农产品外销基地县及农产品出口基地备案，重点打造一批特色鲜明、规模集中、与国际标准接轨的农产品出口生产基地。大力培育与当地主导产业相配套的加工、营销、科技型创汇龙头企业，延长创汇农业产业链，主打绿色生态优质牌，扩大蔬菜、花卉、水果等重点特色农产品的出口份额。组织、引导、鼓励企业和协会走出去发展，以东盟为重点，加强技术、种植和生产资料、农产品贸易等方面的国际合作。2017年，重点打造10个出口农产品生产基地，出口额占全市农产品出口总额的50%以上；农产品出口额达到10亿美元以上。

2.加大农业招商引资力度。坚持“走出去”和“请进来”相结合、项目推介和项目引进相结合、承接产业转移和促进产业升级相结合的原则，围绕优势产业，引进上规模、有影响的龙头企业从事示范园区建设、农产品加工、流通服务以及科技研发。重点研究包装一批有浓厚地方特色、有种植历史经验、成熟度高、有较强市场竞争优势的项目。建立项目储备库，通过网络招商、会展招商、专场推介会等多种方式，在出口生产、农产品精深加工、市场流通、特色花卉种植、生物药业等方面加大农业招商引资力度，引导外资、工商资本、民营资本等投向农业服务业、休闲观光农业、农业庄园等新兴领域。

三、工作要求

（一）加强领导督促

本方案由市委农村工作领导小组负责统筹协调，督促落实。市农业局负责牵头组织实施。市委农办对落实情况进行跟踪、收集、汇总，及时报告市委农村工作领导小组。

（二）形成工作合力

市农业局要认真贯彻落实市委、市政府决策部署，切实履行实施主体职责，加强统筹协调，进一步细化工作任务，抓好各项改革措施的推进落实，以扎实有效的工作举措把改革各项任务落到实处。落实改革措施需要增加参与单位的，由市农业局商有关单位确定。市级各有关部门要积极主动、密切配合市农业局开展工作，明确牵头领导和责任部门，形成全面推进深化改革的强大合力。改革工作中涉及法律法规修改调整事宜，按照市人大和市政府规定程序处理。

（三）改革发展并重

坚持把深化农业改革创新贯穿于经济社会发展的各个领域、各个环节，各部门各单位要把贯彻实施改革任务同推动当前各项发展工作紧密结合起来，以改革促活力、以改革促转型、以改革促发展、以改革促民生，确保改革发展两不误、两促进，推动全市经济持续健康发展、社会和谐稳定。

玉溪市深化林业改革专项方案

根据《中共中央关于全面深化改革若干重大问题的决定》《云南全面深化农村改革总体方案》和《云南省深化林业改革专项方案》精神，结合玉溪实际制定本方案。

一、总体要求

（一）指导思想

全面贯彻党的十八大、十八届三中全会和市委四届四次全会精神，坚持生态文明建设和兴林富民的总要求，紧紧围绕森林生态持续改善、林业产业持续发展、林农持续增收的总目标，创新林业发展体制机制，完善生态文明体制体系，不断增强生态林业、民生林业发展的内生动力和活力，加快推进森林玉溪建设，构建滇中生态安全屏障和生物多样性宝库，为玉溪与全国全省同步全面建成小康社会提供有力保障和支撑。

（二）基本原则

——解放思想，实事求是。立足全市森林生态建设、产业发展、森林文化建设实际，大胆探索，勇于创新，打破体制机制障碍，破解发展瓶颈，推动林业全面发展。

——统筹谋划，整体推进。正确处理改革发展与稳定的关系、全局和局部的关系、生态建设保护与资源开发利用的关系，顶层设计与创新实践的关系，协调推进改革。

——重点突破，分步实施。坚持改革正确方向，把握林业改革的优先顺序、主攻方向和推进方式，从不同层次、不同领域分类、有序推进改革。

——以人为本，兴林富民。把改善民生、改善生态作为林业改革的出发点和落脚点，从人民利益出发谋划和推进改革。

（三）目标任务

深入推进林业政策创新、制度创新和工作创新，进一步理顺林业管理体制，健全经营机制，激发发展活力，力争到2020年，全市森林覆盖率要达到并保持在60%以上，全市林业产业总产值达到90亿元，农民林业人均收入超过3 000元、占农村居民人均可支配收入的30%以上。

二、主要内容

（一）深化集体林权制度改革

巩固集体林权制度主体改革成果；完善林权社会化服务体系建设；完善集体林权流转制度，建立规范有序统一的林权流转市场；探索所有权与使用权分离为主要内容的林权流转改革；建立公益林发展保护和商品林可持续经营新机制；探索建立林地林木收储机制。2014年，在全市深入开展集体林确权发证“回头看”和查缺补漏扫尾工作，出台进一步深化集体林权制度改革的实施意见。2015年全面完成各县区林权管理服务中心建设，建成覆盖全市的林权管理和林权服务信息网络。探索林木证发证工作，在全市全面推行非林地林木证发证工作。2020年初步建立产权归属清晰，经营主体到位，责权划分明确，利益保障严格，流转顺畅规范，监管服务有效的现代林业产权制度，建立起初步适应林业产业发展需要的要素市场，形成完善的社会化服务体系和森林管护体系。

（二）抓好国家公园建设申报

积极推进国家公园建设，实现自然生态有效保护与资源合理利用。充分发挥林业部门国家公园建设的主体作用，2015年，争取将新平哀牢山自然保护区申报为国家公园。

（三）探索自然保护区管理体制改革

配合省上做好自然保护区管理体制改革。2015年实施国家级自然保护区生物多样性监测，完善自然保护区数据库和信息管理系统，探索市级自然保护区管理评估。2020年前，配合省上研究自然保护区内集体林地赎买政策。

（四）抓好国有林场改革

进一步理顺国有林场管理体制，健全政策体系，规范经营管理，实现国有森林资源质量进一步提高，经营管理更加科学，职工生产生活条件显著改善，林区和谐稳定。科学界定国有林场性质，明晰国有林场功能，创新国有林场生产经营方式，改革劳动人事制度。2014年，组织开展国有林场改革调研。2015年，积极争取将我市纳入全国国有林场改革试点范围，制定《玉溪市国有林场改革试点方案》，待国家和省级正式出台国有林场改革意见后，全面启动我市国有林场改革。

（五）完善陡坡地生态治理政策

把国家新一轮退耕还林政策与我市陡坡地生态治理政策结合起来，科学规划陡坡地生态治理工程实施规模、布局重点，制定新一轮退耕还林项目管理办法。2014年，完成我市新一轮退耕还林摸底调查工作，编制全市新一轮退耕还林实施方案，制定新一轮退耕还林项目管理办法，向国家申报争取新一轮退耕还林计划任务。2015年，在确保全市基本农田保护面积的前提下，积极争取将全市25度以上的陡坡地耕地（非基本农田）全部纳入国家新一轮退耕还林范围。

（六）开展林木采伐管理改革试点

建立科学、简便、高效的集体商品林采伐管理制度，实现越采越好、越采越多、青山常在、永续利用。积极争取新平天保工程区集体商品林采伐纳入省厅试点，创新公益林生产经营方式。逐步放活对集体商品林的采伐利用管控，简化审批程序，方便林农自主经营。探索研究公益林森林抚育，以及在依法依规的前提下合理流转试点问题。2020年前，建立科学、简便、高效林木采伐管理制度。

（七）争取湿地建设保护试点

建立和完善湿地保护管理长效机制，到2020年，湿地生态功能和作用得到有效发挥，以保护特有湿地、恢复一批自然湿地生态系统为重点，完善湿地保护新机制，规范湿地资源利用方式，探索湿地保护新措施。2015年，出台《玉溪市人民政府关于加强湿地保护工作的实施意见》，制定相关配套政策，推进政策法规体系建设；启动湿地认定工作，建立湿地分类保护管理体系建设，争取将通海杞麓湖纳入国家湿地公园试点。

（八）完善林业投融资体系

完善造林、林木良种、森林抚育、林业防灾减灾、林业科技推广等林业补贴制度，扩大林权抵押贷款、林业贴息贷款范围和规模，创新公益林生产、经营、管护方式。2015年，开展观赏苗木、非林地上林木权证抵押贷款试点；完善林业贷款贴息政策，积极争取国家、省林业贷款贴息指标，逐步扩大林业贴息贷款规模；完善森林抚育补贴政策，将集体商品林纳入抚育范围。2015年，在不改变公益林性质的前提下，探索允许公益林以转包、出租、入股等形式发展林下经济；探索林木良种补贴制度，促进良种的推广使用。创新企业、组织、农户信用评级，健全信用档案，采取简易评估或免评估，简化贷款手续，降低融资成本。2020年，完善林业防灾减灾、林业科技推广、林业贷款贴息等补贴政策，建立造林补贴的普惠制政策及后补贴机制，政府支持、金融扶持、社会资本投入、民众广泛参与，投资主体多元、投资形式多样的现代林业投融资体系初步建立。

（九）完善森林生态效益补偿制度

建立跨部门、跨区域的森林生态效益补偿机制，形成综合补偿与分类补偿相结合，转移支付、横向补偿和市场交易互为补充的森林生态效益补偿制度。研究森林、湿地、自然保护区、国家公园生态效益补偿政策，完善重点生态功能区生态补偿机制；对生态区位极其重要、非国有的国家级公益林，探索建立由国家出资征收、赎买或置换的机制；建立管补分离的生态效益补偿基（资）金制度，保障所有者的补偿利益，促进公益林的有效管护。按照国家和省政府对补偿基（资）金管理使用的相关要求，及时足额兑现中央及省级公益林的补偿资金。按照《云南省公益林管理办法》的相关规定，争取早日启动25.74万亩市级公益林补偿机制。2020年，进一步拓宽森林生态效益补偿渠道，出台从水利、电力（风电、水电）、交通、旅游、采矿等行业征收生态补偿费政策，探索建立江河流域上下游跨行政区域生态补偿机制；提高林地补偿费、林木补偿费、安置补助费和森林植被恢复费征收标准。

（十）建立和完善林业综合保险制度

建立完善的林业综合保险制度，基本实现林业灾害由政府补偿到商业赔偿的转变，增强林农、林业企业、林业专业合作组织抵御林业自然灾害的能力，降低林业灾害损失。在巩固政策性森林火灾保险的基础上，积极开展森林、经济林、观赏苗木、低温霜冰、野生动物驯养繁殖、林业有害生物保险试点，逐步扩大林业综合保险覆盖面，推动建立巨灾风险准备金制度。2014年，全面深入推进森林火灾保险和野生动物公众责任保险，实现全市全覆盖；2017年前，积极探索建立林业综合保险，制定保险中介、保险公司、保险主体间相关问题的规范和办法，启动政策性林业综合保险试点。

（十一）加强林业生态文明制度建设

健全完善适应生态文明建设的林业行政管理体系、目标体系、考核办法，发挥生态文明建设林业主体作用。健全自然资源资产产权制度和用途管理制度，科学划定森林生态保护红线，建立森林资源有偿使用和生态补偿制度，加大林业重点生态工程建设力度。2014年，对工程建设使用林地实行定额管理和用途管制，实施林地管理考核指标规定；研究提出生态文明建设的科学评价方法；全面推行以森林公安为主相对集中林业行政处罚权的行政执法管理模式；依托森林公园、湿地、自然保护区，加快推进生态文明教育基地建设，弘扬生态文化。2016年，科学划定生态保护红线，研究提出划定全市林地和森林、湿地、物种保护红线意见，报经国家林业局审核，省政府批准后发布实施；在继续推进天然林保护工程、低效林改造、石漠化治理等林业重点工程的同时，依托加快转型发展建设生态安全屏障试验区，谋划一批促进我市生态文明建设的重点生态项目，加大汇报衔接力度，争取国家和省倾斜支持我市生态安全屏障试验区建设，到2020年，基本建立系统的涉林生态文明体制体系。

（十二）完善森林资源资产产权制度

建立健全权属清晰、权责明确、监管有效的森林资源资产产权制度。深入研究集体林、国有林、湿地和野生动植物产权管理制度，为理顺产权关系提供依据；制定并实行林业自然资源登记管理办法，查清全市林地、石漠化土地、湿地，以及森林、林木和野生动植物等林业自然资源现状，健全林业自然资源资产档案体系；制定森林资源资产评估制度，积极探索建立公开、透明的林权流转交易市场，搭建林权交易平台，实施及时有效的林权监督管理和交易评估服务，保障林权权利人合法权益和森林资源安全。2014年，组织开展集体林确权发证查缺补漏工作，启动开展全市林地变更调查工作。2016年，划定生态保护红线，建立林地用途管制制度，及时更新全市林地“一张图”；研究制定森林资源资产化管理、核算和有偿使用制度；2017年，基本建立森林资源资产化管理制度，出台改革森林资源资产产权制度的意见。

（十三）加快完善发展林下经济政策

完善林下经济发展政策措施，创新林下经济发展模式，转变林产业发展方向，调整林产业结构，力争到2017年，全市发展林下经济使用林地面积600万亩以上，林下经济产值达40亿元以上，林农林下经济人均收入达1 700元以上。2014年，出台《关于加快林下经济发展的实施意见》、编制《玉溪市林下经济产业发展规划（2015～2020年）》。

（十四）创新发展林业新型经营主体

制定出台林业新型经济组织扶持政策措施，大力发展林农专业合作社、家庭林场、股份制林场等林业经营组织，形成国有、集体所有、个人所有和统一经营、合作经营、股份经营、承包经营等多种所有制成分并存、经营主体多元化、经营方式多样化的森林资源经营格局。鼓励林地林木承包经营权在公开市场上向家庭林场、林农专业合作社、林业企业流转，推进林业规模化、集约化和专业化经营，使林农获得更多的林业财产性收入。2014年，研究提出加快培育新型林业经营主体的意见；2015年，研究制定家庭林场、股份制林场、林农专业合作组织等具体认定标准和相关指标。加快发展林农专业合作社，建立林业专业合作社年报制度，继续组织申报省级示范社和省级龙头企业工作。创新新型林业经营主体服务模式，建立健全服务平台和体系。2016年，基本形成多种所有制并存、经营主体多元化、经营方式多样化的森林资源经营格局。

（十五）完善现代林业产业市场体系

建立完善统一开放、竞争有序的现代林业市场体系，充分发挥市场在资源配置中的决定性作用，加快推进非公林业经济发展、市场平台建设、市场主体培育、流通体系建设、品牌战略实施、市场宣传推介、市场服务信息建设，大力发展各类中介组织。积极开展林产品质量认证体系和林产业经济人体系建设。2016年，完成玉溪市林产品电商服务平台建设。2017年完成林农金融服务体系和林业小微企业金融服务体系建设。主要包括林农信用评价体系建设和小微林业企业、林农专业合作组织资信管理体系建设、林业小微金融服务平台建设。

三、工作要求

（一）加强领导督促

本方案由市委农村工作领导小组负责统筹协调、督促落实。市林业局负责牵头组织实施。市委农办对落实情况进行跟踪、收集、汇总，及时报告市委农村工作领导小组。

（二）形成工作合力

市林业局要认真贯彻落实市委市政府决策部署，切实履行实施主体职责，加强统筹协调，进一步细化工作任务，抓好各项改革措施的推进落实，以扎实有效的工作举措把林业改革各项任务落到实处。落实改革措施需要增加参与单位的，由市林业局商有关单位确定。市级有关部门要积极主动、密切配合市林业局开展工作，明确牵头领导和责任部门，形成全面推进深化林业改革的强大合力。改革工作中涉及法律法规修改调整事宜，按照市人大和市政府规定程序处理。

（三）改革发展并重

坚持把改革创新贯穿于经济社会发展的各个领域、各个环节，各部门各单位要把贯彻实施改革任务同推动当前各项发展工作紧密结合起来，以改革促活力、以改革促转型、以改革促发展、以改革促民生，确保改革发展两不误、两促进，推进全市经济持续健康发展、社会和谐稳定。

玉溪市深化水利改革方案

根据全省《深化水利改革专项方案》和《玉溪市全面深化农村改革总体方案》精神，制定本方案。

一、总体要求

（一）指导思想

全面贯彻党的十八大、十八届三中全会和省委九届七次全体（扩大）会议精神，按照中央和省委、省政府和市委、市政府关于加快水利改革发展总体部署，以保障水安全和大力发展民生水利为出发点，着力推进重要领域和关键环节改革创新，建立健全水利投融资、水行政管理、水资源管理、水利建设、水利安全发展的体制机制，促进玉溪水利发展更加充满活力，更加富有效率，让水利改革发展成果惠及全市人民。

（二）基本原则

处理好政府与市场的关系，加快水行政管理职能转变，充分发挥市场在资源配置中的决定性作用；处理好整体推进与分类指导的关系，强化改革综合配套，增强改革措施的针对性和有效性；处理好改革发展稳定的关系，把握好轻重缓急和社会承受度，协调有序推进水利各项改革。

（三）总体目标

坚持社会主义市场经济改革方向，充分考虑水利公益性、基础性和战略性特点，2014年全面启动和推进水利改革各项工作，到2017年，基本建立有利于增强水利保障能力、提升水利社会管理水平、加快水生态文明建设的科学完善的水利制度体系，到2020年，在水利重要领域和关键环节改革上取得决定性成果。

二、主要内容

（一）深化水利投融资及市场化改革

1.继续加大公共财政对水利的投入。进一步提高水利建设资金在固定资产投资中的比重，建立水利投入稳定增长机制。进一步落实好《中共玉溪市委、玉溪市人民政府关于加快水利改革发展的决定》精神，将水利作为公共财政投入的重点领域，在努力争取中央、省支持的同时，积极调整市级财政预算支出结构，做到财政预算对水利的投入增长与财政收入增长同步，确保今后10年全社会水利年平均投入比2010年高出一倍。严格执行按土地出让总收入的5%来计提专项水利建设资金，确保从土地出让收入中提取的专项水利资金不低于土地出让收益的10%。

2.做实做强水利投融资平台。健全完善市水利投融资体制，以市水务有限责任公司为融资平台，将每年市级财政预算安排的水利专项资金作为资本金注入市水务有限责任公司，通过水利融资平台引导和放大财政资金在水利建设中的作用，带动各类社会资金来投入水利建设。适时制定出台支持民间资本参与水利建设的实施意见。2017年完成水资源、水利工程确权划界和注入水利平台公司的工作。

3.落实水利金融支持相关政策。积极争取中央、省级和地方财政贴息政策，为水利工程建设提供中长期、低成本贷款。积极协调金融监管机构，进一步拓宽水利建设项目的抵（质）押物范围和还款来源，允许以水利、供排水资产及其收益权等作为还款来源和合法抵押担保物。2017年前全面落实水利金融支持相关政策，基本形成金融支持水利基础设施建设的良性运行机制。

4.加快推进水价改革。切实贯彻落实中央、省关于水价改革的意见和要求，推进水利工程供水水价和农业综合水价改革。以重点水利工程和集中供水工程为依托，加快水价改革试点工作，以点带面，逐步扩大水价改革的范围和领域。按照实行最严格水资源管理的要求，以定额管理和总量控制为基础，加快阶梯水价和累进加价制度的实施。研究制定差别化水价政策，做到水利工程供水水价和农业综合水价全面反映供水成本、资源保护成本，全成本计入资源补偿、生态补偿等成本。2017年基本建立落实节水优先，能反映水资源稀缺程度和供水成本的水价形成机制。2020年全面建立符合市场导向的水价形成机制。

5.大力推进水利市场化改革。在市内选择有经营性收益的工业、城乡生活供水等项目，先行试点，探索积累经验，为带动民间资本参与水利建设夯实基础。2015年前因地制宜推行水利工程代建制、设计施工总承包等水利建设管理模式，积极发展新型水利项目融资模式，推广"一库一策"投融资模式，带动社会资本参与水利建设。允许将政府在农村的小型水利工程设施投资形成的资产转化为集体股份加以有效管理利用。积极推进水利国有资本和国有企业改革，实施涉水国有企业混合所有制改革和国有资本经营预算改革，实现水利国有资产保值、增值。

6.建立健全水利工程市场化管养维护体制。结合国有水利工程管理体制改革和农村小型水利工程管理体制改革的实际，加快推行向社会力量购买水利工程建设管理、运行管理、维修养护、技术服务等水利公共服务，尽快培养一批农村灌溉服务、农村水利设施管养维护市场主体，以政府购买服务方式由专业化市场主体承担工程维修养护。2017年前培育和规范全市水利工程维修养护市场，推行水利工程物业化管理，使一大批符合条件的水利工程维修养护以市场化方式进行。2020年前基本实现水利公共服务体系承接主体和提供方式多元化。

7.建立健全水权交易制度。2014年结合抚仙湖流域澄江龙街高西片区农业高效节水减排示范项目，建立用水总量控制制度试点，完成初始水权分配，并建立水权交易制度。2017年在全市推广水权交易制度，初步建立水权出让市场。2020年前，在全市范围完善水资源资产产权制度改革，建立以水资源所有权为中心，分级管理、监督到位、关系协调、运行有效的统一管理制度。

（二）全面推进水行政管理体制改革

1.进一步简政放权，提高水行政服务水平。2014年，推进水工程建设规划同意书、建设项目水资源论证、洪水影响评价、水土保持方案、涉河建设项目、水利基建前期工作等审查审批项目分类合并实施，初步实现水利项目并联审批，推进审批项目全流程网上办理。2017

年，完全取消非行政许可项目，全部行政审批项目实现并联审批和全流程网上办理，有效提高水行政审批效率，初步完善市、县（区）水利政务服务体系。

2.稳步推进水利事业单位分类改革和水利学会改革。2014年，基本完成各事业单位类别划分，积极稳妥推进水利设计、施工单位类别划分，推动水利学会依法自治，理顺水利学会人员管理方式。2015年，基本完成行政类、生产经营类事业单位改革。2020年前，基本完成公益类事业单位改革，建立健全水行政监察执法队伍。按照相关法律政策，理顺人员、岗位、评聘、工资等管理制度，实现公益类事业单位有序运行。

3.健全基层水利服务体制机制。贯彻落实中央、省关于加强基层水利服务能力建设的指导性、政策性文件精神，推进农村基层水利服务机构改革。2017年前全面完成基层水利服务机构标准化建设，基本理顺乡（镇）水利服务管理体制，切实提高基层水利建设、管理与服务能力。

4.建立严格的河湖管理与保护制度。加快完善河湖管理与保护体系，维护河湖健康。总结重点河道“河长制”经验成效，切实制定河道分级管理意见，2015年完成全市“河长制”推广，建立河道管理责任机制和监督激励机制。结合湖泊“四退三还”。2017年依法建立健全河道规划治导线管理制度，依法划定河道管理和保护范围，开展河道水域岸线登记，加强河湖空间用途管制，建立建设项目占用水利设施和水域岸线补偿制度。2020年，建立完善的河湖管理与保护体系，规范涉水活动，维护河湖健康。

5.强化水利综合执法建设和科技创新。贯彻落实水法律法规，全面推进水利综合执法，加大水利科技成果的推广运用力度。2017年建立权责统一、权威高效的水行政执法体制，大幅提高科技在水利发展中的贡献率。2020年，建立较为完备的权责统一、权威高效的水行政执法体制。

（三）着力深化水资源管理体制改革

1.建立和严格执行水资源、水生态、水环境承载能力刚性约束机制。坚持规划约束、管控前移，2014年在产业规划、园区规划、城镇规划、经济区规划、土地利用规划等发展规划编制阶段，推行规划水资源论证制度。2017年全面落实并严格执行规划水资源论证制度。

2.落实和完善最严格水资源管理制度。进一步加强取水许可制度建设，完善取用水限批、禁批制度，积极探索推行水资源负面清单管理模式。在建设项目水资源论证、入河排污口设置审批先期开展负面清单管理试点，推进水功能区管理。2017年，建立水资源红黄绿分区管理制度。2020年，全面落实最严格水资源管理制度，全面建立水行政许可和管理的负面清单制度。

3.推进水资源配置制度改革。研究出台水资源配置制度改革实施意见，全面推进需水管理，以水资源有效需求和用水效率指导水资源配置，切实提高用水效率和效益，实现从供水管理向需水管理的转变。各县区要加强用水管理，确保2015年万元工业增加值用水量控制指标为万元工业增加值用水量比2010年下降34%，农田灌溉水有效利用系数不低于0.52，确保全年用水总量控制在10.85亿立方米以内，2020年控制在12.03亿立方米以内。在水源工程和调水工程等重大水资源配置规划、项目布局和立项审批上，全面做到水资源开发利用与水资源、水生态、水环境承载能力相协调。紧紧围绕全市产业发展重大规划和战略布局配置好水源工程，2015年完成全市《水资源综合规划》，指导全市水资源的科学合理配置。2017年，基本建立以需水管理和用水效率管理为基础的水资源供需良性机制。

4.全面推进水务管理体制改革。按照精简、统一、效能的原则，整合水利、供水排水、节约用水、污水处理、中水回用等方面的行政管理职能，结合东片区暨“三湖”生态保护水资源配置应急工程的运营管理，加快推进水务管理体制改革。2014年重点推进红塔、江川、澄江、通海、华宁5个县（区）的改革，适时推进易门、峨山、新平、元江4个县的改革，2017年基本实现城乡水务统一管理。

5.加强水生态文明制度建设。完善水生态环境保护管理机制，开展城乡水生态文明创建，因地制宜探索玉溪水生态文明建设模式。全面推进节水型社会建设，抓好全国第二批水生态文明城市建设试点。健全地下水管理与保护制度，完善水土流失预防监督和治理机制。2017年，实现对社会各行业计划用水、计量用水、定额用水管理，构建起水资源管理监控体系，强化水功能区和水源地保护，保障饮水安全、水生态安全。

6.健全水资源有偿使用制度和水生态补偿机制。组织开展水生态补偿试点，严格按水资源费征收标准征收水资源费。

（四）建立健全参与式水利建设与管理体制

1.建立民生水利项目群众全程参与管理模式。以农村饮水安全、小型农田水利、山区“五小”水利、灌区建设等民生水利工程为载体，通过体制机制创新，全面推行群众全程参与农村水利工程建设管理，促进民生水利发展，确保水利效益更好惠及民生。2017年前，基本实现民生水利项目建设和管理群众参与全覆盖。

2.鼓励和引导群众及社会力量参与水利设施建设、管理和运行维护。继续深化国有水利工程管理体制改革和农村小型水利工程管理体制改革，创新体制机制，鼓励和引导群众和社会力量参与水利设施建设、管理和运行维护。2014年加快推进村镇饮水工程管理体制改革，大力发展农民用水户协会，利用市场机制鼓励和吸引市场主体、合作组织、农民群众等参与水利建设和运行管护。2015年切实制定和完善规范农民用水合作组织建设的实施意见、实施办法。2017年全力推动农民用水合作组织向农村经济组织、专业化合作社等多元化方向发展，建立健全基层防汛抗旱、灌溉排水、农村供水、水土保持等专业化服务组织，构建完善的基层水利专业化服务体系，确保农村水利设施长期发挥效益，切实解决民生水利服务群众的“最后一千米”机制问题。

（五）建立健全水利安全发展保障体制改革

1.突出抓好党风廉政建设。2014年进一步落实各级水利部门党委（党组）党风廉政建设主体责任和各级纪检监察机构的监督责任，强化责任落实和问责制度，基本建立适应新形势、新任务、新要求的水利党风廉政建设规章制度。2017年完善水利廉政风险防控体系，完善教育和预防并重的党风廉政建设长效机制。

2.强化水利工程质量安全与市场监管。认真贯彻落实《安全生产法》《建设工程质量管理条例》和《建设工程安全生产管理条例》，进一步加强水利工程质量和安全市场监管。建立健全市、县区安全监督管理机构，落实人员和经费，依法履行职责。

3.认真抓好水利安全生产。严格执行党政同责、一岗双责制度，对水利重特大生产安全责任事故、重大安全生产事故风险实行一票否决。2017年全面开展水利安全生产标准化建设，大幅提升水利安全生产保障能力。

4.切实保障防洪安全。创新完善防汛责任制、应急抢险处理预案、防洪预警机制，做好防汛指挥系统与水文监测系统的衔接，加快相应水情预报测报系统建设。2015年健全完善防汛抗旱抢险救灾专业队伍建设。2016年建立中型水库安全监测和水情测报系统。2017年建立较为完善的山洪灾害非工程措施体系，基本建成“点击一下，全局在胸”的防汛抗旱指挥系统，基本建立覆盖广泛、功能完备防洪排涝减灾体系，筑牢城乡防洪安全屏障。

三、工作要求

（一）加强领导督促

本方案由市委农村工作领导小组负责统筹协调，督促落实。市水利局负责牵头组织实施。市委农办对落实情况进行跟踪、收集、汇总，及时报告市委农村工作领导小组。

（二）形成工作合力

市水利局要认真贯彻落实市委、市政府决策部署，切实履行实施主体职责，加强统筹协调，进一步细化工作任务，抓好各项改革措施的推进落实，以扎实有效的工作举措把水利改革各项任务落到实处。落实改革措施需要增加参与单位的，由市水利局商有关单位确定。市级各有关部门要积极主动、密切配合市水利局开展工作，明确牵头领导和责任部门，形成全面推进深化水利改革的强大合力。

（三）改革发展并重

坚持把改革创新贯穿于经济社会发展的各个领域、各个环节，各部门各单位要把贯彻实施改革任务同推动当前各项发展工作紧密结合起来，以改革促活力、以改革促转型、以改革促发展、以改革促民生，确保改革发展两不误、两促进，推动全市经济持续健康发展、社会和谐稳定。

玉溪市供销合作社综合改革试点实施方案

为认真贯彻落实党的十八届三中全会和中央关于深化供销合作社改革的精神，以及省委、省人民政府关于开展供销合作社综合改革试点工作安排部署，确保全市供销合作社综合改革试点工作顺利开展、取得实效，根据全省供销合作社综合改革试点工作专项方案，结合玉溪实际，制定本方案。

一、总体要求

按照“改造自我，服务农民”的总要求，突出基层组织改造、组织体系完善、服务机制创新、现代流通网络建设等重点，以资产盘活、资金用活、经营搞活、机制激活为举措，在密切与农民联系、形成上下贯通的供销合作经济组织、打造农业社会化服务渠道、成为农村现代流通主导力量等方面取得实质性突破，进一步增强发展实力、完善服务功能、拓展服务领域、提升服务质量，把供销社打造成为政府主导的、以合作经济组织形式推动“三农”工作的重要阵地，以及为农民生产生活服务的生力军和综合平台。

二、基本原则

（一）坚持联合合作。按照“自愿、互利、民主、平等”的要求，建立健全合作经济组织管理制度，推进各类合作经济组织的联合、合作、发展。

（二）坚持为农服务。确立农民在发展合作经济中的主体地位，树立为农服务宗旨，履行好服务“三农”的职能。

（三）坚持创新发展。通过创新，促进供销合作社转型发展，在发展中增强实力，在发展中树立形象。

（四）坚持积极稳妥。结合供销合作社发展现状，找准改革重点和突破口，不搞“一刀切”，不追求一步到位。

三、目标任务

通过综合改革，革除制约供销社改革发展的体制机制障碍，不断完善经营管理服务机制，培育、发展和壮大社有企业，成为为农服务的市场主体；创新发展农民合作经济组织，努力成为政府主导的为农村经济服务的主要载体；建设成上下贯通、开放包容、运行高效的供销合作社组织管理体系；建立权责对等、相互连接的新机制；建设团结创新、担当干事的领导班子和干部职工队伍；使供销合作社真正成为为农服务的实体性合作经济组织和农业社会化服务的主渠道。

（一）全力构建农业生产资料服务网络

围绕农业生产需求和农民购买便捷，加快农业生产资料连锁经营服务体系建设。按照“统一货源采购、统一商品配送、统一经营方式、统一服务规范、统一销售价格”的要求打造农资放心店；加强农资市场动态监测和管理，做好化肥储备供给，平抑农资市场价格，维护农民利益；积极拓展服务领域，开展种子、农机具等商品经营，转变服务方式，开展送放心农资到村、送农业信息到户、送农业科技到田等农业配套服务。到2016年，新建县级农资配送中心1个、乡镇级6个，改造提升连锁经营店100个，建设庄稼医院30个，农资商品配送率85%以上；到2020年，形成较为完整的农资连锁经营、农资科技服务体系。

（二）全力构建日用消费品服务网络

建设、完善县级日用消费品配送中心，全面提高商品配送率，提升服务质量。遵循经济区划原则，加快具有配送功能的乡镇（街道）日用消费品中心超市建设，推进城市社区消费合作社、村级综合服务社、便民店、农家店终端网点标准化建设，为人民群众提供便利、实惠、安全的消费环境。做好救灾、应急、抢险物资储备。到2016年，新建、改造提升县级配送中心4个、乡镇中心超市10个，连锁经营店、社区消费合作社150个，农村商品配送率50%以上；到2020年，实现县有配送中心、乡镇（街道）有配送功能的中心超市、村（社区）有连锁经营终端网点，农村商品配送率70%以上。

（三）全力构建农产品购销服务网络

利用网络优势，“一网双用”开展农产品双向流通，畅通农产品销售渠道；加快涉农龙头企业、农产品经纪人营销队伍建设，发展高原特色农产品生产基地，开拓农产品市场，实现产销对接；培育一批带动辐射能力强的农民专业合作社，为社员提供产前、产中、产后服务，提高农民进入市场的组织化程度。到2016年，力争培植、发展年销售收入5亿元、1亿元、5 000万元以上的涉农龙头企业1户、3户、4户，省级农民专业合作社示范社发展到60个以上；到2020年，全系统实现农产品购销额35亿元以上，省级农民专业合作社示范社80个。

（四）全力构建农村现代信息服务网络

加强农村政策的研究，积极开展农资、农产品市场调查，为广大农民群众提供农村政策咨询、农业科技知识、农资、农产品供求等方面的信息服务。依托涉农龙头企业、农民专业合作社联合社发展电子商务，开展农产品网上直销。

四、改革内容

开展综合改革试点要围绕生产生活资料供应和重要农产品供给，采取资产盘活、资金用活、经营搞活、机制激活等措施，努力实现有一批为农服务的好企业，有一批带动能力强的好合作社，有一套推动供销社发展的好机制，有一支开拓创新、勇于担当、爱岗敬业的好队伍。

（一）加强社有资产管理，管好、盘活社有资产

一是供销社要对全系统社有资产进行全面调查清理。本着“尊重历史，注重现实”的原则，按照相关法律法规政策，相关部门给予支持，做好产权确权登记。二是针对土地、场院和房屋等低效闲置资产，采取拓展业务盘活、争取项目盘活、引进社会资金联合开发、引进能人经营管理等办法，把存量优势变为增量优势，提高资产运营效益。培育发展供销合作社控股、参股企业，提升为农服务的能力。三是理顺社企关系，本着公开公正、规范有序、保值增值、资产租赁收益与资产权属一致的原则，加强对社有资产的管理，实行社有资产所有权与经营权分离，市供销社制定出台《玉溪市供销

社社有资产管理办法》，成立社有资产管理运营机构，履行好出资人的职能，对市供销社以及社属企业、单位占用的社有资产和原蔬菜公司、土产公司改革改制后的剩余资产实施监督、管理；各县区要制定和完善社有资产的管理办法，成立资产管理运营机构，强化对社有资产的监督和管理。到2016年，实现市级供销合作社年平均社有资产收益100万元，县级供销合作社50万元；2020年，分别达到150万元、80万元以上。

（二）强化资金监管和使用，管好、用活各类资金

一是加强供销社业务经营中各类资金的筹措使用、及时清收清算，加速资金周转，提高资金运营效益。二是规范自有资金管理。建立完善社属企业自有资金风险防控机制，确保资金安全。三是用好用活财政扶持资金。严格执行财政部《关于进一步完善制度规定切实加强财政资金管理的通知》规定，探索各级财政扶持资金"补改股"方式，通过与扶持对象订立协议、合同等方式进一步密切与扶持对象关系。四是实行市、县供销合作社资产所有权与经营权分离的管理模式，对财政拨入资金和社有企业收益实行"社企收支两条线"管理。

（三）加强人才队伍建设，拓展、搞活经营业务

一是着力建设一支懂经营、会管理、能拼搏、肯干事的干部职工队伍，提升经营管理服务的能力。二是采取培训与引进相结合等措施培养企业亟须人才，发展壮大企业经营管理人才队伍，为人才强企提供保障。三是树立抓基层供销社建设就是打造农村现代流通网络终端和为农服务前沿阵地的理念。把加强对基层供销社的改造提升和重组作为增强供销社为农服务功能、拓展服务领域、改善服务环境、完善服务设施、密切与农民利益的关键环节，整合现有基层供销社资源和股东力量，探索强强联合，以强带弱的发展路子，形成联合合作、抱团发展，提升基层供销社形象和经营效益。基层供销社的恢复重组，坚持实际、实用、实效原则，利用现有的基层网点，实行开放办社、引才办社、联合发展，增强服务功能，使之真正成为自主经营的实体、为农服务的载体和合作经济的联合体。今年启动基层供销社改造提升、恢复重组工作。到2016年，改造提升、恢复重组基层供销社25个，2020年全面完成基层供销社改造提升任务。

（四）强化监督和管理，创新、完善发展机制

在现有市、县供销合作社及其下属企事业单位现行管理体制不变的基本前提下，按照上下贯通、开放包容、运行规范的要求，建立完善供销合作社组织管理服务体系和责权对等的相互连接新机制。一是健全完善企业法人负责制。实行股东会（股东）、董事会（董事）、监事会（监事）和经理层之间权力、责任和利益相互制衡制度，形成清晰的利益机制和决策机制，通过有效的分配和激励办法，调动经营者和职工的积极性，确保企业生产经营活动的有序、有效进行。二是加强对供销社控股、参股企业的管理，本着"控股有控制力，参股有知情权"的原则，进一步理顺社企关系，对社属企业实行统一经营、分类核算、参营参股、超奖欠罚的工作激励机制。三是加快经营机制的转换，增强企业发展活力。以"用工机制、分配机制、激励机制和管理机制"作为重点，做到人能进能出，分配有高有低，激励有奖有惩，管理合理科学。认真解决好股东与员工的关系。在经营中采取股东持股、员工入股、社会资本参股等方式推进社有企业产权多元化；积极推行市场化导向的选人用人激励机制，充分调动企业员工的积极性和主动性。

（五）加强合作经济组织的管理和发展

一是顺应农村林权制度、土地制度改革的新形势和为农服务新要求，组织发展一批林果、蔬菜、食用菌等新型专业合作社，推动生产服务向资源保护开发利用、种苗供应、信息服务、土地托管、农机具维修等农业全产业链服务，提高农业组织化程度，促进高原特色产业发展，助农增收。二是分类指导，对有一定基础和实力的合作社，争取申报省、国家级示范社；对有一定潜力和产业发展有影响力的合作社，要创造条件使其发展壮大；支持社有企业在城镇开办的超市、便利店联合城镇社区居民创办城镇消费合作社。三是加强对合作社理事长、财务和管理人员的培训，提高合作社发展的综合管理能力和经营水平。四是创新服务，创办公益性与经营性相结合的综合服务组织，为农民合作社（联合社、联合会）提供财务会计、产品营销、融资担保、培训咨询、项目申报等服务，使其成为农业社会化服务的综合平台和承接政府购买公共服务的主要载体。五是做好对综合服务社的管理工作，通过签订相关协议，实行服务承诺，明确职责与责任，加强对经营活动的检查，督促建立购销台账，确保经营活动遵规守纪，维护好供销社的声誉和形象。六是积极探索合作金融试点。支持有条件的县（区）供销合作社联合管理民主、运行规范、带动力强的农民合作社，在风险可控的前提下，组建为其成员服务的资金互助、融资担保等合作金融机构，联合农业企业等共同出资组建政策性融资担保公司。

五、方法步骤

（一）准备阶段（2014年5～8月）

2014年5月至8月，开展专题调研，研究制定《玉溪市供销合作社综合改革试点实施方案》，并报省供销合作社备案，启动综合改革试点工作。

（二）试点阶段（2014年9月至2015年12月）

召开综合改革试点工作推进会，安排部署综合改革试点工作，落实工作责任制，重点突破，积极稳妥推进各项改革，年底取得阶段性成果；2015年上半年，召开专题会议，总结推广试点经验，全面推进综合改革试点工作。

（三）总结验收阶段（2016年1～12月）

完成综合改革试点阶段目标任务，总结上报综合改革试点工作成效及经验，接受省供销社对综合改革试点工作验收。

（四）全面深化改革阶段（2017～2020年）

全面完成综合改革目标任务，力争把供销合作社打造成为政府主导的、以合作经济组织形式推动"三农"工作的、为农民生产生活服务的生力军和综合平台。

六、工作要求

（一）加强组织领导

本方案由市委农村工作领导小组负责统筹协调，督促落实，建立联席会议制度。市供销社负责牵头组织实施，要建立综合改革试点情况报告制度。市委农办对落实情况进行跟踪、收集、汇总，及时报告市委农村工作领导小组。各县区要把供销社综合改革试点工作列入重要议事日程，切实研究制定试点方案，并经党委政府同意，报省、市供销合作社备案。

（二）形成改革合力

市、县（区）供销合作社要认真贯彻落实市委、市政府的决策部署，切实履行实施主体责任，细化工作措施，确保综合改革试点工作圆满完成。市级相关部门要积极主动、密切配合市供销合作社开展工作，形成全面推进、深化供销合作社综合改革的合力。

（三）用好用活政策

继续贯彻执行《中共玉溪市委、玉溪市人民政府关于深化改革推进供销社二次创业的实施意见》的各项政策，尤其要加大对化肥储备、“新网工程”“乡村流通工程”、基层组织体系建设和农民合作经济组织发展的支持；妥善处理供销合作社改革改制过程中历史遗留的相关人员安置、社会保障、历史债务、资产权益等问题。

（四）营造良好环境

各级各相关部门要支持和营造供销社综合改革试点的良好氛围。新闻媒体要充分发挥理论宣传的导向作用，广泛动员社会各界关心、支持供销社开展综合改革试点。

玉溪市公共租赁住房管理实施办法（暂行）

第一章　总　则

第一条　为解决城镇中等偏下收入家庭住房困难，规范和加强公共租赁住房的建设和管理，根据住房和城乡建设部令第11号《公共租赁住房管理办法》和《云南省公共租赁住房管理实施办法》等规定，结合我市实际，制定本实施办法。

第二条　玉溪市行政区域内公共租赁住房的规划建设、租赁、管理及其相关活动适用本实施办法。

第三条　本实施办法所称公共租赁住房（两房并轨后廉租房、公租房统称为公共租赁住房），是指政府提供财政投入和政策支持，限定套型建筑面积标准，按照合理标准组织建设，或者通过长期租赁等方式筹集，依据当地政府规定的供应标准，面向符合规定条件的群体供应的保障性住房。

第四条　市住房和城乡建设行政主管部门负责全市公共租赁住房的监督管理工作。

各县人民政府负责做好本县范围内公共租赁住房的建设管理工作。县住房和城乡建设行政主管部门负责对申请人员进行最终的资格审核和公示。各街道办事处或乡（镇）政府负责公共租赁住房申请的受理、公示和初审工作，并做好投诉举报的核查工作。

红塔区人民政府负责做好中心城区公共租赁住房的建设管理工作。区住房和城乡建设行政主管部门负责对申请人员进行最终的资格审核和公示。各街道办事处或乡（镇）政府负责公共租赁住房申请的受理、公示和初审工作，并做好投诉举报的核查工作。

国家级、省级园区管委会负责园区内产业工人的公共租赁住房房源筹集，申请人的资格审查、准入、轮候、退出管理等工作。

市（县区）发展改革、人力资源和社会保障、监察、国土资源、规划、财政、民政、税务、国资、金融、住房公积金管理中心等有关部门，按照各自职责负责公共租赁住房的相关管理工作。

第五条　各县区人民政府、国家级、省级园区管委会可根据实际情况，成立公共租赁住房建设管理机构或者委托运营管理单位，具体实施公共租赁住房的建设、配租和出售管理，并接受市住房和城乡建设行政主管部门的指导和监督。

第二章　规划和建设

第六条　公共租赁住房建设规划和年度住房建设计划，由市住房和城乡建设行政主管部门会同市发展改革、财政、国土资源、规划等部门，结合我市经济社会发展状况、城乡总体规划、土地利用总体规划、产业政策、人口政策以及公共租赁住房的需求等情况进行编制，报市人民政府批准后实施。

第七条　公共租赁住房的项目规划，应科学统筹、合理布局、配套建设，充分考虑中等偏下收入住房困难家庭对交通、就医、就学等配套设施的需求，合理安排区位布局。新建公共租赁住房应当满足基本的居住需求，并符合节能环保和安全卫生标准等要求，确保工程质量。

第八条　公共租赁住房建设用地，应当在土地供应计划中优先安排。由政府指定机构建设的公共租赁住房，建设用地实行协议出让或划拨方式供应。

第九条　公共租赁住房可采取政府投资建设、政企共建、企业自建等方式建设。要充分发挥市场机制作用，积极引导和吸纳各类社会资金，通过BOT、BT、融资代建、工程垫资总承包等方式参与公共租赁住房建设。

政府投资建设的公共租赁住房，由政府成立公共租赁住房建设管理机构建设和经营管理。政企共建、企业自建的公共租赁住房，按照约定的产权比例进行经营管理，在商品住房中配建的公共租赁住房，按合同约定产权进行经营管理。

第十条　公共租赁住房的房源筹集方式：

（一）政府直接投资组织建设；

（二）由市、县（区）人民政府指定的国有企业投资建设；

（三）由其他企业和机构投资建设；

（四）在普通商品房开发项目中按5%的比例配建公共租赁住房；

（五）政府或企业收购的符合公共租赁住房使用标准的住房；

（六）其他渠道筹集的公共租赁住房。

第十一条　新建公共租赁住房应当坚持小型、适用、满足基本住房需求的原则，应为成套住房或集体宿舍。成套住房户型以40平方米左右小户型为主，小高层、高层建筑单套建筑面积控制在70平方米以内。

第十二条　公共租赁住房的建设单位，应当自工程竣工验收备案之日起20日内，将竣工项目的房源基本情况报市住房和城乡建设行政主管部门备案。

第十三条　房屋权属登记部门办理房屋所有权证时，应当注明“公共租赁住房”和产权比例。

政企共建、企业投资建设的公共租赁住房项目，转让公共租赁住房产权时，应依法办理相关手续。转让后不得改变原土地和房屋的性质、用途，以及配套设施的规划用途。

第十四条　公共租赁住房建设资金来源包括：

（一）中央、省专项建设补助资金，市、县区专项建设配套资金；

（二）市、县区每年土地出让总收入中提取5%，用于保障性安居工程建设的资金；

（三）每年按规定提取风险准备金和按规定列支管理费用后的住房公积金增值净收益全部用于保障性安居工程建设；

（四）市、县区每年房地产开发税收中提取10%，用于保障性安居工程建设的资金；

（五）金融机构贷款和公积金贷款；

（六）社会捐赠用于公共租赁住房筹集的资金；

（七）按“先租后售”的方式出售公共租赁住房的资金，全部用于公共租赁住房建设；

（八）其他来源。

第十五条 中央、省专项建设补助资金，市、县（区）专项建设配套资金实行专户管理，专项核算。

第十六条 公共租赁住房建设涉及的行政事业性收费、政府性基金及住房建设相关税收等，按现行国家、省、市关于保障性住房建设的相关优惠政策执行。

第三章 准入管理

第十七条 （一）具有本地户籍的人员或非本地户籍的外来务工人员、大中专院校毕业生在本地有稳定工作的无住房或人均住房建筑面积低于30平方米的中等偏下收入家庭或单身人士，符合申请公共租赁住房收入条件的可以申请公共租赁住房。

（二）公共租赁住房的申请人应当年满18周岁，且具备完全民事行为能力。

第十八条 申请公共租赁住房的收入条件，原则上以本地区上一年度的在岗职工平均工资收入为标准，两人以上（含两人）家庭月收入不高于家庭实际人数乘以本地区上一年度在岗职工月平均工资，单身人士月收入不高于本地区上一年度在岗职工月平均工资。

第十九条 公共租赁住房的申请以家庭或单身人士为基本申请单位。

家庭申请的，实行家庭成员全名制，由家庭确定1名符合申请条件的家庭成员作为申请人提出申请，申请人的配偶必须共同申请。申请人及其配偶的父母、成年子女、单身兄弟姐妹以及其他具有抚养或赡养关系的家庭成员具有本市户籍的，也可共同申请。申请人和共同申请人只限承租1套公共租赁住房。

单身人士申请的，本人为申请人。未婚人员、不带子女的离婚或丧偶人员、独自进城务工或外地独自在公共租赁住房申请所在地工作的人员可以作为个人申请。

第二十条 公共租赁住房的申请人可以向户口所在地或工作所在地的街道办事处或乡（镇）政府申请公共租赁住房。

第二十一条 有下列情形之一的不得申请公共租赁住房：

（一）申请人和共同申请人在申请之日前1年内在公共租赁住房申请所在地有购买、转让住房行为或记录，且房屋人均面积超过30平方米的；

（二）已享受廉租住房实物配租（含廉租住房补贴）、公共租赁住房政策的。

第二十二条 申请公共租赁住房时申请人及共同申请人应提供以下材料：

（一）《玉溪市城镇保障性住房申请书》；

（二）身份证和户口簿（户籍证明）复印件；

（三）收入证明；

（四）住房情况证明；

（五）其他相关材料。

以上材料属证明的提交原件，属证件、证书或合同的提交复印件，并同时提供原件核对。申请人应当对提交材料的真实性、有效性负责，如实申报家庭住房、收入等状况，声明同意接受审核部门调查核实其家庭住房、收入等情况。审核部门对申请人的申报材料进行审查时，相关管理部门及单位应当提供便利。

第二十三条 有工作单位的申请人申请公共租赁住房时，需由用人单位统一收集申请材料后向所在地的街道办事处或乡（镇）政府申请，用人单位应当对申请人提供的材料真实性负责，并协助管理。

第二十四条 公共租赁住房的申请和受理、初审和预公示、审核和公示按以下程序进行：

（一）申请和受理。申请人向户口所在地或者工作所在地的街道办事处或乡（镇）政府提出申请。申报材料符合规定的，街道办事处或乡（镇）政府应当受理，并向申请人出具书面凭证；申报材料不符合规定的，应当一次性书面告知申请人需要补充的材料；

（二）初审和预公示。街道办事处或乡（镇）政府应当自受理之日起15个工作日内对申请人的家庭人口、户籍、收入、住房等情况进行调查核实。对符合规定条件的，在7个工作日内完成初审并在街道办事处辖区或单位内进行公示，公示期不得少于7个工作日。公示期内有异议的，由街道办事处或乡（镇）政府调查核实，并将调查结果书面告知申请人。无异议的，公示期满街道办事处或乡（镇）政府将申请材料及公示情况及时上报县区住房和城乡建设行政主管部门；

（三）审核和公示。县区住房和城乡建设行政主管部门应当会同民政、公安、税务、人力资源和社会保障、住房公积金等部门对初审通过的申请人进行审核、公示，公示期不得少于15个工作日。审核不符合条件的，审核单位应书面告知申请人并说明理由。公示期满无异议的，审核单位将审核结果（名册）报市住房和城乡建设行政主管部门备案。

申请人经公示无异议的进入申请人轮候库并采取公开抽签或摇号方式确定轮候登记号。

第二十五条 公共租赁住房申请人在轮候期间，家庭人口、户籍、收入、住房等情况发生变化的，应主动向原提交申请的街道办事处或乡（镇）政府提出变更登记，并按规定程序重新审核。申请人情况变化且不再符合公共租赁住房申请条件的，由街道办事处或乡（镇）政府上报县区住房和城乡建设行政主管部门。

第四章 配租管理

第二十六条 公共租赁住房建设管理机构或运营管理单位应当及时公布配租房源的户型、数量、地点、申请时间段等相关信息。

第二十七条 经审核确定参与选房的申请人采用抽签或摇号方式确定选房顺序，抽签或摇号过程由公证部门全程公证。申请人根据选择的地点和户型面积进行选房，选定住房后，在规定时间内签订选房确认书。

第二十八条 签订选房确认书的申请人在收到公共租赁住房建设管理机构或运营管理机构发出入住通知后30日内，到指定地点签订公共租赁住房租赁合同。未按期签订合同的，视为自动放弃，本次配租作废，一年内不得再次申请。

由单位统一申请的，由申请人、用人单位与公共租赁住房建设管理机构或运营管理单位签订公共租赁住房租赁合同，明确出租人与承租人、用人单位的权利和义务。

公共租赁住房建设管理机构或运营管理单位应当在公共租赁住房租赁合同签订后20个工作日内向市住房和城乡建设行政主管部门备案。

第二十九条　申请人持公共租赁住房建设管理机构或运营管理单位开具的入住通知单，在规定时限内办理交房手续。

第三十条　政企共建、企业自建的公共租赁住房，对本企业申请公共租赁住房的职工，企业应参照本办法的规定，制定准入条件和配租方案，经职工代表大会讨论通过报当地住房和城乡建设行政主管部门批准后进行配租，并在公共租赁住房租赁合同签订后20个工作日内向市住房和城乡建设行政主管部门备案。

第三十一条　市、县区人民政府引进的特殊专业人才和在玉溪工作的全国和省部级劳模、全国英模、残疾人、孤儿、老年人家庭（年满60周岁）、获得县级以上见义勇为表彰、荣立二等功以上的复转军人按属地申请公共租赁住房，符合条件的可以优先配租。

第三十二条　申请人有下列情形之一的，视同放弃本次申请资格，其轮候登记号作废，1年内不得再次申请公共租赁住房：

（一）未在规定的时间、地点参加选房的；

（二）参加选房但拒绝选定住房的；

（三）已选房但未在规定时间内签订租赁合同的；

（四）签订租赁合同后放弃租房的；

（五）其他放弃申请资格的情况。

第五章　租赁管理

第三十三条　公共租赁住房的租赁期限最长为5年，需要续租的承租人在合同期限届满前3个月内应当及时向原申请的街道办事处或乡（镇）政府报告，并提交户籍、家庭人口、住房、收入等续租申请申报资料。街道办事处或乡（镇）政府应当在7个工作日内，会同相关部门对申报资料进行核查，作出准予续租或不予续租的决定。

未按规定提出续租申请或不符合续租条件的，租赁期满应当腾退公共租赁住房；拒不腾退的，公共租赁住房的产权单位、公共租赁住房建设管理机构或运营管理机构可以向人民法院提起诉讼，要求承租人腾退公共租赁住房。

第三十四条　街道办事处或乡（镇）政府应对已经享受公共租赁住房政策的承租人所申报的户籍、人口、收入、住房、工作等变动情况进行年审。情况发生变化，不再符合公共租赁住房保障条件时，街道办事处或乡（镇）政府应当及时通知运营管理机构办理退出手续。

第三十五条　公共租赁住房的租金标准原则上不得高于同地段同档次住房市场租金的70%。租金实行动态调整，每年向社会公布一次。由市、县区发展改革行政主管部门会同住房和城乡建设行政主管部门按照管辖范围研究核定，并同时将核定结果上报市发展改革行政主管部门和市住房和城乡建设行政主管部门备案。

第三十六条　公共租赁住房只能用于承租人自住，不得出借、转租、调换、闲置以及作为经营性用房。承租人违反规定使用公共租赁住房的，应当责令退出。承租人购买、受赠、继承或租赁其他住房的，且住房面积超过30平方米的，应当退出公共租赁住房。

第三十七条　承租人应合理使用房屋及其附属设施，不得损毁、破坏、擅自装修和改变房屋结构、用途和配套设施，因使用不当或人为原因造成房屋及其附属设施损坏的，承租人应负责修复或赔偿。

第三十八条　公共租赁住房运营管理机构应当缴存房屋专项维修资金，缴存标准参照建设部和财政部《住宅专项维修资金管理办法》的规定确定。房屋专项维修资金专项用于公共租赁住房及其配套施设保修期后的大修、更新和改造，确保公共租赁住房的正常使用。

第三十九条　承租人应当按时交纳公共租赁住房租金和房屋使用过程中发生的水、电、气、通讯、电视、物业服务等费用。

第四十条　公共租赁住房小区物业管理，由公共租赁住房建设管理机构或运营管理机构确定专业物业服务公司承担；物业服务费由县发展改革行政主管部门会同县住房和城乡建设行政主管部门及相关部门研究核定，并同时将核定结果上报市发展改革行政主管部门和市住房和城乡建设行政主管部门。中心城区、国家级、省级园区的物业服务费由市发展改革行政主管部门会同市住房和城乡建设行政主管部门核定。

第四十一条　公共租赁住房建设管理机构或运营管理机构可以对承租人的租住资格进行抽查复核，承租人应予以配合。经抽查不符合条件的，报街道办事处或乡（镇）政府核查，情况属实的由各县区住房和城乡建设行政主管部门取消租住资格。

在监督检查中，公共租赁住房建设管理机构或运营管理单位应由2名以上工作人员持工作证明，在承租人在场的情况下，进入公共租赁住房检查使用情况。

第六章　退出管理

第四十二条　承租人在合同期满无进行续租或者不符合续租条件的，应当腾退公共租赁住房。确有特殊困难的，可给予3个月过渡期限。逾期不腾退或者拒不腾退的，公共租赁住房的产权单位、公共租赁住房建设管理机构或运营管理机构依法申请人民法院强制执行。

第四十三条　承租人有下列行为之一的，解除租赁合同，收回公共租赁住房，其行为记入信用档案，且申请人含共同申请人5年内不得申请公共租赁住房：

（一）提供虚假证明材料取得公共租赁住房的；

（二）将公共租赁住房转租、出借的；

（三）改变公共租赁住房结构或使用性质的；

（四）无正当理由连续空置公共租赁住房6个月以上的；

（五）拖欠公共租赁住房租金累计6个月以上的；

（六）在公共租赁住房中从事违法活动的；

（七）违反租赁合同约定的其他行为。

第四十四条　在公共租赁住房租赁期限内，承租人收入水平超过申请公共租赁住房收入标准，应退出所承租的公共租赁住房。

第四十五条　承租人租住公共租赁住房1年以上、具备一定支付能力且在承租期间按时足额交纳租金的，可选择申请购买所租住的公共租赁住房。

已购买公共租赁住房的，不得再次申请租赁或购买公共租赁住房，承租人共同申请的家庭成员（指年龄未满18周岁的）不得再次享受住房保障政策。

第四十六条　公共租赁住房出售价格实行政府指导价，不以营利为目的，综合考虑公共租赁住房住户承受能力、城镇基准地价、开发建设成本等因素确定价格。具体出售价格由市、县区发展改革部门会同住房和城乡建设、财政等部门按照管辖范围研究确定，定期调整，并在当年第一季度向社会公布。

第四十七条 公共租赁住房出售的房源实行分级审批：

（一）房源销售比例不超过该项目住宅建筑面积20%的，由当地人民政府审批销售，并报市住房和城乡建设局审核，经市人民政府批准后报省住房城乡建设厅备案；

（二）房源销售比例超过该项目住宅建筑面积的20%以上但不超过40%的，由当地人民政府按程序报市住房和城乡建设局审查，由市住房和城乡建设局会同市发展改革、市财政、市国土等部门联合评审通过后经市人民政府核准报省住房和城乡建设厅审批，经省住房和城乡建设厅审批后方可销售。

第四十八条 公共租赁住房的销售按申请和受理、审核和公示的程序进行：

（一）申请和受理。承租人向公共租赁住房建设管理机构或运营管理单位提出购房申请。申报材料符合规定的，应当受理，并向承租人出具书面凭证；申报材料不符合规定的，应当一次性书面告知承租人需要补充的材料。

（二）审核和公示。公共租赁住房建设管理机构或运营管理单位应当自受理之日起15个工作日内对承租人的家庭人口、户籍、收入、住房、拟购房屋信息、租金和物业管理费缴交等情况进行调查核实。对调查核实符合规定条件的，在7个工作日内完成审核并在公共租赁住房区域或单位内进行公示，公示期不得少于7个工作日。公示期内有异议的，由公共租赁住房建设管理机构或运营管理单位调查核实，并将结果书面告知承租人。公示期满无异议的，将审核结果（名册）报市住房和城乡建设行政主管部门备案。

经公示无异议的，承租人在30日内到公共租赁住房建设管理机构或运营管理单位指定地点办理购房相关手续。

第四十九条 按“先租后售”方式购买的公共租赁住房按照经济适用住房政策进行管理。购买后5年内不得直接上市交易、出租、转让、捐赠，但可由直系亲属继承，购房人因特殊原因确需转让的，只能出售给符合公共租赁住房购买条件的承租人或由政府优先回购。所购买的公共租赁住房满5年后可上市交易，并按上市时同地段普通商品住房与公共租赁住房差价的70%向政府缴纳收益价款。购买期限从保障对象办理《房屋所有权证》之日起计算。

第五十条 集中在国家级、省级园区建设的公共租赁住房，可由国家级、省级园区管委会向辖区内的企业进行出售。国家级、省级园区管委会向企业出售公共租赁住房，以及企业向园区内的职工出售公共租赁住房的，应当严格执行本实施办法。

第五十一条 购买公共租赁住房，可一次性付款或分期付款。一次性付款后，不再支付租金；分期付款时，经折算未付款面积按照规定交纳租金。分期付款的时间不得超过两年。

第七章　监督管理

第五十二条 公共租赁住房租金收入主要用于偿还公共租赁住房贷款本息及公共租赁住房的维护管理等。监察、审计、财政、住房和城乡建设行政主管部门应当加强对公共租赁住房配套设施租售收入使用情况的监督检查。

第五十三条 市、县区住房和城乡建设行政主管部门应当建立健全公共租赁住房档案和个人住房保障诚信档案，完善纸质档案和电子档案的收集、管理、保管、利用等工作，确保档案数据的完整、准确，并根据申请家庭享受住房保障变动情况，及时变更住房档案，实现公共租赁住房档案的动态管理。

第五十四条 市、县区住房和城乡建设行政主管部门应当建立公共租赁住房管理信息系统和信息发布制度，保证公共租赁住房管理工作的公开、透明与高效。

第五十五条 县区住房和城乡建设行政主管部门应当将公共租赁住房管理情况进行汇总，定期报市住房和城乡建设行政主管部门备案，并建立公共租赁住房统计报表制度，定期向市住房和城乡建设行政主管部门上报统计数据。

第五十六条 县区住房和城乡建设行政主管部门负责对当地的公共租赁住房进行管理、检查和监督，具体履行以下职责：

（一）对公共租赁住房管理工作进行巡视和监督检查；

（二）对承租人入住、退出等进行监督检查；

（三）对公共租赁住房使用情况进行监督检查，并及时将情况录入档案；

（四）对承租人的户籍、家庭人口、收入、住房等变动情况进行核查。

第五十七条 任何单位和个人有权对违反本实施办法的行为进行举报，接受举报的单位应当依法进行调查、核实和处理，并及时将处理结果反馈举报人。

第八章　法律责任

第五十八条 申请人对有关部门的审核结论、分配结果以及其他具体行政行为不服的，可依法申请行政复议或者提起行政诉讼。

第五十九条 对隐瞒或伪造住房和收入等情况骗租式骗购式骗购公共租赁住房，或出具虚假证明材料的单位和个人，由有关部门依法追究责任。

第六十条 有关行政管理部门、公共租赁住房建设管理机构或运营管理机构的工作人员在公共租赁住房建设、分配、使用和管理等过程中出现违规行为的，给予相应的处分；给当事人造成经济损失的，依法赔偿；构成犯罪的，依法移送司法机关处理。

第九章　附则

第六十一条 本实施办法中所称“有稳定工作”是指以下情形：

（一）与用人单位签订1年以上劳动合同的人员，且购买过保险并在有效期内；

（二）持有当地营业执照和地税部门税务登记证的个体工商户；

（三）由街道办事处或乡（镇）政府出具的就业和收入证明符合本实施办法规定的收入标准的灵活就业人员；

（四）退休的人员；

（五）国家机关、事业单位在编工作人员。

本实施办法中所称“住房困难家庭”是指在本市人均住房建筑面积低于30平方米的家庭。具体计算方法为人均住房建筑面积等于住房建筑面积除以家庭户籍人口数。

公共租赁住房申请人的住房建筑面积按房屋权属证书记载的面积计算；有多处住房的，住房建筑面积合并计算；家庭人口按户籍人口计算。

红塔区玉兴街道办事处、凤凰街道办事处、玉带街道办事处范围外到中心城区的务工人员在申请中心城区的公共租赁住房时，其在农村原有宅基地住房建筑面积不合并计算（凤凰街道灵秀社区除外）。各县人均住房建筑面积核定时，原籍原有住房建筑面积不合并计算的范围由各县根据实际情况自行确定。

第六十二条　本实施办法中规定的“收入证明”包括：

（一）单位提供的劳动合同和收入证明；

（二）灵活就业人员和个体工商户提供社会保险经办机构出具的保险缴费证明；

（三）灵活就业人员提供现居住地街道办事处或乡（镇）政府出具的就业和收入证明，个体工商户提供营业执照和税收缴纳证明；

（四）城镇退休人员由社会保险经办机构出具收入证明；

（五）国家机关、事业单位在编工作人员由所在工作单位出具收入证明。

住房情况证明包括：

（一）有工作单位的申请人，由单位出具住房情况证明；

（二）无工作单位的申请人，由居住地街道办事处或乡（镇）政府出具住房情况证明；

（三）租住房屋的人员需提供从申请之日起，往前计算1年以上（含1年）的房屋租赁合同。

引进的特殊专业人才、省部级以上劳模和英模、荣立二等功以上的复转军人和大中专院校及职校毕业生还需提交下列相关材料：

（一）引进的特殊专业人才由人才管理部门出具引进人才证明；

（二）省部级以上劳模和英模提供劳模和英模证书；

（三）荣立二等功以上的复转军人提供立功受奖证书；

（四）大中专院校及职校毕业生提供毕业证书；

（五）其他相关证明。

第六十三条　为支持园区经济发展、引进人才，国家级、省级园区企业可以以团租的形式申请公共租赁住房。分配工作由园区企业初审，园区管委会终审，分配给符合条件的承租户。

第六十四条　本实施办法与国家、省新出台的相关政策规定不相符的，以国家、省新出台的政策规定为准。

第六十五条　本实施办法由玉溪市住房和城乡建设局负责解释。

第六十六条　本实施办法自2014年9月22日起施行，2013年1月1日施行的《玉溪市公共租赁住房管理办法（暂行）》（玉政办发〔2012〕237号）同时废止。

玉溪市突发重大动物疫情应急预案

1　总则

1.1　编制目的

为及时、有效地预防、控制和扑灭突发重大动物疫情，指导和规范突发重大动物疫情的应急处理工作，最大限度地减轻突发重大动物疫情对畜牧业及公众健康造成的危害，保持畜牧业持续健康发展，保障人民身体健康安全。

1.2　编制依据

依据《中华人民共和国动物防疫法》、国务院《重大动物疫情应急条例》、《云南省动物防疫条例》、《国家突发公共事件总体应急预案》、《国家突发重大动物疫情应急预案》、《云南省人民政府突发公共事件总体应急预案》、《云南省突发重大动物疫情应急预案》、《玉溪市人民政府突发公共事件总体应急预案》，制定本预案。

1.3　突发重大动物疫情分级

根据突发重大动物疫情的性质、危害程度、涉及范围，将突发重大动物疫情分为Ⅰ级（特别重大）、Ⅱ级（重大）、Ⅲ级（较大）和Ⅳ级（一般）四个级别。

1.3.1　Ⅰ级突发动物疫情

（1）高致病性禽流感在21日内，有7个以上县（区）连片发生疫情。

（2）口蹄疫在14日内，有7个以上县区连片发生疫情，或者疫点数达到30个以上。

（3）动物暴发疯牛病等人兽共患病感染到人，并继续大面积扩散蔓延。

（4）农业部认定的其他特别重大突发动物疫情。

1.3.2　Ⅱ级突发动物疫情

（1）高致病性禽流感在21日内，有20个以上疫点或者5个以上7个以下县区连片发生疫情。

（2）口蹄疫在14日内，有5个以上县区发生疫情，或者有新的口蹄疫亚型出现并发生疫情。

（3）在1个平均潜伏期内，发生猪瘟、新城疫疫情疫点数达到30个以上。

（4）在我国已消灭的牛瘟、牛肺疫等疫病在我市又有发生，或者我国尚未发生过的疯牛病、非洲猪瘟、非洲马瘟等疫病传入我市或在我市发生。

（5）在1个平均潜伏期内，布鲁氏菌病、结核病、狂犬病、炭疽等二类动物疫病呈暴发流行，其中的人兽共患病发生感染人的病例，并有继续扩散趋势。

（6）农业部或省农业厅认定的其他重大突发动物疫情。

1.3.3　Ⅲ级突发动物疫情

（1）高致病性禽流感在21日内，有2个以上县（区）发生疫情，或者疫点数达到3个以上。

（2）口蹄疫在14日内，有2个以上县（区）发生疫情，或者疫点数达到5个以上。

（3）在1个平均潜伏期内，有5个以上县（区）发生猪瘟、新城疫、高致病性猪蓝耳病、小反刍兽疫等疫情，或者疫点数达到10个以上。

（4）在1个平均潜伏期内，有5个以上县（区）发生布鲁氏菌病、结核病、狂犬病、炭疽等二类动物疫病暴发流行。

（5）高致病性禽流感、口蹄疫、炭疽等高致病性病原微生物菌种、毒种发生丢失。

（6）市以上人民政府兽医行政管理部门认定的其他较大突发动物疫情。

1.3.4　Ⅳ级突发动物疫情

（1）高致病性禽流感、口蹄疫、猪瘟、新城疫、高致病性猪蓝耳病、小反刍兽疫等疫情在1个县（区）行政区域内发生。

（2）二、三类动物疫病在1个县（区）行政区域内呈暴发流行。

（3）县（区）以上人民政府兽医行政管理部门认定的其他一般突发动物疫情。

1.4　适用范围

本预案适用于玉溪市辖区内突然发生，造成或者可能造成畜牧业生产严重损失和社会公众健康严重损害的重大动物疫情的应急处理工作。

1.5　工作原则

（1）统一领导，分级管理。疫情应急处理工作实行属地管理，各级人民政府统一领导和指挥突发重大动物疫情应急处置工作，负责扑灭本行政区域内的突发重大动物疫情，各有关部门（单位）按照预案规定，在各自的职责范围内做好疫情应急处置的有关工作。根据突发重大动物疫情的范围、性质和危害程度，对突发重大动物疫情实行分级管理。

（2）快速反应，高效运转。各级人民政府和农业部门要依照有关法律、法规，建立和完善突发重大动物疫情应急体系、应急反应机制和应急处置制度，提高突发重大动物疫情应急处理能力；发生突发重大动物疫情时，各级人民政府要迅速作出反应，采取果断措施，及时控制和扑灭疫情。

（3）预防为主，群防群控。贯彻预防为主的方针，加强防疫知识宣传，提高全社会防范突发重大动物疫情的意识；落实各项防范措施，做好人员、技术、物资和设备的应急储备工作，并根据需要定期开展技术培训和应急演习；开展疫情监测和预警预报，对各类可能引发突发重大动物疫情的情况要及时分析、预警，做到疫情早发现、快行动、严处置。突发重大动物疫情应急处理工作要依靠群众，全民防疫，动员一切资源，做到群防群控。

2　应急组织体系及职责

2.1　应急指挥机构

玉溪市防治重大动物疫病指挥部（以下简称“市指挥部”），在省指挥部的指导下，负责组织、协调全市突发重大动物疫情应急处置工作。

县（区）防治重大动物疫病指挥部，在市指挥部的指导下，负责组织、协调本行政区域内突发重大动物疫情的应急处置工作。

2.2　市指挥部的组成和职责

市人民政府分管领导担任市指挥部指挥长，市政府联系副秘书长、市农业局局长担任副指挥长，市农业局分管副局长（畜牧兽医局局长）担任专职副指挥长，负责对辖区内突发动物疫情应急处置的统一领导、统一指挥，作出处理疫情的重大决策。根据突发重大动物疫情的性质和应急处置需要，市指挥部成员单位主要有市农业局、市发展和改革委员会、市财政局、市工商局、市公安局、市食品药品监督管理局、市卫生局、市林业局、市交通运输局、市环保局、市科技局、市信访局、市商务局、市粮食局、市供销合作社、市民政局、市监察局、市政府外事侨务办、市政府新闻办、昆玉铁路有限公司、玉溪军分区、武警玉溪市支队等部门。

市指挥部各成员单位职责如下：

市农业局　负责组织制订突发重大动物疫情防治技术方案，组织防疫人员开展疫病控制工作，并进行检查、督导；负责疫情的监测、预警，开展流行病学调查，迅速对疫情做出全面的评估，疫情发生时，及时收集、统计、整理上报疫情；根据预防控制工作的需要，依法提出对有关区域实行封锁等建议；紧急组织调拨疫苗、消毒药品等应急防疫物资；提出启动、停止疫情应急控制措施建议；组织对扑灭疫情及补偿等费用和疫情损失的评估；组织开展水生动物疫病的监测，发生水生动物疫情，会同有关部门快速采取控制措施；加强对生猪定点屠宰的监管，做好检疫工作。

市发展和改革委员会　负责动物疫病防疫基础设施建设年度计划安排，维护有关防疫物资的市场价格秩序。

市财政局　负责安排和筹措防治经费及紧急防疫储备金，保证重大动物疫情应急处理所需经费，并做好经费和捐助资金使用的监督管理工作。

市工商局　负责做好疫区、受威胁区内的动物及动物产品交易市场的监管工作；取缔和打击非法经营畜禽及其产品的行为。

市公安局　参与做好疫区封锁、动物扑杀等工作，加强疫区社会治安管理和安全保卫工作，依法、及时、妥善地处理与疫情有关的突发事件，查处打击违法犯罪活动，维护交通秩序，维护社会稳定。

市食品药品监督管理局　在发生突发重大动物疫情时，负责畜禽产品批发、零售市场和加工企业的质量安全监督管理；负责酒店、饭店、宾馆、集体食堂肉类食品安全的监督、检查工作。

市卫生局　负责疫区内人员防护技术培训指导，以及高危人群的预防和医学观察、人间疫情的监测及处置、人间疫情的疫区（疫点）消毒等工作；做好疫病处理定点医疗机构的组织和准备。

市林业局　负责对陆生野生动物（含候鸟、人工驯养繁殖的野生动物）的资源调查和观测，提出有关陆生野生动物的分布、活动范围和迁徙动态等预警信息；协助兽医行政管理部门组织开展对陆生野生动物疫情的监测工作，发生陆生野生动物疫情时，会同有关部门快速采取隔离控制等措施。

市交通运输局　负责提供突发重大动物疫情应急处理人员及防治药品、器械等应急物资和有关样本的交通运输保障，确保安全、快速，防止疫病扩散。协助做好封锁区动物及其产品的运送管理及交通运输环节重大动物疫情的防堵等工作。

市环保局　负责督促指导畜禽及其产品交易市场开办方、畜禽养殖场污水及垃圾、粪便等废弃物的无害化处理，配合做好病死畜禽和同群畜禽的扑杀及深埋、消毒、无害化处置工作，防止造成环境污染。

市科技局　负责重大动物疫情应急控制技术储备，安排有关科研攻关项目。

市信访局　负责处理群众上访或集体上访相关工作，负责收集上报群众来访反映的重要情况和信息。

市商务局、市粮食局、市供销合作社　发生突发重大动物疫情期间，负责组织做好生活必需品市场供应工作。

市民政局　负责疫情受灾群众的安抚和救济工作。

市监察局　负责监督检查相关部门及其工作人员在突发重大动物疫情应急处理工作中履行职责的情况，对工作中的玩忽职守、失职、渎职等行为进行问责和查处。

市政府外事侨务办　做好突发重大动物疫情应急处理的涉外事务，协助有关职能部门向相关国际组织及有关国家、地区了解疫情、防治等情况，接待国际组织考察、争取国际援助等工作。

市政府新闻办　负责组织新闻媒体对市指挥部发布的突发重大动物疫情信息进行报道，积极配合有关部门正确引导舆论，加强突发重大动物疫情应急处理的宣传报道和动物防疫知识普及；加强新闻媒体的管理和引导。

昆玉铁路有限公司　保证重大动物疫情应急处理人员以及防治药品、器械等应急物资和有关样本的运送，确保安全、快速，防止疫病扩散。协助做好封锁区动物及其产品的运送管理等工作。

玉溪军分区　负责组织、协调军队系统的有关防疫资源及突发重大动物疫情的应急处置工作，支持、配合全市突发重大动物疫情的应急处理工作。

武警玉溪市支队　组织指挥武警部队参与突发重大动物疫情的应急处置行动，参与做好疫区封锁、疫点内动物的扑杀工作。

其他有关部门（单位）根据本部门（单位）职责和突发重大动物疫情应急处理的需要，组织做好相关工作。

2.3　日常管理机构

市农业局负责全市突发重大动物疫情应急处置的日常管理工作。市指挥部下设办公室在市农业局，市农业局分管领导（市畜牧兽医局局长）兼任办公室主任。市指挥部办公室负责按照指挥部要求，具体制定防治政策，部署扑灭重大动物疫情工作，并督促县区和各有关部门（单位）按要求落实各项防治措施，处理日常事务。其主要职能是：负责组织制订突发重大动物疫情防治技术方案，提出有关突发重大动物疫情应急处置措施，组建与完善重大动物疫情应急预备队，组织、监督有关人员开展疫病控制工作；负责疫情的监测、预警，开展流行病学调查，迅速对疫情做出全面的评估，疫情发生时，及时收集、统计、整理上报疫情；根据预防控制工作的需要，依法提出对有关区域实行封锁等建议；紧急组织调拨疫苗、消毒药品等应急防疫物资；提出启动、停止疫情应急控制措施建议；组织对扑疫及补偿等费用和疫情损失的评估；组织对兽医专业技术人员进行有关突发重大动物疫情应急知识和处理技术的培训，指导县区实施突发重大动物疫情应急预案。

各县区人民政府要指定机构负责本行政区域内突发重大动物疫情应急处置的日常管理工作。

2.4 专家委员会

市农业局组建市级突发重大动物疫情处置专家委员会。专家委员会的具体职责：

（1）对突发重大动物疫情相应级别应采取的技术措施提出建议。

（2）对突发重大动物疫情应急措施提出建议。

（3）参与制订或修订突发重大动物疫情应急预案和处置技术方案。

（4）对突发重大动物疫情应急处理进行技术指导和培训。

（5）对突发重大动物疫情应急反应的终止、后期评估提出建议。

（6）承担市指挥部和日常管理机构交办的其他工作。

县区兽医行政管理部门可根据本行政区域内突发重大动物疫情应急工作的需要，组建突发重大动物疫情处理专家委员会。

2.5 应急处理机构

2.5.1 动物防疫及监督机构

市级动物防疫及监督机构（市动物疫病预防控制中心、市动物卫生监督所）主要负责突发重大动物疫情报告，现场流行病学调查，开展现场临床诊断和实验室检测，对封锁、隔离、紧急免疫、扑杀无害化处理、消毒等措施的实施落实进行指导和监督。

2.5.2 应急预备队

市、县区成立动物疫情应急处理预备队，发生突发重大动物疫情时，在防治重大动物疫病指挥部的指挥下，具体承担和指导疫情的控制和扑灭任务，完成疫情应急处理工作。应急预备队应加强日常应急技能演练，提高快速反应能力。

2.6 组织体系框架图

突发重大动物疫情应急组织体系框架图（略）

3 突发重大动物疫情的监测、预警和报告

3.1 监测

市、县（区）兽医行政管理部门承担对重大动物疫病监测工作的管理和监督，按照省级管理部门的有关要求保证监测工作质量。要完善重大动物疫情监测机制，建立和不断完善市、县、乡、村四级疫情监测网络。要会同林业、卫生等有关部门按照国家有关规定，结合本地实际，组织开展重大动物疫病的监测。

3.2 预警

市、县（区）兽医行政管理部门根据动物疫病预防控制中心提供的监测信息，按照重大动物疫情的发生、发展规律和特点，分析其危害程度、可能的发展趋势，及时做出相应级别的预警，依次用红色、橙色、黄色和蓝色表示Ⅰ级（特别严重）、Ⅱ级（严重）、Ⅲ级（较重）和Ⅳ级（一般）四个预警级别。

3.3 报告

任何单位和个人有责任和义务向当地兽医主管部门、动物卫生监督机构或者动物疫病预防控制机构报告突发重大动物疫情及其隐患，有权向上级政府部门举报不履行或者不按照规定履行突发重大动物疫情应急处理职责的部门、单位及个人。

发现人兽共患相关重大动物疫病时农业（畜牧兽医）和卫生部门要互通信息，并根据情况同时开展疫情处置。

3.3.1 责任报告单位

（1）县（区）以上动物卫生监督机构、动物疫病预防控制机构。

（2）县（区）以上人民政府设立的防治重大动物疫病指挥部、兽医行政管理部门。

（3）有关动物饲养、经营和动物产品生产、经营的单位，动物诊疗机构、院校等相关单位。

3.3.2 责任报告人

执行职务的各级动物卫生监督机构、动物疫病预防控制机构的兽医人员；村级动物防疫员、动物检疫协检员；各类动物诊疗机构的兽医；饲养、经营动物和生产、经营动物产品的人员等。

3.3.3 报告形式

动物疫情责任报告单位接到疫情报告后，首先报告同级防治重大动物疫病指挥部办公室（兽医主管部门），然后由指挥部办公室逐级上报疫情；其他责任报告单位和个人以电话或书面形式报告。

3.3.4 报告时限和程序

动物疫情责任报告人发现动物染疫或者疑似染疫时，必须立即向当地乡（镇、街道）畜牧兽医站（动物卫生监督分所）报告，也可以直接向当地县区以上兽医主管部门、动物疫病预防控制机构或者动物卫生监督机构报告。县区兽医主管部门、动物疫病预防控制机构、动物卫生监督机构接到报告后，必须立即派出2名以上具备兽医相关资格人员赶赴现场进行临床诊断，必要时可请上级动物疫病预防控制机构派人协助诊断，怀疑为重大动物疫情的，县（区）指挥部办公室必须立即将疫情报告至市指挥部办公室。市指挥部办公室接到疫情报告后，必须在2小时内将疫情报告省防治重大动物疫病指挥部办公室。

3.3.5 报告内容

疫情发生的时间、地点、发病的动物种类和品种、动物来源、临床症状、发病数量、死亡数量、是否有人员感染、已采取的控制措施、疫情报告的单位和个人、联系方式等。

3.4 疫情诊断确认程序

3.4.1 认定为临床怀疑重大动物疫病疫情的，必须立即采集病料样品送省动物疫病预防控制机构实验室，省动物疫病预防控制机构不能确诊的，送国家重点参考实验室确诊。

3.4.2 对高致病性禽流感、牲畜口蹄疫、小反刍兽疫等临床怀疑病例必须按相应的防治技术规范（处置技术规范）规定进行疫情确认。

未经许可，禁止其他任何单位和个人采集病料和以任何形式对外发布重大动物疫病疫情和疑似重大动物疫病疫情消息。

4 突发重大动物疫情的应急响应和终止

4.1 应急响应的原则

发生突发重大动物疫情时，事发地的县区政府、市政府及有关部门按照分级响应的原则作出应急响应。同时，遵循突发重大动物疫情发生发展的客观规律，结合实际情况和预防控制工作的需要，及时调整预警和响应

级别。根据不同动物疫病的性质和特点，注重分析疫情的发展趋势，对态势和影响不断扩大的疫情，应及时升级预警级别和响应级别；对范围局限、不会进一步扩散的疫情，应相应降低响应级别，及时撤销预警。

突发重大动物疫情应急处理要采取边调查、边处理、边核实的方式，有效控制疫情发展。

未发生突发重大动物疫情的地方，当地兽医行政管理部门接到疫情通报后，要组织做好人员、物资等应急准备工作，采取必要的预防控制措施，防止突发重大动物疫情在本区域内发生，并服从上一级兽医行政管理部门的统一指挥，支援突发重大动物疫情发生地的应急处置工作。

4.2　应急响应

4.2.1　Ⅰ、Ⅱ级疫情的应急响应

经省农业厅或农业部确认本市发生Ⅰ、Ⅱ级重大动物疫情后，市农业局要立即向市人民政府建议启动市级应急预案，由市人民政府统一领导和指挥突发重大动物疫情的扑灭工作。对超出市级人民政府处置能力的，由市人民政府向省人民政府申请启动省级应急预案。

4.2.1.1　市、县（区）人民政府

（1）组织协调有关部门参与突发重大动物疫情的处置。

（2）根据突发重大动物疫情处置需要，调集本行政区域内各有关人员、物资、交通工具和相关设施、设备参加应急处置工作。

（3）发布封锁令，对疫区实行封锁。跨县区的疫情由市人民政府发布封锁令。

（4）在本行政区域内采取限制或者停止动物及动物产品交易、扑杀染疫或相关动物，临时征用房屋、场所、交通工具，封闭被动物病原体污染的公共饮用水源等紧急措施。

（5）组织畜牧兽医、交通、公安、工商、林业等部门依法在交通要道设置临时动物防疫监督检查站，对进出疫区的交通工具进行检查和消毒。

（6）组织乡镇、街道、社区及居委会、村委会，开展群防群控。

（7）组织有关部门保障商品供应，平抑物价，严厉打击造谣传谣、制假售假等违法犯罪和扰乱社会治安的行为，维护社会稳定。

4.2.1.2　市农业局

迅速组织开展疫情应急处置工作。组织开展突发重大动物疫情的调查与处理；划定疫点、疫区、受威胁区；组织对突发重大动物疫情应急处理的评估；负责组织对应急处理工作的督导和检查；开展有关技术培训工作；有针对性地开展动物防疫知识宣传教育，提高群众防控意识和自我防护能力。

4.2.1.3　县（区）兽医行政管理部门

（1）组织动物防疫监督机构开展突发重大动物疫情的调查与处理；划定疫点、疫区、受威胁区。

（2）根据需要组织开展紧急免疫或药物预防。

（3）负责对本行政区域内应急处理工作进行督导和检查。

（4）对新发现的动物疫病，及时按国家规定，组织开展有关技术标准和规范的培训工作。

（5）有针对性地开展动物防疫知识宣传教育，提高群众防控意识和自我防护能力。

（6）组织专家对突发重大动物疫情的处理情况进行综合评估，包括疫情、现场调查情况、疫源追踪情况以及对扑杀动物、无害化处理、消毒、紧急免疫等措施的效果评价。

4.2.1.4　动物防疫及监督机构

（1）做好突发重大动物疫情的信息收集、报告和分析工作。

（2）组织疫病诊断和进行流行病学调查，向兽医行政管理部门报告结果，提出并实施有针对性的防控措施。

（3）按规定采集病料样品，送省级实验室或者国家参考实验室确诊。

（4）承担突发重大动物疫情应急处理人员的技术培训。

4.2.1.5　乡（镇）人民政府（街道办事处）

发生重大动物疫情时，负责本辖区范围内的疫情控制和扑灭工作。

（1）调集本行政区域内各有关人员、物资、交通工具和相关设施、设备参加应急处理工作。

（2）在本行政区域内采取限制或者停止动物及动物产品交易、扑杀染疫或相关动物，封闭被动物病原体污染的公共饮用水源等紧急措施。

（3）根据突发重大动物疫情处理需要，及时组织成立畜禽强制扑杀及无害化处理专业队，并做好岗前培训，负责辖区内病畜禽及同群畜禽、以及疫区内畜禽的强制扑杀及无害化处理等工作。

（4）组织村委会（居委会、社区）、村民小组干部做好疫情处置强制扑杀畜禽的养殖户的思想工作。

（5）组织村级动物防疫员、动物检疫协检员、畜禽养殖场（户）、村卫生员等对疫区、疫点和受威胁区的畜禽厩舍、场地、庭院和村庄道路等进行消毒，并做好辖区内的疫情监测、报告等工作。

4.2.2　Ⅲ级疫情的应急响应

确认发生Ⅲ级重大动物疫情后，市农业局根据情况及时向市人民政府提出启动应急预案Ⅲ级应急响应的建议。

4.2.2.1　市人民政府

市人民政府根据市农业局的建议，启动应急预案Ⅲ级应急响应，统一领导和指挥协调全市突发重大动物疫情的应急处理工作，指挥相应县区组织有关部门和人员扑灭疫情；紧急调集各种应急处理物资、交通工具和相关设施设备；发布或督导发布封锁令，对疫区实施封锁；依法设置临时动物防疫监督检查站查堵疫源；限制或停止动物及动物产品交易、扑杀染疫或相关动物；封锁被动物疫源污染的公用水源等；按国家规定做好信息发布工作；组织有关部门保障商品供应，平抑物价，维护社会稳定。

必要时，向省人民政府申请资金、物资和技术援助，保证应急处理工作顺利进行。

4.2.2.2　市农业局

迅速组织开展疫情应急处置工作。组织开展突发重大动物疫情的调查与处理；划定疫点、疫区、受威胁区；组织对突发重大动物疫情应急处理的评估；负责组织对应急处理工作的督导和检查；开展有关技术培训工作；有针对性地开展动物防疫知识宣传教育，提高群众防控意识和自我防护能力。

4.2.2.3 县（区）人民政府

疫情发生地政府及有关部门在市指挥部的统一指挥下，按照要求认真履行职责，落实有关控制措施。具体组织实施突发重大动物疫情应急处置工作。

4.2.2.4 乡（镇）人民政府（街道办事处）

发生重大动物疫情时，负责本辖区范围内的疫情控制和扑灭工作。

（1）调集本行政区域内各有关人员、物资、交通工具和相关设施、设备参加应急处理工作。

（2）在本行政区域内采取限制或者停止动物及动物产品交易、扑杀染疫或相关动物，封闭被动物病原体污染的公共饮用水源等紧急措施。

（3）根据突发重大动物疫情处理需要，及时组织成立畜禽强制扑杀及无害化处理专业队，负责辖区内病畜禽及同群畜禽、以及疫区内畜禽的强制扑杀及无害化处理等工作。

（4）组织村委会（居委会、社区）、村民小组干部做好疫情处置强制扑杀畜禽的养殖户的思想工作。

（5）组织村级动物防疫员、动物检疫协检员、畜禽养殖场（户）、村卫生员等对疫区、疫点和受威胁区的畜禽厩舍、场地、庭院和村庄道路等进行消毒，并做好辖区内的疫情监测、报告等工作。

4.2.3 Ⅳ级疫情的应急响应

4.2.3.1 县（区）人民政府

县区人民政府根据县（区）兽医行政管理部门的建议，启动应急预案，采取相应的应急措施。

4.2.3.2 县（区）兽医行政管理部门

对Ⅳ级突发重大动物疫情进行确认，并按规定向本级人民政府、市农业局报告调查处理情况。

4.2.3.3 市农业局

加强对疫情发生地疫情应急处理工作的指导，及时组织专家对疫情应急处理工作提供技术指导和支持，必要时请求省指挥部组织专家提供技术支持，并向全市发出有关通报，及时采取预防控制措施，防止疫情扩散蔓延。

4.2.4 非突发重大动物疫情发生地区的应急响应

应根据发生疫情地区的疫情性质、特点、发生区域和发展趋势，分析本地受波及的可能性和程度，重点做好以下工作：

（1）密切保持与疫情发生地的联系，及时获取相关信息。

（2）组织做好本行政区域应急处理所需人员与物资准备。

（3）开展对养殖、运输、屠宰和市场环节的动物疫情监测和防控工作，防止疫病的发生、传入和扩散。

（4）开展动物防疫知识宣传，提高公众防护意识和能力。

（5）按规定做好交通运输环节的检疫监督工作。

4.3 应急处理人员的安全防护

确保参与疫情处理人员的安全。针对不同的重大动物疫病，特别是一些重大人畜共患病，应急处理人员必须采取特殊的防护措施，如穿戴防护服，接种相应的疫苗，服用相应的应急预防药品，定期进行血清学监测等。

4.4 突发重大动物疫情应急响应的终止

突发重大动物疫情应急响应的终止需符合下列条件：疫区内所有的动物及动物产品按规定处理后，经过对该疫病的监测至少一个最长潜伏期无新的病例出现。

Ⅰ、Ⅱ级突发重大动物疫情由市指挥部报请省农业厅组织对疫情控制情况进行评估，提出终止应急措施的建议。

Ⅲ级突发重大动物疫情由市农业局组织对疫情控制情况进行评估，提出终止应急措施的建议，报市人民政府批准后宣布，并书面向省指挥部报告。

Ⅳ级突发重大动物疫情由县（区）农业（畜牧兽医）局组织对疫情控制情况进行评估，提出终止应急措施的建议，报县（区）人民政府批准后宣布，并书面向市指挥部报告。

市农业局可根据县（区）兽医行政管理部门的请求，及时组织专家对突发重大动物疫情应急措施终止的评估提供技术指导和支持。

5 善后处理

5.1 后期评估

突发重大动物疫情扑灭后，各级兽医行政管理部门应在本级人民政府的领导下，组织有关人员对突发重大动物疫情的处理情况进行评估。评估的内容应包括：疫情基本情况、疫情发生的经过、现场调查及实验室检测结果；疫情发生的主要原因分析、结论；疫情处理经过、采取的防治措施及效果；疫情损害程度和造成的直接经济损失；应急处理过程中存在的问题和困难，以及针对本次疫情的暴发流行原因、防治工作中存在的问题和困难等，提出改进建议和应对措施。

评估报告上报本级人民政府，同时抄报市指挥部。

5.2 奖励

县（区）以上人民政府对参加突发重大动物疫情应急处理作出贡献的先进集体和个人应当进行表彰奖励；对在突发重大动物疫情应急处理工作中英勇献身的人员，按有关规定追认为烈士，并对家属进行抚恤。

5.3 责任

对在突发重大动物疫情的预防、报告、调查、控制和扑灭处理过程中，有玩忽职守、失职、渎职等行为的，不按动物防疫及监督机构要求采取相应措施的单位和个人，依据有关法律法规追究当事人的责任。

5.4 灾害补偿

按照国家和省、市有关重大动物疫病灾害补偿的规定，确定数额标准，按程序进行补偿。补偿的对象是为扑灭或防止重大动物疫病传播，其畜禽或财产受损失的单位和个人。

5.5 抚恤和补助

各级人民政府要组织有关部门对因参与应急处理工作致病、致伤、致残、死亡的人员，按照国家有关规定，给予相应的补助和抚恤。

5.6 恢复生产

发重大动物疫情扑灭后，取消贸易限制及流通控制等限制措施。根据各种重大动物疫病流行的特点或者相应的防治技术规范，对疫点和疫区进行持续监测，符合要求的，方可重新引进动物，恢复畜牧业生产。

5.7 社会救助

发生重大疫情后，民政主管部门应按《中华人民共和国公益事业捐赠法》和《救灾救济捐赠管理暂行办法》及国家有关政策规定，做好社会各界向疫区提供救援物资及资金的接收、分配和管理工作。

6　突发重大动物疫情应急处置的保障

突发重大动物疫情发生后，县级以上人民政府应积极组织协调农业（畜牧兽医）、卫生、财政、发改、交通、公安、工商等指挥部成员单位，做好突发重大动物疫情处理的应急保障工作。

6.1　通信与信息保障

市、县（区）两级指挥部应将车载电台、对讲机等通讯工具纳入紧急防疫物资储备范畴，按照规定做好储备保养工作。

通信主管部门应根据国家有关法律法规对紧急情况下的电话、电报、传真、通讯频率等给予优先保障。

6.2　应急资源与装备保障

6.2.1　应急队伍保障

市、县（区）两级人民政府建立的突发重大动物疫情应急处理预备队伍，由兽医、卫生、公安、工商、武警、军队等部门及相关人员组成，且相对固定。

6.2.2　交通运输保障

运输部门要优先安排紧急防疫人员及物资的调运。

6.2.3　医疗卫生保障

卫生部门负责开展重大动物疫病（人畜共患病）的人间疫情监测、病人和疑似病人的隔离救治、可疑者的医学观察等，做好有关预防保障工作。各级兽医行政管理部门在做好疫情处理的同时应及时通报疫情，积极配合卫生部门开展工作。

6.2.4　治安保障

公安部门要参与做好疫区封锁和强制扑杀工作，做好疫区安全保卫和社会治安管理。

6.2.5　物资保障

各级兽医行政管理部门应按照计划建立应急防疫物资储备库，储备足够的药品、疫苗、诊断试剂、器械、防护用品、交通及通信工具等，对到期或过期的应急物资进行及时更新。

物资储备应根据动物养殖量和疫病控制情况，进行合理计划。主要包括：

（1）诊断试剂；

（2）疫苗和治疗药品；

（3）消毒药品和消毒设备；

（4）防护用品；

（5）交通、运输工具；

（6）通信工具，包括车载电台、对讲机等；

（7）其他用品。

6.2.6　经费保障

市、县区财政部门要按照确保扑灭疫情的原则，除每年财政预算安排所需常规动物疫情防控经费外，还必须为突发重大动物疫情应急处理提供专项资金保障。

突发重大动物疫情应急处理专项经费由两项组成，其中：一项用于应急队伍组建、演练、应急防疫物资储备及更新、疫情监测点设立、疫情监测普查、疫情监测阳性及同群畜禽扑杀补助、重大动物疫病免疫反应治疗及反应死亡补助、无害化处理、市场监管等，此项经费由财政列入年度预算安排；另一项用于发生突发重大动物疫情染疫动物的处理及相关动物的扑杀补助和疫情处理、设卡防堵、消毒、参与疫情处理人员补助等，此项经费根据疫情发生的实际需求，由财政追加解决。根据国务院《重大动物疫情应急条例》第七条规定，结合玉溪市的实际情况，市、县（区）人民政府对参加突发重大动物疫情应急处理人员给予适当补助。

市、县（区）财政部门应保证防疫经费及时、足额到位，并加强对防疫经费使用的管理和监督。

6.3　技术储备与保障

市、县区人民政府必须建立重大动物疫病防治专家委员会。专家委员会由兽医行政管理人员、动物疫病控制专家、流行病学专家、野生动物专家、动物营养及福利专家、经济学专家、风险评估专家、法律专家组成，负责疫病防控策略和方法的咨询，参与防控技术方案的策划、制定和执行。

要开展动物疫病诊断技术、防控技术、防治药物等的引进、学习、试验，做好相关储备工作。

6.4　培训和演习

市农业局、县区兽医行政管理部门要对重大动物疫情应急处理预备队的成员进行系统培训。培训内容包括：（1）动物疫病的预防、控制和扑灭知识，包括免疫、流行病学调查、诊断、病料采集与送检、消毒、隔离、封锁、检疫、扑杀及无害化处理等知识；

（2）动物防疫法律、法规；

（3）个人防护知识；

（4）治安与环境保护；

（5）工作协调、配合要求。

在没有发生重大动物疫情的情况下，市农业局每年要举行演习，确保预备队扑灭疫情的应急能力和快速反应能力，在演习前30天内报市人民政府应急办备案。

6.5　社会公众的宣传教育

市、县（区）人民政府应组织有关部门利用广播、影视、报刊、互联网、知识手册等多种形式对社会公众广泛开展突发重大动物疫情应急知识的普及教育，宣传动物防疫科普知识，指导群众以科学的行为和方式对待突发重大动物疫情。要充分发挥有关社会团体在普及动物防疫应急知识、科普知识方面的作用。

7　各类具体工作预案的制定

市人民政府有关部门（单位）根据本预案的规定，制定本部门（单位）职责范围内的具体工作方案。

县（区）人民政府根据有关法律、法规，参照本预案并结合实际，组织制定、修订本县区突发重大动物疫情应急预案。

8　附则

8.1　有关名词术语说明

重大动物疫情：指陆生、水生动物突然发生重大疫病，且传播迅速，导致动物发病率和死亡率高，给养殖业造成严重危害，或者可能对人民身体健康和生命安全造成严重危害的，具有重要经济社会影响和公共卫生意义。

我国尚未发现的动物疫病：指疯牛病、非洲猪瘟、非洲马瘟等在其他国家和地区已经发现，在我国尚未发生过的动物疫病。

我国已消灭的动物疫病：指牛瘟、牛肺疫等在我国曾经发生过，但已扑灭净化的动物疫病。

暴发：指一定区域内，短时间内发生波及范围广泛、出现大量患病动物或死亡病例，其发病率远远超过常年的发病水平。

疫点：患病动物所在的地点划为疫点，一般指患病动物所在的饲养场（户）或屠宰场、经营单位。

疫区：以疫点为中心的一定范围内的区域，疫区划分时要考虑当地的饲养环境、天然屏障和交通等因素。

受威胁区：疫区外一定范围内的区域。

本预案有关数量的表述，“以上”含本数，“以下”不含本数。

8.2 预案管理和更新

本预案由市防治重大动物疫病指挥部办公室（市农业局）牵头制定，报市人民政府批准、印发实施。预案要定期评审，并根据突发重大动物疫情的形势变化和实施中发现的问题及时进行修订。各县（区）及其有关部门制定、修订的突发重大动物疫情应急预案报市指挥部办公室备案。

8.3 预案解释部门

本预案由市防治重大动物疫病指挥部办公室（市农业局）负责解释。

8.4 预案实施时间

本预案自印发之日起施行。

国民经济主要指标

指　标　名　称	单位	2014年	2013年	增减%
一、综合				
年末常住人口	万人	235.0	234.0	0.4
年末户籍人口	万人	216.0	214.7	0.6
年末从业人员数	万人	161.0	156.1	3.1
其中：城镇从业人员数	万人	44.3	41.0	8.1
地区生产总值	万元	11 847 251	11 024 677	8.0
第一产业	万元	1 228 305	1 123 790	6.0
第二产业	万元	7 064 365	6 648 168	8.5
其中：工业	万元	6 704 311	6 341 999	8.1
建筑业	万元	360 054	306 169	16.2
第三产业	万元	3 554 581	3 252 719	7.4
人均地区生产总值	元	50 521	47 215	7.5
扣除卷烟后（非卷烟GDP）	亿元	808.4	746.3	7.1
生产总值比重				
第一产业	%	10.4	10.2	—
第二产业	%	59.6	60.3	—
其中：工业	%	56.6	57.5	—
第三产业	%	30.0	29.5	—
二、农业				
农林牧渔业增加值	万元	1 228 305	1 123 790	6.0
1. 农业增加值	万元	803 252	741 489	4.7
2. 林业增加值	万元	36 374	31 434	11.6
3. 牧业增加值	万元	355 750	321 236	8.3
4. 渔业增加值	万元	18 322	16 075	12.8
5. 农林牧渔服务业增加值	万元	14 607	13 556	6.1
主要农产品产量				
1. 粮食	万千克	61 419	60 287	1.9
2. 油料	万千克	3 608	3 727	–3.2
3. 甘蔗(预计）	万千克	91 320	104 622	–12.7
4. 烤烟	万千克	8 624	9 521	–9.4

续 表

指　标　名　称	单位	2014年	2013年	增减%
5. 园林水果	万千克	54 755	46 457	17.9
6. 茶叶	万千克	369	231	59.7
7. 肉蛋奶总产量	万千克	49 477	46 531	6.3
其中：肉类总产量	万千克	36 129	34 748	4.0
8. 水产品产量	吨	16 159	15 871	1.8
三、工业				
规模以上工业增加值	万元	5 778 112	5 460 544	8.1
其中：中央省属企业	万元	4 264 798	3 992 058	8.3
市县区属企业	万元	1 513 314.58	1 468 485.9	7.7
不含红塔集团	万元	2 014 570.62	2 000 093.7	5.4
总计中：卷烟及配套产业	万元	3 864 970.38	3 565 219.24	9.3
总计中：轻工业	万元	4 151 189.24	3 829 359.35	9.3
重工业	万元	1 626 923.11	1 631 184.35	5.4
总计中：国有企业	万元	2 238	1 572	44.0
集体企业	万元	27 469	32 771	-13.7
股份制企业	万元	5 630 095.87	5 313 475.27	8.3
国有及国有控股企业	万元	4 492 931.74	4 164 294.25	9.7
大中型企业	万元	5 091 709.63	4 847 314.76	7.1
按行业分：				
煤炭采选业	万元	11 034	16 677	-26.7
黑色金属矿采选业	万元	304 585	312 075	4.0
有色金属矿采选业	万元	106 831	99 089	10.2
制糖业	万元	11 246	14 384	-15.7
烟草制品业	万元	3 774 118	3 472 630	9.6
其中：卷烟制造	万元	3 576 067	3 301 718	9.3
印刷业	万元	53 590	50 997	5.9
造纸业	万元	28 995	34 222	-14.4
肥料制造业	万元	30 066	32 337	1.0
基础化学原料制造业	万元	120 023	106 977	18.8
塑料制品业	万元	21 539	17 333	25.2
水泥、石灰及石膏制造业	万元	82 452	81 964	5.2
黑色金属冶炼及压延加工	万元	416 003	489 113	-9.3

续 表

指　标　名　称	单位	2014年	2013年	增减%
其中：炼铁业	万元	34 994	64 797	-42.4
金属制品业	万元	15 295	20 036	-22.8
电气机械及器材制造业	万元	36 667	43 888	-12.7
电力、热力生产和供应业	万元	160 344	158 585	6.2
自来水的生产和供应业	万元	3 108	2 950	4.7
规模以上工业销售率	%	92.1	94.3	—
其中：中央省属企业	%	93.7	97.6	—
市县区属企业	%	90.4	91.0	—
产品产量				
卷烟	万箱	383.1	373.2	2.6
其中：一类卷烟	万箱	155.4	141.2	10.0
糖	吨	89 733	106 529	-15.8
发电量	万千瓦小时	1 092 555	1 094 398	-0.2
供电量	万千瓦小时	1 132 916	1 140 498	-0.7
铁矿石原矿量	吨	17 159 753	15 672 487	9.5
磷矿石(折含$P_2O_5$30%)	吨	1 912 114	1 612 731	18.6
硫酸（折100%）	吨	180 148	140 076	28.6
黄磷	吨	161 863	141 709	14.2
铜选矿产品含铜量	吨	51 172	45 916	11.4
磷酸	吨	109 186	87 600	24.6
化肥（实物量）	吨	153 487	154 344	-0.6
水泥	吨	10 703 484	10 735 543	-0.3
生铁	吨	4 697 517	5 678 016	-17.3
钢材	吨	6 793 150	7 333 169	-7.4
精炼铜	吨	1 318	1 122	17.5
变压器	千伏安	3 879 215	3 837 243	1.1
四、固定资产投资				
1. 固定资产投资完成额	万元	5 119 163	3 937 118	30.0
其中：500万元项目投资	万元	4 004 612	2 890 583	38.5
按所有制关系：国有单位投资	万元	2 854 476	1 808 172	57.9
集体单位投资	万元	113 004	225 285	-49.8
外商和港澳台投资	万元	72 310	81 408	-11.2

续 表

指 标 名 称	单位	2014年	2013年	增减%
其他单位投资	万元	2 079 373	1 822 253	14.1
按隶属关系：中央省属单位	万元	541 919	475 474	14.0
市县区属单位	万元	4 577 244	3 461 644	32.2
按三次产业划分:				
1. 第一产业	万元	100 002	116 100	-13.9
2. 第二产业	万元	1 414 994	1 246 989	13.5
3. 第三产业	万元	3 604 167	2 574 029	40.0
2. 施工项目	个	916	864	6.0
本年新开工项目	个	595	558	6.6
3. 本年新增固定资产	万 元	2 404 844	1 790 496	34.3
4. 施工房屋面积	万平方米	1 503.7	1 754.3	-14.3
其中：住宅	万平方米	857.5	1 084.4	-20.9
竣工房屋面积	万平方米	282.1	483.2	-41.6
商品房施工面积	万平方米	981.2	1 045.9	-6.2
其中：住宅	万平方米	733.7	797.5	-8.0
商品房竣工面积	万平方米	136.1	188.4	-27.8
其中：住宅	万平方米	106.2	146.3	-27.5
商品房销售面积	万平方米	110.5	171.3	-35.5
其中：住宅	万平方米	90.8	154.0	-41.0
五、社会消费品零售总额				
全市社会消费品零售总额	亿元	255.6	226.2	13.0
按销售地区分：				
1. 城 镇	亿元	199.2	180.3	10.5
其中：城 区	亿元	130.6	120.9	8.0
2. 乡 村	亿元	56.4	48.5	16.4
按经济类型分：				
1. 公有经济	亿元	71.4	62.6	14.0
其中：国有经济	亿元	47.6	41.9	13.5
2. 非公经济	亿元	184.2	165.9	11.0
按行业分：				
1. 商品零售	亿元	217.3	192.5	12.9
2. 餐饮业	亿元	38.3	34.2	12.0

续 表

指标名称	单位	2014年	2013年	增减%
六、人民生活				
单位从业人员	万人	30.45	27.82	9.5
在岗职工平均工资	元	47 823	45 088	6.1
城镇居民人均可支配收入	元	27 223	24 719	10.1
城镇居民人均生活消费支出	元	19 282	16 437	17.3
农村居民人均可支配收入	元	9 969	8 807	13.2
农村居民人均生活消费支出	元	8 827	7 840	12.6
七、财政收支				
财政总收入	万元	4 878 477	4 483 380	8.8
公共财政预算收入合计	万元	1 135 897	1 059 687	7.2
增值税	万元	210 256	192 922	9.0
营业税	万元	118 900	142 812	–16.7
企业所得税	万元	46 908	53 462	–12.3
个人所得税	万元	9 062	8 840	2.5
城市维护建设税	万元	192 173	176 882	8.6
烟叶税	万元	48 097	51 982	–7.5
契　税	万元	24 319	22 058	10.3
非税收入合计	万元	349 865	269 329	29.9
公共财政预算支出合计	万元	2 073 136	1 862 788	11.3
一般公共服务	万元	244 181	199 761	22.2
农林水事务	万元	320 955	258 985	23.9
教育支出	万元	322 464	310 693	3.8
社会保障和就业	万元	236 580	218 754	8.1
科学技术	万元	25 175	20 867	20.6
医疗卫生与计划生育支出	万元	189 874	160 878	18.0
节能环保	万元	150 463	74 980	100.7
交通运输支出	万元	62 734	47 339	32.5
八、金融				
金融机构存款余额	亿元	1 195.6	1 129.2	5.9
金融机构贷款余额	亿元	777.2	708.4	9.7
居民储蓄存款余额	亿元	619.0	575.8	7.5
存贷比	%	65.0	62.7	—

续 表

指 标 名 称	单位	2014年	2013年	增减%
九、对外经济与旅游				
外贸进出口总额	万美元	96 887	71 404	35.7
其中：出口总额	万美元	91 297	67 935	34.4
进口总额	万美元	5 590	3 469	61.1
接待国内旅游人数	万人次	2 030.4	1 756.8	15.6
旅游总收入	亿元	108.6	85.6	26.9
十、物价指数				
居民消费价格总指数	%	102.1	100.0	—
工业品出厂价格指数	%	99.5	100.0	—
商品零售价格总指数	%	101.1	100.0	—
农业生产资料价格指数	%	100.9	100.0	—
十一、交通运输邮电				
公路货运周转量	万吨千米	1 511 881	1 324 444	14.2
公路旅客周转量	万人千米	123 120	119 724	2.8
固定电话机总数	万部	15.3	19.2	-20.2
移动电话用户数	万户	210.6	205.3	2.6
十二、教育文化				
高等学校在校学生数	人	14 585	14 087	3.5
普通中专学校在校学生数	人	7 573	7 696	-1.6
普通中学在校学生数	万人	13.0	13.3	-2.3
小学在校学生数	万人	16.2	17.2	-5.8
学龄儿童入学率	%	99.93	99.92	—
文化馆	个	10	10	持平
公共图书馆	个	10	10	持平
广播人口覆盖率	%	98.85	98.76	—
电视人口覆盖率	%	98.97	98.94	—
十三、卫生				
全市卫生机构病床数	张	11 922	11 349	5.0
卫生机构技术人员	人	12 473	11 379	9.6
其中：医生	人	5 075	4 739	7.1

说 明

一、本索引采用主题分析索引，索引范围包括各部类条目、表格和图片，彩页的具体内容未作索引。为便于检索，在玉溪及所辖县（区）有的企事业单位和在玉溪发生的事件名称前的“玉溪”、“云南省”或县（区）名，除易产生歧义者外，均予以省略。辖区内“峨山彝族自治县”、“新平彝族傣族自治县”、“元江哈尼族彝族傣族自治县”，均简称“峨山县”、“新平县”和“元江县”。

二、本索引按汉语拼音音序排列，即以索引条目第一字的音序为准，第一字相同则按第二字的音序排列，依此类推。同音不同字按笔划顺序排列。

三、索引款后的阿拉伯数字表示该索引内容所在的页码，数字后的字母（a、b、c）表示栏别，即版面从左至右的1、2、3栏。

四、本索引使用“参见”、“附见”系统，空2字起排的款目为上一主题的“附见”。同一主题的“参见”只标页码，索引款后如同时出现两个或两个以上的数字，则表示该主题“参见”于不同地方。

五、栏目、类目用黑体表示。索引后的“图”、“表”表示该内容为图片或表格。

六、为便于查找，以数字或字母开头的款项不按该数字或字母的音序排入相应音序中，集中排列于“非音序”栏中。

A

D

E

F

G

L

M

N

P

Q

R

S

Y

Z

非音序

压题图片说明

特　载：抚仙湖风光　（市政府研究室　提供）

专　文：元江县高桥旅游景区　（市政府研究室　提供）

玉溪综述：花园式工厂——红塔集团办公区

大　事：2014年11月17日，七彩云南格兰芬多国际自行车节玉溪站开幕　（解家敏　摄）

党政机关：抚仙湖北岸生态湿地建设项目（一期）工程　（抚管局　提供）

民主党派：殡葬改革宣传　（民进玉溪市委　提供）

人民团体：职工道德讲堂在玉溪交运集团开讲　（工会　提供）

军　事：77208部队团队开展“抓作风、促养成”考试　（沙子键　摄）

法　制：2014年7月7日上午，由玉溪市委宣传部主办，玉溪市检察院承办的玉溪市道德讲堂现场推进会观摩会在市检察院举行　（宋城春　摄）

民　族：彝族传统文化——新平磨皮花鼓打造成的精品项目　（普开福　摄）

经济管理：华宁县宁州街道办事处王马社区小河村地质灾害避让整村搬迁新建村庄全貌　（土地局　提供）

农　业：红塔区黄草坝人工草场　（佘云伟　摄）

林　业：腊嘎底竹子　（蒋志东　摄）

水　利：山区小型水源工程建设——小型水库　（水利局　提供）

工　业：2014年4月14日，市工信委调研中广核华宁风电场　（工信委　提供）

玉溪烟草：园林式现代化企业——红塔集团　（蔡立能　摄）

交通·邮电：2014年4月19日，市移动公司4G启动仪式在聂耳文化广场举行　（移动公司　提供）

城建·环保：2014年7月竣工的玉溪园林植物园入口景观区　（梁　鹏　摄）

贸　易：2014年5月1~5日，首届玉溪国际汽车博览会在聂耳音乐广场举行　（贸促会　提供）

财政·税务：市国税局爱心帮扶为农民工学校送去彩电　（杨有德　摄）

金融·保险：金融知识普及月活动　（人民银行　提供）

旅　游：峨山彝族自治县火把节　（旅游局　提供）

科学技术：2014年7月16日，中国流动科技馆玉溪巡展在红塔区青科中心拉开序幕　（科协　提供）

教　育：易门县龙泉小学校园新貌　（教育局　提供）

文　化：2014年8月，玉溪滇剧院倾力打造的大型原创滇剧《水蟒草》获中宣部“五个一”工程奖　（文化局　提供）

新闻·广播电视：2014年12月26日，玉溪日报社举办“孝老爱亲”道德讲堂活动　（玉溪日报社　提供）

卫　生：2014年3月 23日，市人民医院全力抢救一氧化碳中毒患者　（董国清　摄）

体　育：2014年8月12日，云南省第十四届运动会在曲靖市开幕，图为玉溪代表团进入开幕式会场　（解家敏　摄）

社　会：峨山县化念外迁移民安置房面貌　（移民局　提供）

县（区）概况：红塔区小李井新农村建设　（蒯学庆　摄）

人　物：2014年6月25日，市医院举行万名医师对口支援启动仪式　（董国清　摄）

索　引：位于澄江县抚仙湖边的烟草基地——玉溪庄园一景　（李亚平　摄）